मेरे स्वर्गीय पिता

श्री रंधावा सिंह दलाल को समर्पित

जिन्होंने मुझे बड़े सपने देखना सिखाया

## निवेदन

**जालसाज़ी का विरोध करें और सफलता के लिए एक मज़बूत आधार तैयार करें।**

**पुस्तकें हमारी सबसे अच्छी दोस्त होती हैं,** यही वह कहावत है, जिसे सुनकर हम सब बड़े हुए हैं, हालाँकि पायरेसी के चोर लगातार 'हमारे सबसे अच्छे दोस्त' के साथ जालसाज़ी कर रहे हैं। हमारी सभी पुस्तकों और उनसे संबंधित ऑनलाइन पूरक संसाधनों का कॉपीराइट हमारे पास सुरक्षित हैं और हम किसी को भी इन्हें कॉपी करने का कोई अधिकार नहीं देते हैं, पायरेसी पुस्तकों की चोरी करने जैसा है। ज्ञान वास्तविकता से आता है, आइए इस जालसाज़ी को हतोत्साहित करें। इसलिए, हम अपने सभी पाठकों से पायरेटेड पुस्तकों को रोकने और प्रामाणिक पुस्तकों को **चुनने का निवेदन करते हैं।**

## पायरेटेड पुस्तकों की पहचान कैसे करें?

### 1 कवर और स्पाइन

- ☞ देखें और महसूस करें (नयी या इस्तेमाल की गयी पुस्तक)
- ☞ कवर पर धुँधली तस्वीरें
- ☞ सामने चिपकाया गया होलोग्राम
- ☞ ख़राब स्पाइन (सिकुड़न) या इसके निचले भाग पर एयर पॉकेट
- ☞ अस्पष्ट ISBN/बार कोड
- ☞ McGraw Hill Edge के एक्सक्लूसिव कवरेज के लिए मिटा हुआ/ग़ैर-कार्यात्मक यूनिक कूपन कोड

### 2 टेक्स्ट/प्रिंटिंग/बाइंडिंग

- ☞ पृष्ठों की असमान स्याही
- ☞ ख़राब गुणवत्ता या धुँधली तस्वीरें/छवियाँ/चार्ट
- ☞ निम्न स्तरीय गुणवत्ता और अपारदर्शिता
- ☞ ग़लत संरेखण वाले पृष्ठ
- ☞ पृष्ठों का ग़ायब होना
- ☞ निम्न स्तरीय जिल्द गुणवत्ता

आप इस वीडियो पर जाकर देख सकते हैं कि पायरेटेड पुस्तक की पहचान कैसे करें।

पायरेसी की पहचान करने के बारे में अधिक जानकारी के लिए, https://www.mheducation.co.in/piracy पर जायें।
पायरेटेड पुस्तक की रिपोर्ट करने के लिए, बैक कवर पर दिये गये व्हाट्सएप कोड पर 'Hi' भेजें या हमें support.india@mheducation.com पर लिखें।
रिपोर्ट की गयी पायरेटेड पुस्तकों की जाँच उनकी चोरी से निपटने के लिए की जाती है।
आइए, पायरेसी के चोरों से लड़ें और असली पुस्तक का इस्तेमाल करने का संकल्प करें!

3 संस्करण

# प्राचीन और मध्यकालीन भारत

यूपीएससी एवं राज्य सिविल सेवाओं की परीक्षाओं हेतु

समृद्ध **डिजिटिल संसाधनों** के साथ

पूनम दलाल दहिया

McGraw Hill Education (India) Private Limited

Published by McGraw Hill Education (India) Private Limited
Registered Office: Anjana Complex No: 5/90 A, Butt Road, St. Thomas Mount, Chennai – 600016

**Prachin aur Madhyakalin Bharat, 3e**



First reprint 2025



**Print Edition**
ISBN-(13 digits): 978-93-6444-422-4
ISBN-(10 digits): 93-6444-422-1

**Print Edition**
ISBN-(13 digits): 978-93-6444-786-7
ISBN-(10 digits): 93-6444-786-7

**02 03 04 05 06 RAJ 29 28 27 26 25**



Typeset at APS Compugraphics, 4G, PKT 2, Mayur Vihar, Phase-III, Delhi - 96 and printed and bound in India at Rajkamal Electric Press, Kundli, Haryana.

Cover Image Source: Shutterstock

Visit us at: www.mheducation.co.in

Write to us at: support.india@mheducation.com

CIN: U80302TN2010PTC111532
Toll free Number: 1800 103 5875

# प्रस्तावना

यूपीएससी और राज्य सेवा परीक्षा के सामान्य अध्ययन के पाठ्यक्रम का स्वरूप काफी विस्तृत है और प्राचीन व मध्यकालीन भारत इस पाठ्यक्रम के एक महत्वपूर्ण अंग के रूप में उभरा है। अत्यधिक लोग इसे उबाऊ और तथ्यात्मक विषय मानते हैं जिसे रटना पड़ता है और इसे पढ़ने में कोई आनंद नहीं आता। वास्तव में यह किसी नए के लिए कम समय में विस्तार से कवर कर पाना कठिन होता है। इस पुस्तक को लिखने का उद्देश्य इसी मिथक को तोड़ना और इतिहास को जानने की प्रक्रिया को आनंदपूर्ण बनाना है।

इस पुस्तक में प्राचीन और मध्यकालीन इतिहास के प्रति पूरी तरह से नया दृष्टिकोण है। इसमें **इतिहास को सरल और रोचक ढंग से जानने** का प्रयास किया गया है और यह आपकी इतिहास संबंधी जरूरतों को एक ही स्थान पर उपलब्ध कराती है। इस पुस्तक की संरचना इस तरह से की गई है कि इस **पाठ्यक्रम में शामिल प्रत्येक विषय** इसमें समाहित है। इसमें रोचक ढंग से सूचनाएं दी गई हैं ताकि पाठक इतिहास को आसानी से समझ सकें।

**इस पुस्तक की मुख्य विशेषताएंः**

1. **यूपीएससी, राज्य सेवा परीक्षा और अन्य प्रतियोगी परीक्षाओं के लिए आवश्यक प्राचीन व मध्यकालीन इतिहास से संबंधित संपूर्ण पाठ्यक्रम की विस्तृत चर्चा**
2. **सीखने की प्रक्रिया को सरल बनाने के लिए प्राचीन और मध्यकालीन इतिहास से संबंधित विषयों के शीघ्र पुनरीक्षण के लिए दो अलग किए जाने वाले विस्तृत चार्ट सम्मिलित हैं**
3. **प्रत्येक अध्याय में मुख्य शब्दों को चिन्हांकित किया गया है ताकि पाठक को संदर्भित विषय की शीघ्रता और आसानी से जानकारी उपलब्ध हो सके**
4. **ऐतिहासिक घटनाओं की वैचारिक स्पष्टता के लिए प्रत्येक अध्यायों में पर्याप्त रेखाचित्र शामिल किए गए हैं**
5. **पिछले वर्षों की परीक्षाओं (प्रारंभिक व मुख्य परीक्षाएं) के प्रश्नों के कोष के साथ विद्यार्थियों को किसी खास विषय के अभ्यास, आकलन और उसमें विशेषज्ञता हासिल करने के लिए प्रत्येक अध्याय में अभ्यास प्रश्न भी शामिल किए गए हैं**
6. **विभिन्न पृष्ठभूमि के विद्यार्थियों की जरूरतों को पूरा करने के लिए सरल और स्पष्ट भाषा का प्रयोग किया गया है**
7. **यूपीएससी सीएसई प्रारंभिक प्रश्नों का रुझान एवं विश्लेषण**

मैं दिल से आशा करती हूं कि इस पुस्तक के सभी पाठक इसको सराहेंगे, इसके विषय-वस्तु से लाभ उठाएंगे और प्रतियोगी परीक्षाओं की तैयारियों के लिए इसे उपयोगी पाएंगे।

इस पुस्तक की विषय-वस्तु की बेहतरी और इसे समृद्ध बनाने के लिए आपकी कोई भी टिप्पणी/संस्तुति आमंत्रित है और इसका बेसब्री से इंतजार भी रहेगा। आपके बहुमूल्य सुझाव इस पुस्तक को भविष्य में और ज्यादा आगे बढ़ाने में सहायक सिद्ध होंगे। आप लेखक से poonamrandhawasingh@gmail.com पर संपर्क कर सकते हैं।

**शुभकामनाओं सहित**

**पूनम दलाल दहिया**

# आभार

मैं ऐसे बहुत से लोगों का धन्यवाद करना चाहती हूं जिनका जीवन किसी न किसी तरह से मेरे जीवन से जुड़ा है और जिन्होंने मुझे इस पुस्तक को लिखने के लिए प्रेरित किया। सबसे पहले, मैं अपने प्रिय पति श्री असीम दहिया का दिल से आभार प्रकट करना चाहती हूं, जिन्हें जब से मैं जानती हूं, निरंतर प्रेरणा और प्रोत्साहन का स्रोत रहे और जिन्होंने मेरे संघर्ष के उतार-चढ़ाव को बहुत नजदीक से देखा और यह सब करते हुए मुझे कभी हार न मानने के लिए प्रेरित किया। उनके मजबूत सहारे के बगैर, मैं यह चुनौतीपूर्ण कार्य या जीवन में अन्य कुछ काम नहीं कर पाती। उन्होंने, मेरे पुत्र विक्रमादित्य के साथ मेरे जीवन को एक नया अर्थ और उद्देश्य दिया, जिसमें मैं समाज को छोटे रूप में ही कुछ लौटाने को बाध्य पाती हूं, जो मैंने इससे प्राप्त किया है।

मैं अपनी माता श्रीमती सुदेश और अपने भाइयों अमित व अजय को भी धन्यवाद देती हूं जिन्होंने हमेशा मुझ पर विश्वास किया और कई वर्षों तक विभिन्न परीक्षाओं की तैयारी के लिए बनाए गए मेरे नोट्स को इस कार्य को विकसित करने के लिए प्रोत्साहित किया। साथ ही अपने पूरे परिवार, विशेष तौर पर अपने ससुराल पक्ष में मेरी सासू मां, शिक्षकों, सहयोगियों और मित्रों को धन्यवाद कहना चाहती हूं जिन्होंने अपने-अपने तरीके से इस पुस्तक में निरूपित विभिन्न मुद्दों पर मेरे विचारों को आकार देने में मदद की और उनके समर्थन के बिना मेरा इस पुस्तक के लिए अनुसंधान करना और लिखना संभव नहीं था।

मैं अपने प्रत्येक शिक्षक की भी ऋणी हूं जिन्होंने न केवल मेरे इस प्रयास में लगातार परामर्श दिया, बल्कि मेरी UPSC की तैयारी के दौरान भी मेरी मदद की, विशेषतौर पर पवन सर (पवन कुमार IAS Academy), रवीन्द्रन सर (वाजीराम और रवि), प्रवीण बंसल सर (अभिमन्यु IAS Study Group), अनिल नरूला सर (अनिल नरूला IAS Study Centre)। मैं श्री डी. एस. मिश्रा, IAS; डॉ. दिनेश अरोड़ा, IAS; श्री महेश्वर दयाल, IPS; डॉ. अजय चिक्कारा, IRS की भी दिल से आभारी हूं जिन्होंने मेरी इस यात्रा में हमेशा मेरा साथ दिया और अपने तरीके से इस कार्य को समय पर पूरा करने में सहायता की। इसके अतिरिक्त मैं प्रगति कौशिक को मदद और अनुवाद के लिए धन्यवाद करना चाहती हूं।

मैं मैकग्रा हिल एजुकेशन, भारत और उनकी पूरी टीम के प्रति अपना आभार व्यक्त करना चाहूंगी, जिन्होंने पुस्तक के निर्माण और विकास में लगातार समर्थन दिया और मेरी मदद की। इस उद्यम के दौरान निरंतर समर्थन के लिए श्री तन्मय रॉय चौधरी, जनाब तनवीर अहमद, श्री निखिल वढेरा, सुश्री अपर्णा कुमार, श्री धर्मेंद्र शर्मा, श्री अतुल गुप्ता और जनाब सुहैब अली को मैं विशेष धन्यवाद देना चाहूंगी।

अंत में मैं आशा करती हूं कि यह पुस्तक पाठकों को प्राचीन और मध्यकालीन भारत के इतिहास की संकल्पना को बेहतर ढंग से समझने में मदद करेगी और उन सभी लोक-सेवा परीक्षार्थियों की सहायता करेगी जिनकी आंखों में ज्वाला है और जो सपने देखने की हिम्मत रखते हैं।

**पूनम दलाल दहिया**

# प्राचीन और मध्यकालीन भारत से यूपीएससी सीएसई प्रारंभिक परीक्षा में पूछे गए प्रश्नों का रुझान एवं विश्लेषण (2009–2023)

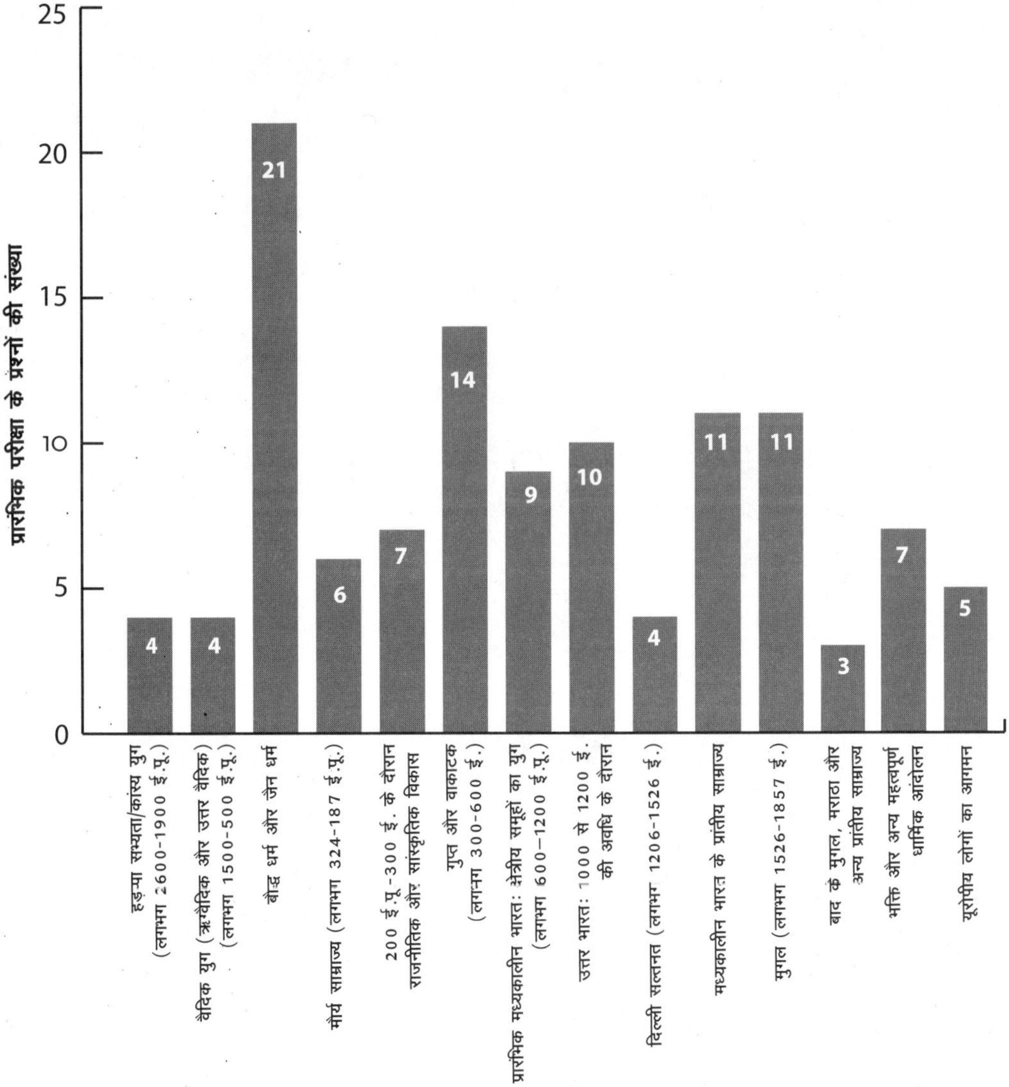

# विषय-सूची

## अध्याय 3 - वैदिक काल (ऋग्वैदिक और उत्तर वैदिक) (1500-500 ई.पू.) 49



## अध्याय 4 - इंडो-गंगा के मैदानों के महाजनपद (600-300 ई.पू.) 75

## अध्याय 9 - प्रारंभिक मध्यकालीन भारत : क्षेत्रीय विन्यासकाल (600-1200 ई.) 235



## अध्याय 10 - 1000-1200 ई. का काल : उत्तर भारत 291

## अध्याय 13 - मुगल (1526-1857 ई.) 413



## अध्याय 14 - उत्तर मुगल, मराठा और अन्य प्रांतीय राज्य 455

# अध्याय 1

# प्राचीन भारत

## प्रागैतिहासिक काल

अंग्रेजी भाषा में **'हिस्ट्री'** शब्द की उत्पत्ति यूनानी भाषा के शब्द **'हिस्टोरिया'** से हुई है, जिसका अर्थ खोजबीन द्वारा अर्जित जानकारी व जांच-पड़ताल है। यह अतीत की घटनाओं का अध्ययन है जो उन विभिन्न महत्वपूर्ण घटनाओं पर प्रकाश डालता है जिसने मानव अनुभवों को आकार दिया और उन्हें विकसित किया। इतिहास को मुख्यत: तीन भागों में बांटा जा सकता है– **प्रागैतिहास, आद्यतिहास और इतिहास।**

| प्रागैतिहासिक युग | आद्य इतिहास | इतिहास |
|---|---|---|
| **लेखन के आविष्कार से पूर्व** घटी घटनाओं का काल **प्रागैतिहास** के अंतर्गत आता है जिसका आमतौर पर तीन पाषाण काल के रूप में वर्णन किया जाता है। | **आद्य इतिहास** को परिभाषित करना ज्यादा कठिन है क्योंकि इसके विभिन्न अर्थ हैं। आमतौर पर इसे **'प्रागैतिहास और इतिहास के मध्य का काल' माना जाता है, जिसके दौरान संस्कृति और सभ्यता में लेखन कला का विकास नहीं हुआ था लेकिन जिसका उल्लेख समकालीन शिक्षित सभ्यता के लिखित अभिलेखों में मिलता है।** उदाहरण के तौर पर हड़प्पा सभ्यता की लिपि को आज तक पढ़ा नहीं जा सका है, यद्यपि हड़प्पा के अस्तित्व का उल्लेख मेसोपोटामिया के लेखों में मिलता है, इसलिए इसे आद्यतिहास का ही हिस्सा माना जाता है। इसी तरह, 1500 से 600 ई.पू. तक रही वैदिक सभ्यता में मौखिक शिक्षा पद्धति का प्रचलन था, यद्यपि उन्होंने लेखन कार्य नहीं किया फिर भी उन्हें आद्यतिहास का हिस्सा माना गया। पुरातत्ववेत्ता उत्तर पाषाण काल और ताम्रपाषाण कालीन संस्कृतियों को आद्यतिहास के अंतर्गत रखते हैं। | **लेखन कला के आविष्कार** के बाद और शिक्षित समाज के लिखित व पुरातात्विक साक्ष्यों के आधार पर किए गए अध्ययन से **इतिहास** बनता है। |

## इतिहास पुनर्निर्माण के स्रोत

| साहित्यिक स्रोत | | असाहित्यिक स्रोत |
|---|---|---|
| (i) **धार्मिक साहित्य** प्राचीन भारतीय समय की सामाजिक व आर्थिक परिस्थियों पर बहुमूल्य प्रकाश डालते हैं जैसे कि<br>(a) चार **वेद** जिन्हें अक्सर 1500-600 ई.पू. काल का निर्दिष्ट किया गया है, इनके नाम हैं ऋग्वेद (जिसमें मुख्यत: प्रार्थनाएं हैं), सामवेद, यजुर्वेद और अथर्ववेद। (इनमें प्रार्थनाएं, धार्मिक संस्कार, जादू और पौराणिक कहानियां हैं।)<br>(b) **उपनिषदों** को वेदांत भी कहा जाता है जिसमें 'आत्मा' व 'परमात्मा' पर दार्शनिक चर्चा शामिल है।<br>(c) **सूत्र** जैसे कि श्रौतसूत्र और गृहसूत्र जिनमें नैतिक मूल्यों पर धार्मिक संस्कारों से संबंधित साहित्य शामिल हैं। | (ii) **धर्मनिरपेक्ष साहित्य** जैसे कि<br>(a) **धर्मशास्त्र/कानूनी पुस्तकें** जो विभिन्न सामाजिक समूहों के कर्त्तव्यों का वर्णन करती हैं जैसे कि मनुस्मृति।<br>(b) **कौटिल्य** का 'अर्थशास्त्र' जो मौर्य काल की राजनीति और अर्थव्यवस्था के बारे में गहन जानकारी उपलब्ध कराता है।<br>(c) **पाणिनी** द्वारा रचित अष्टाध्यायी व्याकरण की एक महत्वपूर्ण रचना है।<br>(d) **कालीदास** की महत्वपूर्ण रचनाएं जैसे- 'अभिज्ञानशाकुंतलम', 'ऋतुसंहार' और 'मेघदूत' गुप्त शासनकाल के दौरान सामाजिक व सांस्कृतिक जीवन के बारे में महत्वपूर्ण जानकारियां उपलब्ध कराती हैं। | (i) **अभिलेख/प्रशस्ति:** पत्थरों और तांबे जैसी कठोर धातुओं पर उकेरे गए लेख जिसमें आमतौर पर कुछ उपलब्धियां व विचार उल्लेखित किए गए हैं जो हमें प्राचीन काल के विभिन्न धर्मों और प्रशासनिक नीतियों को समझने में मदद करते हैं। उदाहरण के लिए, **अशोक** द्वारा जारी राज्य की विस्तृत नीतियों के अभिलेख और दक्कन के राजाओं, **सातवाहनों** द्वारा जारी भूमि अनुदान से संबंधित अभिलेख।<br>(ii) **सिक्के :** सिक्के न केवल विभिन्न राजवंशों का आर्थिक इतिहास ही बताते हैं बल्कि साथ ही उस समय की लिपि, कला और धर्म जैसे विभिन्न मानदंडों की जानकारी भी उपलब्ध कराते हैं, इसके साथ ही सिक्कों से धातु विद्या, विज्ञान और तकनीक के संबंध में हुई प्रगति का भी पता चलता है। उदाहरण के तौर पर भारत में प्राप्त सबसे पुराने सिक्के चांदी और तांबे के बने चिह्नित सिक्के थे जिन पर केवल कुछ **चिह्न अंकित** थे, जबकि बाद के काल में इंडो-ग्रीक ने **सोने के सिक्के** जारी किए जिन पर शासकों के नाम व चित्र अंकित थे। |

| साहित्यिक स्रोत | | असाहित्यिक स्रोत |
|---|---|---|
| (d) रामायण और महाभारत जैसे **महाकाव्य**।<br>(e) पाली भाषा में लिखित **बौद्ध धार्मिक ग्रंथ** जिन्हें आमतौर पर त्रिपिटक (तीन टोकरियां) के रूप में जाना जाता है, जो हैं- सुत्तपिटक, विनयपिटक और अभिधम्मपिटक।<br>(f) प्राकृत भाषा में लिखित **जैन धार्मिक ग्रंथ** जिन्हें आमतौर पर अंग कहा जाता है जिनमें जैनों की दार्शनिक अवधारणाओं का उल्लेख है। | (e) **कलहण** द्वारा रचित 'राजतरंगिणी' 12वीं शताब्दी में कश्मीर के सामाजिक जीवन के विषय में बताती है।<br>(f) दरबारी कवियों द्वारा उनके संरक्षक शासकों की प्रशंसा में लिखित **चरित या आत्मकथाएं** जैसे कि राजा हर्षवर्धन की प्रशंसा में बाणभट्ट द्वारा लिखित 'हर्षचरित'।<br>(g) **संगम साहित्य**, सभाओं (संगम) में एकत्रित हुए कवियों द्वारा रचित सबसे पुराना दक्षिण भारतीय साहित्य है जो 300 ई.पू. से 300 ई. तक के समय की बहुमूल्य जानकारी प्रदान करता है। इस तमिल साहित्य में 'शिलपादिकारम्' और 'मणिमैखले' जैसे साहित्यिक रत्न शामिल हैं। ये दोनों ही दक्षिण भारत में उस समय के समाज, अर्थव्यवस्था और राजनीति पर प्रकाश डालते हैं। | (iii) **पुरातत्व :** खुदाई में मिले अवशेषों के आधार पर पुरातत्व हमें प्राचीन लोगों के आर्थिक जीवन के विषय में अंदाजा लगाने में मदद करता है। उदाहरण के तौर पर **हड़प्पा काल** से संबंधित खुदाई में मिले स्थलों से हमें उस काल के लोगों के विषय में जानकारी प्राप्त होती है। इसी प्रकार, दक्षिण भारत में **मेगालिथ** के रूप में जानी जाने वाली कब्रें दक्कन और दक्षिण भारत में 300 ई.पू. के लोगों के जीवन पर प्रकाश डालती है।<br>(iv) **भू-गर्भीय और जैविक अध्ययन :** प्राचीन काल के जीवन को समझने में पशु और पौधों के स्रोत भी पुरातात्विक अध्ययन में सहायता करते हैं। उदाहरण के तौर पर, पौधों के अवशेषों के परीक्षण के द्वारा और खासतौर पर **पराग के विश्लेषण** से पाषाणकालीन मानवों की खेती-बाड़ी के विषय में अंदाजा लगाया जा सकता है। इसी प्रकार **माइटोकॉन्ड्रियल डीएनए** प्रागैतिहासिक स्थानांतरणों के विषय में जानकारी उपलब्ध कराता है।<br>(v) **विदेशी यात्रियों के वृत्तांत :** प्राचीन काल से ही बहुत से यात्री भारत भ्रमण पर आते रहे हैं। इनमें से यूनानी, रोमन और चीनी यात्री प्रमुख थे जो अपने पीछे हमारे ऐतिहासिक अतीत के समृद्ध विवरण छोड़ गए हैं। इनमें से कुछ प्रमुख थे:<br>(a) यूनानी राजदूत **मेगस्थनीज** ने 'इंडिका' लिखी और मौर्य काल के समाज व प्रशासन के विषय में बहुमूल्य जानकारी उपलब्ध करवाई।<br>(b) इसी प्रकार यूनानी भाषा में लिखित 'THE PERIPLUS OF THE ERYTHREAN SEA' और टॉलमी की 'GEOGRAPHY' भारतीय बंदरगाहों और भारत तथा रोमन साम्राज्य के बीच होने वाले व्यापार के सामानों के विषय में महत्वपूर्ण आंकड़े प्रदान करती हैं। |

| साहित्यिक स्रोत | | असाहित्यिक स्रोत |
|---|---|---|
| | | (c) पांचवीं शती में भारत आए बौद्ध यात्री **फाह्यान** ने गुप्त काल के जीवंत विवरण प्रस्तुत किए हैं।<br>(d) सातवीं शती में एक अन्य प्रमुख बौद्ध यात्री **ह्वेनसांग** ने भारत का दौरा किया और राजा हर्षवर्धन के शासनकाल के दौरान भारत व नालंदा विश्वविद्यालय की महिमा का विस्तृत वर्णन किया। |

# भारतीय प्रागैतिहास

भारत में मानव के अस्तित्व और बसने का इतिहास प्रागैतिहासिक काल से ही रहा है। भारतीय प्रागैतिहासिक काल का सर्वप्रथम गहन अध्ययन करने का श्रेय **रॉबर्ट ब्रूस फुट** को जाता है, जिसने भारत में खोजे गए संभवतः **प्रथम प्रागैतिहासिक उपकरण – पलवरम हथौड़ी** की खोज की। बाद में ब्रूस फुट ने दक्षिण भारत में बड़ी संख्या में प्रागैतिहासिक स्थलों की खोज की। **सर मोर्टिमर व्हीलर** का योगदान भी उतना ही महत्वपूर्ण है क्योंकि उनके प्रयासों से हमें भारत के प्रागैतिहासिक संस्कृतियों और उनके क्रमों को जानने में काफी मदद मिली।

भू-वैज्ञानिकों ने काल के आधार पर पत्थरों के उपकरणों के प्रकार व तकनीक और जीविका के आधार पर भारतीय पाषाण काल[1] को मुख्यतः तीन भागों में बांटा गया है–

भारतीय पाषाण काल*:

- प्राचीनपाषाण युग, पुरापाषाण काल (5,00,000–10,000 ई.पू.)
- उत्तरपाषाण युग, मध्यपाषाण काल (10,000–6,000 ई.पू.)
- नवपाषाण युग, नवपाषाण काल (6,000–1,000 ई.पू.)

** विभिन्न उत्खनन स्थलों की तिथियों में काफी असमानता होने के कारण एक सामान्य समय सीमा निर्दिष्ट की गई है।*

## पुरापाषाण काल[2] (शिकारी और भोजन संग्राहक)

पुरापाषाण काल, पाषाणकाल का सबसे प्राचीन समय है जो कि **अत्यंत नूतन काल** या **हिम युग**[3] के रूप में विकसित हुआ। **सिंधु और गंगा के तटीय मैदानों, दक्षिणी तमिलनाडु और पश्चिमी घाटों के पहाड़ी इलाकों को छोड़कर** यह भारत के

1 इसे ऐसा कहा जाता है, क्योंकि इस अवधि के दौरान रहने वाले सबसे पहले व्यक्ति ने अपने आस-पास पाए जाने वाले पत्थरों से अस्त्र और औजार बनाए। इन अस्त्रों और औज़ारों ने उसे अपनी भूख मिटाने के लिए शिकार करने और भोजन इकट्ठा करने में मदद की।

2 'पैलियोलिथिक' (Palaeolithic) शब्द ग्रीक शब्द 'पैलियो' (palaeo) से लिया गया है, जिसका अर्थ है 'पुराना' और 'लिथिक', जिसका अर्थ है 'पत्थर'। इसलिए, पैलियोलिथिक काल शब्द का तात्पर्य पुरापाषाण काल से है।

3 प्लेइस्टोसिन (Pleistocene) काल उस युग का भूगर्भीय काल है, जब पृथ्वी की सतह बर्फ से आच्छादित थी और मौसम इतना ठंडा था कि मानव या पौधे का जीवन नहीं पनप सका। लेकिन उष्णकटिबंधीय क्षेत्र में, जहां बर्फ पिघली, वहां मनुष्यों की सबसे प्रारंभिक प्रजाति का अस्तित्व बच सका।

लगभग सभी भागों में फैला था। *होमो इरेक्टस* [4](सीधा आदमी) प्रजाति से संबंधित प्रागैतिहासिक मानव के पास जटिल भाषाओं की संस्कृति नहीं थी और वह शायद कुछ ध्वनियों या शब्दों और सांकेतिक भाषा का प्रयोग करता था।

**जीवन पद्धति और मुख्य विशेषताएं**

(a) कहा जाता है कि भारत के पुरापाषाण पुरुष **नेग्रिटो जाति** के थे और खुली हवा, नदी घाटियों, गुफाओं में रहते थे।

(b) वे **भोजन संग्रहण** करने वाले लोग थे जो कि शिकार और जंगली फल व सब्जियों के सहारे जीवित रहते थे।

(c) उन्हें कृषि, भवन निर्माण, बर्तन बनाने या किसी भी **धातु का ज्ञान नहीं** था।

(d) प्रारंभिक पुरापाषाण काल में कला के साक्ष्य चित्रकारी के रूप में दिखते हैं।

(e) इस दौरान मानव **बिना काटे-छांटे और घिसे-पिटे** पत्थरों के औजारों का प्रयोग करते थे जिनमें हथौड़ा, छुरा, कुल्हाड़ी, गंड़ासा, तक्षणी और कुदाल प्रमुख थे। चूंकि पाषाणकालीन औजार **'क्वार्टजिट'** नामक कठोर पत्थर से बनते थे इसलिए भारत में पुरापाषाण कालीन मानव को **'क्वार्टजिट मानव'** कहा गया।

## पुरापाषाण उपकरण

**चित्र 1.1** पुरापाषाण कालीन औजार

इस्तेमाल किए गए पत्थर के औजारों की प्रकृति के आधार पर पुरापाषाण काल को तीन चरणों (चित्र 1.1) में बांटा जा सकता है:

| पूर्व पुरापाषाण काल | मध्य पुरापाषाण काल | उत्तर पुरापाषाण काल |
|---|---|---|
| **हथौड़ी**, **कुल्हाड़ी** और **छुरे** का प्रयोग मुख्यतः काटने, खोदने और खाल उतारने के लिए किया जाता था। | पत्थर के टुकड़ों से बने औजारों का इस्तेमाल मुख्यतः **कुदाल**, **छिद्रक**, **नुकीले पत्थर** और **गंड़ासा**। ये उपकरण छोटे हो गए और अन्य उपकरणों की तुलना में हाथ की कुल्हाड़ियों के उपयोग में कमी आई। | यह चरण औजारों और प्रौद्योगिकी में नवप्रवर्तन के लिए जानी जाती है जिनमें शामिल हैं- **समानांतर किनारों वाले गंड़ासे**, **छिद्रक** और कुछ जगह **हड्डियों के औजार**। |

[4] मानव विकास की अवस्थाएं हैं - *आस्ट्रेलोपिथियस एटरेन्सिस (Australopitheuss atarensis)* < *होमो हैबिलिस (Homo habilis)* < *होमो इरेक्टस (Homo erectus)* < *होमो निएंडरथलेंसिस (Homo neanderthalensis)* < *होमो सेपियन्स (Homo sapiens)*।

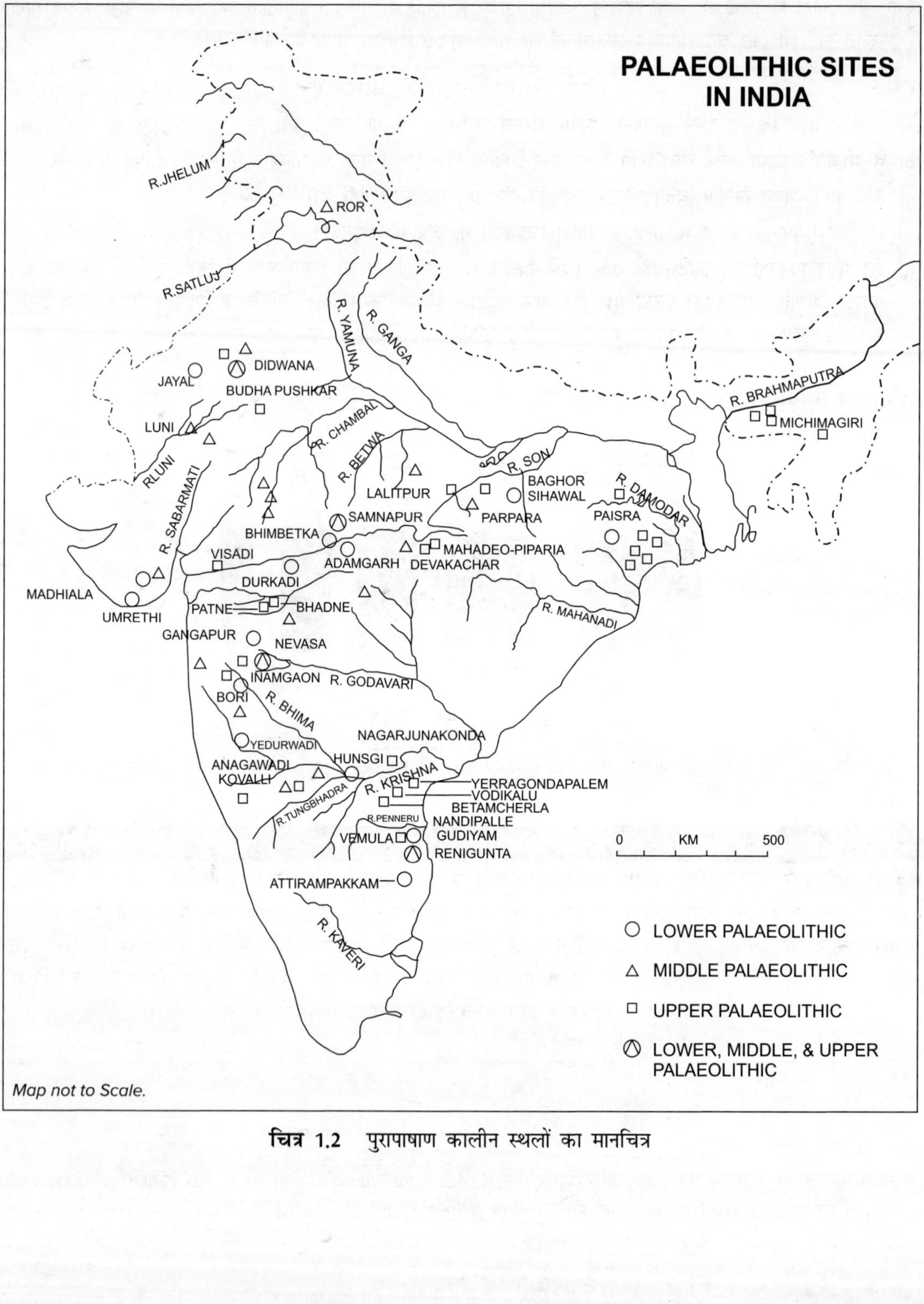


**चित्र 1.2** पुरापाषाण कालीन स्थलों का मानचित्र

| पूर्व पुरापाषाण काल | मध्य पुरापाषाण काल | उत्तर पुरापाषाण काल |
|---|---|---|
| सोन और सोहन नदी घाटियां (अब पाकिस्तान में), कश्मीर, थार रेगिस्तान (डीडवाना, राजस्थान) हिरन घाटी (गुजरात), भीमबेटका की पर्वत कंदराएं (मध्य प्रदेश) और बेलन घाटी मिर्जापुर (उत्तर प्रदेश) में पाए गए (चित्र 1.2)। | सोन, नर्मदा और तुंगभद्रा नदी घाटियों, पोटवार पठार (सिंधु और झेलम के बीच) और संघाओ गुफा (पेशावर के पास, पाकिस्तान) में पाए गए। | आंध्र प्रदेश, कर्नाटक, महाराष्ट्र, केंद्रीय मध्य प्रदेश, दक्षिणी उत्तर प्रदेश और छोटानागपुर पठार में पाए गए। हड्डियों से बने औजार सिर्फ कर्नूल की गुफाओं और आंध्र प्रदेश के मुच्छत्ला चिंतामणि गावि में पाए गए। |
| 5,00,000–50,000 ई.पू. | 3,85,000-40,000 ई.पू. | 40,000-10,000 ई.पू. |
| हिम युग का अधिकांश हिस्सा इसी काल में आता है। | एच. डी. संकालिया द्वारा 1960 ई. में ही सत्यापित किया गया और नेवासा (महाराष्ट्र) के उत्खनन स्थल के नाम पर इसे **नेवासन उद्योग** का नाम दिया गया। | इस चरण के अंतिम दौर में ***मानव जाति*** अस्तित्व में आई। यह हिमयुग के अंतिम चरण से मेल खाता है जबकि जलवायु अपेक्षाकृत गर्म और कम आर्द्र थी। |

## मध्यपाषाण काल[5] (आखेटक और पशुपालक)

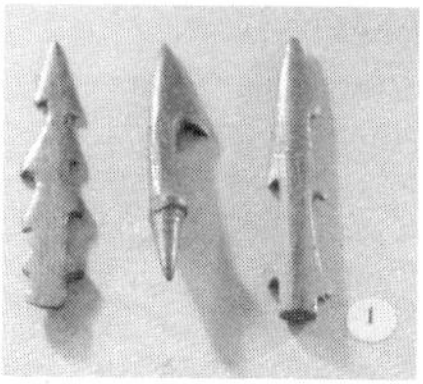

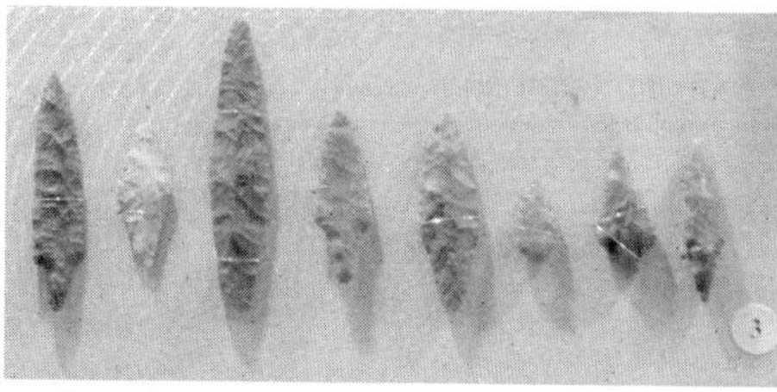

**चित्र 1.3** मध्यपाषाण काल के उपकरण

मध्यपाषाण काल पाषाणकालीन संस्कृति के बीच के काल को दर्शाता है। मध्यपाषाण कालीन और नवपाषाण कालीन दोनों ही संस्कृतियां **अभिनव युग**[6] (जिसने 10,000 वर्ष पहले अत्यंत नूतन काल की जगह ली थी) के अधीन आती हैं। मध्यपाषाण कालीन मानव के जीवन यापन का आधार शिकार, मछली पकड़ना, भोजन एकत्रित करना और बाद के काल में पशुपालन था। मध्यपाषाण काल का एक मुख्य पहलू पहले से स्थापित पत्थर के औजारों के आकार का छोटा होना था। इस काल के **औजारों की विशिष्टता उनका आकार में सूक्ष्म** होना था (पत्थर के लघु औजार जो कि ज्यादातर गूढ़ क्रिस्टलीय सिलिका, स्पटिक और चकमक आदि से बने होते थे, आकार में ज्यामितीय या अज्यामितीय दोनों होते थे) (चित्र 1.3)। इनका इस्तेमाल सिर्फ औजार के रूप में ही नहीं होता था, बल्कि इनसे अन्य मिश्रित औजार,

5 'मेसोलिथिक' दो शब्दों से मिलकर बना है, 'मेसो' और 'लिथिक'। ग्रीक में 'मेसो' का अर्थ मध्य और 'लिथिक' का अर्थ पत्थर होता है इसलिए, पूर्व-इतिहास के मेसोलिथिक चरण को मध्यपाषाण युग के रूप में जाना जाता है।

6 इस युग में हुई तापमान में बढ़ोत्तरी के परिणामस्वरूप जलवायु गर्म हो गयी, जिसके कारण बर्फ पिघल गयी और वनस्पतियों और जीवों में कुछ बदलाव आये। ग्लोबल वार्मिंग के कारण, मानव समूह अत्यधिक गतिशील बन गए और उन्होंने विभिन्न कृषि पारिस्थतिकीय क्षेत्रों पर कब्जा करना शुरू कर दिया।

भाले की नोक, तीर की नोक और हंसिया आदि बनाए जाते थे जिनमें लकड़ी या हड्डियों की मूठ को जोड़ा जाता था। लघुपाषाणी हथियारों ने मध्यपाषाण कालीन मानव को छोटे जानवरों और पक्षियों का शिकार करने में समर्थ बनाया।

### जीवन पद्धति और उसकी मुख्य विशेषताएं

(a) मध्यपाषाण कालीन मानव अर्द्धस्थाई और अस्थाई बस्तियों के साथ कब्जाई (बलपूर्वक अधिग्रहण) गई गुफाओं और खुले मैदानों में रहते थे।

(b) वे शिकार, मछली पालन, खाद्य संग्रह और इसके साथ ही बाद में पशुपालन के साथ खेती-बाड़ी से भी जीवनयापन करते थे जिससे नवपाषाण कालीन जीवन के लिए मार्ग प्रशस्त हुआ। ज्यादातर इलाकों में यह संस्कृति **कृषि से पहले के समय** में स्थापित हुई। वे लोग आग का प्रयोग करते थे और संभवत: भोजन को भी भूनते थे।

(c) वे मृतकों को दफनाते थे और कभी-कभी उनके साथ जरूरी सामानों को भी दफनाते थे जो उनकी मृत्यु के बाद जीवन के प्रति आस्था को दर्शाता है।

(d) उनमें कलाकारी कौशल था और प्राग् इतिहास के मध्यपाषाण काल में पत्थरों पर की गई कला का आरंभ हुआ। 1867-68 ई. में भारत की पहली पत्थरों पर की गई चित्रकारी सोहागीघाट (कैमूर हिल्स, उत्तर प्रदेश) में खोजी गई थीं। अब तक 150 से ज्यादा मध्यपाषाण कालीन पत्थरों पर की गई कला के स्थल संपूर्ण भारत में खोजे जा चुके हैं जिनमें से सबसे समृद्ध स्थल मध्य भारत में हैं जैसे कि **भीमबेटका गुफाएं ( चित्र 1.4 )**, खारवार, जाओरा व कथोटिया (मध्य प्रदेश), सुंदरगढ़ व संबलपुर (उड़ीसा) और एजहुथु गुहा (केरल)। मध्यपाषाण कालीन पत्थरों पर की गई कला स्थलों में अधिकतर चित्र **जानवरों** के मिलते हैं। हालांकि मध्यपाषाण कालीन चित्रकारी में **सांपों को नहीं दर्शाया** गया है। साथ ही पत्थरों पर उकेरे गए कुछ चित्रों से धार्मिक प्रथाओं के विकास और लिंग के आधार पर श्रम विभाजन की जानकारी भी प्राप्त होती है।

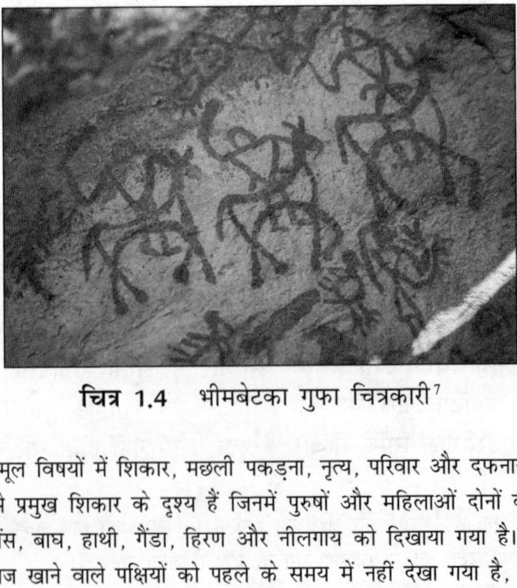

**चित्र 1.4** भीमबेटका गुफा चित्रकारी[7]

7 भीमबेटका के चित्रों के विभिन्न मूल विषयों में शिकार, मछली पकड़ना, नृत्य, परिवार और दफनाने के दृश्य, शहद और पौधों का भोजन संग्रह शामिल हैं। हालांकि, सबसे प्रमुख शिकार के दृश्य हैं जिनमें पुरुषों और महिलाओं दोनों को भाग लेते हुए दिखाया गया है और विभिन्न जानवरों जैसे बाइसन, भैंस, बाघ, हाथी, गैंडा, हिरण और नीलगाय को दिखाया गया है। पक्षियों को भी चित्रित किया गया है, लेकिन आमतौर पर खेतों में अनाज खाने वाले पक्षियों को पहले के समय में नहीं देखा गया है, लेकिन बाद के समय में ऐसा देखा जा सकता है। इस्तेमाल किये जाने वाले हथियार धनुष और तीर, नुकीली छड़ी और कांटेदार गोले हैं। पेंटिंग एक स्टिक लाइन तरीके में बनायी जाती हैं और जिनको बनाने के लिये आमतौर पर लाल और सफेद रंगों का उपयोग किया जाता है, जो या तो खनिज प्रकृति के थे या पौधों से निकाले गये थे।

**प्रमुख मध्यपाषाण कालीन स्थल**

| क्रम संख्या | स्थल | महत्व |
|---|---|---|
| 1. | कोठारी नदी पर बागोर (राजस्थान) | भारत का सबसे बड़ा और सबसे प्रमाणिक मध्यपाषाण कालीन स्थल। |
| 2. | मध्य प्रदेश में आदमगढ़ | पशुपालन के सबसे पुराने साक्ष्य उपलब्ध कराता है। |
| 3. | महदहा (उत्तर प्रदेश) | हड्डियों से बनी कलाकृतियों के साथ तीर की नोंक और हड्डियों के जेवर प्राप्त हुए हैं।<br>एक कब्र मिली है जिसमें एक पुरुष व महिला को एक साथ दफनाया गया था। |
| 4. | लंघनाज, गुजरात में मेहसाणा जिला और मिर्जापुर (उ.प्र.) का कैमूर क्षेत्र | हालांकि ज्यादातर मध्यपाषाण कालीन स्थलों से मिट्टी के बर्तन नहीं मिले हैं, लेकिन इन दोनों स्थलों से मिट्टी के बर्तन मिले हैं। |
| 5. | छोटानागपुर क्षेत्र, मध्य भारत।<br>कृष्णा नदी का दक्षिणी क्षेत्र (तमिलनाडु में तिरूनेलवेली)।<br>पश्चिम बंगाल में बीरभानपुर।<br>लंघनाज (गुजरात के समीप)।<br>सरायनाहर राय (इलाहाबाद प्रतापगढ़ क्षेत्र के समीप) | इन संबद्ध राज्यों में प्रमुख स्थल। |

## नवपाषाण काल[8] (खाद्य उत्पादन का आरंभ)

उत्तरी भारत में नवपाषाण काल का आरंभ 8000-6000 ई.पू. से हुआ। दक्षिणी और उत्तर भारत के कुछ स्थानों में यह 1000 ई.पू. से भी पुराना है। प्रागैतिहास में इसके महत्व का इस तथ्य से अंदाजा लगाया जा सकता है कि **वी. गार्डन चाइल्ड** ने नवपाषाण चरण को **नवपाषाण क्रांति** का नाम दिया है। इस काल ने बहुत-सी नई खोजों से परिचय कराया। जैसे:

(a) **कृषि और पशुपालन का आरंभ:** नुकीले और पॉलिश किए गए औजारों ने भूमि को जोतना आसान बना दिया और इसलिए नवपाषाण कालीन मानव ने खेती करना आरंभ किया और फल उगाना व रागी के समान मक्का और चने की दाल (कुलथी) जैसी फसलों का उत्पादन आरंभ कर दिया। उसने जानवरों जैसे- भेड़ व बकरियों का पालन भी आरंभ किया और इसके परिणामस्वरूप स्थाई कृषि समुदायों का उद्‌भव हुआ।

(b) **तकनीकी खोज:** नवपाषाण कालीन मानव ने **पत्थर के औजार** बनाने में नई-नई **खोजें** कीं जिनमें **पॉलिश** किए हुए सुव्यवस्थित औजारों सहित अन्य सामग्रियों को **पीसने के पत्थर के उपकरण** भी शामिल हैं (चित्र 1.6)। वो औजार बनाने के लिए **क्वार्ट्ज के अलावा** पॉलिश किए गए पत्थरों पर ज्यादा निर्भर थे। **सेल्ट**[9] का इस्तेमाल तराशे हुए पत्थर के बने औजार और पॉलिश की गई हथौड़ी बनाने के लिए महत्वपूर्ण था।

---

8 'नियो लिथिक' (Neolithic) शब्द की उत्पत्ति ग्रीक शब्द 'नियो' से हुई है, जिसका अर्थ है नया, और 'लिथिक', जिसका अर्थ है पत्थर। इस प्रकार, 'नवपाषाण युग' शब्द 'न्यू स्टोन युग' को संदर्भित करता है।

9 सेल्ट्स हैंडल वाले उपकरण थे, जो उपकरणों को अधिक प्रभावी और कुशल बनाते थे।

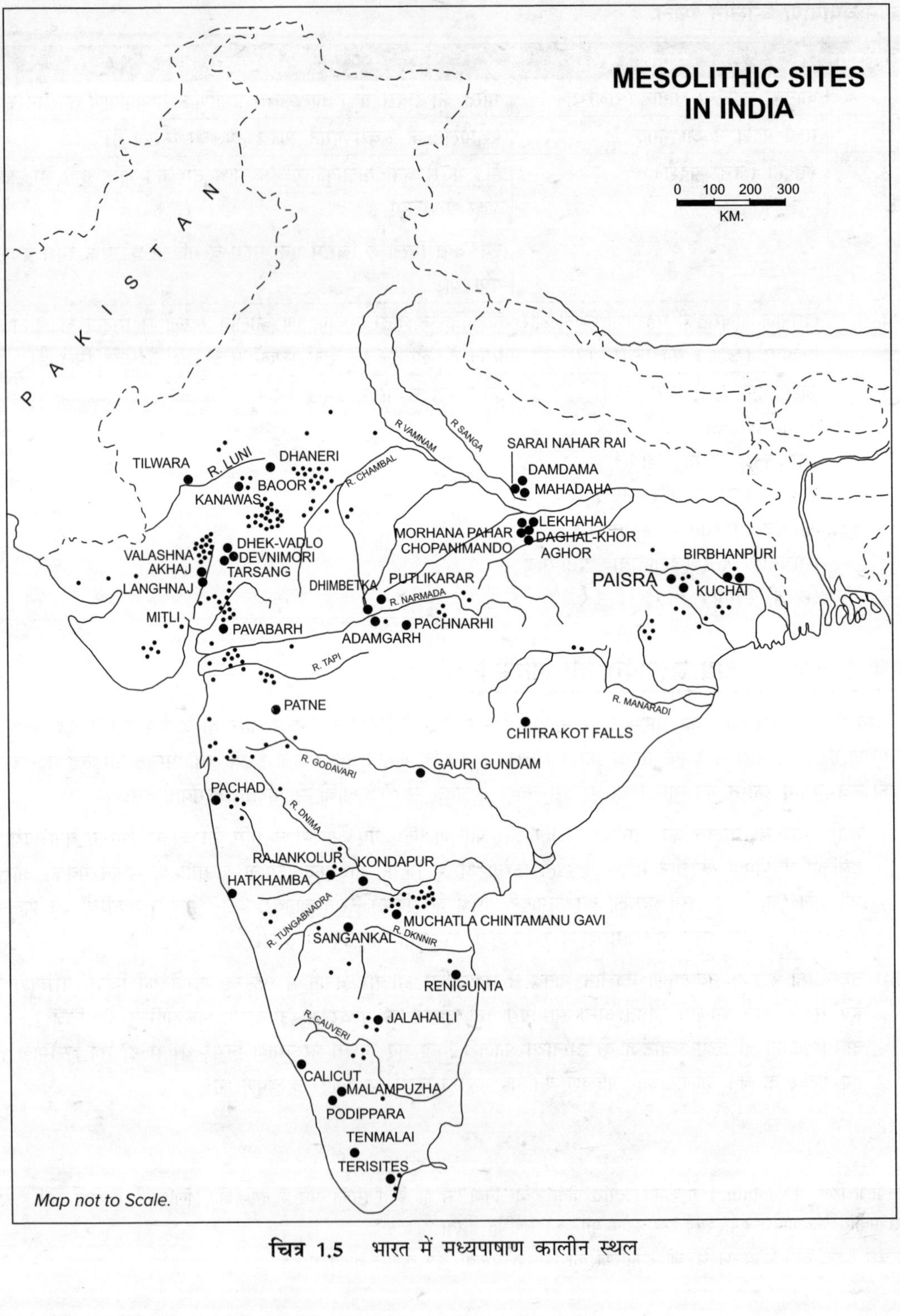


चित्र 1.5 भारत में मध्यपाषाण कालीन स्थल

(c) **मिट्टी के बर्तन बनाने का आविष्कार**[10]**:** नवपाषाण कालीन समुदायों ने **सबसे पहले हाथ से मिट्टी के बर्तन बनाने** आरंभ किए और बाद में **चाक** की सहायता से वे मिट्टी के बर्तन बनाने लगे। उनके मिट्टी के बर्तनों में **काले पॉलिश** किए गए बर्तन, **स्लेटी बर्तन** और **चटाई के छाप वाले बर्तन** शामिल हैं। इस प्रकार यह कहा जा सकता है कि **इस काल में बड़े स्तर पर मिट्टी के बर्तन देखने को मिलते हैं।**

(d) **आत्मनिर्भर ग्रामीण समुदायों का उदय:** नवपाषाण काल के अंतिम चरण में लोग ज्यादा व्यवस्थित जीवन जीने लगे थे। वे मिट्टी और बेंत से बने गोलाकार और आयताकार घरों में रहते थे। वे नाव बनाना जानते थे। साथ ही, उन्हें कपास और ऊन को धुनना और कपड़ों की बुनाई का भी ज्ञान था।

(e) **श्रम का लिंग व उम्र के आधार पर विभाजन:** जैसे-जैसे समाज की प्रगति हो रही थी, वैसे-वैसे अतिरिक्त श्रम की आवश्यकता को महसूस किया जाने लगा। इसलिए अन्य समुदायों के श्रमिकों की भी सहायता ली जाने लगी।

**चित्र 1.6** उत्तर नवपाषाण काल के अवशेष, लेखक एम. सैकलर कला और पुरातत्व संग्रहालय, पेकिंग विश्वविद्यालय, बीजिंग, चीन

| नवपाषाण कालीन क्षेत्रीय संस्कृति | |
|---|---|
| 1. **भारत की उत्तर-पश्चिमी नवपाषाण कालीन संस्कृति** | भारत के उत्तर-पश्चिमी हिस्से में नवपाषाण कालीन संस्कृति बहुत पहले आरंभ हो गई थी। उदाहरण के लिए मेहरगढ़ के स्थल से आरंभिक नवपाषाण काल के साक्ष्य प्राप्त होते हैं जो 7000 ई.पू. के हैं और यह संस्कृति सिंधु घाटी सभ्यता की पूर्ववर्ती थी। |
| 2. **कश्मीर की नवपाषाण कालीन संस्कृति** | कश्मीर की नवपाषाण कालीन संस्कृति हड़प्पा सभ्यता की समकालीन थी। सर्दी से बचने के लिए लोग गड्ढों में बने आवासों (गहराई में लगभग 4 मी.) में रहते थे। |
| 3. **गंगा घाटी और मध्य भारत की नवपाषाण कालीन संस्कृति** | इन नवपाषाण कालीन स्थलों को रस्सी के निशान वाले मिट्टी के बर्तनों से चिह्नित किया गया। कोलिडहवा, चिरांद, सेनुवार और महगढ़ा महत्वपूर्ण स्थल हैं। |

[10] अनाज जमा करने की आवश्यकता ने मनुष्य को मिट्टी के बर्तन बनाने के लिए मजबूर कर दिया। यह ज्यादातर पश्चिमी भारत में केंद्रित था, जिसमें गुजरात, राजस्थान, मध्य प्रदेश और महाराष्ट्र के कुछ हिस्से शामिल थे, क्योंकि तांबा ज्यादातर पश्चिमी भारत में पाया जाता था।

| नवपाषाण कालीन क्षेत्रीय संस्कृति | |
|---|---|
| 4. **पूर्वी भारत की नवपाषाण कालीन संस्कृति** | ये नवपाषाण कालीन स्थल बिहार और पश्चिम बंगाल में पाए गए और इसमें पूर्व और दक्षिण-पूर्व एशिया के नवपाषाण कालीन परिसरों के साथ समानता दिखाई दी। |
| 5. **दक्षिण भारत की नवपाषाण कालीन संस्कृति** | ये स्थल ज्यादातर आंध्र प्रदेश, कर्नाटक और उत्तर-पश्चिमी तमिलनाडु में मिले हैं। इन स्थलों के केंद्र में राख के टीले थे और उनके चारों ओर बस्तियां हैं। |
| 6. **उत्तर-पूर्वी भारत की नवपाषाण कालीन संस्कृति** | उत्तर-पूर्वी भारत में नवपाषाण कालीन संस्कृति बहुत बाद के काल में दिखाई दी और आमतौर पर इसे 2500-1500 ई.पू. या उससे भी बाद के काल का माना जाता है। |

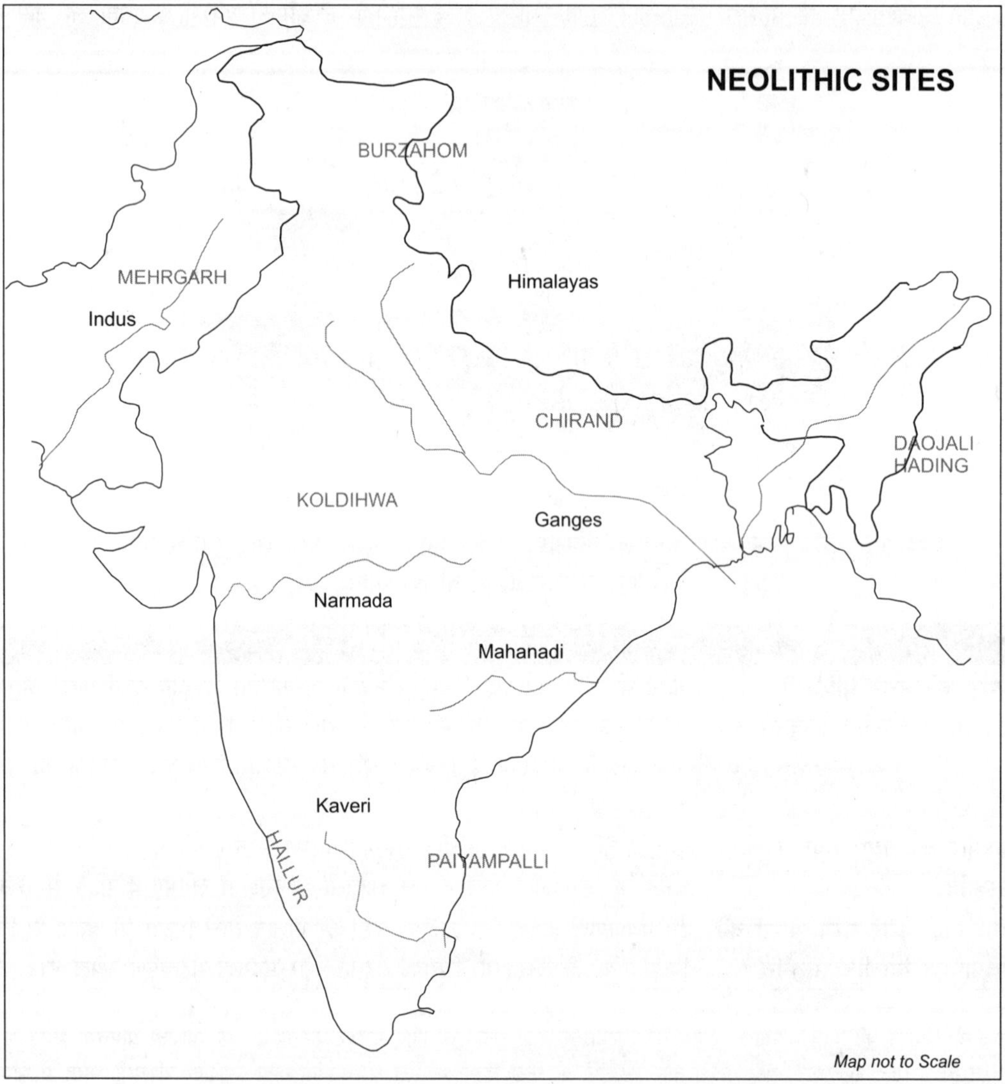


**चित्र 1.7** नवपाषाण कालीन स्थलों का मानचित्र

यह जानना भी आवश्यक है कि भारत की नवपाषाण कालीन संस्कृति विभिन्न क्षेत्रीय संस्कृतियों में विभाजित थी और वह अलग-अलग समय अंतरालों में समृद्ध हुई।

**प्रमुख पाषाणकालीन स्थल**

| क्र. सं. | स्थल | विशिष्ट पहलू |
|---|---|---|
| 1. | बुर्जाहोम (जम्मू-कश्मीर) | विशिष्ट आयताकार कुल्हाड़ी।<br>घरेलू कुत्तों को उनके मालिक के साथ ही दफना दिया जाता था |
| 2. | **गुफ्क्कराल ( जम्मू-कश्मीर )** | गड्ढों में बने आवास, पाषाण उपकरण और घरों के अंदर ही बने कब्रिस्तानों के लिए प्रसिद्ध |
| 3 | मस्की, ब्रह्मगिरी, **पिकलिहल और टक्कलकोटा ( कर्नाटक )** | **मवेशियों को चराने का प्रमाण** |
| 4. | **बुदिहल ( कर्नाटक )** | **सामूहिक भोजन तैयार करना** और **दावत** |
| 5. | **चिरांद ( बिहार )** | **हड्डियों** और **विशेषकर सींगों से बने औजारों** का प्रयोग |
| 6. | **बेलन घाटी** जो विंध्य के उत्तरी क्षेत्र और नर्मदा घाटी के मध्य भाग पर स्थित है | **पुरापाषाण कालीन बस्तियों के तीनों चरणों का प्रमाण, इसके बाद मध्यपाषाण कालीन और नवपाषाण कालीन बस्तियों के भी प्रमाण** |
| 7. | **बेलन घाटी में कोलिडहवा** | इस संदर्भ में **विशिष्ट** है कि यहां **नवपाषाण कालीन, ताम्र युग और लौह युग तीनों कालों की बस्तियों के अवशेष** मिले हैं |
| 8. | चोपानी – मांडो, **बेलन घाटी** | **मिट्टी के बर्तनों** के प्रयोग के **प्रारंभिक प्रमाण** |
| 9. | **मेहरगढ़** (रोटी की टोकरी, बलूचिस्तान, पाकिस्तान का एक प्रांत) | सबसे प्रारंभिक नवपाषाण स्थल; नवपाषाण काल के लोगों द्वारा धूप में सुखाई गई ईंटों से बनाए गए घरों के साक्ष्य; गेहूं, जौ और कपास जैसी फसलों की खेती के साक्ष्य; दंत चिकित्सा का सबसे प्रारंभिक उदाहरण, यानी मानव दांत की ड्रिलिंग। |
| 10. | कोलिडहवा और **महगढ़ा**, इलाहाबाद के दक्षिण में | गोलाकार झोपड़ियों के बहुत से स्तर, साथ ही हाथ से बने बेडौल मिट्टी के बर्तनों के अलावा **विश्व में प्रारंभिक चावल की खेती का प्रमाण** |
| 11. | तमिलनाडु में पैयमपल्ली, उत्नूर, नागार्जुंडकोंडा, आंध्र प्रदेश में बुदिहाल, आमरी, सिंध में कोटदीजी, पंजाब, मेघालय में गारो पहाड़ियाँ, सरायखोला (तक्षशिला के पास, पोटवार पठार पर) | इन संबद्ध राज्यों में प्रमुख स्थल |

| | पुरापाषाण काल | मध्यपाषाण काल | नवपाषाण काल |
|---|---|---|---|
| समय अवधि | 5,00,000-10,000 ई.पू. | 10,000-6000 ई.पू. | 6000-1000 ई.पू. |
| इस नाम से भी जाना जाता है | पुरापाषाण काल | उत्तर/मध्यपाषाण काल | नवपाषाण काल |
| काल | शिकारी और खाद्य संग्राहक | शिकारी और पशुपालक | खाद्य उत्पादक |

| | पुरापाषाण काल | मध्यपाषाण काल | नवपाषाण काल |
|---|---|---|---|
| जीवन यापन | खाद्य संग्रहण, शिकार और मछली पकड़ना | खेती से पहले का समय | कृषि, पशुपालन के साथ-साथ शिकार और संग्रहण |
| पत्थर के औजार | खुरदरे, अपरिष्कृत, बड़े और बिना पॉलिश किए पत्थर के औजार | माइक्रोलिथ (सूक्ष्म) जैसे परिष्कृत पत्थर के औजार | पॉलिश किए हुए और नुकीले पत्थर के औजार जैसे कि कुल्हाड़ी सहित सुईयां व खुरपी आदि |
| जीवन | घुमंतु जीवन | परिवर्तन काल | स्थायी जीवन |
| शरण स्थल | खुली जगहों, नदी-घाटियों और चट्टानों की आड़ में रहते थे | अर्द्धस्थायी और अस्थायी बस्तियों में रहते थे | लोगों ने स्थायी घरों में रहना आरंभ कर दिया था जैसे कि फूस की बनी झोपड़ियां |
| कला और शिल्प | प्रारंभिक पुरापाषाण काल में गुफाओं की दीवारों पर जानवरों के चित्रों के कुछ साक्ष्य | कला कौशल के भरपूर साक्ष्य मिले क्योंकि ज्यादातर गुफा चित्रकारी इस काल से संबंधित हैं | मिट्टी के बर्तन, लकड़ी के सामान और शरण स्थल व कब्रें बनाते थे |
| जानकारी | खेती, पशुपालन, घर बनाने या मिट्टी के बर्तन बनाने का ज्ञान नहीं था, लेकिन बाद के समय में आग की जानकारी प्राप्त हुई | नियंत्रित आग का प्रयोग और बाद के समय में जानवरों को साधना और कुछ पौधों की खेती आरंभ कर दी, हालांकि यह नवपाषाण काल के स्तर की नहीं थी लेकिन अभी भी उन्हें मिट्टी के बर्तन बनाने की जानकारी नहीं थी | खेती और पशुपालन के साथ मिट्टी के बर्तन बनाने व कुछ धातुओं की जानकारी |
| भाषा का विकास | कोई जटिल भाषा नहीं थी। अभिव्यक्ति के लिए संभवतः कुछ शब्द या ध्वनियों और सांकेतिक भाषा का प्रयोग | कुछ विकसित भाषा का प्रयोग आरंभ कर दिया | जटिल और विकसित भाषा का प्रयोग |

## ताम्र युग/ताम्रपाषाण काल (3000–500 ई.पू.)

ताम्रपाषाण काल पाषाण उपकरणों के साथ धातु के उपयोग के उदय को चिह्नित करता है। **तांबे** का उपयोग **सबसे पहली धातु** के रूप में किया गया। यद्यपि कहीं-कहीं पर कांसे का भी इस्तेमाल किया गया। **हड़प्पा पूर्व** की बस्तियों के काल को **तकनीकी रूप से ताम्रपाषाण काल** कहा गया, पर **देश के विभिन्न भागों में कांस्य हड़प्पा संस्कृति के बाद इसका उदय हुआ।** कुछ ताम्रपाषाण कालीन संस्कृतियां हड़प्पा संस्कृति की समकालीन हैं और कुछ उससे पहले की। हालांकि यह भी कहा जा सकता है कि ज्यादातर ताम्रपाषाण कालीन संस्कृतियां हड़प्पा सभ्यता के बाद की हैं।

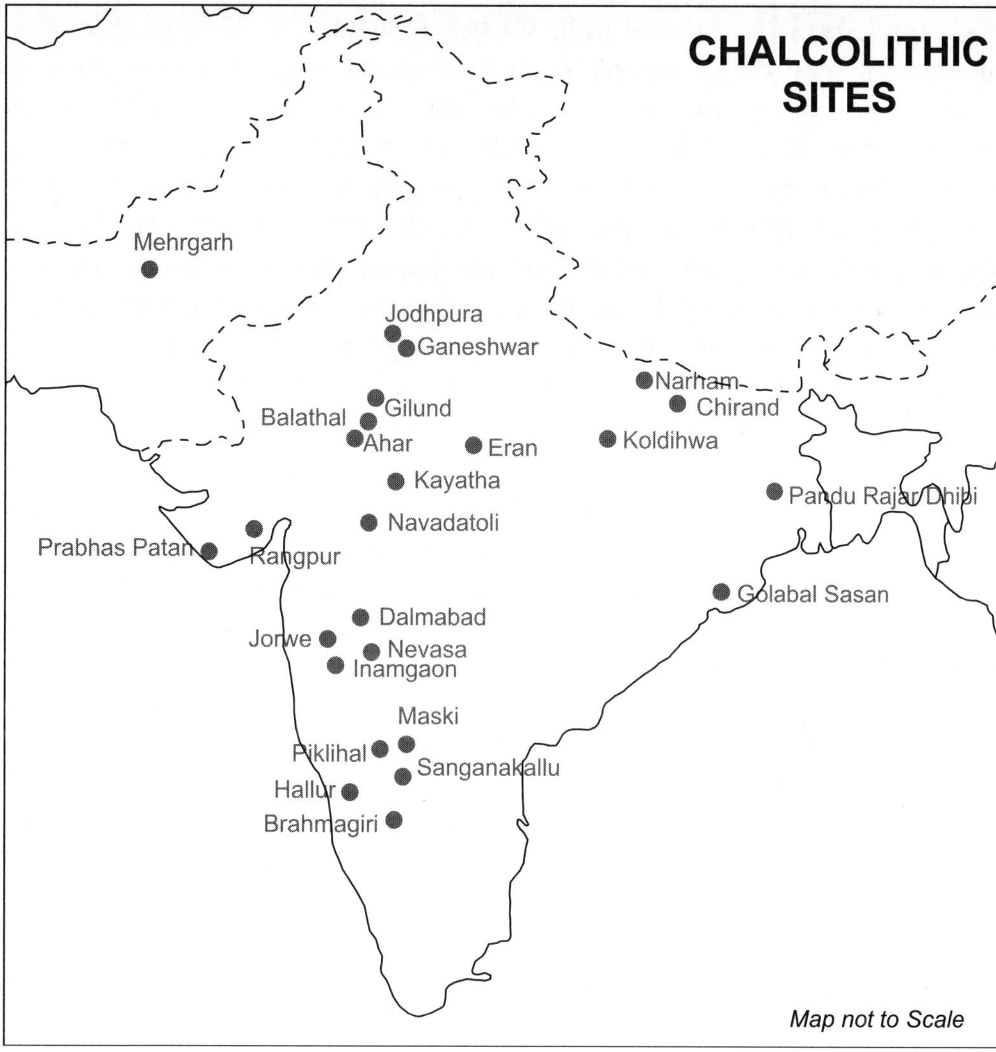


**चित्र 1.8** भारत में ताम्रपाषाण कालीन स्थल

| ताम्रपाषाण काल | हड़प्पा युग |
|---|---|
| मुख्य रूप से ग्रामीण | मुख्य रूप से शहरी |
| ज्यादातर तांबे का उपयोग | कांसे का उपयोग |
| पहाड़ियों और नदियों के निकट रहते थे | सिंधु घाटी के बाढ़ के उर्वरक मैदानों से उत्पादन द्वारा उनमें समृद्धि आई और शहरीकरण को अपनाया। |

## जीवन पद्धति और मुख्य विशेषताएं

(a) ताम्रपाषाण कालीन मानव **कृषि** और **पशुपालन** के साथ शिकार व मछली पकड़कर जीवन निर्वाह करते थे। साथ ही वे बाजरा, कई दालें जैसे मसूर, काला चना, हरा चना और मटर का उत्पादन भी करते थे, जबकि पूर्वी प्रांतों में रहने वाले लोग मछली और चावल पर निर्भर थे। वे ज्यादातर काटने-जलाने या झूम खेती की परंपरा को अपनाते थे। हालांकि, इस काल के किसी भी स्थल पर न तो हल मिला है और न ही कुदाल। यह जानना भी आवश्यक है कि इस संस्कृति का प्रमुख हिस्सा काली मिट्टी के क्षेत्र में समृद्ध हुआ जो कि मुख्यत: कपास उगाने के लिए उपयोगी होती है।

(b) ताम्रपाषाण कालीन मानव **गाय, भेड़ों, बकरियों, सुअरों और भैसों को पालते** थे और **हिरण का शिकार** करते थे लेकिन घोड़ों से परिचित नहीं थे।। वो गाय का मांस खाते थे लेकिन उन्हें सुअर का मांस पसंद नहीं था। इस बात पर गौर करना भी दिलचस्प है कि वे घरेलू जानवरों का उपयोग उनको मारकर खाने के लिए करते थे, उनका दूध निकालकर डेयरी उत्पादों के लिए नहीं (यह परंपरा आज भी बस्तर के **गोंड लोगों के बीच जारी है**)।

(c) वे विभिन्न प्रकार के मिट्टी के बर्तनों का प्रयोग करते थे जिनमें से **काले और लाल मिट्टी के बर्तनों** का प्रयोग ज्यादा प्रचलन में था। ये बर्तन चाक पर बनाए जाते थे और उस पर सफेद रेखाओं से डिजायन बनाए जाते थे। यह तथ्य भी उतना ही दिलचस्प है कि महिला कुम्हार चाक का इस्तेमाल नहीं करती थीं, सिर्फ पुरुष ही इसका उपयोग करते थे।

(d) उनकी विशेषता ग्रामीण बस्तियाँ थीं और वे **पकी ईंटों के जानकार नहीं** थे और ज्यादातर घास-फूस के घरों में रहते थे जो मिट्टी की ईंटों से बने होते थे। उनकी अर्थव्यवस्था ग्राम आधारित अर्थव्यवस्था थी। इसके अलावा, ताम्रपाषाणिक समाजों में सामाजिक असमानताओं की शुरुआत को भी देखा जा सकता है, क्योंकि जो मुखिया आयताकार घरों में रहते थे, वे गोल झोपड़ियों में रहने वाले अन्य लोगों पर हावी हो जाते थे। घरों के आकार में अंतर के साथ-साथ, कब्रों में पाई जाने वाली वस्तुओं के प्रकार में अंतर सामाजिक स्तरीकरण की ओर इशारा करता है क्योंकि कुछ कब्रों से सोने, चांदी के आभूषण और कम कीमती पत्थर मिले हैं, जबकि कुछ कब्रों से सस्ते मिट्टी के बर्तन और मिट्टी के मोती मिले हैं।

(e) उनके गांव छोटे-छोटे होते थे जिनमें झोपड़ियां एक-दूसरे के पास होती थीं। लोग आयताकार और वृताकार घरों में रहते थे जिनकी दीवारें मिट्टी की और छत फूस की बनी होती थी। अधिकतर घर एक कमरे के होते थे, लेकिन कुछ में दो या तीन कमरे भी होते थे। ताम्रपाषाणिक बस्तियों में किले और बांध जैसे सार्वजनिक भवनों का अस्तित्व एक प्रकार के सार्वजनिक प्राधिकरण की ओर संकेत करता है, लेकिन सार्वजनिक प्राधिकरण की प्रकृति और प्रकार के बारे में कुछ निश्चित जानकारी नहीं है।

(f) ताम्रपाषाण कालीन स्थलों से **भूदेवी** की छोटी मिट्टी की मूर्तियां प्राप्त हुई हैं इसलिए यह संभव है कि वे देवी मां की पूजा करते थे। मालवा और राजस्थान से मिली टैराकोटा शैली की बैलों की मूर्तियों के आधार पर कहा जा सकता है कि बैल संभवत: उनके धार्मिक पंथ का प्रतीक था। हालांकि, ताम्रपाषाण कालीन संस्कृति की खोजों में पुरुष मूर्तियाँ दुर्लभ थीं, जिससे यह संकेत मिलता है कि महिला देवताओं की तुलना में पुरुष देवताओं की स्थिति निम्न थी। इसके अलावा, कब्रों से आम उपयोग की वस्तुओं की खोज इस ओर इशारा करती है कि ताम्रपाषाण काल के लोग मृत्यु के बाद जीवन के विचार में विश्वास करते थे।

(g) ताम्रपाषाण कालीन लोग **गहनों** और **सजावट** के शौकीन थे। महिलाएं सीप और हड्डियों से बने गहने पहनती थीं और अपने बालों में बारीक काम वाले कंघे लगाती थीं। उन्होंने कारेलियन, स्टीटाइट और क्वाट्र्ज क्रिस्टल जैसे कम कीमती पत्थरों के मोतियों का निर्माण किया। वे वस्तु विनिमय प्रणाली के माध्यम से व्यापार और वाणिज्य करते थे।

(h) मालवा और राजस्थान से मिली टैराकोटा शैली की बैलों की मूर्तियों के आधार पर कहा जा सकता है कि ताम्रपाषाण कालीन लोग तांबे के **कुशल कलाकार** थे। वे **तांबे को गलाने की कला** जानते थे और साथ ही वे **बहुत अच्छे शिल्पकार** भी थे। वे कताई-बुनाई भी जानते थे। हालांकि, वे लेखन (लिखने की कला) का उपयोग नहीं जानते थे।

(i) ताम्रपाषाण कालीन लोगों के बीच **शिशु मृत्यु दर बहुत ज्यादा** थी जैसा कि पश्चिमी महाराष्ट्र में बड़ी संख्या में शिशुओं को दफनाने के साक्ष्यों से ज्ञात होता है।

ताम्रपाषाण कालीन बस्तियां दक्षिणी-पूर्वी राजस्थान, पश्चिमी मध्य प्रदेश, पश्चिमी महाराष्ट्र के साथ-साथ दक्षिणी व पूर्वी भारत के अन्य भागों में भी पाई गई हैं पर उनमें अनाज के उत्पादन और खाने में, मिट्टी के बर्तनों में और अन्य बहुत-सी बातों में निश्चित तौर पर प्रांतीय असमानताएं थीं। उदाहरण के तौर पर पूर्वी भारत चावल का उत्पादक था, जबकि पश्चिमी भारत में जौ और गेहूं की खेती होती थी। महाराष्ट्र में मृतक को उत्तर-दक्षिणी दिशा में दफनाया जाता था, जबकि दक्षिण भारत में उन्हें पूर्वी-पश्चिमी दिशा में दफनाया जाता था। पूर्वी भारत में आंशिक रूप से मृतकों को दफनाने की प्रथा थी।

| मुख्य ताम्रपाषाण कालीन संस्कृतियां | संबंधित मुख्य स्थल |
|---|---|
| (a) दक्षिण-पूर्व राजस्थान में बनास संस्कृति (2600 ई.पू. -1900 ई.पू.) | • बनास नदी (राजस्थान) की घाटी में विकसित हुई।<br>• सबसे प्रमुख स्थल उदयपुर के पास आहड़ और गिलुंड हैं। |
| (b) कायथा संस्कृति (2100 ई.पू.-2000 ई.पू.) | • कालीसिंध नदी (मध्य प्रदेश) की घाटी में फली-फूली।<br>• सबसे प्रमुख स्थल चम्बल में कायथा है। |
| (c) मालवा संस्कृति (1700 ई.पू.-1400 ई.पू.) | • सबसे प्रमुख स्थल पश्चिमी मध्य प्रदेश में नर्मदा नदी के तट पर नवदाटोली है।<br>• यह गुजरात और राजस्थान के कुछ हिस्सों में भी मौजूद थी।<br>• इसका सबसे प्रमुख स्थल पश्चिमी मध्य प्रदेश में नर्मदा नदी के तट पर नवदाटोली है। |
| (d) जोरवे संस्कृति (1400 ई.पू.-700 ई.पू.) | • यह गुजरात और राजस्थान के कुछ हिस्सों में भी मौजूद थी।<br>• यह संस्कृति परवरा नदी (गोदावरी, महाराष्ट्र की सहायक नदी) की घाटी में विकसित हुई। |
| (e) प्रभास संस्कृति (1800 ई.पू.-1400 ई.पू.) | • इसके सबसे प्रमुख स्थल महाराष्ट्र में पुणे के पास इनामगांव, जोरवे, दैमाबाद और चंदोली हैं।<br>• यह संस्कृति प्रभास पट्टन (आधुनिक सोमनाथ, गुजरात) के आसपास फली-फूली। |

**ताम्रपाषाण कालीन स्थल**

| क्र. सं. | स्थल | विशिष्ट पहलू |
|---|---|---|
| 1. | **आहड़** (बनास घाटी राजस्थान) | **धातुओं को गलाना** व **धातुकर्म**<br>पत्थर के घरों में रहना |
| 2. | **गिलुंड** (बनास घाटी, राजस्थान) | यदाकदा **पकी हुई ईंटों** का इस्तेमाल |
| 3. | नेवासा (जोरवे, महाराष्ट्र) और ऐरन (मध्य प्रदेश) | गैर-हड़प्पा संस्कृति |

| क्र. सं. | स्थल | विशिष्ट पहलू |
|---|---|---|
| 4. | **नवदाटोली** | **प्रायः सभी प्रकार के खाद्यानों की खेती** |
| 5. | **दाइमाबाद** | **गोदावरी घाटी में स्थित विशालतम जोरवे संस्कृति स्थल, जो कि कांसे की वस्तुओं** जैसेकि कांस्य गैंडा, हाथी, सवार और भैंसे के साथ दो पहियों वाला रथ, मिलने के कारण प्रसिद्ध है |
| 6. | सोनगांव, इनामगांव और नासिक (महाराष्ट्र) | बड़े-बड़े मिट्टी के घर जिसमें तंदूर भी होते थे और गड्ढों में बने गोलाकार घर |
| 7. | कायथा (मध्य प्रदेश) | मिट्टी से पुते फर्श, मिट्टी के बर्तनों में हड़प्पाकालीन संस्कृति से पहले के तत्वों के साथ-साथ तेज धार वाली तांबे की वस्तुएं |
| 8. | **मालवा** (मध्य प्रदेश) | **शानदार ताम्रयुगीन मिट्टी के पात्र,**<br>**धुरी वाले चक्र,**<br>**गैर-हड़प्पा संस्कृति** |
| 9. | बिहार में चिरांद, सेनुआर, सोनपुर; पश्चिम बंगाल में महीषदल | संबंधित राज्यों के प्रमुख स्थल |

## विगत वर्षों में पूछे गए प्रश्न (मुख्य परीक्षा)

1. भारत की मध्यपाषाण कालीन रॉक कट वास्तुकला न केवल उस समय के सांस्कृतिक जीवन को दर्शाती है, बल्कि आधुनिक चित्रकला की तुलना में उत्कृष्ट सौंदर्य बोध भी कराती है। इस टिप्पणी का समीक्षात्मक मूल्यांकन करें।

(2015)

## अभ्यास प्रश्न (प्रारंभिक परीक्षा)

1. निम्नलिखित को मिलाएं

| | सूची-I | | सूची-II |
|---|---|---|---|
| 1. | पुरापाषाण काल | (A) | तांबा |
| 2. | नवपाषाण काल | (B) | अग्नि की खोज |
| 3. | ताम्रपाषाण काल | (C) | सूक्ष्म औजार |
| 4. | मध्यपाषाण काल | (D) | फसल कटाई के औजार |

**कूट:**

| | 1 | 2 | 3 | 4 |
|---|---|---|---|---|
| (a) | A | C | D | B |
| (b) | C | A | D | B |
| (c) | B | D | A | C |
| (d) | D | C | A | B |

2. निम्नलिखित कथनों में से पहचानें कि कौन-सा विशेष तौर पर नवपाषाण काल से संबंधित है?
   1. पशुपालन और विभिन्न जंगली फसलों का उत्पादन
   2. विभिन्न औजार बनाने के लिए मानव तांबा और कांसे का इस्तेमाल करता था
   3. पत्थर के छोटे टुकड़ों से विशेष तौर पर बना औजार जिसका एक सिरा नुकीला होता था

   (a) केवल 1 (b) 1, 2, 3
   (c) केवल 1 और 3 (d) केवल 1 और 2

3. ऐतिहासिक काल और पुरातत्विक स्थलों का मिलान करें।

| काल | स्थल |
|---|---|
| 1. पुरापाषाण काल | (A) भीमबेतका |
| 2. मध्यपाषाण काल | (B) बेलन |
| 3. नवपाषाण काल | (C) नवादा टोली |
| 4. ताम्रपाषाण काल | (D) मेहरगढ़ |

**कूटः**

| | 1 | 2 | 3 | 4 |
|---|---|---|---|---|
| (a) | A | C | D | B |
| (b) | C | A | D | B |
| (c) | B | A | D | C |
| (d) | D | C | A | B |

4. निम्नलिखित में से कौन-सी नवपाषाण कालीन विशेषता है?
   1. बारीकी से तराशे गए पत्थर के छोटे टुकड़ों से बने औजार, गंड़ासा और छेनी।
   2. मवेशी, घोड़े और खेती में काम आने वाले जानवरों का पशुपालन।
   3. मिट्टी के बर्तनों पर चित्रकारी और सजावट।

   (a) केवल 1, 2, 3 (b) केवल 1 और 2
   (c) केवल 2 और 3 (d) उपरोक्त में से कोई नहीं

5. निम्नलिखित विवरणों में से कौन-सा सबसे उपयुक्त है?
   1. तकनीकी रूप से ताम्रपाषाण काल हड़प्पा संस्कृति से पूर्व का चरण माना जाता है, पर देश के विभिन्न भागों में इसका उदय कांस्य हड़प्पा संस्कृति के बाद हुआ।
   2. जरूरी नहीं है कि सभी ताम्रपाषाण कालीन संस्कृतियां पूर्व हड़प्पा संस्कृति हो, लेकिन पूर्व हड़प्पा की सभी संस्कृतियां जरूर ताम्रपाषाण कालीन संस्कृतियां हैं।
   3. सभी ताम्रपाषाण कालीन संस्कृतियां निश्चित तौर पर पूर्व हड़प्पा संस्कृतियां हैं, लेकिन जरूरी नहीं है कि पूर्व हड़प्पा की सभी संस्कृतियां ताम्रपाषाण कालीन संस्कृतियां हों।

   (a) केवल 1
   (b) केवल 1 और 3
   (c) उपरोक्त सभी 1, 2, 3
   (d) केवल 1 और 2

6. प्रागैतिहासिक कला के संदर्भ में निम्नलिखित विवरणों में से कौन-सा सही है?
   (a) पुरापाषाण काल और मध्यपाषाण काल में मानव चित्रकारी करते थे।
   (b) भीमबेटका गुफाओं में प्रागैतिहासिक कला देखने को नहीं मिलती।
   (c) सौरमंडल के विभिन्न दृश्यों की चित्रकारी की गई।
   (d) चित्रकारियों में लोगों की धार्मिक विश्वास की झलक मिलती है।

7. मानव द्वारा कौन-सी धातु का सर्वप्रथम उपयोग किया गया?
   (a) तांबा (b) चांदी
   (c) कांसा (d) लोहा

8. निम्नलिखित में से किस काल से हम सूक्ष्म औजारों को जोड़ सकते हैं?
   (a) पुरापाषाण काल (b) ताम्रपाषाण काल
   (c) नवपाषाण काल (d) मध्यपाषाण काल

9. निम्नलिखित में से किस काल के साथ हम बड़े पत्थरों को जोड़ सकते हैं?
   (a) अत्यंत नूतनकाल
   (b) नवपाषाण-ताम्रपाषाण
   (c) मध्यपाषाण काल
   (d) उपरोक्त में से कोई नहीं

10. सबसे पहले धातु के औजारों का इस्तेमाल किस काम के लिए किया गया?
    (a) बर्तन बनाने के लिए
    (b) घर बनाने के लिए
    (c) जंगलों को साफ करने के लिए
    (d) पहियों को बनाने के लिए

11. पाषाणकाल के दौरान सर्वप्रथम किन जानवरों को पालतू बनाया गया?
(a) कुत्ता, बकरी, भेड़ (b) कुत्ता, घोड़ा, बकरी
(c) घोड़ा, भेड़, बकरी (d) भेड़, हाथी, कुत्ता

12. किस काल में घुमंतू मानव ने बसने की प्रक्रिया आरंभ की?
(a) पुरापाषाण काल (b) मध्यपाषाण काल
(c) नवपाषाण काल (d) ताम्रपाषाण काल

13. इनमें से किस काल में मानव भोजन संग्राहक से भोजन उत्पादक बना?
(a) पुरापाषाण काल (b) मध्यपाषाण काल
(c) ताम्रपाषाण काल (d) नवपाषाण काल

14. पुरापाषाण काल में मानव की सबसे बड़ी खोज थी:
(a) धातु के औजार (b) चाक
(c) अग्नि की खोज (d) कातना व बुनना

15. ताम्रपाषाण काल के दौरान मानव सिर्फ एक धातु से परिचित था:
(a) लोहा (b) सोना
(c) तांबा (d) चांदी

16. निम्नलिखित में से कौन-सा वाक्य सही नहीं है?
(a) भारत में ताम्रपाषाण कालीन मानव पकी हुई ईंटों से परिचित थे।
(b) पुरापाषाण काल के उत्तरार्द्ध में मानव को अग्नि की जानकारी थी।
(c) भीमबेटका गुफाएं प्रागैतिहासिक चित्रकारी का खजाना है।
(d) नवपाषाण काल में मानव ने खेती करना आरंभ किया।

17. **स्थल** **काल**
1. आहार और गिलुंड (A) ताम्रपाषाण
2. मोहनजोदड़ो (B) हड़प्पा
3. बुर्जहोम (C) नवपाषाण
4. बागौर (D) मध्यपाषाण

**कूट:**

| | 1 | 2 | 3 | 4 |
|---|---|---|---|---|
| (a) | A | C | B | D |
| (b) | C | A | D | B |
| (c) | A | B | C | D |
| (d) | D | C | A | B |

18. नवपाषाण कालीन अर्थव्यवस्था से संबंधित निम्नलिखित कथनों पर विचार करें।
1. नवपाषाण कालीन संस्कृति के पूर्वार्द्ध की अर्थव्यवस्था कृषि और पशुपालन पर आधारित थी।
2. नवपाषाण कालीन मानव लोहे से परिचित था।
निम्नलिखित में से कौन से कथन सही हैं?
(a) केवल 1 (b) 1 और 2 दोनों
(c) केवल 2 (d) उपरोक्त में से कोई नहीं

19. ताम्रपाषाण कालीन लोगों से संबंधित निम्नलिखित कथनों पर विचार करें।
1. ताम्रपाषाण कालीन समुदाय अन्य समकालीन समुदायों के साथ व्यापार और वस्तुओं का आदान-प्रदान करते थे।
2. आहार, गिलुंड, नवदाटोली, ऐरन, रंगपुर, दाइमाबाद और इनामगांव जैसी बड़ी बस्तियां व्यापार और वस्तुओं के आदान-प्रदान के प्रमुख केंद्र के रूप में कार्य करते थे।
3. तांबे के स्रोतों के पास बसे आहार सभ्यता के लोग मालवा और गुजरात के अन्य समकालीन समुदायों को तांबे के औजार व वस्तुओं की आपूर्ति करते थे।
निम्नलिखित में से कौन से कथन सही हैं?
(a) केवल 1 (b) 1 और 2
(c) 2 और 3 (d) उपरोक्त सभी

20. ताम्रपाषाण कालीन तकनीकी स्तर से संबंधित निम्नलिखित कथनों पर विचार करें।
1. ताम्र पाषाणकालिक लोग कुशल ताम्रकार थे और उन्होंने धातु तकनीक में काफी प्रगति की थी।
2. मिट्टी के चित्रित बर्तन कुशलता से बनाए गए थे।
निम्नलिखित में से कौन से कथन सही हैं?
(a) केवल 1 (b) 1 और 2
(c) केवल 2 (d) उपरोक्त सभी में से कोई नहीं

21. भारत की ताम्र पाषाणकालिक संस्कृतियों से संबंधित निम्नलिखित कथनों पर विचार करें।
    1. कुछ ताम्र पाषाणकालिक संस्कृतियां हड़प्पा संस्कृति की समकालिक थीं और कुछ हड़प्पा के बाद की थीं।
    2. ताम्रपाषाण कालीन संस्कृति की विशेषता उसके लाल और काले रंग के चित्रित मिट्टी के बर्तन थे।
    3. ग्रामीण हड़प्पा की तुलना में यह संस्कृति शहरी थी।

    निम्नलिखित में से कौन से कथन सही हैं?
    (a) केवल 1 (b) 1 और 2
    (c) 1 और 3 (d) उपरोक्त सभी

22. निम्नलिखित में कौन से जोड़े आपस में मेल नहीं खाते हैं?
    1. उत्तरार्द्ध पुरापाषाण काल - कुल्हाड़ी और बड़े चाकू बनाने का उद्योग
    2. मध्यपुरापाषाण काल - तराशे गए पत्थरों से बने औजार
    3. पूर्वार्द्ध पुरापाषाण काल - गंड़ासे व छेनी से बने औजार

    (a) केवल 1 (b) केवल 1 और 2
    (c) उपरोक्त सभी (d) उपरोक्त में से कोई नहीं

23. मध्य पुरापाषाण कालीन संस्कृति के औजारों व तकनीक से संबंधित निम्नलिखित कथनों पर विचार करें।
    1. मध्य पुरापाषाण की मूल विशेषता चमकीले और चिकने पत्थरों को तोड़कर उनसे छोटे पत्थर के टुकड़ों को तराशना थी।
    2. औजारों में विभिन्न प्रकार की कुदाली, छिद्रक और छूरियां थीं।

    उपरोक्त में से कौन से कथन सही हैं?
    (a) केवल 1 (b) 1 और 2
    (c) केवल 2 (d) कोई भी नहीं

24. निम्नलिखित में से किस पुरातात्विक स्थल पर पुरापाषाण, मध्यपाषाण और नवपाषाण कालीन अवशेष मिले हैं?
    (a) बेलन घाटी (b) भीमबेटका
    (c) नेवासा (d) पुष्कर

## उत्तरमाला

| | | | | | | | |
|---|---|---|---|---|---|---|---|
| 1. (c) | 2. (a) | 3. (c) | 4. (a) | 5. (a) | 6. (a) | 7. (a) | 8. (d) |
| 9. (b) | 10. (c) | 11. (a) | 12. (c) | 13. (d) | 14. (c) | 15. (c) | 16. (a) |
| 17. (c) | 18. (a) | 19. (d) | 20. (b) | 21. (b) | 22. (d) | 23. (b) | 24. (a) |

## अभ्यास प्रश्न (मुख्य परीक्षा)

1. पाषाण काल के विभिन्न चरणों की व्याख्या करें, हर एक चरण की विशेषताएं और उनसे जुड़े प्रमुख स्थलों का वर्णन करें।
2. नवपाषाण काल मानव जाति की विकास प्रक्रिया में एक विशेष स्थान क्यों रखता है? पांच उदाहरणों सहित विस्तार से समझाएं।
3. ''तकनीकी रूप से ताम्रपाषाण काल-हड़प्पा संस्कृति से पूर्व का चरण माना जाता है, पर देश के विभिन्न भागों में इसका उदय कांस्य हड़प्पा संस्कृति के बाद हुआ।'' क्या यह कथन कोई प्रामाणिकता रखता है? तर्कपूर्ण विवेचना करें।
4. लिखित लिपि के अभाव में, ताम्रपाषाण कालीन मिट्टी के बर्तन हमें उस समय के लोगों की संस्कृति और जीवन शैली के बारे में आकर्षक जानकारी प्रदान करते हैं। इसकी आलोचनात्मक टिप्पणी करें।

अध्याय

# 2

# हड़प्पा सभ्यता / कांस्य युगीन सभ्यता (2600–1900 ई.पू.)

हड़प्पा सभ्यता **दक्षिण एशिया की प्रथम नगरीय सभ्यता थी**। यह **मेसोपोटामिया** और **मिस्र** की सभ्यताओं की समकालीन थी। उपरोक्त तीनों सभ्यताओं में से हड़प्पा सभ्यता **सबसे बड़े क्षेत्र** (370 एकड़) में फैली थी। आरंभिक इतिहासकारों ने इसे सिंधु घाटी सभ्यता का नाम दिया था, लेकिन उसके बाद घग्घर – हाकरा प्रदेश में हुई खुदाई में बड़ी बस्तियों के मिलने से ज्ञात हुआ कि यह सिंधु क्षेत्र के बाहर दूर तक फैली हुई थी। **हड़प्पा** में **सबसे पहले इस सभ्यता के पुरातात्विक स्थल** की **खोज** हुई, इसलिए इस पूरी सभ्यता को **हड़प्पा के नाम** से जाना जाता है। यह **भारतीय प्रागैतिहासिक काल** का एक अंग है और **कांस्य युग** के अंतर्गत आती है। यद्यपि इस सभ्यता को **ताम्रयुगीन सभ्यता से पुरानी सभ्यता** के

रूप में वर्गीकृत किया जाता है, लेकिन बहुत-सी बातों में यह **ताम्रयुगीन** बस्तियों से **कहीं ज्यादा विकसित** थी। हड़प्पा सभ्यता को तीन कालों में वर्गीकृत किया जा सकता है:*

(i) **आरंभिक/हड़प्पा पूर्व काल ( 3200–2600 ई.पू. )**

(ii) **पूर्ण विकसित हड़प्पा काल ( 2600–1900 ई.पू. )**

(iii) **उत्तर हड़प्पा काल ( 1900–1300 ई.पू. )**

**एक सामान्य समय सीमा निर्दिष्ट की गई है क्योंकि विभिन्न चरणों के समय में बहुत ज्यादा अंतर है।* — 

इस बात का खंडन नहीं किया जा सकता है कि हड़प्पा सभ्यता के सभी चरणों में एक सांस्कृतिक निरंतरता मौजूद रही फिर भी इन चरणों में आपस में थोड़ा-सा अंतर है।

| आरंभिक हड़प्पा काल | पूर्ण विकसित हड़प्पा काल | उत्तर हड़प्पा काल |
|---|---|---|
| **आरंभिक हड़प्पा काल** को **प्रादेशीकरण युग** कहा जाता है जो कि हड़प्पा सभ्यता का **रचनात्मक, आद्य शहरी चरण** था। इस चरण में, लोग बड़े गांवों में रहते थे और शहरों का क्रमिक विकास शुरू हुआ। इस प्रकार यह ग्रामीण से शहरी जीवन की ओर एक संक्रमणकालीन चरण था। | **विकसित हड़प्पा काल या एकीकरण युग हड़प्पा सभ्यता का शहरी चरण था जो कि पूर्ण रूप से विकसित सभ्यता की विशेषताओं को दर्शाता है।** यह नोट करना उचित है अनाधिकृत पारिभाषित शब्द हड़प्पा संस्कृति या हड़प्पा सभ्यता मुख्य रूप से **इसी विकसित शहरी चरण** के लिए इस्तेमाल किया जाता है। | **हड़प्पा सभ्यता का अंतिम चरण** या **स्थानीयकरण युग शहरीकरण के बाद** का चरण था जिसे **शहरों के पतन** के रूप में परिभाषित किया जा सकता है। यह हड़प्पा सभ्यता का अंतिम काल था और इसका उल्लेख एकीकरण युग की संस्कृति के विघटन के रूप में किया जाता है। |
| यह इस व्यवस्था के हाकरा चरण से संबंधित है, इस समय की बस्तियां अपने सुदृढ़ीकरण के कारण **चिन्हित की जा** सकती है।<br>(a) किलेबंदी<br>(b) इस काल में काफी उच्च स्तर की विशेषज्ञता देखने को मिलती है। विशेष प्रकार के शिल्प जैसे पत्थरों के काम में मनके बनाने और धातु शिल्प में,<br>(c) इसके साथ ही पहियों वाले परिवहन के साधन और व्यापार प्रसार का अस्तित्व भी था।<br>हरे पत्थर जेड को छोड़कर ज्यादातर कच्चा माल जो कि आरंभिक हड़प्पा बस्तियों में नहीं पाया गया, विकसित हड़प्पा काल में इस्तेमाल होने वाले कच्चे माल से मिलता है। हालांकि यहां **बड़े नगर नहीं मिलते हैं** जो विकसित हड़प्पा काल को परिभाषित करते हैं, और यहां **न ही शिल्प विशेषज्ञता** इतनी अधिक मिलती थी। | इस तथ्य को समझना भी उतना ही महत्वपूर्ण है कि हड़प्पा संस्कृति या हड़प्पा सभ्यता जैसे पारिभाषित शब्दों का उपयोग सभी उत्खनन स्थलों के लिए किए जाने का यह अर्थ कदापि यह नहीं है कि अन्य सभी स्थल हड़प्पा के समान थे। यह सिर्फ इस तथ्य से संबंधित है कि अन्य स्थलों में हड़प्पा में **इस्तेमाल की गई सामग्री के समान** ही बुनियादी ढांचा था जैसे कि **ठेठ लाल और काली मिट्टी के बर्तन, टैराकोटा की मूर्तियां, ईंटों का मानक नाप 1:2:4** आदि। | उत्तर हड़प्पा काल की बस्तियां विकसित हड़प्पा काल की तुलना में **छोटी** थीं। विकसित काल से परिवर्तन कोई अचानक से बदलाव नहीं दिखाता है, लेकिन मोहरों, मिट्टी के बर्तनों तक सीमित लेखन, घनत्व के वजनों की आवृत्ति आदि में धीरे-धीरे परिवर्तन आया। |

| आरंभिक हड़प्पा काल | पूर्ण विकसित हड़प्पा काल | उत्तर हड़प्पा काल |
|---|---|---|
| कुछ **आरंभिक हड़प्पा पुरातात्विक स्थल** हैं– गुजरात में **पादरी**, राजस्थान में **कालीबंगन,** कच्छ में **धोलावीरा**, पश्चिम पंजाब में **हड़प्पा**, सिंध में **बालाकोट (पाकिस्तान), आमरी (सिंध) व भिर्राना हरियाण), कोटदीजी (सिंध) और गुमला**। यह बात उल्लेखनीय है कि सक्रिय सिंधु मैदानों में कोई भी आरंभिक हड़प्पा स्थल नहीं मिला है। | इस चरण से संबंधित कुछ संबंधित महत्वपूर्ण स्थल (साइट) हैं, पश्चिम पंजाब में **हड़प्पा, मोहनजोदड़ो** और पाकिस्तान में **सुतकागेंडोर**, गुजरात में **लोथल**, राजस्थान में **कालीबंगन**, कच्छ में **धोलावीरा**, हरियाणा में **बनवाली** और **राखीगढ़ी**। | उत्तर हड़प्पा काल पांच भौगोलिक क्षेत्रों से मिलकर बना था जिनमें से सभी के अपने-अपने अलग चरण थे।<br>(a) **पश्चिमी पंजाब चरण** (कब्रिस्तान-हड़प्पा संस्कृति)<br>(b) **पूर्वी पंजाब चरण**<br>(c) **झूकर चरण:** महत्वपूर्ण झूकर स्थल-चन्दहुदड़ो और आमरी थे।<br>(d) **रंगपुर चरण:** रंगपुर चरण स्थल – कच्छ, सौराष्ट्र और गुजरात की मुख्य भूमि में थे।<br>(e) **गंगा-यमुना दोआब चरण:** उत्तर हड़प्पा बस्तियां संख्या में भी ज्यादा थीं, लेकिन वे छोटी और ज्यादा ग्रामीण थी। यद्यपि उन्हें **विविध कृषि आधारों** द्वारा **चिन्हित** किया जाता है। |

## विकसित हड़प्पा चरण की सामान्य विशेषताएं

पुरातात्विक साक्ष्यों से हड़प्पा सभ्यता के बारे में बहुत-सी विशेषताएं उजागर होती हैं, जो कि सांस्कृतिक एकरूपता के साथ-ही-साथ विविधता को भी दर्शाती है। हड़प्पा संस्कृति की उत्पत्ति के विषय में कोई भी पूर्णत: मान्य सिद्धांत नहीं है। पर सामान्यत: ऐसा माना जाता है कि यह **पूर्व हड़प्पा/देशी ग्रामीण संस्कृति** (जो कि अधिक विश्वसनीय तर्क है) से उत्पन्न हुई थी, या जैसा कि **विस्तारवादी सिद्धांतकारों** का तर्क है कि इसकी उत्पत्ति **मेसोपोटामिया की सभ्यता** से हुई। हड़प्पा सभ्यता का विस्तार जिस क्षेत्र में था वह **आकृति में त्रिकोणीय** था और तीन प्राचीन शहरी सभ्यताओं में **सबसे विशाल** थी। अन्य दो सभ्यताएं प्राचीन मिस्र और मेसोपोटामिया (आज का इराक) थीं। हड़प्पा सभ्यता मोटे तौर पर आज के राजस्थान, पंजाब, हरियाणा, गुजरात और पाकिस्तान में फैली थी।

उत्तर (जम्मू में मांडा)

पश्चिम (बलुचिस्तान में सुत्कागेंडोर) ⟷ पूर्व (उत्तर प्रदेश में आलमगीरपुर)

दक्षिण (महाराष्ट्र में दैमाबाद)

## नगर योजना

हड़प्पा सभ्यता अपने **शहरी स्वरूप** और नगरीय योजनाओं व व्यवस्था की परिष्कृत समझ के लिए जानी जाती है। ज्यादातर हड़प्पा के नगर दो भागों में विभाजित थे:

- **दुर्ग/उठा हुआ हिस्सा:** यह हिस्सा एक छोटे क्षेत्र को घेरता था और यह अक्सर नगर के पश्चिम की ओर स्थित होता था। नगर के शासक यहां रहते थे। इसके अलावा यहां सार्वजनिक इमारतें, भंडार घर और महत्वपूर्ण कार्यशालाएं भी होती थीं।
- **निचला हिस्सा:** नगर के इस हिस्से में आम जनता रहती थी और अपनी आजीविका (काम-धंधे) चलाती थी।

हड़प्पा नगर योजना के विशिष्ट पहलू इस प्रकार थे:

(a) सड़कें चौड़ी थीं। मुख्य सड़क दस मीटर चौड़ी थी और नगर को आयताकार व चौकोर खंडों में बांटती थी।

(b) कुछ-कुछ अंतराल पर रोशनी के लिए लैम्प पोस्ट लगाए गए थे। वे लोग उत्तम गुणवत्ता की **पक्की ईंटों** का इस्तेमाल करते थे जिनकी अद्भुत विशेषता **उनकी मोटाई, चौड़ाई और लंबाई का समान अनुपात 1 : 2 : 4** था। यह हड़प्पा के सभी भवनों में देखने को मिलती है। साथ ही उतना ही अनोखा **ईंटों के औसत माप में एकरूपता थी जो कि घरों के लिए 7 × 14 × 28 सेमी. और नगर की दीवार के लिए 10 × 20 × 40 सेमी. थी।**

(c) उनकी **जल निकासी व्यवस्था** शानदार थी। नालियां गारे, चूने व जिप्सम की बनी होती थी और उन्हें ढकने व आसानी से साफ करने के लिए ईंटों व पत्थरों के बड़े-बड़े टुकड़ों का प्रयोग किया जाता था। सभी मकान सड़क की नालियों से जुड़े हुए थे, जो सड़कों के दोनों ओर बनाये गये थे। सड़क की नालियाँ पक्की ईंटों से बनी होती थीं, जिनके कोने विशेष आकार की ईंटों से बने होते थे। वे वॉटरप्रूफिंग के सिद्धांतों से अच्छी तरह परिचित थे, क्योंकि गंदे पानी के रिसाव को रोकने के लिए ईंटों को बारीकी से फिट किया गया था और मिट्टी के गारे से सील किया गया था। इसके साथ ही, नियमित अंतराल पर छोटे निपटान (व्यवस्थित) पूल और जाल भी बनाये गये थे, ताकि केवल पानी बह सके, जिससे पानी के साथ बह जाने वाले ठोस अपशिष्टों और अन्य तलछटों पर नियंत्रण रखा जा सके।

(d) ज्यादातर घर दो या दो से अधिक मंजिल के होते थे। हालांकि वे मकान आकार में एक जैसे नहीं होते थे, फिर भी उनमें काफी एकरूपता थी। **कोई भी खिड़की सड़क की ओर नहीं खुलती थी** और स्नानागार के फर्श पक्की ईंटों के बनते थे। कुछ घरों में अपने कुएं भी होते थे।

नगर योजना आमतौर पर **ग्रीड स्वरूप (पैटर्न)** का पालन करती थी। सड़कें उत्तर की ओर से जाती थीं और एक-दूसरे को **समकोण** बनाते हुए काटती थी। हड़प्पावासी वर्षा जल को **जलाशयों** में एकत्र करते थे, जैसा कि **धोलावीरा** से स्पष्ट होता है।

## समाज और राजनीति

(a) हड़प्पा समाज एक **शहरी** समाज था, जो कि ज्यादातर मध्यम वर्ग से मिलकर बना था। खुदाई में मिले घरों से जानकारी मिलती है कि वहां कम-से-कम तीन अलग-अलग सामाजिक समूह थे– **शासक, अमीर व्यापारी** और **गरीब श्रमिक**, जो कि नगर के निचले हिस्से में रहते थे।

(b) हड़प्पावासी पुजारी, योद्धा, कृषक, व्यापारी और कलाकार आदि जैसे विभिन्न पेशे अपनाते थे। हड़प्पा[1] और लोथल[2] जैसे स्थलों से प्राप्त संरचनात्मक ढांचे इंगित करते हैं कि विभिन्न जातियों द्वारा भिन्न प्रकार की इमारतों का प्रयोग आवास के तौर पर किया जाता था। विभिन्न आवासीय संरचनाओं द्वारा सामाजिक भेदभाव भी प्रमाणित होता है, जिसमें कमरों की संख्या एक से बारह तक भिन्न होती थी।

(c) राजनीति की प्रकृति के बारे में निश्चित रूप से कुछ भी ज्ञात नहीं है। लेकिन हड़प्पा शहरों में व्यापारिक वर्ग की प्रबलता के आधार पर यह माना जाता है कि हड़प्पा पर संभवतः व्यापारियों के एक वर्ग का शासन था, जो संभवतः विजय की तुलना में वाणिज्य में अधिक गंभीर थे। हालांकि, किलेबंदी कई शहरों में स्पष्ट है। उदाहरण के लिए, विशेषकर धोलावीरा में किलों के भीतर किले थे।

(d) ऐसा प्रतीत होता है कि हड़प्पा सभ्यता में आधुनिक नगरपालिका समितियों के समान शहरी प्रशासनिक निकाय थे, क्योंकि शहरों का नियोजित अभिन्यास, सार्वजनिक भवनों का निर्माण और रख-रखाव ऐसे निकायों की अनुपस्थिति में लगभग असंभव होता।

(e) हड़प्पा समाज प्रकृति में **मातृ-प्रधान** लगता है, जैसा कि बड़ी संख्या में मिलीं टेराकोटा स्त्री मूर्तियों और देवी माँ की लोकप्रियता के आधार पर भी यही संकेत मिलता है। लेकिन हड़प्पा समाज में विरासत की प्रकृति के बारे में अभी भी बहुत कुछ ज्ञात नहीं है।

(f) हड़प्पा के लोग आमतौर पर सूती, रेशम और ऊनी कपड़े पहनते थे। मोहनजोदारो में बुने हुए कपड़े का एक टुकड़ा पाया गया है, जबकि कई स्थलों पर तकलियों और सुइयों की खोज हड़प्पा के लोगों के बीच कताई और बुनाई की प्रथा की पुष्टि करती है। उस काल से संबंधित टैराकोटा मूर्तियों और पत्थर की मूर्तियों से उनके वस्त्र पहनने के तरीके का अनुमान लगाया जा सकता है, जिसमें पुरुष अधिकतर निचले हिस्से में कपड़ा लपेटे हुए दिखते हैं जिसका एक सिरा बाएं कंधे के ऊपर और दायीं भुजा के नीचे दिखता है।

## कृषि और पशुपालन

कृषि हड़प्पावासियों के जीवन निर्वाह के लिए एक महत्वपूर्ण स्त्रोत थी। हड़प्पावासी[3] मुख्यतः **गेहूं** (विशेषकर **मेहरगढ़** में), जौ, चने की दाल, मटर, खरबूज, तरबूज, तिल, खजूर, बाजरा, अंगूर, मेहंदी, लहसुन, सरसों और **चावल (लोथल)** का उत्पादन करते थे। वे लोग अपने खाने के लिए पर्याप्त अन्न का उत्पादन कर लेते थे और अतिरिक्त अनाज को भंडारघरों में संग्रहित कर लेते थे। उन्होंने पर्याप्त भोजन का उत्पादन किया और अतिरिक्त खाद्य सामग्री[4] का भण्डारण भंडारगृह में किया जिसका प्रमाण खोज में पाए गए हड़प्पा के मोहनजोदड़ो और लोथल में मिले अन्न भंडारों से मिलता है।

हड़प्पावासियों की कृषि प्रथा संबंधित विशेषताएं निम्नलिखित हैं:

(a) हड़प्पा सभ्यता के **कालीबंगन में जोते हुए खेत** खोजे गए हैं जिन्हें संभवतः **लकड़ी के हल** से जोता गया था। **बनावली और बहावलपुर से टैराकोटा के बने हल के मॉडल मिले हैं।** सिंधु के मैदानों में, नवंबर में लोग बाढ़ के मैदानों में बीज बोते थे, जब बाढ़ का पानी उतर जाता था तब वे अप्रैल में अगली बाढ़ के आने से पहले अपनी गेहूं और जौ की फसलों को काट लेते थे।

---

[1] हड़प्पा में अन्न भंडार के पास स्थित श्रमिक क्वार्टरों से श्रमिकों के एक वर्ग की उपस्थिति सिद्ध होती है।

[2] इसी तरह, लोथल में तांबे के कारीगरों और मनके बनाने वालों के लिए बनी कार्यशालाएं और घर खोजे गये हैं।

[3] सिंध और पंजाब के हड़प्पा समाज बड़े पैमाने पर गेहूं और जौ खाते थे, जबकि रंगपुर और सुरकोटदा के लोग चावल और बाजरा खाते थे।

[4] ऐसी पूरी संभावना है कि किसानों से कर के रूप में खाद्यान्न लिया जाता था और मजदूरी के भुगतान के साथ-साथ आपातकाल के दौरान उपयोग के लिए अन्न, भंडार गृह में संग्रहीत किया जाता था।

(b) हड़प्पावासी सामान्यत: नहरों का उपयोग नहीं करते थे बल्कि बाढ़-सिंचाई करते थे। सिंधु के मैदान में जब बाढ़ का पानी कम हो जाता था तो लोग नवंबर में बाढ़ के मैदानों में बीज बो देते थे और अगली बाढ़ आने से पहले अप्रैल में गेहूं और जौ की फसल काट लेते थे।

(c) हड़प्पा सभ्यता **कपास** उगाने वाली सबसे पहली ज्ञात सभ्यता है। इस कपास को यूनानियों द्वारा **'सिंडॉन'** के रूप में जाना जाता था क्योंकि यह सिंध से आई थी।

(d) हड़प्पावासी मांसाहारी भोजन पसंद करते थे और इसलिए वे जहां संभव होता था **नदियों और समुद्री संसाधनों** का लाभ भी उठाते थे। उदाहरण के तौर पर गुजरात के समुद्र तटीय क्षेत्र के लोगों के लिए सीप या घोंघा जैसे जीव प्रोटीन से भरे महत्वपूर्ण खाद्य उत्पाद थे। मांसाहारी भोजन के अतिरिक्त हड़प्पावासी दूध और दही का भी प्रयोग करते थे।

(e) हड़प्पावासी बड़े स्तर पर **पशुपालन** करते थे। मवेशी जानवरों (बैल, भैंस, बकरी, वृषभ, भेड़, सुअर, गधे, ऊंट) के अतिरिक्त वे बिल्ली और कुत्तों को भी पालते थे। हड़प्पावासियों के बीच घोड़ों का उपयोग प्रचलित नहीं था, लेकिन वे हाथी और गैंडे से भलीभांति परिचित थे। यह कहना उचित होगा कि ***हड़प्पा संस्कृति घोड़ों पर आधारित नहीं थी।***

## उद्योग और शिल्प

हड़प्पावासियों ने विभिन्न प्रकार की कलाओं और शिल्पों में अच्छी दक्षता हासिल कर ली थी। उनके मुख्य शिल्प में मनके और जेवरात बनाना, शंख की चूड़ियां बनाना, हाथी दांत पर कला उकेरना और धातुओं का काम शामिल था। हड़प्पावासी नाव बनाने और मुहर बनाने का भी अभ्यास करते थे। टेराकोटा[5] निर्माण और ईंट-पत्थर बनाना भी अन्य महत्वपूर्ण शिल्प थे। वे सिविल इंजीनियरिंग से अच्छी तरह परिचित थे, जैसा कि बांधों और किलों जैसी विभिन्न संरचनाओं से स्पष्ट होता है। उनका चिकित्सा ज्ञान भी उन्नत था जैसा कि कालीबंगन और लोथल में पाये गये खोपड़ी की सर्जरी के साक्ष्य से पता चलता है। उन्होंने **मनके बनाने के काम** को और निखारा तथा शंख, कार्लेनियन, जैस्पर, क्रिस्टल, स्टेटाइट व तांबा, कांसा और सोने जैसी धातु और टैराकोटा में अनगिनत विशेषताएं व सजावट के मनके व जेवरात बनाए। चन्हुदड़ो और लोथल में उत्खनन से मनके बनाने वालों की दुकानें मिली हैं।

उद्योगों और शिल्प उत्पादन से संबंधित मुख्य विशेषताएं निम्नलिखित थीं:

(a) हड़प्पावासियों ने मनके बनाने के काम को और निखारा। साथ ही उत्खनन से मिले गहनों में **सोने** और **चांदी** के हार, भुजबंद, पेंडेंट, बाली और जड़ाऊ पिन आदि शामिल थे। कराची के निकट अलाहदीनों से बहुत से हार प्राप्त हुए हैं जो कि सोने, चांदी, कारनेलियन व अन्य कीमती पत्थरों से बने थे। विश्व में चांदी का उपयोग सबसे पहले हड़प्पावासियों ने किया था।

(b) विभिन्न स्थलों से प्राप्त मूर्तियों से ज्ञात होता है कि हड़प्पावासी पुरुष और महिलाएं दोनों ही खुद को तथा अपने **बालों को सजाना** पसंद करते थे।

(c) उत्खनन में बहुत से स्थानों में **टैराकोटा** के भी सुंदर नमूने मिले हैं। इनमें जानवरों की मूर्तियां जैसे कि बैल, भैंस, कुत्ते, बंदर, खिलौना गाड़ियां और मानव आकृतियां सम्मिलित हैं। यही नहीं, उत्खनन में टैराकोटा की बनी चूड़ियां भी मिली हैं। इस बात को जानना भी महत्वपूर्ण है कि पुरुष मूर्तियों की तुलना में नारी मूर्तियां ज्यादा ढकी हुई नहीं हैं।

---

5 टेराकोटा के टुकड़े (आग में पकाई गई मिट्टी) अपरिष्कृत कलात्मक कार्यों को दर्शाता है, जबकि मुहरें और छवियों का निर्माण बड़ी कुशलता से किया गया था।

(d) **हड़प्पावासी तांबा, कांसा, चांदी** और **सोने जैसी धातुओं से परिचित** थे और **इसका इस्तेमाल करते थे**, लेकिन **वो लोहे से परिचित नहीं थे।**

(e) हड़प्पावासी **धातु विज्ञान के अच्छे जानकार** थे और वे **मिश्रित धातु का उत्पादन** जानते थे। शिल्पकार तांबे के साथ-साथ कांसे की कलाकृतियां बनाना भी जानते थे जो उनके द्वारा बनाए गए भाले, छूरियों, छोटी तलवारों, शीशों, कुल्हाड़ियों, सूईयों, अंगुठियों और चूड़ियों में दिखती हैं। यहां यह जानना **रुचिकर** है कि **शुद्ध तांबे की कलाकृतियों की संख्या मिश्रित कांसे से कहीं अधिक थीं** लेकिन इसका यह अर्थ कतई नहीं है कि वे तकनीकी रूप से पिछड़े हुए थे, बल्कि यह बात इस संभावना की ओर इशारा करती है कि तांबा उनकी सांस्कृतिक पसंद था। यह जानना भी आवश्यक है कि हड़प्पावासियों द्वारा बनाए गए अधिकतर हथियार स्वरूप में रक्षात्मक थे क्योंकि तलवार आदि जैसे हथियारों का कोई साक्ष्य प्राप्त नहीं हुआ है।

(f) हड़प्पाकाल का एक अन्य प्रसिद्ध कला का नमूना मोहनजोदड़ो से प्राप्त एक दाढ़ी वाले व्यक्ति की **पत्थर** की अर्द्ध-प्रतिमा (शरीर का ऊपरी हिस्सा) है जो संभवतः एक पुजारी की है, जिसमें उसके बाएं कंधे पर एक कढ़ाईयुक्त चोगा है और उसकी आंखें आधी बंद हैं जो कि ध्यान की मुद्रा को दर्शाती है (चित्र 2.1)।

**चित्र 2.1** दाढ़ी वाले आदमी की पत्थर की मूर्ति

## मिट्टी के बर्तन

हड़प्पावासी चाक के इस्तेमाल में निपुण थे और रोजमर्रा में विभिन्न प्रकार के मिट्टी के बर्तनों का प्रयोग करते थे जो भलीभांति पके हुए होते थे एवं उन पर की गई सजावट उत्कृष्ट होती थी। मुख्यतः **लाल मिट्टी से बने काले बर्तन** ज्यादा प्रचलित थे। मिट्टी के बर्तनों पर बनाई गई डिजाइन आमतौर पर विभिन्न मोटाई की समानांतर लकीरें, पत्तियों के नमूने, ताड़ व पीपल के वृक्ष, एक-दूसरे को काटते वृत, फूल-पत्तों के नमूनों वाले ज्यामितीय डिजाइन जैसे कि पक्षी, मछलियों और जानवरों जैसे खरगोश, मोर, बत्तख, जंगली चिड़ियां और बंदरों की मूर्तियां होती थीं। मिट्टी के बर्तनों की आकृति स्टैंड पर रखे बर्तनों, S

की आकृति के जग की होती थी, साथ ही प्लेटें, कटोरियां और घड़े भी बनाए जाते थे। इनमें से कुछ बर्तनों का इस्तेमाल **अनाज के भंडारण या पानी** रखने के लिए किया जाता था, जबकि **कुछ छेद वाले बर्तनों का उपयोग शराब बनाने के लिए किया जाता था ( चित्र 2.2 )।**

**चित्र 2.2** हड़प्पा (3300–1300 ईसा पूर्व) में मिले मिट्टी के बर्तन परिष्कृत कलात्मकता, विविध डिजाइन और व्यापार अंतर्दृष्टि को प्रदर्शित करते हैं

## लिपि

हड़प्पा की लिपि **चित्रात्मक और प्रतीक चिह्नात्मक** (हर प्रतीक एक शब्द/ शब्दांश के लिए प्रयोग किया जाता था) थी। हड़प्पा की लिपि **दोतरफा** लिखी जाती थी यानी **दाएं से बाएं और बाएं से दाएं। अर्थात हर पंक्ति को छोड़कर दाएं से बांए और बांए से दाएं की ओर**। चिह्नों की संख्या 400 से 600 के बीच है, जिनमें से 40 या 60 मूल हैं और शेष उनके भिन्न रूप हैं। हालांकि हड़प्पा लिपि का सबसे पहला नमूना 1853 में खोजा गया था और पूरी लिपि 1923 में मिली थी, फिर भी इसे अब तक पढ़ा नहीं जा सका है। हालांकि समान लिपि के साक्ष्य एक महान सांस्कृतिक एकता की ओर इशारा करते हैं। 1700 ई.पू. में इस लिपि का वास्तविक रूप में लुप्त हो जाना इंगित करता है कि पर्याप्त रूप से इस लिपि को आगे नहीं बढ़ाया जा सका।

## अर्थव्यवस्था

हड़प्पा की आर्थिक स्थिति का अनुमान समकालीन मेसोपोटामिया और फारसी सभ्यताओं के साथ उसके **समृद्ध व्यापारिक** संबंधों से लगाया जा सकता है। मेसोपोटामिया के लोग सिंधु क्षेत्र को 'मेलुहा' के नाम से बुलाते थे। मेसोपोटामिया के ग्रंथ तीन मध्यवर्ती व्यापारिक स्थानों का उल्लेख करते हैं, जो ***दिलमुन*** (संभवत: फारस की खाड़ी में बहरीन), **माकान** (संभवत: मकरान तट ओमान) और ***मेलुहा*** हैं। वे यह भी इंगित करते थे कि मैसोपोटामिया 'मैलूहा' से तांबा कार्नेलियन, हाथी दांत, शंख, **लाजवर्द मणि, मोती और आब्नुस आयात** करते थे। मैसोपोटामिया से हड़प्पा को निर्यात की जाने वाली वस्तुओं[6] में कपड़े,

[6] हड़प्पा स्थलों पर इन वस्तुओं के अवशेषों की कमी के पीछे संभावित कारण यह है कि चांदी को छोड़कर अन्य सभी उत्पाद खराब होने वाले हैं।

ऊन, इत्र, चमड़े के सामान और चांदी जैसे सामान शामिल थे। उस दौरान व्यापार का दायरा बाह्य (विदेश) तक ही सीमित नहीं था बल्कि यह देश के आंतरिक भागों में भी फैला हुआ था। वे देशी और विदेशी दोनों ही व्यापार किया करते थे।

यहां **धातु की मुद्रा चलन** में नहीं थी और व्यापार **वस्तु विनिमय** द्वारा संचालित होता था। देश के भीतरी भागों में परिवहन के लिए मुख्य रूप से बैलगाड़ियों का उपयोग किया जाता था (चित्र 2.3) जबकि वे नाव द्वारा अरब सागर पर स्थित क्षेत्रों की यात्रा करते थे।

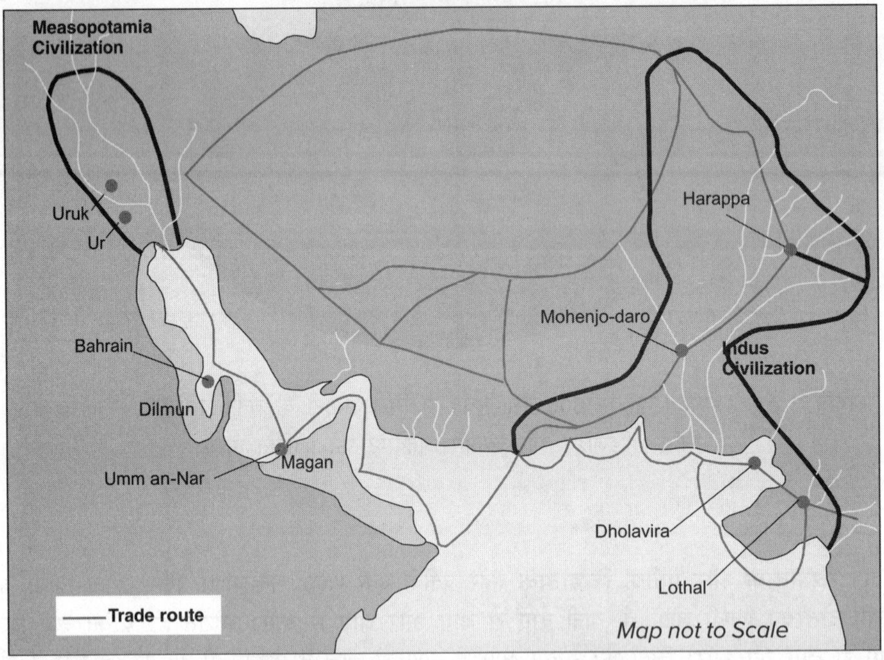


**चित्र 2.3** सिंधु घाटी के व्यापार मार्ग

हड़प्पा के व्यापारिक प्रसार और आर्थिक स्थिति के मुख्य पहलू इस प्रकार हैं:

(a) हड़प्पा के संदर्भ में **मोहरें एक विशेष महत्व** रखती हैं (चित्र 2.4)। हर व्यापारी के पास संभवतः एक मोहर होती थी जिस पर प्रतीक चिह्न होता था। अक्सर यह एक ओर धार्मिक चरित्र व नाम और दूसरी ओर उसका संक्षिप्त विवरण होता था। मानक हड़प्पा मोहरें **चौकोर/आयताकार पट्टी** के आकार की होती थी जो **स्टेटाइट (सेलखड़ी)** पत्थर से बनी होती थी। हालांकि इनका प्राथमिक उद्देश्य संपत्ति के स्वामित्व को लक्ष्य करना था। लेकिन इसका उपयोग **ताबीज** के तौर पर भी किया जाता था।

(b) **मेसोपोटामिया के नगरों जैसे सूसा और उर से हड़प्पा की मोहरें प्राप्त हुई हैं**। निप्पुर से एक मोहर प्राप्त हुई है जिस पर **हड़प्पा की लिपि है और एक गैंडे** का चित्र है। हाल ही में फारस की खाड़ी में कुछ प्राचीन उत्खनन स्थलों जैसे फैलका और बहरीन से भी हड़प्पा की मोहरें मिली हैं। **मोहनजोदड़ो से मेसोपोटामिया की तरह की तीन बेलनाकार मोहरें** प्राप्त हुई हैं। यह उनके बीच के व्यापारिक संबंधों को रेखांकित करता है।

(c) लोथल में एक बटन मोहर मिली है। **चन्हुदड़ो और लोथल में मनके बनाने के कारखाने थे**। इन कारखानों में बने **उत्पादों का निर्यात** किया जाता था। लोथल से उत्खनन में एक स्थान पर एक पानी के जहाज बनाने के संकेत मिले हैं और **रंगपुर, सोमनाथ व बालाकोट** में समुद्री बंदरगाह मिले हैं।

(d) हड़प्पा संस्कृति का एक असाधारण पहलू उनके तोल और माप की मानकता और शुद्धता था। भार कम मूल्यवर्ग में **दोहरी प्रणाली** का पालन करते थे, जैसे–1, 2, 8, 16, 32 से 64 और **160 के दशमलव गुणक** में जैसे कि 160, 320, 640, 1600, 3200 आदि। माप के लिए बाट आमतौर पर **बिल्लौर, चूना पत्थर और सेलखड़ी** के बने होते थे और उनका आकार **घनाकार** होता था।

(e) लंबाई मापने का आधार फुट (37.6 सेमी.) और हाथ का नाप (51.8 से 53.3 सेमी. था)। मोहनजोदड़ो **से एक सीपी का बना फुट** प्राप्त हुआ है, जबकि **सौराष्ट्र से सीपी का खंड** मिला है जिसका उपयोग संभवतः **कोणों को नापने** के लिए किया जाता होगा और **लोथल** से एक हाथी दांत का बना फुट भी मिला है।

**चित्र 2.4** मोहनजोदड़ो की मोहर

## हड़प्पा का आयात

| धातु | स्त्रोत क्षेत्र |
|---|---|
| सोना | अफगानिस्तान, ईरान, कोलार (दक्षिण भारत) |
| तांबा | खेतड़ी (राजस्थान), बलूचिस्तान, ओमान |
| टिन | अफगानिस्तान, ईरान |
| लाजवर्द मणि (चमकीला नीले रंग का पत्थर) | शोरतुगई (अफगानिस्तान) |
| जेड (हरिताश्म-हरित मणि) | पामीर (मध्य एशिया) |
| फिरोजा (कीमती पत्थर) | खुरासान (मध्य एशिया) |
| सेलखड़ी | तापी चह्या (ईरान), दक्षिणी राजस्थान |
| बिटुमिन | बलूचिस्तान, मेसोपोटामिया |
| लेड | दक्षिण भारत |
| चांदी | राजस्थान की जावर खदान, मैसोपोटामिया |

## धर्म

हड़प्पा सभ्यता को एक **धर्म निरपेक्ष समाज** माना जाता है क्योंकि वहां से **एक भी मंदिर जैसा ढांचा नहीं मिला** है। धार्मिक अनुष्ठानों के स्थानों में **मोहनजोदड़ो के विशाल स्नानागार**[7] को शामिल किया जाता है जहां संभवतः संभ्रांत वर्ग ने क्रियाकलाप आरंभ किए जिनमें पवित्र स्नान शामिल था (चित्र 2.5)। ताबीज की व्यापक खोज को ध्यान में रखते हुए, हड़प्पावासी संभवतः भूतों और बुरी शक्तियों के अस्तित्व में विश्वास करते थे और इसलिए उनसे बचने के लिये ताबीज का इस्तेमाल करते थे।

**चित्र 2.5** मोहनजोदड़ो का विशाल स्नानागार

हड़प्पा की धार्मिक प्रथाओं से संबंधित कुछ अन्य महत्वपूर्ण निष्कर्ष निम्नलिखित हैं:

(a) **मूर्ति पूजा** की जाती थी। हड़प्पावासी आमतौर पर इनकी पूजा करते थे :

- **मातृदेवी** (चित्र 2.6)
- **पशुपति महादेव** या **आद्यशिव** (अधिकतर उच्च वर्ग की पसंद, मोहरों में शिव को योग मुद्रा में दर्शाया गया है।)
- **लिंग** और **योनी पूजा** (प्रजनन शक्ति के उपासक)
- **पीपल का पेड़**
- **कुबड़ा बैल (हम्प्ड बुल)**
- **पक्षी** (**कपोत** और **कबूतर**)
- **एक सींग का जानवर** (संभवतः गैंडा)

(b) **कालीबंगन** और **लोथल** से **अग्नि वेदियां** प्राप्त हुई हैं।

---

7 ग्रेट बाथ (महान स्नानागार) का माप 11.88*7.01 मीटर है और यह 2.43 मीटर गहरा है। दोनों छोर पर सीढ़ियां हैं, जो सतह तक जाती हैं और साथ में कपड़े बदलने के लिए कमरे थे। स्नानघर का फर्श पकी हुई ईंटों से बना था और संभवतः पानी पास के कमरे में एक बड़े कुएं से निकाला जाता था, जबकि स्नानघर के कोने से निकलने वाला निकास एक नाली की ओर जाता था।

(c) पशुपति महादेव की मोहर में उन्हें हाथी, शेर, गैंडा, भैंस और हिरण से घिरा दिखाया गया है, और यह संभव है कि इन पशुओं को भी पूजा जाता होगा। (चित्र 2.7)

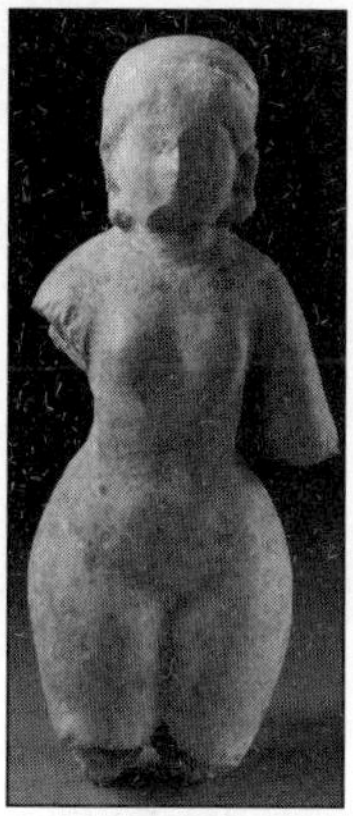

**चित्र 2.6** प्रजनन शक्ति की देवी

**चित्र 2.7** पशुपति शिव

(d) मृतक के शव को **उत्तर-दक्षिणी दिशा की ओर** रखा जाता था और उसके साथ खाना, मिट्टी के बर्तन, गहने व औजार रखे जाते थे। ये वस्तुएं समकालीन मेसोपोटामिया या मिस्र की संस्कृतियों जैसी कीमती नहीं थीं। हालांकि, हड़प्पा समाज में विरासत की प्रकृति के बारे में इतिहासकारों के बीच अभी भी कोई स्पष्ट विचार नहीं है।

(e) मृतक संस्कार के लिए तीन तरीके प्रयोग में लाए जाते थे:
- सारे शरीर को जमीन में दफना दिया जाता था।
- आंशिक दफन (जहां शव को पशु व पक्षियों को खाने के लिए डाल दिया जाता था और बाद में बची हुई अस्थियों को जमीन में गाड़ दिया जाता था)।
- दाहकर्म के बाद अवशेषों को जमीन में गाड़ दिया जाता था।

(f) **हड़प्पा से ताबूत में शव प्राप्त हुए** हैं। **कालीबंगन** में छोटे गोलाकार गड्ढे मिले हैं जिनमें बड़े कलश और मिट्टी के बर्तन थे। इसके अलावा एक त्रिकोणीय टैराकोटा का टुकड़ा भी खोजा गया है जिसके एक ओर सींग वाला देवता है और दूसरी ओर एक जानवर के गले में रस्सी बांधकर खींचता हुआ एक मानव है। यह जानवरों की बलि की संभावना की ओर इशारा करता है।

(g) **सरकोट्दा** से **घोड़ों** और **रोपड़** से **कुत्तों के साथ मानवों के अवशेष** पाए गए हैं। **लोथल** में पुरुष व स्त्री का एक साथ एक जोड़ा अस्थिपिंजर खोजा गया है।

## पतन

हड़प्पा सभ्यता का पतन लगभग 1900 ई.पू. के आसपास हुआ। लेकिन कोई भी पुरातात्विक साक्ष्य इसके शहरीकरण के ह्रास की एकदम सटीक व्याख्या नहीं दे पाया है। विकसित काल के पश्चात उत्तर हड़प्पा काल आया। **हालांकि, हड़प्पा संस्कृति के पतन के कारण के संबंध में कोई एकमत दृष्टिकोण नहीं है**। हड़प्पा सभ्यता के पतन के संभावित सिद्धांत इस प्रकार हैं:

| हड़प्पा सभ्यता के पतन के संभावित कारण |
|---|
| (a) आर्यों का आक्रमण<br>(b) पारिस्थितिक अशांति<br>(c) नदी के मार्ग में परिवर्तन<br>(d) कम बारिश<br>(e) बाढ़<br>(f) घग्घर का सूखना और बढ़ती शुष्कता<br>(g) भूकंप<br>(h) प्राकृतिक विपदाएं |

## हड़प्पा के प्रसिद्ध उत्खनन्न स्थल

| उत्खनन स्थल | राज्य | नदी | खोजकर्ता | विशेषता |
|---|---|---|---|---|
| **हड़प्पा** | पाकिस्तान (पंजाब) | रावी | दयाराम साहनी (1921), वत्स (1940) | - **छह अन्न भंडारघरों** की दो कतारें<br>- ताबूत में दफनाने के साक्ष्य और **'एच' संस्कृति का कब्रिस्तान**<br>- एक कमरे का बैरक<br>- लाल पत्थर की बनी नाचती हुई लड़की<br>- मेसोपोटामिया के साथ सीधे व्यापारिक संपर्क के साक्ष्य<br>- अंतिम संस्कार के बाद दफनाने के काफी साक्ष्य |
| **मोहनजोदड़ो**<br>'मृतकों का टीला' | पाकिस्तान (सिंध) | सिंधु | आर. डी. बैनर्जी (1922)<br>ई. मैके (1938), काशीनाथ दीक्षित, सर जॉन मार्शल (1931) | - बहुस्तंभी सभागार<br>- **महान स्नानागार** (सार्वजनिक स्थल)<br>- पुजारियों का विद्यापीठ<br>- विशाल अन्न भंडार<br>- बुने हुए सूती कपड़े का टुकड़ा<br>- घोड़े के सतही प्रमाण<br>- **तांबे की नाचती हुई लड़की**<br>- कुछ लोगों की हिंसक मृत्यु (मानव कंकालों के एक साथ मिलने की खोज) |

| उत्खनन स्थल | राज्य | नदी | खोजकर्ता | विशेषता |
|---|---|---|---|---|
| | | | | - मोहरों में **देवी मां, पशुपति, दाढ़ी वाला पुरुष और एक बलि पर चढ़ने वाली औरत**<br>- जहाज/बड़ी नावों के प्रमाण<br>- मिट्टी की चूड़ियां |
| लोथल | गुजराज (खंबात की खाड़ी के शीर्ष पर स्थित अहमदाबाद जिला) | भोगवा और साबरमती नदियों का संगम | एस. आर. राव (1957) | - **पोतगाह (बंदरगाह)**<br>- महत्वपूर्ण समुद्री व्यापार केंद्र, मोती बनाने का कारखाना।<br>- शहर को दो क्षेत्रों में नहीं बांटा गया था<br>- शहर को छह क्षेत्रों में विभाजित किया गया था और प्रत्येक खंड को अद्वितीय (विशेष प्रकार की) ईंटों के एक विस्तृत मंच पर बनाया गया था<br>- चावल की भूसी के अवशेष<br>- **घरों के प्रवेश द्वार मुख्य सड़क पर खुलते थे (अन्य उत्खनन स्थलों से मिले घरों में बगल से प्रवेश द्वार था)**<br>- मृदभांड (मिट्टी का बर्तन) पर की गई चित्रकारी पंचतंत्र की धूर्त लोमड़ी की कथा से मेल खाती है<br>- **दोहरे शवाधान (युगल-समाधि) के प्रमाण (पुरुष और स्त्री एक साथ)**<br>- ईंटों से बना जलाशय जैसा ढांचा<br>- मेसोपोटामिया की मोहर यहां से प्राप्त हुई<br>- **हाथीदांत का बना पैमाना** प्राप्त हुआ<br>- **टैराकोटा के बने पानी के जहाज** का नमूना प्राप्त हुआ<br>- नगर का निचला हिस्सा दीवार से घिरा था<br>- **अग्नि वेदियां** |

| उत्खनन स्थल | राज्य | नदी | खोजकर्ता | विशेषता |
|---|---|---|---|---|
| **कालीबंगन** 'काली चूड़ियां' | राजस्थान (जिला हनुमानगढ़) | घग्घर | अमलानंद घोष (1953) डॉ. बी. बी. लाल और बी. के. थापर (1961) | - **जोते हुए खेत**<br>- बलि प्रथा की उपासना को दर्शाती **अग्नि वेदियां**<br>- गढ़ी और निचले हिस्से को घेरने वाली विशाल दीवार के अवशेष<br>- ऊंट की हड्डियां<br>- मोहनजोदड़ो की तरह योजनाबद्ध और व्यवस्थित नहीं था। जल निकासी व्यवस्था तक नहीं थी<br>- शवों को गोलाकार और आयताकार कब्रों में दफनाया जाता था<br>- उत्खनन में निचली सतह पर हड़प्पा पूर्व सभ्यता और ऊपरी सतह में विकसित हड़प्पा सभ्यता के प्रमाण मिलते हैं<br>- **इस स्थल से सिर्फ फर्श बनाने के लिए इस्तेमाल की जाने वाली सजावटी ईंटे मिली हैं।** |
| **चन्हुदड़ो** | पाकिस्तान (सिंध) मोहनजोदड़ो के पास | सिंधु | एन. जी. मजूमदार (1931) और ई. मैके | - हड़प्पा पूर्व और विकसित हड़प्पा दोनों ही संस्कृतियों के अवशेष<br>- मनके बनाने का कारखाना। उत्खनन स्थल से बहुत से मनके, मोहरें और गहने निकाले गए हैं।<br>- निवासी कुशल शिल्पकार थे<br>- **दीवारों से घिरा कोई ढांचा नहीं मिला**<br>- हड़प्पा का एकमात्र **ऐसा नगर जहां गढ़ी नहीं थी**<br>- मानव बलि के प्रमाण<br>- चार पहिया गाड़ी का प्रतिरूप<br>- तांबे से बने छतदार रथ का प्रतिरूप |

| उत्खनन स्थल | राज्य | नदी | खोजकर्ता | विशेषता |
|---|---|---|---|---|
| रंगपुर (लोथल के पास) | गुजरात | भादर | एम. एस. वत्स (1931)<br>एस. आर. राव (1953–1954) | - हड़प्पा पूर्व और विकसित हड़प्पा दोनों ही संस्कृतियों के अवशेष<br>- छोटे टुकड़े<br>- हड़प्पा पूर्व लोगों के पीले और धूसर रंगों के बर्तन |
| **बनावली (हिसार)** | हरियाणा | रंगोई | आर. एस. बिष्ट (1973–1974) | - हड़प्पा पूर्व, विकसित हड़प्पा और उत्तर हड़प्पा सभ्यताओं का केंद्र<br>- उत्तम गुणवत्ता का जौ<br>- मिट्टी के बर्तन, सेलखड़ी की मोहर<br>- अग्नि वेदियां<br>- **मिट्टी से बने हल के मॉडल**<br>- मोहरें सिर्फ निचले शहर से प्राप्त हुई, गढ़ी से नहीं |
| आलमगीरपुर | मेरठ (उ.प्र.) | हिंडन | वाई. डी. शर्मा (1958) | - उत्तर हड़प्पा संस्कृति<br>- कठौत/नांद पर कपड़े की छाप<br>- मिट्टी के बर्तन और मोती |
| कोटी-दिजि | सिंध (पाकिस्तान) | सिंध | घुरे (1835)<br>फजल अहमद (1955) | - हड़प्पा पूर्व का उत्खनन स्थल<br>- पत्थर के बने घर<br>- बलपूर्वक नगर को तबाह किया गया |
| आमरी | सिंध (पाकिस्तान) | सिंध | एन.जी. मजूमदार (1929) | - हड़प्पा पूर्व की बस्ती<br>- हड़प्पा पूर्व और उत्तर हड़प्पा की संस्कृति के बीच की परिवर्तनशील संस्कृति<br>- गैंडे के वास्तविक अवशेष, उत्तर हड़प्पा काल में झांगर संस्कृति के चिन्ह और अग्निवेदियां |
| रोपड़ | पंजाब (भारत) | सतलुज | वाई. डी. शर्मा (1955–1956) | - कब्रिस्तान, मोहर, मिट्टी के बर्तन<br>- इमारतें ज्यादातर पत्थर और मिट्टी की थीं<br>- **कुत्ते को मानव के नीचे दफनाने के प्रमाण** |

| उत्खनन स्थल | राज्य | नदी | खोजकर्ता | विशेषता |
|---|---|---|---|---|
| **सरकोटदा** | गुजरात (भुज) | साबरमती | जे. पी. जोशी (1964) | - **घोड़े की हड्डियां** और कब्रिस्तान |
| **सूक्तागेंदोर** | सिंध (पाकिस्तान) बलूचिस्तान | दृट/दशक | ए. स्टेन जॉर्ज डेल्स (1929) | - राख से भरा बर्तन, तांबे की कुल्हाड़ी, मिट्टी की चूड़ियां, और बर्तन<br>- प्रारंभ में एक बंदरगाह था, लेकिन बाद में तट के उठ जाने के कारण समुद्र से कट गया<br>- बेबीलोन के साथ व्यापारिक संबंध थे |
| धोलावीरा | गुजरात | लूनी | जे. पी. जोशी (1968), 1990-2005 के बीच उत्खनन आर.एस. बिष्ट द्वारा किया गया था। | - विशाल जलाशय<br>- **अद्‌भुत जलसंचयन प्रणाली**<br>- **साइन बोर्ड (सूचना पट) से मिलता जुलता एक अभिलेख जिस पर हड़प्पा की लिपि के दस बड़े आकार के चिन्ह हैं।**<br>- हड़प्पा संस्कृति के तीनों चरणों को दिखाता है<br>- बड़े स्तर पर बलुआ पत्थर का मिट्टी की ईटों के साथ प्रयोग<br>- मेगालिथ समाधि पायी गयी है<br>- सिंचाई, बांधों और तटबंधों के साक्ष्य |
| **राखीगढ़ी** (हिसार के पास) भिर्राना (फतेहगढ़) | हरियाणा | घग्गर नदी का मैदान | अमरेन्द्र नाथ | - दो अतिरिक्त टीलों की नई खोज के साथ 350 हेक्टेयर से ऊपर का क्षेत्र, **इसे विश्व में सिंधु घाटी सभ्यता का विशालतम उत्खनन स्थल व नगर बनाता है**<br>- हड़प्पा संस्कृति के तीनों चरणों को दर्शाता है<br>- **मिर्राना** से एक मोटा और मजबूत खंडित लाल बर्तन मिला है जिसके साथ **एक स्त्री की छिन्न मूर्ति मिली** है जिसकी मुद्रा मोहनजोदड़ो की नृत्य करती लड़की की तांबे की मूर्ति के समान है |

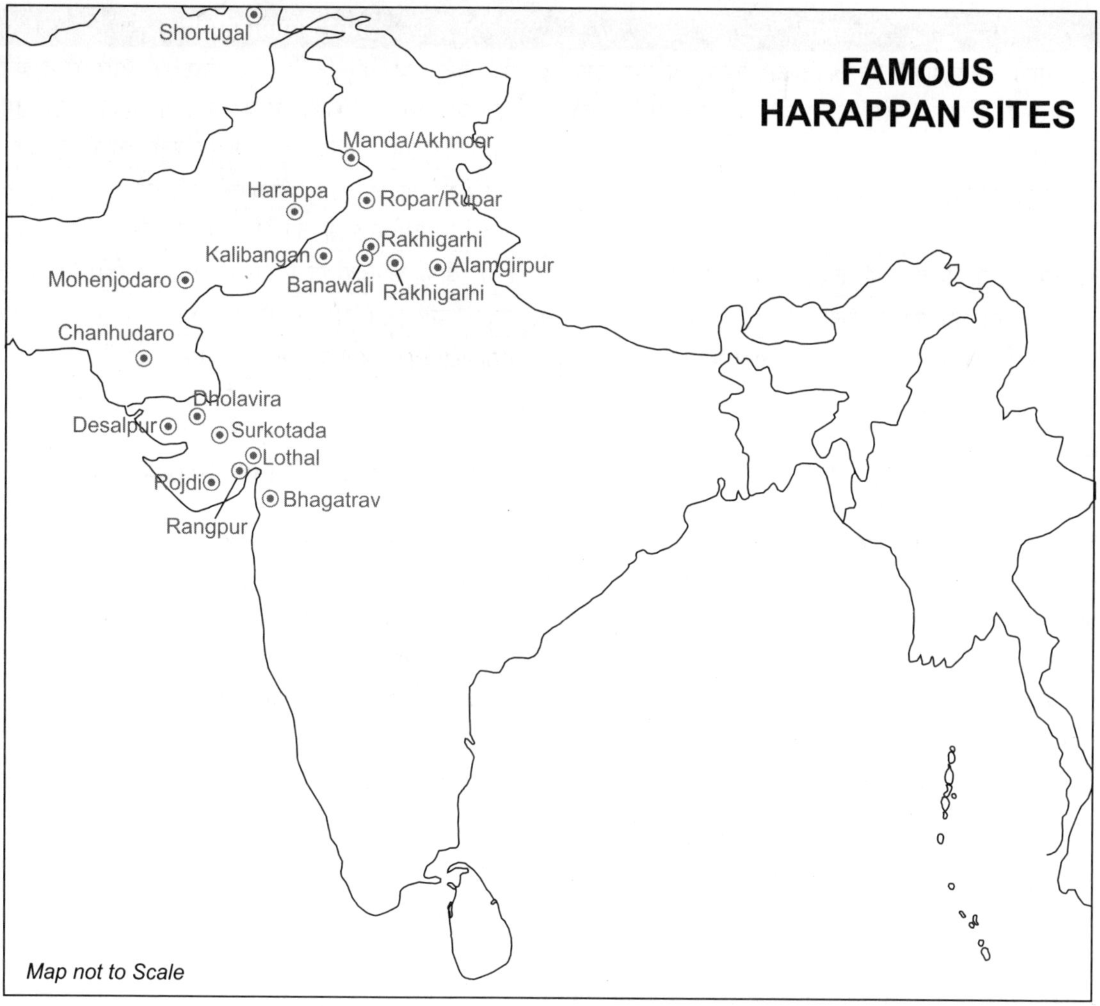


**चित्र 2.8** हड़प्पा के प्रसिद्ध स्थल

## हड़प्पा और मैसोपोटामिया (मिस्र) सभ्यता की मुख्य विशेषताएं

| हड़प्पा | मिस्र/मैसोपोटामिया |
|---|---|
| 1. शतरंज के बोर्ड के समान बने हुए योजनाबद्ध नगर, उत्कृष्ट जल निकासी व्यवस्था। | 1. नगरों का बेतरतीब फैलाव। |
| 2. आयताकार मकान जिनमें ईंटों के स्नानागार थे और सीढ़ीदार कुएं सभी हड़प्पाकालीन नगरों में मिले हैं। | 2. इस तरह की नगर योजना का अभाव। |
| 3. अपने विलक्षण मिट्टी के बर्तन और मोहरें बनाते थे। | 3. ऐसा कोई विशिष्ट पहलू नहीं था। |

| हड़प्पा | मिस्र/मेसोपोटामिया |
|---|---|
| 4. अपनी अनूठी लिपि का आविष्कार किया जो मिस्र और मेसोपोटामिया की लिपियों से कोई समानता नहीं रखती थी। | 4. मेसोपोटामिया की लिपि कीलाकार थी और मिस्र की चित्रलिपि थी। दोनों लिपियों को पढ़ा जा चुका है जो हमें इन दोनों सभ्यताओं के बारे में बहुत कुछ बताती हैं। |
| 5. ज्यादातर लिखाई (लिपि) मोहरों पर की जाती थी। | 5. मेसोपोटामिया के लोग मिट्टी की पट्टियों पर लिखते थे और मिस्रवासी बेंत से बने भोजपत्रों पर लिखते थे। |
| 6. 1900 ई.पू. के बाद अस्तित्व के कोई प्रमाण नहीं मिलते। | 6. 1900 ई.पू. के बाद भी निरंतर अस्तित्व में रही। |
| 7. बहुत बड़े क्षेत्रफल में फैली थी। | 7. हड़प्पा की तुलना में कम क्षेत्रफल था। |
| 8. चावल का उत्पादन किया और हाथियों को पालतू बनाया। | 8. मेसोपोटामियावासियों के मामले में ऐसा नहीं है। |

## शहरीकरण के बाद की हड़प्पा संस्कृति / उत्तर हड़प्पा काल (1900–1300 ई.पू.)

विकसित हड़प्पा चरण के बाद उत्तर हड़प्पा काल विकसित हुआ जिसे **'शहरी जीवन के ह्रास'** और **'कृषि के विविधीकरण'** द्वारा चिन्हित किया जा सकता है। हड़प्पा सभ्यता की शैलीगत समानता लुप्त हो गई और उत्तर हड़प्पा काल को स्पष्ट शैलीगत, विविधता द्वारा चिन्हित किया जा सकता है। यह परिवर्तन और निरंतरता की जटिल पारस्परिक क्रिया थी। शहरीकरण के तत्वों जैसे मोहरों, विशिष्ट शिल्पों, नगरों, लंबी दूरी के व्यापार आदि का ह्रास हुआ था, लेकिन वो पूरी तरह से समाप्त नहीं हुए थे। उत्तर हड़प्पा काल में कुछ बचे शहरी केंद्र चोलिस्तान में **कुडवाला**, गुजरात में **बेंट द्वारका** और **दाइमाबाद** थे। इस चरण के मुख्य विकास कार्य **दोहरी फसलों का उत्पादन आरंभ** होना था – गेहूं और जौ शीतकालीन फसल के रूप में उगाया जाता था और चावल, बाजरा व चारे को ग्रीष्मकाल में उगाया जाता था। इस काल की अन्य मुख्य विशेषताएं थीं:

- इस चरण में पतनशील संस्कृति को **उप-सिंधु संस्कृति** के रूप में भी जाना जाता है।
- इस काल की ग्रामीण बस्तियों का स्वरूप **मुख्यतः ताम्रकालीन** था।
- उत्तर शहरी हड़प्पावासी गांवों में रहते थे और अपना जीवन निर्वाह कृषि, पशुपालन, शिकार और मछली पकड़कर करते थे।
- इस काल में हड़प्पा के चित्रित मिट्टी के बर्तनों का स्थान **कम जटिल डिजाइनों** और **स्लेटी रंग के बर्तनों** (PGW) ने ले लिया। सभी उत्तर हड़प्पा स्थलों से मानव आकृतियां प्राप्त नहीं हुई हैं। विकसित हड़प्पा के मिट्टी के बर्तनों की तुलना में उत्तर हड़प्पा काल के बर्तन कम चमकदार थे। बर्तन मोटे और मजबूत थे और बहुत-सी विशिष्ट हड़प्पाकालीन आकृतियां जैसे कि छिद्रित और 'S' आकृति के जार इस काल में गायब हो चुके थे।
- **लंबाई को मापने का कोई भी उपकरण इस काल से प्राप्त नहीं हुआ।**
- यह काल **पश्चिमी एशियाई केंद्रों के हड़प्पा के साथ व्यापार की समाप्ति** को भी चिन्हित करता है, क्योंकि लेपिज, लाजुली, चर्ट, कार्नेलिया के मनके, कांसे और तांबे के बर्तन या तो इस काल में विलुप्त हो चुके थे या व्यापारिक वस्तुओं में बहुत ही कम थे।
- इस काल से संबंधित महत्वपूर्ण स्थान प्रभास पटान (सोमनाथ), रंगपुर (गुजरात), स्वात घाटी, जम्मू में मांडा, पंजाब में संघोल, हरियाणा में दौलतपुर, उत्तर प्रदेश में आलमगीर, हुलास थे।

## नवीनतम विकास

(a) 2021 में यूनेस्को ने गुजरात के धोलावीरा को भारत के 40वें विश्व धरोहर स्थल के रूप में शामिल किया है। यह हड़प्पा सभ्यता का प्रथम स्थल है। वर्ष 2020 के बजट में गुजरात का धोलावीरा और हरियाणा का राखीगढ़ी उन पांच पुरातात्विक स्थलों[8] में शामिल है जिन्हें प्रतिष्ठित दर्शनीय स्थल के रूप में विकसित किया जाएगा। (चित्र 2.9)

**चित्र 2.9** गुजरात में धोलावीरा

(b) हरियाणा में राखीगढ़ी[9] में दो प्राचीन टीलों को राष्ट्रीय महत्व के स्थलों के रूप में पहचाना गया है। हड़प्पाकालीन कलाकृतियों का सबसे बड़ा संग्रह प्रदर्शित करने वाला राखीगढ़ी संग्रहालय और व्याख्या केंद्र भी राखीगढ़ी में बनाया जा रहा है।

(c) आईआईटी खड़गपुर के वैज्ञानिकों और भारतीय पुरातात्विक सर्वेक्षण (एएसआई) ने कुछ ऐसे साक्ष्यों को खोज निकाला है जिनसे पता चलता है कि सिंधु घाटी सभ्यता 5500 साल पुरानी न होकर कम-से-कम 8000 साल पुरानी है। यह मिस्र (7000 ई.पू–3000 ई.पू.) और मेसोपोटामिया (6500 ई.पू.–3100 ई.पू.) की सभ्यताओं से पहले ही अस्तित्व में आ चुकी थी। इसके अतिरिक्त खोजकर्ताओं को एक पूर्व हड़प्पा सभ्यता के साक्ष्य भी प्राप्त हुए हैं जो कि हड़प्पा सभ्यता से कम-से-कम 1000 साल पहले अस्तित्व में थी।

(d) सिंधु घाटी सभ्यता पाकिस्तान में हड़प्पा व मोहनजोदड़ो और भारत में लोथल, धोलावीरा और कालीबंगन जैसे ज्ञात स्थलों के अतिरिक्त अन्य भारतीय स्थलों जैसे हरियाणा के भिर्राना और राखीगढ़ी में भी फलफूल रही थी।

---

8 अन्य स्थल तमिलनाडु में अधिचनल्लूर, उत्तर प्रदेश में हस्तिनापुर, असम में शिवसागर हैं।

9 राखीगढ़ी को अब मोहनजोदड़ो के स्थान पर भारतीय उपमहाद्वीप में सबसे बड़ा हड़प्पा स्थल माना जाता है। हाल ही में, राखीगढ़ी में एक हड़प्पन महिला के कंकाल से डीएनए को अलग किया गया था और इसके परिणामों से, यह स्थापित किया गया था कि अधिकांश दक्षिण एशियाई लोगों में प्रमुख जीन 25 से 30 प्रतिशत हड़प्पावासी हैं। क्रैनियोफेशियल पुनर्निर्माण से यह पाया गया कि हड़प्पावासी समकालीन हरियाणावासियों से मिलते-जुलते थे।

(e) वैज्ञानिकों को यह विश्वास है कि उन्होंने इस तथ्य का पता लगा लिया है कि लगभग 3000 साल पहले इस सभ्यता का अंत क्यों हुआ था। उनका मानना है कि इसकी वजह जलवायु परिवर्तन थी। सिंधु घाटी के लोग दृढ़-निश्चयी और लचीले थे, मानसून में गिरावट के बावजूद वे निरंतर विकास करते रहे। उन लोगों ने अपने खेती करने के तरीके बदल दिए। मानसून के पूर्वार्द्ध के दौरान बड़े अनाज जैसे-गेहूं और जौ से सूखा प्रतिरोधी प्रजातियां जैसे चावल मानसून के उत्तरार्द्ध में बोए जाने लगे। वैज्ञानिकों का कहना है कि जैसे-जैसे पैदावार कम होती गई, विकसित हड़प्पाकाल के व्यवस्थित बड़े भंडारघरों का स्थान घरेलू व्यक्तिगत फसल प्रसंस्करण और भंडारण प्रणाली ने ले लिया। इस परिवर्तन ने सभ्यता के शहरीकरण के विघटन के मुख्य स्रोत के रूप में काम किया। इस प्रकार उनका मानना है कि सभ्यता का पतन आकस्मिक रूप से नहीं हुआ।

## क्या आप जानते हैं?

(a) पकी ईंटें – हड़प्पा
सूखी ईंटें – मिस्र
सिकीं ईंटें – मेसोपोटामिया/सुमेरिया

(b) हड़प्पा सभ्यता के समय में सिंध और राजस्थान आज की तरह रेगिस्तानी इलाके नहीं थे।

(c) मोहनजोदड़ो का विशाल स्नानागार धार्मिक स्नानों के प्रयोग में आता था।

(d) समकालीन सुमेरियाई नगरों में भी हड़प्पा के समान ही खाद्यान्नों का उत्पादन होता था और वे भी उन्हीं जानवरों का पशुपालन करते थे जिनका हड़प्पावासी करते थे। लेकिन गुजरात में हड़प्पावासी चावल उगाते थे और हाथी पालते थे, जबकि मेसोपोटामिया के नगरवासी ऐसा नहीं करते थे।

(e) हड़प्पावासी पहियों का उपयोग जानते थे, लेकिन उन्हें तीली वाले पहियों की जानकारी नहीं थी।

(f) हड़प्पा से कोई भी मंदिर या धार्मिक ढांचा प्राप्त नहीं हुआ है (विशाल स्नानागार को छोड़कर)। ऐसी संभावना है कि हड़प्पा में किसी पुरोहित ने शासन नहीं किया जैसा कि मेसोपोटामिया की सभ्यता में होता था।

(g) हड़प्पावासियों के पास हथियार नहीं थे।

(h) सिंधु प्रदेश के निवासी ईश्वर की पूजा पेड़ों, जानवरों और मानव के रूप में करते थे, लेकिन प्राचीन मिस्र व मेसोपोटामिया की तरह वे देवताओं को मंदिर में स्थापित नहीं करते थे।

(i) हालांकि हड़प्पा संस्कृति एक कांस्ययुगीन संस्कृति थी, पर वे कम स्तर पर कांसे का प्रयोग करते थे और ज्यादातर पत्थरों के औजारों का ही प्रयोग करते रहे।

(j) उत्तर भारत के हड़प्पाकालीन किसी भी स्थल से रागी प्राप्त नहीं हुई है।

(k) अफगानिस्तान में स्थित शौर्तघुई हड़प्पा व्यापारिक केंद्र था।

(l) पूर्व हड़प्पा काल – कोटदीजी, आमरी, हड़प्पा, कालीबंगन, बनवाली, विकसित काल – हड़प्पा, मोहनजोदड़ो, चन्हुदड़ो, कालीबंगन।

(m) ए. कनिंघम, एक ब्रिटिश इंजीनियर, जो बाद में एक महान उत्खननकर्ता और खोजकर्ता बन गये, उन्होंने पहली बार 1853 में हड़प्पा की मुहर देखी, लेकिन तब उन्हें इसके महत्व का एहसास नहीं हुआ। 1921 में ही हड़प्पा स्थल की संभावनाओं की सराहना की गयी, जब एक भारतीय पुरातत्वविद् दया राम साहनी ने इसकी खुदाई शुरू की।

(n) तुलनात्मक दृष्टि से, मोहनजोदड़ो सबसे बड़ा स्थल (500 हेक्टेयर) है, इसके बाद राखीगढ़ी (250 हेक्टेयर) और हड़प्पा (150 हेक्टेयर) हैं।

## विगत वर्षों में पूछे गए प्रश्न (प्रारंभिक परीक्षा)

1. निम्नलिखित में से कौन-सा प्राचीन नगर अपने उन्नत जल संचयन और प्रबंधन प्रणाली के लिए सुप्रसिद्ध है, जहां बांधों की शृंखला का निर्माण किया गया था और संबद्ध जलाशयों में नहर के माध्यम से जल को प्रवाहित किया जाता था? **( 2021 )**
   (a) धौलावीरा (b) कालीबंगा
   (c) राखीगढ़ी (d) रोपड़
2. निम्नलिखित में से कौन-सा एक हड़प्पा स्थल नहीं है? **( 2019 )**
   (a) चन्हुदड़ो (b) कोटदीजी
   (c) सोहगौरा (d) देसलपुर
3. निम्नलिखित में से क्या सिंधु घाटी सभ्यता के लोगों की विशेषताओं को चित्रित करता है? **( 2013 )**
   i. उनके पास विशाल महल और मंदिर थे।
   ii. वे देवताओं के स्त्री व पुरुष दोनों स्वरूपों की पूजा करते थे।
   iii. वे युद्ध में घोड़ों द्वारा खींचे जाने वाले रथों का प्रयोग करते थे।
   उपरोक्त कथनों में से कौन-सा/से सही हैं:
   (a) केवल i और ii (b) केवल ii
   (c) i, ii, iii सभी
   (d) उपरोक्त में से कोई भी कथन सही नहीं है।
4. सिंधु घाटी सभ्यता के संदर्भ में निम्नलिखित में से कौन-सा कथन उपयुक्त है? **( 2011 )**
   i. यह मुख्यत: धर्मनिरपेक्ष सभ्यता थी और धार्मिक तत्वों के मौजूद होने के बावजूद धर्म जीवन पर हावी नहीं था।
   ii. इस सभ्यता के दौरान भारत में कपड़े बनाने के लिए कपास का उपयोग किया जाता था।
   उपरोक्त कथनों में से कौन-सा/कौन-से सही हैं:
   (a) केवल i (b) केवल ii
   (c) i और ii दोनों (d) न तो i और न ही ii
5. कॉलम-1 और कॉलम-2 का मिलान करते हुए नीचे दिए गए कोड के आधार पर सही उत्तर का चयन करें- **( 2002 )**

| **( प्राचीन स्थल )** | **(खोज )** |
|---|---|
| (A) लोथल | 1. जुते हुए खेत |
| (B) कालीबंगन | 2. बंदरगाह |
| (C) धोलावीरा | 3. हल की टैराकोटा से बनी प्रतिकृति |
| (D) बनावली | 4. हड़प्पा लिपि के दस बड़े आकार के चिन्हों वाला एक अभिलेख |

***कूट:***

| | A | B | C | D |
|---|---|---|---|---|
| (a) | 1 | 2 | 3 | 4 |
| (b) | 2 | 1 | 4 | 3 |
| (c) | 1 | 2 | 4 | 3 |
| (d) | 2 | 1 | 3 | 4 |

6. हड़प्पा कलाकृति में कौन-सा जानवर मोहरों और टैराकोटा कला में चित्रित नहीं था? **( 2002 )**
   (a) गाय (b) हाथी
   (c) गैंडा (d) बाघ

### उत्तरमाला

1. (a) 2. (c) 3. (b) 4. (c) 5. (b) 6. (a)

## विगत वर्षों में पूछे गए प्रश्न (मुख्य परीक्षा)

1. भारतीय उपमहाद्वीप की प्राचीन सभ्यता मिस्र, मेसोपोटामिया और यूनानी सभ्यताओं से इसलिए अलग है क्योंकि इसने अपनी संस्कृति व परंपराओं को बिना किसी व्यवधान के आज भी बनाए रखा है, व्याख्या करें। **(2015 सा.अ. प्रश्नपत्र 1)**
2. सिंधु घाटी सभ्यता की नगरीय आयोजना और संस्कृति ने किस सीमा तक वर्तमान युगीन नगरीयकरण को निवेश (इनपुट) प्रदान किए है? चर्चा कीजिए। **(2014 सा.अ. प्रश्नपत्र 1)**
3. सिंधु घाटी सभ्यता की शहरी योजना की मुख्य विशेषताओं के बारे में लिखें। **(1996)**

## अभ्यास प्रश्न (प्रारंभिक परीक्षा)

1. पानी के जहाज का टैराकोटा मॉडल मिला था:
   (a) लोथल (b) हड़प्पा
   (c) मोहनजोदड़ो (d) आलमगीरपुर
2. पत्थर का जलाशय खोजा गया:
   (a) सरकोटदा (c) कालीबंगन
   (c) धोलावीरा (d) हड़प्पा
3. निम्नलिखित का मिलान करें:

| | |
|---|---|
| (A) हड़प्पा | 1. तांबे का हाथी |
| (B) दाइमाबाद | 2. कांसे की नृत्य करती लड़की |
| (C) मोहनजोदड़ो | 3. गढ़ी के बाहर अन्न भंडार |
| (D) कालीबंगन | 4. अग्निकुंड |

**कूट:**

| | A | B | C | D |
|---|---|---|---|---|
| (a) | 2 | 1 | 3 | 4 |
| (b) | 1 | 2 | 3 | 4 |
| (c) | 4 | 3 | 2 | 1 |
| (d) | 3 | 1 | 2 | 4 |

4. निम्नलिखित कथनों में से सही विकल्प को चिन्हित करें:
   1. प्रथम मानव निर्मित बंदरगाह हड़प्पा में पाया गया।
   2. सिंधु घाटी सभ्यता की मुख्य फसल गेहूं और जौ थे।
   3. भारत में सबसे बड़ी हड़प्पाकालीन बस्ती हरियाणा के राखीगढ़ी में है।
   4. घग्घर-हाकर घाटी में सबसे ज्यादा बस्तियां हैं।

   (a) 1 और 2 (b) उपरोक्त सभी
   (c) 2, 3 और 4 (d) उपरोक्त में से कोई नहीं
5. निम्नलिखित का मिलान करें:

| | |
|---|---|
| (A) मोहनजोदड़ो | 1. दयाराम साहनी |
| (B) चन्हुदड़ो | 2. एस. आर. राव |
| (C) हड़प्पा | 3. आर. डी. बैनर्जी |
| (D) लोथल | 4. एन. जी. मजुमदार |

**कूट:**

| | A | B | C | D |
|---|---|---|---|---|
| (a) | 3 | 4 | 1 | 2 |
| (b) | 3 | 1 | 4 | 2 |
| (c) | 1 | 2 | 3 | 4 |
| (d) | 1 | 2 | 4 | 3 |

6. निम्नलिखित का मिलान करें:

| | |
|---|---|
| (A) घग्गर | 1. मोहनजोदड़ो |
| (B) रावी | 2. कालीबंगन |
| (C) सिंधु | 3. लोथल |
| (D) भोगवा | 4. हड़प्पा |

**कूट:**

| | A | B | C | D |
|---|---|---|---|---|
| (a) | 1 | 2 | 3 | 4 |
| (b) | 3 | 4 | 1 | 2 |
| (c) | 3 | 1 | 4 | 2 |
| (d) | 2 | 3 | 4 | 1 |

7. निम्नलिखित कथनों में से सही विकल्प को चिन्हित करें:
   1. लोथल और रंगपुर से चावल की भूसी प्राप्त हुई है।
   2. कालीबंगन से फर्श बनाने के लिए सजावटी ईंटों के प्रयोग के साक्ष्य मिले हैं।
   3. बनावली से मिट्टी से बना हल का मॉडल खोजा गया है।
   4. मोहनजोदड़ो से सेलखड़ी से बनी दाढ़ीयुक्त पुरुष की मूर्ती मिली है।

   उपरोक्त कथनों में से कौन-सा/से सही हैं:
   (a) उपरोक्त सभी
   (b) 2 और 3
   (c) उपरोक्त में से कोई नहीं
   (d) 1, 2 और 3

8. निम्नलिखित का मिलान करें:

| | |
|---|---|
| (A) मोहनजोदड़ो | 1. विशाल स्नानागार |
| (B) चन्हुदड़ो | 2. गढ़ी का अभाव |
| (C) लोथल | 3. जहाज बनाने का स्थान |
| (D) हड़प्पा | 4. बलुआ पत्थर से बना नृतक |

*कूट:*

| | A | B | C | D |
|---|---|---|---|---|
| (a) | 1 | 2 | 3 | 4 |
| (b) | 3 | 1 | 2 | 4 |
| (c) | 2 | 3 | 4 | 1 |
| (d) | 1 | 4 | 3 | 2 |

9. निम्नलिखित कथनों में से सही विकल्प को चिन्हित करें:
   1. चन्हुदड़ो में टूटे हुए हाथी दांत का उपयोग स्केल (पैमाना) के तौर पर किया जाता था।
   2. दफनाने के दौरान शवों को उत्तर-दक्षिण दिशा की ओर लिटाया जाता था।
   3. मोहनजोदड़ो का विशाल स्नानागार।

   उपरोक्त कथनों में से कौन-सा/से सही हैं:
   (a) 1, 2 और 3 (b) 2 और 3
   (c) 2 और 4 (d) उपरोक्त सभी

10. निम्नलिखित कथनों में से सही विकल्प को चिन्हित करें:
    1. प्रजनन की देवी लोगों के प्रजनन की उपासना विधि में विश्वास को दर्शाती है।
    2. हड़प्पा सभ्यता के अधिकृत क्षेत्र का आकार त्रिकोणीय था।
    3. सरकोटदा से घोड़े के अवशेष खोजे गए हैं।
    4. लोथल से एक जार प्राप्त हुआ है जिस पर की गई चित्रकारी पंचतंत्र की चालाक लोमड़ी की कथा से मेल खाती है।

    उपरोक्त कथनों में से कौन-सा/से सही हैं:
    (a) 1 और 4
    (b) उपरोक्त सभी
    (c) उपरोक्त में से कोई नहीं
    (d) केवल 3

11. निम्नलिखित कथनों को ध्यान में रखते हुए उचित विकल्प का चयन करें:
    1. हड़प्पा की लिपि को चित्रलेख माना जाता है।
    2. यह लिपि वैकल्पिक पंक्तियों में बाएं से दाएं और दाएं से बाएं दोतरफा लिखी जाती थी।
    3. हड़प्पा की लिपि आजतक पढ़ी नहीं जा सकी है।

    उपरोक्त कथनों में से कौन-सा/से सही हैं:
    (a) 1, 2 और 3 (b) 2 और 3
    (c) 1 और 3 (d) उपरोक्त में से कोई नहीं

12. हड़प्पा उत्खनन स्थलों के विषय में कहे गए निम्नलिखित कथनों में से उपयुक्त कथन का चयन करें:
    1. हड़प्पावासियों को घोड़ों की जानकारी थी, लेकिन वह घोड़ों पर आधारित सभ्यता नहीं थी।
    2. अन्न भंडार और दुर्ग के बीच गोलाकार चबूतरों की श्रृंखला मिली है जो कि अनाज को पीसने के काम आती थी।
    3. दुर्ग और चबूतरे एक कमरे के सघन आवास थे जो कि दास निवास स्थान की ओर इशारा करते हैं।

4. फर्श ईंटों के साथ-साथ जिप्सम और गारे से बने थे।

उपरोक्त कथनों में से कौन-सा/से सही हैं:

(a) 1, 2 और 3 (b) 2, 3 और 4
(c) 1, 2 और 4 (d) उपरोक्त सभी

13. निम्नलिखित उत्खनन स्थलों और उनके खोजकर्ताओं का मिलान करें:

(A) एस. आर. राव 1. चन्हुदड़ो
(B) एन. जी. मजूमदार 2. कालीबंगन
(C) ए. घोष 3. लोथल
(D) आर. एस. बिष्ट 4. बनवाली

**कूट:**

| | 1 | 2 | 3 | 4 |
|---|---|---|---|---|
| (a) | C | A | D | B |
| (b) | A | B | C | D |
| (c) | B | C | A | D |
| (d) | B | A | C | D |

14. हड़प्पाकालीन मिट्टी के बर्तनों के विषय में कहे गए निम्नलिखित कथनों में से उपयुक्त उत्तर का चयन करें:

1. हड़प्पाकालीन मिट्टी के बर्तन गहरे लाल रंग या चटकीले लाल रंग के थे और अच्छी तरह से पकाए हुए व समान रूप से मजबूत थे।
2. हड़प्पाकालीन मिट्टी के बर्तन मुख्यत: चाक पर बने थे, जो कि चित्रित और सादे दोनों तरह के थे। इनमें सादे बर्तन ज्यादा प्रचलित थे।
3. हड़प्पाकालीन मिट्टी के बर्तनों का स्वरूप कम उपयोगितावादी था।

उपरोक्त कथनों में से कौन-सा/से सही हैं:

(a) 1, 2 और 3 (b) 2 और 3
(c) 1 और 2 (d) उपरोक्त में से कोई नहीं

15. सिंधु घाटी सभ्यता की धार्मिक परंपराओं से संबंधित निम्नलिखित कथनों पर विचार करें:

1. सिंधु घाटी के लोग ईश्वर की पूजा पेड़ों और पशुओं के रूप में करते थे।
2. लोग बुरी ताकतों पर विश्वास करते थे और उनसे बचने के लिए ताबीज का इस्तेमाल करते थे।
3. मोहरों में पशुपति को यौगिक मुद्रा में बैठे हुए दर्शाया गया है।
4. लिंग पूजा के प्रचलन के पर्याप्त साक्ष्य मिलते हैं।

उपरोक्त कथनों में से कौन-सा/से सही हैं:

(a) 1, 2 और 4 (b) 2, 3 और 4
(c) 1 और 3 (d) उपरोक्त सभी

16. सिंधु घाटी सभ्यता से संबंधित निम्नलिखित कथनों पर विचार करें-

1. सिंधु घाटी सभ्यता के एक उत्खनन स्थल से जौ प्राप्त हुआ है।
2. सिंधु घाटी सभ्यता के लोग मिट्टी के बर्तन बनाते थे।
3. सिंधु घाटी सभ्यता के लोग अन्य देशों के साथ व्यापार करते थे।

सिंधु घाटी सभ्यता के संदर्भ में कौन-सा/से कथन सही है/ हैं:

(a) केवल 1 (b) केवल 2
(c) 1, 2 और 3 (d) केवल 3

17. सिंधु घाटी सभ्यता के बारे में निम्नलिखित में से कौन-सा कथन गलत है?

(a) सिंधु घाटी सभ्यता के लोग धातु शास्त्र का उपयोग करते थे।
(b) हरियाणा क्षेत्र से इस सभ्यता का कोई भी उत्खनन स्थल प्राप्त नहीं हुआ है।
(c) सिंधु घाटी सभ्यता के लोग जिन जानवरों से परिचित थे, उनमें कुबड़ा बैल, गैंडा, हाथी और घोड़ा शामिल हैं।
(d) उपरोक्त सभी।

18. निम्नलिखित में से कौन-सा हड़प्पा सभ्यता का सबसे बड़ा उत्खनन स्थल है?

(a) राखीगढ़ी (b) हड़प्पा
(c) लोथल (d) धोलावीरा

19. सिंधु घाटी सभ्यता के बारे में निम्नलिखित में से कौन-सा कथन सही नहीं है?

(a) हड़प्पा में उत्खनन का श्रेय आर. बी. दयाराम साहनी को जाता है।

(b) सिंधु घाटी सभ्यता के लोग बुनाई और कताई की कला से परिचित नहीं थे।
(c) सामान्यत: घरों में एक खुला आंगन और कुआं होता था।
(d) मोहनजोदड़ो से कांसे की नृत्य करती लड़की की मूर्ति की खोज की गई थी।

20. सिंधु घाटी सभ्यता की मुख्य विशेषताएं थीं:
1. नगर योजना
2. जलनिकास प्रणाली
3. व्यवस्थित सड़कें

उपरोक्त कथनों में से कौन-सा/से सही हैं:
(a) 1 और 2 (b) केवल 1
(c) 1, 2 और 3 (d) उपरोक्त में से कोई नहीं

21. चावल की खेती और जहाज बनाने के स्थान को इनमें से किस हड़प्पा उत्खनन स्थल के साथ जोड़कर देखा जा सकता है?
(a) कालीबंगन (b) हड़प्पा
(c) रोपड़ (d) लोथल

22. सिंधु घाटी के लोग इनका उपयोग जानते थे:
(a) सोना, तांबा, कांसा लेकिन लोहा नहीं
(b) चांदी, लोहा, सोना लेकिन कांसा नहीं
(c) चांदी, शीशा, लोहा लेकिन तांबा नहीं
(d) सोना, टिन, कांसा लेकिन चांदी नहीं

23. **उत्खनन स्थल** **अर्थ**
1. मोहनजोदड़ो मृतकों का टीला
2. कालीबंगन मिट्टी की चूड़ियां

(a) दोनों का सही मिलान है
(b) सिर्फ एक ही सही मिलान है
(c) सिर्फ 2 सही मिलान है
(d) उपरोक्त कोई मिलान सही नहीं है

24. **धातु** **स्रोत**
(A) लेपिस लेजुली (लाजवर्द मणि) 1. खेतड़ी
(B) जेड 2. अफगानिस्तान
(C) तांबा 3. कोलर
(D) सोना 4. पामीर

***कूट:***

| | A | B | C | D |
|---|---|---|---|---|
| (a) | 1 | 2 | 3 | 4 |
| (b) | 3 | 1 | 2 | 4 |
| (c) | 2 | 4 | 1 | 3 |
| (d) | 1 | 4 | 3 | 2 |

25. निम्नलिखित हड़प्पा उत्खनन स्थलों में से जो भारत में हैं, वह है:
(a) मोहनजोदड़ो और हड़प्पा
(b) बनवाली और चन्हुदड़ो
(c) लोथल और कालीबंगन
(d) लोथल और कोटदीजी

26. सिंधु घाटी सभ्यता के काल के दौरान भार और मापने के लिए जिस प्रमुख संख्या का उपयोग किया जाता था, वह थी:
(a) 2 (b) 4
(c) 8 (d) 16

## उत्तरमाला

1. (a) 2. (c) 3. (d) 4. (c) 5. (a) 6. (c) 7. (a) 8. (a)
9. (d) 10. (b) 11. (a) 12. (c) 13. (c) 14. (a) 15. (d) 16. (c)
17. (b) 18. (a) 19. (b) 20. (c) 21. (d) 22. (a) 23. (a) 24. (c)
25. (c) 26. (d)

## अभ्यास प्रश्न (मुख्य परीक्षा)

1. हड़प्पावासियों की जीवनशैली का हर पहलू – सामाजिक, आर्थिक (कृषि, व्यापार व वाणिज्य) और धार्मिक, निश्चित रूप से एक प्रगतिशील आभामंडल से ओतप्रोत था, उसने न सिर्फ पिछली पाषाणकालीन संस्कृतियों से बल्कि अपनी समकालीन सभ्यताओं को भी फीका कर दिया। उचित उदाहरण देते हुए विस्तार से समझाएं।
2. विभिन्न महत्वपूर्ण हड़प्पा उत्खनन स्थलों की पहचान करते हुए उनके महत्व का उल्लेख करें।
3. व्यापार हड़प्पा काल में भी उतना ही महत्व रखता था, जितना कि आज रखता है। हड़प्पा अर्थव्यवस्था के विभिन्न पहलुओं जैसे–मोहरें, भार, हड़प्पा की विभिन्न आयात सामग्री आदि की विशेष रूप से व्याख्या करें।
4. हड़प्पा सभ्यता के पतन के पीछे कौन-से संभावित कारण थे? साथ ही उत्तर हड़प्पाकाल की मुख्य विशेषताओं का वर्णन करें।

# अध्याय 3

# वैदिक काल (ऋग्वैदिक और उत्तर वैदिक) (1500–500 ई.पू.)

हड़प्पा संस्कृति के बाद एक और महान सभ्यता व संस्कृति अस्तित्व में आई जिसे हम **वैदिक संस्कृति** के रूप में जानते हैं। इसे **वैदिक काल** कहा गया क्योंकि इस काल की जानकारी का **मुख्य स्रोत वैदिक ग्रंथ** है। पुरातात्विक साक्ष्य भी इन ग्रंथों का समर्थन तो करते हैं, मगर व्यापक तौर पर नहीं। ऐसा विश्वास किया जाता है कि वैदिक ग्रंथों के रचयिता **इंडो-आर्य** थे। **इंडो-आर्य** मूलत: एक **भाषाविज्ञान का शब्द** है जो कि **भाषाओं के इंडो-यूरोपीय परिवार की इंडो-ईरानी शाखा के उपसमूह के लिए प्रयोग में लाया जाता है**। ऋग्वेद के रचयिता अपने आप को **आर्य** कहते थे (आर्य एक सांस्कृतिक/सजातीय शब्द है जिसकी व्युत्पत्ति **'अर'** से हुई है। **'अर'** का अर्थ **'विकसित होना'** है, इसका वास्तविक अर्थ संबंधी या साथी है। संस्कृत में इसका अर्थ **नए लोगों को इच्छापूर्वक बसाना** है, बाद में इसे **अच्छे परिवार के व्यक्ति या कुलीन** के लिए प्रयोग में लाया जाने लगा)। आज भी विद्वानों के बीच आर्यों के मूल निवास को लेकर कोई आम सहमति नहीं बन पाई है और विभिन्न सिद्धांतों में विश्वास करने वाले लोगों ने इस बहस को जारी रखा है। इस विषय में विभिन्न सिद्धांत इस प्रकार हैं:

| सिद्धांत | स्वीकृत पक्ष | समर्थक |
|---|---|---|
| यूरोपीय सिद्धांत | **यूरोप महाद्वीप आर्यों का मूल निवास स्थान है।** इंडो-आर्य यूरेशिया से भारत आए थे, वे अर्द्ध खानाबदोश लोग थे और पूर्वी यूरोप के मैदानी इलाकों से आए थे विशेषकर काला सागर के उत्तरी इलाके से मध्य एशिया आर्यों का मूल निवास स्थान है। **ग्रीक, लैटिन, जर्मन, गोथिक, सेल्टिक और संस्कृत ( भाषा का इंडो-यूरोपीय परिवार ) के भाषा विज्ञान की तुलना के आधार पर हम इनके बीच संरचनात्मक एकरूपता और सजातीय ( समान संबंधित शब्द ) शब्द पाते हैं।** उदाहरण के तौर पर संस्कृत के मातृ और पितृ शब्द लैटिन के माटेर और पटेर (Mater and Pater) से मिलते हैं। इसी प्रकार हिट्टी (टर्की) भाषा का शब्द इनर (Inar) वेदों के शब्द इंद्र से मिलता-जुलता है। कैस्सीट (मेसोपोटामिया) अभिलेखों के सूर्यास (Suryyas) और मेरुट्टास (Maruttash) वैदिक शब्द सूर और मारुत के समान हैं। | सर विलियम जोंस (1786),<br>गिल्स – हंगरी<br>श्रोएडर – फ्रांस<br>पी. नेहरिंग – स्टेप्स (द. रूस)<br>मोर्गन – पश्चिमी साइबेरिया |
| मध्य एशियाई सिद्धांत | **'अवेस्ता' ( ईरानी ग्रंथ )** और **'वेदों' का तुलनात्मक अध्ययन करने पर कोई भी इन दोनों के बीच सिर्फ शब्दों की ही नहीं, बल्कि विचारों का भी अद्भुत भाषाई संबंध देख सकता है।** 'h' और 's' के बीच **परस्पर विनिमय** और **इस परिवर्तन का आश्चर्यजनक सामंजस्य** जैसे हेप्टा हिंदु (सप्त सिंधु), अहुरा (असुर), हाओमा (सोमा), दाहा (दासा) इस दावे को और मजबूत करता है। | मैक्स मूलर – मध्य एशिया<br>ई मेयर<br>हर्जफेल्ड |
| आर्कटिक क्षेत्र सिद्धांत | उत्तरी आर्कटिक क्षेत्र आर्यों का मूल निवास है। जैसा कि **वेदों में छह महीने लंबे दिन और छह महीने लंबी रातों का वर्णन है** जो कि सिर्फ आर्कटिक क्षेत्र में ही होता है। | बालगंगाधर तिलक |
| तिब्बती सिद्धांत | वेदों और अन्य आर्य ग्रंथों के संदर्भ में तिब्बत ही आर्यों का मूल निवास है। | स्वामी दयानंद सरस्वती |
| भारतीय सिद्धांत | आर्य भारतीय उपमहाद्वीप के स्थानीय निवासी थे। वेदों में इस बात के निश्चित साहित्यिक साक्ष्य हैं कि आर्य सप्त सिंधु को अपना मूल निवास मानते थे।<br>**संस्कृत** में किसी भी अन्य यूरोपीय भाषा से ज्यादा संख्या में मौलिक इंडो-यूरोपीय शब्द हैं। संस्कृत का आर्यों की मूल भाषा के साथ **किसी भी अन्य यूरोपीय भाषा से ज्यादा संपर्क** है।<br>**वैदिक आर्यों** का **बलि देने का अनुष्ठान** मूल रूप से भारतीय होने की ओर इशारा करता है। **ऋग्वेद से प्राप्त भौगोलिक विवरण पंजाब और आस-पास के क्षेत्रों के भूगोल से मेल खाता है।** ऋग्वेद में वर्णित नदी स्रोतों में इस क्षेत्र की नदियों के नाम आते हैं। इसमें वर्णित वनस्पति और जीव हिमालय क्षेत्र की वनस्पति और जीवों से मिलती-जुलती है। | संपूर्णानंद और ए. सी. दास – सप्त सिंधु क्षेत्र<br>गंगानाथ झा – ब्रह्मऋषि देश (गंगा और यमुना के संगम पर स्थित)<br>एल. डी. काला – कश्मीर<br>आर. बी. पांडे – मध्य प्रदेश |

इस सभ्यता को लेकर प्रमुख और सबसे ज्यादा स्वीकार्य मत यह है कि भारतीय उपमहाद्वीप पर आर्यों का आक्रमण नहीं हुआ, बल्कि यहां इंडो-आर्यों के अप्रवासन[1] का सिलसिला रहा और वे यहां अप्रवासियों के रूप में आए। ऐसा भी अनुमान लगाया गया है कि, प्रारंभिक आर्य **सप्त सिंधु** की भूमि पर रहते थे (सिंधु आर्यों के लिए सर्वोत्कृष्ट नदी थी) और संभवत: उनके द्वारा **घोड़े के रथों का इस्तेमाल** व उनकी **सर्वश्रेष्ठ सैन्य तकनीक** ने उन्हें इस क्षेत्र में अपना राजनीतिक प्रभुत्व स्थापित करने में मदद की। इस क्षेत्र में सात नदियां बहती थीं, सिंधु और उसकी पांच सहायक नदियां–**झेलम (वितस्ता), ब्यास (विपासा), चेनाब (अस्किनी), रावी (पुरुष्णी), सतलज (शुतुद्री) और सरस्वती** (आधुनिक घग्गर हाकरा)। इन नदियों के अंतर्गत पूर्वी अफगानिस्तान, पंजाब और पश्चिमी उत्तर प्रदेश के किनारे तक के ज्यादा क्षेत्र आते थे (चित्र 3.1)। **यमुना नदी** (दो बार) और गंगा (एक बार) का **यदा-कदा होने वाला उल्लेख** इस बात की ओर इशारा करता है कि ऋग्वैदिक आर्यों ने तब तक उस क्षेत्र में बसना आरंभ नहीं किया था।

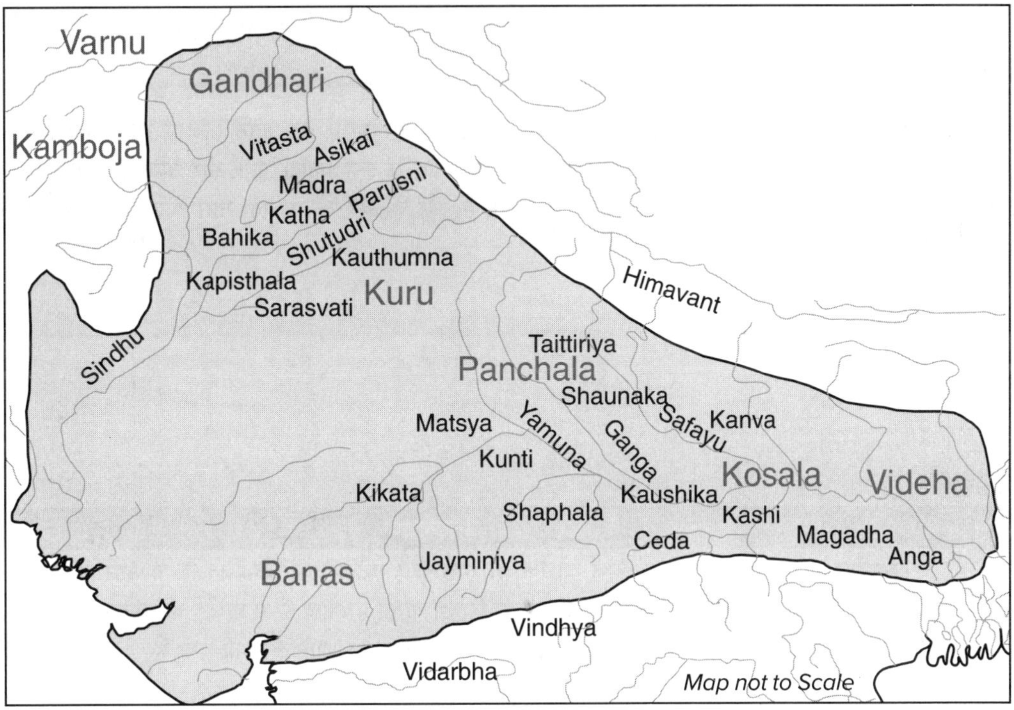


**चित्र 3.1** वैदिक कालीन मानचित्र

---

1 दक्षिण साइबेरिया में स्थित एंड्रोनोवो संस्कृति के नाम से पहचाने जाने वाले स्थान में स्थानांतरण के पुरातात्विक साक्ष्य मिले हैं। यह संस्कृति ई.पू. दूसरी सहस्त्राब्दि में फली-फूली। यहां से लोग हिंदुकुश के उत्तर (इस क्षेत्र को **बैक्ट्रिया-मारजिआना आर्कियोलॉजिकल कॉम्प्लैक्स** के नाम से जाना जाता है) की ओर चले गए और यहां से वे भारत में दाखिल हुए। 1900 ई.पू. से 1500 ई.पू. के दौरान इन क्षेत्रों से घोड़ों, तीली वाले पहिये, अग्नि उपासना और दाह संस्कार (जो भारत में आर्यों के जीवन के महत्वपूर्ण हिस्सों को दर्शाते हैं) के साक्ष्य मिलते हैं। इनके अतिरिक्त कलाकृतियां और मिट्टी के बर्तन भी यही दर्शाते हैं कि लोगों ने मध्य एशियाई क्षेत्र से दक्षिण एशियाई क्षेत्र की ओर प्रस्थान किया।

# ऋग्वैदिक संस्कृति (1500 ई.पू.–1000 ई.पू./पूर्व वैदिक संस्कृति)

आमतौर पर वैदिक ग्रंथों को दो भागों में बांटा जाता है– **पूर्व वैदिक** और **उत्तर वैदिक ग्रंथ**। मगर हाल ही में आंतरिक कालक्रम के आधार पर इनका अधिक जटिल वर्गीकरण किया गया है जो कि वैदिक साहित्य को इन भागों में बांटता है:

(a) **पूर्व वैदिक साहित्य/ऋग्वैदिक संस्कृति ( 1500–1000 ई.पू. ):** इसमें **ऋग्वेद संहिता** और उसके परिवार के अन्य ग्रंथ शामिल हैं। इन्हें **'पारिवारिक पुस्तकों'** के नाम से जाना जाता है क्योंकि उनकी रचनाओं का श्रेय कुछ सिद्ध कवियों के परिवार को जाता है, जैसे कि विश्वामित्र, आत्रि, वशिष्ठ और भारद्वाज आदि।

(b) **उत्तर वैदिक साहित्य/उत्तर वैदिक संस्कृति ( 1000–500 ई.पू. ):** इसमें ***ऋग्वेद संहिता*** की **1, 8, 9 और 10 पुस्तकें,** ***सामवेद की संहिताएं, यजुर्वेद*** और ***अथर्ववेद*** तथा ***ब्राह्मण आरण्यक*** और चारों वेदों से जुड़े **उपनिषद** शामिल हैं।

## वैदिक साहित्य

**वेद** शब्द की ***'विद'*** शब्द से उत्पत्ति हुई है, जिसका अर्थ है – **जानना या ज्ञान**। वेद ***श्रुति*** (जिन्हें सुना जाता है) का दर्जा रखते हैं जिन्हें कई शताब्दियों तक मौखिक रूप से कहा जाता रहा। बाद में इन्हें लिखा गया और अब तक बचा हुआ सबसे प्राचीन हस्तलिखित ग्रंथ 11वीं शताब्दी का है। वेद **चार प्रकार** के हैं और हर वेद के मुख्यत: **चार भाग** है – संहिता, ब्राह्मण, आरण्यक और उपनिषद।

चार वेद इस प्रकार हैं:

- ऋग्वेद
- सामवेद
- यजुर्वेद
- अथर्ववेद

| वेद | विश्लेषण |
|---|---|
| ऋग्वेद | ऋग्वेद **1028 स्तुतियों** का संग्रह है जो कि ***10 मंडलों*** (पुस्तकों) में विभाजित है। ये **आरंभिक रचनाएं** हैं इसलिए भारत के पूर्व वैदिक लोगों के जीवन का चित्रण करती हैं। हाल ही में ऋग्वेद को **यूनेस्को** (UNESCO) द्वारा विश्व मानव विरासत को दर्शाने वाले साहित्य की सूची में शामिल किया गया है।<br>• **प्रारंभिक मंडल** जो कि II **से** VII तक थे, को **पारिवारिक पुस्तकें** कहा जाता था क्योंकि वे किसी खास सिद्ध/ऋषि के परिवार से संबंधित थीं।<br>• मंडल VIII – मुख्यत: कण्व परिवार से संबंधित था।<br>• मंडल IX – सोम स्तुतियों का संकलन।<br>• **मंडल** I और X – इन्हें बाद में जोड़ा गया था और इनमें ***पुरुष सूक्त*** शामिल थे जो **चार *वर्णों*** का वर्णन करते हैं।<br>• ऋग्वेद से संबंधित **पुरोहित *कोत्री*** या ***मोत्री*** थे और **आयुर्वेद**, ऋग्वेद का उपवेद है।<br>• ***शाकल शाखा*** ऋग्वेद की एकमात्र बची **शाखा** है। |

| वेद | विश्लेषण |
|---|---|
| सामवेद | सामवेद **छंदों का संग्रह** है जिनमें से अधिकतर ऋग्वेद से लिए गए हैं। पर इन्हें गायन की सुगमता के लिए **काव्यात्मक** शैली में क्रमबद्ध किया गया है। यह **1810 रागों** का संग्रह है और प्रसिद्ध ***राग ध्रुपद*** इसमें शामिल है जिसे बाद में **तानसेन** ने गाया था। **गंधर्व वेद**, सामवेद का उपवेद है। ***कौथुम, जैमनीय*** **(तलवाकार)** और ***राणायनीय*** सामवेद की शाखाएं हैं। |
| यजुर्वेद | यजुर्वेद **यज्ञकर्म की प्रक्रिया से संबंधित** है। यह ग्रंथ आगे निम्नलिखित भागों में बंट जाता है: (a) **शुक्ल यजुर्वेद/श्वेतयजुर्वेद/*वाजसनेयी*** (इसमें **सिर्फ *मंत्र*** शामिल हैं)। *मध्यादिन* और *कण्व* इसकी शाखाएं हैं। (b) ***कृष्ण* यजुर्वेद/श्याम यजुर्वेद** (इसमें ***मंत्र* और गद्य दोनों** तरह की व्याख्या और समीक्षा शामिल हैं)। इसकी शाखाओं में काठक, मैत्रायणी, तैत्तिरीय और कपिष्ठ शामिल हैं। **धनुर्वेद**, यजुर्वेद का उपवेद है। |
| अथर्ववेद | अथर्ववेद **बुरी आत्माओं** और **बीमारियों** को दूर भगाने के लिए प्रयोग में लाए जाने वाले जादू-टोनों के मंत्रों का संग्रह है। यह अंतिम वेद है और **इसे आर्यों द्वारा लिखित नहीं माना जाता** जो 20 *कांडों* (पुस्तकों) में बंटा है जिनमें 731 स्तुतियां हैं। इसमें **गोपद ब्राह्मण** शामिल है। *शौनक* और *पैप्पलाद* अथर्ववेद की शाखाएं हैं। **शिल्प वेद** अथर्ववेद का *उपवेद* है। |

## ब्राह्मण

ब्राह्मण **यज्ञ समारोहों का पालन करने के नियमों** की व्याख्या करते हैं। मगर ये वेदों की स्तुतियों का स्पष्टीकरण परंपरावादी ढंग से करते हैं। हर वेद के साथ बहुत से ब्राह्मण जुड़े होते हैं। ***शतपथ ब्राह्मण*** सबसे महत्वपूर्ण ब्राह्मण है जो कि **यजुर्वेद** से जुड़ा हुआ है और सबसे अधिक विस्तृत है। यह **एक सौ धार्मिक मार्गों** की अनुशंसा करता है।

## आरण्यक

आरण्यक को **'वन की पुस्तक'** भी कहा जाता है क्योंकि इसकी ज्यादातर रचना वनों में रहने वाले ऋषियों ने अपने शिष्यों के लिए की थी। वे दार्शनिक और रहस्यवादी ग्रंथ हैं और यज्ञों का विरोध करते हैं। वे ध्यान पर बल देते हैं और **ब्राह्मण ग्रंथों** का **अंतिम भाग** माने जाते हैं। वे **अनुष्ठानों की दार्शनिक ढंग से व्याख्या** करते हैं।

## उपनिषद

उपनिषद का वास्तविक अर्थ **'किसी के पास बैठना'** है। उपनिषदों की संख्या **108** है जिनमें से 13 सबसे प्रसिद्ध हैं। उपनिषद ***'आत्मा'*** और ***'ब्रह्म'*** पर ध्यान केंद्रित करते हैं और जीवन, ब्रह्मांड, स्वयं, शरीर, यज्ञ आदि दर्शन पर केंद्रित हैं। वे **स्वयं का ज्ञान** या **आत्मा को अर्जित करने** और **आत्मा** के भ्रम के साथ **संबंध** को पूरी तरह समझने पर जोर देते हैं।

- सभी उपनिषदों में से **मुण्डकोपनिषद 'सत्यमेव जयते'** सबसे विशाल है।
- **छंदोग्य उपनिषद :** स्पष्टत: **प्रथम तीन आश्रमों** से संबंधित है और विवाह के प्रकार (मुख्यत: दो) के विषय में चर्चा करता है।

- ***अनुलोम विवाह :*** व्यक्ति का उसके अपने वर्ण में या अपने से नीचे वर्ण में विवाह। यह समाज में विवाह का सबसे अधिक स्वीकृत और सामान्य रूप है।
- ***प्रतिलोम विवाह :*** लड़की या औरत का अपने से नीचे के वर्ण में विवाह, यह असामान्य माना जाता था और वेदों द्वारा स्वीकृत नहीं था।

## वेदांत

वेदांत का वास्तविक अर्थ **'वेदों का अंत'** है क्योंकि वे **वेदों के अंतिम उद्देश्य** को उजागर करते हैं। यह यज्ञों और अनुष्ठानों का खंडन करते हैं और वैदिक काल के अंतिम चरण का द्योतक हैं।

## वेदांग

***'वेदांग'*** का अर्थ **'वेदों का अंग'** है। वे **सहायक ग्रंथ** हैं जो **वेदों को पूरी तरह पढ़ने और समझने में मदद** करते हैं। तब भी इन्हें ***श्रुति*** के समान योग्यता प्राप्त नहीं है क्योंकि इनकी रचना मानव द्वारा की गई थी (**देवताओं द्वारा नहीं**) और यह ***सूत्र*** के रूप में लिखे गए हैं। ***सूत्र*** बहुत **छोटी संक्षिप्त उक्तियां** हैं जिनको **विभिन्न विचारों को प्रकट** करने के लिए उपयोग में लाया जाता है। सूत्रों की संख्या छह है और वे हैं-

1. ***शिक्षा*** **( ध्वनि शास्त्र )**
2. ***कल्प*** **( कर्मकांडी विज्ञान )**
3. ***ज्योतिष*** **( नक्षत्र विद्या )**
4. ***व्याकरण*** **( शब्द शास्त्र )**
5. ***निरुक्त*** **( शब्द व्युपत्ति शास्त्र )**
6. **छंद ( निरुपण )**

कल्पसूत्र आगे इन भागों में विभाजित हो जाता है:

(a) ***श्रौतसूत्र :*** उन वैदिक यज्ञों से संबंधित है जिनमें तीन या उससे ज्यादा अग्नि की आवश्यकता है।

(b) ***गृहसूत्र :*** यह तुलनात्मक रूप से साधारण घरेलू यज्ञों से संबंधित हैं जिनमें सिर्फ एक अग्नि की आवश्यकता पड़ती है। इनमें वे अनुष्ठान शामिल हैं जो महत्वपूर्ण जीवन अवस्थाओं (**संस्कार**) से संबंधित हैं जैसे कि ***उपनयन*** (दीक्षा संस्कार), ***विवाह*** (शादी) और ***अंत्येष्टि*** (दाह संस्कार)।

(c) ***धर्मसूत्र :*** धर्म से संबंधित अनुष्ठान।

## पुराण

पुराण शब्द का वास्तविक अर्थ **'पुराना'** है। वे बाद के समय (चौथी-छठी शताब्दी के आसपास) का धार्मिक साहित्य है। पर इसमें पुरानी परंपराओं का भलीभांति पालन किया गया था। पुराण ब्राह्मणवादी समाज और धार्मिक महत्वों को दर्शाते हैं और साथ ही हिंदु धार्मिक प्रथाओं के उदय और विकास पर भी प्रकाश डालते हैं। पुराण आमतौर पर **चार *युगों* ( *सत्य, त्रेता, द्वापर* और *कलि*)** के काल के पांच विषयों की चर्चा करते हैं।

1. ***सर्ग*** **( विश्व के निर्माण से संबंधित )**
2. ***प्रतिसर्ग*** **( विश्राम )**
3. ***मानवांतर*** **( विभिन्न मनुओं का काल )**
4. ***वामशा*** **( देवताओं और ऋषियों की वंशावली )**
5. ***वामशानुचरित्र*** **( दोनों शाही राजवंशों से संबंधित ग्रंथ, सूर्यवंशी**–जो स्वयं को सूर्य का वंशज होने का दावा करते हैं और **चंद्रवंशी** जो कि स्वयं को चांद का वंशज बताते हैं।)

- परंपरागत तौर पर माना जाता है कि पुराणों की रचना व्यास ने की थी और सामान्यत: यह माना जाता है कि चार युगों से मिलकर एक महायुग बनता है, एक हजार महायुग मिलकर एक कल्प बनाते हैं और हर कल्प आगे 14 मानवांतरों में बंटते हैं जिनको एक विशिष्ट मनु संचालित करता है। प्रत्येक युग कभी न कभी नष्ट होता है और फिर से दुनिया का पुनर्निर्माण होता है जिसमें धर्म का चक्रीय पतन और पुनरूत्थान होता है।
- पुराण आगे जाकर 18 महापुराणों (महान पुराण जैसे–***ब्रह्मा, विष्णु, नारद, भागवत, पद्मा, गरुड़, वाराह, मत्स्य, कर्म, लिंग, शिव, स्कंद, अग्नि, वामन*** आदि) और अनेक *उपपुराणों* (सहायक पुराण) में विभाजित हो जाते हैं।
- कुछ *पुराण* जैसे कि *ब्रह्मा, मत्स्य, हरिवंश, विष्णु, ब्रह्माण्ड* और *वायु* आदि ऐतिहासक वंशों (जैसे हर्यक, शिशुनाग, नंद, मौर्य, शुंग से गुप्त वंश तक) की उपयोगी जानकारी प्रदान करते हैं। इनमें पहाड़ों, नदियों आदि के ऐतिहासिक भूगोल का विस्तृत विवरण भी होता है।

## धर्मशास्त्र

धर्मशास्त्र संस्कृत में लिखे गए ग्रंथ हैं जो मुख्यत: **धर्म** से संबंधित हैं (ऐसी **आचार संहिता** जिसका तात्पर्य **'न्यायसंगत नैतिक कानून'** है जो कि विश्वव्यापी प्राकृतिक कानून से भी तालमेल रखती है)। धर्म **पुरुषार्थ** (जीवन के लक्ष्य) का निर्वाह करने का भी उल्लेख करता है, जैसे कि **धर्म** (नेक आचरण), **अर्थ** (भौतिक सुख), **काम** (इंद्रीय सुख) और ***मोक्ष*** (जीवन और मृत्यु के चक्र से मुक्ति)। *धर्मशास्त्र* आगे जाकर ***धर्मसूत्र*** (600 ई.पू.-300 ई.पू. के दौरान रचना) और ***स्मृति*** (200 ई.पू.-900 ई.पू. के दौरान रचना) में उपविभाजित हो जाते हैं। वे धर्म के तीन स्रोतों को मान्यता देते हैं जिनके नाम हैं–वेद ***( श्रुति ), स्मृति*** **( जिसे याद रखा जा सके ) ग्रंथ** और ***शिष्टाचार*** (अच्छा व्यवहार और सभ्य संस्कारी लोगों के कार्य)। किसी व्यक्ति का धर्म बहुत से कारकों पर निर्भर करता है, जैसे कि लिंग, वैवाहिक स्थित, वर्ण और आश्रम। चार वर्णों में से तीन वर्ण, जो हैं– ब्राह्मण, क्षत्रिय और वैश्य को ***द्विज*** (दो बार जन्म क्योंकि वे पवित्र उपनयन संस्कार का अधिकार रखते थे जो कि दूसरे जन्म के बराबर माना जाता था) कहा जाता था, जबकि शुद्रों पर बहुत-सी मानव समाज संबंधी अक्षमताओं का बोझ लादा जाता था।

चार आश्रम जो एक द्विज पुरुष के जीवन को बांटते हैं:

(a) ***ब्रह्मचर्य*** (अविवाहित छात्र जीवन)
(b) *गृहस्थ* (गृहस्थी की देखभाल करने वाला)
(c) ***वानप्रस्थ*** (आंशिक संन्यास)
(d) ***संन्यास*** (पूर्ण संन्यास)

यह ध्यान देने योग्य तथ्य है कि सभी लोग आश्रम की विभिन्न अवस्थाओं का पूरी तरह से पालन नहीं करते थे और स्त्रियों या शुद्रों पर तो वे लागू भी नहीं होते थे।

## महाकाव्य

दो संस्कृत महाकाव्य **महाभारत** और **रामायण** मौखिक और लिखित दोनों प्रकार के परंपरागत इतिहास का हिस्सा हैं। पुराणों और महाकाव्यों के बीच की कड़ी यह है कि वे नायक और वंश जो इन महाकाव्यों के मुख्य किरदार हैं, मनु के वंशज हैं। दोनों महाकाव्य स्पष्टत: एक-दूसरे से परिचित थे जैसा कि महाभारत में एक खंड ***रामोपाख्यान*** में राम की कथा का विवरण है, और रामायण में **कुरु** और **हस्तिनापुर** का उल्लेख है लेकिन महाभारत युद्ध का वर्णन नहीं है।

### महाभारत और रामायण

| महाभारत | रामायण |
|---|---|
| (a) लगभग 400 ई.पू. से 400 ई. के बीच इसकी रचना की गई। | (a) लगभग 400 ई.पू. से 300 ई. के बीच इसकी रचना की गई। |
| (b) ऐसा कहा जाता है कि महाभारत की रचना वेदव्यास ने की थी और इसमें 18 पर्व (पुस्तकें) हैं और लगभग एक लाख छंद हैं। इसे रामायण से अधिक लंबा माना जाता है। | (b) रामायण को आदि-काव्य (प्रथम प्रबुद्ध काव्य) माना जाता है, इसकी रचना वाल्मिकी ने की थी और इसमें सात कांड (पुस्तकें) हैं जिनमें लगभग 24,000 छंद हैं। बाद में अतिरिक्त हिस्सा जोड़े जाने के बावजूद यह महाभारत से काफी छोटा है। |
| (c) परंपरागत रूप से ऐसा विश्वास किया जाता है कि यह युद्ध द्वापर युग में हुआ था। लेकिन इतिहासकार महाभारत की घटनाओं और सामाजिक चरित्र को ध्यान में रखकर इसे रामायण से पहले के विकासकाल का ग्रंथ मानते हैं क्योंकि महाभारत कालीन घटनाएं इंडो-गंगा की सीमा और ऊपरी गंगा घाटी से संबद्ध हैं। | (c) परंपरागत रूप से यह माना जाता है कि राम त्रेता युग में रहते थे, जो कि महाभारत से पहले का काल है। लेकिन, चूंकि रामायण की घटनाएं पूर्व की ओर गंगा घाटी के मध्य घटित हो रही थीं, और रामायण की भाषा ज्यादा परिष्कृत थी तथा उसकी संकल्पना का संबंध बाद के समाजों से ज्यादा निकट था, इतिहासकार रामायण को महाभारत के बाद के काल का ग्रंथ मानते हैं। |

# ऋग्वैदिक संस्कृति के विभिन्न पहलू

विभिन्न ऋग्वैदिक स्तुतियों के आधार पर ऋग्वैदिक जीवन के राजनीतिक, सामाजिक व आर्थिक पहलुओं पर निकाले गए निष्कर्षों की चर्चा आगे की गई है।

## ऋग्वैदिक आर्यों का राजनीतिक जीवन

ऋग्वैदिक समाज एक **आदिवासी समाज** था और उसके लोग अर्ध घुमंतू जीवन जीते थे। चूंकि, राज्य की अवधारणा अनुपस्थित थी, इसलिए एक निश्चित क्षेत्रीय पहचान भी अनुपस्थित थी। आर्य जनजातियां ***जन*** कहलाती थीं। उनका प्रमुख ***(राजन) गोपति*** या ***गोप*** (गायों का रक्षक) कहलाता था, और मुख्य रानी ***महिषी*** कहलाती थीं। जनों का अक्सर **पणियों** के साथ टकराव होता रहता था, जो आर्यों के मवेशियों को जंगलों में छिपा देते थे इसलिए उन्हें आर्यों का शत्रु समझा जाता था। अपने मवेशियों को वापस पाने के लिए, वैदिक देवता इंद्र का आह्वान किया जाता था और बहुत से युद्ध जैसे ***गविष्ठि, गवेशणा, गोशू*** या

***गव्यात*** (गायों को ढूंढने के लिए) आर्यों व पणियों के बीच लड़े गए। इस प्रकार राजन का प्रमुख कार्य जन और पशुओं की दुश्मनों से सुरक्षा के साथ जन की ओर से देवताओं को प्रार्थना अर्पण करना था।

**राजनीति और प्रशासन से संबंधित कुछ पहलू**

(a) समाज का राजनीतिक ढांचा काफी हद तक राजशाही रूप से मिलता-जुलता था, लेकिन गोपति का पद वंशानुगत नहीं था और उसका चयन कुल के लोगों के बीच से ही किया जाता था और संभवत: सभा द्वारा चुना जाता था जिसे समिति कहते थे। इस प्रकार, ऋग्वैदिक काल के राजनीतिक जीवन में लोकतांत्रिक तत्व और गणतंत्रवादी राजनीति मौजूद थी।

(b) इस काल की कुछ महत्वपूर्ण जनजातीय सभाएं थीं:

- ***सभा*** अभिजात्य वर्ग (विशिष्ट संस्था) को ध्यान में रखकर बनी छोटी संस्था।
- ***समिति*** व्यापक आधार पर बनी जनसभा (इसके सभापति ईशान होते थे)।
- ***विदथ** (Vidatha)* जनजाति के सदस्यों के बीच युद्ध का सामान वितरित करने जैसे विविध कार्यों को करने वाली जनजातीय सभा।
- ***गण** (Gana)* सर्वोच्च सलाहकार संस्था।
- *परिषद (Parishad)* सामान्य मुद्दों पर चर्चा करने वाला विधायी निकाय।

(c) राज्य व्यवस्था चरित्र में उदार, प्रगतिशील और समतावादी थी क्योंकि आम लोगों और राजनीतिक पदाधिकारियों की राजनीतिक स्थिति में शायद ही कोई अंतर था। वास्तव में, ताज की शक्ति और प्रतिष्ठा इतनी ऊंची नहीं थी और उनकी मुख्य भूमिका आक्रामक और रक्षात्मक लड़ाई के दौरान जनजाति का नेतृत्व करना था। राज्य के अन्य कार्य अभी सामने आने बाकी थे।

(d) ऋग्वैदिक समाज के महत्वपूर्ण पदाधिकारियों में से कुछ थे:

- ***पुरोहित*** (पुजारी): पुरोहित विभिन्न मामलों पर मुखिया की सहायता करता था और उसे सलाह देता था। अपनी अनुष्ठानिक सेवाओं के बदले में, पुजारियों को दान (उपहार) और दक्षिणा (यज्ञ की आहुति) प्राप्त होती थी।
- ***सेनानी*** (सेना का प्रमुख)
- ***ग्रामीणी*** (गाँव और लड़ने वाली इकाई का प्रमुख)
- ***व्राजपति*** (गोचर भूमि का अधिकारी व कुलप परिवार का मुखिया)

यह जानना भी आवश्यक है कि न्याय व्यवस्था को देखने वाले किसी अधिकारी का उल्लेख नहीं मिलता है जबकि ऋग्वैदिक समाज कोई आदर्श समाज नहीं था क्योंकि वहां चोरी और सेंधमारी के मामले भी होते थे। इसी प्रकार, किसी कर एकत्रित करने वाले अधिकारी का साक्ष्य भी नहीं मिलता है और संभवत: ऐसा प्रतीत होता है कि लोग मुखिया को स्वैच्छिक भेंट देते थे जिसे 'बलि' कहा जाता था।

(e) वैदिक समाज सैन्यवादी था और सैन्य तकनीक बहुत उन्नत थी क्योंकि उनके पास घोड़ों द्वारा संचालित रथ थे। ऋग्वैदिक सारथी वर्मा [धातु प्लेटों से बना एक परिधान (coats of mail)] और सिप्रा/सिरोनास्त्र (हेलमेट) का इस्तेमाल करते थे और असि (तलवारें), हाना (तीर) और इलियानस (धनुष) से सुसज्जित होकर युद्ध में जाते थे। सेना एक स्थायी लड़ाकू समूह नहीं था और इसमें सक्षम आदिवासी लोग शामिल थे, जो युद्ध के समय संगठित होते थे और बाद में राजा द्वारा पुरस्कार और युद्ध में एकत्रित सामान को उनके बीच पुनर्वितरित किया जाता था। पशु-चोरी होना संघर्ष का सबसे आम प्रकार था।

(f) आर्य दो प्रकार के युद्धों में व्यस्त रहते थे:

1. **पूर्व आर्यों** *के साथ* (संभवत: इनका उल्लेख दास/दस्यु के रूप में किया गया है)।

2. *उनके बीच आपस में* ऐसे दो युद्धों का उल्लेख मिलता है:
   (a) **भरत राजा दिवोदास ( विजेता )** और ***दास* शासक शंबर** के बीच एक युद्ध हुआ।
   (b) **दस राजाओं *( दसराजन )* का युद्धः** यह युद्ध **भरत राजा सुदास**, दिवोदास का पौत्र **( विजेता )** एक ओर और दूसरी ओर, दस अन्य वंशों के बीच लड़ा गया था। इन दस वंशों में **पांच प्रसिद्ध वंश *( पंच-जन )* यदु, तुर्वशा, पुरु, अनु** और **द्रुहयू** भी शामिल थे। बाद में भरत वंश ने पुरुओं के साथ हाथ मिला लिया और कुरु वंश का निर्माण किया, जो आगे चलकर पांचालों के साथ मिल गए और उन्होंने ऊपरी गंगा घाटी पर नियंत्रण स्थापित किया।

## ऋग्वैदिक आर्यों का सामाजिक जीवन

सभी **सामाजिक इकाईयां बंधुत्व पर आधारित** थीं। ***कुल*** (परिवार) बुनियादी सामाजिक इकाई था और ***कुल्प/गृहपति*** परिवार का मुखिया था, जो राजनीतिक गतिविधियों में परिवार के सदस्यों का प्रतिनिधित्व करता था। ऋग्वैदिक काल में ज्यादातर ***संयुक्त परिवार*** थे जो कि ***पितृवंशीय प्रणाली*** का पालन करते थे। कई परिवार मिलकर ग्राम का गठन करते थे और इसका मुखिया ग्रामिणी था, जो **विशपति के नेतृत्व में विस** या **कबीले** नामक एक बड़े समूह का हिस्सा था। एक या एक से ज्यादा विश **जन** या **जनजाति** बनाते थे। जन सबसे बड़ी सामाजिक इकाई थी और सर्वोच्च राजनीतिक इकाई का नेतृत्व राजा के समकक्ष जनेश्य/गोपति करते थे।

**राजनीति और प्रशासन से संबंधित कुछ पहलू**

(a) समाज का स्वरूप **पितृसत्तात्मक** था, हालांकि **स्त्रियों का समाज में महत्वपूर्ण स्थान** था क्योंकि वे **शिक्षित** थीं और उनकी **पहुंच सभा तक** थी। *अपाला, घोषा, लोपामुद्रा* और *विश्ववारा* जैसी महिलाओं ने *भजनों* की रचना की और उपनयन प्राप्त किया। स्त्रियां *विदथ* की सभाओं में भाग लेती थीं। लड़कियां अपना जीवन साथी चुनने के लिए स्वतंत्र थीं। ऋग्वेद में **बाल विवाह, *सती*** या ***पर्दा* प्रथा का कोई उदाहरण नहीं** है। ऋग्वेद में **नियोग** (पति की मृत्यु के बाद उसके छोटे भाई से विवाह) और **विधवा विवाह** के कुछ उदाहरण मिलते हैं। आमतौर पर एक स्त्री से विवाह का प्रचलन था, लेकिन ऋग्वेद में बहुविवाह और बहुपतित्व के कुछ प्रसंग मिलते हैं। ऋग्वेद में बेटियों के लिए कोई राय प्रकट नहीं की गई है, जबकि स्तुतियों में बारंबार बच्चों और मवेशियों की इच्छा का प्रसंग आता है। पुत्र को जन्म देने की प्राथमिकता के पीछे एक संभावित कारण समाज का लड़ाकू प्रवृत्ति का होना था, जहां क्षेत्रों पर आधिपत्य स्थापित करने के लिए होने वाले संघर्षों में पुरुष सदस्य का होना जरूरी था।

(b) समाज जाति-पाती की रेखाओं से विभाजित नहीं था और राजन, पुरोहित, कलाकार आदि भी कुल के समूह का ही हिस्सा थे। ऋग्वेद का निम्न छंद इस बात का परिचायक है– *''मैं एक कवि हूं, मेरे पिता एक वैद्य हैं, और मेरी मां पत्थर पर अन्न पीसने वाली है। धन के लिए प्रयासरत हैं, विविध योजनाओं के साथ, हम अपनी इच्छाओं का अनुसरण मवेशियों की तरह करते हैं।''* इस प्रकार, सामाजिक गतिशीलता बहुत उच्च कोटि की थी क्योंकि कोई भी व्यक्ति अपना पेशा बदलकर अपनी वर्ण-स्थिति को बदल सकता था।

(c) हालांकि, इस काल में कुछ निश्चित असमानताएं जरूर मौजूद थीं। ***वैदिक*** और ***अवैदिक लोगों*** के बीच **प्रथम असमानता** का आधार ***वर्ण*** या ***रंग*** था। वैदिक लोग गौर वर्ण के थे, जबकि अवैदिक स्थानीय लोग श्याम वर्ण के थे और वे अलग भाषा बोलते थे। ऋग्वेद के लेखक अपने-आप को अन्य समूहों जिन्हें वे ***'दस्यु'*** या ***'दास'*** कहते थे, से विशिष्ट मानते थे। दासों को ***अ-व्रता*** (जो देवताओं के नियमों का पालन नहीं करते) और ***अ-क्रतु*** (वे जो यज्ञों का निष्पादन नहीं

करते) के रूप में भी उल्लेखित किया जाता था। शायद इस तथ्य के कारण कि *दस्यु* गैर-आर्य मूल निवासी थे, आर्य लोग *दासों* की अपेक्षा *दस्युओं* के प्रति अधिक विरोधी थे, जबकि *दास* प्रारंभिक आर्य समूह थे, जिन्होंने स्थानीय लोगों के साथ अंतर्जातीय विवाह करने के कारण कुछ हद तक अपनी त्वचा का रंग खो दिया था।

(d) यद्यपि सामाजिक रूप से संगठित ***'वर्ण व्यवस्था' का प्रचलन नहीं*** था और **जनजातीय तत्व समाज में काफी मजबूत** थे, फिर भी अब तक ऋग्वैदिक **समाज को पूरी तरह से समानाधिकारवादी समाज नहीं माना जा सकता था** क्योंकि समाज का विभाजन **श्रम** व **लिंग** के **विभाजन** पर आधारित था। चार वर्णों का एकमात्र उल्लेख ऋग्वेद के **दसवें *मंडल*** के ***पुरुषासुक्त*** में मिलता है, जिससे यह निष्कर्ष निकाला जा सकता है कि ***वर्ण* व्यवस्था की शुरुआत संभवतः ऋग्वैदिक काल के अंत में हुई होगी** और वहां सामाजिक गतिशीलता थी और कठोर सामाजिक वर्गीकरण का अभाव था। मगर ऋग्वैदिक लोग **दासप्रथा से परिचित** थे।

## ऋग्वैदिक अर्थव्यवस्था

चूंकि ऋग्वैदिक समाज एक ग्रामीण समाज था, इसलिए **पशुपालन** उनकी प्रमुख गतिविधि थी। धन का मुख्य पैमाना पशु थे और धनी व्यक्ति ***गोमत*** के नाम से जाना जाता था, जिसका अर्थ है-**वह व्यक्ति जिसके पास बहुत से पशु होते थे। 'गौ'** शब्द, जिसका अर्थ गाय होता है, से बड़ी संख्या में शब्द निकले हैं। यह जानना भी जरूरी है कि पुजारियों को दानस्वरूप भूमि नहीं, मुख्यतः गायों और महिला दासों को भेंट किया जाता था, जो पशुचारणता का महत्व उजागर करता है। **व्यापार और वाणिज्य**[2] के बहुत कम **साक्ष्य** मिले हैं, और वहां जमीन के स्वामित्व पर आधारित किसी भी **निजी संपत्ति का कोई सिद्धांत नहीं** था।

**ऋग्वैदिक अर्थव्यवस्था से संबंधित कुछ पहलू**

(a) संसाधनों के उपयोग का अधिकार पूरे वंश का था। मुद्रा की इकाई ***निष्क*** कहलाती थी, जो सोने की बनी होती थी। आदान-प्रदान का प्रतिमान वस्तु विनिमय था और **गाय मूल्य की एक महत्वपूर्ण इकाई** थी। वहां **राजस्व की कोई नियमित प्रणाली नहीं** थी और राज्य का भरण-पोषण प्रजा द्वारा दिए गए स्वैच्छिक उपहारों ***( बलि )*** और युद्ध में जीते गए उपहारों से होता था।

(b) उपहारों के आदान-प्रदान और उनके पुनर्वितरण की ऋग्वैदिक समाज में एक महत्वपूर्ण आर्थिक भूमिका थी। ऐसे आदान-प्रदान **'अर्पण'** कहलाते थे, जो कि न केवल व्यक्तिगत स्तर पर बल्कि सामूहिक स्तर पर किए जाते थे। आर्थिक वस्तुओं के अलावा इसमें अन्य वस्तुएं भी शामिल थीं, जैसे कि स्त्रियां, भद्रता, आतिथ्य और सैन्य सहायता। पुरोहित अपनी अनुष्ठान संबंधी सेवाओं के बदले में *दान* (उपहार) और *दक्षिणा* (यज्ञ संबंधी प्रसाद) प्राप्त करते थे।

(c) **स्थानांतरित कृषि** का चलन था और जंगलों को जलाने के लिए आग का इस्तेमाल किया जाता था जिससे भूमि के हिस्से को साफ करके जोता जाता था। ***यव*** या ***जौ*** के अतिरिक्त किसी अन्य अनाज का उल्लेख नहीं है। ऋग्वैदिक लोग **लकड़ी के हल (*फल, लंगल*** और ***सिर***) का प्रयोग करते थे। वैदिक देवता इंद्र का उल्लेख **उर्वराजीत** (उपजाऊ खेतों का विजेता) के रूप में भी किया जाता है, और **छत्रपति** (कृषि क्षेत्रों के रक्षक देवता) का भी जिक्र है।

(d) ऋग्वेद में आयस शब्द का प्रयोग तांबे और कांसे के लिए किया गया है, लोहे के लिए नहीं। साथ ही, वहां **धातु तकनीक से संबंधित कार्यकलापों का भी बहुत कम उल्लेख** मिलता है। बहुत से अन्य शिल्प जैसे कि गाड़ी (cart) बनाने, बढ़ईगिरी, चमड़ा बनाना और सिलाई व बुनाई का भी उल्लेख है। ये **लौह तकनीक का इस्तेमाल नहीं** करते थे, लेकिन तांबे से परिचित थे।

---

2 व्यापार और वाणिज्य का प्रचलन था, लेकिन अर्थव्यवस्था का मुद्रीकरण अनुपस्थित था। वस्तु विनिमय प्रणाली का पालन किया जाता था।

(e) यद्यपि **रथ बनाने वाले** लोग ऋग्वैदिक काल में **विशेष महत्ता** रखते थे। उस काल में रथ दौड़ और पासों से जुआ खेलना लोकप्रिय मनोरंजन के साधन थे।

(f) परिवहन के लिए बैलगाड़ी, घोड़ों और घोड़ों द्वारा खींचे जाने वाले रथों का प्रयोग होता था। समुद्र और नावों का भी उल्लेख मिलता है।

## ऋग्वैदिक धर्म

पूर्व वैदिक कालों में **न तो कोई मंदिर था** और **न ही मूर्ति पूजा** का चलन। **ऋग्वेद प्राकृतिक देवताओं** (प्राचीन जीवात्मा के समान) की स्तुति करते थे। वे प्राकृतिक शक्तियों जैसे- वायु, वर्षा, जल, मेघगर्जन आदि की पूजा करते थे। मंदिर के देवताओं को बहुत कम पूजा जाता था। वे ज्यादातर आकाश तले खुली हवा में **यज्ञों** के माध्यम से अराधना करते थे। वैदिक ग्रंथ **गाय** को छोड़कर जिसे ***अघन्य (न मारने योग्य)*** माना जाता था, मांसाहार व जानवरों की बलि का भी उल्लेख करते थे। ऋग्वैदिक धर्म में एक अनूठी स्थिति **एक ईश्वर में विश्वास या एकेश्वरवाद**[3] में देखने को मिलती है जहां एक विशेष मंत्र द्वारा देवता का आह्वान किया जा रहा है जिसे सर्वोच्च देवता माना गया।

ऋग्वैदिक धर्म की अन्य विशिष्ट विशेषताएं इस प्रकार थीं:

(a) अनुष्ठान और समारोह हालांकि वैदिक धर्म के मूल थे, ये अनुष्ठान और समारोह करने में आसान थे, किसी भी कठोरता या जटिलताओं से रहित थे। इसके अलावा, वे मुख्य रूप से भौतिकवादी लक्ष्यों की प्राप्ति के लिए किए जाते थे, जैसे कि युद्ध के मैदान में जीत हासिल करना, पशु धन और अधिक पुत्रों के लिए।

(b) पुरोहित वर्ग में ब्राह्मणों का कोई विशेष एकाधिकार नहीं था। बल्कि, ब्राह्मणों के अलावा पुरोहित वर्ग की 16 अन्य श्रेणियां थीं। इसके अलावा, धार्मिक जीवन में पुरोहित वर्ग की भूमिका बहुत महत्वपूर्ण नहीं थी और यहां तक कि गृहस्थ को 17वीं श्रेणी का पुजारी माना जाता था, जो सभी प्रकार के अनुष्ठान और बलिदान कर सकता था।

(c) ऋग्वैदिक काल में दार्शनिक तत्व विकास के प्रारंभिक चरण में थे। वास्तव में, आत्मा और मोक्ष की अवधारणाएं बहुत बाद में उभरीं।

(d) पुरुष देवताओं को महिला देवताओं की तुलना में उच्च दर्जा प्राप्त था।

ऋग्वैदिक लोगों द्वारा पूजे जाने वाले कुछ देवता निम्नलिखित थे:

| ऋग्वैदिक देवता | विश्लेषण |
|---|---|
| **इन्द्र** | • आर्यों के **महानतम देवता।**<br>• इनसे संबंधित 250 मंत्र हैं।<br>• **पुरंधर** (किलों को तोड़ने वाला), **माघवन** (भरा-पूरा), **वृत्रहन** (अराजकता का अंत करने वाला) के नाम से जाना जाता था। |

3 एकेश्वरवाद (Henotheism) में, किसी विशेष अवसर पर एक विशेष देवता को सर्वोच्च माना जाता है और किसी अन्य अवसर पर दूसरे देवता को वही दर्जा दिया जाता है।

| ऋग्वैदिक देवता | विश्लेषण |
|---|---|
| **अग्नि** | • **दूसरे सबसे महत्वपूर्ण देवता,** अग्नि के देवता हैं।<br>• इनसे संबंधित 200 मंत्र हैं।<br>• पृथ्वी और स्वर्ग का पुत्र।<br>• देवताओं और मनुष्यों के बीच **मध्यस्थ।** |
| **वरुण** | • तीसरे सबसे महत्वपूर्ण देवता, जल के प्रतीक देवता हैं।<br>• ***ऋतु*** या लौकिक व्यवस्था की **देखभाल** करने वाला।<br>• नैतिकता की दृष्टि से सभी ऋग्वैदिक देवताओं में सर्वोच्च। |
| **सोम** | • *पेड़ पौधों का देवता* / देवताओं का राजा / ब्राह्मणों का विशेष देवता।<br>• 11वें **मंडल** के सभी मंत्र इसी से संबंधित हैं।<br>• आर्य हिमालय *(मुन्जावट)* को *सोम* के पौधे का स्रोत मानते थे।<br>• बुद्धिमान देवता माना जाता था जिसने कवियों को मंत्र की रचना की प्रेरणा दी। |
| **यम** | • मृत्यु का देवता। |
| **रुद्र** | • नीतिहीन तीरंदाज देवता जिसके बाण बीमारियां लाते थे।<br>• पहाड़ों में निवास और चिकित्सीय जड़ी-बूटियों का संरक्षक।<br>• यूनानी देवता अपोलो से मेल खाता है जिसकी पहचान आद्यशिव के रूप में की जाती है। |
| **पूषण** | • जंगल के रास्तों, चरवाहों और मवेशियों का देवता।<br>• दिन से रात और रात से दिन के परिवर्तन में सहायक। |
| **सूर्य** | ड्यौस का पुत्र, जो अंधेरे को दूर कर रोशनी फैलाता है। |
| **सावित्री/सवित्** | सौर देवी जिससे ऋग्वेद के **तीसरे *मंडल*** का प्रसिद्ध ***गायत्री मंत्र*** संबंधित है। |
| **अदिति** | शाश्वतता की देवी और देवताओं की माता, जिनका आह्वान बुराई, हानि और बीमारी से मुक्ति प्रदान करने के लिए किया जाता था। |
| **पृथ्वी** | भू-देवी |
| **विष्णु** | दयालु देवता लेकिन ऋग्वेद में बहुत कम उल्लेख। |
| **मारूत** | रूद्र के पुत्र, जो आंधी-तूफान के प्रतीक थे। |
| **वायु** | हवा का देवता। |
| **अश्विन** | युद्ध और उर्वरता के जुड़वां देवता। |
| **ऊषा** | भोर की देवी और इसका उल्लेख ऋग्वैदिक मंत्रों में लगभग 300 बार किया गया है। |
| **सिनीवली** | संतान प्रदान करने वाली। |

उपरोक्त देवताओं के अलावा, कुछ **उपदेवताओं** का भी उल्लेख मिलता है, जैसे:

1. **गंधर्व** (दिव्य संगीतकार)

2. **अप्सराएं** (देवताओं की प्रेमिका)
3. **विश्वदेव** (मध्यस्थ देवता)
4. **आर्यमन** (समझौतों और विवाह के संरक्षक)

| ऋग्वैदिक काल में प्रयोग किए जाने वाले शब्द | अर्थ |
|---|---|
| (a) गोधूली समगवा | समय का अंदाजा (संध्याकाल) सुबह |
| (b) गव्यति | दूरी का अंदाज |
| (c) दुहित्री | गायों का दूध दुहने वाली बेटी |
| (d) गोत्र | सगोत्रता (रक्त संबंध) इकाई |
| (e) विश | कई गांवों का समूह |
| (f) गण | वंशावली |
| (g) ग्राम | गांव |
| (h) गौरी/ग्वाला | भैंस |
| (i) गोजित | गायों का विजेता/नायके |
| (j) वाप | बुआई (बोना) |
| (k) श्रीनी | दरांती |
| (l) क्षेत्र | जुते हुए खेत |
| (m) उर्वर | उपजाऊ खेत |
| (n) धान्य | अनाज |
| (o) घृत | मक्खन |
| (p) सोम/सुरा | मादक पेय |
| (q) गोघना | अतिथि; जिन्हें मांस खिलाया जाता था |
| (r) सीता | खेत में हल से बनी लकीरें |
| (s) सिरि | धागा |
| (t) तक्षण | बढ़ई |

## उत्तर वैदिक संस्कृति और सभ्यता (1000–500 ई.पू.)

उत्तर वैदिक काल को सामाजिक, राजनीतिक और आर्थिक जीवन में आई जटिलताओं द्वारा चित्रित किया जा सकता है। उत्तर वैदिक काल के दौरान आर्यों का पूर्व की ओर क्रमिक विस्तार[4] हुआ क्योंकि उन्होंने उत्तर-पश्चिम पंजाब से गंगा-यमुना दोआब में दक्षिण-पूर्व उत्तर प्रदेश, जिसमें पूर्वी उत्तर प्रदेश (कोसल) और उत्तरी बिहार (विदेह[5]) दोनों शामिल हैं, की ओर अपना विस्तार

[4] संभवतः यह विस्तार जल और भूमि स्रोतों, नए कम अधीकृत क्षेत्रों की आवश्यकता और जनसंख्या के दबाव से प्रेरित हुआ।

[5] लगभग 1000 ई.पू. आर्य पूर्वी उत्तर प्रदेश में कोसल और उत्तरी बिहार में विदेह क्षेत्रों की ओर बढ़े, जहां वैदिक लोगों का सामना ताम्रपाषाण कालीन संस्कृति का पालन करने वाले स्थानीय लोगों से हुआ, हालांकि वैदिक काल के अंत तक दोनों ही क्षेत्रों का आर्यीकरण हो गया था।

किया। उत्तर वैदिक ग्रंथ *कुरु पंचाल* क्षेत्र के विषय में बताते हैं जो इंडो-गंगा विभाजन और ऊपरी गंगा घाटी में आता है। इसके साथ ही सरस्वती व धृष्टावती नदियों और कुरू, पांचाल, वाशस व उशीनार जनजातियों का उल्लेख भी मिलता है।

## उत्तर वैदिक आर्यों का राजनीतिक जीवन

राजनीतिक संदर्भ में वैदिक काल की छोटी जनजातीय बस्तियों का स्थान तुलनात्मक रूप से शक्तिशाली राज्यों ने ले लिया था, जबकि शाही ताकत बढ़ गई थी। राज्य की अवधारणा उत्तर वैदिक काल के दौरान उभरी और इस प्रकार उसकी एक निश्चित क्षेत्रीय पहचान विकसित हुई। **'राष्ट्र' शब्द पहली बार इस काल में सामने आया।** इस दौरान **युद्ध गायों के लिए नहीं, बल्कि भूखंडों के लिए लड़े जाने लगे।** यह अपने बाद के चरणों में धीरे-धीरे '*जन*' के बजाय '*जनपद*' के युग में बदल रहा था। शासक जनजातीय ग्रामीण जनता के बल पर शक्तिशाली हो रहे थे और *पुरोहितों*[6] को उदारतापूर्वक पुरस्कृत करते थे जो उनकी सत्ता को बनाए रखने में मदद करते थे। उदाहरण के तौर पर *ऐतरेय ब्राह्मण* इंगित करता है कि राजा को अपना अभिषेक करने वाले ब्राह्मण को 1000 सोने के टुकड़े और पशु प्रदान करने होते थे। राजा को विभिन्न नामों से संबोधित किया जाता था। उदाहरण के तौर पर, उसे उत्तरी क्षेत्रों में विराट, पूर्वी क्षेत्रों में सम्राट जबकि पश्चिमी व दक्षिणी क्षेत्रों में क्रमशः स्वराट और भोज कहा जाता था।

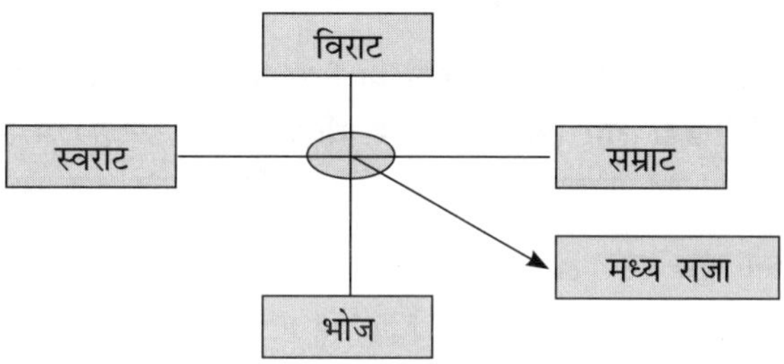


**राजनीति व प्रशासन से संबंधित कुछ पहलू**

(a) प्रायः राजा क्षत्रिय होता था और सम्राट का पद लगभग वंशानुगत बन गया था। प्रमुख या राजा के चुनाव के प्रमाण उत्तर वैदिक ग्रंथों में मिलते हैं, लेकिन उस समय वंशानुगत राजत्व उभर रहा था। राजा धीरे-धीरे सामाजिक व्यवस्था के नियंत्रक के रूप में भी उभरा।

(b) धार्मिक कर्मकांड संस्कार राजा की प्रतिष्ठा को और भी मजबूती प्रदान करते थे जैसे कि ***राजसूय*** (राज्य अभिषेक और जो राजा को सर्वोच्च शक्ति प्रदान करता था), ***वजपेयी*** (वास्तविक अर्थ शक्ति का पेय, इसमें रथों की दौड़ होती थी जहां शाही रथ को सभी स्वजनों के विरुद्ध विजयी बनाया जाता था) और ***अश्वमेध*** (उस क्षेत्र पर निर्विवाद नियंत्रण जहां पर से शाही घोड़ा निर्बाध दौड़ता हुआ गुजरता था)। उत्तर काल में यह धीरे-धीरे ***'जन'*** के स्थान पर ***'जनपद'*** युग में बदल रहा था। अथर्ववेद में अराध्यदेव (अर्ध देवता) के रूप में राजा परीक्षित के उल्लेख से स्पष्ट है कि उत्तर वैदिक काल के लोगों के बीच दैवीय राजशाही की अवधारणा भी विकसित हुई थी।

(c) जैसे-जैसे मुखिया ज्यादा शक्तिशाली होते गए, लोकप्रिय सभाओं का प्रभुत्व घटता गया। ***सभा*** और ***समितियों ने अपनी पकड़*** बनाए रखी, हालांकि ऋग्वैदिक काल की तरह नहीं, लेकिन ***विदथ पूर्ण* रूप से विलुप्त** हो गई। लोकप्रिय सभाओं के कार्य उत्तरोत्तर अब उन अधिकारियों के हाथों में चले गए जो मुखिया के सलाहकारों के रूप में कार्य करते थे और

---

6 'वह जो सम्राट को अग्रस्थान पर रखता है', का अर्थ जान चुके थे और राजनीति व शासन की स्थापना में बहुत महत्वपूर्ण बन गए थे।

उनको प्रशासन में मदद करने के लिए मुखिया द्वारा नियुक्त किए जाते थे। इस प्रकार, नौकरशाही प्रभावशाली रूप में विकसित हुई और बाद के वैदिक ग्रंथों में 16 अधिकारियों का उल्लेख किया गया है। उनमें से कुछ प्रमुख थे:

- सेनानी
- पुरोहित
- युवराज
- अक्षवापा (पासे के खेल में राजा का मित्र)
- रक्षिन (थानाध्यक्ष)
- पालघर (राजदूत)

(d) उत्तर वैदिक काल में भी **राजा के अधिकार में स्थायी सेना नहीं** थी और युद्ध के समय में जनजातीय इकाईयों को जुटाया जाता था।

## उत्तर वैदिक समाज

उत्तर वैदिक काल में परिवार का आकार काफी बड़ा हो गया था जिसे **संयुक्त परिवार** कहा जाता था, जिसमें तीन या चार पीढ़ियां एक साथ रहती थीं। **अंतरंजीखेड़ा और अहिछत्र** (दोनों **पश्चिमी उत्तर प्रदेश**) में मिली चूल्हों की कतारें ये बताती हैं कि इनका प्रयोग सामूहिक भोज या बड़े परिवारों का खाना बनाने के लिए किया जाता था।

**उत्तर वैदिक समाज से संबंधित कुछ पहलू**

(a) परिवार में पितृसत्तात्मक (पिता का अधिकार) प्रणाली विकसित हो गई थी और स्त्रियां आमतौर पर घरेलू कामकाज व गौण कार्यों तक ही सीमित हो गई थीं। ऋग्वैदिक काल की तुलना में **स्त्रियां समाज में अपना महत्व खो चुकी थीं** और उस काल में ***सती* व बाल विवाह** के भी कुछ उल्लेख मिलते हैं। एक ग्रंथ (मैत्रायणी संहिता) में स्त्रियों को जुए और मदिरा के साथ स्थान दिया गया है। एक अन्य ग्रंथ में बेटी को सभी दुखों का कारण माना गया है। उस समय सभाओं पर कुलीनों का प्रभुत्व था और संपन्न पुरुषों और महिलाओं को सभाओं में भाग लेने की अनुमति प्राप्त नहीं थी।

(b) ऋग्वैदिक काल से उत्तर वैदिक काल में आया सबसे महत्वपूर्ण परिवर्तन वर्ण व्यवस्था के रूप में सामाजिक भेदभाव की शुरुआत और उसका विस्तार होना था। उत्तर वैदिक काल स्पष्टतः **चार *वर्णों* – ब्राह्मण**, **राजन्य** या **क्षत्रिय**, **वैश्य** और **शुद्र** में बंट गया था। यज्ञों की उपासना पद्धति बढ़ने से ब्राह्मणों की शक्ति अभूतपूर्व ढंग से बढ़ी जबकि शूद्रों की स्थिति और खराब हो गई क्योंकि उन्हें तीनों ऊपरी वर्णों की सेवा के लिए नियुक्त कर दिया गया और इस प्रकार उन्हें सभी सुविधाओं से वंचित कर दिया गया। यहां तक कि वे गायत्री मंत्र का भी उच्चारण नहीं कर सकते थे।

(c) अन्य महत्वपूर्ण संस्था जिसने इस काल में अपना आकार लेना शुरू किया, वह आश्रम या जीवन के विभिन्न चरण था– ब्रह्मचर्य, गृहस्थ, वानप्रस्थ और संन्यास। *वर्ण* के साथ मिलकर, उत्तर वैदिक समाज ***वर्ण-आश्रम-धर्म*** समाज के रूप में जाना गया। हालांकि आश्रम या जीवन के चार चरणों का निर्धारण किया गया था लेकिन उसका गंभीरता से पालन नहीं किया जाता था। यहां यह ध्यान रखना उचित है कि आश्रम प्रणाली का पहला संदर्भ चंदोगया उपनिषद में पाया गया है, लेकिन संदर्भ केवल पहले 3 आश्रमों तक ही सीमित है। हालांकि, चारों आश्रमों का पहला संदर्भ जाबाला उपनिषद में मिलता है।

(d) ***द्विज*** (दो बार जन्म) के रूप में जाने जानी वाली तीनों उच्च जातियां *शुद्रों* व *चांडालों* के साथ भेद-भाव करती थीं। **विजातीय विवाह** बड़े पैमाने पर **प्रचलन** में था और एक **कठोर सामाजिक वर्गीकरण** विकसित हुआ जिससे पूर्व वैदिक काल की सामाजिक गतिशीलता में बाधा आई। धार्मिक संस्कारों की बढ़ती उपासना पद्धति ने ब्राह्मणों की शक्ति में काफी बढ़ोत्तरी कर दी। स्त्रियों को कई बार दीक्षा दी जाती थी। इससे शूद्रों पर अयोग्यता लादने के साथ धार्मिक अनुष्ठानों की भ्रष्टता की अवधारणा के आरंभ के रूप में भी समझा जा सकता है।

(e) उत्तर वैदिक काल में ***गोत्र*** का उदय हुआ, जिसका वास्तविक अर्थ तबेला या समस्त वंश से संबंधित मवेशियों को रखा जाने वाला स्थान है। लेकिन समय बीतने के साथ-साथ इसका अर्थ **समान पूर्वजों के कुल** से हो गया। समान *गोत्र* के लोगों के बीच विवाह वर्जित था। बहुत से प्रसिद्ध ऋषि हुए जैसे- कश्यप, वशिष्ठ, भृगु, गौतम, भारद्वाज, अत्री, विश्वामित्र और अगस्त्य, जिनके नाम पर *गोत्रों* का नाम रखे गए। क्षत्रियों और वैश्यों ने उन ब्राह्मणों के परिवार के *गोत्र* का नाम अपना लिया जो पारंपरिक तौर पर उनके घरेलू कर्मकांड किया करते थे। अपने ही गोत्र की स्त्री से विवाह करने वाले पुरुष के लिए *चन्द्रायन* प्रायश्चित का उल्लेख मिलता है।

(f) बड़े पैमाने पर जाति से बाहर विवाह किए जाते थे और एक **कट्टर सामाजिक** अनुक्रम विकसित हुआ जिसने प्राचीन काल की सामाजिक गतिशीलता को सीमित कर दिया।

(g) यह दिलचस्प है कि कुछ शिल्पकारिता समूह समाज में उच्च दर्जा प्राप्त करने में सफल रहे, उदाहरण के तौर पर, रथ बनाने वाले *रथाकरों* को पवित्र धागा पहनने का अधिकार था।

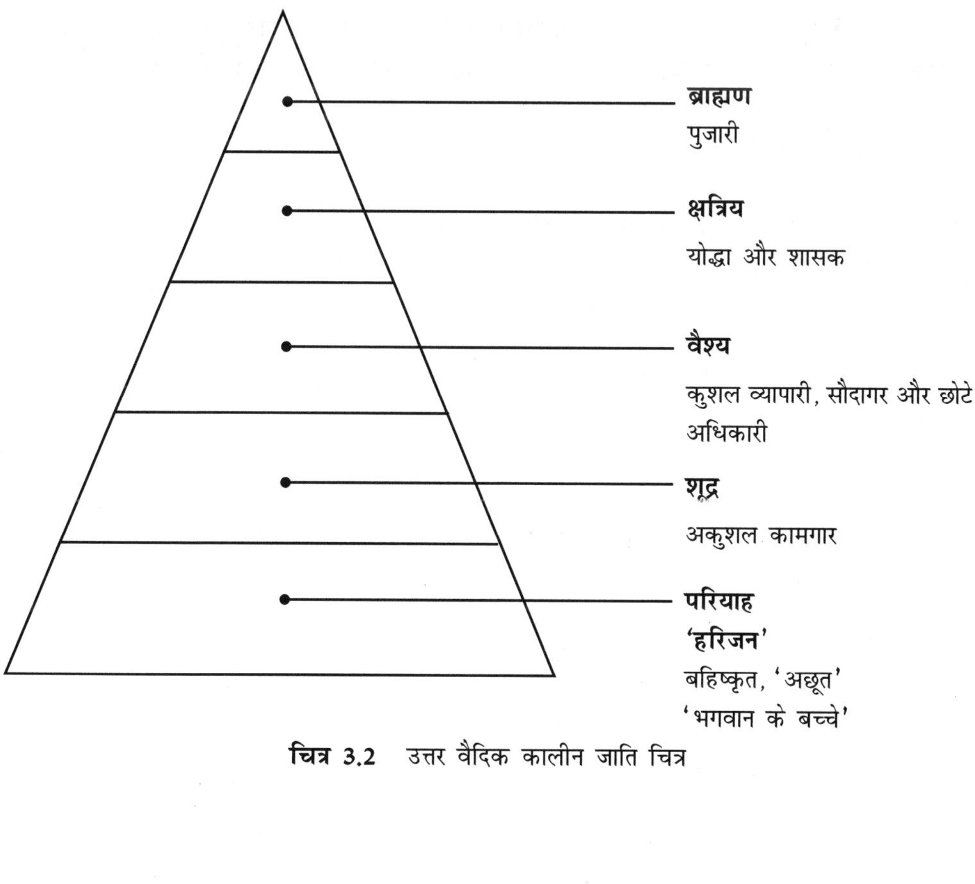


**चित्र 3.2** उत्तर वैदिक कालीन जाति चित्र

## उत्तर वैदिक काल की आर्थिक गतिविधियां

उत्तर वैदिक काल की आर्थिक गतिविधियां विविधपूर्ण थीं। कृषि, पशुचारणता, शिल्प उत्पादन और व्यापार आर्थिक विकास में योगदान देते थे। पूर्व वैदिक काल का प्रधान रूप से ग्रामीण समाज **कृषि** करने वाला बन गया और उत्तर वैदिक कालीन लोगों के जीवकोपार्जन का प्रमुख साधन बन गया। *शतपथ* ब्राह्मण राजाओं द्वारा आरंभ किए जाने वाली खेती से संबंधित अनुष्ठानों का उल्लेख करता है और यह शासकों द्वारा कृषि को दिए जाने वाले महत्व और बढ़ती जनसंख्या को मदद के लिए कृषि की ओर अग्रसर करने को दर्शाता है। जंगलों को साफ करने के लिए पेड़ों को जलाया जाता था, जिसका उल्लेख भी *शतपथ ब्राह्मण* में मिलता है (राजा विदेह माधव ने सरस्वती और सदानीरा या गंडक नदियों के बीच के जंगलों को जला दिया था)। हलों द्वारा खेतों की जुताई की जाती थी और उत्तर वैदिक कालीन लोगों का मुख्य व्यवसाय ***मिश्रित खेती*** (कृषि के साथ पशुपालन) था।

**उत्तर वैदिक अर्थव्यवस्था के कुछ मुख्य पहलू**

(a) भूमि पर उत्तर वैदिक काल में भी सामूहिक अधिकार/हक होता था, जिस पर ***'विश'*** (वंश) के बहुत से भागीदारों का अधिकार होता था, लेकिन इसको संपत्ति के रूप में जाना जाता था और परिवार का मुखिया, जिसका भूमि पर स्वामित्व था, ***गृहपति*** कहलाता था।

(b) चावल ***( व्रीहि )*** और गेहूं ***( गोधुम )*** लोगों का मुख्य आहार बन गए थे और दालों को भी उगाया जाता था। खाद्य उत्पादन की शुरुआत के साथ ही धार्मिक अनुष्ठानों में कृषि उत्पादों की भेंट का चलन भी शुरू हो गया था। ***दान*** और ***दक्षिणा*** की वस्तुओं में पका हुआ चावल भी सम्मिलित हो गया था। इसके अलावा ***तिल,*** जिससे पहली बार व्यापक रूप से वनस्पति तेल निकाला गया था, उसका भी अनुष्ठान में तेजी से विस्तार होने लगा था।

(c) इस काल का समाज **ज्यादातर ग्रामीण** था। हालांकि इस **काल के अंत** के दौर में, **शहरीकरण की शुरुआत** का भी पता चला है (जैसा कि ***तैत्तिरीय आरण्यक*** में शहर के तौर पर नगर का उल्लेख है)।

(d) उत्तर वैदिक काल के दौरान आर्य संस्कृति के विस्तार का प्रमुख कारण लोहे के प्रयोग का आरंभ था, जिसकी शुरुआत लगभग 1000 ई.पू. में हुई और इसका उल्लेख ***कृष्ण अयस/श्याम अयस*** के रूप में किया गया है। उत्तर वैदिक संस्कृति को **सलेटी रंग से रंगे बर्तन** (PGW)- **लौहकालीन संस्कृति** के नाम से भी जाना जाता है क्योंकि एक विशेष प्रकार की मिट्टी के बर्तनों का प्रयोग उस काल के दौरान किया जाता था।

(e) पूर्व वैदिक काल की तुलना में उत्तर वैदिक काल के दौरान विविध कला व शिल्प का काफी विकास हुआ और शिल्प विशेषज्ञता ने गहरी जड़ें जमा लीं, क्योंकि इस काल में इन व्यवसायिक समूहों का उल्लेख अधिक मिलता है। उदाहरण के तौर पर धनुष, रस्सी, तीर व चमड़ा बनाने वाले, पत्थर तोड़ने वाले, चिकित्सक, सुनार और ज्योतिषी जैसे विशेषज्ञता प्राप्त व्यवसायिक समूहों का उल्लेख ग्रंथों में किया गया है। उत्तर वैदिक काल में विभिन्न कलाओं और शिल्पों का इस्तेमाल होता था। उत्तर वैदिक लोग **टिन, लेड, चांदी, लोहा, सोना, कांसे** और **तांबे** से परिचित थे। संभवत: उस काल में कुशल लोहार और धातु गलाने वाले लोग होते थे क्योंकि PGW उत्खनन स्थलों से बहुत-सी तांबे की वस्तुएं मिली हैं। **उस दौरान लोगों ने शीशा बनाने का ज्ञान भी अर्जित कर लिया था। श्रेस्थिन व्यापारियों के संघ या संगठन** का उल्लेख करते हैं।

(f) इस काल में वस्तु विनिमय द्वारा ही आदान-प्रदान होता था, लेकिन ***निष्क*** का इस्तेमाल सुविधाजनक मूल्य की इकाई के रूप में होता था। हालांकि यह एक स्पष्ट मुद्रा के रूप में प्रयोग नहीं की जाती थी।

(g) ऋग्वैदिक काल, जिसमें सिर्फ स्वैच्छिक भेंट ही ली जाती थी, उससे भिन्न उत्तर वैदिक काल में **कर संग्रह और भेंट** को **अनिवार्य** बना दिया गया था। यह काम ***संग्रहित्री*** करता था। यह ध्यान देना भी उतना ही रोचक है कि उत्तर वैदिक काल में सिर्फ **वैश्य ही भेंटदाता प्रतीत होते हैं।** *भाग* कृषि उपज में राजा के हिस्से को दर्शाता था, जिसे *भगदुघास*

एकत्र करते थे, जबकि *भोग* औपचारिक उपहारों को दर्शाता था। यह जानना भी उतना ही दिलचस्प है कि उत्तर वैदिक काल में केवल वैश्य ही कर देते थे।

(h) बैलगाड़ी संभवत: सबसे ज्यादा इस्तेमाल किया जाने वाला आवागमन का साधन थी। उत्तर वैदिक काल के लोग चार प्रकार के मिट्टी के बर्तनों से परिचित थे:

(a) चित्रित सलेटी बर्तन
(b) काला और लाल बर्तन
(c) काले धारीदार बर्तन
(d) लाल बर्तन

## उत्तर वैदिक कालीन धर्म

भौतिक जीवन में आए परिवर्तनों का असर सहज ही देवी-देवताओं के प्रति रवैये में बदलाव के रूप में भी दिखने लगा। इस दौरान **दो सबसे महत्वपूर्ण ऋग्वैदिक देवताओं इंद्र और अग्नि ने अपना महत्व खो दिया** और उनके स्थान पर **प्रजापति (रचनाकार) सर्वोच्च** बन गए। कुछ अन्य गौण देवता अब प्रमुख बन गए थे, जैसे कि **विष्णु** (लोगों के पालक व रक्षक के रूप में जाने जाते थे) और **रुद्र** (पशुओं के देवता)। उत्तर वैदिक काल में **मूर्ति पूजा** की शुरुआत हो गई थी और जिस प्रकार उत्तर वैदिक काल में समाज का वर्गीकरण सामाजिक वर्गों के अनुरूप हो गया था, उसी प्रकार उत्तर वैदिक काल में कुछ सामाजिक वर्गों ने भी अपने-अपने देवताओं का चुनाव कर लिया था। उदाहरण के तौर पर **पूषण** (जिन्हें पशुओं का रखवाला माना जाता था) को शूद्रों का देवता माना जाने लगा।

उत्तर वैदिक संस्कृति की **उपासना विधि बलि पर केंद्रित** थी। बलि ने ज्यादा महत्वपूर्ण और विस्तृत रूप ले लिया और सार्वजनिक व घरेलू दोनों ही स्वरूपों में इसका महत्व बढ़ता जा रहा था। *यज्ञों* की संख्या और आवृत्ति में काफी बढ़ोत्तरी हो गई थी, जिनमें ज्यादातर **बड़े स्तर पर पशुओं को मारा जाता था** जिससे पशु धन की हानि होती थी। यह सब संभवत: ब्राह्मण वर्ग के बढ़ते महत्व और उनके बदलते समाज में अपनी श्रेष्ठता को बनाए रखने के प्रयास का नतीजा था। यह यज्ञ ब्राह्मणों को ***दान*** और ***दक्षिणा*** के रूप में बेशुमार दौलत दिलवाते थे। इस काल में ***अश्वमेघ, वाजपेय, राजसूय*** आदि कुछ महत्वपूर्ण यज्ञ थे। इन *यज्ञों* का **दोहरा उद्देश्य** था:

(a) **सर्वप्रथम**, यह लोगों के ऊपर शासक के अधिकार को स्थापित करते थे और
(b) **दूसरा**, यह राज्य के क्षेत्रीय पहलू को भी मजबूती प्रदान करते थे क्योंकि पूरे साम्राज्य के लोगों को इन यज्ञों में आमंत्रित किया जाता था।

उत्तर वैदिक काल में धर्म के दार्शनिक आयाम उभरे और स्वर्ग, नर्क, पुनर्जन्म, आत्मा, स्थान-परिवर्तन और मोक्ष जैसी अवधारणाओं ने लोकप्रियता हासिल की। हालांकि उत्तर वैदिक काल के अंतिम दौर में पुरोहितों के प्रभुत्व के विरुद्ध, पंथों व बलि के विरुद्ध एक जबरदस्त प्रतिक्रिया उभरनी आरंभ हो गई थी, विशेष रूप से पंचाल की भूमि और विदेह में, जहां लगभग 600 ई.पू. में उपनिषदों की रचना हुई और बाद में बौद्ध और जैन जैसे नास्तिक धर्मों के विकास का भी कारण बना, जिन्होंने उचित मानवीय व्यवहार और अनुशासन पर जोर दिया।

## ऋग्वैदिक काल और उत्तर वैदिक काल का तुलनात्मक विश्लेषण

| | ऋग्वैदिक काल | उत्तर वैदिक काल |
|---|---|---|
| समयावधि | 1500–1000 ई.पू. | 1000–500 ई.पू. |
| क्षेत्र | ऋग्वैदिक ग्रंथों में उल्लेखित मूल भौगोलिक क्षेत्र पूर्वी अफगानिस्तान, पंजाब और पश्चिमी उत्तर प्रदेश से मेल खाते हैं। | उत्तर वैदिक ग्रंथों में उल्लेखित मूल भौगोलिक क्षेत्र **कुरु-पांचाल** क्षेत्र से मेल खाते हैं, जिसमें इंडो-गंगा विभाजन और ऊपरी गंगा घाटी शामिल हैं। |

| | ऋग्वैदिक काल | उत्तर वैदिक काल |
|---|---|---|
| राजनीतिक स्थिति | (a) मुखिया *राजन /गोपति* के नाम से जाना जाता था और कुल के लोगों के बीच से चुना जाता था। इस प्रकार उसका पद **वंशानुगत नहीं** था।<br>(b) युद्ध मुख्यत: पशुओं जैसे कि **गायों की सुरक्षा** के लिए **लड़े** जाते थे।<br>(c) वह **'जन'** का काल था।<br>(d) राजा को उसके प्रशासनिक कार्यों में जनजातीय सभाओं जिन्हें सभा, समिति या विदथ कहा जाता है, से सहायता मिलती थी और इसलिए इन सभाओं ने एक तरह से मुखिया की **शक्तियों को सीमित कर दिया** था।<br>(e) **कोई कर व्यवस्था मौजूद नहीं** थी, केवल स्वैच्छिक भेंट ही स्वीकार की जाती थी क्योंकि वास्तव में कोई कर एकत्रित नहीं किया जाता था। | (a) **वंशानुगत शासन** का उदय हुआ और जनजातीय किसानों की जगह मुखियाओं ने तरक्की की। शासन की दिव्य प्रवृत्ति की अवधारणा का भी उदय हुआ।<br>(b) अब युद्ध गायों के लिए नहीं बल्कि **क्षेत्रों** के लिए लड़े जाते थे। 'राष्ट्र' शब्द पहली बार इसी काल में आया।<br>(c) बाद के समय में यह धीरे-धीरे ***'जनपद'*** के काल में परिवर्तित हो गया।<br>(d) जनजातीय सभाओं ने अपना विशेषाधिकृत दर्जा खो दिया और क्रमश: **राजाओं के अधीन** आ गई। उनकी जगह अब एक विस्तृत प्रशासनिक तंत्र ने ले ली, जिसका नेतृत्व प्रमुख अधिकारियों द्वारा किया जाता था जो राजा को उनके प्रशासनिक कार्यों में सहायता करते थे।<br>(e) उत्तर वैदिक काल में, **कर व्यवस्था का विकास** हुआ और कर एकत्रीकरण और भेटों को अनिवार्य बना दिया गया और इसे संग्रिहित्री द्वारा एकत्र किया जाता था। |
| सामाजिक स्थिति | (a) **समाज सरल** और **ज्यादातर समानतवादी** था जहां **सामाजिक गतिशीलता** थी और कठोर सामाजिक अनुक्रम का अभाव था। **समाज जाति विभाजन से बंटा हुआ नहीं** था और व्यवसाय जन्म आधारित नहीं थे।<br>(b) स्त्रियों को **समान अधिकार प्राप्त** थे और वे जनजातीय सभाओं जैसे सभा और समिति में जा सकती थीं।<br>(c) स्त्रियां शिक्षा प्राप्त कर सकती थीं।<br>(d) बाल विवाह, सती प्रथा का अस्तित्व नहीं था।<br>(e) विधवा विवाह का प्रचलन था। | (a) **कठोर वर्ग भेद** का उदय और वर्ण व्यवस्था के रूप में सामाजिक भेदभाव का उदय। उत्तर वैदिक समाज चार वर्णों – ब्राह्मण, क्षत्रिय, वैश्य और शूद्र में विभाजित था और सामाजिक **गतिशीलता का अभाव** था। जाति व्यवस्था अब अनुवांशिक बन गई थी और व्यवसाय जाति पर आधारित होते थे।<br>(b) स्त्रियों की स्थिति में **स्पष्ट गिरावट** आई क्योंकि उन्हें **पुरुषों के अधीन** माना जाने लगा और सभा व *समिति* दोनों ही में उनके जाने में रोक लग गई।<br>(c) स्त्रियों की शिक्षा पर रोक लग गई और कुछ ही महिलाएं शिक्षा प्राप्त कर पायीं।<br>(d) सती और बाल-विवाह की कुछ ही घटनाएं देखने को मिलीं।<br>(e) विधवाओं को पुनर्विवाह की अनुमति नहीं थी। |

| | ऋग्वैदिक काल | उत्तर वैदिक काल |
|---|---|---|
| आर्थिक स्थिति | (a) मुख्यत: **पशुचारण अर्थव्यवस्था** थी जिसके अतिरिक्त कृषि भी की जाती थी। केवल जौ (यव) उगाई जाती थी।<br>(b) **पशु संपन्नता का प्रमुख पैमाना** था और भू-स्वामित्व पर आधारित **निजी संपत्ति की कोई अवधारणा नहीं** थी।<br>(c) ऋग्वैदिक लोग आयस नामक धातु से परिचित थे, जो या तो तांबा या कांसा थी लेकिन उन्हें **लोहे का ज्ञान** नहीं था। | (a) **कृषि मुख्य व्यवसाय** बन गई, इसके अतिरिक्त पशुचारण के साथ अन्य विभिन्न व्यवसाय भी उभरे। अन्य अन्नों जैसे - चावल, गेहूं, बाजरा, गन्ना आदि भी जौ के साथ उपजाए जाने लगे।<br>(b) पशुओं ने अपना महत्व खो दिया और भूमि संपन्नता के महत्वपूर्ण पैमाने के रूप में उभरी।<br>(c) उत्तर वैदिक काल में लोहे, जिसे कृष्ण अयस कहा जाता था, के प्रयोग का आरंभ हुआ जिसने आर्य संस्कृति के विस्तार में बहुत मदद की। उत्तर वैदिक काल को **लौह-कालीन संस्कृति** भी कहा जाता है। |
| धार्मिक स्थिति | (a) ऋग्वैदिक काल के दौरान **मंदिर नहीं थे और न ही मूर्ति पूजा** की जाती थी।<br>(b) ऋग्वैदिक लोग **प्राकृतिक शक्तियों** की पूजा करते थे और मुख्यत: इन्द्र, अग्नि, वरुण, सोम आदि देवताओं की पूजा करते थे।<br>(c) **धार्मिक अनुष्ठान** और **यज्ञों** का उनकी धार्मिक प्रथाओं में **ज्यादा महत्व** नहीं था। | (a) उत्तर वैदिक काल के बाद के चरणों में मूर्ति पूजा और मंदिर पूजा होने लगी।<br>(b) ऋग्वैदिक कालीन दो महत्वपूर्ण देवताओं 'इन्द्र' और 'अग्नि' ने अपनी महत्ता खो दी और उत्तर वैदिक काल के दौरान उनके स्थान पर कुछ छोटे देवता, जैसे - **रूद्र** और कुछ नए देवता जैसे - ***प्रजापति*** और ***विष्णु* सर्वोच्च** बन गए।<br>(c) उत्तर वैदिक संस्कृति यज्ञों के धार्मिक अनुष्ठानों पर केंद्रित थी और **पुरोहितों के प्रभुत्व** व **धार्मिक अनुष्ठानों** के सिद्धांतों दोनों ही पर अत्यधिक आधारित थी। |

| मुख्य धारणाएं | स्रोत |
|---|---|
| (a) *गोत्र* | अथर्ववेद |
| (b) ***पुरुषाशुक्त मंत्र ( समाज का चार स्तर में बंटवारा )*** | *ऋग्वेद (दसवां मंडल)* |
| (c) *प्रथम तीन आश्रम (ब्रह्मचर्य, गृहस्थ, वानप्रस्थ)* | छंदोग्य उपनिषद |
| (d) *चार आश्रम (ब्रह्मचर्य, गृहस्थ, वानप्रस्थ और संन्यास)* | *जावलोपनिषद उपनिषद* |
| (e) *सम्सार (आत्मा का पुनर्जन्म)* | *बृहद्आरण्यक उपनिषद* |
| (f) सभा और समिति प्रजा की जुड़वां बेटियों के रूप में | *अथर्ववेद* |
| (g) *'सत्यमेव जयते'* | मुण्डक उपनिषद |
| (h) 'त्रिमूर्ति' का सिद्धांत | *मैत्रयानी उपनिषद* |
| (i) 'भीषण बाढ़' का उल्लेख | *शतपथ ब्राह्मण* |
| (j) क्षत्रियों का ब्राह्मणों पर प्रभुत्व | *तैत्तिरीय ब्राह्मण* |
| (k) पूर्वी और पश्चिमी समुद्रों का उल्लेख | *शतपथ ब्राह्मण* |
| (l) ब्रह्मांड की उत्पत्ति | *ऋग्वेद (दसवां मंडल)* |

## क्या आप जानते हैं?

(a) *श्रुति* ग्रंथों (वेद) से भिन्न *स्मृति* (याद किए जाने वाले) ग्रंथों में पुराण, रामायण और महाभारत जैसे- महाकाव्य, *वेदांग*, *नीतिशास्त्र* और *धर्मशास्त्र* शामिल हैं।

(b) कलि युग (कलयुग) का आरंभ महाभारत युद्ध से लगभग 20 वर्ष बाद भगवान कृष्ण की मृत्यु के दिन से माना जाता है।

(c) रामायण के बहुत से संस्करण हैं। विभिन्न संस्करणों में आरंभ और अंत भी भिन्न-भिन्न हैं, जैसे-

1. विमला सूरी की प्राकृत में लिखी पॉमाचरियु जैन संस्करण है जिसमें रावण का वध लक्ष्मण द्वारा किया गया था, राम द्वारा नहीं क्योंकि राम एक सच्चे जैन होने के नाते अहिंसा के प्रतीक थे।
2. पाली में लिखी **दशरथ जातक** (बौद्ध संस्करण)
3. तमिल में लिखी **इरमवतारम** (कंबन द्वारा लिखित)
4. हिंदी में लिखी **रामचरित मानस** (तुलसीदास द्वारा रचित)

(d) भारत में बोली जाने वाली भाषाओं के मुख्यतः चार परिवार हैः

1. इंडो-यूरोपियन (लगभग 75% लोगों द्वारा बोली जाने वाली भाषा) जिसमें हिंदी, बंगाली, मराठी, उर्दू, गुजराती, उड़िया, पंजाबी, असमी, सिंधी, नेपाली, कश्मीरी आदि शामिल हैं।
2. द्रविड़ (लगभग 22% लोगों द्वारा बोली जाने वाली भाषा) जिसमें तेलुगु, तमिल, कन्नड़, मलयालम और तुलु शामिल हैं। यह ज्यादातर दक्षिण भारत में बोली जाती है। इसके अतिरिक्त गोंडी (मध्य भारत), ब्रहुयी (बलूचिस्तान, पाकिस्तान) और माल्टो (पूर्वी भारत में राजमहल पहाड़ियों) में भी बोली जाती है।
3. आस्ट्रो-एशियाटिक (लगभग 1% लोगों द्वारा बोली जाने वाली भाषा) इसमें खासी, संथाली, मुन्दारी, हो, सवारा, खरिआ आदि शामिल हैं।
4. तिब्बतो-बर्मी (लगभग 1% लोगों द्वारा बोली जाने वाली भाषा) इसमें मणिपुरी, बोडो, त्रिपुरी, गारो, लुशाई, सेमा, करबी, आओ, अदी, निस्सी आदि शामिल हैं।

(e) शास्त्रीय संस्कृत से तात्पर्य उस भाषा से है जिसके व्याकरणशास्त्री *पाणिनी* ने अपने प्रसिद्ध ग्रंथ *अष्टाध्यायी* में संहिताबद्ध किया है।

(f) *पतंजलि का महाकाव्य* संस्कृत, व्याकरण का अन्य महत्वपूर्ण ग्रंथ है।

(g) *तोलकाप्पिम* अब तक बची प्राचीनतम तमिल व्याकरण है।

(h) द्रविड़ भाषाओं के बीच तमिल का ही सबसे प्राचीन साहित्य है, इसके बाद कन्नड़ का स्थान आता है।

(i) पाली और प्राकृत दोनों ही संस्कृत की तरह इंडो-यूरोपियन परिवार की इंडो-ईरानी शाखा से संबंधित है।

(j) बरुची की *प्राकृत प्रकाश* अब तक बची सबसे प्राचीनतम प्राकृत व्याकरण है।

(k) मगधी और शौरसेनी प्राकृत की बोलियां हैं।

## विगत वर्षों में पूछे गए प्रश्न (प्रारंभिक परीक्षा)

1. ऋग्वेद-कालीन आर्यों और सिन्धु घाटी के लोगों की संस्कृति के बीच अंतर के संबंध में, निम्नलिखित कथनों में से कौन-सा/से सही है/हैं? (2017)
   1. ऋग्वेद-कालीन आर्य कवच और शिरस्त्राण (हेलमेट) का उपयोग करते थे जबकि सिन्धु घाटी सभ्यता के लोगों में इनके उपयोग का कोई साक्ष्य नहीं मिलता।
   2. ऋग्वेद-कालीन आर्यों को स्वर्ण, चांदी और ताम्र का ज्ञान था जबकि सिन्धु घाटी के लोगों को केवल ताम्र और लोह का ज्ञान था।
   3. ऋग्वेद-कालीन आर्यों ने घोड़े को पालतू बना लिया था जबकि इस बात का कोई साक्ष्य नहीं है कि सिन्धु घाटी के लोग इस पशु को जानते थे।

   नीचे दिए गए कूट का प्रयोग कर सही उत्तर चुनिए:
   (a) केवल 1 (b) केवल 2 और 3
   (c) केवल 1 और 3 (d) 1, 2 और 3
2. मुख्य रूप से पूर्व वैदिक आर्यों का धर्म था: (2012)
   (a) भक्ति
   (b) मूर्ति पूजा और यज्ञ
   (c) प्रकृति पूजा और यज्ञ
   (d) प्रकृति पूजा और भक्ति
3. भारत के राष्ट्रीय प्रतीक के नीचे अभिलिखित भारत का राष्ट्रीय सिद्धांत 'सत्यमेव जयते' निम्नलिखित में से किससे लिया गया है: (2012)
   (a) कथा उपनिषद (b) छंदोग्य उपनिषद
   (c) ऐतरेय उपनिषद (d) मुण्डक उपनिषद
4. 'धर्म' और 'रीत' भारत की प्राचीन वैदिक सभ्यता की मुख्य अवधारणा को वर्णित करते हैं, इस संदर्भ में निम्नलिखित कथनों पर विचार करें: (2011)
   I. धर्म दायित्वों की अवधारणा और अपने प्रति व दूसरों के प्रति अपने कर्त्तव्यों का निर्वाह करना था।
   II. रीत मौलिक नैतिक कानून था जो कि ब्रह्मांड और उसमें निहित सभी कार्यों को शासित करता था।

   उपरोक्त में से कौन-सा कथन सही है?
   (a) केवल (I)
   (b) केवल (II)
   (c) (I) और (II) दोनों
   (d) (I) और (II) में से कोई नहीं

### उत्तरमाला

1. (a) 2. (c) 3. (d) 4. (c)

## विगत वर्षों में पूछे गए प्रश्न (मुख्य परीक्षा)

1. वैदिक समाज और धर्म की मुख्य विशेषताएं क्या हैं? क्या आप सोचते हैं कि उनमें से कुछ विशेषताएं भारतीय समाज में अभी भी प्रचलित हैं? (2023 सा.अ. प्रश्नपत्र 1)

## अभ्यास प्रश्न (प्रारंभिक परीक्षा)

1. वैदिक सभ्यता के स्रोत से संबंधित निम्नलिखित कथनों पर विचार करें।
   I. वैदिक सभ्यता का सबसे महत्वपूर्ण स्रोत वेद है।
   II. वेद न तो व्यक्तिगत धार्मिक कार्य है और न ही एक विशेष समय पर संकलित निश्चित संख्या की पुस्तकें हैं।
   III. महाभारत और रामायण महान महाकाव्य हैं।
   उपरोक्त में से कौन-सा कथन सही है?
   (a) केवल (I) (b) (I) और (II)
   (c) (II) और (III) (d) उपरोक्त सभी

2. सिंधु घाटी सभ्यता और वैदिक सभ्यता के बीच मुख्य अंतर क्या था?
   (a) सिंधु घाटी सभ्यता शहरी थी, जबकि वैदिक सभ्यता ग्रामीण थी।
   (b) सिंधु घाटी सभ्यता अहिंसा में विश्वास रखती थी, जबकि वैदिक सभ्यता बलि में।
   (c) सिंधु घाटी सभ्यता अहिंसा में व्यापार को विशेष महत्व दिया जाता था, जबकि वैदिक काल में धर्म को विशेष महत्व दिया जाता था।
   (d) उपरोक्त में से कोई नहीं।

3. 'ईश्वर संसार है और ईश्वर में मेरी आत्मा है', का दर्शन निहित था:
   (a) उप वेद (b) पुराण
   (c) ब्राह्मण (d) उपनिषद

4. ऋग्वेद में निहित गायत्री मंत्र किस देवता को समर्पित है?
   (a) अग्नि (b) सावित्री
   (c) सूर्य (d) वरुण

5. ऋग्वेद दस पुस्तकों/मंडलों में विभाजित है। निम्नलिखित पुस्तक/पुस्तकों में से सबसे प्राचीन कौन-सी है?
   (a) I (b) VIII
   (c) II - VII (d) III - IX

6. निम्नलिखित में से कौन से कथन सही नहीं है?
   (a) ऋग्वैदिक लोग आदिम जीवात्मा में विश्वास करते थे।
   (b) ऋग्वैदिक स्त्रियां अत्यधिक सम्माननीय थीं और ज्यादातर धार्मिक अनुष्ठानों को तब तक अधूरा समझा जाता था जब तक कि पत्नियां अपने पति के साथ उसमें भाग नहीं लेती थीं।
   (c) उत्तर वैदिक लोग चित्रित सिलेटी मिट्टी के बर्तनों का उपयोग करते थे।
   (d) ऋग्वैदिक आर्य सामान्यत: कुल मिलाकर शहरी लोग थे।

7. निम्नलिखित का मिलान करें:
   (A) ऋग्वेद 1. मधुर छंद
   (B) सामवेद 2. जादू-टोना
   (C) अथर्ववेद 3. प्राचीनतम वेद
   (D) यजुर्वेद 4. शाकल और कृष्ण

   ***कूट:***

   | | A | B | C | D |
   |---|---|---|---|---|
   | (a) | 2 | 1 | 3 | 4 |
   | (b) | 1 | 2 | 3 | 4 |
   | (c) | 4 | 3 | 2 | 1 |
   | (d) | 3 | 1 | 2 | 4 |

8. निम्नलिखित कथनों पर विचार करें और सही विकल्प को चिंहित करें:
   I. इंद्र देवता रीत या ब्रह्मांडीय व्यवस्था के द्योतक थे।
   II. अग्नि घर के देवता थे और उन्हें देवताओं व मनुष्यों के बीच का मध्यस्थ माना जाता था।
   III. सोम को पौधों और जड़ी-बूटियों से संबंधित माना जाता था।
   IV. पूषण, रास्तों, चरवाहों और पशुओं के देवता थे।
   (a) (I) और (II) (b) उपरोक्त सभी
   (c) (II), (III) और (IV) (d) उपरोक्त में से कोई नहीं

9. निम्नलिखित कथनों पर विचार करें और सही कथन/कथनों में से उचित विकल्प/विकल्पों को चुनें:
   I. आर्यों के बीच रंग (वर्ण), वर्ग भेदभाव का आधार था।
   II. दोतरफा लिपि दाएं से बाएं एक पंक्ति में और फिर अगली पंक्ति में बाएं से दाएं की ओर लिखी जाती थी।
   III. ऋग्वैदिक आर्यों का परिवार मातृवंशीय था।
   उपरोक्त में से कौन-सा/से कथन सही है?
   (a) उपरोक्त सभी (b) (II) और (III)
   (c) (I) और (II) (d) केवल (I)

10. उत्तर वैदिक संस्कृति की धार्मिक प्रथाओं से संबंधित निम्नलिखित कथनों पर विचार करें:
   I. विष्णु और रुद्र जो कि ऋग्वेद में छोटे देवता थे, अत्यंत महत्वपूर्ण बन गए।
   II. लोग मूर्ति पूजा में विश्वास नहीं करते थे।
   III. लोग ईश्वर की पूजा पेड़ों और जानवरों के रूप में करते थे।
   IV. अश्वमेघ, वाजपेय, राजसूय आदि कुछ महत्वपूर्ण यज्ञ थे।
   उपरोक्त में से कौन से कथन सही हैं:
   (a) (I), (II) और (IV)
   (b) (II) ,(I) (II) और (IV)
   (c) (I) और (IV)
   (d) उपरोक्त सभी

11. निम्नलिखित कथनों पर विचार करें और सही विकल्प को चिन्हित करें:
   I. पुराणों में जीवन के रहस्य और ब्रह्मांड के विज्ञान के विचार शामिल थे।
   II. ऋग्वैदिक सभ्यता की मुख्य फसल जौ थी।
   III. ऋग्वेद गैर-आर्यों के विश्वासों और प्रथाओं पर प्रकाश नहीं डालते।
   (a) (I) और (II)
   (b) केवल (III)
   (c) उपरोक्त सभी
   (d) उपरोक्त में से कोई नहीं

12. वैदिक राज्यों और उनके क्षेत्रों से संबंधित निम्नलिखित कथनों पर विचार करें:
   I. उत्तर वैदिक काल के दौरान राष्ट्र शब्द महत्वपूर्ण हो गया था।
   II. दस राजाओं का युद्ध हमें उन दस राजाओं के नाम बताता है जिन्होंने सूदों के विरुद्ध हुए युद्ध में भाग लिया था, और जिसमें पुरु, यदु, तुर्वासा, अनस और द्रह्यु के राज्य शामिल थे।
   उपरोक्त में से कौन सा/से कथन सही है?
   (a) केवल (I) (b) केवल (II)
   (c) दोनों कथन (d) दोनों में से कोई नहीं

13. ऋग्वैदिक भारत के राजनीतिक ढांचे का कौन-सा बढ़ता हुआ क्रम सही है?
   (a) ग्राम > कुल > विश > राष्ट्र > जन
   (b) कुल > ग्राम > विश > जन > राष्ट्र
   (c) राष्ट्र > जन > ग्राम > कुल > विश
   (d) जन > ग्राम > कुल > विश > राष्ट्र

14. भारतीय इतिहास पर वैदिक संस्कृति का मुख्य प्रभाव था:
   (a) दर्शनशास्त्र की प्रगति
   (b) अन्य सांसारिक दृष्टिकोण का विकास
   (c) वर्ण व्यवस्था का मजबूत होना
   (d) संस्कृत का विकास

15. पुराणों में कौन से विषय पर बात नहीं हुई है?
   (a) अंकगणित (b) देवताओं की वंशावली
   (c) मौलिक रचना (d) सहायक रचना

16. निम्नलिखित का मिलान करें:

| | | | |
|---|---|---|---|
| A. | गवयुति/गव्यति | 1. | मुखिया |
| B. | गोपति | 2. | अतिथि |
| C. | गोधूली | 3. | दूरी का माप |
| D. | गोघना | 4. | समय का माप |

*कूट:*

| | A | B | C | D |
|---|---|---|---|---|
| (a) | 1 | 2 | 3 | 4 |
| (b) | 3 | 4 | 1 | 2 |
| (c) | 3 | 1 | 4 | 2 |
| (d) | 2 | 3 | 4 | 1 |

17. उत्तर वैदिक सभ्यता से संबंधित निम्नलिखित कथनों पर विचार करें:
    I. बलि महत्वपूर्ण हो गई थी।
    II. उत्तर वैदिक सभ्यता के लोग चित्रित सिलेटी बर्तनों का उपयोग करते थे।
    III. राजा के पास कोई स्थाई सेना नहीं थी फिर भी कर वसूली होती थी।

    उपरोक्त में से कौन-सा/से कथन सही है?
    (a) केवल (I) (b) केवल (II)
    (c) उपरोक्त सभी (d) केवल (III)

18. उत्तर वैदिक लोगों की मुख्य विशेषता थी:
    I. नगर योजना और उत्कृष्ट जलनिकासी व्यवस्था।
    II. प्रजापति की पूजा और मूर्ति पूजा में विश्वास।
    III. वर्ण व्यवस्था में दृढ़ विश्वास।

    उपरोक्त में से कौन-सा/से कथन सही है?
    (a) I और II (b) केवल I
    (c) II और III (d) उपरोक्त सभी

19. ऋग्वैदिक काल के बारे में निम्नलिखित कथनों पर विचार करें:
    I. घोड़ों का इस्तेमाल बड़े पैमाने पर होता था।
    II. कृषि प्रमुख आर्थिक कार्यकलाप था।

    उपरोक्त में से कौन-सा/से कथन सही है?
    (a) केवल I (b) केवल II
    (c) I और II (d) उपरोक्त में से कोई नहीं

20. ऋग्वेद संहिता का संपूर्ण नौवां मंडल समर्पित है:
    (a) वरुण और व्यवस्था।
    (b) सोम और वह देवता जिनको पेय का नाम दिया गया था।
    (c) उर्वशी और स्वर्ग।
    (d) इन्द्र और उनका हाथी।

### उत्तरमाला

| | | | | | | | |
|---|---|---|---|---|---|---|---|
| 1. (d) | 2. (a) | 3. (d) | 4. (b) | 5. (c) | 6. (d) | 7. (d) | 8. (c) |
| 9. (d) | 10. (c) | 11. (a) | 12. (c) | 13. (b) | 14. (c) | 15. (a) | 16. (c) |
| 17. (c) | 18. (c) | 19. (a) | 20. (b) | | | | |

## अभ्यास प्रश्न (मुख्य परीक्षा)

1. सामाजिक, राजनीतिक, आर्थिक और धार्मिक पहलुओं पर जोर देते हुए ऋग्वैदिक और उत्तर वैदिक काल के विभिन्न पहलुओं का तुलनात्मक विश्लेषण करें।
2. ऋग्वैदिक लोगों के जीवन में 'गौ' शब्द किस सीमा तक महत्व रखता था। उचित उदाहरण देते हुए व्याख्या करें।
3. वैदिक काल (ऋग्वैदिक और उत्तर वैदिक दोनों) और सिंधु घाटी सभ्यता के कुछ पहलुओं पर विचार करें। क्या वे समान थे या असमान? उचित विश्लेषण करें।

अध्याय

# 4

# इंडो-गंगा के मैदानों के महाजनपद (600–300 ई.पू.)

भारतीय उपमहाद्वीप में **छठी शताब्दी ई.पू. को द्वितीय शहरीकरण के युग**[1] के रूप में जाना जाता है। हड़प्पा के नगरों के पतन और लगभग हजारों वर्षों के अंतराल के बाद **फिर से शहरी केंद्र उभरे**, लेकिन वे सिंधु के मैदानों में नहीं थे। **आर्थिक और राजनीतिक गतिविधियों के ये केंद्र उत्तर-पश्चिम में पंजाब, हरियाणा और पश्चिमी**

---

1 शहरीकरण का पहला चरण हड़प्पा सभ्यता के अंतर्गत देखा गया था। शहरीकरण का दूसरा चरण भौतिक, सामाजिक-सांस्कृतिक और राजनीतिक क्षेत्र में किए गए सर्वांगीण विकास का परिणाम था।

(a) कृषि विस्तार ने भारी मात्रा में अधिशेष उत्पन्न किया, जिसने शहरी केंद्रों के उद्भव के लिए ठोस भौतिक आधार तैयार किया।

(b) कला और शिल्प में लोहे के बढ़ते उपयोग के कारण, कई नए शिल्प सामने आए जिसके परिणामस्वरूप शहरी शिल्प केंद्रों का उदय हुआ।

**उत्तर प्रदेश से पूर्वी उत्तर प्रदेश और बिहार (गंगा घाटी) में स्थानांतरित हो गए थे।** यह क्षेत्र बेहतर वर्षा और नदी व्यवस्थाओं के कारण ज्यादा उपजाऊ भूमि के साथ ही **लोहा उत्पादन केंद्रों** के भी करीब थे। जैसा कि पिछले अध्यायों में उल्लेख किया गया है कि उत्तर वैदिक काल में लोगों ने **कृषि** आरंभ कर दी थी, जिसने उन्हें **एक निश्चित स्थान पर बसने** में सहायता की। कृषि के नए लोहे के उपकरणों और औजारों (जैसे कि हल का फल) से लोग घने जंगलों को साफ करने और उस स्थान की सख्त भूमि पर खेती करने में सक्षम हुए। साथ ही लोहे के हथियारों ने योद्धा वर्ग को ज्यादा महत्वपूर्ण बना दिया, और धीरे-धीरे जन या जनजाति की अपेक्षा लोग **जिस क्षेत्र से संबंधित थे उसके प्रति उनमें दृढ़ निष्ठा बढ़ने लगी।** इन स्थायी बस्तियों ने राजा के नियंत्रण के अधीन जनपद या क्षेत्रीय राज्यों की नींव रखने का काम किया। **बेहतर लौह उपकरणों और हथियारों के उपयोग से कुछ क्षेत्रीय राज्य बहुत बड़े राज्य में तब्दील हो गए** और उत्तर भारत (नगर और राज्य दक्षिण भारत में कुछ शताब्दियों के बाद दिखाई दिए) में इनको महाजनपद के नाम से जाना गया। ज्यादातर महाजनपद **विंध्य के उत्तर** में, पूर्व में बिहार से उपमहाद्वीप की उत्तर-पश्चिमी सीमा के बीच, स्थित थे। 600 ई.पू. से भारत का राजनीतिक इतिहास इन राज्यों के बीच प्रभुत्व के संघर्ष का इतिहास है। बौद्ध ग्रंथ **अंगुत्तर निकाय** (हिमालय और नर्मदा के बीच की भूमि) के अनुसार, **16 स्वतंत्र राज्यों (महाजनपद)** में विभाजित था–

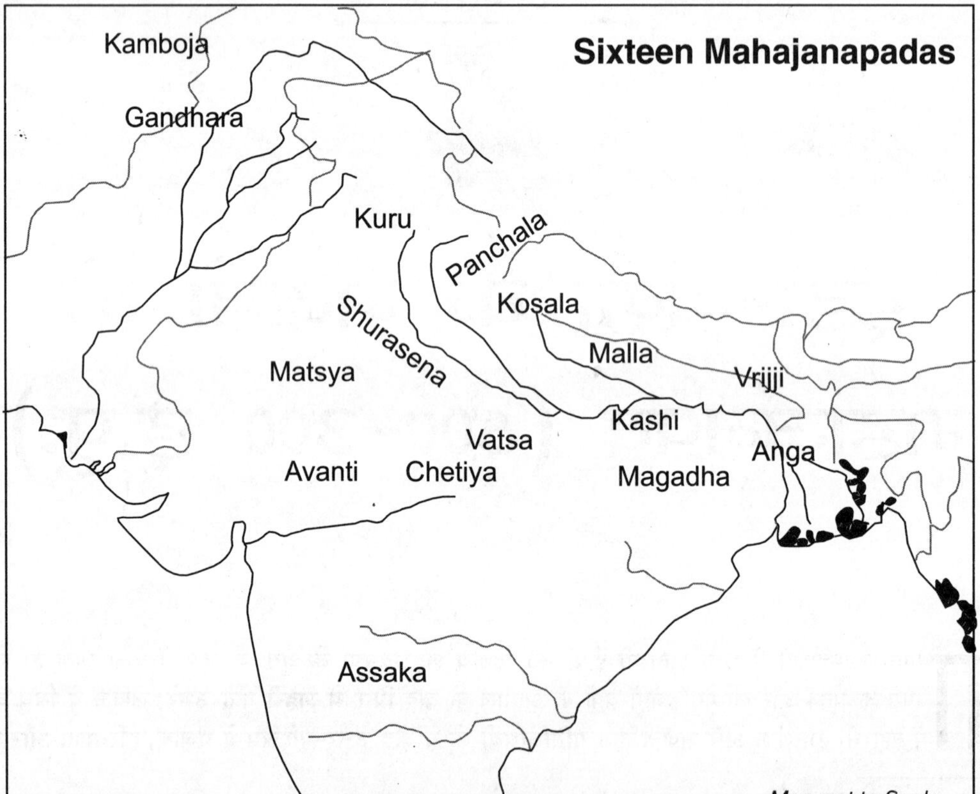


**चित्र 4.1** महाजनपद

| राज्य | राजधानी | राजा/अन्य संबंधित विशिष्ट पहलू |
|---|---|---|
| अंग (मुंगेर और भागलपुर के आधुनिक जिले, बिहार) | चंपा (गंगा और चंपा नदियों के संगम पर स्थित) | चंपा व्यापारिक मार्गों का एक महत्वपूर्ण व्यवसायिक केंद्र था और यहां से व्यापारी स्वर्ण भूमि (दक्षिण-पूर्वी एशिया) रवाना होते थे। |
| काशी | वाराणसी (आधुनिक बनारस) | अंततः काशी पर कौशल ने कब्जा कर लिया |
| **कौशल** (पूर्वी उत्तर प्रदेश, जिसमें अयोध्या और कपिलवस्तु के शाक्यों का जनजातीय गण राज्य शामिल था) | सरयू नदी राज्य को दो भागों में विभाजित करती थी–उत्तरी भाग की राजधानी श्रावस्ती और दक्षिणी भाग की राजधानी-कुशावती | राजा–**प्रसेनजीत (बुद्ध का समकालीन)** कपिलवस्तु के शाक्यों के जनजातीय गण राज्य में **लुंबिनी** शामिल था जो कि **गौतम बुद्ध का जन्म स्थान** है। |
| वज्जि* (गंगा के उत्तर में स्थित तिरहुत का भाग) * यह आठ वंशों का संघ था जिसमें लिच्छवी (राजधानी–वैशाली), विदेह (राजधानी–मिथिला), **ज्ञातृक** (कुण्डग्राम में स्थित) और वज्जि (राजधानी–वैशाली) महत्वपूर्ण थे। | वैशाली (उत्तरी बिहार में स्थित आधुनिक शहर) | राजा–**चेटक** (महावीर की माता त्रिशला का भाई और मगध नरेश बिम्बिसार की पत्नी चेल्लना का पिता)। **महावीर ज्ञातृक** वंश से संबंधित थे। अजातशत्रु के हाथों वज्जियों को पराजय मिली और उन्हें मगध साम्राज्य में मिला लिया गया। |
| मल्ल | कुशीनारा और पावा | बौद्ध इतिहास में कुशीनारा और पावा बहुत महत्वपूर्ण स्थान है, क्योंकि **बुद्ध** ने अपना **अंतिम भोजन पावा** में किया था और वहीं वे **बीमार** हुए थे, और **कुशीनारा** में बुद्ध अपने **महापरिनिर्वाण** को गए थे। |
| चेटि या चेदि (मध्य भारत में स्थित बुंदेलखंड का पूर्वी भाग) | शुक्तिमती या सोत्थिवती नगर राजा/अन्य संबंधित विशिष्ट पहलू | राजा–शिशुपाल कुछ पुराणों के अनुसार उसे मगध के जरासंध और कुरु के दुर्योधन का मित्र माना जाता है। वह वासुदेव कृष्ण का प्रतिद्वंदी था, जो कि उसके चाचा के पुत्र थे। पांडव नरेश युधिष्ठर के राजसूय यज्ञ के दौरान वासुदेव कृष्ण के हाथों शिशुपाल मारा गया। |
| **वत्स*** (यमुना नदी के किनारे स्थित) * वत्स अपने उत्तम सूती वस्त्रों के लिए जाना जाता है | कौशाम्बी (इलाहाबाद के पास गंगा और यमुना के संगम पर स्थित) | राजा–**उदयन** **उदयन तीन संस्कृत नाटकों, भास का स्वप्नवासवदत्ता और हर्ष के प्रियदर्शिका व रत्नावली का नायक था।** किंवदंतियों के अनुसार उदयन और अवंती के प्रद्योत के बीच प्रतिद्वंदिता थी और उदयन व वासवदत्ता (प्रद्योत की पुत्री) के बीच प्रेम-प्रसंग का उल्लेख करती है। |

| राज्य | राजधानी | राजा/अन्य संबंधित विशिष्ट पहलू |
|---|---|---|
| कुरु (पश्चिमी उत्तर प्रदेश) | इन्द्रप्रस्थ | महाकाव्य महाभारत, शासन करने वाले कुरु वंश की दो शाखाओं के बीच संघर्ष के बारे में बताता है। |
| पांचाल (पश्चिमी उत्तर प्रदेश) | गंगा नदी राज्य को दो भागों में विभाजित करती थी– उत्तरी भाग की राजधानी–अहिछत्र (आधुनिक बरेली, उत्तर प्रदेश) और दक्षिणी भाग की राजधानी–काम्पिल्य (आधुनिक फर्रुखाबाद, उत्तर प्रदेश) | प्रसिद्ध नगर कन्नौज पांचाल राज्य में स्थित था। |
| मत्स्य (राजस्थान का जयपुर, अलवर और भरतपुर क्षेत्र) | विराटनगर (आधुनिक बैराट) | संस्थापक-विराट |
| शूरसेन | मथुरा (यमुना के किनारे स्थित) | राजा–अवन्तिपुर (बुद्ध का अनुयायी) |
| अवन्ति (मध्य मालवा) | विंध्य द्वारा विभाजित उत्तरी अवन्ति–उज्जैन और दक्षिणी अवन्ति-माहिषमती | राजा–**प्रद्योत** उदयन के श्वसुर |
| गांधार (आधुनिक पेशावर व रावलपिंडी, पाकिस्तान और कश्मीर घाटी) | तक्षशिला/तक्षिला (व्यापार और ज्ञान का बड़ा केंद्र) | राजा–पुष्करसरीन मगध के साथ मधुर संबंध थे और अवन्ति के विरुद्ध सफल युद्ध का संचालन किया। अखामनी सम्राट डेरियस के **बेहिस्तून अभिलेख** में उल्लेखित है कि छठी शताब्दी ई.पू. में गांधार के उत्तरी भाग पर फारसियों ने जीत हासिल की। |
| कम्बोज (राजौरी और हजरा (कश्मीर) और पाकिस्तान के प्रांत की उत्तर-पश्चिमी सीमा) | लाजपुर/हाटक | प्राचीन समय में कम्बोज अपने उत्तम नस्ल के घोड़ों और उतने ही असाधारण घुड़सवारों के लिए प्रसिद्ध था जो कि उत्तर पथ या उत्तर-पश्चिम में स्थित थे। |
| अश्वाक/अस्सक (गोदावरी नदी के किनारे स्थित, गोदावरी और मंजिरा नदियां के बीच) | पोतलि/पोटलि (आधुनिक बोधन, जिला निजामाबाद और तेलंगाना में अदिलाबाद के कुछ हिस्से) | यह **अकेला ऐसा महाजनपद था जो कि विंध्य पर्वत श्रेणी के दक्षिण** में और दक्षिणपथ में स्थित था। |
| **मगध** (आधुनिक पटना और गया) | राजगृह या गिरीवृज | **हर्यक वंश** |

यह बात ध्यान देने योग्य है कि छठी शताब्दी ई.पू. में सबसे **शक्तिशाली राज्य मगध, कौशल वत्स** और **अवन्ति** थे और महाजनपद में से दो **वज्जि** व **मल्ल गण-संघ** थे। **गण-संघ** (जिसका शाब्दिक अर्थ उन **गणों की सभा** था, **जो अपने को समान स्तर का मानने का दावा करते थे**) राज्यों की वैकल्पिक सरकार थे। गण-संघ सभा की सरकार थी और उस समय

में भी उनका एक कुलीनतंत्र था। कुछ गण **एक वंशीय** थे, उदाहरण के तौर पर **शाक्य** और **मल्ल**, जबकि अन्य बहुत से वंशों के **संघ** थे जैसे कि **वज्जि**।

| गण-संघ ( मुखिया द्वारा चलाए जाने वाले छोटे-छोटे क्षेत्र और कुलीनतंत्र ) | राज्य |
|---|---|
| (a) शासक का पद **वंशानुगत नहीं** था और उसे **गणपति** या **गणराज्य** के नाम से जाना जाता था। शक्ति एक **कुलीनतंत्रीय समिति** में निहित थी जिसमें प्रमुख क्षत्रिय परिवारों के मुखिया शामिल थे व गणों की अधिकार संरचना में अधिकतर **जनजातीय व्यवस्था** के तत्व थे। | राज्य एक **केंद्रीय शासन** के रूप में पंजीबद्ध था जिसमें राजा प्रभुत्व-संपन्न था एवं सभी शक्तियां उसमें और सत्तारुढ़ परिवार में निहित थीं। **सत्तारुढ़ परिवार** एक वंश बन गए जिसमें वंशानुगत उत्तराधिकार होता था और अधिकतर वे ज्येष्ठाधिकार का पालन करते थे। |
| (b) अधिकतर गण पूर्वी **भारत की हिमालय की तलहटी** में या उसके पास बसे हुए थे, जो कि यह भी बताता है कि संभवत: राज्य के बनने तक के परिवर्तन काल से पूर्व उनकी स्थापना हुई होगी क्योंकि निचली पहाड़ियों के जंगली इलाकों को साफ करना दलदली मैदानी जंगलों को साफ करने से अपेक्षाकृत अधिक सरल होता है। | ज्यादातर बड़े राज्यों ने **गंगा** घाटी के **उपजाऊ मैदानी** इलाकों पर कब्जा किया हुआ था। |
| (c) शासन का **संगठित स्वरूप** गण-संघों की प्रमुख विशेषता थी। वे छोटे भौगोलिक इलाकों में बसे थे व उनके पास ज्यादा **प्रतिनिधि** शासन था। चर्चा के विषयों को सभा के समक्ष रखा जाता था जो कि एक स्थान पर मिलते. थे जिसे **संस्थागर** कहा जाता था। प्रमुख विचार-विमर्शों के लिए आवश्यक कोरम को सुनिश्चित करने की जिम्मेदारी **गणपूरक** की थी। सभा मुद्दों पर चर्चा और बहस करती थी। अगर सर्वसम्मत निर्णय नहीं हो पाता था तो वे मतदान करते थे। मतदान लकड़ी के टुकड़ों द्वारा किया जाता था जिन्हें **सलाका** कहा जाता था और **सलाका-ग्राहक ( मत एकत्र करने वाला )** ईमानदारी व निष्पक्षता को सुनिश्चित करता था। | **राजनीतिक शक्ति राजा में केंद्रित** थी जिसे मंत्रियों, सलाहकार समितियों जैसे कि परिषद और सभा द्वारा सलाह व सहायता प्रदान की जाती थी। हालांकि राजा के देवत्व की परिकल्पना के उद्भव और पुरोहित धार्मिक अनुष्ठानों पर जोर दिए जाने के कारण लोकप्रिय सभाओं का महत्व घट गया था। |
| (d) **गण-संघों** के केवल दो स्तर थे–**क्षत्रिय राजकुल** (सत्तारुढ़ परिवार) और **दास-कर्माकर** (दास और श्रमिक) | राज्यों में वंश निष्ठा कमजोर हो गई थी और निष्ठा जाति व राजा पर ज्यादा केंद्रित हो गई थी। |
| (e) गण-संघ राज्यों की अपेक्षा अपरंपरागत दृष्टिकोणों के प्रति **ज्यादा सहनशील** थे और **व्यक्तिगत** या **स्वतंत्र विचारों** का स्वागत करते थे। सहनशीलता प्रमुख कारण थी कि नास्तिक संप्रदायों के दो सबसे पूजनीय गुरू, महावीर (जैन धर्म, वज्जि संघ से संबंधित थे) और बुद्ध (बौद्ध धर्म, शाक्य वंश से संबंधित थे) अपने दर्शन को ज्यादा निर्बाध ढंग से राज्यों की अपेक्षा गण-संघों में प्रचारित करने में सफल रहे। | **ब्राह्मणवादी** राजनीतिक, सामाजिक और धार्मिक सिद्धांत राज्यों में अत्यंत मजबूत स्थिति में थे। |

# राजनीतिक संघर्ष और मगध की श्रेष्ठता

राजनीतिक संघर्ष के कारण अंततः महाजनपदों के बीच मगध का एक शक्तिशाली राज्य और विशाल साम्राज्य के रूप में उद्भव हुआ। मगध के राजनीतिक प्रभुत्व का उदय **बिम्बिसार** के साथ हुआ जो **हर्यक वंश** से संबंधित था और उसने 544-492 ई.पू. तक (52 वर्ष) राज किया। **महावम्सा** में उल्लेखित है कि बिम्बिसार का उसके पिता द्वारा 15 वर्ष की आयु में राजा के रूप में अभिषेक किया गया, जो यह संकेत करता है कि वह अपने वंश का संस्थापक नहीं था। वह **बुद्ध** और **महावीर** दोनों ही का **समकालीन** था, और उन्हें समान सम्मान देता था। बिम्बिसार ने अपनी विजयों और कूटनीति से मगध को सर्वश्रेष्ठ शक्ति बना दिया था। उसने शासन के विस्तार के लिए **त्रि-धारी नीति** अपनाई जो थीं, **वैवाहिक संबंध, शक्तिशाली शासकों** के साथ मित्रता और **कमजोर पड़ोसी राज्यों** पर विजय।

## हर्यक वंश (मगध)

**संस्थापक– संभवतः बिम्बिसार के दादा ( 566 ई.पू. )**

↓

**बिम्बिसार ( 544-492 ई.पू. ) द्वारा वास्तविक स्थापना**

- बुद्ध और महावीर का समकालीन
- **राजगृह ( गिरीव्रज )** में राजधानी, जो कि एक प्रभावशाली नगर था और लगभग **अभेद्य** था क्योंकि वह **पांच पहाड़ियों से घिरा** था और चारों ओर से पत्थर की दीवार से घेरकर सुरक्षित बनाया गया था।
- पहला राजा जिसके पास स्थायी सेना थी, यह सेनिया या सरेनिया के नाम से भी जाना गया।
- आरंभ में अवन्ति नरेश प्रद्योत के साथ प्रतिद्वंदिता थी लेकिन बाद में वे मित्र बन गए। यहां तक कि जब प्रद्योत को पीलिया हुआ तब बिम्बिसार ने अपने शाही चिकित्सक **जीवक** को उज्जैन (***दक्षिण पथ*** के समानांतर ***अवन्ति*** की तरफ) भेजा था।
- उसने अंग (पूर्वी बिहार) के शासक ब्रह्मदत्त को पराजित कर उसके राज्य पर विजय हासिल की। अंग विशेषकर उसकी राजधानी चम्पा आंतरिक व समुद्री व्यापार के लिए महत्वपूर्ण थी।
- **तीन वैवाहिक संबंधों** द्वारा अपनी स्थिति को सुदृढ़ बनाया। विभिन्न राजसी परिवारों के साथ वैवाहिक संबंधों ने बिम्बिसार को असाधारण कूटनीतिक प्रतिष्ठा प्रदान की और पश्चिमी व उत्तरी दिशा की ओर मगध के विस्तार का मार्ग प्रशस्त किया। बिम्बिसार ने तीन विवाह किए।
    - उसकी पहली पत्नी कौशल से थी जिसका नाम **महाकौशल** (प्रसेनजीत की बहन) था। वह दहेज में काशी का राज्य लाई थी, जिससे 1,00,000 (एक लाख) सिक्कों का राजस्व प्राप्त होता था।
    - उसकी दूसरी पत्नी वैशाली की **लिच्छवी राजकुमारी चेल्लना** थी जिसने अजातशत्रु को जन्म दिया।
    - उसकी तीसरी पत्नी **मद्र वंश** (पंजाब) के **शासक** की **पुत्री** थी।
- ऐसा माना जाता है कि तक्षशिला के गांधार शासक पुक्कुसाती (पुष्करसरीन) ने बिम्बिसार को राजदूत बनाया था।

### अजातशत्रु ( 492–460 ई.पू. )

- ऐसा विश्वास किया जाता है कि बिम्बिसार के पुत्र अजातशत्रु ने मगध पर राज करने की व्याकुलता में अपने पिता की हत्या कर दी और सिंहासन पर कब्जा कर लिया था।
- यह हर्यक वंश का सबसे **शक्तिशाली** और **आक्रामक शासक** था और उसने अपने पिता की सैन्य विजय द्वारा विस्तारवादी नीति का पालन किया।
- **कौशल**[2] (प्रसेनजीत द्वारा शासित प्रदेश)
- उसने दो **नए प्रकार के सैन्य हथियारों का प्रयोग** किया:
    - ◆ युद्ध इंजन, जिसका प्रयोग गुलेल की तरह पत्थर फेंकने के लिए किया जाता था ***( महाशिलाकंटक )***।
    - ◆ बड़ी संख्या में वध करने के लिए गदा वाले रथ ***( रथमूसल )***
- अवन्ति (जिसने पहले कौशाम्बी के वत्सों को पराजित किया था) द्वारा आक्रमण की संभावना के खतरे से बचने के लिए राजगृह की किलेबंदी आरंभ की।
- उसके शासनकाल के दौरान **बुद्ध की मृत्यु हुई** थी।
- उसने **प्रथम बौद्ध सभा** के आयोजन की व्यवस्था की।

### उदयभद्र ( उदयन – 460-444 ई.पू. )

- इसने **पाटलिपुत्र** (आधुनिक पटना) को **नई राजधानी** बनाया जो कि **गंगा और सोन नदियों के संगम पर स्थित थी**। पाटलिपुत्र बहुत सामरिक महत्व वाला स्थान था क्योंकि वह मगध साम्राज्य के केंद्र में स्थित था, जो कि तब उत्तर में हिमालय से लेकर दक्षिण में छोटानागपुर की पहाड़ियों तक फैला हुआ था।
- संभवत: उसकी हत्या अवन्ति नरेश, पालक के भड़काने पर की गई थी।

## शिशुनाग वंश (412 ई.पू. के लगभग)

### शिशुनाग

- शिशुनाग पहले वाराणसी (बनारस) में वायसराय/अमात्य (उच्च पद का अधिकारी) था और ऐसा विश्वास किया जाता है कि उदयन के उत्तराधिकारियों द्वारा लगातार किए जाने वाले देशद्रोह से गुस्साए लोगों ने शिशुनाग की नियुक्ति राजा के रूप में की थी।
- उसने **राजधानी** को अस्थायी तौर पर **वैशाली स्थानांतरित** कर दिया।
- शिशुनाग की सबसे **महत्वपूर्ण उपलब्धि अवन्ति** (प्रद्योत वंश) **को पराजित** कर उसे मगध का हिस्सा बनाना था। इससे मगध और अवन्ति के बीच 100 वर्षों से चली आ रही प्रतिद्वंदिता पर विराम लग गया।

---

2 उसका सर्वप्रथम संघर्ष अपने मामा प्रसेनजीत के साथ हुआ, जो कि बिम्बिसार को मिले सलूक (व्यवहार) से व्यथित था। प्रसेनजीत ने अजातशत्रु से काशी राज्य को वापस करने को कहा जिसे उसकी माता को दहेज में दिया गया था। अजातशत्रु ने काशी को वापस करने से इंकार कर दिया और एक भयंकर युद्ध के बाद ही प्रसेनजीत काशी को मगध के साथ छोड़ने के लिए तैयार हुआ। इसी तरह से अजातशत्रु ने अपने नाना, वैशाली नरेश चेतक के साथ युद्ध किया और 16 साल तक चले लंबे युद्ध के पश्चात वह वैशाली का पराक्रम तोड़ने में सफल रहा। इस प्रकार उसने न केवल **काशी को अपने पास बरकरार रखा**, बल्कि **वैशाली को भी मगध में मिला लिया**।

**कालशोक**

- शिशुनाग का पुत्र और उत्तराधिकारी
- काकवर्ण के नाम से भी जाना जाता है (पुराणों के अनुसार)
- **वैशाली में द्वितीय बौद्ध सभा** का आयोजन
- **राजधानी** को **वैशाली** से वापस पाटलिपुत्र स्थानांतरित किया गया।

## नंद वंश (प्रथम गैर-क्षत्रिय वंश) (345-321 ई. पू.)

**महापद्म नंद**

- उसकी विशाल सेना के कारण पाली ग्रंथों में उसे **अग्रसेन** के नाम से भी जाना जाता है।
- ब्राह्मणवादी ग्रंथों के अनुसार वह **नीची जाति से संबंधित** था या कम-से-कम **गैर-क्षत्रिय जाति** का था, जबकि पुराणों के अनुसार वह शिशुनाग वंश के राजा और एक शूद्र औरत का पुत्र था। इसलिए नंदों को ***अधार्मिक*** (वे जो धर्म के मानदंडों का पालन नहीं करते) माना जाता था। बौद्ध ग्रंथों में किये गए वर्णन के अनुसार नंदों का सम्बन्ध **अन्नतकुल** (अज्ञात वंशावली) से था।
- भारत का **प्रथम साम्राज्य निर्माता, *एकराट*** होने का दावा करने वाला, एकमात्र ऐसा शासक जिसने अन्य सभी शासकों को नष्ट कर दिया और क्षत्रियों को जड़ से उखाड़ फेंकने वाला ***क्षत्रान्तक***।
- इसने **कलिंग को मगध में जोड़ा** और एक जिन की मूर्ति को विजय प्रतीक के रूप में लाया।
- इसने **कौशल पर भी कब्जा** किया, जिसमें ऐसी पूरी संभावना है कि उसके विरुद्ध विद्रोह किया था।
- नियमित रूप से अधिकारियों की नियुक्ति कर कर-संग्रह को सुव्यवस्थित किया। उसने नहरों का निर्माण करवाया और इसने सिंचाई कार्यों के लिए भी बहुत काम किया।

**धननंद**

- नंद वंश का अंतिम महत्वपूर्ण शासक।
- यूनानी उत्कृष्ट लेखक **एग्रमीज** या **जेनड्रमीज** के नाम से पहचानते हैं।
- उसे विशाल सेना रखने का श्रेय दिया जाता है। ऐसा विश्वास किया जाता है कि उसके शासनकाल के दौरान **सिकंदर** ने **पंजाब पर आक्रमण** किया था, लेकिन धननंद की विशाल सेना ने उसे मगध की ओर बढ़ने से रोक दिया था।
- इसे ***नन्दोपक्रमनी*** (एक विशेष माप) के आविष्कार का श्रेय दिया जाता है।
- ऐसा विश्वास किया जाता है कि वह एक **अभिमानी** और **अत्याचारी शासक था जिसने आम आदमी पर भारी करों का बोझ लाद दिया।** उसके लालच और शोषण ने उसे लोगों के बीच काफी अलोकप्रिय बना दिया था और अंततः **कौटिल्य** के सक्षम मार्गदर्शन से **चंद्रगुप्त मौर्य** ने लोगों के रोष का फायदा उठाते हुए नंद शासन को जड़ से उखाड़ फेंका और मौर्य साम्राज्य की स्थापना की।

# मौर्य वंश (321 ई.पू.)

## मगध की सफलता के कारण

मगध ने बहुत से कारणों से अन्य सभी महाजनपदों पर उत्तरोत्तर प्रभुत्व स्थापित कर लिया।

(a) **पहला,** मगध को एक लाभदायक **भौगोलिक स्थिति** का लाभ प्राप्त था। **प्रचुर लौह भंडार** (दक्षिण बिहार के आसपास) के नजदीक होने और **उन पर नियंत्रण** के कारण मगध के **हथियार** अन्य सभी से **बेहतर और प्रभावकारी** थे। साथ ही इसकी दोनों राजधानियों **राजगृह** और **पाटलिपुत्र** का **सामरिक महत्व** काफी अहम था। गिरिव्रज या राजगृह पांच पहाड़ियों से घिरा था जो इसे प्राकृतिक किलेबंदी प्रदान करती थीं और लगभग अभेद्य थीं। इसी तरह, पाटलिपुत्र एक **पानी के किले** के समान था क्योंकि यह सोन और गंगा नदियों के संगम पर स्थित था।

(b) **दूसरा,** मगध मध्य गंगा के मैदानों के बीच में स्थित था, जिसके पास उपजाऊ कछार थे और जहां भारी वर्षा होती थी। इसलिए, इस क्षेत्र को बिना ज्यादा सिंचाई के भी ज्यादा उपजाऊ बनाया जा सकता था। यह **उपजाऊ नदी के मैदान** बड़ी मात्रा में **कृषि उत्पाद** प्रदान करते थे, जो कि एक विशाल **स्थायी सेना** की स्थापना के लिए आवश्यक था। इसके अतिरिक्त, दक्षिण इलाकों के जंगल मगध को लकड़ी और हाथी प्रदान करते थे, जो उसे एक विशेष **सैन्य लाभ** प्रदान करते थे क्योंकि अन्य सभी महाजनपद युद्धों में प्रभावी ढंग से घोड़ों और रथों का इस्तेमाल करते थे। मगध **पहला ऐसा** राज्य था जिसने अपने पड़ोसी राज्यों के विरुद्ध **हाथियों का बड़े पैमाने पर उपयोग** किया। हाथियों का इस्तेमाल किलों को भेदने, सड़क-रहित क्षेत्रों से गुजरने और अन्य आवागमन के साधन के तौर पर किया जा सकता था।

(c) **तीसरा,** मगध ने निश्चित रूप से बहुत से **सक्षम** और **महत्वाकांक्षी शासकों** जैसे–**बिम्बिसार**, **अजातशत्रु** व **महापद्म नन्द** से लाभ उठाया। उन्होंने अपने राज्य के विस्तार के लिए नैतिक और अनैतिक सभी साधनों का प्रयोग किया।

(d) **चौथा,** व्यापार, नगर और धातु की मुद्रा में वृद्धि के कारण **पथकर** वसूल किए जाने से भी मगध के राजाओं के खजाने में और बढ़ोत्तरी हुई, जिसने उन्हें विशाल सेना की व्यवस्था करने में मदद की।

(e) **आखिर में**, मगध समाज के **अपरंपरागत चरित्र** ने किसी अन्य राज्य की तुलना में उनमें विस्तार के लिए और अधिक उत्साह का संचार किया।

# उत्तर-पश्चिम भारत : फारसी और मैसेडोनिया के आक्रमण

उत्तर-पूर्वी भारत में, मगध एक दुर्जेय ताकत के रूप में उभरा और धीरे-धीरे छोटी रियासतें व गणराज्य उसमें मिलते चले गए। उत्तर-पश्चिमी भारत की परिस्थिति ऐसी संयुक्तता की अनुमति नहीं देती थी। **कम्बोज**, **मद्रा** और **गांधार** जैसे महाजनपद **लगातार आपस में लड़ते रहते** थे, इसलिए उत्तर-पश्चिमी सीमा प्रदेश में मगध जैसा शक्तिशाली कोई भी राज्य नहीं उभर पाया। इसी **राजनीतिक एकता** के अभाव का फायदा उठाते हुए **छठी शताब्दी ई.पू.**, में **फारसी (ईरानी) साम्राज्य उत्तर-पश्चिमी भारत** में घुस गया। उप-महाद्वीप पर **आक्रमण करने वाला पहला शासक** एकेमेनिड (अखमनी) सम्राट **सायरस** (558-529 ई.पू.) था। उसने एक सैनिक अभियान का नेतृत्व किया जिसने कपीशा नगर (हिंदुकुश पहाड़ियों के दक्षिण-पूर्व में स्थित) को तबाह कर दिया और कम्बोज व गांधार के लोगों से भेंट स्वीकार की। उसके बाद 518 ई.पू. में फारसी सम्राट **डेरियस** ने पंजाब, सिंधु के पश्चिम और सिंध पर कब्जा कर लिया। यूनानी इतिहासकार **हेरोडोटस (पश्चिमी इतिहास लेखन के जनक)**

ने उल्लेख किया है कि फारसी साम्राज्य के सामने समर्पण करने वाला बीसवां और सबसे समृद्ध क्षत्रप (प्रांत) गांधार था और *उसने भेंटस्वरूप 360 सोने की मुद्रा दी थीं जो कि न केवल अन्य 20 प्रांतों की कुल जमा राशि से ज्यादा थीं, बल्कि ईरान के उसके अन्य एशियाई प्रांतों से आने वाले कुल राजस्व का लगभग एक तिहाई भाग थीं। भारतीय प्रांतों ने, फारसी सेना को, जो पांचवीं शताब्दी ई.पू. में यूनान के विरुद्ध लड़ रही थी, योद्धा भी उपलब्ध कराए। वास्तव में, जेरेक्सस (डेरियस का उत्तराधिकारी) की सेना में गांधार से आए सैनिक शामिल थे।* ऐसा प्रतीत होता है कि सिकंदर के भारत पर आक्रमण तक (लगभग 330 ई.पू. के आसपास) उपमहाद्वीप का उत्तरी-पश्चिमी भाग फारसी शासन के अधीन था।

## भारत पर फारसी प्रभाव

**भारत पर फारसी प्रभाव**

(a) भारत के उत्तर-पश्चिम में **खरोष्ठी लिपि का परिचय**, जो अरामाइक (फारसी साम्राज्य की आधिकारिक लिपि, जिसे अरबी की तरह दाएं से बांए की ओर लिखा जाता था) से उत्पन्न हुई थी, फारसी प्रभाव को समझने का एक उत्तम उदाहरण है। उत्तर-पश्चिमी भारत में **अशोक के कुछ अभिलेख** इसी लिपि में लिखे गए थे।

(b) **फारसी सिगलोई टाइप सिक्कों** की भारत में भी नकल की जाती थी।

(c) ऐसा संभव है कि **तीसरी शताब्दी ई.पू. अशोक द्वारा इस्तेमाल किए जाने वाले शिलालेख फारसी सम्राट डेरियस से प्रभावित** थे। **अशोक** के समय के **स्मारकों, विशेषकर घंटी के आकार** के बड़े अक्षर और अशोक के **शिलालेखों की प्रस्तावना** में बहुत अधिक **ईरानी प्रभाव** देखा जा सकता है।

भारत-फारस के 200 वर्षों के संपर्क के परिणामस्वरूप इन दोनों के बीच न केवल राजनीति ही प्रभावित हुई, बल्कि सामाजिक-आर्थिक, सांस्कृतिक आदान-प्रदान भी हुआ। भारत-फारस के व्यापार और वाणिज्य को प्रोत्साहन प्रदान करने के साथ इसके परिणामस्वरूप सांस्कृतिक संबंध भी बने।

## सिकंदर का आक्रमण (327-326 ई.पू.)

सिकंदर (356-326 ई.पू.) मैसीडोनिया (ग्रीक) के फिलिप का पुत्र था, जिसने 326 ई.पू. में भारत पर आक्रमण किया था। ऐसा माना जाता है कि चौथी शताब्दी ई.पू. में यूनान और फारस का विश्व-प्रभुत्व के लिए युद्ध हुआ। डेरियस के नेतृत्व वाली फारस की सेना को दृढ़तापूर्वक हराकर, मैसीडोनिया का विजेता फारसी साम्राज्य से आगे बढ़ता हुआ भारत में दाखिल हुआ। सिकंदर भारत की ओर सिर्फ उसकी **शानदार धन-दौलत** के लिए ही आकर्षित नहीं हुआ था, बल्कि भौगोलिक अनुसंधान और प्राकृतिक इतिहास का एक उत्साही जानकार होने के नाते, वह **समुद्र की समस्या** को भी हल करना चाहता था, जिसकी सीमा यूनानी भूगोलवेत्ताओं के लिए एक पहेली थी। उत्तर-पश्चिमी भारत की **राजनीतिक परिस्थिति** सिकंदर की योजनाओं के **अनुकूल** थी, क्योंकि उस समय यह **क्षेत्र** बहुत से **छोटे स्वतंत्र राज्यों** जैसे कि तक्षशिला, पंजाब (पोरस का राज्य), गांधार आदि में **बंट गया** था और किसी बड़े संगठित व शक्तिशाली प्रतिरोध से सिकंदर का सामना नहीं हुआ। सिकंदर 326 ई.पू. में **खैबर दर्रा** से भारत में दाखिल हुआ था। **पोरस**[3] को छोड़कर, जिसने प्रसिद्ध **हाइडेस्पीज का युद्ध** (झेलम पर) लड़ा था, अन्य सभी राजा सिकंदर के सामने बहुत नरमी से पेश आए। **तक्षशिला का राजा आंभी समर्पण करने वाला प्रथम राजा** था। जब सिकंदर व्यास नदी पर पहुंचा, उसके सैनिक जो कि युद्ध से थके हुए, घर के बाहर रहने से खिन्न और बीमार थे, ने आगे बढ़ने से इंकार कर दिया। इसलिए वह वापस लौटने को विवश हो गया। अपनी प्रगति के दूरगामी प्रभाव को चिन्हित

3 यद्यपि सिकंदर ने पोरस को हरा दिया, लेकिन उसके साहस और वीरता से प्रभावित होकर उसने उसका राज्य पुनः स्थापित कर दिया।

करने के लिए सिकंदर ने **व्यास के उत्तरी किनारे पर 12 विशाल वेदियां** स्थापित की थीं। सिकंदर भारत में 19 महीने तक रहा और वापस घर लौटते हुए उसके गण-संघों जैसे कि मल्लोई (मालवा) आदि के साथ सैन्य संघर्ष हुए। उसकी **मृत्यु बेबीलोन में** (323 ई.पू.) हुई क्योंकि उसके पास भारत में अपने विजित प्रदेशों को संगठित करने के लिए समय का अभाव था, ज्यादातर जीते गए राज्य उनके शासकों, जिन्होंने सिकंदर की सत्ता के आगे समर्पण कर दिया था, के पास वापस आ गए। उसके क्षेत्रीय अधिकारों को तीन भागों में बांटा गया था, जिसमें से हरेक एक यूनानी गवर्नर के अधीन था। उत्तर-पश्चिमी भारत को सेल्यूकस निकेटर (Seleucus Nikator) के अधीन रखा गया था।

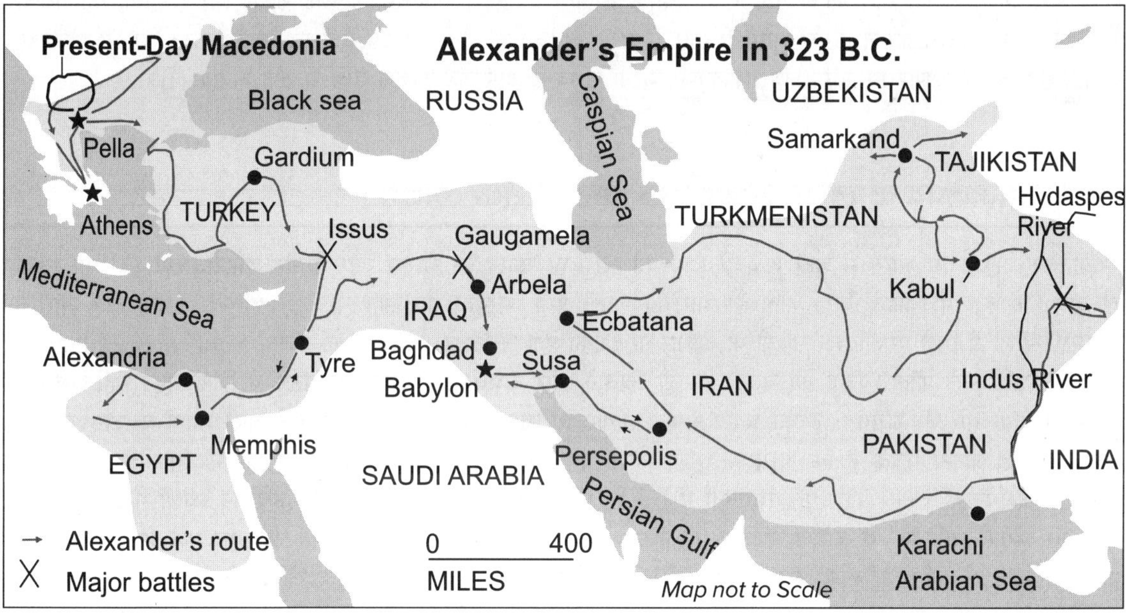


**चित्र 4.2** सिकंदर का भारत पर आक्रमण

## सिकंदर के आक्रमण का प्रभाव

सिकंदर का आक्रमण ऐसा **पहला अवसर** था जब **प्राचीन यूरोप का प्राचीन भारत के साथ नजदीकी संपर्क** स्थापित हुआ और इसके सार्थक परिणाम निकले।

### सिकंदर के आक्रमण का प्रभाव

(a) इस आक्रमण का सबसे महत्वपूर्ण परिणाम विभिन्न क्षेत्रों में **भारत और यूनान के बीच सीधा संपर्क** स्थापित होना था। **सिकंदर के इतिहासकार** अपने पीछे **प्राचीन भारतीय इतिहास के बहुमूल्य भौगोलिक** और **ऐतिहासिक कालक्रमबद्ध** विवरण छोड़ गए थे। सिकंदर के अभियानों के स्पष्ट रूप से दिनांकित विवरण हमें भारतीय घटनाक्रम की आगामी घटनाओं का निश्चित आधार बनाने में समर्थ बनाते हैं। इन यात्रा वृत्तांतों में दी गई महत्वपूर्ण सामाजिक-आर्थिक जानकारियां हमें विभिन्न प्राचीन सामाजिक प्रथाओं को जानने और समझने में सहायता करती हैं जैसे कि 'स्वायत्त नगर' (संभवत: गण-संघ), सती प्रथा, गरीब माता-पिता द्वारा लड़कियों को बाजार में बेचना, उत्तर-पश्चिमी भारत के उत्तम नस्ल के बैल (वास्तव में, ऐसा कहा जाता है कि सिकंदर ने 2 लाख बैलों को मैसीडोनिया भेजने का आदेश दिया था) आदि।

(b) सिकंदर के अभियान का एक अन्य दूरगामी परिणाम यह था कि उसने **चार अलग आवागमन के मार्ग खोलकर, तीन भू-मार्ग** और **एक समुद्री मार्ग** (क्योंकि **सिकंदर** ने अपने **नौसेना अध्यक्ष नियार्कस** को **समुद्री मार्ग द्वारा ईरान भेजा था**) **भारत को यूरोप के आगे उजागर** किया। इसने यूनानी व्यापारियों और शिल्पकारों का **भारत** और **यूनान** के बीच **व्यापार स्थापित** करने का मार्ग सुनिश्चित कर दिया।

(c) अन्य महत्वपूर्ण सांस्कृतिक विकास **गांधार** में एक **वैश्विक कला विद्यालय की स्थापना** था।

(d) सिकंदर के आक्रमण का एक अन्य अप्रत्यक्ष प्रभाव यह था कि उसने **उत्तर भारत को चंद्रगुप्त मौर्य के अधीन संगठित** करने का मार्ग पक्का कर दिया, क्योंकि सिकंदर द्वारा उत्तर-पश्चिम के छोटे राज्यों और रियासतों की तबाही ने, मौर्य साम्राज्य को न केवल सुगम विस्तार में मदद की बल्कि मौर्यों को इस बात पर यकीन करने का भी प्रोत्साहन दिया कि उत्तर-पश्चिम सीमा क्षेत्र पर कब्जा करना संभव है और यह योजना हाथ में लेने लायक है।

## महाजनपद काल का सामाजिक और भौतिक जीवन

पुरातात्विक आधार पर भारत में छठी शताब्दी ई.पू. को NBPW **काल** के **आरंभ** और **द्वितीय शहरीकरण** (हड़प्पा सभ्यता के बाद) के रूप में चिंहित किया जाता है। आरंभिक पाली ग्रंथों, संस्कृत सूत्र साहित्य के साहित्यिक साक्ष्यों और आरंभिक NBPW स्थलों से मिले पुरातात्विक साक्ष्यों के आधार पर इसका पता चलता है। NBPW का तात्पर्य Northern Black Polished Ware (उत्तरी काले पॉलिश किए गए बर्तन) है, जो **चिकने और चमकदार मिट्टी के बर्तन** थे जिन्हें बहुत **महीन बनावट** से बनाया गया था और संभवत: उनका प्रयोग समृद्ध लोगों द्वारा खाने की मेज पर प्रयुक्त होने वाले बर्तनों के तौर पर किया जाता था। यह जानना रोचक है कि NBPW हमेशा काले नहीं होते थे (क्योंकि यह अलग रंगों से भी मिले हैं)। यह दक्षिण भारत में भी मिले हैं (आंध्र प्रदेश के अमरावती में चिन्हित किए गए, हालांकि उत्तर भारत के उत्खनन स्थलों में इनकी सघनता है) और **जरूरी नहीं कि ये हमेशा पॉलिश ही किए हुए हों** (हालांकि यह अच्छी तरह आग पर पके हुए, चाक निर्मित शानदार मिट्टी के बर्तन हैं जिनकी सतह चिकनी है)। NBPW ज्यादातर रंगे हुए नहीं होते, लेकिन डिजायनों के कुछ उदाहरण मिलते हैं जिनमें लहरदार पंक्तियां, गाढ़े और एक-दूसरे को काटते वृत्त, पट्टियां, बिंदू आदि शामिल हैं, जिन्हें पीले और हल्के सिंदूरी रंग से रंगा गया था।

**महाजनपद काल का सामाजिक और भौतिक जीवन**

(a) छठी शताब्दी ई.पू. का काल उप-महाद्वीप में **मुद्रा** के **प्रयोग** के **आरंभ** को भी चिह्नित करता है, क्योंकि NBPW उत्खनन स्थलों से **छिद्रित सिक्कों** की आरंभिक शृंखला खुदाई में मिली है। छठी शताब्दी ई.पू. काल के मध्य में धातु की मुद्रा के साथ पकी हुई ईंटें और वृत्ताकार कुएं भी दिखाई देते हैं।

(b) 600 ई.पू. से 300 ई.पू. के दौरान **ग्रामीण बस्तियों, शहरों की संख्या** और **आकार** में **महत्वपूर्ण वृद्धि** हुई थी और गंगा घाटी में अनुकूल जनसंख्या विकास हुआ था। पाली और संस्कृत ग्रंथों में अनेक गांवों व शहरों का उल्लेख किया गया है। शहरों के मामले में उस काल में बहुत हद तक भेदभाव था।

(i) **पुर** या **नगर** से तात्पर्य किलाबंद शहर या नगर से था।

(ii) **निगम** ऐसे व्यापारिक शहर थे जो ग्राम और नगर के बीच एक मध्यवर्ती स्तर था।

(iii) **राजधानी** राज्य की कैपिटल सिटी को निर्दिष्ट करती थी।

(iv) **नगर** छोटा नगर था।

(v) **महानगर** बड़ा शहर था।

कुछ प्रसिद्ध नगर (**महानगर**) काशी, कौशाम्बी, राजगृह, पाटलिपुत्र, श्रावस्ती, अयोध्या, वैशाली, चम्पा और कपिलवस्तु थे।

(c) वे नगर न केवल **शासन की गद्दी** थे, बल्कि वे **व्यापार** और **वाणिज्य** के **प्रमुख केंद्रों** के रूप में भी काम करते थे और वहां बहुत से कारीगर व्यापारी बसे हुए थे जो अपने संबंधित **संघों (गिल्ड)** में संगठित थे। इन संघों (guilds) ने न केवल बाजारों का प्रबंधन किया, निर्मित वस्तुओं की गुणवत्ता की जांच की, वस्तुओं की कीमत तय की, अपने सदस्यों के कल्याण की देखभाल की, व्यावसायिक ज्ञान को एक पीढ़ी से दूसरी पीढ़ी तक स्थानांतरित करने की सुविधा प्रदान की, बल्कि अपने सदस्यों की सुरक्षा के लिए सैनिकों को भी बनाए रखा और अपने सदस्यों पर न्यायिक शक्तियों का आनंद लिया। **सेठी** ऊंचे स्तर के व्यापारी थे जो कि व्यापार और साहूकारिता से जुड़े हुए थे। कारीगर और व्यापारी दोनों नगर के निश्चित इलाकों में रहते थे जिन्हें **वैस्सास** (व्यापारिक सड़कें) कहा जाता था। आमतौर पर शिल्प वंशानुगत होता था और पुत्र अपना पारिवारिक शिल्प अपने पिता से सीखता था।

(d) शिल्प उत्पाद जैसे- कपड़े की वस्तुएं, हाथी दांत के उत्पाद, बर्तन आदि का निर्यात व्यापारियों द्वारा लंबी दूरी तक किया जाता था। सभी प्रमुख नगर नदियों के किनारे और व्यापार मार्गों पर स्थित थे और एक-दूसरे से जुड़े हुए थे। उस समय के **दो प्रमुख अंतर क्षेत्रीय मार्ग उत्तर पथ (उत्तरी भारत** का **इंडो-गंगा मैदानों** के **उत्तर-पश्चिम** से बंगाल की खाड़ी पर स्थित **बंदरगाह नगर ताम्रलिप्ति** तक फैला हुआ) और **दक्षिण पथ** (**दक्षिण भारत** का मगध में **पाटलिपुत्र** से **गोदावरी पर स्थित प्रतिष्ठान** तक फैला हुआ और **पश्चिमी तट** के **बंदरगाहों से जुड़ा** हुआ) थे। आंतरिक व्यापार मार्ग बाह्य व्यापार मार्गों से जुड़े हुए थे और ऐसे साक्ष्य मिले हैं जिनसे उपमहाद्वीप के साथ पूर्वी (बंगाल का म्यांमार के साथ) और पश्चिमी (तक्षशिला का अफगानिस्तान, ईरान और मेसोपोटामिया के साथ) दोनों क्षेत्रों के साथ समृद्धशाली व्यापार होने का पता चलता है।

(e) **आयात** किए जाने वाली प्रमुख वस्तुओं में **कीमती पत्थर** जैसे-सोना, लापिज लाजूली (लाजवर्द मणि), जेड, चांदी, आदि शामिल थे, जबकि **हस्तनिर्मित शिल्प, कपड़े के सामान, चंदन की लकड़ी** और **मोती निर्यात** की जाने वाली प्रमुख वस्तुएं थीं।

(f) पाली ग्रंथ भी समुद्री यात्रा व्यापार का उल्लेख करते हैं। कस्टम अधिकारी (**काम्मिका**) और पथकर अधिकारी (**शौलकिक/शुल्काध्यक्ष**) व्यापार पर कर वसूल करते थे और विशेष शाही अधिकारी **राजभट्ट** की नियुक्ति यात्रियों की जान व माल की सुरक्षा के लिए की जाती थी।

(g) **निष्क** और **शतमान** नामक मुद्रा के उपयोग से व्यापार सुगम हो गया था। आरंभिक सिक्के **छिद्रित** थे (ऐसा उन्हें इसलिए कहा जाता था क्योंकि **धातु के टुकड़ों** को कुछ निश्चित **चिन्हों द्वारा छिद्रित** किया जाता था जैसे कि **पहाड़ी, पेड़, बैल, मछली, अर्धचंद्राकार, हाथी** आदि) और **चांदी** के बने हुए थे। हालांकि कुछ **तांबे के सिक्के** भी मिले हैं। पाली ग्रंथ मुद्रा के प्रचुर इस्तेमाल और उसका तनख्वाह देने व मूल्य चुकाने में इस्तेमाल का भी उल्लेख करते हैं। पाणिनी की अष्टाध्यायी में भी तनख्वाह (**वेतन**) और तनख्वाह-अर्जक (**वैतनिक**) का उल्लेख है। लिपि के ज्ञान ने व्यापार और वाणिज्य के विकास को और भी आसान बना दिया क्योंकि अब लेन-देन का हिसाब-किताब रखा जा सकता था।

(h) शहर और गांव दोनों ही एक-दूसरे का परस्पर **भरण-पोषण** करते थे जैसा कि शहरों में रहने वाले गैर-कृषक लोगों को गांवों में रहने वाले कृषक लोगों द्वारा खिलाया जाता था और इसके बदले में शहरों में रहने वाले कारीगर और व्यापारी ग्रामीण जनता के लिए औजार, वस्त्र आदि बनाते थे। पाली ग्रंथ (विशेष तौर पर विनयपिटक) तीन प्रकार के गांवों (**ग्राम**) के बारे में बताते हैं:

(i) **ठेठ गांव,** विभिन्न जातियों और समुदाय बसे हुए थे जिनका प्रमुख मुखिया था जिसे **ग्रामभोजक, ग्रामीणी** या **ग्रामक** कहा जाता था। ज्यादातर गांव इसी श्रेणी के अंतर्गत आते हैं। गांव का मुखिया यथेष्ट प्रतिष्ठा पाता था और उसका सीधा संपर्क राजा के साथ था। वे न केवल गांववासियों से कर वसूल करते थे, बल्कि अपने इलाके की कानून व व्यवस्था भी बनाए रखते थे।

(ii) **उपनगरीय गांव**, जिसका स्वरूप **शिल्प गांव** का था। उदाहरण के लिए, **बढ़ई गांव ( वादधाकि-ग्राम ), ईख बनाने वालों का गांव ( नलाकार-ग्राम )**, **नमक बनाने वालों का गांव ( लोनाकार ग्राम )** और **रथ बनाने वालों का गांव** का उल्लेख उस काल के ग्रंथों में किया गया है। यह गांव अन्य गांवों के लिए बाजार का काम करते थे और शहरों को गांवों से जोड़ते थे।

(iii) **सीमा पर बसे गांव ( अरामिका-ग्राम )**, यह गांव ग्रामीण क्षेत्रों के **बाहरी इलाकों** में बसे थे और जंगलों में विलय हो जाते थे। इन गांवों में रहने वाले लोग मुख्यत: शिकारी और बहेलिए थे जो अधिकतर जीवन निर्वाह के आदिम तरीकों जैसे भोजन-संग्रह पर जीवन चलाते थे।

(i) गांव की भूमि खेती योग्य भूखंडों में विभाजित की गई थी और उन्हें परिवार के अनुसार आवंटित किया गया था, यद्यपि भूमि के क्षेत्र का आकार भिन्न-भिन्न होता था। भूखंडों पर खेती परिवार द्वारा अपने आप की जाती थी साथ ही कृषक श्रमिक **( दास-कम्माकार )** को भी काम पर रखा जाता था। समृद्ध किसान **'गहपति'** कहलाते थे। सिंचाई के लिए नालियों की खुदाई सामूहिक रूप से गांव के मुखिया की देख-रेख में की जाती थी।

(j) किसानों द्वारा **उत्पाद** का **छठवां भाग ( 1/6 )** कर के रूप में दिया जाता था, जिसे शाही एजेंट एकत्रित करते थे। आमतौर पर किसानों और राज्य के बीच कोई **मध्यस्थ नहीं** होता था, यद्यपि कुछ गांवों को ब्राह्मणों **( ब्रह्मदेय )** और बड़े व्यापारियों को उनके अपने प्रयोग के लिए दान में दिया जाता था। यह ध्यान देने योग्य है कि **लाभार्थियों** को इस भूमि से सिर्फ कर ही मिलता था, उन्हें इस पर कोई **प्रशासनिक अधिकार नहीं** था।

(k) उस काल में **निजी संपत्ति की धारणा** का भी **उद्भव** हो रहा था क्योंकि उपहार और भूमि की बिक्री के उल्लेख मिलते हैं।

यह जानना भी उतना ही महत्वपूर्ण है कि इस काल के दौरान, **लौह हल** के फल के इस्तेमाल और कछारी मिट्टी की **अच्छी उर्वरता के कारण** कृषि ने बहुत उन्नति की थी। संभवत: पहली बार, वहां भूमि और कृषि का विस्तार हुआ था, जिसने उन्नत खाद्य-उत्पादक अर्थव्यवस्था के उद्भव में मदद की। चावल मुख्य अनाज था और **धान का व्यापक रूप से प्रत्यारोपण** किया जाता था। चावल के साथ जौ, दालें, बाजरा, कपास और गन्ने का भी उत्पादन किया जाता था। **अतरंजीखेड़ा** (एटा, उ.प्र.) के उत्खनन स्थल से ग्रामीण से शहरी जीवन में परिवर्तन काल के बारे में महत्वपूर्ण जानकारी मिलती है।

## प्रशासनिक व्यवस्था

राजा उच्चतम आधिकारिक स्थिति का लाभ उठाता था और अधिकारियों की सहायता से शासन करता था। उच्च अधिकारी **महामात्य/अमात्य** कहलाते थे, जिनके संभवत: शासनात्मक, न्यायाधीश, मुख्य लेखाकार, शाही परिवार का प्रधान, **मंत्री** और **सेनाध्यक्ष ( सेनानायक )** और **आयुक्त** उनके सहायक होते थे। ऐसा प्रतीत होता है कि उच्च अधिकारी और मंत्री अधिकतर ब्राह्मणों के पुरोहित वर्ग से नियुक्त किए जाते थे और महत्वपूर्ण अधिकारों का लाभ उठाते थे। बौद्ध ग्रंथ महापरिनिब्बन सुत्त मगध के एक प्रभावशाली मंत्री **वस्सकार** का उल्लेख करता है, जिसने वैशाली के लिच्छवी सैनिकों में प्रभावी रूप से मतभेद पैदा कर अजातशत्रु को वज्जि के गण-संघ पर विजय प्राप्त करने में सफलता दिलाई थी। विशाल पेशेवर सेना का गठन राज्य के वास्तविक पराक्रम में वृद्धि की ओर इशारा करता है। इतनी बड़ी सेना को बनाए रखने के लिए एक मजबूत वित्तीय व्यवस्था की आवश्यकता थी। वैदिक काल में **बलि** आदिवासियों द्वारा अपने मुखिया को दिया जाने वाला एक **स्वैच्छिक भुगतान** था, जिसे **अनिवार्य भुगतान** बना दिया गया और इसे एकत्रित करने के लिए विशेष अधिकारियों की नियुक्ति की गई जिन्हें

**बलिसाधक** कहा जाता था। जैसा कि पहले उल्लेख किया गया था, यह उत्पाद का छठा भाग होता था। **लेखन की शुरुआत** से शायद करों के मूल्यांकन और एकत्रीकरण में मदद मिली होगी। करों के अतिरिक्त किसान, कारीगर और व्यापारी शाही प्रयोजनों के अधीन बलपूर्वक श्रम करने के लिए मजबूर थे। लोकप्रिय जनसमूह **सभा** और **समिति** लगभग **अदृश्य** हो चुके थे और उनके स्थान पर एक छोटी संस्था जिसे **परिषद** कहा जाता था, बन गई थी। यह विशिष्ट ब्राह्मणों की संस्था थी जो राजा की **सलाहकार परिषद** के रूप में काम करती थी।

## कानूनी और सामाजिक व्यवस्था

यह **काल भारतीय कानूनी** और **न्यायिक व्यवस्था** की उत्पत्ति को चिन्हित करता है। पहले लोग जनजातीय कानून द्वारा शासित होते थे, जो किसी वर्गभेद को नहीं मानता था, लेकिन अब क्योंकि जाति समूह और वर्ण व्यवस्था सामाजिक जीवन में मजबूत स्थिति बना चुकी थी, कानूनी व्यवस्था भी आंशिक रूप से उच्च वर्णों की ओर झुक गई थी। **नागरिक और आपराधिक कानून वर्णभेद पर आधारित** थे। उच्च वर्णों को पवित्र माना जाता था और **उच्च वर्णों से उच्चतम प्रकार के नैतिक आचरण** की अपेक्षा की जाती थी। सभी अक्षमताओं को शूद्रों पर थोप (अधिरोपित) दिया जाता था। वे न केवल समाज के निचले स्थान पर थे, बल्कि उन्हें धार्मिक और कानूनी अधिकारों से भी वंचित कर दिया गया था। शूद्रों पर ब्राह्मणों और अन्य लोगों के विरुद्ध किए जाने वाले अपराधों का दंड कठोरता से दिया जाता था, जबकि शूद्रों के विरुद्ध किए जाने वाले अपराधों का दंड मामूली दिया जाता था। नागरिक और आपराधिक कानून शाह एजेंट द्वारा प्रशासित किए जाते थे, जो **दंड देने वाले कानूनों** का पालन करते थे (आपराधिक मामले बदला लेने के विचार द्वारा शासित होते थे जो इस प्रकार था– **'दांत के बदले दांत'** और **'आंख के बदले आंख'**)।

सामाजिक आर्थिक असमानताओं के उभरने के बावजूद, रक्त संबंध अत्यंत महत्वपूर्ण बने रहे और अंततः **जातिगत वर्गीकरण** में समाविष्ट हो गए। विस्तृत रिश्तेदारों के समूह को **नाती** और **नाती-कुलनी** कहा जाता था। **कुल विस्तृत पितृवंश को लक्षित** करता था, जबकि **नातक** में माता और पिता दोनों ही तरफ के रिश्तेदार सम्मिलित थे। रक्त संबंधों का महत्व इस तथ्य से जाना जा सकता है कि बौद्ध संन्यासियों से यह उम्मीद की जाती थी कि वे अपने सभी रक्त संबध त्याग देंगे, जबकि मठों के नियम उन्हें छूट देने के लिए झुक जाते थे। परिवार में **पितृसत्तात्मक नियंत्रण** के सुदृढ़ हो जाने से **स्त्रियों की अधीनता** बढ़ गई थी। स्त्रियों की लैंगिकता पर कठोर नियंत्रण सिर्फ पितृवंशीय संपत्ति के हस्तांतरण के लिए आवश्यक नहीं माना जाता था, बल्कि **सगोत्रीय विवाह व्यवस्था** कायम और बनाए रखने के लिए भी आवश्यक था। विभिन्न ब्राह्मणवादी, बौद्ध और जैन ग्रंथ **स्त्रियों की निम्न स्थिति** की ओर इशारा करते हैं। इन ग्रंथों में **स्त्रियों** के लिए एक **आदर्श आचार संहिता** निर्धारित की गई है और उनसे **अपेक्षित कार्यों को परिभाषित** किया गया है। परिवार में बढ़ती हुई पितृसत्तात्मक प्रकृति को देखते हुए यह आश्चर्यजनक नहीं लगता था कि पुत्रियों से ऊपर पुत्रों को तरजीह दिया जाना जारी रहा। वंशावली को चलाने और पिता व पूर्वजों के अंतिम संस्कारों का पालन करने के लिए पुत्र का होना आवश्यक माना जाता था। **समयुत्त निकाय** में, बुद्ध को प्रसेनजीत (कौशल नरेश), जो कि पुत्री के जन्म से चिंतित था, को सांत्वना देते हुए दर्शाया गया है। बुद्ध उससे कहते हैं, ''चिंता मत करो, यह नर संतान से बेहतर साबित होगी। यह बड़ी होकर बुद्धिमान और धार्मिक बनेगी। यह अपनी सास का सम्मान करेगी और अपने पति के प्रति वफादार रहेगी। जिस पुत्र को यह जन्म देगी, वह महान कार्य करेगा।'' यह शब्द स्त्रियों से संबंधित अपेक्षित कार्यों का सारांश प्रस्तुत करते हैं।

समाज स्पष्टतः **चार वर्णों–ब्राह्मण, क्षत्रिय, वैश्य और शूद्र** में विभाजित था। सभी वर्णों के कार्यों को स्पष्टतः निर्धारित किया गया था। इस व्यवस्था के अनुसार, शासक और योद्धा क्षत्रिय कहलाते थे, पुरोहित और शिक्षक ब्राह्मणवादी व्यवस्था का गठन करते थे, किसान और करदाता वैश्य कहलाते थे और वे जो सब वर्गों की सेवा करते थे, वो शूद्र कहलाते थे। उच्च वर्गों के सदस्य न केवल शूद्रों की संगति से बचते थे, बल्कि उनके साथ वैवाहिक संबंध बनाने से भी इनकार करते थे। एक शूद्र

की उच्च पद पर नियुक्ति की आज्ञा नहीं थी, वे केवल **द्विज** (ब्राह्मण, क्षत्रिय और वैश्य) की सेवा, दास, कारीगर और कृषि श्रमिक के रूप में कार्य करने के लिए ही नीयत थे।

## विगत वर्षों में पूछे गए प्रश्न (मुख्य परीक्षा)

1. प्राचीन भारत के विकास की दिशा में भौगोलिक कारकों की भूमिका को स्पष्ट कीजिए। **( 2023 सा.अ. प्रश्नपत्र 1 )**

## अभ्यास प्रश्न (प्रारंभिक परीक्षा)

1. निम्नलिखित का मिलान करें:

A. महामात्र (महामात्य) 1. कर संग्रहक
B. बलिसाधक 2. धनी भूपति
C. गृहपति 3. उच्च-पदीय अधिकारी
D. सेठ्ठी 4. धनी व्यापारी

**कूट:**

| | A | B | C | D |
|---|---|---|---|---|
| (a) | 2 | 1 | 3 | 4 |
| (b) | 1 | 2 | 3 | 4 |
| (c) | 4 | 3 | 2 | 1 |
| (d) | 3 | 1 | 2 | 4 |

2. निम्नलिखित कथनों पर विचार करते हुए सही विकल्प को चिन्हित करें।

I. चांदी और तांबे के छिद्रित सिक्के पहले सिक्के थे।
II. महाजनपद काल की मुख्य फसल गेहूं और जौ थे।
III. PGW काल के बाद NBPW काल आया।
IV. सेनानायक कर एकत्रित करता था।

उपरोक्त कथनों में से कौन-सा/से कथन सही है/हैं?

(a) I और II (b) उपरोक्त सभी
(c) II, III और IV (d) इनमें से कोई नहीं

3. निम्नलिखित का मिलान करें।

A. मगध 1. चम्पा
B. अंग 2. वाराणसी
C. कौशल 3. राजगृह
D. काशी 4. श्रावस्ती

**कूट:**

| | A | B | C | D |
|---|---|---|---|---|
| (a) | 1 | 2 | 3 | 4 |
| (b) | 3 | 4 | 1 | 2 |
| (c) | 3 | 1 | 4 | 2 |
| (d) | 2 | 3 | 4 | 1 |

4. NBPW काल के बारे में कहे गए निम्नलिखित कथनों पर विचार करें और सही विकल्प को चिन्हित करें:

I. NBPW काल में चावल मुख्य आहार था।
II. किसान धान रोपण जानते थे।
III. NBPW काल द्वितीय शहरीकरण को चिन्हित करता है।
IV. NBPW काल में आग में तपी ईंटें और वृताकार कुओं का इस्तेमाल किया जाता था।

उपरोक्त कथनों में से कौन-सा/से कथन सही है/हैं?

(a) उपरोक्त सभी (b) II और III
(c) इनमें से कोई नहीं (d) I, II और III

5. निम्नलिखित का मिलान करें।

A. बिम्बिसार 1. वैवाहिक संबंध
B. अजातशत्रु 2. आक्रामक नीतियां
C. उदयन 3. पाटलिपुत्र में किले का निर्माण
D. शिशुनाग 4. राजधानी वैशाली स्थानांतरित की

**कूट:**

| | A | B | C | D |
|---|---|---|---|---|
| (a) | 1 | 2 | 3 | 4 |
| (b) | 3 | 1 | 2 | 4 |
| (c) | 2 | 3 | 4 | 1 |
| (d) | 1 | 4 | 3 | 2 |

6. निम्नलिखित कथनों पर विचार करें और चुनें कि क्या यह फारसी प्रभाव का परिणाम था:
   I. अशोक के शिलालेखों के घंटी के आकार के बड़े अक्षर।
   II. खरोष्ठि लिपि दाएं से बाएं एक पंक्ति और फिर अगली पंक्ति में बाएं से दाएं की ओर लिखी जाती थी।
   III. मौर्य मूर्तिकला पर प्रभाव
   उपरोक्त कथनों में से कौन-सा/से कथन सही है/हैं?
   (a) उपरोक्त सभी (b) II और III
   (c) I और III (d) इनमें से कोई नहीं

7. महाजनपदों के लोगों की धार्मिक प्रथाओं के बारे में कहे गए निम्नलिखित कथनों पर विचार करें और सही विकल्प का चयन करें:
   I. लोग ईश्वर की पूजा पेड़ों और जानवरों के रूप में करते थे।
   II. आमतौर पर लोग ब्राह्मणवादी आदेशों पर विश्वास करते थे और शूद्रों का सभी वर्गों द्वारा शोषण किया जाता था।
   III. समाज स्पष्टतः चार वर्णों में विभाजित था।
   IV. सती प्रथा के प्रचलन और गरीब माता-पिता द्वारा लड़कियों को बेचने के पर्याप्त साक्ष्य हैं।
   उपरोक्त कथनों में से कौन-सा/से कथन सही है/हैं?
   (a) I, II और IV (b) II, III और IV
   (c) I और III (d) उपरोक्त सभी

8. सिकंदर के आक्रमण से संबंधित निम्नलिखित कथनों पर विचार करें और बताएं इनमें से कौन-सा सही है:
   I. यूनानियों को भारत की विशाल धन संपदा के बारे में फारसियों से पता चला।
   II. सिकंदर ने 326 ई.पू. के आसपास भारत पर आक्रमण किया।
   III. तक्षशिला और पोरस के शासक सिकंदर से बहादुरी से लड़े, जबकि राजा आंभी सिकंदर के सामने दब्बूपन से पेश आया।
   IV. सिकंदर ने मगध पर विजय हासिल की।
   उपरोक्त कथनों में से कौन-सा/से कथन सही है/हैं?
   (a) I, II और IV (b) II, III और IV
   (c) I और II (d) उपरोक्त सभी

9. फारसी आक्रमण के बारे में निम्नलिखित कथनों पर विचार करें और बताएं कि इनमें से कौन-सा सही है:
   I. यूनानियों के भारत पर आक्रमण से पूर्व भारत-फारस संपर्क लगभग 200 वर्षों तक चला।
   II. सायरस भारत पर आक्रमण करने वाला पहला शासक था।
   III. गांधार का उत्तर-पश्चिमी प्रांत फारसी साम्राज्य का 20वां क्षत्रप था।
   IV. फारसी सेना में भारतीय सैनिक भी भर्ती किए गए थे।
   उपरोक्त कथनों में से कौन-सा/से कथन सही है/हैं?
   (a) I, II और IV (b) II, III और IV
   (c) I और III (d) उपरोक्त सभी

10. निम्नलिखित का मिलान करें।

| | | | |
|---|---|---|---|
| A. | बिम्बिसार | 1. | हर्यक वंश |
| B. | अजातशत्रु | 2. | राजधानी वैशाली स्थानांतरित की |
| C. | अशोक | 3. | मौर्य वंश |
| D. | शिशुनाग | 4. | संभवतः अपने पिता की हत्या की |

**कूट:**

| | A | B | C | D |
|---|---|---|---|---|
| (a) | 1 | 2 | 3 | 4 |
| (b) | 3 | 1 | 2 | 4 |
| (c) | 2 | 3 | 4 | 1 |
| (d) | 2 | 4 | 3 | 2 |

11. निम्नलिखित का मिलान करें।

| | | | |
|---|---|---|---|
| A. | कोशल | 1. | बुद्ध का जन्म स्थान लुम्बिनी, स्थित है। |
| B. | मल्ल | 2. | बुद्ध की मृत्यु कुशीनगर में हुई, जो कि इस राज्य का भाग है। |
| C. | वज्जि | 3. | महावीर इस वंश के संघ से संबंधित थे। |
| D. | वत्स | 4. | राजा उदयन इस स्थान से था, जो कि तीन बड़े नाटकों का नायक था |

**कूट:**

| | A | B | C | D |
|---|---|---|---|---|
| (a) | 1 | 2 | 3 | 4 |
| (b) | 3 | 1 | 2 | 4 |
| (c) | 2 | 3 | 4 | 1 |
| (d) | 1 | 4 | 3 | 2 |

12. निम्नलिखित का मिलान करें।

A. पाटलिपुत्र — 1. कोसल की राजधानी
B. राजगृह — 2. जल किला
C. उज्जैन — 3. पांच पहाड़ियों से घिरा होने के कारण अभेद्य
D. श्रावस्ती — 4. अवन्ति की राजधानी

**कूट:**

| | A | B | C | D |
|---|---|---|---|---|
| (a) | 1 | 2 | 3 | 4 |
| (b) | 3 | 1 | 2 | 4 |
| (c) | 2 | 3 | 4 | 1 |
| (d) | 1 | 4 | 3 | 2 |

13. निम्नलिखित कथनों पर विचार करें और जो विकल्प सही नहीं है उसे चिन्हित करें।
I. लौह औजारों और तकनीक ने बड़े राज्यों के विकास में मदद की।
II. मगध, कोशल, वत्स और अवन्ति चार सबसे शक्तिशाली महाजनपद थे।
III. महाजनपद ज्यादातर विंध्य के उत्तर में स्थित थे।
IV. लोगों की निष्ठा अब जन से ज्यादा जनपद के प्रति थी।
उपरोक्त कथनों में से कौन-सा/से कथन सही है/हैं?
(a) I और III (b) उपरोक्त सभी
(c) II, III और IV (d) इनमें से कोई नहीं

14. निम्नलिखित कथनों पर विचार करें और सही विकल्प को चिन्हित करें।
I. बिम्बिसार हर्यक वंश का संस्थापक राजा था।
II. अजातशत्रु ने वैशाली को अपने राज्य में मिलाया।
III. शिशुनाग की सबसे बड़ी उपलब्धि अवन्ति की सत्ता को तबाह करना थी।
IV. महापद्म नंद ने एकारत की पदवी धारण की।
उपरोक्त कथनों में से कौन-सा/से कथन सही है/हैं?
(a) I और III (b) उपरोक्त सभी
(c) II, III और IV (d) इनमें से कोई नहीं

15. निम्नलिखित कथनों पर विचार करें और उस विकल्प को चिन्हित करें जो मगध की सफलता के पीछे के कारण को उचित ठहराते हैं।
I. मगध की उच्च आय का कारण गंगा घाटी के उपजाऊ मैदान थे।
II. मगध की पहली राजधानी, राजगृह, एक जल किला थी।
III. दूसरी राजधानी पाटलिपुत्र, गंगा और सोम के संगम पर एक सामरिक महत्व वाले स्थान पर स्थित थी।
IV. मगध के लोगों के गैर-परंपरागत चरित्र ने भी राज्य की महिमा में वृद्धि की थी।
उपरोक्त कथनों में से कौन-सा/से कथन सही है/हैं?
(a) I, III और IV (b) उपरोक्त सभी
(c) II, III और IV (d) इनमें से कोई नहीं

16. निम्नलिखित का मिलान करें।

A. निष्क — 1. सिक्के
B. वस्सास — 2. राज्य अधिकारी
C. ग्रामीणी — 3. गांव का मुखिया
D. आयुक्त — 4. व्यापारिक सड़कें

**कूट:**

| | A | B | C | D |
|---|---|---|---|---|
| (a) | 1 | 2 | 3 | 4 |
| (b) | 3 | 1 | 2 | 4 |
| (c) | 2 | 3 | 4 | 1 |
| (d) | 1 | 4 | 3 | 2 |

17. निम्नलिखित का मिलान करें।

A. चेदि — 1. शिशुपाल
B. मगध — 2. बिम्बिसार
C. तक्षशिला — 3. आंभी
D. अवन्ति — 4. प्रद्योत

**कूट:**

| | A | B | C | D |
|---|---|---|---|---|
| (a) | 1 | 2 | 3 | 4 |
| (b) | 3 | 1 | 2 | 4 |
| (c) | 2 | 3 | 4 | 1 |
| (d) | 1 | 4 | 3 | 2 |

18. निम्नलिखित कथनों पर विचार करें और गलत विकल्प को चिन्हित करें।
    I. हर्यकों ने शिशुनागों पर सफलता पाई।
    II. अजातशत्रु ने सिकंदर के साथ युद्ध किया।
    III. शिशुनाग की सबसे बड़ी उपलब्धि अवन्ति की सत्ता को तबाह करना थी।
    IV. महापद्म नंद ने कलिंग पर कब्जा किया।
    (a) I और III (b) उपरोक्त सभी
    (c) II, III और IV (d) इनमें से कोई नहीं
19. निम्नलिखित कथनों पर विचार करें और सही विकल्प को चिन्हित करें।
    I. बिम्बिसार ने अवन्ति के राजा, जो कि पीलिया से पीड़ित थे, की सहायता के लिए अपने शाही चिकित्सक जीवक को उज्जैन भेजा था।
    II. अजातशत्रु ने वैशाली के विरुद्ध युद्ध में दो नए हथियारों की शुरुआत की थी।
    III. मगध ने सबसे पहली बार हाथियों का बड़े पैमाने पर उपयोग आरंभ किया था।
    IV. महापद्म नंद ने उदयन को पराजित किया।
    उपरोक्त कथनों में से कौन-सा/से कथन सही है/हैं?
    (a) I, II और III (b) उपरोक्त सभी
    (c) II, III और IV (d) इनमें से कोई नहीं
20. मौर्य काल के पूर्व से संबंधित निम्नलिखित कथनों पर विचार करें और सही विकल्प को चिन्हित करें:
    I. कानूनी और सामाजिक व्यवस्था आंशिक रूप से शूद्रों के विरुद्ध पक्षपात करती थी।
    II. स्त्रियों का बहुत सम्मान किया जाता था और उन्हें काफी स्वतंत्रता मिली हुई थी।
    III. लोकप्रिय जनसमूह सभा और समिति ने अपना महत्व खो दिया था।
    IV. गण-संघों का राजनीतिक और सामाजिक जीवन राज्यों के समान कठोर नहीं था।
    उपरोक्त कथनों में से कौन-सा/से कथन सही है/हैं?
    (a) I और III (b) I, III और IV
    (c) II, III और IV (d) इनमें से कोई नहीं

## उत्तरमाला

| | | | | | | | |
|---|---|---|---|---|---|---|---|
| 1. (d) | 2. (a) | 3. (c) | 4. (a) | 5. (a) | 6. (c) | 7. (b) | 8. (c) |
| 9. (d) | 10. (d) | 11. (a) | 12. (c) | 13. (d) | 14. (c) | 15. (a) | 16. (d) |
| 17 (a) | 18. (a) | 19. (a) | 20. (b) | | | | |

## अभ्यास प्रश्न (मुख्य परीक्षा)

1. छठी शताब्दी ई.पू. ने बड़े क्षेत्रीय राज्यों जिन्हें महाजनपद कहा जाता था, का उदय देखा। वह कौन से कारण थे जिन्होंने इतने बड़े राज्यों के उदय को सुगम बनाया? प्रमुख महाजनपद कौन से थे और इनमें से कौन-सा सबसे शक्तिशाली राज्य के रूप में उभरा? उपयुक्त उदाहरण देते हुए व्याख्या करें।
2. भारत पर फारसी और मैसिडोनियाई आक्रमणों के प्रभावों का वर्णन करें।
3. मगध की सफलता के पीछे क्या कारण थे? विशेषकर उसके प्रमुख शासकों की भूमिका की रूपरेखा पर चर्चा करें।
4. मौर्यकाल से पूर्व के सामाजिक, राजनीतिक और प्रशासनिक जीवन का वर्णन करें। क्या द्वितीय शहरीकरण में व्यापार एक प्रमुख कारक था? यदि हां, तो व्यापारियों द्वारा कौन से मुख्य मार्गों का इस्तेमाल किया जाता था और प्रमुख व्यापारिक सामान कौन से थे? अपने उत्तर में उन सभी मुद्दों पर चर्चा करें।
5. गण-संघ राज्यों से किस तरह से भिन्न थे? व्याख्या करें।

# अध्याय 5

# बौद्ध धर्म और जैन धर्म

छठी शताब्दी ई.पू. बहुत धार्मिक उथल-पुथल का युग था। महान शिक्षक जैसे **चीन में कन्फ्युशियस, ईरान में जोरास्टर, यूनान में पारमेनिडीज** स्थापित सामाजिक-धार्मिक मानदंडों पर प्रश्न उठा रहे थे और उनके मत **नैतिक व कर्त्तव्य परायण मूल्यों** पर ज्यादा केंद्रित थे। भारत में भी, दृश्य कुछ भिन्न नहीं था। भारत दो महान वैकल्पिक धर्मों का साक्ष्य बना - **बौद्ध धर्म और जैन धर्म।** ये धर्म इस बात पर जोर देते थे कि **असली खुशी भौतिक समृद्धि या कर्मकांडों का पालन करने में नहीं है, बल्कि अहिंसा, परोपकार, किफायत और अच्छे सामाजिक आचरण** में है। इन दो महत्वपूर्ण और प्रबल धार्मिक सुधार आंदोलनों की उत्पत्ति व लोकप्रियता के लिए विभिन्न कारण जिम्मेदार हैं।

## उत्पत्ति के कारण

इन वैकल्पिक धर्मों की उत्पत्ति के कुछ महत्वपूर्ण कारण निम्नलिखित हैं:

(a) **ब्राह्मणों के प्रभुत्व के विरुद्ध क्षत्रियों की प्रतिक्रिया:** उत्तर वैदिक समाज स्पष्टत: चार वर्णों में विभाजित था–ब्राह्मण, क्षत्रिय, वैश्य और शूद्र। क्षत्रिय (जो शासक और योद्धा के रूप में कार्य करते थे) इस वर्ण **अनुक्रम** में **दूसरे स्थान** पर आते थे। उन्होंने **ब्राह्मणों के कर्मकांडी प्रभुत्व** और **पुरोहित वर्ग** को मिले **विभिन्न विशेषाधिकारों** (जैसे कि उपहार प्राप्त करना और करों व दंडों से छूट) के विरुद्ध **दृढ़ता के साथ प्रतिक्रिया** व्यक्त की। यह तथ्य आश्चर्यजनक नहीं है कि बुद्ध और महावीर दोनों ही (बुद्ध धर्म और जैन धर्म के मुख्य प्रणेता), जिन्होंने दृढ़ता के साथ ब्राह्मणों के प्रभुत्व का विरोध किया, क्षत्रिय वर्ण से संबंधित थे। यह तथ्य भी उतना ही रोचक है कि बौद्ध पाली ग्रंथ बार-बार ब्राह्मणवादी जन्मजात श्रेष्ठता के दावे को नकारते हैं और **ब्राह्मणवादी वर्ण क्रम को उलटते हुए क्षत्रियों को ब्राह्मणों से ऊंचे स्थान** पर रखते हैं।

(b) **नई कृषि व्यवस्था का उदय जो पशुपालन की मांग करती थी:** जैसा कि हम पहले भी जान चुके हैं, छठी शताब्दी ई.पू. में, आर्थिक और राजनीतिक गतिविधियों का केंद्र हरियाणा और पश्चिमी उत्तर प्रदेश से **पूर्वी उत्तर प्रदेश और बिहार** स्थानांतरित हो गया था, जहां **व्यापक बारिश** होती थी और **ज्यादा उपजाऊ भूमि** थी। चूंकि, बिहार और उससे लगे क्षेत्रों के लौह अयस्क संसाधनों का लाभ उठाना ज्यादा सरल था, लोगों ने ज्यादा से ज्यादा **लौह उपकरणों, हल के फालों का इस्तेमाल घने जंगलों को साफ करने** और अज्ञात स्थानों पर खेती करने के लिए करना आरंभ कर दिया। **लोहे के हल पर आधारित कृषि अर्थव्यवस्था में बैलों के इस्तेमाल** की आवश्यकता पड़ती थी, और यह केवल **पशुपालन से ही पूरी हो सकती थी।** लेकिन जानवरों की बलि की वैदिक प्रथा का परिणाम मवेशियों की अंधाधुंध हत्या के रूप में निकला जो कि नई कृषि अर्थव्यवस्था की प्रगति के रास्ते में बाधक था। इसलिए नई कृषि अर्थव्यवस्था के **स्थायित्व व समृद्धि** के लिए इस **पशु वध** को रोकना आवश्यक था। चूंकि बौद्ध धर्म व जैन धर्म दोनों ही अहिंसा की वकालत करते थे और किसी भी प्रकार की बलि का जोरदार विरोध करते थे, इसलिए किसान जनता को वे भरोसा देने वाले लगे।

(c) **वैश्यों और अन्य व्यापारिक समूह, जो कि बेहतर सामाजिक स्थिति और शांतिपूर्ण शासन चाहते थे, ने बौद्ध धर्म और जैन धर्म को संरक्षण दिया:** जैसा कि हम अच्छी तरह जानते हैं, भारतीय उप-महाद्वीप में **छठी शताब्दी ई.पू. द्वितीय शहरीकरण के युग** के रूप में जाना जाता है। कृषि में विस्तार का परिणाम बेहतर खाद्य आपूर्ति पर पड़ा और इसने शिल्प उत्पादन, व्यापार और शहरी केंद्रों के विकास में भी मदद की। व्यापार में विकास मुद्राशास्त्रियों द्वारा खोजे गए हजारों चांदी और तांबे के **छिद्रित सिक्कों** (PMC–Punch Marked Coins) से प्रतिबिंबित होता है। साठ से ज्यादा नगर और शहर जैसे कि पाटलिपुत्र, राजगृह, श्रावस्ती, वाराणसी, वैशाली, चम्पा, कौशाम्बी और उज्जैयनी 600 और 300 ई.पू. के बीच विकसित हुए। ये शहर शिल्प उत्पादन और व्यापार के केंद्र बन गए थे और यहां बहुत से कारीगर और व्यापारी बस गए। इस व्यापक **आर्थिक प्रगति से वैश्यों व अन्य व्यापारिक समूहों का उदय** हुआ। ये लोग **ब्राह्मणों द्वारा उनको दी गई सामाजिक** स्थिति से बेहतर स्थिति चाहते थे। चूंकि बौद्ध व जैन धर्म मौजूदा वर्ण व्यवस्था को कोई महत्व नहीं देते थे, इसलिए इन व्यापारिक समूहों ने **गैर-वैदिक धर्मों जैसे बुद्ध धर्म व जैन धर्म को पर्याप्त दान देकर संरक्षण** देने को प्रधानता दी। साथ ही, बुद्ध धर्म व जैन धर्म दोनों ही अहिंसा के सिद्धांत का उपदेश देते थे, जो विभिन्न राज्यों के बीच होने वाले युद्धों पर विराम लगा सकते थे और इसके फलस्वरूप व्यापार व वाणिज्य को और भी बढ़ावा मिलता, जो कि आर्थिक वर्ग के लिए फायदेमंद था।

(d) **बुद्ध धर्म व जैन धर्म के सरल, आत्मसंयमी, शांति केंद्रित सिद्धांतों को आम लोगों (समाज) द्वारा तत्परता से स्वीकारा गया:** कृषि में सुधार और व्यापार, मुद्रा और शहरीकरण के विकसित होने का प्रभाव समाज पर भी पड़ा। इन परिवर्तनों के कारण परंपरागत समानता और भाईचारे का स्थान असमानता और सामाजिक संघर्ष ने ले लिया। लोग **बढ़ती हुई सामाजिक समस्याओं** जैसे- हिंसा, क्रूरता, चोरी, घृणा और झूठ से एक प्रकार का **विराम चाहते थे**। आम लोग खिन्न होकर सरल, आदिम और ईमानदार जीवन में लौट जाना चाहते थे। इसलिए जब नए धर्मों जैसे बुद्ध धर्म और जैन धर्म ने शांति और सामाजिक समानता, सरल व नैतिकवादी आत्मसंयमी जीवन के सिद्धांतों का उपदेश दिया, तो लोगों ने उसका स्वागत किया।

# गौतम बुद्ध और बौद्ध धर्म

## आरंभिक बौद्ध साहित्य

गौतम बुद्ध और बौद्ध धर्म के विभिन्न अन्य पहलुओं की हमारी समझ ज्यादातर आरंभिक बौद्ध साहित्य से प्राप्त हुई है। आरंभिक बौद्ध साहित्य को आमतौर पर **प्रमाणिक और अप्रमाणिक** ग्रंथों में बांटा जाता है।

(a) **प्रमाणिक ग्रंथ** वे ग्रंथ हैं जो **किसी न किसी तरह से सीधे तौर पर गौतम बुद्ध से संबंधित** हैं। फिर भी, विभिन्न बौद्ध संप्रदायों के बीच इस बात को लेकर मतभेद है कि कौन से ग्रंथ प्रमाणिक हैं। इसको आसानी से ऐसे समझा जा सकता है–वे **पुस्तकें जिनमें बौद्ध धर्म के मूलभूत सिद्धांतों और नियमों को निर्दिष्ट किया गया है**, जैसे कि त्रिपिटक (तीन पिटक, पाली सिद्धांत के रूप में भी जाना जाता है)।

(b) अप्रमाणिक ग्रंथ या अर्द्ध प्रमाणिक ग्रंथ वे ग्रंथ हैं जो बुद्ध के प्रवचन नहीं थे, बल्कि **प्रमाणिक ग्रंथों की समीक्षा और टिप्पणियां, धर्म/धम्मपद पर निबंध, ऐतिहासिक जानकारी, उद्धरण, परिभाषाएं, व्याकरण और पाली, तिब्बती, चीनी व अन्य पूर्वी एशियाई भाषाओं** में लिखे लेख थे। कुछ **महत्वपूर्ण अप्रमाणिक ग्रंथ** थे–

- **मिलिंदपनहो** (पाली में लिखित, इसमें विभिन्न दार्शनिक मुद्दों पर **भारतीय-यूनानी शासक मिलिंद/मनेंद्र और भिक्षु नागसेन के बीच हुए संवाद** हैं),
- **नेत्तीपकरन** (मार्गदर्शन की पुस्तक, इसमें बुद्ध की शिक्षाओं से संबंधित विवरण हैं),
- **विसुद्धीमग्ग** (पवित्रता का मार्ग, बुद्धघोष द्वारा लिखित, अनुशासन की पवित्रता से निबन्न/ज्ञानोदय के विकास से संबंधित),
- **निदानकथा** (बुद्ध के जीवन से संबंधित प्रथम कथा),
- **दीपवंश व महावंश** (पाली में लिखित, दोनों में बुद्ध के जीवन से संबंधित ऐतिहासिक एवं कल्पित वृत्तांत, बौद्ध परिषद, अशोक और श्रीलंका में बौद्ध धर्म के आगमन का विवरण है) और
- **महावस्तु** (मिश्रित संस्कृत-प्राकृत में लिखित, इसमें बुद्ध की **पवित्र जीवनी या संचरित्र लेखन** है)।

## तिपिटक (त्रिपिटक)

**तिपिटक** (पाली में) और **त्रिपिटक** (संस्कृत में) जिसका अर्थ **''तीन टोकरियां/संग्रह''** है, बौद्ध शिक्षाओं के आरंभिक संकलनों में से एक है जिन्हें लंबी, संकरी पत्तियों पर लिखा (मौलिक रूप से) गया था। बौद्ध भिक्षु बुद्ध की शिक्षाओं को तीन

टोकरियों में प्रतिलिपित और श्रेणीबद्ध करते थे जहां से 'तीन टोकरियां' नाम की उत्पत्ति हुई। त्रिपिटक बौद्ध धर्म की सभी शाखाओं के मूल लेखों का भाग था, जिसमें तीन पुस्तकें शामिल थीं–**सुत्त ( परंपरागत शिक्षाएं ), विनय ( अनुशासनात्मक संहिता )** और **अभिधम्म ( नैतिक मनोविज्ञान )**।

(a) **सुत्त पिटक ( सूत्र/प्रवचन की टोकरी ):** इसमें बुद्ध के विभिन्न सिद्धांतीय मुद्दों पर दिए गए प्रवचनों **को संवाद शैली** में शामिल किया गया था। ये ग्रंथ **'बुद्धवकन'** या **'बुद्ध के वचन'** के नाम से भी जाने जाते हैं, क्योंकि ये उन ग्रंथों से संबंधित है जिनमें ऐसा माना जाता है कि बुद्ध ने जो स्वयं कहा, उसे शामिल किया गया है। अपवाद स्वरूप कुछ सूत्रों को छोड़कर, इस ग्रंथ की प्रमाणिकता सभी बौद्ध संप्रदायों द्वारा स्वीकृत है। इन प्रवचनों को उसी तरीके से व्यवस्थित किया गया था, जिस ढंग से उन्हें सुनाया जाता था।

(b) **विनय पिटक ( अनुशासन की टोकरी ):** इसमें **मठ संबंधी कार्यों ( संघ )** के लिए **भिक्षुओं और भिक्खुनियों के लिए नियम** शामिल हैं। इसमें **पातिमोक्ख** शामिल था जो कि मठ संबंधी अनुशासन का उल्लंघन और उनका प्रायश्चित करने से संबंधित सूची थी। मठ संबंधी नियमों के अतिरिक्त विनय ग्रंथों में उपदेशप्रद, व्याख्याएं, अनुष्ठान ग्रंथ, जीवनी संबंधी कथाएं और 'जातक' या 'जन्म कथाओं' के कुछ तत्व भी शामिल थे।

(c) **अभिधम्म पिटक ( उच्च शिक्षा की टोकरी ):** इसमें **सुत्त पिटक का विस्तृत अध्ययन** और **शिक्षा का व्यवस्थापन** सारांश, प्रश्न-उत्तर, सूची आदि के माध्यम से किया गया था।

तीनों पिटक **निकायों** (पुस्तकों) में विभाजित थे। उदाहरण के लिए, सुत्त पिटक पांच निकायों से मिलकर बना था–**दीर्घ निकाय** (लंबे प्रवचनों का संग्रह), **मज्झिम निकाय** (मध्यम लंबाई के प्रवचनों का संग्रह), **संयुक्त निकाय** (आत्मीय उक्तियों का संग्रह), **अंगुत्तर निकाय** (संख्या के अनुसार क्रम में रखे प्रवचनों का संग्रह) और **खुद्दक निकाय** (छोटे संग्रह)। खुद्दक निकाय आगे पंद्रह पुस्तकों में उपविभाजित हो जाता है, उनमें से प्रसिद्ध है–**जातक** (बुद्ध के पिछले जन्मों की कथाएं), **धम्मपद** (नैतिक उक्तियों से संबंधित छंद), **निद्देस** (व्याख्या), **बुद्धवम्सा** (बुद्ध का इतिहास), **पतिसंभिदा** (विश्लेषनात्मक ज्ञान), **थेरागाथा** और **थेरीगाथा** (बौद्ध भिक्षुओं व भिक्खुनियों के गीत)।

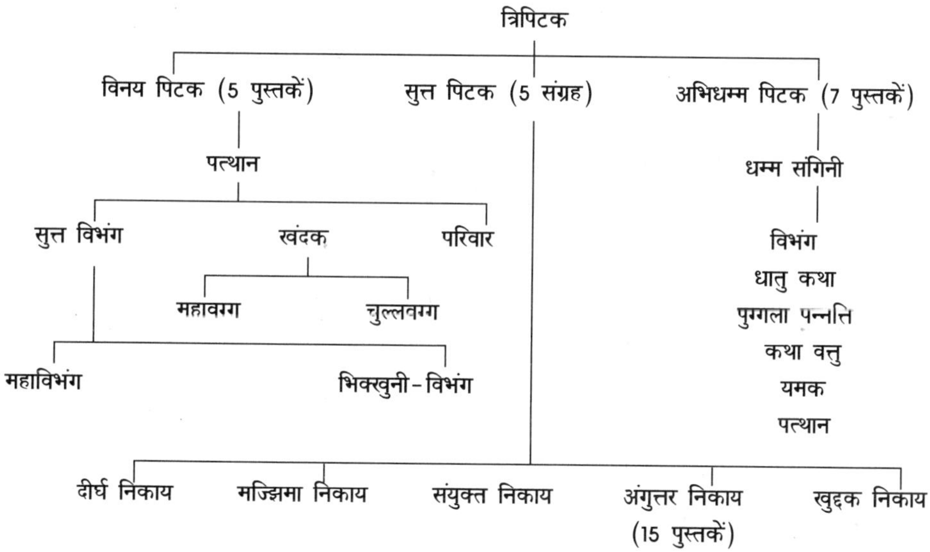

## बुद्ध का जीवन

गौतम बुद्ध के संतचरित लेखन (पवित्र जीवनी) के बारे में सुत्त और विनय पिटक में बताया गया है, जिसकी आगे ज्यादा विस्तृत और संयोजित ढंग से व्याख्या बाद के ग्रंथों में की गई है, जो हैं–बुद्धचरित, महावस्तु और निदानकथा। परंपरा के अनुसार, गौतम बुद्ध (शाक्यमुनी/तथागत के नाम से भी जाने जाते हैं) का जन्म **सिद्धार्थ** के रूप में **563 ई.पू.** में वैशाख पूर्णिमा के दिन **लुंबिनी** (नेपाल में कपिलवस्तु के निकट) पिता **शुद्धोदन** (गणराज्य **शाक्य** वंश के शासक जो कोशल राज्य के कपिलवस्तु से शासन करते थे) के यहां हुआ। उनकी माता **महामाया** (कोशल वंश की राजकुमारी) की उनके जन्म के सात दिन बाद ही मृत्यु हो गई थी। इसलिए सिद्धार्थ का पालन-पोषण उनकी **सौतेली मां गौतमी** ने किया था। ऐसा माना जाता है कि उनके जन्म के शीघ्र बाद कुछ ब्राह्मणों ने उनके शरीर पर महापुरुष (महान व्यक्ति) के 32 चिन्ह देखे और भविष्यवाणी की थी कि यह शिशु या तो विश्व विजेता बनेगा या विश्व परित्यागी। बुद्ध के पिता उन्हें त्याग के मार्ग से दूर रखना चाहते थे इसलिए उन्हें सभी दुखों से बचाकर रखा गया और सुख-सुविधा के साथ उनका पालन-पोषण किया गया।

16 वर्ष की अल्पायु में, उनका विवाह यशोधरा से हुआ और उनका एक पुत्र हुआ जिसका नाम राहुल था। लेकिन **29 वर्ष की आयु** में एक **बूढ़े आदमी, एक बीमार आदमी, एक शव और एक तपस्वी को देखने के बाद** उन्होंने एक पथिक बनने का निर्णय लिया और अपने **सारथी चन्ना** व अपने प्रिय **घोड़े, कंथक** को साथ लेकर, सत्य की तलाश **(महाभिनिष्क्रमण/महान त्याग)** में अपने महल को छोड़ दिया और छह वर्षों तक भ्रमण करते रहे। उन्होंने उस काल के स्थापित गुरुओं के साथ तप किया - सर्वप्रथम **आलार कलाम** के साथ और फिर उद्दक रामपुत्त के साथ–लेकिन वे उनके इन उपदेशों को स्वीकार नहीं कर पाए कि व्यक्ति अपने दुखों से मुक्ति केवल मानसिक अनुशासन और ज्ञान से ही प्राप्त कर सकता है। उसके बाद पांच घुमंतू तपस्वियों–**कोनडन्ना, भद्दिया, वप्पा, महानामा और अस्साजी** के साथ उन्होंने कठोर तपस्या का अभ्यास किया, जब तक कि उनका शरीर एकदम क्षीण न हो गया। उन्हें इस बात की अनुभूति हुई कि तपस्या से कुछ प्राप्त नहीं होगा, उन्होंने इसे छोड़ दिया। उनके पांच तपस्वी साथियों ने उनकी इस प्रकट विफलता से खिन्न होकर उनको अकेला छोड़ दिया और सारनाथ चले गए। इसके बाद गौतम **सेनानी** गांव की ओर चले गए, जहां एक निम्न जाति की ग्रामीण कन्या, **सुजाता** ने उन्हें एक **कटोरा दूध-चावल** दिया। एक घास काटने वाले से चटाई के लिए कुस घास की भेंट स्वीकार कर, गौतम ने एक पीपल पेड़ के नीचे पूर्व दिशा की ओर स्थान ग्रहण किया। यहां उन्होंने संकल्प लिया कि ज्ञान प्राप्त हो जाने तक वे यहां से नहीं उठेंगे।

**चित्र 5.1** बुद्ध

"यहां इस स्थान पर मेरा शरीर सिकुड़ सकता है,
मेरी त्वचा, मेरी हड्डियां, मेरा हाड़-मांस घुल सकता है,
पर मेरा शरीर इस स्थान से नहीं हटेगा।
जब तक मैंने ज्ञान प्राप्त नहीं कर लिया हो,
कई कल्पों के दौरान प्राप्त करना कठिन है।"

जब गौतम गहरे ध्यान में लीन थे, **भ्रम के देवता, मार** ने समझा कि उनकी शक्ति छिन्न-भिन्न होने वाली है, गौतम को उनके उद्देश्य से विचलित करने के लिए मार वहां पहुंच गया। गौतम ने पृथ्वी को छूकर अपने जीवनकाल के अनगिनत सद्गुणों, जिन्होंने उन्हें ज्ञान के इस स्थान पर पहुंचाया था, को साक्ष्य देने के लिए पुकारा। गौतम के शब्दों की सत्यता की पुष्टि करते हुए जब धरती कांप उठी तो मार ने दानवों की अपनी सेना को खड़ा कर दिया। इसके परिणामस्वरूप हुए महायुद्ध में, **गौतम का ज्ञान माया (भ्रम) के बीच से प्रस्फुटित** हुआ और उनकी करुणा की शक्ति ने दानवों के हथियारों को फूलों में बदल दिया। मारा और उसकी सभी ताकतें उधेड़-बुन में भाग खड़ी हुई। इस प्रकार **35 वर्ष की आयु** में अंततः गौतम को गया, मगध (बिहार) में, **उरुवेला** स्थित एक **पीपल के वृक्ष** के नीचे, **निरंजना नदी** के किनारे **निर्वाण/ज्ञान की प्राप्ति हुई,** और **वे बुद्ध कहलाए**, जिसका अर्थ है - वह जो प्रबुद्ध/जागृत है। पीपल का वृक्ष प्रसिद्ध बोधि वृक्ष के रूप में जाना गया। ऐसा माना जाता है कि अशोक की रानी तिस्सरक्खा उस वृक्ष से ईर्ष्या करती थी, और रानी बनने के तीन वर्ष पश्चात (अशोक के शासन के 19वें वर्ष में) उसने मांडु के कांटों द्वारा वृक्ष को मार दिया, लेकिन वृक्ष फिर से उग गया। इसके अतिरिक्त वृक्ष को दूसरी शताब्दी ई.पू. में राजा पुष्यमित्र शुंग और 600 ई. में राजा शशांक द्वारा काटा गया। वृक्ष को जब भी नष्ट किया जाता था, एक नया वृक्ष उसी स्थान पर उग आता था, और इस वृक्ष को आज भी बोधगया में बौद्ध लोगों द्वारा श्रद्धेय माना जाता है।

बुद्ध ने **पीड़ा से मुक्ति पर अपना प्रथम उपदेश अपने पांच पूर्व साथियों** को **सारनाथ** स्थित **हिरणों के उद्यान** में दिया। यह घटना **धर्मचक्र-प्रवर्त्तन** अर्थात 'धर्म के चक्र को चलाना' कहलाई। उनके पांचों शिष्यों ने जल्दी ही सत्य को स्वयं भी महसूस किया और अर्हत बन गए। बुद्ध ने चार दशकों से ज्यादा घूम-घूमकर लोगों को अपने सिद्धांतों की शिक्षा दी और भिक्षु व भिक्खुनियों की एक व्यवस्था की स्थापना की जिसे 'संघ' के नाम से जाना गया। अंततः **80 वर्ष की आयु** में उन्होंने **कुशीनगर (मल्ल गणराज्य में स्थित)** में परिनिर्वाण प्राप्त किया। ऐसा माना जाता है कि उनके अंतिम शब्द थे - **'सभी सम्मिश्रित वस्तुओं का क्षय होता है, लगन से प्रयास करें।'**

बुद्ध को पांच रूपों में दर्शाया गया है:

- कमल और बैल – जन्म
- घोड़ा – गृह त्याग
- बोधि वृक्ष – महाबोधि (ज्ञान)
- *धर्मचक्र प्रवर्तन* – प्रथम प्रवचन
- पैरों के निशान - निर्वाण

## बौद्ध धर्म के सिद्धांत

बुद्ध के सिद्धांतों के मूल को **आरिया-सच्छानी (चार आर्य सत्य), अष्टांगिका-मार्ग (आठ स्तरीय मार्ग), मध्य मार्ग, सामाजिक आचरण संहिता और निब्बन या निर्वाण प्राप्त करने में** व्यक्त किया गया है। बुद्ध ने समझाया कि उनकी शिक्षाएं

एक नाव की तरह है जो जीवन और कष्टों की अशांत नदी को पार करने में मदद करती है। एक बार पार चले जाने पर हमें उस नाव को अपने साथ ढोने की आवश्यकता नहीं है। अन्य शब्दों में कहा जाए तो, बुद्ध ने यह आग्रह किया कि हमें **किसी भी वस्तु से लगाव नहीं रखना चाहिए, इसमें उनकी शिक्षाएं भी शामिल हैं।** शिक्षाएं केवल **उपाय** (कुशल साधन या लाभकारक उपकरण) हैं और इसलिए हठधर्मिता नहीं करनी चाहिए–''वह ऊंगली होती हैं जो चांद की ओर इशारा करती हैं और किसी को ऊंगली को चांद समझने का भ्रम नहीं होना चाहिए।''

उनकी शिक्षा में तीन महत्वपूर्ण स्तंभ शामिल हैं:

- **बुद्ध** – संस्थापक/शिक्षक
- ***धम्म*** – शिक्षाएं
- ***संघ*** – बौद्ध भिक्षु और भिक्खुनियों की व्यवस्था (जो धम्म उपासकों के मशाल वाहक के रूप में काम करते थे और बुद्ध के सिद्धांतों के प्रसार के मुख्य कारक थे)

ज्ञान के लिए संघर्ष करते हुए बुद्ध ने **धम्म/चार आर्य सत्य** की खोज की जिन्होंने बौद्ध धर्म की मूल शिक्षाओं की रचना की। चार आर्य सत्य हैं:

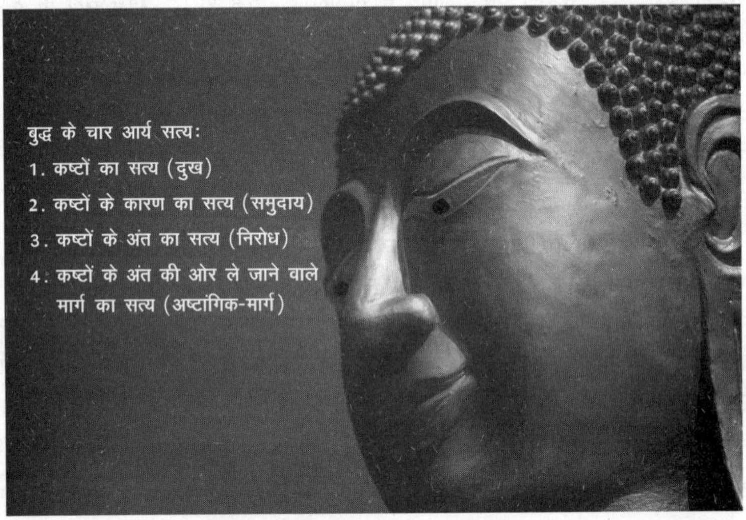


**चित्र 5.2** बुद्ध के चार आर्य सत्य

(a) ***कष्टों का सत्य (दुख):*** बुद्ध ने सिखाया कि सब कुछ कष्टमय है (सर्वम् दुखम)। यह सिर्फ किसी व्यक्ति द्वारा अनुभव की गई वास्तविक पीड़ा या दुखों का उल्लेख नहीं है, बल्कि उन चीजों को अनुभव करने की क्षमता का भी उल्लेख है।

(b) ***कष्टों के कारण का सत्य (समुदाय):*** कष्ट जीवन का हिस्सा है और उसके पीछे एक कारण है। **इच्छा (तृष्णा)** कष्टों का मुख्य कारण है।

(c) ***कष्टों के अंत का सत्य (निरोध):*** कष्टों का अंत निर्वाण/निब्बन प्राप्त करके किया जा सकता है।

(d) ***कष्टों के अंत की ओर ले जाने वाले मार्ग का सत्य (अष्टांगिक-मार्ग):*** यह एक मार्ग है जो कष्टों के अंत की ओर ले जाता है।

बुद्ध ने लोगों से पढ़ने, ध्यान और चिंतन करने का आग्रह किया। बुद्ध ने लोगों से कहा कि वो इस तरह से काम करें जो उन्हें चारों आर्य सत्य को पूरी तरह से समझने में और उन्हें शांति व खुशी की ओर ले जाने वाले मार्ग पर बने रहने में मदद करे। विरोधाभास यह है कि, ***अष्टांगिक मार्ग सीखने से ज्यादा भुला देने पर जोर देता है,*** अर्थात भुला देने और उजागर करने के लिए सीखना। इस मार्ग में **आठ परस्पर एक-दूसरे से जुड़ी गतिविधियां** शामिल हैं और यह एक ऐसी प्रक्रिया है जो मुनष्य को उन सशर्त प्रतिक्रियाओं से परे ले जाती जिसने उसके असली स्वभाव को धुंधला कर दिया है। ***अष्टांगिक मार्ग*** *(चित्र 5.3)* में निम्नलिखित शामिल हैं:

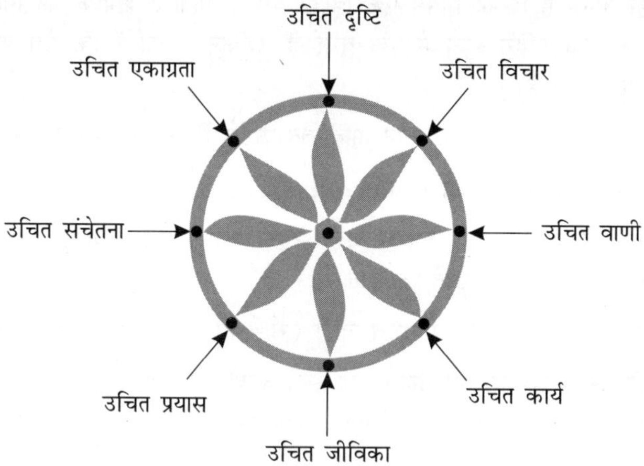


**चित्र 5.3** अष्टांगिका मार्ग

1. **उचित दृष्टि (*सम्यक् दृष्टि*):** यह वास्तविकता की प्रकृति का उत्तम विचार या समझ और परिवर्तन के मार्ग को दर्शाता है।
2. **उचित विचार या रवैया (*सम्यक् संकल्प*):** यह भावनात्मक बुद्धि व प्रेम और करुणा से कार्य करना दर्शाता है।
3. **उचित या संपूर्ण वाणी (*सम्यक् वाक्/वाणी*):** यह स्पष्ट, ईमानदार, सुधारात्मक और गैर-हानिकारक मार्ग दर्शाता है।
4. **उचित या अभिन्न कार्य ( *सम्यक् कम्मनता*):** यह जीवन के नैतिक आधार दर्शाता है, जो कि अपना व दूसरों का शोषण न करने के सिद्धांत पर आधारित है। इसमें **पांच नियम** (शिक्षण नियम) सम्मिलित हैं जो कि **नैतिक आचार-संहिता** की तरह हैं और मठ व्यवस्था के सदस्यों व समाज के व्यवहार का संचालन करते हैं। पांच सम्यक कर्म निम्नलिखित हैं–

   (a) **हिंसा न करो (प्राणियों का जीवन छीनने से बचने के लिए शिक्षण शुरू करना):** यह नियम सिर्फ मनुष्यों पर ही नहीं, बल्कि सभी जीवित प्राणियों पर लागू होता है, क्योंकि सभी प्राणियों को अपने जीवन का अधिकार है और उस अधिकार का सम्मान करना चाहिए।

   (b) **दूसरों की संपत्ति का लोभ न करो (उन वस्तुओं को लेने से बचना जो तुमको नहीं दी गई है, का शिक्षण शुरू करना):** यह नियम मात्र चोरी तक ही सीमित नहीं है, क्योंकि यह उपदेश देता है कि व्यक्ति को कुछ भी लेने से बचना चाहिए जब तक कि वह पूरी तरह से निश्चित न हो कि वह वस्तु उसी के नियत है।

(c) **भ्रष्ट व्यवहार और भोग-विलास में लिप्त न रहो (कामुक दुराचार से बचने के लिए शिक्षण शुरू करना):** यह नियम इंद्रिय सुख में अतिलिप्त होना, जैसे कि लोलुपता या कामुक प्रकृति के दुराचार से बचाता है। समाज के लिए ब्रह्मचर्य का स्थान संयम ने ले लिया था।

(d) **झूठ न बोलो (मिथ्या वाणी से बचने के लिए शिक्षण शुरू करना):** यह नियम बदनामी, झूठ, धोखा व ऐसी वाणी जो दूसरों के कल्याण के लिए लाभदायक न हो, से बचाता है।

(e) **मादक पदार्थों का प्रयोग न करो (ऐसे पदार्थों से बचने का शिक्षण शुरू करना जिनके कारण नशा व लापरवाही आती है):** यह नियम एक विशेष वर्ग में आता है क्योंकि यह किसी स्वाभाविक बुराई से तर्क नहीं करता, जैसे कि मदिरा स्वयं में एक बुराई है, लेकिन मानता है कि ऐसे पदार्थों में लिप्त रहने से अन्य चारों नियम टूट सकते हैं।

इसके अलावा, भिक्षु और भिक्खुनियों को तीन अतिरिक्त कठोर नियमों का पालन करना होता था, जो हैं:

(i) मध्याह्न (दोपहर) के बाद भोजन न करना।

(ii) नृत्य, गायन, संगीत व अन्य मनोरंजन से अलग रहना, साथ ही इत्र, आभूषण और वैसे साधनों से बचना जो व्यक्ति के श्रृंगार व सजाने में इस्तेमाल होते हैं।

(iii) ऊंचे व आरामदायक बिस्तर और सोना व चांदी (साथ ही मुद्रा भी) को संभालने से अलग रहना।

5. **सही या उचित जीविका (सम्यक् आजीव):** यह सही कार्यों द्वारा आजीविका चलाने व शोषण न करने के नैतिक सिद्धांत पर आधारित है। बुद्ध के अनुसार, यह एक आदर्श समाज के गठन का आधार है।

6. **उचित प्रयास या ऊर्जा/जीवन शक्ति (सम्यक् व्यायाम):** यह जागृत रूप से हमारी जीवन शक्ति को रचनात्मक और स्वास्थ्यप्रद कार्यों द्वारा परिवर्तनकारी मार्ग की ओर ले जाना और इस प्रकार सचेत विकास की ओर बढ़ना दर्शाता है।

7. **उचित संचेतना या संपूर्ण/विस्तृत जागरुकता (सम्यक् स्मृति):** यह स्वयं के बारे में जागरुकता विकसित करने और अपने व्यवहार को गौर से देखने को दर्शाता है। बुद्ध कहते हैं–अगर तुम स्वयं को प्रिय मानते हो, तो अपनी निगरानी भलीभांति करो।

8. **उचित एकाग्रता या ध्यान (सम्यक् समाधि):** समाधि का अभिप्राय ज्ञान या बुद्धत्व को दर्शाना है। समाधि का वास्तविक अर्थ स्थिर हो जाना, एक स्थिति में लीन या स्थापित हो जाना है, इसलिए प्रथम स्तर का अर्थ एकाग्रता है, जब मस्तिष्क एक वस्तु या लक्ष्य पर स्थिर हो जाता है। अर्थ का दूसरा स्तर आगे जाता है और स्थापित हो जाने, सिर्फ मस्तिष्क का ही नहीं, बल्कि पूरे व्यक्तित्व में विभिन्न स्तरों या चेतना और जागरुकता का प्रतिनिधित्व करता है।

बुद्ध द्वारा सिखाया गया मार्ग अक्सर **मध्य मार्ग (चरम आसक्ति और चरम वैराग्य के बीच का मार्ग)** के रूप में उल्लिखित होता है। यह ध्यान देने योग्य है कि 'उचित' से यहां अभिप्राय 'समुचित', 'संपूर्ण', 'विस्तृत', 'अविभाज्य', 'पूर्ण' और 'उत्तम' से है। **यह जरूरी नहीं है कि 'सही' का मतलब 'गलत' का विपरीत हो।** उदाहरण के लिए 'सही जागरुकता' का उल्टा जरूरी नहीं कि 'गलत जागरुकता' हो। यह सीधे तौर पर 'अपूर्ण' हो सकता है। बुद्ध ने इस बात पर जोर दिया था कि अगर व्यक्ति अष्टांग मार्ग का पालन करे, तो वह पुरोहितों के कुचक्र के बिना ही **निब्बान/निर्वाण** प्राप्त करने के अपने लक्ष्य तक पहुंच सकता है। बुद्ध की शिक्षाओं का अंतिम लक्ष्य निब्बान/निर्वाण है। पाली शब्द **निब्बान 'नि' और 'वान'** से मिलकर बना है। 'नि' नकारात्मक कण है 'वान' का अर्थ तीव्र लालसा या तृष्णा है। इसे निब्बान कहा जाता है, वस्तुतः इसका अर्थ **तृष्णा या आसक्ति से दूर होना है।** इसका अर्थ शारीरिक मृत्यु नहीं है, बल्कि **विलुप्त होना या इच्छा, आसक्ति, लालच, अज्ञान, घृणा और यहां तक कि अहंकार की भावना की समाप्ति** है।

यह ध्यान देने योग्य है कि **बौद्ध धर्म पुनर्जन्म और नश्वरता को स्वीकार करता है**, लेकिन **ईश्वर का विचार और आत्मा को अस्वीकार करता है।** बुद्ध के अनुसार आत्मा एक मिथक है। बौद्ध ब्रह्मांड में बहुत से लोक (संसार) हैं और विभिन्न प्रकार के प्राणी हैं, मनुष्य इनमें से किसी भी रूप में जन्म ले सकता है। परंपरा के अनुसार, बौद्ध धर्म प्राणियों के दस लोकों के अस्तित्व की शिक्षा देता है। **शीर्ष पर बुद्ध हैं** और पैमाना नीचे की ओर इस प्रकार उतरता है–**बोधिसत्व**[1] (एक प्रबुद्ध प्राणी जिसके भाग्य में बुद्ध बनना लिखा है, लेकिन दूसरों को शिक्षा देने के प्रयोजन से पृथ्वी पर रह जाता है), **प्रत्येक बुद्ध** (अपने आप में एक बुद्ध), **श्रावक** (बुद्ध के प्रत्यक्ष शिष्य), **दिव्य प्राणी** (अलौकिक स्वर्गदूत), **मनुष्य, असुर** (झगड़ने वाली आत्माएं), **पशु, प्रेत** (भूखे पिशाच) और **भ्रष्ट व्यक्ति** (नारकीय प्राणी)। ये दस लोक परस्पर अंतर्निहित और परस्पर सम्मिलित हैं, प्रत्येक में शेष नौ लोक समाहित हैं। उदाहरण के लिए, मानव-लोक में अन्य सभी नौ स्थितियां (नरक से बुद्धत्व तक) हैं। मनुष्य एक ही समय में **वास्तविक स्वार्थी, अपने लिए नरक बनाने वाला या सही मायने में दयालु, बुद्ध की दया को प्रतिबिंबित करने वाला** हो सकता है। बौद्ध धर्म कहता है कि मनुष्य विलक्षण रूप से इन दस लोकों के मध्यबिंदु पर स्थित है, **वह या तो स्वयं को अचानक या धीरे-धीरे नरक में गिरा सकता है या अनुशासन, सुधार और आस्था** के द्वारा **बुद्ध की बुद्धत्व स्थिति तक उठ सकता है।** विभिन्न जीवनकालों के बीच का संबंध **कर्म** द्वारा स्थापित होता है। ब्राह्मणवादी परंपरा के कर्म-कांडी कार्यों से उलट, **कर्म बौद्ध परंपरा में कार्य का परिणाम** है जो कि कार्य से ज्यादा आशय पर निर्भर करता है। बौद्ध धर्म अपराध की भावना पर कम जोर देता है और **'मस्तिष्क' पर बहुत बल देता है।** बुद्ध इस बात पर जोर देते हैं कि शांत और स्थिर मस्तिष्क को पाने के लिए मानसिक पीड़ाओं जैसे कि पश्चाताप, चिंता, अपराध आदि से बचना चाहिए। पुनर्जन्म एक निश्चित जीवन के कर्मों के संचित परिणाम द्वारा शासित होता है। यह जानना भी रोचक है कि यद्यपि बौद्ध धर्म अहिंसा पर बल देता है, मगर वह अनिवार्य रूप से शाकाहारी बनने को आवश्यक नहीं मानता और भिक्षुओं के लिए मांस खाना वर्जित नहीं था।

## बौद्ध धर्म और महिलाएं

यह जानना भी उतना ही **दिलचस्प** है कि संघ की **प्रारंभिक शुरुआत में** महिलाओं ने **भाग नहीं लिया** था, क्योंकि ऐसा माना जाता है कि शुरू में बुद्ध संघ में महिलाओं को शामिल करने के लिए अनिच्छुक थे और सोचते थे कि वे **भिक्षुओं को भ्रष्ट** कर देंगी और इन्हें नष्ट कर देंगी। महिलाओं के प्रवेश पर अपने शिष्य **आनंद** के साथ उनकी बहस में भी यही पहलू बहुत स्पष्ट रूप से दिखाई देता है।[2] यह आनंद ही थे, जिन्होंने अंततः बुद्ध को कम-से-कम अपनी मां महाप्रजापति गौतमी को संघ में शामिल होने की **अनुमति** देने के लिए राजी किया।[3]

---

1 बोधिसत्व पथ के कई चरणों में कई सिद्धियों की प्राप्ति शामिल थी जिन्हें 'परमिता' या 'पारमी (पालि)' के नाम से जाना जाता है। जोकि मूल रूप से छह के रूप में सूचीबद्ध और बाद में दस तक विस्तारित किया गया; उनमें उदारता, अच्छा आचरण, धैर्यवान सहनशीलता, मानसिक शक्ति, ध्यान, बुद्धि, साधनों में कुशलता, दृढ़ संकल्प, शक्ति और ज्ञान शामिल थे।

2 बुद्ध ने एक बार आनंद से कहा, "*यदि महिलाओं को मठों में प्रवेश नहीं दिया जाता तो बौद्ध धर्म एक हजार साल तक चलता, लेकिन क्योंकि यह प्रवेश दिया गया है, यह केवल पांच सौ साल तक चलेगा।*"

3 बुद्ध इस शर्त पर सहमत हुए कि उन्हें आठ नियमों को स्वीकार करना होगा। यही आशा करके उन्होंने ये आठ कठोर नियम बनाये कि महाप्रजापति इन शर्तों को मानने से इंकार कर देंगे। इसके विपरीत, महाप्रजापति ने उन्हें तुरंत स्वीकार कर लिया और इस तरह वे संघ में दीक्षित होने वाली पहली महिला बन गईं।

ये इस प्रकार थे:

(a) कोई भी भिक्षुणी, चाहे वह उम्र और अनुभव से कितनी भी वरिष्ठ क्यों न हो, उसे हमेशा भिक्षु को सलाम करना चाहिए;

(b) किसी भी भिक्षुणी को उस जिले में बरसात का मौसम नहीं बिताना चाहिए, जहां कोई भिक्षु नहीं हों;

धीरे-धीरे बुद्ध ने संघ में महिलाओं की क्षमताओं और **प्रतिभा को पहचानकर उन्हें भिक्षुणी संघ में जिम्मेदार पद दिए।** समय के साथ, धम्मदिन्ना, सुमंगला, मथिका, वसंती, सुमेधा, खेमा और उत्पलवर्ण जैसी भिक्षुणियों ने धम्म का प्रचार करना शुरू कर दिया। बाद में, समाज में हेय दृष्टि से देखी जाने वाली कई यौनकर्मी भी संघ में शामिल हो गईं और सम्मानजनक स्थान हासिल किया। उदाहरण के लिए, **उज्जैन की पद्मावती**, **काशी की अर्थकाशी** और **वैशाली की अम्बपाली** (आम्रपाली) इसी पृष्ठभूमि से आईं और उन्हें उच्च प्रतिष्ठा प्राप्त हुई। वास्तव में, बुद्ध ने अंततः इस बात पर जोर दिया कि भिक्षुओं के साथ-साथ बौद्ध भिक्षुणियां भी होनी चाहिए। उनके शब्दों में, *"मैं तब तक अंतिम निर्वाण नहीं लूंगा जब तक मेरे पास नन और महिला शिष्याएं न हों, जो निपुण हों...जब तक मेरे पास महिला अनुयायी न हों, जो...धम्म सिखाएंगी।"*

इस प्रकार, संघ द्वारा महिलाओं पर थोपी गई सभी सीमाओं और शर्तों के बावजूद, उनकी स्वीकृति ने उन्हें समान आध्यात्मिक मूल्य वाले, सत्य को समझने में समान रूप से सक्षम व्यक्ति के रूप में मुक्त कर दिया।

## बौद्ध धर्म और ब्राह्मणवाद

बौद्ध संन्यासी मानते थे कि **वर्ण कार्य पर आधारित** हैं, यह ब्राह्मणों से भिन्न मत था, जो कि इसे दिव्य स्वीकृति मानते थे और लोगों को जन्म के आधार पर विभक्त करते थे। अंगुत्तर निकाय में यह उल्लेख किया गया है कि जब कोई व्यक्ति संघ से जुड़ता है, वह वेवन्नियन्ति (वर्ण के बगैर) बन जाता है। संघ के सदस्य सभी जातियों से थे, जैसे कि महाकस्सप, सरीपुत्त, महाभोद्‌गल्लन (प्रमुख ब्राह्मण संन्यासी), बुद्ध, आनन्द, **अनिरुद्ध**, (प्रमुख क्षत्रिय संन्यासी), **उपालि** (एक नाई) और **चुंद** (लुहार जिसने बुद्ध को उनका अंतिम आहार खिलाया)। पाली धर्मनियम ने भी वर्गों के क्रम को उलट दिया और **क्षत्रिय वर्ण को ब्राह्मणों से ऊंचा स्थान दिया।**

हालांकि बौद्ध धर्म ब्राह्मणवादी परंपरा से निश्चित तौर पर **ज्यादा समावेशी** था, मगर उसने वर्गों पर आधारित सामाजिक क्रम का समर्थन किया और सामाजिक मतभेद को समाप्त करने का प्रयास नहीं किया। कुछ बौद्ध परंपरागत नियमों ने **यथास्थिति को बनाए रखने** का प्रयास किया। उदाहरण के लिए, संघ में प्रवेश के लिए कुछ शर्तें थीं, जैसे कि देनदारों, गुलामों और सैनिकों का अपने स्वामी की अनुमति के बगैर संघ में प्रवेश प्रतिबंधित था। यह निस्संदेह इन समाज से बाहर किए गए लोगों के विरुद्ध था। **इसी प्रकार**, ब्राह्मणवाद और बौद्ध धर्म दोनों ही परिचित दायित्वों को पूरा करने, निजी संपत्ति की रक्षा करने और राजनीतिक सत्ता का सम्मान करने जैसे गुणों पर जोर देते थे। दोनों को ही सीधे तौर पर उत्पादन में भागीदारी नहीं थी और वे समाज द्वारा दिए गए दान पर जीवन-यापन करते थे।

---

(c) हर आधे महीने में भिक्षुणी को किसी पुरुष भिक्षु से शिक्षा लेनी चाहिए;
(d) बरसात का मौसम समाप्त होने के बाद, प्रत्येक भिक्षुणी को भिक्षुणियों और भिक्षुओं की एक संयुक्त बैठक में जो देखा गया है, जो सुना गया है, और जो संदेह किया गया है उसे स्वीकार करना होगा;
(e) कोई ऐसी भिक्षुणी जो गंभीर अपराध की दोषी है, उसे संयुक्त बैठक में दंडित किया जाएगा;
(f) एक भिक्षुणी को दो साल की परिवीक्षा से गुजरना होगा और पूर्ण सदस्यता तभी मिलेगी, जब संयुक्त बैठक इसे मंजूरी देगी;
(g) किसी भी परिस्थिति में किसी भिक्षुणी को किसी भिक्षु की निंदा या उनके साथ दुर्व्यवहार नहीं करना चाहिए;
(h) आधिकारिक तौर पर, किसी भिक्षुणी को किसी भिक्षु को डांटने का अधिकार नहीं दिया जाएगा, लेकिन कोई भिक्षु किसी भिक्षुणी को डांट सकता है।

## बौद्ध धर्म और उपनिषद

उपनिषद और बौद्ध धर्म दोनों ही ब्राह्मणवादी प्रभुत्व के विरुद्ध प्रतिक्रिया के रूप में उभरे। ये दोनों **पुरोहितों के प्रभुत्व** के साथ-साथ **अनुष्ठानों और समारोहों** की भी **निंदा** करते हैं। ये दोनों **मोक्ष की प्राप्ति** के लिए **अहिंसा** और **ज्ञान** के मार्ग की प्रभावशीलता पर जोर देते हैं। हालांकि, दोनों कुछ मामलों में भिन्न भी हैं:

| बौद्ध धर्म | उपनिषद |
|---|---|
| (a) बौद्ध धर्म **आत्मा के अस्तित्व** में **विश्वास नहीं** करता है। | (a) उपनिषद आत्मा और **आत्मा** के स्थानांतरण के **विचार में विश्वास** करता है। |
| (b) बौद्ध धर्म ने **ईश्वर** के विचार को **खारिज** कर दिया। | (b) उपनिषद दर्शन एक **सर्वोच्च देवता** के विचार के इर्द-गिर्द घूमता है, जिसे 'ब्रह्मा' के नाम से जाना जाता है और प्रत्येक व्यक्ति को ब्रह्मा की अभिव्यक्ति माना जाता है। |
| (c) बौद्ध दर्शन में, मोक्ष को 'निर्वाण' के रूप में जाना जाता है, जो इच्छा का विलुप्त होना है। व्यक्ति अपने जीवनकाल के भीतर ही निर्वाण प्राप्त कर सकता है। मृत्यु पर, व्यक्ति 'महापरिनिर्वाण' प्राप्त करता है। | (c) उपनिषद दर्शन में, मुक्ति 'मोक्ष' है, जो **व्यक्ति की आत्मा** को **सर्वोच्च आत्मा**, यानी ब्रह्मा के साथ विलय का प्रतीक है। |
| (d) बौद्ध धर्म में **'स्वर्ग'** या **'नरक'** की कोई **अवधारणा नहीं** है और यह ब्रह्मांड के निर्माण या उसके भरण-पोषण के बारे में कुछ नहीं कहता है। | (d) उपनिषद दर्शन में **स्वर्ग और नरक के विचार** शामिल हैं और यह मानता है कि ब्रह्मा ब्रह्मांड के निर्माता और पालक हैं। |

## बौद्ध धर्म के विस्तार और लोकप्रियता के कारण

बौद्ध धर्म ने भारत के इतिहास पर एक **स्थायी प्रभाव**[4] छोड़ा और यह मगध व देश के अन्य भागों में उत्तरोत्तर लोकप्रिय होता गया। सम्राट अशोक[5] के समर्थन से, इसका विस्तार सुदूर **मध्य एशिया, पश्चिम एशिया और श्रीलंका** तक हुआ और धीरे-धीरे यह एक विश्व धर्म में परिवर्तित हो गया। इसके विस्तार के लिए विभिन्न कारण जिम्मेदार हैं:

(a) बौद्ध धर्म ने **आम आदमी को आकर्षित किया**, क्योंकि ब्राह्मणवाद से भिन्न, यह बहुत ज्यादा **उदार और लोकतांत्रिक** था। चूंकि इसने वर्ण व्यवस्था पर प्रहार किया था, इसलिए इसे मुख्यत: **निम्न वर्गों का समर्थन हासिल** हुआ। यह सभी जातियों के लोगों के लिए खुला था, यहां तक कि **स्त्रियों** को भी संघ में प्रवेश दिया गया था। समाज के इस भाग को न तो पवित्र धागे दिए जाते थे और न ही उन्हें वेद पढ़ने की अनुमति थी, इसलिए बौद्ध धर्म में परिवर्तित हो जाने से उन्हें हीनता की छाप से मुक्ति मिली। बौद्ध धर्म को भी धर्म परिवर्तन के लिए **गैर-वैदिक लोगों** के

---

4 भारत में बौद्ध धर्म से संबंधित यूनेस्को विश्व धरोहर स्थल
(a) महाबोधि मंदिर परिसर, बोधगया
(b) सांची स्तूप
(c) अजंता की गुफाएं
(d) नालंदा

5 अशोक ने अपने बेटे महेंद्र और बेटी संगमित्रा को श्रीलंका भेजा, बुद्ध के मिशनरी सोना और उत्तरा सुवर्णभूमि (म्यांमार और थाईलैंड सहित दक्षिण पूर्व एशियाई प्रायद्वीप) गए, महादेव मैसूर गए, धर्मरक्षित हिमालय क्षेत्र में गए और महारक्षित यूनानियों की भूमि पर गए।

रूप में सहज लोग मिल गए। मगध के लोगों ने बौद्ध धर्म को सहर्ष स्वीकार कर लिया क्योंकि इससे पहले उन्हें रुढ़िवादी ब्राह्मणों द्वारा हेय दृष्टि से देखा जाता था, जो मगध को पवित्र आर्यावर्त से बाहर मानते थे।

(b) **बुद्ध के व्यक्तित्व** और उनके **तर्कसंगत सिद्धांतों** ने बौद्ध धर्म की लोकप्रियता में अत्यधिक मदद की। बुद्ध ने अपने विरोधियों को **बुद्धिमत्ता व बौद्धिक तत्परता** और कठिन परिस्थितियों में शांति व संतुलन बनाए रखकर जीतने का प्रयास किया।[6] बौद्ध धर्म ने लोगों को योग्यता और तर्क के आधार पर निर्णय करना और तर्क करना सिखाया।

(c) ब्राह्मणवादी ग्रंथ जो संस्कृत में थे और इसलिए बहुत कम ब्राह्मणों को सुलभ थे, से भिन्न बुद्ध की शिक्षाएं **पाली (आम आदमी की भाषा)** में थीं, जिसने बौद्ध धर्म को विस्तारित करने में मदद की।

(d) मगध, कोसल व कौशाम्बी के **राज्यों द्वारा संरक्षण** दिए जाने और बहुत से अन्य गण-संघों और उनके लोगों के योगदान ने इसकी लोकप्रियता को और बढ़ाया। कई बौद्ध भिक्षुओं[7] को पड़ोसी देशों के शासकों द्वारा आमंत्रित किया गया, जिससे बौद्ध धर्म के प्रसार में और मदद मिली।

(e) बौद्ध धर्म ने उन बुराइयों को कम करने का प्रयास किया जो छठी शताब्दी ई.पू. के नए भौतिक जीवन के परिणामस्वरूप उत्पन्न हुई थीं। चूंकि बौद्धों को **समस्याओं का तीव्र आभास था** (सामाजिक और आर्थिक असमानता), उन्होंने इनके लिए **नवीनतम उपाय** प्रस्तुत किए। बौद्ध धर्म ने लोगों से धन का संचय न करने और क्रूरता व हिंसा में लिप्त न होने का आग्रह किया, इन विचारों का लोगों ने स्वागत किया।

## बौद्ध धर्म के पतन के कारण

यह कुछ विडंबना ही है कि **बारहवीं शताब्दी के आरंभ** से, बौद्ध धर्म अपनी ही जन्म भूमि से गायब होना आरंभ हो गया। इसके लिए बहुत से कारण उत्तरादायी थे–

(a) बौद्ध धर्म ने **उन्हीं अनुष्ठानों और सिद्धांतों के आगे समर्पण कर दिया** जिनकी उसने प्रारंभ में निंदा की थी। आरंभ में, यह सुधार की भावना से प्रेरित था। लेकिन धीरे-धीरे यह ब्राह्मणवाद की उन्हीं बुराइयों का शिकार बन गया जिनका उसने आरंभ में विरोध किया था। समय के साथ यह और भी बुरे रूप में परिवर्तित हो गया। बौद्ध संन्यासियों ने लोगों की भाषा पाली को छोड़ संस्कृत को अपना लिया, जो केवल कुछ बुद्धिजीवियों की भाषा थी।

(b) बाद में, पहली शताब्दी से उन्होंने भी बड़े स्तर पर **मूर्ति पूजा**[8] आरंभ कर दी और उन्हें भक्तों से बहुत चढ़ावा मिलना आरंभ हो गया। इसका परिणाम आत्मसंयमी बौद्ध संन्यासियों के जीवन में **नैतिक पतन** के रूप में आया। बुद्ध द्वारा निर्धारित सिद्धांतों को आसानी से भुला दिया गया और इस प्रकार **बौद्ध संन्यासियों और उनके उपदेशों की निंदा आरंभ हो गयी।**

---

6 एक अवसर पर एक अज्ञानी व्यक्ति ने उनके साथ दुर्व्यवहार किया। बुद्ध चुपचाप सुनते रहे और जब, उस व्यक्ति के दुर्व्यवहार समाप्त करने के बाद, बुद्ध ने पूछा "मेरे मित्र, यदि कोई व्यक्ति उपहार स्वीकार नहीं करें, तो उसका क्या होगा?" व्यक्ति ने उत्तर दिया "यह उस व्यक्ति के पास रहता है जिसने इसे पेश किया है।" तब बुद्ध ने कहा, "मेरे मित्र, मैं तुम्हारा दुर्व्यवहार स्वीकार नहीं करता।"

7 उदाहरण के लिए

(a) प्रथम शताब्दी में, चीनी शासकों ने बौद्ध भिक्षुओं को आमंत्रित करने के लिए अपने राजदूत भारत भेजे। ये राजदूत धर्मरक्षित और कश्यप मातंग को चीन ले गए, जिन्होंने बाद में बौद्ध साहित्य का चीनी भाषा में अनुवाद किया।

(b) कुमारजीव एक प्रमुख बौद्ध विद्वान थे, जो 401 ईस्वी में चीन गए और वहां बौद्ध विद्वानों के अध्यक्ष बन गए।

(c) धर्मदेव एक अन्य प्रमुख बौद्ध विद्वान थे, जो 1001 ई. में चीन गए थे।

(d) बाद में, फाह्यान और ह्वेन त्सांग जैसे चीनी यात्रियों ने भारत का दौरा किया और बौद्ध साहित्य वापस ले गए।

8 महायान बौद्ध धर्म ने बुद्ध को भगवान में परिवर्तित कर दिया।

(c) कुछ **ब्राह्मण शासकों**, जैसे कि **पुष्यमित्र शुंग**, हूण शासक **मिहिरकुल** (शिव का भक्त) और **गौड़ा के शैव शशांक** ने बौद्धों पर भीषण अत्याचार किए। मठों को मिलने वाले उदार दान में भी उत्तरोत्तर कमी आई। साथ ही कुछ **समृद्ध मठों** को तुर्की और अन्य **आक्रमणकारियों ने विशेष तौर पर निशाना बनाया। शाही संरक्षण**[9] **के अभाव ने भी बौद्ध धर्म के पतन में योगदान दिया।**

(d) ब्राह्मण धर्म को एक नए रूप में पुनर्जीवित करना, जिसे वैष्णववाद के नाम से जाना जाता है, ने आम जनता को अपनी ओर आकर्षित किया, क्योंकि यह अनुष्ठानों और बलिदानों, पुरोहितों के वर्चस्व से मुक्त था और भगवान और भक्त के बीच भक्ति के माध्यम से सीधे संबंध पर जोर देता था।

| मुख्य शब्द/संकल्पना | अर्थ/उद्देश्य |
|---|---|
| (a) चैत्य | संन्यासियों के प्रार्थना कक्ष (halls) |
| (b) विहार | मठ |
| (c) प्रव्रज्या | एक व्यक्ति के घर से प्रस्थान कर बेघर बनने व गुरु की देखरेख में उसके नवदीक्षित/नवदीक्षिता बनने को चिंहित करने का समारोह। इसमें सिर मुंडवाना और गेरुए वस्त्र धारण करना शामिल था। |
| (d) उपसंपदा | दीक्षांत समारोह, जब नवदीक्षित पूर्ण रूप से मठीय समुदाय का सदस्य बन जाता था। |
| (e) उपोसथा | पूर्णिमा और अमावस्या पर होने वाले समारोह। |
| (f) पराजिका | अक्षरश: अर्थ पराजय, इसमें संघ से निष्कासन से संबंधित चार सबसे गंभीर अपराध शामिल थे (संभोग, जो न दिया जाए उसे लेना, किसी की हत्या करना और आध्यात्मिक सिद्धि का झूठा दावा करना)। |
| (g) पवरना | पवरना बौद्ध का पवित्र दिन है जो चंद्रमास की अश्विन पूर्णिमा के दिन मनाया जाता है। यह बारिश के मौसम की समाप्ति को चिंहित करता है, कभी-कभी इसे 'बौद्ध उपवास' कहा जाता था। इस दिन प्रत्येक संन्यासी को उनके समुदाय (संघ) के समक्ष प्रस्तुत होना आवश्यक था और वस्सा (बारिश का मौसम) के दौरान अगर कोई अपराध किया हो तो उसके लिए प्रायश्चित करना होता था। |
| (h) उपासक | वह पुरुष अनुयायी जिन्होंने बुद्ध, धम्म और संघ में शरण ली, लेकिन मठ संबंधी प्रतिज्ञा नहीं की है। |
| (i) उपासिका | वह महिला अनुयायी जिन्होंने बुद्ध, धम्म और संघ में शरण ली, लेकिन मठ संबंधी प्रतिज्ञा नहीं की है। |
| (j) बोधिसत्व | वह प्रबुद्ध व्यक्ति जिसने अन्य लोगों को प्रबोधन प्राप्त करने में सहायता के लिए अपने स्वयं के मोक्ष का त्याग और स्वर्ग में प्रवेश करने को स्थगित कर दिया हो। वे अपनी समस्त शक्ति व ऊर्जा को इस संसार के पीड़ित प्राणियों को बचाने में लगाते हैं। करुणा के देवताओं के रूप में, बोधिसत्वों को आमतौर पर कीमती आभूषणों, सुरुचिपूर्ण परिधानों और सुंदर मुद्राओं में चित्रित किया जाता है। |
| (k) भिक्षु संघ | संन्यासियों (भिक्षुओं) का संघ |

[9] गुप्त शासकों ने वैष्णव धर्म को संरक्षण प्रदान किया।

| मुख्य शब्द/संकल्पना | अर्थ/उद्देश्य |
|---|---|
| (l) भिक्षुणी संघ | भिक्षुणियों का संघ |
| (m) थेरागाथा | वरिष्ठ ज्येष्ठ भिक्षुओं के पद्य |
| (n) थेरीगाथा | वरिष्ठ ज्येष्ठ भिक्षुणियों के पद्य |
| (o) शरमन/समन | वह जो सत्य को जानने का प्रयास करे |
| (p) परिब्बाजक/परिव्रजक | भ्रमणशील |
| (q) शक्र | भगवान इन्द्र |
| (r) सर्वास्तिवादिन | थेरावड़ा की लोकप्रिय विचारधाराओं में से एक, जो मूलरूप से इस कथन पर आश्रित है कि 'सभी कुछ चाहे वह आंतरिक हो या बाह्य, समय के सभी तीनों चरणों में उसका निरंतर अस्तित्व बना रहता है।' |
| (s) सौत्रणतिक | वे जो केवल सूत्रों को वैध (बुद्ध की शिक्षाएं) मानते हैं, व्यावसायिक साहित्य को नहीं। इसलिए त्रिपिटक के ग्रंथों के बीच सौत्रणतिक केवल सुत्तपिटक और विनयपिटक को ही भगवान बुद्ध की वैध शिक्षाएं मानते हैं। |
| (t) समित्य | प्राचीनतम बौद्ध विचारधाराओं में से एक। |
| (u) प्रदक्षिणा | बौद्ध धर्म में एक महत्वपूर्ण अनुष्ठान और भक्ति अभ्यास जिसमें स्तूप के चारों ओर घूमना होता है। |
| (v) तोरण | किसी स्तूप का प्रवेश द्वार |

## स्तूप

स्तूपों को **दफन टीले** की अर्धगोलाकार संरचना के रूप में समझा जा सकता है, जहां मृतकों के अवशेष और राख रखी जाती थीं। वे तीर्थ स्थलों और श्रद्धा और ध्यान की वस्तुओं के रूप में भी महत्वपूर्ण थे। **वैदिक काल** से, **स्तूप** पूरे भारत में **आम** थे, लेकिन उन्हें **राजा अशोक** के शासनकाल के **दौरान पूजा का दर्जा प्राप्त** हुआ, जिन्होंने बुद्ध के मौजूदा अवशेषों को तोड़ दिया और उन्हें प्रतिष्ठित करने के लिए स्मारक बनाए। बौद्ध परंपरा के अनुसार, **नौ स्तूप**[10] मूल रूप से बुद्ध की मृत्यु के बाद बनाए गए थे, आठ अवशेषों पर और एक उस बर्तन पर बनाया गया था, जिसमें अवशेष पहली बार रखे गए थे। स्तूप आम तौर पर **बेलनाकार ड्रम** और **गोलाकार अंडे**[11] से बने होते हैं, जिसके शीर्ष पर एक **हर्मिका**[12] और एक **छत्र**[13] होता है। स्तूप का मुख्य भाग कच्ची ईंटों से बना था, जबकि बाहरी सतह पकी हुई ईंटों का उपयोग करके बनाई गई थी, जिसे बाद में प्लास्टर और मेढ़ी की मोटी परत से ढक दिया गया था और **तोरण** (प्रवेश द्वार) को आमतौर पर लकड़ी की मूर्तियों से सजाया गया था।

---

10 राजगृह, वैशाली, कपिलवस्तु, अल्लाकापा, रामग्राम, वेथादीपा, पावा, कुशीनगर और पिप्पलविना में।

11 **अंडा :** अर्धगोलाकार टीला मिट्टी के टीले का प्रतीक है, जिसका उपयोग बुद्ध के अवशेषों को ढंकने के लिए किया गया था (कई स्तूपों में वास्तविक अवशेषों का उपयोग किया गया था)।

12 **हरमिका :** टीले के ऊपर चौकोर रेलिंग।

13 **छत्र :** त्रिछत्र रूप को सहारा देने वाला केंद्रीय स्तंभ।

## स्तूपों के प्रकार

| स्तूप का प्रकार | उपयोगिता |
|---|---|
| (a) अवशेष स्तूप | • जिसमें बुद्ध, उनके शिष्यों की निशानी या अवशेष रखे गए हैं। |
| (b) वस्तु स्तूप | • जिसमें बुद्ध या उनके शिष्यों से संबंधित वस्तुएं, जैसे भिक्षापात्र, वस्त्र, या महत्वपूर्ण बौद्ध धर्मग्रंथ रखे जाते हैं। |
| (c) स्मारक स्तूप | • बुद्ध या उनके शिष्यों के जीवन की घटनाओं की स्मृति में बनाया गया। |
| (d) प्रतीकात्मक स्तूप | • बौद्ध धर्मशास्त्र के पहलुओं के प्रतीक के रूप में निर्मित; उदाहरण के लिए, बोरोबुदुरी को महायानबोधिसत्व के चरित्र में 'तीन दुनियाओं (धातु) और आध्यात्मिक चरणों (भूमि)' का प्रतीक माना जाता है। |
| (e) मन्नत स्तूप | • भारत में 7वीं शताब्दी ई.पू. की शुरुआत में, छोटे-छोटे टेराकोटा स्तूप मन्नत के प्रसाद के रूप में लोकप्रिय हो गए।<br>• इन्हें अक्सर पत्थर से तराशा जाता है या कांस्य में ढाला जाता है। |

## कुछ महत्वपूर्ण स्तूप

| स्तूप का नाम | महत्व |
|---|---|
| (a) **सांची स्तूप** (मध्य प्रदेश) | • इसका निर्माण ईसा पूर्व तीसरी शताब्दी में **अशोक** द्वारा करवाया गया था।<br>• स्तूप में चार प्रवेश द्वार हैं, जिनमें से दक्षिणी प्रवेश द्वार सबसे पहले पूरा हुआ। अन्य को बाद में जोड़ा गया। प्रवेश द्वारों पर सुंदर नक्काशी की गई है और मूर्तियों से अलंकृत किया गया है।<br>• 1989 से, सांची स्तूप **यूनेस्को विश्व धरोहर स्थल** रहा है। |
| (b) धमेक स्तूप, सारनाथ (उत्तर प्रदेश) | • धमेक स्तूप का निर्माण अशोक ने 249 ईसा पूर्व में ऋषिपट्टन के स्थल पर करवाया था, जहां ज्ञान प्राप्त करने के बाद, बुद्ध ने अपने पहले पांच छात्रों को निर्वाण की ओर ले जाने वाले अपने अष्टांगिक मार्ग का खुलासा करते हुए अपना पहला उपदेश दिया था।<br>• इसे 500 ई. में दोबारा बनाया गया। |
| (c) **अमरावती** में महान स्तूप (धान्यकट्टक, आंध्र प्रदेश) | • अमरावती स्तूप एक क्षतिग्रस्त बौद्ध स्मारक है, जिसका **निर्माण** संभवत: तीसरी शताब्दी ईसा पूर्व और लगभग 250 ईस्वी के बीच के **चरणों में किया गया** था। |
| (d) **बरहुत स्तूप** (मध्य प्रदेश) | • भरहुत स्तूप मूल रूप से **अशोक** द्वारा बनवाया गया था और ऐसा माना जाता है कि **शुंगों** ने बाद में इस स्तूप को अपनाया।<br>• रेलिंग पर शिलालेखों के अनुसार, भरहुत स्तूप में उभरी हुई नक्काशी और आकृतियाँ मौर्य शाही कला के विपरीत आम लोगों, भिक्षुओं और ननों द्वारा प्रदान की गई थीं। |

| स्तूप का नाम | महत्व |
|---|---|
| (e) **पिपरहवा** (उत्तर प्रदेश) | • पिपरहवा में एक विशाल स्तूप के साथ-साथ कई मठों के खंडहर भी हैं।<br>• इसे बुद्ध की राख उनके अपने शाक्य वंश को सौंपने का स्थान माना जाता है। |
| (f) नागार्जुनकोंडा (आंध्र प्रदेश) | • नागार्जुनकोंडा अमरावती स्तूप के पश्चिम में स्थित एक महत्वपूर्ण बौद्ध स्थल है, जो विभिन्न महायान बौद्ध और हिंदू अभयारण्यों के अवशेषों का घर रहा है। |
| (g) सोनारी (मध्य प्रदेश) | • सांची स्तूप की तरह सोनारी एक बौद्ध स्तूप परिसर है जिसमें दो प्रमुख और पांच लघु स्तूप हैं। |

## बौद्ध सभाएं

| बौद्ध सभा | समय | स्थान | शासक | अध्यक्ष | विशेषता |
|---|---|---|---|---|---|
| पहली | 483 ई.पू. | राजगृह | अजातशत्रु | महाकस्सप्पा | बुद्ध की मृत्यु के ठीक बाद आयोजित हुई, इसी सभा में बुद्ध की शिक्षाएं **दो श्रेणियों या 'टोकरियों'** (पिटक) में विभाजित हो गई–उपदेश, अनुशासन और उच्च ज्ञान।<br>*विनय पिटक, आदेश के नियम, **उपाली** द्वारा सुनाए गए।<br>*सुत्तपिटक, **आनंद** द्वारा संकलित बुद्ध के उपदेशों का महान संग्रह।<br>**नोट:** अभिधम्म पिटक तीसरी बौद्ध संगति में संकलित हुआ। |
| दूसरी | 383 ई.पू. | वैशाली | सर्वकायी | सब्बाकमी | इसका उद्देश्य विशेष तौर पर पश्चिमी भारत के बौद्ध संन्यासियों की कुछ प्रथाओं पर बहस का समाधान करना था। **विभाजन: स्थविरवादिन और महासंघिका।** वह समूह जो रह गया उन्होंने स्वयं को वरिष्ठ (पाली में थेरा) कहा। वे मानते थे कि उन्होंने बुद्ध की शिक्षाओं की मूल भावना को सुरक्षित रखा है। अन्य समूह, महान समुदाय (संस्कृत में महासंघिका) ने बुद्ध की शिक्षाओं की ज्यादा उदार व्याख्या की, लेकिन उन्होंने इसे बुद्ध के उद्देश्यों के ज्यादा करीब रखा। ये दोनों समूह अंततः थेरवाद और महायान बौद्ध धर्म में विकसित हो गए। |
| तीसरी | 250 ई.पू. | पाटलिपुत्र | अशोक | मोगलीपुत्त तिस्सा | इस सभा का उद्देश्य अवसरवादी गुटों से बौद्ध आंदोलन को पवित्र बनाना था। थेरवाद संप्रदाय की उत्पत्ति **त्रिपिटिक को पाली भाषा में नियमबद्ध किया गया।** बौद्ध धर्म प्रचारकों को दूसरे देशों में भेजा गया। |

| बौद्ध सभा | समय | स्थान | शासक | अध्यक्ष | विशेषता |
|---|---|---|---|---|---|
| चौथी | पहली शताब्दी | कश्मीर | कनिष्क | वसुमित्र | बौद्ध धर्म **महायान और हीनयान** संप्रदायों में बंट गया। कुछ लोग विश्वास करते हैं कि चतुर्थ बौद्ध सभा दो पृथक बौद्ध सभाओं के समागम का नाम है। थरेवाद की चतुर्थ बौद्ध सभा का आयोजन पहली शताब्दी ई.पू. में राजा वट्टागमानी के शासनकाल के दौरान तम्बापन्नी, यानि श्रीलंका के आलोका लेना (अब अलु विहार) में हुआ था। दूसरी का आयोजन सर्वास्तिवादी संप्रदाय द्वारा कश्मीर में पहली शताब्दी के लगभग हुआ था। |

**महत्वपूर्ण बौद्ध लेखक**

(a) **अश्वघोषः** संस्कृत में रचित *'बुद्धचरित'* के लेखक। **कनिष्क के समकालीन।** वह एक कवि, संगीतकार, विद्वान और वक्ता थे।

(b) **नागार्जुनः** उन्हें महायान बौद्ध धर्म के ***मध्यमक* संप्रदाय का संस्थापक** माना जाता है। वे आंध्र के सातवाहन शासक गौतमीपुत्र के मित्र और **समकालीन** थे।

(c) **असंग और वसुबंधुः** दो भाई जो चौथी शताब्दी में **पंजाब** क्षेत्र में प्रसिद्ध हुए। असंग अपने गुरु मैत्रेयनाथ द्वारा स्थापित ***योगाचार*** या ***विज्ञानवाद*** विद्यालय के सबसे महत्वपूर्ण शिक्षक थे। वसुबंधु की महानतम रचना, ***अभिधम्म कोष*** को आज भी **बौद्ध धर्म का महत्वपूर्ण विश्वकोष** माना जाता है।

(d) **बुद्धघोषः** वे पांचवीं शताब्दी के महान **पाली विद्वान** थे। उनकी सर्वश्रेष्ठ ज्ञात रचना *विशुद्धिमग्ग* (शुद्धिकरण का मार्ग) है, जो बुद्ध के मुक्तिमार्ग के थेरेवदा ज्ञान का विस्तृत सार और विश्लेषण है।

(e) **दिग्नागः** पांचवीं शताब्दी के अंतिम महान बुद्धिजीवी, साथ ही वे बौद्ध **तर्कशास्त्र के संस्थापक** भी थे।

(f) **धर्मकीर्तिः** वे सातवीं शताब्दी के एक अन्य महान बौद्ध **तर्कशास्त्री,** गंभीर दार्शनिक, विचारक और तार्किक थे।

## बौद्ध धर्म के विभिन्न संप्रदाय

| हीनयान ( थेरेवदा ) | महायान | वज्रयान |
|---|---|---|
| (a) शाब्दिक अर्थ 'लघु मार्ग' और थेरेवदा का तात्पर्य **'ज्येष्ठों का सिद्धांत'** है। | शाब्दिक अर्थ 'बृहत्तर मार्ग' है। **महायान और हीनयान** नाम महायान संप्रदाय द्वारा **दिए गए थे।** | शाब्दिक अर्थ 'वज्र का वाहन' है। वज्रयान या **'हीरे का वाहन'** का उल्लेख मंत्रयान, तंत्रयान, तांत्रिक या गूढ़ बौद्ध धर्म के रूप में भी किया जाता है। भारतीय वज्रयान बौद्ध धर्म को भारत में बौद्ध धर्म के **अंतिम काल** के रूप में वगीकृत किया जाता है। यह व्यक्तिगत जीवन में महायान के अव्यवहारिक विचारों से **बौद्ध अवधारणा को स्वीकारने** के परिवर्तन काल को चिन्हित करता है। 'वज्र' शब्द का प्रयोग मनुष्य में पूर्ण रूप से वास्तविक व अनश्वर को प्रकट करता है जो एक व्यक्ति की स्वयं के और अपनी प्रकृति के बारे में की गई कल्पनाओं का विरोधी है। 'यान' अंतिम सार्थकता और अनश्वरता का आध्यात्मिक लक्ष्य है। |

| हीनयान ( थेरेवदा ) | महायान | वज्रयान |
|---|---|---|
| (b) इसे **रुढ़िवादी संप्रदाय** माना जाता है और यह महायान की अपेक्षा गौतम बुद्ध की शिक्षाओं के प्रति अधिक निष्ठावान है। थेरेवदा **बौद्ध दर्शन का मौलिक संप्रदाय था।** | यह बौद्ध दर्शन का **विधार्मिक संप्रदाय** है। इसकी **उत्पत्ति** हीनयान के बाद हुई। इसके दो प्रमुख दार्शनिक संप्रदाय हैं–माध्यमिका और योगाचार। | यह बौद्ध धर्म का एक रूप था जो आठवीं शताब्दी में **पूर्वी भारत** में दिखाई दिया, जो विक्रमशिला के महान वज्रयान मठ से भेजे गए प्रचारकों का परिणाम था और 11वीं शताब्दी में अंततः **तिब्बत** में स्थापित हो गया। वज्रयान प्रथा मार्ग की केंद्रीय धारण **'दो सत्यों का सिद्धांत'** है और यह इसके नियमों को दार्शनिक आधार देते हैं। **'दो सत्य' 'रुढ़िबद्ध'** और **'परम'** सत्य में पहचाने जाते हैं। रुढ़िबद्ध सत्य **आम सहमति की वास्तविकता** व किसका अस्तित्व है और किसका नहीं, की **सामान्य ज्ञान की धारणाओं** का सत्य है। परम सत्य एक **प्रबुद्ध और जागृत** मस्तिष्क द्वारा देखी गई वास्तविकता है। |
| (c) इसके धर्मग्रंथ **पाली** में लिखे गए हैं जो कि बुद्ध की शिक्षाओं की भाषा थी। | इसके धर्मग्रंथ **संस्कृत** में हैं, जो विद्धानों की भाषा थी। | अधिकतर शब्द भारतीय तांत्रिक बौद्धधर्म की संस्कृत भाषा में से उत्पन्न हुए थे, लेकिन चूंकि यह आंतरिक अनुभव से संबंधित था इसलिए वज्रयान ग्रंथों में अत्यधिक प्रतिकात्मक **'संध्या भाषा'** या **'सांझ की भाषा'** का प्रयोग किया गया, इसका लक्ष्य अपने शिक्षण के अनुयायियों को उनके खुद के भीतर मनुष्य के लिए उपलब्ध सबसे महत्वपूर्ण माने जाने वाले अनुभवों को जागृत करना था। इस प्रकार वज्रयान ने बुद्ध के ऐतिहासिक प्रबोधन के अनुभव को पुनर्ग्रहण करने का प्रयास किया। |
| (d) बौद्ध धर्म का वह संप्रदाय जो **बुद्ध को एक मनुष्य से ज्यादा कुछ नहीं मानता। मूर्ति पूजा में विश्वास नहीं रखता** और उसने **आत्मसंयम** व **ध्यान** के माध्यम से व्यक्तिगत मोक्ष प्राप्त करने का प्रयास किया। इस प्रकार हीनयान का अंतिम लक्ष्य **निर्वाण** है। | बौद्ध धर्म का एक संप्रदाय जो **बुद्ध को भगवान मानते हैं और बुद्ध व बुद्ध स्वरूप में अवतार लेने वाले बोधिसत्व की मूर्तियों की पूजा करते हैं।** महायान **सभी प्राणियों के कष्टों की सार्वभौमिक मुक्ति** में विश्वास करते हैं (अतः 'महान वाहन')। महायान का अंतिम लक्ष्य **'आध्यात्मिक उत्थान'** है। यह वैकल्पिक रूप से मोक्ष प्राप्त करने की अनुमति देता है जो बुद्ध के स्मरण के प्रति भक्ति व विश्वास रखने वालों को अमिताभ बुद्ध की दया से मिलती है। यह **मंत्रों** में विश्वास रखता है। | यह बौद्ध विचारों और प्रथाओं का गूढ़ विस्तार है जो स्वयं को प्रबोधन के जल्द व अधिक प्रभावशाली मार्ग के रूप में देखता है। इसके अनुयायियों का विश्वास है कि मोक्ष की प्राप्ति का सबसे अच्छा तरीका **जादुई शक्ति प्राप्त करना** है, जिन्हें वे वज्र कहते थे। महायान बौद्ध धर्म की भांति वज्रयान भी **बोधिसत्व की भूमिका** पर जोर देता है, लेकिन यह परंपरा **प्रचंड देवताओं** का समर्थन करती है जिन्हें **तारस** के नाम से जाना जाता है। वज्रयान अनुष्ठानों और भक्ति में **मंत्रों** (गूढ़ मौखिक सूत्र), **मंडलों** (दृश्यात्मक प्रथाओं में प्रयोग होने वाले आरेख व चित्र) और **अन्य रस्म-रिवाजों** की जटिल **व्यूह रचना** का प्रयोग होता है वज्रयान में **गुरु** की भूमिका पर बहुत जोर दिया है, जो धार्मिक शिक्षक होते हैं जिन्हें दार्शनिक व अनुष्ठानिक परंपराओं में महारत हासिल होती है। गुरु का तिब्बती अनुवाद **'लामा'** है और वज्रयान के विभिन्न तिब्बती संप्रदायों में दीर्घकाल से ऐसे गुरुओं की वंशावली के चिन्ह मिलते हैं जिन्होंने धार्मिक और राजनीतिक दोनों ही के प्रमुखों के रूप में कार्य किया (**दलाई लामा** सबसे प्रसिद्ध तिब्बती लामा हैं)। |

| हीनयान ( थेरेवदा ) | महायान | वज्रयान |
|---|---|---|
| (e) वर्तमान में, थरेवाद बौद्ध धर्म उसके मुख्य गढ़ **श्रीलंका** में और साथ ही **म्यांमार, थाईलैंड** और दक्षिण पूर्व एशिया के अन्य भागों में स्थापित है। **अशोक** ने हीनयान को संरक्षण दिया था। | वर्तमान में, महायान बौद्ध धर्म **जापान, चीन** और अन्य एशियाई देशों में स्थापित है। **कनिष्क** ने महायान को संरक्षण दिया और बाद में **हर्षवर्धन** ने भी इसका समर्थन किया। | यह पूर्वी भारत, विशेष तौर पर **बंगाल और बिहार** में लोकप्रिय हुआ और हिमालय के देशों **तिब्बत, नेपाल, भूटान** व साथ ही **मंगोलिया** में प्रभावी है। |

## आठ महान बोधिसत्व

| बोधिसत्व | भूमिका | भेष और चित्रण |
|---|---|---|
| **मंजूश्री** | **विवेक** और **ज्ञान** के बोधिसत्व | आमतौर पर दायें हाथ में तलवार और बाएं हाथ में ग्रंथ पकड़े हुए चित्रित किया जाता है। मंजूश्री ने अपने दाएं हाथ में एक प्रकाशित तलवार पकड़ी होती है जो अज्ञानता को काटने वाले ज्ञान का प्रतीक है। उन्होंने अपने बाएं हाथ में प्रज्ञापारमिता सूत्र पकड़ा है जो उनकी प्रज्न की श्रेष्ठता को दर्शाने वाला ग्रंथ है। अक्सर वे शेर या शेर की खाल पर बैठे दिखाए देते हैं। शेर क्रोधित मस्तिष्क का प्रतीक है, जिसे मंजूश्री दिखाते हैं कि ज्ञान द्वारा वश में किया जा सकता है। |
| **अवलोकितेश्वर/ पद्मपाणि/ लोकेश्वर** | **अनंत करूणा** के बोधितसत्व। उन्हें अनंत प्रकाश के बुद्ध, अमिताभ का स्वरूप भी माना जाता है। | आमतौर पर सफेद रंग में चित्रित किया जाता है और उनके हाथ में एक कमल होता है। |
| **वज्रपाणि** | वह बोधिसत्व जो **शक्ति** और **सशक्त ऊर्जा** का प्रतिनिधित्व करते हैं। | आमतौर पर नीले रंग में और अपने दाएं हाथ में वज्र पकड़े चित्रित किए जाते हैं। सभी शांत चिंतनशील बोधि सत्वों के बीच, वज्रपाणि को अग्नि से घिरा क्रोधित मुद्रा में और अतिक्रूर चेहरे के साथ दर्शाया जाता है। उन्हें आमतौर पर योद्धा की मुद्रा में खड़े हुए और अग्नि से घिरे हुए चित्रित किया जाता है जो परिवर्तन की शक्ति का प्रतिनिधित्व करता है। |

| बोधिसत्व | भूमिका | भेष और चित्रण |
|---|---|---|
| **मैत्रेय** | वह बोधिसत्व जिनका अब तक अस्तित्व नहीं है, लेकिन जिनके बारे में भविष्यवाणी की गई है कि वे भविष्य में एक उद्धारक के रूप में आएंगे, उनसे अपेक्षा की जाती है कि वे बौद्ध धर्म के पतन के बाद वास्तविक बौद्ध शिक्षा को विश्व में वापस लाएंगे। **भविष्य के बुद्ध** के रूप में भी जाने जाते हैं। | चूंकि मैत्रेय वर्तमान में विश्व में प्रवेश का इंतजार कर रहे हैं, उन्हें आमतौर पर बैठे और इंतजार करते हुए चित्रित किया जाता है और उन्हें अक्सर नारंगी या हल्के पीले रंग में चित्रित किया जाता है जिसमें वह एक खाटा (रेशम से बना परंपरागत अंगोछा) पहने दिखते हैं और नारंगी झाड़ी पकड़े दिखाए जाते हैं, जो विचलित करने वाली और विनाशकारी भावनाओं को मिटाने वाली उनकी क्षमता का प्रतीक है। |
| **क्षितिगर्भ** | यह बोधिसत्व बुद्ध की मृत्यु और मैत्रेय के काल के बीच सभी की **आत्मा को बचाने** के लिए नमन करने के लिए प्रसिद्ध है, इनमें उन बच्चों की आत्मा जिनकी मृत्यु अल्पायु में हो गई थी और जो नरक में हैं, वो भी शामिल हैं। | ज्यादातर बोधिसत्व जो राजसी अलंकृत परिधानों में चित्रित किए जाते हैं, के विपरीत क्षितिगर्भ के बोधिसत्व को साधारण भिक्षु के परिधान पहने और एक हाथ में छड़ी पकड़े हुए दिखाया जाता है जिसका प्रयोग वे नरक का द्वार खोलने के लिए करते हैं और अन्य हाथ में एक आभूषण जिसे चिंतामणि कहा जाता है, पकड़े हुए दिखते हैं जिसमें अंधकार को प्रकाशित करने और इच्छाओं की पूर्ति करने की शक्ति होती है। |
| **आकाशगर्भ** | इन बोधिसत्व के पास **पापों को शुद्ध करने की क्षमता** होती है और इन्हें क्षितिगर्भ के जुड़वां भाई के रूप में जाना जाता है। | आमतौर पर, या तो नीली या हरी त्वचा का, अलंकृत परिधान पहने और सिर के आसपास आभामंडल के साथ चित्रित किया जाता है। वह आमतौर पर शांतिपूर्ण ध्यान मुद्रा में कमल के फूल पर आलती-पालथी बैठे हुए या समुद्र के बीच में शांति से मछली पर खड़े हुए और नकारात्मक भावनाओं को काटने के लिए तलवार लिए हुए दर्शाए जाते हैं। |
| **सामंतभद्र** | जिसका अर्थ *सार्वभौमिक गुणवान* है, यह बोधि सत्व आधारभूत व **अपरिवर्तनीय अच्छाई** का उल्लेख करते हैं। ये (सामंतभद्र) शाक्य मुनि बुद्ध (गौतम बुद्ध के नाम से भी जाने जाते हैं) और बोधिसत्व मंजूश्री के साथ **शाक्य मुनि त्रिमूर्ति** के हिस्से की रचना करते हैं और ये अपनी **दस महान प्रतिज्ञाओं** के लिए प्रसिद्ध हैं। | वे लगभग हमेशा छह दांतों वाले हाथी या एक साथ तीन हाथियों की सवारी करते दिखाए जाते हैं। प्रतीकात्मक रूप से ये छह दांत परमिता (छह आदर्श) को दर्शाते हैं, जो हैं: परोपकार, सदाचार, धैर्य, लगन, चिंतन और ज्ञान। |

| बोधिसत्व | भूमिका | भेष और चित्रण |
|---|---|---|
| **सरवनीवर्ना-विश्कम्भिन** | यह बोधिसत्व ज्ञानोदय के मार्ग पर लोगों के सामने आने वाली आंतरिक व बाह्य दोनों ही प्रकार की **गलतियों और अवरोधों को पवित्र** करते हैं। | आमतौर पर इन्हें गहरी नीली त्वचा (राजशाही से संबंधित) वाला और कमल पर जवाहरातों के चक्र के साथ बैठे हुए दर्शाया जाता है, नीले के साथ यह बोधि सत्व सफेद भी दर्शाए जाते हैं जब उनकी भूमिका दुखों को दूर करने वाले की होती है, या जब उनकी भूमिका पर्याप्त भोजन उपलब्ध कराने वाले की होती है तो उन्हें पीले रंग में भी दर्शाया जाता है। |

यह जानना भी आवश्यक है कि इन आठों बोधिसत्वों में से मंजूश्री, अवलोकितेश्वर और वज्रपाणि 'परिवार के तीन संरक्षक' का हिस्सा हैं, अर्थात् वो तीन बोधिसत्व जो त्रिमूर्ति से बने हैं जो बुद्ध की रक्षा करती है और उनके प्रमुख गुणों को प्रस्तुत करती है। जैसे कि मंजूश्री बुद्ध के ज्ञान, अवलोकितेश्वर उनकी करूणा और वज्रपाणि उनकी शक्ति का प्रतिनिधित्व करते हैं।

# वर्धमान महावीर और जैन धर्म

## आरंभिक जैन साहित्य

जैन शिक्षाओं को पहले **मौखिक (उक्ति)** परंपरा के रूप में संरक्षित किया गया, लेकिन बाद में उन्हें व्यवस्थित कर अभिलिखित किया गया। प्राचीन समय में, संन्यासी **जैन धर्म की पांच महान प्रतिज्ञाओं** का दृढ़ता से पालन करते थे। यहां तक कि **धार्मिक ग्रंथों को भी संपत्ति माना जाता था** और इसलिए धर्म के ज्ञान को **कभी दर्ज नहीं किया गया।** बाद में जैन शिक्षकों ने यह महसूस किया कि पूर्वकालीन और वर्तमान के बहुत से विद्वानों द्वारा संकलित संपूर्ण जैन साहित्य को याद रख पाना बहुत कठिन था। वास्तव में, महत्वपूर्ण ज्ञान पहले ही खो चुका था और बचे हुए की संशोधनों व त्रुटियों के कारण स्थिति और खराब हो गई थी। इसलिए, उन्होंने ज्ञात जैन साहित्य को लिखित रूप देने का निर्णय लिया। जैन पवित्र लेखन के लिए प्रयोग किए जाने वाले शब्द **'धर्मनियम'** को बहुत तेजी से अपर्याप्त माना जाने लगा था, क्योंकि इसका तात्पर्य केंद्रीय प्रभुत्व द्वारा स्वीकृत ग्रंथों के अपरिवर्तनीय भाग से था। जैन **धार्मिक पुस्तकों को सिद्धांत या अगम** ('जो हमें दिया गया है' या 'परंपरा') कहा जाता है और ये आरंभिक ग्रंथ **प्राकृत** की पूर्वी **बोली अर्द्ध-मगधी** में है। काफी हद तक, सिद्धांत और अगम की अवधारणा प्रवाही समूहों की द्योतक है जो परिवर्तन के लिए खुले हैं। परंपरागत रूप से यह विश्वास किया जाता है कि संपूर्ण धर्मनियम में जटिलता **पांचवीं या छठी शताब्दी** में हुई एक सभा में उत्पन्न हुई जो गुजरात के **वल्लभी में देवर्धि श्रमाश्रवण** की अध्यक्षता में आयोजित हुई थी। **आचारांग, सूत्रकृतंग** और **कल्पसूत्र** जैसे संकलनों को **आरंभिक ग्रंथ** माना जाता है। **तीसरी शताब्दी** के लगभग जैन धर्म **दो प्रमुख संप्रदायों दिगम्बर (वस्त्र विहीन) और श्वेतांबर/सफेद वस्त्र पहनना**, में विभाजित हो गया।

भगवान महावीर के निकटतम शिष्य **गणधर** कहलाते थे (ये शिष्य जिन की भांति भिक्षुक थे, और उनके प्रबोधन से पहले से ही उनका अनुसरण करते आ रहे थे)। सभी गणधरों को **उत्तम ज्ञान** (कैवल्य ज्ञान) प्राप्त था। उन्होंने भगवान महावीर के प्रत्यक्ष उपदेशों को मौखिक रूप से **12 मुख्य ग्रंथों** (सूत्रों) में संकलित किया। ये ग्रंथ **अंग (अंग या मुख्य ग्रंथ)** कहलाते हैं और **प्राचीनतम धर्मग्रंथ** व जैन धर्म का आधार हैं। जिन संन्यासियों को कम-से-कम दस **पर्वों** (अर्थात् 'पूर्व' या 'पहले ग्रंथ' जिन्हें **जिनों की मौलिक शिक्षा** माना जाता है) **का ज्ञान** था, **श्रुत-केवली** कहलाए। श्रुत-केवलियों ने अंगों में वर्णित विषयवस्तु का विस्तार करते हुए बहुत से ग्रंथ (सूत्र) लिखे। सम्मिलित रूप से, इन ग्रंथों को **अंगबाह्य** (अंग के बाहर का) कहा जाता है। श्वेतांबर धर्म नियम में 12 अंगय 12 उपांग (वे धर्मग्रंथ जो **अंगों के आगे की व्याख्या** करते हैं), 10 प्रकीर्ण

(वे धर्मग्रंथ जो जैन धर्म के **स्वतंत्र या विविध विषयों की व्याख्या** करते हैं), छह **छेदसूत्र** (इनमें वर्णित विषयवस्तु जनसाधारण के लिए नहीं, केवल भिक्षु और **भिक्षुणियों** के लिए है, यह उनके **आचरण व व्यवहार** से संबंधित है और साथ ही इस बात की व्याख्या भी करते हैं कि वे अपनी गलतियों और पापों का प्रायश्चित किस प्रकार से कर सकते हैं), चार मूलसूत्र (वे धर्मग्रंथ जो **भिक्षु और भिक्षुणियों** के मठवास के आरंभिक चरणों में **अध्ययन के लिए आवश्यक** हैं) और विभिन्न विशिष्ट ग्रंथ जैसे कि **नंदीसूत्र और अनुयोगाद्वार** आदि शामिल हैं। दिगंबर ऐसा मानते हैं कि सभी मूल अंग शताब्दियों पहले खो चुके हैं, इसलिए उनके पृथक धर्मनियम हैं (जिन्हें **सिद्धांत** कहा जाता है)। यह ध्यान देने योग्य है कि **तत्त्वर्थ-सूत्र** में **जैन धर्म के मुख्य सिद्धांत** शामिल हैं, हालांकि दोनों मुख्य संप्रदायों के थोड़े अलग संस्करण और रचनाकाल हैं।

**जैन** विश्वास करते हैं कि प्रत्येक जिन, समाज की आवश्यकता के अनुरूप और जिस काल में उसका जन्म होता है, समान अनिवार्य सत्य प्रकट करता है। जब वह सर्वज्ञानी बन जाता है, तब वह **दिव्य-ध्वनि** कर सकता है, जिसके माध्यम से वह सभी संवेदनशील प्राणियों (**समवासरण**) को अपनी शिक्षाओं को सौंपता है। दिगंबर और श्वेतांबर संप्रदाय दिव्य ध्वनि की धारणा की व्याख्या अलग-अलग ढंग से करते हैं। दिगंबर इसे एक **अस्पष्ट ध्वनि** मानते हैं, जो कि नीरस है और **जिसकी तुलना 'ओम' की ध्वनि** से की जा सकती है, जबकि श्वेतांबर इसे **'दिव्य'** मानते हैं क्योंकि **सभी प्राणी इसे सुन सकते हैं**, इनमें **पांच इंद्रियों वाले पशु** भी शामिल हैं जिनमें समझ और आध्यात्मिक क्षमताएं हैं। इसे मानव भाषा माना जाता है जिसने **अर्ध-मगधी प्राकृत** का रूप ले लिया।

**गैर-धर्म वैधानिक** (धर्म वैधानिक ग्रंथों पर टीका-टिप्पणी) जैन रचनाएं आंशिक रूप से प्राकृत बोलियों (जैसे कि **महाराष्ट्री**) और आंशिक रूप से संस्कृत में हैं। जैन ग्रंथों में विभिन्न भाषाओं जैसे **प्राकृत, संस्कृत, अपभ्रंश और कन्नड़** में लिखा गीतात्मक काव्य, भजन और **कथा** (शिक्षाप्रद कहानी) का विशाल संग्रह शामिल है। ये ग्रंथ न केवल उस काल के सांस्कृतिक इतिहास की झलक ही पेश करते हैं, बल्कि साथ ही जैन धर्म के इतिहास और सिद्धांत, उसके प्रतिद्वंदी संप्रदायों, संघ के जीवन आदि के विषय में भी बहुत कुछ बताते हैं। किन्तु यह दुर्भाग्य है कि जैन ग्रंथों का अध्ययन बौद्ध ग्रंथों की तरह व्यापक रूप से नहीं हुआ। कुछ महत्वपूर्ण गैर-धार्मिक रचनाएं हैं:

(a) जैन **पुराण** (इन्हें श्वेतांबरों द्वारा **रचित** चरित कहा जाता है) जैन **संतों/तीर्थंकरों** (**पार** कराने वाले जो कि **लोगों को दुखों के सागर को पार कराने में मदद करते हैं**) के संचरित्र लेखन हैं।

- नौवीं शताब्दी में **संकलित आदि पुराण जैन संस्थापक ऋषभ (आदिनाथ)** का संचरित्र लेखन है।
- आठवीं शताब्दी का **हरिवंश पुराण** अन्य लोगों के साथ, कृष्ण, बलराम, पांडवों और कौरवों की कथाओं का जैन संस्करण पेश करता है।
- नौवीं शताब्दी के **जिन सेन और गुणभद्र ने त्रिषष्टिलक्षण महापुराण** लिखी जिसमें न केवल विभिन्न जैन संतों, राजाओं और नायकों के जीवन की कथाएं हीं शामिल थीं, बल्कि **स्वप्नों का अर्थ,** जीवन-चक्र के अनुष्ठान, **राजा और योद्धा के कर्त्तव्य** आदि जैसे विषयों पर चर्चाएं भी शामिल थीं।

(b) बारहवीं शताब्दी का **हेमचंद्र** द्वारा लिखित **परिशिष्टपर्वन राजनीतिक इतिहास** का विवरण देता है और जैन शिक्षकों का आरंभिक वर्णन प्रदान करता है।

## वर्धमान महावीर का जीवन

वर्धमान को **24वां और अंतिम तीर्थंकर या जिन** (अर्थात् **विजेता**, जिसने **अनन्त ज्ञान** प्राप्त कर लिया हो और अब अन्य लोगों को पुनर्जन्म के चक्र से मुक्ति यानी 'मोक्ष' प्राप्त करने में सहायता कर सकता है) माना जाता है। उन्हें **महावीर (महान**

**नायक )** के रूप में जाना जाने लगा। वे **जितेंद्रिय** (जिसने अपनी आंतरिक इच्छाओं पर विजय प्राप्त कर ली हो) और **अरिहंत** (योग्य) नामों से भी जाने जाते हैं। उन्हें **अवधिज्ञान** (अलौकिक अंतर्दृष्टि और अनुभूति) प्राप्त थी।

**चित्र 5.4** महावीर

परंपरा के अनुसार, वे **बुद्ध के समकालीन** थे और उनका जन्म **599 ई.पू. में वैशाली** (विदेह की राजधानी) के निकट **कुण्डग्राम** नामक गांव में हुआ था। बुद्ध की भांति, उनका जन्म क्षत्रिय वंश में हुआ था। उनके पिता **सिद्धार्थ ज्ञातृक** वंश के प्रमुख थे और उनकी माता **त्रिशला, लिच्छवी** नरेश चेतक की बहन थीं। उनका परिवार मगध के शाही परिवार से संबंधित था क्योंकि चेतक की पुत्री का विवाह बिम्बिसार (मगध का हर्यंक वंश) के साथ हुआ था। आरंभ में, उन्होंने गृहस्थ जीवन व्यतीत किया, **यशोदा** से विवाह किया और उनकी एक पुत्री थी, जिसका नाम प्रियदर्शना था। लेकिन उन्होंने **30 वर्ष की आयु में सत्य की तलाश में संसार ( गृह ) त्याग कर दिया** और तपस्वी बन गए। वे **12 वर्षों** तक इधर-उधर भटकते रहे, उन्होंने **कठोर तपस्या** की, उपवास और ध्यान किया। ऐसा माना जाता है कि, **42 वर्ष की आयु में ऋजुपालिका नदी** के तट पर, **जृम्भिकग्राम** नगर के समीप, साल वृक्ष के नीचे उन्होंने कैवल्य ज्ञान (सर्व-ज्ञान या अनंत ज्ञान) प्राप्त किया। **527 ई.पू.** में पटना के निकट **पावापुरी में 72 वर्ष की आयु** में उन्हें निर्वाण प्राप्त हुआ और वे सिद्ध (पूर्ण मुक्ति) हो गए।

## जैन धर्म के सिद्धांत

जैन सिद्धांत बौद्ध धर्म से **बहुत पुराने** हैं और ऐसा माना जाता है कि समय के प्रत्येक आधे चक्र में कुल **24 तीर्थंकर** हुए। यह ध्यान देना रोचक है कि **समय की जैन अवधारणा** खुशी के स्तर के अनुसार **प्रगतिशील** (उत्सर्पिणी) और **प्रतिगामी** (अवसर्पिणी) **अर्द्धचक्रों** के अनंत अनुक्रम में विभाजित है। समय की यह विशाल अवधि आगे जाकर **छह कालों** (चरणों) में विभाजित होती है। प्रथम संस्थापक तीर्थंकर **ऋषभ देव ( प्रतीक-बैल )**, जिनका उल्लेख **ऋग्वेद और वायुपुराण** में भी मिलता है, हमारे वर्तमान **अवसर्पिणी** (यानी, प्रतिगामी खुशी का काल) के अर्द्धचक्र से संबंधित थे। सभी तीर्थंकरों की ऐतिहासिकता को सिद्ध करना आसान नहीं है। **सौराष्ट्र** (गुजरात) से संबंधित **नेमीनाथ** को **22वां तीर्थंकर** और **बनारस के पार्श्वनाथ को 23वां तीर्थंकर** माना जाता है जिनका प्रतीक सर्प था। **24वें तीर्थंकर महावीर** थे, जिनका प्रतीक **सिंह** था।

जैन सिद्धांत के मूल को निम्नलिखित नियमों में व्यक्त किया गया है:

(a) ***अनेकांतवाद ( वास्तविकता की विविध प्रकृति का सिद्धांत ),***

(b) ***स्यादवाद ( अनुकूलित भविष्यवाणी का सिद्धांत ),***

(c) ***नयवाद ( आंशिक रुख का सिद्धांत ),***

(d) ***त्रिरत्न ( तीन रत्न ),***

(e) ***पंचमहाव्रत ( पांच महान प्रतिज्ञा )*** और

(f) ***अहिंसा ( अहिंसा का सिद्धांत )***

**एकांत** (एकतरफा या एकमात्र विशेषता) के दर्शन के विरुद्ध, **अनेकांतवाद** का जैन सिद्धांत वस्तुतः **'गैर-एकतरफा'** या **'विविधता'** या **'गैर-निरपेक्षता'** का सिद्धांत है। यह जैन धर्म का ऐसा बुनियादी सिद्धांत है जो **सापेक्षवाद** और **अनेकवाद**

**स्वीकार करने** को बढ़ावा देता है। इस सिद्धांत के अनुसार, सत्य और वास्तविकता को अलग-अलग दृष्टिकोण से भिन्न-भिन्न रूप में समझा जाता है और कोई एक दृष्टिकोण पूर्ण सत्य नहीं होता। जैनी पूर्ण सत्य को प्रकट करने के सभी प्रयासों की तुलना **अधगजनयायाह** से करते हैं ('अंधे व्यक्ति और हाथी' की कहावत)। इस कथा में, एक व्यक्ति हाथी की सूंड को महसूस करता है, अन्य व्यक्ति उसके कानों को महसूस करता है और तीसरा उसकी पूंछ को महसूस करता है। सभी अंधे व्यक्ति हाथी के वास्तविक रूप का वर्णन करने का दावा करते हैं, लेकिन अपने सीमित दृष्टिकोण के कारण वे आंशिक रूप से ही सफल हो पाए। जैन सिद्धांत कहते हैं कि वस्तुओं के अनंत प्रकार के अस्तित्व और विशेषताएं होती हैं, इसलिए सीमित मानव चेतना द्वारा उनके सभी पहलुओं और अभिव्यक्तियों को पूर्ण रूप से नहीं समझा जा सकता। सिर्फ **कैवल्यसर्वज्ञ व्यक्ति ही वस्तुओं के सभी पहलुओं और अभिव्यक्तियों को समझ** सकते हैं, जबकि **अन्य सभी के पास केवल आंशिक ज्ञान** है।

**स्यादवाद** (शायद का सिद्धांत) का सिद्धांत **संपूर्ण ज्ञान की सापेक्षता** पर जोर देता है। इस सिद्धांत के अनुसार, **सभी निर्णय नियमबद्ध होते हैं, केवल कुछ परिस्थितियों, हालातों या विवेक में इनकी अच्छी पकड़ होती है।** किसी यथार्थ के विषय में आंशिक सत्य के कथनों की संख्या ही संभव है लेकिन पूर्ण यथार्थ को निश्चित तौर पर निर्धारित नहीं किया जा सकता। यथार्थ के बारे में प्रत्येक कथन के साथ स्याद (शायद) उपसर्ग लगाना चाहिए। **नयावाद** का सिद्धांत **विभिन्न दृष्टिकोणों से यथार्थ को वर्णित** करने की पद्धति के विषय में बताता है। **'नया'** को आंशिक रूप से सत्य कथनों के तौर पर समझा जा सकता है, लेकिन वह पूर्ण वैधता का दावा नहीं कर सकता। 'नया' को एक दृष्टिकोण के साथ निर्मित विशेष राय के रूप में भी वर्णित किया जा सकता है, ऐसा दृष्टिकोण जो अन्य विभिन्न दृष्टिकोणों को खारिज नहीं करता, और इसलिए जानकार घटक द्वारा किसी वस्तु के बारे में समझे गए आंशिक सत्य का भाववाहक है।

जैन धर्म **कर्म** और **मोक्ष** की अवधारणा में विश्वास करता है। जैन दर्शन के अनुसार व्यक्ति के बुरे कर्म आत्मा से जुड़ जाते हैं। इन कर्मों का बंधन जीवन और मृत्यु के चक्र के लिए जिम्मेदार है। मोक्ष (निर्वाण) प्राप्त करने के लिए आत्मा की ओर कर्मों के प्रवाह को रोकना होगा और आत्मा को मुक्त करने के लिए पहले से संचित कर्मों को नष्ट करना होगा।

आत्मा की मुक्ति प्राप्त करने के लिए, एक जैन को जैन नीति के **तीन रत्नों** का अवश्य पालन करना चाहिए, जो **त्रिरत्न** के नाम से लोकप्रिय हैं। वे हैं:

(a) **शुद्ध आस्था (*सम्यक दर्शन*):** इसका अर्थ यह नहीं है कि तुम उस बात पर विश्वास करो जो तुम्हें कही गई है, बल्कि इसका अर्थ वस्तुओं को पूर्ण रूप से देखना (सुनना, अनुभूति करना आदि) और स्पष्ट तौर पर देखने के मार्ग में आने वाले पूर्वाग्रहों व अंधविश्वासों से मुक्त होना है।

(b) **सच्चा ज्ञान (*सम्यक ज्ञान*):** इसका तात्पर्य वास्तविक ब्रह्मांड के बारे में सटीक और पर्याप्त ज्ञान होना है—इसके लिए ब्रह्मांड के पांच (या छह) तत्वों और नौ सत्यों का सच्चा ज्ञान और इस ज्ञान की सही मनोदृष्टि के साथ जानकारी होना आवश्यक है।

(c) **सही आचरण (*सम्यक चरित्र*):** इसका अर्थ जैन नैतिक नियमों के अनुसार जीवनयापन करना, जीवित प्राणियों को हानि न पहुंचाना, और स्वयं को बंधनों व अन्य अपवित्र मनोभावों तथा विचारों से मुक्त करना है।

त्रिरत्न प्राप्त करने में सहायता के क्रम में व्यक्ति को **पंच महाव्रत (पांच महान प्रतिज्ञा)** का पालन करना चाहिए:

(i) ***अहिंसा*:** इन पांच प्रतिज्ञाओं में से, अहिंसा जैन धर्म का प्रमुख सिद्धांत है और इसलिए इसे **जैन धर्म की आधारशिला** माना जाता है। अहिंसा परम धर्म है (अहिंसा परमोधरम:)। जैन धर्म के अनुसार, सभी जीवित प्राणी, उनके आकार, प्रकार या विभिन्न आध्यात्मिक विकास का विचार किए बिना, समान हैं[14]। किसी जीवित प्राणी को किसी अन्य

[14] दिलचस्प बात यह है कि जैनियों का मानना है कि हवा और पानी जैसी कुछ निर्जीव चीजों में भी आत्माएं होती हैं।

जीवित प्राणी जिनमें जानवर, कीड़े-मकोड़े और पौधे शामिल हैं, को नुकसान पहुंचाने, घायल करने या मारने का अधिकार नहीं है। जैन धर्म अस्तित्व के चार रूपों को मान्यता देता है जो हैं - देवता (**देव**), प्राणी (**मनुष्य**), नरक के प्राणी (**नरकी**) और पशु व पौधे (**तीरयंच**) जो आगे उनकी इंद्रियों की क्षमता के आधार पर छोटी उपश्रेणियों में विभाजित हो जाते हैं–**एकेंद्रीय (एक इंद्रिय काया)** और **निगोद** (एकेंद्रीय में निम्नतम **जिसमें केवल स्पर्श की इन्द्री होती है, जो इकट्ठे पैदा होता है और जिसका जीवन एक क्षण में समाप्त हो जाता है**)। जैन धर्म का पालन करने वाले आम समाज के लोगों से अपेक्षा की जाती है कि वे दो या उससे ज्यादा इंद्रियों वाले प्राणियों को नुकसान न पहुंचाएं, लेकिन संन्यासियों/त्यागियों से एकेंद्रीय और तात्विक कणों (**स्थवर**–जो निगोदों से कुछ ही ऊपर होते हैं) तक को भी नुकसान न पहुंचाने की अपेक्षा की जाती है। यह और भी दुखद है, अगर किसी ऊंचे रूप (एक इंद्री से ज्यादा वाले) को मारा जाए। चूंकि सभी प्रकार का मांसाहारी भोजन दो या उससे ज्यादा इंद्रियों वाले जीवित प्राणियों को मारकर बनाया जाता है, इसलिए जैन धर्म **विशुद्ध शाकाहार** का उपदेश देता है और **मांसाहारी भोजन का निषेध** करता है। जैन धर्म में, **नुकसान पहुंचाने का इरादा, करुणा का अभाव, अनभिज्ञता और अज्ञान ही हैं जो किसी कार्य को हिंसक बनाते हैं**। हिंसा को वास्तविक नुकसान द्वारा परिभाषित नहीं किया जा सकता, क्योंकि यह अनजाने में भी हो सकता है। हिंसक विचारों के बिना हिंसक कार्य नहीं हो सकता। अहिंसा का पालन कार्यों, वाणी और विचारों में करना चाहिए। मनुष्य को हिंसक नहीं होना चाहिए, उसे अन्य लोगों से भी ऐसा करने के लिए कहना चाहिए या ऐसी कार्यवाहियों का समर्थन करना चाहिए। जैन धर्म अपने अनुयायियों को **युद्ध करने और यहां तक कि खेती करने के लिए भी प्रतिबंधित** करता है। अत: जैन लोगों ने स्वयं को **व्यापार और व्यापारिक गतिविधियों** तक ही सीमित कर लिया।

(ii) ***सत्य:*** जैन धर्म इस बात पर जोर देता है कि **मनुष्य को न केवल झूठ से बचना चाहिए** बल्कि हमेशा **सच बोलना** चाहिए, जो कि **उचित और सुखद** होना चाहिए। अगर सत्य किसी जीवित प्राणी के कष्ट, पीड़ा, क्रोध या मृत्यु का कारण बनता है तो मौन रह जाना ही उचित है। क्रोध, लोभ, भय और मजाक से झूठ का जन्म होता है। सच बोलने के लिए नैतिक साहस की आवश्यकता होती है। केवल वही जिन्होंने लोभ, भय, क्रोध, ईर्ष्या, अहंकार और निरर्थक चपलता पर जीत हासिल कर ली है, सत्य बोल सकते हैं। सत्य का पालन वाणी, मस्तिष्क और कार्यों में करना चाहिए।

(iii) **चोरी न करना (*अचौर्य या अस्तेय*):** चोरी में किसी अन्य की संपत्ति को बिना उसकी सहमति या अन्यायपूर्ण या अनैतिक तरीके से ले लेना शामिल है। कोई व्यक्ति उपेक्षित या लावारिस पड़ी वस्तु को ले जाने का हकदार नहीं बन सकता। मनुष्य को इस प्रतिज्ञा का पालन कठोरता से करना चाहिए और बेकार पड़ी वस्तु को भी नहीं छूना चाहिए जो उसकी नहीं है। न्यूनतम आवश्यकता से अधिक दान, मदद या सहायता स्वीकार नहीं करनी चाहिए। जैन धर्म में **अपनी आवश्यकता से अधिक लेने को भी चोरी माना जाता है।**

(iv) **अविवाहित जीवन/संयम (*ब्रह्मचर्य, महावीर द्वारा जोड़ा गया*):** शृंगारिक सुखों और सभी पांचों इंद्रियों के सुखों के पूर्ण संयम को ब्रह्मचर्य कहा जाता है। इंद्रिय सुख एक उत्तेजित कर देने वाला पल होता है, जो आसक्ति के समय सभी गुणों और विवेक-बुद्धि की उपेक्षा कर देता है। कामुकता पर नियंत्रण रखने की इस प्रतिज्ञा का व्यावहारिक रूप में पालन करना बहुत कठिन है। कोई शारीरिक भोग से अलग हो सकता है, लेकिन फिर भी इंद्रिय सुखों के बारे में सोच सकता है, जो कि जैन धर्म में निषिद्ध है। संन्यासियों से इस प्रतिज्ञा का कठोरता और पूरी तरह से पालन करना अपेक्षित होता है। उन्हें शृंगारिक सुखों और सभी पांचों इंद्रियों के सुखों का आनंद नहीं उठाना चाहिए। गृहस्थों द्वारा इस प्रतिज्ञा का पालन करने के लिए बहुत से नियम बनाए गए हैं। उन्हें अपने पति या पत्नी के साथ सीमित तौर पर और उसके अतिरिक्त किसी अन्य के साथ शारीरिक संबंध नहीं बनाने चाहिए।

(v) **गैर-आसक्ति/गैर-अधिकार (*अपरिग्रह*):** सांसारिक वस्तुओं के प्रति आसक्ति का परिणाम जन्म और मृत्यु के चक्र के बंधन के रूप में आता है। इसलिए, **जो आत्मिक मुक्ति की इच्छा रखता है उसे पांचों इंद्रियों में से किसी को भी सुख पहुंचाने वाली वस्तुओं के प्रति** सभी प्रकार के **बंधनों से अलग** हो जाना चाहिए। जैन धर्म मानता है कि किसी व्यक्ति के अधिकार में जितनी अधिक सांसारिक दौलत होगी, उसे बचाए रखने व अर्जित करने के लिए उसके पाप करने की संभावना उतनी ही अधिक बढ़ जाएगी और अंततः वह दुखी हो सकता है। सांसारिक दौलत आसक्ति का सृजन करती है, जिसका सतत् परिणाम लोभ, ईर्ष्या, स्वार्थ, अहंकार, घृणा, हिंसा आदि होता है। महावीर ने कहा था कि 'जरूरतों और इच्छाओं का कोई अंत नहीं है और केवल आकाश ही उनकी सीमा है।'

यह ध्यान देने योग्य है कि अगर इन व्रतों या प्रतिज्ञाओं का पालन बहुत दृढ़ता के साथ किया जाता है तो यह **'महाव्रत' अर्थात् महान या पूर्ण प्रतिज्ञा** कहलाता है; और सामान्यतः ये तपस्वियों के लिए होते हैं। मगर साधारण व्यक्ति, इन प्रतिज्ञाओं का पालन इतनी दृढ़ता से नहीं कर सकते और इसलिए उनको जहां तक उनकी परिस्थितियां आज्ञा दें इन्हें पालन करने की अनुमति होती है। इन्हीं व्रतों या प्रतिज्ञाओं का–जब आंशिक रूप से पालन किया जाता है–तब वे **'अणुव्रत' अर्थात् छोटी या आंशिक प्रतिज्ञा** कहलाते हैं। किसी व्यक्ति द्वारा चाहे वह संन्यासी है या साधारण व्यक्ति, **मृत्यु के उच्चतम रूप**[15] को प्राप्त करने में **समाधि लेना और उपवास** शामिल हैं।

## बौद्ध धर्म और जैन धर्म

बौद्ध और जैन दोनों ही धर्मों की शिक्षाओं में **कुछ समानताएं** थीं। उदाहरण के लिए, **दोनों ने वेदों के प्रभुत्व को अस्वीकार किया, त्याग और मोक्ष प्राप्त करने के साधन के रूप में मानव प्रयास पर जोर दिया और स्त्रियों व पुरुषों दोनों के लिए मठवासी क्रम को स्थापित किया।** बौद्ध धर्म की तरह, जैन धर्म मूल रूप से नास्तिक प्रवृत्ति का है, हालांकि यह **ईश्वर के अस्तित्व को स्वीकार करता है**, मगर यह विषयों की सर्वव्यापक व्यवस्था में **उन्हें महत्व देना** अस्वीकार करता है और **ईश्वर को जिन (विजेता) से नीचा स्थान देता है।** बौद्ध ग्रंथों की भांति, जैन ग्रंथ ब्राह्मणों, उनकी जानवरों की बलि देने की प्रथा और ब्राह्मणों को अनुष्ठानिक अधिकार देने की प्रधानता की निंदा करते हैं। जैन और बौद्ध दोनों धर्म सभी अन्य वर्णों जिनमें ब्राह्मण शामिल हैं, के ऊपर **क्षत्रिय वर्ण की श्रेष्ठता पर केंद्रित हैं।** इन दोनों धर्मों ने स्थापित प्रतिष्ठा को महत्व देने के स्थान पर अच्छे कर्मों को महत्व देकर, **ब्राह्मण शब्द के मतलब को एक नया अर्थ देने** का प्रयास किया। उन्होंने ब्राह्मण शब्द का प्रयोग बुद्धिमान व्यक्ति के लिए किया जिसके पास सच्चा ज्ञान हो और जो अनुकरणीय जीवन जीता हो। बौद्ध मठवासी क्रम की भांति, जैन धर्म में **सभी जातियों और सामाजिक पृष्ठभूमि के लोगों का स्वागत किया** जाता था। चांडाल वंश से संबंधित एक विद्वान जैन संन्यासी **हरिकेशिया** का उल्लेख बार-बार मिलता है। **भद्रबाहु**, **दिवाकर**, **जिनसेन** और **हरिभद्र** ने ब्राह्मण वर्ग का प्रतिनिधित्व किया। इसी प्रकार, जैन धर्म ने **भिक्षुणियों** के लिए अपने द्वार खोले जिन्हें **अरयिका** या **साध्वी** कहा जाता था।

## जैन धर्म का विस्तार और प्रभाव

जैन धर्म का विस्तार उत्तरोत्तर **पश्चिमी भारत** में हुआ जहां ब्राह्मणवादी धर्म कमजोर था। आरंभिक जैनों ने अपने सिद्धांतों के उपदेश देने के लिए आम आदमी की **भाषा प्राकृत** को अपनाया और संस्कृत भाषा को ठुकरा दिया (जिसका मुख्यतः ब्राह्मणों द्वारा संरक्षण किया जाता था)। इसने जैन धर्म के अनुयायियों के आधार को विस्तृत करने में बहुत सहायता की और उन शासकों की मदद से, जिन्होंने जैन धर्म को बहुत ज्यादा संरक्षण दिया, जैसे कि **चंद्रगुप्त मौर्य** (वह स्वयं भी **जैन तपस्वी बन गए** थे और उन्होंने अपने अंतिम वर्ष कर्नाटक में व्यतीत किए थे), यह **दक्षिण भारत** में भी लोकप्रिय हो गया। महावीर की मृत्यु

---

15 उपवास से मृत्यु की प्राप्ति को जैन धर्म में 'सलेखना' कहा जाता है।

के 200 वर्ष बाद मगध में पड़ने वाले बड़ा अकाल भी जैन धर्म के दक्षिण भारत में विस्तार का कारण बना। परंपरा के अनुसार, यह अकाल 12 वर्ष तक चला और स्वयं को सुरक्षित रखने के क्रम में बहुत से जैन अनुयायी **भद्रबाहु** के नेतृत्व में (जो बाद में दिगंबर कहलाए) दक्षिण चले गए और वहां जैन धर्म का प्रसार किया। लगभग चौथी शताब्दी ई.पू. में इसका विस्तार कलिंग तक भी हो गया और उसके शासक **खारवेल** ने इसको बहुत लोकप्रिय बनाया। लगभग दूसरी और पहली शताब्दी ई.पू. तक, यह तमिलनाडु के सुदूर दक्षिणी जिलों तक पहुंच गया। बाद में इसने मालवा, गुजरात और राजस्थान में प्रवेश किया। किंतु यह जानना भी दिलचस्प है कि यद्यपि जैन धर्म को बौद्ध धर्म की तरह अधिक राज्य संरक्षण प्राप्त नहीं हुआ और आरंभिक काल में इसका विस्तार बौद्ध धर्म की भांति तेजी से नहीं हुआ लेकिन इसने फिर भी भारतीय उपमहाद्वीप के बहुत से क्षेत्रों में अपनी पकड़ बनाए रखी, जबकि बौद्ध धर्म अपनी जन्मभूमि से व्यवहारिक रूप में गायब हो गया।

## जैन धर्म के विभिन्न संप्रदाय

| दिगंबर | श्वेतांबर |
|---|---|
| (a) इसका शाब्दिक अर्थ **'नग्न' (वस्त्र विहीन)** है। दिगंबर, भिक्षुओं के मोक्ष प्राप्ति के मार्ग के लिए **नग्नता का पालन करने को परम आधार** मानने पर बल देते हैं। | शाब्दिक अर्थ 'सफेद वस्त्र पहने हुए' है। श्वेतांबर इस बात पर जोर देते हैं कि मोक्ष प्राप्ति के लिए पूर्ण नग्नता का पालन करना **आवश्यक नहीं** है। |
| (b) परंपरा के अनुसार, मगध के प्रसिद्ध अकाल के दौरान (महावीर की मृत्यु के 200 वर्ष बाद) यही लोग **भद्रबाहु** के नेतृत्व में **दक्षिण** स्थानांतरित हो गए थे और **प्राचीन परंपरागत तरीके** से जीवन यापन करते थे। | परंपरा के अनुसार, मगध के प्रसिद्ध अकाल के दौरान, ये लोग **स्थूलबाहु** के नेतृत्व में **मगध में ही रुक गए** थे। जब वे जैन जो दक्षिण स्थानांतरित हो गए थे, वापस लौटे तो उन्होंने इस समूह पर सफेद वस्त्र पहनने के कारण, जैन धर्म के नियमों को भंग करने का आरोप लगाया। |
| (c) स्त्रियों की मुक्ति की स्थिति पर, दिगंबर परंपरा मानती है कि **स्त्रियों के पास मोक्ष** अर्थात् मुक्ति **प्राप्त करने के लिए आवश्यक दृढ़ इच्छा और शरीर का अभाव है,** इसलिए उसकी मोक्ष प्राप्ति तभी संभव है जब वह पहले पुरुष के रूप में पुनर्जन्म ले। उदाहरण के लिए **दिगंबर परंपरा के 19वें तीर्थंकर** को उन्होंने स्त्री के रूप में स्वीकार नहीं किया, बल्कि उन्होंने **मल्लिनाथ** नामक एक पुरुष जिसका जन्म एक शाही परिवार में राजकुमार के रूप में हुआ था और जो दिगंबर संन्यासी की प्रतिज्ञाएं लेने के बाद अंततः एक तीर्थंकर बन गए, को स्वीकारा। | जबकि श्वेतांबरों ने स्त्रियों द्वारा जिनत्व की प्राप्ति की संभावना को मान्यता दी और निश्चयपूर्वक कहा कि स्त्रियां अपने वर्तमान जीवनकाल में पुरुषों की भांति आध्यात्मिक उपलब्धियां प्राप्त करने में सक्षम हैं। उदाहरण के लिए, श्वेतांबर परंपरा में **19वीं तीर्थंकर मल्ली नामक एक महिला** थीं, जो एकमात्र स्त्री तीर्थंकर हैं। |
| (d) दिगंबर परंपरा के अनुसार, प्रबोधन प्राप्त कर लेने पर, एक **सर्वज्ञ साधारण अस्तित्व की आवश्यकताओं** जैसे कि भूख, प्यास, निद्रा, बीमारी और भय से **मुक्त हो जाता है।** | जबकि, श्वेतांबर परंपरा कहती है कि सर्वज्ञ को भी भोजन की आवश्यकता होती है। |

| | दिगंबर | श्वेतांबर |
|---|---|---|
| (e) | महावीर की **पवित्र जीवनी** के संबंध में **दोनों** संप्रदायों के बीच काफी हद तक **मतभेद** है। उदाहरण के लिए, महावीर के भ्रूण के संबंध में, दिगंबर परंपरा श्वेतांबरों के दावे को खारिज करती है और पूर्ण प्रकरण को अविश्वसनीय व असंगत मान कर अंत करती है। | श्वेतांबर मानते हैं कि महावीर को एक क्षत्रिय स्त्री त्रिशला ने जन्म दिया था, हालांकि उनका गर्भादान एक ब्राह्मण स्त्री देवनंदा ने किया था। ऐसा माना जाता है कि गर्भादान के 83 दिन बाद भगवान इन्द्र के प्रभाव से भ्रूण परिवर्तन हुआ था। |
| (f) | महावीर के विवाह के संबंध में दिगंबर परंपरा का मानना है कि महावीर का कभी विवाह नहीं हुआ था और उन्होंने अपने माता-पिता के जीवित रहते हुए ही संसार त्याग दिया था। | श्वेतांबर मानते हैं कि महावीर का विवाह काफी कम आयु में राजकुमारी यशोदा के साथ हुआ था और उनकी एक पुत्री भी थी जिसका नाम प्रियदर्शना था और महावीर ने तीस वर्ष की आयु तक पूर्ण गृहस्थ जीवन व्यतीत किया था। अपने माता-पिता की मृत्यु के बाद ही वे एक तपस्वी बन गए। |
| (g) | तीर्थंकरों की मूर्तियों के संबंध में, दिगंबर परंपरा तीर्थंकरों की मूर्तियों को नग्न, अनलंकृत और झुकी हुई आंखों के साथ चिंतनशील भाव लिए दर्शाती है। | जबकि, श्वेतांबर परंपरा तीर्थंकरों की मूर्तियों को लंगोटी पहने, जवाहरतों से सजी और संगमरमर में लगी शीशे की आंखों के साथ दर्शाती है। |
| (h) | धर्म वैधानिक साहित्य के संबंध में, दिगंबर मानते हैं कि मौलिक और वास्तविक ग्रंथ बहुत पहले ही खो गए थे। दिगंबर पहली सभा की उपलब्धियों को भी स्वीकार नहीं करते जो आचार्य स्थलभद्र की अध्यक्षता में हुई थी और इसके फलस्वरूप अंगों को बदला गया था। | जबकि, श्वेतांबर धर्म वैधानिक साहित्य यानि, 12 अंग और सूत्र जो आज भी मौजूद हैं, की वैद्धता और पवित्रता में विश्वास करते हैं। |
| (i) | दिगंबरों ने पवित्र जीवनियों के लिए, **'पुराण'** शब्द का प्रयोग किया। | जबकि, श्वेतांबरों ने **'चरित'** शब्द का प्रयोग किया। |
| (j) | तपस्वियों के भोजन के संबंध में, दिगंबर भिक्षु केवल एक घर से जहां उनका संकल्प (पूर्वकल्पित विचार) पूरा होता था, खड़े होकर उलटी हुई बंद मुट्ठी में भोजन ग्रहण करते थे। | जबकि, श्वेतांबर भिक्षु अलग-अलग घरों से अपना भोजन एकत्र करते थे। |
| (k) | तपस्वियों की संपत्ति के संबंध में, दिगंबर तपस्वी को अपनी समस्त संपत्ति का त्याग करना होता है, जिसमें वस्त्र भी शामिल होते हैं और उसे **केवल दो वस्तुए रखने की अनुमति** होती है–**रजोहरण** (कीड़े-मकोड़ों को हटाने के लिए मोर पंखों से बनी एक छोटी झाड़ू) और एक **कमंडलू** (शौचालय स्वच्छता के लिए लकड़ी का बना पानी का बर्तन)। | जबकि, श्वेतांबर तपस्वी को **14 वस्तुएं** रखने की अनुमति होती है, जिसमें लंगोटी व कंधे पर रखने का वस्त्र आदि शामिल हैं। |

## दिगंबर उप-पंथ

| प्रमुख उप-पंथ | | | छोटे उप-पंथ | |
|---|---|---|---|---|
| बीसपंथ | तेरापंथ | तारण पंथ या समैयापंथ | गुमानपंथ | टोटापंथ |
| (a) बीसपंथ के अनुयायी धर्मगुरुओं का समर्थन करते थे, यानि वे धार्मिक गुरू जिन्हें भट्टारक के नाम से जाना जाता था वे जैन मठों के प्रमुख होते थे। | उत्तर भारत में चूंकि यह भट्टारकों के प्रभुत्व व आचरण के विरुद्ध आरंभ हुआ था इसलिए भट्टारकों की संस्था ने उत्तर भारत में अपना महत्व खो दिया, हालांकि दक्षिण भारत में भट्टारक एक महत्वपूर्ण भूमिका निभाते रहे। | इस उप-पंथ को समैयापंथ भी कहा जाता है क्योंकि इसके अनुयायी समैया यानि धार्मिक पुस्तकों की पूजा करते थे, मूर्तियों की नहीं। उनकी तीन मुख्य विशेषताए हैं :<br>i. मूर्ति पूजा का विरोध<br>ii बाह्य धार्मिक प्रथाओं का अभाव<br>iii जाति भेद-भाव पर प्रतिबंध | यह उप-पंथ आचरण और आत्म अनुशासन की पवित्रता पर बल देता है और उपदेशों का सख्ती से पालन करता है। | टोटापंथ (यानि साढ़े सोलह) बीस (20) पंथ और तेरा (तेरह) पंथ उप-पंथों के बीच के मतभेदों के परिणामस्वरूप अस्तित्व में आया और इसलिए, इसके अनुयायी कुछ हद तक बीसपंथ के सिद्धांतों और कुछ हद तक तेरापंथ के सिद्धांतों पर विश्वास करते हैं। |
| (b) वे तीर्थकरो की मूर्तियों के साथ-साथ क्षेत्रपालों, पद्मावती और अन्य देवताओं की मूर्तियों की अपने मंदिरों में पूजा करते हैं। | वे तीर्थकरो की मूर्तियों की अपने मंदिरों में पूजा करते हैं और क्षेत्रपालों, पद्मावती व अन्य देवताओं की नहीं। | इसलिए वे मूर्ति पूजा का दृढ़ता से खंडन करते हैं, लेकिन उनके अपने मंदिर होते हैं जिनमें वे पूजा के लिए अपनी पवित्र पुस्तकों को रखते हैं। | वे जैन मंदिरों में मोमबत्ती या लैम्प जलाने की सख्त मनाही करते हैं क्योंकि इसे वे जैन धर्म के मौलिक सिद्धांत यानि अहिंसा का उल्लंघन मानते हैं। | |
| (c) वे इन मूर्तियों की पूजा केसर, फूलों, फलों, मिठाइयों, सुगंधित अगरबत्तियों के साथ करते हैं, पूजा करते समय वे जमीन पर बैठते हैं और खड़े नहीं होते। वे आरती करते हैं जो कि मूर्ति के ऊपर अग्नि हिलाना होता है। वे मंदिरों में रात को भी आरती करते हैं और प्रसाद वितरण करते हैं। | वे मूर्तियों की पूजा फूलों, फलों व अन्य हरी सब्जियों (सचित्त वस्तुओं के रूप में जानी जाती हैं) से नहीं करते, बल्कि पवित्र चावल जिन्हें 'अक्षत' कहा जाता है, लौंग, चंदन, बादाम, सूखे नारियल व खजूर आदि से करते हैं। पूजा करते समय वे खड़े रहते हैं और बैठते नहीं। वे अपने मंदिरों में आरती या प्रसाद का वितरण नहीं करते | वे पूजा करते समय फलों या फूलों जैसी वस्तुओं को अर्पित नहीं करते। वे आध्यात्मिक मूल्यों और पवित्र साहित्य के अध्ययन को ज्यादा महत्व देते हैं। | वे मंदिरों में केवल प्रतिमाओं के दर्शन के लिए जाते हैं और उन्हें कोई भेंट नहीं चढ़ाते हैं। | |

| प्रमुख उप-पंथ | | | छोटे उप-पंथ | |
|---|---|---|---|---|
| बीसपंथ | तेरापंथ | तारण पंथ या समैयापंथ | गुमानपंथ | टोटापंथ |
| (d) इनके अनुयायियों में महाराष्ट्र, कर्नाटक और दक्षिण भारत के सभी दिगंबर जैनों के साथ राजस्थान और गुजरात से भी बड़ी संख्या में दिगंबर जैन शामिल हैं। | तेरापंथियों के अनुयायी उत्तर प्रदेश, राजस्थान और मध्य प्रदेश में बड़ी संख्या में हैं। | तारणपंथी संख्या में बहुत कम हैं और अधिकतर बुंदेलखंड, मध्य प्रदेश के मालवा क्षेत्र और महाराष्ट्र के खानदेश क्षेत्र तक सीमित हैं। | इसके अनुयायी ज्यादातर राजस्थान विशेषकर जयपुर में केंद्रित हैं। | इसके अनुयायी संख्या में बहुत ही कम हैं और अब मध्य प्रदेश के कुछ इलाकों में मिलते हैं |

## श्वेतांबर उप-पंथ

| मूर्तिपूजक | स्थानकवासी | तेरापंथी |
|---|---|---|
| (a) इसके अनुयायी पूर्णतः मूर्तिपूजक होते हैं और अपने देवताओं को फूल, फल, केसर आदि की भेंट चढ़ाते हैं और उन्हें नित्य बहुमूल्य वस्त्रों और जेवरातों से सजाते हैं। वे मंदिरों में या विशेष तौर पर आरक्षित भवनों जिन्हें उपाश्रय कहा जाता है, में ठहरते हैं। | स्थानकवासी मंदिरों में मूर्ति पूजा पर विश्वास नहीं रखते इसलिए उनके मंदिर नहीं होते। मंदिरों के स्थान पर उनके 'स्थानक' होते हैं जो प्रार्थना सभागार होते हैं जहां वे अपने धार्मिक उपवास, उत्सव, प्रथाएं, प्रार्थनाओं, प्रवचनों आदि का संचालन करते हैं। साथ ही उनका तीर्थ स्थानों में भी विश्वास नहीं होता और वे मूर्तिपूजक श्वेतांबरों के धार्मिक उत्सवों में भाग नहीं लेते। | वे मूर्तिपूजक नहीं होते और एक आचार्य जो धार्मिक प्रमुख होता है, के संपूर्ण निर्देशन में एक आचार संहिता और एक विचारधारा के तहत बड़ी बारीकी से संगठित होते हैं। तेरापंथ के सभी भिक्षु और भिक्षुणियां कर्तव्यनिष्ठा से अपने आचार्य के आदेशों का पालन करते हैं, उनके मार्गदर्शन में प्रवचन सुनते हैं और सभी धार्मिक गतिविधियों को उनके निर्देशानुसार संचालित करते हैं। वे ध्यान लगाने को भी महत्व देते हैं। |
| (b) चार मुख्य विशेषताएं :<br>i. पुजेरा (पूजा करने वाला)<br>ii. डेरावासी (मंदिरों में रहने वाले)<br>iii. चैत्यवासी (मंदिरों में रहने वाले)<br>iv. मंदिर मार्गी (मंदिर जाने वाले) | दो मुख्य विशेषताएं :<br>i. ढूंढिया (खोजने वाले)<br>ii. साधूमार्गी (साधुओं के अनुयायी) | तेरापंथियों को सुधारक माना जाता है क्योंकि उन्होंने धर्म की सरलता पर बल दिया। उदाहरण के तौर पर तेरापंथी अपने भिक्षुओं के लिए मठों का निर्माण तक भी नहीं करवाते हैं। ये भिक्षु गृहस्वामियों द्वारा अपने लिए बनवाए गए घरों के एक हिस्से में रहते हैं। |
| (c) अधिकतर गुजरात में केंद्रित हैं। | ये मुख्यतः गुजरात, पंजाब, हरियाणा और राजस्थान में मिलते हैं। | वे मुख्यतः बीकानेर, जोधपुर और राजस्थान के मेवाड़ इलाकों में केन्द्रित हैं। |

*यह जानना भी आवश्यक है कि यद्यपि तेरापंथ उप-पंथ का नाम दिगंबर और श्वेतांबर दोनों ही पंथों में मिलता है, फिर भी दोनों तेरापंथी एक-दूसरे से पूरी तरह भिन्न हैं जहां दिगंबर तेरापंथी नग्नता और मूर्ति पूजा में विश्वास रखते हैं, वहीं श्वेतांबर तेरापंथी पूरी तरह से इन दोनों के विरुद्ध हैं।*

## जैन परिषद

| परिषद | वर्ष | स्थान | उपलब्धि | अध्यक्ष |
|---|---|---|---|---|
| 1. | 310 ई.पू. (लगभग) | पाटलिपुत्र | पर्वों को प्रतिस्थापित कर 12 अंगों का संकलन (दिगंबरों द्वारा अस्वीकार्य)। | स्थूलभद्र |
| 2. | 512 ई. | वल्लभी (गुजरात) | 12 अंगों और 12 उपांगों का अंतिम तौर पर संकलन किया गया। | देवार्धि श्रमाश्रवण |

| मुख्य शब्द/सिद्धांत | अर्थ/उद्देश्य |
|---|---|
| (a) बसादि | जैन मठीय व्यवस्था |
| (b) अवधिजन | उत्तम मानव बोध |
| (c) गणधर | महावीर के प्रमुख शिष्य |
| (d) सिद्द | पूरी तरह मुक्त |
| (e) द्रव्य | पदार्थ |
| (f) गुण | विशेषता |
| (g) पर्याय | साधन |
| (h) जीव | आत्मा |
| (i) इवा | वास्तव में |
| (j) पुदगल | कणों का समुच्चय जिनका आकार, रंग, स्वाद और गंध होती है और जिन्हें छुआ व महसूस किया जा सकता है। |
| (k) चैतन्य | चेतना |
| (l) वीर्य | ऊर्जा |
| (m) मोहनिया | भ्रम पैदा करने वाले कर्म |
| (n) आश्रव | कर्म का जीव की ओर प्रवाह |
| (o) निर्जरा | घिस जाना (पहले से विद्यमान कर्मों का क्षय हो जाना) |
| (p) गुणस्थान | शुद्धिकरण की अवस्था |
| (q) अर्हत | जिसने कैवल्य ज्ञान की अवस्था को पा लिया हो |
| (r) तीर्थंकर | वह अर्हत जिसने पहले ही सिद्धांतों के शिक्षण की योग्यता प्राप्त कर ली हो। |

# आजीवक

ब्राह्मणवादी प्रभुत्व को चुनौती देने वालों में केवल बौद्ध धर्म और जैन धर्म ही नहीं थे। बौद्ध स्रोतों के अनुसार, इस काल में 62 से ज्यादा संप्रदाय और दर्शन विकसित हुए। इनमें से एक संप्रदाय को **आजीविक या 'जीवन पद्धति के अनुयायी'** के नाम से जाना जाता था, यह एक **आत्मसंयमी व्यवस्था** थी जो **बुद्ध और महावीर के समय से आरंभ होकर 14वीं शताब्दी तक** चली।

आजीवक को **मक्खली गोसाल** द्वारा स्थापित किया गया था। **तीसरी शताब्दी ई.पू.** में आजीवक **मगध में बहुत लोकप्रिय** था और मौर्य शासकों ने आजीविक संन्यासियों के सम्मान में बहुत-सी गुफाएं दान में दीं। परंपरा के अनुसार, ऐसा माना जाता है कि छह वर्षों के लगभग, गोसाल ने महावीर के कष्टों को साझा किया, लेकिन अंततः दोनों में झगड़ा हो गया और गोसाल ने महावीर को छोड़कर आजीविक संप्रदाय (नियतिवाद या 'नियति') की स्थापना की। उनके और उनके अनुयायियों के सिद्धांतों की जानकारी केवल बौद्ध और जैन स्रोतों से मिलती है, जिनके अनुसार गोसाल का जन्म निम्न जाति में हुआ था और उनकी मृत्यु महावीर से झगड़े से कुछ समय बाद बुद्ध की मृत्यु से पहले हो गई थी।

माना जाता है कि आजीवक जो **कट्टर भाग्यवादी और नियतिवादी** थे, मानते थे कि समस्त **ब्रह्मांड के कार्यों का आदेश एक लौकिक शक्ति द्वारा दिया जाता है जिसे नियति** (संस्कृत में इसका अर्थ 'नियम' या 'भाग्य' है) कहते हैं, जो सभी घटनाओं को निर्धारित करती है, जिसमें एक व्यक्ति के भाग्य का अंतिम विवरण तक शामिल है और जो किसी की आध्यात्मिक नियति को सुधारने या बदलने के लिए किए जाने वाले व्यक्तिगत प्रयासों की तेजी को बाधित करती है। किसी भी मानव प्रयास का नियति के विरुद्ध कोई प्रभाव नहीं होता और इसलिए **कर्म एक भ्रांति** है। निर्वाण की प्राप्ति बहुत से जीवन जीने के बाद होती है, जो धागे की गेंद के खुलने की भांति स्वतः ही आगे बढ़ता है और अंतिम जीवन एक आजीविक संन्यासी के रूप में होता है। मानव परिस्थिति के इस स्थिर और उदास विचार के परिणामस्वरूप आजीविक किसी उद्देश्यपूर्ण लक्ष्य का पीछा करने के स्थान पर तपस्या पालन में लगे रहे। बाद के कुछ आजीविक गोसाल को देवता के रूप में पूजने लगे और नियति का मत ऐसे सिद्धांत में विकसित हो गया जिसके अनुसार सभी परिवर्तन भ्रामक हैं और सब कुछ सदा स्थिर है।

## विगत वर्षों में पूछे गए प्रश्न (प्रारंभिक परीक्षा)

1. धान्यकटक, जो महासांघिकों के अधीन एक प्रमुख बौद्ध केंद्र के रूप में समृद्ध हुआ, निम्नलिखित में से किस एक क्षेत्र में अवस्थित था? **(2023)**

   (a) आंध्र (b) गांधार
   (c) कलिंग (d) मगध

2. "आत्मा केवल जंतु और पादप जीवन की संपदा नहीं है, बल्कि शिलाओं, प्रवाहित जलधाराओं और अन्य अनेक प्राकृतिक वस्तुओं की भी है, जिन्हें अन्य धार्मिक संप्रदाय जीवित नहीं मानते।"

   उपर्युक्त कथन प्राचीन भारत के निम्नलिखित में से किस एक धार्मिक संप्रदाय के एक मूलभूत विश्वास को प्रतिबिंबित करता है? **(2023)**

   (a) बौद्ध परंपरा (b) जैन परंपरा
   (c) शैव परंपरा (d) वैष्णव परंपरा

3. प्राचीन भारत के संदर्भ में, निम्नलिखित कथनों पर विचार कीजिये: **(2023)**

   1. स्तूप की संकल्पना मूलतः बौद्ध संकल्पना है।
   2. स्तूप आमतौर पर अवशेषों का निक्षेपागार होता था।
   3. बौद्ध परंपरा में स्तूप एक संकल्प-अर्पित या स्मारक संरचना होती थी।

   उपर्युक्त में से कितने कथन सही हैं?

   (a) केवल एक (b) केवल दो
   (c) सभी तीन (d) कोई भी नहीं

4. भारतीय इतिहास के सन्दर्भ में, निम्नलिखित मूलग्रंथों पर विचार कीजिए: (2022)
   1. नेत्तिपकरण
   2. परिशिष्टपर्वन
   3. अवदानशतक
   4. त्रिशष्टिलक्षण महापुराण

   उपर्युक्त में से कौन-से जैन ग्रन्थ हैं?

   (a) 1, 2 और 3 (b) केवल 2 और 4
   (c) 1, 3 और 4 (d) 2, 3 और 4

5. भारतीय इतिहास के सन्दर्भ में, निम्नलिखित युग्मों पर विचार कीजिए। (2022)

   | ऐतिहासिक व्यक्ति | किस रूप में जाने गए |
   |---|---|
   | 1. आर्यदेव | जैन विद्वान |
   | 2. दिग्नाग | बौद्ध विद्वान |
   | 3. नाथमुनि | वैष्णव विद्वान |

   उपर्युक्त युग्मों में से कितने युग्म सही सुमेलित हैं?

   (a) कोई भी युग्म नहीं (b) केवल 1 युग्म
   (c) केवल दो युग्म (d) सभी तीन युग्म

6. भारत के सांस्कृतिक इतिहास के संदर्भ में, 'परामिता' शब्द का सही विवरण निम्नलिखित में से कौन-सा है? (2020)

   (a) सूत्र पद्धति में लिखे गए प्राचीनतम धर्मशास्त्र पाठ
   (b) वेदों के प्राधिकार को अस्वीकरण करने वाले दार्शनिक सम्प्रदाय
   (c) परिपूर्णताएं जिनकी प्राप्ति से बोधिसत्व पथ प्रशस्त हुआ
   (d) आरम्भिक मध्यकालीन दक्षिण भारत की शक्तिशाली व्यापारी श्रेणियां

7. भारत के धार्मिक इतिहास के संदर्भ में, निम्नलिखित कथनों पर विचार कीजिए: (2020)
   1. स्थाविरवादी महायान बौद्ध धर्म से संबद्ध हैं।
   2. लोकोत्तरवादी संप्रदाय बौद्ध धर्म के महासंघिक संप्रदाय की एक शाखा थी।
   3. महासंघिकों द्वारा बुद्ध के देवत्वारोपण ने महायान बौद्ध धर्म को प्रोत्साहित किया।

   उपर्युक्त कथनों में से कौन-सा/से सही है/हैं?

   (a) केवल 1 और 2 (b) केवल 2 और 3
   (c) केवल 3 (d) 1, 2 और 3

8. निम्नलिखित पर विचार कीजिए: (2019)
   i. बुद्ध में देवत्वारोपण
   ii. बोधिसत्त्व के पथ पर चलना
   iii. मूर्ति उपासना तथा अनुष्ठान

   उपर्युक्त में से कौन-सी विशेषता/विशेषताएं महायान बौद्धमत की है/हैं?

   (a) केवल i (b) केवल i और ii
   (c) केवल ii और iii (d) i, ii और iii

9. भारत की धार्मिक प्रथाओं के संदर्भ में ''स्थानकवासी'' संप्रदाय का संबंध किससे है? (2018)

   (a) बौद्ध मत (b) जैन मत
   (c) वैष्णव मत (d) शैव मत

10. भारतीय इतिहास के संदर्भ में, निम्नलिखित में से कौन भावी बुद्ध है, जो संसार की रक्षा हेतु अवतरित होंगे? (2018)

    (a) अवलोकितेश्वर (b) लोकेश्वर
    (c) मैत्रेय (d) पद्मपाणि

11. भारत के धार्मिक इतिहास के संदर्भ में, निम्नलिखित कथनों पर विचार कीजिए: (2017)
    1. सौत्रान्तिक और सम्मितीय जैन मत के संप्रदाय थे।
    2. सर्वास्तिवादियों की मान्यता थी कि दृग्विषय (फिनोमिना) के अवयव पूर्णत: क्षणिक नहीं हैं, अपितु अव्यक्त रूप से सदैव विद्यमान रहते हैं।

    उपर्युक्त कथनों में से कौन-सा/से सही है/हैं?

    (a) केवल 1 (b) केवल 2
    (c) 1 और 2 दोनों (d) न तो 1, न ही 2

12. बोधिसत्त्व पद्मपाणि का चित्र सर्वाधिक प्रसिद्ध और प्राय: चित्रित चित्रकारी है, जो (2017)

    (a) अजंता में है (b) बदामी में है
    (c) बाघ में है (d) एलोरा में है

13. भारत के धार्मिक इतिहास के संदर्भ में, निम्नलिखित कथनों पर विचार करें: (2016)

I. बोधिसत्व की अवधारणा बौद्ध धर्म के हीनयान संप्रदाय का केंद्र है।

II. बोधिसत्व स्वयं के प्रबुद्ध प्राप्ति के मार्ग में करुणामय हैं।

III. सभी संवेदनशील प्राणियों को उनकी मोक्ष प्राप्ति के मार्ग पर चलने में सहायता के लिए बोधिसत्व स्वयं की मोक्ष प्राप्ति को स्थगित कर देते हैं।

उपर्युक्त कथनों में से कौन-सा/से सही हैं?

(a) केवल I (b) केवल II और III

(c) केवल II (d) I, II और III

14. भारत के सांस्कृतिक इतिहास के संदर्भ में वृत्तांत, राजवंशीय इतिहास और महाकाव्य कथाओं को याद रखना निम्नलिखित में से किसका पेशा था? **( 2016 )**

(a) श्रमन (b) परिव्रजक

(c) अग्रहारिका (d) मगध

15. निम्नलिखित में से कौन से राज्य बुद्ध के जीवन से संबंधित थे? **( 2015 और 2014 )**

I. अवंति II. गांधार

III. कौशल IV. मगध

नीचे दिए गए कोड का उपयोग कर सही उत्तर का चयन करें।

(a) I, II और III (b) II और IV

(c) III और IV (d) I, III और IV

16. निम्नलिखित में से कौन-सा/से कथन जैन सिद्धांत पर लागू होते हैं? **( 2013 )**

I. कर्म को मिटा देने का सुनिश्चित मार्ग प्रायश्चित का पालन करना है।

II. हर वस्तु, यहां तक कि सूक्ष्मतम कणों में भी आत्मा होती है।

III. कर्म आत्मा का शाप है और जिसका निश्चित ही अंत होना चाहिए।

नीचे दिए गए कोड का उपयोग कर सही उत्तर का चयन करें।

(a) केवल I (b) केवल II और III

(c) केवल I और III (d) I, II और III

17. बौद्ध धर्म की कुछ रॉक कट गुफाएं चौत्य कहलाती हैं, जबकि अन्य विहार कहलाती हैं। इन दोनों में क्या अंतर है? **( 2013 )**

(a) विहार एक पूजा स्थल है, जबकि चौत्य संन्यासियों का आवास स्थान है।

(b) चौत्य एक पूजा स्थल है, जबकि विहार संन्यासियों का आवास स्थान है।

(c) चौत्य गुफा के अंतिम छोर पर बना स्तूप है, जबकि विहार इसके केंद्र में बना विशाल कक्ष होता है।

(d) इन दोनों में कोई भौतिक अंतर नहीं है।

18. निम्नलिखित में से कौन बौद्ध धर्म में निर्वाण की धारणा का सबसे अच्छा वर्णन करता है? **( 2013 )**

(a) इच्छाओं की लौ का बुझना।

(b) स्वयं का पूर्ण विनाश।

(c) परमानंद और शांति की स्थिति।

(d) समझ से परे एक मानसिक अवस्था।

19. प्राचीन भारत के इतिहास के संदर्भ में, निम्नलिखित में से बौद्ध धर्म और जैन धर्म दोनों में समान था/थे? **( 2012 )**

I. प्रायश्चित और आनंद की पराकाष्ठा से दूर रहना

II. वेदों के प्रभुत्व की उपेक्षा

III. अनुष्ठानों की प्रभावोत्पादकता से इनकार

नीचे दिए गए कोड का उपयोग कर सही उत्तर का चयन करें।

(a) केवल I (b) केवल II और III

(c) केवल I और III (d) I, II और III

20. भगवान बुद्ध की मूर्ति में कहीं-कहीं उन्हें हाथ की एक मुद्रा जिसे 'भूमि स्पर्श मुद्रा' कहा जाता है, के साथ दिखाया जाता है। यह प्रतीक है: **( 2012 )**

(a) मारा पर नजर रखने के लिए बुद्ध पृथ्वी का आह्वान करते हैं जिससे मारा को उनका ध्यान भंग करने से रोका जा सके।

(b) बुद्ध पृथ्वी का आह्वान करते हैं ताकि वह मारा के प्रलोभनों के बावजूद उनकी पवित्रता और संयम की गवाह बने।

(c) बुद्ध अपने अनुयायियों को स्मरण कराते हैं कि सभी पृथ्वी से पैदा होते हैं और अंततः पृथ्वी में ही विलीन हो जाते हैं, इसलिए यह जीवन अस्थाई है।

(d) इस संदर्भ में (a) और (b) दोनों ही कथन सही हैं।

21. जैन दर्शन मानता है कि इसने संसार की रचना और उसे कायम रखा: **(2011)**

(a) सार्वभौमिक कानून (b) सार्वभौमिक सत्य
(c) सार्वभौमिक विश्वास (d) सार्वभौमिक आत्मा

22. निम्नलिखित में से कौन अन्य तीन का समकालीन नहीं था? **(2005)**

(a) बिंबिसार (b) गौतम बुद्ध
(c) मिलिन्द (d) प्रसेनजीत

23. प्राचीन जैन धर्म से संबंधित निम्नलिखित में से कौन-सा कथन सही है? **(2004)**

(a) स्थलबाहु के नेतृत्व में जैन धर्म का प्रसार दक्षिण भारत में हुआ।

(b) वे जैन जो भद्रबाहु के नेतृत्व में रुके रहे, पाटलिपुत्र में आयोजित सभा के बाद श्वेतांबर कहलाए।

(c) पहली शताब्दी ई.पू. में जैन धर्म को कलिंग शासक खारवेल के संरक्षण का लाभ मिला।

(d) जैन धर्म के आरंभिक चरणों में बौद्ध धर्म के विपरीत जैन मूर्ति पूजा करते थे।

24. निम्नलिखित कथनों पर विचार करें: **(2003)**

I. वर्धमान महावीर की माता लिच्छवी नरेश चेतक की पुत्री थीं।

II. गौतम बुद्ध की माता कौशल वंश की एक राजकुमारी थीं।

III. 23वें तीर्थंकर, पार्श्वनाथ बनारस से संबंधित थे।

निम्नलिखित में से कौन-सा/से कथन सही हैं?

(a) केवल I (b) केवल II
(c) केवल II और III (d) I, II और III

25. प्राचीन भारतीय बौद्ध मठों में, एक समारोह पवरला का आयोजन होता था। जो था: **(2002)**

(a) संघ परिनायक और धम्म व विनय पर बोलने वाले दो वक्ताओं के चुनाव का अवसर।

(b) बारिश के मौसम के दौरान मठों में रहने वाले संन्यासियों द्वारा किए गए अपराधों की स्वीकृति।

(c) बौद्ध संघों में शामिल हुए नए लोगों का दीक्षा संस्कार जिसमें उनके सिर मुंड दिए जाते थे और उन्हें पीले वस्त्र धारण करने को दिए जाते थे।

(d) आषाढ़ की पूर्णिमा के अगले दिन बौद्ध संन्यासियों का एकत्रित होना जब वे बरसात के अगले चार महीनों के लिए एक निश्चित निवास स्थान पर चले जाते थे।

26. निम्नलिखित में किसने कनिष्क के शासनकाल के दौरान कश्मीर में आयोजित बौद्ध समिति की अध्यक्षता की थी? **(2001)**

(a) पार्श्व (b) नागार्जुन
(c) सुदर्क (d) वासुमित्र

27. *अभिकथन (A):* जैन धर्म के अहिंसा पर बल देना ही कृषकों द्वारा जैन धर्म को स्वीकर न करने का कारण बना।

*कारण (R):* कृषि में कीड़े-मकोड़ों और कीटों की हत्या होती थी। **(2000)**

(a) अभिकथन और कारण दोनों सही हैं, अभिकथन की व्याख्या कारण करता है।

(b) अभिकथन और कारण दोनों सही हैं, लेकिन अभिकथन की व्याख्या कारण नहीं करता है।

(c) अभिकथन सही है और कारण सही नहीं है।

(d) अभिकथन सही नहीं है और कारण सही है।

28. अष्टांग मार्ग की अवधारणा इसकी विषय-वस्तु का गठन करती है: **(1998)**

(a) दीपवम्सा (b) दिव्यवदान
(c) महापरिनिब्बान सुत्त (d) धर्म-चक्र प्रवर्तनसुत्त

29. मिलिन्दपन्हो राजा मनेन्द्र और किस बौद्ध भिक्षु के बीच हुए संवाद का रूप है? **(1997)**

(a) नागसेन (b) नागार्जुन
(c) नागभट्ट (d) कुमारीभट्ट

30. निम्नलिखित में से क्या बौद्ध धर्म और जैन धर्म दोनों में समान थे? (1997)
    I. प्रायश्चित और आनंद की पराकाष्ठा से दूर रहना
    II. वेदों के प्रभुत्व की उपेक्षा
    III. अनुष्ठानों की प्रभावोत्पादकता से इनकार
    IV. पशुओं को चोट न पहुंचाना

    नीचे दिए गए कोड का उपयोग कर सही उत्तर का चयन करें।
    (a) I, II, III और IV (b) II, III और IV
    (c) I, III और IV (d) I और II

31. निम्नलिखित में से क्या आरंभिक जैन साहित्य का हिस्सा नहीं था? (1996)
    (a) थेरिगाथा (b) अकारांगासूत्र
    (c) सूत्राकृतंग (d) बृहतकल्पसूत्र

32. अनुव्रत की अवधारणा का किसने समर्थन किया? (1995)
    (a) महायान बौद्ध धर्म
    (b) हीनयान बौद्ध धर्म
    (c) जैन धर्म
    (d) लोकायुक्त संप्रदाय

## उत्तरमाला

| | | | | | | | |
|---|---|---|---|---|---|---|---|
| 1. (a) | 2. (b) | 3. (b) | 4. (b) | 5. (c) | 6. (c) | 7. (b) | 8. (d) |
| 9. (b) | 10. (c) | 11. (b) | 12. (a) | 13. (b) | 14. (d) | 15. (d) | 16. (d) |
| 17. (b) | 18. (a) | 19. (b) | 20. (b) | 21. (a) | 22. (c) | 23. (c) | 24. (c) |
| 25. (b) | 26. (d) | 27. (a) | 28. (d) | 29. (a) | 30. (b) | 31. (a) | 32. (c) |

## विगत वर्षों में पूछे गए प्रश्न (मुख्य परीक्षा)

1. प्रारम्भिक बौद्ध स्तूप-कला, लोक वर्ण्य-विषयों एवं कथानकों को चित्रित करते हुए बौद्ध आदर्शों की सफलतापूर्वक व्याख्या करती है। विशदीकरण कीजिए। **(2016 सा.अ. प्रश्नपत्र 1)**

2. यह कहना कहां तक उचित है कि उत्तर वैदिक अर्थव्यवस्था में आए बदलावों ने भारत में नए धार्मिक आंदोलनों को जन्म दिया? **(2015–इतिहास वैकल्पिक)**

3. बुद्ध की शिक्षाएं आज के समाज की समस्याओं को समझने और सुलझाने में बड़े पैमाने पर सहायक सिद्ध हो सकती हैं। समीक्षात्मक विश्लेषण करें। **(2014–इतिहास वैकल्पिक)**

4. तक्षशिला विश्वविद्यालय विश्व के प्राचीनतम विश्वविद्यालयों में से एक था जिसके साथ विभिन्न शिक्षण-विषयों (डिसिप्लिन्स) के अनेक विख्यात विद्वानी व्यक्तित्व सम्बन्धित थे। उसकी रणनीतिक अवस्थिति के कारण उसकी कीर्ति फैली, लेकिन नालन्दा के विपरीत, उसे आधुनिक अभिप्राय में विश्वविद्यालय नहीं समझा जाता। चर्चा कीजिए। **(2014 सा.अ. प्रश्नपत्र 1)**

5. जैन सिद्धांतों के महत्व और उनकी मानवता के लिए प्रासंगिकता का आकलन करें। **(2011–इतिहास वैकल्पिक)**

## अभ्यास प्रश्न (प्रारंभिक परीक्षा)

1. निम्नलिखित का मिलान करें:

| | |
|---|---|
| (A) अष्टांग मार्ग | I. तंत्र |
| (B) वज्रयान | II. जैन धर्म |
| (C) दिगंबर | III. बौद्ध धर्म |
| (D) बुद्ध का पहला धर्मोपदेश | IV. सारनाथ |

**कूट:**

| | A | B | C | D |
|---|---|---|---|---|
| (a) | 2 | 1 | 3 | 4 |
| (b) | 1 | 2 | 3 | 4 |
| (c) | 4 | 3 | 2 | 1 |
| (d) | 3 | 1 | 2 | 4 |

2. निम्नलिखित कथनों पर विचार करें और सही विकल्प को चिन्हित करें।
   I. बौद्ध संघों में स्त्रियों को प्रवेश नहीं दिया जाता था।
   II. बुद्ध ने मध्य मार्ग का निर्धारण किया था।
   III. बुद्ध का जन्म लुम्बिनी में हुआ था।
   IV. बुद्ध के अनुसार, इच्छा सभी बुराइयों की जड़ है।
   (a) I, और II
   (b) उपरोक्त सभी
   (c) II, III और IV
   (d) उपरोक्त में से कोई नहीं

3. निम्नलिखित कथनों पर विचार करें और सही विकल्प को चिन्हित करें।
   I. महावीर बुद्ध के समकालीन थे।
   II. प्रथम बौद्ध सभा का आयोजन राजा अशोक के शासनकाल के दौरान हुआ।
   III. बौद्ध धर्म ने ब्राह्मणों के प्रभुत्व को स्वीकार कर लिया था।
   (a) I और II (b) केवल II
   (c) II और III (d) केवल I

4. निम्नलिखित कथनों पर विचार करें और सही विकल्प को चिन्हित करें।
   I. जैन ईश्वर के अस्तित्व में विश्वास रखते थे, लेकिन उनको अपने जिन से नीचे का स्थान देते थे।
   II. बौद्ध ईश्वर की अवधारणा में विश्वास रखते हैं, लेकिन आत्मा में विश्वास नहीं रखते।
   (a) दोनों सही हैं
   (b) केवल I ही सही है
   (c) केवल II ही सही है
   (d) उपरोक्त में से कोई नहीं

5. निम्नलिखित कथनों पर विचार करें और सही विकल्प को चिन्हित करें।
   I. बौद्ध धर्म और जैन धर्म दोनों का गठन क्षत्रियों द्वारा किया गया था।
   II. महायान बौद्ध धर्म मूर्ति पूजा में विश्वास रखता है, जबकि हीनयान इसमें विश्वास नहीं रखते।
   III. श्वेतांबर नग्न रहते हैं, जबकि दिगंबर सफेद वस्त्र धारण करते हैं।
   (a) I और II (b) केवल II
   (c) II और III (d) केवल I

### उत्तरमाला

1. (d) 2. (c) 3. (d) 4. (b) 5. (a)

## अभ्यास प्रश्न (मुख्य परीक्षा)

1. बौद्ध धर्म और ब्राह्मणवाद दोनों के बीच समानता और असमानता के बिंदुओं की पहचान करें।
2. छठी शताब्दी ई.पू. में नए धर्मों के उदय के कारणों पर चर्चा करें।
3. बुद्ध धर्म का पतन क्यों हुआ, जबकि जैन धर्म का प्रसार अन्य भागों में हो गया? जैन धर्म और बौद्ध धर्म दोनों में समान मौलिक सिद्धांत कौन से थे? व्याख्या करें।

अध्याय

# 6

# मौर्य साम्राज्य (324–187 ई.पू.)

मौर्य काल भारतीय उपमहाद्वीप के आरंभिक इतिहास का असाधारण काल है। यह न केवल **प्रथम उपमहाद्वीपीय साम्राज्य** की स्थापना को ही चिन्हित करता है, बल्कि परिवर्तनात्मक और अपेक्षाकृत स्थिर शासन की रणनीतियों के विकास को भी दर्शाता है। केरल, तमिलनाडु और उत्तर-पूर्वी भारत के कुछ हिस्सों को छोड़कर मौर्यों ने **पूरे उपमहाद्वीप** पर शासन किया। मौर्य काल के स्रोत इससे पहले के कालों की तुलना में ज्यादा विविध हैं और ज्यादा प्रमाणिक माने जाते हैं। अब पहली बार, हमारे पास बहुत से स्रोत हैं (साहित्यिक स्रोत, जैसे—**कौटिल्य का** *अर्थशास्त्र*, **मेगस्थनीज की इंडिका और रुद्रदमन प्रथम के जूनागढ़ शिलालेख**, जो कि चंद्रगुप्त के शासनकाल के दौरान **सुदर्शन झील** के निर्माण के आरंभ से संबंधित हैं, और अशोक द्वारा जारी किए गए शिलालेख जो इस काल के इतिहास पर स्पष्ट प्रकाश डालते हैं)।

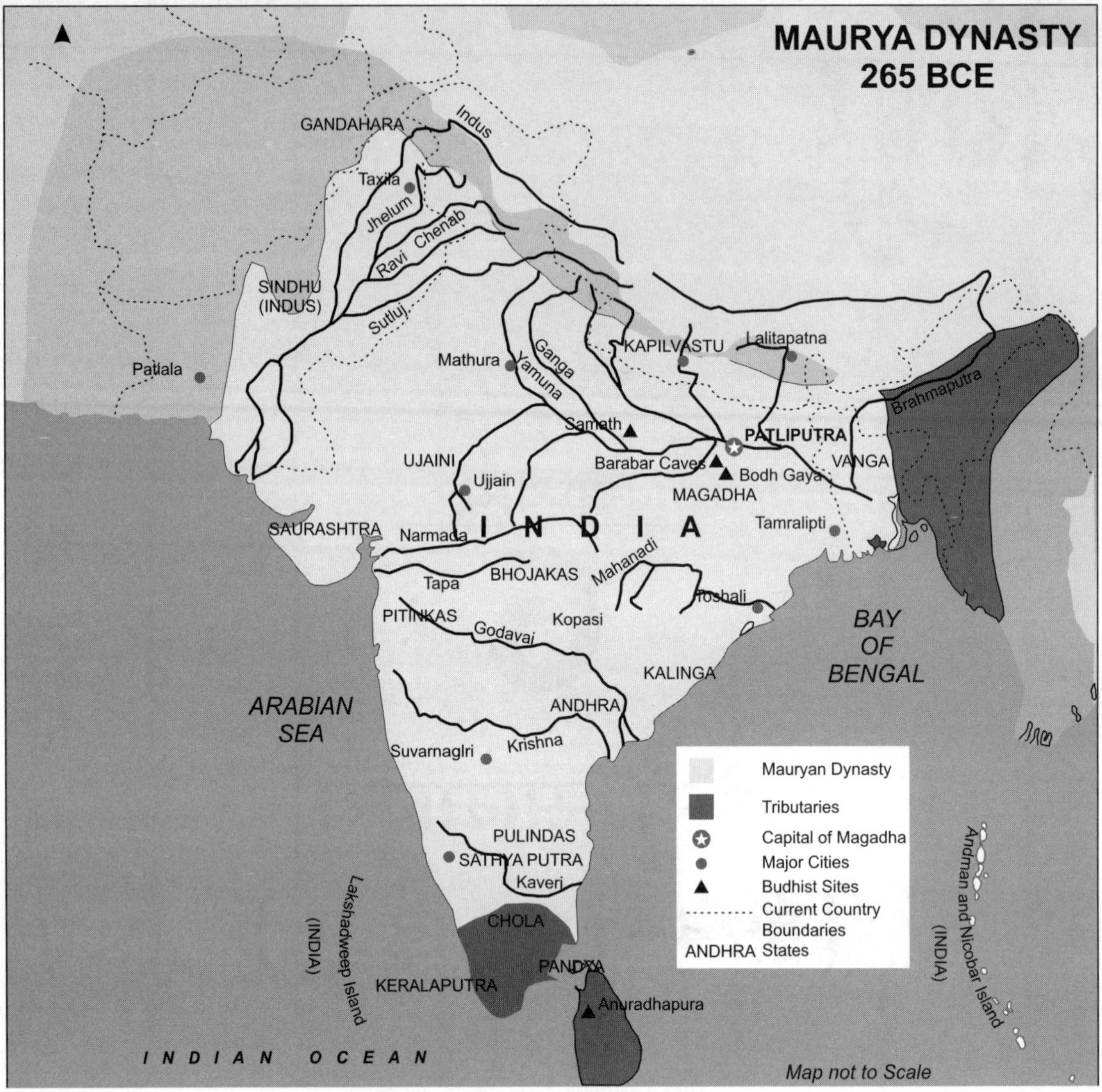


चित्र 6.1 मौर्य साम्राज्य का मानचित्र

इस काल की जानकारी के अन्य बड़े साहित्यिक स्रोत

**हेमचंद्र** का *परिशिष्ट पर्वन* (चंद्रगुप्त का जैन धर्म के साथ संबंध स्थापित करता है)

पांचवीं शताब्दी का **विशाखदत्त** कृत *मुद्राराक्षस* (ऐतिहासिक नाटक जो चाणक्य की, चंद्रगुप्त के शत्रुओं के विरुद्ध रची चतुर साजिशों का वर्णन करता है)

**दण्डिन** का *दशाकुमारचरित*

**बाणभट्ट** का *कादंबरी*

तीन बौद्ध ग्रंथ, जो हमें चंद्रगुप्त के जीवन का विवरण देते हैं, जिनके नाम हैं: ***महावंश, मिलिंदपन्हो*** और ***महाभाष्य***

***बौद्ध दीपवंशी, अशोकावदान, दिव्यावदान*** (ये तीनों ग्रंथ, और साथ ही महावम्सा हमें अशोक का विवरण देते हैं)

**वामसत्थपकासिनी** (चाणक्य और चंद्रगुप्त के दिव्य चरित्र पर लिखा गया 10वीं शताब्दी का व्याख्यात्मक निबंध)

**मामूलनार** का मौर्यों के दक्षिण की ओर विस्तार का संदर्भ (इस संगमकालीन तमिल कवि के अनुसार, मौर्यों की उत्तर कर्नाटक में स्थित दक्षिणी सत्ता कोशर के साथ एक संधि हुई थी, और मौर्य निरंतर दक्षिण के मामलों और राजनीति में हस्तक्षेप करते रहते थे)।

इन ग्रंथों से हमें मौर्यों के जीवन और प्रशासन को समझने में बहुत सहायता मिलती है। इन सभी शाब्दिक स्रोतों में से कौटिल्य का ***अर्थशास्त्र*** और मेगस्थनीज की ***इंडिका*** विशेष महत्व रखते हैं।

## कौटिल्य का अर्थशास्त्र

इसे भारत में अब तक प्रकाशित सभी पुस्तकों में से सबसे गूढ़ व विस्तृत पुस्तक माना जाता है। इसका शीर्षक ***अर्थशास्त्र,*** एक संस्कृत शब्द है, जिसका अर्थ 'भौतिक हितों का विज्ञान' है, हालांकि इसे 'शासन कला का विज्ञान' के रूप में भी स्वीकार किया जाता है। किंतु यह जानना दिलचस्प है कि ***अर्थशास्त्र*** के अनुसार, अर्थ यानी भौतिक हित, धर्म (आध्यात्मिक हित) और काम (इंद्रीय सुख) दोनों ही से श्रेष्ठ है। ***'अर्थशास्त्र'***,[1] चंद्रगुप्त के प्रधानमंत्री कौटिल्य, जिन्हें **चाणक्य या विष्णुगुप्त** के नाम से भी जाना जाता है, के राजनीतिक विचारों का सारांश प्रस्तुत करता है। चाणक्य की अक्सर इटली के पुनर्जागरण काल के लेखक **निकोलो मैक्यावेली** (द *प्रिंस* के लेखक) के साथ तुलना की जाती है। यह पुस्तक (***अर्थशास्त्र***) कई शताब्दियों तक खोयी रही जब तक इसकी ताड़ के पत्ते पर लिखी पाण्डुलिपि 1905 ई. में भारत में **आर. शामाशास्त्री** द्वारा खोज न निकाली गई। इस संस्करण को लगभग 250 ई. दिनांकित किया गया, जो कि कौटिल्य के समय से कई शताब्दियों के बाद का है, लेकिन आमतौर पर यह स्वीकार किया जाता है कि इस पुस्तक के मुख्य विचार काफी हद तक स्वयं कौटिल्य के हैं। इस पुस्तक में **विशिष्ट विषयों** की विस्तृत जानकारी है जो उन **शासकों के लिए प्रासंगिक** है जो **प्रभावी शासन चलाना** चाहते हैं। **कूटनीति और युद्ध (सैन्य रणनीति सहित)** शामिल है। दो ऐसे विषय हैं जिन पर विस्तार से चर्चा की गई है, लेकिन पुस्तक में **कानून, कारागार, कर निर्धारण, सिंचाई, कृषि, खनन, किलेबंदी, मुद्रा, निर्माण, व्यापार, प्रशासन और गुप्तचरों पर भी वर्णन शामिल हैं।**

अर्थशास्त्र में कौटिल्य द्वारा व्यक्त विचार पूर्ण रूप से **व्यावहारिक और अभावुक** हैं। कौटिल्य ने खुले तौर पर **विवादित विषयों,** जैसे–हत्या, परिवार के सदस्यों को कब मारना है, गुप्तचरों का कैसे प्रबंध करना चाहिए, संधियों का उल्लंघन कब फायदेमंद है और मंत्रियों की कब जासूसी करनी चाहिए, पर लिखा है। हालांकि, उन्होंने **राजा के नैतिक कर्त्तव्य** और **पैतृक**

---

[1] इसमें 15 पुस्तकें (अधिकरण) निहित हैं, जिनमें से पहली पांच **तंत्र** (आंतरिक संचालन) और अगली आठ **अवाप** (अंतर्राज्यीय संबंध) से संबंधित हैं। अंतिम दो पुस्तकें अन्य विविध विषयों से संबंधित हैं।

**निरंकुशता** पर जोर दिया है जैसा कि वे शासक के कर्त्तव्यों को संक्षेप में बताते हुए कहते हैं, ***''प्रजा की खुशी राजा की खुशी है, उनका कल्याण उसका कल्याण है, उसका अपना आनंद उसके लिए अच्छा नहीं है, बल्कि उसकी प्रजा का आनंद उसके लिए अच्छा है।''***

**चित्र 6.2** चाणक्य

## मेगस्थनीज की इंडिका

***इंडिका* यूनानी राजदूत, मेगस्थनीज** द्वारा लिखा गया यात्रा वृतांत है, जिसे **सेल्युकस निकेटर ने चंद्रगुप्त मौर्य** के दरबार में भेजा था जो मौर्यों की राजधानी पाटलिपुत्र में रहते थे। वर्तमान में यह पुस्तक **नहीं बची** है, लेकिन इसके खंडों का बाद के यूनानी और लैटिन विद्वानों के कार्यों में उल्लेख किया गया। ये विद्वान थे–**डियोडोरस** (इतिहासकार जिसने सिकंदर के भारत अभियान और भारत का विस्तृत वर्णन प्रदान किया), स्ट्रैबो (भूगोलवेत्ता, जिसकी पुस्तकों में भारत और फारस के भूगोल का वर्णन है), **प्लिनी** (रोम का विद्वान जिसने मेगस्थनीज की टिप्पणियों को उद्‌धृत किया), और **एरियन** (राजनीतिज्ञ व सैनिक जिसने सिकंदर के अभियान और साथ ही नौसेना अध्यक्ष निर्याकस की बेबीलोन की वापसी यात्रा के ब्यौरे प्रदान किए)। ***इंडिका*** ने उपमहाद्वीप को उसके आकार-प्रकार (भारत चतुष्कोणीय आकार का देश है, जो दक्षिण और पूर्वी दिशा में समुद्र से घिरा है), मिट्टी, मौसम, नदियां, पौधे, जानवर (हाथियों, घोड़ों और बंदरों का विस्तृत वर्णन शामिल है क्योंकि ऐसा प्रतीत होता है कि यूनानी भारतीय जानवरों पर विशेष रूप से मोहित थे), उत्पादन, प्रशासन, समाज, किंवदंतियों और लोक साहित्य के संदर्भ में वर्णित किया है। यूनानियों ने भारतीयों द्वारा भगवान कृष्ण की आराधना का भी उल्लेख किया है और **श्रीकृष्ण** को **डियोनिसस और हेराकल्स/हरक्यूलिस** कहकर संबोधित किया है। उन्होंने भारतीयों का चित्रण ईमानदार (क्योंकि चोरी दुर्लभ थी), **महान चरित्र और नैतिक मूल्य वाले लोगों** के रूप में किया है।

*''अकाल कभी भारत का रुख नहीं करता और वहां कभी भी पौष्टिक भोजन की आपूर्ति का सामान्य अभाव नहीं होता व युद्ध के समय में भी भारतीय कभी जुती हुई भूमि को तबाह नहीं करते जैसा कि अन्य देशों द्वारा किया जाता है, बल्कि अपने युद्ध कृषि भूमि से दूर लड़ते हैं, ताकि युद्ध के प्रकोप में भी भूमि के अंकुरों की खेती जारी रह सके।''*

मेगस्थनीज की कृति की मुख्य गलतियां **विवरण में भूल, भारतीय लोक साहित्य की अविवेकी स्वीकृति और यूनानी दर्शन के मानकों के अनुसार भारतीय संस्कृति को आदर्श रूप में प्रस्तुत करने की प्रवृत्ति** थीं। उदाहरण के तौर पर, मेगस्थनीज, हैरोडोटस के मिस्र के समाज को व्यवसायिक मानदंडों के आधार पर सात श्रेणियों में वर्गीकृत करने से प्रभावित था, उसने भारत में भी सात वर्णों के अस्तित्व का उल्लेख किया (यानी, दार्शनिकों को उच्च स्थान पर रखा गया था और ब्राह्मण व श्रमण; किसान, चरवाहे व शिकारी और कारीगर व व्यापारी, सैनिक, निरीक्षक और राजा के सलाहकारों से बना समाज) जो कि जाहिर है, समाज के विभिन्न वर्गों के पेशेवर व्यवसायों के संदर्भ में किया गया विभाजन था, और बल्कि उस समय प्रचलित परंपरागत चार स्तरीय जातीय व्यवस्था के विपरीत था। हालांकि, मेगस्थनीज ने भारतीय वर्ण व्यवस्था के **दो सबसे महत्वपूर्ण पहलुओं सगोत्र विवाह और वंशानुगत व्यवसाय की पहचान कर ली थी। स्ट्रैबो** ने भी गलत तौर पर यह बताया कि भारतीय लेखन व धातु पिघलाने की कला से अलग थे और बलि के समय को छोड़कर कभी मदिरापान नहीं करते थे। इन गलतियों के बाद भी, मेगस्थनीज की ***इंडिका*** और साथ में कौटिल्य के ***अर्थशास्त्र*** ने उस समय के सबसे शक्तिशाली और प्रसिद्ध वंशों में से एक **मौर्य वंश** पर महत्वपूर्ण अंतर्दृष्टि प्रदान की।

## मौर्य वंश

मौर्य वंश के **संस्थापक चंद्रगुप्त मौर्य** (324/321-297 ई.पू.) को नंदों की विशाल सेना विरासत में मिली, जिसका इस्तेमाल उसने लगभग पूरे उत्तर, उत्तर-पश्चिम और भारतीय प्रायद्वीप के बड़े हिस्से पर विजय प्राप्त करने में किया। मौर्य वंश की **उत्पत्ति** और जाति के बारे में **बहुत अस्पष्टता** है और वह विभिन्न ग्रंथों में अलग-अलग बताई गई है। बौद्ध ग्रंथ, जैसे-दीर्घनिकाय, महावम्सा और दिव्यावदान, संभवतः इस वंश को ऊंचा दर्जा देने के लिए, मौर्यों को क्षत्रिय मोरिया वंश, जो शाक्यों से संबद्ध था, की एक शाखा से संबंधित बताते हैं, लेकिन ब्राह्मणवादी स्रोत उन्हें शूद्र और विधर्मी मानते हैं, संभव है ऐसा इसलिए था क्योंकि प्रत्येक राजा विधर्मी संप्रदाय का दृढ़ संरक्षक था। ऐसा भी माना जाता है कि इस वंश का संबंध नंदों से था, ***विष्णुपुराण*** के अनुसार, चंद्रगुप्त मौर्य, मौर्य का सबसे बड़ा पुत्र था, जो कि नंद राजा सर्वार्थसिद्धि और एक शिकारी (वृषला) की पुत्री मूरा का पुत्र था।

## चंद्रगुप्त मौर्य ( 324/321-297 ई.पू. )

- मौर्य वंश की **स्थापना** चंद्रगुप्त मौर्य ने अपने गुरु **चाणक्य/कौटिल्य** की मदद से की थी।
- ऐसी पूरी संभावना है कि चंद्रगुप्त ने **पहले** स्वयं को **पंजाब** में स्थापित किया और फिर **पूर्व की ओर बढ़ा** जब तक उसने मगध क्षेत्र पर नियंत्रण हासिल न कर लिया। परंपरागत धारणा के अनुसार, चंद्रगुप्त ने यह रणनीति एक घटना से प्राप्त **नैतिक सीख** के आधार पर अपनाई थी जिसमें उसने एक स्त्री को अपने बच्चे को खाने को बीच थाली में से खाने पर डांटते हुए देखा, क्योंकि खाना हमेशा किनारों की अपेक्षा बीच में ज्यादा गर्म होता है।
- **यूनानी विद्वानों ने चंद्रगुप्त मौर्य को सैंड्रोकोट्स** कहकर संबोधित किया (विलियम जोंस ने सर्वप्रथम इसकी पहचान की)। यूनानी विद्वान, **चंद्रगुप्त और सिकंदर** (जिसने 327-326 ई.पू. के दौरान उत्तर-पश्चिम भारत पर आक्रमण किया था) के बीच **मुलाकात** का भी जिक्र करते हैं। वे चंद्रगुप्त मौर्य और **सेल्यूकस निकेटर** (जो सिकंदर के सेनापतियों में से एक था, और उसकी मृत्यु के बाद ज्यादातर पूर्वी एशियाई प्रांतों पर नियंत्रण पाने में सफल हो गया था) के बीच संघर्ष का वर्णन भी करते हैं। चंद्रगुप्त ने 301 ई.पू. के आसपास उसे पराजित कर दिया और सेल्यूकस, **अराकोसिया** (दक्षिण-पूर्वी अफगानिस्तान का कंधार क्षेत्र), **जेड्रोसिया** (दक्षिण बलूचिस्तान) और **पारापौमीसदाई** (अफगानिस्तान और भारतीय उपमहाद्वीप के बीच का क्षेत्र, जैसे–काबूल, हेरात, गंधार) उसे पांच सौ हाथियों के बदले देने को मजबूर हो गया।
- सेल्यूकस ने **मेगस्थनीज** (जिसने ***इंडिका*** लिखी थी) को मौर्य दरबार में राजदूत के रूप में भेजा।
- वह **मौर्य साम्राज्य का मुख्य निर्माता** था और उसने विशाल साम्राज्य का निर्माण किया, जिसमें बिहार, नेपाल, पश्चिमी और उत्तर-पश्चिमी भारत और दक्कन शामिल थे।
- जैन ग्रंथों और परंपरा के अनुसार, चंद्रगुप्त ने **जैन धर्म अपना लिया था और वह भद्रबाहु के साथ श्रावणबेलागोला** (मैसूर के निकट) की पहाड़ियों पर चला गया था जहां उसने **संलेखना** (भूखे रहकर धीरे-धीरे मृत्यु) अपना लिया।

### बिंदुसार ( 297-273 ई.पू. )

- यूनानी लेखकों ने बिंदुसार को **अमित्रोचेट्स** (शत्रुओं का संहारक) के नाम से संबोधित किया, जबकि ***महाभाष्य*** में उसका उल्लेख **अमित्रोघाट** (शत्रुओं का हत्यारा) नाम से किया है। लेकिन यह बात अजीब लगती है कि बौद्ध ग्रंथों में बिंदुसार का जिक्र नहीं है। हालांकि, आजीवक पंथ की कहानियों में, एक भविष्यवक्ता का उल्लेख मिलता है जिसने बिंदुसार से उसके पुत्र अशोक के भविष्य की महानता के बारे में भविष्यवाणी की थी।
- इसने **'दो सागरों के बीच की भूमि'** (यानी, अरब सागर और बंगाल की खाड़ी) पर विजय प्राप्त की। तिब्बती संन्यासी **तारानाथ** (जिन्होंने **भारतीय बौद्ध धर्म का 17वीं शताब्दी का इतिहास** लिखा) ने उल्लेख किया है कि बिंदुसार के महान गुरु चाणक्य ने 16 नगरों के कुलीनों और राजाओं को नष्ट कर दिया और उसे पूर्वी व पश्चिमी सागरों के बीच के क्षेत्र का स्वामी बना दिया।
- यूनानी स्रोत उसके **पश्चिमी राजाओं के साथ कूटनीतिक संबंधों** का भी उल्लेख करते हैं। स्ट्राबो के अनुसार, **एंटियोक्स** (सीरियाई राजा) **ने डायमेकस** को बिंदुसार के दरबार में राजदूत के रूप में भेजा था। इसी प्रकार, प्लिनी ने उल्लेख किया है कि, मिस्र (इजिप्ट) के **राजा टॉलेमी द्वितीय फिलाडेल्फस ने डियोनिसियस** को राजदूत के तौर पर भारत भेजा था।

- ***दिव्यावदान* में**, संभवत: उसके शासनकाल के दौरान उसके पुत्र अशोक का उल्लेख है, जिसने तक्षशिला में कुटिल मंत्रियों के विद्रोह का दमन किया।
- ऐसा माना जाता है कि वह **आजीवक** पंथ में शामिल हो गया था।
- उसके शासन के दौरान, लगभग पूरा उपमहाद्वीप (सुदूर दक्षिण में कर्नाटक तक) मौर्यों के आधिपत्य में था।

## अशोक ( 269-232 ई.पू. )

- 273 ई.पू. में बिंदुसार की मृत्यु के बाद, **चार वर्ष तक उत्तराधिकार का संघर्ष** चला। ***दिव्यावदान*** के अनुसार, बिंदुसार अपने पुत्र **सुशीम** को अपना उत्तराधिकारी बनाना चाहता था, और अशोक, बिंदुसार के मंत्रियों की पसंद था। बाद में, एक मंत्री **राधागुप्त** की सहायता और अपने 99 भाइयों को मारने के बाद, आखिरकार अशोक ने मगध का सिंहासन हासिल कर लिया और इस प्रकार, चार वर्ष के बाद, उसका औपचारिक अभिषेक हुआ।
- **बिंदुसार के शासनकाल के दौरान** उसे **तक्षशिला और उज्जैन** (दोनों नगर व्यवसायिक गतिविधियों का नियंत्रण करते थे) **का वायसराय** (सूबेदार) नियुक्त किया गया।
- अशोक को **सर्वकालीन महानतम सम्राटों** में से एक माना जाता है, और संभवत: वह ऐसा **पहला शासक था जिसने** अपनी प्रजा के साथ **अपने अभिलेखों के माध्यम से सीधा संपर्क बनाया।** सम्राट के विभिन्न नामों में **बुद्ध शाक्य और अशोक ( मस्की शिलालेख में )**, **धर्म अशोक ( सारनाथ अभिलेख )**, **देवानामपिय ( अर्थात् देवताओं का प्रिय )** और **पियदस्सी** (आकर्षक रूप, **श्रीलंका के बौद्ध ऐतिहासिक ग्रंथों *दीपवम्सा*** और ***महावम्सा*** में दिया गया नाम) शामिल हैं।
- बौद्ध ग्रंथ ***अशोकवदान*** के अनुसार, अशोक की माता चम्पा एक ब्राह्मण की पुत्री थीं, जिनका नाम **सुभद्रांगी** था। एक धारणा के अनुसार, अशोक को उसका नाम (शाब्दिक अर्थ 'शोक के बगैर') वास्तव में इस तथ्य के कारण मिला कि उसके जन्म का परिणाम उसके माता-पिता के पुनर्मिलन के रूप में हुआ जो अन्यथा महल की साजिश के कारण अलग हो गए थे। ये उसकी माता के उद्गार थे कि, ''अब मैं शोक के बगैर हूं'', जिससे बालक अशोक को उसका नाम मिला।
- बौद्ध ग्रंथ जैसे कि *दीपवम्सा* और *महावम्सा* अशोक की रानियों के बारे में विस्तृत विवरण प्रदान करते हैं। किंवदंती के अनुसार, अशोक ने अपनी पत्नी **महादेवी** (विदिशा के एक व्यापारी की पुत्री, जो बाद में अशोक की यशस्वी संतानों **महेंद्र/महिंद्र और संघमित्रा/संघमित्ता**, जिन्होंने बौद्ध धर्म का प्रचार करने में मदद की, **की मां बनीं )** से प्रेम विवाह किया था। इन दोनों ग्रंथों में अशोक की अन्य रानियों का भी उल्लेख है, जो थीं–**असंधिमित्रा, पद्मावती, तिस्सारखिता ( जिसने बोधि वृक्ष को कटवाने का प्रयास किया था )** और **कौरूवकी ( एकमात्र रानी जिसका उल्लेख रानी के शिलालेख**/इलाहाबाद कौशांबी स्तंभ शिलालेख, जहां उसको राजकुमार तीवर की माता के रूप में दर्शाया गया है। राजकुमार तीवर **अशोक का एकमात्र ऐसा पुत्र है, जिसका उल्लेख** अभिलेखों में **उसके नाम से किया गया )।**
- उसके साम्राज्य में हिंदुकुश से बंगाल तक का **पूरा क्षेत्र** अंतर्निहित था और यह अफगानिस्तान, बलूचिस्तान और पूरे भारत जिसमें कश्मीर और नेपाल की घाटियां (**पहला साम्राज्य** जिसने ऐसा किया) शामिल थीं, तक विस्तृत था, इसमें अपवाद स्वरूप सुदूर दक्षिण का एक छोटा हिस्सा था जो उसके साम्राज्य का अंग नहीं था (जहां **शिलालेख 13 के अनुसार, चोल और पाण्ड्य व शिलालेख 2** के अनुसार, **केरलपुत्र** और **सतियापुत्र** बसे हुए थे)।

- उसके यूनानी समकालीन सीरिया का **एंटियोक्स द्वितीय,** मिस्त्र का **तुरमय**, मेसिडोनिया का **एंटिगोनस,** सायरेनेका (लीबिया) का **मागस** और पाइरस का **एलेक्जेंडर** थे, क्योंकि इन सभी का उल्लेख अशोक के शिलालेखों में किया गया है। अशोक ने इन सभी के साथ, कूटनीतिक और अन्य, दोनों ही प्रकार के दूतों का आदान-प्रदान किया। **13वें शिलालेख के अनुसार**, ''धर्म की यहां, सीमाओं पर जीत हुई और 600 योजन (5400-9600 किलोमीटर) दूर भी जहां यूनानी शासक एंटियोक्स राज करता है, और वहां से परे जहां चार राजा जिनके नाम टॉलेमी, एंटिगोनस, मागस और एलेक्जेंडर शासन करते हैं, इसी तरह दक्षिण में चोलों और पाण्ड्यों के बीच, और सुदूर तम्रपर्णी (श्रीलंका) तक।''
- अशोक **बौद्ध धर्म का महान समर्थक** था। परंपरा के अनुसार और जैसा कि ***महावम्सा*** और ***दीपवम्सा*** में उल्लेख किया गया है, उसके भतीजे **निग्रोध** (जो 7 वर्ष की छोटी उम्र में संन्यासी बन गया था) **ने उसे बौद्ध धर्म में दीक्षित करवाया था।** *दिव्यावदान* के अनुसार, **उपगुप्त** (एक व्यापारी, जो संत बन गया) ने अशोक को बौद्ध धर्म में दीक्षित करवाया था। **उसके शासनकाल के दौरान पहली बार बौद्ध धर्म भारत से बाहर** पहुंचा। उसने अपने पुत्र **महेंद्र** और पुत्री **संघमित्रा** को सिलोन (श्रीलंका) भेजा।
- विभिन्न सामाजिक समूहों, जिनमें स्त्रियां शामिल थीं, के बीच धर्म के प्रचार के लिए **धर्म महामात्र** की नियुक्ति की (अपने शासनकाल के 14वें वर्ष में)।
- **पाटलिपुत्र में तृतीय बौद्ध सभा** का आयोजन करवाया (अपने शासनकाल के 18वें वर्ष में), जिसके बाद उसने बौद्ध धर्म प्रचारकों को सिलोन और स्वर्णभूमि भेजा।
- अपनी द्वितीय धर्म यात्रा की श्रृंखला में (अपने शासनकाल के 21वें वर्ष में), उसने **लुम्बिनी ( बुद्ध का जन्मस्थान )** का दौरा किया।
- उसने पशु बलि पर प्रतिबंध लगाया, भोजन के लिए पशुओं के वध को व्यवस्थित किया और अपने साम्राज्य में हर जगह धर्मशालाएं, अस्पताल व सराय स्थापित किए।

### बृहद्रथ

अशोक के बाद मौर्य साम्राज्य का तेजी से पतन हुआ और बाद के शासकों का शासनकाल बहुत कम समय तक रहा। साम्राज्य कमजोर और खंडित हो गया, और 187 ई.पू. में अंतिम शासक, **बृहद्रथ की उसके सेनापति पुष्यमित्र शुंग द्वारा हत्या** के बाद मौर्य साम्राज्य का अंत हो गया।

**शुंग वंश ( 187 ई.पू. )**

## अशोक के अभिलेख और अशोक धम्म

अशोक का इतिहास उसके अभिलेखों के आधार पर पुनर्निर्मित किया गया है। ये अभिलेख न केवल अशोक के शासन पर प्रकाश डालते हैं, बल्कि उसकी बाहरी और घरेलू नीतियों, ***धम्म*** (धर्म) के बारे में उसके विचार और उसके साम्राज्य के विस्तार

को भी उजागर करते हैं। अशोक की व्यक्तिगत सोच के विवरण के रूप में, ये असाधारण आलेख उसके काल के माहौल का जीवंत वर्णन करते हैं। कुल 33 अभिलेख हैं, जिन्हें निम्नरूप से वर्गीकृत किया गया है:

- **वृहद् प्रस्तर अभिलेख**
- **लघु प्रस्तर अभिलेख**
- **पृथक प्रस्तर अभिलेख**
- **वृहद् स्तंभ, एवं**
- **अभिलेख और लघु स्तंभ अभिलेख**

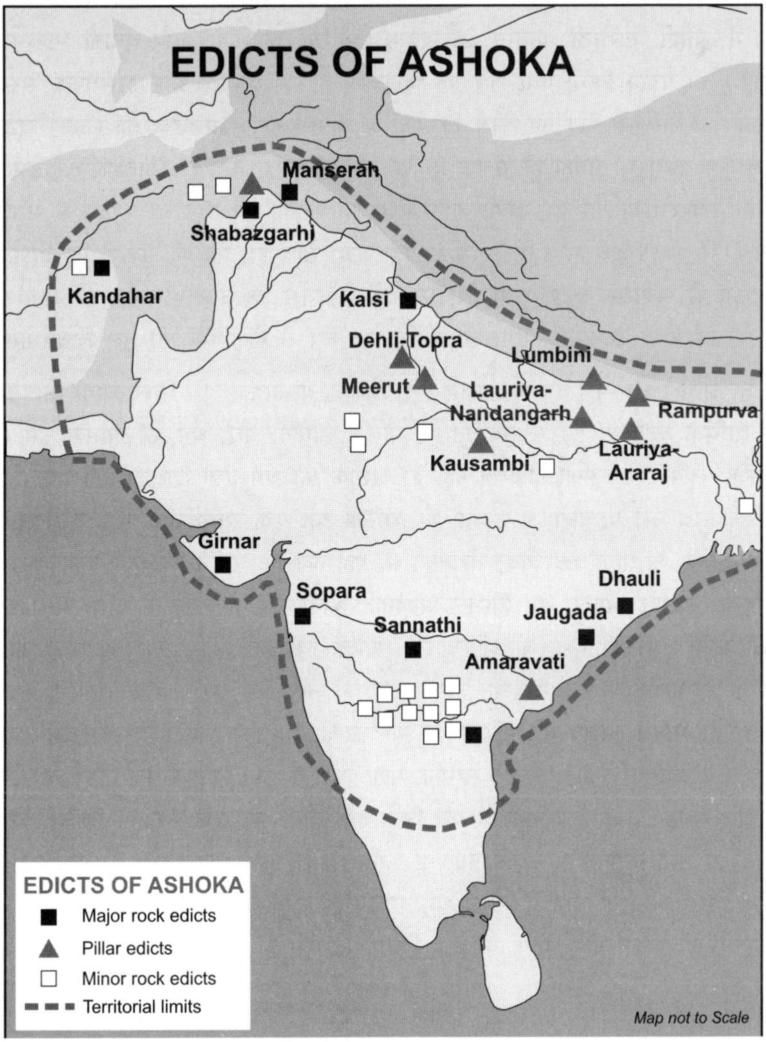


**चित्र 6.3** अशोक के साम्राज्य के शिलालेखों को दर्शाने वाला मानचित्र

**उसके शासनकाल के पूर्वार्द्ध** में अभिलेख **आसानी से उपलब्ध प्रस्तर सतहों पर अंकित किए गए,** और पूरे साम्राज्य में व्यापक तौर पर वितरित किए गए, विशेष तौर पर जनसंख्या बहुल बस्तियों में जहां लोग आसानी से इन अभिलेखों को पढ़ सकें, इस तरह इनका उल्लेख **लघु और वृहद् प्रस्तर अभिलेखों** के रूप में किया गया। दूसरी ओर, **ज्यादातर स्तंभ अभिलेखों को उसके शासनकाल के उत्तरार्द्ध** में और पत्थरों की जगह, **भली-भांति पॉलिश किए गए बलुआ पत्थर के स्तंभों** पर अंकित किया गया (वाराणसी के करीब चुनार के उत्खनन स्थल से खोदकर निकाला गया), जिनमें से **प्रत्येक स्तंभ के शिखर पर बारीक नक्काशी के साथ तराशे गए जानवरों की उत्कृष्ट आकृति** को उकेरने की तकनीकी विशेषज्ञता शामिल थी, की ओर चढ़ते क्रम में अभिलेख अंकित किए गए, जो ज्यादातर गंगा के मैदानी इलाकों तक सीमित थे (क्योंकि उन्हें नदी द्वारा अन्य स्थानों पर पहुंचाया जाता था)।

उसके अभिलेखों में, **ब्राह्मी, खरोष्ठी, प्राकृत, अरमाइक** (सीरिया की भाषा) और **यूनानी** भाषाओं (1837 ई. में **जेम्स प्रिंसेप द्वारा पढ़ी गई)** का प्रयोग किया गया था। यह दिलचस्प है कि **यूनानी और अरमाइक संस्करणों** में (ज्यादातर उत्तरी-पश्चिमी सीमाओं के आसपास पाए गए, जैसे कि शार-ए-कुना यूनानी-अरमाइक अभिलेख) **बुद्ध की शिक्षाओं का कोई उल्लेख नहीं** है। यह तथ्य भी उतना ही रोचक है कि इन अभिलेखों की कुछ अवधारणाएं **उस भाषा के दार्शनिक उपदेशों** से ली गई हैं। उदाहरण के तौर पर, आर्माइक में लिखे अभिलेखों को तभी बेहतर ढंग से समझा जा सकता है जब उन्हें किसी जोरोस्ट्रियन (जरथुस्ट्र) अवधारणा के संदर्भ में पढ़ा जाए। साथ ही, यह भी सच है कि **अशोक के अभिलेखों में बौद्ध धर्म की शिक्षाओं से संबंधित कुछ मुख्य विचार नहीं थे,** जैसे कि अष्टांग मार्ग, चार आर्य सत्य और निर्वाण का लक्ष्य। इसके बावजूद, उसके धम्म आधारित अभिलेखों में निश्चित रूप से बौद्ध धर्म की मूल विचारधारा शामिल थी।

अशोक के ज्यादातर अभिलेख धम्म (धर्म का प्राकृत रूप, जिसका वास्तविक अर्थ **विश्वव्यापी कानून या नीति-परायणता या सामाजिक और धार्मिक व्यवस्था** है) से संबंधित हैं, और ये स्पष्टत: बौद्ध धर्म के उपासक धर्म (समाज के लिए बुद्ध की शिक्षाएं) से प्रेरित हैं, लेकिन ये उसका प्रतिबिंब नहीं हैं। अशोक का धर्म ऐसी शिक्षाओं की प्रवृत्ति थी जिसे मात्र संकीर्ण सांप्रदायिक धारणाओं के साथ नहीं पहचाना जा सकता था, **बल्कि यह एक सामाजिक और बौद्धिक आचार संहिता को अपने में सम्मिलित** करता था जो सामाजिक जीवन के बहुत से, यहां तक कि यह उससे बहुत ज्यादा और पहलुओं को प्रभावित करता था। उसने **अहिंसा, परस्पर आदर** और विभिन्न संप्रदायों व विश्वास के लोगों के बीच समझ पर जोर दिया। अशोक ने धम्म को धर्मनिष्ठा के रूप में नहीं देखा जो औपचारिक धार्मिक विश्वासों से प्रेरित अच्छे कर्मों का परिणाम थी, बल्कि **सामाजिक नैतिकता के अनुपालन** के रूप में देखा। उसके धम्म का लक्ष्य ऐसे दृष्टिकोण का निर्माण करना था, जिसमें **नैतिक व्यवहार को प्रधानता** और **मानव जीवन की गरिमा** को मान्यता दी जाए। अशोक ने बार-बार लोगों से दासों व सेवकों के प्रति सम्मान, महत्व, दया व उदारता, गुरुओं के प्रति सम्मान, माता-पिता के प्रति आज्ञाकारिता, मित्रों व परिजनों के प्रति उदारता, ब्राह्मणों व श्रमणों के प्रति सम्मान व दान, प्राणियों के प्रति चिंता और जीवन को नष्ट करने से विरक्ति का आग्रह किया। अपनी प्रजा की भलाई के बारे में चिंता उसकी धम्म की नीति में शामिल थी। उसने अपनी प्रजा से एक आचार संहिता या आदर्श सामाजिक व्यवहार, जो विश्व के सभी धर्मों में समान था, का पालन करने का आग्रह किया। करीब से देखने पर अशोक के अभिलेख धम्म की मूल विशेषताओं की व्याख्या करते हैं जिसमें **करुणा** (दया), **परोपकार** (दान), **सत्यवादिता, पवित्रता** और **सौम्यता** शामिल हैं।

## चौदह वृहद् प्रस्तर अभिलेख और उनसे संबंधित संदेश

| वृहद् प्रस्तर | संबंधित संदेश |
|---|---|
| **पहला अभिलेख** | **पशुओं की बलि पर प्रतिबंध** घोषित करता है। |
| **दूसरा अभिलेख** | मानव व पशुओं की चिकित्सा एवं उपचार, लाभदायक **चिकित्सीय जड़ी-बूटियों**, फलों का रोपण और कुएं खुदवाना। |
| **तीसरा अभिलेख** | *प्रादेशिकों, राजुकों* और *युक्तों* व उनकी प्रत्येक पांच वर्ष में **निरीक्षण के लिए दौरों की आवश्यकता** का उल्लेख करता है। साथ ही, उनके अन्य कार्यों में *धम्म* के उपदेश व *ब्राह्मणों* और *श्रमणों* के प्रति उदारवादी दृष्टिकोण अपनाना शामिल था। |
| **चौथा अभिलेख** | ***भेरी घोष ( युद्ध नगाड़ा )*** का स्थान ***धम्म घोष*** ने ले लिया और सम्राट अशोक ने इस कार्य को सबसे अधिक महत्व दिया। |
| **पांचवां अभिलेख** | ***धम्म महामात्रों*** की नियुक्ति, एक विशेष संवर्ग (कैडर) के अधिकारी, जिन्हें साम्राज्य के अंदर धम्म के प्रसार का कार्य सौंपा गया। |
| **छठा अभिलेख** | मंत्री परिषद और *पुलीसनी* व *प्रतिवेदक* (संवाददाता) जैसे अधिकारी। |
| **सातवां अभिलेख** | सभी संप्रदायों के बीच धार्मिक **सहिष्णुता** और लोगों के कल्याण के उपाय, न सिर्फ अपने राज्य में बल्कि आसपास के चोल व पाण्ड्य और उत्तर-पश्चिम के एंटीयोक्स के राज्यों में भी। |
| **आठवां अभिलेख** | शाही अभिराम यात्राओं (*बिहार-यात्रा*) का स्थान *धम्म यात्राओं* ने ले लिया। अशोक स्वयं बोधगया स्थित समबोधि गए। |
| **नौवां अभिलेख** | विभिन्न समारोहों की अनुपयोगिता की निंदा, उनके स्थान पर धम्म व *नैतिक आचरण* पर जोर। |
| **दसवां अभिलेख** | *सम्राट की और अधिक प्रसिद्धि व महिमा पाने की इच्छा नहीं है।* |
| **ग्यारहवां अभिलेख** | घोषित किया कि **सभी उपहारों में सबसे अच्छा धम्म का उपहार है** और *धम्म* की नीति का पालन करना अन्य नीतियों का पालन करने से बेहतर है। *धम्म* में बड़ों का सम्मान करना और दासों के प्रति अच्छा आचरण रखना शामिल है। |
| **बारहवां अभिलेख** | ***इथिजिका महामात्र* ( स्त्री कल्याण का प्रभारी *महामात्र* )** का उल्लेख और न केवल विभिन्न संप्रदायों के बीच सहिष्णुता, बल्कि लोगों से दूसरे के धम्म को सम्मान देने व समझने का आग्रह। |
| **तेरहवां अभिलेख** | • **कलिंग युद्ध ( 261 ई.पू.**, अशोक के राज्याभिषेक के नौवें वर्ष में घटित हुआ) ने उसका हृदय परिवर्तित कर दिया और अशोक, जो शिव का उपासक था, बौद्ध धर्म की ओर मुड़ गया। ***दिग्विजय*** का स्थान ***धम्म विजय*** ने ले लिया, **तलवार** का स्थान ***धम्म*** ने ले लिया और **युद्ध नगाड़े ( *भेरी घोष*) नियम ( धम्म घोष )** बन गए। उसका *धम्म* विश्व के सभी धर्मों का सार (अच्छे गुण) था। सम्राट *धम्म* की विजय को सबसे महत्वपूर्ण विजय मानता था, उसके यूनानी पड़ोसी, जैसे-एंटियोक्स, और अन्य जैसे-चोल व पाण्ड्यों पर *धम्म* द्वारा जीत का उल्लेख है। लेकिन, उसके इसी प्रस्तर अभिलेख में, उसने वन्य जनजातियों को किसी भी कट्टरता के विरुद्ध सख्ती से चेतावनी दी।<br>• 13वें शिलालेख में प्रदान की गई जानकारी से मौर्य साम्राज्य की **क्षेत्रीय सीमा** को समझने में भी मदद मिली और इसमें इसके पड़ोसियों **चोलों** (उत्तरी तमिलनाडु), **चेरों** (केरल) और **पांड्यों** (दक्षिणी तमिलनाडु) का संदर्भ भी शामिल है। |
| **चौदहवां अभिलेख** | प्रस्तर अभिलेखों का **उद्देश्य**। |

## स्तंभ अभिलेख और उनसे संबंधित संदेश

शानदार मुक्त रूप से खड़े अशोक के स्तंभ संभवत: विश्व की धुरी के द्योतक हैं (धुरी मुंडी) जो स्वर्ग व धरती को अलग करते थे। स्तंभ अभिलेख **लौरिया-अरोराज, लौरिया नंदनगढ़, रामपुरवा, निगाली सागर, सारनाथ, टोपरा और मेरठ** में पाए गए। लेकिन यह ध्यान देना रोचक है कि **दो स्तंभ,** एक **टोपरा** से व दूसरा **मेरठ** से, को फिरोज शाह तुगलक द्वारा दिल्ली स्थानांतरित किया गया। कुछ **स्तंभ बिना अभिलेख के** हैं, जैसे कि **रामपुरवा का वृष के शिखर का स्तंभ, वैशाली का सिंह के शिखर का स्तंभ और कोलम स्तंभ,** जो शिखर रहित भी है। अशोक के स्तंभों की निम्नलिखित विशेषताएं हैं:

**चित्र 6.4** वैशाली का अशोक स्तंभ

(a) ज्यादातर स्तंभ **आकार और आयाम** में समान हैं और चुनार से उत्खनित बलुआ **पत्थर से निर्मित** हैं।

(b) ज्यादातर **एकाश्म** (अर्थात् एक ही पत्थर के टुकड़े से तराशे गए) हैं और सभी की **चमकीली और पॉलिश की गई सतह** है।

(c) इन स्तंभों का **आधार नहीं है,** और समतल, चिकना बेलनाकार शाफ्ट 12-14 मी. की ऊंचाई तक थोड़ा पतला होता जाता है। एक बेलनाकार पेंच शाफ्ट के ऊपरी भाग को शिखर से जोड़ता है और उन पर **घंटी के आकार का शिखर** होता है (पत्थर पर उल्टे कमल का आकार तराशा गया है)।

(d) घंटी के शिखर के ऊपरी हिस्से पर एक **चबूतरा (अबेकस)** बनाया गया है जिसका प्रयोजन उस पर आभूषित पशु को सहारा देना है। आरंभिक स्तंभों में ये चबूतरे समतल और चौकोर हैं और बाद के स्तंभों में ये गोलाकार व घुमावदार हैं। स्तंभों के सभी हिस्सों पर **हर तरफ नक्काशी** की गई है, यानि गोलाई में, संभवत: स्तंभ को सब तरफ से देखने के उद्देश्य से ऐसा किया गया।

अशोक स्तंभों से संबंधित रूपांकनों में बहुत-सी प्रचलित भारतीय धार्मिक परंपराओं की **समृद्ध और विभिन्न प्रतीकवादों** की गूंज है। उदाहरण के तौर पर, सबसे ज्यादा पाए जाने वाले रूपांकन थे–**कमल** (भारतीय परंपरा में **पवित्रता और उर्वरता**

का प्रतीक), **सिंह (सूर्य का प्रतीक** और **बुद्ध का प्रतिनिधित्व भी करता है,** क्योंकि उनका उल्लेख **शाक्य-सिंहा,** अर्थात् शाक्यों के बीच सिंह के रूप में किया जाता है), **वृष (उपजाऊपन** का प्रतीक), **हाथी** (बौद्ध धर्म में प्रासंगिक, क्योंकि बौद्ध परंपरा के अनुसार, बुद्ध ने अपनी माता के गर्भ में सफेद हाथी के रूप में प्रवेश किया था), **चक्रा पहिया (धर्मचक्र** का प्रतिनिधित्व करता है, अर्थात् धर्म का चक्र और संप्रभुता से भी संबंधित) और **घोड़ा (सिद्धार्थ** के **गृह-त्याग** का प्रतीक)। कुछ महत्वपूर्ण स्तंभ अभिलेखों की विशेषताएं निम्नलिखित हैं:

| स्तंभ अभिलेख | संबंधित संदेश |
|---|---|
| पहला स्तंभ अभिलेख | **सामाजिक संहिता** |
| दूसरा स्तंभ अभिलेख | *धम्म* **न्यूनतम पाप** के योग से मिलकर बना है, अच्छे कर्मों का निष्पादन, दया, पवित्रता व सत्यवादिता का पालन करने का वर्णन करता है। |
| तीसरा स्तंभ अभिलेख | **आत्मा** और **पाप** |
| चौथा स्तंभ अभिलेख | ***राजुक*** |
| पांचवां स्तंभ अभिलेख | लोकप्रियता से **दिल्ली-टोपरा स्तंभ अभिलेख** के रूप में जाना जाता है, इसकी विशेषता **पशु हत्या पर प्रतिबंध** है। |
| छठा स्तंभ अभिलेख | **लोक कल्याण** |
| सातवां स्तंभ अभिलेख | ***धम्म महामात्र*** |

**चित्र 6.5** दिल्ली का टोपरा स्तंभ

## अन्य प्रासंगिक शिलालेख और महत्वपूर्ण अभिलेख

| शिलालेख/अभिलेख | टिप्पणी |
|---|---|
| **इलाहाबाद-कोसम / रानी का अभिलेख/कौशाम्बी** या **संघभेद अभिलेख** | अशोक की *संघ* के सदस्यों को श्रेणियों में विभाजन उत्पन्न करने के विरुद्ध चेतावनी<br>इसी अभिलेख पर **समुद्रगुप्त का उत्कीर्णन** है।<br>संभवत: **जहांगीर इसे हटाकर इलाहाबाद के किले में ले गया।** |
| **रुद्रदामन का गिरनार शिलालेख** (काठियावाड़) | **पुष्यगुप्त द्वारा सुदर्शन झील** के निर्माण का उल्लेख करता है, जो **चंद्रगुप्त मौर्य के शासनकाल** में सौराष्ट्र का एक ***राष्ट्रीय*** (प्रांतीय गवर्नर) था। |
| **कंधार अभिलेख** | **द्विभाषिक** यूनानी-आर्माइक अभिलेख |
| **निगाली सागर अभिलेख** (नेपाल) | पहले स्तूप के विस्तार (उसके राज्याभिषेक के 14 वर्ष बाद) और बाद में **अशोक के निर्माण स्थल के दौरे** (उसके राज्याभिषेक के 20 वर्ष बाद) को अंकित करता है। |
| **रुम्मिनदेई अभिलेख** (नेपाल) | बुद्ध के **जन्मस्थान का अभिनंदन** करने के लिए, अशोक ने लुम्बिनी का दौरा किया, वहां आराधना की और गांव वासियों को करों में रियायत दी। यह अभिलिखित करता है कि *लुम्बिनी गांव को बलि से मुक्त किया गया था और उन्हें केवल आठवें भाग का ही भुगतान करना होता था।* |
| **सन्नाति अभिलेख** (कर्नाटक) | 14 बड़े प्रस्तर अभिलेखों व साथ ही दो पृथक् कलिंग अभिलेखों का उत्खनन स्थल। |
| **कलिंग अभिलेख** (भाउली और जौगढ़) | ***"सभी मनुष्य मेरी संतान हैं"*** का उल्लेख करता है। |
| **सौगौरा ताम्र पत्र अभिलेख** और चन्द्रगुप्त मौर्य का महास्थान शिलालेख | **चंद्रगुप्त मौर्य** का अभिलेख, **मगध में अकाल के दौरान अपनाए गए राहत उपायों** का उल्लेख करता है। |
| **लघु प्रस्तर अभिलेख 1** | दर्शाता है कि **अशोक का बौद्ध धर्म की ओर झुकाव अचानक नहीं, उत्तरोत्तर हुआ** (सत्ता में लगभग 2.5 वर्ष तक रहने के बाद)। |
| **लघु प्रस्तर अभिलेख 3** | अशोक ने *संघ* का सत्कार किया, बुद्ध, *धम्म* और *संघ* में **गहरी आस्था** को स्वीकारा और भिक्षु, भिक्षुणियों व आम समाज के लिए छह बौद्ध ग्रंथों की अनुशंसा की। |
| **शाहबाजगढ़ी और मनसेहरा** के अभिलेख | **खरोष्ठी** लिपि में लिखे हैं। |
| **ब्रह्मगिरि** लघु प्रस्तर अभिलेख I और II | **स्थानीय प्रशासन** के विषय में बताते हैं। |

चित्र 6.6 रुम्मिनदेई स्तंभ

## अशोक की विरासत

अशोक केवल प्राचीन भारत के इतिहास का ही नहीं, बल्कि विश्व का महान धर्म-प्रचारक शासक था। उसे महान और अग्रणी परिवर्तनात्मक उपलब्धियों का श्रेय जाता है, जैसे:

1. **देश का राजनीतिक एकीकरण:** उसने न केवल कलिंग को मगध राजवंश में जोड़ा, बल्कि पूरे देश को एक साथ एक धम्म, एक भाषा, और लगभग एक लिपि ब्राह्मी (जो उसके ज्यादातर अभिलेखों में प्रयोग की गई) में बांध दिया।

**चित्र 6.7** कनगनहल्ली प्रस्तर पर अशोक का चित्र जिसमें अशोक का उल्लेख 'राण्यो अशोक' के रूप में किया गया है

2. **सहिष्णुता और सम्मान का प्रचार:** अशोक ने न केवल धार्मिक क्षेत्र में ही **सहिष्णुता को अपनाया** और **प्रचारित** किया (उसने अपने बौद्ध विश्वास को अपनी प्रजा पर नहीं थोपा और **गैर-बौद्ध संप्रदायों को भी उपहार दिए,** जैसे कि **आजीवक पंथ** के **तपस्वियों को बराबर की गुफाएं दान** में दीं), बल्कि लिपियों (ब्राह्मी के अतिरिक्त उसने अन्य लिपियों, जैसे–खरोष्ठी, अरमाइक और यूनानी को भी सम्मान दिया) और भाषाओं (यूनानी, प्राकृत, और संस्कृत) के मामले में भी इसे अपनाया।
3. **सांस्कृतिक संपर्कों को बढ़ावा:** उसने न केवल परिवर्तनात्मक प्रशासनिक बदलाव ही किए, बल्कि भारतीय राज्यों के बीच और भारत व बाहरी जगत के साथ **सांस्कृतिक संपर्कों को भी बढ़ावा दिया।** यह कहना अतिशयोक्ति नहीं होगी कि अशोक को **भारत का पहला वैश्विक सांस्कृतिक राजदूत** माना जाता है।
4. **शांति और अनाक्रमण की नीति:** अशोक इतिहास में अपनी **शांति, गैर-विजय व अनाक्रमण की नीति** के लिए प्रसिद्ध है। इस अर्थ में, वह अपने समय व पीढ़ी से बहुत आगे का था।

## मौर्य प्रशासन

मौर्य काल **परिवर्तनात्मक प्रशासनिक बदलावों** व विस्तृत प्रशासन के लिए उल्लेखनीय माना जाता है। आमतौर पर ऐसा माना जाता है कि मौर्यों का विस्तृत व अत्यधिक **केंद्रीकृत सत्तावादी शासन** था, जो सभी शक्तियों का मूल स्रोत था, हालांकि ऐसा कहा जाता है कि मौर्य शासकों (विशेषकर अशोक) ने बजाय पवित्र शासन के **पैतृक निरंकुशता** पर दावा किया। अशोक का साम्राज्य संभवतः **प्रांतों** में विभाजित था, जिसमें प्रत्येक प्रांत में एक **वायसराय** था। *अर्थशास्त्र* में, कौटिल्य ने **सप्तांग राज्य** की अवधारणा पर टिप्पणी की, जिसके अनुसार, राज्य में सात अंतर-संबंधित और आपस में गुंथे हुए अंग या प्रकृति (तत्व) शामिल होते हैं:

### 1. स्वामिन (सम्राट)

सभी सात तत्वों की आत्मा। कौटिल्य के अनुसार, सम्राट **धर्मप्रवक्ता** था। सामाजिक व्यवस्था का प्रणेता क्योंकि वह **राजशासन,** अर्थात् शाही फरमान जारी करता था और **पोराना पकिति** अर्थात्, प्राचीन नियम व प्रथाओं को बनाए रखता था। यद्यपि उसके दैनिक मामलों में मंत्रियों की एक समिति उसकी सहायता करती थी, मगर राजस्व, कानून और व्यवस्था, युद्ध या प्रशासन से संबंधित किसी अन्य मामले में सम्राट स्वयं **सभी अंतिम निर्णय लेता था।** उससे **चुस्त रहने** व हर समय **अपने अधिकारियों के लिए सुलभ** रहने की अपेक्षा की जाती थी। अपने एक शिलालेख में, अशोक ने घोषित किया था कि आम लोग उससे किसी भी समय मिल सकते हैं। उसने यह भी घोषणा की कि उसकी सारी प्रजा उसकी संतानों की तरह है और वह इस दुनिया और दूसरी दुनिया में उनकी खुशियों की अभिलाषा रखता है। *अर्थशास्त्र* ने इस बात पर जोर दिया कि राजा को बेसहारा बच्चों, वृद्ध व्यक्तियों, संतानहीन स्त्रियों और अन्य निःसहाय व कमजोर लोगों की देखभाल करनी चाहिए। सम्राट ने लोगों के कल्याण को सुनिश्चित करने के लिए सड़कों के किनारे पेड़ लगवाए, कुएं खुदवाए और मानव व पशुओं दोनों ही के लिए चिकित्सा सुविधाएं प्रदान कीं।

*"चंद्रगुप्त बहुत परिश्रमी सम्राट था। वह दिन भर दरबार में रहता था, वह दिन के समय नहीं सोता था और अपने शरीर की मालिश, बाल बनाते और कपड़े पहनते समय भी वह सार्वजनिक कार्यों पर ध्यान देता था और अपने राजदूतों से मुलाकात करता था।"*

**मेगस्थनीज**

मौर्यों के समय में, राजा को अपने जीवन व पद की रक्षा के लिए बहुत सतर्कता का प्रयोग करना पड़ता था। *अर्थशास्त्र* में विभिन्न आपातकालीन निकासों और महलों के अंदर व बाहर होने वाली घटनाओं को जांचने के लिए विभिन्न जांच तकनीकों को प्रयुक्त करने के बारे में बहुत अच्छी जानकारी शामिल है। यह दिलचस्प है कि, यहां सम्राट की **व्यक्तिगत महिला अंगरक्षकों** का भी उल्लेख है, जो तीरंदाजी में निपुण थीं। *कौटिल्य* ने हत्या के खतरे का भी उल्लेख किया है और इस प्रकार सम्राट को विष, आग और सांपों से सुरक्षित रखने और गुप्तचरों के ऐसे प्रभावी घेरे को एकत्रित करने के मार्ग भी बताए हैं जो राजद्रोह के थोड़े से भी खतरों को सूंघ लें (जैसे कि **संस्था** या **स्थिर गुप्तचर** जिन्हें एक विशेष क्षेत्र में स्थाई रूप से नियुक्त किया जाता था और **संचारा** या **घूमने वाले गुप्तचर** जो गुप्त सूचना एकत्रित करने के लिए एक स्थान से दूसरे स्थान तक घूमते रहते थे)। चंद्रगुप्त ने गुप्तचरों की एक संस्था बनाई जिन्हें **ओवरसियर** (डियोडोरस के **एपिसकोपोई** या स्ट्राबो और आर्रियन के **एफोरी**) कहा जाता था, जो पूरे देश की घटनाओं पर नजर रखते थे और नियमित तौर पर सम्राट को सूचना देते थे। स्ट्राबो कहते हैं कि, **एफोरी** का चयन सबसे विश्वसनीय व्यक्तियों में से किया जाता था। **प्रतिवेदक** और **पुलीसानी** का भी उल्लेख मिलता है जो सम्राट के विशेष संवाददाताओं के रूप में काम करते थे और उसे जनता की राय की सूचना देते थे।

## 2. आमात्य (सभी उच्च अधिकारी, सलाहकार, विभागों के मुख्य अधिकारी/मंत्री)

सम्राट दैनिक प्रशासन में अपनी सहायता के लिए मंत्रियों की एक समिति नियुक्त करता था जिसे **मंत्रिपरिषद** (जो कि मंत्रियों के परामर्श के छोटे निकाय **मंत्रिपरिषद** की तुलना में एक बड़ा निकाय था) कहा जाता था। मेगस्थनीज और बाद के यूनानी लेखकों, जैसे–डियोडोरस, स्ट्राबो, एरियन आदि के अनुसार, मंत्रिपरिषद बहुत प्रभावशाली थी। सम्राट को प्रशासनिक मामलों में सलाह देने के अतिरिक्त उसका गवर्नर, वायसराय, उप-गवर्नर, कोषाध्यक्ष, सेनापति, नौसेनाध्यक्ष, न्यायाधीश, मुख्य न्यायाधीश और अन्य उच्च अधिकारियों की नियुक्ति में मंत्रिपरिषद की बहुत प्रभावी भूमिका रहती थी। मंत्रिपरिषद की बैठक में महा-मंत्रिन या उच्च मंत्रिन भी भाग लेते थे, जिन्हें उच्च वेतन दिया जाता था। इस तथ्य की पुष्टि इससे होती है कि जहां मंत्रिनों को प्रतिवर्ष वेतन के रूप में 48,000 पण मिलते थे, वहीं मंत्रिपरिषद के सदस्यों को प्रतिवर्ष केवल 12,000 पण ही मिलते थे।

राज्य के सामान्य मामलों की देखभाल करने के लिए वहां **निकायों** (प्रशिक्षित अधिकारियों) की समिति भी थी। अर्थशास्त्र में केंद्र में उच्चतम अधिकारियों का अठारह तीर्थों के रूप में उल्लेख किया है, इनमें से प्रमुख थे–**मंत्रिन** (मुख्यमंत्री), **पुरोहित** (मुख्य पुजारी), **युवराज** (उत्तराधिकारी), और **सेनापति** (प्रधान सेनापति)। वहां अन्य विभिन्न अधिकारी भी थे जो महत्वपूर्ण विभागों के प्रभारी थे। ये अधिकारी **आमात्य** (जो सर्वोच्च प्रशासनिक और न्यायिक नियुक्तियों को भरते थे), **महामात्र और अध्यक्ष** के नाम से जाने जाते थे। **अध्यक्ष** (या अधीक्षक, जिन्हें मेगस्थनीज ने एस्टीनोमोई कहा, स्ट्राबो के मजिस्ट्रेट) तीर्थों के बाद **उच्च पदस्थ अधिकारी** थे, जो ज्यादातर आर्थिक कार्यों और कुछ सैन्य कार्यो से संबद्ध थे। अर्थशास्त्र 27 अध्यक्षों की सूची उपलब्ध करवाता है जो विभिन्न आर्थिक विभागों, जैसे–कृषि, खनन, बुनाई, व्यापार आदि को चलाने के लिए उत्तरदायी

थे। उदाहरण के लिए, नगरों व शहरों को देखने वाले मैजिस्ट्रेट (न्यायाध्यक्ष) **नगराध्यक्ष** कहलाते थे, और सेना की देखभाल करने वालों को **बालाध्यक्ष** कहा जाता था। यह काफी आश्चर्यजनक है, कि शासकीय अधिकारियों की उच्चतम और निम्नतम श्रेणियों के बीच वेतन के संदर्भ में भारी अंतर था। उदाहरण के तौर पर अधिकारी/सैनिकों के वेतन का अनुपात मुख्यमंत्री/सेनापति के वेतन का 1:96 निकलता था।

सभी कार्यकारी अधिकारियों में से, **समाहर्ता (राजस्व का मुख्य संग्रहकर्ता)** सबसे महत्वपूर्ण था और उसकी जिम्मेदारियों में खातों की देखरेख और सभी प्रकार के स्त्रोतों से कर एकत्रित करना शामिल था। ज्यादातर अध्यक्ष जिनका ऊपर उल्लेख किया गया है, इसी के आदेश पर कार्य करते थे। इसके अतिरिक्त कुछ और पद भी थे, जैसे– **सन्निधाता (कोषाध्यक्ष)** जो शाही भंडारों का भी प्रभारी था, **अक्षपटलाध्यक्ष (दस्तावेज व हिसाब-किताब की जांच का पद)** और **दौवारिका (महल के परिचारकों का प्रमुख)**। यह जानना रोचक है कि, कौटिल्य ने विभिन्न अमात्यों के पदों पर लोगों की नियुक्ति हेतु उनकी योग्यता तय करने के लिए **कुछ विशिष्ट परीक्षण** निर्धारित किए, और केवल वही लोग जिनके चरित्रों का सिर्फ एक प्रकार के नहीं अपितु सभी प्रकार के प्रलोभनों के अंतर्गत परीक्षण किया जाता था, सम्राट के सलाहकार और भी ऊंचे पद पर पदोन्नत किए जाते थे। उदाहरण के तौर पर, नागरिक और आपराधिक न्याय के प्रभारी अमात्य मामलों के निष्पक्ष निर्णय करने के लिए पर्याप्त रूप से धार्मिक विचारधारा के हैं या नहीं, उनको धार्मिक परीक्षण (**धर्मोपधासुद्धा**) से शुद्ध किया जाता था। इसी प्रकार जिनकी नियुक्ति राजकोष के सचिव (समाहार्ता) के रूप में की जाती थी, को धन परीक्षण (**अर्थोपधासुद्धा**) द्वारा शुद्ध किया जाता था, आमोद उद्यान में नियुक्त किए जाने वालों को प्रेम परीक्षण (**कामोपधासुद्धा**) सें शुद्ध किया जाता था, और जिन लोगों को ऐसे कार्यों में नियोजित किया जाता था उनके लिए साहसिक और तत्काल कदमों की आवश्यकता होती थी, उन्हें भय परीक्षण (**भयोपधासुद्धा**) द्वारा शुद्ध किया जाता था।

## 3. जनपद (क्षेत्र और जनसंख्या)

मगध व उसकी राजधानी पाटलिपुत्र से अलग, मौर्य साम्राज्य **चार अन्य प्रांतों** में विभाजित था, जिनकी राजधानियां **तक्षशिला** (उत्तर-पश्चिमी भारत), **स्वर्णगिरि** (दक्षिण भारत), **तोसाली** (पूर्वी भारत) और **उज्जैन** (पश्चिमी भारत) थीं)। **अशोक के** शासनकाल के दौरान एक पांचवां प्रांत कलिंग इसमें शामिल हो गया था। प्रांतीय प्रशासन का प्रमुख वायसराय था, जो **न्याय और व्यवस्था** व केंद्र के लिए **कर संग्रह** करने का **प्रभारी** था। आमतौर पर वह शाही वंश (**कुमार या आर्यपुत्र) का राजकुमार** होता था और उसकी सहायता के लिए महामात्र और मंत्रियों की एक समिति होती थी। शाही प्रांतों के अतिरिक्त, बड़ी संख्या में ऐसे क्षेत्र थे जो कुछ सीमा तक स्वराज का लाभ उठाते थे।

| राज्य | राजधानी |
|---|---|
| उत्तरापथ | तक्षशिला |
| दक्षिण पथ | सुवर्णगिरि |
| प्राची | पाटलीपुत्र |
| अवन्तीराष्ट्र | उज्जैन |
| कलिंग | तौसली/धौली |

प्रांत आगे **खंडों** में विभाजित थे जिनके प्रमुख **प्रादेशिक** थे, उनके पास कोई सलाहकार समिति नहीं होती थी। खंड **राजुकों** (**रज्जू** से उत्पन्न, जिसका अर्थ **रस्सी** है, संभवत: भूमि मापने के लिए रस्सी के प्रयोग से संबंधित) के अधीन **जिलों** में विभाजित थे। उसे **युक्तों** (क्लर्क) से लेखांकन, सचिवीय और अन्य विविध कार्यों में सहायता प्राप्त होती थी। जिले **5 या 10 गांवों के समूहों** में बंटे थे जिनका प्रमुख **स्थानिक** (जो कर एकत्रित करता था) होता था और उसकी सहायता **गोपों**

(जो समुचित दस्तावेजों और खातों की देखरेख करते थे) द्वारा की जाती थी। **नागरिका** शहर का प्रशासनिक प्रमुख था, जबकि **प्रदेष्टा** शहर का न्यायाधीश था और **रक्षिन** शहर का पुलिस प्रमुख था। निम्नतम प्रशासनिक इकाई **गांव** थे, जिन्हें गांव के प्रमुख **ग्रामीणी/ग्रामिका, ग्राम-वृद्धों** (गांव के बुजुर्ग) के परामर्श से चलाते थे। इस प्रकार मौर्य प्रशासन संरचनात्मक रूप से पिरामिड की तरह था जिसमें आधार पर ग्रामीणी और शीर्ष पर सम्राट थे। हालांकि, यह निश्चित नहीं है कि क्या पूरे भारतीय उपमहाद्वीप में इसी प्रकार का प्रशासन था। ऐसा प्रतीत होता है कि जबकि मगध के केंद्रीय प्रदेश सम्राट के सख्त प्रबंधन के अधीन थे, अन्य दूर-दराज के क्षेत्र हो सकता है कि विभिन्न स्तर के प्रशासनिक नियंत्रण के गवाह बने।

**स्थानीय → द्रोण → मुख → खार्वटिक → संग्रहण**

**गांवों की प्रशासनिक इकाई 800 गांव → 400 गांव → 200 गांव → 10 गांव**

मौर्यों की राजधानी पाटलिपुत्र के नगरपालिका प्रशासन का स्वरूप अनोखा था। मेगस्थनीज के अनुसार व *अर्थशास्त्र* द्वारा की गई पुष्टि के अनुसार, पाटलिपुत्र का नगर प्रशासन **छह समितियों** द्वारा संचालित होता था, जिनमें से प्रत्येक में पांच सदस्य थे। प्रत्येक समिति को विभिन्न विषय जैसे कि उद्योग, विदेशी, जन्म व मृत्यु पंजीकरण, व्यापार और बाजार नियम व कर एकत्रित करना, देखरेख के लिए सौंपे जाते थे।

| समिति/मंडल (बोर्ड) | कार्य |
|---|---|
| 1. उद्योग | इस समिति को माल के **उत्पादन** की देखरेख करनी होती थी, उपयोग किए जाने वाले कच्चे माल की **गुणवत्ता** पर नजर रखनी होती थी, उत्पादित सामग्री के **उचित मूल्य** का **निर्णय** करना होता था और **निर्मित सामग्री** पर उसके विक्रय करने की उपयुक्तता को प्रमाणित करने के लिए **मुहर** लगानी होती थी। |
| 2. विदेशी | स्ट्राबो और डियोडोरस दोनों ही ने यह उल्लेख किया है कि मौर्य शासन विदेशियों का विशेष ख्याल रखता था। इस मंडल का कार्य यह देखना था कि **किसी विदेशी के साथ कुछ गलत न हो**। किसी विदेशी के बीमार हो जाने पर मंडल उसका **ध्यान व देखरेख करने के लिए चिकित्सकों को भेजता था** और अगर उसकी मृत्यु हो जाती थी तो वे उसे दफनाते थे और यदि वह अपने पीछे कोई संपत्ति छोड़ जाते थे तो उसे उनके परिवार को पहुंचाता था। |
| 3. महत्वपूर्ण आंकड़े (जन्म व मृत्यु पंजीकरण) | यह मंडल इस बात की पूछताछ करता था कि कब और कैसे मृत्यु हुई और **प्रत्येक जन्म व मृत्यु का पंजीकरण** करता था, जो कि सिर्फ कर लगाने की दृष्टि से ही नहीं, बल्कि उच्च व निम्न वर्ग के बीच जन्म व मृत्यु शासन के संज्ञान से बच न पाए, के लिए किया जाता था। |
| 4. व्यापार, वाणिज्य और बाजार नियम | यह मंडल **भार और माप** पर नजर रखता था और यह निश्चित करता था कि माल की गुणवत्ता बिगड़ने से पहले वह बिक जाए। वह यह भी सुनिश्चित करता था कि मौसमी उत्पाद सार्वजनिक सूचना द्वारा बिकें और कोई भी एक से ज्यादा माल का व्यापार न करे (हालांकि, माल की संख्या के अनुसार, दोगुना या तिगुना कर देकर ऐसा किया जा सकता था)। कौटिल्य ने यह भी सुझाव दिया था कि, अनाज के रूप में प्राप्त कर को सुरक्षित भंडार के तौर पर रखा जाए जिसका प्रयोग अन्न-अभाव अथवा अकाल के समय किया जा सके। |
| 5. निर्मित वस्तुएं | पांचवां मंडल इस बात की देखरेख करता था कि निर्मित वस्तुओं की बिक्री की सार्वजनिक सूचना दी जाए। यह मंडल सख्त निगरानी रखता था कि **नई निर्मित वस्तुएं आपस में या पुराने भंडार के साथ न मिल जाएं।** |
| 6. कर संग्रह | छठा मंडल **वस्तुओं के मूल्य या बिके हुए सामान के दसवें हिस्से को कर के रूप में एकत्रित करने** का प्रभारी था। इस कर के भुगतान में किसी भी प्रकार के धोखे की सजा मृत्यु दंड थी। |

## 4. दुर्ग ( किलाबंदी राजधानी )

मौर्यों के पास विशाल सेना थी। यूनानी लेखक जस्टिन के अनुसार, चंद्रगुप्त के पास 6,00,000 पैदल सेना, 30,000 घुड़सवार सेना, 9,000 हाथी, और 8,000 रथ थे। हालांकि यह संख्या अतिश्योक्ति लगती है, लेकिन इस बात पर संदेह नहीं किया जा सकता कि मौर्यों के अधिकार में विशाल सेना थी। उच्च अधिकारी जिन्हें **अंत:महामात्र** कहा जाता था, **सीमाओं के किलों की सुरक्षा** के लिए उत्तरदायी थे। कौटिल्य ने राजधानी में मुख्य किले के निर्माण से संबंधित विस्तृत निर्देश दिए। उसने सलाह दी कि सेना की तैनाती किले की पहुंच के साथ ही होनी चाहिए, और किले की दीवारें एक नहीं, बल्कि तीन, कमल और मगरमच्छों से भरी खाइयों से घिरी होनी चाहिए। कौटिल्य ने यह भी सलाह दी कि **घेराबंदी पर काबू पाने के लिए किले में पर्याप्त रसद** तैयार रहनी चाहिए और उसमें **सुरक्षित निकल जाने** के बहुत-से **गुप्त मार्ग** भी होने चाहिए। कौटिल्य ने **एक स्थाई सेना** का दृढ़ता से अनुमोदन किया, जिसे माना जाता है कि सभी चारों वर्णों में से भर्ती की जाती थी, और राज्य द्वारा पर्याप्त रूप से **प्रशिक्षित** व रखरखाव किया जाता था। **सेनापति** और **नायक** महत्वपूर्ण सैन्य अधिकारी थे, जिनके अधीन सेना के विभिन्न खंडों व इकाईयों के अध्यक्ष/अधीक्षक आते थे। मेगस्थनीज ने वर्णन किया है कि सेना की विभिन्न शाखाओं का प्रशासन एक **युद्ध कार्यालय** द्वारा किया जाता था, जिसमें 30 सदस्य शामिल थे, जो जाहिर है सैन्य कौशल व विज्ञान की विभिन्न शाखाओं के विशेषज्ञ थे। यह छह मंडलों में विभाजित था, जिनमें से प्रत्येक में पांच सदस्य होते थे:

(i) **नौवाहन विभाग** का मंडल: **नौसेना** का प्रभारी, हालांकि यह दिलचस्प है कि कौटिल्य ने नौसेना का उल्लेख नहीं किया है।

(ii) **पैदल सेना** का मंडल: **पदाध्यक्ष** की अगुआई में

(iii) **घुड़सवार सेना** का मंडल: **अश्वाध्यक्ष** की अगुआई में

(iv) **युद्ध रथों** का मंडल: **रथाध्यक्ष** की अगुआई में

(v) **युद्ध हाथियों** का मंडल: **हस्ताध्यक्ष** की अगुआई में

(vi) परिवहन व उपकरणों की देखरेख करने का मंडल

इनके अतिरिक्त, समय-समय पर की जाने वाली सेना की भर्ती का उल्लेख भी मिलता है जैसे कि, **मौला** (वंशगत योद्धा), **भारतीका** (किराए के सैनिक), वन्य जनजाति के सैनिक व सहयोगी (मित्रों द्वारा जुटाए)।

## 5. कोष ( खजाना )

जैसा कि ऊपर चर्चा की गई है, मौर्य विशाल स्थाई सेना रखते थे और बड़ी संख्या में राज्य अधिकारियों की नियुक्ति करते थे। चूंकि इन **सैनिकों व अधिकारियों को नकद में भुगतान किया जाता था,** राजकरों को राज्य की सभी जरूरतों के लिए पर्याप्त नहीं माना जाता था। इसलिए ज्यादा-से-ज्यादा संसाधन उत्पन्न करने के लिए विभिन्न आर्थिक गतिविधियों को आरंभ व नियमित किया गया। **नकद व पैदावार** दोनों ही में कर वसूले जाते थे। इस काल में अर्थव्यवस्था का मुख्य आधार कृषि थी (पशुपालन व व्यापार अन्य मुख्य व्यवसाय थे), और **भू-राजस्व आय का मुख्य स्रोत** था। प्रमुख फसलें विभिन्न किस्मों के चावल, जौ, बाजरा, गेहूं, गन्ना, लगभग सभी दालें, मटर और तिलहन थे। इस काल के दौरान 'क्षेत्र' (ऐसी भूमि जिसे विशेष नियमों के तहत बेचा जा सकता था) की निजी संपत्ति की धारणा उभरी और स्थापित हुई। **क्षेत्रिका ( भू-स्वामी ) उपासवों ( किराएदार )** से अधिक प्रतिष्ठित थे। भूमि विवाद के मामलों में जब कोई भी पक्ष अपना दावा सिद्ध नहीं कर पाता था, संपत्ति राजा के पास चली जाती थी। किसान उत्पादन का छठा हिस्सा **भाग** के रूप में और अतिरिक्त कर **बलि** भेंट के रूप में देते थे। **बलि** (भूमि कर या भूमि के क्षेत्र पर कर) राजस्व की मुख्य मद थी और **उत्पादन के छठे हिस्से** के मूल्य पर

लगाई जाती थी। किसानों को बहुत-से अन्य कर भी देने होते थे, जैसे–**पिंडकर ( गांव के समूहों** पर आकलन), **हिरण्य ( केवल नकद में भुगतान ), कर ( फलों व फूलों के बागीचों पर लगाया जाता था )** आदि, लेकिन इन सभी का सटीक स्वरूप अभी भी स्पष्ट नहीं है। भूमि कर अधिकारियों के एक वर्ग **अग्रानोमोई** द्वारा एकत्रित किए जाते थे (मेगस्थनीज द्वारा उल्लेखित)।

सिंचाई के महत्व को पूरी तरह पहचान लिया गया था और किसानों को सिंचित भूमि जिसे **उडाका-भाग** (पानी की दर, और आमतौर पर उत्पादन के पांचवें से तीसरे हिस्से पर लगाया जाता था) कहा जाता था, पर और अधिक कर देना पड़ता था। राज्य द्वारा किसानों को सिंचाई हेतु कुएं खोदने के लिए सहायता प्रदान की गई।

मेगस्थनीज ने अधिकारियों के विभिन्न अन्य वर्गों का उल्लेख किया है जो नदियों का निरीक्षण करते थे, भूमि को मापते थे और जल द्वार का निरीक्षण करते थे, जिससे मुख्य नहर का पानी बाहर आकर अपनी शाखाओं में जाता था जिससे सभी को पानी की समान आपूर्ति प्राप्त हो। संसाधन आधार को बढ़ाने के क्रम में, मौर्य शासन ने **नई कृषि बस्तियों** की स्थापना की जिससे अछूती भूमि को खेती **( शून्य निवेश )** के अंतर्गत लिया जा सके। अत्यधिक जनसंख्या वाले क्षेत्रों के लोगों, गुलामों और युद्धबंदियों को इन नई बस्तियों में खेतों पर काम करने के लिए लाया जाता था। ये गांव सम्राट की संपत्ति थे और इनकी देखरेख शासकीय अधिकारियों, जिन्हें **सीताध्यक्ष ( कृषि के अधीक्षक )** कहा जाता था, द्वारा की जाती थी। राज्य व निजी दोनों के स्वामित्व वाली भूमि पर बटाईदारी व्यवस्था अस्तित्व में थी। कौटिल्य ने विभिन्न प्रकार के बटाईदारों का उल्लेख किया है जो राज्य के स्वामित्व वाली भूमि पर काम करते थे, जैसे कि **अर्द्ध-सीतिका ( उत्पादन का आधा हिस्सा** रखता था) और **स्व-वीर्योपाजिविन ( उत्पादन का चौथा या पांचवां हिस्सा** रखते थे)। यह ध्यान देना आवश्यक है कि किसी भी ग्रंथ में **करों की गैर-अदायगी के मामले में किसानों से भूमि छीनने का उल्लेख नहीं है।** कौटिल्य ने कुछ आपातकालीन करों (**प्रणय**) या अतिरिक्त कर लगाने का उल्लेख भी किया है जिन्हें **खजाना खाली हो जाने** की स्थिति में राज्य लगा सकता था। इनमें किसानों पर कर (उत्पादन का चौथे से तीसरे हिस्से का कर जो भूमि की गुणवत्ता पर निर्भर करता था), व्यापारियों पर अतिरिक्त कर, और अभिनेताओं, गायकों और वेश्याओं की आय पर कर शामिल थे। राज्य ने पशुधन के विकास पर भी ध्यान दिया। चारागाहों का रखरखाव राज्य द्वारा किया जाता था। **विविता अध्यक्ष** चारागाह भूमि के प्रभारी थे जबकि **सूर्य अध्यक्ष** बूचड़खाने[2] के प्रभारी थे।

मौर्यों के अधीन व्यापार और शहरी अर्थव्यवस्था ने बहुत प्रोत्साहन प्राप्त किया और साम्राज्य के लगभग सभी हिस्सों को प्रभावित किया। **वस्त्र निर्माण** के मुख्य केंद्र **वाराणसी**, **मथुरा**, **बंगाल**, **गांधार** और **उज्जैन** थे। राज्य उद्यमियों के रूप में भी काम करता था और राज्य द्वारा चालित **वस्त्र कार्यशालाओं को सूत्राध्यक्ष** और **रथ कार्यशालाओं को रथाध्यक्ष** के अधीन रखा गया था। **खनन** और **धातु उद्योग** अन्य महत्वपूर्ण आर्थिक गतिविधि थी और खानों के अधिकारी को **आकाराध्यक्ष** कहा जाता था। कौटिल्य ने जंगलों, चारागाहों और खानों का उल्लेख राज्य की संपत्ति के रूप में किया है। व्यापार, भू-मार्ग और नदियों के मार्ग से संचालित होता था। पाटलिपुत्र भी विभिन्न व्यापारिक मार्गों द्वारा उपमहाद्वीप के सभी हिस्सों से जुड़ा हुआ था। उत्तर-पश्चिम में व्यापार का मुख्य केंद्र तक्षशिला था, जो आगे मध्य एशियाई बाजारों से जुड़ा हुआ था। **ताम्रलिप्ति** (पश्चिमी बंगाल में तामलुक) पूर्व में और **पश्चिम में बरूच** महत्वपूर्ण **बंदरगाह** थे। शिल्प गतिविधियां भी राज्य के लिए राजस्व का बड़ा स्रोत थीं। शहरों में रहने वाले शिल्पकारों को करों की अदायगी नकद या वस्तु के रूप में या सम्राट के लिए मुफ्त काम (**विष्टि अर्थात् जबरन मजदूरी कराना**) करके करनी होती थी। *अर्थशास्त्र* में दिहाड़ी मजदूर (**कर्मकार**), बंधुआ मजदूर और गुलाम मजदूर (**दास और अहितकस, अर्थात् जिन्हें कर का करार करते वक्त लेनदारों के पास गिरवी रखा जाता था**) का उल्लेख किया गया है। व्यापारी और शिल्पकार अपने अधिकारों की सुरक्षा के लिए संयुक्त संघों में संगठित थे, जिन्हें **श्रेणी या सहकारी समितियां या पग** कहा जाता था। सहकारी समितियों की अगुआई **जेष्ठक** करता था। मौर्य उपमहाद्वीप के विभिन्न भागों को लोहे से परिचय

---

2 अर्थशास्त्र के अनुसार दुधारू पशुओं को मारने की अनुमति नहीं थी।

कराने के उत्तरदायी थे। उन्होंने **लोहे के उत्पादन पर अपना एकाधिकार** बनाए रखा, जिसकी सेना, उद्योग और कृषि में भारी मांग थी। यह कार्य **लोहा-अध्यक्ष** नामक अधिकारी द्वारा किया जाता था। शहरी करों में **शुल्क (आयातित और निर्यातित वस्तुओं पर कर)** और स्थानीय निर्माताओं पर उत्पाद शुल्क शामिल थे। कुछ महत्वपूर्ण अधिकारी थे:

1. **पण्याध्यक्ष** (व्यापार, मूल्य निर्धारण और राज्य द्वारा चलाई जाने वाली निर्माण इकाइयों द्वारा उत्पादित वस्तुओं की बिक्री के प्रभार का अधिकारी)
2. **संस्थाध्यक्ष** (बाजार का अधीक्षक)
3. **रूपदर्शक** (सिक्कों का निरीक्षक)
4. **पौतवाध्यक्ष** (माननीकृत भार व माप का प्रभारी)

राजस्व का एक बड़ा हिस्सा सेना, युद्ध अश्वों, युद्ध हाथियों और युद्ध रथों के रखरखाव पर व्यय होता था। शिल्पकारों को शाही कोष से मदद प्राप्त होती थी। चरवाहों को जंगली पशु-पक्षियों की भूमि को साफ करने के श्रम के बदले शाही अन्न भंडार से अनाज के रूप में भुगतान किया जाता था। दार्शनिक यानि ब्राह्मण और श्रमण, **इस्तेमाल नहीं हुई भूमि शाही उपहार के रूप में** प्राप्त करते थे, लेकिन ऐसी भूमि को लाभार्थी बेच नहीं सकते थे या गिरवी नहीं रख सकते थे। उदाहरण के लिए, स्तंभ अभिलेख 3 रानी कौरूवकी द्वारा आम के पेड़, उद्यान व खैरात घरों के उपहार का उल्लेख करता है, जबकि **बराबर और नागार्जुनी पहाड़ियों के अभिलेख सम्राट अशोक** और उसके उत्तराधिकारी **दशरथ** द्वारा **आजीवक तपस्वियों को गुफाओं के उपहार का वर्णन** करते हैं। ब्राह्मणों की संतानों व अपंग व्यक्तियों को करों के भुगतान से छूट मिली हुई थी। चंद्रगुप्त के शासनकाल के दौरान सड़कों, इमारतों और किलों के निर्माण व मौजूदा निर्माणों की मरम्मत पर व्यय का एक बड़ा हिस्सा खर्च होता था। साहूकारी व्यवस्था का कोई उल्लेख नहीं है, लेकिन **सूदखोरी** (उच्च ब्याज दर पर धन उधार देना) का कहीं-कहीं उल्लेख मिलता है। हालांकि इसके विपरीत, मेगस्थनीज ने दावा किया कि मौर्य साहूकारी के विषय में कुछ नहीं जानते थे। **छिद्रित चांदी के सिक्के**, जिनमें **मोर**, **पहाड़ियों** और **शासन** के **प्रतीक** थे, मौर्यों की शाही मुद्रा का गठन करते थे। इस प्रकार, राज्य की, अर्थव्यवस्था में न केवल व्यापक सहभागिता थी, बल्कि राज्य अर्थव्यवस्था को नियमित व नियंत्रित भी करता था।

## 6. दंड/बल (न्याय या शक्ति)

जहां तक न्यायिक प्रशासन का सवाल है, **सम्राट** का सर्वोच्च अधिकार था। वह अपने समक्ष आने वाले मामलों का व्यक्तिगत रूप से **निर्णय लिया करता था**। मामलों का निर्णय लेने में वह दरबार में अपने समय का एक बड़ा हिस्सा देता था। वह अपने सामने आए याचिकाकर्ता को कभी भी प्रतीक्षा नहीं करवाता था। जाहिर है, वह अपने मंत्री कौटिल्य के परामर्शों का पालन करता था, जिन्होंने अपने *अर्थशास्त्र* में कहा था कि ''दरबार में उसको (सम्राट) कभी भी अपने याचिकाकर्ता को द्वार पर प्रतीक्षा नहीं करवानी चाहिए, क्योंकि जब सम्राट स्वयं लोगों की पहुंच से बाहर होगा और अपने कार्यों को निकटतम अधिकारियों को सौंपेगा, तो वह निश्चित ही अपने कार्यों में अव्यवस्था उत्पन्न करेगा, और जिससे लोगों में असंतोष पैदा होगा, और वह स्वयं अपने शत्रुओं का शिकार बन जाएगा।''

न्यायाधीशों को **धर्मास्थ** (हालांकि अशोक के अभिलेखों में नगर **महामात्रों** का उल्लेख है जिन्हें **न्यायिक कार्य** सौंपे जाते थे) कहा जाता था, और **प्रादेशत्री** वे अधिकारी थे जिन पर **अपराधियों के दमन** का उत्तरदायित्व था। विभिन्न नागरिक व साथ ही आपराधिक न्यायालय स्थानीय स्तर पर गांवों से लेकर प्रांतों तक कार्य करते थे। ऐसा प्रतीत होता है कि ज्यादातर मामलों का निपटारा ग्राम स्तर पर गांवों के बुजुर्गों द्वारा किया जाता था। पुलिस (नगर-रक्षक) मुख्यालय सभी बड़े केंद्रों में उपलब्ध थे और **बंधनगार का अर्थ यथोचित कारागाह** था, जबकि **चरका पुलिस हवालात** से संबंधित था। प्राचीन स्रोतों से, हम यह सिद्ध कर सकते हैं कि ऐसे मामलों में, जिनका संबंध विदेशियों से होता था, न्यायाधीश पूरी सावधानी से निर्णय

लेते थे, और उनका अनुचित लाभ उठाने वालों के साथ कठोरता से पेश आते थे। न्यायालय द्वारा दोषी करार दिए गए लोगों को **बहुत कठोर दंड** दिए जाते थे। सिर काटना, अंग विच्छेद, जुर्माना और गिरफ्तारी उस समय प्रचलित विभिन्न प्रकार के दंड थे। **दंड का स्वरूप अपराध की प्रकृति, गंभीरता, परिस्थितियों** और साथ ही, **अपराधी व वादी के वर्ण पर निर्भर** करता था। आमतौर पर द्विज/उच्च वर्ग के लोगों को निम्न वर्ग के लोगों से **हल्का दंड** दिया जाता था, हालांकि स्तंभ अभिलेख 4 में अशोक ने दावा किया है कि उसने न्यायिक प्रक्रियाओं में समता (निष्पक्षता) को आरंभ किया है। इसी अभिलेख में मृत्यु दंड पाए अभियुक्तों को पुनर्विचार की प्रार्थना के लिए तीन दिन की मोहलत का उल्लेख किया गया है, जो इंगित करता है कि अशोक के समय के दौरान भी मृत्यु दंड दिया जाता था।

**कौटिल्य द्वारा उल्लिखित कानून के चार स्त्रोत**

- **धर्म (धार्मिक कानून)**
- **व्यवहार** **(प्रयोग)**
- **चरितम** **(प्रथा और उदाहरण)**
- **राजशासन** **(शाही घोषणा)**

## 7. मित्र (हितैषी)

कौटिल्य ने **विजिगीषु** (होने वाला विजेता) के स्तर से **अंतर्राज्यीय नीतियों** पर चर्चा की और सभी संभावित परिस्थितियों पर विचार किया। उन्होंने **षड्-गुण्य** (छह नीतियों) की सूची बनाई, जिनका सम्राट को निम्नलिखित परिस्थितियों में अवश्य पालन करना चाहिए:

1. **संधि** (शांति समझौता) की नीति: अगर कोई अपने शत्रु से **कमजोर** हो
2. **विग्रह** (शत्रुता की नीति): अगर कोई अपने शत्रु से **शक्तिशाली** हो
3. **आसन** (चुप रहना) की नीति: अगर किसी की शक्ति शत्रु के **बराबर** हो
4. **यान** (सैनिक अभियान पर आगे बढ़ने) की नीति: अगर कोई अपने शत्रु से कहीं **ज्यादा शक्तिशाली** हो
5. **संश्रय** (अन्य राजा से या किले में आश्रय मांगना) की नीति: अगर कोई अपने शत्रु से **बहुत कमजोर** हो
6. **द्वैधिभाव** (एक राजा से संधि व अन्य से विग्रह) की दोहरी नीति: अगर कोई **शत्रु से मित्र** की मदद से लड़ता है।

मौर्यों के विभिन्न यूनानी साम्राज्यों और दक्षिण एशियाई देशों के साथ भी गहरे कूटनीतिक संबंध थे। संभवत: इसके लिए उनके पास **विदेशी मामलों का पूर्ण विकसित विभाग** था। *अर्थशास्त्र* में, कुछ राजनयिक पदों का उल्लेख है:

निसरी हर्थादूत ⟶ संपूर्ण राजदूत

↓

परिमितर्थादूत ⟶ समझौता वार्ता में आदेश से परे नहीं जा सकता था

↓

सासनहरादूत ⟶ विशेष संदेशवाहक

# मौर्य समाज

जहां तक समाज का संबंध है, बौद्ध धर्म और जैन धर्म द्वारा उठाई गई आपत्तियों के बावजूद **वर्ण** व्यवस्था का **अस्तित्व** बना रहा और ब्राह्मण व क्षत्रियों के **सामाजिक अनुक्रम का प्रभुत्व** बना रहा। मगर, बढ़ते व्यापार व वाणिज्य के परिणामस्वरूप **वैश्यों या व्यापारिक समुदाय और शूद्रों की सामाजिक स्थिति में सुधार आया।** शूद्र अब कृषि और शिल्प गतिविधियों में शामिल हो सकते थे। इस काल में अछूतों की संख्या भी बढ़ी, जैसे–**चांडाल** और **श्वपकास** (कुत्तों के प्रजनक), जिन्हें **अंतवसायिन** (अर्थात् **अंत में रहने वाला**) भी कहा जाता था। यह हैरानी की बात है कि, वर्ण या सती प्रथा, किसी का भी अशोक के अभिलेखों में **उल्लेख नहीं** है।

यद्यपि मेगस्थनीज ने गुलामों को न रखने के लिए भारतीय समाज की प्रशंसा की है, मगर यह विडंबना है कि, यथार्थ में उस समय भारत में **दास प्रथा का अस्तित्व** था। इस बात की *अर्थशास्त्र* से पुष्टि होती है जो कहता है कि ''कोई आर्य या स्वतंत्र व्यक्ति गुलामी के अधीन नहीं होना चाहिए।'' अशोक के अभिलेखों में दासों (गुलामों) के उद्धरण मौर्यकालीन भारत में दास प्रथा के अस्तित्व के साक्ष्य हैं। अशोक के अभिलेख धम्म पर चर्चा के साथ दासों और **भक्तों/भृतिकाओं (सेवकों)** के प्रति विनम्र व्यवहार की मांग करते हैं। पुरुष और स्त्री दासों के प्रति व्यवहार के लिए कौटिल्य ने विभिन्न नियमों और दंडों (अगर नियम तोड़े जाएं) की सूची बनाई। उदाहरण के लिए, कोई व्यक्ति **जन्म से**, **स्वेच्छा से खुद को बेचने से**, **युद्ध में पकड़े जाने से**, या **न्यायिक दंड** के परिणामस्वरूप **गुलाम नहीं हो सकता** है। किसी गर्भवती दासी स्त्री को उसकी प्रसूति की व्यवस्था किए बिना उन्हें बेचने या गिरवी रखने पर कुछ दंड निर्धारित किए गए थे। साथ ही, धन के भुगतान पर दासत्वमुक्ति[3] का भी उल्लेख है। साथ ही, ऐसे उदाहरण भी मिलते हैं जहां **दासी** द्वारा अपने मालिक के पुत्र को जन्म देने पर उसे दासत्व से मुक्त कर दिया गया और बच्चे को पिता की वैध संतान भी माना गया।

## मौर्य कला और वास्तुकला

मौर्य सत्ता की उदारता को प्रस्तर प्रतिमाओं और स्मारकों में देखा जा सकता है। आरंभिक महत्वपूर्ण निर्माण **चट्टानों को काटकर** और **स्तूप वास्तुकला** में बनाए गए थे। मौर्य काल में, **प्रस्तर संस्कृति** नाटकीय रूप से भारतीय कला के महत्वपूर्ण माध्यम के तौर पर उभरी। मौर्य कला उस समय की **राजनीतिक** और **धार्मिक विचारधारा** से दृढ़तापूर्वक जुड़ी थी। मौर्य शासकों, विशेष तौर पर अशोक, ने विभिन्न कला शैलियों जैसे कि **प्रस्तर प्रतिमाएं, रिंग स्टोन, डिस्क स्टोन, टैराकोटा की मूर्तियों** और **स्तूप वास्तुकला** को बहुत संरक्षण दिया। अशोक ने **स्तूप उपासना विधि को लोकप्रिय** बनाने में महत्वपूर्ण भूमिका निभाई। उसने न केवल बुद्ध के अवशेषों का सभी महत्वपूर्ण नगरों में पुनर्वितरण किया, बल्कि वहां स्तूपों के निर्माण का आदेश भी दिया। मोटेतौर पर अनुमान के अनुसार उसने लगभग 84,000 स्तूपों का निर्माण करवाया। **अशोक की महानतम खोज लकड़ी और ईंटों के स्थान पर पत्थर का प्रतिस्थापन्न** थी। **रामपुरवा, लौरिया-नंदनगढ़** और **सारनाथ** के अशोक स्तंभ इस काल में विकसित हुई प्रस्तर वास्तुकला का उत्कृष्ट उदाहरण पेश करते हैं। ये सभी स्तंभ **गोलाकार, एक पत्थर से निर्मित** और उत्तर प्रदेश में मिर्जापुर के निकट **चुनार** से प्राप्त **बलुआ पत्थर** से निर्मित हैं। मौर्य काल के दौरान ही चट्टानों को काटकर (**रॉक-कट**) की गई **वास्तुकला** का भी **आरंभ** हुआ। गया के निकट **बराबर** पहाड़ियों में **लोमेश ऋषि गुफा**, और प्रभावशाली **धौली गुफाएं** (ओडिशा में भुवनेश्वर के निकट, जिसमें हाथी के अग्र भाग की प्रस्तर मूर्ति है) रॉक-कट वास्तुकला का शानदार उदाहरण हैं। बोधगया स्थित **महाबोधि मंदिर** का प्रसिद्ध वज्रासन (ध्यान का सिंहासन) संभवतः इसी काल से संबंधित है। इस काल की बहुत-सी **पत्थर व टैराकोटा की मूर्तियों** में से, पॉलिश किए गए पत्थर से बनी एक स्त्री की मूर्ति जिसे **दीदारगंज यक्षिणी** (गंधर्व और आत्माएं, आमतौर पर **यक्षिणी को प्रजनन की देवी** और **यक्ष** की स्त्री के

[3] दासों को उनके स्वामियों द्वारा मुक्त करने का कार्य।

समकक्ष माना जाता है, जो **जल, वृक्षों, वनों, जंगलों और उर्वरता से संबंधित देवी** है) के नाम से जाना जाता है, सबसे प्रसिद्ध है। पॉलिश किए हुए चुनार बलुआ पत्थर की अन्य महत्वपूर्ण मूर्तियों में पटना में **लोहानीपुर** से प्राप्त **नग्न पुरुष धड़ की मूर्ति** है। **कंगनहल्ली** (कर्नाटक में सन्नाती के निकट) से प्राप्त **अशोक का पत्थर का चित्र** भी बहुत शानदार है। **तक्षशिला, उज्जैन और वाराणसी के विश्वविद्यालय** शिक्षा के प्रसिद्ध केंद्र थे। साहित्य के क्षेत्र में **भद्रबाहु का कल्पसूत्र** मौर्य काल की विशेषताओं से संबंधित है। **गया की लोमेश ऋषि और सुदामा गुफाएं** लकड़ी की वास्तुकला विरासत का अन्य प्रसिद्ध उदाहरण हैं। बड़ी संख्या में **नक्काशीदार रिंग स्टोन और डिस्क स्टोन** जिनका संभवत: धार्मिक और कर्मकांडी महत्व था, उत्तर भारत के विभिन्न उत्खनन स्थलों, जैसे कि दिल्ली, पटना, तक्षशिला, मथुरा, वैशाली और कौशाम्बी से प्राप्त हुए हैं। उनमें विभिन्न नक्काशियों को दो या उनसे ज्यादा घने वृत्तों के क्रम में रखा गया है, जिनमें विभिन्न डिजायन और ज्यामितीय नमूने हैं।

**चित्र 6.8** सांची स्तूप

**चित्र 6.9** दीदारगंज यक्षी को दर्शाने वाला भारत का स्मारक डाक टिकट

मौर्य काल गंगा के मैदानों में **भौतिक संस्कृति** के तीव्र **विकास** का गवाह भी बना। गंगा घाटी की नई भौतिक संस्कृति **लोहे और लोहे के औजारों** [जैसे कि सॉकेट (गढ़ी हुई) वाली कुल्हाड़ियां, दरांती, हल के फल, और तीली वाले पहिए], लेखन के प्रसार, **छिद्रित सिक्कों** का इस्तेमाल, NBPW मिट्टी की कलाकृतियां, निर्माण कार्यों में **पकी ईंटों और लकड़ी** का उपयोग (जैसा कि मेगस्थनीज द्वारा उसके लेखों में मौर्यों की राजधानी पाटलिपुत्र के लकड़ी के ढांचों के बारे में बताया गया) और **घेरदार कुओं** [जो लोहों को घरेलू कार्यों के लिए पानी की आपूर्ति के साथ घनी बस्तियों में शोषण गर्त (Soak pits) के रूप में भी काम करते थे] के **गहन इस्तेमाल** पर आधारित थी। बांग्लादेश (बोगरा जिला), ओडिशा (शिशुपालगढ़), आंध्र प्रदेश (अमरावती) और कर्नाटक के कुछ भागों में शिलालेखों की मौजूदगी, यदा-कदा NBPW बर्तनों के टूटे टुकड़े और छिद्रित सिक्के इन दूरदराज इलाकों में भी भौतिक संस्कृति के प्रसार की ओर इशारा करते हैं। हमारा **राष्ट्रीय चिह्न** बनारस के निकट **सारनाथ के अशोक स्तंभ के चार सिंहों वाले शिखर** से लिया गया है। मेगस्थनीज ने पाटलिपुत्र के मौर्य महल के वैभव का वर्णन

**चित्र 6.10** अशोक स्तंभ पर शेर का प्रतीक, हैंगिंग गार्डन, महाराष्ट्र

किया है। इस महल के कुछ अवशेष, जिनमें **80 स्तंभों का सभागार** शामिल है, पटना के निकट **कुमराहार** से प्राप्त हुए। मौर्य शिल्पकारों द्वारा उच्च तकनीकी कौशल प्राप्त करने का साक्ष्य **प्रस्तर स्तंभों की पॉलिश** में देखा जा सकता है, जो कि उत्तरी पॉलिश किए गए काले बर्तनों (NBPW) के समान ही **चमकदार** हैं।

ऐसा भी माना जाता है कि मौर्य कला पर **ऐकेमेनिड/फारसी प्रभाव** था क्योंकि अशोक के शिलालेखों का **आकार और शैली** फारसी **सम्राट डेरियस** के शिलालेखों के **समान** हैं। वास्तव में, **लिपि** और **दिपि** शब्द **अशोक और डेरियस** दोनों ही के **शिलालेखों** में आते हैं, और दोनों सम्राटों के शिलालेख **अन्य पुरुष से आरंभ होते हैं और फिर प्रथम पुरुष की ओर बढ़ते हैं।** अशोक स्तंभों की **पॉलिश की हुई सतह** और **पशु शिखर** अन्य समानता प्रस्तुत करते हैं। हालांकि, मौर्य और फारसी स्तंभों के बीच **असमानताएं** भी हैं जैसे **फारसी स्तंभ आधार पर खड़े** हैं, उनका आकार या तो घंटी (उल्टा कमल) के समान है या समतल आयताकार या गोलाकार खंड की तरह जबकि **मौर्य स्तंभों में आधार नहीं है** और उल्टे कमल का आकार शाफ्ट के शीर्ष पर होता है। **मौर्यों** के कमल (**ठेठ उभरा हुआ**) का **आकार और अलंकरण** भी **फारसी** कमल (**उभार नहीं है**) से अलग है। अधिकतर फारसी स्तंभों की लंबी धारीदार सतह है, जबकि मौर्य स्तंभों की **सतह चिकनी** है। **मौर्य काल के तरीके के** शीर्ष फलक (**अबेकस**) और **गोलाकार शिखर पर उकेरे गए स्वतंत्र पशु** फारसी प्रसंग में अनुपस्थित हैं। इस प्रकार मौर्यों ने कला व वास्तुकला के क्षेत्र में असाधारण योगदान दिया।

## मौर्यों का पतन

लगभग 232 ई.पू. में अशोक की मृत्यु के बाद शीघ्र ही मौर्य साम्राज्य का **विघटन आरंभ हो गया**। अशोक के बाद कमजोर शासकों की एक कड़ी आई, हैरानी की बात है कि, अशोक के बाद, उत्तर मौर्यों में से केवल एक, राजा **दशरथ को ही अभिलेख जारी करने के लिए** जाना जाता है। मौर्य साम्राज्य के पतन के पीछे बहुत-से कारकों को निरूपित किया जा सकता है, जैसे-:

1. **ब्राह्मणवादी प्रतिक्रिया:** बौद्ध धर्म के **यज्ञ विरोधी रवैये** और अशोक द्वारा ब्राह्मणों के जरूरत से ज्यादा अनुष्ठान कराने पर उनका उपहास उड़ाने से ब्राह्मणों की **आमदनी व आजीविका** के विकल्पों का **नुकसान** जरूर हुआ, जो खुद को मिलने वाले विभिन्न दान दक्षिणा के सहारे अपनी जीविका चलाते थे। साथ ही, **धम्म महामात्रों** की नियुक्ति का ब्राह्मणों की **सामाजिक नैतिकता और व्यवस्था के संरक्षक के रूप में प्रतिष्ठा के साथ टकराव** हुआ, जिसने सहज ही ब्राह्मणों को **मौर्यों के विरुद्ध** कर दिया। वे एक ऐसा शासक चाहते थे जो उनके मौजूदा हितों और विशेषाधिकारों को कायम रख सके। यह जानना दिलचस्प है कि कुछ नए साम्राज्य, जो मौर्य साम्राज्य के ध्वंसावशेषों पर खड़े हुए, ब्राह्मणों द्वारा शासित थे, जैसे कि मध्य भारत में **शुंग व कण्व** और दक्कन में **सातवाहन**। अशोक की **युद्ध विरोधी नीति** का परिणाम भी सेना की **तैयारियों में कमी** के रूप में सामने आया, और यह यूनानी आक्रमणों की सफलता का एक कारण हो सकता है। हरिप्रसाद शास्त्री भी इसी विचार की पुष्टि करते हैं और अशोक की बौद्ध धर्म और शांतिवादी (शांति) नीति को ब्राह्मणों को रुष्ट करने का उत्तरदायी मानते हैं, जिसके परिणामस्वरूप मौर्य साम्राज्य का पतन हुआ।
2. **प्रातों में दमनकारी शासन:** कुछ प्रांतों के नागरिकों द्वारा **भ्रष्ट अधिकारियों की अराजकता** की शिकायतों के उदाहरण मिलते हैं। बिंदुसार के शासनकाल के दौरान नागरिकों की दुष्ट आमात्यों (बुरे अधिकारी) के विरुद्ध शिकायतों को दूर करने के लिए अशोक की तक्षशिला के वायसराय के रूप में नियुक्ति एक अच्छा उदाहरण है। इसी प्रकार, कलिंग के अभिलेख इस ओर इशारा करते हैं कि **अशोक** प्रांतों में होने वाले **अत्याचारों के संबंध** में बहुत **चिंतित**

था और इसलिए उसने अपने महामात्रों को बिना किसी उचित कारण के नगरवासियों पर अत्याचार न करने की सलाह दी। यह तथ्य विक्षुब्ध करने वाला व अपमानजनक था कि अंतिम मौर्य शासक बृहद्रथ की सेना का निरीक्षण करने के दौरान अपने ही सेनापति द्वारा हत्या कर दी गई, और संभवतः इस हत्या पर बहुत ज्यादा शोरगुल नहीं हुआ, जो इस दावे की और पुष्टि करता है कि **उत्तरवर्ती मौर्य** लोगों के बीच ज्यादा **लोकप्रिय नहीं** थे।

3. **वित्तीय संकटः विशाल सेना और अधिकारी तंत्र को बनाए रखने पर होने वाले भारी खर्च** ने निश्चित ही मौर्य साम्राज्य के लिए वित्तीय संकट खड़ा कर दिया था। नई साफ की गई भूमि पर बस्तियों की स्थापना ने होने वाले खर्च ने भी राजकोष पर असर डाला (क्योंकि इन स्थानों पर बसने वाले लोगों को आरंभ में करों से छूट दी जाती थी)। डी. डी. कौशाम्बी इस विचार का समर्थन करते हैं और मानते हैं कि यह संकट विशाल सेना और अधिकारी तंत्र के कारण हुए भारी आर्थिक दबाव का परिणाम हो सकता है।

4. **भौतिक संस्कृति व नवीन जानकारी का दूरस्थ क्षेत्रों में विस्तारः** लौह उपकरणों व हथियारों की नई जानकारी का एक बार दूर-दराज के इलाकों में विस्तार हो जाने से, मगध की विशेष बढ़त समाप्त हो गई। मगध से प्राप्त भौतिक संस्कृति के आधार पर नए साम्राज्य जैसे कि मध्य भारत में **शुंग व कण्व, कलिंग में चेती** और दक्कन में **सातवाहन** स्थापित व विकसित हुए।

5. **उत्तर-पश्चिमी सीमा की उपेक्षा और चीन की महान दीवार के समान सीमा संरचना का अभावः** उत्तर-पश्चिमी सीमा मार्ग की सुरक्षा की उपेक्षा मौर्यों को महंगी पड़ी। तीसरी शताब्दी ई.पू. में, मध्य एशिया की बहुत-सी खानाबदोश जन-जातियां, जैसे कि **सीथियन**, प्रवाह की स्थिति में थीं और उन्होंने नए इलाकों की तलाश में चीन व भारत जैसे मजबूत साम्राज्यों की ओर बढ़ना आरंभ कर दिया। चीनी शासक **शिह ह्वांग ति** (247-210 ई.पू.) ने लगभग 220 ई.पू. में सीथियनों के आक्रमण से **अपने साम्राज्य की सुरक्षा के लिए चीन की महान दीवार** का निर्माण करवाया। चूंकि **अशोक** ने भारत की उत्तर-पश्चिमी सीमा पर ऐसे उपाय नहीं किए थे, सीथियनों से बचने के क्रम में पार्थियन, शक और यूनानी मजबूर होकर भारत की ओर बढ़ने लगे। 206 ई.पू. में **यूनानी भारत पर आक्रमण करने वाले पहले लोग** थे और उन्होंने **उत्तरी अफगानिस्तान,** जो **बैक्ट्रिया** कहलाता था, में अपना राज्य स्थापित कर लिया।

## विगत वर्षों में पूछे गए प्रश्न (प्रारंभिक परीक्षा)

1. कौटिल्य अर्थशास्त्र के अनुसार, निम्नलिखित में कौन-से सही हैं? (2022)
   1. न्यायिक दंड के परिणामस्वरूप कोई व्यक्ति दास हो सकता था।
   2. स्त्री दास अपने मालिक के संसर्ग से पुत्र जनन पर कानूनी तौर पर मुक्त हो जाती थी।
   3. यदि स्त्री दास का मालिक उस स्त्री से पैदा हुए पुत्र का पिता हो, तो उस पुत्र को मालिक का पुत्र होने का कानूनी हक मिलता था।

   उपर्युक्त कथनों में कौन-सा सही हैं?

   (a) केवल 1 और 2 (b) केवल 2 और 3
   (c) केवल 1 और 3 (d) 1, 2 और 3

2. निम्नलिखित युग्मों पर विचार कीजिए: (2022)

| अशोक के प्रमुख शिलालेखों के स्थान | वह स्थान जिस राज्य में है |
|---|---|
| 1. धौली - | ओडिशा |
| 2. एरगुडी - | आंध्र प्रदेश |
| 3. जौगड़ - | मध्य प्रदेश |
| 4. कालसी - | कर्नाटक |

   उपर्युक्त युग्मों में से कितने सही सुमेलित हैं?

   (a) केवल एक युग्म (b) केवल दो युग्म
   (c) केवल तीन युग्म (d) सभी चारों युग्म

3. निम्नलिखित में से किस शासक ने अपनी प्रजा को इस अभिलेख के माध्यम से परामर्श दिया? **( 2020 )**

"कोई भी व्यक्ति जो अपने संप्रदाय को महिला-मंडित करने की दृष्टि से अपने धार्मिक संप्रदाय की प्रशंसा करता है या अपने संप्रदाय की निन्दा करता है, वह अपितु अपने संप्रदाय को गंभीर रूप से हानि पहुंचाता है।"

(a) अशोक (b) समुद्रगुप्त
(c) हर्षवर्धन (d) कृष्णदेव राय

4. निम्नलिखित में से किस उभारदार मूर्तिशिल्प (रिलीफ स्कल्प्चर) शिलालेख में अशोक के प्रस्तर रूपचित्र के साथ 'राण्यो अशोक' (राजा अशोक) उल्लिखित है? **( 2019 )**

(a) कंगनहल्ली (b) सांची
(c) शाहबाजगढ़ी (d) सोहगौरा

5. सम्राट अशोक के शिलालेखों की व्याख्या करने वाला निम्नलिखित में से पहला कौन था? **( 2016 )**

(a) जॉर्ज बुहलेर (b) जेम्स प्रिंसेप
(c) मैक्स मूलर (d) विलियम जोंस

6. भारत के कला व पुरातात्विक इतिहास के संदर्भ में, निम्नलिखित में से किसका निर्माण सबसे पहले हुआ था? **( 2015 )**

(a) भुवनेश्वर में लिंगराज मंदिर
(b) धौली में रॉक कट हाथी
(c) महाबलीपुरम में रॉक कट स्मारक
(d) उदयगिरि में वराह की मूर्ति

7. विशाखदत्त के प्राचीन भारतीय नाटक *मुद्राराक्षस* की विषय-वस्तु है: **( 2002 )**

(a) प्राचीन हिंदू कथाओं में वर्णित देवताओं और दानवों के बीच एक संघर्ष
(b) एक आर्य राजकुमार और एक जनजातीय स्त्री की प्रेमकथा
(c) दो आर्य जनजातियों के बीच सत्ता संघर्ष की कहानी
(d) चंद्रगुप्त मौर्य के समय में दरबार की साजिशें

8. अशोक के प्रमुख अभिलेख, जो हमें संगम राज्य के बारे में बताते हैं, जिनमें शिलालेख शामिल हैं: **( 1998 )**

(a) I और X
(b) I और XI
(c) II और XIII
(d) II और XIV

9. निम्नलिखित में से कौन-से प्राचीन भारतीय दस्तावेज हैं, जो देश में संकट के समय उपयोग किए जाने के लिए खाद्यान्न को संरक्षित करने के सबसे पहले शाही फरमान थे? **( 1998 )**

(a) सौगोरा ताम्र पत्र
(b) अशोक का रुम्मिनदेई स्तंभ अभिलेख
(c) प्रयाग प्रशति
(d) चंद्र का महरौली स्तंभ अभिलेख

10. निम्नलिखित में से कौन-सा अभिलेख अशोक के व्यक्तिगत नामों का उल्लेख करता है? **( 1998 )**

(a) कलसी
(b) रुम्मिनदेई
(c) विशेष कलिंग अभिलेख
(d) मस्की

11. निम्नलिखित में से कौन-सी प्राचीन भारतीय लिपि दाएं से बाईं ओर लिखी जाती थी? **( 1997 )**

(a) ब्राह्मी (b) नंदनागरी
(c) शारदा (d) खरोष्ठी

12. अशोक प्रस्तर स्तंभ से संबंधित निम्नलिखित में से कौन-सा कथन सही नहीं है? **( 1997 )**

(a) ये बहुत ज्यादा पॉलिश किए हुए हैं।
(b) ये एक ही पत्थर से निर्मित हैं।
(c) इन स्तंभों का शाफ्ट शंकु के आकार का था।
(d) ये स्थापत्य संरचना का हिस्सा हैं।

13. आमतौर पर अशोक को उसके अभिलेखों में जिस नाम से उल्लेखित किया जाता है, वह है: **( 1995 )**

(a) चक्रवर्ती (b) धर्मदेव
(c) धर्माकृति (d) पियदस्सी

## उत्तरमाला

1. (b) 2. (b) 3. (a) 4. (a) 5. (b) 6. (b) 7. (d) 8. (c)
9. (a) 10. (d) 11. (d) 12. (d) 13. (d)

## विगत वर्षों में पूछे गए प्रश्न (मुख्य परीक्षा)

1. भारतीय मिथक, कला और वस्तुकला में सिंह एवं वृषभ की आकृतियों के महत्व पर विचार करें।
**( 2022 सा.अ. प्रश्नपत्र 1 )**
2. मौर्यकाल के दौरान भारत के पश्चिमी एशिया और भूमध्यसागरीय विश्व के साथ संबंधों के स्वरूप और प्रभाव का वर्णन करें। **( इतिहास वैकल्पिक, 2015 )**
3. अशोक के 'धम्म' के स्वरूप के विषय में इतिहासकारों द्वारा दी गई विभिन्न व्याख्याओं पर चर्चा करें। क्या उसके धम्म विजय के सिद्धांत ने मौर्य साम्राज्य को सैन्य रूप से कमजोर बना दिया?
**( इतिहास वैकल्पिक, 2014 )**
4. मौर्य प्रशासन में अध्यक्ष की भूमिका की जांच करें।
**( इतिहास वैकल्पिक, 2012 )**
5. प्रारंभिक भारतीय अर्थव्यवस्था के विकास में सहकारी संघों और व्यापारिक संगठनों की भूमिका का आकलन करें। **( इतिहास वैकल्पिक, 2010 )**

## अभ्यास प्रश्न (प्रारंभिक परीक्षा)

1. निम्नलिखित में से अशोक के किस अभिलेख में कलिंग का युद्ध उल्लिखित है?
   (a) स्तंभ अभिलेख 6 (b) प्रस्तर अभिलेख 13
   (c) प्रस्तर अभिलेख 11 (d) स्तंभ अभिलेख 1
2. अशोक के बारे में निम्नलिखित में से कौन-से कथन सही हैं?
   (i) वह सम्राट बनने से पहले तक्षशिला का वायसराय था।
   (ii) 261 ई.पू. में हुए कलिंग युद्ध ने हिंसा के प्रति उसका नजरिया बदल दिया।
   (iii) उसके अभिलेखों में, अधिकांशत: उसका उल्लेख अशोक न कि पियदस्सी के रूप में किया गया है।
   (iv) उसने बौद्ध धर्म के प्रचार के लिए अपने पुत्र महेंद्र को चीन भेजा।
   (a) i और ii (b) उपरोक्त सभी
   (c) ii, iii और iv (d) उपरोक्त में से कोई नहीं
3. निम्नलिखित कथनों पर विचार करें और सही विकल्प का चयन करें:
   (i) मौर्य काल के दौरान दास प्रथा अस्तित्व में नहीं थी।
   (ii) मौर्यों के काल में विस्तृत प्रशासनिक ढांचा था।
   (iii) आमतौर पर शाही राजकुमार की नियुक्ति वायसराय के रूप में होती थी।
   (iv) विभिन्न पदों के लिए अधिकारियों की योग्यता जांचने के लिए कुछ नियत परीक्षाएं ली जाती थीं।
   (a) उपरोक्त सभी
   (b) ii, और iii
   (c) उपरोक्त में से कोई नहीं
   (d) i, ii और iii
4. निम्नलिखित का मिलान करें:

| | |
|---|---|
| (i) महामात्र | (A) गांव के प्रमुख |
| (ii) अध्यक्ष | (B) मंत्री/उच्च अधिकारी |
| (iii) अंत:महामात्र | (C) अधीक्षक |
| (iv) ग्रामिका | (D) सीमांत क्षेत्र का प्रभारी |

(a) A–i, B–ii, C–iii, D–iv
(b) A–iii, B–i, C–ii, D–iv
(c) A–iv, B–i, C–ii, D–iii
(d) A–i, B–iv, C–iii, D–ii

5. निम्नलिखित का मिलान करें:

| | |
|---|---|
| (i) धम्म महामात्र | (A) जिला स्तरीय अधिकारी |
| (ii) अक्षपटाला | (B) धम्म का विशेष काडर- धर्मप्रचार अधिकारी |
| (iii) राजुक | (C) ऑडिट व रिकॉर्ड ऑफिस |
| (iv) युक्त | (D) क्लर्क |

(a) A-i, B-ii, C-iii, D-iv
(b) A-iii, B-i, C-ii, D-iv
(c) A-ii, B-iii, C-iv, D-i
(d) A-i, B-iv, C-iii, D-ii

6. निम्नलिखित कथनों पर विचार करें और गलत विकल्प को चिन्हित करें:
(i) चाणक्य ने *इंडिका* और *अर्थशास्त्र* लिखीं।
(ii) मौर्यों के पास विशाल पैदल सेना थी और सभी वर्णों से लोगों की नियुक्ति सेना में की जाती थी।
(iii) करों का भुगतान केवल नकद में होता था।
(iv) वेतन का भुगतान वस्तु के रूप में किया जाता था।
(a) उपरोक्त सभी
(b) ii, और iii
(c) उपरोक्त में से कोई नहीं
(d) i, iii और iv

7. निम्नलिखित कथनों पर विचार करें और सही विकल्प को चिन्हित करें:
(i) कौटिल्य ने प्रशासन का सप्तांग सिद्धांत निर्धारित किया।
(ii) अशोक पैतृक तानाशाही में नहीं, निरंकुश शासन में विश्वास करता था।
(iii) बिंदुसार दो सागरों के बीच की भूमि के विजेता के रूप में भी जाना जाता है।
(iv) *इंडिका* खंडित रूप में बची और हमें मौर्यों के जीवन व तौर-तरीकों के विषय में बताती है।
(a) उपरोक्त सभी
(b) i, iii और iv
(c) उपरोक्त में से कोई नहीं
(d) i, ii और iii

8. निम्नलिखित का मिलान करें:

| | |
|---|---|
| (i) बिन्दुसार | (A) अमित्रघट |
| (ii) अशोक | (B) देवनाम पियदस्सी |
| (iii) चंद्रगुप्त मौर्य | (C) सैंड्रोकुट्टस |
| (iv) चाणक्य | (D) विष्णुगुप्त |

(a) A-i, B-ii, C-iii, D-iv
(b) A-iii, B-i, C-ii, D-iv
(c) A-ii, B-iii, C-iv, D-i
(d) A-i, B-iv, C-iii, D-ii

9. निम्नलिखित का मिलान करें:

| | |
|---|---|
| (i) बिंदुसार | (A) बौद्ध धर्म को सिलोन में प्रचारित किया |
| (ii) अशोक | (B) जैन धर्म में परिवर्तित हुआ |
| (iii) चंद्रगुप्त मौर्य | (C) महान राजनीतिज्ञ |
| (iv) चाणक्य | (D) अजीवक पंथ को अपनाया |

(a) A-i, B-ii, C-iii, D-iv
(b) A-iii, B-i, C-ii, D-iv
(c) A-ii, B-iii, C-iv, D-i
(d) A-i, B-iv, C-iii, D-ii

10. निम्नलिखित कथनों पर विचार करें और सही विकल्प को चिंहित करें:
(i) अशोक के अभिलेख केवल पाली और प्राकृत में ही लिखे हुए थे।
(ii) गिरनार अभिलेख चंद्रगुप्त के शासनकाल के एक प्रांतीय गवर्नर पुष्यमित्र शुंग से संबंधित है।
(iii) रुम्मिनदेई अभिलेख अशोक की लुम्बिनी यात्रा का उल्लेख करता है।
(iv) निगालीसागर अभिलेख स्तूपों के विस्तार का उल्लेख करता है।
(a) उपरोक्त सभी (b) i, iii और iv
(c) iii और iv (d) i, ii और iii

11. निम्नलिखित कथनों पर विचार करें और गलत विकल्प को चिन्हित करें:
    (i) दशरथ अंतिम मौर्य शासक था, जो पुष्यमित्र शुंग द्वारा मारा गया।
    (ii) सौराष्ट्र का गिरनार अभिलेख चंद्रगुप्त के शासनकाल के एक प्रांतीय गवर्नर, पुष्यमित्र शुंग से संबंधित है।
    (iii) चंद्रगुप्त ने सेल्युकस निकेटर को पराजित किया।
    (iv) अशोक ने अहिंसा का प्रचार किया और अपनी सेना को भंग कर दिया।
    (a) उपरोक्त सभी
    (b) ii और iii
    (c) iii और iv
    (d) i, ii और iii

## उत्तरमाला

1. (b) 2. (a) 3. (a) 4. (c) 5. (b) 6. (d) 7. (b) 8. (a)
9. (c) 10. (c) 11. (b)

## अभ्यास प्रश्न (मुख्य परीक्षा)

1. मौर्य साम्राज्य के पतन के संभावित कारण क्या थे? स्पष्ट करें।
2. मौर्यों के कला व स्थापत्य के क्षेत्र में योगदान और भारत के इतिहास में मौर्य साम्राज्य के महत्व का वर्णन करें।
3. अशोक का धम्म ब्राह्मणवादी धर्म या बौद्ध धम्म से भिन्न था। क्या आप इस कथन से सहमत हैं? अपने उत्तर के कारण बताएं।
4. कौटिल्य के सप्तांग सिद्धांत से उदाहरण देते हुए मौर्य साम्राज्य के प्रशासनिक ढांचे का वर्णन करें।

अध्याय

# 7

# 200 ई.पू.–300 ई. के दौरान राजनीतिक और सांस्कृतिक विकास

200 ई.पू.–300 ई. के बीच का समय मौर्य जैसे **विशाल साम्राज्य के उदय का गवाह नहीं** बना, लेकिन यह काल बहुत-सी **अन्य ऐतिहासिक, राजनीतिक और सांस्कृतिक** उपलब्धियों के लिए **जाना जाता है**। यह काल मगध से **उत्तर-पश्चिमी भारत में राजनीति का केंद्रबिंदु स्थानांतरित** हो जाने के लिए उल्लेखनीय है। इस काल ने **आक्रमणों के तांते** और बहुत से **प्रांतीय राज्यों** का उदय, व साथ ही **नई शासन परंपराएं** जैसे कि **संयुक्त शासन** और **अधीनस्थ शासन का उद्‌भव** देखा गया। यह ऐसा काल भी था जहां नगरों का विस्तार हुआ, और **शहरी संस्कृति** ने कुछ महत्व हासिल किया। इस समय विशेष शिल्पों की वृद्धि हुई और व्यापार तंत्र का उल्लेखनीय विस्तार हुआ। अर्थव्यवस्था ने मुद्रा के चलन में बढ़ोत्तरी देखी। इस काल को नई संस्कृतियों के परस्पर मेल व प्रभाव, जीवंत सैद्धांतिक वाद-विवादों, मूर्तियों की भक्तिपूर्ण पूजा

में वृद्धि और **धार्मिक गतिविधि के संस्थानीकरण** से और अधिक परिभाषित किया जा सकता है। इस काल ने **परिष्कृत मूर्तियों** व **वास्तुकला शैलियों** के उद्भव को भी देखा। संक्षेप में, इस काल ने उपमहाद्वीप की **समृद्ध व बहुमुखी विरासत** जिसे आज हम जानते हैं, को बहुत योगदान दिया।

## उत्तर भारत का राजनीतिक इतिहास

जैसा कि हम पहले चर्चा कर चुके हैं, **अंतिम मौर्य शासक बृहद्रथ** की 187 ई.पू. में अपनी सेना का निरीक्षण करने के दौरान, उसी के प्रधान सेनापति **पुष्यमित्र शुंग** ने हत्या कर दी थी। इस प्रकार मौर्य शासन का अंत हो गया और शुंग वंश की मगध के शासकों के रूप में स्थापना हुई। यह ध्यान देने योग्य है कि पुष्यमित्र के साम्राज्य का विस्तार भूतपूर्व मौर्य साम्राज्य के **केवल कुछ ही भाग** पर था, जिनमें पाटलिपुत्र, अयोध्या, विदिशा और आधुनिक पंजाब (जैसे जालंधर और साकल, या जिसे अब सियालकोट के नाम से जाना जाता है), के कुछ हिस्से शामिल थे। शुंगों को उनकी मूल जाति में ब्राह्मण माना जाता था, और उनका उल्लेख बौद्ध व ब्राह्मणवादी दोनों ही ग्रंथों जैसे **हर्षचरित, वृहदारण्यक उपनिषद, पाणिनी की अष्टाध्यायी,** कालीदास की **मालविकाग्निमित्रम, दिव्यवदान और तारानाथ** (बौद्ध विद्वान) के विवरणों में किया गया था। ऐसी पूरी संभावना है कि 10 शुंग राजाओं ने कुल मिलाकर 112 वर्षों तक शासन किया।

**शुंग वंश (185 ई.पू.-148 ई.पू.)**

**बृहद्रथ (अंतिम मौर्य शासक)**

**पुष्यमित्र शुंग (बृहद्रथ की हत्या की, शुंग वंश का संस्थापक)**

- पहले मौर्य सेना का प्रमुख सेनापति था।
- राजा धनदेव के अयोध्या प्रस्तर अभिलेख में उल्लेखित है कि उसने दो अश्वमेध यज्ञ किए।
- उसका राज्य सुदूर दक्षिण में नर्मदा नदी तक फैला था और इसमें पाटलिपुत्र, अयोध्या और विदिशा जैसे नगर शामिल थे। ***मालविकाग्निमित्रम*** नाटक **पुष्यमित्र** और विदर्भ (पूर्वी महाराष्ट्र) के राजा **यज्ञसेन** के बीच संघर्ष, और उसके ऊपर शुंगों की जीत का उल्लेख करता है।
- उसने **बैक्ट्रियाई यूनानी शासक डिमित्रियस** को पराजित किया। इस संघर्ष का उल्लेख पतंजलि के कार्यों (जिसने **यवनों** यानि पश्चिम के **विदेशियों** के अयोध्या और चित्तौड़ तक आने का उल्लेख किया है) और साथ ही **कालीदास के *मालविकाग्निमित्रम*** (जो यवनों द्वारा पुष्यमित्र के अश्वमेध यज्ञ के घोड़े को चुनौती देने की घटना का उल्लेख करता है, जिसके परिणामस्वरूप अग्निमित्र के पुत्र, राजकुमार वासुमित्र और यवन सेना के बीच सैन्य मुठभेड़ हुई) में किया गया है।
- प्रसिद्ध भाषा विज्ञानी **पतंजलि** जिन्होंने ***महाभाष्य*** लिखा, पुष्यमित्र शुंग के **समकालीन** थे।
- **दिव्यवदान** पुष्यमित्र की **बौद्धों के प्रति क्रूरता** और उसकी बौद्ध धर्म के प्रति घृणा का वर्णन करता है।

**अग्निमित्र**

- **कालीदास के *मालविकाग्निमित्रम*** का नायक, इस नाटक में उसे विदिशा के वायसराय के रूप में वर्णित किया गया है।

### भागभद्र/भागवत

- संभवतः पांचवां राजा कासिपुत्र भागभद्र, या नौवां राजा भागवत, जैसा कि **हेलिओडोरस** के प्रसिद्ध **बेसनगर स्तंभ अभिलेख**[1] में संकेत मिलता है। हेलिओडोरस तक्षशिला के इंडो-यूनानी शासक एंटियलकिट्स का यूनानी राजदूत था, जो संभवतः शुंग के दरबार में रहा। इस अभिलेख में *उसने स्वयं को भागवत अर्थात् भगवान कृष्ण और गरुड़ (विष्णु का वाहन) के पुजारी के रूप में वर्णित किया है, और घोषित किया कि उसने इस स्तंभ की स्थापना इस भगवान के सम्मान में की थी।*

**चित्र 7.1** विदिशा का हेलिओडोरस स्तंभ

### देवभूति

- देवभूमि के नाम से भी जाना जाता है और शुंग वंश का **अंतिम शासक** था।
- हर्षचरित के अनुसार, वह अपने ब्राह्मण **मंत्री वासुदेव कण्व** द्वारा मारा गया, जिसने कण्व वंश की स्थापना की। **मध्य भारत** में शुंग साम्राज्य के कुछ शेष हिस्सों पर **सातवाहन** प्रतिस्थापित हो गए।

---

1 *गरुड़ध्वज अभिलेख* के नाम से भी जाना जाता है।

**कण्व वंश**

**वासुदेव**

- ऋषि कण्व का वंशज माना जाता है और पाटलिपुत्र से शासन किया।
- बाद के ग्रंथों में कण्वों की कुछ सरसरी उल्लेखों के अतिरिक्त हम उनके विषय में कुछ नहीं जानते।
- **शुंगभृत्या** (वास्तविक अर्थ 'शुंगों के सेवक') के रूप में भी वर्णित।
- उन्होंने 30 ई.पू. में **मित्रों** के लिए रास्ता बनाया, जिन्हें आखिरकार **शकों** ने मगध से उखाड़ फेंका।

कुछ विद्वानों के अनुसार, **अंतिम कण्व शासक सुशर्मन** को **सातवाहन** वंश के **सिमुक** के उत्तराधिकारियों ने परास्त कर दिया। इसी समय के लगभग, यानि 200 ई.पू. में, हम मध्य एशिया और पश्चिमी चीन में बसे लोगों के **विभिन्न समूहों के आक्रमण** देखते हैं। वे थे इंडो-यूनानी, सिथियन या शक, पार्थियन या पाहलवा और कुषाण। इन आक्रमणों ने न केवल उत्तर पश्चिमी भारत के राजनीतिक ढांचे को ही बदल डाला, बल्कि भारत और मध्य एशियाई क्षेत्रों, दोनों के सांस्कृतिक तत्वों के हस्तांतरण और परिवर्तन में भी सहायता प्रदान की।

## इंडो ग्रीक/बैक्ट्रियाई ग्रीक

323 ई.पू. में सिकंदर की मृत्यु के पश्चात् बहुत से ग्रीक (यूनानी) भारत की उत्तर-पश्चिमी सीमा पर **बैक्ट्रिया** (अब **अफगानिस्तान का उत्तरी** भाग, **औक्सस नदी के दक्षिण और हिंदूकुश पहाड़ों के उत्तर-पश्चिम** तक का क्षेत्र) में बस गए। बैक्ट्रिया के शासक अपनी यूनानी (ग्रीक) वंशावली के कारण बैक्ट्रियन ग्रीक कहलाए क्योंकि वे **मूलरूप से** पश्चिमी एशिया के सेल्युसिड साम्राज्य के क्षत्रप (अधीनस्थ शासक) थे। तीसरी शताब्दी ई.पू. के लगभग, **डिओडोटस प्रथम** (बैक्ट्रिया का गवर्नर) ने सेल्युसिड राजा, एंटिओकस के विरुद्ध विद्रोह कर दिया और एक स्वतंत्र बैक्ट्रियाई ग्रीक राज्य की स्थापना की। बाद में, 145 ई.पू. के लगभग, सीथियन जनजाति के बढ़ते दबाव के कारण, बैक्ट्रिया ग्रीकों ने बैक्ट्रिया पर अपना नियंत्रण खो दिया, लेकिन वे कुछ दशकों तक उप-महाद्वीप के उत्तर-पश्चिमी हिस्सों पर शासन करते रहे। वे **बैक्ट्रियाई ग्रीक** जिन्होंने **उत्तर-पश्चिम भारत के हिस्सों पर दूसरी शताब्दी ई.पू. और पहली शताब्दी ई.पू. के आरंभ के बीच शासन किया, इंडो-ग्रीक** कहलाए।

जैसा कि हम पिछले अध्याय में चर्चा कर चुके हैं, चीनी दीवार के निर्माण से सीथियन चीन से पीछे हट गए और उन्होंने अपना ध्यान पड़ोसी ग्रीक और पार्थिया की ओर लगाया। इस प्रकार, खानाबदोश जनजाति के कहर से बचने के लिए, बैक्ट्रियाई ग्रीक भारत पर आक्रमण करने के लिए मजबूर हो गए। चूंकि अशोक के उत्तराधिकारी अपने शासन पर अधिकार बनाए रखने में सक्षम नहीं थे, भारत की **उत्तरी-पश्चिमी सीमा पर आक्रमणों का तांता** लग गया। **दूसरी शताब्दी ई.पू. के आरंभ में, भारत पर आक्रमण करने वाले पहले लोग इंडो ग्रीक** थे। उन्होंने उत्तर-पश्चिमी भारत के एक बड़े हिस्से पर कब्जा कर लिया, जो कि सिकंदर द्वारा जीते गए हिस्सों से काफी विशाल था, और ऐसा माना जाता है कि वे अयोध्या और पाटलिपुत्र तक आगे बढ़ गए थे। वे **सोने के सिक्के जारी करने वाले पहले शासक** थे और उनकी वंशावली का ज्यादातर हिस्सा उत्खनन में मिले सिक्कों के आधार पर निर्धारित किया गया। इन सिक्कों में चांदी, तांबे और गिलट (निकल) के सिक्के भी शामिल थे। यह जानना दिलचस्प है कि 42 इंडो-ग्रीक राजाओं में से लगभग 34 की जानकारी उनके सिक्कों से प्राप्त हुई। इतनी **छोटी अवधि के समय में राजाओं की बड़ी संख्या** दर्शाती है कि उनमें से कुछ ने समानांतर रूप से शासन किया होगा, और इस प्रकार यह संभव है कि दो ग्रीक वंशों ने उत्तर-पश्चिमी भारत पर समानांतर रूप से एक साथ शासन किया।

**दमेत्रियस/डिमित्रियस (बैक्ट्रिया का राजा)**

- 190 ई.पू. के लगभग भारत पर आक्रमण किया और संभवतः पुष्यमित्र शुंग के साथ संघर्ष हुआ।
- उत्तर-पश्चिमी भारत में मौर्य साम्राज्य के महत्वपूर्ण हिस्से पर विजय प्राप्त की और हिंदूकुश के दक्षिण तक बैक्ट्रियाई शासन का विस्तार किया।

**मनेंद्र/मिलिंद/मिनेंद्र (165 ई.पू.-145 ई.पू.)**

- **सबसे प्रसिद्ध** इंडो-ग्रीक शासक जिसने न केवल इंडो-ग्रीक सत्ता को स्थिर किया, बल्कि भारत में अपने साम्राज्य की सीमाओं को भी बढ़ाया।
- उसका साम्राज्य **बैक्ट्रिया और उत्तर-पश्चिमी भारत** दोनों ही के हिस्सों तक विस्तृत था और ऐसा लगता है कि इसमें दक्षिणी अफगानिस्तान और सिंधु नदी के पश्चिम का क्षेत्र गांधार भी शामिल थे।
- उसने **साकल** (आधुनिक सियालकोट, पंजाब) को अपनी राजधानी बनाया और ऐसा माना जाता है कि उसने गंगा-यमुना दोआब पर भी आक्रमण कर उसे जीत लिया था। लेकिन वह उस पर लंबे समय तक कब्जा न रख पाया। उसके अधिकार क्षेत्र के अंतर्गत एक अन्य महत्वपूर्ण शहर मथुरा भी था।
- **नागसेन** ने बौद्ध धर्म में परिवर्तित करवाया, बौद्ध ग्रंथ **मिलिंदपनहो (मिलिंद का प्रश्न)** में राजा मिलिंद के रूप में उल्लेखित, जिसमें मिलिंद द्वारा नागसेन (ग्रंथ का बौद्ध लेखक) से पूछे गए दार्शनिक प्रश्न शामिल हैं। ग्रंथ दावा करता है कि उन प्रश्नों के उत्तरों से प्रभावित होकर राजा मिलिंद ने बौद्ध धर्म[2] को अपने धर्म के रूप में स्वीकार कर लिया।
- उसे राजा **मिनेंद्र** के रूप में **बाजौर** (अब पाकिस्तान की उत्तर-पश्चिमी सीमा का प्रांत) से एक कास्केट (शवपेटिका) के ऊपर से प्राप्त **खंडित खरोष्ठी अभिलेख** में उल्लेखित किया गया, जो उसके शासनकाल में बुद्ध के अवशेषों को, संभवतः एक स्तूप में प्रतिष्ठापित करने का उल्लेख करता है।

**हरमेइयस (इस वंश का अंतिम शासक)**

- वह दूसरी शताब्दी ई.पू. की अंतिम चौथाई के लगभग **पार्थियनों से पराजित हुआ,** जिससे बैक्ट्रिया और हिंदूकुश के दक्षिणी क्षेत्र में यूनानी शासन का अंत हो गया।

हालांकि, यह ध्यान देना आवश्यक है कि **उत्तर-पश्चिमी भारत** में **इंडो-यूनानी शासन** कुछ **और समय** तक **जारी रहा। रानी एगाथोक्लिया** (संभवतः **मनेंद्र प्रथम की रानियों में से एक**) और उसके पुत्र स्ट्राटो का उल्लेख मिलता है, जिनके संयुक्त सिक्के प्राप्त हुए हैं। समय के साथ उत्तर-पश्चिम गांधार का यह क्षेत्र भी **पार्थियनों और शकों ने जीत लिया।** बाद में, पहली शताब्दी ई.पू. या पहली शताब्दी में, उनके राज्य का अंतिम हिस्सा, जो **झेलम के पूर्व का क्षेत्र** था, भी **क्षत्रप शासक राजुवुला** के सुपुर्द हो गया।

## इंडो-यूनानी शासन का प्रभाव

(a) इंडो-यूनानी भारत के **पहले शासक** थे जिन्होंने **सिक्के जारी किए** (सोना, चांदी, तांबा और गिलट) जो किसी **राजवंश की निश्चित विशेषता** है और वे भारत में **सोने के सिक्के जारी करने वाले भी पहले शासक** थे (सोने

---

[2] महायान बौद्ध धर्म के अनुयायी बन गये।

के सिक्कों की संख्या में **कुषाणों** के समय में वृद्धि हुई)। यह दिलचस्प है कि, शकों, पार्थियनों और क्षत्रपों ने अपने सिक्कों में इंडो-यूनानी सिक्कों की मौलिक विशेषताओं का अनुसरण किया, जिनमें **द्विभाषी और द्विआलेखी किंवदंतियां** शामिल हैं। इंडो-यूनानी सिक्के उत्कृष्ट सौंदर्य और तय आर्थिक मूल्य लघुचित्र थे, और साथ ही वे उभरते संप्रदायों व पंथों (विशेषकर शैव और भागवत पंथ), जो उन क्षेत्रों में प्रसिद्ध थे, के बारे में उपयोगी जानकारी भी प्रदान करते हैं। सिक्कों को क्षेत्र व आवश्यकता के अनुरूप भी बनाया गया था। उदाहरण के लिए:

| हिंदुकुश के उत्तर में प्रसारित इंडो-यूनानी सिक्के | इंडो-यूनानी सिक्के हिंदुकुश के दक्षिण में प्रसारित |
|---|---|
| (a) सोने, चांदी, तांबे और गिलट (निकल) के बने थे। | चांदी और तांबे के बने थे और अक्सर चौकोर आकार के होते थे। |
| (b) **एटिक भार मानक** का अनुसरण करते थे और उन पर यूनानी किवदंतियां थीं। | उनके पास यूनानी और खरोष्ठी (शायद ही कभी ब्राह्मी में) में **द्विभाषी अभिलेख** थे और **भारतीय भार मानक** का अनुसरण करते थे। |
| (c) उनके अग्र भाग में शाही चित्र और पिछले भाग में **यूनानी देवताओं** (जैसे- जूस, अपोलो और एथेना) के चित्र के साथ राजा का नाम व पदवी थी। | अग्र भाग में शाही चित्र होते थे, लेकिन पिछले भाग के रूपांकनों में **धार्मिक चिन्ह** शामिल थे जिनका प्रेरणास्रोत यूनानी नहीं, बल्कि भारतीय था। |

(b) उन्होंने **हेलेनिस्टिक (यूनानी) कला और साहित्य** की नई विशेषताएं आरंभ कीं जैसे कि भारत की उत्तर-पश्चिम सीमा में गांधार कला, जो कि पूरी तरह यूनानी नहीं थी, बल्कि भारतीय व मध्य एशियाई संबंधों के परस्पर मिश्रण व प्रभाव का नतीजा थी। इस मेल का एक अद्भुत उदाहरण **हेलिओडोरस का बेसनगर स्तंभ अभिलेख** है। उप-महाद्वीप में नए शब्द जिन पर यूनानी शब्दावली का प्रभाव था, प्रयोग किए जाने लगे। उदाहरण के तौर पर, संस्कृत में ज्योतिष के लिए प्रयोग किया जाने वाला शब्द 'होरशास्त्र' यूनानी शब्द 'होरोस्कोप' से उत्पन्न हुआ है।

**चित्र 7.2** बुद्ध की गांधार प्रतिमा

(c) हेलेनिस्टिक यूनानी अपनी **महान इमारतों** और अपनी छोटी, बारीकी से तराशी वस्तुओं के लिए भी जाने जाते हैं। अइ-खानम (ओक्सस और आधुनिक बल्ख के कोकचा के संगम पर स्थित), एंटिओक और तक्षशिला में सिरकप जैसे नगरों के उत्खनन से, शहरी योजना का महान कौशल उजागर हुआ।

(d) इंडो-यूनानियों ने **सैन्य गवर्नर का पद आरंभ किया** (गवर्नर **स्ट्रैटेगोस/स्ट्रैप्स** कहलाते थे)।

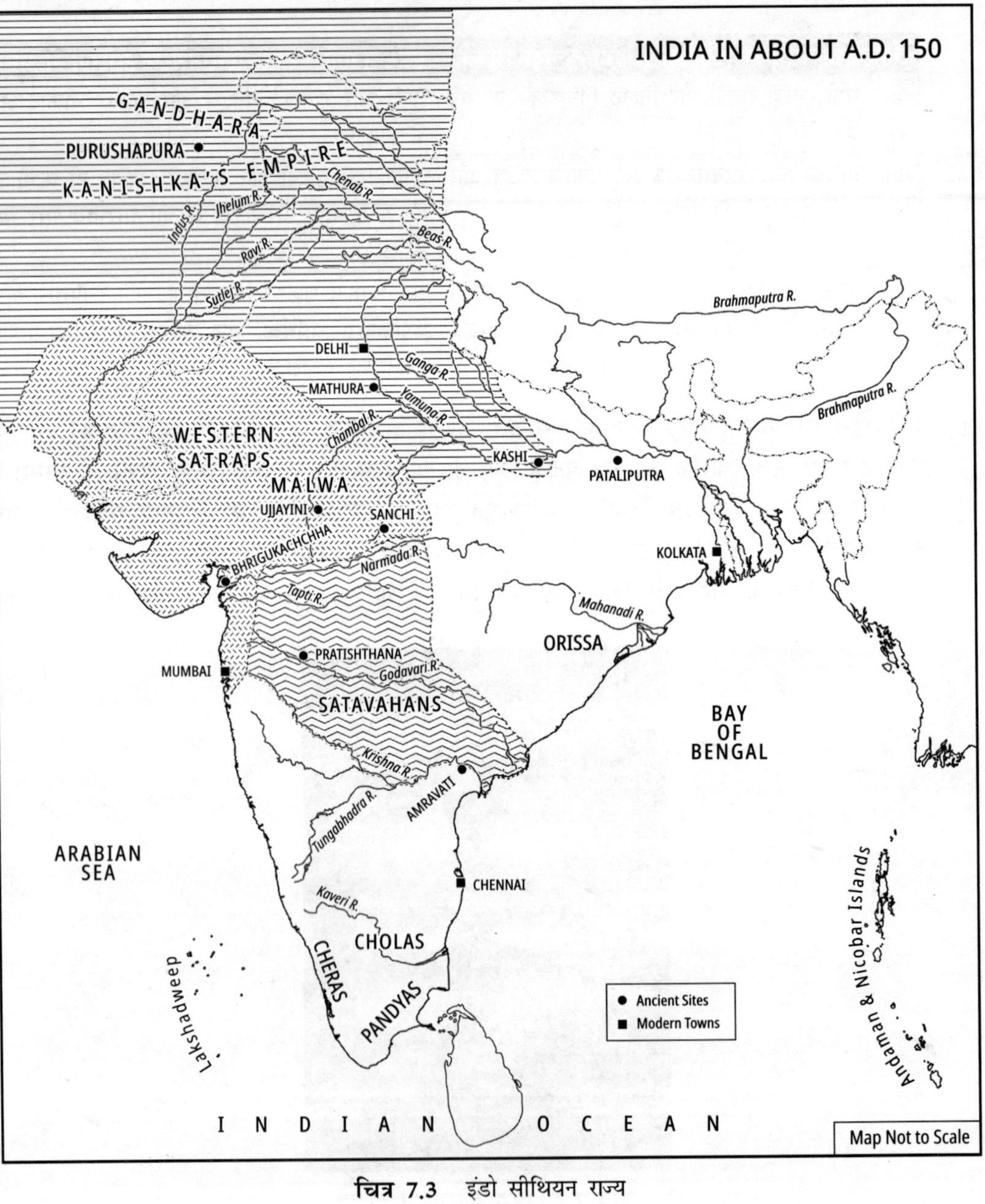


**चित्र 7.3** इंडो सीथियन राज्य

## शक/सीथियन

**'शक' सीथियन** लोगों के लिए प्रयोग किए जाने वाला भारतीय शब्द है, जो **मूलतः मध्य एशिया से संबंधित** थे। यह दिलचस्प है कि पतंजलि ने अपने **महाभाष्य** में शकों को **'अनिर्वासित' (शुद्ध) शूद्र** कहा है। यूनानियों के बाद शक भारत तक आए और उन्होंने यूनानियों की तुलना में काफी विशाल क्षेत्र पर नियंत्रण कर लिया। जैसा कि हम पहले चर्चा कर चुके हैं, दूसरी शताब्दी ई.पू. के उत्तरार्द्ध में उत्तर-पश्चिम में यूनानी राज्यों (सेल्युसिड साम्राज्य) के पतन के समानांतर ही बैक्ट्रिया पर मध्य एशिया के खानाबदोश जनजाति के लोगों का हमला हुआ, ये लोग थे–**हूण, वू-सुन और यू-ची** (जनजातीय वंश जिससे कुषाण भी संबंधित थे)। ऐसा माना जाता है कि प्रथम शताब्दी ई.पू. में, अत्यधिक बर्फबारी और अपने पड़ोसियों के लगातार हमलों के कारण, **हूणों को भुखमरी** का सामना करना पड़ा। इसका परिणाम उनके स्थानांतरण और **यू-चियों** के विस्थापन के रूप में निकला, जिन्हें अपने अच्छे इलाके को छोड़कर दूरस्थ जगहों पर स्थानांतरित होना पड़ा। यू-ची आगे जाकर दो शाखाओं में विभाजित हो गए, **छोटे यू-ची (जो उत्तरी तिब्बत में बस गए) और महान यू-ची जो पश्चिम की ओर** अरल सागर के किनारों और सिर दरिया (जैक्सार्टस) के मैदानों तक आगे बढ़े और उन्होंने इस क्षेत्र के **मूल निवासियों,** जो कि **सीथियन/शक** थे, को **विस्थापित** कर दिया। शक बैक्ट्रिया, पार्थिया और सिंधु के मैदानों की ओर बढ़ गए। शकों की **पांच शाखाएं** थीं जो भारत और अफगानिस्तान के विभिन्न भागों में सत्ता स्थापित कर बस गईं:

(a) शकों की एक शाखा **अफगानिस्तान** में बस गई। इस शाखा के प्रमुख शासक **वोनोनेस** और **स्पेलिरिसेस** थे।

(b) दूसरी शाखा **पंजाब** में बस गई जिसकी राजधानी **तक्षशिला** थी। मौस उनका प्रमुख शासक था।

(c) तीसरी शाखा मथुरा में बस गई, जहां उन्होंने लगभग **दो शताब्दी तक शासन किया।** उनका प्रमुख शासक **एजिलिसेस** था।

(d) चौथी शाखा ने **पश्चिमी भारत** पर अपना अधिकार स्थापित किया जहां उन्होंने **चौथी शताब्दी तक** शासन किया। उन्होंने गुजरात में समुद्र व्यापार पर आधारित समृद्ध अर्थव्यवस्था के कारण सबसे ज्यादा समय तक शासन किया और इस प्रकार बड़ी संख्या में चांदी के सिक्के जारी किए। सबसे प्रमुख शासकों में से एक **रुद्रदमन प्रथम** था, जो **शक क्षत्रपों के पश्चिम भारतीय वंश** से संबंधित था।

(e) शकों की पांचवीं शाखा ने **ऊपरी दक्कन** में अपनी सत्ता स्थापित की।

मध्य एशिया के लोगों के इन जटिल स्थानांतरणों व गतिविधियों ने भारतीय उपमहाद्वीप की राजनीति पर तरंगीय प्रभाव डाला।

**हूण यू ⟶ यूह-चिस ⟶ महान यूह-चिस ⟶ शक ⟶ पार्थियन**

शक शासन के इतिहास की जानकारी काफी हद तक **अभिलेखों और सिक्कों** द्वारा मिलती है। सिक्कों के आधार पर कुछ राजा जिनकी पहचान हो पाई, वे थे–वोनोन (पूर्वी ईरान का प्रारंभिक स्वतंत्र पार्थियन शासक), स्पालिरिसेस, एजिस प्रथम, एजिलिसेस और एजिस द्वितीय। कुछ सिक्के **संयुक्त शासन** पद्धति की ओर भी संकेत करते हैं। उदाहरण के लिए, स्पालिरिसेस व एजिस प्रथम और इसी प्रकार एजिस प्रथम और एजिलिसेस संभवतः सह-शासक थे। कुछ प्रमुख शक राजा हैं:

### मौस/मोगा/मोआ (80 ई.पू.)

- संभवतः भारत का **पहला शक शासक** जिसने गांधार में सत्ता स्थापित की।
- तक्षशिला से प्राप्त अभिलेख में शक राजा, मोगा और उसके **क्षत्रप/सत्रप** (गवर्नर) का उल्लेख मिलता है जिसका नाम पतिका था। उसका नाम बहुत से तांबे और चांदी के सिक्कों पर भी दिखता है। उसके सिक्कों में उकेरी गई आकृतियां आमतौर पर भारतीय देवताओं जैसे अभिषेक लक्ष्मी की होती थीं।

**एजिस**

- अंतिम **इंडो-यूनानी शासक हिप्पोस्ट्रेटस** ने उत्तरी भारत के क्षेत्र पर सफलतापूर्वक **कब्जा किया**।
- ऐसा माना जाता है कि उसका संबंध **58 ई.पू. के विक्रम संवत् काल** से भी था जिसका प्रयोग **एजिस के राज्याभिषेक को चिन्हित** करने के लिए किया गया। इस काल को पहले **उज्जैन नरेश विक्रमादित्य की शकों पर जीत** के लिए जाना जाता था। ऐसा माना जाता है कि जब अन्य सभी भारतीय शासकों ने शकों के आगे समर्पण कर दिया था, विक्रमादित्य उनके विरुद्ध प्रभावी रूप से लड़ा और उसी समय से, 'विक्रमादित्य'[3] प्रतिष्ठित पदवी बन गई, जैसे कि रोमवासियों के लिए 'सीजर' की पदवी थी।

शक और सीथो-पार्थियन, **क्षत्रपों ( गवर्नर ) या महाक्षत्रपों ( अधीनस्थ शासक )** के माध्यम से शासन करते थे, जिन्होंने साम्राज्य के विस्तार में बहुत सहायता प्रदान की। उदाहरण के लिए, सीथो-पार्थियन शासक **एजिलिसेस** के शासनकाल के दौरान एक क्षत्रप **राजुवुला** (राजुल) ने साम्राज्य के पूर्व की ओर विस्तार में बहुत मदद की थी। बाद में, उसने महाक्षत्रप की उपाधि ग्रहण की और मथुरा क्षेत्र के स्वतंत्र शासक के रूप में कार्य किया और उसके बाद उसका पुत्र **सोडाश** मथुरा के सिंहासन पर बैठा। यह ध्यान देने योग्य है कि इन क्षत्रपों की स्थिति किसी प्रशासनिक गवर्नर से ज्यादा स्वाधीन थी, क्योंकि उन्होंने न केवल अपनी इच्छानुसार काल का पालन कर अपने अभिलेख ही जारी किए, बल्कि उन्हें अपने सिक्के ढलवाने की अनुमति भी प्राप्त थी। अन्य आधिकारिक पदवी, **मेरीडार्क**, एक **निर्दिष्ट क्षेत्र के प्रभारी अधिकारी** के लिए इस्तेमाल की जाती थी।

## सीथो-पार्थियन/शक-पहलव

पहली शताब्दी के मध्य में, **भारत के उत्तर-पश्चिम में शक प्रभुत्व के बाद पार्थियनों** का शासन आया, हालांकि यूनानियों व शकों की तुलना में उन्होंने उत्तर-पश्चिमी भारत के बहुत **छोटे हिस्से पर कब्जा** किया। बहुत से संस्कृत ग्रंथों में उनका उल्लेख एक साथ **शक-पहलव** के रूप में किया गया है। यह दिलचस्प है कि, कुछ समय के लिए **दोनों ने समानांतर रूप से शासन किया** था। आमतौर पर, शक-पहलव/सीथो-पार्थियन शब्द का प्रयोग उन **विभिन्न आक्रमणकारी समूहों** के लिए किया जाता है **जो पहली शताब्दी में पार्थिया से उत्तर-पश्चिम भारत** आए थे। मूल रूप से, **पार्थियन ईरान** में रहते थे और उन्होंने इसवी सन् के आरंभ में भारत पर आक्रमण किया था। **गोन्डोफेर्नस/गुडुवहारा** (**45 ई.** दिनांकित **एक अभिलेख** में उल्लेखित जो **तख्त-ए-बही** से प्राप्त हुआ, जो पेशावर के निकट मर्दन से मिला था) सबसे प्रसिद्ध और महत्वपूर्ण राजा था और उसी के शासनकाल के दौरान **सेंट थॉमस भारत में ईसाई धर्म का प्रचार करने आए** थे। उसके सिक्कों पर उसके भतीजे **अबदागासिस**, उसके गवर्नर **सपादान** और **सतावस्त्रा**, उसकी सेना के गवर्नर **असपावर्मन और सासा** का भी उल्लेख है। समय के साथ, पार्थियनों ने, शकों की भांति भारतीय समाज को आत्मसात कर लिया और उसका एक अभिन्न अंग बन गए। **कुषाणों** ने अंततः **गोन्डोफेर्न्स के उत्तराधिकारियों** को उत्तर-पश्चिमी भारत से **बेदखल** कर दिया।

## कुषाण

कुषाणों का उल्लेख **यू-ची** (चंद्रमा जनजाति) या **तोचारियन** के नाम से भी हुआ, जो पांच वंशों **( कुई-शैंग )** में से एक थे, जिसमें से यू-ची जनजाति विभाजित हुई थी। वे **खानाबदोश जनजातीय लोग** थे जो **मूल रूप से उत्तरी-मध्य एशिया के मैदानों** से संबंधित थे। कुषाणों ने सबसे पहले बैक्ट्रिया (या उत्तरी अफगानिस्तान) पर कब्जा किया, जहां से उन्होंने शकों को

---

[3] जिसने भी कोई महान उपलब्धि हासिल की, उसने इस उपाधि को ठीक उसी तरह अपनाया, जिस प्रकार रोमन सम्राटों ने अपनी महान शक्ति का प्रदर्शन करने के लिए सीजर की उपाधि अपनाई थी। इस प्रथा के परिणामस्वरूप, हमारे पास भारतीय इतिहास में 14 विक्रमादित्य हैं, गुप्तवंश के चंद्रगुप्त द्वितीय उनमें से सबसे प्रसिद्ध हैं।

विस्थापित किया और क्रमशः गांधार को कब्जे में ले लिया व इन क्षेत्रों से यूनानियों और पार्थियनों के शासन को समाप्त कर उनका स्थान ले लिया। आखिरकार उन्होंने निचली सिंधु घाटी और गंगा घाटी के बड़े हिस्सों पर अपना **प्रभुत्व स्थापित** कर लिया। उनका साम्राज्य आक्सस से गंगा नदी और मध्य एशिया में खुरासान से उत्तर प्रदेश के वाराणसी तक विस्तृत था (लगभग नौ आधुनिक देशों का क्षेत्र)।

**कुजूल कदफिसेज/कदफिसेज प्रथम ( 15-64 ई. )**

- उसने यू-ची जनजाति के पांच कुलों को सम्मिलित किया और **संयुक्त कुषाण साम्राज्य** की **नींव रखी।**
- उसने **तांबे के सिक्के ढलवाए** और ऐसा माना जाता है कि उसने व्यापार को सुगम बनाने के लिए **रोमन 'औरेई' प्रकार के सिक्कों** की नकल की।
- उसके सिक्के हिंदुकुश के दक्षिण से प्राप्त हुए, जो यह लक्षित करते हैं कि उसके शासनकाल के दौरान संभवतः कुषाणों ने भारतीय उपमहाद्वीप की ओर बढ़ना आरंभ कर दिया था।
- उसके सिक्के **बौद्ध धर्म** से संपर्क को भी लक्षित करते हैं।
- उसने **'धर्मथिडा'** और **'सचाधर्मथिडा'** की उपाधि भी अपनाई।

**विम कदफिसेज/विम कडफिसस द्वितीय ( 64-78 ई. )**

- **वह कदफिसेज प्रथम** का पुत्र था और उसने कुछ समय तक **अपने पिता के साथ सह-शासक के तौर पर कार्य किया**, लेकिन बाद में उसने स्वतंत्र रूप से भी शासन किया। उसने पार्थियनों से गांधार को जीता और **साम्राज्य को सिंधु के पूर्व** में मथुरा क्षेत्र तक आगे विस्तारित किया। विम कदफिसेज के शासन का राजनीतिक महत्व इस तथ्य में निहित है कि उसने मध्य एशिया को उत्तर भारत के साथ एकीकृत कर एक साम्राज्य का हिस्सा बनाया। जिसके परिणामस्वरूप विभिन्न संस्कृतियां परस्पर मिश्रित हुईं और अंतर क्षेत्रीय व्यापारिक गतिविधियों में वृद्धि हुई।
- उसने **बड़ी संख्या में सोने के सिक्के** जारी किए।
- वह शिव का परम भक्त था और उसने अपने सिक्कों पर स्वयं को **'महेश्वर'** घोषित किया।
- उसके सभी सिक्कों (सोने और तांबे दोनों) पर **शिव के त्रिशूल व बैल** के स्पष्ट चिह्न हैं।

**कनिष्क ( 78-101 ई. )**

- वह **कदफिसेज द्वितीय** का पुत्र और संभवतः **सबसे प्रसिद्ध कुषाण** शासक था, जिसके शासनकाल के अधीन कुषाण साम्राज्य अपने शीर्ष पर पहुंचा। उसका साम्राज्य मध्य एशिया से अफगानिस्तान और उत्तर-पश्चिमी भारत, **सुदूर पूर्व में गंगा घाटी** और दक्षिण में मालवा प्रांत तक **विस्तृत** था, इसमें उत्तर प्रदेश में वाराणसी, कौशाम्बी और श्रावस्ती व मध्य प्रदेश में सांची शामिल थे। इस विशाल साम्राज्य का **केंद्र बैक्ट्रिया** था, जैसा कि **कनिष्क के सिक्कों और अभिलेखों** में प्रयोग की गई **बैक्ट्रियाई भाषा** से स्पष्ट होता है।
- प्रसिद्ध **रबातक अभिलेख** (अफगानिस्तान के आधुनिक बगलान प्रांत में) कनिष्क पर उपयोगी जानकारी प्रदान करता है।
- **'देवपुत्र'** की उपाधि ग्रहण की और कुछ सिक्कों में उसे **'नुकीली टोपी'** पहने हुए दर्शाया गया है।

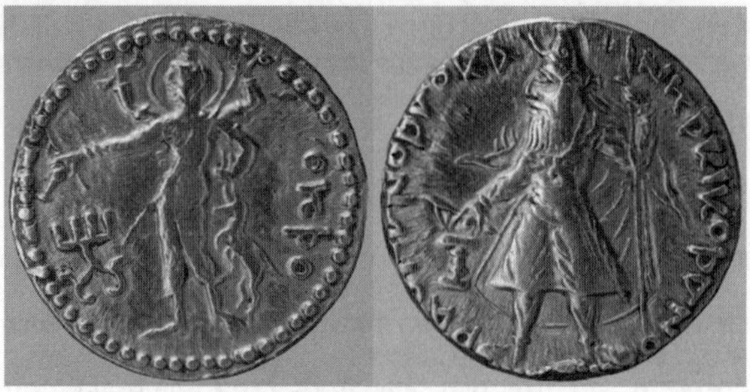

**चित्र 7.4** कनिष्क का सिक्का

- कनिष्क की दो राजधानियां थीं-
  - **पुरुषपुर ( आज का पेशावर ):** उसने पुरुषपुर में बुद्ध के अवशेषों को रखने के लिए एक विशाल स्तूप का निर्माण करवाया। यह इमारत अपनी पूरी भव्यता के साथ तब भी यथावत् खड़ी थी जब बाद में पांचवीं शताब्दी के आरंभ में चीनी यात्री फाह्यान ने इस क्षेत्र का दौरा किया था।
  - **मथुरा**
- उसे दो प्रमुख कारणों से याद किया जाता है:
  - **शक-संवत् ( 78 ई. )** आरंभ किया, जिसे उसके **शासन के आरंभ** के रूप में स्वीकार किया जाता है और जो अब **भारत सरकार द्वारा** उसके कैलेंडर में **प्रयोग किया जाता है**। इस बात की संभावित व्याख्या कि शक-संवत् क्यों और कुषाण संवत् क्यों नहीं, शायद इस धारणा में निहित है कि या तो कनिष्क को गलती से एक शक मान लिया गया था, या यह संवत् पश्चिमी भारत के शक क्षत्रपों के पूरे शासनकाल में लगातार प्रयोग किया जाता रहा होगा, जिन्होंने कुषाणों के प्रभुत्व को स्वीकार कर लिया था।
  - कुंडलवन (जम्मू-कश्मीर में **श्रीनगर** के समीप) में **वसुमित्र** की अध्यक्षता में **चतुर्थ बौद्ध समिति** का आयोजन किया। कनिष्क **बौद्ध धर्म का महान संरक्षक** था।[4] इस समिति में ही **बौद्ध धर्म दो शाखाओं–हीनयान और महायान में विभाजित** हो गया। किंवदंतियों के अनुसार, **पास्सा** नामक बौद्ध संन्यासी की सलाह पर कनिष्क ने चतुर्थ बौद्ध समिति आरंभ की थी।
- कनिष्क ने उस काल के महान विद्वानों और प्रतिष्ठित व्यक्तियों को संरक्षण दिया जैसे कि–
  - (a) **अश्वघोष:** एक बौद्ध विद्वान जिसने संतचरित्र बुद्धचरित (बुद्ध की पवित्र जीवनी) लिखी और **सौंदरानंद ( संस्कृत काव्य )** की रचना की।
  - (b) **चरक: आयुर्वेद के पितामह** के रूप में जाना जाता है जिसने औषधियों पर **चरकसंहिता** नामक पुस्तक लिखी और साथ ही **ससरुत** का लेखन भी किया।
  - (c) **वसुमित्र:** एक **प्रतिष्ठित दार्शनिक** जिसने बौद्ध दर्शन के विश्वकोश **महाविभाष** का लेखन किया।
  - (d) **नागार्जुन:** अक्सर **भारतीय आइंस्टाइन** कहा जाता है। नागार्जुन ने अपने समय में सूत्र के रूप में सापेक्षता के सिद्धांत, प्रज्ञापरमितासूत्र का प्रतिपादन किया। वह **महायान सिद्धांत का महान प्रतिपादक** भी था और उसने माध्यमक (शून्यवाद संप्रदाय के रूप में भी जाना जाता है) को स्थापित किया जो शून्यता या रिक्तता केंद्रित था।

---

[4] कनिष्क महायान बौद्ध धर्म का महान संरक्षक था।

(e) **माथरः** वह एक **मंत्री** था जो अपनी असाधारण **बुद्धिमता (राजनीतिज्ञ) के लिए प्रसिद्ध** था।

(f) **एजिसिलौसः** एक यूनानी अभियंता **(इंजीनियर)** जिनके बारे में ऐसा माना जाता है कि इनके मार्गदर्शन में ही पुरुषपुर के महान स्तूप का निर्माण हुआ था।

- कनिष्क ने **गांधार और मथुरा** मूर्तिकला विद्यालयों को भी संरक्षण प्रदान किया। **मथुरा** से, **कनिष्क** को एक योद्धा के रूप में दर्शाती **शिरोहीन मूर्ति** प्राप्त हुई है।
- उसने मध्य एशिया में **प्रसिद्ध सिल्क रूट** को नियंत्रित किया।

चीन ⟶ मध्य एशिया ⟶ अफगानिस्तान ⟶ ईरान ⟶ पश्चिमी एशिया (रोमन साम्राज्य का हिस्सा)

- कनिष्क के व्यक्तित्व का अन्य अद्भुत पहलू उसकी **धार्मिक सहिष्णुता की प्रवृत्ति थी** जैसा कि उसके सिक्कों में दर्शाए गए रूपांकन विविध धार्मिक परंपराओं से रेखांकित किए गए थे–**भारतीय** (शिव और बुद्ध के रूपांकन), **यूनानी** (हेलिओस–सूर्य देवता और सेलेनी–चंद्रमा की देवी के रूपांकन) और **पश्चिम एशिया** (फारसी देवता अतश–अग्नि देवता और मिथ्र–सूर्य देवता के रूपांकन)
- अपने लंबे शासन के अंतिम समय, ऐसा प्रतीत होता है कि उसने मध्य एशिया में **चीनियों** के विरुद्ध एक **असफल सैन्य अभियान** का नेतृत्व किया था और जनरल पैन-चाओ से पराजित हुआ तथा चीनी सम्राट हो-ती को शुल्क देने के लिए मजबूर हो गया।

### वासुदेव द्वितीय (अंतिम कुषाण सम्राट)

- कनिष्क के तत्काल उत्तराधिकारी वशिष्क, हु-विष्क, कनिष्क द्वितीय (जिसने **'कैसर'** की उपाधि ग्रहण की) और वासुदेव प्रथम थे, जिसने अपने शासनकाल के दौरान, लगभग दूसरी शताब्दी के मध्य में **शाओनो शाओ वासुदेवो कोषानो** की उपाधि धारण की, जो यह लक्षित करता है कि इस समय तक कुषाण पूरी तरह भारतीय हो चुके थे। साथ ही, उसी के शासनकाल के दौरान साम्राज्य का पतन आरंभ हो गया था। इन शासकों और विभिन्न क्षत्रपों व महाक्षत्रपों के नाम हुंजा (कराकोरम राजमार्ग और हंजा नदी के बीच स्थित) की विशाल चट्टान पर लिखे बहुत से **खरोष्ठी अभिलेखों** से प्राप्त हुए।

**तीसरी शताब्दी के आरंभ से कुषाण सत्ता** का क्रमशः पतन आरंभ हो गया। तीसरी शताब्दी के मध्य में अफगानिस्तान और सिंधु के पश्चिम के क्षेत्र में कुषाण साम्राज्य का स्थान **सस्सानी सत्ता**[5] (ईरान की) ने ले लिया। हालांकि, कुछ बचे हुए कुषाण चौथी शताब्दी तक काबुल घाटी, कपिशा और बैक्ट्रिया में जैसे-तैसे बचे रहे। कुषाणों के पतन ने उत्तरी भारत को विभिन्न भागों में राजतंत्र और गणों दोनों ही राज्यों को फिर से संगठित होने का रास्ता दिखाया (जैसा कि सिक्कों, मोहरों और अभिलेखों से स्पष्ट होता है) जिन्हें उन्होंने अस्थायी तौर पर अधीन कर लिया था, जैसे कि–

(a) पश्चिमी और मध्य भारत में **शक क्षत्रप**

(b) भरतपुर और अलवर क्षेत्र में **अर्जुनायन**

(c) पंजाब और राजस्थान से जुड़े कुछ इलाकों में **मालव**

(d) पूर्वी पंजाब, उत्तर प्रदेश व राजस्थान से लगे क्षेत्रों में **यौधेय** गण

(e) पद्मावती क्षेत्र (मध्य प्रदेश के आधुनिक ग्वालियर क्षेत्र के रूप में पहचान हुई) में और उसके आस-पास **नाग** राजा।

[5] 262 ई. के एक ससैनियन शिलालेख में इस क्षेत्र के लिए हिंदुस्तान शब्द का प्रयोग किया गया है। इस प्रकार, मुगल और आधुनिक काल में भारत के लिए प्रयुक्त हिंदुस्तान शब्द का प्रयोग पहली बार तीसरी शताब्दी ई.पू. में किया गया था।

# पश्चिमी भारत के शक क्षत्रप

जैसा कि पहले चर्चा की गई थी, सीथो-पार्थियन क्षत्रपों (वायसराय) और **महाक्षत्रपों** (अधीनस्थ शासकों) के माध्यम से शासन करते थे। आरंभिक शताब्दियों में, क्षत्रप शासकों के दो महत्वपूर्ण घराने थे–**क्षहरात** और **कर्दमाक,** जिन्होंने कुषाण काल के बाद पश्चिमी भारत के क्षेत्रों पर नियंत्रण बनाए रखा।

## क्षहरात

इस वंश से संबंधित प्रमुख शासक थे:

**भूमक ( लगभग 78 ई. )**

- मूलरूप से **कनिष्क के प्रति निष्ठा** रखता था।
- ब्राह्मी और खरोष्ठी में लिपिबद्ध उसके सिक्के मालवा, अजमेर के क्षेत्र और तटीय गुजरात में पाए गए।

**नहपान ( 119-125 ई. )**

- अपने जीवनकाल में क्षत्रप से महाक्षत्रप और अंततः राजन (राजा) के रूप में प्रतिष्ठित हुआ।
- उसके राज्य की राजधानी संभवतः **मिन्नागर** (उज्जैन और बरूच के बीच स्थित आधुनिक दोहा) थी और इसमें मालवा, गुजरात, सौराष्ट्र, उत्तरी महाराष्ट्र, राजस्थान के हिस्से और निचली सिंधु घाटी शामिल थे। उसके अमात्यों में से एक **आर्यमन** का अभिलेख पुणे जिले से पाया गया।
- उसके सिक्के अजमेर, राजस्थान और नासिक, महाराष्ट्र में पाए गए। उसके कुछ **दान में दिए गए अभिलेख नासिक और महाराष्ट्र के कार्ले गुफाओं** में पाए गए।
- ऐसा माना जाता है कि शक क्षत्रप **दक्कन पर आधिपत्य** के लिए **सातवाहनों** के साथ **लगातार संघर्ष** में लिप्त थे और पश्चिमी समुद्र तटीय क्षेत्रों का नियंत्रण निरंतर एक से दूसरे हाथ में जा रहा था। उदाहरण के लिए, ऐसा प्रतीत होता है कि नासिक और पुणे के क्षेत्र सातवाहनों से या तो नहपान या उसके पूर्ववर्तियों द्वारा जीत लिए गए थे। उसके बाद, लगभग 125 ई. के आसपास, ऐसा माना जाता है कि नहपान की **हत्या सातवाहन** शासक, **गौतमी पुत्र शातकर्णी** द्वारा कर दी गई, जिसने **न केवल नहपान के सिक्कों की पुनर्रचना** की, बल्कि नहपान पर अपनी विजय का उल्लेख नासिक और पुणे जिलों के अपने अभिलेखों में भी की। इस विजय का उल्लेख, उसकी माता गौतमी **बालाश्री** के अभिलेखों में भी मिलता है।
- एक अभिलेख में उल्लेख है कि ऊषावदत (नहपान का दामाद) ने बौद्ध संन्यासियों को भोजन उपलब्ध कराने के लिए उन्हें एक खेत दान में दिया।

**कर्दमक**

- कर्दमक **शक क्षत्रपों** का **अन्य घराना** था जिन्होंने क्षहरात वंश के समाप्त हो जाने के बाद पश्चिमी भारत पर शासन किया। इस वंश के प्रमुख शासकों में शामिल थे:

**चष्टन ( लगभग 120 ई. )**

- कर्दमक वंश का **संस्थापक।** मूलत: कुषाणों के अधीनस्थ के रूप में सिंध क्षेत्र पर शासन किया और नहपान के समय संभवत: कुषाण साम्राज्य के दक्षिण-पश्चिमी प्रांतों का क्षत्रप था।
- कर्दमक **वरिष्ठ** (महाक्षत्रप) और **कनिष्ठ** (क्षत्रप) पद्धति का पालन करते थे। उदाहरण के तौर पर, चष्टन (महाक्षत्रप) के जीवनकाल के दौरान, उसका पुत्र **जयदमन** और बाद में उसका पौत्र **रुद्रदमन प्रथम** क्षत्रप थे।
- उसके बाद उसके वंश का सबसे प्रसिद्ध शासक और उसका पौत्र रुद्रदमन प्रथम सत्ता पर आसीन हुआ।

**रुद्रदमन प्रथम ( 130–152 ई. )**

- सभी **शक क्षत्रप शासकों में सबसे प्रसिद्ध,** जिसने दूसरी शताब्दी के मध्य में शासन किया।
- उसका साम्राज्य लगभग पूरे पश्चिमी भारत पर फैला था जिसमें नासिक और पुणे के क्षेत्रों को छोड़कर सिंध, गुजरात, कोंकण, नर्मदा घाटी, मालवा और काठियावाड़ शामिल थे।
- उसने **काठियावाड़** के अर्द्धशुष्क क्षेत्र और **चंद्रगुप्त मौर्य के शासनकाल** में बनी **सुदर्शन झील** को सुधारने के लिए **मरम्मत कार्य करवाया,** जिसके लिए वह इतिहास में प्रसिद्ध है और यह कार्य प्रसिद्ध **जूनागढ़ या गिरनार अभिलेख ( शक वर्ष** 72 में दिनांकित, अर्थात् **150–151 ई.**) में वर्णित है। यह अभिलेख प्राचीन भारत का **पहला पवित्र संस्कृत में लिखा शाही अभिलेख** है, जबकि अन्य सभी अभिलेख आमतौर पर प्राकृत में लिखे जाते थे।
- उसकी अन्य उपलब्धियां भी इसी अभिलेख के माध्यम से वर्णित की गई थीं। इस अभिलेख में उल्लेखित है कि उसने दक्षिण पथ के स्वामी, **गौतमी पुत्र शतकर्णी** को दो बार **पराजित** किया था, लेकिन करीबी रिश्तेदार होने के कारण उसकी हत्या नहीं की। रुद्रदमन की **बेटी का विवाह** गौतमी पुत्र शतकर्णी के पुत्र **वशिष्ठिपुत्र पुलुमवी** से हुआ था।
- **विश्वसेन** (अंतिम क्षत्रप शासक जिसने तीसरी शताब्दी के अंत तक शासन किया और चष्टन वंश से संबंधित था)।

## मध्य एशिया से संपर्क का प्रभाव और योगदान

शक-कुषाण काल ने व्यापार और कृषि, प्रशासनिक व्यवस्था, कला और साहित्य, मूर्तिकला और मिट्टी के बर्तन, विज्ञान और तकनीक, व बड़े पैमाने पर भारतीय समाज में विभिन्न नए तत्वों को आरंभ किया। वास्तव में, मध्य एशिया के प्रभाव को सामाजिक जीवन के लगभग सभी क्षेत्रों और पहलुओं में महसूस किया गया। उदाहरण के तौर पर:

(a) **मिट्टी के बर्तन और वास्तुकला:** उन्होंने फर्श के लिए पकी **ईंटों** और **फर्श व छत** के लिए **टाइल्स** का प्रयोग **आरंभ किया**। इस काल को **ईंटों की दीवारों** के निर्माण के लिए जाना जाता है। लाल मिट्टी के बर्तनों की तकनीक जिसका मध्य एशिया में बड़े पैमाने पर प्रयोग होता था, की भारतीय उपमहाद्वीप में भी प्रतिकृति बननी आरंभ हो गई। इस काल के मिट्टी के **बर्तन लाल, सादे और पॉलिश किए हुए** मध्यम से उत्कृष्ट बनावट के थे। इस काल के विशिष्ट बर्तन छिड़काव करने वाले और फुहारा छोड़ने वाली प्रणाली के थे।

(b) **व्यापार और कृषि:** मध्य एशिया और भारत के बीच नजदीकी संपर्क स्थापित होने से, इन दोनों क्षेत्रों के बीच **व्यापार** में भी **विकास हुआ।** भारत **मध्य एशिया के अल्ताई पहाड़ों** से बड़ी मात्रा में सोना आयात करता था। **कुषाणों** के रेशम मार्ग **( सिल्क रूट )** पर व्यापक **नियंत्रण** के कारण, कुषाणों की अर्थव्यवस्था व्यापारियों से प्राप्त पथकर से फिर से भरपूर हो गई थी और इस आय ने एक विशाल समृद्ध साम्राज्य के निर्माण में मदद की। 27–28

ई. में रोमन सम्राट ऑगस्टस के दरबार में और 110-20 ई. में रोमन सम्राट ट्रोजन के दरबार में भी भारत से दूतावास भेजे गए थे। लेकिन यह ध्यान देने योग्य है कि हालांकि वे **इंडो-यूनानी** थे जिन्होंने **भारत में सोने के सिक्के आरंभ किए,** पर कुषाण भारत में इतने **व्यापक स्तर पर सोने के सिक्के**[6] **जारी करने वाले पहले शासक** थे। कुषाणों ने **कृषि को भी बढ़ावा** दिया। ऐसा माना जाता है कि कुषाण **बड़े पैमाने पर सिंचाई**[7] के अंतर्गत क्षेत्रों के विस्तार व सिंचाई कार्य आरंभ करने में अग्रणी थे।

(c) **सैन्य ज्ञान और उपकरण:** शक और कुषाण स्वयं उत्कृष्ट घुड़सवार[8] थे, इसलिए उन्होंने **बेहतर घुड़सवार सेना** आरंभ की और बड़े पैमाने पर **घोड़ों की सवारी** के प्रयोग को **लोकप्रिय** बनाया। उन्होंने **लगाम, काठी और रस्सी के बने पैरों की उंगलियों के रकाब के प्रयोग** को सार्वजनिक बनाया, जिससे सवारों को घोड़ों को चलाने में सुगमता हुई। उन्होंने योद्धाओं द्वारा प्रयोग की जाने वाली **टोपियों, लोहे की टोपियों और जूतों** से भी परिचय करवाया। शकों और कुषाणों ने परिधानों की नई शैलियों से परिचय करवाया जैसे कि **पगड़ी, अंगरखे, पतलून, भारी लंबे कोट और लंबे जूते,** जिन्हें न केवल योद्धा वर्ग, बल्कि समाज के कुछ अन्य वर्गों ने भी अपनाया। ऐसी पूरी संभावना है कि भारत में चमड़े के जूते बनाने का व्यवसाय इसी काल के दौरान आरंभ हुआ।

(d) **प्रशासनिक व्यवस्था:** मध्य एशियाई विजेताओं ने प्रशासन में नई प्रणालियां आरंभ कीं। उदाहरण के तौर पर, **इंडो-यूनानियों** ने **सैन्य गवर्नर के पद की पद्धति** को आरंभ किया जिसमें उन्होंने सैन्य गवर्नरों जिन्हें स्ट्रेटिगोस कहा जाता था, की नियुक्ति की जबकि कुषाणों ने प्रशासन की **'क्षत्रप'** व्यवस्था आरंभ की, जिसके अंतर्गत साम्राज्य अनेक क्षत्रपियों में विभाजित था और प्रत्येक क्षत्रपी को क्षत्रप के शासन के अधीन रखा गया था। इन व्यवस्थाओं से **सामंती ढांचे का विकास**[9] हुआ जिसमें इन मध्य एशियाई विजेताओं ने बहुत से छोटे राजाओं पर अपना प्रभुत्व स्थापित कर लिया जो नियमित रूप से उन्हें शुल्क अदा करते थे। शकों और कुषाणों ने **शासक की दिव्य उत्पत्ति की धारणा को प्रबल** किया। उन्होंने **'देवपुत्र'** अर्थात् देवता के पुत्र की उपाधि ग्रहण की।

(e) **भारतीय समाज:** मध्य एशियाई विजेताओं का एक असाधारण पहलू यह था कि उन्होंने न केवल भारतीय समाज को आत्मसात कर लिया था, बल्कि उन्होंने भारतीय संस्कृति में **नए घटकों को भी जोड़ा** और उसे बेहद समृद्ध बनाया। वे स्वयं को पूरी तरह भारतीय संस्कृति के तुल्य मानते थे। चूंकि उनकी खुद की लिपि, लिखित भाषा या कोई संगठित धर्म नहीं था, उन्होंने संस्कृति के ये अवयव भारत से अपनाए। यह कहना गलत नहीं होगा कि प्राचीन इतिहास के **किसी अन्य काल में विदेशियों ने भारतीय समाज को इतने बड़े पैमाने पर आत्मसात नहीं** किया था, जबकि वे उत्तर मौर्य काल में थे। चूंकि उनमें से ज्यादातर लोग विजेताओं के रूप में आए थे, उन्हें क्षत्रीय स्वीकार किया गया। यहां तक कि मनुस्मृति में, मनु ने शकों और पार्थियनों को व्रात-क्षत्रिय (निम्न वर्ग के क्षत्रीय) के रूप में वर्णित किया था जो अपने यज्ञ संबंधी अनुष्ठानों के कर्तव्य से भटक गए थे और इसलिए उनकी सामाजिक स्थिति गिर गई।

---

6 वास्तव में, प्रारंभिक कुषाण राजाओं द्वारा जारी किए गए सोने के सिक्कों की धात्विक शुद्धता गुप्त काल के सोने के सिक्कों की तुलना में बहुत बेहतर थी।

7 पाकिस्तान, अफगानिस्तान और पश्चिमी मध्य एशिया में बड़े पैमाने पर सिंचाई के सबसे पुराने पुरातात्विक निशान कुषाण काल के हैं।

8 घुड़सवारी के प्रति उनके जुनून का अफगानिस्तान के बेग्राम से खोजी गई कुषाण काल की कई घुड़सवारी टेराकोटा आकृतियों से पता चलता है।

9 कुषाणों ने 'राजाओं के राजा' की आडंबरपूर्ण उपाधियां अपनाई, जो इंगित करती हैं कि उन्होंने कई छोटे राजकुमारों से कर वसूल किया।

शासकों ने न केवल भारतीय सामाजिक मानदंडों को ही, बल्कि उस समय के **प्रचलित धर्मों को भी अपनाया।** उदाहरण के लिए उनमें से कुछ **वैष्णव धर्म** (विष्णु की पूजा) में **परिवर्तित** हो गए। जैसा कि **यूनानी राजदूत हेलिओडोरस** के मामले में हुआ जिसने **वासुदेव के सम्मान में एक स्तंभ** की स्थापना करवाई थी। कुछ अन्य लोगों ने बौद्ध धर्म को अपनाया, जैसा कि **यूनानी शासक मनेंद्र** के मामले में हुआ जो बौद्ध बन गया था। इसी प्रकार, कुषाण शासक शिव और बुद्ध दोनों की पूजा करते थे और इन दोनों देवताओं की छवि कुषाणों के सिक्कों में दिखाई देती है।

**महायान बौद्ध धर्म की उत्पत्ति** का अधिकतम श्रेय **मध्य एशियाई प्रभाव** को जाता है। भिक्षु और भिक्खुनियां व्यापारियों और शिल्पकारों के बढ़ते समुदाय से मिलने वाले नकद दान को खोने के लिए तैयार नहीं थे और उन्होंने सोना व चांदी स्वीकार करना आरंभ कर दिया, मांसाहारी भोजन खाने लगे और अलंकृत परिधान पहनने लगे (जैसा कि आंध्र प्रदेश में नागार्जुन कोंडा के मठीय क्षेत्रों से बड़ी संख्या में प्राप्त सिक्कों की खोज से पुष्टि होती है)। कुछ लोगों ने संघ के अनुशासित जीवन को त्यागकर अपना गृहस्थ जीवन पुन: आरंभ कर लिया और पहले बुद्ध से संबंधित जिन वस्तुओं को उनका प्रतीक मानकर पूजा जाता था, का स्थान उनकी प्रतिमाओं ने ले लिया। बौद्ध धर्म का यह नया रूप जिसमें बोधिसत्व की प्रतिमाओं का सम्मान व पूजा की जाती थी, महायान बौद्ध धर्म कहलाया और **कनिष्क बौद्ध धर्म के इस रूप का** महान संरक्षक था जिसने न केवल चतुर्थ बौद्ध समिति का आयोजन ही किया, बल्कि बुद्ध की स्मृति को यादगार बनाने के लिए कई अन्य स्तूपों की स्थापना भी करवाई। महायान और हीनयान संप्रदाय के बीच मौलिक अंतर को निम्नलिखित बॉक्स में देखा जा सकता है।

| हीनयान | महायान |
|---|---|
| यह मान्यता है कि मानव जीवन का **परम लक्ष्य निब्बान/निर्वाण प्राप्त करना** और एक अरहट बनना होना चाहिए। | यह निब्बान प्राप्ति को कमतर लक्ष्य मानता है, बल्कि इसके अनुसार **उच्चतर लक्ष्य** बोधिसत्व के मार्ग का पालन करना और **बुद्धत्व को प्राप्त करना** है। |
| इसके अनुसार, अरहट वह है जो निब्बान प्राप्त करने के बाद संसार के चक्र से **लुप्त हो जाता** है। | इसके अनुसार, बोधिसत्व वह है जिसने महान बुद्धिमत्ता प्राप्त कर ली है, लेकिन अपने निब्बान को स्थगित करने का निर्णय लिया और **दूसरों को बुद्ध बनने में मदद करता है।** बोधिसत्व में दस गुण होने चाहिए–दान (उदारता), शील (अच्छा आचरण), क्षांती (धैर्यवान सहनशीलता), वीर्य (मानसिक शक्ति), ध्यान (मनन), प्रज्ञा (बुद्धि), उपायकौशल्य (साधनों में निपुणता), प्रणीधान (दृढ़ संकल्प), बल (शक्ति) और ज्ञान (बोध)। |
| हीनयान में, बुद्ध को महापुरुष (श्रेष्ठतर व्यक्ति) माना जाता है, अतुलनीय और सर्वोत्कृष्ट गुरु जो प्रबुद्ध हो गए और एक अरहट बन गए। | महायान ने एक **अरहट** और एक **बुद्ध** बनने के बीच की **खाई को बढ़ा दिया**। इसने श्रेष्ठ बुद्ध और बोधिसत्व की धारणा की शुरुआत की जो निब्बान और संसार के बीच मौजूद थे। इसने बहुत से बुद्धों और बोधिसत्वों की कल्पना की जैसे कि मैत्रय, अवलोकितेश्वर और मंजूश्री, जिनमें से सभी ने अन्य लोगों को उनके अपने-अपने बुद्धक्षेत्रों से मोक्ष दिलाने में मदद की। |

(f) **कला और साहित्यः** उत्तर-मौर्यकाल में कला मुख्य रूप से **धार्मिक** थी। इस काल की कला और वास्तुकला से संबंधित दो सबसे महत्वपूर्ण विशेषताएं **स्तूपों** का निर्माण और **मूर्तिकला के प्रांतीय विद्यालयों** का विकास था।

(i) **स्तूपः** स्तूप एक विशाल अर्द्ध गोलाकार गुंबद होते हैं जिनमें एक मध्यकक्ष होता है जहां **बुद्ध या किसी बौद्ध संन्यासी के अवशेष** एक छोटी शवपेटिका में **रखे जाते हैं**। इसका आधार **प्रदक्षिणा** (घड़ीवत (क्लॉकवाइज) परिक्रमा) के मार्ग से घिरा होता था, जिसमें लकड़ी की रेलिंग संलग्न होती थी जिसे बाद में पत्थर का बनाया गया। इस काल के तीन प्रमुख स्तूप भरहुट (जिसे दूसरी शताब्दी ई.पू. के मध्य का दिनांकित किया गया, इसकी रेलिंग लाल पत्थर की बनी है), सांची (इस काल में सांची में तीन बड़े स्तूपों का निर्माण हुआ, इन तीनों में से सबसे बड़ा स्तूप, जो मूलरूप से सम्राट अशोक ने बनवाया था, को दूसरी शताब्दी ई.पू. में किसी समय उसके आकार से दोगुना बढ़ाया गया), और **अमरावती व नागार्जुनकोंडा** (दोनों आंध्र प्रदेश में) में हैं। इस काल के दौरान बहुत से स्तूपों का निर्माण दक्षिण भारत में भी हुआ, लेकिन इनमें से कोई भी पूरी तरह बचा न रह सका।

(ii) **मूर्तिकला के विद्यालयः** इस काल में पहली बार **बुद्ध की प्रतिमाओं को तराशा** गया। मध्य एशियाई शासक भारतीय कला व साहित्य के उत्साही संरक्षक बन गए और उन्होंने नए कला के विद्यालयों की स्थापना में बहुत जोश दिखाया। इस काल में **तीन** बड़े **मूर्तिकला के विद्यालय** विकसित हुए। वे थेरू **गांधार**[10] का कला विद्यालय, **मथुरा** का कला विद्यालय और **अमरावती** का कला विद्यालय।

| गांधार कला विद्यालय | मथुरा कला विद्यालय | अमरावती कला विद्यालय |
|---|---|---|
| गांधार विद्यालय पर विदेशी प्रभाव था क्योंकि यह ग्रीको-रोमन मानदंडों पर आधारित है जहां मूर्तियों की विषयवस्तु बौद्ध है लेकिन उनकी शैली यूनानी है। इसलिए इसे ग्रीक-बौद्ध कला विद्यालय के रूप में भी जाना जाता है। इस विद्यालय ने एकेमेनियन, पार्थियन और बैक्ट्रियन परंपराओं की विभिन्न विशिष्टताओं को स्थानीय परंपराओं के साथ सम्मिलित किया। | मथुरा कला विद्यालय मुख्यतः स्वदेशी कला विद्यालय का केंद्र था और इस पर कोई विदेशी प्रभाव नहीं था। ऐसा माना जाता है कि यह यक्ष (स्वदेशी पुरुष देवता) की मूर्तियों से विकसित हुआ। साथ ही स्त्री सौंदर्य को कला के माध्यम से प्रस्तुत करना मथुरा विद्यालय का नया प्रयोग था। | अमरावती कला विद्यालय की प्रकृति भी स्वदेशीय थी। |
| ऐसा माना जाता है कि यह 100 ई. और 700 ई. के बीच विकसित हुई। | ऐसा माना जाता है कि यह 100 ई.पू. और 600 ई. के बीच विकसित हुई। | ऐसा माना जाता है कि यह 150 ई.पू. और 350 ई. के बीच विकसित हुई। |
| यह मुख्यतः भारत के उत्तर-पश्चिम में पायी गई। | यह मुख्यतः सोंख, कनकलितिला (उत्तर भारत का हिस्सा) में पायी गई। | यह आंध्र प्रदेश में कृष्णा और गोदावरी नदी की निचली घाटियों के बीच विकसित हुई। |
| इस कलारूप के मुख्य संरक्षक कुषाण थे। | इस कलारूप के मुख्य संरक्षक कुषाण थे। | इस कलारूप के मुख्य संरक्षक सातवाहन थे, लेकिन यह बाद के काल तक भी चलती रही और उनके उत्तराधिकारी इक्षवाकु शासकों ने इसे संरक्षण दिया। |

10 भारतीय शिल्पकार मध्य एशियाई, यूनानी और रोमनों के संपर्क में आए, खासतौर पर गांधार में भारत की उत्तरी-पश्चिमी सीमा पर। इसने एक नए प्रकार की कला के रूप को विकसित किया जिसे गांधार कला विद्यालय के नाम से जाना जाता है।

| गांधार कला विद्यालय | मथुरा कला विद्यालय | अमरावती कला विद्यालय |
|---|---|---|
| बौद्ध और यूनानी यथार्थवाद का प्रभाव। इसलिए, गांधार विद्यालय में बौद्ध प्रतिमाएं प्राप्त हुई। अफगानिस्तान के प्रसिद्ध बामयान बुद्ध इसी कला विद्यालय से संबंधित हैं। | सभी तीनों धर्मों का प्रभाव (बौद्ध, जैन और ब्राह्मणवाद। मथुरा विद्यालय ने न केवल बुद्ध और महावीर की सुंदर प्रस्तर मूर्तियां बनाई, बल्कि साथ ही ब्राह्मणवादी देवताओं की मूर्तियां भी बनायीं। उदाहरण के तौर पर, कुषाण काल के दौरान बड़ी संख्या में ब्राह्मणवादी देवताओं की मूर्तियां बनायीं गई जिनमें कार्तिकेय, विष्णु और कुबेर के साथ कनिष्क की शीर्षहीन खड़ी हुई मूर्ति शामिल है। मथुरा विद्यालय ने आयागापट या पूजा के सामानों को रखने के पत्थर के चबूतरों और चार जैन जिनों की सर्वातोभद्रिका मूर्ति के अतिरिक्त बड़ी संख्या में जैन देवताओं की मूर्तियां बनाई। मथुरा विद्यालय के अन्य आकर्षक उदाहरणों में यक्ष-यक्षिणी, नाग-नागिन और कामुक स्त्रियों की मूर्तियां शामिल हैं। | मुख्यत: बौद्ध प्रतिमाएं प्राप्त हुई हैं। इनके विषयगत प्रतिनिधित्व में अधिकतर जातकों से ली गई बुद्ध के जीवन की कथाएं शामिल हैं। |
| गांधार कला विद्यालय की मुख्य विशेषताएं–<br>(a) आध्यात्मिक मुद्रा में मूर्ति<br>(b) कम आभूषण<br>(c) शानदार नक्काशी और विस्तृत सज्जा<br>(d) वास्तविक मूर्तियां<br>(e) अर्थपूर्ण मूर्तियां<br>(f) दुबली काया | मथुरा कला विद्यालय की मुख्य विशेषताएं–<br>(a) प्रसन्न मुद्रा में मूर्तियां<br>(b) आध्यात्मिक मुद्रा का अभाव<br>(c) ऊर्जावान<br>(d) बलशाली शारीरिक संरचना<br>(e) विस्तृत सज्जा पर अधिक ध्यान नहीं दिया गया है।<br>(f) मूर्तियां कम अर्थपूर्ण हैं | अमरावती विद्यालय की एक महत्वपूर्ण विशेषता कथात्मक कला है। प्राचीन पदकों को इस तरह तराशा गया था कि वे किसी घटना को स्वभाविक रूप में वर्णित करते थे। उदाहरणत: एक प्राचीन पदक 'बुद्ध द्वारा एक हाथी को वश में करने' का चित्रण है। इसमें प्रकृति चित्रण की तुलना में मानव आकृतियों को प्रमुखता दी गई है। |
| बुद्ध प्रतिमा की विशेषताएं:<br>(a) आध्यात्मिक बुद्ध<br>(b) दुखी बुद्ध<br>(c) दाढ़ी वाले बुद्ध<br>(d) योगी की मुद्राओं में बुद्ध<br>(e) बुद्ध को एक यूनानी-रोमन प्रकार के परिधान में लिपटा, घुंघराले बालों, चौड़े माथे और बड़े कानों वाला दर्शाया गया है।<br>(f) आभामंडल को सुसज्जित नहीं किया गया है। | बुद्ध प्रतिमा की विशेषताएं :<br>(a) प्रसन्न बुद्ध<br>(b) आध्यात्मिक भंगिमा का अभाव<br>(c) दाढ़ी या मूछों रहित<br>(d) मुंडा हुआ सिर व चेहरा<br>(e) बुद्ध की शालीन मुद्रा<br>(f) पद्मासन में बैठी प्रतिमा<br>(g) बुद्ध के चारों ओर के आभामंडल को काफी ज्यामीतिय रूपांकनों से सुसज्जित किया गया है। | इस कला विद्यालय की मूर्तियां मुख्यत: स्तूपों की रेलिंग, स्तंभों व अन्य हिस्सों पर मिलती हैं। |

| गांधार कला विद्यालय | मथुरा कला विद्यालय | अमरावती कला विद्यालय |
|---|---|---|
| विभिन्न चित्रित मुद्राएं:<br>(g) अभय मुद्रा<br>(h) भूमि स्पर्श मुद्रा<br>(i) ध्यान मुद्रा<br>(j) धर्मचक्र मुद्रा | (h) दो भिक्षुओं के साथ बुद्ध : पद्मपाणि (कमल को पकड़े हुए) और वज्रपाणि (वज्र पकड़े हुए)।<br>(i) श्रावस्ती और कौशाम्बी के खड़ी मुद्रा में बुद्ध की प्रतिमा। | |
| बुद्ध और बोधिसत्व की मूर्तियां बनाने में मुख्य रूप से नीले-सिलेटी शिस्ट पत्थर का प्रयोग किया गया था। | मथुरा के कारीगर मूर्तियां बनाने में स्थानीय काले धब्बे युक्त लाल पत्थर का इस्तेमाल करते थे। | अमरावती कला की एक अन्य महत्वपूर्ण विशेषता मूर्तियों को तराशने के लिए सफेद संगमरमर जैसे पत्थर का प्रयोग है। |

**चित्र 7.5** गांधार कला विद्यालय

**चित्र 7.6** मथुरा कला विद्यालय

**चित्र 7.7** अमरावती कला विद्यालय

गांधार और मथुरा दोनों ही कला शैलियों की बहुत-सी मूर्तियां कुषाण काल में निर्मित हुई जिन्होंने भारत की महान सांस्कृतिक विरासत के एक हिस्से का निर्माण किया। पत्थर की मूर्तियों के साथ, महाराष्ट्र और आंध्र प्रदेश में चट्टानों को काट कर सुंदर बौद्ध गुफाओं का भी निर्माण हुआ। **बुद्ध से संबंधित** विभिन्न कथाओं का **चित्रण** करती बहुत-सी **शिला-पट्टिकाएं (पैनल) नागार्जुनकोंडा, गया, सांची, भरहुट और अमरावती** से प्राप्त हुई हैं।

मध्य एशियाई शासकों ने **संस्कृत साहित्य के विकास** को भी संरक्षण प्रदान किया। **काव्य शैली का** प्राचीनतम उदाहरण शुद्ध संस्कृत में **रुद्रदमन प्रथम के जूनागढ़ अभिलेख** में मिलती हैं। कुछ महान रचनात्मक लेखक जैसे कि **अश्वघोष** को कुषाणों का संरक्षण प्राप्त था। कुछ महत्वपूर्ण बौद्ध ग्रंथ जैसे कि **महावस्तु और दिव्यवदान** इसी काल से संबंधित हैं। महायान बौद्ध धर्म की प्रगति से बहुत से **अवादानों**[11] की रचना हुई जिनका लक्ष्य महायान पंथ को लोकप्रिय बनाना था और इन्हें बौद्ध मिश्रित संस्कृत में लिखा गया था। यूनानियों ने पर्दे के प्रयोग से परिचय करा कर **भारतीय थिएटर (नाट्यशाला)**[12] **के विकास** में योगदान दिया, जिसे **यवनिका** कहा जाता था। आलंकारिकता और नाटकीयता पर सबसे उत्कृष्ट कृतियों में से एक भरत का नाट्यशास्त्र संभवत: उसी काल का है। यौन क्रिया और प्रणय याचना पर आरंभिक श्रृंगारिक रचनाओं में से एक, **कामसूत्र**[13], की रचना इसी काल के दौरान **वात्सायन** ने की थी। कामसूत्र इस काल के धर्म से संबंध न रखने वाले साहित्य का भी एक उत्कृष्ट उदाहरण था।

(g) **विज्ञान व तकनीक:** उत्तर-मौर्यकालीन भारतीय खगोलविज्ञान और ज्योतिष पर गहरा यूनानी प्रभाव था। संस्कृत में ज्योतिष के लिए प्रयोग किया जाना वाला शब्द **'होराशास्त्र'** यूनानी शब्द **'होरोस्कोप'** से लिया गया था। **यूनानी सिक्के**, जिन्हें **अच्छी प्रकार से आकार और मुद्रांकित किया जाता था, छिद्रित सिक्कों** में बहुत **सुधार** लाए गए। सबसे बड़ी संख्या में तांबे के सिक्के कुषाणों द्वारा जारी किए गए। कांच बनाने का कार्य विशेष तौर पर विदेशी कार्यों से प्रभावित था और प्राचीन भारत के किसी अन्य काल में **कांच बनाने** में इतनी ज्यादा प्रगति नहीं हुई जितनी इस काल के दौरान हुई थी।

## सातवाहन

जैसा कि हम पहले/पूर्व में चर्चा कर चुके हैं, कि मौर्य शासन के बाद उत्तर में शुंग और कण्व सत्ता में आए। लेकिन **दक्कन और मध्य भारत** में **सातवाहनों ने मौर्यों के बाद सत्ता प्राप्त की,** हालांकि यह लगभग 100 वर्षों के अंतराल के बाद हुआ। बहुत से स्थानीय शासकों के सिक्कों (जैसे कि ब्रह्मपुरी से प्राप्त कुरा शासकों के सिक्के, अन्य स्थानीय शासकों जैसे गोभद्र, समीगोप, चिमुक, कामवय और नारन के सिक्के विभिन्न स्थानों से प्राप्त हुए) की खोज के आधार पर, आमतौर पर यह स्वीकार किया जाता है कि **मौर्यों के पतन के बाद और सातवाहनों के आगमन से पहले, बहुत-सी छोटी राजनीतिक रियासतें** दक्कन के विभिन्न भागों में शासन करती होंगी, संभवत: अशोक के अभिलेखों में उल्लेखित **रथिक और भोजिक** सातवाहन काल से पहले उत्तरोत्तर प्रगति कर **महारथी और महाभोजक** बन गए थे।

सातवाहनों को पुराणों में वर्णित **'आंध्र' के समान** माना जाता है। लेकिन यह दिलचस्प है कि न तो आंध्र नाम सातवाहनों के अभिलेखों में आता है और न ही पुराण सातवाहनों का जिक्र करते हैं (केवल आंध्रों का उल्लेख)। कुछ पुराणों के अनुसार, आंध्रों ने 300 वर्षों तक शासन किया, उनकी **राजधानी** औरंगाबाद जिले में गोदावरी पर

11 जीवन इतिहास और इतिहास।

12 बनारस से 160 मील दक्षिण में स्थित रामगढ़ पहाड़ी की गुफाओं में आउटडोर और इनडोर दोनों थिएटर दिखाई देते हैं और एक अभिनेत्री के लिए एक विश्राम गृह भी है।

13 यह एक शहरी व्यक्ति या नागराजा के जीवन पर आधारित है, जो संपन्न शहरीकरण के काल में रहता था।

स्थित प्रतिष्ठान (आधुनिक पैठान) थी। इसी काल को सातवाहन वंश के लिए भी निर्धारित किया जाता है। **प्राचीनतम सातवाहन अभिलेख पहली शताब्दी ई.पू.** का है, जब उन्होंने कण्वों को पराजित कर मध्य भारत के हिस्सों पर अपने शासन की स्थापना की थी। यह भी ध्यान देने योग्य है कि **आरंभिक सातवाहन शासक आंध्र में नहीं, बल्कि उत्तरी महाराष्ट्र** में (ऊपरी गोदावरी घाटी के उपजाऊ मैदान) मौजूद थे, जहां से उनके आरंभिक सिक्के और अभिलेख प्राप्त हुए थे। धीरे-धीरे उन्होंने अपनी सत्ता का विस्तार कर्नाटक और आंध्र पर कर लिया। उनके **सबसे बड़े प्रतिद्वंदी पश्चिमी भारत के शक क्षत्रप थे,** जिन्होंने स्वयं को ऊपरी दक्कन और पश्चिमी भारत में स्थापित कर लिया था। प्रमुख बंदरगाहों जैसे कि **भृगुकच्छ** (भरूच), कल्याण और सुपारका (सोपारा) पर नियंत्रण इन दोनों के बीच विवाद का विषय रहा होगा।

सातवाहनों ने **ब्राह्मण वंश का होने का दावा किया** और वैदिक अनुष्ठानों का निष्पादन किया। वे कृष्ण, वासुदेव जैसे देवताओं की पूजा करते थे, जैसा कि **नागानिका** के **नानेघाट गुफा अभिलेखों** से जाहिर होता है (पहली शताब्दी ई.पू.), जो शातकर्णी प्रथम द्वारा निष्पादित महान यज्ञों का उल्लेख करते हैं। इस वंश से संबंधित राजाओं की अन्य विलक्षण विशेषता उनका **मातृ नाम का इस्तेमाल करना था** जैसे कि गौतमीपुत्र और वशिष्ठिपुत्र, हालांकि वे किसी भी तरह से **मातृवंशीय या मातृसत्तात्मक नहीं थे।** सातवाहनों ने **दक्षिणापथपति** (दक्षिण पथ का स्वामी) की पदवी ग्रहण की। सातवाहन इतिहास में **ब्राह्मणों** और बौद्ध संन्यासियों के साथ ही करों में छूट से संबद्ध लोगों को **भूमि के शाही अनुदान देने की व्यवस्था आरंभ करने** के लिए भी जाने जाते हैं। गौतमीपुत्र शातकर्णी के अभिलेखों में से एक में यह उल्लेखित है कि ब्राह्मणों को उपहार में दी गई भूमि पर शाही सेना प्रवेश या बाधा नहीं डाल सकती, उसे नमक के लिए नहीं खोदा जा सकता, वह राज्य अधिकारियों के नियंत्रण से मुक्त थी और उसे सभी प्रकार के परिहार (प्रतिरक्षा) प्राप्त थे। उन्होंने संन्यासियों को भूमि अनुदान देकर बौद्ध धर्म को भी बढ़ावा दिया।

**सिमुक**

- **सातवाहन वंश का संस्थापक** और अशोक की मृत्यु के तुरंत बाद सक्रिय हो गया था।
- बुद्ध और जैन मंदिरों का निर्माण करवाया।

**गौतमी पुत्र शातकर्णी (106-130 ई.)**

- ऐसा प्रतीत होता है कि आरंभ में पश्चिमी भारत के शक क्षत्रप सातवाहनों को पश्चिमी और मध्य क्षेत्रों से हटाने में सफल रहे, लेकिन बाद में, **सातवाहनों का भाग्य उसके सबसे प्रसिद्ध शासक गौतमीपुत्र शातकर्णी द्वारा अपने पूर्वरूप में आ गया।** उसने न केवल **शकों को पराजित किया,** बल्कि सातवाहनों की शक्ति व प्रतिष्ठा को बहुत ऊंचाई तक भी पहुंचाया। उसके शासन के अधीन साम्राज्य अपने शिखर पर था।
- उसने **क्षहरात वंश** का नाश करने का दावा किया, जिससे उसका प्रतिद्वंदी **नहपान** संबंधित था, और उसने **नहपान** के 8000 से भी ज्यादा **चांदी के सिक्कों को अपने नाम से दोबारा गढ़वाया।** उसने शकों से मालवा और काठियावाड़ भी छीन लिया। उसका साम्राज्य उत्तर में मालवा से लेकर दक्षिण में कर्नाटक तक फैला था और आज के आंध्र क्षेत्र पर उसके व्यापक अधिकार थे।
- उसकी उपलब्धियों का वर्णन व प्रशंसा उसकी मृत्यु के बाद, उसके पुत्र पुलुमावी द्वितीय के शासनकाल के दौरान उसकी **माता गौतमी बालाश्री के नासिक अभिलेख** (प्राकृत में लिखित) में किया गया। इस अभिलेख में, उसे शकों, पहलवों और यवनों को मिटाने वाला, क्षहरातों को उखाड़ फेंकने वाला और सातवाहनों की प्रतिष्ठा को पुनः स्थापित करने वाले के रूप में वर्णित किया गया है।

- नासिक अभिलेख में उसे **एक ब्राह्मण ( एक अद्वितीय ब्राह्मण )** और **खतिय-दप-मानमद** (वह जिसने **क्षत्रियों के अत्याचार** और **अभिमान को नष्ट किया )** के रूप में भी वर्णित किया गया है।
- उसने **बौद्ध संन्यासियों,** महासंघिकाओं को कार्ले (**कार्ले अभिलेख** महाराष्ट्र में, आधुनिक पुणे के निकट 'कराजिका' गांव के अनुदान का उल्लेख करता है) और नासिक (जैसा कि **नासिक अभिलेख** में स्पष्ट है, जिसे गौतमीपुत्र के शासन के 18वें वर्ष में दिनांकित किया गया है जो उल्लेख करता है कि भूमि का यह हिस्सा पहले नहपान के दामाद ऊषावदत के अधिकार में था) में **भूमि दान में दी।**
- उसने राजराजा और महाराजा की पद्वी ग्रहण की।
- रुद्रदमन प्रथम के **जूनागढ़ अभिलेख** से स्पष्ट है कि, अपने शासन के अंतिम दौर में गौतमीपुत्र शातकर्णी ने पश्चिमी भारत के **शक क्षत्रपों के करदमक वंश के हाथों** संभवतः **कुछ विजित क्षहरता क्षेत्रों को खो दिया** था।

**वशिष्ठी पुत्र पुलुमावी ( 130-154 ई. )**

- उसके सिक्के आंध्र के विभिन्न भागों में पाए गए।
- **पश्चिमी भारत के शक क्षत्रपों** ने पूर्वी क्षेत्र में उसकी व्यस्तता का फायदा उठाकर संभवतः अपने कुछ **क्षेत्रों को वापस पा लिया।**
- **जूनागढ़ अभिलेख** के अनुसार, उसने **रुद्रदमन प्रथम** की पुत्री से विवाह किया।

**यज्ञ श्री शातकर्णी ( 165-94 ई. )**

- बाद के राजाओं में से एक जिसने शक शासकों से उत्तरी **कोंकण और मालवा को फिर से हासिल** किया।
- जैसा कि **उसके सिक्कों पर पानी के जहाज के प्रतिरूप** से स्पष्ट होता है, वह व्यापार और नौपरिवहन का प्रेमी था।

यज्ञ श्री शातकर्णी के उत्तराधिकारियों में गौतमीपुत्र विजय शातकर्णी, चंदा शातकर्णी, वशिष्ठीपुत्र विजय शातकर्णी, पुलुमावी और हाल (संभवतः वंश का 17वां राजा, जो **महान कवि** भी था जिसने **गाथा सप्तशती** लिखी, जो कि **700 श्रृंगारिक कविताओं का महाराष्ट्री प्राकृत भाषा** में लिखा **संग्रह** है) शामिल थे। **तीसरी शताब्दी ई. के मध्य में, सातवाहन वंश का अंत** हो गया और विभिन्न ताकतें उनके स्थान पर सत्ता में आ गईं: **दक्कन में वाकाटक, मैसूर में कदम्ब, महाराष्ट्र में अभीर और आंध्र में इक्ष्वाकु** मुख्य शासकों के रूप में उभरे।

## सातवाहनों के महत्वपूर्ण पहलू

### राजव्यवस्था और प्रशासन

**सातवाहन राजा** को **धर्म को कायम रखने वाले** के रूप में वर्णित किया जाता था और वह आमतौर पर धर्मशास्त्र में उल्लेखित शाही और दिव्य आदर्शों के अनुरूप चलने का प्रयास करता था। शासन को देवत्व स्वरूप प्रदान करने के क्रम में, ज्यादातर राजाओं को आलौकिक शक्तियों के स्वामी और पौराणिक नायकों जैसे- राम, अर्जुन, भीम आदि के समान गुणों वाले व्यक्ति के रूप में वर्णित किया जाता था। सातवाहनों ने अशोक के समय की कुछ **प्रशासनिक इकाईयों को बरकरार रखा।** राज्य **अहार या राष्ट्र** नामक **उपखंडों** में बंटा हुआ था, जिसका अर्थ था जिले। साथ ही वहां **अमात्य/महामात्य** नामक अधिकारी भी थे जो शायद राजा

के **मंत्री या सलाहकार** थे। लेकिन मौर्य काल से भिन्न, सातवाहनों के प्रशासन में कुछ सैन्य और सामंती विशेषताएं मिलती हैं। उदाहरण के तौर पर, **सेनापति को प्रांतीय गवर्नर** नियुक्त किया गया था। ऐसा संभवतः जनजातीय लोगों को जो पूर्णतया ब्राह्मणवादी नहीं थे, मजबूत सैन्य नियंत्रण के अधीन रखने के लिए किया गया था। प्रशासन का निम्नतम स्तर **ग्राम** (गांव) था, जो **गोलियक** (गांव प्रधान) के प्रभार के अधीन था, जो साथ ही एक सैन्य दल जिसमें 9 रथ, 9 हाथी, 25 घोड़े और 45 पैदल सैनिक शामिल थे, का भी प्रधान था। सातवाहनों का सैन्य स्वरूप उनके अभिलेखों में **काटक और स्कंधावर** जैसे शब्दों के प्रयोग से भी प्रकट होता है, जो किसी खास राजा से संबंधित **सैन्य-शिविरों** और बस्तियों का द्योतक हैं और साथ ही यह शिविर प्रशासनिक केंद्रों के रूप में भी काम करते थे। सातवाहन साम्राज्य में **सामंतों के तीन वर्ग** थे:

(a) **राजा** (जिसे सिक्के गढ़वाने का अधिकार था)

(b) **महाभोज**

(c) **सेनापति**

प्लिनी (Pliny) के अनुसार, उनके पास 100,000 पैदल सेना, 2000 घुड़सवार सेना और 1000 हाथियों की सेना थी। इसका तात्पर्य एक बड़ी ग्रामीण आबादी से है, और जाहिर तौर पर किसानों ने इस सैन्य ताकत को बढ़ाने के लिए पर्याप्त फसल उत्पादन किया। राजस्व, नकद व वस्तु दोनों के रूप में एकत्र किया जाता था। **सातवाहन राजा** भारतीय इतिहास के पहले ऐसे शासक थे जिन्होंने धार्मिक श्रेय पाने के लिए **बौद्धों और ब्राह्मणों को कर मुक्त भूमि अनुदान में दे दी।** आगे आने वाले समय में यह प्रथा और महत्वपूर्ण बन गई।

## भौतिक संस्कृति

जिस प्रकार सातवाहनों ने उत्तर और दक्षिण भारत के बीच सेतु का काम किया, उसी प्रकार उनकी भौतिक संस्कृति स्थानीय **दक्कनी तत्वों** और उत्तरी घटकों का **सम्मिश्रण** थी। उत्तर से संपर्क से, दक्कन के लोगों ने सिक्कों, पकी हुई ईंटों, घेरदार कुओं, लेखन-कला आदि का प्रयोग सीखा। वहां **आग में पकी ईंटों का नियमित रूप से इस्तेमाल** किया जाता था और छतों के लिए समतल छिद्रित टाइलों का उपयोग होता था जो इमारतों की लंबी उम्र में सहायता प्रदान करता था। उदाहरण के लिए, करीमनगर में 22 ईंटों की दीवारें खोजी गई। **नालियां ढकी हुई और भूमिगत** भी थीं जो अनुपयुक्त जल को सोखने वाले गड्ढ़ों तक ले जाती थीं। वे लोहे के प्रयोग और कृषि से परिचित थे। उन्होंने संभवतः दक्कन के **समृद्ध खनिज संसाधनों** का लाभ उठाया, जैसे कि **करीमनगर** और **वारंगल से कच्चा लोहा व कोलार** के मैदानों **से सोना।** कुषाणों के सोने के सिक्कों से भिन्न, उन्होंने तांबे और कांसे के सिक्कों के अतिरिक्त ज्यादातर लेड **के सिक्के**[14] **जारी किए** (जिसे वे शायद रोमनों से आयात करते थे)। दक्कन ने एक बहुत उन्नत ग्रामीण अर्थव्यवस्था विकसित कर ली थी। लोग **धान प्रत्यारोपण की कला** जानते थे और विशेष तौर पर कृष्णा और गोदावरी के संगम पर स्थित क्षेत्र विशाल चावल के कटोरे का गठन करता था। सातवाहन कपास का उत्पादन भी करते थे और विभिन्न विदेशी विवरणों में वर्णित है कि आंध्र अपने कपास उत्पादों के लिए प्रसिद्ध था।

## सामाजिक व्यवस्था

चूंकि आंध्रों की आरंभिक सातवाहनों के साथ पहचान की जाती है, वे संभवतः एक स्थानीय दक्कन जनजाति थी जो धीरे-धीरे ब्राह्मणवादी बन गई। सातवाहन राजाओं (जैसे कि गौतमीपुत्र शातकर्णी) ने **ब्राह्मण होने का दावा किया** और **वर्ण व्यवस्था**

[14] ऐसा प्रतीत होता है कि सातवाहन संभवतः सोने का उपयोग बहुमूल्य धातु के रूप में करते थे।

**को कायम रखना** अपना **प्राथमिक कर्तव्य** माना। वर्ण व्यवस्था सामाजिक ढांचे का चार स्तरीय विभाजन है जो जाति द्वारा निर्धारित होता है। राजा और रानियां वैदिक यज्ञों का निष्पादन करते थे और वैष्णव देवताओं जैसे कृष्ण और वासुदेव की पूजा करते थे। हालांकि वे **ब्राह्मणों को उदार यज्ञ शुल्क** देते थे, उन्होंने बौद्ध संन्यासियों विशेषकर महायान बौद्धों को भूमि प्रदान कर **बौद्ध धर्म को भी बढ़ावा दिया।** आंध्र प्रदेश में **नागार्जुनकोंडा** और **अमरावती व महाराष्ट्र के नासिक और जुनार क्षेत्र** सातवाहनों और उनके बाद आए इक्ष्वाकुओं के अधीन **महत्वपूर्ण बौद्ध स्थल** बन गए थे। समृद्ध व्यापार और वाणिज्य की वजह से, व्यापारियों और कारीगरों ने एक महत्वपूर्ण सामाजिक स्तर का गठन किया। आमतौर पर व्यापारी अपना नाम जिस नगर से वे संबंधित होते थे, के नाम पर रखते थे। कारीगर[15] और व्यापारी दोनों ही बौद्ध कार्यों के लिए उदार रूप से दान देते थे।

**चित्र 7.8** नागार्जुन कोंडा का बुद्ध उपदेश दृश्य

## वास्तुकला

सातवाहन राज्य के दौरान, उत्तर-पश्चिमी दक्कन में ठोस चट्टानों को बड़ी सूक्ष्मता व दक्षता के साथ काट कर उनमें **चैत्यों (पवित्र धार्मिक स्थान)** और **विहारों (मठ)** का निर्माण हुआ। पश्चिमी दक्कन में स्थित **कार्ले चैत्य** इसी काल से संबंधित है। **नहपान और गौतमीपुत्र शातकर्णी** के **नासिक अभिलेख**, जो तीन विहारों की दीवारों पर अंकित हैं, इस काल से संबंधित अन्य महत्वपूर्ण पुरातात्विक स्थल हैं। इस काल के दो प्रसिद्ध स्तूप **अमरावती**[16] और **नागार्जुनकोंडा**[17] हैं। सातवाहनों की **आधिकारिक भाषा प्राकृत** थी, हालांकि **लिपि ब्राह्मी** थी। एक प्रसिद्ध प्राकृत ग्रंथ, **गाथा सप्तशती, सातवाहन राजा हाल** को समर्पित है, जिसमें 700 छंद हैं जो प्राकृत में लिखित हैं।

---

15 कारीगरों में *गंधिका* या इत्र बनाने वालों का बार-बार दानदाताओं के रूप में उल्लेख किया गया है। बाद के चरण में, *गंधिका* शब्द इतना सामान्य हो गया कि यह सभी प्रकार के दुकानदारों को सूचित करने लगा। आधुनिक शीर्षक गांधी इसी प्राचीन शब्द से लिया गया है।

16 अमरावती स्तूप का निर्माण 200 ईसा पूर्व के आसपास शुरू हुआ था, लेकिन 200 ईसा पूर्व के उत्तरार्ध में इसका पूरी तरह से पुनर्निर्माण किया गया था। यह मूर्तियों से भरा है, जो बुद्ध के जीवन के विभिन्न दृश्यों को दर्शाते हैं।

17 नागार्जुनकोंडा सातवाहनों के उत्तराधिकारी इक्ष्वाकुओं के संरक्षण में दूसरी एवं तीसरी शताब्दी में सबसे अधिक समृद्ध हुए। इसमें बौद्ध स्मारक और प्राचीनतम ब्राह्मणवादी ईट मंदिर दोनों मौजूद हैं।

**चित्र 7.9** कार्ले स्थित चौत्य

## कलिंग का प्रारंभिक राज्य

यह सर्वविदित है कि दक्कन तथा पूर्वी भारत अशोक के साम्राज्य का हिस्सा थे। उसने एक हिंसक युद्ध द्वारा **कलिंग** पर विजय प्राप्त की थी जिसमें लोगों और संपत्ति का भारी नुकसान हुआ था। अशोक के बाद, **कलिंग चेदी वंश** के अधीन **महत्वपूर्ण** बन गया। दुर्भाग्य से, इस वंश के राजाओं के विषय में अधिक जानकारी उपलब्ध नहीं है सिवाय **खारवेल** के, जो संभवत: **पहली शताब्दी ई.पू.** में रहा। उसकी उपलब्धियां एक अभिलेख में दर्ज की गई, जिसे **हाथीगुम्फा अभिलेख** कहा जाता है, यह **ओडिशा** में **भुबनेश्वर** के निकट **उदयगिरी पहाड़ियों** पर स्थित है।

### राजा खारवेल ( पहली शताब्दी ई.पू. )

- संभवत: कलिंग के **महामेघावाहनों** से संबंधित था।
- ऐसा प्रतीत होता है कि उसने मौर्यों से कलिंग को छीन लिया और शासकों के एक स्वतंत्र वंश **चेदि/कलिंग के चेटी** की स्थापना की।
- वह भिक्षु राजा के नाम से भी जाना जाता है और उसने एक **विशाल महल का निर्माण करवाया,** जिसे **'विजेता का महल'** के नाम से जाना जाता था।
- वह **हाथीगुम्फा अभिलेख** के लिए प्रसिद्ध है जो **भुबनेश्वर** के निकट **उदयगिरी पहाड़ियों** पर उत्कीर्ण है। यह **नागानिका** नानाघाट **अभिलेख** के बाद दूसरा अभिलेख है।
- वह **जैन धर्म का अनुयायी** था और उसने **जैन संन्यासियों को** उदयगिरी पहाड़ियों की **गुफाओं में शरण दी। हाथीगुम्फा अभिलेख** यह साबित करते हैं कि जैन धर्म ने उड़ीसा में प्रवेश कर लिया था और महावीर की मृत्यु के 100 वर्षों के अंदर संभवत: **राज्य-धर्म** बन गया था। इस अभिलेख को यह नाम पत्थर से तराशी हाथी की मूर्ति के कारण मिला जो कि उस शिलाखंड के पास बनी है जिस पर अभिलेख उकेरा गया था। यह अभिलेख हमें बताता है कि वह जैन धर्म का अनुयायी था और उसने अपने पड़ोसियों के साथ बहुत से सफल युद्ध लड़े।

# दक्षिण भारत का प्रारंभिक ऐतिहासिक काल : महापाषाण काल से चेर, चोल और पांड्यों के राज्य की राजनीति तक

## दक्षिण भारत की महापाषाण कालीन पृष्ठभूमि

जैसा कि हम जानते हैं, प्रागैतिहासिक काल (लेखन से पहले का चरण) के बाद आमतौर पर ऐतिहासिक काल आया जिसे सामान्य रूप से लेखन और लिखित साहित्य के आरंभ में अधिक स्थायी व स्थिर सामुदायिक जीवन, लोहे के खुरपे द्वारा कृषि, राज्य व्यवस्था में क्रमशः विकास, धातु मुद्रा का उपयोग और समृद्ध अर्थव्यवस्था, आदि से चिन्हित किया जा सकता है। लेकिन यह दिलचस्प है कि, **दक्षिण भारत** में, विशेष तौर पर **प्रायद्वीप के ऊपरी हिस्से जिसका केंद्रीय क्षेत्र कावेरी डेल्टा** (नदी-मुख) था, में दूसरी शताब्दी ई.पू. तक **यह सभी घटनाएं एकरेखीय तरीके से नहीं उभरीं। दक्षिण भारत में नवपाषाण कालीन चरण,** जिसका मुख्य आकर्षण पॉलिश की गई पत्थर की कुल्हाड़ी और फलक वाले उपकरण थे, के बाद **महापाषाण कालीन चरण** (लगभग 1200 ई.पू.-300 ई.पू.) **आया।** प्रायद्वीप के ऊपरी भागों में ऐसे लोग बसे जिन्हें **महापाषाण** निर्माता कहा गया। काफी अजीब है कि, इन **लोगों की पहचान इनकी वास्तविक बस्तियों,** जो कि बहुत दुर्लभ है, से **नहीं, बल्कि उनकी कब्रों से** की गई। इन **कब्रों को मेगालिथ** (बड़ा पत्थर) कहा जाता है, क्योंकि वे **विशाल/बड़े पत्थर के टुकड़ों से घिरी हुई थी** और ज्यादातर मामलों में, **बस्तियों के क्षेत्र से बाहर स्थित** थीं। इन कब्रगाह स्थलों से, दक्षिण भारत की **पहली लोहे की वस्तुएं** प्राप्त हुई (जिनमें तीर, खंजर, तलवारें, कुदाली, त्रिशूल, युद्ध की कुल्हाड़ी, फावड़े, हल, हंसिया आदि शामिल थे)। इनके अतिरिक्त, इन कब्रों में से बहुत से **काले और लाल मिट्टी के बर्तन** गड़े हुए प्राप्त हुए। इन कलाकृतियों के साथ विभिन्न महापाषाण कालीन स्थलों से प्राप्त खाद्यान्न जैसे कि गेहूं और चावल, इंगित करते हैं कि महापाषाण कालीन लोग **कृषि-पशुचारण और शिकार करने** जैसे **कार्यकलापों** से अपनी आजीविका का पालन करते थे। ऐसी पूरी संभावना है कि वे **उन्नत प्रकार की कृषि का कार्य नहीं करते थे,** क्योंकि कब्र स्थलों से मिले कृषि उपकरण, लड़ाई और शिकार में प्रयोग किए जाने वाले उपकरणों की तुलना में संख्या में कम थे। ये **मेगालिथ** (कब्रें) प्रायद्वीप के सभी ऊंचे क्षेत्रों से प्राप्त हुई हैं, लेकिन इनकी **सघनता पूर्वी आंध्र और तमिलनाडु में अधिक** है। वह प्रमुख स्थल जहां से महापाषाण कालीन कब्रगाहें प्राप्त हुई–ब्रह्मगिरी, मस्की (कर्नाटक), अदिचल्लानुर (तमिलनाडु) और नागपुर (महाराष्ट्र) के निकट जुनापानी शामिल हैं। बहुत संभव है कि **अशोक के अभिलेखों** में वर्णित **चोल, पाण्ड्या और केरलपुत्र (चेर)** संभवतः **महापाषाण** संस्कृति के **अंतिम चरण से संबंधित** थे। दक्षिण भारत में महापाषाण काल के बाद **संगम युग** आया।

**चित्र 7.10** महापाषाणकालीन कब्रगाह

## संगम युग और साहित्य ( तीसरी शताब्दी ई.पू.-तीसरी शताब्दी )

तीसरी शताब्दी ई.पू. तक, महापाषाण कालीन लोग ऊंचे क्षेत्रों से उपजाऊ नदी-घाटियों की तरफ स्थानांतरित हो गए और उन्होंने नदी के मुहाने के दलदली क्षेत्रों को कृषि योग्य बनाया। **उत्तर से संपर्क** के कारण **भौतिक ( लौह तकनीक**, जिससे जंगलों को साफ करने और हल से खेती को बढ़ावा मिला, **उत्तर-दक्षिण के समृद्ध व्यापार** के कारण जनपदों के छिद्रित सिक्कों के वितरण में मदद मिली) और **सांस्कृतिक** (व्यापारियों, विजेताओं, जैन, बौद्ध, आजीविका और ब्राह्मण प्रचारकों के परस्पर प्रभाव का परिणाम) दोनों ही प्रकार का प्रभाव पड़ा, जिससे ये महापाषाणिक समुदाय आर्द्र धान की खेती करने लगे, उन्होंने बहुत से गांव और शहरों की स्थापना की और उनमें सामाजिक वर्ग बनने लगे। समय के साथ, दक्षिणी भारत में **राज्य व्यवस्था भी विकसित हुई। तीन आरंभिक राज्य, चोल, पाण्ड्य और चेर, तमिलकम् ( तिरुपति पहाड़ियों और प्रायद्वीप** के **सुदूर दक्षिण भाग के ऊपरी हिस्से के बीच की भूमि )** के चावल-उत्पादक क्षेत्रों में उभरे। इसी कारण से **दक्षिण भारत में ऐतिहासिक काल के आगमन** को आमतौर पर **तीसरी शताब्दी ई.पू.** दिनांकित किया जाता है, हालांकि हाल ही में **कोडुमनाल** में हुए पुरातात्विक उत्खनन से, यह तिथि कम-से-कम **चौथी शताब्दी ई.पू.** तक पीछे जा सकती है।

इस समय के राजनीतिक इतिहास की जानकारी का प्रमुख स्रोत **संगमयुगीन साहित्य** का **प्रशंसनीय काव्य** है, जिसका उल्लेख **आरंभिक प्राचीनतम तमिल साहित्य** के रूप में भी किया जाता है। संगम युग दक्षिण भारत के आरंभिक इतिहास के उस समय को संदर्भित करता है, जब बड़ी संख्या में लेखकों ने बहुत से तमिल काव्यों की रचना की। **'संगम'** शब्द **तमिल कवियों की सभा या 'एक साथ बैठक'** से संबंधित है। परंपरा के अनुसार, ऐसा माना जाता है कि **मदुरै के पाण्ड्या शासकों के संरक्षण** में विभिन्न स्थानों पर एक के बाद एक **तीन संगमों** या सभाओं को संचालित किया गया। ये कविताएं प्राचीन समय के कवियों के गीतों का प्रतिरूप थीं और ये गीत गांव और शहरों दोनों ही से आए कवियों द्वारा आखिरकार लिखे जाने से पहले एक **अनिश्चितकाल** तक **मौखिक रूप से प्रेषित** किए जाते रहे थे, ये कवि विभिन्न सामाजिक और पेशेवर पृष्ठभूमि के थे जिनमें उस समय के गणमान्य व्यक्ति जैसे कि राजा, मंत्री, व्यापारी और ज्योतिषी के साथ आम लोग जैसे कि शिक्षक, सैनिक, सुनार, लुहार और बढ़ई दोनों ही प्रकार के लोग शामिल थे। **संगम साहित्य मूलतः धर्मनिरपेक्ष** था और उनके विभिन्न विषयों व साहित्यिक कार्यों के कारण, संगम कविताओं ने तमिलाकम के संदर्भ में प्रतिदिन के विषयों को देखने के बहुमूल्य और विविध सुविधाजनक बिंदु पेश किए।

## संगम साहित्य ( उत्तर-मौर्य और गुप्त काल से पूर्व के समानांतर )

| संगम | आयोजन स्थल | अध्यक्ष | परिणाम/प्रासंगिक तथ्य |
|---|---|---|---|
| पहला | थेनमदुरै | अगस्तय | इसकी रचनाएं बच नहीं पाई |
| दूसरा | कपटापुरम्म | अगस्तय व तोल्काप्पियार (अगस्तय का शिष्य) | **तोल्काप्पियार** द्वारा लिखित केवल **तोल्काप्पियम ( तमिल व्याकरण )** बच पाई |
| तीसरा | मदुरै | नक्कीरर | मौजूदा संगम साहित्य के **संपूर्ण संग्रह** का निर्माण करता है |

संगम संग्रह में काव्यों के **आठ संकलनों** में से छह शामिल थे जो **एट्टुकाई ( आठ संग्रह )** और **पत्तुपट्टु ( 10 गीत )** के **दस पत्तु ( गीतों )** में से **नौ** में शामिल थे। इन काव्यों की शैली और कुछ ऐतिहासिक संदर्भ यह लक्षित करते हैं कि ऐसी पूरी **संभावना है कि** इस साहित्य की **रचना तीसरी शताब्दी ई.पू. और तीसरी शताब्दी** के बीच हुई थी। **आठवीं शताब्दी के मध्य** के लगभग, उनको **संकलनों में संग्रहित** किया गया, जो आगे जाकर विशाल संकलन (संकलनों का संकलन) में संकलित की गई जिसे **एट्टुतोकई और पत्तुपट्टु** कहा गया।

यह जानना दिलचस्प है कि संकलन में **कुल** मिलाकर 2381 कविताएं शामिल थीं जिनकी रचना **473 कवियों** ने की थी, जिनमें से **30 कवि स्त्रियां** थीं। इन कविताओं के अतिरिक्त, **तोल्काप्पियम** (तोल्काप्पियार द्वारा लिखित **तमिल व्याकरण** और कविताओं की पुस्तक) की **पहली दो पुस्तकें भी** संगम साहित्य के **संग्रह का हिस्सा** हैं। साथ ही, **अगात्तियम** का उल्लेख भी मिलता है, जो **तमिल व्याकरण पर पहली ज्ञात पुस्तक** थी। माना जाता है कि इसे संत अगाथियार ने लिखा था और **विमोचन से पहले ही यह खो गई**। हिंदू किंवदंतियों के अनुसार, संत अगाथियार तमिल भाषा और उसके वाक्य विन्यास को तमिल लोगों के लिए भगवान शिव से लाए थे। ऐसा माना जाता है कि **तोल्काप्पियम** का लेखक **तोल्काप्पियार, अगाथियार का शिष्य** था। संगम साहित्य में कविताओं की रचना दो व्यापक विषयों **अगम् (प्रेम)** और **पुरम** (अधिकतर युद्ध पर आधारित लेकिन इसमें **सामान्य कविताएं** जैसे **अच्छाई और बुराई, समाज और राज्य** पर लिखी **कविताएं** भी शामिल थीं।) पर की गई थी। संगम साहित्य की एक उल्लेखनीय विशेषता उसका तमिलाकम के समकालीन समाज व संस्कृति और उनके उत्तरी (आर्य) संस्कृति के साथ शांतिपूर्ण व सामंजस्यपूर्ण संबंधों का स्पष्ट चित्रण है।

संगम साहित्य को दो समूहों में विभाजित किया गया है–**वर्णनात्मक** और **उपदेशात्मक।** वर्णनात्मक ग्रंथों को **मेलकन्नाक्कु** (इसमें 18 **बड़ी रचनाएं** हैं जिनमें आठ संकलन और दस काव्य शामिल हैं) कहा जाता है और इन्हें **वीर-रस की कविताओं की रचना** माना जाता है जिनमें नायकों का महिमा मंडन किया गया है और लगातार होने वाले युद्धों व मवेशियों पर धावों का अक्सर उल्लेख किया गया है। **उपदेशात्मक रचनाओं को किलकानाक्कु** (18 **छोटी रचनाएं**) कहा जाता है। बड़ी संख्या में तमिल उपदेशात्मक रचनाएं जैसे कि **तिरुवल्लुवर की तिरुक्कुरल** (नीति शास्त्र, दर्शन, राजनीति और प्रेम पर प्रसिद्ध रचनाएं और तमिलनाडु का **पांचवां वेद** माना जाता है), **तमिल महाकाव्य** जैसे कि **सिलप्पादिकरम** (आरंभिक तमिल साहित्य का उज्ज्वल रत्न माना जाता है, जो **कोवलन** की **प्रेम कथा** से संबंधित है, जिसने अपनी सौम्य विवाहिता पत्नी **कन्नगी** से ज्यादा तरजीह कावेरीपट्टनम की एक गणिका (वेश्या) **माधवी** को दी और मणिमेखलाई (सिलप्पादिकरम की **उत्तर-कृति** और इसे **'तमिल काव्य की ओडसी'** माना जाता है, यह कोवलन और माधवी के मिलन से जन्मी पुत्री के साहस और उसके बाद में बौद्ध धर्म में परिवर्तित हो जाने से संबंधित है) की रचना पांचवीं और छठी शताब्दी के बीच के काल में हुई।

## तीन आरंभिक राज्य: पाण्ड्य, चोल और चेर

कृष्णा नदी के दक्षिण में स्थित भारतीय प्रायद्वीप का दक्षिणी छोर तीन आरंभिक राज्यों और बड़ी संख्या में सामंतों में विभाजित था जहां सामंतशाही वंशानुगत थी। महत्वपूर्ण **वेनडार (सत्तासीन राजा)** जिन्होंने संगम युग के दौरान तमिलकम् क्षेत्र में शासन किया–**ताम्रापानी (श्रीलंका) और वेगई** की घाटियों में **पाण्ड्या, निचली कृष्णा घाटी में चोल** और केरल तट पर चेर थे। इन राजाओं के **व्यक्तिगत राजसी गौरव के राजचिन्ह** थे जैसे कि विशेष छतरी, ढोल और कर्मचारी। चोल, पाण्ड्या और चेरों के पास बहुत से अधीनस्थ शासक थे जिन्हें वेलिर **(सामंत)** कहा जाता था, जो राजा को नियमित शुल्क देते थे। राजा और सामंत अक्सर आपस में मैत्री कर लेते थे और अक्सर ही एक-दूसरे से लड़ते थे। आपसी संघर्ष आम बात थी और संभवतः इससे संगम कवियों को युद्ध पर कविताएं लिखने का बड़ा विषय क्षेत्र भी मिला।

| राज्य | राजधानी | राज्य-चिन्ह | प्रमुख बंदरगाह |
|---|---|---|---|
| पाण्ड्य (आधुनिक तिरुनेलवेली, मदुरै, रामनद जिलों और दक्षिण त्रावणकोर तक फैला था) | मदुरै | मछली | कोरकई |
| चोल (आधुनिक तंजौर और तमिलनाडु के त्रिचिनोपोल्ली जिले तक फैला था) | उरैयूर | बाघ | पुहार (आधुनिक कावेरीपट्टनम) |
| चेर (अधिकतर केरल तट तक फैला था) | वनजी/करुवुर | धनुष | तोण्डी और मुशिरी |

## पाण्ड्य

पाण्ड्या क्षेत्र का अधिकार भारतीय प्रायद्वीप के सुदूर दक्षिणी और दक्षिण-पूर्वी भाग पर था। पाण्ड्यों का **उल्लेख पहली बार मेगस्थनीज ने** अपनी **इंडिका** में किया, जहां उसने जिक्र किया कि पाण्ड्या राज्य **मोतियों के लिए प्रसिद्ध** था और एक स्त्री द्वारा शासित था (जो यह संकेत करता है कि पाण्ड्या समाज में कुछ मातृसत्तात्मक प्रभाव था)। संगम साहित्य भी पाण्ड्य शासकों का उल्लेख करता है और उसमें पाण्ड्या राज्य को समृद्ध व संपन्न राज्य के रूप में वर्णित किया गया है। पाण्ड्य शासकों को **रोमन साम्राज्य के साथ व्यापार** से लाभ होता था और यहां तक कि उन्होंने **रोमन सम्राट ऑगस्टस** के पास **राजदूत भी भेजे** थे। वे वैदिक यज्ञों का निष्पादन करते थे और उनके क्षेत्र में ब्राह्मणों का व्यापक प्रभाव था। आरंभिक पाण्ड्य शासक नेडियोन, पलशालै मदुकुडम थे, अन्य प्रमुख पाण्ड्य शासक थे:

### नेडुन्जेलियन प्रथम

- ऐसा माना जाता है कि उसकी **मृत्यु** शिलप्पादिकारम् के नायक और कन्नगी के पति **कोवलन की मृत्यु** (क्योंकि उसने कोवलन की हत्या का आदेश दिया था) में उसकी **दुखद भूमिका** के कारण **पश्चाताप** से हुई।

### नेडुन्जेलियन द्वितीय

- उसे सबसे **महत्वपूर्ण पाण्ड्य राजाओं** में से एक माना जाता है और उसे बहुत-सी बड़ी सैन्य विजयों व अन्य सामंतों से क्षेत्रों पर कब्जा करने का श्रेय जाता है।
- ऐसा माना जाता है कि उसने बहुत कम आयु में **तलैयालंगानम् के युद्ध** में **चेर, चोल** और **पांच अन्य सामंतों** के संघ को **पराजित** किया था। इस युद्ध में चेर शासक को बंदी बना लिया गया था।
- दूसरी शताब्दी ई.पू. के आरंभिक काल से संबंधित **मंगुलम** के दो **तमिल ब्राह्मी अभिलेख नेडुन्जेलियन** के एक अधीनस्थ व रिश्तेदार द्वारा **जैन संन्यासियों को उपहार** देने का उल्लेख करते हैं।

**अलगरमलाई** का एक पहली शताब्दी ई.पू. का **अभिलेख कातुमारा नतान** नामक व्यक्ति का उल्लेख करता है, जो या तो एक पाण्ड्या राजकुमार प्रतीत होता है या उनका अधीनस्थ।

## चोल

चोल राज्य (जिसे आरंभिक मध्यकालीन समय में चोलामंडलम/कोरोमंडल भी कहा जाता था) पाण्ड्यों के उत्तर-पूर्वी क्षेत्र और पेन्नार व वेलर नदियों के बीच स्थित था। उनकी राजनीतिक सत्ता का प्रमुख केंद्र और राजधानी **उरैयुर कपास के व्यापार के लिए प्रसिद्ध** थी। उनके पास **कुशल नौसेना** भी थी। ऐसा प्रतीत होता है कि दूसरी शताब्दी ई.पू. के मध्य में, एक चोल शासक एलारा ने श्रीलंका पर जीत हासिल कर उस पर लगभग 50 वर्षों तक शासन किया। चोल भी समृद्ध और संपन्न थे और उनके धन का मुख्य स्रोत उनकी सूती वस्त्र का व्यापार था।

### करिकाल

- सभी चोल शासकों में से **महानतम शासक,** जिसने उनके **बंदरगाह नगर पुहार** (आधुनिक **कावेरीपट्टनम** जो व्यापार व वाणिज्य का बड़ा केंद्र था और उसका पोताश्रय काफी बड़ा था) की **स्थापना** की और कावेरी नदी के समानांतर 160 किलोमीटर के तटबंध का निर्माण करवाया। यह उल्लेखित है कि इसका निर्माण श्रीलंका से बंधकों के रूप में लाए 12,000 गुलामों के श्रम से हुआ।

- **वेन्नी के युद्ध में पाण्ड्यों, चेरों और उनके मित्रों के संघ को पराजित** करने का श्रेय जाता है। संगम ग्रंथों में उल्लेखित है कि 11 शासकों ने युद्ध भूमि में अपने ढोल खो दिए (यह इसलिए भी महत्वपूर्ण है क्योंकि शाही ढोल शाही सत्ता का एक आवश्यक चिन्ह था) और चेर शासक जिसकी पीठ में घाव हुआ था, की मृत्यु वट्टाकिरुतल (आनुष्ठानिक उपवास) से हुई।
- उसे **वाहैप्परण्डलै** में एक अन्य **बड़ी विजय** का श्रेय भी जाता है जिसमें संगम ग्रंथों के अनुसार, बहुत से सामंतों ने अपनी छतरियां खो दीं।

**तोंडईमन इलानदिरैयान**

- अन्य महत्वपूर्ण चोल शासक जिसने कांची से या तो स्वतंत्र शासक या करिकाल के अधीनस्थ शासक के रूप में शासन किया।
- वह एक **प्रतिभाशाली कवि** था और अपनी कविताओं में से एक में उसने **राजा के व्यक्तिगत चरित्र** के महत्व पर **जोर दिया**। उसने कहा कि एक शासक को अच्छा शासन करने के क्रम में एक दृढ़ व्यक्तिगत चरित्र का स्वामी होना चाहिए।
- करिकाल के उत्तराधिकारियों (विशेषकर नलंगिल्ली और नेदुनगिल्ली जो सिंहासन के लिए आपस में कटुता से लड़े) के अधीन, चोल सत्ता का तेजी से पतन हुआ और ऐसा माना जाता है कि **उनकी पड़ोसी सत्ताओं ने उनकी कीमत पर अपने साम्राज्य का विस्तार किया।** बाद में, उत्तर के पल्लवों ने उनके बहुत से क्षेत्र छीन लिए। **चौथी से नौवीं शताब्दी** तक, चोलों ने दक्षिण भारतीय इतिहास में **गैरमामूली भूमिका** निभाई।

## चेर

चेर पाण्ड्यों के पश्चिम और उत्तर में स्थित थे। **रोमनों के साथ अपने व्यापार के कारण** यह एक महत्वपूर्ण और समृद्ध राज्य था। ऐसा प्रतीत होता है कि रोमनों ने अपने हितों की रक्षा के लिए वास्तव में **मुजीरी/मुशीरी** (आधुनिक कोच्चि के निकट) में दो सैन्य-दल (रेजिमेंट) स्थापित किए थे और **ऑगस्टस के एक मंदिर का निर्माण** भी किया था। चेरों के इतिहास को चोलों और पाण्ड्यों के साथ होने वाले निरंतर युद्धों द्वारा चिन्हित किया जाता था।

**उदियनजेरल**

- **प्रथम ज्ञात** चेर शासक

**नेंदुजीरल आदन**

- चेर वंश के **प्रमुख** शासकों में से एक, जिसने संभवत: सात सत्ता पर आसीन राजाओं को पराजित किया और अधिराजा की प्रतिष्ठित पद्वी हासिल की।
- यह भी दावा किया जाता है कि उसने न केवल एक शत्रु को मालाबार तट पर पराजित ही किया, बल्कि बहुत से **यवन व्यापारियों** को भी **बंदी बना लिया** और फिरौती लेकर बाद में उन्हें छोड़ दिया।
- यह भी माना जाता है कि उसने **चोल शासक** के विरुद्ध एक **युद्ध लड़ा।** हालांकि, दुर्भाग्य से इस युद्ध में **दोनों ही मुख्य विरोधियों** (अर्थात् चोल राजा और नेंदुनजेरल) को **अपनी जान से हाथ धोना पड़ा।**
- नेंदुनजेरल आदन के छोटे भाई, कुट्टुवन ने कोंगु पर जीत हासिल की और चेरों की सत्ता को **पूर्वी और पश्चिमी सागरों** तक **विस्तार** दिया।

- आदन के पुत्रों में से एक, को भी अधिराजा के रूप में वर्णित किया जाता है जिसने सात राज-मुकुटों की माला पहनने का दावा किया और अंजी (तगादुर का एक सामंत) के विरुद्ध विजयी हुआ।

**सेनगुट्टुवन**

- नेंदुनजेरल आदन का पुत्र और चेर कवियों के अनुसार उनका **महानतम शासक** जिसे **लाल या अच्छे चेर** के रूप में भी **जाना जाता** है। उसने बहुत से सफल सैन्य अभियानों का नेतृत्व किया। उसने मोकुर के सामंत के विरुद्ध एक युद्ध में जीत हासिल की।
- उसका **उल्लेख उत्तर-संगम ग्रंथ, शिलप्पादिकरम** में किया गया, जिसमें उसके नन्नन की भूमि में वियालुर के विरुद्ध सैन्य विजय और कोंगु देश में कोदुकर किले पर कब्जा करने का वर्णन किया गया।
- उसने **चोल उत्तराधिकार संघर्ष में एक दावेदार का सफलतापूर्वक समर्थन भी किया** और नौ दावेदारों को मार डाला।
- ऐसा दावा भी किया जाता है कि उसने उत्तर पर आक्रमण किया और **कन्नगी** (शिलप्पादिकरम की नायिका और **शुद्धता की देवी** मानी जाती थी) की एक **मूर्ति के** निर्माण के लिए **पत्थर प्राप्त** करने के लिए आर्य सामंत से युद्ध किया और गंगा को पार किया व पत्थर को वापस अपने देश में लाने से पहले गंगा में स्नान किया।

**कुदक्को इलंजीरल इरुमपोरै**

- संगम ग्रंथों में उल्लेखित अंतिम चेर शासकों में से एक, जिसके बारे में यह भी माना जाता है कि उसने चोलों और पाण्ड्यों के विरुद्ध युद्धों में जीत हासिल की थी।

दूसरी शताब्दी के बाद, चेर सत्ता का पतन हो गया और **आठवीं शताब्दी** तक **उनके इतिहास के** बारे में **अधिक ज्ञात नहीं** है। **संगम कवियों** ने विभिन्न **सामंतों** जैसे कि **अय, अंदीरन और परी** की उनकी वीरता व उदारता के लिए भी **प्रशंसा की** है।

# तीन आरंभिक राज्यों में प्रशासन और सामाजिक जीवन

## संगम युग में अर्थव्यवस्था

इस काल में पूरा तमिलकम् उनके आर्थिक संसाधनों के आधार पर पांच तिनआइस या पर्यावरण-क्षेत्रों में विभाजित था। वे थे- **कुरिनजी (पहाड़ी क्षेत्र), पलाई (शुष्क क्षेत्र), मुल्लई (ग्रामीण इलाके), मरूदम (आर्द्र भूमि) और नेतल (समुद्री तट)**। इन क्षेत्रों को स्पष्ट रूप से सीमांकित नहीं किया गया था और ये पूरे क्षेत्र में चारों ओर बिखरे हुए थे। उनके **विभिन्न** भौगोलिक संदर्भों और पारिस्थितिक विशेषताओं के कारण, विभिन्न **तिनआइस में लोगों के जीवन निर्वाह के अपने साधन थे**। उदाहरण के लिए, कुरिनजी में यह **शिकार और संग्रहण** था, पलाई में, जहां लोग **किसी चीज का उत्पादन नहीं** करते थे, वे **आक्रमणों और लूट** का सहारा लेते थे, मुल्लई में लोग **पशुपालन करते थे**, मरूदम में **हल से खेती** की जाती थी और नेतल में लोग **मछली पालन और नमक उत्पादन** करते थे।

लोग बहुत-सी आर्थिक गतिविधियों में संलग्न थे जैसे कि कृषि, शिल्प और व्यापार। चावल सबसे महत्वपूर्ण फसल थी। यह लोगों के खाने का मुख्य भाग था और साथ ही अंतर्देशीय व्यापार के लिए **वस्तु विनिमय के माध्यम के** रूप में भी **काम आता था**। प्रायद्वीप का ऊपरी भाग और उससे जुड़े क्षेत्र बेहद उपजाऊ थे और वहां धान, रागी, गन्ना, फल, काली मिर्च

और हल्दी का उत्पादन होता था। चूंकि, तमिल क्षेत्र में बारहमासी नदियां नहीं थीं, इसलिए शासक जहां तक संभव होता था तालाब और बांध बनवाकर कृषि गतिविधियों को प्रोत्साहन देते थे। **संगम युग के चोल शासक करिकाल को कावेरी नदी पर बांध बनवाने** का श्रेय जाता है। इसे देश का **सबसे पुराना बांध** माना जाता है। शिल्प में सबसे महत्वपूर्ण, सूती व सिल्क के कपड़ों की कताई व बुनाई थी। नमक उत्पादन अन्य महत्वपूर्ण गतिविधि थी।

संगम अर्थव्यवस्था की सबसे महत्वपूर्ण विशेषता **रोमनों**[18] के साथ **समृद्ध व्यापार** था। **इंडो-रोमन व्यापार** का उत्कृष्ट **विवरण** 'Periplus of the Erythrean Sea' नामक पुस्तक में दिया गया है, जिसे एक अनाम लेखक द्वारा पहली शताब्दी में लिखा गया था। **प्लिनी ने** अपने विवरण 'प्राकृतिक इतिहास' (Natural History) में असंतोष प्रकट करते हुए लिखा कि भारत के साथ अपने व्यापार के कारण रोम स्वर्णविहीन हो गया था। रोमनों को **निर्यात** किए जाने वाली मुख्य वस्तुओं में भारतीय उत्पाद जैसे- **मसाले (यवनप्रिय या काली मिर्च** शामिल थी), इत्र, आभूषण, हाथी दांत, उत्कृष्ट **वस्त्र (विशेषतौर पर मसलिन), बहुत से कीमती व अर्द्धकीमती पत्थर जैसे हीरा, कार्नेलियन, फिरोजा, गोमेद, नीलम** आदि के अतिरिक्त **मोती, नील, चंदन, लोहे और स्टील के छुरी-कांटे** थे। इस निर्यात के बदले में रोमन भारत को सोना **व चांदी निर्यात** करते थे। इसकी पुष्टि दक्षिण भारत से मिले बड़ी संख्या में **रोमन सोने के सिक्कों** से होती है। रोमन साम्राज्य से आयात किए जाने वाली अन्य महत्वपूर्ण वस्तुओं में मदिरा शामिल थी, जो दक्षिण भारत में **अरिकामेदू** से बड़ी संख्या में प्राप्त **मदिरा के दोहत्थे कलशों और रोमन उत्पादों के टुकड़ों** से प्रकट होती है। इनके अतिरिक्त, पश्चिमी व्यापारी उपमहाद्वीप में **टिन, लेड, मूंगा और गुलाम लड़कियों** को भी लेकर आए।

**45 ई.** में, **यूनानी नाविक, हिप्पालस द्वारा मानसूनों की खोज** के बाद, ज्यादा-से-ज्यादा **समुद्री यात्राओं** का उपयोग व्यापारिक कार्यों के लिए किया जाने लगा। **मानसूनों** की खोज व भारतीय तटों और पश्चिमी दुनिया के साथ ही दक्षिणी-पूर्वी एशिया के बीच **सीधे समुद्री मार्गों का उपयोग व्यापार के विकास का मुख्य कारण था। पश्चिमी तट पर** भारत के महत्वपूर्ण बंदरगाह **भरूकच्छ (भरूच), सोपारा, कल्याण और मुजीरिस** थे। इन बंदरगाहों से जहाज लाल सागर के रास्ते रोमन साम्राज्य के लिए रवाना होते थे। दक्षिण-पूर्वी एशिया के साथ व्यापार समुद्र के माध्यम से संचालित होता था। **भारत के पूर्वी तट** के प्रमुख बंदरगाह **ताम्रलिप्ति (पश्चिम बंगाल), अरिकामेदू (पांडिचेरी के समीप)** आदि थे। समुद्री व्यापार भरूकच्छ और दक्षिण-पूर्वी एशिया के बीच भी संचालित होता था।

सभी तीन राज्यों की अर्थव्यवस्था बड़े स्तर पर स्थानीय और लंबी दूरी के व्यापार के कारण विकसित हुई। इससे तमिल क्षेत्र में महत्वपूर्ण **नगरों व शिल्प केंद्रों** के विकास में मदद मिली। चेरों की राजधानी, वनजी, व्यापार और शिल्प का महत्वपूर्ण केंद्र थी। दक्षिण-पश्चिम तट पर स्थित **मुजीरिस/मुचीरी** चेरों का सबसे **महत्वपूर्ण बंदरगाह** था। ऐसा माना जाता है कि सोने से लदे रोमन जहाज यहां उतरते थे और अपने साथ बड़ी मात्रा में **काली मिर्च** ले जाते थे। दूसरी शताब्दी का एक दिलचस्प दस्तावेज विएना पैप्पीरस (Vienna Pappyrus), अलेक्जेंड्रिया और मुशीरी में बसे दो व्यापारियों के बीच हुए माल के परिवहन से संबंधित समझौते को अभिलिखित करता है। **पाण्ड्यों** की राजधानी **मदुरै, उत्कृष्ट वस्त्रों और हाथी दांत के काम का** महत्वपूर्ण केंद्र थी। तमिलनाडु के तिरुन्नेलवेली जिले में **कोरकाई,** एक महत्वपूर्ण पाण्ड्य बंदरगाह था, जो अपने मोतियों के लिए प्रसिद्ध था। **चोलों की राजधानी उरैयुर** (तमिलनाडु में तिरुचिरापल्ली) एक **शानदार नगर था** जिसमें भव्य इमारतें थीं। **कावेरीपट्टनम या पुहार प्रमुख चोल बंदरगाह** था। संगम कविताएं सैनिकों द्वारा संरक्षित व्यस्त बाजारों का उल्लेख करती हैं, जो व्यापारियों की सुरक्षा को सुनिश्चित करने और तस्करी को रोकने के लिए, व्यापारिक मार्गों पर लगातार सतर्कता बनाए रखते थे। उन व्यापारियों से पारगमन कर वसूल किया जाता था, जो अपने सामान को एक स्थान से दूसरे स्थान पर ले जाते थे। अधीनस्थ शासकों से प्राप्त शुल्क के साथ युद्ध में मिले विजयोपहार और लूट का माल राजस्व का मुख्य स्रोत थे।

---

[18] ऐसा माना जाता है कि रोमनों ने सबसे पहले भारत के दक्षिणी हिस्से से व्यापार शुरू किया था, क्योंकि उनके शुरुआती सिक्के तमिल राज्यों में पाए जाते हैं जो सातवाहन प्रभुत्व के बाहर थे।

## सामाजिक ढांचा और व्यवस्था

विभिन्न स्थानों से प्राप्त तमिल ब्राह्मी अभिलेखों में राजा को **'को'** और सामंतों **को 'को'** या 'कोन' संबोधित किया गया है। तमिल भूमि में ब्राह्मण पहली बार संगम युग में दिखाई दिए। बहुत से ब्राह्मण कवियों के रूप में कार्य करते थे और उन्हें राजा द्वारा उदारतापूर्वक पुरस्कृत किया जाता था। हालांकि **वर्ण की धारणा ज्ञात थी**, लेकिन **आरंभिक संगम काल में सामाजिक वर्गों को घोर जाति-विभेद** (यह स्थिति बाद के चरणों में दिखाई दी) द्वारा **चिन्हित नहीं** किया जाता था। उदाहरण के लिए, ब्राह्मण समाज में मौजूद थे और वे वैदिक अनुष्ठानों व यज्ञों का निष्पादन करते थे और साथ ही शासकों के सलाहकारों के रूप में भी कार्य करते थे, लेकिन उन्हें कोई विशेष अधिकार नहीं मिले हुए थे, तथा वे मांस व मदिरा का सेवन भी करते थे। क्षत्रिय और वैश्य संगम ग्रंथों में सामान्य वर्ण के रूप में दिखते हैं। विभाजन का ज्यादा अनुरूप आधार **कुटी ( कबीलों पर आधारित वंश-समूह )** था, जहां कुटी समूहों के बीच एक साथ भोजन करने और सामाजिक आदान-प्रदान करने पर कोई वास्तविक प्रतिबंध नहीं था। **शासन करने वाला वर्ग अरसर** कहलाता था और उसके सदस्यों के **वेल्लालाओं ( धनी किसान )** के साथ वैवाहिक संबंध थे जो किसानों की चौथी जाति का गठन करता था। वेल्लालाओं के पास बहुतायत में भूमि थी और वे खेतों में शारीरिक श्रम के कार्यों के लिए **कादेसियों ( कृषि श्रमिक )** की नियुक्ति करते थे। कुछ कृषि श्रमिक जिन्हें परियार कहा जाता था, भी खेतों में जानवरों की खाल पहन कर काम करते थे और उनका चटाई के रूप में प्रयोग करते थे। **लोग** अपने चुने **व्यवसाय के आधार पर जाने जाते थे,** जैसे कि शिल्पकार, नमक व्यापारी, वस्त्र व्यापारी आदि। संगम युग में स्पष्ट **सामाजिक असमानता** थी। धनी लोग अच्छी तरह सजे ईटों के घरों में रहते थे और कीमती वस्त्र पहनते थे, जबकि निर्धन मिट्टी की झोपड़ियों में रहते थे और अपर्याप्त कपड़े पहनते थे।

योद्धाओं का वर्ग राजनीति और समाज का महत्वपूर्ण अंग था। **सेनाध्यक्षों को** एक औपचारिक समारोह में **इनाद्रि की उपाधि** से सम्मानित किया जाता था। राज्य एक **आधारभूत सेना** रखता था जिसमें बैलों द्वारा खींचे जाने वाले रथ, हाथी, घुड़सवार सेना और पैदल सेना शामिल थी। हाथी युद्ध में महत्वपूर्ण भूमिका निभाते थे, जबकि **घोड़ों का आयात** समुद्र से किया जाता था। **युद्ध नायकों** का समाज में **विशेष स्थान** था और युद्ध में लड़ते हुए जिनकी मृत्यु हो जाती थी, उनके सम्मान में **स्मारक पत्थर** जिन्हें **नदुकल या विरूक्कल** कहा जाता था, स्थापित किए जाते थे और उनकी पूजा देवता की तरह की जाती थी।

धर्म के क्षेत्र में, संगम युग उत्तर भारतीय और दक्षिण भारतीय परंपराओं के बीच एक आत्मीय व शांतिपूर्ण पारस्परिक प्रभाव का गवाह बना। ब्राह्मण जो धार्मिक अनुष्ठानों का निष्पादन करते थे, ने दक्षिण भारत में इन्द्र, विष्णु और शिव की पूजा को लोकप्रिय बनाया। संगम काव्य **ब्राह्मणवादी यज्ञों** के निष्पादन द्वारा शाही प्रतिष्ठा और वैद्यता के नए आधारों के उद्भव को प्रतिबिंबित करता है। उदाहरण के तौर पर, एक पाण्ड्य शासक मुदुकदुमी ने **पालशालाई** (जिसके पास बहुत से यज्ञ कक्ष हैं) की उपाधि धारण की। तमिल क्षेत्र में बौद्धों और जैनों की उपस्थिति के भी उद्धरण मिलते हैं। स्थानीय, विशेषकर पहाड़ों में रहने वाले लोग मुरूगन नामक देवता की पूजा करते थे, जिन्हें **उत्तरी भारत के युद्ध देवता, कार्तिकेय के समान** माना जाता था और इसके पश्चात् मध्यकाल में इन्हें **सुब्रमण्यम** कहा गया। **मृतकों को भोजन प्रदान करने की महापाषाणकालीन** प्रथा **संगम युग** में भी **जारी रही,** पहले की तरह ही लोग मृतकों को चावल अर्पण करते थे। **दाह-संस्कार भी आरंभ** हो गया था। संगम ग्रंथ **पवित्र या जादुई शक्तियों में विश्वास** पर भी प्रकाश डालते हैं जिन्हें **अनान्कु** कहा जाता था, जो माना जाता था कि विभिन्न वस्तुओं में निवास करते थे। अनान्कु को ठीक करने के लिए संस्कारों और अनुष्ठानों को पूरा करने का कार्य निम्न जाति के परियान, पनाना और वेलनों को सौंपा जाता था जिन्हें आमतौर पर आनुष्ठानिक नृत्यों, गायन, अंतिम संस्कार के समय आग लगाने का कार्य और **नतुकल ( स्मारक पत्थर )** की पूजा करने से संबद्ध किया जाता था। ऐसा भी माना जाता था कि अनान्कु औरतों से चिपट जाता था और आमतौर पर यह विश्वास किया जाता था कि अगर औरत पवित्र होती थी तो, उसका अनान्कु नियंत्रण में आ जाता था और शुभ फल देता था।

संगम युग में **स्त्रियां शिक्षित** प्रतीत होती हैं। इसकी पुष्टि संगम साहित्य के संग्रह में स्त्रियों द्वारा रचित बहुत-सी कविताओं के योगदान से होती हैं। स्त्रियों को विभिन्न आर्थिक गतिविधियों जैसे- धान की खेती, मवेशी पालन, टोकरी बनाने, कताई आदि कार्यों में लगे हुए भी वर्णित किया गया है। मगर, तमिल समाज में सती की क्रूर प्रथा भी प्रचलित थी और इसे **तिप्पलयादल** के नाम से जाना जाता था। लेकिन यह अनिवार्य नहीं थी जैसा कि समाज में **विधवाओं की मौजूदगी** के उल्लेख से ज्ञात होता है। लेकिन **विधवाओं की स्थिति बहुत दयनीय** थी, क्योंकि उन्हेंशृंगार करने या किसी भी प्रकार के मनोरंजन में भाग लेने पर प्रतिबंध था। संगम कविताएं **चेविलित्तई** का भी उल्लेख करती हैं, जो उपमाताओं के समान थीं और परिवार के सदस्यों के साथ करीब से जुड़ी प्रतीत होती हैं।

| मुख्य शब्द | अर्थ |
|---|---|
| कलातिका | मुक्ता मत्स्यकी (Pearl Fisheries) का अधीक्षक |
| कनातिकन | लेखकों का प्रधान |
| नालाकर | ईख मजदूर |
| लोनाकर | नमक निर्माता |
| कोलुवनिकन | हल्के फल के व्यापारी |
| कोलु | ठोस लोहे की नोक जो लकड़ी के हल्के फल पर स्थापित की जाती है |
| उर | गांव के बुजुर्गों की सभा |
| एम्पोरियम (यूनानी-रोमन शब्द) | विदेशी व्यापार से संबद्ध तटीय नगर |
| पट्टीनम | बंदरगाह |
| सत्तहावाहा | कुल कारवां व्यापारियों का वंश |
| कुंभाकराकुल | कुम्हारों का वंश |
| सेत्थीकुल | व्यापारियों एवं साहूकारों का वंश |
| कम्माराकुल | धातुकर्मियों का वंश |
| अताविराक्खिकाकुल | वनों के पहरेदारों का वंश |
| धन्नावनिजाकुल | अनाज व्यापारियों का वंश |
| पन्नीकाकुल | सब्जी बेचने वालों का वंश |
| पसानाकोट्टाकाकुल | पत्थर की चक्की पीसने वालों का वंश |
| सत्ताहावापुत्त | कारवां व्यापारी का पुत्र |
| निसादपुत्त | शिकारी का पुत्र |
| वदद्हाकिपुत्त | बढ़ई का पुत्र |
| शैलालाकस/सेलावधाकी | राजमिस्त्री |
| कमार | लोहार |
| गधिका | इत्र बेचने वाला |
| करशापन | तांबे का सिक्का |
| नियमाकाजेट्ठा | नाविकों के संघ का प्रमुख |
| कतिकई | शिक्षित लोगों की सभा |

## उत्तर मौर्य काल में शिल्प, व्यापार और नगर

शकों, कुषाणों, सातवाहनों और तीन आरंभिक राज्यों का काल (अर्थात् तीसरी शताब्दी ई.पू. से दूसरी शताब्दी तक का काल) प्राचीन भारत में **शिल्प और व्यापार** के इतिहास का **सबसे समृद्ध काल** था। इस काल में शिल्प का उत्पादन तेज गति से विकसित हुआ, क्योंकि आंतरिक और विदेशी दोनों ही तरह का व्यापार और वाणिज्य, काफी हद तक शिल्प गतिविधियों पर निर्भर था। पूर्व-मौर्य काल से संबद्ध दीर्घ निकाय, लगभग दो दर्जन व्यवसायों का उल्लेख करता है, लेकिन इस काल से संबंधित माहावस्तु 36 प्रकार के श्रमिकों की सूची प्रदान करता है। इसी प्रकार, मिलिन्दपन्हो 75 व्यवसायों का उल्लेख करता है जिसमें से 60 शिल्प से संबंधित थे। अंग्रेजी में ***'द गारलैंड ऑफ मदुरै'*** के नाम से जाना जाने वाला एक तमिल आलेख दो बौद्ध ग्रंथों में दी गई जानकारी का पूरक है। **विशेषज्ञता** का स्तर बहुत ऊंचा था और कम-से-कम आठ शिल्प सोने, चांदी, लेड, टिन, तांबा, पीतल, लोहे और कीमती पत्थरों या आभूषणों के कार्य से संबंधित थे, जिनमें से प्रत्येक शिल्प में कार्य करने के लिए पृथक शिल्पकारों की नियुक्ति की जाती थी। लोहे में तकनीकी उन्नति, विशेषकर तेलंगाना क्षेत्र के करीमनगर और नालगोंडा जिलों में उत्खनन से प्राप्त **परिष्कृत लौह कलाकृतियों** से प्रकट होती है। भारतीय लोहे और इस्पात, जिसमें **छुरी-कांटा** (कटलरी) शामिल थे, को **अबीसिनीयाई बंदरगाहों तक निर्यात** किया जाता था और **पश्चिमी एशियाई** देशों में इनकी **भारी मांग** थी।

**वस्त्र, सिल्क-बुनाई, हथियार, विलासिता की वस्तुओं, हस्तशिल्प और टैराकोटा मूर्तियों** के उत्पादन में इस काल के दौरान तीव्र **प्रगति** हुई। वस्त्र उद्योग मुख्य उद्योग था। **मथुरा** (एक **विशेष प्रकार के कपड़े शाटक** के लिए प्रसिद्ध था) और **बंग** (पूर्वी बंगाल) **सूती और सिल्क के वस्त्रों** की विभिन्न किस्मों के लिए प्रसिद्ध थे। दक्षिण भारत के कुछ स्थलों जैसे **उरैयुर और अराकामेंडु** से खोजे गए कुछ **रंगाई के छापे** इंगित करते हैं कि इस काल के दौरान रंगाई इन क्षेत्रों में एक संपन्न शिल्प था। **उज्जैन मनके बनाने** का प्रमुख केंद्र था। **सीप उद्योग** समृद्ध अवस्था में था और कुषाण काल से संबंधित बहुत से सीप उत्पाद उत्खनन से प्राप्त हुए हैं। **सिक्का-ढलाई**[19] एक महत्वपूर्ण शिल्प था और यह काल विभिन्न प्रकार के सिक्कों जो सोने, चांदी, तांबे, कांसे, पोटिन और लेड से बने थे, के लिए प्रसिद्ध है। यह दिलचस्प है कि शिल्पकारों ने नकली रोमन सिक्के भी बनाए थे लगभग सभी कुषाण और सातवाहन उत्खनन स्थलों से **टैराकोटा** की सुंदर मूर्तियां प्राप्त हुई हैं, विशेषतौर पर **नालगोंडा** जिले में **येल्लेश्वरम** से प्राप्त मूर्तियां वास्तव में उत्कृष्ट रचना है। आमतौर पर यह माना जाता है कि टैराकोटा का उपयोग ज्यादातर नगरों में रहने वाले उच्च श्रेणी के लोगों द्वारा किया जाता था। इस काल के शिल्पकारों ने समृद्धि की नई ऊंचाइयों को छुआ और ऐसे बहुत से अभिलेख हैं जो शिल्पकारों द्वारा मठों को दान दिए जाने का उल्लेख करते हैं।

व्यापारियों के समुदाय, प्रधान जिन्हें **श्रेष्ठी** कहा जाता था, के अधीन समूहों में संगठित थे जिन्हें **श्रेणी या गिल्ड** (शिल्प संघ) के नाम से जाना जाता था। एक अन्य प्रकार का **व्यापारिक समूह सार्थ** कहलाता था, जो अंतरक्षेत्रीय व्यापारियों के **गतिशील या कारवां व्यापारिक संघों** का द्योतक था। इन संघों का प्रधान **सार्थवाह** कहलाता था। व्यापारियों की तरह, लगभग सभी शिल्प व्यवसाय भी संघों में संगठित थे, प्रत्येक संघ एक प्रधान जिसे **जेटठका/प्रमुख** कहा जाता था, के अधीन था। इनमें बुनकर, मक्का विक्रेता, बांस मजदूर, तेल निर्माता, कुम्हार आदि शामिल थे। गिल्ड (संघ) **व्यापारियों और शिल्पकारों की संस्था** थी जो एक से व्यवसाय या एक समान वस्तुओं के लेन-देन का अनुसरण करते थे। वे अपने प्रधान का चुनाव करते थे और अपने व्यापार को नियंत्रित करने के लिए आपसी सद्भावना के आधार पर **मूल्यों और गुणवत्ता से संबंधित अपने नियम** बनाते थे। **वे बैंकों के रूप में भी कार्य करते थे** और लोगों से निश्चित ब्याज दर पर **जमा धन प्राप्त करते थे**। यह जानना दिलचस्प है कि दूसरी शताब्दी के लगभग, महाराष्ट्र में बौद्ध धर्म के साधारण भक्त कुम्हारों, तेल चक्कियों और बुनकरों

---

19 200 ईसा पूर्व और 300 ईस्वी के बीच की अवधि में सिक्कों की सबसे बड़ी संख्या का प्रमाण मिलता है, जैसा कि उत्तर और दक्कन दोनों में सबसे अधिक संख्या में डाई और सिक्के के सांचों की खोज इसका समर्थन करती है। वास्तव में, सातवाहन कालीन एक सिक्के के सांचे से पता चलता है कि ये सांचे एक समय में आधा दर्जन सिक्के निकाल सकते थे। इस प्रकार, किसी अन्य काल में मुद्रा अर्थव्यवस्था ने आम लोगों के जीवन में इतनी गहराई तक प्रवेश नहीं किया था।

के गिल्डों के पास संन्यासियों को वस्त्र व अन्य आवश्यकताओं को उपलब्ध कराने के लए धन जमा करते थे। इसी प्रकार, इसी समय मथुरा में आटा गिल्ड के प्रधान के पास ब्राह्मणों की नित्य सेवा के लिए धन जमा कराए जाने का उल्लेख मिलता है। याजवलक्य स्मृति गिल्ड अधिकारियों की योग्यता व शक्तियों का उल्लेख करती है और **गिल्डों की न्यायिक भूमिका** की ओर भी इशारा करती है। गिल्ड प्रधानों के राजा के साथ अच्छे संबंध होते थे और कुछ बौद्ध ग्रंथों के अनुसार वे **राजा के साथ आधिकारिक घेरे के हिस्से के रूप में जाते थे।** कभी-कभी उन्हें महामात्र के रूप में भी नियुक्त किया जाता था। निग्रोध जातक में उल्लेखित है कि कुछ अधिकारियों जिन्हें **भंडागारिका** कहा जाता था, की नियुक्ति **गिल्ड की सभाओं व लेन-देन के दस्तावेज रखने के** लिए किया जाता था। इन शाही अधिकारियों के गिल्डों के ऊपर कुछ अधिकार थे। कुछ गिल्डों के पास **श्रेणीबल** भी थे, जो इन गिल्डों द्वारा अनुरक्षित एक प्रकार का **योद्धाओं का सामूहिक संगठन** था। गिल्डों के महत्व का अंदाजा इस तथ्य से लगाया जा सकता है कि कुछ गिल्ड **सिक्के और मोहरे भी जारी करते थे।** तक्षशिला से प्राप्त कुछ सिक्कों पर महान नेगमा का चित्र है, जबकि कौशाम्बी से प्राप्त दो तांबे के सिक्कों पर महान गधिकनम का चित्र है। कुछ मोहरें जिन पर निगम, निगमस्य का शीर्षक है **राजघाट** (महान **गवायक** के चित्र वाली मोहर, जो **ग्वालों के गिल्ड** की द्योतक है), **भीटा** (महान **शुलाफलाईकनम** के चित्र वाली मोहर, **तीर की नोक बनाने वाले गिल्ड** की द्योतक) और **अहिच्छत्र** (महान **कुंभकार** के चित्र वाली मोहर, **कुम्हारों के गिल्ड** की द्योतक) के उत्खनन स्थलों से प्राप्त हुए हैं।

उत्तर-मौर्य काल की एक सबसे महत्वपूर्ण विशेषता आंतरिक और बाहरी दोनों ही प्रकार के व्यापार और वाणिज्य का विकास थी। जैसा कि हम पहले चर्चा कर चुके हैं, प्राचीन भारत में **दो प्रमुख आंतरिक भूमि मार्ग** थे-**उत्तरापथ,** जो भारत के उत्तरी और पूर्वी भागों को भारत के उत्तर-पश्चिमी किनारों से जोड़ता था और **दक्षिणापथ**, जो प्रायद्वीपीय भारत को, भारत के पश्चिमी और उत्तरी भागों से जोड़ता था। दक्षिणापथ इलाहाबाद के निकट कौशाम्बी से आरंभ होकर, उज्जैयनी (आधुनिक उज्जैन) से गुजरता हुआ, पश्चिमी तट पर एक महत्वपूर्ण बंदरगाह, भृगुकच्छ या भरूच तक फैला था। दक्षिणापथ आगे, सातवाहनों की राजधानी प्रतिष्ठान (आधुनिक पैठान) के साथ जुड़ता था। तीन आरंभिक दक्षिणी राज्यों के समृद्ध व्यापार और उनके रोम व दक्षिण-पूर्वी एशिया के साथ विभिन्न वस्तुओं के आयात और निर्यात के बारे में हम पहले ही चर्चा कर चुके हैं। यह दिलचस्प है कि, भारत द्वारा सीधी आपूर्ति की जाने वाली वस्तुओं के अतिरिक्त, **कुछ वस्तुएं चीन और मध्य एशिया से भारत लाई जाती थीं और फिर यहां से रोमन साम्राज्य के पूर्वी भाग में भेजी जाती थीं।** उदाहरण के तौर पर, पहले सिल्क चीन से प्रसिद्ध सिल्क रूट द्वारा सीधे रोमन साम्राज्य भेजा जाता था, लेकिन पार्थियनों द्वारा ईरान पर कब्जा कर लेने के बाद, सिल्क उपमहाद्वीप के उत्तर-पश्चिमी हिस्से द्वारा पश्चिम भारतीय बंदरगाहों की ओर मुड़ गया और कभी-कभी इसे उपमहाद्वीप के पूर्वी तट से पश्चिमी तट के जरिये पहुंचाया जाता था। इस प्रकार **200 ई.पू.-300 ई.** तक का काल पूरे भारत में **शहरी समृद्धि** द्वारा चिन्हित किया गया। इस काल के गांवों से ज्यादा शहरी केन्द्रों के बारे में जानकारी है।

## विगत वर्षों में पूछे गए प्रश्न (प्रारंभिक परीक्षा)

1. प्राचीन दक्षिण भारत के संदर्भ में, कोरकई, पूमपुहार और मुचीरि किस रूप में सुविख्यात थे? **(2023)**
   (a) राजधानी नगर
   (b) पत्तन
   (c) लोह और इस्पात निर्माण के केंद्र
   (d) जैन तीर्थकरों के चैत्य

2. निम्नलिखित में से कौन-सा एक संगम कविता यथावर्णित 'वटकिरुतल' की प्रथा को स्पष्ट करता है। **(2023)**
   (a) राजाओं द्वारा महिला अंगरक्षिकाओं को नियुक्त करना
   (b) राजदरबारों में विद्वानों का, धर्म और दर्शन के विषयों पर विचार-विमर्श करने हेतु, एकत्र होना

(c) किशोरियों द्वारा कृषि क्षेत्रों की निगरानी करना और चिड़ियों तथा पशुओं को भगाना
(d) युद्ध में पराजित राजा का आमरण अनशन आनुष्ठानिक मृत्युवरण करना

3. प्राचीन दक्षिण भारत में संगम साहित्य के बारे में, निम्नलिखित कथनों में कौन-सा एक सही है? **( 2022 )**
(a) संगम कविताओं में भौतिक संस्कृति का कोई सन्दर्भ नहीं है।
(b) वर्ण का सामाजिक वर्गीकरण संगम कवियों को ज्ञात था।
(c) संगम कविताओं में समर शौर्य का कोई सन्दर्भ नहीं है।
(d) संगम साहित्य में जादुई ताकतों को असंगत बताया गया है।

4. प्राचीन भारत की निम्नलिखित पुस्तकों में से किसमें शुंग वंश के संस्थापक के पुत्र की प्रेम कथा है? **( 2016 )**
(a) स्वप्नवासवदत्ता (b) मालविकाग्निमित्र
(c) मेघदूत (d) रत्नावली

5. भारत के धार्मिक इतिहास के संदर्भ में निम्नलिखित कथनों पर विचार करें: **( 2016 )**
I. बोधिसत्व की अवधारणा बौद्ध धर्म के हीनयान पंथ का केंद्र है।
II. बोधिसत्व ज्ञान प्राप्ति का करुणामयी मार्ग है।
III. बोधिसत्व स्वयं की मोक्ष प्राप्ति को स्थगित कर देता है ताकि सभी संवेदनशील प्राणियों को इसकी प्राप्ति के मार्ग पर चलने में मदद कर सके।

उपरोक्त में से कौन-सा कथन सही है/हैं?
(a) केवल I (b) केवल II और III
(c) केवल II (d) I, II और III

6. शिलाओं को काटकर बनी कुछ बौद्ध गुफाओं को चैत्य कहा जाता है, जबकि अन्य विहार कहलाती हैं। इन दोनों के बीच क्या अंतर है? **( 2013 )**
(a) विहार पूजा स्थल होते हैं, जबकि चैत्य बौद्ध संन्यासियों के रहने का स्थान होता है।
(b) चैत्य पूजा स्थल होते हैं, जबकि विहार बौद्ध संन्यासियों के रहने का स्थान होता है।
(c) चैत्य गुफाओं के अंतिम छोर पर बना स्तूप होता है, जबकि विहार इसके बीच बना विशाल कक्ष होता है।
(d) इन दोनों के बीच कोई भौतिक अंतर नहीं है।

7. प्राचीन भारत के इतिहास में गिल्ड (श्रेणी) के संदर्भ में, निम्नलिखित में से कौन-सा कथन सही है/हैं, जिसने देश की अर्थव्यवस्था में अत्यंत महत्वपूर्ण भूमिका निभायी? **( 2012 )**
I. प्रत्येक गिल्ड राज्य के केंद्रीकृत सत्ता के अधीन पंजीकृत था और राजा का उन पर प्रमुख प्रशासनिक प्रभुत्व था।
II. गिल्ड के द्वारा मजदूरी, काम के नियमों, मानक और मूल्य निर्धारित किए जाते थे।
III. गिल्ड के पास अपने सदस्यों के ऊपर न्यायिक अधिकार थे।

निम्नलिखित कोड का प्रयोग करते हुए सही उत्तर का चयन करें।
(a) केवल I और II (b) केवल III
(c) केवल II और III (d) I, II और III

8. प्राचीन भारत पर आक्रमण करने वालों के संदर्भ में निम्नलिखित में से कौन-सा क्रम सही है? **( 2006 )**
(a) यूनानी-शक-कुषाण (b) यूनानी-कुषाण-शक
(c) शक-यूनानी-कुषाण (d) शक-कुषाण-यूनानी

9. निम्नलिखित कथनों पर विचार करें: **( 2003 )**
I. अंतिम मौर्य शासक बृहद्रथ की हत्या उसके प्रधान सेनापति पुष्यमित्र शुंग ने की थी।
II. शुंग वंश के अंतिम शासक देवभूति की हत्या उसके ब्राह्मण मंत्री वासुदेव कण्व ने की थी जिसने उसके सिंहासन को हथिया लिया।
III. कण्व वंश के अंतिम शासक को आंध्रों ने अपदस्थ कर दिया।

इन कथनों में से कौन-सा सही है/हैं?
(a) I और II (b) केवल II
(c) केवल III (d) I, II और III

10. कनिष्क के शासनकाल के दौरान कश्मीर में आयोजित बौद्ध सभा की अध्यक्षता निम्नलिखित में से किसने की थी? **( 2001 )**
    (a) पार्श्व (b) नागार्जुन
    (c) सुदर्क (d) वासुमित्र
11. भारत में सबसे पहले सैन्य गवर्नर पद का आरंभ किसके द्वारा किया गया? **( 2000 )**
    (a) यूनानी (b) शक
    (c) पार्थियन (d) मुगल
12. दूसरी शताब्दी ई.पू. के आरंभ में उत्तरी अफगानिस्तान में इंडो-यूनानी साम्राज्य की स्थापना किसने की? **( 1999 )**
    (a) बैक्ट्रिया (b) सीथियन
    (c) जेद्रासिया (d) अरिया
13. निम्नलिखित में से भारत में घटित होने वालों का सही क्रम क्या है? **( 1998 )**
    I. सोने के सिक्के
    II. छिद्रित चांदी के सिक्के
    III. लोहे का हल
    IV. शहरी संस्कृति
    निम्नलिखित कोड का प्रयोग कर सही उत्तर का चयन करें:
    (a) III, IV, I, II (b) III, IV, II, I
    (c) IV, III, I, II (d) IV, III, II, I
14. ज्यादातर यूनानी, कुषाण और शकों ने हिंदू धर्म के स्थान पर बौद्ध धर्म को अपनाया क्योंकि: **( 1998 )**
    (a) उस समय बौद्ध धर्म ज्यादा प्रभावी था।
    (b) उन्होंने युद्ध और हिंसा की नीति को अपनाने से इनकार कर दिया था।
    (c) जाति ग्रस्त हिंदू धर्म उनको आकर्षित नहीं कर सका।
    (d) बौद्ध धर्म की भारतीय समाज तक आसान पहुंच थी।
15. प्राचीन भारत में निम्नलिखित में से कौन-सा व्यापारियों का संगठन था? **( 1997 )**
    (a) चतुरवेदीमंगलम (b) परिषद
    (c) अष्टादिकगज (d) मनिग्राम
16. प्राचीन संस्कृत ग्रंथों में वर्णित शब्द यवनप्रिय का अर्थ है: **( 1995 )**
    (a) उत्कृष्ट किस्म का भारतीय मलमल
    (b) हाथी दांत
    (c) यूनानी राजदरबारों में नृत्य करने के लिए भेजी गई युवतियां
    (d) कालीमिर्च

## उत्तरमाला

| | | | | | | | |
|---|---|---|---|---|---|---|---|
| 1. (b) | 2. (d) | 3. (b) | 4. (b) | 5. (b) | 6. (b) | 7. (d) | 8. (a) |
| 9. (d) | 10. (d) | 11. (a) | 12. (a) | 13. (b) | 14. (d) | 15. (d) | 16. (d) |

## विगत वर्षों में पूछे गए प्रश्न (मुख्य परीक्षा)

1. गंधाराई कला में मध्य एशियाई एवं यूनानी-बैक्टिरयाई तत्वों को उजागर कीजिए।
   **( 2019 सा.अ. प्रश्नपत्र 1 )**
2. मौर्य काल के दौरान भारत के पश्चिमी एशिया और भूमध्यसागरीय विश्व के साथ संपर्क की प्रकृति और प्रभाव को चित्रित करें।
   **( 2015-वैकल्पिक इतिहास )**

3. प्राचीन तमिल साहित्य न केवल व्यापक रूप से भिन्न वर्गों की सटीक तस्वीर प्रस्तुत करता है, यह तमिल राज्य की सामाजिक स्थिति का भी ज्यों-का-त्यों वर्णन करता है। चर्चा करें। **( 2015-वैकल्पिक इतिहास )**
4. आरंभिक भारतीय अर्थव्यवस्था के विकास में गिल्ड और व्यापार संगठनों की भूमिका चिह्नित करें।
**( 2015-वैकल्पिक इतिहास )**
5. ''भारत की प्राचीन सभ्यता, मिस्र, मीसोपोटामिया और ग्रीस की सभ्यताओं से, इस बात में भिन्न है कि भारतीय उपमहाद्वीप की परंपराएं आज तक भंग हुए बिना परिरक्षित की गई हैं।'' टिप्पणी कीजिये।
**( 2015 सा.अ. प्रश्नपत्र 1 )**
6. गंधार मूर्तिकला रोमनिवासियों की उतनी ही ऋणी थी जितनी कि वह यूनानियों की थी। स्पष्ट कीजिए।
**( 2014 सा.अ. प्रश्नपत्र 1 )**
7. महापाषाण संस्कृति किस तरह से भारतीय प्रायद्वीप के इतिहास का मूलभूत चरण माना जा सकता है।
**( 2014-वैकल्पिक इतिहास )**
8. दक्षिण भारत के राजनैतिक इतिहास की दृष्टि से अधिक उपयोगी न होते हुए भी संगम साहित्य उस समय की सामाजिक व आर्थिक स्थिति का अत्यंत प्रभावी शैली में वर्णन करता है। टिप्पणी कीजिए।
**( 2013 सा.अ. प्रश्नपत्र 1 )**
9. प्लिनी के कथन का औचित्य सिद्ध करें कि ई. सन् की पहली शताब्दी के दौरान भारत ने रोम को पूरी तरह से स्वर्णविहीन कर दिया।
**( 2012-वैकल्पिक इतिहास )**

## अभ्यास प्रश्न (प्रारंभिक परीक्षा)

1. निम्नलिखित सूची का मिलान करें:

| सूची-I | | सूची-II | |
|---|---|---|---|
| I. | वात्सायन | (A) | अभियंता |
| II. | एजेसिलौस | (B) | चिकित्सा विज्ञान |
| III. | वासुमित्र | (C) | कामसूत्र |
| IV. | चरक | (D) | दार्शनिक |

**कूट:**

| | I | II | III | IV |
|---|---|---|---|---|
| (a) | A | C | D | B |
| (b) | C | A | D | B |
| (c) | B | D | A | C |
| (d) | D | C | A | B |

2. निम्नलिखित कथनों पर विचार करें:
I. अंतिम मौर्य शासक बृहद्रथ की हत्या उसके प्रधान सेनापति पुष्यमित्र शुंग ने की थी।
II. पुष्यमित्र शुंग के बाद राजा देवभूति ने उत्तराधिकार संभाला।
III. सातवाहन वंश का सबसे प्रसिद्ध राजा गौतमीपुत्र शातकर्णी था।
इन कथनों में से कौन-सा सही है/हैं?
(a) I और II (b) केवल II
(c) केवल III (d) I, II और III

3. निम्नलिखित कथनों पर विचार करें:
I. चेदी वंश के राजा खारवेल के अधीन कलिंग का उदय हुआ।
II. शुंग वंश के बाद कण्व वंश आया।
III. जूनागढ़ अभिलेख पुष्यमित्र शुंग से संबद्ध था।
इन कथनों में से कौन-सा सही है/हैं?
(a) I और II (b) केवल II
(c) केवल III (d) I, II और III

4. निम्नलिखित सूची का मिलान करें:

| सूची-I | | सूची-II | |
|---|---|---|---|
| I. | चोल | (A) | नेदुनजेलियान |
| II. | चेर | (B) | करिकाल |
| III. | पाण्ड्य | (C) | खारवेला |
| IV. | चेदी | (D) | सेनगुट्टुवन |

**कूट:**

| | I | II | III | IV |
|---|---|---|---|---|
| (a) | A | C | D | B |
| (b) | C | A | D | B |
| (c) | B | D | A | C |
| (d) | D | C | A | B |

5. निम्नलिखित सूची का मिलान करें:

| सूची-I | सूची-II |
|---|---|
| I. चोल | (A) उर्रयुर |
| II. चेर | (B) कलिंग |
| III. पाण्ड्या | (C) मुजिरिस |
| IV. चेदी | (D) मदुरै |

**कूट:**

| | I | II | III | IV |
|---|---|---|---|---|
| (a) | A | C | D | B |
| (b) | C | A | D | B |
| (c) | B | D | A | C |
| (d) | D | C | A | B |

6. निम्नलिखित कथनों पर विचार करें:
   - I. सातवाहनों की आधिकारिक भाषा प्राकृत थी जो ब्राह्मी लिपि में लिखी जाती थी।
   - II. सातवाहन ज्यादातर लेड सिक्कों का इस्तेमाल करते थे।
   - III. सातवाहन पहले ऐसे शासक थे जिन्होंने ब्राह्मणों और बौद्धों को करमुक्त भूमि अनुदान में दी।

   उपर्युक्त में से कौन-सा कथन सही है/हैं?

   (a) I और II (b) केवल II
   (c) केवल III (d) I, II और III

7. निम्नलिखित कथनों पर विचार करें:
   - I. गांधार कला विद्यालय, मथुरा विद्यालय की तुलना में ज्यादा परंपरागत था जिस पर यूनानी प्रभाव था।
   - II. महायान बौद्ध धर्म के विकास मध्य एशियाई प्रभाव के कारण हुआ।
   - III. बोधिसत्व महायान दर्शन का महत्वपूर्ण तत्व है।

   उपर्युक्त में से कौन-सा कथन सही है/हैं?

   (b) I और II
   (b) केवल I
   (c) केवल III
   (d) I, II और III

## उत्तरमाला

1. (b) 2. (a) 3. (a) 4. (c) 5. (a) 6. (d) 7. (b)

# अभ्यास प्रश्न (मुख्य परीक्षा)

1. भारतीय उप-महाद्वीप के विभिन्न पहलुओं पर मध्य एशियाई प्रभाव ने क्या असर डाला? उचित उदाहरण देते हुए व्याख्या करें।
2. दूसरी शताब्दी ई.पू. से तीसरी शताब्दी ई.पू. का काल प्राचीन भारत के व्यापार व वाणिज्य के लिए सबसे समृद्ध समय था। क्या आप सहमत हैं? इस विकास के पीछे क्या कारण थे?
3. सातवाहनों की प्रशासनिक व्यवस्था और सामाजिक संगठन का वर्णन करें।
4. बौद्ध धर्म की महायान और हीनयान शाखाओं के मौलिक दर्शन के महत्वपूर्ण अंतरों का वर्णन करें।
5. भारतीय उप-महाद्वीप पर मध्य एशियाई लोगों के आक्रमणों के क्या कारण थे? उप-महाद्वीप पर उनके आगमन का क्रमानुसार विश्लेषण करें।

# अध्याय 8

# गुप्त और वाकाटक (300–600 ई.)

जैसा कि हम पहले चर्चा कर चुके हैं, **मौर्य** साम्राज्य के पतन के बाद, **उत्तर** में **कुषाण** और **दक्कन में सातवाहन** दो **प्रमुख राजनीतिक** शक्तियों के रूप में उभरे। वे इन क्षेत्रों में न केवल राजनीतिक एकता और आर्थिक समृद्धि ही लाए, बल्कि अपने संबंधित क्षेत्रों में बड़ी **स्थिर शक्ति** भी थे। 230 ई. के लगभग, उत्तर भारत में कुषाण शासन अंततः समाप्त हो गया और उसके साम्राज्य का एक महत्वपूर्ण हिस्सा **मुरण्डों** (संभवतः कुषाणों के संबंधी) के आधिपत्य के अधीन आ गया। मुरण्डों ने लगभग **25-30 वर्षों की अल्प अवधि** तक शासन किया। तीसरी शताब्दी के अंतिम दशकों के लगभग (करीबन 275 ई.), कुषाण साम्राज्य के ध्वंसावशेषों पर एक नए साम्राज्य का उदय हुआ और उसने कुषाणों और सातवाहनों दोनों के पूर्व राज्यों पर अपना शासन स्थापित किया।

यह **गुप्त साम्राज्य** था, जिसने एक शताब्दी से अधिक तक उत्तरी भारत को राजनीतिक रूप से एकीकृत रखा। ऐसा माना जाता है कि गुप्त **कुषाणों के सामंत**[1] थे। ऐसी अधिक संभावना है कि वे मूल रूप से **वैश्य**[2] थे और उन्होंने ***मध्यदेश*** के उपजाऊ हिस्सों पर शासन किया, जो थे–***अनुगंगा*** (मध्य गंगा घाटी), ***साकेत*** (आधुनिक आयोध्या, उत्तर प्रदेश) और ***मगध*** (अधिकतर बिहार) एवं ***प्रयाग*** (आधुनिक इलाहाबाद, उत्तर प्रदेश) संभवत: उनकी **सत्ता का महत्वपूर्ण केंद्र** था, जिसने सामरिक महत्व का स्थान होने के कारण, साम्राज्य के विस्तार में और अधिक सहायता की। गुप्त आसानी से मध्य भारत और दक्षिणी बिहार के कच्चे लोहे के भंडारों का लाभ उठा सकते थे और उत्तर भारत के उन क्षेत्रों से निकटता का लाभ भी उठा सकते थे, जो **बैजेंटियन साम्राज्य** (पूर्वी रोमन साम्राज्य) के साथ सिल्क का व्यापार करते थे। **'गरुड़'** संभवत: उनकी **राज्य मुहर** थी। इतिहासकार प्राय: गुप्त काल को भारत के अतीत का 'स्वर्ण युग' मानते हैं क्योंकि इसे अक्सर कुछ मुख्य उत्कृष्ट विशेषताओं के कारण याद किया जाता है, जैसे कि उप-महाद्वीप के एक बड़े हिस्से का अधिकतर केंद्रीकृत शासन के अधीन **राजनीतिक एकीकरण, असाधारण संस्कृत साहित्यिक** कृतियों की रचना, परिष्कृत **पत्थर की मूर्तियां और वास्तुकला** व **विज्ञान और तकनीक** के क्षेत्र में **परिवर्तनात्मक विकास।** गुप्तों के राजनीतिक इतिहास की पुनर्रचना अधिकांशत: उत्खनन से प्राप्त कुछ अभिलेखों व सिक्कों के आधार पर की गयी है।

## गुप्त वंश

**महाराजा गुप्त/श्री गुप्त (गुप्त वंश के संस्थापक)**

↓

**महाराजा घटोत्कच्छ**

- अपने पिता की तरह, उन्हें अपने स्वयं के शिलालेखों द्वारा प्रलेखित नहीं किया गया था। उनके बारे में सबसे पहला वर्णन उनके पोते समुद्रगुप्त के इलाहाबाद स्तंभ शिलालेख में मिलता है।

↓

**चंद्रगुप्त प्रथम (319-335/336 ई.)**

- गुप्त वंश का प्रथम महत्वपूर्ण शासक, गुप्त साम्राज्य की नींव रखी और ***महाराजाधिराज*** (राजाओं का राजा) की पद्वी पर दावा किया।
- **319-320 ई. में गुप्त संवत्** आरंभ किया, जो शायद उसके राज्याभिषेक को चिह्नांकित करता है।
- उसके साम्राज्य में **आधुनिक बिहार के हिस्से, उत्तर-प्रदेश और बंगाल** शामिल थे, जिसकी राजधानी पाटलिपुत्र थी।
- नेपाल के **लिच्छवी वंश की राजकुमारी कुमारदेवी** से विवाह कर अपनी सत्ता व प्रतिष्ठा को बढ़ाया (चूंकि गुप्त संभवत: जाति से वैश्य थे, क्षत्रीय वंश में विवाह से गुप्तों को वैधता, प्रतिष्ठा और मजबूती प्राप्त हुई)। **सम्राट**, उसकी **रानी** और **लिच्छवी राष्ट्र** के **संयुक्त नामों के सिक्के** गढ़वाए गए और इस प्रकार इस वैवाहिक गठबंधन को स्वीकारा गया। वास्तव में, समुद्रगुप्त का उल्लेख प्रसिद्ध इलाहाबाद प्रशस्ति में ***लिच्छवी-दौहित्र*** (लिच्छवियों का पौत्र) के रूप में किया गया था।

---

1 इसकी अत्यधिक संभावना है कि गुप्तों ने काठी, लगाम, बटन वाले कोट, पतलून और जूतों का उपयोग कुषाणों से सीखा और स्वयं उत्कृष्ट घुड़सवार बन गए।

2 धर्मशास्त्रों द्वारा विभिन्न वर्णों के लिए अलग-अलग उपाधियों की सिफारिश की जाती है। *ब्राह्मण* के लिए '*शर्मन*' या *शुभ* शीर्षक की सिफारिश की जाती है, *क्षत्रिय* के लिए '*वर्मन*'; या *कवच*, *वैश्य* के लिए '*गुप्त*' या *छिपा हुआ*, और '*शूद्र*' के लिए *दास* या *सेवक* की सिफारिश की जाती है।

## समुद्रगुप्त ( 335/336-375 ई. )

- चंद्रगुप्त प्रथम का पुत्र, जिसने **युद्ध और विजय की नीति** अपनाई और अपने साम्राज्य को बहुत आगे बढ़ाया। उसके शासन के विस्तार को पहले उसके निकटतम पड़ोसी राज्यों पर विजय और बाद में पूर्व और दक्षिण में उसके अभियानों से चिंहित किया गया, जहां के शासकों और राज्यों को उसने अपने अधीन कर लिया और वे उसे शुल्क देने को मजबूर हो गए। उसकी इस नीति के कारण, इतिहासकार **वी. ए. स्मिथ** ने उसे अपनी पुस्तक अर्ली हिस्ट्री ऑफ इंडिया में **भारत का 'नेपोलियन'** कहा।
- सिंहासन पर उसका राज्यारोहण विवादित रहा। आम तौर पर यह माना जाता है कि उसके पिता ने उसका चुनाव उत्तराधिकारी के रूप में किया था। हालांकि उसके बहुत-से बड़े भाई थे, जिसने उसके पिता की मृत्यु के बाद उत्तराधिकार के संघर्ष को जन्म दिया। ऐसा माना जाता है कि **समुद्रगुप्त** ने अपने प्रतिद्वंदी **कच्छगुप्त** को, जो कि इस वंश का एक शक्तिहीन राजकुमार और उसका भाई भी था, वश में कर **जीत हासिल** की।
- उसकी उपलब्धियां एक लंबे **अभिलेख ( प्रशस्ति )** में दर्ज की गईं, जो **इलाहाबाद** स्तंभ **( प्रयाग-प्रशस्ति )** पर उत्कीर्ण हैं, जिसकी सतह पर **अशोक** और बाद में **मुगल सम्राट जहांगीर के अभिलेख** भी शामिल हैं। अशोक के अभिलेख जिनमें शांति और अहिंसा पर जोर दिया गया था, से उलट **समुद्रगुप्त का अभिलेख** उसके कार्यों और गुणों की प्रशंसा करता है और **हिंसा व सैन्य विजयों** पर जोर देता है, ये अभिलेख हमें उसकी विभिन्न विजयों की जानकारी भी देता है। इसकी रचना **हरिसेन** द्वारा **शुद्ध संस्कृत** (चंपू शैली - गद्य-पद्य में) में की गई थी, जो न केवल उसका **दरबारी कवि** ही था, बल्कि एक ***कुमारामात्य*** भी थी। कुमारामात्य उच्च स्तर के अधिकारी थे, जो स्वयं का वर्णन विभिन्न उपाधियों के साथ करते थे, जैसे कि ***संधिविग्रहक*** **( शांति और युद्ध का मंत्री )** और ***महादंडनायक*** **( न्यायिक/सैन्य अधिकारी )।**
- अभिलेख के अनुसार, *समुद्रगुप्त ने भारतीय उप-महाद्वीप के अधिकतर भागों पर प्रत्यक्ष या अप्रत्यक्ष नियंत्रण हासिल कर लिया था, जो नेपाल के राज्यों और उत्तर में पंजाब से दक्षिण-पूर्व में कांचीपुरम के पल्लव राज्य तक फैला था।* कुषाण शासन के अंतिम अवशेष, जैसे-शक, मुरण्ड और यहां तक कि सुदूर ***सिंहलों*** (आज का श्रीलंका) के स्वतंत्र क्षेत्र ने भी उसके आधिपत्य को स्वीकार कर लिया था।
- प्रशस्ति समुद्रगुप्त के विरोधियों को चार वर्गों में विभाजित करती है-**मारे गए शासक,** जिनके **राज्य** पर समुद्रगुप्त ने सीधे कब्जा कर लिया था; **'सीमांत' शासक, जिन्हें निष्ठाभाव दिखाने पर मजबूर कर दिया गया, पराजित शासक, लेकिन सहायक के तौर पर बहाल किए गए,** और **'दूरस्थ'** शासक, जिन्होंने राजदूत भेजकर समुद्रगुप्त को **सम्राट के रूप में मान्यता दी।** उसके **प्रत्येक** वर्ग के लिए **पृथक् नीति** अपनाई। गंगा-यमुना दोआब में स्थित, **पहले वर्ग** के लिए उसने **अधिग्रहण की नीति** का पालन किया। उसने नौ नाग शासकों को पराजित किया और उनके राज्यों को गुप्त साम्राज्य में शामिल कर लिया। **दूसरे वर्ग** में पड़ोसी सीमांत राज्य और पंजाब व पश्चिमी भारत के नौ गणराज्य शामिल थे, समुद्रगुप्त की विजयों से सीमांत शासकों ने भयभीत होकर उसकी अधीनता को स्वीकार कर लिया और वे **उसे शुल्क व कर देने** और **उसके आदेशों का बिना लड़े पालन** करने के लिए तैयार हो गए। उसने **मध्य भारत के वन राज्यों** जिन्हें ***आरविक*** **राज्य** कहा जाता था, पर विजय हासिल की और उसके शासकों को दासत्व के लिए मजबूर कर दिया।
- विंध्य वन राज्य का सामरिक महत्व था क्योंकि उनके अधिकार में दक्षिण भारत जाने का मुख्य मार्ग था। इससे समुद्रगुप्त को पूर्वी तट के साथ दक्षिण की ओर बढ़ने में सहायता मिली, उसने रास्ते में बारह राजाओं पर जीत हासिल की और वह आज के चेन्नई के निकट कांची तक पहुंच गया। ***प्रयाग प्रशस्ति*** समुद्रगुप्त द्वारा **बारह दक्षिण भारतीय**

**शासकों** (एक साथ) को **पराजित** करने का उल्लेख करती है (इसमें कांची का विष्णुगोप शामिल था)। यह ध्यान देने योग्य है कि, **दक्षिणी अभियानों** के दौरान **वीरसेन समुद्रगुप्त का सेनापति** था। हालांकि, दक्षिणी राज्यों पर कब्जा करने के स्थान पर उसने **राजनीतिक समझौते की नीति** अपनाई और **पराजित राजाओं को** उनके सिहांसन पर **बहाल कर दिया।** आमतौर पर माना जाता है कि उसने इस नीति को इसलिए अपनाया क्योंकि वह उत्तर में अपनी राजधानी लौट जाने के बाद दक्षिण भारतीय राज्यों पर अपना नियंत्रण व अधीनता को कायम न रख पाने की सीमा को जानता था। इसलिए, उसके लिए यही काफी था कि इन राज्यों ने उसके आधिपत्य को स्वीकार लिया था और उसे शुल्क व उपहार प्रदान किए। अंत में, पश्चिमी भारत के शक क्षत्रपों और उत्तर-पश्चिम भारत व अफगानिस्तान के कुषाण शासकों ने लगता है उसे सम्मान प्रदान किया। **सीलोन के शासक ने बोधगया के सिंहली संन्यासियों के विशेषाधिकारों को सुरक्षित** करने के लिए एक राजदूत को भेजा। अभिलेख के अनुसार समुद्रगुप्त दक्षिण-पूर्वी एशिया के बहुत-से शासकों से भी शुल्क प्राप्त करता था। आमतौर पर यह माना जाता है कि हालांकि उसने एक विशाल क्षेत्र पर अपना प्रभाव कायम कर लिया था, लेकिन समुद्रगुप्त का प्रत्यक्ष प्रशासनिक नियंत्रण मुख्यत: इंडो-गंगा घाटी पर ही था।

- उसने अपनी जीतों का जश्न मनाने के लिए ***अश्वमेध*** (घोड़े की बलि) का निष्पादन किया और इस अवसर को चिंहित करने के लिए अश्वमेध सिक्के (बलि के दृश्य को चित्रित करते) जारी किए।
- उसे ***अनुकम्पवन*** (करुणा से भरा) कहा जाता था क्योंकि उसने सीलोन के बौद्ध शासक, **मेघवर्मन** को बोधगया में सीलोन (श्रीलंका) से आए तीर्थयात्रियों के लिए मठ व विश्रामगृह **बनाने** की अनुमति दी। इस मठ की भव्यता का वर्णन **ह्वेनसांग/जुआंग जैंग** की सातवीं शताब्दी की रचनाओं में मिलता है।
- समुद्रगुप्त को उसके सिक्कों में गठीले शरीर के योद्धा (सैकड़ों युद्ध क्षेत्रों में अपनी जीतों पर इठलाते हुए) और कवि, संगीतकार व शिक्षा के संरक्षक के रूप में दर्शाया गया है। वह कला का महान संरक्षक था और उसने **कविराज** (कवियों का राजा) की उपाधि अपनाई।
- उसके संगीत प्रेम का साक्ष्य उसके सिक्के हैं, जिन पर उसे विशेष अवसरों पर उसे **वीणा** बजाते हुए दर्शाया गया है।
- उसके सिक्कों के आख्यानों में ***पराक्रम:*** (वीर), ***अपरातिरथा:*** (अजेय), ***व्याघ्र-पराक्रमाक:*** (बाघ के समान वीर), **अश्वमेध-पराक्रमा:** (अश्वमेध का निष्पादन करने में पूर्णत: सक्षम) जैसे विशेषणों को शामिल किया गया था।
- हालांकि वह हिंदू धर्म का पालन करता था, लेकिन उसने **अन्य धर्मों को भी संरक्षण दिया** और उसके मंत्रियों में से एक महान बौद्ध दार्शनिक **वसुबंधु** था। समुद्रगुप्त को उसके कला व साहित्य के संरक्षण के लिए याद किया जाता है।

## चंद्रगुप्त द्वितीय (376–413/15 ई.)

- कुछ किंवदंतियों के अनुसार, समुद्रगुप्त के बाद उसके बड़े पुत्र **रामगुप्त** ने सिंहासन हासिल किया, लेकिन **चंद्रगुप्त द्वितीय** ने उसकी हत्या कर दी। ऐसा भी माना जाता है कि रामगुप्त के कार्यकाल के दौरान, गुप्त साम्राज्य पर शक्तिशाली शक राजा ने आक्रमण किया था। रामगुप्त युद्ध हार गया और उसे अपमानजनक संधि करनी पड़ी जिसमें उसकी पत्नी को शत्रुओं के खेमे में भेजे जाने की अनुमति थी। यह कहा जाता है कि, चंद्रगुप्त द्वितीय को अपने भाई की हत्या करनी पड़ी और गुप्त वंश के सम्मान की रक्षा के लिए उसकी पत्नी **ध्रुवदेवी** से विवाह करना पड़ा।
- **चंद्रगुप्त द्वितीय** के शासन काल के दौरान **गुप्त साम्राज्य का क्षेत्रीय विस्तार अपने चरम पर पहुंच गया था (चंद्रगुप्त विक्रमादित्य** के नाम से भी जाना जाता है) जिसने अपने साम्राज्य की सीमाओं का विस्तार **युद्ध में विजयों** और उस काल के अन्य शाही वंशों के साथ **वैवाहिक गठबंधनों** द्वारा किया। उसने नागा राजकुमारी, **कुबेरनागा** से

विवाह किया, जिससे उसकी एक पुत्री प्रभावती हुई। प्रभावती का विवाह दक्कन में शासन करने वाले **वाकाटक वंश** के **रुद्रसेन द्वितीय के साथ हुआ** था। अपने पति की मृत्यु के बाद प्रभावती ने उस क्षेत्र पर अपने नाबालिग पुत्र के राजप्रतिनिधि के रूप में, अपने पिता की सहायता से शासन किया। इस 20 वर्ष के समय के दौरान, वाकाटक राज्य वास्तव में गुप्त साम्राज्य का एक हिस्सा था।

- इस प्रकार चंद्रगुप्त ने **वाकाटक राज्य पर अप्रत्यक्ष रूप से नियंत्रण** किया जो उसके लिए बहुत लाभदायक सिद्ध हुआ। मध्य भारत के इस क्षेत्र पर अपने गहरे प्रभाव से, वह अपने अन्य शत्रुओं पर बेहतर ढंग से निशाना साध सका। इस तरह से उसने **शक क्षत्रपों** से, जिनके अधीन पश्चिमी भारत लगभग पिछली चार शताब्दियों से था, **पश्चिमी मालवा और गुजरात जीत लिए** (उनमें से एक रुद्रसिंह तृतीय था)। इस **जीत से गुप्त साम्राज्य का विस्तार पश्चिमी समुद्री तट तक** हो गया जो व्यापार व वाणिज्य का एक महत्वपूर्ण क्षेत्र था। इसने मालवा और उसके मुख्य नगर **उज्जैन** की समृद्धि में योगदान दिया जो चंद्रगुप्त द्वितीय की **दूसरी राजधानी** भी था।
- दिल्ली में **महरौली का लौह स्तंभ अभिलेख**[3] इंगित करता है कि उसके साम्राज्य में उत्तर-पश्चिमी भारत और बंगाल तक के क्षेत्र भी शामिल थे। उसने ***विक्रमादित्य*** (सूर्य के समान शक्तिशाली है) और ***सिंहविक्रम*** की उपाधि धारण की।
- वह **चांदी के सिक्के जारी करने वाला पहला शासक** था। उसने तांबे के सिक्के भी जारी किए और उसके सिक्कों पर उसे चंद्र के रूप में उल्लेखित किया गया। उसने सोने के सिक्के भी जारी किए, जिन्हें दीनार कहा जाता था।

**चित्र 8.1** रानी कुमारदेवी और राजा चंद्रगुप्त प्रथम उनके पुत्र समुद्रगुप्त के एक सिक्के पर

- **उदयगिरि गुफा अभिलेख** (विदिशा, म.प्र.) उसकी *दिग्विजय* अर्थात् उसकी संपूर्ण विश्व पर विजय का उल्लेख करते हैं।
- प्रसिद्ध **चीनी यात्री फाह्यान/फाक्सियांग** ने उसके शासन काल के दौरान भारत की यात्रा की।
- उज्जैन में उसका दरबार **नौ प्रसिद्ध विद्वानों** से सुशोभित था, जिन्हें ***नवरत्न* (नौरत्न)** कहा जाता था।

---

3 चंद्र नामक राजा की उपलब्धियों (कारनामों) का महिमामंडन एक लौह स्तंभ पर किया गया है, जिसने उत्तर पश्चिमी भारत और बंगाल के बड़े हिस्से में गुप्त सत्ता स्थापित की थी।

| नवरत्न | |
|---|---|
| कालीदास | भारत के प्रसिद्ध संस्कृत कवि और नाटककार व उत्कृष्ट प्रतिभा के धनी, जिनकी रचनाएं जैसे कि ***अभिज्ञानशाकुंतलम, मालविकाग्निमित्रम, विक्रमोंवशियम*** आदि दुनिया भर में प्रसिद्ध हुई। |
| अमरसिम्हा | ***संस्कृत कोष* निर्माता और कवि,** उनका ***'अमरकोष'*** संस्कृत के यौगिक शब्दों, पदबंधों और समानार्थक शब्दों की शब्दावली है। यह त्रिकांड भी कहलाती है, क्योंकि इसके तीन हिस्से हैं, जिनमें लगभग 10 हजार शब्द शामिल हैं। |
| वराहमिहिर | प्रसिद्ध **गणितज्ञ** और **ज्योतिषी** जिन्होंने **तीन महत्वपूर्ण पुस्तकें:**<br>(a) ***पंचसिद्धांतिका* (गणितीय खगोल विज्ञान)** पर निबंध जो वेदांग ज्योतिष और यूनानी खगोल विज्ञान का सारांश है और पांच पूर्व खगोलीय निबंधों को संक्षेप में प्रस्तुत करता है, जिनके नाम<br>(i) *सूर्य सिद्धांत,*<br>(ii) *रोमक सिद्धांत,*<br>(iii) *पॉलिसा सिद्धांत,*<br>(iv) *वशिष्ठ सिद्धांत* और<br>(v) *पैतामाह सिद्धांत*<br>(b) ***बृहत् संहिता* (व्यापक विषयों** जैसे कि ज्योतिष, ग्रहों की चाल, ग्रहण, वर्षा, बादल, वास्तुकला, फसलों की वृद्धि, इत्र का निर्माण, विवाह, घरेलू संबंध, रत्न, मोती और अनुष्ठानों का संकलन है, जो उस समय के विश्वासों का रोचक विवारण भी देता है) और<br>(c) ***बृहत् जातक* (वैदिक ज्योतिष** की मानक पुस्तक मानी जाती है) लिखीं। |
| धनवन्तरी | **चिकित्सक** जिन्हें **आयुर्वेद का जनक** माना जाता है (शाब्दिक अर्थ 'दीर्घायु का ज्ञान')। |
| घटकर्पर | **मूर्तिकला और वास्तुकला** के विशेषज्ञ। |
| शंकु | वास्तुकार जिसने ***शिल्पशास्त्र*** लिखा। |
| क्षपणर्क कहापनाका | **ज्योतिषी,** जिसने ***ज्योथिस्याशास्त्र*** लिखी। |
| वररुचि | **भाषा विज्ञानी व संस्कृत विद्वान** और ***प्राकृत प्रकाश*** के लेखक, जो प्राकृत भाषा का पहला व्याकरण था। |
| वेताल भट्ट | **जादूगर, जिसने *मंत्रशास्त्र*** लिखा। |

**कुमारगुप्त प्रथम (415-455 ई.)**

- ***शक्रादित्य*** और ***महेंद्रादित्य*** की उपाधि धारण की और अश्वमेध यज्ञ का निष्पादन किया।
- **नालंदा विश्वविद्यालय** की स्थापना की (आज के पटना के निकट)।
- भगवान **कार्तिकेय** (भगवान शिव के पुत्र) की पूजा करने वाला।
- उसके शासन काल के अंतिम वर्षों के दौरान, मध्य एशिया के **हूणों के आक्रमण** के कारण उत्तर-पश्चिम सीमा पर शांति भंग हो गई। पांचवीं शताब्दी के मध्य में, ***यी-था,*** जिन्हें **सफेद हूण** (हेप्थालाइट) कहा जाता था, ऑक्सस घाटी में शक्तिशाली बन गए। बैक्ट्रिया पर कब्जा करने के बाद हूणों ने हिन्दुकुश पहाड़ियों को पार किया और गांधार पर कब्जा कर भारत में प्रवेश किया। **उसके शासन काल** के दौरान हूणों के **पहले आक्रमण** को **राजकुमार स्कंदगुप्त** ने विफल कर दिया मगर गुप्त अपने साम्राज्य की रक्षा ज्यादा समय तक नहीं कर पाए और हूणों के लगातार आक्रमणों ने गुप्तों को बहुत कमजोर कर दिया। यह गुप्त साम्राज्य के शीघ्र विघटित होने के मुख्य कारणों में से एक था।

- **विलसढ़ अभिलेख** उसके शासन का सबसे पुराना आलेख है और गुप्त संवत् 96 दिनांकित है, जो 415 ई. से मेल खाता है। कुमारगुप्त के शासन काल के अन्य अभिलेख हैं–**करमदण्ड, मन्दसौर और दामोदर ताम्र पत्र अभिलेख** (यह कुमारगुप्त के शासन में व्यापारिक गिल्डों के बैंकों के रूप में कार्य करने और ऋण देने व जमा धन प्राप्त करने का उल्लेख करता है)।

**स्कंदगुप्त प्रथम (455-467 ई.)**

- सफलतापूर्वक **हूणों** का सामना किया और उन्हें **पीछे धकेला।**
- उसके शासन का **जूनागढ़/गिरनार अभिलेख** बताता है कि उसके गवर्नर ***पर्णदत्त*** ने **सुदर्शन झील** का जीर्णोद्धार करवाया।
- **विक्रमादित्य** की उपाधि धारण की।
- गुप्त साम्राज्य का अस्तित्व बना रहा, लेकिन केंद्रीय नियंत्रण कमजोर हो गया और **स्थानीय गवर्नर** वंशानुगत अधिकारों के साथ **सामंती शासक** बन गए।
- बाद के गुप्त शासकों में पुरुगुप्त, कुमारगुप्त द्वितीय, बुद्धगुप्त, नरसिंहगुप्त, कुमारगुप्त तृतीय और विष्णुगुप्त शामिल थे। **गुप्त साम्राज्य का पतन** विभिन्न कारणों से हुआ।

## गुप्त साम्राज्य का पतन

| गुप्त साम्राज्य के पतन के कारण | |
|---|---|
| **हूण आक्रमण** | जैसा कि हम इस अध्याय में पहले चर्चा कर चुके हैं, आरंभिक पांचवीं शताब्दी में स्कंदगुप्त ने हूणों के भारतीय क्षेत्रों में आगे बढ़ने के क्रम को सफलतापूर्वक रोक दिया। पांचवीं शताब्दी के उत्तरार्द्ध में स्कंदगुप्त के कमजोर उत्तराधिकारी हूणों की बढ़ती ताकत पर नियंत्रण नहीं रख पाए और हूण प्रमुख **तोरमण पश्चिमी भारत के बड़े हिस्सों** से मध्य भारत में **भोपाल** के निकट **ऐरण** तक फैले क्षेत्र पर विजय हासिल करने में सफल रहा। **बाणभट्ट ने अपने *हर्षचरित*** में **हूणों के आक्रमणों** का उल्लेख किया है। हूणों द्वारा जारी अभिलेख और सिक्कों से संबंधित साक्ष्य दर्शाते हैं कि 485 ई. तक उन्होंने आज के पंजाब, राजस्थान, कश्मीर, पूर्वी मालवा और मध्य भारत के बड़े हिस्से पर कब्जा कर लिया था। 515 ई. में, तोरमाण के बाद उसके पुत्र मिहिरकुल ने सत्ता हासिल की, जो कि एक तानाशाह और प्रतिमाध्वंसक था **(कल्हण की** *राजतरंगिनी* में उसकी क्रूरता का उल्लेख है, यहां तक कि **ह्वेनसांग** ने भी उसका उल्लेख **बौद्धों के भयंकर उत्पीड़क** के रूप में किया है) जो आखिरकार मालवा के **यशोधर्मन, गुप्त वंश** के **नरसिंह गुप्त बालादित्य** और **मौखरियों** के हाथों पराजित हुआ। मगर, हूणों के ऊपर यह विजय गुप्त साम्राज्य को उसके पूर्व रूप में नहीं ला सकी। |

| | |
|---|---|
| **सामंतवाद का उदय** | सामंतों के उदय ने गुप्त शासन पर बहुत रोक लगा दी। **मालवा का यशोधर्मन,** जो **औलिकर सामंती वंश** से संबंधित था, ने मिहिरकुल को पराजित कर गुप्त प्रभुत्व को सफलतापूर्वक चुनौती दी और लगभग पूरे उत्तरी भारत पर जीत के उपलक्ष्य में 532 स्तंभ स्थापित किए। हालांकि यशोधर्मन का शासन बहुत छोटा रहा, लेकिन इसने **गुप्त साम्राज्य** की **प्रतिष्ठा और छवि** को **गंभीर क्षति** पहुंचाई। इन घटनाक्रमों से प्रेरित व उत्साहित होकर **अन्य सामंत भी गुप्त शासन के विद्रोह में उठ खड़े हुए** और **उन्होंने** धीरे-धीरे **स्वयं को** बिहार, बंगाल, मध्य प्रदेश, वल्लभी, गुजरात, पश्चिमी मालवा आदि में **स्वतंत्र घोषित कर दिया।** यह ध्यान देने योग्य है कि स्कंदगुप्त के शासन काल के बाद, पश्चिमी मालवा और सौराष्ट्र में मुश्किल से ही कोई गुप्तकालीन सिक्के या अभिलेख प्राप्त हुए। |
| **आर्थिक समृद्धि में उत्तरोत्तर पतन** | गुप्त साम्राज्य का उत्तरोत्तर आर्थिक पतन **उत्तर-गुप्त शासकों के सोने के सिक्कों** से लक्षित होता है, जिनमें **सोने की मात्रा कम** और **मिश्रित धातु ज्यादा** थी। उत्तर-गुप्त काल में हम सिक्कों का क्रमिक लोप भी देखते हैं, जिससे शासक नकद के स्थान पर भूमि के रूप में भुगतान करने लगे। यह बड़े स्तर पर ***ब्राह्मणों*** और **अधिकारियों** को भूमि दान देने के **भूमि अनुदान राजपत्रों** की खोज से स्पष्ट होता है। इससे साम्राज्य की सामंती प्रवृत्तियां और बिगड़ गईं और केंद्रीय शासन का कमजोर नियंत्रण जाहिर हुआ। साथ ही, पश्चिमी भारत को खो देने के कारण, **विदेशी व्यापार और वाणिज्य** से मिलने वाले प्रचुर **राजस्व** में भी **कमी आई** व इसने गुप्त साम्राज्य को और अधिक पंगु कर दिया। |

*473 ई. में सिल्क बुनकरों के गिल्ड का गुजरात से मालवा स्थानांतरण और उनके द्वारा गैर-उत्पादक व्यवसायों को अपनाना दर्शाता है कि संभवत: उनके द्वारा उत्पादित कपड़ों की ज्यादा मांग नहीं थी (जैसा कि मन्दसौर अभिलेख में कहा गया है)।*

गुप्त साम्राज्य के पतन का परिणाम उत्तरी भारत के **विभिन्न** हिस्सों में **बहुत-से शासन करने वाले वंशों के उदय** के रूप में हुआ। इनमें से प्रमुख थे–**थानेसर के पुष्यभूति, कन्नौज के मौखरी और वल्लभी के मैत्रक।** भारतीय प्रायद्वीप का राजनीतिक दृश्य भी अलग नहीं था। **चालुक्य और पल्लव** क्रमश: दक्कन और उत्तरी तमिलनाडु में शक्तिशाली क्षेत्रीय सत्ता के रूप में उभरे।

## दक्कन के वाकाटक

भारतीय प्रायद्वीप, विशेषकर उत्तरी महाराष्ट्र और विदर्भ में, **सातवाहनों** के बाद **एक स्थानीय शासक** जिसे **वाकाटकों** के रूप में जाना जाता है, ने **सत्ता हासिल की**, जिन्होंने ढाई शताब्दियों से ज्यादा तक दक्कन के राजनीतिक खेल में प्रभावशाली भूमिका निभायी। वाकाटक उत्तरी भारत के **गुप्त शासकों के समकालीन** थे। **पुराण** इस वंश का उल्लेख ***विंध्याक*** के रूप में करते हैं। वाकाटक, जो स्वयं **ब्राह्मण** थे (विष्णुवृद्धि गोत्र से संबंधित) **ब्राह्मणवादी धर्म के महान समर्थक** थे और विभिन्न वैदिक यज्ञों का निष्पादन करते थे। उनके इतिहास को बड़ी संख्या में प्राप्त **ताम्र-पत्र भू-अनुदान राजपत्रों** के आधार पर पुनर्निर्मित किया जा सकता है, जो ***ब्राह्मणों*** को दिए गए थे। हालांकि उन्होंने ब्राह्मणवाद को बढ़ावा दिया, उनका दृष्टिकोण **उदार** था और उन्होंने **बौद्ध धर्म को भी संरक्षण** दिया।

वाकाटकों के **शाही गुप्त परिवार** (शाही वाकाटक वंश के रुद्रसेन द्वितीय का विवाह शाही गुप्त वंश के चंद्रगुप्त द्वितीय की पुत्री प्रभावती गुप्त के साथ हुआ था), **पद्मावती के नागाओं, कर्नाटक के कदम्बों** और **आंध्र के विष्णुकुन्डिनों के साथ वैवाहिक संबंध** थे। वाकाटक साम्राज्य सांस्कृतिक रूप से महत्वपूर्ण है क्योंकि **इसके माध्यम से ब्राह्मणवादी संस्कृति का दक्षिण भारत में प्रसार** हुआ। वाकाटक कला, वास्तुकला और साहित्य के संरक्षक के रूप में जाने जाते हैं। लोक निर्माण कार्यों और स्मारकों के रूप में उनकी विरासत ने भारतीय संस्कृति को महत्वपूर्ण योगदान दिया। **अजंता गुफाओं (यूनेस्को विश्व विरासत स्थल)** के **रॉक कट (चट्टानें काटकर बनाए गए) बौद्ध विहारों और चैत्यों** का निर्माण वाकाटक शासक, हरिसेन के संरक्षण में हुआ था। वाकाटकों को तिगवा (जिला कटनी, म.प्र.) और नचनाकुठार में कुछ मंदिर बनवाने का श्रेय भी जाता है। उन्होंने **चित्रकारी** के क्षेत्र में असाधारण योगदान दिया। **अजंता गुफा संख्या** XVI, XVII, **और** XIX चित्रकारी के क्षेत्र में वाकाटकों की उत्कृष्टता के बेहतरीन उदाहरण हैं, ***महाभिनिष्क्रमण*** शीर्षक वाला चित्र विशेष तौर पर उल्लेखनीय है। न केवल वाकाटक शासकों ने ही, बल्कि उनके **मंत्रियों और गवर्नरों, जैसे– हस्तीभोज और वराहदेव** ने भी अजंता गुफा के चित्रकारों को उदार संरक्षण दिया। **प्रवरसेन द्वितीय** (***सेतुबंध काव्य*** के प्रसिद्ध रचनाकार) और **सर्वसेन** (***हरिविजय*** के रचनाकार) जैसे शासक स्वयं भी **प्राकृत के महान प्रतिष्ठित कवि** थे। **संस्कृत में *वैदर्भीरीति*** नामक शैली वाकाटकों के शासन काल के दौरान **विकसित** हुई, जिसकी कालीदास, बाणभट्ट और दंडिन जैसे कवियों ने सराहना की। वाकाटकों के शासन काल में उनकी अपनी मुहर थी, जो वास्तव में बेमिसाल थी।

## वाकाटक वंश

### विंध्यशक्ति प्रथम (तीसरी शताब्दी की अंतिम चौथाई, लगभग 250-270 ई.)

- वाकाटक वंश का संस्थापक, जिसने संभवत: पुरिका से शासन किया।
- उसे बहुत-से वैदिक यज्ञों के निष्पादन का श्रेय जाता है जिससे **ब्राह्मणवादी** अनुष्ठान **पुनर्जीवित** हो गए, जिनमें उत्तर सातवाहनों के शासन काल के दौरान ठहराव आ गया था।
- हरिसेन के काल के अजंता अभिलेखों में उसे **द्विज** के रूप में उल्लेखित किया गया है और उसकी **सैन्य उपलब्धियों** के लिए सराहना की गई है। ऐसा दावा किया गया कि उसके घोड़ों के खुरों से उठे धूल के गुबार ने सूर्य को ढंक दिया था और उसकी तुलना पुरामद्रा (इंद्र) और उपेंद्र (विष्णु) देवताओं के साथ की जाती है।

### प्रवरसेन (270-330 ई.)

- विंध्यशक्ति का पुत्र और उत्तराधिकारी, जिसे **सत्ता का वास्तविक संस्थापक** और वाकाटकों का गौरव माना जाता है। उसने साम्राज्य का विस्तार **दक्षिण की ओर विदर्भ** में और दक्कन के साथ लगे क्षेत्रों तक कर लिया था, उसकी **राजधानी कंचनका** (आधुनिक नचना) में थी।
- उसके पुत्र **गौतमीपुत्र का विवाह नागा शासक भावनागा की पुत्री** से हुआ था, जिसने एक महत्वपूर्ण राजनैतिक संबंध को पुख्ता किया।
- सैन्य पराक्रम और वैवाहिक संबंधों द्वारा, उसने अपने राज्य को उत्तर में बुंदेलखंड से दक्षिण में हैदराबाद तक फैला लिया और अपनी जीतों का उत्सव मनाने के लिए, उसने अश्वमेध और वाजपेय यज्ञों का निष्पादन किया। वह **एकमात्र वाकाटक शासक** था, जिसने **सम्राट की उपाधि** ग्रहण की, जबकि अन्य सभी शासकों ने महाराजा की मामूली उपाधि ग्रहण की थी।

- प्रवरसेन की मृत्यु के बाद, उसके चार **पुत्रों ने साम्राज्य को विभाजित** कर दिया और **अलग-अलग प्रांतों में स्वतंत्र शासन किया**। ऐसी पूरी **संभावना** है कि **गौतमीपुत्र की मृत्यु** उसके पिता के जीवनकाल के दौरान ही हो गई थी, इसलिए उसके पुत्र **रुद्रसेन प्रथम ने अपने दादा प्रवरसेन के बाद सिंहासन हासिल किया** और आधुनिक नागपुर के निकट **नंदीवर्धन** से शासन किया, **प्रवरसेन** के अन्य **पुत्र**, **सर्वसेन ने**, **वत्सगुलम** को अपनी राजधानी बना वहां से स्वतंत्र शासन करना आरंभ किया, वत्सवुल्मा की पहचान विदर्भ में आधुनिक बस्सेन के रूप में की जाती है। प्रवरसेन के दो अन्य पुत्रों के विषय में हमारे पास पर्याप्त जानकारी नहीं है। 340 ई. तक, **वाकाटक दो उप-शाखाओं में विभाजित** हो गए थे, एक ने नंदीवर्धन और अन्य ने वत्सवुल्मा से शासन किया।

  यह जानना दिलचस्प है कि, वाकाटक राज्य के इन विभाजनों के बावजूद **समकालीन गुप्त शासकों ने वाकाटकों पर कभी आक्रमण नहीं किया।** यह इस कारण भी हुआ होगा कि गुप्त यह विश्वास करते थे कि वाकाटक पश्चिमी क्षत्रपों को पराजित करने में उनके सहायक सिद्ध हो सकते थे।

## नंदीवर्धन शाखा/उप-शाखा

### रुद्रसेन प्रथम (340-365 ई.)

- **वाकाटक नंदीवर्धन शाखा** का संस्थापक, जिसने नंदीवर्धन (नागपुर के निकट) से शासन किया।
- चूंकि उसके शासन से संबंधित कोई अभिलेख उपलब्ध नहीं है, उसके शासन काल के दौरान घटी घटनाओं के बारे में अधिक जानकारी उपलब्ध नहीं है। उसे **शिव के प्रचंड रूप** भगवान **महाभैरव** की पूजा करने वाले के तौर पर जाना जाता है।

### पृथ्वीसेन प्रथम (365-390 ई.)

- उत्तर वाकाटक अभिलेखों में उसे धार्मिक विजेता के रूप में वर्णित किया गया। उसके सच्चाई, पारदर्शिता, करुणा और विनम्रता के गुणों के कारण उसकी **तुलना** महाकाव्य ***महाभारत*** के नायक **युधिष्ठिर** के साथ की जाती थी।
- उसके शासन काल के दौरान **पद्मापुर** एक महत्वपूर्ण **प्रशासनिक केंद्र** प्रतीत होता है।
- अपना अधिकतर समय राज्य को मजबूत करने में व्यतीत किया। उसके शासन की प्रमुख विशेषता **उसके और चंद्रगुप्त द्वितीय के बीच राजनीतिक गठबंधन** थी और एक साथ मिलकर उन्होंने मालवा और काठियावाड़ के शक क्षत्रपों को पराजित किया।
- उसके शासन के उत्तर काल में, **गुप्त** और **वाकाटकों** के बीच **वैवाहिक गठबंधन** हुआ, चूंकि पृथ्वीसेन के पुत्र **उत्तराधिकारी राजकुमार रुद्रसेन द्वितीय** का **विवाह चंद्रगुप्त द्वितीय की पुत्री प्रभावती गुप्त** के साथ हुआ था।
- पृथ्वीसेन भी अपने पिता के समान एक **शैव** था।

### रुद्रसेन द्वितीय (390-395 ई.)

- चूंकि उसकी **मृत्यु जल्द** ही हो गई थी, इसलिए वह केवल **पांच वर्षों** तक ही शासन कर सका। वह अपने पीछे तीन **नाबालिग पुत्र दिवाकरसेन, दामोदरसेन और प्रवरसेन** को छोड़ गया। उसकी पत्नी **प्रभावती गुप्त** ने 410 ई. तक **राजप्रतिनिधि** के तौर पर शासन किया। दुर्भाग्य से, दिवाकरसेन की मृत्यु भी समय से पहले हो गई और वह सिंहासन हासिल करने तक जीवित न रह सका, लेकिन उसके छोटे भाइयों दामोदरसेन और प्रवरसेन द्वितीय ने सत्ता हासिल की। वास्तव में प्रभावती गुप्त के **मालेगांव पट्ट** की मुहर उसका वर्णन **'दो राजाओं की मां'** के रूप में करती है।

### प्रवरसेन द्वितीय ( 395-440 ई. )

- **वाकाटक अभिलेखों** की **विशालतम संख्या** उसके शासन काल से संबंधित है। उसके एक दर्जन ताम्र-पत्र अनुदान विदर्भ के विभिन्न भागों से खोजे गए, हालांकि प्रभावती गुप्त अपने अधिकार में अभिलेख जारी करती रही और अपने पुत्र के शासन के उत्तर काल के दौरान उसकी मृत्यु हुई।
- उसे **प्रवरपुर में एक नई राजधानी** की स्थापना का श्रेय जाता है, जिसे आज के वर्धा जिले में पौनार के रूप में पहचाना गया।
- हालांकि वह एक शिव भक्त था, उसने **राम को महिमा मंडित करते एक प्राकृत काव्य *सेतुबंध/रावण* वाहा** की **रचना** की, जो राम की लंका यात्रा और उनकी रावण पर जीत के बारे में थी।
- उसने **समकालीन कदम्बों** (मैसूर के निकट) के साथ **वैवाहिक गठबंधन** किया। उसके पुत्र नरेंद्रसेन का विवाह कदम्ब वंश के काकुत्सवर्मन की पुत्री कुन्तल की राजकुमारी अजिहता भट्टारिका के साथ हुआ था।

### नरेंद्रसेन ( 440-460 ई. )

- ऐसा माना जाता है कि प्रवरसेन द्वितीय की मृत्यु के बाद उत्तराधिकार का संघर्ष हुआ, जिसमें नरेंद्रसेन सफल रहा।
- उसे अपने शासन काल के आरंभ और अंत दोनों ही में, **नलराज भवदत्तवर्मन के आक्रमण** का सामना करना पड़ा। इस बीच, उसने कुछ विजय हासिल की और साथ ही उसे नलों के कठोर विरोध का सामना भी करना पड़ा।

### पृथ्वीसेन द्वितीय ( 460-480 ई. )

- वाकाटक वंश की **नंदीवर्धन शाखा का अंतिम ज्ञात शासक,** जिसे वाकाटकों के गिरे हुए भाग्य के पुनरुत्थान का श्रेय दिया जाता है। उसके अभिलेख उसके द्वारा **दो बार वाकाटकों के डूबे हुए भाग्य को बचाने** का उल्लेख करते हैं।
- उसे **वत्सगुलमा शाखा के हरिसेन के आक्रमणों का तीन बार** और **नल वंश के भवदत्तवर्मन के आक्रमण** का सामना करना पड़ा। ऐसा भी प्रतीत होता है कि उसका, दक्षिण गुजरात के त्रैकुटक शासक, दहरसेन से भी युद्ध हुआ था।
- ऐसा अनुमान लगाया जाता है कि पृथ्वीसेन द्वितीय की मृत्यु के बाद, वाकाटकों की **वत्सगुलमा शाखा के हरिसेन** ने उसके **उत्तराधिकारियों पर विजय** हासिल कर **नंदीवर्धन शाखा** को अपनी शाखा **के साथ मिला लिया।**

## वत्सगुलमा शाखा/उप-शाखा

- **वत्सगुलमा** शाखा वाकाटक वंश की दूसरी प्रमुख उप-शाखा थी, जिनकी राजधानी वत्सगुलमा थी (महाराष्ट्र के अकोला जिले में आधुनिक वशिम)। वाकाटकों की **वत्सगुलमा शाखा का संस्थापक** प्रवरसेन प्रथम का पुत्र, **सर्वसेन** था।

### सर्वसेन ( 330-355 ई. )

- **धर्म-महाराज** की उपाधि ग्रहण की।
- **प्रसिद्ध प्राकृत कवि** माना जाता है और उसकी खो गई रचना, ***हरिविजय,*** की प्रशंसा बाद के लेखकों ने की थी। उसकी कुछ कविताओं को ***गाथासत्तसई*** में सम्मिलित किया गया था।

**विंध्यशक्ति द्वितीय/विंध्यसेन (355-400 ई.)**

- उसने लगभग चार दशकों तक शासन किया और ऐसा प्रतीत होता है कि उसके राज्य में **मराठवाड़ा क्षेत्र,** जिसमें विदर्भ का दक्षिणी भाग शामिल था, हैदराबाद राज्य का उत्तरी भाग और कुछ अन्य साथ लगे क्षेत्र सम्मिलित थे।
- ऐसा माना जाता है कि, उसने **बनवासी के कदम्बों को पराजित** किया था, जो **कुन्तल (उत्तरी कर्नाटक) पर शासन करते थे।**
- ऐसा प्रतीत होता है कि, उसके पुत्र व उत्तराधिकारी **प्रवरसेन द्वितीय** ने पंद्रह वर्षों तक शासन किया। प्रवरसेन द्वितीय के बाद देवसेन ने शासन संभाला, जो कि एक **आमोद-प्रमोद की इच्छा रखने वाला शासक** था, लेकिन भाग्यवश उसे एक बेहद काबिल मंत्री, **हस्तीभोज** का साथ मिला हुआ था। उसका उत्तराधिकारी हरिसेन इस वंश का सबसे काबिल और महानतम शासक था।

**हरिसेन (475-500 ई.)**

- वत्सगुलम शाखा का अंतिम ज्ञात शासक, जिसने न केवल दोनों **वाकाटक शाखाओं को ही एक किया,** बल्कि कुन्तल, अवन्ती, कलिंग, कोसल, कोंकण और आंध्र पर विजय हासिल कर अपने **क्षेत्र का विस्तार भी किया।** उसका राज्य उत्तर में मालवा से दक्षिण में दक्षिणी महाराष्ट्र तक और पूर्व में बंगाल की खाड़ी से पश्चिम में अरब सागर तक फैला था।
- **छठी शताब्दी के एक कवि दंडिन** ने, हरिसेन का वर्णन "शक्तिशाली, सत्यवादी और उदारतापूर्ण, यशस्वी, बुलंद व नैतिक और आर्थिक तत्वों का मर्मज्ञ आलोचक" के रूप में किया।
- **थालनेर ताम्र-पत्र** (जो कांसे के कारीगरों और सुनारों के गांवों को उपहार देने को दर्ज करता है) उसके शासन काल से संबंधित है और बहुत-सी **अजंता** गुफाओं का निर्माण उसी के शासन काल के दौरान पूरा हुआ था। गुफा XVI घटोत्कच गुफा के अभिलेखों में, उसके मंत्री **वराहदेव** का उल्लेख मिलता है।

हरिसेन द्वितीय की मृत्यु के साथ ही, वाकाटकों की महिमा समाप्त हो गई और **नल, कदम्ब, कलचुरी और मालवा के** यशोधर्मन ने उनके क्षेत्र पर कब्जा कर लिया।

## गुप्त और वाकाटकों के अधीन जीवन के विभिन्न पहलू

### (a) प्रशासनिक व्यवस्था

राजा प्रशासन का केंद्र बिंदु था और गुप्त शासकों ने आडम्बरपूर्ण उपाधियां[4] अपनाईं, जैसे कि **परमेश्वर, महाराजाधिराज परम-भट्टारक परम-देवता** (देवताओं का सर्वोपरि उपासक) और **परम भागवत** (वासुदेव कृष्ण का सर्वोपरि उपासक)। गुप्त शासकों ने **देवताओं के साथ** खुद की **तुलना** कर अपनी प्रतिष्ठा को ऊंचा उठाने का प्रयास भी किया। इलाहाबाद प्रशस्ति में समुद्रगुप्त का वर्णन पृथ्वी पर निवास करने वाला देवता धनाडा (कुबेर), वरुण (जल के देवता), इंद्र और अंतक (यम) जैसे देवताओं

---

[4] इन उपाधियों से यह भी पता चलता है कि गुप्तों ने अपने साम्राज्य में कई छोटे राजाओं पर शासन किया था।

के समान, जिसकी शक्ति के समान दुनिया में कोई प्रतिद्वंदी नहीं है, के रूप में किया गया है। मौर्य काल से उलट, जहां राजनीतिक प्रभुत्व राजा के हाथ में केंद्रित था, गुप्त प्रशासन का स्वरूप **विकेंद्रीकृत** था और इसमें **बहुत-से सामंत**[5] **जैसे स्थानीय शासक और छोटे शासक** शामिल थे, जो उनके साम्राज्य के बड़े हिस्सों पर शासन करते थे। ये छोटे शासक अपने नामों को राजा और महाराजा जैसी उपाधियों से विभूषित करते थे। शासन आमतौर पर वंशानुगत था लेकिन **ज्येष्ठाधिकार** (अर्थात् सिंहासन हमेशा ज्येष्ठ पुत्र को मिलता था) की प्रथा का **अभाव** था।

मौर्यों की तुलना में गुप्त **अधिकारी वर्ग कम विस्तृत**[6] **था।** गुप्त प्रशासन के अधीन सबसे महत्वपूर्ण अधिकारी **कुमारामात्य** कहलाते थे, जिनका अपना कार्यालय होता था, जिसे **अधिकरण** कहते थे। उनकी नियुक्ति राजा द्वारा की जाती थी और संभवतः उनको **नकद भुगतान** किया जाता था। सभी महत्वपूर्ण पदाधिकारी, जैसे–**मंत्री और सेनापति** की नियुक्ति इसी वर्ग से की जाती थी। प्रशासनिक पद न केवल वंशानुगत थे, बल्कि अक्सर **कई पद** एक ही व्यक्ति के हाथों में भी होते थे। उदाहरण के लिए, समुद्रगुप्त के इलाहाबाद स्तंभ अभिलेख का **रचयिता हरिसेन**, महादंडनायक (मुख्य न्यायिक अधिकारी) होने के साथ महासंधिविग्रहिक (युद्ध और शांति का मंत्री) और महादंडनायक ध्रुवभूति का पुत्र भी था। इसी प्रकार, वाकाटक साम्राज्य में पिता हस्तिभोज और उसके पुत्र वराहदेव ने क्रमशः देवसेन और हरिसेन के अधीन मंत्रियों के तौर पर कार्य किया था। पद के **वंशानुगत स्वरूप** ने निःसंदेह प्रशासन पर **शाही नियंत्रण को कमजोर** किया।

गुप्त साम्राज्य प्रांतों में विभाजित था जिन्हें **देश, राष्ट्र या भुक्ति** कहा जाता था और उनका प्रमुख **उपारिक** कहलाता था। कभी-कभी, युवराज को भी प्रांतों का वायसराय बनाया जाता था। उपरिकों की नियुक्ति सीधे राजा द्वारा की जाती थी और उसके पास जिला प्रशासन और जिला नागरिक मंडल के प्रमुख की नियुक्ति का अधिकार था। प्रांत आगे जाकर बहुत-से जिलों में विभाजित होते थे जिन्हें **प्रदेश या विषय** कहा जाता था, जिन्हें **विषयपति** के प्रभार के अधीन रखा जाता था। पूर्वी भारत में, विषय, **विथि** में विभाजित होते थे, जो आगे गांवों में विभाजित होते थे। गांव प्रमुख **ग्रामाध्यक्ष/ग्रामिका** कहलाता था जो गांव के बुजुर्गों की सहायता से गांव के मामलों की देखरेख करता था। **गांव प्रमुख का पद** गुप्त शासन काल के दौरान **मजबूत हुआ** क्योंकि कोई भी भूमि लेन-देन उसकी सहमति के बिना संपन्न नहीं हो सकता था। वाकाटकों के मामले में, उनके प्रशासनिक ढांचे के बारे में बहुत कम जानकारी उपलब्ध है। मगर, यह गुप्त प्रशासन से काफी मिलता-जुलता था। उनका साम्राज्य भी प्रांतों में विभाजित था जिन्हें **राष्ट्र या राज्य** कहा जाता था, जो गवर्नरों द्वारा शासित होते थे जिन्हें **राज्याधिकृत** कहा जाता था। प्रांत आगे विषयों में, जो फिर **अहार** और **भोग/भुक्ति** में विभाजित होते थे। शायद एक अधिकारी सर्वाध्यक्ष की नियुक्ति की जाती थी, जो अधीनस्थ अधिकारियों, जिन्हें **कुलपुत्र** कहा जाता था, को संचालित करता था।

---

5 सामंती प्रमुखों को मुख्य रूप से तीन दायित्वों को पूरा करना होता था:
  (a) वे सम्राट के दरबार में व्यक्तिगत रूप से उपस्थित होकर उन्हें नजराना अर्पित करते थे;
  (b) उन्हें नियमित भेंट देते थे;
  (c) संप्रभु पुत्रियों को विवाह के लिए प्रस्तुत किया।

6 चूंकि उनकी राजनीतिक व्यवस्था अधिक सामंती थी, इसलिये अधिकांश शाही प्रशासन सामंतों और लाभार्थियों द्वारा प्रबंधित किया जाता था, ग्रामीण और शहरी प्रशासन की देखरेख बुजुर्गों द्वारा की जाती थी, जबकि प्रमुख कारीगर एवं व्यापारी अधिकांश आर्थिक गतिविधियों को नियंत्रित करते थे।

**साम्राज्य विभाजन ढांचा**

- **भुक्ति** (प्रांत) ⟶ **उपरिक** (वायसराय)

↓

- **विषय** (जिला) ⟶ **विषयपति**

↓

- **विथि** (उप-जिला)

↓

- **ग्राम** (गांव) ⟶ **ग्रामिका**

शहरी प्रशासन में संगठित पेशेवर निकाय की अतिरिक्त सुविधा शामिल थी, उदाहरण के लिए, कुमारगुप्त के शासन काल का दामोदर ताम्र-पत्र इंगित करता है कि कोटीवर्षा (उत्तर बंगाल) के जिले में, उपरिक को उसके प्रशासनिक कार्यों में एक **संयुक्त समिति** द्वारा सहायता प्रदान की जाती थी जिसमें नगर के प्रमुख सदस्य अधिस्थान अधिकरण (पांच सदस्यों का मंडल) शामिल थे। ये सदस्य थे–**उपरिक, नगरश्रेष्ठिन** (प्रमुख **व्यापारी**), **सार्थवाहा** (प्रमुख **कारवां व्यापारी**), **प्रथम-कुलिक** (प्रमुख **शिल्पकार या व्यापारी**) और **प्रथम-कायस्थ** (**राजस्व संग्रह का** मुख्य प्रभारी)।

पूर्व काल की अपेक्षा गुप्त शासकों के अधीन **न्याय व्यवस्था** बहुत **अधिक विकसित** थी। **पहली** बार **नागरिक और आपराधिक कानूनों** को **स्पष्ट रूप से निर्धारित किया गया।** चोरी और व्याभिचार के विषय आपराधिक कानून के अंतर्गत आते थे। विभिन्न प्रकार की संपत्ति से संबंधित विवाद नागरिक कानून के ढांचे का गठन करते थे। उत्तराधिकार संबंधी विस्तृत कानून निर्धारित किए गए। हालांकि, पूर्व कालों के समान ही, कानून वर्ण अनुक्रम पर आधारित थे। सर्वोच्च न्यायिक शक्ति राजा के पास थी और वह मामलों का निपटारा ब्राह्मण पुरोहितों की सहायता से करता था। **महादंडनायक** का पद भी होता था, जो संभवत: **मुख्य न्यायाधीश** के तौर पर कार्य करता था। उपरिक और विषयपति अपने संबंधित अधिकार क्षेत्रों में न्यायिक कार्यों को वितरित करते थे। यह दिलचस्प है कि, व्यापारियों और शिल्पकारों के गिल्ड अपने कानूनों द्वारा शासित होते थे और मृत्यु दंड बिल्कुल नहीं दिया जाता था (फाह्यान द्वारा वर्णित)।

**न्यायिक ढांचा**

- **महादंडनायक** (मुख्य न्यायाधीश)

↓

- **उपरिक** ⟶ प्रांत

↓

- **विषयपति** ⟶ जिला स्तर पर

गुप्त सेना की संख्यात्मक शक्ति की जानकारी उपलब्ध नहीं है, लेकिन यह स्वीकार किया जाता है कि सम्राट के पास एक स्थायी सेना होती थी जो आवश्यकता के समय सामंती ताकतों द्वारा जोड़ी जाती होगी। इस प्रकार, **सैन्य संगठन** का स्वरूप

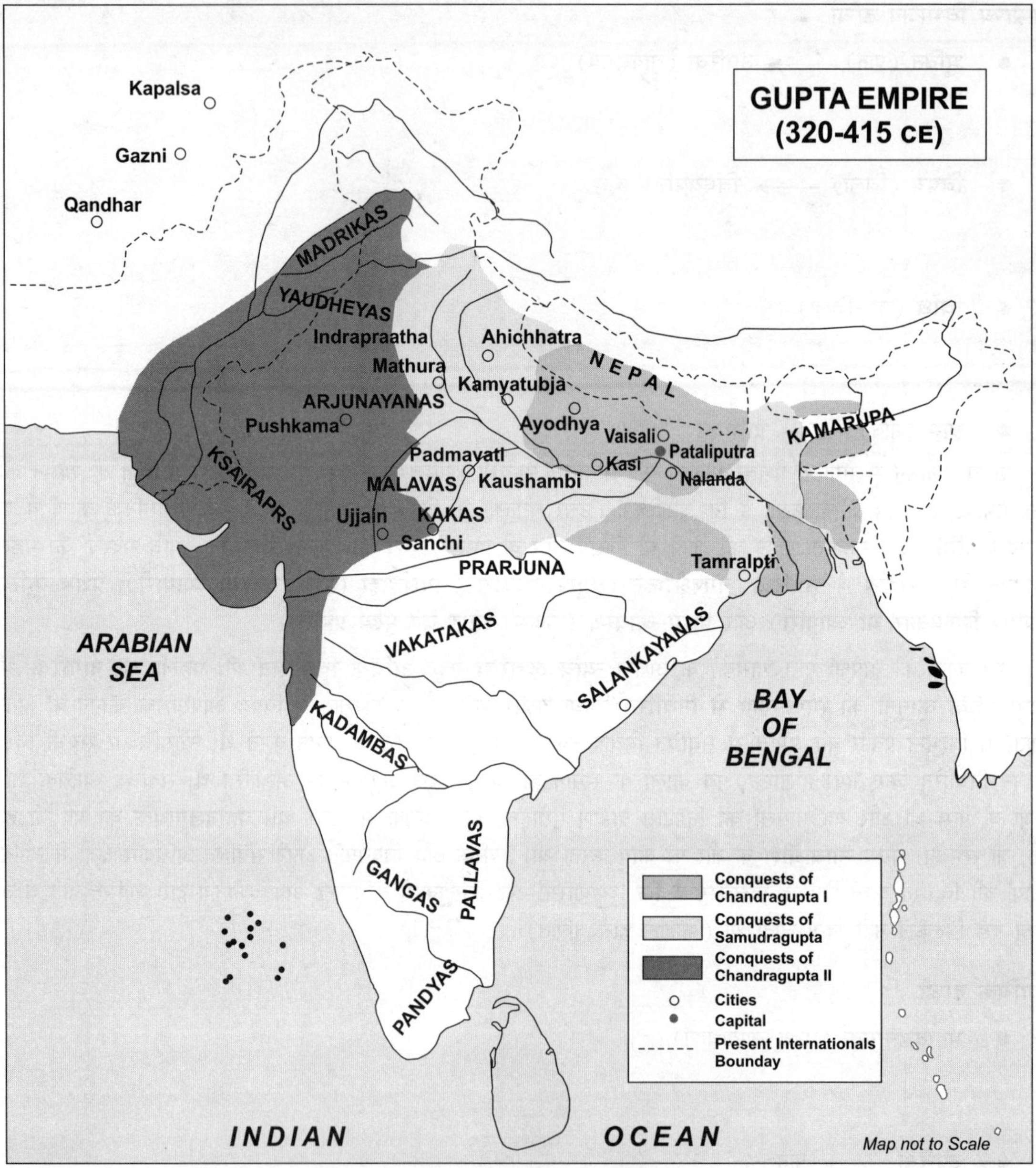


चित्र 8.3 गुप्त साम्राज्य

**सामंती** था। यह **हैरानी की बात** है कि, सेनापति का मानक (सामान्य) शब्द **गुप्त अभिलेखों में नहीं मिलता**, हालांकि कुछ वाकाटक शिलालेखों में इसका उल्लेख मिलता है। **प्रधान सेनापति महाबलाधिकृत** कहलाता था। इस काल में घोड़े के रथ पृष्ठभूमि में चले गए और घुड़सवार सेना सबसे आगे आ गई। **भटाश्वपति** (पैदल और घुड़सवार सेना का सेनाध्यक्ष) का उल्लेख भी मिलता है। वाकाटकों के संदर्भ में, **'छत्रा' अनियमित सेना** को लक्षित करता है जबकि **'बटा' नियमित सेना** को उल्लेखित करता है जो न केवल कानून और व्यवस्था बनाए रखते थे, बल्कि राज्य को देय राजस्व को एकत्र करने का कार्य भी करते थे।

| मुख्य शब्द/पद | अर्थ |
|---|---|
| (a) *महाप्रतिहार* | महल के पहरेदारों का प्रमुख |
| (b) *प्रतिहार* | जो समारोहों का समायोजन करता था और शाही उपस्थिति के लिए आवश्यक अनुमति देता था |
| (c) *खाद्यापकित* | शाही रसोई का प्रबंधक |
| (d) *दूतक* | गुप्तचर |
| (e) *दण्डपाशिक* | जिला स्तर का पुलिस अधिकारी |
| (f) *विनयस्थितिस्थापक* | जो नैतिक और सामाजिक अनुशासन बनाए रखता था |
| (g) *अक्षापटलाधिकृत* | शाही अभिलेखों का रक्षक |
| (h) *पुस्तापाल* | भूमि हस्तांतरणों का लिखित प्रमाण रखने वाला |
| (i) *शौल्किक* | शुल्क एकत्र करने वाला |
| (j) *खिल* | अनाम भूमि |
| (k) *अप्रहत* | जो भूमि जोती नहीं जाती थी बिना जोती गई जंगली भूमि |
| (l) *अपरद* | अस्थिर भूमि |
| (m) *वास्तु* | निवास स्थान की भूमि |
| (n) *पतक* | भूमि का माप 60-80 एकड़ के बराबर |
| (o) *मोदक* | आधुनिक लड्डू, जो गुप्त शासकों की एक बेशकीमती मिठाई थी |
| (p) *पंचायतन* | मंदिर निर्माण की एक शैली |

## (b) अर्थव्यवस्था

गुप्त काल की विशेषता आर्थिक जीवन में निरंतरता और परिवर्तन[7] के तत्व थे। इस काल में **भूमि करों में वृद्धि और व्यापार व वाणिज्य करों** (जैसे कि **शुल्क** या पथकर) में **कमी** देखी गई। चौथी से आठवीं शताब्दी **कृषि विस्तार** का काल था[8]।

---

7 उदाहरण के लिए, गुप्त काल के प्रथम भाग के दौरान (लगभग 300 ई.पू. से 450 ई.पू. तक) आर्थिक विकास की प्रक्रिया जारी रही, लेकिन 5वीं शताब्दी के मध्य के आसपास अर्थव्यवस्था उलटफेर के चरण में प्रवेश कर गई।

8 विशेष रूप से 5वीं शताब्दी के अंत में, आर्थिक गतिविधियों में गिरावट के कारण कृषि का आर्थिक महत्व बढ़ गया और माध्यमिक एवं तृतीयक गतिविधियों में गिरावट के कारण भारतीय अर्थव्यवस्था का ग्रामीणीकरण हुआ।

ब्राह्मणों (**ब्रह्मदेय, अग्रहर या शासना**) और कुछ अन्य अधिकारियों को भूमि अनुदान देने की प्रथा[9] के कारण, **अक्षत भूमि के बड़े हिस्से** को **कृषि के तहत** लाया गया और उत्पादन के मौजूदा तरीकों में बहुत सुधार किए गए (जैसे कि लोहे की हल कतरनी का उपयोग, सिंचाई और पशुधन का संरक्षण) जिससे बेहतर पैदावार की जा सके। शिलालेख विभिन्न प्रकार की भूमि का उल्लेख करते हैं, जिनमें खेती योग्य भूमि (*क्षेत्र*), अनुपयोगी भूमि (*खिला*), वन भूमि या जंगल (अप्राहता), चारागाह भूमि (गोपता सारा) और रहने योग्य भूमि (वस्ति) शामिल हैं, जबकि *कुल्यवापा* (12-16 एकड़), *द्रोणवापा* (1½-2 एकड़), और *अधवापा* (3/8-1/2 एकड़) जैसे शब्द भूमि माप से संबंधित थे। शासक उत्पादन के **चौथे से छठे भाग** तक का अलग-अलग कर वसूल करते थे। दो नए कृषि कर जो गुप्त अभिलेखों में दिखाई देते हैं**–ऊपरी कर** (संभवत: अस्थाई जोतदारों पर लगाया गया कर) और **उद्रंग** (इसका सटीक स्वरूप स्पष्ट नहीं है, लेकिन शायद जल कर या एक प्रकार का पुलिस कर) थे। **वाता-भूता** कर (जो संभवत: **वायु** और **आत्माओं** के लिए किए जाने वाले **अनुष्ठानों के संरक्षण** के लिए **लिया जाता था**) और **हलीराकर** (संभवत: हल कर) उपकर थे। इन करों के अतिरिक्त, शाही सेना और अधिकारियों की सेवा के लिए किसान **विष्टि (जबरन श्रम)** के अधीन भी थे। ग्रामीण शाही अधिकारियों को उनके दौरों के समय खाद्यान्न, दैनिक रख-रखाव की वस्तुएं जैसे कि पशुओं के लिए घास, बैठने के आसन बनाने के लिए पशुओं की खाल, खाना बनाने के लिए कोयला आदि मुहैया कराने के लिए बाध्य थे। चूंकि प्रशासन का अधिकतर प्रबंधन सामंतों और लाभार्थियों द्वारा किया जाता था इसलिए मौर्यों के विपरीत, गुप्त आर्थिक गतिविधियों को बड़े स्तर पर नियंत्रित नहीं रख पाए। वाकाटक अभिलेख **क्लिप्त (खरीद कर या बिक्री कर)** और **उप-क्लिप्त (अतिरिक्त मामूली कर)** का उल्लेख करते हैं।

गुप्त और उत्तर-गुप्त काल में देश के व्यापार और वाणिज्य में **तुलनात्मक गिरावट** देखी गई। 550 ई. तक, भारत का पूर्वी रोमन साम्राज्य के साथ कुछ व्यापार जारी रहा, जिसमें वे रेशम और मसालों का निर्यात करते थे। छठी शताब्दी के लगभग, **रोमनों ने रेशम के कीड़ों की पालन की कला सीख ली**, जिससे **भारत के निर्यात** या विदेशी व्यापार पर **प्रतिकूल प्रभाव पड़ा। मंदसौर अभिलेख** इस तथ्य का साक्षी है कि **रेशम बुनकरों के गिल्ड** ने पश्चिमी गुजरात में लाट के अपने **मूल निवास** को छोड़कर **मंदसौर स्थानांतरित** कर लिया था, जहां उन्होंने अपना मौलिक व्यवसाय छोड़ अन्य व्यवसायों को अपना लिया। इस गिरावट का अन्य कारण **हूणों** द्वारा **उत्तर-पश्चिमी व्यापार मार्ग को बाधित** करना था। भारत ने दक्षिण-पूर्वी एशियाई देशों के साथ व्यापार जारी रख क्षतिपूर्ति का प्रयास किया, लेकिन इससे अर्थव्यवस्था अपने पूर्व रूप में नहीं आ पायी। गुप्त काल के दौरान, दक्षिण-पूर्व एशिया के साथ उत्तर भारतीय व्यापार को पूर्वी तट के बंदरगाहों यानी ताम्रलिप्ति, घंटाशाला और कादुरा द्वारा नियंत्रित किया जाता था, जबकि पश्चिमी तट, ब्रोच, चौल, कल्याण और कैम्बे के साथ भूमध्यसागरीय और पश्चिम एशिया के साथ व्यापार किया जाता था, लेकिन इनमें से अधिकतर बंदरगाह गुप्त नियंत्रण से बाहर थे। व्यापार में हानि से देश में सोने और चांदी के प्रवाह में कमी आई। इसकी पुष्टि गुप्त काल के बाद **सोने के सिक्कों की व्यापक कमी** से होती है। प्राचीन भारत में गुप्त शासकों ने बड़ी संख्या में सोने के **सिक्के** जारी[10] किए जिन्हें **दीनार** कहा जाता था। यद्यपि इनमें **सोने का अवयव कुषाणों के सिक्कों की भांति शुद्ध नहीं था।** हालांकि, चंद्रगुप्त द्वितीय के बाद आने वाले प्रत्येक शासक के सोने के सिक्कों में **सोना कम और मिश्रित धातु की मात्रा ज्यादा थी।** गुजरात के पश्चिमी क्षत्रपों पर विजय के बाद उन्होंने खास तौर पर स्थानीय विनिमय के लिए बड़ी संख्या में **चांदी के सिक्के (रुपयक)** और बहुत कम संख्या में तांबे के सिक्के जारी किए।

---

9 दक्कन में सातवाहनों द्वारा शुरू की गई, गुप्तकाल में धार्मिक पदाधिकारियों को कर से मुक्त भूमि देने की प्रथा नियमित हो गई थी। लाभार्थियों को दिए गए गांवों में रॉयल एजेंटों, अनुचरों और अन्य लोगों द्वारा प्रवेश नहीं किया जा सकता था। उन्हें अपराधियों को दंडित करने का भी अधिकार प्राप्त था। पुजारियों और प्रशासकों को राजकोषीय अनुदान और प्रशासनिक रियायतें गुप्तों के सामंती चरित्र को और बढ़ा देती थीं।

10 इस युग के दौरान मुद्रीकरण का स्तर उच्चतम था, क्योंकि पूरे भारतीय इतिहास में गुप्तों द्वारा सबसे अधिक संख्या में सोने के सिक्के जारी किए गए थे।

गुप्त और वाकाटक दोनों ही के विभिन्न अभिलेखों और मुहरों में कारीगरों, व्यापारियों और गिल्डों का अनेक बार उल्लेख मिलता है, जो संपन्न शहरी शिल्प और व्यापार की ओर इशारा करता है। **समृद्धशाली परिस्थितियों और गिल्डों** की **परोपकारी गतिविधियों** का उल्लेख भी मिलता है। उदाहरण के लिए, **वाकाटक राजा प्रवरसेन** का **इंदौर पट्ट** एक **वाणिजक (व्यापारी)** चंद्र का उल्लेख करता है जिसने राजा द्वारा ब्राह्मणों को दान में दिए गांव के आधे हिस्से को खरीद लिया था। अन्य अभिलेख व्यापारियों द्वारा मंदिरों, आश्रयस्थलों, सभागारों व बगीचों के निर्माण का उल्लेख करते हैं। वास्तव में, गुप्त काल के दौरान वे **नगर प्रशासन में भी सक्रिय भूमिका** निभाते थे। इसी बात की पुष्टि चीनी यात्री फाह्यान ने भी की है, जिन्होंने हमें बताया है कि मगध में अनेक शहर थे और इनमें रहने वाले अमीर लोग परोपकार और धार्मिकता में विश्वास करते थे और धर्मार्थ दान का समर्थन करते थे।

## (c) समाज

गुप्त काल में समाज का ढांचा परिवर्तन के दौर से गुजरा। **ब्राह्मणों का प्रभुत्व** न केवल **जारी रहा,** बल्कि गुप्त काल में यह पहले से ज्यादा **बढ़ गया,** जैसा कि बड़ी संख्या में प्राप्त भूमि अनुदान पत्रों से स्पष्ट होता है, जो कि ब्राह्मणों को न केवल शासकों (ब्रह्मदेय) बल्कि अन्य लोगों के कुछ वर्गों द्वारा भी प्रदान किए गए थे। इस कृपा और समर्थन के बदले में ब्राह्मणों ने **गुप्त शासकों** को देवताओं के गुण धारण करने वालों के रूप में प्रस्तुत किया और **उनकी स्थिति को वैध** करने का प्रयास किया। गुप्त, जो मूल रूप से वैश्य थे, ब्राह्मणों के प्रयासों से क्षत्रिय के रूप में देखे जाने लगे। चूंकि ब्रह्मदेय भूमि को प्रशासनिक अधिकारों और कर माफी के साथ दिया जाता था, जिसके परिणामस्वरूप **ब्राह्मण जमींदारों के एक नए वर्ग की उत्पत्ति** हुई। इस काल में जातियों के बहुत-सी उपजातियों में फैलाव के मुख्य रूप दो कारण थे:

(i) **बड़ी संख्या में विदेशियों का समाज में प्रवेश:** एक बड़ी संख्या में विदेशी भारतीय समाज में मिल गए और प्रत्येक विदेशी को एक उप-जाति सौंपी गई। उदाहरण के तौर पर, पूर्व गुप्त काल के शासन करने वाले विभिन्न विदेशी वंशों **(यूनानी/सीथियन मूल के)** को **अर्द्धक्षत्रिय का दर्जा** दिया गया। इसी प्रकार **हूणों** को भी, जिन्होंने आरंभिक पांचवीं शताब्दी के दौरान भारत पर आक्रमण किया था, 36 **राजपूत वंशों** में से एक के तौर पर भारतीय समाज में मिला लिया गया।

(ii) **आदिवासी समुदायों का ब्राह्मणवादी समाज में समावेश:** दूरस्थ और **विभिन्न** क्षेत्रों में ब्राह्मणवादी संस्कृति के विस्तार से, बड़ी संख्या में आदिवासी समुदाय ब्राह्मणवादी वर्ण-व्यवस्था के सामाजिक ढांचे के साथ जुड़ गए थे, यह जानना दिलचस्प है कि, **विदेशियों और आदिवासी प्रमुखों को क्षत्रिय के तौर पर शामिल किया गया था और साधारण आदिवासियों को शूद्र का दर्जा दिया गया।**

इस काल के दौरान **शूद्रों की** सामाजिक और आर्थिक **स्थिति में सुधार आया।** उन्हें अब ***रामायण***, ***महाभारत*** और *पुराण* **सुनने की अनुमति** थी। वे कुछ घरेलू अनुष्ठानों का निष्पादन भी कर सकते थे, जो पहले उनके लिए प्रतिबंधित थे और यहां तक कि वे अब **एक नए देवता कृष्ण की पूजा भी कर सकते थे।** सातवीं शताब्दी के बाद से आमतौर पर **उनका वर्णन किसानों के रूप में किया जाता था।** अब शूद्रों और अछूतों के बीच अंतर कर दिया गया था, शूद्रों की अपेक्षा अछूतों को नीचा दर्जा दिया गया था। **छूआछूत की प्रथा गहरी हो गई थी** (विशेष रूप से चांडालों के प्रति घृणा)। चीनी यात्री फाह्यान ने अपने संस्मरणों में उल्लेख किया कि चांडाल गांव से बाहर रहते थे और उन्हें उच्च जातियों से दूरी बनाई रखनी होती थी। चांडालों को विशेषाधिकारों की इतनी स्पष्ट कमी का सामना करना पड़ता था कि जब भी वे नगरों या बाजारों में प्रवेश करते थे उन्हें लकड़ी का टुकड़ा बजाकर अपने आगमन की घोषणा करनी पड़ती थी, जिससे अन्य लोग उन्हें छूकर दूषित न हो जाएं। ऐसा प्रतीत होता है कि, **दक्षिण भारत में, छुआछूत की धारणा का** आरंभ **उत्तर-संगम काल** में हुआ। उदाहरण के लिए, प्रसिद्ध ग्रंथ ***अचाराक्कोवई*** में उल्लेखित है कि पुलैटया (अछूत) द्वारा छुए पानी के सेवन को उच्च जाति के लोगों के लिए दूषित माना जाता था और यहां तक कि पुलैटया की ओर देखने से भी उच्च जाति के लोग दूषित हो जाते थे।

गुप्त काल में स्त्रियों की **स्थिति और खराब हो गई।** स्त्रियों की अधीनता का मुख्य कारण आजीविका के लिए उनकी पुरुषों पर पूर्ण निर्भरता था। लेकिन, यह विडंबना है कि **दो निम्न वर्णों की स्त्रियां अपनी आजीविका अर्जित करने के लिए स्वतंत्र थीं,** जिसने संभवतः उन्हें कुछ आत्मनिर्भरता दी, लेकिन दो उच्च वर्णों की स्त्रियां इस स्वतंत्रता से भी वंचित[11] थीं। इसी प्रकार, उच्च कुल के सदस्यों को विधवा पुनर्विवाह की अनुमति नहीं थी, लेकिन शूद्र *लेविरीट*[12] या *नागोया* और विधवा पुनर्विवाह दोनों कर सकते थे। हालांकि, उन्हें अपने ***स्त्रीधन*** (विवाह के समय दुल्हन को उसके माता-पिता और उसके सास-ससुर दोनों तरफ से मिले उपहार) पर **पूरा अधिकार** था। छठी शताब्दी के एक वकील, *कात्यायन* का मानना था कि कोई भी महिला अपने *स्त्रीधन* के साथ अपनी अचल संपत्ति बेच सकती है या गिरवी रख सकती है, जिसका स्पष्ट अर्थ है कि महिलाओं को भूमि संपत्ति में हिस्सा मिलता था, लेकिन पितृसत्तात्मक व्यवस्था में, उन्हें भूमि संपत्ति विरासत में लेने की अनुमति नहीं थी। इस प्रकार महिलाओं के पास **संपत्ति के अधिकारों और मालिकाना अधिकारों की कमी** के कारण प्रभावी रूप से उनकी आजीविका के लिए पुरुषों पर उनकी अधीनता और पूर्ण निर्भरता हो गई थी।

कला में स्त्रियों का मुक्त चित्रण लक्षित करता है कि समाज में **पर्दा प्रथा नहीं थी।** हालांकि **सती** (विधवा की आहुति) के प्रथम साक्ष्य **510 ई.** के लगभग, मध्य प्रदेश में **ऐरण** से प्राप्त **अभिलेख** में मिलते हैं। **बाणभट्ट** के ***हर्षचरित*** में उल्लिखित है कि, अपने पति राजा प्रभाकरवर्धन की मृत्यु पर रानी सती हो गई थी। इस काल से संबंधित धर्मशास्त्र (कानून की पुस्तकें) ग्रंथ **लड़कियों के विवाह की आयु कम करने** की प्रवृत्ति को प्रतिबिंबित करते हैं और **विधवाओं के लिए ब्रह्मचर्य व सीधा-सादा जीवन जीने की वकालत करते हैं।** संस्कृत काव्य शास्त्र **वेश्याओं का गणिकाओं** के रूप में उल्लेख करते हैं, जिनकी सुंदरता की प्रशंसा की जाती थी लेकिन वे कभी सामाजिक सम्मान प्राप्त नहीं कर पाती थीं।

दासों का उल्लेख धर्मशास्त्र ग्रंथों के साथ **नारद** स्मृति[13] में भी मिलता है, जो **15 प्रकार के दासों** का उल्लेख करती है। इनमें मुख्यतः युद्धबंदी जिन्हें दास बनाया गया था, ऋणबंधक और स्वैच्छिक दासता स्वीकार करने वाले शामिल थे। दासों का आमतौर पर घरेलू सेवकों या व्यक्तिगत सेवकों के रूप में उल्लेख किया जाता है।

## (d) धर्म

300-600 ई. का काल अक्सर **ब्राह्मणवादी विचारधारा के संगठित** होने का चरण माना जाता है क्योंकि **मंदिरों पर आधारित साम्प्रदायिक** पंथ लोकप्रिय हो गए थे और **संस्कृत** दृढ़ पूर्वक **शाही अभिलेखों की भाषा के तौर पर स्थापित हो गई थी।** गुप्त काल में, **स्मृता** धार्मिक प्रथाएं (स्मृतियों पर आधारित प्रथा) लोकप्रिय हुईं। साम्प्रदायिक चिह्न जैसे कि लिंग, त्रिशूल, बैल, गज-लक्ष्मी, चक्र और शंख शाही प्रशस्तियों, सिक्कों और मुहरों पर दिखाई देने लगे। गुप्त काल में ही **हिंदू धर्म अपने वर्तमान रूप में आया।**

गुप्त शासकों ने **भागवत** धर्म को संरक्षण दिया, जो **भागवत या विष्णु**[14] **और उनके अवतारों की पूजा** के इर्द-गिर्द **केंद्रित था।** बाद में, विष्णु को कृष्ण वासुदेव, के तुल्य माना जाने लगा जो वृष्णि जनजाति के पौराणिक नायक थे जिन्होंने

---

11 जैसे-जैसे उच्च वर्ग के लोग अत्याधिक भूमि प्राप्त करने लगे, वे अधिक बहुपत्नी और संपत्तिवादी हो गए, यह इस सीमा तक बढ़ गया कि उन्होंने महिलाओं को भी केवल संपत्ति की वस्तु के रूप में समझना शुरू कर दिया।

12 छोटा भाई बड़े भाई की मृत्यु के बाद उसकी पत्नी से विवाह कर सकता था।

13 नारद की विधि पुस्तक, 5वीं शताब्दी की एक कृति।

14 वैदिक काल में विष्णु एक छोटे देवता थे, जो सूर्य और प्रजनन पंथ का प्रतिनिधित्व करते थे, जबकि नारायण मूल रूप से एक गैर-वैदिक आदिवासी देवता थे, जिन्हें *भागवत* कहा जाता था, जिनकी कल्पना आदिवासी प्रमुख के एक दैवीय समकक्ष के रूप में की गई थी और उनके उपासकों को *भागवत* कहा जाता था। जिस तरह आदिवासी मुखिया अपने रिश्तेदारों से उपहार प्राप्त करता था और उनमें हिस्सा बांटता था, उसी तरह नारायण को भी अपने *भक्तों* या उपासकों को हिस्सा या सौभाग्य (*भाग*) देना होता था। बदले में, भक्तों ने उन्हें अपनी *भक्ति* या प्रेमपूर्ण भक्ति की पेशकश की। हालांकि, दूसरी शताब्दी ईसा पूर्व तक, विष्णु और नारायण का विलय हो गया और उन्हें नारायण-विष्णु के रूप में जाना जाने लगा।

महाभारत *महाकाव्य* में *भगवत गीता* का ऐतिहासिक धर्मोपदेश दिया था। इसलिए भागवत धर्म को **वैष्णव धर्म** के समान भी माना गया। इसने वैदिक अनुष्ठानों और यज्ञों के स्थान पर भक्ति (प्रेममय भक्ति भाव) और **अहिंसा** (जानवरों को न मारना, इसलिए इसने शाकाहारिता पर विशेष बल दिया) पर जोर दिया। नया धर्म काफी उदार था और इसने **निम्न वर्गों** को खुद में आत्मसात् कर लिया। भागवत धर्म के प्रमुख ग्रंथ, *भगवत गीता* के अनुसार, जब भी कोई सांसारिक संकट होगा, विष्णु मनुष्य रूप में प्रकट होंगे और लोगों की रक्षा करेंगे। इस प्रकार, विष्णु के दस अवतारों की कल्पना की गई। पुराणों की रचना इन अवतारों में से प्रत्येक के गुणों को लोकप्रिय बनाने के लिए की गई थी। इस प्रकार गुप्त काल के अंत तक, **भागवत धर्म ने महायान बौद्ध धर्म** को **निष्प्रभ कर दिया** और विष्णु, शिव और ब्रह्मा के साथ देवताओं की त्रिमूर्ति का अंग बन गए। **मूर्ति पूजा सामान्य लक्षण** बन गई और विष्णु के विभिन्न अवतारों की मूर्तियां गुप्त काल में बने मंदिरों में स्थापित की जाने लगीं। बहुत-से उत्सव भी मनाए जाने लगे। यह दिलचस्प है कि कुछ **गुप्त राजाओं ने स्वयं को भागवत धर्म** (भगवान कृष्ण के भक्त) **का घोषित किया** और **गरुड़** उनका **राज्य चिह्न** था, जबकि अधिकतर **वाकाटकों ने शिव के भक्त होने का दावा किया** और **वराह** को अपने **राज्य चिन्ह** के रूप में अपनाया। मगर, गुप्त और वाकाटक **दोनों ही ने विष्णु के भक्त होने का दावा** किया। **संयुक्त देवताओं** की पूजा जैसे **हरिहर जो आधे विष्णु और आधे शिव हैं** और धार्मिक समन्वयता (उदाहरण के लिए, बुद्ध का विष्णु के दस अवतारों में से एक के रूप में समावेश) का भी उद्भव हुआ। यह चरण **विभिन्न पंथों के बीच प्रतिस्पर्धी संबंधों** का गवाह भी बना, जैसा कि रेखांकनों में व्यक्त अन्य हिंदू देवताओं को रौंदते हुए देवी या हिंदू धर्म के देवताओं, अधिकतर शिव को रौंदते बौद्ध देवता, के प्रतिरूप।

यह काल **असंख्य स्थानीय पंथों, विश्वासों और प्रथाओं का गवाह भी बना।** लोकप्रिय भक्तिपूर्ण पूजा में विभिन्न **उप-देवताओं और उप-देवियों,** जैसे कि यक्ष, यक्षिणी, नाग, गंधर्व और अप्सराओं की पत्थर और टेराकोटा की मूर्तियों की पूजा शामिल थीं, लेकिन एक **प्रमुख विभिन्नता** के साथ। हालांकि यक्षों और नागों की स्वतंत्र पूजा जारी रही (जैसा कि मध्य प्रदेश के पद्मावती के यक्ष मंदिर और अजन्ता की गुफा XVI के एक नाग मंदिर से लक्षित होता है), पहले के समय की इन यक्षों और नागों की विशाल मूर्तियां गायब हो गईं और अब वे ज्यादातर **सहायक मूर्तियों या अधिकतर द्वारपालों (महान देवताओं के द्वारपाल) के तौर पर दिखाई देने लगी थीं।** इस स्थिति ने स्पष्ट तौर पर प्रमुख धार्मिक परंपराओं के न केवल लोकप्रिय ग्रंथों के साथ संपर्क कायम करने के प्रयासों को ही स्थापित किया, बल्कि साथ ही उनको अपने अधीन करने के प्रयासों की ओर भी इशारा किया।

गुप्त शासक **धर्मनिष्ठ हिंदू** थे, लेकिन वे अन्य धार्मिक संप्रदायों के प्रति **सहनशीलता की नीति** का पालन करते थे। चीनी यात्री **फाह्यान और ह्वेनसांग** ने, जो क्रमशः चंद्रगुप्त द्वितीय और हर्ष के शासन कालों के दौरान भारत आए थे, स्पष्ट मत दिए कि बौद्ध धर्म भी समृद्धशाली था। मगर यह भी सच है कि, बौद्ध धर्म को अब शाही संरक्षण प्राप्त नहीं था और अशोक व कनिष्क के समय की उसकी महिमा अब दिखाई नहीं देती थी। हालांकि, कुछ स्तूपों और विहारों का निर्माण हुआ और उस काल में **नालंदा महायान बौद्ध धर्म की शिक्षा के महान केंद्र** के रूप में विकसित हुआ। अन्य देशों के विद्यार्थी भी इस विश्वविद्यालय में पढ़ने आते थे। **ह्वेनसांग** के अनुसार, इसे सौ गांवों के राजस्व की सहायता मिलती थी।

इस काल में भारत में **तंत्रवाद का प्रसार** भी हुआ। जैसा कि हम पहले चर्चा कर चुके हैं, पांचवीं शताब्दी से ब्राह्मणों ने नेपाल, असम, बंगाल, ओडिशा, मध्य भारत और दक्कन के आदिवासी क्षेत्रों में भूमि स्वीकार करना आरंभ कर दिया था, जिसके परिणामस्वरूप आदिवासी और ब्राह्मणवादी दोनों ही संस्कृतियों ने एक-दूसरे को प्रभावित किया। आदिवासी ब्राह्मणवादी प्रणाली में शूद्रों के तौर पर मिल गए और इसी के साथ, आदिवासी तत्व ब्राह्मणवादी समाज में मिल गए। ब्राह्मणों ने उनके अनुष्ठानों, देवताओं और देवियों को भी अपना लिया। **ब्राह्मणवादी धर्म और आदिवासी प्रथाओं के इस जुड़ाव** के परिणामस्वरूप ही **तंत्रवाद का विकास हुआ।** तंत्रवाद की कुछ सामान्य विशेषताओं में **अनुष्ठान, योग प्रथाएं, भयानक देवता, यौन संस्कार** से जुड़ी महत्ता और **'शक्ति'** (ऊर्जा), जिसकी स्त्रियोचित रूप में कल्पना की जाती थी, पर जोर शामिल थीं। तांत्रिक मार्ग को **रहस्यवादी** माना

जाता था, जो केवल गुरुओं द्वारा चयनित संस्कार से ही उजागर होता था व अलौकिक शक्तियों और मुक्ति की स्थिति से संबंद्ध था। कुछ आकृतियां जिन्हें **यंत्र, मंडल या चक्र और मुद्राएं** (प्रतीकात्मक संकेत) कहा जाता था, तांत्रिक अनुष्ठानों में एक महत्वपूर्ण भूमिका निभाते थे। तंत्रवाद किसी जाति में विश्वास नहीं रखता था और लिंग पर आधारित भेदभाव नहीं करता था। उसने स्त्रियों व शूद्रों दोनों को ही अपनी श्रेणी में शामिल किया। तांत्रिक धारणा ने शैववाद और वैष्णववाद के साथ-साथ बौद्ध धर्म और जैन धर्म को भी प्रभावित किया। इसके परिणामस्वरूप इन धर्मों में स्त्री देवियों की पूजा आरंभ हो गई।

## (e) साहित्य

प्राचीन भारत में गुप्त काल को कला और साहित्य का स्वर्ण युग माना जाता था। इस काल का साहित्य **संस्कृत में लिखा गया।** धार्मिक और धर्मनिरपेक्ष साहित्य के बड़े भाग का संकलन इस काल में हुआ। **दो महान महाकाव्यों *रामायण* और *महाभारत*** को अंततः चौथी शताब्दी में **संकलित** किया गया। दोनों महाकाव्यों की कथाएं बुराई पर अच्छाई की जीत का प्रतीक हैं। राम और कृष्ण दोनों ही को विष्णु का अवतार माना जाने लगा। यह काल पुराणों के लेखन के आरंभ को भी चिंहित करता है। इस काल में लिखे गए प्रमुख पुराण हैं–***विष्णु पुराण, वायु पुराण* और *मत्स्य पुराण।*** शिव की पूजा के लिए, ***शिव पुराण*** की रचना हुई, जबकि विष्णु के विभिन्न अवतारों को ***वराह पुराण, वामन पुराण* और *नरसिंह पुराण*** में गौरवांवित किया गया। गुप्त काल में कुछ स्मृतियों या कानूनी पुस्तकों का भी संकलन हुआ। इनमें से एक, ***नारद स्मृति*** उस काल के व्यापक नियमों व कानूनों पर प्रकाश डालती है। इस काल में अनेक धर्मशास्त्रों, जैसे कि ***याज्ञवलक्य, नारद, कात्यायन* और *बृहस्पति स्मृति*** की रचना हुई। **शासन कला की पुस्तक कामान्दक की *नीतिसार*** और इंद्रिय सुखों पर **वात्सयायन का आलेख *कामसूत्र*** इसी काल से संबंधित हैं।

इस काल के धर्मनिरपेक्ष सर्वोत्तम साहित्य में गद्य से उलट पद्य पर अधिक जोर दिया गया और इसमें निम्नलिखित की उत्कृष्ट कृतियां शामिल हैं:

(i) **कालीदासः चंद्रगुप्त द्वितीय के नवरत्नों** में से एक थे कालीदास। उनकी कृतियां बहुत प्रसिद्ध हैं और बहुत-सी यूरोपीय भाषाओं में अनुवादित की जा चुकी हैं। उनकी कृतियों की उल्लेखनीय विशेषता **हास्य के तत्व** के प्रदर्शन के साथ **उच्च वर्ग के पात्रों का संस्कृत** में, जबकि **निम्न वर्ग व स्त्रियों के पात्रों का प्राकृत में बात करना है।** **कालीदास** ने अपनी कृतियों के आरंभ में शिव का आह्वान किया है और उन्हें त्रिलोकनाथ का नाम दिया है। उनकी कुछ कृतियां हैं:

| कालीदास की महत्वपूर्ण कृतियां | |
|---|---|
| ***मेघदूत*** | यह कालीदास द्वारा रचित एक यक्ष के जीवन से संबंधित उत्कृष्ट रचना है, जिसे अपने कार्य न करने के कारण राजा कुबेर द्वारा देशनिकाला दिया गया था और उस यक्ष ने तब गुजरते बादल से कैलाश पर्वत पर रहने वाली अपनी प्रिय पत्नी को संदेश देने की प्रार्थना की। |
| ***अभिज्ञान शाकुंतलम*** | उत्कृष्ट मानी जाती है और विश्व की 100 सर्वश्रेष्ठ साहित्यिक रचनाओं में से एक है। इसे पहली बार **अंग्रेजी में चार्ल्स विलकिंस द्वारा अनुवादित** किया गया और यह व्यापक रूप से सबसे ज्यादा अनुवादित की जाने वाली रचनाओं में से एक है। |
| ***कुमार संभवम*** | **शिव और पार्वती** के पुत्र के **जन्म** की कथा और साथ ही इसमें **सती प्रथा** का उल्लेख भी शामिल है। |
| ***रघुवंशम्*** | विष्णु को ब्रह्मांड की उत्पत्ति और अंत के रूप में दर्शाया गया है। |
| ***ऋतुसंहार*** | मौसम के चक्र को वर्णित करती कविता। |
| ***मालविकाग्निमित्रम*** | कालीदास की प्रथम नाटकीय रचना जो **वसंतोत्सव** (वसंत महोत्सव) की खुशी मनाने से संबंधित है। |

(ii) **शूद्रकः *मृच्छकटिकम*** (मिट्टी की छोटी गाड़ी) नाटक के लेखक, यह एक गरीब ब्राह्मण के एक वेश्या की सुंदर पुत्री के साथ प्रेम-संबंध पर आधारित है।

(iii) **विशाखदत्तः *मुद्राराक्षस*** और ***देवी चंद्रगुप्तम*** के लेखक।

(iv) **भारविः** छठी शताब्दी के संस्कृत काव्य ***किरीतार्जुनियम्*** के लेखक, जो अर्जुन और कीरत या पहाड़ों पर निवास करने वाले शिकारी के रूप में भगवान शिव के बीच युद्ध का वर्णन करता है।

(v) **दंडिनः *काव्यदर्शन*** और ***दसाकुमारचरित*** के लेखक।

(vi) **अमरसिंहः** संस्कृत शब्दकोष ***अमरकोष*** के लेखक।

(vii) **भासः** तेरह नाटकों के प्रसिद्ध लेखक, जिनमें ***मध्यम व्यायोग, दूता घटोत्कच, दूता वाक्य, बालचरित*** और ***चारूदत्त*** शामिल हैं।

(viii) **भट्टीः *रावण वध*** के लेखक, जो राम के जीवन की कथा को बताने के साथ व्याकरण के नियमों की व्याख्या करती है।

(ix) **विष्णुशर्मनः *पंचतंत्र*** के लेखक, जो कि ***निदर्शन*** (जो बताती है, क्या करना चाहिए और क्या नहीं) की उत्कृष्ट व्याख्या है। इसकी सुंदर गद्य शैली है और इसमें परिहासयुक्त छंद बिखरे हुए हैं। इसकी रचना संभवतः वाकाटक साम्राज्य में हुई व इसमें **व्यंग्यात्मक कथाएं** शामिल हैं, जिनमें **जानवर** एक महत्वपूर्ण **भूमिका** निभाते हैं।

(x) **मंथाः *हयागृववधा*** के लेखक।

यह जानना दिलचस्प है कि **संस्कृत साहित्य में पांच महाकाव्यों** की रचना हुई, जिनमें से **सभी गुप्त साम्राज्य से संबंधित** थे-

- कालीदास द्वारा रचित ***रघुवंशम***
- **कालीदास का *कुमारसंभवम***
- **भैरवी का *किरीतार्जुनियम्***
- **माघ का *शिशुपाल-वधः*** कृष्ण द्वारा शिशुपाल की हत्या का वर्णन।
- **श्रीहर्ष का *नैसाध्यचरितमः*** राजा नल और रानी दमयंती के जीवन पर आधारित।

## (f) कला और वास्तुकला

प्राचीन भारतीय कला मुख्यतः **धर्म से प्रेरित** थी। पूर्व समय की तरह ही गुप्त काल में भी बौद्ध धर्म ने कला को बहुत प्रेरित किया। मथुरा विद्यालय से संबंधित **बुद्ध की एक आदमकद कांस्य प्रतिमा** (लगभग दो मीटर ऊंची) **बिहार के सुल्तानगंज** से प्राप्त हुई। मथुरा और सारनाथ में भी बुद्ध की सुंदर प्रतिमाओं का निर्माण हुआ। गुप्त काल के दौरान बौद्ध कला का उत्कृष्ट उदाहरण **अजंता गुफाओं के चित्र**[15] हैं जो अब यूनेस्को द्वारा **विश्व विरासत स्थलों** की सूची में शामिल हैं। अजंता की 28 गुफाओं में से, 23 वाकाटक काल से संबंधित हैं, जबकि पांच गुफाओं को सातवाहन काल के दौरान बनाया गया था। बुद्ध, बोधिसत्व और जातकों से संबंधित कथात्मक दृश्यों के अतिरिक्त, अजंता के भित्ति-चित्र यक्षों, गंधर्वों और अप्सराओं के धार्मिक दृश्य दर्शाते हैं और इनमें रोजमर्रा के जीवन के दृश्य भी शामिल हैं। आश्चर्य की बात है कि **14 शताब्दियों के बाद भी ये चमकीले रंगों वाले चित्र फीके नहीं पड़े।** धार जिला (म.प्र.) के निकट **बाघ गुफा चित्रों** को भी बौद्ध कला करार दिया जाता है और अजंता की तुलना में ये ज्यादा सरल व सादे हैं।

15 अजंता गुफाएं महाराष्ट्र के औरंगाबाद के पास वाघोरा नदी पर चट्टानों को काटकर बनाई गई गुफाओं की एक श्रृंखला हैं। हालांकि ये पेंटिंग्स पहली शताब्दी ईसा पूर्व से सातवीं शताब्दी ईस्वी तक की अवधि को कवर करती हैं, उनमें से कुछ गुप्त काल से भी संबंधित हैं।

**चित्र 8.3** अजंता की गुफाएं

गुप्त काल **भारतीय मंदिर वास्तुकला के आरंभ** को चिंहित करता है, क्योंकि उत्तरी भारत में पहली बार ठोस संरचनाओं के रूप में मंदिरों का निर्माण हुआ। ये मंदिर वास्तु कला की ***नागर*** *शैली* में बनाए गए थे, जिसमें आमतौर पर **समतल छतों वाले चौकोर मंदिर** बनाए गए। इनमें से दो मंदिर, जिनमें विष्णु को प्रमुख देवता के रूप में केंद्र में स्थापित किया गया था, कानपुर में **भीतरगांव** (ईंटों से बना) और ललितपुर जिले में **देवगढ़ के दसावतार मंदिर में नर-*नारायण*** की पत्थर की मूर्तियां प्राप्त हुई हैं। इस काल के अन्य बचे हुए पत्थर के मंदिर खंडित अवस्था में हैं और मध्य प्रदेश के पहाड़ी क्षेत्रों में स्थित हैं, जैसे कि तिगवां का **विष्णु मंदिर** और नचना-कुठार का **पार्वती मंदिर।**

**चित्र 8.4** देवगढ़ का दसावतार मंदिर

300–600 ई. के काल से संबंधित मूर्तियां न केवल **मथुरा और गांधार विद्यालयों** से प्राप्त **पूर्व शैलियों और प्रवृत्तियों** के **विस्तार को**, बल्कि ***नई शैलियों के आरंभ*** को भी दर्शाती हैं। मूर्तियों के विषयों की प्रेरणा हिंदू, बौद्ध और जैन परंपराओं से ली गई थीं। बहुत-सी वैष्णव **मूर्तियां** मथुरा से प्राप्त हुई हैं, जिनमें **अवतारों जैसे कि वराह, नरसिंह, वामन** और **वासुदेव-कृष्ण** की प्रतिमाएं शामिल हैं। इस काल से संबंधित विशालतम ज्ञात निर्विघ्न खड़ी पत्थर की प्रतिमा, वाराणसी से प्राप्त हुई है, जो **कृष्ण द्वारा गोवर्धन पर्वत को आसानी से उठाने** को दर्शाती अति विशाल मूर्ति है। उत्तर प्रदेश के खैरीगढ़ से प्राप्त गहरे पीले रंग से बलुआ पत्थर पर उकेरी विशाल घोड़े की मूर्ति (संभवत: अश्वमेध घोड़े का प्रतिनिधित्व करती) भी इसी काल से संबंधित है। इस काल का **गुफा स्थापत्य लगभग पूरी तरह बौद्ध** है, लेकिन इनमें **कुछ अपवाद** भी हैं, जैसे कि विदिशा के निकट **उदयगिरि की गुफाएं,** जिनमें विष्णु द्वारा ***नृ-वराह*** (मनुष्य का शरीर और वराह का सिर) के **रूप** में **पृथ्वी को जल** से **बचाते** उभरी हुई नक्काशी में बना प्रसिद्ध दृश्य है और **एलिफेंटा गुफाएं**, जिनमें से सबसे बड़ी गुफा **शिव**

**को समर्पित** है। इस काल की बुद्ध प्रतिमाओं की ***मुद्राओं में*** पहले की अपेक्षा **अधिक विविधता** दिखती है। उदाहरण के तौर पर, सारनाथ की बुद्ध प्रतिमाएं कई मायने में मथुरा से प्राप्त मूर्तियों से भिन्न हैं (चूंकि परिधान में तह नहीं हैं)। **भव्य बामियान बुद्ध मूर्तियां** जिन्हें दु:खद ढंग से **तालिबान ने तबाह** कर दिया था, भी इसी काल से संबंधित थीं। 432 ई. से संबंधित **बैठे हुए तीर्थंकर** की एक दिनांकित **पत्थर की मूर्ति** मथुरा से खुदाई में प्राप्त हुई है, जो पहले की शताब्दियों की बैठी हुई मुद्रा की मूर्तियों से भिन्न है।

**चित्र 8.5** कृष्ण गोवर्धन

**चित्र 8.7** एलिफेंटा गुफा के महादेव

**चित्र 8.8** बुद्ध की चैत्य शिला

गुप्त काल के **सिक्के भी कला के नमूने** थे। वे भली-भांति रूपांकित व पूरी बारीकी से बनाए जाते थे। उन पर शासकों की गतिविधियों का सुरुचिपूर्ण प्रभावशाली चित्रण किया जाता था। बहुत-से स्थानों, जैसे- **कौशाम्बी, राजघाट, भीत और मथुरा से टेराकोटा की मूर्तियां** और फलक प्राप्त हुए हैं।

## (g) विज्ञान और तकनीक

गुप्त काल अपनी **गणित और खगोल विज्ञान की उपलब्धियों** के लिए **अद्वितीय** था। भारतीय गणित की जड़ों को *शुल्वसूत्र* से खोजा गया, जो ***श्रोतसूत्र*** के पूरक थे। ***शुल्वसूत्र*** **वैदिक यज्ञ रस्मों के संस्कारों के निष्पादन के लिए स्थान संबंधी नियम थे** और उन्होंने **ज्यामिति की नींव** रखी। गणितानुसार सबसे महत्वपूर्ण चार प्रमुख *शुल्वसूत्र* **बौधायन, मानव, आपस्तंब और कात्यायन** द्वारा लिखे गए थे। **पाइथारगोरस प्रमेय** (Theorem) और पाइथागोरियन ट्रिपल के सबसे प्राचीन साक्ष्य ***बौद्धायन*** में पाए जाते हैं, जिसकी रचना 600 ई.पू. के लगभग हुई थी। **गणितशास्त्र** (गणित) **अधिक उन्नत** था क्योंकि **दशमलव स्थान मूल्य प्रणाली** (Decimal Place Value system) के सबसे पुराने दिनांकित साक्ष्य तीसरी शताब्दी में **स्फुजिध्वजा** द्वारा खगोल विद्या पर लिखी ***यवनाजातक*** में मिलते हैं (जो हालांकि शून्य का उल्लेख नहीं करती)। लेकिन उससे भी पुरानी एक रचना ***पिंगल का छंदसूत्र***, **छंद रूपों में शून्य चिह्न को बिंदु** (कवज) के रूप में वर्णित करती है। गुप्त काल से संबंधित वराहमिहिर का पंचसिद्धांत, ऐसा **सबसे प्राचीन दिनांकित ग्रंथ है, जिसमें शून्य को चिह्न व एक संख्या दोनों ही प्रकार से प्रयोग किया गया** है। इस काल से संबंधित कुछ प्रसिद्ध व प्रतिष्ठित व्यक्ति हैं:

<table>
<tr><th colspan="2">प्रसिद्ध और विख्यात व्यक्तित्व</th></tr>
<tr><td>(a) आर्यभट्ट प्रथम</td><td>बीजगणित ( Algebra ) के जनक और भारत के सबसे प्राचीन ज्ञात खगोल-विज्ञानी, जो संभवत: पाटलिपुत्र में रहते थे और उन्होंने खगोल विद्या संबंधी दो ग्रंथ लिखे:<br>(a) आर्यभट्टीय (गणित और खगोल-विज्ञान संबंधी ग्रंथ) और<br>(b) आर्यभट्ट सिद्धांत (जो बच नहीं पाया और उसकी जानकारी बाद की रचनाओं में उसके उद्धरणों द्वारा मिलती है)। उदाहरण के लिए सातवीं शताब्दी के विवरणकार, भाष्कर प्रथम जिसने आर्यभट्टीयम् पर एक व्याख्यात्मक निबंध लिखा, ने आर्यभट्टीयम को अष्मक-तंत्र और अष्मकिया तथा आर्यभट्ट के अनुयायियों को अष्मकिया कहा।<br>सूर्या सिद्धांत, जिसमें द्विज्या तालिका (Sine tables) शामिल हैं, भी आर्यभट्ट द्वारा लिखी गई थी। उनके वर्ग मूल ( Square root ) व घन मूल ( Cube root ) निकालने के तरीके से संख्याओं के दशमलव स्थान मूल्य का पूर्वानुमान लगाया जा सकता है, जो नि:संदेह यह दर्शाता है कि भारतीय गणितज्ञ जिन्होंने पांचवीं शताब्दी में दशमलव प्रणाली का प्रयोग आरंभ कर दिया था, अरबों और यूरोपीय लोगों से बहुत आगे थे जिन्होंने भारतीयों से सीखने के बाद 12वीं शताब्दी में इसका प्रयोग करना आरंभ किया। अरब लेखक इब्नवाशिया, अल-मसूदी और अल-बरूनी भी इस प्रणाली की खोज का श्रेय हिंदुओं को देते हैं।<br>आर्यभट्ट प्रथम निम्नलिखित के लिए प्रसिद्ध थे:<br>(i) वह ऐसे पहले व्यक्ति थे जिन्होंने इस बात की खोज की कि, पृथ्वी अपने अक्ष पर घूमती है और उन्होंने ग्रह की परिक्रमा के सही समीकरण की गणना करने का हल भी निकाला तथा वर्ष की अवधि 365.2586805 दिन होने का अत्यंत सटीक अनुमान निकाला।</td></tr>
</table>

| प्रसिद्ध और विख्यात व्यक्तित्व | |
|---|---|
| | (ii) वे ऐसे पहले खगोल-विज्ञानी थे, जिन्होंने **ग्रहणों की वैज्ञानिक व्याख्या** की चूंकि उन्होंने यह प्रमाणित किया कि ग्रहण राक्षसों के कारण नहीं होते, बल्कि पृथ्वी और सूर्य के बीच चंद्रमा के आ जाने से होते हैं। उन्होंने इस बात का हल भी निकाला कि ग्रहण के दौरान चंद्रमा का कौन-सा हिस्सा ढक जाएगा।<br>(iii) उन्होंने **द्विज्या कार्यों** (Sine functions) का पता लगाया और उसका प्रयोग खगोल-विज्ञान में किया तथा **त्रिकोणमिति** (Trigonometry) की नींव रखी। उन्होंने 0 से 90 डिग्री कोणों के लिए **त्रिकोणमितिय अनुपात द्विज्या** (Sine) **की तालिकाएं** भी बनाईं।<br>(iv) वे ऐसे **पहले व्यक्ति थे, जिन्होंने शून्य (0) का आविष्कार किया** और **दशमलव प्रणाली** (Decimal system) के प्रयोग की सलाह दी।<br>(v) उन्होंने **वृत्त के** विभिन्न **गुणों** (Properties) का वर्णन किया और **पाई** ($\pi$) **का** बहुत **सटीक मूल्य** दिया, जो 3.1416 के ठीक 4 दशमलव स्थानों पर था।<br>(vi) उन्होंने **पूर्णांक प्रश्नों में अनिश्चित समीकरणों** (Indeterminate Equations in Integers Problems) **को भी सिद्ध किया।** |
| (b) **वराहमिहिर** | छठी शताब्दी के अवंती के खगोल-विज्ञानी, ज्योतिषी, गणितज्ञ और विद्वान, जो चंद्रगुप्त द्वितीय के ***नवरत्नों* में से एक** थे। जैसा कि हम पहले चर्चा कर चुके हैं, उनकी प्रसिद्ध रचना ***पंचसिद्धांतिका*** **खगोल-विज्ञान** संबंधी **पांच** शाखाओं को संक्षेप में प्रस्तुत करती है। ***बृहत्संहिता* एक विश्वकोषीय रचना** है जिसमें **विविध विषयों**, जैसे कि कीमती धातुओं और पत्थरों का मूल्य किस प्रकार निर्धारित किया जाए, तलवारों पर कैसे धार लगाई जाए, वृक्षों से बिना मौसम के फल कैसे प्राप्त किए जाएं, अच्छी नस्ल के पशुओं की पहचान किस प्रकार की जाए, पानी की स्थिति का पूर्वानुमान किस प्रकार लगाया जाए, मौसमों की व्याख्या और मौसम संबंधी मुद्दों जैसे कि बादलों, हवाओं और वर्षा की मात्रा के बीच सह संबंध आदि के बारे में बताया गया है। |
| (c) **ब्रह्मगुप्त** | छठी/सातवीं शताब्दी के उत्तरार्द्ध के खगोल-विज्ञानी व जाने माने गणितज्ञ, जिन्होंने **ज्यामिति** (Geometry) के क्षेत्र में महत्वपूर्ण **योगदान** दिया। वह ऐसे पहले गणितज्ञ थे जिन्होंने समान भुजाओं के **चक्रीय चतुर्भुज** को प्राप्त करने के तरीके पर चर्चा की (Obtaining a cyclic quadrilateral having rational sides) तथा चक्रीय चतुर्भुज का क्षेत्रफल, त्रिकोण का परिधि व्यास (Circum diameter of a triangle) और भुजाओं के अनुसार चक्रीय चतुर्भुज की कोणीय रेखाओं (Diagonals of a cyclic quadrilateral in terms of its sides) को खोजने के लिए सूत्र (Formulae) निर्धारित किए। उन्होंने कुछ और पुस्तकें भी लिखीं जो थीं–***ब्रह्मस्पूता सिद्धांत*** (628 ई.), जिसमें उन्होंने **गुरुत्वाकर्षण के नियम** की ओर संकेत किया और ***खंडाखाद्यक*** (665 ई.), जिसमें ग्रहों की देशांतर रेखा, दैनिक चक्र क्रम (Diurnal rotation), चंद्र और सूर्य ग्रहण, सूर्य के उदय व अस्त होने, चंद्रमा का अर्द्धचंद्राकार होना और ग्रहों के संयोजन जैसे विषयों पर लिखा। उन्होंने ***स्वयंवाहा यंत्रों*** का उल्लेख किया, जिनका तात्पर्य जटिल स्वचालित उपकरणों से था, जो यह प्रतिबिंबित करता है कि उन्हें सतत् गति (Perpetual motion) के विचार के बारे में जानकारी थी। |

| प्रसिद्ध और विख्यात व्यक्तित्व | |
|---|---|
| (d) **महावीर** | **कर्नाटक के** नौवीं शताब्दी के प्रसिद्ध **गणितज्ञ**, जो राष्ट्रकूट शासक अमोघवर्ष के दरबार में थे। उन्होंने ***गणितसार संग्रह*** नामक पुस्तक लिखी, जिसमें गणितीय प्रश्नों को हल किया गया था। उन्होंने ग्रहण के क्षेत्र और परिधि के सूत्र बनाए, हालांकि इन सूत्रों को गलत होने के कारण अस्वीकृत कर दिया गया। |
| (e) **भास्कर द्वितीय** | बारहवीं शताब्दी में लिखी पुस्तक ***लीलावती*** के लेखक, जिसमें **गणना** के महत्वपूर्ण विचार शामिल थे। |
| (f) **वाग्भट्ट** | 600 ई. से संबंधित **चरक के शिष्य** व औषधियों की **आयुर्वेदिक** पद्धति के प्रतिष्ठित **चिकित्सक।** उन्होंने ***अष्टांग हृदय*** (अर्थात् 'औषधि का हृदय') और ***अष्टांग संग्रह*** (अर्थात् 'औषधि पर पुस्तक') लिखीं। |
| (g) **महर्षि पलकाप्या** | उन्होंने ***हस्तार्युवेद* नामक निबंध** लिखा, जिसमें चिकित्सा व शल्य चिकित्सा द्वारा **हाथियों की बड़ी बीमारियों** का निदान और उपचार करने के संबंध में जानकारी दी गई थी। |
| (h) **धनवंतरि** | वे अपने **आयुर्वेद के अपने ज्ञान** के लिए प्रसिद्ध थे। |
| (i) **कश्यप** | सातवीं शताब्दी के एक **चिकित्सक** जिन्होंने अपने **आयुर्वेदिक ज्ञान** को एक संग्रह में संकलित किया जो स्त्रियों और बच्चों की बीमारियों से संबंधित था। |
| (j) **सुश्रुत** | ***सुश्रुत संहिता*** के प्रसिद्ध लेखक, जो **शल्य चिकित्सा** से संबंधित है। इसके छह भाग हैं, जो मुख्यत: **घावों, किरचों व तीरों को निकालने, टांके लगाने, भ्रूण विज्ञान, शरीर रचना, विष, मोतियाबिंद को हटाने, मूत्राशय से पथरी निकालने आदि की चिकित्सा** से संबंधित है। यह ग्रंथ **प्लास्टिक सर्जरी** का भी उल्लेख करता है, जिसमें राइनोप्लास्टी (नासिका संधान) का विस्तृत वर्णन है, जिसमें **कटी हुई नाक और कटे हुई कान की लौ** (Ear lobes) को ठीक करने के लिए **त्वचा की झिल्ली को लगाए जाने** (Grafted) का उल्लेख किया गया है। यह मानव शरीर विज्ञान के अध्ययन के लिए लाशों के विदारक (Dissecting) का भी उल्लेख करता है। |

गुप्त काल में **धातु उद्योग में भी तकनीकी विकास हुआ।** इस काल के दौरान बड़े पैमाने पर बनी बुद्ध की कांस्य प्रतिमाएं उन्नत तकनीक का एक उदाहरण हैं। दिल्ली में, **महरौली** का खुले में खड़ा **लौह स्तंभ**, जिस पर हैरानी की बात है कि 15 शताब्दियों के बाद भी **जंग नहीं लगा**, गुप्त काल में प्रचलित लौह-तकनीक के विस्तार को बताता है। अजंता के अब तक सलामत अद्भुत चित्र, इंगित करते हैं कि इस काल में **रंगों को बनाने की कला बेमिसाल थी।**

## विगत वर्षों में पूछे गए प्रश्न (प्रारंभिक परीक्षा)

1. निम्नलिखित कथनों में से कौन-सा सही है?

**(2021)**

(a) अजंता गुफाएं, वाघोरा नदी की घाटी में स्थित हैं।
(b) सांची स्तूप, चंबल नदी की घाटी में स्थित है।
(c) पांडु-लेणा गुफा देव मंदिर, नर्मदा नदी की घाटी में स्थित हैं।
(d) अमरावती स्तूप, गोदावरी नदी की घाटी में स्थित है।

2. भारत के इतिहास के संदर्भ में, ''कुल्यावाप'' तथा ''द्रोणवाप'' शब्द क्या निर्दिष्ट करते हैं? (2020)
   (a) भू-माप
   (b) विभिन्न मौद्रिक मूल्यों के सिक्के
   (c) नगर की भूमि का वर्गीकरण
   (d) धार्मिक अनुष्ठान

3. प्राचीन भारत के विद्वानों/साहित्यकारों के संदर्भ में, निम्नलिखित कथनों पर विचार कीजिए: (2020)
   1. पाणिनि पुष्यमित्र शुंग से संबंधित है।
   2. अमरसिंह हर्षवर्धन से संबंधित है।
   3. कालिदास चन्द्र गुप्त-II से संबधित है।

   उपर्युक्त कथनों में से कौन-सा/से सही है/हैं?
   (a) केवल 1 और 2 (b) केवल 2 और 3
   (c) केवल 3 (d) 1, 2 और 3

4. प्राचीन भारतीय गुप्त राजवंश के समय के संदर्भ में, नगर घंटाशाला, कदूरा तथा चौल किस लिए विख्यात थे? (2020)
   (a) विदेशी व्यापार करने वाले बंदरगाह
   (b) शक्तिशाली राज्यों की राजधानियां
   (c) उत्कृष्ट प्रस्तर कला तथा स्थापत्य से संबंधित स्थान
   (d) बौद्ध धर्म के महत्वपूर्ण तीर्थस्थल

5. गुप्त काल के दौरान भारत में बलात् श्रम (विष्टि) के संदर्भ में, निम्नलिखित में से कौन-सा कथन सही है? (2019)
   (a) इसे राज्य के लिए आय का एक स्रोत, जनता द्वारा दिया जाने वाला एक प्रकार का कर, माना जाता था।
   (b) यह गुप्त साम्राज्य के मध्य प्रदेश तथा काठियावाड़ क्षेत्रों में पूर्णत: अविद्यमान था।
   (c) बलात् श्रमिक साप्ताहिक मजदूरी का हकदार होता था।
   (d) मजदूर के ज्येष्ठ पुत्र को बलात् श्रमिक के रूप में भेज दिया जाता था।

6. भारत के कला और पुरातात्विक इतिहास के संदर्भ में, निम्नलिखित में से किसका निर्माण सबसे पहले हुआ था? (2015)
   (a) भुवनेश्वर का लिंगराज मंदिर।
   (b) धौली का रॉक कट हाथी।
   (c) महाबलीपुरम के रॉक कट स्मारक।
   (d) उदयगिरि की वराह प्रतिमा।

7. भारतीय इतिहास के संदर्भ में, निम्नलिखित में से कौन-सा/से सामंतवादी व्यवस्था के आवश्यक तत्व हैं? (2015)
   I. एक बहुत शक्तिशाली केंद्रीय राजनीतिक सत्ता और एक बहुत कमजोर प्रांतीय या स्थानीय राजनीतिक सत्ता।
   II. भूमि के नियंत्रण और अधिकार पर आधारित प्रशासनिक ढांचे का उदय।
   III. सामंती शासकों और उनके अधिपतियों के बीच शासक-जागीरदार संबंध का सृजन।

   उपर्युक्त कथनों में से कौन-सा/से सही हैं?
   (a) केवल I और II (b) केवल II और III
   (c) केवल III (d) I, II और III

8. भारत के सांस्कृतिक इतिहास के संदर्भ में, पंचायतन शब्द का अर्थ है: (2014)
   (a) गांव के बुजुर्गों की सभा।
   (b) एक धार्मिक पंथ।
   (c) मंदिर निर्माण की एक शैली।
   (d) एक प्रशासनिक अधिकारी।

9. भारतीय कला और संस्कृति के इतिहास के संदर्भ में निम्नलिखित जोड़ों पर विचार करें: (2014)

   मूर्तिकला की प्रसिद्ध रचनाएं: स्थल
   I. बुद्ध के महापरिनिर्वाण का एक विशाल चित्र जिसके ऊपर बहुत-से दिव्य संगीतकार बने हैं और नीचे उनके अनुयायियों की शोकाकुल आकृतियां हैं : अजंता
   II. चट्टान पर उकेरी गई विष्णु के वराह अवतार की विशाल प्रतिमा, जिसमें वे पृथ्वी की देवी को गहरे और उथल-पुथल वाले जल से बचा रहे हैं : माउंट आबू
   III. महाशिला की सतह पर उकेरी गई 'अर्जुन का प्रायश्चित' और 'गंगा के उद्भव' की प्रतिमाएं : मामल्लपुरम्

उपर्युक्त कथनों में से कौन-सा/से जोड़ा/जोड़े सही मेल खाता है/खाते हैं?

(a) केवल I और II (b) केवल III
(c) केवल I और III (d) I, II और III

10. प्राचीन भारत के गिल्ड (श्रेणी) के संदर्भ में जिसने देश की अर्थव्यवस्था में एक बहुत महत्वपूर्ण भूमिका निभाई, निम्नलिखित में से कौन-सा/से कथन सही हैं? (2012)

I. प्रत्येक गिल्ड राज्य की केंद्रीय सत्ता से पंजीकृत होता था और राजा उनका मुख्य प्रशासनिक अधिकारी होता था।
II. वेतन, कार्य के नियम, मापदंड और मूल्य गिल्ड द्वारा तय किए जाते थे।
III. गिल्ड का अपने सदस्यों के ऊपर न्यायिक अधिकार था।

निम्नलिखित कूटों का प्रयोग करते हुए सही उत्तर का चयन करें:

(a) केवल I और II (b) केवल III
(c) केवल II और III (d) I, II और III

11. प्राचीन भारत की वैज्ञानिक प्रगति के संदर्भ में निम्नलिखित कथनों में से कौन-सा सही है? (2012)

I. पहली शताब्दी से विभिन्न प्रकार के विशेषीकृत शल्य उपकरणों का व्यापक रूप से प्रयोग होने लगा था।
II. मानव शरीर के आंतरिक अंगों का प्रत्यारोपण तीसरी शताब्दी के आरंभ से शुरू हो गया था।
III. पांचवीं शताब्दी में कोण की द्विज्या की अवधारणा ज्ञात थी।
IV. सातवीं शताब्दी में चक्रीय चतुर्भुज की अवधारणा ज्ञात थी।

निम्नलिखित कूटों का प्रयोग करते हुए सही उत्तर का चयन करें:

(a) केवल I और II
(b) केवल III और IV
(c) केवल I, III और IV
(d) I, II, III और IV

12. नागर, द्रविड़ और बेसार थे– (2012)

(a) भारतीय उप-महाद्वीप के तीन प्रमुख जातीय समूह।
(b) तीन प्रमुख भाषाई विभाजन जिनमें भारत की भाषाओं को वर्गीकृत किया जा सकता है।
(c) भारतीय मंदिर वास्तुकला की तीन प्रमुख शैलियां।
(d) भारत में प्रचलित तीन प्रमुख संगीत घराने।

13. प्राचीन भारत में गुप्त काल की गुफा चित्रकारी के केवल दो ज्ञात उदाहरण हैं। इनमें से एक अजंता गुफाओं के चित्र हैं। गुप्त चित्रों का अन्य बचा हुआ उदाहरण कहां है? (2010)

(a) बाघ गुफाएं (b) एलोरा गुफाएं
(c) लोमस ऋषि गुफा (d) नासिक गुफाएं

14. भारत के आरंभिक मध्यकाल में बौद्ध धर्म का पतन क्यों आरंभ हो गया था? (2010)

I. उस समय तक बुद्ध को विष्णु के अवतारों में से एक माना जाने लगा था और इस प्रकार वह वैष्णव धर्म का एक हिस्सा बन गए थे।
II. अंतिम गुप्त शासक के समय तक मध्य एशिया की आक्रमणकारी जनजातियों ने हिंदू धर्म को अपना लिया था और वे बौद्धों पर अत्याचार करने लगे थे।
III. गुप्त वंश के शासक बौद्ध धर्म के कट्टर विरोधी थे।

उपर्युक्त कथनों में से कौन-सा/से सही हैं:

(a) केवल I (b) केवल I और III
(c) केवल II और III (d) I, II और III

15. बौधायन प्रमेय (बौधायन शुल्वसूत्र) किससे संबंधित है? (2007)

(a) समकोणीय त्रिकोण की भुजाओं की लंबाई
(b) पाई के मूल्य की गणना
(c) लघुगणक (Logarithmic) गणना
(d) सामान्य वितरण वक्र (Normal distribution curve)

16. सूची-I का सूची-II से मिलान करें और सूचियों के नीचे दिए गए कूट का प्रयोग कर सही उत्तर का चयन करें: (2007)

| सूची-I (खोज/आविष्कार/गणना) | सूची-II (प्राचीन भारतीय विद्वान) |
|---|---|
| (A) पृथ्वी द्वारा सूर्य की परिक्रमा में लगने वाला समय | I. आर्यभट्ट |
| (B) 'पाई' के मूल्य की गणना | II. भास्कराचार्य |
| (C) शून्य संख्या की खोज | III. बुधायन |
| (D) सांप और सीढ़ी का खेल | IV. ज्ञानदेव |

*कूट:*

| | A | B | C | D |
|---|---|---|---|---|
| (a) | II | IV | I | III |
| (b) | II | III | I | IV |
| (c) | I | III | II | IV |
| (d) | I | IV | II | III |

17. इलाहाबाद स्तंभ अभिलेख निम्नलिखित में से किससे संबंधित है? (2006)
   (a) महापद्म नंद (b) चंद्रगुप्त मौर्य
   (c) अशोक (d) समुद्रगुप्त

18. निम्नलिखित कथनों पर विचार करें: (2004)
   I. चीनी यात्री फाह्यान ने कनिष्क द्वारा आयोजित चौथी महान बौद्ध सभा में भाग लिया।
   II. चीनी यात्री ह्वेनसांग हर्ष से मिला और उसे बौद्ध धर्म का विरोधी पाया।
   उपर्युक्त कथनों में से कौन-सा/से सही हैं?
   (a) केवल I (b) केवल II
   (c) I और II दोनों (d) न I और न II

19. शूद्रक द्वारा लिखित प्राचीन भारतीय पुस्तक, ***मृच्छंकटिकम*** संबंधित थी: (2003)
   (a) एक गरीब ब्राह्मण का वैश्या की पुत्री के साथ प्रेम संबंध
   (b) चंद्रगुप्त द्वितीय की पश्चिमी भारत के शक क्षत्रपों पर जीत
   (c) समुद्रगुप्त के सैन्य अभियान और पराक्रम
   (d) एक गुप्त शासक और कामरूप की एक राजकुमारी के बीच संबंध

20. तीसरी शताब्दी से, जब हूण आक्रमणों ने रोमन साम्राज्य को समाप्त कर दिया, भारतीय व्यापारी इस पर ज्यादा से ज्यादा निर्भर हो गए: (1999)
   (a) अफ्रीकी व्यापार
   (b) पश्चिम यूरोपीय व्यापार
   (c) दक्षिण-पूर्वी एशियाई व्यापार
   (d) मध्य-पूर्वी व्यापार

21. गुप्त काल के दौरान निम्नलिखित में से किस बंदरगाह से उत्तर भारतीय व्यापार नियंत्रित होता था? (1999)
   (a) ताम्रलिप्ति (b) भरूच
   (c) कल्याण (d) कैम्बे

22. गुप्त शासकों द्वारा जारी चांदी के सिक्के कहलाते थे: (1997)
   (a) रूपक (b) करशपण
   (c) दीनार (d) पण

23. गुप्त काल के दौरान निम्नलिखित में से कौन औषधियों पर अपने कार्य के लिए जाना जाता था? (1996)
   (a) सौमिल्ला (b) शूद्रक
   (c) शौनक (d) सुश्रुत

24. निम्नलिखित का मिलान करें: (1996)

| | |
|---|---|
| (A) विशाखदत्त | 1. औषधि |
| (B) वराहमिहिर | 2. नाटक |
| (C) चरक | 3. खगोल-विज्ञान |
| (D) ब्रह्मगुप्त | 4. गणित |

*कूट:*

| | A | B | C | D |
|---|---|---|---|---|
| (a) | 1 | 3 | 4 | 2 |
| (b) | 2 | 1 | 3 | 4 |
| (c) | 2 | 3 | 1 | 4 |
| (d) | 3 | 4 | 1 | 2 |

25. शून्य की खोज की थी: (1995)
(a) आर्यभट्ट
(b) वराहमिहिर
(c) भास्कर प्रथम
(d) एक अज्ञात भारतीय

### उत्तरमाला

| | | | | | | | |
|---|---|---|---|---|---|---|---|
| 1. (a) | 2. (a) | 3. (c) | 4. (a) | 5. (a) | 6. (b) | 7. (b) | 8. (c) |
| 9. (c) | 10. (d) | 11. (c) | 12. (c) | 13. (a) | 14. (a) | 15. (a) | 16. (c) |
| 17. (d) | 18. (d) | 19. (a) | 20. (c) | 21. (a) | 22. (a) | 23. (d) | 24. (c) |
| 25. (a) | | | | | | | |

## विगत वर्षों में पूछे गए प्रश्न (मुख्य परीक्षा)

1. भारतीय परम्परा और संस्कृति में गुप्त-काल और चोल-काल के योगदान पर चर्चा करें। **(2022 सा.अ. प्रश्नपत्र 1)**
2. भारत के इतिहास की पुनर्रचना में चीनी और अरबी यात्रियों के वृत्तांतों के महत्व का आकलन कीजिए। **(2018 सा.अ. प्रश्नपत्र 1)**
3. आप इस विचार को, कि गुप्तकालीन सिक्काशास्त्रीय कला की उत्कृष्टता का स्तर बाद के समय में नितांत दर्शनीय नहीं है, किस प्रकार सही सिद्ध करेंगे? **(2017 सा.अ. प्रश्नपत्र 1)**
4. आरंभिक भारतीय अर्थव्यवस्था के विकास में गिल्ड और व्यापारिक संगठनों की भूमिका को चिंहित करें। **(इतिहास वैकल्पिक 2015, 2010)**
5. गुप्त साम्राज्य की प्रांतीय और जिला प्रशासनिक इकाइयों पर उनके अधिकारियों के पदों और कार्यों के साथ चर्चा करें। **(इतिहास वैकल्पिक 2014)**

## अभ्यास प्रश्न (मुख्य परीक्षा)

1. तीसरी से छठी शताब्दी के दौरान भारत की धार्मिक स्थिति का विशेष रूप से नई प्रवृत्तियों के संदर्भ में वर्णन करें।
2. गुप्त शासन के दौरान सामाजिक जीवन कैसा था? स्त्रियों और निम्न वर्गों की स्थिति को केन्द्रित करते हुए वर्णन करें।
3. गुप्त काल वास्तव में विज्ञान और तकनीक का स्वर्ण युग था, क्या आप सहमत हैं? उचित उदाहरण सहित वर्णन करें।
4. धर्मनिरपेक्ष साहित्य का क्या तात्पर्य है? गुप्त काल के कुछ प्रमुख धर्मनिरपेक्ष लेखकों का उल्लेख करें।

# अध्याय 9

# प्रारंभिक मध्यकालीन भारत : क्षेत्रीय विन्यासकाल (600–1200 ई.)

'प्रारंभिक मध्ययुगीन**' शब्द से आशय 'प्राचीन' और 'मध्यकालीन' समय के बीच की **मध्यवर्ती अवधि** से है। भारत में यह समय **सामंतवाद**, **राजनीतिक विखंडन**, और **क्षेत्रीय स्तर पर विभिन्न राज्यों के गठन** और विस्तार के लिए जाना गया है। **दक्षिण भारत में**, विशेष रूप से यह समय **खंडीय राज्यपद** के रूप में देखा गया है, जहां **राजा अनुष्ठान प्रमुख** के रूप में ज्यादा काम करता था, और **बुनियादी राजस्व ढांचा** या **स्थायी सेना** नहीं थी। सरल समझ के लिए, **करीब 600-1200 ई.** की **अवधि** को मोटे तौर पर क्रमशः उत्तर और दक्षिण भारत के लिए अलग से मुख्य रूप से **दो अवस्थाओं** में वर्गीकृत* किया जा सकता है:

*(*कृपया ध्यान दें-सरलता सुनिश्चित करने के लिए, वर्गीकरण का समय विशेष समयावधि का पालन नहीं करता है। लेकिन वैचारिक स्पष्टता के लिए एक सामान्य विचार प्रस्तुत करते हैं। उदाहरण के लिए, विभिन्न साम्राज्यों के बीच निरंतरता सुनिश्चित करने के लिए, 600-750 ई. के समय अंतराल में 750 ई. के बाद के राज्य भी शामिल हो सकते हैं।)*

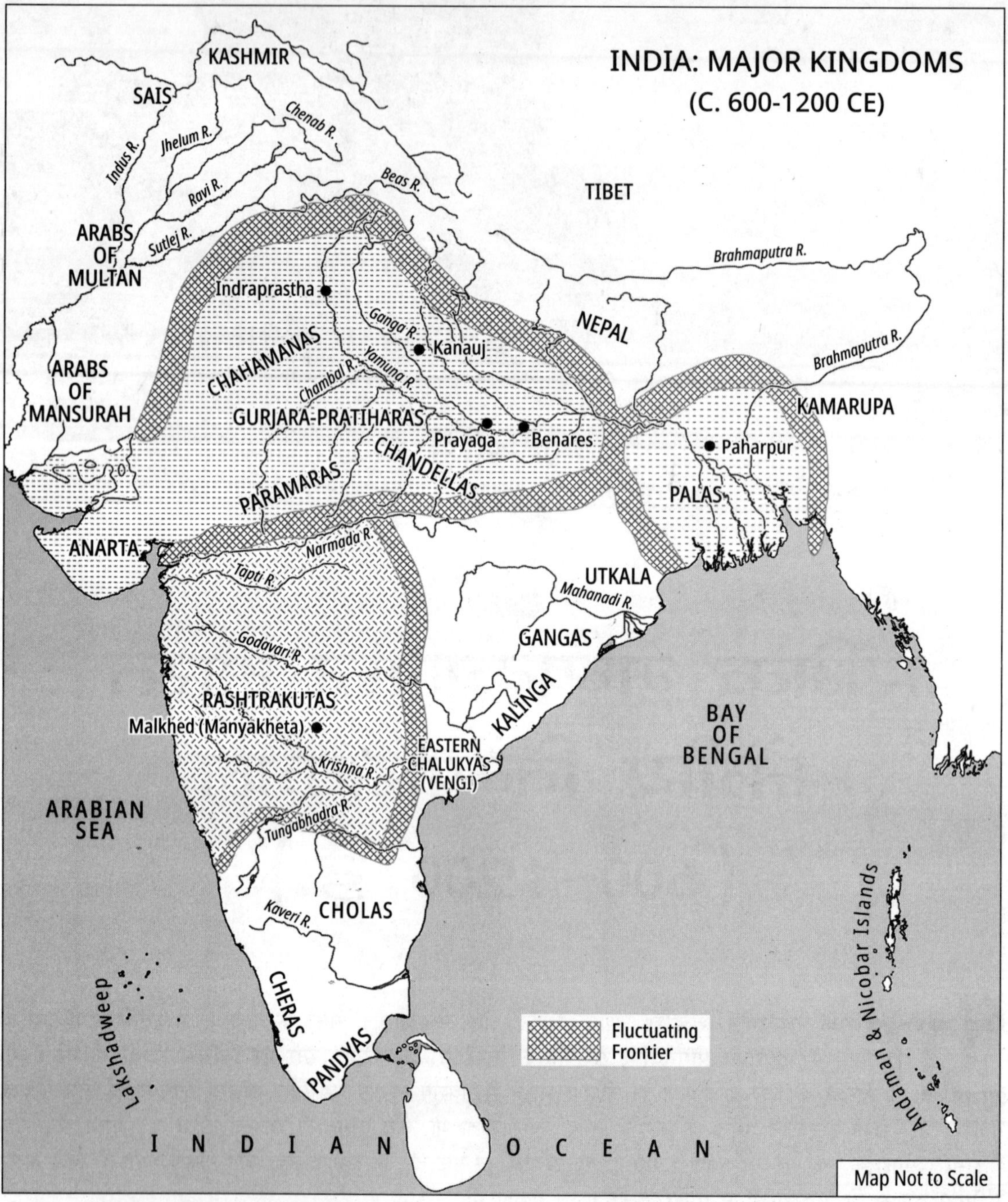


चित्र 9.1 प्रमुख साम्राज्य (लगभग 600–1200 ई.)

(a) करीब **600-750 ई.** में **उत्तर भारत में कन्नौज के मौखरी** और **थानेश्वर के पुष्यभूति** का वर्चस्व था। ठीक इसी समय **दक्षिण भारत** में तीन प्रमुख **कांची के पल्लव, बादामी के चालुक्य** और **मदुरै के पाण्ड्या** के राज्य थे।

(b) करीब **750-1200 ई.** में **उत्तर भारत** आगे चल कर दो और चरणों में बंट गया:

(i) **चरण-1:** करीब **750-1000 ई.** में तीन महत्वपूर्ण साम्राज्य थे। **उत्तर भारत** में **गुर्जर-प्रतिहार**, पूर्वी भारत में पाल और **दक्कन में राष्ट्राकूटों** का साम्राज्य।

(ii) **चरण-2:** करीब **1000-1200 ई.** मुख्य रूप से संघर्ष और त्रिपक्षीय शक्तियों के **टूटने के काल** के रूप में जाना जाता है। इसी समय पूरे देश में **कई छोटे-छोटे राज्य** टूट कर बने। उदाहरण के लिए, उत्तर भारत में प्रतिहार साम्राज्य के विघटन में सबसे आगे कई राजपूत राज्य थे। ये सभी राज्य अलग राजपूत राजवंश के अधीन थे, जैसे-**चाहमान (चौहान), चंदेल, मालवा के परमार** आदि। यह सभी राज्य अंत में लड़ाई में कूद पड़े और उत्तर-पश्चिम भारत से आने वाले तुर्क हमलावरों को रोकने में व्यस्त हो गए। हमलावर 11वीं और 12वीं शताब्दी में महमूद गजनी और मोहम्मद गौरी के नेतृत्व में आए थे। लेकिन सभी राज्य एकजुट नहीं हो सके और हमलावरों को नहीं रोक पाए। इस विषय पर अगले अध्याय में बात की जाएगी।

**दक्षिण भारत** में करीब **850-1200 ई.** में चोलों का वर्चस्व था। यहां तक कि इस समयावधि में भारत राजनीतिक रूप में बंट गया था। इस दौर में कला, साहित्य और भाषा के क्षेत्र में नए और सम्पन्न सांस्कृतिक तत्वों को बढ़ावा मिला। वास्तव में, इस समय के श्रेष्ठ भारतीय साहित्य और मंदिर वास्तुकला के उत्कृष्ट उदाहरण आज भी देखने को मिलते हैं।

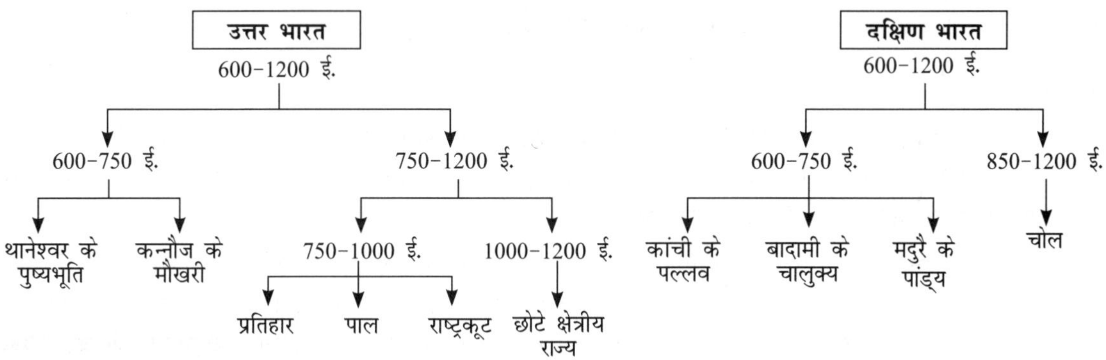


## उत्तर भारत : 600-750 ई.

### थानेश्वर के पुष्यभूति

जैसा कि हमने पहले चर्चा की है, छठी शताब्दी के मध्य तक (करीब 160 साल) गुप्त साम्राज्य ने उत्तर भारत (आज का उत्तर प्रदेश और बिहार) को स्थायित्व प्रदान किया। गुप्त साम्राज्य के पतन के बाद हालांकि भारत कई छोटे-छोटे राज्यों में बंटने लगा। पांचवीं शताब्दी के बाद कश्मीर, पंजाब और उत्तर-पश्चिम भारत गोरे हूणों की संप्रभुता में आ चुके थे, जबकि छठी

शताब्दी के मध्य से उत्तर और पश्चिमी भारत गुप्त साम्राज्य के कई सामंतों द्वारा शासित रहा। गुप्त साम्राज्य के अंत के बाद **पुष्यभूति परिवार सबसे अहम शासक परिवार** था, जिसकी अपनी **राजधानी थानेश्वर** (हरियाणा के कुरुक्षेत्र के निकट) थी। पुष्यभूति के राज्यों के बारे में दो प्रमुख ऐतिहासिक तथ्यों की जानकारी ***'हर्षचरित'***, जो सम्राट **हर्ष** का **जीवन वृत्तांत** है, जिसे उनके **दरबारी कवि 'बाणभट्ट'** ने लिखा है, और **चीनी तीर्थयात्री ह्वेनसांग/ज्वानजेंग** के यात्रा वृत्तांत से मिलती है। पुष्यभूति साम्राज्य के आरंभिक तीन राजाओं के बारे में ज्यादा जानकारी नहीं मिली है। इस साम्राज्य की प्रसिद्धि प्रभाकरवर्धन के राज्याभिषेक के साथ ही हुई, जिन्होंने हूणों को हराकर पंजाब और हरियाणा में अपनी स्थिति मजबूत की थी।

**पुष्यभूति (मूलतः गुप्त साम्राज्य के सामंत)**

↓

**प्रभाकरवर्धन (करीब छठी शताब्दी मध्य)**

- राजवंश का **चौथा राजा**, जिसने **वास्तव में पुष्यभूति राजवंश की आधारशिला** रखी।
- वह कई सैन्य विजयों के साथ एक महान योद्धा था।
- उसने अपने (पूर्व के पड़ोसी) **कान्यकुब्ज/कन्नौज के मौखरी शासक ग्रह वर्मन** के साथ अपनी **पुत्री राजश्री** का विवाह कर महत्वपूर्ण **वैवाहिक गठजोड़** किया।
- प्रभाकरवर्धन की मौत के बाद उनके बड़े बेटे **राज्यवर्धन** को **राजमुकुट** मिला, लेकिन गौड़ (बंगाल और बिहार) के शासक **शंशाक** द्वारा **विश्वासघात से मार दिया गया।**

**हर्षवर्धन (606-647 ई.)**

- वह उत्तरी भारत का **अंतिम हिन्दू राजा** हुआ। वह **मूलतः एक शैव** था, लेकिन **बौध धर्म का भी काफी हद तक समर्थन** करता था और बौद्धों को उदारता के साथ दान देता था। वह हर्ष के नाम से प्रसिद्ध था और उसे **उत्तर का भगवान** कहा जाता था **(सकलौत्तारापथानाथ)।**
- प्रारंभ में **राज्यवर्धन** ने प्रभाकरवर्धन पर सफलता प्राप्त की। हालांकि, हर्ष ने अपने भाई पर विजय पायी थी। जब राज्यवर्धन शासन का काम हर्षवर्द्धन के हाथों सौंप कर **मालवा के शासक देवगुप्त** और गौड़ के शासक **शशांक** के **खिलाफ अभियान** में जुट गया, जिन्होंने उनके बहनोई ग्रह वर्मन की हत्या कर उनकी **बहन राजश्री को बंधक** बना लिया था। उसने मालवा की सेना को हराकर **देव गुप्त को मार** दिया था, लेकिन वह **दुर्भाग्य से शशांक** द्वारा **मार दिया गया**। शशांक ने बोधि वृक्ष को भी काट दिया और कन्नौज पर कब्जा किया। **इन परिस्थितियों** के बीच हर्ष **सत्ता के शीर्ष** पर आसीन हुए। उस वक्त हर्ष मात्र 16 साल के थे, लेकिन फिर भी उन्होंने स्वयं को महान योद्धा और कुशल शासक साबित किया। उन्होंने तत्काल **कन्नौज पर आक्रमण** कर अपनी **बहन राजश्री** को मुक्त कराया। ऐसा माना जाता है कि राजश्री सती होने की तैयारी कर रही थी। इस प्रकार कन्नौज पुष्यभूति की संप्रभुता में आ गया।

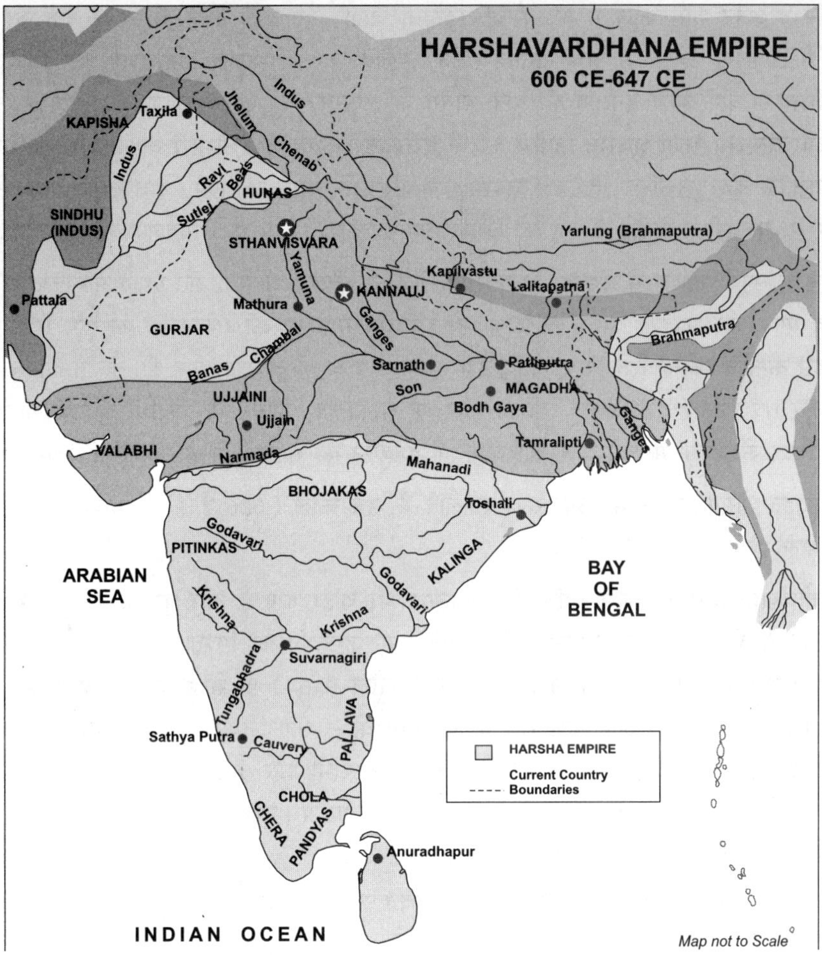


**चित्र 9.2** हर्षवर्द्धन का साम्राज्य

- बाद में हर्षवर्धन ने **शशांक को भी परास्त** किया और ओडिशा के कोंगोडा के हिस्सों तक अपने नियंत्रण का विस्तार किया।

**प्रभाकरवर्धन**

↓

- राजश्री–कैद की गई थीं ⟶ ग्रहवर्मन (कन्नौज के शासक) ↓ देवगुप्त (मालवा के शासक) की शशांक (गौड़/बंगाल के शासक) द्वारा हत्या कर दी गई
- राज्यवर्धन ↓ मालवा की सेना को परास्त कर देवगुप्त को मार दिया किंतु शशांक द्वारा मारा गया।
- हर्षवर्धन ↓ शशांक को कन्नौज से दूर कर दिया।

- हर्षवर्धन ने अपने शासनकाल में कई **सैन्य लड़ाइयां** जीतीं और उसने **उत्तर भारत** के ज्यादातर हिस्सों को अपने **कब्जे** में ले लिया, जिनमें से पांच भारतीय (क्षेत्र) पंजाब, कन्नौज, बंगाल, **ओडिशा**, और मिथिला प्रमुख हैं, और **शिलादित्य**' (चीनी यात्री ह्वेनसांग की यात्रा डायरी के अनुसार) की उपाधि ग्रहण की। हर्षवर्धन ने उत्तर-पश्चिम में सिंध और **वल्लभी राजा ध्रुवसेन द्वितीय** को भी **पराजित** किया (जैसा **नौसारी के ताम्र पत्र अभिलेख पर उत्कीर्ण** है)। हालांकि वह पुलकेशिन द्वितीय (**बादामी के पश्चिमी चालुक्य राजा**) द्वारा **नर्मदा** नदी के तट पर पराजित हो गए थे। पुलकेशिन द्वितीय ने खुद को 'सकलौत्तारापथानाथ' (उत्तर का भगवान) की पद्वी दी।
- हर्षवर्धन के संपूर्ण साम्राज्य में संभवत: थानेश्वर, कन्नौज, अहिच्छित्र, श्रावस्ती और प्रयाग सम्मिलित थे, और उसने अपना साम्राज्य मगध और ओडिशा तक फैला लिया था। **हर्षवर्धन साम्राज्य की राजधानी मूल रूप से थानेश्वर** थी, लेकिन उसने इसे **कन्नौज स्थानांतरित** किया। नर्मदा नदी उसके साम्राज्य की दक्षिणी सीमा थी। पूर्व में कामरूप के राजा, भास्कर वर्मन और ध्रुव भट्ट हर्ष का प्रभुत्व स्वीकार कर चुके थे, जबकि पश्चिम में, वल्लभी के राजा भी हर्षवर्धन के वर्चस्व में थे। विंध्य के जंगलों में रहने वाले आदिवासी भी हर्षवर्धन को सम्मान देते थे और सैन्य सहयोग भी देते थे।
- कुछ मातहत शासक, जो सामंत और राजा कहलाते थे, **हर्ष काल (606 ई.)** को हर्षवर्द्धन की विजय यात्राओं का काल मानते थे।
- चीनी तीर्थयात्री ह्वेनसांग, जिसे **यात्रियों राजकुमार भी कहा** गया है और पुस्तक ***'सी-यू-की'*** के **लेखक,** ने 629-644 ई. के दौरान भारत की यात्रा की। उसने सम्राट हर्षवर्धन की मित्रता हासिल की और कन्नौज की सुंदरता, भव्यता और समृद्धि का स्पष्ट वर्णन किए। उसने **कन्नौज** में **643 ई. में आयोजित महासभा** का विस्तृत वर्णन किया, जिसमें **हिन्दू, जैन** और **बौध धर्म के प्रतिनिधियों** ने भाग लिया। सभा में ह्वेनसांग ने अन्य लोगों के साथ महायान सिद्धांतों पर चर्चा की। इस महान सम्मेलन में वल्लभी और असम के राजाओं के साथ-साथ कई मातहत राजाओं ने भी भाग लिया। इस अवसर पर एक ऊंची मीनार पर भगवान बुद्ध की स्वर्ण प्रतिमा स्थापित की गई, जिसकी बाद में सम्राट हर्षवर्धन स्वयं पूजा करता था।
- वह हर पांच साल में **प्रयाग (इलाहाबाद)** में **पवित्र उत्सव मनाते** थे और **इलाहाबाद** में महामोक्ष परिषद का आयोजन करते थे। इस अवसर पर बुद्ध, सूर्य और शिव की मूर्तियों की पूजा की जाती थी और दानस्वरूप कीमती वस्त्रों एवं कपड़ों का वितरण किया जाता था।
- हर्षवर्धन कला और शिक्षा के महान संरक्षक थे। ऐसा माना जाता है कि वे स्वयं बहुत प्रतिभाशाली थे। हर्षवर्धन ने **तीन नाटक *प्रियदर्शिका, रत्नावली*** (दोनों प्रेम प्रसंगयुक्त हास्य रचनाएं), और ***नागानंद*** (बोधिसत्व जिमुत्वाहान पर आधारित) लिखे। उन्हें **व्याकरण** और दो सूत्र रचनाओं का भी श्रेय जाता है। ऐसा प्रकल्पित है कि **मधुबन और बांसखेड़ा** (उन्होंने अपने हस्ताक्षर किए हैं जो उनके सुलेखन कौशल का प्रदर्शन करते हैं) के दो शिलालेखों के मूल पाठ की रचना **उन्होंने स्वयं की थी।** बाणभट्ट के अनुसार, हर्षवर्धन एक **निपुण बांसुरी वादक** भी थे।
- उन्होंने नालंदा में एक बहुत विशाल मठ बनवाया। **बाणभट्ट (*हर्षचरित*** और ***पार्वती परिणय के*** लेखक), **मयूर** (***मयूराष्टक*** के लेखक), प्रसिद्ध **व्याकरणविद् भृर्तहरि** (***वाक्पडिया*** के लेखक) और **मतंग दिवाकर** उनके दरबार के कुशल लेखक थे।
- उनके **चीन** के साथ **कूटनीतिक संबंध** थे। तत्कालीन चीनी **सम्राट त्वांग** ने हर्षवर्द्धन के दरबार में अपने **तीन प्रतिनिधिमंडल** भेजे। इनमें से अंतिम प्रतिनिधिमंडल वांग-हियेन-त्से के नेतृत्व में 647 ई. में भारत आया, जब हर्षवध न जीवित नहीं थे।

हर्षवर्धन के निधन के बाद राजनीतिक भ्रम का समय रहा, जो 8वीं शताब्दी तक रहा, जब उत्तरी भारत में गुर्जर-प्रतिहार और राजपूत शासक बड़ी शक्ति के रूप में उभरे।

## हर्षवर्द्धन के अधीन प्रशासन

हर्षवर्द्धन ने अपना शासन गुप्त काल के शासकों के समान चलाया। उसका **प्रशासन ज्यादा सामंती** और **विकेंद्रीकृत** था। कामरूप के भास्करवर्मन, वल्लभी के ध्रुवभट्ट, मगध के पूर्णवर्मन और जालंधर के उदिता हर्षवर्द्धन के प्रमुख सामंत थे। हर्षवर्द्धन एक **बड़ी सेना** का संचालन करता था, जिनका प्रयोग वह **आवश्यकता** होने पर करता था। सामंत भी जरूरत पड़ने पर सैन्य सहायता पहुंचाते थे। उसकी सेना में पैदल सैनिक दल, घुड़सवार, रथ तथा हाथी थे। **सैन्य शिविरों को शक्ति दी गई**, जिसे **'स्कंधवार'** कहा गया। पुरोहितों को उनके **विशेष कार्यों के बदले भू-दान** देना जारी रहा और आमतौर पर ऐसा माना जाता है कि अधिकारियों को **उनके वेतन** के बदले **भू-दान देने का नियम** संभवत: **हर्ष** के साथ **आरंभ** हुआ (जैसा कि हर्ष द्वारा जारी सिक्कों की कम संख्या से ज्ञात होता है)। इन अनुदानों को वही विशेषाधिकार मिले हुए थे, जो ब्रह्मदेय भूमि को मिले थे। सार्वजनिक अभिलेखों का रखरखाव हर्ष के प्रशासन की एक अन्य प्रमुख विशेषता थी। **'निलोपिटु'** हर्ष काल के पुरालेख को संदर्भित करता है और यह **विशेष अधिकारियों** के नियंत्रण में था, जो इसमें अच्छी और बुरी दोनों घटनाओं का **रिकॉर्ड** रखते थे।

इस काल में गुप्त काल की तुलना में **तीव्र आर्थिक गिरावट** आई, जैसा कि सिक्कों की कम संख्या, व्यापार केंद्रों की संख्या में गिरावट और व्यापारी संघों की कम गतिविधियों से स्पष्ट है। व्यापार और वाणिज्य में गिरावट के कारण हस्तशिल्प और कृषि पर भी प्रतिकूल प्रभाव पड़ा। ह्वेनसांग के बताया कि **लोगों पर हल्के कर** लगाए जाते थे, और राजस्व चार भागों में विभाजित था:

- एक भाग **राजा के लिए निर्धारित था।**
- दूसरा भाग **विद्वानों के लिए आरक्षित था।**
- तीसरा भाग **अधिकारियों व जनता के कार्य करने वालों के लिए सुरक्षित था।**
- चौथा भाग **धार्मिक कार्यों के लिए था।**

हर्षवर्धन अपने राज्य का **प्रशासन स्वयं देखता** था और ह्वेनसांग के अनुसार उसने अपनी दिनचर्या को **तीन भागों में बांट** रखा था–दिन के **पहले भाग में वह अपने राज्य के प्रशासनिक कार्यों को किया करता था। बाकी के अन्य दोनों समयों के दौरान वह स्वयं को धार्मिक कार्यों के लिए समर्पित करता था।** हर्षवर्धन अपने राज्य में **निरीक्षण के लिए निरंतर दौरे** भी करता था। **ह्वेनसांग** ने अपने यात्रा वृत्तांत में बताया कि राज्य की कानून व्यवस्था में कुछ कमियां थीं, जहां उसने लिखा है कि वह भी एक बार लूट लिया गया था। भू-कानून सख्त थे और आमतौर पर डकैती दूसरा राजद्रोह था, जिसके लिए डाकुओं का दायां हाथ काट दिया जाता था। **ह्वेनसांग** ने परीक्षणों को **बर्बर** और अंधविश्वासी बताते हुए इसकी निंदा की। लेकिन **बाद में** हर्षवर्धन बौध धर्म के प्रभाव में आ गए जिससे सजा की **गंभीरता** कम हो गई और अपराधियों को **उम्रकैद** की सजा दी जाने लगी।

ब्राह्मण और क्षत्रिय सादा जीवन व्यतीत कर रहे थे, परंतु कुलीन और पुरोहित एक सुखमय ऐश्वर्यपूर्ण जीवन जी रहे थे। **शूद्र** आमतौर से खेती-बाड़ी करते थे और **उनकी स्थिति में पहले की तुलना में सुधार आया** था। पहले वे केवल अन्य तीनों वर्णों के लोगों की सेवा करते थे, परंतु अब वे आजादी से **खेती** करते थे। हालांकि **अछूतों**, जैसे कि चांडालों की स्थिति **दयनीय** ही रही और उन्हें **सभी तरह की अपात्रता** का सामना करना पड़ता था। **सती प्रथा** और **दहेज प्रथा** के प्रचलन के कारण **महिलाओं की स्थिति अच्छी नहीं** थी। विधवाओं को पुनर्विवाह की अनुमति नहीं थी, विशेषकर उच्च जातियों में। ह्वेनसांग ने मृतकों के निपटान के तीन तरीकों का उल्लेख किया है- दाह संस्कार, जल समाधि और जंगल में छोड़ना। **वन रक्षकों** को **वनपाल** के नाम से जाना जाता था और **सभी गाँवों का मुखिया सर्व-पल्ली-पट्टी** नामक एक अधिकारी होता था।

ह्वेनसांग ने बौद्ध संप्रदाय का विघटन अठारह भागों में होने का उल्लेख किया है। **नालंदा**[1] **बौद्ध धर्म की शिक्षा** के एक महान **केंद्र** के रूप में उभरा जो एक विशाल मठ (प्रतिष्ठान) था। एक और **चीनी यात्री यीजिंग/इत्सिंग** ने भी **670 ई. में भारत का दौरा किया** और **नालंदा मठ में दस साल तक रहा**। उसने बताया कि नालंदा को 200 गांवों का राजस्व समर्थन मिलता था और वहां लगभग 3000 छात्र नामांकित थे। उसमें एक वेधशाला और एक बड़ा पुस्तकालय था, जिससे विश्व के विभिन्न हिस्सों के विद्यार्थी उसकी ओर आकर्षित हुए। अपनी समृद्ध वास्तुकला के साथ **सिरपुर** में ईंटों से बना **लक्ष्मण मंदिर** हर्ष काल की एक और विरासत है। साहित्यिक विरासत के प्रतिनिधि, स्वयं हर्ष और उनके जीवनी लेखक **बाणभट्ट** के अलावा, उनके दरबार की शोभा बढ़ाने वाली अन्य साहित्यिक हस्तियां **मतंग दिवाकर** और प्रसिद्ध **बार्तृहरि** थे, जो कवि, दार्शनिक और व्याकरणविद् थे।

## मैत्रक (वल्लभी गुजरात)

मैत्रक गुप्त शासकों के **अधीनस्थ शासक** थे, जिन्होंने गुजरात के **सौराष्ट्र** पर शासन कर पश्चिमी भारत में अपना **स्वतंत्र** राज्य स्थापित किया था। मैत्रक शासकों में **ध्रुवसेन द्वितीय** सबसे महत्वपूर्ण शासक हुए, जो **हर्षवर्द्धन के समकालीन थे** और उसने हर्षवर्धन की पुत्री से विवाह किया। ह्वेनसांग के अनुसार हर्षवर्धन के प्रयाग (इलाहाबाद) महासभा में ध्रुवसेन द्वितीय शामिल हुए थे। मैत्रक ने **वल्लभी** को अपनी **राजधानी** के रूप में विकसित किया, जो शिक्षा का भी एक महत्वपूर्ण केंद्र था। अरब सागर के किनारे होने के कारण, वह व्यापार और वाणिज्य से संपन्न **बंदरगाह शहर** भी था। मैत्रकों का शासन 8वीं शताब्दी के मध्य तक जारी रहा, जब अरबों के आक्रमणों ने उसकी शक्ति को कमजोर कर दिया।

## मौखरी (कन्नौज)

मौखरी भी **गुप्तकालीन शासकों के अधीनस्थ शासक** थे और **सामंत की पद्वी**[2] का इस्तेमाल करते थे। वे पश्चिमी उत्तर प्रदेश के **कन्नौज** में शासन करते थे, जिसने धीरे-धीरे उत्तर भारत के राजनीतिक केंद्र के रूप में पाटलिपुत्र का स्थान ले लिया। **हर्षवर्धन की बहन राजश्री** का **ग्रह वर्मन से विवाह** हुआ। जैसा कि हमने पहले चर्चा की है, बंगाल (गौड़) के शासक **शशांक** और मालवा के शासक **देवगुप्त** ने संयुक्त रूप से हमला कर ग्रह वर्मन को मार दिया। हर्षवर्धन के सफल विजय अभियान के दौरान, **कन्नौज** का राज्य **पुष्यभूति के साथ मिल गया** और हर्ष ने अपनी राजधानी **थानेश्वर (कुरुक्षेत्र)** से **कन्नौज स्थानांतरित** कर दी। पतंजलि की रचनाओं में भी मौखरियों का उल्लेख आता है।

### हरिवर्मन मौखरी (मध्य छठवीं शताब्दी ई.)

↓ – **'महाराजा'** की पद्वी ग्रहण की, हालांकि उसके राज्य की सीमा ज्ञात नहीं है।

---

1 'नालंदा' शब्द का अर्थ ज्ञान देने वाला है और इसकी स्थापना गुप्त काल के दौरान कुमारगुप्त प्रथम ने की थी, और उनके उत्तराधिकारियों द्वारा और बाद में हर्ष द्वारा संरक्षण प्रदान किया गया। यह एक आवासीय विश्वविद्यालय था और आवास और भोजन सहित शिक्षा निःशुल्क दी जाती थी। प्रवेश एक प्रतियोगी परीक्षा के माध्यम से होता था और ऐसा माना जाता था कि केवल 30% अभ्यर्थी ही उत्तीर्ण हो सकते थे। शिक्षा का माध्यम संस्कृत था और यद्यपि यह एक महायान विश्वविद्यालय था, इसमें हीनयान सिद्धांत, वेद, संध्या और योग दर्शन जैसे विभिन्न धार्मिक विषय भी पढ़ाए जाते थे। विश्वविद्यालय के प्रोफेसरों को पंडित कहा जाता था और वहां के कुछ नए प्रोफेसर दिनाग, धर्मपाल, स्थिरमती और सिलभद्र थे। धर्मपाल बाद में नालंदा विश्वविद्यालय के प्रमुख बने।

2 सामंतों या अधीनस्थों से अपेक्षा की जाती थी कि वे राजा के दरबार में उपस्थित रहें, उनके लिए उपहार लाएं और उन्हें सैन्य सहायता प्रदान करें। जैसे-जैसे सामंतों को शक्ति और धन प्राप्त होता गया, वे धीरे-धीरे उन्हें महासामंत या महामंडलेश्वर (किसी वृत्त या क्षेत्र का महान स्वामी) घोषित कर देते थे।

**आदित्यवर्मन**

- उसने अपने पिता का स्थान लिया, और ऐसा कहा जाता है कि उसने 'महाराजा' की उपाधि धारण की।

**ईशानवर्मन (करीब 554 ई.)**

- **असीरगढ़ ताम्र पत्र** अभिलेख के अनुसार, **मौखरी साम्राज्य** का **वास्तविक संस्थापक** माना जाता है। **'महाराजाधिराज'** की उपाधि धारण की।
- इनके शासनकाल में मौखरी साम्राज्य आंध्र प्रदेश, ओडिशा और गौड़ (बंगाल) तक फैला। **आंध्र के राजा** ईशानवर्मन से **हार गए,** जो संभव है कि विष्णुकुंदिन परिवार के सदस्य थे। ईशानवर्मन को बाद के **गुप्त शासकों** के **विरोध** का सामना करना पड़ा और इस प्रकार उनके साथ लंबे समय तक चले संघर्ष की शुरुआत हुई। **कुमार गुप्त द्वारा** वे बुरी तरह **पराजित** हुए।
- इतिहास में ईशानवर्मन को **हूणों का विरोध करने और उन्हें पराजित करने के लिए याद किया जाता है।** मौखरियों ने संभवतः शाही गुप्त वंश के बालादित्य के सामंत के रूप में हूणों से युद्ध किया था। हर्षवर्धन के अभिलेख में यह दावा किया गया है कि ईशानवर्मन ने सुलिकाओं को भी हराया था।
- सिक्कों और मोहरों से पता चलता है कि वह **एक विद्वान व्यक्ति, न्यायप्रिय शासक, वीर योद्धा** और **शिक्षाप्रिय शासक** था।

**सर्ववर्मन (करीब 560-585 ई.)**

- संभवतः ईशानवर्मन का पुत्र, जिसने अपने पिता की मौत के बाद गद्दी हासिल की। सर्ववर्मन ने मगध पर आधिपत्य बनाए रखा और उत्तर गुप्तों को अपने **अधीन** बनाए रखा। **मध्य प्रदेश** के **बुरहानपुर** जिले में मिले **असीरगढ़ अभिलेखों** में दामोदर गुप्त पर उसकी जीत का जिक्र है। साथ ही, इसमें निमाड़ को **दक्कन में मौखरियों की सीमा चौकी** के रूप में वर्णित किया गया है।
- सर्ववर्मन के समय, बाद के गुप्त शासकों ने कोई मुश्किल खड़ी नहीं की।

**अवंतिवर्मन (करीब 585-600 ई.)**

- **नालंदा मोहर** से पता चलता है कि सर्ववर्मन के बाद उसका पुत्र अवंतिवर्मन उत्तराधिकारी बना जिसने 'महाराजाधिराज' की पद्वी हासिल की और ऐतिहासिक शहर **कन्नौज** को राजधानी बनाकर अपने साम्राज्य की सीमा बढ़ाई।
- उसके अधीन मौखरी साम्राज्य अपने उत्कर्ष पर पहुंचा।

**ग्रहवर्मन (करीब 600 ई.)**

- अवंतिवर्मन के बाद राज्य संभाला। **प्रभाकरवर्मन की बेटी राजश्री से विवाह** किया, जो कि थानेश्वर के पुष्यभूति परिवार की थी।
- **ग्रहवर्मन** उत्तर-गुप्त वंश के शासक देव गुप्त द्वारा मारे गए। धीरे-धीरे मौखरी परिवार विलुप्त हो गया।

# 600–750 ई. काल : दक्षिण भारत

जैसा कि हमने पहले देखा **300 से 750 ई.** तक के समय को **विंध्य** के दक्षिण क्षेत्र में **द्वितीय ऐतिहासिक चरण के** रूप में जाना गया। इसने पहले ऐतिहासिक चरण की कुछ प्रक्रियाओं को जारी रखा, लेकिन यह कई मामलों में पहले ऐतिहासिक चरण (200 ई. पू. से 300 ई.) से भिन्न था, जैसे-

| पहला ऐतिहासिक चरण ( 200 ई.पू.-300 ई. ) | दूसरा ऐतिहासिक चरण ( 300-750 ई. ) |
|---|---|
| **सातवाहन, चोल, चेर** और **पाण्ड्य** प्रमुख राज्य थे। | इस दौर में तीन प्रमुख राज्य थे–**कांची के पल्लव, बादामी के चालुक्य, मदुरै के पाण्ड्य।** |
| **विभिन्न प्रकार के हस्तशिल्प, आतंरिक और बाह्य व्यापार, सिक्कों का भारी चलन** और अच्छी संख्या में शहर इस काल खंड की पहचान थे। | इस काल में **व्यापार, शहर और सिक्के कमतर** हो गए थे। हालांकि **कृषि अर्थव्यवस्था का अधिक विस्तार** हुआ। |
| इस काल में **बौद्ध धर्म को संरक्षण** दिया गया, जो कि आंध्र और महाराष्ट्र दोनों में मिले बौद्ध स्मारकों से स्पष्ट है। गुफा अभिलेखों ने भी तमिलनाडु के दक्षिण जिलों में जैन और बौद्ध धर्म के अस्तित्व की ओर इशारा किया है। | राजाओं द्वारा **ब्राह्मणवाद पर ज्यादा जोर** और वैदिक बलियों के अधिक उदाहरण मिले थे। जैन धर्म कर्नाटक तक सीमित रह गया था। विशाल चट्टानों की संस्कृति ने मंदिर निर्माण का रास्ता खोला। |
| अभिलेख **अधिकतर प्राकृत लिपि में लिखे गए थे।** | **संस्कृत प्रायद्वीप की आधिकारिक भाषा बन गई थी** और अधिकतर राजाज्ञाएं संस्कृत में ही लिखी जाने लगीं। |

## दक्कन

### बादामी के पश्चिमी चालुक्य

जैसा कि हमने पहले चर्चा की है, उत्तरी महाराष्ट्र और विदर्भ (बरार) में **वाकाटकों** ने **सातवाहनों** पर **विजय प्राप्त** की। **वाकाटक** के बाद **बादामी के चालुक्य** आए, जिन्होंने छठवीं शताब्दी की शुरुआत से करीब 200 साल तक दक्कन और दक्षिण भारत के इतिहास में महत्वपूर्ण भूमिका अदा की। **चालुक्य** एक **समुद्री शक्ति** थे और उन्होंने **पश्चिमी दक्कन** तक **राज्य** बना लिया था, जिसकी **राजधानी वातापी** (**कर्नाटक** का आधुनिक **बादामी**) थी। बादामी के चालुक्यों के साथ, (जिन्हें मूलतः पश्चिमी चालुक्य कहा जाता है) इसी वंश की **दो अन्य शाखाएं** थीं, जो **स्वतंत्र रूप** से शासन कर रही थीं-**वेंगी के पूर्वी चालुक्य** और **लाट के चालुक्य।**

पश्चिमी चालुक्यों ने, वैधता और सम्मान हासिल करने के क्रम में, **ब्राह्मणवादी** मूल के **मानव्य गोत्र** के **'हरिति पुत्र'** होने का दावा किया। चालुक्य के संस्थापक राजा **पुलकेशिन प्रथम** थे, जिन्होंने इस वंश की स्वतंत्र सत्ता को स्थापित किया।

**पुलकेशिन प्रथम ( 535-566 ई. )**

- **वतापी** (बादामी, कर्नाटक) को **राजधानी** बना **साम्राज्य** की स्थापना की।
- अश्वमेध की तरह बड़ी संख्या में श्रौत्र यज्ञों का निष्पादन किया।

**कीर्तिवर्मन प्रथम ( 566–598 ई. )**

- पुलकेशिन के पुत्र, जिन्होंने बाद में **साम्राज्य** को **विस्तार** दिया और **बनवासी** (निकट **मैसूर**) **के कदम्ब, कोंकण के मौर्य** और **बस्तर क्षेत्र के नल** को हराया।
- इसे बातापी का प्रथम निर्माता व बहुसुवर्ग यज्ञ करने वाला कहा है।

**मंगलेश ( 598–609 ई. )**

- कीर्तिवर्मन प्रथम की मृत्यु के बाद **भाई मंगलेश** और **भतीजे पुलकेशिन द्वितीय** के बीच उत्तराधिकार को लेकर संघर्ष हुआ, जिसमें पुलकेशिन द्वितीय विजयी हुआ।

**पुलकेशिन द्वितीय ( 610–642 ई. )**

- इस राजवंश के **सबसे शक्तिशाली** और **प्रसिद्ध राजा**, जिन्होंने कई **सैन्य लड़ाइयां** जीतीं। उनकी **प्रशस्ति** को उनके **राज कवि रविकीर्ति** ने **एहोल शिलालेख** में लिखा है, जो मैसूर के गंग, अलुपस, बनवासी के कदम्ब के खिलाफ उनकी जीत का वर्णन करता है। उन्होंने पूर्वी दक्कन साम्राज्यों, दक्षिण कोसल और कलिंग के खिलाफ भी अभियानों का नेतृत्व किया।
- **हर्षवर्धन के समकालीन** और **नर्मदा नदी के तट** पर उसे **हराया**। इस प्रकार उन्होंने **दक्षिणापथेश्वर** (दक्षिण के स्वामी) की पद्वी हासिल की।
- उन्होंने **फ़ारसी राजा खुसरो द्वितीय** के पास अपने दूत भेजे (इस दूत के स्वागत के दृश्यों को **अजंता गुफाओं** में **दर्शाया** गया है)।
- **ह्वेनसांग** ने उनके राज्य का **दौरा** किया और उसने बताया कि हालांकि पुलकेशिन द्वितीय हिंदू थे, लेकिन वे बौद्ध और जैन धर्म के प्रति भी सहनशील थे।
- उनका **कृष्णा और गोदावरी** नदियों के बीच के इलाके (**वेंगी** नाम से प्रचलित) पर कब्जे को लेकर **कांची के पल्लवों** के साथ संघर्ष हुआ, जिसे जीतकर उन्होंने अपने **भाई विष्णुवर्धन ( वेंगी के चालुक्य/पूर्वी चालुक्य**) के अधीन रखा। इस प्रकार पल्लवों के खिलाफ **पहला अभियान**, जो उस वक्त **महेंद्रवर्मन प्रथम** द्वारा शासित था, पर पूर्ण सफलता प्राप्त कर ली। हालांकि **पल्लवों के खिलाफ दूसरा अभियान पूरी तरह विफल साबित** हुआ क्योंकि **पल्लववंशी राजा नरसिंहवर्मन ने पुलकेशिन द्वितीय** की **हत्या** कर दी थी, और उसने **'वातापीकोंडा'** की उपाधि धारण की।
- पुलकेशिन द्वितीय की मौत के बाद आंतरिक विवादों के कारण **बादामी चालुक्य वंश** में **संक्षिप्त गिरावट** देखी गई। **बादामियों** को **पल्लवों** ने 13 साल तक **अपने कब्जे** में रखा। यह **पल्लवों** और **चालुक्यों** के बीच सौ साल से अधिक समय तक चले **राजनीतिक संघर्ष** की शुरुआत को दर्शाता है।

**विक्रमादित्य प्रथम ( 655–680 ई. )**

- **पल्लवों को बादामी से बाहर निकालने में कामयाब** हुआ और संपूर्ण राज्य पर पुनः अधिकार स्थापित किया। उन्होंने न केवल **पल्लव शासकों को हराया**, बल्कि उनकी **राजधानी कांची पर भी कब्जा** किया।
- विक्रमादित्य प्रथम ने **'राजामल्ल'** (अर्थात् **मल्लों या पल्लवों के सम्राट**) की उपाधि ग्रहण की।
- उन्होंने चेर, चोल और पाण्ड्यों को भी हराया।

**विनयादित्य प्रथम ( 680-696 ई. )**

↓

**विजयादित्य ( 696-733 ई. )**

- उनका 37 वर्ष का शासनकाल को समृद्धि और व्यापक रूप से उनके **उत्कृष्ट मंदिर निर्माण गतिविधियों** के लिए जाना जाता है।

**विक्रमादित्य द्वितीय ( 733-743 ई. )**

- शानदार **विक्रमादित्य द्वितीय** के शासन के दौरान **वातापी वंश** का नाम **फिर से अपने चरम** पर था, जो **तोंडईमंडलम्** क्षेत्र पर लगातार आक्रमण करने और **पल्लव राजा नंदी वर्मन द्वितीय** पर जीत के लिए जाना जाता है। इस प्रकार उन्होंने पल्लवों द्वारा चालुक्यों के **अपमान का बदला** लिया और **कैलाशनाथ मंदिर** के **विजय स्तंभ** पर यह **वृत्तांत कन्नड़ में खुदवाया।**
- वह **लोगों की भलाई करने** और पल्लव राजधानी **कांचीपुरम के स्मारकों** के लिए जाने जाते हैं।
- उसके शासनकाल के दौरान, उमय्याद खलीफा के **अरब घुसपैठियों** ने **दक्षिणी गुजरात** पर आक्रमण किया, जो चालुक्य शासन के अधीन था, लेकिन नवसारी के चालुक्य गवर्नर पुलकेसी ने उन्हें **धूल चटा दी।**
- बाद में उन्होंने तमिल देश के अन्य परंपरागत साम्राज्यों पाण्ड्य, चोल और चेरों को हराया। इसके अलावा कालभ्र शासक को जीता।

**कीर्तिवर्मन द्वितीय ( 743-757 ई. )**

- इस वंश के अंतिम शासक जो **राष्ट्रकूट राजा दंतिदुर्ग** द्वारा **पराजित** हुए। इस प्रकार, चालुक्य शासन लगभग 757 ई. में समाप्त हुआ और सामंती राज्यों में से एक राष्ट्रकूट ने प्रमुखता प्राप्त की।

## चालुक्यों के अधीन प्रशासन और सामाजिक जीवन

पल्लवों और चोलों के विपरीत, चालुक्य प्रशासन अत्यधिक **केंद्रीकृत** था और **गांव की स्वायत्तता पूरी तरह से अनुपस्थित** थी। उनके पास **एक छोटी-सी स्थायी सेना** थी, लेकिन वे **महान समुद्री शक्ति** थे। वास्तव में, पुलकेशिन द्वितीय की नौसेना में 100 जहाज थे। बादामी चालुक्य ब्राह्मणवादी हिंदू थे और वैदिक संस्कारों और अनुष्ठानों को महत्व देते थे, लेकिन उन्होंने अन्य धर्मों के प्रति समान सहिष्णुता और सम्मान दिखाया। इस अवधि के दौरान विष्णु, शिव और अन्य देवताओं के सम्मान में कई मंदिर भी बनाए गए। हालांकि पश्चिमी दक्कन में बौद्ध धर्म का पतन हो रहा था, लेकिन चालुक्यों के अधीन जैन धर्म लगातार प्रगति कर रहा था। वास्तव में, पुलकेशिन द्वितीय के **दरबारी कवि रविकीर्ति** एक **जैन विद्वान** थे।

सांस्कृतिक रूप से, **दक्कन में चालुक्य काल की अवधि कला और वास्तुकला के विकास** के लिए **उल्लेखनीय** है। वास्तुकला की उनकी शैली को **चालुक्य वास्तुकला** कहा जाता है। उन्होंने मंदिर निर्माण की दक्कन या बेसर शैली विकसित की, जो कि **राष्ट्रकूट** और होयसलों (13वीं शताब्दी) के अधीन अपने चरम पर पहुंची। उत्तरी कर्नाटक के आधुनिक बागलकोट जिले में मालप्रभा नदी के दोआब पर उनके द्वारा निर्मित लगभग सौ स्मारक, प्रस्तर-कट (गुफाएं) और ढांचे मिले हैं। ज्यादातर स्मारकों में स्थानीय **लाल रंग के सुनहरे बलुआ पत्थर इस्तेमाल** हुए हैं। अधिकांश चालुक्य मंदिर निर्माण गतिविधियां आधुनिक

**कर्नाटक** राज्य में **ऐहोल, बादामी, पट्टदकल** और **महाकूट** जैसे तुलनात्मक रूप से छोटे क्षेत्रों में हुई। उनकी मंदिर निर्माण गतिविधियों को मुख्यत: **तीन चरणों** में देखा जा सकता है:

| चालुक्यों की मंदिर निर्माण गतिविधियों के चरण | |
|---|---|
| (a) **प्रारंभिक चरण** (जो **छठी शताब्दी की अंतिम तिमाही** में शुरू हुआ) | • इस चरण में मुख्यत: गुफा मंदिरों का **निर्माण** किया गया था, जैसे कि **ऐहोल** में **तीन प्राथमिक गुफा मंदिर** (एक वैदिक, एक जैन और एक बौद्ध मंदिर, जो अधूरा है), इसके बाद बादामी में चार विकसित गुफा मंदिरों, जिनमें से तीन गुफा मंदिर वैदिक और एक जैन परंपरा का है।<br>• **बादामी** में इन **गुफा मंदिरों** की **उल्लेखनीय विशेषता** यह है कि **प्रत्येक के पास एक समतल बरामदा** है, लेकिन एक विशिष्ट रूप से सजाए गए **आंतरिक स्तंभयुक्त बरामदे, एक मंडप और सेला** (पत्थरों को गहराई तक काटकर बना पवित्र स्थान) जिसमें आराध्य देवता शामिल हैं।<br>• **वैदिक मंदिरों** में हरिहर, महिषासुरमर्दिनी, *वराह, नरसिम्हा, त्रिविक्रम, अनंत* (एक नाग) *पर विराजमान विष्णु और नटराज* (नृत्य करते शिव) *की विशालकाय और खूबसूरती से तराशी गई मूर्तियां हैं।* |
| (b) **दूसरा चरण** | • मंदिरों के निर्माण का यह चरण **ऐहोल** और बादामी में था जहां लगभग 70 संरचनाएं मौजूद थीं और जिसे 'भारतीय मंदिर वास्तुकला' *के नमूनों में से एक बताया गया है।* लाड़ खान मंदिरों में रोचक **छिद्रित पत्थर की खिड़कियां** और नदी **देवी की मूर्तियां** हैं, **मेगुटी जैन मंदिर**, जो संरचनात्मक स्वरूप में प्रगति दिखाता है और अपने उत्तर भारतीय मीनार शैली को दर्शाता दुर्गा मंदिर है।<br>• इस काल के अन्य द्रविड़ शैली के मंदिर नागरल में नागनाथ मंदिर, बनान्तीगुडी मंदिर और महाकुटेश्वर मंदिर हैं। |
| (c) **परिपक्व चरण** | • बादामी चालुक्य वास्तुकला के परिपक्व चरण में **पट्टदकल** में **संरचनात्मक मंदिर** शामिल हैं, जो 8वीं शताब्दी में बनाए गए थे जो अब **यूनेस्को** की विश्व **धरोहर स्थल** सूची में शामिल हैं। पट्टदकल में दस मंदिर, छह दक्षिणी द्रविड़ शैली में और चार उत्तरी नागर शैली में हैं। इनमें कर्नाटक का **संगमेश्वर मंदिर** और **विरूपाक्षी मंदिर** प्रसिद्ध हैं। इन मंदिरों में ***महाभारत*** के बहुत सारे प्रकरण उत्कीर्ण हैं और **मल्लिकार्जुन मंदिर दक्षिणी शैली** में निर्मित है।<br>• शिलालेखों से पता चला है कि *विरुपाक्ष और मल्लिकार्जुन मंदिरों को सम्राट विक्रमादित्य द्वितीय की दो रानियों का संरक्षण हासिल था, जिसे उन्होंने कांचीपुरम के पल्लवों पर सैन्य सफलता हासिल करने के बाद तैयार किया था।* **बादामी** के **भूतनाथ** समूह के मंदिर भी इसी काल के थे। |

## वेंगी के पूर्वी चालुक्य

8वीं शताब्दी के उत्तरार्द्ध में, पूर्वी चालुक्यों ने **आंध्र प्रदेश** के वेंगी में खुद को स्थापित किया। जैसा कि हमने पहले चर्चा की है, पुलकेशिन द्वितीय (610-642 ई.) ने पूर्वी दक्कन में वेंगी क्षेत्र पर विजय प्राप्त की और **642** में अपने भाई **विष्णुवर्धन**

को इस नए अधिगृहीत क्षेत्र का **गवर्नर** नियुक्त किया। संभवतः पुलकेशिन द्वितीय की मौत के बाद विष्णुवर्धन ने **आजादी** की घोषणा की। इस प्रकार **वेंगी के पूर्वी चालुक्य** प्रभुत्व में आए। आरंभ में, वेंगी (आधुनिक एललौर) पूर्वी चालुक्यों की राजधानी थी, लेकिन **बाद में** वे **राजमहेंद्रवर्मन** (आधुनिक राजमुंदरी) में चले गए। अपने संपूर्ण इतिहास के दौरान, पूर्वी चालुक्य अधिक शक्तिशाली चोल और पश्चिमी चालुक्यों के बीच बहुत-से युद्धों के कारण बने क्योंकि उनका सामयिक महत्व के वेंगी राष्ट्र पर कब्जा था। वेंगी पर पूर्वी चालुक्यों का पांच सदी तक शासन न केवल इस क्षेत्र के संगठित रूप को दर्शाता है, बल्कि उन्होंने अपने शासन के उत्तरार्द्ध में तेलुगू संस्कृति, साहित्य, कविता और कला को भी विकसित किया। वे 1189 ई. तक चोलों के सामंतों के रूप में इस क्षेत्र पर शासन करते रहे। उनके राज्य ने **अंततः होयसल** और **यादवों** के आगे **घुटने टेक** दिए।

**विष्णुवर्धन ( लगभग 624 ई. )**

↓

**विजयादित्य द्वितीय ( 808-847 ई. )**

- इस वंश के सबसे महत्वपूर्ण शासकों में एक, जिन्होंने राष्ट्रकूट गंग के खिलाफ सफल सैन्य अभियानों का नेतृत्व किया और गुजरात में अभियान चलाया। यहां तक कि राष्ट्रकूट अभिलेख में भी विजयादित्य के हाथों अपनी हार स्वीकार करने का उल्लेख है। उन्होंने स्वीकार किया है कि, ''उनके राज्य की महिमा चालुक्यों के महासागर में डूब गई थी।''

**विजयादित्य तृतीय ( 848-892 ई. )**

- इस राजवंश के **एक अन्य महत्वपूर्ण शासक,** जिन्होंने न केवल पल्लवों, पाण्ड्यों, गंग, राष्ट्रकूट, कलचुरी और दक्षिणी कोसल पर **जीत हासिल** करने का दावा किया, बल्कि एक **चोल राजा** को **आश्रय** भी प्रदान किया।

**भीम प्रथम ( 892-922 ई. )**

- उन्हें **राष्ट्रकूट राजा ने बंदी बना** लिया था, लेकिन बाद में रिहा कर दिया।

**विजयादित्य चतुर्थ ( लगभग 922 ई., छः महीने के लिए )**

- इनके शासनकाल में कई **उत्तराधिकार संबंधी विवाद** उभरे, जिनमें ***राष्ट्रकूटों ने खुलेआम दखल*** दिया और अन्य दावेदारों में से कभी एक का तो कभी दूसरे का समर्थन किया। बाद के शासकों का शासनकाल इसलिए छोटी अवधि का रहा, जो छह महीने से लेकर मात्र पखवाड़े तक भी था।
- भीम द्वितीय और अम्मा द्वितीय के शासनकाल के दौरान राजनीतिक स्थिरता कुछ हद तक बहाल हो गई थी, लेकिन यह बहुत लंबे समय तक नहीं चल पाई और बाद में 999 ई. में चोल राजा **राजराजा** ने **वेंगी के पूर्वी चालुक्यों** पर **विजय हासिल** कर ली।

## लाट के चालुक्य

मूलतः अपने आरंभिक वर्षों में वे **पश्चिमी चालुक्यों के सामंत थे**, लेकिन 10वीं और 11वीं शताब्दी के दौरान धीरे-धीरे पश्चिमी चालुक्य की कमजोर होती शक्ति के साथ इन्होंने **खुद को स्वतंत्र** घोषित किया और आज के गुजरात के **लाट क्षेत्र** पर शासन करने लगे। अंततः **गुजरात** (सोलंकी) **के चालुक्यों** द्वारा पराजित हुए।

**निम्बार्क ( उनके बारे में ज्यादा नहीं पता है )**

↓

**बारप्पा ( 970-990 ई. )**

- राजवंश के **प्रमुख प्रतिष्ठित शासक**, जो पहले पश्चिमी चालुक्य राजा तेलप द्वितीय के एक जनरल के रूप में काम करते थे। बाद में तेलप द्वारा लता क्षेत्र के गवर्नर बनाए गए।
- माना जाता है कि बारप्पा और शाकम्भरी राजा की एक संयुक्त सेना ने सोलंकी शासक मूलराज को हराया।
- हेमचंद्र के देवाश्रय काव्य के अनुसार मूलराज के पुत्र चामुण्ड राजा ने लाट पर हमला किया और बारप्पा को मार डाला।

**गोगी-राजा ( 990-1010 ई. )**

- बारप्पा के बेटे गोगी राजा ने संभवतः लाट क्षेत्र में परिवार के भाग्य को पुनर्जीवित किया।

**कीर्ति राजा ( 1010-1030 ई. )**

- 940 शक (1018 ई.) **कीर्ति राजा** का **ताम्र पत्र शिलालेख** सूरत में खोजा गया था, जिनमें उनके पूर्वजों के नाम गोगी, बारप्पा और निम्बार्क के रूप में सूचीबद्ध हैं।

**वत्स राजा ( 1030-1050 ई. )**

- माना जाता है कि वत्स ने **भगवान सोमनाथ** के लिए एक **स्वर्ण छतरी बनवाई** और एक **मुफ्त भोजनालय ( सत्तरा )** भी स्थापित किया।

**त्रिलोचन पाल ( 1050-1070 ई. )**

- त्रिलोचन पाल से संबंधित 972 शक (1050 ई. एकल्लाहारा और 1051 ई. सूरत) के दो **ताम्र पत्र शिलालेख** मिले हैं, जिनमें त्रिलोचन पाल को **'महामंडलेश्वर'** की उपाधि दी गई है।
- इन शिलालेखों में चालुक्यों की **पौराणिक उत्पत्ति** का ब्यौरा दिया गया है। शिलालेखों के अनुसार, परिवार की वंश उत्पत्ति निर्माण के देवता विरिंची की चुलुका (एक पोत या पानी भरने के लिए मुड़ी हुई हथेली (अंजुलि) से हुई थी। देवता की सलाह पर, उन्होंने राष्ट्रकूट की राजकुमारी कान्यकुब्ज से विवाह किया।
- 1050 ई. के अभिलेख के अनुसार उन्होंने एकल्लाहारा गांव को तारादित्य नामक ब्राह्मण को दान में दिया।

हालांकि 1074 ई. तक **सोलंकियों** ने पूरे साम्राज्य को परास्त कर दिया।

## सुदूर दक्षिण

इस काल के दौरान सुदूर दक्षिण के राजनीतिक इतिहास में **दो प्रमुख राज्य कांची के पल्लव** और **मदुरै के पाण्ड्यों** का **प्रभुत्व** था।

## कांची के पल्लव

**सातवाहनों के भग्नावशेषों** पर प्रायद्वीप के पूर्वी भाग (विशेष रूप से **कृष्णा-गुंटूर क्षेत्र**) में **इक्ष्वाकुओं का उदय** हुआ। वे संभवत: एक **स्थानीय जनजाति** के थे, जिन्होंने इक्ष्वाकुओं के महान नाम को अपनी वंशावली की पुरातनता को प्रदर्शित करने के लिए अपना लिया था। **नागार्जुनकोंडा** और **धरणीकोंटा** के बहुत से स्मारक और ताम्र पत्र अभिलेख उनसे संबंधित हैं। **इक्ष्वाकुओं** का स्थान **पल्लवों** ने ले लिया था। **पल्लव** शब्द का अर्थ है–'लता', **संस्कृत** में इसे **'टोंडी'** कहते हैं और तमिल में यह लुटेरों का पर्याय है। इसलिए पल्लव[3] संभवत: एक **देहाती स्थानीय जनजाति** थे, जिन्होंने अपना शासन लताओं की भूमि, जिसे तोंडईमंडलम (उत्तरी पेन्ना और उत्तरी वेल्लर नदियों के बीच की भूमि) में **स्थापित** किया, इसमें अधिकतर **दक्षिणी आंध्र प्रदेश** और **उत्तरी तमिलनाडु** शामिल था और उनकी राजधानी **कांची** में थी। कांची (वर्तमान कांचीपुरम) पल्लवों के अधीन एक महत्वपूर्ण मंदिरों का शहर और व्यापार एवं वाणिज्य का केंद्र बन गया था।

कुछ अभिलेख इस वंश के आरंभिक राजाओं[4], जैसे–**शिवस्कंदवर्मन** का उल्लेख करते हैं, जिन्होंने संभवत: **चौथी शताब्दी** के आरंभ में शासन किया था लेकिन **छठी शताब्दी** के **आखिरी 25 वर्षों** में पल्लवों की शक्ति बढ़ाने में महत्वपूर्ण भूमिका निभाने वाले शासक **सिंहविष्णु** थे।

### सिंहविष्णु

- माना जाता है कि इन्होंने **इक्ष्वाकु को हराकर** पल्लव साम्राज्य के लिए **मजबूत नींव रखी।**
- कलभ्रों की वजह से हुई राजनीतिक अव्यवस्था को समाप्त किया। उन्होंने कावेरी तक की जमीन जीत ली और **कांची** (चेन्नई के दक्षिण) को **राजधानी** बनाया।
- **'अवनिसिंह' (पृथ्वी का शेर)** की उपाधि धारण की।
- महान **संस्कृत** विद्वान **भारवि** उनके शासनकाल के दौरान हुए थे।

### महेंद्रवर्मन प्रथम (590-630 ई.)

- इनके शासन के दौरान, बादामी के चालुक्यों और पल्लवों के बीच का संघर्ष बढ़ गया और वह **पुलकेशिन द्वितीय** से **पुल्लालुर** (निकट कांची) में पराजित हो गया, जिन्होंने **पल्लव साम्राज्य** के **उत्तरी भाग** पर **कब्जा** कर लिया।
- **कला का एक महान संरक्षक** था। वह **स्वयं एक कवि** और **संगीतकार** था। उन्होंने ***'मत्तविलास प्रहसन'*** को लिखा और **चित्रकारपुली** की उपाधि धारण की, जिससे चित्रकला में उनकी प्रतिभा का पता चलता है। उनके शासनकाल में **दक्षिणचित्र** नामक भाष्य का भी संकलन किया गया। कुडुमियानमलाई का संगीत शिलालेख उन्हीं का बताया जाता है और यह उनकी संगीत प्रतिभा का प्रमाण भी है।

---

3 ऐसा माना जाता है कि ये अशोक के शिलालेखों में वर्णित पुलिंदों के समान हैं।

4 ऐसा माना जाता है कि संभवत: पल्लव शासकों की तीन पंक्तियां थीं:

(a) पल्लव शासकों की पहली पंक्ति (250–350 सीई) : प्रारंभिक पल्लव शासक, जिन्होंने प्राकृत में अपने चार्टर जारी किए और उनमें से महत्वपूर्ण शासक शिवस्कंदवर्मन और विजयस्कंदवर्मन थे।

(b) पल्लव शासकों की दूसरी पंक्ति (350–550 ई.) : विष्णुगोपा अपने शासनादेश संस्कृत में जारी करने वाले और सबसे महत्वपूर्ण शासकों में से एक थे, जिसे समुद्रगुप्त ने अपने दक्षिण भारतीय अभियान के दौरान हराया था।

(c) पल्लव शासकों की तीसरी पंक्ति (575 ई.पू. से 9वीं शताब्दी तक) : सिम्हाविष्णु इस वंश के पहले शासक थे, जिन्होंने संस्कृत और तमिल दोनों में अपना चार्टर जारी किया।

- वह **गुफा मंदिरों** के एक महान निर्माता भी थे, जैसा कि **मंडागप्पट्टू शिलालेख** से स्पष्ट है, उन्हें **विचित्रचित्त** कहा जाता है, जिन्होंने ईंटों, लकड़ी, धातु और मोर्टार के उपयोग के बिना ब्रह्मा, विष्णु और शिव के लिए एक मंदिर का निर्माण किया। उन्होंने **महाबलीपुरम** में **प्रसिद्ध गुफा** मंदिर का निर्माण शुरू किया और उनके रॉक कट मंदिर वल्लम, महेंद्रवादी, दलवानूर, पल्लावरम, मंडागप्पट्टू और तिरुचिरापल्ली जैसे कई स्थानों पर पाए जाते हैं।
- वे आरंभ जैन थे लेकिन बाद में अप्पार के प्रभाव से शैव धर्म को अपना लिया। उन्होंने तिरुवाडी में एक शिवमंदिर बनवाया।

**चित्र 9.3** ममल्लापुरम् की प्रस्तर नक्काशी

### नरसिंहवर्मन प्रथम/महामल्ल[5] (630-668 ई.)

- अपने पिता की हार का बदला लिया और न केवल **पुलकेशिन द्वितीय**[6] को हराया, बल्कि **पश्चिमी चालुक्य राज्य** और **बादामी** पर भी **विजय हासिल** की। इसके लिए उन्होंने श्रीलंका के राजकुमार **मानवर्मा** की मदद ली।
- न केवल चालुक्यों पर बल्कि चोल, चेर और कालभ्रस पर भी जीत हासिल करने का दावा किया।
- उसने श्रीलंकाई दोस्त **मानवर्मा** की मदद के लिए **दो नौसैनिक अभियान** भेजे, लेकिन मानवर्मा परास्त हो गया और उसे नरसिंहवर्मन प्रथम के दरबार में राजनीतिक शरण लेनी पड़ी।
- वास्तुशिल्प के उत्साही संरक्षक थे। **मामल्लपुरम् बंदरगाह** का निर्माण के साथ उन्होंने **महाबलिपुरम्** में **रथ के निर्माण** का भी आदेश दिया। नरसिंहवर्मन प्रथम के सम्मान में महाबलिपुरम् को **मामल्लपुरम्** के नाम से भी जाना जाता है। उनके शासनकाल के दौरान, **ह्वेनसांग** ने पल्लव राजधानी **कांचीपुरम** का दौरा किया और बाद में कांचियास को 'छह मील की परिधि वाला एक बड़ा और सुंदर शहर' बताया। इसमें 100 बौद्ध मठ थे, जिनमें लगभग 10,000 बौद्ध भिक्षु रहते थे। कांची के लोग महान शिक्षार्थी थे।

---

5 इसका अर्थ महान पहलवान है।

6 कांची के पास मणिमंगलम के युद्ध में पुलकेशिन द्वितीय पर उनकी जीत का उल्लेख कुरम तांबे की प्लेटों में किया गया है। जनरल परनजोथी के नेतृत्व में पल्लव सेना ने पीछे हट रही चालुक्य सेना का पीछा किया, चालुक्य क्षेत्र में प्रवेश किया, राजधानी वातापी पर कब्जा कर लिया और उसे नष्ट कर दिया और इस प्रकार नरसिंहवर्मन प्रथम ने 'वातापीकोंडा' की उपाधि धारण की।

**चित्र 9.4** महाबलिपुरम् का रथ मंदिर

**महेंद्रवर्मन द्वितीय ( 668-670 ई. )**

- पल्लव-चालुक्य संघर्ष बाद के कई दशकों तक जारी रहा। महेंद्रवर्मन द्वितीय चालुक्यों से लड़ते हुए मारे गए।

**परमेशवर्मन प्रथम ( 670-695 ई. )**

- **चालुक्य राजा विक्रमादित्य** और गंग को हराया।
- कांची में मंदिर बनवाया।

**नरसिंहवर्मन द्वितीय/राजसिंह ( 700-728 ई. )**

- राजसिंहेश्वर/**कैलाशनाथ मंदिर** बनवाया।
- महाबलिपुरम् में समुद्र किनारे मंदिर निर्माण।
- प्रसिद्ध संस्कृत विद्वान दण्डिन उसके दरबार में था।
- अपना एक राजदूत चीन भेजा।

**परमेशवर्मन द्वितीय ( 728-731ई. )**

- उसके शासनकाल में पल्लवों की राजधानी कांची पर आक्रमण हुआ और उसे अपमानजनक हार का सामना करना पड़ा।

**नंदीवर्मन द्वितीय ( 731-795 ई. )**

- **पेरुंडेवनार** को संरक्षण दिया गया जिन्होंने **महाभारत** का तमिल में भारतवेनबा के रूप में **अनुवाद** किया।

**दंतिवर्मन ( 795-846 ई. )**

- इनके शासनकाल में **राष्ट्रकूट राजा गोविंद तृतीय** ने **कांची** पर आक्रमण किया।

**नंदीवर्मन तृतीय ( 846-869 ई. )**

↓ - पाण्ड्यों को हराने में कामयाब रहे

**अपराजिता ( 880-893 ई. )**

↓ - अंतिम ज्ञात पल्लव राजा, जिन्होंने पश्चिमी गंग और चोल की मदद से शिरपुरम्बियम की लड़ाई में पाण्ड्यों को हराया।

893 ई. में, **पल्लवों** को अंततः **चोल राजा आदित्य प्रथम** ने **उखाड़ फेंका** और **तोंडाईमंडलम** क्षेत्र चोलों के अधीन आ गया। सांस्कृतिक रूप से दक्षिण भारत में पल्लवों का शासन तमिल भक्ति, कला और वास्तुकला की **द्रविड़ियन शैली** के विकास के लिए महत्वपूर्ण है। उनके अधीन **महाबलिपुरम् मंदिर वास्तुकला** के **महत्वपूर्ण केंद्र** के रूप में उभरा।

## पल्लवों के अधीन प्रशासन और सामाजिक जीवन

पल्लवों के पास एक सुव्यवस्थित प्रशासनिक व्यवस्था थी, जिसका नेतृत्व राजा अपने योग्य मंत्रियों की सहायता से करते थे। राज्य कोट्टम में विभाजित किया गया था और प्रत्येक **कोट्टम** का प्रशासन राजा द्वारा नियुक्त अधिकारियों द्वारा किया जाता था। राजा एक अच्छी तरह से प्रशिक्षित सेना रखता था। राजा द्वारा **मंदिरों** को दिए जाने वाले **भूमि अनुदान** को **देवधन** और **ब्राह्मणों** को दिए जाने वाले दान को **ब्रह्मदेय** के नाम से जाना जाता था, जिन्हें कर से छूट दी गई थी। **भूमि कर** सरकारी राजस्व का **प्राथमिक स्रोत** था, हालांकि बढ़ई, सुनार, तेल निकालने वालों (तेलियों) और बुनकरों से भी कर वसूला जाता था। **सिंचाई सुविधाएं** प्रदान करने की प्राथमिक जिम्मेदारी सरकार की थी और पल्लव राजाओं द्वारा कई **सिंचाई टैंक** खोदे गए थे। उदाहरण के लिए, महेंद्रवाडी और ममंदूर में सिंचाई टैंक महेंद्रवर्मन प्रथम के शासनकाल के दौरान खोदे गए थे। ग्राम सभाओं को सभा कहा जाता था, जो स्थानीय मामलों की देखभाल करती थीं, सभी ग्राम भूमि का रिकॉर्ड रखती थीं और मंदिरों का प्रबंधन करती थीं।

हालांकि, पल्लवों के शासनकाल के दौरान, तमिल समाज में **जाति व्यवस्था कठोर** हो गई। राजाओं और कुलीनों द्वारा भूमि अनुदान के माध्यम से ब्राह्मणों की स्थिति और मजबूत की गई और उन्हें मंदिरों की देखभाल की जिम्मेदारी भी दी गई। पल्लवों के शासनकाल के दौरान, **बौद्ध धर्म** और **जैन धर्म** का **पतन** शुरू हुआ जबकि शैव और वैष्णव धर्म का उत्थान हुआ। अधिकांश उत्थान का श्रेय **भक्ति आंदोलन** को दिया जाता है, जिसका हम बाद के अध्याय में विस्तार से अध्ययन करने जा रहे हैं। **नयन्नार** द्वारा रचित **देवाराम** और **अलवर** द्वारा रचित **नलयरादिव्यप्रबंध पल्लव काल** के समृद्ध धार्मिक साहित्य का प्रतिनिधित्व करते हैं। पल्लवसिस **नंदिकलांबगम** से संबंधित एक और महत्वपूर्ण साहित्यिक कृति है, लेकिन इस कृति के लेखक का नाम ज्ञात नहीं है।

पल्लव भी शिक्षा के महान संरक्षक थे और उनकी राजधानी कांची एक प्राचीन शिक्षा केंद्र के रूप में विकसित हुई। कांची की **घटिका** ने भारत और विदेश दोनों से छात्रों को आकर्षित किया। वास्तव में, प्रसिद्ध **बौद्ध लेखक दिगानागा** कांची में अध्ययन करने आये थे और **धर्मपाल** कांची के थे, जो बाद में **नालंदा विश्वविद्यालय** के प्रमुख बने। पल्लवों के संरक्षण में, संगीत, नृत्य और चित्रकला भी महान ऊंचाइयों पर पहुंची। **मामंदुर शिलालेख** में **स्वर संगीत** के संकेतन पर एक टिप्पणी है जबकि **कुडुमियानमलाई शिलालेख** में **संगीत नोट्स** और **वाद्ययंत्रों** का उल्लेख है। प्रसिद्ध **सित्तनवासलपेंटिंग्स** पल्लवों की थीं।

यह **मंदिर निर्माण** का भी महान युग था क्योंकि **मंदिर वास्तुकला की द्रविड़ शैली** वास्तव में पल्लवों के तहत शुरू हुई थी। **गुफा मंदिरों** से लेकर **अखंड रथों** तक का क्रमिक विकास संरचनात्मक मंदिरों में समाप्त हुआ। वास्तव में, मंदिर वास्तुकला के विकास को मुख्य रूप से चार चरणों में देखा जा सकता है:

(a) **रॉक कट मंदिर: महेंद्रवर्मन प्रथम** के अधीन पल्लवों ने चट्टान से मंदिर खोदने की कला की शुरुआत की। यह शैली महेंद्रवाडी, मामंदुर, मंडागप्पट्टू, दलवानूर, वल्लम, तिरुचिरापल्ली, तिरुकलुक्कुनराम और सियामंगलम जैसी जगहों पर दिखाई देती है।

(b) **अखंड रथ और मंडप:** पल्लव वास्तुकला का दूसरा चरण ज्यादातर **नरसिंहवर्मन प्रथम** के शासनकाल से संबंधित है और **मामल्लापुरम** में केंद्रित है। **पांच रथ**, जिन्हें लोकप्रिय रूप से पंचपनदावरथ कहा जाता है, मंदिर वास्तुकला की पांच अलग-अलग शैलियों का प्रतीक हैं।

(c) **संरचनात्मक मंदिर:** अगला चरण **राजसिम्हा** के शासनकाल का है, जिन्होंने नरम रेत चट्टानों का उपयोग करके निर्मित संरचनात्मक मंदिरों की शुरुआत की थी। कांची का प्रसिद्ध **कैलाशनाथ मंदिर** और **मामल्लापुरम का तटीय मंदिर** इस चरण के बेहतरीन उदाहरण हैं।

(d) **बाद के पल्लवों द्वारा निर्मित संरचनात्मक मंदिर: वैकुंड पेरुमल मंदिर, वेंकटेश्वर मंदिर** और कांचीपुरम में **मुक्तिश्वर मंदिर** वास्तुकला के इस चरण से संबंधित हैं।

पल्लवों ने **मूर्तिकला के विकास** में भी योगदान दिया। इस काल की मूर्तिकला की सुंदरता मंदिरों में पाई गई दोनों मूर्तियों और **मामल्लपुरम** में स्थापित **'ओपन आर्ट गैलरी'** में दिखाई देती है। **'द डिसेंट ऑफ द गंगा'** और **'द पेनेंस ऑफ अर्जुन'** सूक्ष्म विवरण और इन मूर्तियों के विषय के कारण पत्थर में भित्तिचित्र पेंटिंग की तरह हैं।

| एलोरा की गुफाओं का समूह | अजंता की गुफाओं का समूह | मामल्लपुरम |
|---|---|---|
| (a) **यूनेस्को द्वारा** एलोरा की गुफाओं को **विश्व विरासत स्थल** का दर्जा दिया गया है जो अपने **मूर्तिशिल्प** के लिए प्रसिद्ध हैं।<br>(b) इन गुफाओं के **संरक्षक चालुक्य** से लेकर **राष्ट्रकूट** राजवंश तक थे।<br>(c) इन गुफाओं का विकास **5वीं** से **11वीं** शताब्दी के बीच हुआ और इसलिए ये अजंता गुफाओं की तुलना में ज्यादा **नई** हैं।<br>(d) हर गुफा में **उत्कृष्ट भवन** हैं जो केवल त्रिकोणमिति, संरचना अभियांत्रिकी और धातु-विज्ञान की जानकारी के जरिये ही निर्मित किए जा सकते हैं। साथ ही, न केवल पशु, पक्षी, वृक्ष व फूलों का चित्रण ही सुरुचिपूर्ण ढंग से किया गया है, बल्कि मानव भावों व लालच, प्रेम, करुणा जैसे गुणों को भी पेशेवर कौशल के साथ दर्शाया गया है। | (a) अजंता की गुफाओं को भी **यूनेस्को** द्वारा **विश्व विरासत स्थल** का दर्जा दिया गया है जो अपनी **चित्रकारी** के लिए प्रसिद्ध हैं।<br>(b) इनका चित्रण **वाकाटक** राजाओं के अधीन बौद्ध भिक्षुओं द्वारा किया गया था। इन राजाओं में से प्रमुख **हरिसेन** थे और कुछ अभिलेख ऐसे संरक्षकों के विषय में बताते हैं जो राजाओं से व्यापारी वर्ग के थे।<br>(c) इन गुफाओं का विकास दो चरणों में हुआ:<br>(i) प्रथम चरण (200 ई.पू. से 200 ई.)<br>(ii) द्वितीय चरण (200 ई. से 400 ई.)<br>(d) अजंता गुफाओं का उल्लेख चीनी बौद्ध यात्री **फाह्यान** (चंद्रगुप्त द्वितीय; 376-415 ई. के शासनकाल के दौरान) और **ह्वेनसांग** (सम्राट हर्षवर्धन; 606-647 ई. के शासनकाल के दौरान) के यात्रा वृत्तांतों में मिलता है। | (a) ममल्लापुरम को महाबलिपुरम् या सात पगोड़ा भी कहा जाता है जिसकी स्थापना 7वीं शताब्दी में **पल्लव** राजा **नरसिंहवर्मन** ने की, जिन्हें ममल्ला के नाम से भी जाना जाता है और इस से ही शहर को उसका नाम मिला।<br>(b) शहर के **पांच रथों** या मोनोलिथिक (एक चट्टान) मंदिर सात मंदिरों के अवशेष हैं जिनके कारण शहर को सात पगोड़ा के नाम से भी जाना जाता था। इस संपूर्ण संरचना को एकत्रित रूप से **यूनेस्को** द्वारा **विश्व विरासत स्थल** का दर्जा दिया गया है। |

| एलोरा की गुफाओं का समूह | अजंता की गुफाओं का समूह | मामल्लपुरम |
|---|---|---|
| एलोरा में पत्थरों को काट कर बनाए गए मंदिर **34** गुफाओं में हैं और ये आजीवक, जैन, बौद्ध और ब्राह्मणवाद से संबंधित हैं:<br>**17** गुफाएं : **ब्राह्मणवाद** को समर्पित हैं,<br>**12** गुफाएं : **बौद्ध धर्म** को समर्पित,<br>**5** गुफाएं : **जैन धर्म** को समर्पित।<br>यह जानना भी आवश्यक है कि पहले नास्तिक संप्रदायों ने इस प्रकार के मंदिरों के निर्माण का चलन आरंभ किया और बाद में कट्टरपंथी संप्रदायों ने इसे धार्मिक विचारधारा के प्रचार के माध्यम के तौर पर अपनाया। | इसमें कुल **29** गुफाएं हैं और सभी बौद्ध धर्म से संबंधित हैं :<br>(i) **25** गुफाओं का उपयोग ***विहार*** या रहने के स्थान के तौर पर किया जाता था।<br>(ii) **4** गुफाओं का उपयोग ***चैत्य*** या प्रार्थना सभागारों के तौर पर किया जाता था। | मोनोलिथिक रथों को पांच ***पांडव रथों*** के नाम से जाना जाता है:<br>(a) *अर्जुन रथ :* इस रथ में शिव, विष्णु, मिथुन और द्वारपाल की कलापूर्ण प्रतिमाएं उकेरी गई हैं।<br>(b) *धर्मराज रथ :* पांच रथों में से सबसे उत्कृष्ट, इसमें तीन मंजिला विमान और एक चौकोर आधार है।<br>(c) *भीम रथ :* इसकी रचना आयताकार है और इसमें हरिहर, ब्रह्मा, विष्णु, स्कंद, अर्द्धनारीश्वर और गंगाधर के रूप में शिव की सुंदर प्रतिमाएं हैं। |
| वैदिक धर्मों की गुफाओं से संबंधित प्रमुख विशेषताएं :<br>(a) इस समूह की ज्यादातर प्रारंभिक गुफाएं साधारण और चौकोर आकार की हैं सिवाय **कैलाशनाथ गुफा (गुफा-16)** के, जो एक विशाल मोनोलोथिक संरचना है, जिसे एक बड़ी चट्टान को काटकर बनाया गया है। ऐसा कहा जाता है कि यह अद्‌भुत मंदिर भगवान शिव के निवास **कैलाश** का वर्णन करता है। इस दो-मंजिला मंदिर के प्रथम तल पर कैलाश मंदिर है। निचले तल पर आदमकद **हाथियों** की मूर्तियां हैं जो ऐसा प्रतीत कराती हैं मानो उन्होंने मंदिर को अपनी पीठ पर थाम रखा है। मंदिर की बाहरी दीवारों पर उत्कृष्टता से उकेरी खिड़कियां, हिन्दू धर्म-ग्रंथों के देवताओं की प्रतिमाएं और *मिथुन* (कामुक पुरुष व स्त्री आकृतियां) बने हुए हैं। यह दिलचस्प है कि, मंदिर के प्रवेश के बायीं ओर के अधिकतर देवता शैव हैं और प्रवेश के दायीं ओर बने देवता *वैष्णव* हैं। | भित्ति चित्रों की अनूठी विशेषताएं:<br>(a) रंगों को प्राकृतिक वस्तुओं और खनिजों से निकाला गया था। प्रयोग में आने वाले प्रमुख रंग काला, लाल, सफेद, पीला, नीला और हरा हैं।<br>(b) हालांकि विभिन्न मानव भावों को प्रस्तुत किया गया है लेकिन इनमें से प्रमुख करुणा और शांति हैं।<br>(c) प्रकाश और छाया का बुद्धिमत्तापूर्ण ढंग से इस्तेमाल किया गया है।<br>(d) कथा पैनल आकर्षक व जानकारीपूर्ण है और इन चित्रों की मुख्य विषय-वस्तु में *जातक* कथाओं तथा बुद्ध के जीवन के इतिहास के चुने हुए प्रसंग शामिल हैं।<br>(e) *किन्नरों, विद्याधरों और गंधर्वों* की दिव्य आकृतियां चित्रकारी और मूर्तियों में दर्शायी गई हैं।<br>(f) कुछ सुंदर नमूनों में शामिल हैं:<br>(i) *गर्भगृह* में बुद्ध की प्रतिमा को परोपकारिता के अवतार के रूप में दर्शाया गया है।<br>(ii) *यक्ष* और *हरिति* की बच्चों के साथ प्रतिमाएं महत्वपूर्ण हैं। | ममल्लापुरम में उकेरी गई कुछ प्रमुख कलाकृतियां हैं:<br>(a) **गंगा के वंशज** (कई जगह पर भगीरथ की तपस्या या *अर्जुन की तपस्या* के रूप में वर्णित है)।<br>(b) कृष्ण *मंडप* में शिल्प कला पैनल, जहां ग्रामीण जीवन को गायों और चरवाहों के साथ सुंदरता व कौशल के साथ दर्शाया गया है। यह अवलोकन करने का एक अन्य अद्‌भुत कला का नमूना है। |

| एलोरा की गुफाओं का समूह | अजंता की गुफाओं का समूह | मामल्लपुरम |
|---|---|---|
| (b) कुछ अन्य सुंदर उदाहरणों में शामिल हैं :<br>(i) शिव-पार्वती का विवाह समारोह<br>(ii) रावण द्वारा कैलाश पर्वत को उठाने का प्रयास<br>(iii) देवी दुर्गा द्वारा *महिषासुर* का संहार<br>(iv) मगरमच्छ पर बैठीं देवी गंगा और कछुए पर बैठीं देवी *यमुना*। | (iii) लोकप्रिय बोधिसत्व अवलोकितेश्वर की स्वतंत्र रूप से उकेरी प्रतिमा एक अन्य सुंदर आकृति है। | |
| बौद्ध गुफाओं की प्रमुख विशेषताएं:<br>(a) प्रत्येक गुफा मंदिर वास्तुकला के संदर्भ में अद्वितीय है और इन गुफाओं के समूह में बुद्ध के जीवन के दृश्यों को दर्शाया गया है। इन्हें भिक्षुओं को धार्मिक पुस्तकों व ग्रंथों की शिक्षा व प्रशिक्षण देने के लिए मठों के तौर पर बनाया गया था। उदाहरण के तौर पर, गुफा-6 में एक व्यक्ति फोल्डिंग टेबल पर पांडुलिपि पढ़ रहा है।<br>(b) कुछ प्रसिद्ध प्रतिमाओं में बुद्ध की तीन मेधावी मुद्राएं शामिल हैं:<br>(i) ध्यान *(ध्यान मुद्रा)*<br>(ii) उपदेश *(व्याख्यान मुद्रा)*<br>(iii) दाएं हाथ की तर्जनी से भूमि का स्पर्श *(भूमि स्पर्श मुद्रा)*<br>(c) बौद्ध गुफाओं का एक अन्य महत्वपूर्ण पहलू यह था कि इनमें देवियों को *तारा, खादिरवानी-तारा, चुंडा, वज्रधट-विश्वरी, महामयूरी, सुजाता पंडारा और भृकुटी* की तराशी प्रतिमाओं के रूप में दर्शाया गया है। उदाहरण के तौर पर, गुफा नं-12 में एक स्थूल स्त्री आकृति को एक सर्प (कोबरा) का कमरबंद और सिर के पहनावे के साथ दर्शाया गया है। *खादिरवानी-तारा* भी उसी गुफा में अपने एक हाथ में कोबरा को थामे दर्शायी गई है। | प्रयोग की गई कार्यप्रणाली और तकनीक थी:<br>(a) सर्वप्रथम वे ज्वालामुखीय चट्टान की उभरी सतह का परत बनाते थे। वह परत वनस्पति के रेशों, धान की भूसी, बजरी और रेत से बनी होती थी। उसके बाद सतह को चूने की पतली परत से ढक दिया जाता था जो रंगने के लिए तैयार हो जाती थी। वे सतह पर रंगाई को मजबूती देने के लिए कपड़े के फैलाव का भी प्रयोग करते थे। | समुद्र तट पर बने प्रतिष्ठित मंदिर का निर्माण राजसिम्हा (700-728 ई.) के शासनकाल के दौरान हुआ और इसमें शिव और विष्णु को समर्पित तीन मंदिर थे। यह जानना आवश्यक है कि इस क्षेत्र में बनी अन्य संरचनाओं से भिन्न समुद्रतटीय पांच मंजिला मंदिर एक चट्टान को काटकर (मोनोलिथ) बनाया गया है। वास्तव में, मोनोलिथिक *विमान* ममल्लापुरम के लिए अनूठे हैं। |

| एलोरा की गुफाओं का समूह | अजंता की गुफाओं का समूह | मामल्लपुरम |
|---|---|---|
| (d) एलोरा समूह में कुछ जैन गुफाएं भी दिखती हैं जिनमें *यक्ष-मतंग, महावीर, पार्श्वनाथ* और *गमतेश्वर* की प्रतिमाओं को उनके अनुचरों से घिरा दर्शाया गया है। | | |

**चित्र 9.5** पगोड़ा

## मदुरै के पाण्ड्य

प्रारंभिक मध्ययुगीन काल के पाण्ड्यों के बारे में पर्याप्त जानकारी नहीं है। पाण्ड्य, पल्लव जैसे अन्य समकालीन शक्तियों के साथ आपसी युद्धों में शामिल थे। उनका तमिलनाडु के तिरुनेलवेली जिले और मदुरै में नियंत्रण था।

### काडुंगो ( 560-590 ई. )

↓ - दक्षिण भारत में पांडियन शासन को पुनर्जीवित किया।

**मरवर्मन अवनिशुलामणि ( 590-620 ई. )**

- काडुंगो के पुत्र और क्षेत्र में **कलाभ्र शासन** को **समाप्त** करने व पाण्ड्या को पुनर्स्थापित करने का श्रेय। यह समझने योग्य है कि, उस समय के दौरान, कालभ्रस का उदय सकारात्मक तौर पर नहीं देखा गया क्योंकि उन्होंने तमिल क्षेत्र में पल्लवों और अन्य शासकों के लिए एक गंभीर चुनौती पेश की। उन्होंने कई गांवों में ब्राह्मणों को दिए गए ब्रह्मदेय अधिकारों को समाप्त कर दिया और ज्यादातर बौद्ध मठों को संरक्षित किया। ऐसा माना जाता है कि कालभ्रस का विद्रोह इतना फैल गया था कि इसे सिर्फ पाण्ड्या, पल्लव और बादामी के चालुक्यों के संयुक्त प्रयास से ही निष्क्रिय किया जा सकता था।

**राजसिंह ( 735-765 ई. )**

- पल्लवों को पराजित किया और **पल्लव भंजन** (पल्लवों को तोड़ने वाला) की उपमा मिली। पाण्ड्या साम्राज्य का विस्तार किया।

**जतिला परान्तका नेदुनजादईयान ( 765-815 ई. )**

- पाण्ड्या साम्राज्य का विस्तार किया।

**श्रीमरा श्रीवल्लभ ( 815-862 ई. )**

10वीं शताब्दी में चोलों ने पाण्ड्यों पर **पूर्ण रूप से कब्जा** कर लिया।

### बनवासी के कदम्ब

चौथी शताब्दी के बाद से **कदम्बों** ने **उत्तरी कर्नाटक** और **कोंकण** पर **शासन** किया था। उनकी कर्नाटक के उत्तरी कन्नूर जिले में **वैजयंती** या **बनवासी** में **राजधानी** थी। वे **पल्लवों** के **समकालीन** थे और **ब्राह्मण होने का दावा** करते थे। उन्होंने भी ब्राह्मणों को उदारता से बहुत दान दिए। कदम्ब राजवंश की स्थापना **मयूरशर्मन** ने की थी, जिन्होंने वन्य जनजातियों की मदद से **पल्लवों को हराया** था। उनके प्रभुत्व को स्वीकार करते हुए पल्लवों ने मयूरशर्मन को औपचारिक रूप से शाही प्रतीक प्रदान किया।

### मैसूर के पश्चिमी गंगे

ये **पल्लवों के एक अन्य महत्वपूर्ण समकालीन** थे, जो पहले **पल्लवों** के **सामंत** थे। उन्होंने दक्षिणी कर्नाटक में धीरे-धीरे शासन स्थापित किया। **पूर्व** में **पल्लव** और **पश्चिम** में **कदम्ब** के बीच अपना साम्राज्य बनाया। उनकी **पुरानी राजधानी कोलार** के निकट थी, जहां से साम्राज्य को प्रचुर मात्रा में स्वर्ण प्राप्त होता था। उन्होंने बहुत सारी **जमीन जैनियों** को दान में **दे रखी** थी।

## 750-1000 ई. का काल : उत्तरी भारत

750 से 1000 ई. का काल **तीन महत्वपूर्ण राजनीतिक शक्तियों** के **विकास** से चिंहित हुआ, जिनके नाम हैं–**गुर्जर-प्रतिहार** (जिनका 10वीं शताब्दी के मध्य तक **पश्चिमी भारत** और ऊपरी गंगा घाटी पर प्रभुत्व था), **पाल** (जिन्होंने 9वीं शताब्दी के मध्य तक पूर्वी भारत में शासन किया) और **राष्ट्रकूट** (जो दक्कन और दक्षिणी भारत के राज्यों पर नियंत्रण रखते थे)। ये तीन राज्य उत्तरी भारत में गंगा क्षेत्र पर अपना नियंत्रण स्थापित करने के उद्देश्य से लगातार एक-दूसरे से लड़ रहे थे। इन तीन शक्तियों के बीच यह संघर्ष अक्सर **'त्रिपक्षीय संघर्ष'** के रूप में वर्णित है। इन **तीन** में से, राष्ट्रकूट **सबसे शक्तिशाली** थे

और इनका **शासन बहुत समय तक** रहा। राष्ट्रकूट ने आर्थिक और सांस्कृतिक क्षेत्र में उत्तर और दक्षिण भारत के बीच के सेतु के रूप में भी कार्य किया। हालांकि ये तीनों साम्राज्य आपस में लड़ते रहे तथापि बड़े क्षेत्रों में विस्तारित कृषि, निर्मित तालाबों व नहरों पर जीवन की स्थिर परिस्थितियों को प्रदान किया, और कला व स्थापत्य, विशेष रूप से मंदिर वास्तुकला को संरक्षण दिया।

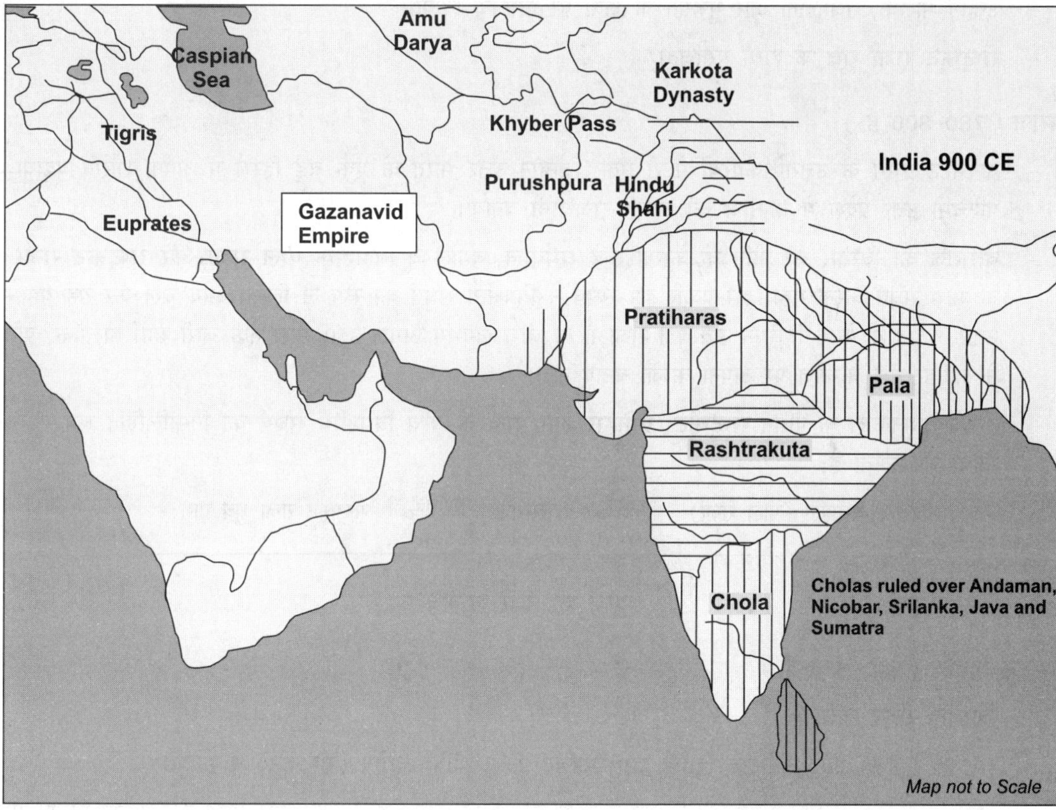


**चित्र 9.6** भारत 900 ई.

## प्रतिहार राजवंश

प्रतिहारों को **गुर्जर-प्रतिहार** के रूप में भी जाना जाता था, क्योंकि इनकी उत्पत्ति गुर्जरों से हुई थी, जो **मुख्य रूप से** पशुचारी और सेनानी थे। इस वंश के शुरुआती राजा ***रामायण* महाकाव्य के नायक लक्ष्मण** को अपना **नायक** मानते थे, जिन्होंने अपने भाई राम के **द्वारपाल** के रूप में सेवा की, प्रतिहारों ने **इसी पद्वी को ग्रहण किया**, जिसका शाब्दिक अर्थ 'द्वार रक्षक' था। गुर्जर-प्रतिहार उनकी मूर्तिकला, उनके नक्काशीदार चौखटों और खुले मंडप शैली के मंदिरों के लिए जाने जाते हैं। मंदिर निर्माण की गुर्जर-प्रतिहार शैली का सबसे बड़ा उदाहरण **खजुराहो** (एक **यूनेस्को विश्व धरोहर स्थल**) है। दक्षिण पश्चिमी राजस्थान में जोधपुर और उसके आस-पास हरिचंद्र नामक एक ब्राह्मण द्वारा इस वंश की **स्थापना** की गई थी। गुर्जर-प्रतिहार ने **अरब सेनाओं** को सिंधु के पूर्व की ओर बढ़ने से रोकने में **महत्वपूर्ण भूमिका** निभाई। 8वीं शताब्दी की दूसरी तिमाही में, नागभट्ट प्रथम के शासनकाल के दौरान, वे सुर्खियों में आए।

**नागभट्ट प्रथम ( 730-760 ई. )**

- सबसे प्रसिद्ध और प्रमुख प्रतिहार राजाओं में से एक, जो **अरबों के आक्रमणों को रोकने के लिए** प्रसिद्ध हुए। वे अरबों के विरुद्ध सबसे सफल अवरोधक बने। उन्होंने भारत में खलीफा अभियान के दौरान जुनैद और तमीन के तहत अरब सेना को हराया।
- उन्होंने मालवा, राजपूताना और गुजरात के क्षेत्रों पर नियंत्रण किया।
- **राष्ट्रकूट राजा ध्रुव** के हाथों पराजित।

**वत्सराज ( 780-800 ई. )**

- नागभट्ट प्रथम के उत्तराधिकारियों में से एक, जिन्होंने उत्तर भारत के एक बड़े हिस्से में अपना शासन बढ़ाया और पश्चिमी उत्तर प्रदेश में **कन्नौज** को अपनी **राजधानी** बनाया।
- वत्सराज की विस्तार की नीति के कारण उन्हें **धर्मपाल**, बंगाल व बिहार के **पाल राजा** और **राष्ट्रकूट राजा ध्रुव** के साथ संघर्ष करना पड़ा। इस प्रकार इस संघर्ष ने त्रिपक्षीय संघर्ष का रूप ले लिया। आगे चल कर यह यह संघर्ष उतार-चढ़ाव के साथ विभिन्न उत्तरवर्ती राजाओं के बीच लगभग अगले 350 साल तक जारी रहा। हालांकि, प्रतिहारों ने आखिर तक कन्नौज पर अपना कब्जा बनाए रखा।
- उनके शासनकाल के दौरान **राष्ट्रकूट, प्रतिहार** और **पाल** के बीच **त्रिपक्षीय संघर्ष** को निम्नलिखित रूप में चित्रित किया जा सकता है:

धर्मपाल (पाल राजा) —पराजित→ वत्सराज —पराजित→ राष्ट्रकूट राजा ध्रुव द्वारा

दोनों की नजरें कन्नौज पर

**नागभट्ट द्वितीय ( 800-833 ई. )**

- त्रिपक्षीय संघर्ष जारी रहा।
- धर्मपाल (पाल) फिर नागभट्ट द्वितीय द्वारा पराजित, जिसे गोविंद तृतीय (राष्ट्रकूट) ने हराया।
- नागभट्ट द्वितीय के बाद उनके पुत्र रामभद्र ने सत्ता हासिल की। रामभद्र ने बहुत कम समय तक शासन किया। रामभद्र के बाद उनके पुत्र मिहिर भोज ने शासन संभाला।

**भोज प्रथम / मिहिर भोज ( 836-885 ई. )**

- नागभट्ट द्वितीय के पौत्र ने 46 साल से अधिक समय तक शासन किया और प्रतिहारों में **सबसे सफल** और **लोकप्रिय शासक** साबित हुए।
- अपने शासनकाल के शुरुआती वर्षों में उन्हें पाल, राष्ट्रकूट और कलचुरियों ने परास्त किया था, लेकिन उसके बाद उन्होंने वापसी की। साथ ही चेदि और गुहिल जैसे सामंतों की सहायता से उन्होंने **पालों** और **राष्ट्रकूटों** पर **जीत हासिल** की।
- **कन्नौज** उनकी **राजधानी** थी, जिसे **महोदया नगर** भी कहा जाता था। उनके शुरुआती शिलालेखों में, **वराह ताम्रपत्र शिलालेख** में, एक सैन्य शिविर का उल्लेख है जो कि महोदया में स्कंधवार है।

- **9वीं शताब्दी** के **अरब व्यापारी सुलेमान** की **यात्रा के वृत्तांत** में **राजा जुर्ज** के रूप में उनका जिक्र किया गया है, जिसने उन्हें महान सैन्य शक्ति और धन-संपन्न बताया है। अरब लेखक ने उनके साम्राज्य को लुटरों से सुरक्षित रखने के लिए उनकी सराहना की। उन्हें एक अन्य अरब यात्री, अल-मसूदी ने **राजा बौरा** कहा था। **अरब यात्रियों** के मुताबिक, प्रतिहार शासकों के पास **भारत में सबसे अच्छी घुड़सवार सेना** थी।
- कश्मीर के शंकरवर्मन, राष्ट्रकूट के कृष्ण द्वितीय और देवपाल ने उनके विस्तार को रोका।
- विष्णु के **उपासक** थे और **'अदिवराह'** की **उपाधि** ग्रहण की थी।
- कलचुरी, चंदेल और सिंध के अरब उनका प्रभुत्व स्वीकार करते थे।

**महेंद्रपाल (885-910 ई.)**

- भोज और उनके उत्तराधिकारी महेंद्रपाल प्रथम के शासनकाल में प्रतिहार साम्राज्य समृद्धि और सत्ता के चरम पर पहुंच गया था। उनके क्षेत्र की सीमा लगभग गुप्त शासकों के समान थी और महेंद्रपाल के समय तक, साम्राज्य पश्चिम में सिंध की सीमा, पूर्व में बंगाल तक, उत्तर में हिमालय और दक्षिण में नर्मदा के पार तक पहुंच गया था।
- **कश्मीर के राजा** के साथ **लड़ाई लड़ी**, लेकिन उन्हें भोज द्वारा जीते गए पंजाब में कुछ क्षेत्रों को उन्हें देना पड़ा।
- आर्यावर्त के महाराजाधिराज (उत्तर भारत के राजाओं के राजा) की उपाधि हासिल की। उनका दरबार **राजशेखर** से सुशोभित था, जो एक **प्रसिद्ध संस्कृत कवि, नाटककार** और **आलोचक** थे, जिन्होंने निम्नलिखित की रचना की:
  - ***कर्पूरमंजरी:*** अपनी पत्नी अवंती सुंदरी, जो कि एक रुचिपूर्ण और निपुण महिला थी, को खुश करने के लिए **सौरसेनी प्राकृत** में एक प्रसिद्ध नाटक की रचना की। वह शायद एकमात्र प्राचीन भारतीय कवि हैं, जो **एक महिला को अपने साहित्य क्षेत्र में योगदान के** लिए स्वीकार करते हैं।
  - ***काव्य मीमांसा*** **(लगभग 880-920 ई.)** कवियों के लिए एक **व्यावहारिक मार्गदर्शिका** है, जो **अच्छे काव्य के तत्वों** और **संरचनाओं** का वर्णन करती है।
  - ***विद्धशालभंजिका***
  - ***भृंजिका***
  - ***बाल रामायण***
  - ***प्रचंड पांडव***
  - ***बाल भारत***
  - ***भूषण कोष***

**महिपाल प्रथम (913-944 ई.)**

- **राष्ट्रकूट राजा इंद्र तृतीय** द्वारा पराजित, जिसने कन्नौज शहर को पूरी तरह से तबाह कर दिया।
- इस काल में **गुजरात राष्ट्रकूट के पास** चला गया। **अल-मसूदी** ने उल्लेख किया है कि, प्रतिहार साम्राज्य की पहुंच समुद्र तक नहीं थी।

**राजपाल (960-1018 ई.)**

- **राष्ट्रकूट** राजा **कृष्ण तृतीय ने उत्तरी भारत** पर 963 ई. में **आक्रमण किया** और प्रतिहार शासक को हराया।
- कन्नौज पर **महमूद गजनी ने हमला** किया। राजपाल युद्ध के मैदान से भाग गया।
- चंदेल शासक विद्याधर द्वारा मारा गया।

**यशपाल ( 1024-1036 ई. )**

- इस राजवंश के **अंतिम शासक**
- 1090 ई. तक, गहड़वालों ने कन्नौज पर विजय प्राप्त कर ली।

कमजोर उत्तरवर्ती शासकों के अधीन, प्रतिहार अपने पूर्व प्रभाव को फिर कभी नहीं पा सके और धीरे-धीरे उनके सामंतों ने अपनी स्वतंत्रता का दावा करना आरंभ कर दिया और साम्राज्य विघटित होकर कन्नौज के आसपास ही सिमट कर रह गया। अंतत: 11वीं शताब्दी में **गजनवियों** द्वारा पूरा साम्राज्य राजनीतिक नक्शे से मिटा दिया गया। राजपूताना में **चौहानों**, गुजरात में **चालुक्य या सोलंकी** और मालवा में **परमारों या पवारों** ने शासन करना आरंभ कर दिया।

## बंगाल के पाल

637 ई. में पूर्वी भारत में **राजा शशांक**[7] **की मृत्यु के बाद** बंगाल और आस-पास के क्षेत्रों में **राजनीतिक संशय/अस्थिरता** की स्थिति उत्पन्न हो गई थी। यह क्षेत्र कन्नौज के **यशोवर्मन**, कश्मीर के **ललितादित्य** और यहां तक कि एक चीनी सेना के **आक्रमण** का भी गवाह बना। असम के शासक **भास्करवर्मन** ने बंगाल के अधिकतर हिस्सों पर कब्जा कर लिया। बिहार और ओडिशा के पश्चिमी क्षेत्र हर्ष के प्रभाव में आए। बाद में, **8वीं शताब्दी** के आसपास, **गोपाल** ने **पाल राजवंश की नींव** रखी। बाद के सभी राजाओं के नाम के आगे **पाल** जुड़ गया, जिसका मतलब प्राचीन **प्राकृत** भाषा में **'रक्षक'** होता है, यह वंश पाल वंश के नाम से जाना गया। **पाल राज्य** में **बंगाल** और **बिहार** शामिल थे, जिसमें पाटलिपुत्र, विक्रमपुरा, रामवती (वरेंद्र), मौंगायर (मुंगेर) ताम्रलिपि और जग्गदल जैसे प्रमुख शहर शामिल थे। पाल, राष्ट्रकूटों और प्रतिहारों के बीच **त्रिपक्षीय संघर्ष जारी** रहा और बिहार व आधुनिक पूर्वी उत्तर प्रदेश के क्षेत्र उनके बीच विवाद का जड़ बने रहे। हालांकि बंगाल के अलावा बिहार अधिकतर समय के लिए पाल शासकों के नियंत्रण में बना रहा।

पाल राजा **बौद्ध धर्म**, खासकर **महायान** और **बौद्ध धर्म के तांत्रिक संप्रदाय के अनुयायी** थे। उन्होंने पूर्वी भारत में मठ (विहार) और मंदिर बनाकर इस धर्म को बहुत बढ़ावा दिया। तिब्बती बौद्ध धर्म में अब भी पाल विरासत परिलक्षित होती है।

**गोपाल ( लगभग 750 ई. )**

- धर्मपाल के **खलीमपुर ताम्रपत्र अभिलेख** के अनुसार गोपाल ने मत्स्य-न्याय (अराजकता का काल) से लोगों को बचाने के लिए पाल राजवंश की स्थापना की, जब वह क्षेत्र के प्रतिष्ठित लोगों द्वारा राजा चुने गए थे। उन्होंने बाद में पूर्वी बंगाल के खादगा राज्य और मगध के गुप्त शासकों को विस्थापित कर दिया।
- गोपाल एक **कट्टर बौद्धवादी** थे। बौद्ध विद्वान तारानाथ के अनुसार, गोपाल ने **उदंतपुरी** में प्रसिद्ध **मठ** का **निर्माण** किया।

**धर्मपाल ( 770-810 ई. )**

- हालांकि प्रारंभ में वह प्रतिहारों और **राष्ट्रकूटों** (वह **राष्ट्रकूट राजा ध्रुव से पराजित हुआ**, जिसने पहले प्रतिहार शासक को भी **हराया था**) के हाथों **पराजित हुआ**, लेकिन बाद में उन्होंने **उत्तरी भारत** के बड़े हिस्सों पर कब्जा कर लिया और पाल साम्राज्य को महान ऊंचाइयों तक पहुंचाया।

---

7 शशांक बंगाल का पहला महत्वपूर्ण शासक था, जिसने 606-637 ई.पू. के बीच शासन किया और जो बंगाल की भौगोलिक सीमा से कहीं दूर, संभवत: ओडिशा तक के क्षेत्रों पर अपनी राजनीतिक संप्रभुता का विस्तार कर सका। उसने कर्णसुवर्णा (मुर्शिदाबाद के पास) में राजधानी की स्थापना की।

- माना जाता है कि **कन्नौज में एक दरबार का आयोजन किया**, जिसमें कई सामंत शामिल हुए, जिसमें धर्मपाल ने अपनी शक्ति का प्रदर्शन करते हुए अपने एक कठपुतली शासक चक्रयुद्ध को गद्दी पर बिठाया। इस प्रकार **कन्नौज** दूसरों पर आश्रित हो गया और धर्मपाल ने बंगाल और बिहार को सीधे अपनी सत्ता के **अधीन** कर लिया। पश्चिम और दक्षिण भारत दोनों, जैसे कि पंजाब, पश्चिमी पहाड़ी राज्यों, राजपूताना, मालवा और बरार के शासकों ने भी उनकी संप्रभुता को स्वीकार कर लिया।
- धर्मपाल **प्रतिहार** राजा **नागभट्ट द्वितीय** से मौंगायर (मुंगेर) के निकट फिर से **पराजित** हुआ।
- नालंदा विश्वविद्यालय की तरह बिहार में **भागलपुर** के पास **विक्रमशिला मठ** की **स्थापना** की। यह मठ भारत के सभी हिस्सों और तिब्बत के छात्रों को आकर्षित करता था। इस मठ में कई संस्कृत ग्रंथों का तिब्बती भाषा में अनुवाद किया गया। विक्रमशिला विश्वविद्यालय से जुड़े सबसे प्रसिद्ध **बौद्ध विद्वान दीपांकर** (जिन्हें **अतीसा** कहते हैं) थे, जिनका तिब्बत में बहुत सम्मान था।
- उन्होंने **सोमापुरी मठ** (बिहार में पहाड़पुर के पास) की भी स्थापना की और **नालंदा विश्वविद्यालय को 200 गांवों** को **अनुदान** में देने का श्रेय भी उन्हीं को जाता है।
- आठवीं शताब्दी के प्रसिद्ध **बौद्ध विद्वान संताराच्छिका**, जिन्हें नालंदा का मठाधीश माना जाता है, इनके शासनकाल से संबंधित थे। संताराच्छिका ने **योगाकार-स्वतांत्रिका-माध्यमिका** नाम के **दार्शनिक** विद्यालय की स्थापना की, जिसने नागार्जुन की **माध्यमिका परंपरा, असंग** की योगाकार परंपरा और धर्मकीर्ति के **तर्कसंगत** व **ज्ञानमीमांसीय विचारों को संकलित किया**। उसने तिब्बत में बौद्ध धर्म और सर्वस्तिवादिन मठवासी समन्वय वंश को भी आरंभ किया।

**देवपाल ( 810-850 ई. )**

- **साम्राज्य के विस्तार** के लिए प्रागज्योतिषपुर/कामरूप (असम), **ओडिशा के हिस्सों ( उत्कल )** और आधुनिक नेपाल को अपने राज्य में शामिल किया। उन्होंने संपूर्ण उत्तर भारत, हिमालय से विंध्य और पूर्व से पश्चिमी सागर तक से शुल्क वसूलने का दावा किया।
- उनके अभिलेख उनकी **हूणों, गुर्जरों के शासक** (संभवत: मिहिरभोज) और द्रविड़ों **पर उनकी जीत का दावा** करते हैं।
- पाटलिपुत्र से ज्यादा मुंगेर को महत्व दिया।
- वह बौद्ध धर्म के एक महान संरक्षक भी थे। **बौद्ध परंपरा** के अनुसार **शैलेंद्र वंश के राजा, बालपुत्रदेव** (स्वर्णद्वीप के शासक, जो इंडोनेशियाई द्वीप-समूह से संबंधित है, जिनमें मलाया, जावा, सुमात्रा और अन्य पड़ोसी द्वीप शामिल हैं) ने उनसे **नालंदा के मठों** के लिए **पांच गांवों का अनुदान देने का अनुरोध** किया। उन्होंने उस अनुरोध को स्वीकारा और **वीरदेव** को **नालंदा मठ के प्रमुख** के रूप में नियुक्त किया।
- **बौद्ध विद्वान वज्रदत्ता**, जो ***लोकेस्वरास्टक*** के लेखक हैं, उनके **राज कवि** थे।
- 9वीं शताब्दी के मध्य में भारत की यात्रा पर आए **अरब व्यापारी सुलेमान** ने **पाल साम्राज्य** को **'रुहिमी** या **रुहमा धर्म'** कहा है। उसने दावा किया कि पाल सम्राट ने प्रतिहार और राष्ट्रकूटों के साथ युद्ध किया था। उनके पास शत्रुओं की सेना की तुलना में अधिक सैनिक थे।
- 9वीं सदी के उत्तरार्द्ध में पाल की शक्ति कमजोर हो गई और उत्तर भारत में पाल का नियंत्रण अल्पकालिक हो गया था क्योंकि कन्नौज पर नियंत्रण के लिए उन्होंने गुर्जर-प्रतिहार और राष्ट्रकूट से संघर्ष किया और पराजित हुए। असम और ओडिशा के अधीनस्थ शासक स्वतंत्र हो गए।

**महिपाल प्रथम ( 977-1027 ई )**

- थोड़े समय की गिरावट के बाद 10वीं शताब्दी के अंत में **महिपाल प्रथम** के अधीन **पालों का भाग्य बहाल** हुआ।
- उन्होंने बंगाल और बिहार में चोल के हमलों से पाल के गढ़ को बचाया, लेकिन **राजेंद्र चोल** से **हार** गए।

**रामपाल ( 1072-1126 ई. )**

- **अंतिम मजबूत पाल शासक,** जिन्होंने कामरूप और कलिंग पर नियंत्रण पाया और 11वीं शताब्दी में पाल का फिर से भाग्योदय हुआ।
- **संध्याकर नंदी** के ***रामचरित*** में उनका उल्लेख हुआ था, जो **'कैवर्त' किसान विद्रोह** का वर्णन करता[8] है।

11वीं शताब्दी तक बहुत-से क्षेत्रों में विद्रोह के कारण यह साम्राज्य काफी कमजोर हो गया था। **पाल साम्राज्य** को **सेन राजवंश** ने **नष्ट कर दिया** था। विजयसेन के अधीन हिंदूसेन राजवंश फिर से उठ खड़ा हुआ, जिसने 12वीं शताब्दी में पाल साम्राज्य को उखाड़ फेंका और उप-महाद्वीप में अंतिम प्रमुख बौद्ध शाही सत्ता के शासन को समाप्त कर दिया।

**बंगाल के इतिहास** में **पाल** काल **स्वर्ण युग** माना जाता है। संघर्षरत क्षेत्रों के बीच सदियों के गृहयुद्ध के बाद पालों ने बंगाल को स्थिरता और समृद्धि प्रदान की। उन्होंने पहले की बंगाल सभ्यता को उन्नत किया और कला व वास्तुकला में उत्कृष्ट कार्य किए। उन्होंने **सोमपुरा महाविहार** समेत कई **भव्य मंदिरों** और **मठों** का निर्माण किया। नालंदा और विक्रमशिला के महान विश्वविद्यालयों को संरक्षण दिया। पाल शासन में आद्य बंगाली भाषा का विकास हुआ। उन्होंने बंगाली भाषा का आधार तैयार किया, जिसमें बंगाली भाषा की पहली साहित्यिक कृति ***चार्यपद*** शामिल है, जो **तांत्रिक परंपराओं की रहस्यवादी बौद्ध कविताओं** का एक संग्रह है। *चार्यपद* के लेखकों को महासिद्ध कहा जाता है और वह बंगाल, बिहार, ओडिशा और असम से थे।

पाल कुशल राजनयिक और सैन्य विजेता थे। उनकी सेना अपने **विशाल हाथी सेना** के लिए उल्लेखनीय थी। बंगाल की खाड़ी में उनकी नौसेना ने व्यापारिक और रक्षात्मक दोनों भूमिकाएं निभाईं। इस साम्राज्य के **श्रीविजय साम्राज्य**, तिब्बती साम्राज्य और अरब अब्बासीद खलीफा के साथ मधुर **संबंध** थे। पाल पुरातात्विक स्थलों से मिले अब्बासीद सिक्के और साथ ही, **अरब इतिहासकारों** के आलेख, उनके बीच समृद्ध व्यापारिक और बौद्धिक संबंधों की ओर इशारा करते हैं। **इस्लाम पहली बार पाल राजवंश शासनकाल के दौरान बंगाल में आया,** जिसके फलस्वरूप बंगाल और मध्य-पूर्व के बीच व्यापार बढ़ा। पाल पुरातात्विक स्थलों से प्राप्त अब्बासिद सिक्कों के साथ अरब इतिहासकारों के दस्तावेजों से उनके समृद्ध व्यापार और बौद्धिक संपर्कों को स्थापित किया जा सकता है। वास्तव में, बंगाल और मध्य-पूर्व के बीच बढ़ते व्यापार के परिणामस्वरूप पाल शासनकाल के दौरान इस्लाम धर्म बंगाल में सर्वप्रथम दिखाई पड़ा।

---

[8] कैवर्त विद्रोह बंगाल के इतिहास में एक महत्वपूर्ण स्थान रखता है क्योंकि इसने पालों को उखाड़ फेंका, उन्हें वरेंद्र के उनके पैतृक क्षेत्र से बाहर कर दिया गया। कुछ ऐतिहासिक अध्ययन इसे सामंतों का विद्रोह मानते हैं, जो पालों के कमजोर होने के कारण हुआ, जबकि आर एस शर्मा जैसे कुछ इतिहासकार इसे किसान विद्रोह का उदाहरण मानते हैं, जो पाल शासकों द्वारा लगाए गए सामंती दमन और अत्यधिक कराधान के कारण उभरा। कैवर्त प्रमुख दिव्या ने तत्कालीन पाल राजा महिपाल के खिलाफ विद्रोह कर दिया। पलास को वरेंद्र से बेदखल कर दिया गया और राजा की हत्या कर दी गई। उनके छोटे भाई रामपाल ने वरेंद्र को पुन: प्राप्त करने के लिए सामंतों का समर्थन प्राप्त करने का प्रयास किया। इसके बाद, राजा के एक अधीनस्थ, शिवराज ने वरेंद्र पर अचानक हमला किया और उसके कुछ हिस्सों पर कब्जा कर लिया और उन्हें तबाह कर दिया। बाद में, रामपाल ने वरेंद्र पर आक्रमण किया और दिव्या के भतीजे भीम से मुकाबला किया और वरेंद्र को फिर से प्राप्त करने में सफल रहा। इस विद्रोह ने अंततः पालों को कृषकों के प्रति तुष्टिकरण की नीति अपनाने के लिए मजबूर कर दिया।

## राष्ट्रकूट

753 और 975 ई. के बीच दक्कन के राजनीतिक इतिहास को राष्ट्रकूटों के उदय के रूप में चिन्हित किया गया था, जिन्होंने इस क्षेत्र को काफी समय तक स्थिरता प्रदान की। **राष्ट्रकूट** का अर्थ है–**राष्ट्र के प्रमुख** (प्रसंग के आधार पर एक विभाजन या राज्य)। 625 ई. के आसपास, ऐसा प्रतीत होता है कि वे **लातूर क्षेत्र से एलिचपुर** (आधुनिक मध्य प्रदेश में तापी के स्रोत के पास) स्थानांतरित हुए थे क्योंकि मुख्य और अधीनस्थ वंशों के राजाओं द्वारा ग्रहण की जाने वाली पद्वियों में से एक **लत्तालुरा-पूरावेश्वरा** (लत्तालुरा/महाराष्ट्र के लातुर के महान नगर के स्वामी) थी। उन्हें **चालुक्यों का सामंत** माना जाता था और उनकी **राजधानी** शोलापुर के निकट **मान्याखेत** या **मल्लखेद** में थी। उनके शिलालेखों में **संस्कृत के व्यापक उपयोग** के बावजूद, **कन्नड़** उनकी मातृभाषा थी और माना जाता है कि वे कन्नड़ मूल के हैं।

उन्होंने उत्तर और दक्षिण में शानदार सैन्य सफलताएं हासिल कीं और **त्रिपक्षीय संघर्ष** में उन्होंने ज्यादातर **पाल** और **प्रतिहारों** को **हराया** था। यह ध्यान देने योग्य है कि, हालांकि उनके आक्रमणों का परिणाम राष्ट्रकूट साम्राज्य के गंगा घाटी की ओर विस्तार के रूप में नहीं हुआ, फिर भी उन्होंने भरपूर लूट की और राष्ट्रकूट की प्रसिद्धि में बढ़ोत्तरी की। वे वेंगी (आंध्र प्रदेश) के पूर्व चालुक्यों, कांची के पल्लव और मदुरै के पाण्ड्या के खिलाफ भी लगातार लड़ाई लड़ते रहे। अरबों के वृत्तांत राष्ट्रकूट राजाओं के **उदारवादी रवैये** की पुष्टि करते हैं, क्योंकि अरब व्यापारियों को मस्जिदों के निर्माण और बिना किसी रुकावट के उनके धर्म का पालन करने की अनुमति दी गई थी।

### दंतिदुर्ग (733–756 ई.)

- **चालुक्य राजा कीर्तिवर्मन द्वितीय** का **सामंत**, जिसने बाद में चालुक्य साम्राज्य के उत्तरी क्षेत्र का नियंत्रण अपने हाथ मे लेकर राष्ट्रकूट साम्राज्य की स्थापना[9] की और 733 ई. में गद्दी पर बैठा। हालांकि राष्ट्रकूट एक सत्ता के रूप में 753 ई. में उभरा।
- उसका नाम **दंतिदुर्ग** (अर्थात् **जिसका किला उसका हाथी है**), साथ ही यह उसकी सैन्य वीरता और उपलब्धियों का भी द्योतक है। उनके शासनकाल के सबसे पुराने रिकॉर्ड में, यानी 742 ई. के **एलोरा शिलालेख** में, उनका उल्लेख **'*पृथ्वीवल्लभ*'** और **'*खगवलोक*'** (वह जिनकी निगाहें तलवार की धार की तरह तेज हैं) के रूप में किया गया है। अरब आक्रमणों के बाद लता और मालवा की अशांत स्थिति का लाभ उठाकर उसने इन प्रदेशों पर अधिकार कर लिया। उसने पल्लवों की राजधानी **कांची पर भी हमला** किया और नंदीवर्मन के साथ गठबंधन किया, जिन्होंने अपनी बेटी रेवा का विवाह उससे किया।
- उसने अपने श्वसुर **पल्लव राजा नंदीवर्मन** की **कांची** को **चालुक्यों** से **वापस पाने** में भी मदद की और उसने मालवा के गुर्जर, कलिंग, कोसल और श्रीसाईलम के शासकों को भी हराया।

### कृष्णराज प्रथम (756–774 ई.)

- दंतिदुर्ग के चाचा, जो दंतिदुर्ग के रूप में विभिन्न परिवार के सदस्यों के बीच उत्तराधिकार की लड़ाई के बाद सिंहासन पर बैठे, नि:संतान मर गए। 772 ई. के भांडक शिलालेख में **'*शुभतुंगा*'** (समृद्धि में उच्च) और '*अकालवर्षा*' (लगातार

---

[9] 754 ई. के समनगढ़ शिलालेख के अनुसार, दंतिदुर्ग ने बादामी के अंतिम चालुक्य शासक कीर्तिवर्मन द्वितीय को उखाड़ फेंका और पूर्ण शाही पद ग्रहण किया। ऐसा माना जाता है कि उन्होंने हिरण्य-गर्भ (शाब्दिक अर्थ सोने का गर्भ) नामक एक अनुष्ठान किया था, जिसके बारे में सोचा गया था कि यह एक ऐसा अनुष्ठान होगा जिससे बलिदान करने वालों का पुनर्जन्म क्षत्रिय के रूप में होगा, भले ही वह जन्म से क्षत्रिय न हो।

बारिश करने वाला) का उल्लेख किया गया है। राष्ट्रकूट साम्राज्य को विस्तार दिया और आज के कर्नाटक और कोंकण के प्रमुख हिस्सों को अपने कब्जे में लिया। उन्होंने **पल्लवों को भी अंतिम झटका** दिया।

- **ऐलोरा** (औरंगाबाद, महाराष्ट्र) की **चट्टानों को काट** कर बना बेजोड़ **कैलाशनाथ मंदिर** कृष्णराज प्रथम के काल में ही बना। यह मंदिर **भगवान शिव** को **समर्पित** है और अखंड[10] है अर्थात् चट्टान के एकमात्र टुकड़े से बना हुआ है।
- लगभग 775 ई. में उनकी मृत्यु के बाद, उनके दो पुत्रों गोविंद द्वितीय और ध्रुव के बीच **उत्तराधिकार की लड़ाई** शुरू हुई, जिसमें अंततः ध्रुव विजयी हुए।

### ध्रुव (780-793 ई.)

- इनके शासनकाल में राज्य कावेरी नदी और मध्य भारत तक एक साम्राज्य के रूप में विस्तारित हुआ। उन्होंने उत्तर भारत के शक्ति स्थल कन्नौज पर सफल अभियान का नेतृत्व किया, जहां उन्होंने **गुर्जर-प्रतिहार (नागभट्ट द्वितीय)** और **बंगाल के पाल (धर्मपाल)** को **हराया।**
- उन्होंने पूर्वी चालुक्य और तलाकद के गंग को भी अपने अधीन किया। इनके राज्य में राष्ट्रकूटों का एकछत्र राज था।

### गोविंद तृतीय (793-814 ई.)

- ध्रुव के पुत्र, जिन्होंने राष्ट्रकूट राज्य को ऊंचाई पर पहुंचाया। त्रिपक्षीय संघर्ष में उन्होंने जीत हासिल की। उन्होंने उत्तर भारत में हमला किया और **पाल राजा धर्मपाल** को **हरा दिया** और **प्रतिहार** राजा **नागभट्ट द्वितीय** से **मालवा भी छीन** लिया। उनके शासनकाल के **संजन अभिलेख** में लिखा है-"गोविंद तृतीय के घोड़ों ने हिमालय से निकलने वाली ठंडी जलधाराओं का पानी पिया और उनके हाथियों ने गंगा के पवित्र जल का स्वाद चखा।"
- ऐसा माना जाता है कि इनके शासनकाल में राष्ट्रकूट साम्राज्य धीरे-धीरे केपकोमोरिन से कन्नौज और बनारस से बरूच तक फैल गया। इनकी सैन्य पराक्रम की तुलना **सिकंदर महान** और **महाभारत के अर्जुन** की सेना से की गई है। कन्नौज, गुजरात और कोसल जीतने के बाद, उन्होंने दक्षिण की यात्रा की। वहां वे न केवल कांची के पल्लवों के प्रति नम्र रहे बल्कि वेंगी में अपनी पसंद के शासक को भी स्थापित किया और सम्मानस्वरूप **सिलोन के राजा** की **दो प्रतिमाएं** (एक राजा की प्रतिमा और दूसरी उनके मंत्री की) स्वीकार कीं। चोल, पाण्ड्य और चेरा सभी उन्हें सम्मान देते थे।

### अमोघवर्ष प्रथम (814-878 ई.)

- राष्ट्रकूटों में सबसे प्रसिद्ध, जिन्होंने **नई राजधानी मान्यखेत** (आधुनिक **मलखेद**) **बनाई।**
- उन्होंने आक्रमणकारी **पूर्वी चालुक्यों** को विंगावल्ली में पराजित किया और **'वीरनारायण'** की उपाधि हासिल की। साथ ही, पश्चिमी गंगों के साथ अपनी दो पुत्रियों का विवाह कराकर शांति स्थापित की। यहां उल्लेखनीय है कि, अपने **पिता के उलट** उन्होंने **अपने पड़ोसियों से शांतिपूर्ण रिश्ते** कायम करने में **रुचि** दिखाई। गंग, पूर्वी चालुक्य और पल्लवों के साथ उन्होंने वैवाहिक रिश्ते कायम किए।

---

10 चट्टान के एक विशाल खंड से निर्मित, जिसकी लंबाई 200 फीट और चौड़ाई और ऊंचाई 100 फीट है। मंदिर में चार भाग हैं - मुख्य मंदिर, प्रवेश द्वार, आंगन के चारों ओर नंदी और मंडल के लिए एक मध्यवर्ती मंदिर। मंदिर 25 फीट ऊंचे एक चबूतरे पर खड़ा है और चबूतरे के केंद्रीय चेहरे पर हाथियों और शेरों की आकृतियां बनी हुई हैं, जिससे यह आभास होता है कि पूरी संरचना उनकी पीठ पर टिकी हुई है। इसमें 3-स्तरीय *शिखर* या टॉवर है, जो ममल्लापुरम रथों के *शिखर* जैसा दिखता है। यह वास्तव में अपनी सुंदर मूर्तियों के साथ एक वास्तुशिल्प का अद्भुत चमत्कार है। उदाहरण के लिए, देवी दुर्गा की मूर्ति को भैंसे का वध करते हुए दिखाया गया है। एक अन्य मूर्ति में, रावण शिव के निवास स्थान कैलाश पर्वत को उठाने का प्रयास कर रहा है। दीवारों पर *रामायण* के दृश्य भी चित्रित हैं।

- वह साहित्य के संरक्षक थे और स्वयं भी **कन्नड़** व **संस्कृत** के दक्ष **विद्वान** थे। उन्होंने ***'कविराजमार्ग'*** - **प्रारंभिक कन्नड़ काव्य** और **संस्कृत** में ***'प्रश्नोत्तर रत्नमलिका'*** लिखी, जो उच्च लेखन का एक उदाहरण माना जाता है। इन रचनाओं का बाद में **तिब्बती भाषा** में **अनुवाद** हुआ।
- धार्मिक स्वभाव के कारण, उनकी कला एवं साहित्य में रुचि थी और वह शांतिप्रिय थे। उनकी प्राय: सम्राट अशोक से तुलना की जाती है और उन्हें **'दक्षिण का अशोक'** कहा जाता है। विद्वानों को संरक्षण देने पर उनकी गुप्त सम्राट विक्रमादित्य से भी तुलना गई है। वह जैन धर्म के अनुयायी थे और **जिनसेना, आदिपुराण**[11], और **पार्श्वभुदय**[12] के रचयिता **मुख्य उपदेशक** थे। उन्होंने कई जैन विद्वानों को संरक्षण भी दिया।

**कृष्ण द्वितीय (879-914 ई.)**

- विद्रोहों को रोकने में वह पूरी तरह से सफल नहीं हो सका और उसके शासनकाल की एकमात्र सफलता लता के वाइसरायल्टी की समाप्ति थी। वेंगी और चिल्स के विरुद्ध उनके अभियानों के परिणामस्वरूप केवल अपमान और आपदाएं आईं और कुछ समय के लिए निर्वासन भी हुआ।

**इंद्र तृतीय (914-929 ई.)**

- अमोघवर्ष के पौत्र, जिन्होंने कई विद्रोहियों को कुचला और सम्राज्य पुन: स्थापित किया।
- उन्होंने 915 ई. में **प्रतिहार राजा महिपाल प्रथम** को हराया और **कन्नौज को लूटा**। ये अपने समय के सबसे शाक्तिशाली शासक के रूप में उभरे।

**कृष्ण तृतीय (939-967 ई.)**

- **अंतिम महान राष्ट्रकूट राजा,** जिन्होंने अपने राज्यों को संगठित कर नर्मदा से कावेरी नदी तक फैलाया और उत्तरी तमिल देश **(तोंडाईमंडलम)** को अपने राज्य में मिलाया। सिलोन के राजा पर कर भी लगाया।
- वह मालवा के परमारों और वेंगी के पूर्वी चालुक्यों के विरुद्ध संघर्षरत रहा। लगभग 949 ई. में, उसने चोल राजा **परांतक प्रथम** को **हराया** और **चोल** राज्य के **उत्तरी हिस्से** पर **कब्जा** किया। इसके बाद उन्होंने **रामेश्वरम् की ओर कूच किया** और वहां उन्होंने **विजय स्तंभ** की स्थापना की और एक मंदिर का निर्माण भी करवाया।
- उनके शासनकाल के दौरान, **त्रिविक्रम** ने ***'नलचंपू'*** और **हलायुध** ने ***'कविरहस्य'*** लिखा।

कृष्ण तृतीय की मृत्यु के बाद **उनके सभी प्रतिद्वंदी उनके उत्तराधिकारी के खिलाफ एकजुट** हो गए और 972 ई. में उन्होंने **राष्ट्रकूट राजधानी मलखेद** को **लूटकर** आग लगा दी। इस प्रकार राष्ट्रकूटों का अंत हुआ।

राष्ट्रकूटों ने दक्कन में करीब 200 साल (10वीं शताब्दी के अंत) तक राज किया। उनके धार्मिक विचार सहिष्णु थे। वे न केवल **शैव** और **वैष्णववाद** के **संरक्षक** थे, बल्कि **जैन धर्म** को भी संरक्षण देते थे। राष्ट्रकूटों ने न केवल मुस्लिम व्यापारियों को स्थापित किया, बल्कि अपने राज्य में इस्लाम को प्रचारित करने की अनुमति भी दी। **ऐलोरा** के प्रसिद्ध **प्रस्तर-कट शिव मंदिर** के निर्माण का श्रेय इन्हें ही जाता है। राष्ट्रकूटों की मूर्तिकला एलीफेंटा गुफाओं[13] में अपने चरम पर पहुंची। वह कला

---

[11] विभिन्न जैन संतों की जीवन कहानियां।

[12] पद्य में पार्श्व की जीवनी।

[13] एलीफेंटा बंबई के पास एक द्वीप है, जिसे मूल रूप से श्रीपुरी कहा जाता था, लेकिन पुर्तगालियों ने हाथी की बड़ी आकृति देखकर इसे एलीफेंटा का नाम दिया। वे एलोरा की मूर्तियों से काफी समानता दर्शाते हैं और संभवत: उन्हीं कारीगरों द्वारा बनाई गई थीं। गर्भगृह के प्रवेश द्वार पर *द्वारपालकों* की विशाल आकृतियां हैं। गर्भगृह के चारों ओर की दीवारों में, विभिन्न रूपों में शिव की छवियां हैं - *नटराज, गंगाधर, अर्द्धनारीश्वर* और *सोमस्कनद*। इस मंदिर की सबसे भव्य आकृतियों में से एक *त्रिमूर्ति* है, जो लगभग 6 मीटर ऊंची एक मूर्ति है और कहा जाता है कि यह शिव के तीन पहलुओं - निर्माता, संरक्षक और विनाशक का प्रतिनिधित्व करती है।

और विद्वानों के संरक्षक थे। उनके दरबार में न केवल **संस्कृत के विद्वान** थे, बल्कि **प्राकृत** और **अपभ्रंश** में लिखने वाले कवि और लेखक भी थे। प्रसिद्ध **अपभ्रंश कवि स्वयंभू** और उनके पुत्र संभवतः राष्ट्रकूट दरबार में रहते थे। उनके साथ, **शाक्तायन**, जिन्होंने ***अमोगावृत्ति*** नामक **व्याकरण** ग्रंथ लिखा था, और ***गणितसारम*** के लेखक महान गणितज्ञ वीराचार्य भी राष्ट्रकूटों के संरक्षण में फले-फूले। **कन्नड़ साहित्य** की शुरुआत राष्ट्रकूटों के काल में हुई। कन्नड़ के सबसे महान कवि पम्पा ने **'*विक्रमसेनविजय*'** लिखा, जबकि **पोन्ना** एक अन्य प्रसिद्ध कन्नड़ कवि थे, जिन्होंने **'*शांतिपुराण*'** लिखा।

## इन तीन शासनकालों के दौरान जीवन का सामान्य अवलोकन

इनका प्रशासन गुप्त शासकों, पुष्यभूति और दक्कन के चालुक्यों के समान चलता था। राजा **सभी मामलों को स्वयं** देखता था और न केवल **प्रशासनिक प्रमुख** होता था, बल्कि **सेना का भी प्रमुख** होता था। दरबार न केवल सांस्कृतिक गतिविधियों एवं न्याय का केंद्र था, बल्कि वहां सांस्कृतिक जीवन भी दिखता था। त्योहारों के अवसर पर राजा के दरबार में महिलाएं भी शामिल होती थीं। अरब लेखकों के अनुसार, वे पर्दा नहीं करती थीं। राजा का पद वंशानुगत था, सामान्यतः बड़ा पुत्र अपने पिता का स्थान लेता था, लेकिन उत्तराधिकार नियम बहुत कड़ा नहीं था। राजकुमार अधिकतर प्रांतीय गवर्नर नियुक्त होते थे। कुछ दुर्लभ मामलों में **राजकुमारियों** की भी **प्रशासनिक पदों पर नियुक्ति** की गई थी। उदाहरण के लिए राष्ट्रकूट राजकुमारी चंद्रोबालाबे, अमोघवर्ष प्रथम की पुत्री, ने रायचूर दोआब पर कुछ समय तक शासन किया। राजा को आमतौर पर उनके **मंत्री सलाह** देते थे। मंत्रियों का **चयन प्रमुख परिवारों** से किया जाता था और उनका **पद** सामान्यतः **वंशानुगत** होता था। जैसा पाल राजाओं के मामले में, एक ब्राह्मण परिवार ने धर्मपाल और उसके उत्तराधिकारियों को लगातार चार मुख्यमंत्री दिए। पुरालेखों और साहित्यिक दस्तावेजों के अनुसार करीबन सभी राज्यों में राजा के पास **विदेश मंत्री, राजस्व मंत्री, खजांची, सेनापति, मुख्य न्यायाधीश** और **पुरोहित** होते थे। **पुरोहित** को **छोड़कर सभी मंत्रियों से अपेक्षा** रहती थी कि जब कभी जरूरत पड़े तो वे सैन्य संचालन का काम भी करें।

सभी तीनों राज्यों के पास विशाल सुव्यवस्थित सैन्य टुकड़ियां और युद्ध में निपुण घुड़सवार व बड़ी संख्या में हाथी होते थे। **पाल शासकों** के पास बहुत बड़ी संख्या में हाथी थे। **प्रतिहारों** के पास **उत्कृष्ट घुड़सवार सेना** थी, जबकि **राष्ट्रकूटों** के पास **बड़ी संख्या में किले** थे। इन किलों में विशेष सेना होती थी और उनका अपना **स्वतंत्र सेना प्रमुख** होता था। पैदल सेना में नियमित और अनियमित सैनिक होते थे और करों की आपूर्ति जागीरदारों द्वारा की जाती थी। राजाओं के बीच अक्सर **लड़ाइयां** होती थीं और उनके **जागीरदारों** को **सामंत** भी कहा जाता था। उदाहरण के लिए, *राष्ट्रकूटों को वेंगी और कर्नाटक के सामंतों के विरुद्ध लगातार लड़ाइयां करनी पड़ती थीं। इसी प्रकार प्रतिहारों को भी मालवा के परमार और बुंदेलखंड के चंदेलों के विरुद्ध लगातार लड़ाई करनी पड़ी।* सामंत क्षेत्रों पर स्वायत्त शासन करते थे और वे निष्ठा के सामान्य कर्त्तव्य से बंधे हुए थे, निश्चित कर अदा करते थे, सैनिकों के कोटा की आपूर्ति करते थे और विदेशी आक्रमणों के समय या जरूरत पड़ने पर राजा के साथ युद्ध करते थे। कभी-कभी सामंत प्रमुखों के पुत्रों की आवश्यकता अधिपतियों को किसी विद्रोह से बचाने के लिए होती थी या कभी उन्हें अपनी पुत्रियों का विवाह अपने अधिपति या उसके पुत्रों में से एक के साथ करना पड़ता था। पाल और राष्ट्रकूटों की अपनी नौसेना थी, लेकिन विस्तृत जानकारी उपलब्ध नहीं है।

प्रत्यक्ष प्रशासनिक क्षेत्रों को बांटा गया था:

(a) **राष्ट्र राष्ट्रपति या गवर्नर** की देखरेख में।

↓

(b) **भुक्ति** (प्रांत) **उपरिक** की देखरेख में, जिनसे भू-राजस्व एकत्र करने और कानून व्यवस्था बनाने की अपेक्षा की गई।

↓

(c) **मंडल या विषय** (जिले), जिसके प्रमुख को **विषयपति** कहा जाता था, जिनसे जिला स्तर पर भू-राजस्व एकत्र करने और कानून व्यवस्था बनाने का काम की अपेक्षा की जाती थी।

↓

(d) **पत्तल** (गांवों के समूह की सबसे छोटी इकाई), जिसका प्रमुख **भोजपति** होता था।

↓

(e) **गांव** का प्रमुख **ग्राम प्रधान** या लेखाकार होता था। यह पद वंशानुगत होता था। इसकी मदद अक्सर गांव के बुजुर्ग, जिन्हें **ग्राम महाजन** या **ग्राम महत्तरा** कहा जाता था, करते थे। स्थानीय स्कूल, तालाब, मंदिर, सड़कों और मामूली विवादों के निपटारे के लिए कुछ गांवों में **ग्राम समितियां** होती थीं। ये **उप-समितियां ग्राम प्रधान** के साथ निकट सहयोग से काम करती थीं और **भू-राजस्व** का **एक हिस्सा भी प्राप्त करती थीं**। इसी तरह की समितियां कस्बों में भी होती थीं, जिनमें व्यापार संघों के प्रमुखों की भागीदारी भी होती थीं। कस्बों की कानून व्यवस्था की जिम्मेदारी **कोष-पाल** या **कोतवाल** के पास होती थी।

यहां गौरतलब है कि लगभग सभी **अधिकारियों** को **वेतन** उन्हें **अनुदान** के रूप में **करमुक्त भूमि** देकर दिया जाता था और इसने **पैतृक भू-राजस्व** अधिकारियों का भी उद्भव किया, जिन्हें **नाद-गवुंड** या **देस-ग्रामकुट** कहा जाता था। बाद में उन्हें **महाराष्ट्र** में **देशमुख** और **देशपांडे** कहा गया। राजस्व कार्य को **भोग** या **मिल्कियत** कहा गया, जो सिद्धांत: अस्थाई होता था और जब शासक चाहता था, यह अधिकार वापस ले लिया जाता था। लेकिन यह सीधे विद्रोह या देशद्रोह के मामलों को छोड़ कभी-कभार ही प्रयोग में आता था। इसके साथ-साथ पैतृक अधिकारियों के अधिकार बढ़ते गए और ग्राम समाज कमजोर हुआ और इन अधिकारियों पर राजा का नियंत्रण व अधिकार भी कम हो गया। इस तरह **शासन सामंतवादी बन गया।**

**सामंती समाज** की उन्नति के दूरगामी परिणाम हुए क्योंकि इसने न केवल **शासक की स्थिति को कमजोर किया** और उसे सामंती प्रमुखों पर ज्यादा आश्रित कर दिया, साथ ही इसका परिणाम **व्यापार के पतन** के रूप में हुआ और ऐसी अर्थव्यवस्था को प्रोत्साहन मिला, जिसमें **छोटी रियासतें** उभरीं जिनके पास **ज्यादातर आत्मनिर्भर गांव** थे। हालांकि अव्यवस्था और हिंसा के दौर में ये सामंती राज्य सामान्य लोगों के जीवन और संपत्ति को सुरक्षा भी प्रदान कर सकते थे।

धर्म के संदर्भ में, अधिकतर राजा अपने विचारों और व्यवहार में सहिष्णु थे और हिन्दू धर्म (कुछ शिव और विष्णु के उपासक थे), बौद्ध और **जैन धर्म** को पूरी उदारता के साथ **संरक्षण** देते थे। मुस्लिमों का **स्वागत किया** गया और उन्हें राष्ट्रकूट राजाओं ने अपने धर्म का प्रचार करने की अनुमति दी। आरंभिक समय के राजाओं की तरह शासकों से सामाजिक ताने बाने की रक्षा की अपेक्षा की जाती थी और आमतौर पर चतुर्वर्ण व्यवस्था जारी रही। हालांकि **राज्य धर्मनिरपेक्ष** था, क्योंकि **राजनीति** और **धर्म** को **अलग रखा** गया था। राजा धार्मिक प्रवचनों से प्रभावित नहीं होते थे।

## व्यापार और वाणिज्य

**उत्तरी भारत** में, 750-1000 ई. के काल को **गतिहीनता का दौर** माना जाता है। यहां तक कि इस समय **व्यापार और वाणिज्य** में भी कमी आई। यह मुख्यत: **रोमन साम्राज्य के पतन के कारण** हुआ, जिसके साथ पहले भारत के समृद्ध व्यापारिक संबंध थे। इस्लाम के उदय कारण ईरान के **सासानी साम्राज्य** का भी पतन हुआ, जिसने **भारत के जमीनी विदेशी व्यापार को प्रभावित किया।** भारत में सोना और चांदी की प्रचुरता का कारण **विदेशी व्यापार** का भारत के पक्ष में होना था, इसलिए 8वीं से 10वीं शताब्दी के बीच जबसे विदेशी व्यापार में कमी आई, उत्तर भारत में **स्वर्ण मुद्राओं** का अभाव हो गया।

यह दिलचस्प है कि इसी काल के दौरान दक्षिण भारत और दक्षिण-पूर्व एशिया के बीच व्यापार तेजी से **बढ़ा**। यह दिलचस्प है कि इस दौरान **लिखे गए कुछ धर्मशास्त्रों में** व्यापार और वाणिज्य में आई गिरावट की झलक दिखती है **यहां उन क्षेत्रों की यात्रा पर प्रतिबंध था**, जहां मुंजा घास नहीं उगती है या जहां काले हिरण नहीं घूमते हैं (भारत के बाहर)। खारे समुद्र की यात्रा भी अपवित्र मानी जाती थी। माना जाता है कि इस प्रतिबंध का उद्देश्य भारतीयों को पश्चिम में इस्लाम और पूर्व में बौद्ध धर्म के आधिपत्य वाले क्षेत्रों में जाने से हतोत्साहित करना था, जिससे ब्राह्मणों की प्रभुता बनी रहे। हालांकि इस प्रतिबंध को भारतीयों ने गंभीरता से नहीं लिया। इस बात के कई वृत्तांत मिलते हैं कि इस दौरान भारतीय व्यापारी, दार्शनिक, चिकित्सकों और कारीगरों ने बगदाद और पश्चिम एशिया के कई मुस्लिम देशों का दौरा किया। **10वीं शताब्दी के बाद** धीरे-धीरे पश्चिम एशिया के **अरब साम्राज्य** और **उत्तरी अफ्रीका** के साथ विदेश व्यापार पुर्नस्थापित हुए। धनी **अरब शासकों के बीच** भारतीय कपड़ों, सुगंध सामग्री और **मसालों** की मांग बढ़ने से व्यापार का फिर से कायाकल्प हो गया और मालवा व गुजरात बड़े व्यापारिक केंद्रों के रूप में उभरे।

## असम का सालम राजवंश (800–1000 ई.)

असम, जिसे **कामरूप** या **प्रागज्योतिष** भी कहा गया है, **पालों** विशेषकर देवपाल के अधीन रहा। हालांकि 800 ई. में कामरूप के एक **स्थानीय शासक हरजरवर्मन** ने खुद को पाल साम्राज्य से स्वतंत्र घोषित कर दिया और उसने **ब्रह्मपुत्र (लौहित्य)** नदी के तट पर **हरुप्पेश्वर** को राजधानी बना कर **सालम राजवंश** की स्थापना की।

## ओडिशा के पूर्वी गंग

छठी शताब्दी के अंतिम दौर में **शैलोद्भाव,** जो **पहले शशांक के अधीन** थे, **कंगोदा** (वर्तमान **पुरी** और **गंजाम** जिले) पर धीरे-धीरे अपना प्रभाव जमाया। हालांकि 8वीं शताब्दी में शैलोद्भाव को **श्वेत्का** के **गंग** ने हटा दिया। ये **मूलतः कर्नाटक** के विस्थापित थे और इन्होंने खुद को उत्तरी गंजाम क्षेत्र में स्थापित किया। इसी प्रकार, **कलिंगनगर के गंग** भी कर्नाटक के विस्थापित थे। ये पांचवीं शताब्दी के अंत में ओडिशा आए थे और दक्षिणी ओडिशा के विशेषकर वम्सधारा और नगावेली घाटी में बसे।

10वीं शताब्दी के बाद, गंग साम्राज्य तेजी से विकसित हुआ और उत्तरी एवं दक्षिणी ओडिशा भी संयुक्त हो गए। संभवतः 12वीं शताब्दी की शुरुआत में **चोल साम्राज्य के साथ गठबंधन** से उन्हें सैन्य विस्तार में मदद मिली, **गंग राजा अनंतवर्मन चोडागंग ने** सोमवंशी शासक को निचले ओडिशा से हटा दिया। यह दिलचस्प है कि **अनंतवर्मन** की **मां** और उनकी **एक रानी चोल राजकुमारी** थी। हालांकि गंग और चोलों के बीच सैन्य संघर्ष भी होते थे, यह इस तथ्य से पता चलता है कि चोल राजा कुलोतुंग प्रथम ने कलिंग के खिलाफ दो बार सैन्य अभियान भेजे थे।

# 850–1200 ई. काल : दक्षिण भारत

## चोल

भारतीय इतिहास में अपने **स्थानीय स्वराज शासन के लिए प्रसिद्ध** चोलों[14] ने 850–1200 ई. के दौरान दक्षिण भारत में सशक्त साम्राज्य की स्थापना की। इन चोल राजाओं के बीच संबंधों को **'तंजौर के शाही चोल'** कहा गया, संगम साहित्य में प्रारंभिक

14 दिलचस्प बात यह है कि इन चोलों, जिन्हें 'तंजौर के शाही चोल' कहा जाता है, का संगम साहित्य में उल्लिखित पहले चोलों के साथ संबंध बहुत स्पष्ट नहीं है।

चोल राजाओं के बारे में स्पष्टता नहीं है। दक्षिण भारत में **पल्लवों** के शासन को **उखाड़ फेंकने** के बाद चोल सत्ता में आए। इस साम्राज्य ने बड़े समुद्र तटीय क्षेत्रों को अपने कब्जे में कर लिया। उन्होंने **सशक्त नौसेना का गठन** किया, जिन्होंने आगे चल कर हिंद महासागर में समुद्री व्यापार को विकसित करने में और श्रीलंका व मालदीव द्वीपों पर जीत हासिल करने में काफी मदद की। चोलों ने मलाया, जावा और सुमात्रा के राजाओं को भी हराया। चोल राजवंश के संस्थापक **विजयालय** थे (9वीं शताब्दी ई.)।

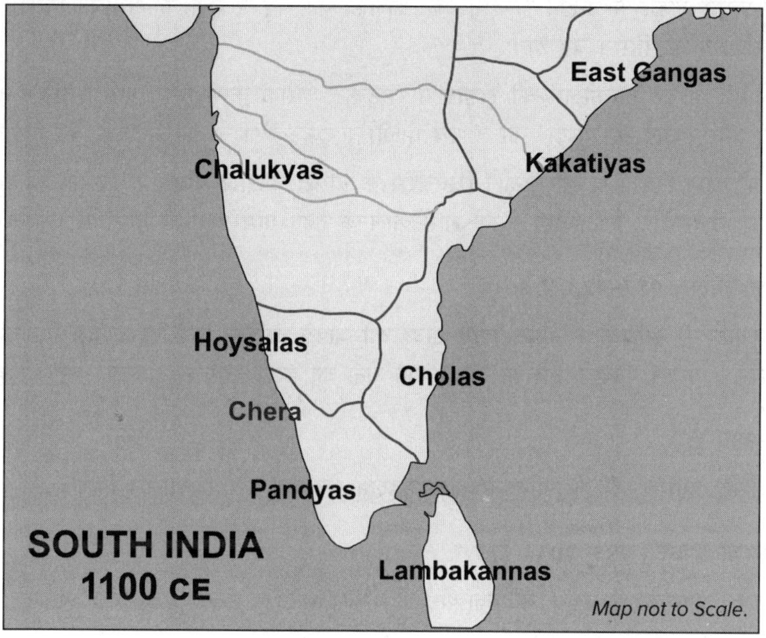


**चित्र 9.7** दक्षिण भारत का मानचित्र (1100 ई.)

### विजयालय (लगभग 850 ई.)

- चोल साम्राज्य के **संथापक, पहले पल्लवों के सामंत** थे।
- इन्होंने इरियाईयुर के आसपास अपनी शक्ति बढ़ाई, तंजौर पर कब्जा किया। इस विजय के उपलक्ष्य में नरकेसरी की उपाधि धारण की और निचले कावेरी क्षेत्र के साथ अपने राज्य का विस्तार किया।

### आदित्य प्रथम (871-907 ई.)

- विजयालय के उत्तराधिकारी, जिन्होंने महत्वपूर्ण सैन्य सफलता हासिल की और चोल साम्राज्य का विस्तार किया।
- **श्रीपुरमबियम की लड़ाई में पल्लवों के साथ मिल** कर **पाण्ड्यों** को **हराया** और तंजौर के कुछ इलाके हासिल किए। बाद में 893 ई. में उन्होंने **पल्लव** राजा **अपराजिता** को **हराया** और उसे मार दिया। इस प्रकार तोंडाईमंडलम (दक्षिणी तमिल देश) पर अपना कब्जा किया।
- उन्होंने **चेरों के साथ मिलकर** कोन्गुदेश (संभवत: कोयंबटूर और सलेम जिले) पाण्ड्यों से छीन लिया।
- ऐसा माना जाता है कि आदित्य ने पश्चिमी गंग क्षेत्र की राजधानी तालकड को भी जीता।
- एक पल्लव राजकुमारी से शादी कर आदित्य ने **पल्लवों के साथ वैवाहिक संबंध** भी बनाया।

**परांतक प्रथम ( 907-953 ई. )**

- पश्चिमी गंग, कुदुम्बलूर प्रमुख और केरल के शासकों के साथ मिलकर कई लड़ाइयां जीतीं।
- उन्होंने **मदुरै पर कब्जा** किया और **मदुरांतक** (**मदुरै के विध्वंसक**) व **मदुरैकोण्ड** (**मदुरै पर कब्जा करने वाला**) की उपाधि हासिल की।
- वेल्लूर की प्रसिद्ध लड़ाई में उन्होंने पाण्ड्यों और श्रीलंका की संयुक्त सेना को पराजित किया। फलस्वरूप, पाण्ड्य क्षेत्र चोल साम्राज्य का हिस्सा बन गए।
- हालांकि 949 ई. में वह **तक्कोलम की लड़ाई में राष्ट्रकूट** शासक कृष्ण तृतीय द्वारा **पराजित हो गए**। कृष्ण तृतीय को **'कांची और तंजाई के योद्धा'** की उपाधि मिली। राष्ट्रकूट सेना ने तोंडाईमंडलम् को उखाड़ फेंका।
- वह मंदिरों के महान निर्माता थे और उन्होंने **चिदंबरम** के प्रसिद्ध **नटराज मंदिर** के विमानों को सुनहरी छत प्रदान की थी। दो प्रसिद्ध **उत्तरामेरुर शिलालेख** उसके शासनकाल के तहत **ग्राम प्रशासन** का विस्तृत विवरण प्रदान करते हैं।

**परांतक द्वितीय/सुंदर चोल ( 957-973 ई. )**

- उन्होंने **राष्ट्रकूटों** से **अधिकतर अपने खोए क्षेत्रों को** वापस **हासिल** कर लिया, जैसे कि तोंडाईमंडलम के कुछ हिस्से। उन्होंने न केवल पाण्ड्य-श्रीलंका की संयुक्त सेना को हराया, बल्कि **श्रीलंका पर भी हमला** किया।

**उत्तम चोल ( 973-985 ई. )**

- जब उन्होंने सत्ता हासिल की तो अधिकतर तोंडाईमंडलम क्षेत्र राष्ट्रकूटों से हासिल किया।

**अरुमोलिवर्मन/राजराजा प्रथम ( 985-1014 ई. )**

- **महानतम चोल शासक,** जिसने 11वीं शताब्दी तक दक्षिण भारत में सबसे बड़ा चोल साम्राज्य बनाने में मदद की।
- सफल सैन्य अभियान की श्रृंखला के माध्यम से उन्होंने पाण्ड्या, केरल के शासकों और श्रीलंका महासंघ को तोड़ा। उन्होंने न केवल त्रिवेंद्रम (वर्तमान तिरूवनंतपुरम्) में **चेर नौसेना को ध्वस्त** किया, क्विलोन पर हमला किया और मदुरै पर कब्जा किया, बल्कि उत्तरी श्रीलंका को भी हड़प लिया और उसका नाम मुम्डिचोलमंडलम् रख दिया। उन्होंने **मालदीव के द्वीपों** को भी **जीता**।
- उन्होंने **शैलेंद्र साम्राज्य (मलाया समुद्र तट)** के खिलाफ **नौसेना अभियान** चलाया और चीन के साथ चोल व्यापार का विस्तार किया।
- उन्होंने पश्चिमी चालुक्य, राष्ट्रकूट, बाद में चालुक्य पर भी विजय हासिल की। इनकी राजधानी कल्याणी और उत्तर-पश्चिम कर्नाटक में गंग क्षेत्र के उत्तर-पश्चिमी हिस्सों और वेंगी पर कब्जा किया। हालांकि उन्होंने वेंगी के राजा की बेटी से शादी कर वेंगी को बचा लिया। यहां यह उल्लेखनीय है कि, **तुंगभद्रा दोआब** और उत्तर-पश्चिम कर्नाटक के गंग राष्ट्र के बीच चोलों और **उत्तर चालुक्यों में वेंगी** पर अधिकार को लेकर **संघर्ष** हुआ। इस संदर्भ में किसी ने भी निर्णायक विजय हासिल नहीं की और अंततः दोनों साम्राज्य थक गए।
- 1010 ई. में उन्होंने थंजावुर (तंजौर) में **भगवान शिव को समर्पित राजराजेश्वर** या **बृहदेश्वर मंदिर** बनवाया। मंदिर को **राजराजा मंदिर** भी कहा गया, क्योंकि चोल राजाओं में चलन था कि वे मंदिरों में देवताओं के अलावा राजाओं व रानियों की मूर्तियों की भी स्थापना करते थे।

**चित्र 9.8** बृहदेश्वर मंदिर

- उन्होंने अपने राज काल में **भूमि** का सर्वेक्षण कराकर राजस्व एकत्र करने की **कुशल व्यवस्था** को **पुनर्गठित** और **विकसित किया**। यह दिलचस्प है कि, उनका उल्लेख **उलकलानदा पेरूमल** अर्थात्, वह महान व्यक्ति जिसने पृथ्वी को मापा है, के रूप में किया गया है, जो उनकी तुलना भगवान विष्णु से करने के साथ-साथ उनके भूमि सर्वेक्षण के आदेश के प्रयासों की ओर भी इशारा करता है।

**राजेंद्र प्रथम ( 1014-1044 ई. )**

- **राजराजा प्रथम के पुत्र**, जिन्होंने अपने पिता की **विस्तारवादी नीति** को **आगे बढ़ाया** और चोल राज्य की सीमा का विस्तार जारी रखा।
- उन्होंने **श्रीलंका के राजा महेंद्र पंचम** को हराकर **सिलोन**[15] **पर जीत हासिल** की। उन्होंने श्रीलंका के राजा रानी का शाही राजचिह्न हासिल किया और श्रीलंका अगले 50 साल तक चोल नियंत्रण से खुद को मुक्त नहीं करा सका।
- उन्होंने **पाण्ड्यों और चेरों को पूर्णतः रौंद** कर उन्हें अपने **साम्राज्य** में **मिला लिया**।
- 1022 ई. में उन्होंने **उत्तर में एक अभियान** का **नेतृत्व** किया। उन्होंने गंगा नदी को **उसी मार्ग** से पार किया जिधर से महान विजेता **समुद्रगुप्त** ने **पाल शासक महिपाल प्रथम** और पश्चिमी चालुक्यों को **हराया** था। इस विजय का जश्न मनाने के लिए उन्हें गंगाइकोंडचोला (गंगा को जीतने वाला **चोल**) की उपाधि दी गई। कावेरी नदी के उद्गम स्थल के निकट **गंगाइकोंडचोलापुरम्** (**गंगा को जीतने वाले चोल का नगर**) के नाम से नई **राजधानी** स्थापित की गई। उन्होंने यहां एक शिव मंदिर और चोलगंगम् नाम से एक तालाब खुदवाया।
- 1025 ई. में, पुनर्स्थापित **श्रीविजय साम्राज्य के खिलाफ** एक सफल **नौसैनिक अभियान** (जो **मलय प्रायद्वीप**, **सुमात्रा**, **जावा** और **पड़ोसी द्वीपों** तक फैला और चीन के विदेशी व्यापार मार्ग को नियंत्रित किया) भेजा गया। इसने कडारम या केदाह और सुमात्रा एवं मलय प्रायद्वीप में कई अन्य स्थानों पर विजय हासिल की।

---

15 पत्थर तराशने की कला श्रीलंका में चली गई और सिगिरिया की पेंटिंग अजंता पेंटिंग पर आधारित थीं।

- **शैलेंद्र वंश** के **शासक बौद्ध** थे और आरंभ में उनके चोलों के साथ सौहार्दपूर्ण संबंध थे। दरअसल, **शैलेंद्र शासक** ने **नागापट्टनम** में एक **बौद्ध मठ बनवाया** और **उनके कहने पर राजेंद्र प्रथम ने** इसके रखरखाव के लिए **एक गांव को समर्पित किया था**। दोनों के बीच दरार का कारण भारतीय व्यापारियों की बाधाओं को दूर करने और चीन के साथ चोल व्यापार का विस्तार करने में चोलों की उत्सुकता थी। यहां गौरतलब है कि कुछ समय के लिए इस क्षेत्र में **चोल नौसेना सबसे मजबूत थी** और **बंगाल की खाड़ी** को **'चोल झील'** में बदल दिया गया।
- वे शिक्षा के महान संरक्षक थे और **'पंडित चोल'** नाम से जाने जाते थे।

**राजाधिराज प्रथम ( 1044-1052 ई. )**

- ये एक **महान योद्धा** थे, जो हमेशा अपने लोगों के साथ कंधे-से-कंधा मिला कर आगे खड़े रहते थे, और उन्होंने **जयमकोंडा चोल ( विजयी चोल राजा )** का खिताब हासिल किया। उन्होंने पाण्ड्यों, चेरों और श्रीलंका के शासकों को कुशलतापूर्वक हराया।
- उन्होंने कल्याणी जैसे चालुक्य नगरों को लूटा और तबाह किया और **यादगीर** में **जयस्तम्भ स्थापित किया**। उल्लेखनीय है कि, चोलों के **इतिहास पर यह एक कलंक** है कि वह उन राजाओं और स्थानीय लोगों के प्रति बहुत **कठोर रवैया** अपनाते थे, जिन्हें वे हराते थे। उन्होंने ज्यादातर लोगों को मारा और लूटा, जिनमें ब्राह्मण और बच्चे भी शामिल थे। उदाहरण के लिए, चोलों ने श्रीलंका की प्राचीन राजधानी **अनुराधापुरा** को नष्ट कर दिया और उनके राजा और रानी के साथ बहुत कठोर व्यवहार किया। उन्होंने पाण्ड्य देश में ऐसा ही किया, जहां आबादी पर नजर रखने के लिए एक सैन्य बस्ती बसाई। हालांकि जब वे एक बार किसी देश पर विजय प्राप्त कर लेते थे, तब वे वहां एक शांतिपूर्ण प्रशासनिक व्यवस्था स्थापित करने का प्रयास करते थे।
- उन्हें **विजय राजेंद्र चोल** (यानी **विजयी राजेन्द्र चोल राजा**) के रूप में भी जाना जाता था।
- ये पश्चिमी चालुक्य राजा **सोमेश्वर** के खिलाफ **कोप्पम की लड़ाई में वीरगति** को हासिल हुए। उनकी मृत्यु के तरीके से, राजाधिराज को **'यनाई मेल थुंजिना देवर'** (**हाथी पर सवार राजा** जो मारा गया) के रूप में जाना गया।

**राजेंद्र द्वितीय ( 1054-1063 ई. )**

- युद्ध के मैदान में ताज पहनाया गया।
- **सोमेश्वर को हराया**, कोल्हापुर में एक जयस्तंभ स्थापित किया।

**वीर राजेंद्र ( 1063-1067 ई. )**

- सोमेश्वर द्वितीय को हराया और शिक्षा के लिए एक वैदिक महाविद्यालय की स्थापना की।

**अधिराजेंद्र ( 1067-1070 ई. )**

- कई विद्रोहियों का सामना करना पड़ा और उनमें से एक को **दबाने के दौरान उसकी मृत्यु** हुई।

**कुलोत्तुंग प्रथम ( 1070-1122 ई. )**

- **अंतिम महत्वपूर्ण चोल राजा** जिन्हें **शुंगम तविर्तचोल** (**करों को समाप्त करने वाला**) की उपाधि अपनाई। इनके अधीन चोल साम्राज्य विघटित होने लगा और बहुत छोटे क्षेत्र में सिकुड़ गया। उनके शासनकाल के दौरान, श्रीलंका स्वतंत्र हो गया।

- 1077 ई. में 72 व्यापारियों को चोल दूत के रूप में चीन भेजा गया। उन्होंने वहां से व्यापार के लिए कुछ वस्तुएं लीं जैसे कि कांच के बर्तन, कपूर, जरी वस्त्र, गैंडा सींग और हाथी दांत। श्री-विजया के राज्य के साथ भी इस राज्य का व्यापार समृद्ध था।
- उन्हें **वेंगी के पूर्वी चालुक्यों को चोलों के साथ एकजुट करने का श्रेय** दिया जाता है। ऐसा माना जाता है कि उन्होंने युद्धों का त्याग किया और शांति के लिए प्रयास किया क्योंकि उनका शासनकाल तुलनात्मक रूप से शांतिपूर्ण था और उनके शासनकाल के दूसरे हिस्से में ही उनके राज्य को चालुक्यों व होयसलों से शत्रुता का सामना करना पड़ा।
- उनके शासनकाल के दौरान करों के उन्मूलन और टोल में छूट के कारण उन्हें ***सुंगम तविर्त्ता चोलन*** की उपाधि दी गई थी।
- उत्कृष्ट लेखक **कम्बन** (जिन्होंने **तमिल में *रामायण*** लिखी) उनके दरबार में थे।

कोलोत्तुंग द्वितीय, राजराजा द्वितीय और कोलोत्तुंग तृतीय जैसे बाद के शासकों ने चोल साम्राज्य को बचाने की भरसक कोशिश की, लेकिन चोल की शक्ति धीरे-धीरे कम होने लगी और 13वीं शताब्दी के अंत तक इस इस राजवंश का अंत हो गया। **चोलों** का **स्थान दक्षिण में पाण्ड्यों** और **होयसलों** ने और उत्तर **चालुक्यों** से **यादवों** और **काकतियों** ने ले लिया। इन राज्यों ने भी कला और वास्तुकला को संरक्षण प्रदान किया। लेकिन दुर्भाग्य से, एक-दूसरे से लड़ने, कस्बों को बर्बाद करने और मंदिरों के प्रति बेरुखी से उन्होनें खुद को कमजोर कर लिया। अंततः **14वीं सदी की शुरुआत** में उन्हें **दिल्ली के सुल्तानों** द्वारा **नष्ट** कर दिया गया।

## चोल प्रशासन

चोल शिलालेखों में आमतौर पर राजा का उल्लेख को, **पेरुमल, पेरुमल, पेरुमल** अदिगल (एक महान), **राजा-राजाधिराज** और **को-कोनमई कोंडन** (राजाओं के राजा) के रूप में किया गया है। राजा सभी अधिकार अपने पास रखता था और उन्हें सलाह देने के लिए मंत्रियों की एक परिषद होती थी। विभिन्न चोल शिलालेखों में राजा को एक आकर्षक भौतिक स्वरूप, एक महान योद्धा और विजेता, कला का महान संरक्षक और उदारता के साथ उपहार देने वाला (खासकर ब्राह्मणों को), वर्णाश्रम धर्म का संरक्षक, कलियुग की बुराइयों का विनाश करने वाला बताया गया है। राजाओं की **अक्सर ईश्वर से तुलना या तो प्रत्यक्ष रूप में** की जाती थी **या उभयार्थी के** रूप में की जाती थी। उदाहरण के लिए, **चोल राजा राजराजा** का उल्लेख **उलकलानंदा पेरुमल** के रूप में किया गया, जिसका अर्थ भगवान विष्णु की तरह पृथ्वी को मापने वाला महान व्यक्ति, जिन्होंने एक प्रसिद्ध मिथक के अनुसार ब्रह्मांड को अपने तीन पगों से मापा था। प्रशासन के साथ बेहतर संपर्क बनाए रखने के लिए राजा अक्सर जनता से सीधे मिलने जाते थे। उनके साथ **अंगरक्षक** होते थे, जिन्होंने अपने **जीवन की कीमत पर** राजा को बचाने की शपथ ले रखी होती थी। अंगरक्षकों के चयन में वंशानुगत तत्व थे और उन्हें भू-राजस्व का काम दिया गया। **वेनिस यात्री मार्को पोलो**, जिसने **13वीं शताब्दी** में **केरल की यात्रा** की थी, ने लिखा कि **सम्राट के निधन** पर उनके सभी **अंगरक्षकों ने उनकी चिता पर आत्मदाह कर लिया**। राजाओं के पास विशाल महल होते थे जिसमें भव्य भोजनकक्ष, विशाल उद्यान और बरामदे शामिल थे।

चोल शिलालेखों में, पल्लवों, पाण्ड्यों और चेरों के शासन की तुलना में पदों व अधिकारियों की बड़ी संख्या का उल्लेख यह इंगित करता है कि विशेष तौर पर राजराजा प्रथम (आरंभिक 11वीं शताब्दी) के शासनकाल से **प्रशासनिक ढांचों का विस्तार** हुआ और कोलोत्तुंग प्रथम के शासन काल के बाद इसमें गिरावट आई, जब केंद्रीय अधिकारी तंत्र कमजोर पड़ गया और स्थानीय सरदारों की शक्ति धीरे-धीरे बढ़ने लगी। विभिन्न अधिकारियों को ***पेरुन्दनम*** और ***सिरुदानम*** कहा जाता था। चोल विशाल सेना रखते थे, जिसमें हाथियों, घुड़सवार और पैदल सेना (जो हाथों में भाले रखते थे) के तीन अंग शामिल थे।

**शाही सैनिकों** को **कैक्कोला पेरुम्पदाई** कहा जाता था और **सैन्य छावनियों** को **कडगम** कहा जाता था। चोल प्रशासन में सेना के प्रशिक्षण पर विशेष ध्यान दिया जाता था।

साम्राज्य **राजयम** या **राष्ट्रयम** के नाम से जाना जाता था जो आठ **मंडलों (प्रांतों)** में विभाजित थे, जो **गवर्नर/वायसराय** द्वारा **नियंत्रित** होते थे, जो आमतौर पर शाही परिवार के राजकुमार या कुलीन परिवारों के होते थे। अधिकारियों को **भू-राजस्व** के माध्यम से भुगतान होता था। कुछ प्रांतों का निर्माण रियासतों से मिलकर हुआ था जिन पर चोलों का कब्जा था और कुछ **जागीरदार राजकुमारों** के क्षेत्र थे, जो आपात स्थिति में राजा को अपनी सेवा और भेंट प्रदान करते थे। प्रांतों को **कोट्टमों** या **वलनाडु** में विभाजित किया गया था, जो फिर **नाडु (जिलों)** में विभाजित थे, इनमें स्वायत्त गांवों की पर्याप्त संख्या होती थी जो चोल प्रशासनिक प्रणाली में महत्वपूर्ण भूमिका निभाती थी। प्रशासन में श्रेणियों या **पुगाओं (सहकारी समिति)** की भी महत्वपूर्ण भूमिका थी, जो एक ही शिल्प में निपुण व्यक्तियों से संबंधित स्वायत्त संयुक्त संगठन की तरह थे।

- **मंडलम/प्रांत: वायसराय/गवर्नर द्वारा संचालित**
- **कोट्टम्/वलनाडु**
- **नाडु** (जिला)
- **नट्टार:** नाडु या जिले के प्रमुख व्यक्तियों की सभा।
- **नगरत्तर/नगरम्:** व्यापारियों या व्यापार समूहों की सभा

**नगरम** विभिन्न व्यापारियों और विशेष समूहों के लिए **विशिष्ट** था। उदाहरण के तौर पर **सलिया नगरम्** और **सत्सुम परिशत्त नगरम् वस्त्र व्यापार** से जुड़े थे। शंकराप्पादी नगरम् **तेल** और **घी** के आपूर्तिकर्ता थे। प्राग नगरम् में समुद्री जहाज बनाने वाले व्यापारियों का संयुक्त संगठन था और **वनिया नगरम् तेल व्यापारियों** द्वारा चलाया जाता था। **संयुक्त संगठन** को **समाया** के रूप में भी उल्लेखित किए जाते थे, जिसका गठन किसी **अनुबंध या समझौते द्वारा होता था** और यह रोचक है कि समाया के सदस्य एक आचार संहिता द्वारा शासित होते थे, जिसे बनांजू-धर्म कहा जाता था। सबसे शाक्तिशाली सहकारी समितियों में से एक जो कि विशालतम सुप्रा क्षेत्रीय व्यापारियों से भी जुड़े हुए थे, **अय्यावोल** (पांच सौ) थे जो कर्नाटक के एहोल में स्थापित थे। इसी प्रकार 13वीं सदी में तमिल देश में **मणिग्रामम** एक और **प्रसिद्ध सहकारी समिति** थी, जो **अय्याहोल के अधीन** थी। व्यापारियों का जत्था सशस्त्र सुरक्षा में चलता था और सहकारी समितियां मिलकर पथकर व उपकर तय करती थीं। एक निश्चित समय में, व्यापारी समितियां धीरे-धीरे अधिक शक्तिशाली और स्वतंत्र हो गईं। चोलों के पतन के बाद सहकारी समितियां भी शाही सहयोग के प्रति कम आश्रित होने लगीं।

## चोल ग्राम प्रशासन

चोल अपने **स्थानीय स्वराज मॉडल** के लिए **प्रसिद्ध** थे, जो कि **पंचायती राज प्रणाली के प्रारंभिक उदाहरणों** में से एक माना जाता है। गांव प्रशासन बहुत व्यवस्थित और अच्छी तरह से विकसित था। गांवों की विधानसभाओं के बारे में, चोल शिलालेखों में उल्लेख है:

(a) **उर: गैर-ब्रह्मदेय गांव** (या **वेल्लानवगई गांव**) **के स्थानीय नागरिकों** की **आम सभा** थी जो किसी भी औपचारिक नियम या प्रक्रिया के बिना मामलों पर चर्चा करती थी। उर के गठन और सरंचना के बारे में बहुत कुछ पता नहीं है, लेकिन आम तौर पर **सदस्यों की संख्या 10 से कम** होती थी। आम सभा भूमि के रखरखाव से संबंधित विभिन्न मामलों, जैसे-भूमि बिक्री, उपहार और कर छूट के मामले निपटाती थी।

(b) **सभा या महासभा: अग्रहार** में **ब्राह्मणों/ वयस्क पुरुष सदस्यों** की **विशेष सभा**, जो **किराया मुक्त ब्रह्मदेय गांव** में होती थी, स्वायत्तता का लाभ उठाते थे। सभा की सदस्यता के लिए **संपत्ति के स्वामित्व,** परिवार का पूर्ववृत्त,

आचरण/सीखने की लालसा जैसे अलग-अलग मानदंड होते थे। महासभा सामुदायिक भूमि के स्वामित्व पर अधिकार रखती थी और अपने क्षेत्राधिकार के भीतर **निजी भूमि को नियंत्रित** करती थी। यह गांवों के लिए ऋण की व्यवस्था और करों की उगाही कर सकती थी। साथ ही, उसे यह अधिकार था कि करों में चूक के मामले में संबंधित भूमि आम नीलामी द्वारा बेचकर राजस्व की उगाही की जा सके।

**कुछ ब्राह्मण सभाओं** और **चोल दरबार** के बीच **घनिष्ठ संबंध** थे। **उत्तरामेरूर** से मिले दो अभिलेखों से पता चलता है कि सभा कोई प्रस्ताव राजा द्वारा नियुक्त अधिकारी की उपस्थिति में ही पास करती थी। तंजावुर के एक अन्य अभिलेख में बताया गया है कि राजराजा प्रथम ने चोलमंडलम् की सभाओं को बृहदेश्वर मंदिर में विभिन्न प्रकार का कार्य करने का आदेश पारित किया था। गांवों के मामलों को एक निष्पादक समिति द्वारा नियंत्रित किया जाता था। समिति में शिक्षित व्यक्तियों का चयन पर्ची निकालकर या चक्रानुक्रम द्वारा होता था। इन सदस्यों को हर तीन साल में सेवामुक्त होना होता था। उस दौरान कई प्रकार की समितियां होती थीं जो कानून एवं व्यवस्था, न्याय जैसे विभिन्न मामले देखती थीं, जलाशय समिति को **एरिवारिया** (जो खेतों में पानी वितरण को देखती थी) कहा जाता था।

## शिलालेख और ग्रंथ

सभा का सदस्य कौन हो सकता है? उत्तरमेरूर शिलालेख में कहा गया है:

*जो लोग सभा के सदस्य बनना चाहते हैं उन्हें उस भूमि का स्वामी होना चाहिए जहां से भूमि राजस्व एकत्र किया जाता है।*

*उनके पास अपना घर होना चाहिए।*

*उनकी उम्र 35 से 70 वर्ष के बीच होनी चाहिए।*

*उन्हें वेदों का ज्ञान होना चाहिए।*

*उन्हें प्रशासनिक मामलों का अच्छा जानकार और ईमानदार होना चाहिए।*

*यदि कोई पिछले तीन वर्षों में किसी भी समिति का सदस्य रहा है, तो वह किसी अन्य समिति का सदस्य नहीं बन सकता है। यदि किसी ने अपनी और अपने परिवार की वित्तीय जानकारी साझा नहीं की हो, तो वह चुनाव में भाग नहीं ले सकता था।*

जबकि शिलालेख हमें राजाओं और शक्तिशाली पुरुषों के बारे में बताते हैं, यहां बारहवीं शताब्दी के तमिल काव्य वृत्तांत पेरियापुराणम का एक अंश दिया गया है, जो हमें सामान्य पुरुषों और महिलाओं के जीवन के बारे में जानकारी प्रदान करता है।

*अदनूर के बाहरी इलाके में पुलैयास (ब्राह्मणों और वेल्लालों द्वारा 'बहिष्कृत' माने जाने वाले एक सामाजिक समूह के लिए इस्तेमाल किया जाने वाला नाम) का एक छोटा-सा गांव था, जिसमें पुराने छप्पर के नीचे छोटी-छोटी झोपड़ियां थीं और छोटे व्यवसायों में लगे कृषि मजदूरों का निवास था। चमड़े की पट्टियों से ढकी झोपड़ियों की दहलीज में, छोटी मुर्गियां समूहों में घूम रही थी; काले लोहे के कंगन पहने काले बच्चे, छोटे-छोटे पिल्लों को लेकर नाच रहे थे; मरुदु (अर्जुन) वृक्षों की छाया में, एक महिला श्रमिक अपने बच्चे को चमड़े की चादर पर सुला रही थी; वहां आम के पेड़ थे, जिनकी शाखाओं पर ढोल लटक रहे थे; और नारियल के पेड़ों के नीचे, जमीन पर छोटे-छोटे गड्ढों में, छोटे सिर वाली कुतिया बच्चे पैदा करने के बाद लेटी रहती थीं। लाल कलगी वाले मुर्गे सुबह होने से पहले बांग देते हैं और हृष्ट-पुष्ट पुलैयार (बहुवचन) को अपने दिन के काम के लिए बुलाते हैं; और दिन में, कांजी के पेड़ की छाया के नीचे, लहराते बालों वाली पुलैया, महिलाओं के गायन, भूसी, धान की आवाज फैल गई।*

चोल ग्राम सभा के पास गांव की भूमि और नई अधिगृहीत भूमि का पूर्ण स्वामित्व था। चोल साम्राज्य की आय का **मुख्य स्त्रोत भूमि राजस्व** था, जो आमतौर पर उत्पादन का **छठा अंश** होता था। शाही बकाया ग्राम सभा एकत्र करती थी और नकद या वस्तु रूप में या दोनों में भुगतान होता था। चोल शासन द्वारा भूमि सर्वेक्षण कराये जाते थे (जो आमतौर पर सही होता था)। **भू-स्वामित्व दस्तावेज व्यवस्थित** ढंग से रखे जाते थे। चोल शिलालेखों में भूमि की विभिन्न श्रेणियों का उल्लेख है:

| भूमि का प्रकार | उपयोगिता |
|---|---|
| वेल्लनवगई | गैर-ब्राह्मण किसान स्वामियों की भूमि |
| ब्रह्मादेय | ब्राह्मणों को दान में दी गई भूमि |
| शलभोग | विद्यालय के रख-रखाव हेतु भूमि |
| देवदाना या तिरुनाथुक्कनी | मंदिरों को उपहार में दी गई भूमि |
| पल्लीछंदम | जैन संस्थाओं को दान में दी गई भूमि |

विभिन्न चोल अभिलेख बिक्री या उपहार द्वारा भू-हस्तांतरण के विभिन्न उदाहरणों की ओर इशारा करते हैं, इनमें **कणि** अधिकारों का हस्तांतरण भी शामिल है, जिनमें कुछ अन्य अधिकारों व दायित्वों के साथ भूमि पर स्वामित्व का अधिकार भी शामिल है। इन अधिकारों को आगे उप-विभाजित किया गया:

(a) **कर्णमणि (खेती करने का अधिकार):** आगे दो भागों में विभाजित:

(i) ***कुदि निक्की:*** जिस स्थिति में गांव में पहले बसे लोगों को या तो उनके अधिकारों से वंचित किया गया या हटा दिया गया।

(ii) ***कुदि निन्गा:*** ऐसी स्थिति जिसमें उन्हें परेशान नहीं किया गया।

(b) **मिताची (श्रेष्ठ दायित्व अधिकार)**

कर्नाटक के कुछ शिलालेखों में **महिलाओं की अगुवाई** वाले **गांवों के दिलचस्प संदर्भ** मिले हैं। उदाहरण के लिए, **902 ई. के शिलालेख** के अनुसार भरनगियूर गांव की मुखिया बित्ताय्या नाम के व्यक्ति की पत्नी थी। **1055 ई. के एक अन्य अभिलेख** के अनुसार चंडियाब्बे नाम की महिला का संदर्भ अगावुंडी के रूप में है, जिसका अर्थ ग्राम प्रधान है और एक अन्य महिला, जिसका नाम जक्कियाब्बी था, उसकी मंत्राकी (सलाहकार) थी।

## चोल समाज और अर्थव्यवस्था

चोल समाज जातियों में विभाजित था और **पेरियारों (अछूतों)** की स्थिति दयनीय बनी हुई थी। **वेल्लाल** (खेतिहर समूह) की शूद्र वर्ण के रूप में पहचान थी। लेकिन चूंकि वे भूमि धारक थे और एक आर्थिक रूप से शक्तिशाली समूह थे, वे इस तरह के भेदभाव या निम्न सामाजिक स्थिति से ग्रस्त नहीं थे।

इस महत्वपूर्ण और **अनोखे विकास** से सुप्रा **जाति उभरकर** कर आई जिसे दो भागों में विभक्त किया गया:

(a) **इडांगई (बायां हाथ जाति समूह):** मुख्य रूप से **कलाकार** और **व्यापारिक समूह** शामिल थे।

(b) **वलांगई (दाहिना हाथ जाति समूह):** मुख्य रूप से **कृषि समूह** शामिल थे।

मूल रूप में, वे एक-दूसरे के विरोधी नहीं थे, लेकिन धीरे-धीरे दो जाति समूहों के बीच संघर्ष के तत्व प्रकट होने लगे। महिलाओं की स्थिति में सुधार नहीं हुआ और सती प्रथा शाही परिवारों में प्रचलित थी। इस अवधि के दौरान मंदिरों से जुड़ी **देवदासी या नर्तकियों की प्रथा** उभरी।

धार्मिक क्षेत्र से संबंधित दिलचस्प पहलू यह रहा कि शाही संरक्षण की जगह लोग ब्राह्मणों को और मंदिरों को उपहार देने लगे। राजा के अलावा, **शाही परिवार** के सदस्य, और **अमीर व्यापारी** भी **उदारता से मंदिरों में योगदान** देते थे। आसपास और कई दूरदराज के गांवों से राजस्व मंदिरों के रखरखाव के लिए आने लगे थे। पारदर्शिता सुनिश्चित करने के लिए वित्तीय संसाधनों का प्रबंधन कई गांवों की ब्राह्मण सभा के पास होता था।

कृषिवादी अर्थव्यवस्था में विस्तार हुआ। इसके लिए कई वजहों को श्रेय जाता है, जैसे-भूमि सुधार के माध्यम से कृषि मुनाफे का विस्तार, सिंचाई तकनीकों का प्रसार, और फसलों की किस्मों में विस्तार। लोग **अग्रहत्ता** (फारसी पहिया) का उपयोग करने लगे थे, जबकि **तालाब, नहर, कुओं** से **सिंचाई व्यवस्था** पहले से मौजूद थी।

**चित्र 9.9** अग्रहत्ता (सिंचाई के लिए फारसी पहिया)

प्रारंभिक मध्ययुगीन काल में शिल्प तकनीक में महत्वपूर्ण सुधार हुआ और शिल्प उत्पादन के विभिन्न केंद्र उभरे। उदाहरण के लिए, **कांचीपुरम** महत्वपूर्ण **बुनाई उद्योग केंद्र** के रूप में उभरा। **कुदमुक्कू सुपारी की खेती** के प्रमुख केंद्र के अलावा धातु के काम, सिक्का ढाल और वस्त्र शिल्प का भी महत्वपूर्ण केंद्र था। **पलाईयाराई** एक अन्य महत्वपूर्ण **प्रशासनिक केंद्र** और **चोलों** की **रिहायशी राजधानी** था। चोल काल का एक अन्य महत्वपूर्ण पहलू **व्यापारिक जातियों** का उदय था जो गर्वर्स के नाम से जाना जाता था, जो **उत्तरी व्यापारी** थे और **जो** 10वीं-11वीं शताब्दी में **दक्षिण की ओर चले गए** थे। ***गौड़/गवुनदास* मूलतः खेतिहर** थे। ***हेगड़े*** मूलतः **राजस्व अधिकारी** होते थे, ***कायस्थ*** लेखक, जमीन के **कागजात, जमीन अनुदान संबंधी दस्तावेज तैयार** करने और **मसौदे तैयार करने के विशेषज्ञ** होते थे। ***कर्ण*** भी पेशेवर लेखकों **के व्यावसायिक समूह** का प्रतिनिधित्व करते थे।

चोल राजा दक्षिण-पूर्व एशिया और चीन के साथ नजदीकी वाणिज्यिक संबंध रखते थे।

| मुख्य शब्द/संकल्पना | अर्थ |
|---|---|
| पुरावु-वरी-तिनाइक्कलम/श्री-कर्णम | राजस्व विभाग |
| इक्कोरू | राज्य के अधिकारियों को भोजन उपलब्ध कराने का ग्रामीणों का दायित्व |
| मुत्ताइयल/वेत्ती/कुदिमई | राज्य के अधिकारियों को श्रम सेवा उपलब्ध कराने का ग्रामीणों का दायित्व |

| मुख्य शब्द/संकल्पना | अर्थ |
|---|---|
| कदमई | वस्तु के रूप में भूमि राजस्व एकत्र करना |
| अंतरयम | ग्रामीण कर को नकदी के रूप में जारी करना |
| धर्मासन | न्याय का शाही दरबार |
| उर-नत्तम या उर-इरुक्काई | जमींदार किसानों के रिहायशी आवास |
| कम्मनछेरी | शिल्पकारों के रिहायशी आवास |
| पराइछेरी | कृषि श्रमिकों के रिहायशी आवास |
| पराइयार | सामाजिक और स्थानिक लोगों के अलग समूह जिन्हें धार्मिक रूप से अशुद्ध माना जाता था |
| वेल्लालर | खेतिहर समूह |
| कन्यूदईयार | भू-स्वामी किसान |
| उलुकुडी | किराये के किसान |
| पेरूदन | शीर्ष अधिकारी |
| सिरूतरम | कनिष्ठ अधिकारी |
| कासू | स्वर्ण मुद्रा |
| गौड़ | किसान |
| वेट्ब्टि | जबरन श्रम का एक रूप |
| नगरम् | बाजार एवं व्यावसायिक केंद्र |
| इरिविरप्पात्तन | संरक्षित व्यापारिक कस्बे |
| सामंत | ऐसे राजा से संबंधित, जिसे पराजित किया गया है लेकिन उसका राज्य बहाल कर दिया गया, इस शर्त के साथ कि वह विजयी राजा की अधीनता को स्वीकार करेगा और नकदी या वस्तु के रूप में नियमित भेंट देगा। जरूरत पड़ने पर उन्हें सैन्य सहायता के लिए भी कहा जा सकता है। |
| एरिपट्टी | भूमि राजस्व का वह हिस्सा जिसे ग्रामीण जलाशयों के रख-रखाव के लिए अलग से रखा गया था। |
| घटिका | 7वीं और 8वीं शताब्दियों में मंदिरों से जुड़े 'घटिका' या महाविद्यालय शिक्षा के नए केंद्रों के रूप में उभरे जो ब्राह्मणवादी शिक्षा संस्कृत माध्यम में देते थे। |
| तनियुर | चोलों के अधीन विशिष्ट राजस्व इकाईयां। |
| पेरुवाज़िस | ट्रंक रोड |

## चोल कला और साहित्य

दक्षिण में **मंदिर वास्तुकला चोल शासन** के अधीन **चरम पर पहुंची।** मंदिर वास्तुशिल्प की द्रविड़ शैली प्रचलित थी, जिसमें **देव कक्ष** *(गर्भगृह)* मंजिल-दर-मंजिल निर्माण पर जोर था। मंदिर में **कई खंभों का विशाल कक्ष** होता था जिसे ***मंडप*** कहा गया, जिसमें महराबदार खंभे और सपाट छत होती थीं, जिसका इस्तेमाल ज्यादातर **श्रोता कक्ष** के रूप में किया जाता था। इसके अलावा वहां देवदासी द्वारा अनुष्ठानिक नृत्य और अन्य गतिविधियां होती थीं। मंदिर पूजा के अलावा अन्य **सामाजिक और सांस्कृतिक गतिविधियों** का भी केंद्र होते थे। मंदिर में बुलंद व विस्तृत द्वार होते थे, जिसे ***गोपुरम्*** कहा जाता था। द्रविड़ शैली वास्तुकला का एक अच्छा उदाहरण कांचीपुरम में 8वीं सदी का कैलाशनाथ मंदिर है। इसी तरह **तंजौर** में **बृहंदेश्वर मंदिर** द्रविड़ शैली का उत्कृष्ट नमूना है। यह ध्यान देने योग्य है कि, चोलों के पतन के बाद, **कल्याणी के चालुक्यों** और **होयसलों** की देखरेख में मंदिर निर्माण का काम जारी रहा। धारवाड़ जिले और होयसल की राजधानी में बड़ी संख्या में **मंदिर** हैं, जैसे कि होयसलेश्वर का भव्य मंदिर, जो कि चालुक्य शैली का उत्कृष्ट उदाहरण है।

चालुक्य शैली, जो **बेसर शैली** है (जो **नागर और द्रविड़** की एक **मिश्रित शैली** को दर्शाती है), के संबंध में, देवताओं और उनके परिचारक *यक्ष व यक्षिणी* की मूर्तियों के अलावा, मंदिरों में जीवन के विभिन्न चरणों, जैसे कि नृत्य, संगीत, प्रेम और युद्ध के दृश्यों को बड़े ही खूबसूरत ढंग से तराशा गया है। यह ज्यादातर चालुक्यों के संरक्षण में बनाए गए। ऐसे मंदिर **बादामी** (कर्नाटक) के पास **पट्टदकल** में मिले। इस काल में मूर्तिकला चरम पर थी। इसका एक उदाहरण **श्रावणबेलागोला** में **गोमतेश्वर की विशाल प्रतिमा** में दिखता है। चोल काल धातुओं की मूर्ति के सौंदर्य और तकनीकी कौशल के लिए उल्लेखनीय है। **शिव** की **नृत्य करती प्रतिमा 'नटराज'** इसी काल से संबंधित है और इसे कांस्य का विशिष्ट कृति माना जाता है।

**चित्र 9.10** श्रावणबेलागोला, गोमतेश्वर

इस काल के दौरान संस्कृत के साथ-साथ सामान्य भाषा के साहित्य में भी विकास हुआ। *तमिलकम्* में छठवीं और 9वीं शताब्दी के बीच बड़ी संख्या में ***अलवार*** (**विष्णु भक्त**) और **नयनार** (**शिव भक्त**) का विकास हुआ, जिन्होंने तमिल और अन्य क्षेत्रीय भाषाओं में बहुत कुछ किया। इन संतों के लेखन को 12वीं शताब्दी के शुरुआती दिनों में 11 खंडों में ***'तिरुमुरेस'***

नाम से संगृहित किया गया और इन्हें इतना पवित्र माना गया कि उन्हें **पांचवां वेद** समझा जाता था। **कंबन की रामायण** और सेक्किलार द्वारा *पेरियापुराणम* या *तिरुट्टोंदरपुराणम* इस काल के दो उत्कृष्ट रत्न (कृति) हैं। चोल काल के दौरान तमिल साहित्य का विकास अपने चरम पर पहुंच गया। **थिरुथक्कादेवर** और **कुंडलकेशी** द्वारा लिखित शिवगसिंथामणि 10वीं शताब्दी की हैं। **जयनकोंडार** के कलिंगट्टप्पाराणि में कोलुतुंगा प्रथम द्वारा लड़े गए कलिंग युद्ध का वर्णन किया गया है। ओट्टाकुथर के मुवरुला में तीन चोल राजाओं के जीवन को दर्शाया गया है। जयनकोंडार के कलिंगट्टप्पाराणि में कोलुतुंगा प्रथम द्वारा लड़े गए कलिंग युद्ध का वर्णन किया गया है। ओट्टाकुथर के *मुवरुला* में तीन चोल राजाओं के जीवन को दर्शाया गया है। चोलयुग के अन्य उल्लेखनीय उत्पाद **पुगलेंदी** द्वारा लिखित नलवेनबा, कल्लादानर द्वारा **कल्लादम**, जैन विद्वान **अमृतसागर** द्वारा **यप्पेरुंगलम**, **पवननंदी** द्वारा नन्नुलम और **बुद्धमित्र** द्वारा विरासोलियम हैं। तमिल के साथ-साथ राष्ट्रकूट, चालुक्य और होयसल के संरक्षण में कन्नड़ में भी बहुत-सी साहित्यिक रचनाएं की गईं। प्रसिद्ध राष्ट्रकूट राजा **अमोघवर्ष** ने कन्नड़ कविताओं की एक किताब लिखी। कन्नड़ कविताओं की तीन रचनाएं ***पम्पा*** (जिसे ***विक्रमार्जुन-विजय***, जिन्हें ***पाम्पा भारत*** कहा गया), ***पोन्ना*** और ***रन्ना*** कन्नड़ साहित्य की तीन सबसे मूल्यवान रचनाएं थीं। एक चालुक्य राजा के दरबार में रहने वाले **नन्निया** ने ***महाभारत* का तेलुगू संस्करण** शुरू किया, जिसे 13वीं शताब्दी में **टिक्कन्ना** ने पूरा किया।

**चित्र 9.11** चोलकालीन नटराज की कांस्य प्रतिमा

हालांकि, संस्कृत अभी भी अभिजात्य वर्गों में शिक्षा की भाषा के रूप में महत्व रखती थी। इस काल के आसपास संस्कृत में लिखे गए महत्वपूर्ण कार्यों में:

(a) ***कथासरित्सागर***, जो कहानियों का संग्रह था,

(b) **कश्मीर के राजाओं** के बारे में कल्हण ने ***रजतरंगिणी*** लिखी और

(c) बंगाल के **पाल** राजाओं के अधीन **जयदेव** ने राधा और कृष्ण के बीच प्रेम पर आधारित भक्ति साहित्य ***'गीत-गोविंद'*** की रचना की।

## चीन और दक्षिण-पूर्व एशिया से संपर्क

दक्षिण-पूर्व एशिया के साथ भारतीय संपर्क पांचवीं शताब्दी ई. पूर्व से दिनांकित किए गए हैं। जातकों (***बौद्ध दंत कथाएं***) में भारतीयों के **स्वर्ण द्वीप** (सोने के द्वीप, जावा) की यात्रा का विवरण मिलता है। हाल की पुरातात्विक खोजों में दक्षिण की पूर्व एशिया के साथ इस तरह के प्रारंभिक संपर्कों की पुष्टि हुई है। थाईलैंड, वियतनाम, इंडोनेशिया आदि के तटीय स्थलों से भारतीय मूल के अर्द्ध कीमती पत्थरों अगाते व कार्नेलियन के आभूषण और मोती मिले हैं। ये खोज, पहली शताब्दी ईसा पूर्व के संपर्कों का परिचय कराती हैं। चीनी परंपराओं के अनुसार, **दक्षिण-पूर्व एशिया में पहला राज्य फुनान (कंबोडिया)** में चौथी शताब्दी में **मिला। कौंडिन्य** नाम के एक **ब्राह्मण**, जो भारत से आए थे और स्थानीय राजकुमारी से विवाह किया, ने वहां राज्य स्थापित किया। हालांकि दक्षिण-पूर्व एशिया के साथ भारतीय संपर्क 5वीं शताब्दी के बाद से बढ़े, जब **संस्कृत भाषा** में **शिलालेख** अनेक क्षेत्रों में दिखने लगे। 800-1300 ई. के दौरान ये अपने चरम पर थे, जब कई राजा और राजवंश भारतीय नामों के साथ दक्षिण-पूर्व एशिया में छा गए।

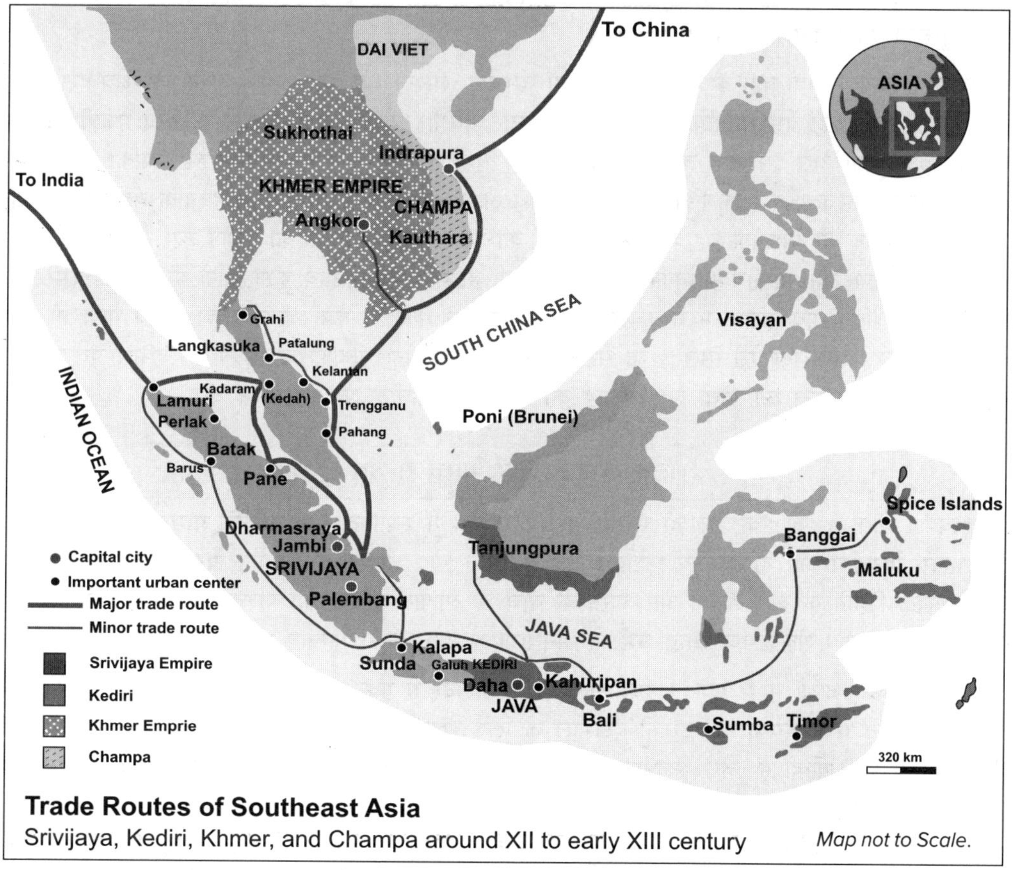


**चित्र 9.12** दक्षिण-पूर्व एशिया के व्यापार मार्ग

जैसा कि हमने पहले भी चर्चा की है, **12वीं शताब्दी** तक **पश्चिमी क्षेत्रों के साथ भारत के व्यापार में गिरावट आई,** जबकि दक्षिण-पूर्व एशिया और **चीन के साथ व्यापार तेजी से बढ़ा**। भारत के दक्षिण-पूर्व एशिया के साथ संबंध मुख्यत: व्यापार और वाणिज्य पर आधारित थे और इस व्यापार का नेतृत्व दक्षिण भारत और बंगाल (ताम्रलिप्ति प्रमुख बंदरगाह था) के राज्यों के हाथों में था। इस क्षेत्र में भारत के विदेश व्यापार का विकास दृढ़ नौसैनिक परंपरा पर आधारित था, जिसमें जहाजों का निर्माण, सशक्त नौसेना और उसके व्यापारियों का कौशल व उद्यम शामिल था। दक्षिण-पूर्व एशिया इलायची, चंदन की लकड़ी, कपूर, लौंग इत्यादि से समृद्ध था, जो भारत और पश्चिम के बीच व्यापार की महत्वपूर्ण वस्तुएं थीं। रोमन साम्राज्य के पतन के साथ, चीन **भारतीय महासागर** में **व्यापार का मुख्य केंद्र** बन गया था। अरब यात्रियों के अनुसार, इस काल के दौरान चीन में विदेशी व्यापार का मुख्य बंदरगाह **कैण्टोन या कान्फू** था। चीनी अभिलेखों में उल्लेख है कि *कटोन नदी पर भारत, फारस और अरब से जहाज लगातार चलते रहते थे।* कैंटोन क्षेत्र में तीन ब्राह्मण मंदिर थे, जिनमें भारतीय ब्राह्मण रहा करते थे। भारतीयों की चीनी समुद्र में मौजूदगी की पुष्टि जापान के दस्तावेजों में मिलती है। **जापान को कपास का परिचय कराने का श्रेय दो भारतीयों को जाता है**, जो तीव्र समुद्री जलधाराओं में बहकर यहां पहुंचे थे। कई भारतीय शासक, विशेषकर पाल और बंगाल के सेन शासक और दक्षिण भारत के पल्लव एवं चोल शासकों ने **चीनी सम्राटों** के पास कई राजदूतों को भेज कर व्यापारिक संबंधों को **प्रोत्साहित** किया। चोल **राजा राजेंद्र प्रथम** ने चीन के साथ व्यापार में दखल देने पर **मलाया** और पड़ोसी देशों **के खिलाफ एक नौसेना दस्ता** भी **भेजा**। भारत से बौद्ध भिक्षु भी समुद्र मार्ग से होकर चीन गए। **गुणभद्र, धर्मदेव, वज्रबोधी** और **धर्मगुप्त** जैसे **बौद्ध विद्वान** भी भारत से चीन गए और चीनी सम्राटों के अनुरोध पर कई संस्कृत पुस्तकों का अनुवाद किया।

शुरुआत में भारतीय व्यापारी वहां के तटवर्ती इलाकों में बस गए, लेकिन धीरे-धीरे उन्होंने अपना कार्यक्षेत्र देश के अंदरूनी हिस्सों तक फैला लिया। वहां बसे भारतीयों की धार्मिक अनुष्ठान संबंधी जरूरतों को पूरा करने के लिए पुजारी भी व्यापारियों के संग वहां पहुंचने लगे और इस तरह बौद्ध और हिन्दू दोनों धर्मों की इस क्षेत्र में शुरुआत हुई। इसका परिणाम भारतीय सामाजिक एवं सांस्कृतिक तत्वों के दक्षिण-पूर्व एशिया के साथ आदान-प्रदान के रूप में हुआ। हालांकि यह समझना आवश्यक है कि इस आदान-प्रदान की विशेषता यह थी कि इन देशों की **स्थानीय संस्कृतियों** का समान रूप से सम्मान व रखरखाव किया गया और स्थानीय और भारतीय सांस्कृतिक पहलुओं, दोनों ही का परस्पर उदय हुआ, दोनों ही ने एक-दूसरे से सीखा। उदाहरण के तौर पर दक्षिण-पूर्व एशिया में संस्कृत दरबार और धर्म की भाषा के रूप स्वीकार्य हुई। क्षेत्रीय भाषा भी साथ-साथ इस्तेमाल होती गई। कई अभिलेख ऐसे मिले हैं जो संस्कृत और स्थानीय दोनों भाषाओं के मिश्रण हैं। दक्षिण-पूर्व एशियाई देशों की भौतिक समृद्धि भी **चावल की खेती** की **सिंचाई की भारतीय तकनीक** पर **आधारित** थी।

### शैलेंद्र साम्राज्य और भारत से संबंध

सबसे महत्वपूर्ण साम्राज्य, जो 8वीं शताब्दी में दक्षिण-पूर्व एशिया में स्थापित हुआ, **शैलेंद्र साम्राज्य** था। इसमें **जावा, सुमात्रा, मलय प्रायद्वीप** और दक्षिण-पूर्व एशियाई क्षेत्र के अन्य भाग शामिल थे। वे एक **प्रमुख नौसैनिक शक्ति** थे। उनकी भौगोलिक स्थिति के कारण चीन और भारत के बीच के व्यापार के साथ ही पश्चिम के अन्य देशों के साथ भी व्यापार नियंत्रित होता था। शैलेंद्र राजा **बौद्ध धर्म के अनुयायी** थे और उनका भारतीय शासकों के साथ करीबी संबंध था।

(a) इस साम्राज्य के राजाओं में से एक ने **9वीं शताब्दी** में **नालंदा** में एक **मठ का निर्माण** किया। उनके अनुरोध पर **बंगाल के पाल राजा देवपाल** ने इसकी देखभाल के लिए **पांच गांव दिए**।

(b) इसी प्रकार 11वीं शताब्दी में एक अन्य राजा को **चोल** राजा **राजराजा प्रथम** ने तमिल समुद्र तट पर **नागपट्टनम्** में एक **बौद्ध मठ बनवाने की अनुमति** दी।

(c) जावा के बोरोबोदुर में शैलेंद्र ने भगवान बुद्ध को समर्पित एक खूबसूरत मंदिर बनवाया। यह एक टीले के शीर्ष पर स्थित है। इसमें 9 घटते हुए क्रमबद्ध बरामदे हैं।

**चित्र 9.13** बोरोबोदुर स्तूप, जावा

**चित्र 9.14** अंगकोरवाट, कंबोडिया

**चित्र 9.15** दीवार पर उकेरा गया महाभारत युद्ध का दृश्य, अंगकोरवाट मंदिर

दक्षिण-पूर्व एशिया में बौद्ध धर्म के अलावा, विष्णु और शिव जैसे **हिन्दू देवताओं की पूजा** का भी काफी प्रचलन था। वहां कई जगहों पर इन देवताओं को समर्पित मंदिर पाए गए हैं। वे भारतीय प्रभाव और प्रेरणा के अलग निशान दिखाते हैं। भगवान विष्णु को समर्पित सबसे प्रसिद्ध और विश्व का सबसे बड़ा **मंदिर अंगकोरवाट, 12वीं शताब्दी** में **काम्बोज** (**कंबोडिया**) के राजा **सूर्यवर्मन द्वितीय** ने बनवाया था। यह मंदिर चारों तरफ खाई से घिरा हुआ है, जिसमें पानी भरा रहता था। मंदिर में एक विशाल गोपुरम् (प्रवेश द्वार) और कई गलियारे हैं। इस मंदिर की दीवारें ***रामायण*** और ***महाभारत*** के विषयों पर आधारित मूर्तियों से सुसज्जित हैं। यहां तक कि सियाम या थाईलैंड, बैंकॉक के मंदिरों में भी रामायण का चित्रण करने वाली कई मूर्तियां हैं और यहां तक कि उस देश के पारंपरिक कानून भी धर्मशास्त्र के मॉडल पर बनाए गए थे। इसी तरह, बाली 6ठी शताब्दी से हिंदू राजवंशों के शासन के अधीन आ गया था। आज भी वहां जाति व्यवस्था अपनी उपस्थिति बनाए हुए है।

## विगत वर्षों में पूछे गए प्रश्न (प्रारंभिक परीक्षा)

1. भारत के इतिहास में निम्नलिखित घटनाओं पर विचार कीजिए: (2020)
   1. राजा भोज के अधीन प्रतिहारों का उदय
   2. महेन्द्रवर्मन-I के अधीन पल्लप सत्ता की स्थापना
   3. परान्तक-I द्वारा चोल सत्ता की स्थापना
   4. गोपाल द्वारा पाल राजवंश की संस्थापना

   उपर्युक्त घटनाओं का, प्राचीन काल से आरम्भ कर, सही कालानुक्रम क्या है?

   (a) 2 - 1 - 4 - 3 (b) 3 - 1 - 4 - 2
   (c) 2 - 4 - 1 - 3 (d) 3 - 4 - 1 - 2

2. भारत के इतिहास के संदर्भ में निम्नलिखित युग्मों पर विचार कीजिए: (2016)

| | शब्द | विवरण |
|---|---|---|
| 1. | एरिपत्ति | भूमि, जिससे मिलने वाला राजस्व अलग से ग्राम जलाशय के रख-रखाव के लिए निर्धारित कर दिया जाता था। |
| 2. | तनियूर | एक अकेले ब्राह्मण अथवा एक ब्राह्मण-समूह को दान में दिए गए ग्राम |
| 3. | घटिका | प्राय: मंदिरों के साथ संबद्ध विद्यालय |

उपर्युक्त में से कौन-सा/से युग्म सही सुमेलित है/हैं?

(a) 1 और 2 (b) केवल 3
(c) 2 और 3 (d) 1 और 3

3. अजंता और महाबलिपुरम के रूप में ज्ञात दो ऐतिहासिक स्थानों में कौन-सी बात/बातें समान है/हैं? **(2016)**
   1. दोनों एक ही समयकाल में निर्मित हुए थे।
   2. दोनों का एक ही धार्मिक संप्रदाय से संबंध है।
   3. दोनों में शिलाकृत स्मारक हैं।

   नीचे दिए गए कूट का प्रयोग कर सही उत्तर चुनिए।

   (a) केवल 1 और 2 (b) केवल 3
   (c) केवल 1 और 3 (d) उपर्युक्त कथनों में से कोई भी सही नहीं है

4. भारत के आर्थिक इतिहास के संदर्भ में 'अग्रहत्ता' शब्द संबंधित है: **(2016)**

   (a) बंधुआ मजदूर
   (b) सैन्य अधिकारियों के लिए भूमि अनुदान
   (c) खेती में सिंचाई के लिए उपयोग में लाया जाने वाला जलपहिया
   (d) बंजर भूमि को कृषि योग्य भूमि में परिवर्तित करना

5. भारतीय इतिहास के संदर्भ में, निम्नलिखित में से कौन-सा/से सामंती प्रणाली के आवश्यक मूल सिद्धांत है/हैं? **(2015)**

   (i) एक बहुत मजबूत केंद्रीकृत राजनीतिक सत्ता और बहुत ही कमजोर प्रांतीय या स्थानीय राजनीतिक शक्ति।
   (ii) भूमि के नियंत्रण और स्वामित्व के आधार पर प्रशासनिक ढांचे का उद्भव
   (iii) सामंती शासक और उनके अधिपति के बीच संबंध को लेकर भू-स्वामी और जागीरदार के बीच संबंध का सृजन हुआ।

   नीचे दिए गए कूट का उपयोग करके सही उत्तर का चयन करें:

   (a) केवल (i) और (ii) (b) केवल (ii) और (iii)
   (c) केवल (iii) (d) (i), (ii) और (iii)

6. चीनी यात्री युआन च्वांग (ह्वेन सांग), जिसने भारत की यात्रा की थी, ने उस समय की भारत की सामान्य स्थिति और संस्कृति का वर्णन किया। उस संदर्भ में, निम्नलिखित में से कौन-सा/से कथन सही है/हैं? **(2013)**

   (i) सड़कों और नदियों के मार्ग पूरी तरह से डकैती से मुक्त थे।
   (ii) अपराधों के लिए दंड के संबंध में, अग्नि, पानी और जहर से की जाने वाली परख, किसी व्यक्ति के निर्दोष या दोषी होने के निर्धारण करने के साधन थे।
   (iii) व्यापारियों को फेरी और सीमा शुल्क का भुगतान करना पड़ता था।

   नीचे दिए गए कूट का उपयोग करके सही उत्तर चुनें:

   (a) केवल (i) (b) केवल (ii) और (iii)
   (c) केवल (i) और (iii) (d) (i), (ii) और (iii)

7. प्राचीन भारत के गिल्ड्स (श्रेणी) के संदर्भ में, जिसने देश की अर्थव्यवस्था में एक महवपूर्ण भूमिका निभायी, निम्नलिखित में से कौन-सा/से कथन सही है/हैं? **(2012)**

   (i) हर गिल्ड को राज्य के केंद्रीय प्रभुत्व के साथ पंजीकृत किया गया था और राजा उनका मुख्य प्रशासनिक अधिकारी था।
   (ii) मजदूरी, कार्य के नियम, मानकों और कीमत गिल्ड द्वारा तय की गई थीं।
   (iii) गिल्ड के पास अपने स्वयं के सदस्यों पर न्यायिक शक्तियां थीं।

कूट का उपयोग करके सही उत्तर का चयन करें:

(a) केवल (i) और (ii) (b) केवल (iii)

(c) केवल (ii) और (iii) (d) (i), (ii) और (iii)

8. नागर, द्रविड़ और बेसर हैं: (2012)

(a) भारतीय उप-महाद्वीप के तीन मुख्य नस्लीय समूह

(b) तीन मुख्य भाषाई प्रभाग, जिसमें भारत की भाषाओं को वर्गीकृत किया जा सकता है

(c) भारतीय मंदिर वास्तुकला की तीन मुख्य शैलियां

(d) भारत में प्रचिलत तीन मुख्य संगीत घराने

9. प्रसिद्ध विरुपाक्ष मंदिर कहां स्थित है? (2009)

(a) भद्राचलम् (b) चिदंबरम

(c) हम्पी (d) श्रीकालाहस्ती

10. निम्नलिखित बयानों पर विचार करें: (2006)

(i) दक्षिणी भारत के इक्षवाकु शासक बौध धर्म के प्रति शत्रुवादी थे।

(ii) पूर्वी भारत के पाल शासक बौद्ध धर्म के सरंक्षक थे।

उपरोक्त में से कौन-सा/से कथन सही है/हैं?

(a) केवल (i)

(b) केवल (ii)

(c) (i) और (ii) दोनों

(d) न तो (i) और न ही (ii)

11. निम्नलिखित में से किसने राष्ट्रकूट साम्राज्य की नींव रखी थी? (2006)

(a) अमोघवर्ष प्रथम (b) दंतिदुर्ग

(c) ध्रुव (d) कृष्ण प्रथम

12. सूर्यवर्मन द्वितीय के शासनकाल के दौरान किस भव्य मंदिर की आरंभिक रूपरेखा बनी और निर्माण हुआ था? (2006)

(a) श्री मरिअम्मअम मंदिर

(b) अंगकोरवाट

(c) बाटु गुफा मंदिर

(d) कामख्या मंदिर

13. निम्नलिखित कथनों पर विचार करें: (2003)

(i) प्रारंभिक मध्यकालीन समय में प्रायद्वीपीय भारत पर चोलों ने पाण्ड्यों और चेर शासकों को हराकर अपना वर्चस्व स्थापित किया।

(ii) चोलों ने दक्षिण-पूर्व एशिया के शैलेंद्र साम्राज्य के खिलाफ एक अभियान चलाया और कुछ क्षेत्रों पर विजय प्राप्त की।

इनमें से कौन-सा/से कथन सही है/हैं?

(a) केवल (i)

(b) केवल (ii)

(c) (i) और (ii) दोनों

(d) न तो (i) और न ही (ii)

14. सम्राट हर्ष का दक्षिणी विजय अभियान नर्मदा नदी पर किसके द्वारा रुक गया था? (2003)

(a) पुलकेशिन प्रथम (b) पुलकेशिन द्वितीय

(c) विक्रमादित्य प्रथम (d) विक्रमादित्य द्वितीय

15. निम्नलिखित का मिलान कीजिए: (1997)

(A) गुप्त (i) बादामी

(B) चंदेल (ii) पनामलाई

(C) चालुक्य (iii) खजुराहो

(D) पल्लव (iv) देवगढ़

***कूट:***

| | A | B | C | D |
|---|---|---|---|---|
| (a) | iv | iii | i | ii |
| (b) | iv | ii | iii | i |
| (c) | ii | iii | iv | i |
| (d) | iii | iv | i | ii |

## उत्तरमाला

1. (c) 2. (d) 3. (b) 4. (c) 5. (b) 6. (b) 7. (d) 8. (c)
9. (c) 10. (b) 11. (b) 12. (b) 13. (c) 14. (b) 15. (a)

## विगत वर्षों में पूछे गए प्रश्न (मुख्य परीक्षा)

1. स्पष्ट करें कि मध्यकालीन भारतीय मंदिरों की मूर्तिकला उस दौर के सामाजिक जीवन का प्रतिनिधित्व करती है। **(2022 सा.अ. प्रश्नपत्र 1)**
2. शैलकृत स्थापत्य प्रारंभिक भारतीय कला एवं इतिहास के ज्ञान के अति महत्वपूर्ण स्रोतों में से एक का प्रतिनिधित्व करता है। विवेचना कीजिए। **(2020 सा.अ. प्रश्नपत्र 1)**
3. भारत में बौद्ध धर्म के इतिहास में पाल काल अति महत्वपूर्ण चरण है। विश्लेषण कीजिए। **(2020 सा.अ. प्रश्नपत्र 1)**
4. भारतीय दर्शन एवं परम्परा ने भारतीय स्मारकों की कल्पना और आकार देने एवं उनकी कला में महत्वपूर्ण भूमिका निभाई है। विवेचना कीजिए। **(2020 सा.अ. प्रश्नपत्र 1)**
5. भारत के इतिहास की पुनर्रचना में चीनी और अरबी यात्रियों के वृत्तान्तों के महत्व का आकलन कीजिए। **(2018 सा.अ. प्रश्नपत्र 1)**
6. भारत में ऐलोरा में निर्मित कैलाश मंदिर रॉक-कट (चट्टानों को काटकर) वास्तुकला की पराकाष्ठा का प्रतीक है। स्पष्ट कीजिए। **(2015, वैकल्पिक इतिहास)**
7. चोल साम्राज्य के अधीन स्थानीय स्वायत्त शासन किस प्रकार केंद्रीकृत प्रशासनिक ढांचे के साथ समायोजन करता था? **(2015, वैकल्पिक इतिहास)**
8. 750 से 1200 ई. तक की कृषि अर्थव्यवस्था का समीक्षात्मक विश्लेषण कीजिए। **(2014, वैकल्पिक इतिहास)**
9. 550–750 ई. के दौरान प्रायद्वीपीय भारत में जीवंत सांस्कृतिक गतिविधियों का विश्लेषण कीजिए। समकालीन उत्तर भारत की परिस्थितियों के साथ इसकी तुलना कीजिए। **(2013, वैकल्पिक इतिहास)**
10. मन्दिर वास्तुकला के विकास में चोल वास्तुकला का उच्च स्थान है। विवेचना कीजिए। **(2013 सा.अ. प्रश्नपत्र 1)**

## अभ्यास प्रश्न (प्रारंभिक परीक्षा)

1. चीन के निम्नलिखित तीर्थयात्रियों के भारत आने का कालानुक्रमिक क्रम क्या है?
   (i) ह्वेनसांग (ii) आई-त्सिंग
   (iii) फाह्यान
   (a) (i), (ii), (iii) (b) (ii), (i), (iii)
   (c) (iii), (i), (ii) (d) (iii), (ii), (i)
2. निम्नलिखित कथनों पर विचार करें:
   (i) मिहिर भोज प्रतिहार राजवंश के सबसे महान शासक थे।
   (ii) कन्नड़ काव्य के शुरुआती दौर में राष्ट्रकूट राजा अमोघवर्ष ने *'कविराजमार्ग'* की रचना की।
   (a) केवल (i) (b) केवल (ii)
   (c) (i) और (ii) (d) कोई नहीं
3. निम्नलिखित कथन पर विचार करें:
   (i) देवपाल ने विक्रमशिला में बौद्ध मठ की स्थापना की।
   (ii) गुप्त काल के बाद सबसे प्रसिद्ध विश्वविद्यालय नालंदा हुआ।
   (a) केवल (i) (b) केवल (ii)
   (c) (i) और (ii) (d) कोई नहीं
4. निम्नलिखित वक्तव्य पर विचार करें:
   (i) बाणभट्ट हर्षवर्द्धन के राज कवि थे।
   (ii) महाबलिपुरम् के रथों को पाल शासकों ने बनवाया।
   (a) केवल (i) (b) केवल (ii)
   (c) (i) और (ii) (d) कोई नहीं

5. निम्नलिखित कथनों पर विचार करें:
   (i) हर्षवर्द्धन ने प्रयाग में धार्मिक सभा का आयोजन किया।
   (ii) प्रसिद्ध बृहदेश्वर मंदिर चोल शासकों ने बनवाया।
   (iii) पट्टाकदल मंदिर मुख्यत: चालुक्य राजाओं ने बनवाया।
   (a) केवल (i) और (ii) (b) केवल (ii) और (iii)
   (c) सभी (d) केवल (i) और (iii)
6. निम्नलिखित का मिलान कीजिए:
   (A) राजराजा (i) पुष्यभूति
   (B) दंतिदुर्ग (ii) राष्ट्रकूट
   (C) नागभट्ट (iii) प्रतिहार
   (D) हर्षवर्द्धन (iv) चोल

   *कूट:*

|  | A | B | C | D |
|---|---|---|---|---|
| (a) | iv | iii | i | ii |
| (b) | iv | ii | iii | i |
| (c) | ii | iii | iv | i |
| (d) | iii | iv | i | ii |

7. निम्नलिखित का मिलान कीजिए।
   (A) कुदिमाई (i) ब्रह्मदेय विशिष्ट ग्रामीण सभा
   (B) उर (ii) तालाब समिति
   (C) महासभा (iii) श्रमिक सेवा
   (D) एरिवारिया (iv) गैर-ब्रह्मदेव ग्रामीण सभा

   *कूट:*

|  | A | B | C | D |
|---|---|---|---|---|
| (a) | iv | iii | i | ii |
| (b) | iv | ii, | iii | i |
| (c) | ii | iii | iv | i |
| (d) | iii | iv | i | ii |

8. निम्नलिखित कथनों पर विचार करें:
   (i) प्रसिद्ध एहोल शिलालेख का ताल्लुक पुलकेशिन से है।
   (ii) पाल, राष्ट्रकूट और चोल के बीच त्रिपक्षीय संघर्ष हुआ था।
   (iii) मिहिर भोज ने 'अधिवराह' की उपाधि ग्रहण की थी।
   (a) केवल (i) और (ii) (b) केवल (ii) और (iii)
   (c) सभी (d) केवल (i) और (iii)
9. निम्नलिखित के संदर्भ में सही कालानुक्रमिक क्रम क्या है?
   (i) सिम्हविष्णु (ii) महेंद्रवर्मन प्रथम
   (iii) नरसिंहवर्मन प्रथम (iv) परमेश्वर्मन प्रथम
   (a) (i), (ii), (iii), (iv) (b) (ii), (i), (iii), (iv)
   (c) (ii), (i), (iii), (iv) (d) (i), (ii), (iv), (iii)

## उत्तरमाला

1. (c) 2. (c) 3. (b) 4. (a) 5. (c) 6. (b) 7. (d) 8. (d)
9. (a)

## अभ्यास प्रश्न (मुख्य परीक्षा)

1. महत्वपूर्ण लड़ाइयों और प्रमुख शक्तियों का संदर्भ देते हुए त्रिपक्षीय संघर्ष की प्रमुख विशेषताओं की व्याख्या कीजिए।
2. पल्लवों और चोलों की मंदिर वास्तुकला का वर्णन करें।
3. हर्षवर्धन का प्रशासन कमोबेश गुप्त शासकों के समान था, स्पष्ट कीजिए।
4. भारत के दक्षिण-पूर्व एशिया के साथ सांस्कृतिक संबंधों पर प्रकाश डालिए। क्या व्यापार और वाणिज्य ने इसमें कुछ भूमिका निभाई थी? उदाहरणों के साथ समझाएं।

अध्याय 10

# 1000–1200 ई. का काल : उत्तर भारत

जैसा कि हमने पिछले अध्याय में चर्चा की है, **उत्तर भारत** में **1000** से **1200 ई.** के बीच का समय मूलत: संघर्ष का **दौर** था। इससे **त्रिपक्षीय शक्तियों** (**राष्ट्रकूट**, **पाल** और **प्रतिहार**) का विघटन हुआ, जिसके कारण पूरे देश में कई छोटे **राज्य** अस्तित्व में आ गए थे। उदाहरण के लिए, उत्तर भारत में प्रतिहार साम्राज्य के विघटन के कारण कई राजपूत वंशों के अंतर्गत राजपूत राज्य अस्तित्व में आ गए। इन राजपूत राज्यों में **चाहमान ( चौहान )**, **चंदेल**, **मालवा के परमार** आदि हैं। ये राजपूत राज्य आपस में लड़ते रहते थे और 11वीं और 12वीं ई. में उत्तर-पश्चिम भारत से महमूद गजनी और मुहम्मद गौरी के नेतृत्व में होने वाले तुर्क आक्रमणों को भी रोकने का प्रयास करते रहे। लेकिन वे विदेशी आक्रमणकारियों के खिलाफ एकजुट होने में विफल रहे और उनसे हार गए।

# राजपूत वंश

12वीं ई. के शुरू में **राजपूत** शब्द का इस्तेमाल प्रमुखता से शुरू हुआ। राजपूत **मुख्य वंशानुगत कुल** था। राजपूत समाज का आधार कुल था। प्रत्येक कुल एक ही पूर्वज (वास्तविक या काल्पनिक) से अपने वंश का पता लगाते थे। कुछ इतिहासकारों का मत है कि वे **विदेशी आक्रमणकारियों** के **वंशज** थे, जैसे–**शक, कुषाण, हूण** आदि, जो धीरे-धीरे राजस्थान क्षेत्र में बसते चले गए। भारतीय समाज के साथ परस्पर घुलमिल जाने के बाद ये योद्धा वर्ग के रूप में उभरे। कुछ अन्य इतिहासकरों ने इन्हें ब्राह्मणवादी समाज व्यवस्था में **क्षत्रिय वर्ण** का माना है। बी.डी. चट्टोपाध्याय ने राजपूत कुल के अस्तित्व में आने के लिए **खेतिहर अर्थव्यवस्था के विस्तार** आदि कई कारणों को उत्तरदायी माना है। **शाही स्वजनों के बीच जमीन वितरण** से कई स्थानीय प्रमुखों ने काफी वित्तीय और राजनीतिक शक्ति हासिल कर अपनी स्वतंत्र सत्ता स्थापित कर ली। इस बीच, कुलों में राजनीतिक और वैवाहिक गठजोड़ के साथ-साथ अभूतपूर्व पैमाने पर किला निर्माण के कारण इनकी शक्ति अप्रत्याशित रूप से अत्यधिक बढ़ गई तथा इनकी कुल संरचना का एकीकरण हो गया। इन कुलों का एक क्षेत्र विशेष पर आधिपत्य हो गया। **मातृभूमि से लगाव, परिवार** और **'सम्मान'** राजपूत कुल की **विशेष पहचान** बन गई।

अपने नए प्राप्त रुतबे को औरों की नजरों में वैधता और प्रामाणिकता देने के लिए राजपूत गंगा तट और अन्य क्षेत्र से ब्राह्मणों को शाही संस्कारों और समारोहों में **बुलाने** लगे। बदले में वे भूमि और अन्य वस्तुएं दक्षिणा में देते थे। ब्राह्मणों को राजपूत वंश का महिमामंडन और उनके वंश का संबंध **भगवान राम** (सूर्य वंश) और **भगवान कृष्ण** (चंद्र वंश) से करते हुए **लिखने के लिए कहा गया** ताकि वे योद्धा वर्ग में प्रमुख स्थान प्राप्त कर सकें। राजपूतों की वंशावली का संबंध भगवान **राम (सूर्य वंश)** और भगवान **कृष्ण (चंद्र वंश)** से होने के कारण उन्होंने योद्धा वर्ग में विशेष स्थान प्राप्त कर लिया। कुछ राजपूत **कुलों** ने अपना उद्भव अग्निकुल से होने का दावा किया। इसमें उन्होंने दावा किया कि वे माउंट आबू में **ऋषि वशिष्ठ** के पवित्र अग्निकुंड से पैदा हुए हैं। चार अग्निकुंड राजपूत कुल हैं:

1. **प्रतिहार** (इस बारे में पिछले अध्याय में चर्चा की गई है)
2. **चाहमान/अजमेर के चौहान**
3. **बुंदलेखंड के चंदेल**
4. **मालवा के परमार**

इनके अलावा, मध्ययुगीन भाट परंपराओं के अनुसार 36 राजपूत कुल थे। इनमें **कन्नौज** के **गहड़वाल, दिल्ली के तोमर, गुजरात के सोलंकी, चालुक्य** आदि थे।

राजपूतों की **सामाजिक संरचना** में जहां **कुछ फायदे** थे तो **कुछ नुकसान** भी थे। राजपूतों में **भाईचारा** और **समतावाद** की भावना होने का फायदा था लेकिन इसका नुकसान यह था कि वह आपस में लड़ते रहते थे। इसके चलते विभिन्न राजपूत कुलों में **अनुशासन बना कर रखना मुश्किल** हो गया था। वे **लड़ाई को खेल की तरह** लेते थे। इसके चलते इनमें **हमेशा संघर्ष** होता रहता था और वे हमेशा भूमि और मवेशियों के लिए लड़ते रहते थे। ज्यादातर राजपूत शासक **कट्टर हिंदू** थे, जबकि कुछ शासकों ने **जैन धर्म को भी संरक्षण** दे रखा था।

## चाहमान/चौहान

**शाकम्भरी के चौहानों** को बोलचाल की भाषा में **सांभर** के **चौहान** भी कहा जाता था। उन्होंने आज के राजस्थान और इसके आसपास के इलाकों में 7वीं से 11वीं ई. के बीच शासन किया था। वह चाहमान कुल का सबसे प्रमुख शासक परिवार था।

चाहमानों की राजधानी मूलतः **शाकम्भरी** थी, जो आज के जयपुर के करीब के सांभर के थे। इनका शासन सप्दलक्ष में था (वर्तमान राजस्थान का कुछ हिस्सा)। हालांकि बाद के शासक अपनी **राजधानी अजमेर ले गए** थे। इस कारण से उन्हें **अजमेर** के चाहमान (चौहान) कहा जाता है। वे **मूलतः प्रतिहार साम्राज्य के सामंत** थे। ऐसा माना जाता है कि उन्होंने राजा सिम्हराज के शासन में अपने को आजाद कर लिया था।

**सिम्हराज ( 994-971 ई. )**

- 10वीं ई. के करीब **चाहमान/चौहान राजवंश** की स्थापना की और **महाराजाधिराज** की पद्वी प्राप्त की।

**विग्रहराज द्वितीय ( 971-998 ई. )**

- मूलराज प्रथम को हराया और गुजरात पर कब्जा किया।
- चित्तौड़ पर कब्जा किया।

**अजयराज द्वितीय ( 1110-1135 ई. )**

- आक्रमक नीति अपनाने वाला दूसरा प्रमुख शासक, प्रतिहार को हराया और उज्जैन पर कब्जा किया।
- **अजयमेरू ( अजमेर ) शहर की स्थापना की।**

**विग्रहराज चतुर्थ ( 1150-1164 ई. )**

- विग्रहराज चतुर्थ को **बीसलदेव के नाम से** भी **जाना जाता है**, जिन्होंने 1151 ई. में **तोमरों** से **दिल्ली छीन कर उस पर कब्जा किया** था। लेकिन उन्हें बतौर सामंत बने रहने दिया था। उन्होंने पूर्वी पंजाब पर भी कब्जा किया था। गुजरात में भी लूटपाट की थी। उनके राजकीय दस्तावेज के अनुसार उनका साम्राज्य उत्तर में शिवालिक की पहाड़ियों और दक्षिण में उदयपुर तक फैला हुआ था।
- अपनी **राजधानी शाकम्भरी** (सांभर) से **अजमेर** लेकर गए।
- मालवा के परमार से भी संघर्ष हुआ। संभवतः उस समय वहां प्रसिद्ध राजा भोज का शासन था।
- उन्होंने साहित्य को संरक्षण दिया और प्रसिद्ध **नाटक *'हरीकेली नाटक'* लिखा।**
- इसी काल में वह **इमारत** बनी थी, जो **बाद में अढ़ाई दिन का झोंपड़ा मस्जिद में तब्दील** हो गई।

**पृथ्वीराज तृतीय ( 1177-1192 ई. )**

- **चौहानों में सबसे प्रसिद्ध पृथ्वीराज चौहान** थे। लोक कथाओं के अनुसार उन्हें **राय पिथौरा** भी कहा जाता था। उन्होंने अपने सभी पड़ोसी राज्यों पर विजय प्राप्त की थी। इनमें चंदेल राजा परमार्दी, चालुक्य भीम द्वितीय और गहड़वाल के जयचंद थे।
- पिता सोमेश्वर की मृत्यु के कारण 11 साल की उम्र में राजा बन गए थे। लेकिन क्षेत्र पर प्रशासनिक कब्जा 16 साल की उम्र में प्राप्त कर पाए थे।
- **बुंदेलखंड के चंदेल शासक** और उसकी राजधानी महोबा **पर आक्रमण** किया था। इसमें प्रसिद्ध **चंदेल लड़ाके अल्हा** और **ऊदल** को युद्ध में असाधारण वीरता प्रदर्शन के बावजूद अपने प्राण गंवाने पड़े थे।
- **1191 ई. की तराइन की पहली लड़ाई में मुस्लिम शासक मोहम्मद गौरी को हराया** था।

**चित्र 10.1** पृथ्वीराज चौहान

- 1192 ई. में **मोहम्मद गौरी ने तराइन की दूसरी लड़ाई में पृथ्वीराज चौहान को हराकर** उनकी हत्या कर दी थी। चौहान की **हार** भारतीय इतिहास में **मील का पत्थर** साबित हुई। इसमें **मुस्लिम शासक ने भारतीय राजा** को हराया था। कई अर्द्ध-पौराणिक कथाओं, सबसे अधिक *पृथ्वीराज रासो* में इसका बखूबी वर्णन है।
- राज्य के संरक्षण प्राप्त दो कवियों **चंदबरदाई** और **जयानक** ने अपनी कविताओं ***पृथ्वीराज रासो*** और *पृथ्वीराज विजय* में इसका बखूबी वर्णन किया है।

**हरी-राजा ( 1193-1194 ई. )**

- मोहम्मद गौरी ने अपने विजय अभियान को जारी रखते हुए अजमेर और दिल्ली पर फतह हासिल की तथा उसने पृथ्वीराज के छोटे बेटे गोविंद को अजमेर में अपना जागीरदार बनाया। गोविंद द्वारा **मुस्लिम आधिपत्य को स्वीकार** करने के कारण **पृथ्वीराज के भाई हरी राजा** ने उसे **हटा कर** निर्वासन में भेज दिया। इसके बाद गोविंद ने **चाहमान की शाखा रानसथमपुरा ( रणथम्भोर )** की स्थापना की। हरी राजा ने अजमेर पर अपना परचम फहराया और दिल्ली के शासकों के प्रति आक्रमणकारी नीति अपनाई।
- **कुतुबुद्दीन ऐबक ने अजमेर पर हमला कर हरी राजा** का शासन उखाड़ फेंका और उसकी रियासत पर कब्जा कर लिया।

इस तरह चौहान राजवंश रणथम्भोर तक सीमित रह गया और अपने गौरव को खो दिया। लेकिन **1301 ई.** में **अलाउद्दीन खिलजी** ने रणथम्भोर पर कब्जा किया और **चौहान की शक्ति के अंतिम शक्ति केंद्र को भी उखाड़ फेंका।**

## बुंदेलखंड के चंदेल

बुंदेलखंड के चंदेलों ने अपना पूर्वज भाट कथाओं में वर्णित पुरातन नाम चंद्रात्रेय से जोड़ा जिसे चंद्रमा से पैदा हुआ कहा जाता है। चंदेलों ने **शुरुआत में कन्नौज के गूर्जर-प्रतिहार के सामंत के रूप में शासन किया** था। उनका प्रतिहार, पाल और **चेदी के कलचुरी** (जिन्होंने चंदेलों को दक्षिण तक सीमित किया था) से संघर्ष हुआ। चंदेलों को उनकी कला और वास्तुकला के

लिए भी जाना जाता है। इसमें सबसे ज्यादा प्रसिद्ध हैं–उनकी राजधानी खजुराहों में **नागर पद्धति** के **लक्ष्मण मंदिर** (930 से 950 ई.), **विश्वनाथ मंदिर** (999 से 1002 ई.) और **कंदरिया महादेव मंदिर** (1030 ई.)। इन्हें क्रमशः चंदेल शासकों यशोवर्मन, धंग और विद्याधर ने बनाया। उन्होंने अनेक स्थानों पर कई जल निकाय, महल और किले बनाए। उन्होंने अपने गढ़ **जयपुर-दुर्ग** (आधुनिक अजयगढ़), **कालंजर** (आधुनिक कालिंजर) और अपनी नवीनतम राजधानी **महोत्सव-नगरा** (आधुनिक महोबा) में इन्हें बनवाया। 9वीं ई. के पहले 25 सालों में छोटे साम्राज्य के शासन के **नन्नुका** ने इस राजवंश की स्थापना की और उन्होंने अपनी राजधानी खरजुरवाहका **( खजुराहो )** बनाई।

**नन्नुका ( 831-845 ई. )**

- चंदेलों के **संस्थापक राजा।**

**वाक्पति ( 845-865 ई. )**

- चंदेल अभिलेखों के अनुसार नन्नुक़ा का उत्तराधिकारी वाक्पति हुआ। उसने कई दुश्मनों को हराया।

**जयशक्ति और विजयशक्ति ( 865-885 ई. )**

- वाक्पति का बेटा जयशक्ति (जेजा) और विजयशक्ति (विजा) ने चंदेल शक्ति को संगठित किया।
- **महोबा अभिलेखों** के अनुसार **चंदेल के क्षेत्राधिकार** को **जयशक्ति** के बाद **'जेजाक्भुक्ति'** नाम दिया गया।

**राहिल ( 885-905 ई. )**

- कई स्तुतिगानों के अनुसार विजयशक्ति के उत्तराधिकारी राहिल ने कई लड़ाईयां जीती थीं।

**श्री हर्ष ( 905-925 ई. )**

- 914 ई. के आसपास राहिल के बेटे **हर्ष** ने **प्रतिहार राजा महिपाल का शासन स्थापित करने में महत्वपूर्ण भूमिका** निभाई थी। संभवतः राष्ट्रकूट राजा इंद्र तृतीय के हमले के बाद।

**यशोवर्मन ( 925-950 ई. )**

- 10वीं सदी के करीब यशोवर्मन **व्यावहारिक रूप से स्वतंत्र** हो गए थे। हालांकि वे प्रतिहार के आधिपत्य को मानते रहे।
- उन्होंने **कलिंजर के महत्वपूर्ण किलों पर फतह** प्राप्त की और उसे कई अन्य युद्धों में सफलता प्राप्त हुई।

**954 ई. के खजुराहो अभिलेखों** के अनुसारः

*उन्होंने कई लड़ाइयां जीतीं। इनमें* **गौड़** *(पाल के रूप में पहचान),* **खासा, चेदी** *(त्रिपुरी के कलचुरी),* **कोसल** *(संभवतः सोमवंशी),* **मिथिला** *(संभवतः छोटे साम्राज्य के शासक),* **मालवा** *(परमार), कुरू, कश्मीरी और* **गुर्जर।**

- इनके शासन को चंदेला साम्राज्य की प्रसिद्ध कला और वास्तुकला के शुरुआत के रूप में देखा जाता है। उन्होंने **खजुराहो के प्रसिद्ध लक्ष्मण मंदिर** की स्थापना की।

**धंग-देव ( 950-999 ई. )**

- **पहला स्वतंत्र चंदेल शासक,** जिसने **महाराजाधिराज की उपाधि** प्राप्त की थी। उसके शासन काल में चंदेल संप्रभु शक्ति बन गए थे। हालांकि चंदेलों के पहले के अभिलेखों के अनुसार धंग के रिकॉर्ड के मुताबिक प्रतिहारों का कोई आधिपत्य नहीं था।
- **खजुराहो के अभिलेख** बताते हैं कि कोसल के राजा, कर्था (विदर्भ क्षेत्र का हिस्सा), कुंतल और सिम्हाल धंग के अधिकारियों की बात ध्यान से सुनते थे। यह भी दावा किया गया है कि आंध्र, अंग, कांची और राधा के राजाओं की पत्नियां उसकी कैद में रहती थीं क्योंकि उसने उन पर विजय प्राप्त की थी। स्तुति गानों में तथ्यों को बढ़ा-चढ़ाकर बताया जाता है लेकिन यह इस ओर इशारा करते हैं कि धंग ने कई व्यापक सैनिक अभियानों का संचालन किया।
- अपने पूर्ववर्ती शासकों की तरह धंग ने **खजुराहो में विश्वनाथ मंदिर** की स्थापना की।

**चित्र 10.2** खजुराहो का विनाथ मंदिर

**गंड-देव ( 992-1002 ई. )**

- धंग के उत्तराधिकारी राजा गंड ने अपने पूर्ववर्तियों से मिले क्षेत्र को बरकरार रखा।

### विद्याधर ( 1003-1035 ई. )

- कुछ आख्यानों के अनुसार **विद्याधर ने कन्नौज के प्रतिहार राजा** (संभवत: राजपाल) **का गजनवी के आक्रमणकारी महमूद गजनी** का सामना करने की बजाए **राजधानी से भाग** जाने के कारण **हत्या कर दी।**
- बाद में **महमूद** ने **विद्याधर** के **साम्राज्य** पर **आक्रमण** किया और यह संघर्ष विद्याधर द्वारा मोहम्मद गौरी को उपहार देने से समाप्त हुआ।
- विद्याधर के राज्य काल के अंत में गजनवी के आक्रमण से चंदेल शासन कमजोर हो गया। इन स्थितियों का फायदा उठाते हुए **कलचुरी** के **राजा गांगेय देव ने साम्राज्य** के **पूर्वी हिस्से** पर आक्रमण किया।
- **कंदरिया महादेव मंदिर** बनाने के लिए विद्याधर प्रसिद्ध हैं।

**चित्र 10.3** कंदरिया महादेव मंदिर

**विजयपाल ( 1035-1050 ई. )**

- विजयपाल ने युद्ध में **गांगेय देव ( कलचुरि शासक ) को हराया।** हालांकि **विजयपाल के शासन** के दौरान **चंदेल शक्ति** का **विघटन शुरू** हो गया था। इस दौरान ग्वालियर के कच्छपघात ने चंदेलों के साथ अपनी निष्ठा को त्याग दिया था।
- चंदेल के साम्राज्य के पतन के पीछे एक संभावित कारण उनका पड़ोसियों के साथ और उनके बीच होने वाले निरंतर आपसी संघर्ष थे। उदाहरण के तौर पर उन्हें पड़ोसी राजवंशों विशेष तौर पर मालवा के परमारों और त्रिपुरी के कालाचुरी के साथ अनेक युद्ध करने पड़े। 11वीं शताब्दी के बाद चंदेलों को उत्तरी मुसलमान राजवंशों जैसे कि गजनबियों और भूरीदों के आक्रमणों का सामना करना पड़ा। इस प्रकार 13वीं शताब्दी के आरंभ में चहमनों और भूरीदों के आक्रमणों के कारण चंदेल सत्ता का पूरी तरह से अंत हो गया।

**परमार्दि-देव ( 1165-1203 ई. )**

- अंतिम शक्तिशाली चंदेल राजा था।
- **चाहमान के शासक पृथ्वीराज चौहान तृतीय** ने 1183 ई. में **चंदेल राज्य** पर **हमला किया** और महोबा को बर्बाद किया (**मदनपुर के शिलालेखों** के अनुसार)। ऐसा माना जाता है कि परमार्दी बुजदिल था और उसने कलंजर किले में शरण ली थी। **आल्हा, ऊदल** और अन्य सेनानायकों **के नेतृत्व में** चंदेल यह युद्ध हार गए।
- परमार्दि के बारे में अलग-अलग वर्णन हैं। कुछ किंवदंतियों के अनुसार शर्म के कारण परमार्दि ने आत्महत्या कर ली या कहीं चला गया। हालांकि कुछ अन्य किंवदंतियों के अनुसार परमार्दी ने चंदेल शक्ति को फिर स्थापित किया और दिल्ली सल्तनत के आक्रमण तक 1203 ई. तक संप्रभु शासक की तरह शासन किया। कुछ अन्य इतिहासकार, जैसे–16वीं सदी के इतिहाकार फरिश्ता, के मुताबिक दिल्ली की सेनाओं के सामने आत्म-समर्पण करने के निर्णय के कारण परमार्दि के मंत्री ने ही उसकी हत्या कर दी थी।

**दिल्ली सल्तनत** से हार के कारण चंदेल शक्ति **पूरी तरह उबर नहीं पाई।** इस्लामिक शक्ति के उदय और छोटे-छोटे क्षेत्रीय राजवंशों के उदय के कारण चंदेल शक्ति कमजोर होती चली गई। **क्षेत्रीय राजवंश** जैसे–**बुंदेल, बघेल** और **खांगड़ा** आदि का **उदय** हुआ। हालांकि परिवार का एक कुनबा कालंजर पर शासन करता रहा, जिसे शेरशाह सूरी की सेना ने 1545 ई. में मार दिया था। हालांकि एक ओर कुनबे ने महोबा पर शासन किया। वर्णित कुछ तथ्यों के मुताबिक इसकी एक राजकुमारी की शादी मंडला के शाही गोंड परिवार में हुई थी।

## मालवा के परमार

मालवा के परमार मूलत: राजस्थान के **माउंट आबू** के थे। परंपरा के अनुसार ऋषि विश्वामित्र ने वशिष्ठ की कामधेनु गाय (इच्छापूर्ति गाय) की चोरी की। अपनी गाय को प्राप्त करने के लिए वशिष्ठ ने माउंट आबू में यज्ञ किया और पवित्र अग्नि से एक नायक (हीरो) निकला, जिसने वह गाय वापस प्राप्त की और उसका नाम **परमार ( दुश्मनों को मारने वाला )** रखा गया। बाद में उसे **राजा बनाया गया।** माना जाता है कि पहला परमार राजा उपेंद्र हुआ। इसे ही वंश को आगे बढ़ाने वाला माना गया है। इस राजवंश की **कई शाखाएं** थीं लेकिन **मुख्य शाखा ने मालवा पर शासन किया** और उसकी राजधानी धारा (आधुनिक मध्य प्रदेश का धार) थी।

परमार राजा सियक द्वितीय द्वारा **949 ई.** में जारी **हरसोला के ताम्र-पत्र** के मुताबिक **मान्यखेत के राष्ट्रकूट सामंत** परमार शासक थे और संभवत: 10वीं शताब्दी में स्थापित हुए थे। **गुजरात के चालुक्य, कल्याणी के चालुक्य, त्रिपुरी के कलचुरी**

और अन्य पड़ोसी राजवंशों से लड़ाई के कारण परमार शक्ति का कभी बढ़ी तो कभी घटी। बाद के परमार शासकों ने अपनी **राजधानी मांडप दुर्ग** (वर्तमान समय का मांडू) में **स्थानांतरित** कर दी थी क्योंकि धार पर कई बार दुश्मनों का हमला हुआ था। मालवा ने परमार राजवंश के शासन के दौरान बहुत अधिक राजनीतिक और सांस्कृतिक प्रतिष्ठा प्राप्त की। परमार कवियों और विद्वानों को संरक्षण करने के लिए जाने जाते थे। राजाभोज स्वयं एक प्रसिद्ध विद्वान था। ज्यादातर **परमार शासक शिव के उपासक** थे और उन्होंने कई शिव मंदिरों की स्थापना की। हालांकि उन्होंने **जैन** विद्वानों को भी **संरक्षण** दिया।

### उपेंद्र ( 9वीं ई. के अमूमन शुरुआती 25 वर्षों में )

- यह मान्यता है कि राष्ट्रकूट **राजा गोविंद तृतीय** के मालवा में सफल सैन्य अभियान करने पर उन्हें **दक्कन का राजा** बनाया था। उन्हें मालवा के परमार राजवंश का संस्थापक माना जाता है।
- प्रतिहारों से मालवा हारने के बाद परमारों की प्रतिष्ठा कुछ समय के लिए धूमिल हो गई थी लेकिन 10वीं ई. के मध्य में **वैरिसिंह द्वितीय** और **सियक द्वितीय** के शासन काल में उन्होंने अपनी **खोई शक्ति फिर प्राप्त** की।

### सियक द्वितीय ( 948-972 ई. )

- सियक द्वितीय (हर्ष के रूप में भी जाने जाते हैं) ने 972 ई. में राष्ट्रकूटों से अपनी सभी निष्ठाएं तोड़ लीं। उसने न केवल **राष्ट्रकूट राजा खोट्टिग** को नर्मदा नदी के तट पर स्थित **कालीघाट** में **हराया** बल्कि **राष्ट्रकूटों की राजधानी मान्यखेत** पर भी **कब्जा** कर लिया। उसने परमारों को स्वतंत्र शक्ति के रूप में स्थापित किया।

### मुंज ( 972-990 ई. )

- उसे **उत्पल** या **वाक्पति द्वितीय** के नाम से भी जाना जाता था। उसने अपने **साम्राज्य को बढ़ाया** और कई सैन्य अभियानों में सफलता प्राप्त की। उसने कलचुरी के खिलाफ हमला किया और उनकी राजधानी त्रिपुरी पर कब्जा किया। उसने कई सैन्य अभियानों का नेतृत्व किया और राजपूतों और हूणों को हराया। उनकी राजधानी मेदापति, अगहेता की राजधानी गोहिला पर कब्जा किया। नाडौल के चाहमानों के क्षेत्राधिकार पर कब्जा किया, माउंट आबू पर कब्जा किया। चाहमानों के कब्जे वाले जोधपुर के दक्षिणी भाग पर कब्जा किया। इसके बाद इन विजित क्षेत्रों का शासन अपने बेटे और भतीजों के सुपुर्द कर दिया। उसने चालुक्य राजवंश अनिहलपाटन और लाट पर कब्जा किया।
- आखिरकार **पश्चिमी चालुक्य** शासक **तेलप द्वितीय** से **हार** गया। इस हार के कारण परमारों को अपने दक्षिणी सीमा (संभवत: नर्मदा नदी के आगे का क्षेत्र) चालुक्यों को देनी पड़ी।
- उसके पास **अमोघवर्ष, पृथ्वीवल्लभ** आदि **उपाधियों** थीं। वह एक सैन्य नेतृत्वकर्ता के साथ-साथ एक अच्छा कवि भी था। उसने कला और साहित्य को संरक्षण दिया। उसने अपने शासन काल के दौरान कई जलाशय और मंदिर बनवाए।

### सिंधुराजा ( 990-1010 ई. )

- **मुंजा के भाई** ने **पश्चिमी चालुक्य** के **राजा सत्याश्रय** को हराया और **तेलप द्वितीय के शासन काल** में खोए क्षेत्रों को **फिर प्राप्त** किया। उसने हुणों के खिलाफ सैन्य अभियान में भी सफलता प्राप्त की। उसने दक्षिण कोसल के सोमवंश, कोंकण के शिलाहार और (दक्षिणी गुजरात) के शासक लता पर जीत दर्ज की।
- उसके **राज कवि पद्मगुप्त** ने उसकी आत्मकथा ***नव-सहसांक चरित्र*** लिखी।

## भोज ( 1010–1055 ई. )

- परमार राजवंश में **सबसे ज्यादा मशहूर शासक** भोज था। वह सिंधुराजा का बेटा और मंजु का भतीजा था। भोज के शासन काल में यह राजवंश अपनी बुलंदियों पर पहुंच गया था। इस दौरान परमारों ने अपना शासन उत्तर में चितौड़ से लेकर दक्षिण में ऊपरी कोंकण, पश्चिम में साबरमती नदी से लेकर पूर्व में विदिशा तक फैला लिया था।
- तकरीबन 1018 ई. में उसने **चालुक्य के लाट को हराया,** जो आज के गुजरात में है। 1018 से 1020 ई. के बीच में उसने उत्तरी कोंकण पर अपना कब्जा जमाया। उसके सिलाहार शासक ने संभवत उसके सामंत के तौर पर कुछ समय तक शासन किया।
- कल्याणी चालुक्य राजा जयसिंह द्वितीय के खिलाफ **राजेंद्र चोल** और **गांगेय देव कलचुरी** से **गठजोड़ किया।**
- राजा भोज के शासन के अंतिम दिनों में 1042 ई. में जयसिम्हा के बेटे और **सोमेश्वर प्रथम** ने **मालवा पर हमला** किया और उसकी **राजधानी धार** पर **कब्जा** किया। हालांकि भोज ने चालुक्य सेना के वापस लौटने पर अपनी राजधानी पर **फिर कब्जा प्राप्त** किया। इससे **दक्षिण में** उसका शासन घटकर **गोदावरी व नर्मदा तक** हो गया था।
- उसने पूर्व में अपना साम्राज्य बढ़ाने की कोशिश की लेकिन **चंदेल** राजा **विद्याधर** के कारण सफल नहीं हो पाया। हालांकि भोज चंदेलों के सामंत दुबकुण्ड के कच्छपघात पर अपना प्रभाव बढ़ाने में कामयाब हो गया। उसने ग्वालियर के कच्छाफाटक के खिलाफ भी अभियान चलाया। संभवत: उसका ध्येय कन्नौज पर कब्जा करना था। लेकिन उसका हमला कन्नौज के शासक कीर्तिराज ने असफल कर दिया।
- भोज ने शाकुंभरी के चाहमान को हरा दिया और उसके शासक वीरयरमा की हत्या कर दी। लेकिन उस पर नाडौल के चाहमान ने फिर कब्जा कर लिया।
- उसने **परमेश्वर-परमभट्टार्का** आदि की उपाधि **धारण** की, जो उपाधि परमार-देव के समतुल्य थी। मध्यकालीन के कुछ इतिहासकारों के अनुसार **महमूद गजनी** ने सोमनाथ पर आक्रमण के बाद वापस लौटते हुए **अपना मार्ग बदल** दिया था ताकि **हिंदू राजा परम देव** से उसका **युद्ध नहीं** हो। परमदेव की **पहचान राजा भोज के रूप में** हुई है।
- ऐसा माना जाता है कि **हिंदू शाही** राजा **आनंदपाल की** मुस्लिम शासक गजनवी से **लड़ाई** के दौरान राजा भोज ने आनंदपाल को **सैनिक मदद** दी थी। वह तकरीबन 1043 ई. के करीब उस हिंदू गठजोड़ का हिस्सा था, जिसने मोहम्मद गौरी के गवर्नरों को हांसी, थानेसर और उसके आसपास के इलाकों से खदेड़ा था।
- राजा भोज के शासन काल के अंतिम दौर या उसकी मृत्यु के तुरंत बाद सोलंकी राजा भीम देव और कलचुरी राजा ने उसके साम्राज्य पर हमला किया। कुछ इतिहासकारों के अनुसार राजा भोज की बीमारी से मृत्यु के बाद संयुक्त विरोधी सेना ने उसके राज्य पर हमला किया।
- राजा भोज को **न्यायप्रिय राजा** माना जाता था। उन्होंने व्याकरण, कविता, वास्तुशास्त्र, योग और रसायनशास्त्र पर रचनाएं लिखीं। उन्होंने कला, साहित्य और विज्ञान को संरक्षण दिया। उन्होंने **भोजशाला** का **निर्माण** करवाया, जो **संस्कृत अध्ययन का केंद्र** था। उन्होंने वर्तमान समय के धार में **सरस्वती का मंदिर** बनवाया।
- उन्होंने **भोजपुर** का **निर्माण** करवाया, इसमें **भोजपुर मंदिर** के साथ-साथ इस क्षेत्र में **तीन बांध** भी बनवाए। उन्हें गल्प कथाओं में उनकी तुलना विक्रमादित्य से की गई है।

## जयसिंह प्रथम ( 1055-1070 ई. )

- भोज के बेटे व उत्तराधिकारी को सत्ता संभालने के तुरंत बाद कलचुरी व सोलंकी के संयुक्त हमले का सामना करना पड़ा। **बिल्हण** लेखों के अनुसार उसने कल्याणी के चालुक्यों से मदद ली।

**लक्ष्मणदेव ( 1086-1094 ई. )**

- **नागपुर प्रशस्ति के अभिलेखागारों** के अनुसार 1105 ई. में उसने कई सैन्य अभियान जीते।

**दिल्ली के शासक अलाउद्दीन खिलजी** ने 1305 ई. में **अंतिम परमार राजा महलकदेव** को हराकर उनकी **हत्या** की। हालांकि उदयपुर से मिले अभिलेखों के अनुसार राजा की मृत्यु के बाद कुछ साल तक (1310 ई. तक) परमार शासन मालवा के उत्तर-पूर्वी हिस्सों तक चलता रहा। बाद के कुछ अभिलेखों के अनुसार इन क्षेत्रों पर भी दिल्ली सल्तनत ने 1338 ई. तक कब्जा कर लिया था।

## गुजरात के चालुक्य/सोलंकी राजपूत

सोलंकी राजपूत गुजरात के चालुक्य परिवार के रूप में भी जाना जाता है, जो बदामी के पहले चालुक्य वंश से अलग था। यह **गुजरात** और **काठियावाड़ के कुछ हिस्सों** में **950 ई.** और **1300 ई.** के बीच शासन करता था। कल्याणी और वेंगी के चालुक्यों के विपरीत, **सोलंकियों ने मूल चालुक्य वंश के साथ** या किसी अन्य संघ का **हिस्सा होने का दावा नहीं किया।** दिलचस्प बात यह है कि, उन्होंने खुद को वर्णित करने के लिए 'चालुक्य' शब्द का इस्तेमाल कभी नहीं किया, लेकिन अपने से भिन्न दर्शाने के लिए 'चालुक्य' शब्द का इस्तेमाल किया है। उनके पास कई शाखाएं थीं, हालांकि तीन शाखाएं सबसे प्रमुख थीं–**सबसे पुरानी शाखा केंद्रीय भारत के मत्तमयूर** में शासित थी और इसके आरंभिक शासकों में **सिंहवर्मन, साधवन्व** और **अवनिवर्मन** थे। **दूसरी शाखा लाट ( दक्षिण गुजरात )** में **बरप्पा** द्वारा **स्थापित** की गई थी। बरप्पा **भृगुकच्छ ( भरूच )** राज्य का सबसे प्रमुख शहर था। एक अन्य शाखा की स्थापना **मूलराज प्रथम** ने की थी। इसकी **राजधानी अनहिलापाटन** (या **अनहिलवाड** थी, जो आधुनिक गुजरात के पाटण के समान है)।

**मुलराज प्रथम ( 940-995 ई. )**

- मूलराज प्रथम ने **सौराष्ट्र, कच्छ, अभिरस** और कई अन्य के खिलाफ कई **सैन्य अभियानों** का नेतृत्व किया। चहमानों और लाट के चालुक्यों द्वारा किए गए आक्रमणों से उनकी सत्ता को काफी नुकसान हुआ।
- मालवा के परमारों द्वारा पराजित होने के बाद उसने **राष्ट्रकूट** राजा **धवल** के यहां **शरण ली।** बाद में, उसने अपना राज्य पुनः प्राप्त कर लिया, लेकिन उनके उत्तराधिकारी कलचुरी और परमारों के साथ संघर्ष में उलझे हुए थे।
- वह एक शैव भक्त था, लेकिन **जैन धर्म** को भी **प्रोत्साहित** किया। उसने **दिगम्बरों** के लिए **मुलावसाटिका** (मूलों का आवास) **मंदिर** और **श्वेताम्बरों** के लिए **मूलानाथ-जिनदेव** (**जिन**, जो **मूलों के देवता** हैं) मंदिर बनवाया।

**भीम प्रथम ( 1022-1064 ई. )**

- मूलराज का पौत्र, और उसके बाद अगला महत्वपूर्ण शासक।
- उसके शासन काल के दौरान **महमूद गजनी ने गुजरात पर आक्रमण** किया और **1025 ई. में सोमनाथ मंदिर को लूट** लिया।
- उसने **मोढ़ेरा का सूर्य मंदिर बनवाया।** उसकी पत्नी **उदयमति** ने उसकी स्मृति में **रानी की वाव** (बावड़ी) बनवाई, जो **यूनेस्को की विश्व धरोहल स्थलों** की सूची में है।
- यह ध्यान देने योग्य है कि पांच **प्रसिद्ध दिलवाड़ा मंदिरों** में से **विमल वसाही मंदिर जैन** प्रभु ऋषभ देव को समर्पित है। इसका निर्माण 1031 ई. में **भीम प्रथम** के एक **मंत्री विमलशाह** ने करवाया था।

**करन ( 1065-1091 ई. )**

- इसने भील सरदार को हराया और कर्णावती की स्थापना की, जिसे अब **अहमदाबाद** के रूप में जाना जाता है।

**जयसिंह सिद्धराज ( 1092-1142 ई. )**

- उसने लगभग आधी सदी तक शासन किया और राज्य को साम्राज्य के रूप में विकसित किया।
- सौराष्ट्र और कच्छ के अलावा जयसिंह ने मालवा को भी जीता। गुजरात की लोकप्रिय चारण कथाओं में से एक का ताना-बाना **जयसिंह** द्वारा **जूनागढ़ की घेराबंदी** के इर्दगिर्द बुना गया है। अंतत: उस किले पर जूनागढ़ के शासक **राजा राखेंगर की पत्नी रणकदेवी** के साथ कब्जा कर लिया गया। **रणकदेवी ने** जयसिंह के साथ पुनर्विवाह करने की बजाय **सती होना पसंद किया** और उसे बाधवन में एक चिता पर जलने की अनुमति देने के लिए राजी किया। बाधवन में अब भी सती स्थल पर **रणकदेवी का मंदिर** है।
- **हेमचंद्र** एक **जैन भिक्षु** था। उसने अपनी शोहरत काफी बढ़ा ली थी और राजा के साथ अच्छे संबंध थे। उसके शासन काल के दौरान सिद्धपुर में **रूद्र महाकाल मंदिर** बनाया गया था।

**कुमारपाल ( 1142-1171 ई. )**

- कुमारपाल शासन के दौरान गुजरात की समृद्धि अपने चरम पर थी।
- उसने भी **हेमचंद्र के साथ अच्छे रिश्ते** कायम किए और गुजरात में अपने शासन के दौरान विनयपूर्वक जैन धर्म को संरक्षित किया।
- उसने **सोमनाथ मंदिर** को **फिर से बनाया।**

**भीम द्वितीय ( 1177-1240 ई. )**

- उसने **मोहम्मद गौरी** (कयादरा की लड़ाई में) की **घुसपैठ** को सफलतापूर्वक **नाकाम किया,** जो महमूद गजनी द्वारा किए गए दु:साहस को दोहराने की ख्वाहिश रखता था।
- 1195-1197 ई. में **गौरी के** सिपहसलाकार **ऐबक** के नेतृत्व में सेना ने एक बार फिर आक्रमण किया, लेकिन भीम द्वितीय ने फिर से ऐबक को पराजित किया और खुद को **'अभिनव सिद्धराज'** के रूप में महिमामंडित किया।

1243 ई. के बाद सोलंकियों ने अपने **सामंतों** ढोलका के **हिंदू बघेल** वंश के हाथों **गुजरात का नियंत्रण खो दिया।** वाघेला वंश ने एक अल्पकालिक (76 साल) लेकिन शक्तिशाली सत्ता स्थापित की। सन् 1292 ई. के बाद बघेल दक्कन पठार में देवगिरि राजवंश के सेउना (यादव) के सहायक बन गए। यह राजवंश सन् **1297 ई.** में **खिलजी की गुजरात फतह** के साथ ही समाप्त हो गया। एक और दिलवाड़ा मंदिर **भगवान नेमीनाथ** को समर्पित **लूना वशी मंदिर** 1230 ई. में दो भाइयों **वास्तुपाल** और **तेजपाल** द्वारा बनवाया गया। दोनों भाई गुजरात के **बघेल शासक विर्धवाल के मंत्री** थे।

## तोमर

तोमरों ने **हरियाणा ( हरयाना )** में शासन किया, जिसकी **राजधानी ढिल्लिका** (दिल्ली) थी और ऐसा माना जाता है कि वे **प्रतिहारों के सामंत** थे। मध्ययुगीन बर्द साहित्य ने वंश को तुअर का नाम दिया और उन्हें 36 राजपूत कुलों में से एक के रूप

में वर्गीकृत किया। वह अक्सर शाकम्भरी के चाहमानों के साथ संघर्ष करते थे और उनके बाद चहमानों ने शासन किया। 13वीं शताब्दी के पालम बाओली (सीढ़ीदार कुआं) शिलालेख बताता है कि **हरिअनका की भूमि पर पहले तोमरों द्वारा, फिर चौहान द्वारा, और उसके बाद शकों (यानि दिल्ली के सुल्तानों) द्वारा शासन किया गया।**

महरौली के लौह स्तंभ पर 11वीं शताब्दी का एक अभिलेख तोमर वंश के सबसे प्रसिद्ध राजाओं में से एक, **अनंगपाल तोमर** का उल्लेख करता है, जिसे **दिल्ली की स्थापना** करने वाले शासक के रूप में माना जाता है। उनके सिक्कों में घुड़सवार और बैल के चित्र भी शामिल है और उसने **श्री समन्त देव** की उपाधि धारण की। **ये सिक्के शाकम्भरी** चहमान राजाओं सोमेश्वर और **पृथ्वीराज तृतीय** से बहुत मिलते-जुलते हैं, जो इंगित करता है कि अनंगपाल इन 12वीं शताब्दी के राजाओं का **समकालीन** था।

तोमर राजपूतों का **दिल्ली** के साथ एक **विशेष संबंध** है और यह मध्ययुगीन किंवदंतियों में भी परिलक्षित होता है।

***पृथ्वीराज रासो*** में वर्णित एक पौराणिक कथा के अनुसार, एक ब्राह्मण ने राजपूत राजा अनंगपाल तोमर को बताया कि लौह स्तंभ का आधार वासुकी के शीर्ष पर स्थित है, जो सर्पों के राजा हैं और स्तंभ के सीधे खड़े रहने तक उसका शासन चलेगा। उत्सुकतावश, अनंगपाल ने स्तंभ को खोद निकाला लेकिन उसने इसे वासुकी के रक्त से लिप्त पाया। अपनी गलती का अहसास कर राजा ने इसे पुनर्स्थापित करने का आदेश दिया, लेकिन यह ढीला (ढीली) ही रहा। इसी के कारण यह क्षेत्र 'ढिल्लिका' (आधुनिक दिल्ली) कहलाया।

तोमर दिल्ली क्षेत्र के प्राचीनतम बचे हुए जलघरों के निर्माण से भी संबंधित थे। अनंगपाल द्वितीय महरौली इलाके में लाल कोठ की गढ़ी की संस्थापक थे और उन्होंने एक तालाब का निर्माण भी किया जिसे अनंग ताल कहा जाता था। इसी तरह, प्रसिद्ध सूरजकुंड जलाशय (फरीदाबाद के निकट, हरियाणा) को सूरजपाल नामक एक तोमर राजा द्वारा शुरू किया गया था।

## कन्नौज के गहड़वाल

गहड़वाल या गहरवाड़, जो अपने को **सूर्यवंशी** क्षत्रिय कहते थे, ने 11वीं शताब्दी की शुरुआत में करीब 100 साल तक कन्नौज राज्य पर शासन किया। गौरतलब है कि, **राजपूतों का राठौड़ कुल** अपने को **गहड़वाल राजवंश का होने का दावा** करता है। गहड़वाल राजवंश की स्थापना चंद्रदेव ने 1090 ई. के आस-पास की थी। उन्होंने **धीरे-धीरे पालों को बिहार** से बाहर कर दिया और **बनारस** को **दूसरी राजधानी** बना दिया।

**चंद्र देव (करीब 1090 ई.)**

- राजवंश के संस्थापक, जिन्होंने प्रतिहार और राष्ट्रकूट दोनों से **दिल्ली छीन** ली और इसे कन्नौज राज्य से जोड़ दिया।

**गोविंद चंद्र (1114-1154 ई.)**

- चंद्र देव के पौत्र, जिन्होंने न केवल गजवनी को हराकर अपने पिता मदन चंद्र को उनके कब्जे से छुड़ाया बल्कि उन्होंने अपने शासन के तहत **कन्नौज को अभूतपूर्व गौरव प्रदान** कराया जिससे गहड़वाल अपनी शक्ति के शिखर पर पहुंच गए।
- उसके साम्राज्य में आज के उत्तर प्रदेश और बिहार के कई हिस्से शामिल थे।
- गोविंद चंद्र **हिंदू मंदिर** और **बौद्ध मठों के संरक्षक** थे। उनकी पत्नी कुमारदेवी समर्पित बौद्ध धर्मावलंबी थीं।

**विजय चंद्र ( 1154-1170 ई. )**

- गोविंद चंद के पुत्र, जिसे विजयपाल/मल्लादेव नाम से भी जाना जाता है। उसने गजनवी के आक्रमणों का सफलतापूर्वक सामना किया।
- हालांकि उसके शासन काल में **दिल्ली** उनसे **छिन गई** थी और **तोमर शासकों ने विजय चंद्र की संप्रभुता स्वीकार करना बंद कर दिया था।** संभवत: अजमेर के चौहानों के साथ हो गए थे।

**जयचंद्र ( 1170-1194 ई. )**

- विजयचंद्र का पुत्र, जो **गहड़वाल साम्राज्य के अंतिम महान राजा** हुआ। उसकी शक्ति और व्यापक न्यायक्षेत्र का संज्ञान मुस्लिम इतिहासकारों ने भी लिया है। उसके शासन काल में **पृथ्वीराज चौहान** के नेतृत्व में अजमेर के **चौहानों** ने दिल्ली को अपने कब्जे में ले लिया था। कुछ आख्यानों के अनुसार पृथ्वीराज जयचंद की पुत्री संयोगिता से प्रेम करता था। पिता के विरोध के बाद पश्चिम में पृथ्वीराज प्रतिद्वंदी चौहान राजपूत साम्राज्य के उत्तराधिकारी बने। इससे आगे चल कर राज्यों के बीच मतभेद बढ़ गया और फिर जयचंद ने अजमेर-दिल्ली के चौहानों पर फतह हासिल करने के लिए उत्तर में मुस्लिमों से मदद ली। यह प्रेम कथा कई सारे लोक-साहित्य का विषय रही है।
- **बंगाल के राजा लक्ष्मणसेन** से परास्त हो गए। दिल्ली के पतन के बाद (करीब 1194 ई. में) **कन्नौज** शहर पर मोहम्मद गौरी ने **हमला** कर दिया। ऐसा माना जाता है कि **चंदावर की लड़ाई** में **जयचंद हार गया** था और बाद में गंगा में **डूब गया।** उसके साम्राज्य को गौरी की सेना ने जीत लिया और बर्खास्त कर दिया।

कुछ जीवित बचे लोग जयचंद के पुत्र और पौत्र सियाजी (शिवजी) की अगुवाई में पश्चिम में राजस्थान के रेगिस्तानी इलाके मारवाड़ भाग गए, जहां उन्होंने 13वीं शताब्दी की शुरुआत में **अपने आप को शासक के रूप में स्थापित** किया। उन्होंने **राठौड़ कुल** की स्थापना की, जिन्होंने **मारवाड़** या **जोधपुर** रियासत में शासन किया। **इल्तुतमिश की विजय** के साथ ही कन्नौज की प्रभुता **खत्म हो गई।**

## कश्मीर और उत्तर-पश्चिम का साम्राज्य

कश्मीर और उत्तर-पश्चिम भारत का बहुत-सा इतिहास किंवदंतियों और **ऐतिहासिक वृत्तांत राजतरंगिणी** (अर्थात् **'नदियों का राजा'**) से अनुमानित है। इसे संभवत: 12वीं शताब्दी में संस्कृत में एक **कश्मीरी ब्राह्मण कल्हण** द्वारा लिखा गया है। हालांकि इस पुस्तक में जो लिखा है उसके अलावा लेखक के बारे में बहुत ज्यादा जानकारी नहीं है। यह संभव है कि उसके पिता छम्पक कश्मीर में हर्ष के दरबार में मंत्री थे। इस प्राचीन ऐतिहासिक स्रोत में 7826 छंद हैं, जो आठ पुस्तकों में विभक्त हैं, जिन्हें **'तरंग' ( लहर )** कहा गया है।

**7वीं शताब्दी** की शुरुआत में, **कार्कोट साम्राज्य** के शासकों ने कश्मीर में अपना शासन स्थापित किया। साम्राज्य के उदय के साथ ही कश्मीर मध्य एशिया एवं उत्तर भारत में एक शक्ति के रूप में जाना जाने लगा। कार्कोट साम्राज्य (625-855 ई.) **दुर्लभ वर्धन** द्वारा राजा **पुष्यभूति, हर्षवर्धन** के जीवन काल के दौरान **स्थापित किया गया।** कार्कोट सम्राट मूलत: **हिंदू** थे, जिन्हें अपनी राजधानी **परिहासपुर** में भव्य **हिंदू मंदिरों के निर्माता** के रूप में जाना जाता है। उन्होंने हालांकि बौद्धों को भी संरक्षण दिया। उनकी राजधानी के खंडहरों में कुछ स्तूप, चैत्य, और विहार मिले हैं।

## कार्कोट राजवंश

### दुर्लभ वर्धन ( 598-634 ई. )

- प्रजांदित्य के रूप में भी जाना जाता है। उनके शासन में **ह्वेनसांग ने कश्मीर का दौरा** किया था।

### ललितादित्य/मुक्तपीठ ( 697-733 ई. )

- **कार्कोट साम्राज्य के सबसे शानदार सम्राट**। सामान्य पर्वत सीमा के बावजूद वह कश्मीर की शक्ति को काफी बढ़ाने में सक्षम रहे। ललितादित्य ने तुकरे, तिब्बतियों, भूटियों, कम्बोजों और कई अन्य को हरा दिया। हालांकि कुछ इतिहासकारों का मानना है कि कल्हण ने ललितादित्य की विजयगाथा को काफी बढ़ा-चढ़ा कर बताया है।
- उनकी **मुख्य सफलता कन्नौज के यशोवर्मन** पर **फतह** थी।
- **कश्मीर** के अनंतनाग जिले में **प्रसिद्ध मार्तण्ड ( सूर्य ) मंदिर ( चित्र 10.4 ) बनवाया,** जो भारत में सबसे प्राचीन सूर्य मंदिर है और उस समय का सबसे बड़ा मंदिर परिसर है।

**चित्र 10.4** मार्तण्ड का सूर्य मंदिर

### वज्रादित्य ( 734-741 ई. )

- उनके शासन काल के दौरान **अरब के लोगों** ने लगातार **धावा बोला।**

### जयपीठ ( 745-776 ई. )

- सबसे ज्यादा शक्तिशाली कार्कोट राजा, जिसने कई सैन्य अभियान चलाया। उदाहरण के लिए, पूर्वी देशों के खिलाफ लगातार तीन साल तक अभियान चलाये। उन्होंने गौड़ के पांच सामंतों और कन्नौज के शासक पर विजय हासिल की।
- ऐसा माना जाता है कि अपने शासन के अंतिम वर्षों में उन्होंने कायस्थों के कहने पर **भारी कर** लगा दिया था और कई विषयों पर निर्दयतापूर्वक व्यवहार करते थे। कहा जाता है कि एक ब्राह्मण के अभिशाप के कारण उनकी मौत हुई।

कार्कोट साम्राज्य के बाद **उत्पल साम्राज्य** आया। 855 ई. में अवंतिवर्मन ने कश्मीर का ताज हासिल कर। उत्पल राजवंश स्थापित किया और कार्कोट साम्राज्य का शासन खत्म किया।

## उत्पल राजवंश

**8वीं से 10वीं शताब्दी** तक कश्मीर पर हिंदू उत्पल राजवंश का शासन था। साम्राज्य की स्थापना 855 ई. में **अवंतिवर्मन** ने कार्कोट साम्राज्य का अंत कर किया था। प्राचीन मध्यकालीन कश्मीर का इतिहास **तंत्रिन** (**पैदल सिपाही का शव**), **इकन्गा** (**शाही अंगरक्षक** का शव) और **दमार ( भूमि प्रमुख )** के विशेष उल्लेख के बिना अधूरा है। इन्होंने **उस समय** की राजनीति में प्रमुख भूमिका निभाई थी और **उस समय राजा बनाने में अहम भूमिका** निभाई थी। इस क्षेत्र का इतिहास अपनी परंपरा के एक पहलू में अद्वितीय है, जिसे **शक्तिशाली रानियों की विरासत** नाम दिया गया है। **राजतरंगिणी** में **तीन महिला** शासकों **गोनंदा साम्राज्य** की **यशोवती**, **उत्पल साम्राज्य** की **सुगंधा** और **यक्षरा साम्राज्य** की **दिद्दा** का उल्लेख मिलता है (जिनका सबसे लंबा और घटनापूर्ण कार्यकाल रहा है, और आगे चर्चा की जा रही है)।

### अवंतिवर्मन ( 855-883 ई. )

- वह **उत्पल साम्राज्य** के **संस्थापक** थे और एक महान प्रशासक के रूप में जाने जाते हैं। उन्होंने राज्य को स्थिर करने और शक्ति को पुन: हासिल करने के लिए काम किया। उन्होंने **दमरों, ग्रामीण अमीरों,** जो आतंरिक समस्याएं पैदा कर रहे थे, **की शक्ति को नियंत्रित** किया।
- वह एक भलाई करने वाले और प्रिय राजा थे। उन्होंने पूरे क्षेत्र की समृद्धि सुनिश्चित की थी। उनके खाते में **सिंचाई के क्षेत्र** में कई **बड़े अभिनव काम** करने का श्रेय जाता है। उदाहरण के तौर पर, उन्होंने फसल को खराब होने बचाने के लिए महापद्म (वूलर) झील के बाढ़ के पानी को रोकने के लिए कई कदम उठाए।
- उनके शासन काल के दौरान **अवंतिपुर** और **सूयापुर शहर स्थापित किया गया**। भगवान विष्णु और शिव को समर्पित कई हिंदू मंदिरों और बौद्ध मठों का निर्माण हुआ, जिसमें **अवंतिरा** और **अवंतिस्वामी मंदिर** प्रमुख हैं।

### शंकरवर्मन ( 883-902 ई. )

- अवंतिवर्मन के पुत्र, जिन्होंने पंजाब और गुजरात में सैन्य अभियानों का नेतृत्व किया।
- उनके सैन्य अभियानों के कारण खजाने के काफी धन निकल गया। परिणामत: लोगों पर भारी कर लगाया गया। हालांकि उन्होंने जबरन राजकोषीय वसूली से खजाने की कमी को दूर करने की कोशिश की, लेकिन मंदिरों की लूटपाट के कारण नुकसान की भरपाई नहीं हो पायी।

## यक्षरा राजवंश/लोहर वंश

### रानी दिद्दा (958-1003 ई.)

- *राजतरंगिणी* की **छठे तरंग** में रानी दिद्दा का जीवन वृत्तांत मिलता है। वह **राजा क्षेमगुप्त की पत्नी** और **लोहार** (जो पीर पंजाल क्षेत्र, पश्चिमी पंजाब और कश्मीर के बीच व्यापार मार्ग, में पड़ता है) **के राजा सिंहराज की पुत्री** एवं काबुल के एकमात्र हिंदू शाही भीम शाही की पौत्री थीं।
- दिद्दा ने पहले **अपने पुत्र** और **कई पौत्रों के राज्य प्रतिनिधि** के रूप में शासन किया। बाद में **संपूर्ण** शासन अपने अधिकार में ले लिया। वास्तव में, **कल्हण ने उन्हें अस्वीकार कर दिया।** उनके अनुसार, रानी दिद्दा के व्यक्तित्व में महिलासुलभ दोष परिलक्षित होते थे। कल्हण ने रानी दिद्दा के नैतिक चरित्र में कमी, स्वभाव से निर्दयी बताया है, और आगे विस्तार से बताया है कि किस प्रकार उसने अपने पुत्र और तीन पौत्रों को राजगद्दी पर चढ़ने से पहले मार डाला था। कल्हण के अनुसार, रानी दिद्दा का तूना नाम के कूरियर एवं पशुपालक के साथ प्रेम संबंध था, जिस पर वह आंख मूंद कर विश्वास करती थी। यहां तक कि राज्य प्रतिनिधि बनने से पहले दिद्दा का राज्य मामलों में काफी दखल था। उस समय के जो सिक्के पाए गए हैं, उनमें उनका और क्षेमगुप्त दोनों का नाम दिखाई पड़ता है।
- उन्होंने **दिद्दापुरा** और **कनकनपुरा शहर बसाए** और **दिद्दास्वामी मंदिर** नाम का एक **मंदिर** बनवाया।

प्रत्यक्ष एवं अप्रत्यक्ष शासन के बाद दिद्दा ने शाही उत्तराधिकार के बदले अपने जन्मजात परिवार भाई के पुत्र **संग्रामराज** को राजगद्दी सौंपी । इस प्रकार कश्मीर में **लोहर साम्राज्य** की शुरुआत हुई।

## हिंदू शाही राजवंश

तीसरी से लेकर नौवीं शताब्दी तक कुषाण साम्राज्य के पतन के बाद, तुर्क **शाहिया साम्राज्य ने काबुल घाटी** (पूर्वी अफगानिस्तान) और गांधार (उत्तरी पाकिस्तान एवं कश्मीर) पर राज्य किया। उन्हें **दो** युगों में **विभाजित** किया गया है। **बौद्ध शाही** और बाद में 870 ई. के आसपास हिंदुत्व में संक्रमण के साथ 870 ई. के आसपास **हिंदू शाही।** 9वीं शताब्दी के दूसरे उत्तरार्द्ध में **सम्राट लागतुर्मान** के **ब्राह्मण मंत्री कल्लर** ने **शाहिया** राजा को **उखाड़ फेंका** और **हिंदू शाही साम्राज्य** की **नींव** रखी। शाही मुख्य रूप से बौद्धों और हिंदू आबादी के शासक थे। इस प्रकार वे अपने शासन काल में बहुत-से धर्मों, कलाकृतियों और सिक्कों के संरक्षक रहे, जो उनके बहु-सांस्कृतिक शासन क्षेत्र को दर्शाता है।

### कल्लर (890-895 ई.)

- *राजतरंगिणी* में कल्लर का **लल्लियाशाही** के रूप में वर्णन है। वह शाही साम्राज्य का एक **ब्राह्मण मंत्री** था।
- वह काबुल घाटी पर बहुत लंबे समय तक नियंत्रण नहीं रख सका और 870 ई. के आसपास **अरब** सर्राइद याकूइबिन से पराजित होने के बाद उसे अपनी राजधानी काबुल से **उदबंध** (वर्तमान में पाकिस्तान के रावलपिंडी जिले का उंद गांव) ले जाना पड़ा।

### जयपाल (964-1001 ई.)

- जयपाल को **तुर्क शासक गजनी** से अपने **राज्य को बचाने के लिए किए** गए संघर्ष के कारण **नायक** माना जाता है। किंवदंतियों के अनुसार पेशावर की लड़ाई (1000 ई.) में सुल्तान सुबुक्तगीन की सेना को टक्कर दी और उसके बाद उसके पुत्र सुल्तान महमूद गजनी को।

**आनंदपाल ( 1001-1010 ई. )**

- जयपाल का पुत्र, जो एक योग्य योद्धा और जनरल था। अपने राज्यारोहण से पहले कई लड़ाई में नेतृत्व कर चुका था।
- हालांकि अपने राज्यकाल में गजनवियों के द्वारा उन्हें कई नुकसान झेलने पड़े थे। उदाहरण के तौर पर, महमूद और आनंदपाल के बीच **छच की लड़ाई** के दौरान, शाही सम्राट के लिए सेना के साथ-साथ करीब 30 हजार गक्खर भी लड़े। वे लड़ाई हार गए और काफी वित्तीय एवं सीमाई नुकसान सहा।
- उन्होंने परिणामत: **गजनवी साम्राज्य** के साथ 1010 ई. में **समझौता किया** और जल्द ही उनकी एक साल बाद शांतिपूर्वक मृत्यु हो गई।
- **महमूद गजनी के खिलाफ विरोध** के बावजूद कुछ इतिहासकार उनकी **तुलना राजा पुरू से** करते हैं, जिन्होंने एलेक्जेंडर (सिंकदर) का बहादुरी से सामना किया था।

**त्रिलोचनपाल ( 1010-1022 ई. )**

- उन्होंने **शिवालिक पहाड़ियों** पर शारवा के राय की जागीर पर विजय हासिल कर अपने राज्य का विस्तार किया। उनके साम्राज्य का सिंधु नदी से ऊपरी गंगा घाटी तक विस्तार हुआ।
- **अल-बरूनी** के अनुसार, त्रिलोचनपाल गजनवियों के साथ अपने पिता की शांति संधि के प्रति अपनी वफादारी के लिए सम्मानित थे। हालांकि, वह सुल्तान महमूद के खिलाफ विद्रोही हो गए और बाद में **अपने खुद के बलवाई सैनिकों** द्वारा 1022 ई. में उनकी **हत्या** कर दी गई। माना जाता है कि **शारवा के राय** द्वारा **उकसाये** जाने के कारण उनकी हत्या हुई। शारवा के राय शिवालिक क्षेत्र में उनके साम्राज्य के विस्तार के कारण उनके कट्टर-दुश्मन हो गए थे।
- पंजाबी लोक-साहित्य में उन्हें **पंजाब के अंतिम शासक** के रूप में बताया गया है।

**भीमपाल ( 1022-1026 ई. )**

- साहस और वीरता के कारण प्रसिद्ध **इतिहासकार उत्बी** द्वारा उन्हें एक निर्भीक शासक कहा गया है। उन्हें **नंदन की लड़ाई** में स्वयं कमान संभालने का श्रेय जाता है, जहां यह कहा जाता है कि उन्होंने गजनवी सेना के कमांडर मोहम्मद-बिन-इब्राहिम को बुरी तरह जख्मी कर दिया था।
- वह प्रसिद्ध साम्राज्य के **अंतिम शाही राजा** थे।
- 12वीं शताब्दी की शुरुआत में **महमूद गजनवी द्वारा** उनके राज्य को **ध्वस्त कर दिया गया।** परिणामत: उनकी शेष सेना उत्तरी भारत में निर्वासित हो गई।

## त्रिपुरी के चेदी

चेदी का राज्य **नर्मदा** और **गोदावरी नदी के बीच स्थित** था, और यहां कलचुरी साम्राज्य का शासन था। चंदेलों, चेदी के कालाचुरी (त्रिपुरी के कालाचुरी भी कहा जाता है) **औपचारिक रूप से प्रतिहारों के अधीनस्थ** थे, लेकिन 10वीं शताब्दी के मध्य उन्होंने अपनी स्वतंत्रता का दावा किया। उन्होंने ऐतिहासिक चेदी क्षेत्र **( दहल-मंडल )** पर शासन किया, जिसकी राजधानी **त्रिपुरी** थी, जो आज आधुनिक जबलपुर (मध्य प्रदेश) के निकट थी। त्रिपुरी के कलचुरियों ने जेजाकभुक्ति के चंदेलों के

खिलाफ कई लड़ाइयां लड़ीं। बाद में उनके साथ वैवाहिक रिश्ते कायम कर लिये। उन्होंने पालों के खिलाफ अपनी सीमा की रक्षा की और चोलों, पल्लवों और पांड्याओं के साथ संधि भी की।

**कोक्कल ( 845-885 ई. )**

- वह साम्राज्य के **संस्थापक** थे और कई सैन्य अभियान चलाया। उन्होंने उत्तरी कोंकण पर विजय प्राप्त की और पूर्वी चालुक्य एवं प्रतिहारों के विरुद्ध राष्ट्रकूट राजा कृष्ण द्वितीय की मदद की।
- उन्होंने चंदेल की राजकुमारी से विवाह किया। ऐसा माना जाता है कि उनकी मृत्यु के बाद उनके बड़े पुत्र को ताज पहनाया गया, जबकि अन्य बेटों को विभिन्न मंडलों/प्रांतों का शासक नियुक्त किया गया। इससे साम्राज्य का **विघटन** हो गया। इनके वंशजों ने दक्षिण कोशल में अलग साम्राज्य खड़ा किया, जिसकी राजधानी तुम्मना थी।

**केयूरवर्ष युवराज प्रथम ( 915-945 ई. )**

- एक और महत्वपूर्ण शासक, जिसने राष्ट्रकूट ताकतों को परास्त किया और समूह से बाहर कर दिया। इस विजय के जश्न का वर्णन **प्रसिद्ध कवि राजशेखर** ने अपनी नाटिका *विद्धाशालमंजिका* में किया है।
- **कलचुरी अभिलेखों** ने कश्मीर और हिमालय क्षेत्र में सफलतापूर्वक अभियान का श्रेय युवराज को दिया है।

**लक्ष्मणराज ( 10वीं सदी की तीसरी तिमाही के आसपास )**

- वह एक **महान विजेता** था। उसने न केवल वंगला (दक्षिण बंगाल) पर कब्जा किया और दक्षिण कोशल के राजा सोमवम्सी को हराया बल्कि उन्होंने पश्चिम में लता पर भी विजय हासिल की। उसके बाद राष्ट्रकूटों के सामंतों पर शासन किया और गुर्जर के राजा, संभवतः मूलराज प्रथम को परास्त किया, जो चालुक्य साम्राज्य के संस्थापक थे।

**गांगेय-देव ( 1019-1040 ई. )**

- कलचुरी साम्राज्य के एक सबसे महत्वपूर्ण शासक, जिनकी सैन्य प्रतिभा के कारण उस समय भारत में **चेदी एक महान राजनीतिक शक्ति** बन गया था। उनकी इस महान जीत के प्रतीक के तौर पर उन्हें **त्रिकलिंगाधिपति** (**त्रिकलिंग** के भगवान) की सम्मानित उपाधि दी गई।
- उन्हें विक्रमादित्य की भी उपाधि दी गई। कुछ इतिहासकारों का मानना है कि, उनकी सफलता का एक कारण यह भी है कि, उनका साम्राज्य सुल्तान महमूद के विनाशकारी हमलों से बचा रहा, जिसने उत्तर और उत्तर-पश्चिम की कई शक्तियों को नुकसान पहुंचाया था।
- उन्होंने विभिन्न आकार, वजन और धातुओं के सिक्के जारी किए। जैसे कि सोना, आधार सोना, चांदी सोना, चांदी, चांदीयुक्त तांबा और तांबा आदि। उनके शासन काल के सिक्कों पर कमल पर पैर पर पैर रखकर बैठी लक्ष्मी के चार हाथ हैं। ऊपर दो हाथों में कमल पुष्प हैं। सिक्के के **दूसरी तरफ** नागरी लिपि में **'श्रीमद्ग/नेयद/वा'** उत्कीर्ण है।

**लक्ष्मी-कर्ण ( 1041-1073 ई. )**

- लक्ष्मी-कर्ण अपने पिता की तरह अपने समय का सबसे महान सेनानायक था, जिन्हें कर्ण के रूप में भी जाना जाता है। उसे न केवल दक्षिण में बल्कि उत्तर-पश्चिम में भी **अपने पिता से अधिक सफल** माना गया है और पूर्वी तट पर कांची तक अपनी विजय पताका फैलाई।
- ऐसा कहा जाता है कि उसने दक्षिण में कई राजवंशों जैसे पल्लव, कुंग, मुरला, पांड्य (दक्षिण) और सोमेश्वर प्रथम को हराया था।

**यशकर्ण ( 1073-1125 ई. )**

- उनके राज्य-काल में **एक के बाद एक कई हमले** हुए। दक्कन के चालुक्यों ने भी आक्रमण किया। परमारों ने उनकी राजधानी को लूट लिया और कुछ समय तक नर्मदा पर डेरा डाले रखा। वह चंदेलों से परास्त हुआ। इन सभी पराजयों ने कलचुरियों को धीरे धीरे कमजोर कर दिया।

**विजयसिंह ( 1177-1211 ई. )**

- साम्राज्य का **अंतिम राजा,** जब चंदेल शासक त्रिलोकवर्मन ने बघेलखंड और डाहल-मंडल सहित करीब पूरे कलचुरी साम्राज्य पर विजय प्राप्त की।

12वीं शताब्दी की शुरुआत में चेदी संपत्तियां वारंगल के गणपति, देवगिरि के यादवों और बघेल राजपूतों जैसे बढ़ते राजवंशों से हार गए।

## बंगाल के सेन

सेन राजवंश एक **हिंदू राजवंश** था, जिसने करीब एक शताब्दी से अधिक समय (1097-1225 ई.) तक बंगाल पर शासन किया। इस साम्राज्य ने अपने उत्कर्ष से समय भारतीय उप-महाद्वीप के उत्तर-पूर्व क्षेत्र पर शासन किया। पहले बिहार और बंगाल दोनों पाल राजवंश के प्रभुत्व के अधीन था। वे अपने आपको ब्रह्म क्षत्रिय कहते थे, पालों से भिन्न जो बौद्ध थे, सेन शासक निष्ठावान हिंदू थे। देवपाड़ा अभिलेख के अनुसार, सेन राजवंश के शासकों ने **अपना उद्भव** दक्षिण भारत के **कर्नाटक** क्षेत्र में **खोजा।** देवपाड़ा अभिलेख दक्षिण में सेन वंश के संस्थापकों में से एक सामंत सेन के विषय में बताता है, जिसका उत्तराधिकारी हेमंत सेन इस वंश का ऐसा प्रथम शासक था, जिसे वंशीय दस्तावेजों में शाही विशेषण दिए गए और जिसने 1095 ई. में पालों से सत्ता छीन कर स्वयं को राजा घोषित किया। उसके उत्तराधिकारी विजय सेन ने वंश की बुनियाद रखने में मदद की।

**विजय सेन ( 1095-1158 ई. )**

- साम्राज्य के **संस्थापक,** जिसने असामान्य रूप से 60 साल से अधिक समय तक शासन किया। इन्होंने बंगाल में शांति और समृद्धि कायम की और जनता के बीच काफी गहराई तक प्रभाव डाला। ऐसा माना जाता है कि, महिपाल द्वितीय के शासन काल के दौरान वरेना क्षेत्र में सामंत चक्र के विद्रोह का फायदा उठाया और पश्चिमी बंगाल में अपनी स्थिति को धीरे-धीरे मजबूत किया। उन्होंने अंततः महानंदपाल के राज्य-काल के दौरान अपनी स्थिति को मजबूत कर लिया।
- उन्होंने भोजवर्मन को हराकर वेंगी पर फतह हासिल की।
- विजय सेन की **दो राजधानी** थीं:
    - **विक्रमपुरा**
    - **विजयपुरा**
- प्रसिद्ध **कवि श्रीहर्ष** ने विजय सेन की स्मृति में **विजय प्रशस्ति ( विजय की स्तुति )** की रचना की। **देवपाड़ा प्रशस्ति** एक प्रस्तर अभिलेख है, जिसे **दरबारी कवि उमापति धरा** ने सेन राजाओं, खासकर विजय सेन की स्तुति में तैयार किया था। एक अन्य **बैरकपुर ताम्र-पत्र अभिलेख** में विजय सेन को **महाराजाधिराज** उल्लिखित किया गया है।

**बल्लाल सेन ( 1158-1179 ई. )**

- सेन राजवंश का **सबसे बेहतरीन शासक, जिसने अपने साम्राज्य को एकजुट किया।** उसने मिथिला/पूर्वी बिहार क्षेत्र पर विजय हासिल की। बंगाल की परंपरा के अनुसार बल्लाल सेन के राज्य में पांच प्रांत बंग, बरेंद्र, रार, बागरी (संभवत: निचले बंगाल का हिस्सा) और मिथिला शामिल थे। उसने **नवद्वीप** को **राजधानी बनाया।**
- बल्लाल सेन बंगाल में **रूढ़वादी हिंदू प्रथाओं** के **पुनरुद्धार** के साथ जुड़े थे, खासकर **कुलीनों** की प्रतिक्रियावादी परंपरा की स्थापना के साथ। हालांकि इस बात की कोई ऐतिहासिक प्रमाणिकता नहीं है।
- उन्होंने पश्चिमी चालुक्य साम्राज्य की राजकुमारी रमा देवी से शादी की, जो दर्शाता है कि सेन के शासकों का दक्षिण भारत के साथ नजदीकी सामाजिक संपर्क था।
- उन्होंने ***धनसागर*** और ***अद्भुत सागर*** नामक पुस्तक लिखी।

**लक्ष्मण सेन ( 1178-1207 ई. )**

- **सेन वंश** का सैन्य प्रताप **लक्ष्मण सेन** के नेतृत्व में ही **चरम पर पहुंचा**, जिन्होंने असम, ओडिशा, बिहार और शायद वाराणसी तक सेना साम्राज्य का विस्तार किया। उन्होंने **गहड़वाल साम्राज्य के जयचंद को परास्त किया।**
- उनके राज्य से संबंधित सात ताम्र-पत्र अभिलेखों में उन्हें एक महान सैन्य नेता और शिक्षा का रखवाला बताया गया है। इन अभिलेखों में गौड़ के राजाओं, कामरूप, कलिंग और काशी पर उनकी विजय का उल्लेख मिलता है। उन्होंने पुरी, बनारस और इलाहाबाद में **सैन्य अभियानों** के **अभिनंदन स्वरूप स्तंभ लगवाए।** वह पहले बंगाली शासक थे, जिन्होंने अपना **आधिपत्य बनारस से आगे तक स्थापित** किया। उनके शासन काल के तुरंत बाद गया में भी कुछ अभिलेख मिले, जो गया क्षेत्र में उनका शासन होने का सबूत देते हैं।
- उनके राज्याभिषेक पर उन्हें **अरिराजा-मडन-संकरा की उपाधि** दी गई। **गौड़ेश्वर** की पारंपरिक उपाधि के साथ ही उन्होंने **परमवैष्णव** की उपाधि भी हासिल की। **परमेश्वर** की उपाधि का **विजय सेन** और **बल्लाल सेन** द्वारा इस्तेमाल किया जाता था। यह दर्शाता है कि लक्ष्मण सेन अपने पिता और दादा, जो **शैव** होने का दावा करते थे, से अलग धार्मिक रूप से वैष्णव थे। यह उस तथ्य को भी समर्थन करता है कि उस समय सभी **सरकारी कामों** की **शुरुआत ईश्वर के आह्वान** के साथ ही होती थी।
- लक्ष्मण सेन के दरबार में **जयदेव** (बंगाल के प्रसिद्ध **वैष्णव कवि** और **गीत गोविंद के लेखक**), **धोई** और **उमापति धर** जैसे विख्यात कवि विभूषित थे। उनके **महामात्य हलायुद्ध** स्वयं एक **कवि** थे। राजा स्वयं एक शिक्षित व्यक्ति था। परंपरा के अनुसार, उन्होंने अपने पिता द्वारा शुरू किया गया ***अद्भुतसागर*** को पूरा किया।
- अपने शासन काल के अंतिम वर्षों में **सेन** साम्राज्य **में विघटन** शुरू हो गया। दक्षिण बंगाल, ओडिशा और कामरूप ने सेन का आधिपत्य ठुकरा दिया। तुर्क मूल के मध्य एशियाई आक्रमणकारी और इस्लाम को मानने वालों के हमले भी शुरू हो गए थे।

13वीं शताब्दी की शुरुआत (1203-1204 ई. के आसपास) **मोहम्मद गौरी के सेनापतियों** में से एक **मोहम्मद बिन बख्तियार खिलजी** ने नवाद्वीप पर हमला किया और **बंगाल** और बिहार को **जीत कर** उसे इस्लामिक साम्राज्य में मिला लिया। उसने उत्तर-पश्चिम बंगाल पर कब्जा कर लिया, जबकि पूर्वी बंगाल सेन के अधीन ही था। हालांकि, 13वीं शताब्दी के मध्य तक देव साम्राज्य द्वारा **सेन** को पूरी तरह **परास्त** कर दिया गया।

## गंग/ओडिशा के चोडगंग

**पूर्वी गंगा राजवंश,** जिसे **चोडगंग** के नाम से जाना जाता था, एक **हिंदू** राजवंश था। उन्होंने 11वीं से 15वीं शताब्दी तक कलिंग पर राज किया। उनके साम्राज्य में पूरे आधुनिक ओडिशा राज्य के साथ-साथ पश्चिम बंगाल, आंध्र प्रदेश और छत्तीसगढ़ के कुछ हिस्से शामिल थे। उनकी **राजधानी कलिंगगरा** नाम से जानी जाती थी, जो ओडिशा सीमा से सटे आधुनिक आंध्र प्रदेश के श्रीकाकुलम जिले में श्रीमुखलिंगम है। उन्हें कोणार्क में सूर्य मंदिर के निर्माता के रूप में याद किया जाता है, जो **यूनेस्को का एक विश्व धरोहर स्थल** है। यह ध्यान देने योग्य है कि **केसरियों**, जिन्होंने **गंग से पहले** ओडिशा पर शासन किया था, ने **भुवनेश्वर** में **लिंगराज मंदिर** का निर्माण किया।

राजवंश की **स्थापना राजा अनंतवर्मन चोडगंग**[1] ने की, और चोल राजवंश से संबंधित होने का दावा किया। पूर्वी गंग शासक, जो दक्षिण भारत के थे और जिनके चोल साम्राज्य और पूर्वी चालुक्य से वैवाहिक संबंध थे, **स्वाभाविक रूप से दक्षिण भारतीय संस्कृति को ओडिशा में** ले गए, जो उनके सिक्कों (मुद्रा) से बहुत अच्छी तरह से प्रतिबिंबित होता है। यह साम्राज्य व्यापार और वाणिज्य के माध्यम से संपन्न हुआ और धन का उपयोग ज्यादातर मंदिरों के निर्माण में किया गया।

### अनंतवर्मन चोडगंग (1076-1150 ई.)

- उन्होंने 1076 ई. में **त्रिकलिंगाधिपति** का खिताब ग्रहण किया, अर्थात् **तीन कलिंगों** के **शासक**, जो **कलिंग समुचित** (दक्षिण), **उत्कल** (उत्तर) और **कोशल** (पश्चिम) से बना है, और संभवतः तीनों कलिंगों पर शासन करने वाले पहले राजा थे।
- वह एक धार्मिक व्यक्ति थे और कला एवं साहित्य के संरक्षक भी थे।
- ओडिशा के पुरी में **प्रसिद्ध जगन्नाथ मंदिर** का **निर्माण** करने के लिए श्रेय इन्हें ही जाता है।

**चित्र 10.5** धूपघड़ी, कोणार्क का सूर्य मंदिर, पुरी

---

1 जिसने पश्चिमी गंग वंश जो कि चौथी शताब्दी से लेकर 10वीं शताब्दी के अंत तक आधुनिक कर्नाटक राज्य के दक्षिणी हिस्से पर शासन किया।

**नरसिंहदेव ( 1238–1264 ई. )**

- इस राजवंश का एक और महत्वपूर्ण राजा, जिसने **कोणार्क का सूर्य मंदिर** बनवाया, जो **यूनेस्को का विश्व धरोहर स्थल** है।

15वीं शताब्दी के प्रारंभ में, राजा भानुदेव चतुर्थ (1414–1434 ई.) के शासन काल में साम्राज्य का अंत हो गया। प्रारंभिक पूर्वी गंग शासन में गिरावट के बाद, वेंगी के चालुक्यों ने इस क्षेत्र को अपने नियंत्रण में ले लिया।

**चित्र 10.6** कोणार्क का सूर्य मंदिर

## कल्याणी के पश्चिमी चालुक्य/बाद के पश्चिमी चालुक्य

10वीं और 12वीं शताब्दी के बीच **कल्याणी** (कर्नाटक में आधुनिक बसाव कल्याण) पर शासन करने वाले चालुक्यों को **बाद के पश्चिमी चालुक्य** के रूप में जाना जाता है **( कृपया बदामी के चालुक्यों की चर्चा के लिए पहले के अध्याय देखें )।** उनका राज्य पश्चिमी दक्कन और दक्षिणी भारत तक था। कल्याणी के चालुक्यों के उत्थान से पहले, मान्यखेत के राष्ट्रकूट साम्राज्य का दक्कन के अधिकतर क्षेत्र और मध्य भारत पर दो शताब्दी से अधिक समय तक नियंत्रण था। करीब 973 ई. में, मालवा के परमार, **तैला** या **तैलप द्वितीय** के हमलों से राष्ट्रकूटों में हुई भ्रम की स्थिति का फायदा उठाते हुए बीजापुर क्षेत्र के **राष्ट्रकूट शासन के एक सामंत ने अपने सरदारों** को पराजित किया मान्यखेत को अपनी राजधानी बना दिया। राजवंश तेजी से पनपा और सोमेश्वर प्रथम के अधीन बड़ा हुआ, जिसने कल्याणी को अपनी राजधानी बनाया।

### तैलप द्वितीय ( 957-997 ई. )

- बाद के **पश्चिमी चालुक्यों के संस्थापक,** जिन्होंने पहले चालुक्य परिवार की मदद से और कदम्बों[2] की मदद से अपने क्षेत्र को समेटा। उन्होंने पहले के चालुक्यों द्वारा खोए गए क्षेत्रों में से अधिकांश क्षेत्रों को पुनः प्राप्त किया। कादंबों को वनवासियों और गोवा पर नियंत्रण के लिए पुरस्कृत किया गया।

### सत्याश्रय ( 997-1008 ई. )

- तैला अपने बेटे सत्यसर्या से सफल हुए, जिन्होंने **चोल राजा राजराजा के खिलाफ जीत** हासिल की, जिन्होंने सत्याश्रय के क्षेत्र पर हमला किया था। इस प्रकार उन्होंने राजराजा के क्षेत्र पर विजय प्राप्त की।
- सत्यसर्या के **उत्तराधिकारियों** में दसवर्मन, विक्रमादित्य पंचम और जयसिंह प्रथम (1015-1042 ई.) थे। **जयसिंह** ने उत्तर के हमलों को रोकने के साथ ही दक्षिण के **चोल राजा राजेंद्र** के हमलों को रोका।

### सोमेश्वर-प्रथम ( 1043-1068 ई. )

- जयसिंह के पुत्र, जिन्होंने **राजाधिराज चोल को निष्कासित** कर दिया था, लेकिन राजधानी को पहले ही चोलों द्वारा लूट लिया गया था। शिलालेखों के अनुसार उन्होंने राजेंद्र चोल को मार कर उनके उत्तराधिकार की श्रृंखला को तोड़ा।
- परंपरा के अनुसार, सोमेश्वर प्रथम ने उत्तराधिकारी के रूप में अपने दूसरे पुत्र विक्रमादित्य को पसंद किया, लेकिन बाद में उन्होंने पुराने **सोमेश्वर द्वितीय** (1068-1076 ई.) के पक्ष में यह सम्मान लेने से इनकार कर दिया। विक्रमादित्य ने अपने भाई की सेना के एक सेनापति के रूप में चोल, केरल और सिलोन पर विजय प्राप्त की। हालांकि, सोमेश्वर द्वितीय जल्द ही बुरे तरीके से गिर गया और इस तरह अपने भाई की निष्ठा को खो दिया। इसके बाद, विक्रमादित्य ने राज्य के दक्षिणी भाग पर स्वतंत्र रूप से शासन शुरू कर दिया।

### विक्रमादित्य षष्ठम ( 1076-1126 ई. )

- इस राजवंश का **सबसे बड़ा शासक,** जिसने **परमादिदेव** और **त्रिभुवनमल्ल** (अर्थात् **तीन दुनिया का स्वामी**) उपाधि धारण की।
- विक्रमादित्य को कोंकण के शासक की भी अधीनता मिली। वह जल्द ही **वीर राजेंद्र चोल** के खिलाफ चले गए। बाद में उन्होंने विक्रमादित्य को अपनी बेटी का हाथ देकर शांति स्थापित की। जब वीर राजेंद्र की मृत्यु हो गई, विक्रमादित्य ने अपने बहनोई **अधि-राजेंद्र** को **चोल के सिंहासन** पर बैठाया।
- उसके बहनोई के मारे जाने के बाद, **पूर्वी चालुक्य राजा जयसिंह** द्वारा विक्रमादित्य को **पराजित** किया गया और उन्हें बेल्लारी के राज्यपाल का दर्जा दिया गया। हालांकि, 1076 ई. में, विक्रमादित्य ने **होएसल की सहायता** से अपनी शक्ति को पुनः प्राप्त किया और सिंहासन पर **विक्रमादित्य षष्ठम** के रूप में विराजमान हुए। उन्होंने **1076 ई.** में **चालुक्य-विक्रम युग** की शुरुआत की।
- विक्रमादित्य षष्ठम के शासन के दौरान, पश्चिमी चालुक्य चोलों के साथ दृढ़ता से जुड़े रहे। उन्होंने उत्तर में नर्मदा नदी और दक्षिणी में कावेरी नदी के बीच, जो अधिकतर दक्कन में फैला हुआ क्षेत्र था, शासन किया। उनके पास कई **रानियां** थीं जो **उन्हें प्रशासन में मदद करती थीं।**

---

[2] कदंबों को बनवासी और गोवा पर नियंत्रण का पुरस्कार दिया गया।

- **बिल्हण** और **विजयनेर** नामक दो महान लेखकों का विक्रमादित्य षष्ठम के दरबार में विकास हुआ। वह बिल्हण के ***विक्रमंकदेव चरित्र*** का **नायक** था। बिल्हण कश्मीर से उनके दरबार में आए और उन्होंने उनके शासन की तुलना रामराज्य से की।
- मिताक्षरा, जो उनके दरबार में **विख्यात न्यायविद्** थे, ने ***याज्ञवल्क्य स्मृति* (हिंदू परिवार कानून)** पर ***मिताक्षरा*** नामक एक टीका लिखी। राजा के बारे में उन्होंने लिखा है, ''विक्रमादित्य जैसा न तो देखा जाना है और न ही सुना जाएगा।''
- विक्रमादित्य षष्ठम शैव मत के थे और उनके शासन ने **बहुमूल्य मंदिर भवन निर्माण** कार्य को होते देखा। उल्लेखनीय निर्माणों में **मल्लिकार्जुन मंदिर, महादेव मंदिर, कैताभेर मंदिर** और **कल्लेरा मंदिर** प्रमुख हैं।

अगले उत्तराधिकारी, सोमेश्वर तृतीय, साहित्यिक मामलों में ज्यादा रुचि रखते थे और विष्णुवर्धन होएसल को स्वतंत्रत घोषित करने के अवसरों को समझने की अनुमति दी। बाद के शासक बहुत सक्षम नहीं थे, और धीरे-धीरे चालुक्यों के सांमतों ने स्वतंत्रता की घोषणा शुरू कर दी। हालांकि, चालुक्य तैला तृतीय के पुत्र सोमेश्वर चतुर्थ के नेतृत्व में अपने क्षेत्र को हासिल करने में सक्षम थे। उनके परिश्रम को अंतिम कलचुरी शासक सिंहाना ने स्वीकार किया था। उन्होंने शीघ्र ही गोवा और बनवासी दोनों के कदंबों और उचचंडी के पाण्ड्यों की निष्ठा प्राप्त की। लेकिन वीर बल्लाल प्रथम और देवगिरि के यादवों के तहत होएसल के हमले के साथ ही **बाद में पश्चिमी चालुक्य** वंश **1190 ई.** में **खत्म हो गया।**

## कला और वास्तुकला में विकास और विज्ञान एवं प्रौद्योगिकी

दुर्भाग्य से इस अवधि के दौरान **वैज्ञानिक** गतिविधियों में **वृद्धि धीमी** हुई। विज्ञान और प्रौद्योगिकी का विकास किसी भी समाज के विकास से जुड़ा हुआ होता है। हालांकि, जैसा कि इस अवधि के दौरान समाज काफी हद तक कठोर और अपने दृष्टिकोण में संकीर्ण हुआ। वैज्ञानिक दृष्टिकोण भी विकसित नहीं हो सका। जैसा कि मध्य एशियाई वैज्ञानिक और विद्वान अल-बरूनी के समय शिक्षितों के बीच आपसी व्यवहार, खास कर ब्राह्मणों में, अंतर-सांस्कृतिक वैज्ञानिक ज्ञान एवं सहयोग में भारी कमी आयी। **शल्य चिकित्सा में गिरावट** आई, क्योंकि मृत शरीर के विच्छेदन को केवल निचली जातियों के लोगों के लिए उपयुक्त माना जाता था जैसे कि नाई। **खगोलशास्त्र** अब **ज्योतिष द्वारा बताया जाता था।**

हालांकि, 9वीं शताब्दी में **गणित** के क्षेत्र में **कुछ प्रगति** हुई। **महावीर आचार्य** के ***गणित-सार-संग्रह*** और **भास्कर द्वितीय** की ***लीलावती*** इस अवधि (1150 ई.) के दौरान लिखी गई, जो एक लंबे समय के लिए मानक विषय बने रहे। मध्यकालीन भारत के महान गणितज्ञ और खगोल विज्ञानी **भास्कर द्वितीय** (1114–1185 ई.) आधुनिक कर्नाटक के बीजापुर में पैदा हुए थे।

| सिद्धांत शिरोमणि के भाग | |
|---|---|
| (a) ***लीलावती*** | **अंकगणित** से सरोकार, जिसमें गणना, प्रगति, माप, क्रम परिवर्तन और अन्य विषय शामिल हैं। |
| (b) ***बीजगणित*** | **बीजगणित** से संबंधित है। इस खंड के तहत, भास्कर ने शून्य, अनन्तता, सकारात्मक और ऋणात्मक संख्या जैसे अवधारणाओं पर चर्चा की है, और (अब कहा जाता है) येल्स समीकरण सहित अनिश्चित समीकरणों की चर्चा की है। |
| (c) ***ग्रहगैत*** | **ग्रहों के गणित** से संबंधित। ग्रहों की गति का अध्ययन करते समय, वह उसकी तात्कालिक गति के साथ साथ अनुमान के तौर पर भी आता है। भास्कर ने कई खगोलीय मात्राओं को सही तरीके से परिभाषित किया है। उदाहरण के लिए, **नक्षत्र वर्ष की लंबाई**, जिस समय पृथ्वी के लिए सूरज की कक्षा की आवश्यकता होती है, 365.2588 दिन होती है। |
| (d) ***गोलधाय*** | गणित के **क्षेत्रों** का अध्ययन। |

उन्होंने ***कर्ण कौतुहल*** नाम का एक और निबंध लिखा। भास्कर का **गणना में काम न्यूटन** और **लैबनिज** के आधे से अधिक सहस्त्राब्दी पहले ही हो गया। उन्होंने शायद सबसे पहले अंतर को गुणांक, विभेदक कलन एवं खगोलीय समस्याओं और संगणनाओं पर विचार किया था।

**चिकित्सा** के क्षेत्र में, **पारा** जैसे कुछ खनिजों की **खोज** की गई। पौध विज्ञान और जानवरों के उपचार पर कई किताबें लिखी गई, लेकिन घोड़ों के विजातीय-प्रजनन पर ज्यादा शोध नहीं किया गया। इसके परिणामस्वरूप मध्य एशिया से **घोड़ों के आयात पर** भारतीयों की **निर्भरता** बनी रही।

शिक्षा प्रणाली, जो पहले की अवधि में धीरे-धीरे विकसित हुई थी, बिना ज्यादा बदलाव के जारी रही। **जन-शिक्षा की अवधारणा** नहीं थी। पढ़ना-लिखना ब्राह्मणों और ऊपरी जातियों के कुछ ही वर्गों तक सीमित था। मुख्य विषयों को पढ़ाया जाता था, जिनमें वेदों और व्याकरण की शाखाएं प्रमुख थीं। **नालंदा, विक्रमशिला** और बिहार के **उद्‌डपुरा** जैसे कुछ **बौद्ध विहारों** में **धर्मनिरपेक्ष विषयों** पर अधिक जोर देने के साथ औपचारिक शिक्षा प्रदान की जाती थी। कश्मीर **शिक्षा** का एक और प्रमुख **केंद्र** था। इस अवधि के दौरान कई शैव संप्रदाय और प्रशिक्षण केंद्र विकसित हुए। दक्षिण भारत में **मदुरै** और **शृंगेरी** में कई **महत्वपूर्ण गणित** शिक्षा केंद्र स्थापित किए गए। शिक्षा के विभिन्न केंद्रों ने धर्म और दर्शन पर चर्चा को प्रोत्साहित किया।

## धार्मिक आंदोलन एवं विश्वास और दर्शन में विकास

इस **अवधि** को **पुनरुद्धार** और **हिंदुत्व के विस्तार** एवं **बौद्ध धर्म** और **जैन धर्म** की **निरंतर गिरावट** से चिंहित किया गया है। हिंदुत्व के पुनरुद्धार से बौद्ध और जैन धर्म को बौद्धिक चुनौतियां मिलने के अलावा, कुछ अवसरों पर, वहां हिंसा और उनके पवित्र स्थानों पर जबरन व्यवसाय के उदाहरण थे। **बौद्ध धर्म केवल पूर्वी भारत तक सीमित था**, विशेष रूप से **पालों द्वारा संरक्षित।** हालांकि, इस युग में बौद्ध ने रूपों को ग्रहण किया जो इसे हिंदुत्व से भिन्न करता है। जैन धर्म लगातार लोकप्रिय रहा, खासकर व्यापारिक समुदायों में। गुजरात के **चालुक्य शासकों** ने **जैन धर्म को संरक्षित** किया। इसी समय **माउंट आबू** के प्रसिद्ध और शानदार **दिलवाड़ा मंदिरों** का **निर्माण** किया गया।

पुनरुद्धार और हिंदुत्व का विस्तार कई रूपों में हुआ। **शिव** और **विष्णु प्रमुख देवता** बन गए। उनके वर्चस्व का प्रचार करने के लिए शानदार मंदिरों का निर्माण किया गया। इसने सांस्कृतिक संश्लेषण के एक युग की शुरुआत की। इस अवधि के एक विशिष्ट और महत्वपूर्ण विशेषता **दक्षिण भारत** में **भक्ति आंदोलन का विकास** था, जिसे लोकप्रिय संन्यासी **नयनार (शिव के उपासक)** और **अलवार (विष्णु के उपासक)** नाम से जाना जाता था। अलवार भक्ति में, भक्त और कृष्ण के बीच संबंध अक्सर प्रेमी-प्रिय या मां-बालक के रूप में व्यक्त किया जाता था, जबकि नयनार भक्ति में भगवान और भक्त के बीच के संबंध गुरु और दास के समान थे। इस प्रकार, नयनार खुद को अतियार (दास) कहते थे। 7वीं शताब्दी के बाद से, भक्ति के पंथ दक्षिण भारतीयों के धार्मिक जीवन पर हावी हो गए और इन संतों ने इसे प्रचारित करने में प्रमुख भूमिका निभाई। **भक्ति** शब्द मूल भाव से आता है, जिसका मतलब है–**साझा करना** या **भाग लेना।** इस प्रकार, 'भक्त' शब्द का अर्थ है–**जो दिव्यता से साझा या बांटता है।** इन संतों ने आत्मसंयम को ठुकरा दिया और **स्थानीय भाषा** जैसे तमिल और तेलुगू में बात की और **लिखा।** इसने केवल उन्हें लोकप्रिय बनाया बल्कि आम लोगों को भी भक्ति आंदोलन में शामिल होने के लिए प्रेरित किया। वे धर्म को अकर्मण्यता के रूप में नहीं, बल्कि **ईर** और **भक्त** के बीच के **बंधन** के आधार पर औपचारिक पूजा के रूप में देखते थे। यह संत प्रेम और भक्ति का संदेश लेकर जगह जगह गए। वे ऊंची जाति और नीची जाति दोनों से सम्बद्ध थे और उनमें महिला संत भी होते थे। यहां तक कि वे **जाति** की **अवहेलना** और **असमानता** का बर्ताव करते थे, लेकिन उन्होंने

जाति व्यवस्था का विरोध नहीं किया। भक्ति आंदोलन ने कई बौद्धों और जैनियों को हिंदू मत वाला बनाया। इसके अलावा कई **आदिवासियों** का **मन भी जीता।**

एक और लोकप्रिय आंदोलन जो 12वीं शताब्दी के दौरान उभरा था वह लिंगायत या वीर **शैव** आंदोलन था। इसके संस्थापक बसव और उनके भतीजे **चन्नाबसव** थे, जो कर्नाटक के कलचुरी राजा के दरबार में रहते थे। लिंगायत **शिव के पूजक** थे। जैनियों के साथ कड़वे विवाद के बाद उन्होंने अपना मत स्थापित किया। उन्होंने **जाति व्यवस्था** और **बाल विवाह** का **जोरदार विरोध** किया और **उत्सव, उपवास, तीर्थ यात्रा** और **बलिदानों को खारिज कर दिया।** उन्होंने विधवा पुनर्विवाह का समर्थन किया।

तमिलनाडु के सिद्धों **(या सित्तरों)** का उल्लेख करना भी आवश्यक है, जो भक्ति परंपरा से अलग विचार रखते थे। हालांकि उनकी कुछ विचारधाराओं को पहले संगम युग के दौरान उत्पन्न माना जाता है। **मूर्ति पूजा के विरुद्ध उनका रवैया**, **योग** पर **जोर** और **सही आचरण** उन्हें भक्ति संप्रदाय से अलग पहचान देते हैं। वे दुनिया में और साथ ही मानवों के प्रति दान में एकता (**एकेश्वरवाद**) में विश्वास करते थे। सिद्ध संत **ज्यादातर शैव** थे, जिन्होंने मुक्ति प्राप्त करने के लिए एक गैर-रूढ़िवादी प्रकार की **साधना** (**आध्यात्मिक प्रथाओं**) में पारंगत थे और उसका पालन करते थे। एक **सिद्ध** योग की शक्तियों को, जिन्हें सिद्धि कहा जाता है, को कुछ यौगिक अनुशासनों और **तपस्या** के **निरंतर अभ्यास** द्वारा प्राप्त करते थे। इसके साथ ही उन्होंने **रसायनों** का भी इस्तेमाल किया, जो कि **पदार्थ** थे और जिनके बारे में कहा जाता था कि यह **शरीर को** संभवतः **मृत्यु रहित** बना देता था और एक विशेष प्रकार के प्राणायाम (सांस लेने का अभ्यास) किया जाता था। सिद्धों को **वर्मम** के संस्थापकों के रूप में भी माना जाता है, जो कि एक प्रकार का **आत्मरक्षा के लिए मार्शल आर्ट** और **चिकित्सा उपचार** एक साथ करने वाली एक कला थी। **वर्मम** मानव शरीर में **विशिष्ट बिंदु** हैं जिन्हें **अलग-अलग तरीकों से दबाने** पर **विभिन्न परिणाम** दे सकते हैं। जैसे कि आत्मरक्षा में हमलावर को अक्षम करना, या एक आसान प्राथमिक चिकित्सा उपचार के जरिए शारीरिक स्थिति को संतुलित रखना। तमिल सिद्ध रोगों की उत्पत्ति की पहचान करने के लिए **'नाड़ी पार्थल** (नाड़ी पढ़ना) **विकसित** करने वाले पहले शख्स थे। यह माना जाता है कि इस विधि को बाद में आयुर्वेद ने अपनाया और इसका उपयोग किया।

उस समय जब भक्ति आंदोलन दक्षिण भारत में लोकप्रियता प्राप्त कर रहा था, उत्तर भारत में अपना असर दिखा रहा था। उन्होंने भी जाति व्यवस्था और ब्राह्मणों द्वारा दावा किए गए विशेषाधिकारों की निंदा की। भक्ति की तरह सभी के लिए खुला था। सबसे प्रख्यात हिंदू योगी जिन्होंने इन प्रथाओं को अपनाया **गोरखनाथ** थे और उनके अनुयायियों को **नाथ पंथ** कहा जाने लगा।

इस अवधि में दर्शन के कई संप्रदाय अस्तित्व में आए। दर्शन संप्रदायों का मुख्य विषय **मोक्ष (मुक्ति)** बन गया। हिंदू दर्शन को आमतौर पर **छह रूढ़िवादी** या **शास्त्रीय संप्रदायों (आस्तिक)** और **तीन धर्म विरुद्ध (नास्तिक)** संप्रदायों में वर्गीकृत किया जाता है। दर्शन संप्रदायों की इन दो शाखाओं के बीच मूल **अंतर** वेदों की मान्यता पर आधारित है–शास्त्र सम्मत संप्रदाय[3] वेदों के अधिकार को पहचानते हैं, जबकि **नास्तिक संप्रदाय वेदों के अधिकार में विश्वास नहीं करते।** इन नौ प्रणालियों में से **आठ** नास्तिक **वृत्ति** के हैं। इनमें **भगवान के लिए कोई स्थान नहीं** है। केवल **उत्तर मीमांसा,** जिसे **वेदांत** भी कहा जाता है, **में भगवान के लिए स्थान** है।

ईसाई युग की शुरुआत में, दर्शन के छह प्रमुख संप्रदाय **(शतदर्शन)** विकसित हुए, जो **सांख्य, योग, वैशेष्कि, पूर्व मीमांसा** और **उत्तर मीमांसा (वेदांत)** हैं:

---

3 रूढ़िवादी (आस्तिक) संप्रदाय, जिन्हें मूल रूप से सनातन धर्म कहा जाता है, आधुनिक समय में सामूहिक रूप से हिंदू धर्म के रूप में संदर्भित किए जाते हैं।

<table>
<tr><th colspan="2">शतदर्शन के प्रमुख संप्रदाय</th></tr>
<tr><td>(a) सांख्य</td><td>शाब्दिक अर्थ है–'गिनती'; कपिल द्वारा स्थापित दर्शन का सबसे पुराना संप्रदाय।<br>• सांख्य दृढ़ता से दो बाते करता है क्योंकि इसका दर्शन ब्रह्मांड के संबंध में दो वास्तविकताओं, पुरुष ( चेतना ) और प्रकृति ( वस्तु ), जो आगे तीन बुनियादी गुणों (तत्व), अर्थात् तमस, राजस और सत्व से बना है।<br>• इस संप्रदाय के अनुसार, एक व्यक्ति को वास्तविक ज्ञान के अधिग्रहण के माध्यम से मुक्ति प्राप्त हो सकती है और जीवन चक्र में उनकी भागीदारी हमेशा के लिए समाप्त हो सकती है। इस ज्ञान को प्रत्यक्ष ( धारणा ), अनुमान्य ( निष्कर्ष ) और शब्द ( सुनवाई ) के माध्यम से प्राप्त किया जा सकता है।<br>• जोर देकर बताता है कि वह आत्म-ज्ञान ही है, जो मुक्ति की ओर ले जाता है। किसी बाहरी प्रभाव या बिचौलिये को नहीं। आत्म-ज्ञान एकाग्रता और ध्यान के माध्यम से प्राप्त किया जा सकता है।<br>• सांख्य योग के लिए दार्शनिक आधार बनाता है। सांख्य में, भगवान की आवश्यकता ज्ञान मीमांसीय स्पष्टता के बारे में उच्च स्व, व्यक्तिगत स्व और हमारे आसपास के ब्रह्मांड के बीच परस्पर संबंध में महसूस नहीं की जाती है। इस दर्शन के अनुसार, दुनिया के निर्माण के लिए ईरीय संस्था की मौजूदगी जरूरी नहीं है क्योंकि दुनिया स्वयं एक रचना है और भगवान की तुलना में प्रकृति या प्रकृति से अधिक क्रमिक विकास का महत्व है।</td></tr>
<tr><td>(b) योग</td><td>योग संप्रदाय पतंजलि द्वारा स्थापित किए गए, जो स्व की प्राप्ति के लिए एक व्यावहारिक मार्ग प्रस्तुत करता है। वह मार्ग प्रकृति से पुरुष को महसूस करके शारीरिक और मानसिक अनुशासन की विधि के आधार पर प्रस्तुत करता है।<br>• इस संप्रदाय का मुख्य विषय आनंद, इंद्रियों और शारीरिक अंगों पर नियंत्रण का अभ्यास है।<br>• मोक्ष प्राप्त करने के लिए, शारीरिक व्यायाम के विभिन्न आसन ( मुद्राएं ) और प्राणायाम (सांस लेने का व्यायाम) निर्धारित किए गए। यह माना जाता है कि इन व्यायामों के माध्यम से मस्तिष्क संसारिक विषयों से अलग हो जाता है और एकाग्रता प्राप्त करता है। योग शरीर के केंद्र में स्थित ऊर्जा चक्रों और ऊर्जा प्रवहन की व्याख्या करता है।<br>– हठ योग: हठ योग शरीर बनाने के बारे में है जो किसी के जीवन में बाधा नहीं है। शरीर एक प्रारंभिक प्रयास बन जाता है–बाधा नहीं। शरीर किसी की प्रगति में अवरोध नहीं है।<br>– राज योग: यह एक श्रेष्ठ योग है और अष्टांग योग ध्यान का एक रूप है जो मस्तिष्क को समृद्ध करता है, जिसमें इसे एक बिंदु पर केंद्रित रहने के लिए प्रशिक्षित किया जाता है। इसका उद्देश्य एक के बाद एक चरणों का उपयोग करते हुए मस्तिष्क को शांत करना होता है, अंततः समाधि में इसका समापन होता है।<br>• योग को भगवान में विश्वास की आवश्यकता नहीं है, हालांकि इस तरह के विश्वास को मानसिक एकाग्रता और मन के नियंत्रण के प्रारंभिक चरण में सहायता के रूप में स्वीकार किया जाता है। इस प्रकार यह भगवान के अस्तित्व को एक शिक्षक और गाइड के रूप में स्वीकार करता है।</td></tr>
</table>

<table>
<tr><th colspan="2">शतदर्शन के प्रमुख संप्रदाय</th></tr>
<tr><td>(c) न्याय</td><td>इसे विश्लेषण के संप्रदाय के रूप में भी जाना जाता है, जिसे गौतम द्वारा तर्क की एक प्रणाली के रूप में विकसित किया गया था। इसके सिद्धांतों को न्याय सूत्रों में बताया गया है।<br>• न्याय दर्शन तर्क के वर्चस्व में विश्वास करता है और एक वैज्ञानिक दृष्टिकोण को स्वीकार करता है, क्योंकि यह मानता है कि जो कुछ भी तर्क और अनुभव के अनुसार नहीं है वह स्वीकार्य नहीं हो सकता।<br>• न्याय दर्शन बताता है कि दुनिया वास्तविक है और वह अद्वैतवाद को नहीं मानता है।<br>• यह संप्रदाय प्रमाणों (सबूत) के सिद्धांत की वकालत करता है, जो सच्चे ज्ञान प्राप्त करने का साधन है। इसके अनुसार, इसका मतलब प्रधान प्रमाण या सिद्धांत ज्ञान है जिसे प्रत्यक्ष प्रमाण (पांच इंद्रियों के माध्यम से प्राप्त ज्ञान) कहा गया। वहां भी अन्य प्रमाण हैं जैसे अनुमान (निष्कर्ष, जिसके माध्यम से हम सच्चा ज्ञान प्राप्त कर सकते हैं) और शब्द प्रमाण (एक विशेषज्ञ का बयान) भी है।<br>• बाद के कई दार्शनिकों ने इस संप्रदाय से संबंधित होने का दावा किया। उदाहरण के लिए, वात्सयायन (जिन्होंने न्याय भाष्य लिखी), उदयन (जिन्होंने कुसुमंजलि लिखी) आदि।</td></tr>
<tr><td>(d) वैशेष्कि</td><td>कन्नड़ द्वारा स्थापित यह संप्रदाय द्रव्य या भौतिक तत्वों के बारे में चर्चा करने के लिए अहम है।<br>• इस संप्रदाय ने परमाणु सिद्धांत का अनुकरण किया। इसे प्राचीन भारत में भौतिक विज्ञान की शुरुआत के रूप में चिंहित किया जा सकता है। पृथ्वी, जल, अग्नि, वायु और व्योम (आकाश) समुच्चय है, जो नई वस्तुओं को जन्म देते हैं।<br>• यह ब्रह्मांड को देखने का एक यथार्थवादी और उद्देश्यपूर्ण तरीका दर्शाता है।</td></tr>
<tr><td>(e) मीमांसा</td><td>इसे पूर्व मीमांसा भी कहा जाता है, जो वास्तव में तर्क और व्याख्या की कला को दर्शाता है।<br>• मीमांसा के अनुसार, वेदों में अनन्त सत्य है। उद्धार प्राप्त करने के लिए, यह यज्ञ (वैदिक बलिदान) के प्रदर्शन की लगातार सिफारिश करता है, जिसमें पुजारियों की सेवा जरूरी होती है और विभिन्न वर्णों के बीच सामाजिक दूरी को वैधता प्रदान करती है।<br>• यह दर्शन ब्राह्मणों और वेदों के संहिताओं पर निर्भर करता है। अक्सर यह तर्क दिया जाता है कि ब्राह्मण अपने अनुष्ठान अधिकार को बनाए रखना चाहते थे और मीमांसा का प्रसार कर सामाजिक पदानुक्रम को बनाए रखना चाहते थे।</td></tr>
<tr><td>(f) वेदांत</td><td>इसे उत्तर मीमांसा के रूप में भी जाना जाता है। वेदांत वेद के अंत का प्रतीक है। बदरायण के ब्रह्मपुत्र ने इसे ईसा पूर्व दूसरी शताब्दी में मूल पाठ के रूप में संकलित किया।<br>• वेदांत के अनुसार, दुनिया माया है (भ्रम) और केवल एक वास्तविकता, ब्रह्म है। इसलिए, यह ब्रह्म ज्ञान पर जोर देता है और उपनिषदों पर निर्भर करता है। जबकि पूर्व मीमांसा ने संहिताओं और ब्राह्मणों में वैदिक अनुष्ठानों के अग्नि बलिदानों पर चर्चा की। वेदांत ने अरण्यकों (जंगल शास्त्रों) और उपनिषदों की गूढ़ शिक्षाओं पर प्रकाश डाला।<br>• वेदांत की जड़ें सांख्य दर्शन में हैं। आत्म या आत्मिक (आत्मा) में ब्राह्मण के समान। यदि कोई व्यक्ति स्वयं के ज्ञान को प्राप्त करता है, तो वह ब्राह्मण के ज्ञान को प्राप्त करता है और इस प्रकार उद्धार प्राप्त करता है।</td></tr>
</table>

| शतदर्शन के प्रमुख संप्रदाय | |
|---|---|
| | • दोनों **ब्राह्मण** और **आत्मा अनन्त** और **अविनाशी** है।<br>• **कर्म का सिद्धांत** वेदांत दर्शन से सूक्ष्म रूप से जुड़ा हुआ है, जिसका अर्थ है कि प्रत्येक मनुष्य को अपने वर्तमान जन्म में पिछले जन्म में किए गए कामों का परिणाम भुगतना पड़ता है।<br>• वेदांत का मूल संदेश यह है कि **प्रत्येक क्रिया को विभेदात्मक संकाय** द्वारा **नियंत्रित किया जाना चाहिए,** जो कि **बुद्धि** है। मन गलतियां कर सकता है, लेकिन बुद्धि हमें बताती है कि अमुक कार्रवाई हमारे हित में है या नहीं।<br>• वेदांत की मुख्य परंपराएँ हैं:<br>- **निम्बार्क** द्वारा **भेदाभेद** (अंतर और अभेद)।<br>- **आदि शंकराचार्य द्वारा अद्वैत** (गैर-द्वैतवाद)।<br>- नाथमुनि, यमुना और **रामानुज** द्वारा **विशिष्टाद्वैत** (योग्य गैर-द्वैतवाद)।<br>- **माधवाचार्य** द्वारा **तत्त्ववाद** (द्वैत या द्वैतवाद)।<br>- **वल्लभ** द्वारा **शुद्धाद्वैत** (शुद्ध अद्वैतवाद)।<br>- **चैतन्य महाप्रभु** द्वारा **अचिंत्य-भेद-अभेद** (अकल्पनीय अंतर और गैर-अंतर)। |

- वेदांत की तीन उप-शाखाएं हैं:
  - **शंकर का पूर्ण वेदांत या अद्वैत/गैर-द्वैत वेदांत:** 9वीं शताब्दी में शंकर **वेदांत के** एक प्रमुख **समर्थक** थे। वे **ब्राह्मण** को **किसी विशेष गुण के बिना** देखते थे और विद्या या **ज्ञान** को **मोक्ष** का **प्रमुख साधन** मानते थे। शंकर का तर्क है कि, **आत्मा पूरी तरह ब्रह्म के समान है।** वह केवल एक वास्तविकता में विश्वास करते थे। शंकर के अनुसार, आत्मा माया की भ्रामक शक्ति के प्रभाव में बाहुल्यता और वैयक्तिकता की झूठी भावना का अनुभव करती है। जबकि माया न वास्तविक और न ही अवास्तविक की अस्पष्ट सत्तामूलक होने की स्थिति है। केवल ब्रह्म ही सच्ची वास्तविकता है, जो शुद्ध चेतना है। शात और अपरिवर्तनीय होने की अस्पष्ट आधिकारिक स्थिति है। उनके अनुसार, **ईश्वर** और **निर्मिंत विश्व एक है। अज्ञानता के कारण मतभेद उत्पन्न** होते हैं। वह वास्तविकता के दो स्तरों को दर्शाता है-**परंपरागत वास्तविकता** और **पूर्ण वास्तविकता।** उदाहरण के लिए, वे बताते हैं कि एक व्यक्ति एक तार वाली रस्सी को देखता है और सोचता है कि यह सांप है। रस्सी एक असली सांप की तरह लगती है लेकिन यह है नहीं। अत: पूर्ण असलियत के लिए रूढ़ि **वास्तविकता** को **मानने की गलती** ही **अज्ञानता का कारण** है। भगवान के प्रति समर्पण है और ब्राह्मण के साथ एकात्मकता को समझना ही उद्धार का मार्ग है।
  - **विशिष्टाद्वैत अद्वैत या योग्य वेदांत/रामानुज का गैर-द्वैतवाद:** रामानुज ने **12वीं शताब्दी** में वेदांत पर एक टिप्पणी लिखी और **उपनिषद एकत्ववाद** के साथ **वैष्णव भक्ति** को जोड़ दिया। उन्होंने विष्णु के साथ ब्राह्मण को जोड़ कर देखा। **ब्राह्मण सगुण** (गुणों के पास) **है,** जो कि **शंकर** के गुणधर्म या **निर्गुण ब्राह्मण** के विपरीत है। उद्धार का मार्ग भक्ति या प्यार विश्वास का अभ्यास करने में निहित है। रामानुज ने दावा किया कि **ब्राह्मण** और **आत्मा** के बीच वैसा ही **रिश्ता** होता है जैसा **लाल गुलाब और लाली** के बीच, जैसे-लाल गुलाब बिना लालिमा के नहीं हो सकता, इसी प्रकार ब्राह्मण बिना आत्मा के नहीं हो सकता। अत: रामानुज के अनुसार, **आत्मा** और **ब्राह्मण अलग-अलग** लेकिन **असंगत** हैं।
  - **माधव का द्वैत:** हिंदू वेदांत दर्शन के द्वैत या द्वैतवादी संप्रदाय, **13वीं शताब्दी** में दक्षिण भारत में **श्रीमाधवाचार्य** (माधव) के साथ उत्पन्न हुआ। माधव ने **ब्रह्म सूत्र** और **उपनिषदों** पर टिप्पणियां लिखीं और पुराणों एवं महाकाव्यों

पर आधारित *'भारतत्तपर्यनिर्णय'* लिखा। वह **भगवान** को **व्यक्तिगत आत्मा** और **दुनिया** से **बिल्कुल अलग** समझते थे। उनका दावा था कि व्यक्तिगत आत्मा में कई दोष होते हैं, लेकिन वह भगवान की पूजा करके पूर्णता को प्राप्त हो सकता है। उनके अनुसार, **भगवान** और **आत्मा** के बीच का **रिश्ता मालिक** और **नौकर** के बीच संबंध के रूप सबसे अच्छी तरह से समझा जा सकता है। माधव और उनके अनुयायी अपनी **प्रणाली** को **तत्ववाद** (यथार्थवादी दृष्टिकोण) कहते थे। माधव का कहना है कि **जीवित प्राणी और जड़ वस्तुएं ब्रह्म पर निर्भर हैं। ऐसी निर्भरता उन्हें अपने होने को असंगत संस्थाओं ( तत्वों ) से अलग करती** है। इस प्रकार, माधव की प्रणाली में तीन मूल तत्व हैं–**ईर, आत्मा ( जीवात्मा ) और निर्जीव पदार्थ ( जड़ )।** वे विष्णु को उनकी अनोखी विशेषताओं के आधार पर अन्य सभी देवी-देवताओं से ऊपर पूर्व प्रतिष्ठित रूप में देखते हैं।

यह ध्यान रखना दिलचस्प है कि, पहले चार शास्त्रीय संप्रदाय पूरी तरह से वेदों पर आधारित नहीं हैं, लेकिन पिछले दो, **मीमांसा** और **वेदांत** निश्चित रूप से **वेदों पर भरोसा** करते हैं।

## भारतीय दर्शन के विधर्मी संप्रदाय

भारतीय दर्शन के विधर्मी या धर्म विरुद्ध **( नास्तिक )** संप्रदाय **वेदों** का **अस्तित्व स्वीकार नहीं करते** हैं। बौद्ध और जैन दर्शन के अलावा, निम्नलिखित विधर्मी (नास्तिक) सम्प्रदाय हैं:

### चार्वाक संप्रदाय/लोकायत दर्शन

इसके संस्थापक आम युग की शुरुआत से पहले अंतिम शताब्दियों में **बृहस्पति सूत्र** की रचना करने वाले **चर्वाक** थे। इसके विचारों के **भौतिकवादी** और **नास्तिक संप्रदायों** के रूप में वर्णन किया जाता है। लोकायत आम लोगों से प्राप्त विचारों को संदर्भित करता है और यह विश्व (लोक) के साथ **अंतरंग संपर्क के महत्व** को रेखांकित करता है, जबकि **अन्य दुनिया में विश्वास की कमी** दिखता है। यह किसी भी चीज की **सच्चाई को साबित** करने के लिए **निश्चित रूप से प्रत्यक्ष धारणा** को स्वीकार करता है। यह इस प्रकार पृथ्वी, जल, अग्नि और वायु को पहचानता है, **लेकिन ईश्वर** (तेजावह तत्व) को नहीं, क्योंकि यह धारणा द्वारा ज्ञात नहीं किया जा सकता। चर्वाक **हर्षित जीवन पर जोर** देते हैं और **आध्यात्मिक मोक्ष** के लिए खोज का **विरोध** करते हैं। वे किसी भी **दिव्य** या **अलौकिक शक्ति** के **अस्तित्व** से इनकार करते हैं और केवल उन्हीं चीजों के अस्तित्व/वास्तविकता को स्वीकार करते हैं, जो मानव इंद्रियों और अंगों द्वारा अनुभव की जा सकती हैं। इस प्रकार, ब्राह्मण और भगवान के अस्तित्व में विश्वास की स्पष्ट कमी थी। चर्वाक के अनुसार, ब्राह्मणों ने अनुष्ठानों की व्यवस्था दक्षिणा (उपहार) प्राप्त करने के लिए की। नैषध-चरित्र, प्रबोध-चंद्रोदय, आगम-दंबरा, विदवानमोदा-तरंगिनी और कादंबरी जैसी संस्कृत कविताओं और नाटकों में चार्वाक विचार का प्रतिनिधित्व है। विद्यारण्य के षटदर्शन समुच्चय और सर्वदर्शन संग्रह की कृतियों में भी इस संप्रदाय का उल्लेख मिलता है।

### आजीविका संप्रदाय

इसकी स्थापना **गोसाला मस्करीपुत्र** ने की थी और यह अपने **नियति** ('भाग्य') सिद्धांत के लिए प्रसिद्ध है, जो पूर्ण भाग्यवाद या नियतिवाद का सिद्धांत है। इस संप्रदाय के अनुसार, *'चीजों की भ्रष्टता का कोई कारण या वजह नहीं है; वे बिना कारण या वजह के भ्रष्टता करते हैं। प्राणियों की पवित्रता का भी कोई कारण नहीं है; वे बिना कारण या वजह के शुद्ध हो जाते हैं।'* दीर्घ निकाय, अंगुत्तर निकाय, संयुक्त निकाय, सूत्रकृतांग-सूत्र, सूत्रकृतांग-सूत्र पर शिलांका की टीका, भगवती-सूत्र, नंदी-सूत्र, और समवायंग-सूत्र पर अभयदेव की टिप्पणी को इसके ज्ञान का प्राथमिक स्रोत माना जाता है। **आजीविका** भाग्यवादियों और उनके संस्थापक, **गौशाला** के सबसे पुराने विवरण, प्राचीन बौद्ध और जैन ग्रंथों में भी पाए जा सकते हैं।

### अजनाना संप्रदाय

**संजय बेलाथिपुट्टा** द्वारा स्थापित, यह संप्रदाय का दर्शन इस धारणा के इर्द-गिर्द घूमता है कि **आध्यात्मिक प्रकृति** का ज्ञान प्राप्त करना या दार्शनिक प्रस्तावों के सत्य मूल्य का पता लगाना असंभव है, और भले ही ज्ञान संभव था, यह अंतिम मोक्ष के लिए बेकार और हानिकारक था। अजना के दृष्टिकोण को **थेरवाद बौद्ध धर्म** के पाली सिद्धांत जैसे **ब्रह्मजलसुत्त**, **शमन्नाफला सुत्त** और जैन धर्म के **सुयागडांगा** में दर्ज किया गया है।

## उत्तर भारत के इस्लामिक हमले और गंगा के मैदान

### इस्लाम का उदय और प्रसार

7वीं शताब्दी में, इस्लाम नाम का एक नया धर्म **अरब** में **मोहम्मद** (570-632 ई.) द्वारा स्थापित किया गया। मोहम्मद **मक्का** शहर के एक अरब व्यापारी थे, जिन्हें बाद में **पैगम्बर मोहम्मद** के रूप में जाना गया। समय की बहुत ही कम अवधि में, इस्लाम उत्तर अफ्रीका से अबेरियन प्रायद्वीप, ईरान और भारत तक फैल गया। इस धर्म ने न केवल अरब के लोगों, बल्कि दुनिया के कई हिस्सों के लोगों के धार्मिक, राजनीतिक और सामाजिक जीवन को भी बदल दिया। इस्लाम ने **एक ईश्वर (अल्लाह)** और अपनी **पवित्र किताब, *कुरान*** में विश्वास पर जोर दिया है, जो इस्लाम में **सर्वोच्च अधिकार** के रूप में माना जाता है। मुस्लिमों के अनुसार, अल्लाह ने पैगम्बर मोहम्मद को प्रकट किया था। हर मुसलमान को दिन में पांच बार नमाज पढ़ने, रमजान (या रमदान) के महीने में उपवास करने, दान करने और यदि संभव हो तो अपने जीवन में एक बार मक्का की हज यात्रा करने के लिए कहा जाता है।

### इस्लाम का संक्षिप्त इतिहास

**613 ई.** में, मोहम्मद ने खुद **अल्लाह से संदेश प्राप्त** किया, और यह पता चला कि वे मूसा और ईसा मसीह के समान ही एक पैगम्बर थे। सबसे पहले, बुतपरस्त अरब सहिष्णु थे, लेकिन धीरे-धीरे जब मोहम्मद ने पारंपरिक मूर्तिपूजक देवताओं का अपमान करना शुरू किया और कहा कि **बुतपरस्त अरब** और उनके पूर्वजों को झूठे देवताओं की पूजा करने के लिए नरक में जला दिया जाएगा, तब उन्होंने मोहम्मद और उनके अनुयायियों का तिरस्कार शुरू किया और उन पर **व्यापार प्रतिबंध लगा** दिया। मोहम्मद का सार्वजनिक उपहास किया गया था। गुलाम, जो उनके पीछे चलते थे, को बुतपरस्त लोगों ने पीटा। इस उत्पीड़न से बचने के लिए **मोहम्मद और उनके अनुयायियों** को **622 ई.** में मक्का से भाग कर मदीना आना पड़ा, जहां उनका स्थानीय बुतपरस्त और यहूदी जनजातियों ने स्वागत किया। मदीना में अपने नए ठिकाने से मोहम्मद ने अपने अनुयायियों को **बुतपरस्त अरब व्यापारियों के कारवां** पर **छापा** डालने के लिए भेजा। जवाब में, बुतपरस्तों ने सशस्त्र सैनिकों के साथ अपने कारवां की रक्षा करना शुरू कर दिया।

624 ई. में, मुसलमानों ने एक भारी सुरक्षित व्यापारी काफिले पर हमला कर उन्हें पराजित किया और उनमें से कइयों को कैद कर लिया। यह घटना **बद्र की लड़ाई** के रूप में जाना जाता है और अरब की इस्लामिक विजय की **पहली बड़ी लड़ाई** थी। 628 ई. तक मोहम्मद ने मदीना के उत्तर में अपने क्षेत्रीय नियंत्रण का विस्तार किया और बुतपरस्त एवं यहूदी अरब जनजातियों दोनों के साथ युद्ध छेड़ा। मोहम्मद ने अपने अनुयायियों को अपने कारण के लिए लड़ने पर शांत स्वर्ग का वादा किया था। जैसे-जैसे मोहम्मद की शक्ति और प्रभाव बढ़ता है, **मदीना के तीन यहूदी जनजातियों के साथ** उनके **संबंध बिगड़ने शुरू हो गए।** मोहम्मद ने मदीना से पहले दो जनजातियों (624 ई. में बानु कयनुका और 625 ई. में बानु नादिर) को

निष्कासित किया और फिर अंतिम जनजाति (627 ई. में बानू कुरैजा) का नरसंहार किया। **630 ई.** में, **मोहम्मद ने मक्का** के **अपने गृहनगर** पर **कब्जा** कर लिया और अगले दो वर्षों में उन्होंने शेष बुतपरस्त जनजातियों को जीतने के लिए पश्चिमी अरब में अपनी सेना भेजी। मोहम्मद ने बुतपरस्त मंदिरों को ध्वस्त कर दिया और उनका ही आत्मसमर्पण स्वीकार किया जो नए धर्म में परिवर्तित होने को राजी हुए।

पैगंबर की मृत्यु के बाद 632 ई. में मुसलमानों के लिए धार्मिक और राजनीतिक नेतृत्व प्रदान करने का काम **खलीफाओं (इस्लामी नेताओं)** को मिल गया, **राशिदीन (ठीक से निर्देशित)** के रूप में जाना गया। खलीफा शब्द अरबी शब्द खलीफा से लिया गया है, जिसका मतलब है कि **उप** और शासकों को दिया गया शीर्षक, जिन्होंने पैगम्बर मोहम्मद का स्थान लिया। 632 ई. और 661 ई. के बीच, **चार पवित्र खलीफा** हुए। सभी पैगंबर के निकट सहयोगी थे। राशिदीन खलीफा की नीति मोहम्मद के आक्रामक क्षेत्रीय विस्तार को जारी रखना था। खलीफा नियुक्त किए जाने वाले इन सहयोगियों में सबसे पहले **अबू बक्र** थे, जो **मोहम्मद के ससुरों में से एक** थे। अबू बक्र **मोहम्मद के बाद इस्लाम में परिवर्तित होने वाले पहले व्यक्ति** थे। अबू बक्र का पहला काम **अरब में विद्रोह को कुचलना** था **(धर्म का युद्ध)**, जो विभिन्न अरब जनजातियों द्वारा शुरू किया गया था जिन्होंने मोहम्मद की मृत्यु के बाद उनकी बातचीत को इस्लाम से त्याग दिया था। इन युद्धों को पूरा करने के बाद, **अबू बक्र** ने क्षेत्र की **दो प्रमुख महान शक्तियां, भूमध्यसागर** का **यूनानी साम्राज्य** और **फारस के सस्सानिद साम्राज्य** पर **आक्रमण शुरू** किया। इन दोनों में से एक कमजोर स्थिति में था, जो पूरी सदी के लिए एक-दूसरे के साथ लगभग निरंतर युद्ध में रहे थे और वे बहुत प्रभावी पुनर्वास के लिए ऊंचे उठने में असमर्थ थे। 634 ई. में अबू बक्र का निधन हो गया और नेतृत्व **अगले खलीफा उमर** को दिया गया, जो कि इस्लाम में एक और शुरुआती परिवर्तन था, जिन्होंने मोहम्मद की तरफ 17 साल बिताए थे। उमर के खलीफा होने के दौरान मुस्लिम सेनाओं ने लेवंत, मिस्र और फारस सहित लगभग पूरे **मध्य-पूर्व** पर **कब्जा** कर लिया। फारस के शेष हिस्सों पर बाद के दो राशिदीन खलीफाओं उसमान और अली के काल में विजय प्राप्त हुई।

**पवित्र खलीफाओं** के क्रम में (661–750 ई.) में **उमैय्या खलीफा** हुए। उमय्याद वंश ने खलीफाओं को स्थिरता और समृद्धि प्रदान की। उसके बाद **अब्बासिद खलीफा** (750–1258 ई.) हुए। बाद में अब्बासिद के समय खलीफाओं ने राजनीतिक नियंत्रण खो दिया और कई क्षेत्रों में आजाद सुल्तान (मुस्लिम शासक) उभरे।

## संघर्ष का दौर (1000–1200 ई.)

1000–1200 ई. की अवधि में पश्चिम और मध्य एशिया के साथ-साथ उत्तर भारत में भी कई बदलाव देखे गए। इस अवधि को मध्य एशिया के **तुर्क जनजातियों** की **निरंतर घुसपैठ, तुर्क सैनिकों** का **लोभी चरित्र**, जो अक्सर अपनी वफादारी बदलते थे और **विभिन्न मुस्लिम संप्रदायों** एवं क्षेत्रों के बीच के संघर्ष ने **व्याकुल** कर दिया था और इसे **'संघर्ष का युग'** नाम दिया गया। इस अवधि के अंत में, तुर्कों ने उत्तर भारत में एक के बाद एक घुसपैठ शुरू कर दी।

**उमय्याद खलीफा** की **विस्तार नीति** के रूप में भारत में 8वीं शताब्दी की शुरुआत में आक्रमणों का दौर शुरू हो गया था। इसके अलावा, जबसे **अरब व्यापारियों** और **नाविकों** ने अपनी यात्राओं के दौरान भारतीय क्षेत्र की महान संपदा को देखा, अरबों को भी भारत की **संपदा के प्रति आकर्षण** हुआ। 712 ई. में, **अरबों ने मोहम्मद बिन कासिम** की अगुवाई में उत्तर-पश्चिमी क्षेत्र (सिंध) से **भारत पर हमला** किया, जो उमय्याद खलीफा का एक सिपहसलार था। हालांकि, सिंध पर आक्रमण की वजह **देबल के समुद्री डाकुओं** द्वारा **अरब जहाज की लूट** का बदला लेना था। जब राजा **दाहिर** ने **समुद्री डाकू** को **दंड देने से इनकार** कर दिया, तो **हज्जाज (इराक के गवर्नर)** ने अपने भतीजे और दामाद मोहम्मद बिन कासिम के नेतृत्व में एक सेना भेजी। वह 712 ई. में सिंध पहुंचे और देबल को घेर लिया, जो समुद्र तट पर स्थित था। फिर उसने

नेरून (हैदराबाद) और सिविस्तान (सहवान) को कब्जे में ले लिया। उसके बाद उसकी राजधानी अलोर के पास राओर के किले में राजा दाहिर पर निर्णायक विजय हासिल की। इसके बाद और, ब्राह्मणाबाद और मुल्तान (सिंधु नदी के निकट और निचले पंजाब का कुछ हिस्सा) को अपने कब्जे में ले लिया। आक्रमण करने वाले अरबों ने भी बड़ी संख्या में भाग रहे सैनिकों को भी मार दिया। इस सैन्य विजय का उल्लेख ***चचनामा*** में किया गया है, जो पुरानी **बिन कासिम का अरबी इतिहास** का **13वीं शताब्दी के प्रारंभिक काल** का **फारसी अनुवाद** है। हालांकि उनका शासन केवल दो साल तक चला था, फिर भी इसने सिंध के आर्थिक जीवन को बहुत अशांत किया और बड़ी संख्या में लोग और व्यापारी सिंध से भाग गए। हालांकि, कई अरब सिंध में बस गए और एक लंबे समय तक अरब प्रभाव रहा।

## गजनवी और महमूद गजनी

9वीं शताब्दी के अंत तक **अब्बासिद खलीफा** का प्रभाव **कम** हो गया था और इस्लामिक तुर्कों की अगुवाई में बड़ी संख्या में राज्य उभरने लगे थे। यह दिलचस्प है कि, 9वीं शताब्दी के दौरान, तुर्क अब्बासिद साम्राज्य में महल रखवाले और तनख्वाहदार सैनिकों के रूप में आए थे। लेकिन वे जल्द ही किंग-मेकर बन गए। इन नए शासकों ने पहली बार **अमीर उल उमरा ( कमांडरों के कमांडर )** का खिताब ग्रहण किया, और बाद में **सुल्तान** का खिताब। 9वीं शताब्दी के अंत में, ट्रांस ऑक्सियाना (मध्य एशिया), खुरासन और ईरान के कुछ हिस्सों पर समानिदों ने शासन किया, जो ईरानी कुल के थे। समानिदों का उत्तरी और पूर्वी सीमाओं पर तुर्क कबालियों के साथ अक्सर युद्ध होता था। यह संघर्ष का वह दौर था जब **नए प्रकार के सिपाही**, जिन्हें **गाजी** के रूप में जाना गया, उभरे। यह **लड़ाके होने के साथ धर्म-प्रचारक** भी होते थे। उन्होंने नियमित सेना के सहायक के रूप में काम किया, और नियमित वेतन के बदले लूट का सहारा लिया। गाजियों ने कठिन लड़ाई के बाद तुकों पर कब्जा कर लिया। कुछ समय बाद कई तुर्क अपने आप मुस्लिम बन गए और ये इस्लामिक तुर्क कबीले इस्लाम के सबसे बड़े रक्षक और योद्धा बन गए।

9वीं और 10वीं शताब्दी में, अधिकांश अफगानिस्तान **समानिद** के नियंत्रण में थे। समानिद गवर्नरों में एक तुर्क गुलाम **अल्पतागिन** था, जो बल्ख का गवर्नर था और समय के साथ ही उसने एक स्वतंत्र तुर्क साम्राज्य खड़ा कर दिया, जिसकी राजधानी गजनी (अफगानिस्तान) रखी। अलप्तगीन के बाद उसके गुलाम और दामाद **सुबुक्तगीन** बादशाह बने, जिन्होंने 977 ई. में गजनी में अपना शासन स्थापित किया। समानिद साम्राज्य जल्द ही समाप्त हो गया, और **गजनवियों** ने मध्य एशियाई कबीलों से **इस्लामी जमीन** की **रक्षा का काम** ले लिया। इन परिस्थितियों में, सुबुक्तगीन के पुत्र महमूद ने 998-1030 ई. में गजनी (वर्तमान में दक्षिण काबुल) का तख्त हासिल कर लिया। उस वक्त वह 27 साल का था और 'सुल्तान' का खिताब पाने वाला पहला शासक था। मध्य एशियाई तुर्क आदिवासी हमलावरों के खिलाफ मजबूत रक्षक होने के कारण, मध्ययुगीन मुस्लिम इतिहासकारों के अनुसार उसे **इस्लामिक लोगों का नायक** माना गया। वह फारसी (ईरानी) भावना के नवजागरण के साथ भी निकटता से जुड़ा था। वास्तव में, फारसी नवजागरण के **लेखक फिरदौस** महमूद के दरबारी **कवि** थे, जिन्होंने प्राचीन ईरानी नायकों काफी महिमामंडित किया। **फारसी भाषा** और **संस्कृति** अब गजनी साम्राज्य की भाषा और संस्कृति बन गई। यहां तक कि महमूद ने खुद को प्रसिद्ध ईरानी राजा अफ्रासियाब के वंश से होने का दावा किया। इस प्रकार, **तुर्क न केवल इस्लामिक बन गए,** बल्कि **फारसी भी बने**। हालांकि, जबकि महमूद ने तुर्क कबालियों के खिलाफ इस्लामिक राज्यों की रक्षा में महत्वपूर्ण भूमिका निभाई थी और फारसी संस्कृति को पुनर्जागृत किया। महमूद ने अपने आक्रमणों के दौरान भारतीय क्षेत्रों को लूटा और नष्ट किया।

**मोहम्मद बिन कासिम ( 712 ई. )**

↓ – **पहला मुस्लिम हमलावर** जिसने सिंध पर हमला किया।

## गजनवी सुबुक्तगिन ( 977-998 ई. )

- **हिंदू शाही** राजा **जयपाल** ने पंजाब और आधुनिक अफगानिस्तान तक अपनी सीमा बढ़ाई थी, जिसने पहली बार गजनवियों के खतरे को महसूस किया था। जयपाल ने गजनी के पूर्व गवर्नर के बेटे के साथ मिलकर गजनी पर चढ़ाई कर दी, लेकिन उसे पराजय का सामना करना पड़ा और सुबुक्तगिन एक अपमानजनक संधि करने के लिए उसे मजबूर करने पर सफल हो गया।

## महमूद गजनी ( 998-1030 ई. )

- **1000-1027 ई.** के बीच उसने **भारत पर 17 बार हमला किया।** उसने भारत पर अपना अभियान उस वक्त शुरू किया था जब वहां राजपूत शक्ति क्षीण हो गई थी। भारत पर महमूद गजनी के हमले करने के प्रमुख **कारण थे:**
  - पहला, **धन** की विशाल राशि को इकट्ठा करना, जो भारत में था। उस धनराशि की मदद से वह अपनी **राजधानी गजनी को रूपांतरित** कर पूरे मध्य एशिया में दुर्जेय शक्ति क्षेत्र में बदलना चाहता था। वास्तव में, भारत में उसके हमले मध्य एशिया में बारी-बारी से लड़ाई के रूप में जाना गया।
  - दूसरा, **इस्लाम का प्रसार** और हिंदू मंदिरों को नष्ट करना। इस कारण, उसे बुत **शिकन** या **छवियों का विनाशक** भी कहा जाता है।
  - वह अपने खिलाफ भारत के शासकों को पुनर्गठित और एकजुट होने के लिए समय नहीं देना चाहता था।
- इसका विश्लेषण किया गया है कि उसने भारत पर हमेशा गर्मी के मौसम में हमला किया। मानसून शुरू होते ही वह गजनी वापस चला जाता था, शायद पंजाब की बाढ़ वाली नदियों से बचने के लिए ताकि उसकी सेना वहां फंस न पाए।
- **1000 ई.** में, उसने पहले आधुनिक अफगानिस्तान और पाकिस्तान पर हमला किया और **बैहिन्द्ध की लड़ाई** में **हिंदू शाही शासक जयपाल** को **हराया।** यह माना जाता है कि अपना अपमान सहन करने में असमर्थ जयपाल ने खुद को चिता में जला लिया था।
- 1004-1006 ई. में महमूद गजनी ने **मुल्तान के शासकों** पर हमला किया।
- 1008 ई. में **बैहिन्द्ध की दूसरी लड़ाई महमूद गजनी** और **आनंदपाल** (जयपाल का बेटा) के बीच पेशावर के पास लड़ी गई थी। यद्यपि आनंदपाल को मुल्तान के सुल्तान, कन्नौज, राजस्थान, **खोखर** (**पंजाब की एक** बहादुर **लड़ाकू जनजाति**) और उत्तर-पश्चिम भारत के कई राजकुमारों का समर्थन प्राप्त था और संख्या में उसकी सेना अधिक होने के बावजूद वह युद्ध हार गया। भारतीय सेना की तुलना में महमूद की **कामयाबी** के पीछे प्रमुख **कारणों** में से एक उसकी तेजी से बढ़ने वाली **घुड़सवार सेना** थी। भारतीय सेना मुख्य रूप से हाथियों पर निर्भर थी। रणनीतिक रूप से, उसने भारत पर आसानी कब्जा करने लिए पंजाब को अपने से जोड़ दिया।
- **1014 ई.** में महमूद ने **थानेश्वर** (दिल्ली के निकट) को जीत लिया और मथुरा के मंदिर को जला दिया।
- **1018 ई.** में, उसने **कन्नौज** को उसके **चंदेल** राजा **विद्याधर** को हराकर **जीत** लिया। उसी वर्ष उसने दो और शासकों, हिंदू शाही **त्रिलोचनपाल** और उनके पुत्र **भीमपाल** को **हराया** और **मार डाला,** जिससे उसने राहिब और लाहौर पर विजय प्राप्त की।

- **1025 ई.** (उसका 16वां अभियान), उसने सौराष्ट्र के काठियावाड़ में शिव को समर्पित **सोमनाथ मंदिर** को **लूट** लिया। महमूद ने गंभीर संघर्ष के बाद शहर पर कब्जा कर लिया, जिसमें 50,000 से ज्यादा रक्षकों ने अपनी जान गवां दी। यह ध्यान देने योग्य है कि करीब एक पखवाड़े के बाद महमूद ने उस वक्त सोमनाथ छोड़ दिया जब उसे पता चला कि **गुजरात के चालुक्य शासक भीम प्रथम** ने उसको चुनौती की **तैयारी पूरी कर ली** है। यह **भीम प्रथम** ही थे, जिन्होंने **सोमनाथ मंदिर की मरम्मत** की थी।
- 1026 ई. में वह वापस आया और उसके खिलाफ मिली-भगत करने पर जाटों को दंडित किया।
- उसने तीन महत्वपूर्ण लोगों को संरक्षण दिया:
    - **अल बरूनी**- मध्य एशिया का **विद्वान**, और ***किताब-उल-हिंद*** के रचयिता।
    - फिरदौसी- फारसी कवि, जिन्हें पूरब का होमर कहा गया, ***शाहनामा*** के लेखक।
- **उत्बी**- महमूद गजनी के ***दरबारी इतिहासकार***, ***किताब-उद-यमनी*** के लेखक।

1030 ई. में महमूद मर गया और उसकी मौत के बाद से एक शक्तिशाली साम्राज्य जिसे **सेल्जुक साम्राज्य** कहा गया, अस्तित्व में आया। इस साम्राज्य में सीरिया, ईरान और ट्रांस-ऑक्सियाना शामिल थे और खुरासन के नियंत्रण के लिए गजनवियों के साथ संघर्षरत रहा। एक विख्यात लड़ाई में **महमूद** का पुत्र **मसूद** पूरी तरह हार गया। उसे शरण के लिए लाहौर पलायन करना पड़ा। गजनवी साम्राज्य अब गजनी और पंजाब तक ही सीमित रह गया। हालांकि गंगा घाटी और राजपूताना क्षेत्र में गजनवियों की लूटमार जारी रही, लेकिन वे अब भारत के लिए गंभीर खतरा पैदा करने की स्थिति में नहीं थे। संस्कृति के क्षेत्र में, **इस्लाम** और **हिंदू धर्म** और समाज **के बीच बातचीत की प्रक्रिया** शुरू हो गई। लाहौर अरबी और फारसी भाषा के केंद्र के रूप में उभरा। मुस्लिम व्यापारियों ने मध्य और पश्चिम एशियाई देशों के साथ भारत के व्यापार को बढ़ाने में मदद की। इस युग में **मुस्लिम धर्म प्रचारक,** जिन्हें **सूफी** कहा गया, उभरे। इन्होंने सभी को **प्यार** और **मानवता का संदेश** दिया। इन्हें हिंदुओं और मुसलमानों दोनों का व्यापक सम्मान मिला।

हालांकि गजनी द्वारा **भारत पर किए गए 17 आक्रमणों** ने उप-महाद्वीप को जीतने के लिए कोई व्यवस्थित प्रयास नहीं दिखता, फिर भी वह भारतीय उप-महाद्वीप के लिए **बहुत महंगा** साबित हुए। इसने न केवल **भारतीय शासकों की अंदरूनी सैन्य कमजोरियों** को **उजागर** किया बल्कि गजनी की विजय, विशेष रूप से पंजाब और अफगानिस्तान को अपने राज्य में शामिल करने के साथ ही, **भारतीय सीमाओं को कमजोर बना दिया।** उसकी जीत ने उत्तर-पश्चिम से भारत को जीतने का द्वार खोल दिया और इसने अन्य अफगान और तुर्क शासकों के लिए किसी भी समय गंगा घाटी के रास्ते भारत में प्रवेश करना आसान बना दिया। ऐसा ही एक शासक **मोहम्मद गौरी** था।

## गौरी वंश और मोहम्मद गौरी

कई इतिहासकारों का मानना है कि **भारत** में **इस्लामी साम्राज्य** का **वास्तविक संस्थापक** शहाबुद्दीन मोहम्मद (जिसे मुईज उद-दीन मोहम्मद बिन सैम के नाम से भी जाना जाता है) है। इसका लोकप्रिय नाम **मोहम्मद गौरी** है, जो अपने भाई गियाद-उद-दीन के साथ (1173-1202 ई. तक गौरी साम्राज्य के सुल्तान था और 1202 से 1206 ई. तक गौरी साम्राज्य का सर्वोच्च शासक था। वह **गौर वंश** के **सबसे महान शासकों** में से एक था। इसको न केवल भारत में बल्कि दक्षिण एशिया में भी मुस्लिम शासन की नींव रखने का श्रेय जाता है, जो कई शताब्दियों तक चली थी। उसके साम्राज्य में आधुनिक अफगानिस्तान, बांग्लादेश, ईरान, भारत, पाकिस्तान, तजाकिस्तान के कुछ हिस्से शामिल थे।

## गौर वंश की संक्षिप्त पृष्ठभूमि

हमने अभी उस सेल्जुक साम्राज्य की स्थापना के बारे में चर्चा की है जिस पर गजनियों का प्रभाव था। हालांकि, 12वीं शताब्दी के मध्य तक तुर्की जनजाति के एक अन्य समूह, जो आंशिक रूप से बौद्ध और कुछ हद तक बुतपरस्त था, उन सेल्जुक तुर्कों की शक्ति को तोड़ा। इस खाली समय में, दो नई शक्तियां प्रमुखता से बढ़ीं, ईरान में स्थित **ख्वारिज्म साम्राज्य** और उत्तर-पश्चिम **अफगानिस्तान** में **घूर** स्थित **गौरी साम्राज्य। शुरू** में गौर **गजनी के जागीरदार** होते थे, लेकिन जल्द ही उनपर हावी हो गए। गौरियों की शक्ति **सुल्तान अलाउद्दीन** की रहनुमाई में बढ़ी, जिन्होंने **जहान-सोज ( वि भट्टी )** का खिताब अर्जित किया, क्योंकि उन्होंने गजनी को तबाह कर दिया था और उस उपचार के बदले उन्हें जमीन में जला दिया था जो उनके भाइयों को गजनी में मिली था। **ख्वारिज्म** साम्राज्य की **बढ़ती शक्ति** ने **गौरियों की केंद्रीय एशियाई महत्वाकांक्षा** को **काफी सीमित** किया। खुरासान (पश्चिमी एशिया में), जो दोनों के बीच विवाद की जड़ था, जल्द ही ख्वारिज शाह द्वारा जीत लिया गया। इसने गौरियों के लिए भारत की ओर विस्तार करने के बारे में सोचने के अलावा कोई विकल्प नहीं छोड़ा।

**1173 ई.** में, **मोहम्मद गौरी गजनी** के **सिंहासन पर आसीन** हुआ जबकि उसके बड़े भाई ने घूर पर शासन किया। गौरी बहुत महत्वाकांक्षी शासक था। वह केवल गजनी से संतुष्ट नहीं था। वह अधिक शक्ति और नियंत्रण हासिल करने के लिए अपने साम्राज्य को विस्तारित करना चाहता था। वह भारत के राजनीतिक, धार्मिक, सामाजिक और सैन्य कमजोरियों और भारत की विशाल संपत्ति के बारे में अच्छी तरह जानता था। वह भारत में इस्लाम का प्रसार करना चाहता था। इस प्रकार, इन सभी **कारणों** के लिए उन्होंने भारत पर अपना शासन स्थापित करने के लिए कई आक्रमण किए। यह ध्यान देने योग्य है कि महमूद गजनी के **विपरीत, मोहम्मद गौरी** भारत में अपना **स्थाई साम्राज्य स्थापित** करने में बहुत **दिलचस्पी** रखता था, **न केवल** उसकी संपदा **लूटने में।** उसके अभियान अच्छी तरह से संगठित होते थे और जब भी उसने किसी क्षेत्र पर विजय प्राप्त की, अपनी अनुपस्थिति में उस पर शासन करने के लिए **अपने पीछे एक सिपहसालार** को छोड़ देता था। उनके आक्रमणों के कारण विंध्य पर्वतों के उत्तर क्षेत्र में **तुर्की सल्तनत की स्थाई स्थापना** हुई। हालांकि, एक योद्धा के रूप में महमूद गजनी अधिक सफल रहा। उसने भारत में या मध्य एशिया में कभी हार का सामना नहीं किया जबकि भारत में मोहम्मद गौरी की राजनीतिक उपलब्धियां महमूद की तुलना में अधिक थीं। हालांकि, दो लोगों के राजनीतिक और सैन्य इरादों में बहुत अंतर होता है।

### मोहम्मद गौरी ( 1173–1206 ई. )

- भारत में **इस्लामी राज्य का** वास्तविक **संस्थापक।** भारत के खिलाफ मोहम्मद गौरी के ज्यादा-से-ज्यादा सात बड़े हमले हुए, जिनमें अधिकतर में वह विजेता के रूप में उभरा।
- **मुल्तान और ऊपरी सिंध ( 1175–1178 ई. ) पर विजय:** 1175 ई. में, उसने मुल्तान के खिलाफ अपना पहला अभियान चलाया, जो **काफी हद तक सफल** रहा। उसी अभियान में उसने भट्टी राजपूतों से उच्च पर (ऊपरी सिंध में) कब्जा कर लिया और वहां एक किले की स्थापना की।
- **गुजरात की विजय ( 1178 ई. ):** तीन साल बाद, उसने फिर से गुजरात पर विजय प्राप्त की लेकिन **गुजरात के चालुक्य शासक सोलंकी भीम द्वितीय** ने **कयादरा की लड़ाई** में उसे **हराया** (माउंट आबू के निकट, उत्तर-पूर्व में चालीस मील की दूरी पर गुजरात की राजधानी अहिलवाड़)। लेकिन इस हार ने मोहम्मद गौरी को हतोत्साहित नहीं किया। उसने **महसूस किया** कि भारत पर आगे अधिक विजय हासिल करने से पहले उसे **पंजाब में एक उपयुक्त आधार बनाने की आवश्यकता** है।
- **पंजाब और लाहौर ( 1179–1186 ई. ) पर विजय:** उन्होंने पंजाब में गजनियों की संपत्ति के खिलाफ अभियान चलाया। परिणामस्वरूप उसने **1179 ई. में पेशावर, 1179 ई. में सिंध, 1182 ई. में पंजाब और लाहौर में विजय प्राप्त की।** इस प्रकार 1190 ई. में मुल्तान, सिंध और पंजाब को सुरक्षित किया। मोहम्मद गौरी ने गंगा दोआब में आगे बढ़ने का रास्ता अपनाया।

- **तराइन ( 1191 ई. ) की पहली लड़ाई:** पंजाब में गौरी के कब्जे और गंगा के दोआब में आगे बढ़ने के उसके प्रयास उसे राजपूत शासक **पृथ्वीराज चौहान** के साथ सीधे संघर्ष में ले आया। पृथ्वीराज चौहान पहले से ही राजपूताना के कई छोटे राज्यों को अपने अधीन कर चुके थे और दिल्ली पर भी कब्जा कर लिया था। वे चाहते थे कि पंजाब और गंगा घाटी पर उनका नियंत्रण बढ़े। यह संघर्ष **तबरहिंद ( भटिंडा )** पर दावों के साथ शुरू हुआ। पहली लड़ाई तराइन (वर्तमान हरियाणा में करनाल के निकट एक जगह) में लड़ी गई, जिसमें **गौरी की सेना हार गई** और गौरी मौत से बाल-बाल बच गया। **पृथ्वीराज ने भटिंडा पर कब्जा कर लिया** लेकिन उन्होंने इसे प्रभावी ढंग से घेरने के लिए कोई प्रयास नहीं किया। इसने गौरी को अपनी सेना को फिर से इकट्ठा करने और भारत में एक और हमले की तैयारी करने का अवसर दिया।
- **तराइन की दूसरी लड़ाई ( 1192 ई. ):** इस लड़ाई को **भारतीय इतिहास में एक मोड़** के रूप में माना जाता है, क्योंकि **पृथ्वीराज चौहान पराजित हुए** और **गौरी सफल हुआ।** दिलचस्प बात यह है कि भारतीय सेना संख्या में अधिक थीं, लेकिन गौरी के नेतृत्व में तुर्क सेना तेजी से बढ़ते घुड़सवारों के साथ अच्छी तरह से संगठित थी। भारी भरकम भारतीय सेना की तुर्क घुड़सवार सेना, उनके श्रेष्ठ संगठन, कौशल से कोई तुलना नहीं थी। यह ध्यान देने योग्य है कि, **तुर्क घुड़सवार सेना** ने **दो श्रेष्ठ तकनीकों** का इस्तेमाल किया। मुख्यत: **घोड़ों के जूते** (जो उनके घोड़ों को लंबा जीवन देते थे और उनके खुरों की रक्षा करते थे) और **लोहे की रकाब** का उपयोग (जो घुड़सवार को अच्छी पकड़ देते थे, लड़ाई में बेहतरीन शक्ति)। बड़ी संख्या में भारतीय सैनिक मारे गए थे। **पृथ्वीराज भाग गए,** लेकिन सरस्वती नदी के पास **पकड़ लिये गए।** इन्हें अजमेर में कुछ समय के लिए शासन करने की इजाजत दी गई क्योंकि इस अवधि में **सिक्कों** पर एक तरफ **'पृथ्वीराजदेव'** और दूसरी तरफ **'श्री मोहम्मद सैम'** के शब्द अंकित थे। हालांकि, जल्द ही, पृथ्वीराज को षड्यंत्र के आरोपों पर मार डाला गया।
- **दिल्ली और अजमेर पर कब्जा:** तुर्क सेना ने हांसी, सरस्वती, समाना, दिल्ली और अजमेर के किले पर कब्जा कर लिया।
- **चंदावर की लड़ाई ( 1194 ई. ): गौरी ने गहड़वाल साम्राज्य के जयचंद** (कन्नौज के शासक) को हराया। इस प्रकार, **तराइन** और **चंदावर की लड़ाई** ने उत्तर भारत में **तुर्क शासन की नींव** रखी। इस आक्रमण के बाद, **कुतुब-उद-दीन ऐबक** को **मोहम्मद गौरी** का **वायसराय** बनाया गया। इसके बाद, गौरी भारत के मामलों को अपने भरोसेमंद गुलाम जनरल कुतुब-उद-दीन ऐबक के हाथों सौंप कर पश्चिमी सीमाओं में अपनी विजय को पूरा करने के लिए गजनी लौट गया। ऐबक ने भारत में अपनी जीत जारी रखी।
- **गुजरात, बुंदेलखंड, बंगाल और बिहार ( 1195-1202 ई. ) के विजय:** 1195 ई. में, कुतुब-उद-दीन ऐबक ने **अलीगढ़** और **रणथंभौर पर कब्जा** किया। उसने **गुजरात के सोलंकी राजा भीम द्वितीय पर हमला** किया। भीम द्वितीय ने ऐबक को पराजित कर दिया। हालांकि **ऐबक** ने भीम द्वितीय से **अगली लड़ाई में जीत ली।** इस प्रकार ऐबक ने **गुजरात पर विजय प्राप्त** की। आगे उसने चंदेल राजपूतों द्वारा शासित **बुंदेलखंड पर विजय** प्राप्त की।
- साथ ही साथ, **मोहम्मद बख्तियार खिलजी** (मोहम्मद गौरी का एक और सेनापति) ने 1197 ई. में बिहार और 1202 ई. में बंगाल जीत लिया। उसने **नालंदा** और **विक्रमशिला विविद्यालयों** को **नष्ट कर दिया।** इस प्रकार खिलजी बंगाल और बिहार का वायसराय बन गया।
- **खोखरों का विद्रोह ( 1205 ई. ):** गौरी को खोखरों के विद्रोह को कुचलने के लिए फिर से भारत आना पड़ा।
- हालांकि 1206 ई. में **गौरी को** गजनी वापस जाते वक्त झेलम (अब पाकिस्तान में) के धमयक जिले के पास किसी ने **मारा डाला।** भारत का शासन ऐबक के हाथ में आ गया, जिसने **गुलाम राजवंश** की **नींव रखी।**

## विगत वर्षों में पूछे गए प्रश्न (प्रारंभिक परीक्षा)

1. निम्नलिखित साम्राज्यों पर विचार कीजिये: (2023)
   1. होयसल
   2. गहड़वाल
   3. काकतीय
   4. यादव

   उपर्युक्त में से कितने साम्राज्यों ने अपने राज आद्य आठवीं शताब्दी ईस्वी में स्थापित किये?
   (a) केवल एक (b) केवल दो
   (c) केवल तीन (d) किसी ने नहीं

2. हाल ही में हैदराबाद में भारत के प्रधान मंत्री द्वारा रामानुज की आसन मुद्रा में विश्व की दूसरी सबसे ऊँची मूर्ति का उद्घाटन किया गया था। निम्नलिखित कथनों में कौन-सा एक, रामानुज की शिक्षाओं को सही निरूपित करता है? (2022)
   (a) मोक्ष प्राप्ति का सर्वोत्तम साधन भक्ति था।
   (b) वेद शाश्वत, आत्म-प्रतिष्ठित तथा पूर्णतया प्रामाणिक हैं।
   (c) तर्कसंगत युक्तियां सर्वोच्च आनंद के मौलिक माध्यम थे।
   (d) ध्यान के माध्यम से मोक्ष पाया जा सकता था।

3. निम्नलिखित युग्मों पर विचार कीजिए: (2022)

| | राजा | राजवंश |
|---|---|---|
| 1. | नान्नुक | चंदेल |
| 2. | जयशक्ति | परमान |
| 3. | नागभट द्वितीय | गुर्जर-प्रतिहार |
| 4. | भोज | राष्ट्रकूट |

   उपर्युक्त युग्मों में कितने सही सुमेलित हैं?
   (a) केवल एक युग्म (b) केवल दो युग्म
   (c) केवल तीन युग्म (d) सभी चारों युग्म

4. मध्यकालीन भारत के सांस्कृतिक इतिहास के संदर्भ के साथ, निम्नलिखित वक्तव्यों पर विचार कीजिए: (2016)
   I. तमिल क्षेत्र के सिद्ध (सित्तार्स) अद्वैतवादी थे और मूर्ति पूजा की निंदा करते थे।
   II. कन्नड़ क्षेत्र के लिंगायत पुनर्जन्म के सिद्धांत पर सवाल करते थे और जाति पदानुक्रम को निरस्त कर दिया था।

   ऊपर दिए कौन-सा/से कथन सही है/हैं?
   (a) केवल I (b) केवल II
   (c) I और II दोनों (d) न I और न II

5. निम्नलिखित जोड़ों पर विचार कीजिए: (2016)

| | प्रसिद्ध स्थल | क्षेत्र |
|---|---|---|
| I. | बोधगया | बघेलखंड |
| II. | खजुराहो | बुंदेलखंड |
| III. | शिरडी | विदर्भ |
| IV. | नासिक | मालवा |
| V. | तिरुपति | रायलसीमा |

   ऊपर दिए गए युग्मों में से कौन सही मेल खा रहा है?
   (a) I, II, IV (b) II, III, IV और V
   (c) केवल II और V (d) I, III, IV और V

6. निम्नलिखित में से कौन-सा युग्म भारतीय दर्शन की छह व्यवस्था का रूप नहीं है? (2014)
   (a) मिमांसा और वेदांत
   (b) न्याय और वैशेशिका
   (c) लोकायत और कपालिका
   (d) सांख्य और योग

7. निम्नलिखित वक्तव्यों पर विचार कीजिए: (2014)
   I. 'बीजक' संत दादू दयाल की तामील का संयोजन है।
   II. पुष्टि मार्ग का दर्शन माधवाचार्य ने प्रतिपादित किया।

   ऊपर दिए कौन-सा/से कथन सही हैं?
   (a) केवल I (b) केवल II
   (c) I और II दोनों (d) न I और न II

8. भारत में दार्शनिक विचारों के इतिहास के संदर्भ के साथ सांख्य संप्रदाय के बारे में निम्नलिखित वक्तव्यों पर विचार कीजिए: (2013)
   I. सांख्य पुनर्जन्म या आत्मा के स्थानांतरगमन के सिद्धांत को स्वीकार नहीं करता।

II. सांख्य का मानना है कि वह आत्म-ज्ञान है, जो मुक्ति की ओर जाता है और किसी बाहरी प्रभाव या ऐजेंट को नहीं।

ऊपर दिए कौन-सा/से कथन सही है?

(a) केवल I (b) केवल II

(c) I और II दोनों (d) न I और न II

9. प्रारंभिक मध्यकालीन समय में भारत में बौद्ध धर्म में गिरावट शुरू क्यों हो गई थी? (2010)

I. बुद्ध को उस समय विष्णु का अवतार माना जाता था और इसलिए वह वैष्णववाद का अंग बन गए।

II. अंतिम गुप्त राजा के समय तक मध्य एशिया से जो जनजातियां आईं उन्होंने हिंदुत्व को अपनाया और बौद्धों पर जुल्म किए।

III. गुप्त साम्राज्य के राजाओं ने बौद्ध धर्म का कड़ा विरोध किया।

ऊपर दिए कौन-सा/से कथन सही है?

(a) केवल I

(b) केवल I और III

(c) केवल II और III

(d) I, II और III

10. सूची-1 और सूची-2 का मिलान कीजिए और नीचे दी गई सूची के कूटों का इस्तेमाल कर सही उत्तर चुनिए: (2009)

| सूची-I (प्रसिद्ध मंदिर) | सूची-II (राज्य) |
|---|---|
| (A) विद्याशंकर मंदिर | 1. आंध्र प्रदेश |
| (B) राजरानी मंदिर | 2. कर्नाटक |
| (C) कंदरिया महादेव मंदिर | 3. मध्य प्रदेश |
| (D) भीमेर मंदिर | 4. ओडिशा |

**कूट:**

| | A | B | C | D |
|---|---|---|---|---|
| (a) | 2 | 4 | 3 | 1 |
| (b) | 2 | 3 | 4 | 1 |
| (c) | 1 | 4 | 3 | 2 |
| (d) | 1 | 3 | 4 | 2 |

8. निम्नलिखित क्रमों में कौन सही कालानुक्रम में हैं? (2004)

(a) शंकराचार्य-रामानुज-चैतन्य

(b) रामानुज-शंकराचार्य-चैतन्य

(c) रामानुज-चैतन्य-शंकराचार्य

(d) शंकराचार्य-चैतन्य-रामानुज

9. दर्शनशास्त्र की मीमांसा व्यवस्था के अनुसार मुक्ति किसके द्वारा संभव है? (1995)

(a) ज्ञान (b) भक्ति

(c) योग (d) कर्म

10. निम्नलिखित में से कौन मध्यकालीन भारत के प्रसिद्ध न्यायविद् थे? (1995)

I. विज्ञानेश्वर

II. हेमाद्री

III. राजशेखर

IV. जीमूतवाहन

**कूट:**

(a) I, II और III (b) II, III और IV

(c) I, II और IV (d) I और IV

## उत्तरमाला

1. (d) 2. (a) 3. (b) 4. (c) 5. (c) 6. (c) 7. (d) 8. (b)
9. (a) 10. (c) 11. (a) 12. (d) 13. (c)

## विगत वर्षों में पूछे गए प्रश्न (मुख्य परीक्षा)

1. कश्मीर के प्रारंभिक मध्यकालीन मंदिर वास्तुशिल्प पर संक्षिप्त टिप्पणी लिखिए। **(2015, इतिहास वैकल्पिक)**

2. इतिहास के स्रोत के रूप में राजतरंगिणि का मूल्यांकन कीजिए। **(2012, इतिहास वैकल्पिक)**

## अभ्यास प्रश्न (प्रारंभिक परीक्षा)

1. निम्नलिखित का मिलान कीजिए:

(A) मोहम्मद बिन कासिम 1. 712 ई.
(B) महमूद गजनी 2. 1000 ई.
(C) मोहम्मद गौरी 3. 1175 ई.
(D) पृथ्वीराज चौहान 4. 1191 ई.

**कूट:**

| | A | B | C | D |
|---|---|---|---|---|
| (a) | 2 | 1 | 3 | 4 |
| (b) | 1 | 2 | 3 | 4 |
| (c) | 4 | 3 | 2 | 1 |
| (d) | 3 | 1 | 2 | 4 |

2. निम्नलिखित वक्तव्यों पर विचार कीजिए और सही विकल्प को चुनिए:
   1. तराइन का पहला युद्ध पृथ्वीराज चौहान ने जीता।
   2. वाईहिंद की पहली लड़ाई महमूद गजनी ने जीती।
   3. सोमनाथ मंदिर को मोहम्मद गौरी ने लूटा।
   4. मोहम्मद गौरी गहड़वाल शासक जयचंद द्वारा पराजित हुआ।

(a) 1 और 2 (b) उपरोक्त सभी
(c) 1, 3 और 4 (d) उपरोक्त में कोई नहीं

3. निम्नलिखित वक्तव्यों पर विचार कीजिए और सही विकल्प को चुनिए:
   1. चालुक्य साम्राज्य की स्थापना तैला द्वितीय ने कल्याणी को राजधानी बनाने के साथ की थी।
   2. तराइन की दूसरी लड़ाई महमूद गजनी ने जीती थी।
   3. चौहानों के मंत्री वास्तुपाल ने प्रसिद्ध दिलवाड़ा मंदिर बनवाया।
   4. मोहम्मद गौरी गहड़वाल शासक जयचंद द्वारा पराजित हुआ।

ऊपर दिए कौन सा/से कथन सही है?

(a) केवल 1 (b) केवल 1 और 3
(c) केवल 2 और 3 (d) 1, 2 और 3

4. निम्नलिखित में कौन-सा युग्म भारतीय दर्शनशास्त्र के नास्तिक संप्रदाय का अंग है?

(a) मीमांसा और वैशेषिका
(b) योग और वेदांत
(c) लोकायत और आजीवक
(d) सांख्य और न्याय

5. सूची-I और सूची-II का मिलान कीजिए और नीचे दी गई सूची के कूटों का इस्तेमाल कर सही उत्तर चुनिए:

| सूची-I (प्रसिद्ध किताब) | सूची-II (लेखक) |
|---|---|
| A. पृथ्वीराज रासो | 1. चंद बरदाई |
| B. राजतरंगिणि | 2. भास्कर द्वितीय |
| C. शाहनामा | 3. कल्हण |
| D. लीलावती | 4. फिरदौस |

**कूट:**

| | A | B | C | D |
|---|---|---|---|---|
| (a) | 2 | 4 | 3 | 1 |
| (b) | 2 | 3 | 4 | 1 |
| (c) | 1 | 4 | 3 | 2 |
| (d) | 1 | 3. | 4 | 2 |

6. भारत में दार्शनिक विचारों के इतिहास के संदर्भ के साथ वेदांत पाठशालाओं के बारे में निम्नलिखित वक्तव्यों पर विचार कीजिए:
   1. कर्म का सिद्धांत वेदांत दर्शन के बहुत करीब था।
   2. यह ब्रह्म ज्ञान पर जोर देता है, अत: वेदों का अंक उपनिषद् पर निर्भर है।

ऊपर दिए कौन-सा/से कथन सही है/हैं?

(a) केवल 1 (b) केवल 2

(c) 1 और 2 दोनों (d) न 1 और न 2

7. निम्नलिखित वक्तव्यों पर विचार कीजिए और सही विकल्प को चुनिए:

1. लक्ष्मण मंदिर का निर्माण चंदेल शासक यशोवर्मन के समय हुआ था।
2. विनाथ मंदिर का निर्माण चंदेल शासक धंग के समय हुआ था।
3. कंदरिया महादेव मंदिर का निर्माण चंदेल शासक विद्याधर के समय हुआ था।

ऊपर दिए कौन-सा/से कथन सही है/हैं?

(a) केवल 1 (b) केवल 1 और 3

(c) केवल 2 और 3 (d) 1, 2 और 3

8. निम्नलिखित वक्तव्यों पर विचार कीजिए और सही विकल्प को चुनिए:

1. गीत-गोविंद के लेखक जयदेव लक्ष्मण सेन के दरबार में थे।
2. अल-बरूनी ने किताब-उल-यमनी लिखी है।
3. उत्बी ने किताब-उल-हिन्द लिखी है।

ऊपर दिए कौन-सा/से कथन सही है/हैं?

(a) केवल 1 (b) केवल 1 और 3

(c) केवल 2 और 3 (d) 1, 2 और 3

9. निम्नलिखित वक्तव्यों पर विचार कीजिए और सही विकल्प को चुनिए:

1. अनंग पाल तोमर को दिल्ली के संस्थापक के रूप में माना जाता है।
2. चंदवार की प्रसिद्ध लड़ाई में मोहम्मद गौरी ने गहड़वाल शासक जयचंद को पराजित किया।
3. विजय सेन, सेन साम्राज्य के संस्थापक थे।

ऊपर दिए कौन-सा/से कथन सही है/हैं?

(a) केवल 1 (b) केवल 1 और 3

(c) केवल 2 और 3 (d) 1, 2 और 3

10. निम्नलिखित वक्तव्यों पर विचार कीजिए और सही विकल्प को चुनिए:

1. शंकर का वेदांत (पूर्ण वेदांत) ब्राह्मण को बिना किसी विशेष गुण के समझता है और ज्ञान को मोक्ष का प्रमुख साधन मानता है।
2. विशिष्टाद्वैत रामानुज का अद्वैत ब्राह्मण को विशेष गुणों वाला मानता है।
3. माधव के द्वैत मानते हैं कि ईश्वर को व्यक्तिगत आत्मा और संसार से पूरी तरह भिन्न होना चाहिए।

ऊपर दिए कौन-सा/से कथन सही है/हैं?

(a) केवल 1

(b) केवल 1 और 3

(c) केवल 2 और 3

(d) 1, 2 और 3

11. निम्नलिखित वक्तव्यों पर विचार कीजिए और सही विकल्प को चुनिए:

1. विक्रमादित्य षष्ठम बिल्हण के विक्रमादित्य चरित्र का नायक है।
2. सिद्धांत शिरोमणि लीलावती द्वारा लिखी गई है।
3. कंदरिया महादेव मंदिर का निर्माण चंदेल शासक विद्याधर के समय हुआ था।

ऊपर दिए कौन-सा/से कथन सही है/हैं?

(a) केवल 1 (b) 1 और 2 दोनों

(c) केवल 2 (d) कोई नहीं

## उत्तरमाला

1. (b) 2. (a) 3. (a) 4. (c) 5. (d) 6. (c) 7. (d) 8. (a) 9. (d) 10. (d) 11. (a)

## अभ्यास प्रश्न (मुख्य परीक्षा)

1. तराइन और चंदवार का युद्ध भारतीय इतिहास के लिए परिवर्तनकारी साबित हुआ। क्या आप इस बात से सहमत हैं? उचित कारण बताते हुए व्याख्या करें।
2. भारतीय दर्शन के विभिन्न पाठशालाओं का वेदांत संप्रदाय की शाखाओं का उल्लेख करते हुए विस्तार से वर्णन करें।
3. गुप्त शासकों के बाद विज्ञान और शिक्षा का काफी नुकसान हुआ, लेकिन गणित के क्षेत्र में उल्लेखनीय प्रगति हुई थी। विस्तार से समझाएं।

# अध्याय 11

# दिल्ली सल्तनत (1206–1526 ई.)

जैसा कि हम पिछले अध्याय में चर्चा कर चुके हैं कि मोहम्मद गजनी और मोहम्मद गौरी के आक्रमणों के परिणामस्वरूप अंततः भारत में दिल्ली सल्तनत की नींव रखी गई। पांच वंशों गुलाम, खिलजी, तुगलक, सैयद और लोधी वंश को समग्र रूप से दिल्ली सल्तनत के रूप में जाना जाता है। शासक, जिसे सुल्तान कहा जाता था, तुर्की एवं अफगान मूल के थे। उन्होंने अपने साम्राज्य का न केवल उत्तर भारत के मालवा और गुजरात तक विस्तार किया, बल्कि उनका दखल दक्कन और दक्षिण भारत तक भी था। सल्तनत शासन काल के दौरान भारतीय समाज, प्रशासन और सांस्कृतिक जीवन में व्यापक परिवर्तन देखने को मिले।

**दिल्ली सल्तनत काल** (1206–1526 ई. तक)

↓

| **गुलाम/इलबारी** | **खिलजी** | **तुगलक** | **सैय्यद** | **लोधी/लोदी** |
|---|---|---|---|---|
| (1206–1290 ई.) | (1290–1320 ई.) | (1320–1413 ई.) | (1414–1451 ई.) | (1451–1526 ई.) |

# गुलाम वंश/इल्बारी/मामलूक सुल्तान (1206–1290 ई.)

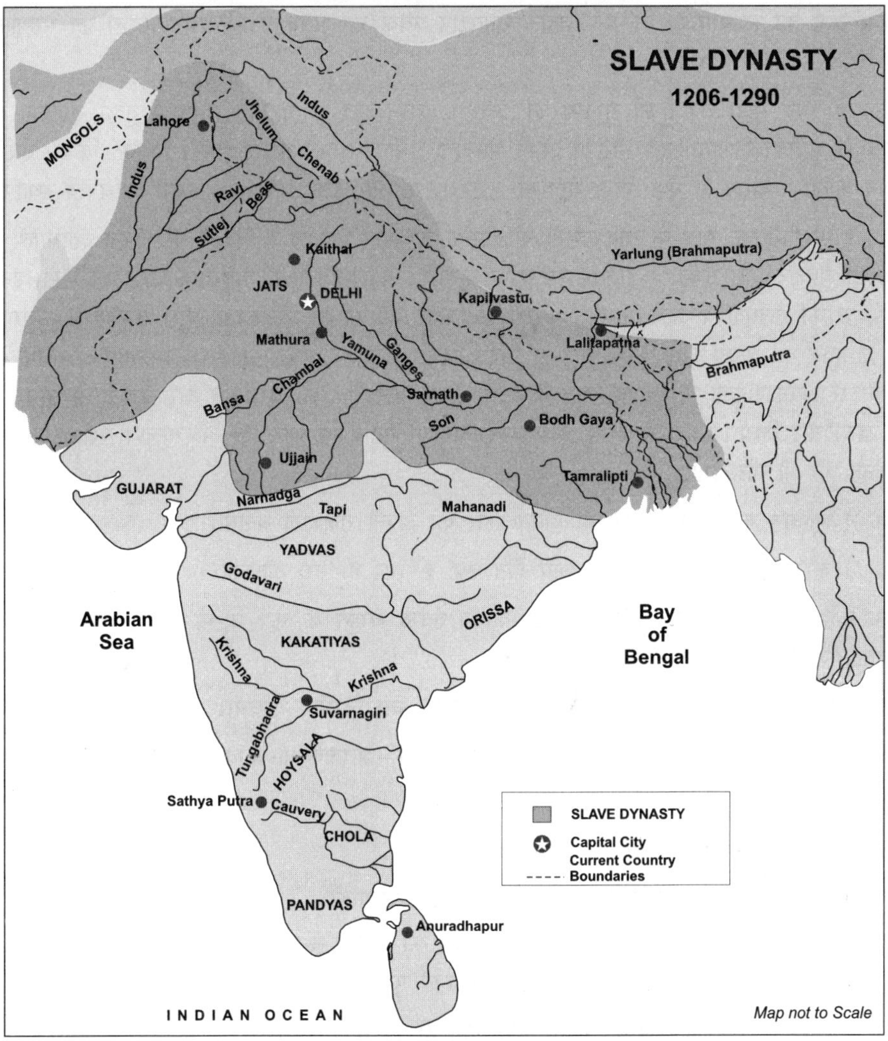


**चित्र 11.1** गुलाम वंश का मानचित्र

गुलाम वंश को **मामलूक वंश** के रूप में भी जाना जाता था। **मामलूक** अरबी भाषा का शब्द है, जिसका अर्थ स्वामित्व होता है। **मामलूक वो महत्वपूर्ण तुर्की गुलाम थे जिनका इस्तेमाल मुख्यतः सैन्य सेवाओं के लिए** किया जाता था। मामलूक निचले स्तर के उन गुलामों से एकदम भिन्न थे, जिनका इस्तेमाल घरेलू कामकाज एवं कारीगरों के तौर पर किया जाता था। वास्तव में इस दौरान तीन वंशों का उदय हुआ, जो इस प्रकार हैं:

1. **कुतुबी वंश**-(1206-1211 ई.): **कुतुबुद्दीन ऐबक** द्वारा स्थापित
2. **प्रथम इलबारी वंश**-(1211-1266 ई.): **इल्तुतमिश** द्वारा स्थापित
3. **द्वितीय इल्बारी वंश**-(1266-1290 ई.): **बलबन** द्वारा स्थापित

**कुतुब-उद्-दिन-ऐबक ( 1206-1210 ई. )**

- **गुलाम वंश का संस्थापकः** विभिन्न विद्वान कुतुबुद्दीन ऐबक को भारत में मुस्लिम साम्राज्य का संस्थापक भी मानते हैं।
- ऐबक **मोहम्मद गौरी का तुर्की गुलाम था,** जिसने तराइन युद्ध के पश्चात् भारत में तुर्की सल्तनत के विस्तार में महत्वपूर्ण भूमिका निभायी। उसे गौरी ने अपने भारतीय अधीनस्थ इलाकों का गवर्नर नियुक्त किया। ऐबक ने गौरी के जीवन काल के दौरान ही एक पैदल सेना का गठन किया और उत्तर भारत पर अपना आधिपत्य स्थापित कर लिया।
- 1206 ई. में गौरी की मृत्यु के बाद गजनी के शासक ताजुद्दीन याल्दूज ने दिल्ली पर अपना आधिपत्य जमाना चाहा, साथ ही मुल्तान और उच्छ के गवर्नर नसीरुद्दीन कुबाचा भी स्वतंत्रता की महत्वाकांक्षा रखने लगा। इन सबके साथ ही ऐबक को राजपूतों व अन्य भारतीय प्रमुखों के विद्रोह का सामना भी करना पड़ा। जयचंद के उत्तराधिकारी हरीश चंद्र ने तुर्कों को बदायूं और फर्रुखाबाद से खदेड़ दिया। फिर भी ऐबक ने अपने मित्रतापूर्ण व्यवहार व ताकत के प्रदर्शन से अपने शत्रुओं पर विजय प्राप्त कर ली। उसने **यलदौज को पराजित कर गजनी से अपने सभी संबंधों को खत्म कर लिया।** ऐबक ने बदायूं और फर्रुखाबाद पर पुनर्विजय प्राप्त की और गुलाम वंश के साथ-साथ दिल्ली सल्तनत की भी नींव रखी।
- ऐबक ने **सुल्तान** की पद्वी धारण की और लाहौर को अपनी राजधानी बनाया।
- ऐबक ने कोई सिक्के जारी नहीं किये और तीन वर्षों के बाद ही उसे औपचारिक रूप से पहचान मिली।
- ऐबक को उसकी नेकी और दरियादिली के कारण **लाख बख्श** के रूप में भी जाना जाता था। वह लाखों रुपए उदारतापूर्वक दान में दे दिया करता था।
- भारत में **पहली मस्जिद कुव्वत-उल-इस्लाम** (दिल्ली) **का निर्माण कराया।**
- इसके अलावा अजमेर में **अढ़ाई दिन का झोंपड़ा** नाम की मस्जिद भी बनवाई।
- संरक्षक:
  - महान विद्वान **हसन निजामी-ताज-उल-मासिर**
  - **फक्र-ए-मुदव्विर/फख-उल-दीन-तारीख-ए-मुबारकशाही**
- प्रसिद्ध सूफी संत **ख्वाजा कुतुबुद्दीन बख्तियार काकी** की याद में **कुतुबमीनार का निर्माण आरंभ कराया** (पहली मंजिल तक)। बाद में इल्तुतमिश ने इसका निर्माण कार्य पूरा कराया।
- ऐबक की **चौगान ( पोलो ) खेलते समय** अकस्मात ही 1210 ई. में मृत्यु हो गई।

## आरामशाह ( 1210 ई. )

- ऐबक का पुत्र आरामशाह उसका उत्तराधिकारी बना। लेकिन वह **एक अयोग्य**, कमजोर और नाकारा शासक था। तुर्की अमीरों ने उसका विरोध किया। उसने मात्र आठ महीने तक ही शासन किया।
- दिल्ली के तुर्की प्रमुखों ने **बदायूं के गवर्नर इल्तुतमिश ( कुतुबुद्दीन ऐबक का दामाद ),** को दिल्ली आमंत्रित किया। इल्तुतमिश ने आरामशाह को गद्दी से उतार दिया और वह शम्सुद्दीन के नाम से सुल्तान बन गया। दिल्ली सल्तनत को मजबूती प्रदान करने का श्रेय मुख्यत: इल्तुतमिश को ही जाता है।

## इल्तुतमिश ( 1210-1236 ई. )

- भारत में **तुर्की शासन को मजबूती प्रदान** करने में अहम भूमिका इल्तुतमिश की रही। वह इलबारी जनजाति से संबंध रखता था इसलिए उसका राजवंश **इलबारी वंश** के नाम से भी जाना जाता है। किंवदंतियों के अनुसार उसके सौतेले भाइयों ने उसे ऐबक को गुलाम के रूप में बेच दिया था, जिसने इल्तुतमिश से अपनी पुत्री का विवाह करवाकर उसे अपना दामाद बना लिया। बाद में ऐबक ने उसे ग्वालियर का इक्तेदार नियुक्त किया। सुल्तान बनने के बाद इल्तुतमिश ने **अपनी राजधानी लाहौर से दिल्ली स्थानांतरित कर ली।**
- इल्तुतमिश को अपने शासनकाल के शुरुआती दस वर्षों के दौरान **अपना सारा ध्यान** विरोधियों से **अपने सिंहासन को बचाने में लगाना पड़ा।** मोहम्मद गौरी के सेना प्रमुख जैसे कि यलदूज, मुल्तान का कुबाचा और बिहार व बंगाल का अलीमर्दान आदि उसके विरोध में उठ खड़े हुए। साथ ही, जालौर और रणथंभौर के प्रमुखों ने भी ग्वालियर और कालिंजर के साथ मिलकर अपनी स्वतंत्रता की घोषणा कर दी। इसके अलावा चंगेज खान के नेतृत्व में मंगोलों की बढ़ती ताकत भी सल्तनत की उत्तर-पश्चिमी सीमा के लिए एक बड़ा खतरा थी।
- इल्तुतमिश ने अपनी स्थिति को मजबूत करने की ठान ली। उसने 1215 ई. के तराइन युद्ध में **यलदूज को पराजित किया,** जबकि 1217 ई. में उसने **कुबाचा को** पंजाब से **खदेड़ दिया।**
- **मंगोल नेता** तेमुजीन, जो **चंगेज खान** के नाम से जाना जाता है, ने 1220 ई. में मध्य एशिया पर आक्रमण करते हुए ख्वारिज साम्राज्य को नष्ट कर दिया। ख्वारिज के शाह के पुत्र **जलालुद्दीन भंगवरनी** ने मंगोलों से बचने के लिए इल्तुतमिश के दरबार में **पनाह की गुहार** लगाई। लेकिन **इल्तुतमिश ने उसे आश्रय देने से इनकार कर दिया।** इस तरह अपने कूटनीतिक कौशल से इल्तुतमिश ने **मंगोल आक्रमण को रोककर भारत को** चंगेज खान के कहर से बचा लिया।
- इल्तुतमिश ने 1225 ई. से अपनी सैन्य शक्ति को **पूर्व में हो रहे विद्रोहों को दबाने में लगा दिया।** 1226-1227 ई. में इल्तुतमिश ने अपने पुत्र नसीरुद्दीन महमूद के नेतृत्व में एक बड़ी सेना भेजी जिसने इवाज खान को हराकर बंगाल और बिहार को वापस दिल्ली सल्तनत में मिला लिया। इसी प्रकार, राजपूत प्रमुखों के खिलाफ भी एक अभियान चलाया गया। 1226 ई. में रणथंभौर पर कब्जा कर लिया गया और 1231 ई. तक इल्तुतमिश ने मंडौर, जालौर, बयाना और ग्वालियर पर अपना आधिपत्य कायम कर लिया। इल्तुतमिश ने मेवाड़ की राजधानी नागदा पर भी आक्रमण कर दिया और भूताला का युद्ध किया, लेकिन मेवाड़ के समर्थन में गुजरात की सेना के आने के बाद उसे अपने कदम पीछे खींचने पड़े। इसका बदला लेने के लिए इल्तुतमिश ने **गुजरात के चालुक्यों पर आक्रमण** का नेतृत्व किया, लेकिन इसमें भी उसे **सफलता नहीं मिली।**
- इल्तुतमिश ने अपने राज्य को **इक्ताओं ( वेतन के बदले में भूमि सौंपना )** में विभाजित कर दिया। हर इक्तेदार को राजस्व इकट्ठा करने के लिए कानून व व्यवस्था का पालन करना होता था। अपने वेतन और खर्चों को घटाकर राजस्व का जो हिस्सा बचता था, उसे उन्हें केंद्रीय सत्ता को देना होता था। वास्तव में, **इक्तेदार का पद हस्तांतरणीय होता था।**

- **तुरकन-ए-चहलगनी ( चानीसा-दल ), 40 शक्तिशाली सैन्य प्रमुखों के कुलीन शासकों का** एक नया वर्ग, **चालीस,** का गठन किया। ये तुर्की अमीर (कुलीन) होते थे, जो सुल्तान को सल्तनत पर शासन करने के लिए सलाह देते थे और उन्हें मदद करते थे। इल्तुतमिश की मृत्यु के बाद, इस समूह के हाथों में काफी शक्ति आ गई थी। कुछ वर्षों तक इन्होंने एक के बाद दूसरे सुल्तानों के चयन के निर्णय लिए। अंततः बलबन ने इस समूह को समाप्त किया।
- उसकी सत्ता को 1229 ई. में **बगदाद के अब्बासीद खलीफा द्वारा मान्यता मिली,** जब उसने **मंसूर** (मान्यता पत्र / अलंकरण) हासिल किया, जिससे वह कानूनी रूप से भारत का प्रभुत्व संपन्न शासक बन गया।
- विशुद्ध **चांदी के अरबी सिक्के** जारी किए **( ऐसा करने वाला पहला शासक )** जिसका वजन 175 ग्राम था, जिस पर आधुनिक रुपए और **तांबे के जीतल** आधारित हैं।
- **मकबरों के निर्माण का जनक** (दिल्ली में सुल्तानगढ़ी) **दिल्ली में कुतुब मीनार का निर्माण कार्य पूर्ण कराया।** भारत की सबसे ऊंची पत्थर की मीनार (238 फुट)।
- **मिन्हास-उस-सिराज** (समकालीन इतिहासकार) **को संरक्षण दिया, जिसने** *तबकात-ए-नसिरी* लिखी।
- उसने अपने किसी भी पुत्र को सिंहासन के काबिल नहीं समझा इसलिए **अपनी पुत्री रजिया को** आम प्रथा से हटकर **अपना उत्तराधिकारी** घोषित किया, एक स्त्री को पुत्रों के स्थान पर चयनित करना एक नया कदम था।

### रुकनुद्दीन फिरोज शाह ( 1236 ई. )

- इल्तुतमिश का ज्येष्ठ पुत्र, जिसे अमीरों द्वारा सिंहासन पर बिठाया गया।
- दिल्ली में हाथी पर सवार होकर सोना बांटता था और शासन का नियंत्रण उसकी मां **शाह तुर्कान** (मूलतः तुर्की नौकरानी) संभालती थी।
- जब मुल्तान के गवर्नर ने विद्रोह किया, रुकनुद्दीन ने विद्रोह को दबाने के लिए कूच किया, इस अवसर का लाभ उठाते हुए, रजिया ने दिल्ली के अमीरों की सहायता से दिल्ली सल्तनत के सिंहासन पर कब्जा कर लिया। फिरोज शाह और शाह तुर्कान दोनों को मौत की सजा दे दी गई।

### रजिया सुल्तान ( 1236-1240 ई. )

- मध्यकालीन भारत की **पहली और एकमात्र महिला मुस्लिम शासक।**
- **महिला परिधान और परदे को नामंजूर किया** और उसने पुरुषों जैसे पोशाक पहनना आरंभ कर दिया और प्रजा के बीच हाथी पर सवार होकर जाती थी, शिकार के लिए जाती थी और सेना का नेतृत्व करती थी। इससे तुर्की अमीरों के बीच रोष उत्पन्न हुआ।
- उसके **गैर-तुर्कों के एक विपरीत कुलीन तंत्र के गठन** के प्रयास ने **तुर्की अमीरों के रोष को आमंत्रण दिया।** विशेष तौर पर वे, रजिया द्वारा एक **अबीसिनियाई दास, मलिक जमालुद्दीन याकूत को अमीर-ए-अखुर ( शाही घोड़ों का प्रबंधक )** के महत्वपूर्ण पद पर नियुक्त किए जाने से क्रोधित हो गए थे। कुछ अन्य गैर-तुर्कों की महत्वपूर्ण पदों पर नियुक्ति से स्थिति और अधिक भड़क गई थी। कुलीन तंत्र यह समझ गया था कि एक स्त्री होने के बावजूद रजिया उनके हाथों की कठपुतली बनने के लिए तैयार नहीं है, इसलिए कुलीनों ने प्रांतों में रजिया के विरुद्ध विद्रोह करना आरंभ कर दिया। **लाहौर का गवर्नर परेशानी खड़े करने वालों में पहला** था, लेकिन उसे हार का सामना करना पड़ा।
- 1240 ई. में **अल्तूनिया ( गवर्नर ) के अधीन, सरहिंद ( भटिंडा )** में एक गंभीर विद्रोह उठा खड़ा हुआ। रजिया ने याकूत के साथ अल्तूनिया के विरुद्ध कूच किया, लेकिन रास्ते में अल्तूनिया के तुर्की अनुचरों ने याकूत की हत्या कर रजिया को

बंदी बना लिया। इस बीच, **तुर्की अमीरों ने, इल्तुतमिश के एक अन्य पुत्र बहराम को गद्दी पर बिठा दिया।** मगर, रजिया ने खुद को बंदी बनाने वाले अल्तूनिया का दिल जीत लिया और उससे विवाह करने के बाद दिल्ली प्रस्थान किया। लेकिन **बहराम शाह ने** दिल्ली के रास्ते में उन्हें **पराजित कर उनकी हत्या (कैथल, हरियाणा) कर दी।**

**बहराम शाह (1240–1242 ई.)**

- रजिया की पराजय ने **'चालीस' के प्रभुत्व** का मार्ग पक्का कर दिया। अगले कुछ वर्षों तक सुल्तानों और कुलीनों के बीच सर्वश्रेष्ठता का संघर्ष चलता रहा। प्रारंभ में, कुलीनों ने बहराम को गद्दी पर अधिकार हासिल करने में मदद की, लेकिन धीरे-धीरे ये कुलीन बेकायदा हो गए और लगातार आपस में कलह करने लगे। इसी अशांति काल के दौरान 1242 ई. में बहराम शाह की **हत्या उसी की सेना द्वारा** कर दी गई।

**अलाउद्दीन मसूद शाह (1242–1246 ई.)**

- रुकनुद्दीन फिरोज शाह का पुत्र और रजिया सुल्तान का भतीजा। अपने पूर्ववर्ती बहराम की सेना द्वारा हत्या के बाद उसे प्रमुख कुलीनों द्वारा अगले शासक के तौर पर चुना गया।
- मगर, वह **कुलीनों के लिए कठपुतली से कुछ नहीं था**, उसे अक्षम व बेकार समझा जाता था और उसका सत्ता पर ज्यादा अधिकार या प्रभाव नहीं था। इसकी जगह वह **अपने मनोरंजन व मदिरा के शौक के लिए बदनाम था।**
- 1246 ई. तक, कुलीन प्रमुख उसकी शासन में ज्यादा शक्तियों के लिए बढ़ती भूख से परेशान हो गए और उसके स्थान पर नसीरूद्दीन महमूद को गद्दी पर बिठा दिया।

**नसीरूद्दीन महमूद (1246–1265 ई.)**

- **इल्तुतमिश का पौत्र** जो अनुभवहीन और युवा था और **उलुग खान/बलबन (चहलगानी का सदस्य)** की सहायता से गद्दी पर बैठा था, बलबन ने स्वयं नाइब (सहायक या राज-प्रतिनिधि) का पद ग्रहण किया, अपनी स्थिति को और अधिक मजबूत बनाने के लिए उसने अपनी पुत्री का विवाह नसीरूद्दीन से कर दिया। **महमूद के शासनकाल में वास्तविक सत्ता बलबन** के हाथों में थी।
- बलबन की बढ़ती ताकत ने बहुत-से तुर्की प्रमुखों को अलग-थलग कर दिया और 1250 ई. में उन्होंने एक षड्यंत्र द्वारा **बलबन को उसके पद से बेदखल कर** उसके स्थान पर एक भारतीय मुसलमान **इमादुद्दीन रेहान** को बिठा दिया, क्योंकि वे आपस में यह निर्णय नहीं ले पा रहे थे कि बलबन का पद कौन-से तुर्की कुलीन को दिया जाए। बलबन हटने के लिए तैयार हो गया लेकिन उसने सावधानी से अपना एक गुट तैयार कर लिया, और डेढ़ साल की छोटी अवधि में, अपने कुछ विरोधियों पर जीत हासिल कर ली। कुछ ही समय में **बलबन ने और भी ज्यादा शक्ति बहाल कर ली** और उसने शाही चिन्ह छत्र भी ग्रहण कर लिया।
- महमूद की मृत्यु 1265 ई. में हो गई और कुछ इतिहासकारों, जैसे– इब्नबतूता व इसामी के अनुसार, **बलवन ने अपने स्वामी नसीरूद्दीन को जहर देकर मार दिया था** और स्वयं गद्दी पर बैठ गया।

**बलबन (1266–1286 ई.)**

- बलबन नि:संदेह **दिल्ली सल्तनत**, विशेष तौर पर उसके **शासन और समाज का मुख्य निर्माता** था। उसने दृढ़तापूर्वक साम्राज्य की शक्ति को बढ़ाया। बलबन के अनुसार, **सुल्तान धरती पर ईश्वर की छाया (जिल-ए-इलाही)** और **ईश्वरीय कृपा (नियाबते-ए-खुदाई)** को पाने वाला है। उसने निरंकुश शैली में शासन किया और सुल्तान की स्थिति को उठाने के लिए कठिन परिश्रम किया।

- बलबन को राज-प्रतिनिधि के रूप में मिले अनुभवों ने उसे दिल्ली सल्तनत की समस्याओं को समझने में मदद की। वह जानता था कि साम्राज्य को वास्तविक खतरा उन कुलीनों से था जिन्हें 'चालीस' कहा जाता था। वह जानता था कि केवल साम्राज्य की शक्ति व अधिकारों को बढ़ाकर ही इस समस्या का हल निकाला जा सकता है। उसने **इल्तुतमिश** के परिवार के सभी सदस्यों को मरवा दिया और चहलगानी को एक **घातक झटका** दिया।
- बलबन ने कठोर **दरबारी अनुशासन व नए रिवाज आरंभ किए जैसे कि सिजदा (साष्टांग प्रणाम) और पैबोस (सुल्तान के पैरों को चूमना),** जिनसे वह कुलीनों पर अपनी श्रेष्ठता साबित कर सके। लोगों को अपनी शक्ति व अपने शासन के भय से प्रभावित करने के क्रम में, बलबन ने भव्य दरबार कायम किया और **साथ ही नौरोज का उत्सव भी आरंभ किया।** उसने दरबार में हंसने और मजाक करने पर रोक लगा ली, और स्वयं भी मदिरा पान का त्याग कर दिया जिससे उसे कोई भी गैर गंभीर मनोदशा में न देख पाए।
- उसने अपने सबसे वफादार कुलीनों को बख्श कर बाकी **अन्य सभी को सही या गलत तरीके से अपने रास्ते से हटा दिया।** ऊढ़ के गवर्नर, हेयबत खान को मदिरा पान किए एक व्यक्ति को मारने के लिए दंडित किया। भटिंडा के गवर्नर, शेर खान को जहर देकर मार दिया।
- वह **अत्यंत जातिवादी था इसलिए उसने गैर-तुर्कों को प्रशासन से बाहर रखा।** वह तुर्की कुलीनता के पक्षधर के रूप में सामने आया। भारतीय गैर-मुसलमानों को शासन में महत्वपूर्ण पद नहीं दिए जाते थे। उसने कुलीनों की गतिविधियों पर नजर रखने के लिए **गुप्तचरों की नियुक्ति** की हुई थी।
- जब बलबन सुल्तान बना, उसका पद सुरक्षित नहीं था। बहुत-से **तुर्की प्रमुख उसके विरुद्ध थे, मंगोल** सल्तनत पर आक्रमण करने के मौके की तलाश में थे, दूरवर्ती प्रांतों के गवर्नर स्वतंत्र शासक बनना चाहते थे, जबकि भारतीय शासक भी किसी भी छोटे मौके पर विद्रोह करने के लिए तैयार थे। दिल्ली के आसपास व दोआब क्षेत्र में **कानून-व्यवस्था** बिगड़ी हुई थी। गंगा-यमुना दोआब और अवध के क्षेत्र सड़क लुटेरों व डकैतों के आतंक से पीड़ित थे, जिसके कारण पूर्वी क्षेत्रों से संपर्क रख पाना कठिन हो गया था। कुछ राजपूत जमींदारों ने इस क्षेत्र में किले बना लिए थे और शासन को चुनौती दे रहे थे। **मेवाती** इतने निर्भीक हो गए थे कि वे दिल्ली की सरहद के बाहर तक लोगों के साथ लूटपाट कर रहे थे।
- इन सभी तत्वों से निबटने के लिए, **बलबन ने सख्त नीति अपनाई।** उसने एक **केंद्रीकृत शक्तिशाली सेना** का गठन किया, जिससे अंदरूनी बाधाओं के साथ मंगोलों को भी हटाया जा सके जिन्होंने अपनी जड़ें पंजाब में जमा ली थीं और दिल्ली सल्तनत के लिए एक गंभीर चुनौती बन गए थे।
- उसने **दीवान-ए-विजारत (वित्त विभाग) को दीवान-ए-अर्ज (सैन्य विभाग)** से अलग कर दिया। उसने दीवान-ए-अर्ज का पुनर्गठन किया और विद्रोहियों को समाप्त करने के लिए देश के विभिन्न भागों में सेना तैनात की। **मेवात, दोआब, अवध और कटिहार की बाधाओं को बेरहमी से कुचल दिया गया।** बलबन ने पूर्वी राजपूताना में अजमेर और नागौर पर भी नियंत्रण हासिल कर लिया, लेकिन रणथंभौर और ग्वालियर पर कब्जा करने के उसके प्रयास असफल रहे। अपने राज्य के विस्तार के स्थान पर **बलबन ने कानून और व्यवस्था की बहाली पर ज्यादा ध्यान दिया।** बलबन ने मेवातियों के खिलाफ कठोर कार्रवाई की और ऐसी डकैतियों को रोका। **डकैतों** का पीछा कर उन्हें **निर्दयतापूर्वक मौत के घाट उतार दिया** गया। इसके परिणामस्वरूप सड़क मार्ग यात्रा के लिए सुरक्षित हो गए।
- मंगोलों की धमकियों और सुल्तान की वृद्धावस्था से प्रोत्साहित होकर, 1279 ई. में बंगाल के गवर्नर तुगरिल बेग ने विद्रोह कर दिया, उसने सुल्तान की पद्वी धारण कर ली और अपने नाम का खुतबा पढ़वा लिया। बलबन ने अपनी सेना को बंगाल भेजा और **तुगरिल को मौत के घाट उतार दिया।** इसने बाद उसने अपने पुत्र बुघरा खान को बंगाल का गवर्नर नियुक्त कर दिया। इन सभी कठोर तरीकों को अपनाकर, बलबन ने स्थिति को नियंत्रण में कर लिया।

उसने खुद को नासिर-अमीर-उल-मोमिन (खलीफा का दायां हाथ) कहा और उलेमाओं को धार्मिक कार्यों तक सीमित रहने व राजनीतिक गतिविधियों में हस्तक्षेप न करने के निर्देश दिए।

- उसका **न्याय प्रशासन चरम पक्षपाती था।** उदाहरण के लिए, बदायूं के गवर्नर मलिक बकबक को अपने सेवकों के साथ क्रूरतापूर्वक व्यवहार करने के लिए सरेआम कोड़े मरवाए।
- **रक्त और लोहे की कठोर नीति** का पालन किया। उसने एक प्रभावी गुप्तचर व्यवस्था विकसित की और प्रत्येक विभाग में गुप्तचरों की नियुक्ति कर स्वयं को भली-भांति सूचित रखा।
- मंगोलों के आक्रमणों से बचने के लिए सीमाओं को मजबूत किया, लेकिन वह भी उत्तरी भारत को मंगोलों के आक्रमणों से पूरी तरह सुरक्षित नहीं कर पाया। इसके अतिरिक्त, गैर-तुर्कों को सत्ता व प्रभुत्व के पदों से दूर रखने और केवल बहुत संकीर्ण जातीय समूह पर विश्वास रखने से, उसने बहुत-से लोगों को असंतुष्ट कर दिया।
- शिक्षित लोगों का संरक्षक था और **अमीर खुसरो को विशेष समर्थन** देता था।
- मगर, उत्तर-पश्चिम में, मंगोल फिर से प्रकट हो गए और बलबन ने अपने पुत्र, शहजादा महमूद को, उनके विरुद्ध लड़ने भेजा। **लेकिन शाहजादा (खान-ए-शहीद) युद्ध में मारा गया और उसकी मृत्यु बलबन के लिए विनाशकारी आघात सिद्ध हुई।** उसकी मृत्यु 1287 ई. में हो गई।

### कैकुबाद (1287-1290 ई.)

- **बलबन का पौत्र**, जिसे बलबन की मृत्यु के बाद कुलीनों द्वारा गद्दी तक पहुंचाया गया। लेकिन, जल्द ही उसका स्थान उसके पुत्र कैमूर्स ने ले लिया, जो गद्दी पर तीन महीनों से कुछ ज्यादा समय तक रहा। 1290 ई. में, फिरोज, जो कि **आरिज-ए-मुमालिक यानि युद्ध मंत्री** था, जिसने बाद में **जलालुद्दीन खिलजी की पद्वी** धारण की, ने एक साहसिक कदम उठा कैमूर्स की हत्या कर दी और गद्दी पर कब्जा कर लिया। खिलजी कुलीनों के समूह ने उसके नेतृत्व में खिलजी वंश की स्थापना की। कुछ विद्वान 1290 ई. की इस घटना को **'वंशवादी क्रांति'** कहते हैं, क्योंकि इसने तथाकथित दास वंश का अंत किया और खिलजियों को आगे ले आई।

## खिलजी वंश (1290-1320 ई.)

### जलालुद्दीन खिलजी (1290-1296 ई.)

- जलालुद्दीन खिलजी (फिरोज) ने **खिलजी वंश की नींव रखी**। उसने 70 वर्ष की आयु में सत्ता संभाली और केवल वर्षों की छोटी अवधि तक ही शासन किया। वह बलबन के शासनकाल के दौरान उत्तर-पश्चिम की सेना का संचालक था और उसने मंगोलों के विरुद्ध बहुत-से सफल युद्ध लड़े थे।
- अब्दुल्ला के नेतृत्व में हुए मंगोल आक्रमण को पीछे धकेला और वे मंगोल जो दिल्ली के पास बस गए थे, 'नए मुसलमान' कहलाए।
- वह दयालु होने के साथ ही **दिल्ली सल्तनत का पहला ऐसा सुल्तान था, जो हिंदुओं के प्रति उदार रवैया रखता था।** उसने स्पष्ट रूप से इस विचार को आगे बढ़ाया कि, राज्य प्रजा के अनुकूल समर्थन पर आधारित होना चाहिए और क्योंकि भारत में रहने वाले लोगों में बड़ी संख्या हिंदुओं की है, इसलिए भारत का राज्य वास्तव में इस्लामिक राज्य नहीं हो सकता।

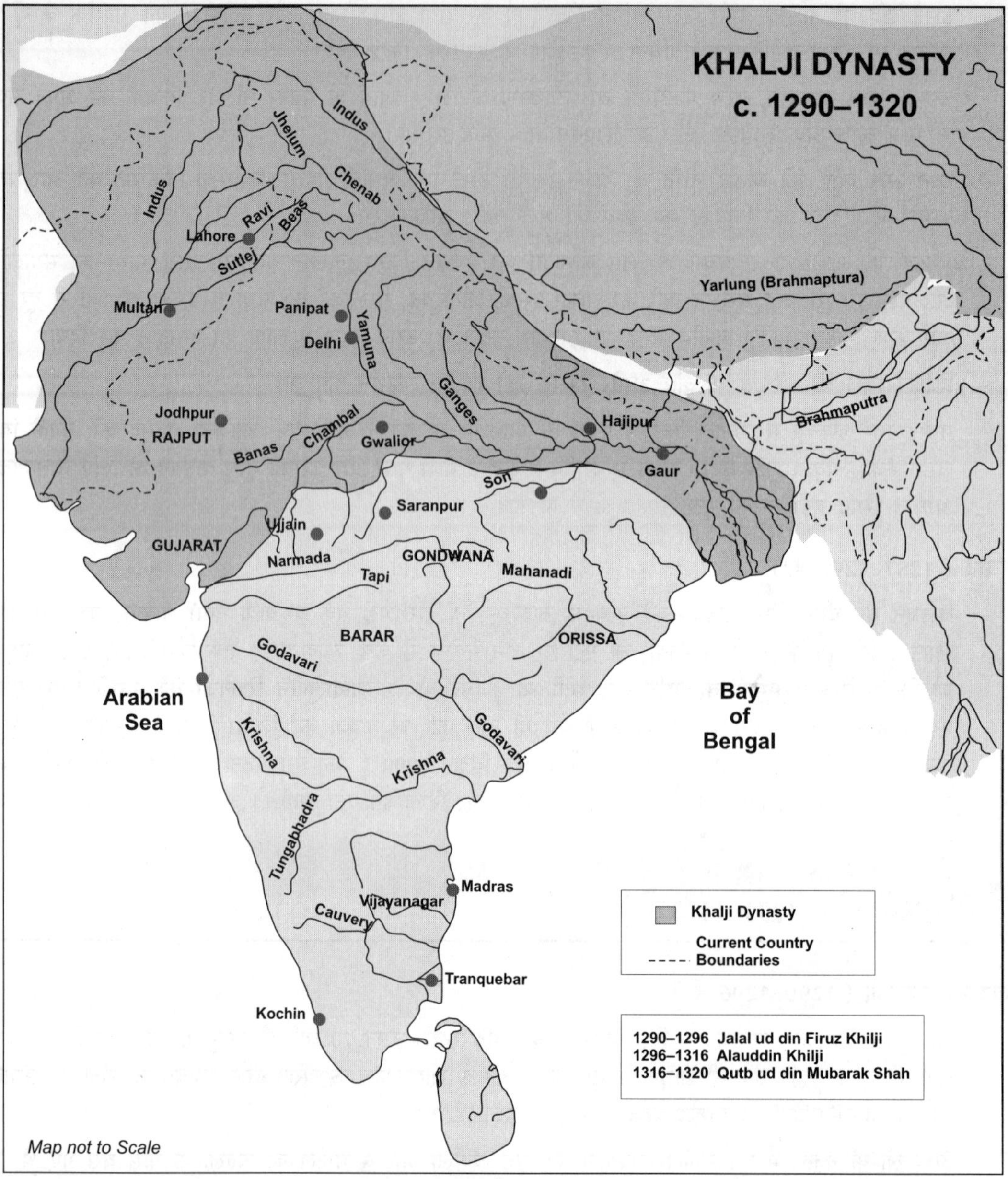


**चित्र 11.2** खिलजी साम्राज्य

- वह अपने विरुद्ध विद्रोह करने वालों को भी **कठोर दंड देने से बचता था।** वह न केवल उन्हें माफ ही करता था, बल्कि उनका समर्थन हासिल करने के लिए उन्हें पुरस्कृत भी करता था। लेकिन, उसकी इस उदारता को बहुत-से लोगों, जिसमें उसके समर्थक भी शामिल थे, ने उसकी कमजोरी समझा। जब ठग (डकैत) देश को लूटते थे तो उन्हें केवल गंभीर चेतावनी देकर छोड़ दिया जाता था।

- जलालुद्दीन ने **सहनशीलता की नीति** को अपनाकर कुलीनों की सद्भावना को जीतने का प्रयास किया। उसने पूर्व कुलीनों को अपने प्रशासन में बनाए रखा। उदाहरण के लिए, बलबन के भतीजे, मलिक छज्जू ने विद्रोह किया तो उसे दबा दिया गया, लेकिन उसे माफ कर दिया गया। 1292 ई. में, जब मलिक छज्जू ने दूसरी बार विद्रोह किया तो उसे हटाकर, उसके स्थान पर अपने भतीजे और दामाद अलाउद्दीन खिलजी को कड़ा का गवर्नर बना दिया।
- अपनी पुत्री का विवाह, चंगेज खान के वंशज उलुग खान से किया (मंगोलों की मित्रता हासिल करने के लिए)।
- 1294 ई. में उसके शासन काल के दौरान **अलाउद्दीन खिलजी (अली गुर्शप) ने देवगिरी पर आक्रमण किया।** जुलाई 1296 ई. में, एक अभिनंदन समारोह के दौरान, **अलाउद्दीन खिलजी ने कड़ा (इलाहाबाद के पास) के** निकट, **धोखे से अपने ससुर जलालुद्दीन खिलजी की हत्या कर दी** और दिल्ली का सिंहासन हड़प लिया। उसने सोने (देवगिरि से संचित) को प्रचुर मात्रा में खर्च कर कुलीनों और सैनिकों को अपने साथ मिला लिया व स्वयं को सुल्तान घोषित कर दिया।

## अलाउद्दीन खिलजी (1296-1316 ई.)

- अलाउद्दीन खिलजी, **जलालुद्दीन का महात्वाकांक्षी भतीजा व दामाद** था। उसने अपने चाचा को सत्ता के लिए किए गए संघर्षों में मदद की थी और **अमीर-ए-तुजुक (व्यवस्था का संचालक)** के रूप में नियुक्त हुआ। उसने जलालुद्दीन के शासन काल के दौरान दो सफल अभियान किए। 1292 ई. में, भिलसा (विदिशा) के अपने प्रथम अभियान के बाद, उसे कड़ा के अतिरिक्त अवध का इक्ता प्रदान किया गया। उसे **आरिज-ए-मुमालिक (युद्ध मंत्री)** भी नियुक्त किया गया। 1294 ई. में, उसने दक्षिण भारत पर किए गए पहले तुर्की अभियान का नेतृत्व किया और देवगिरि को लूट लिया। इस सफल अभियान ने यह बात साबित कर दी कि अलाउद्दीन एक काबिल सेनापति व कुशल प्रबंधक था।
- जलालुद्दीन की **सहनशीलता की नीति को अलाउद्दीन खिलजी ने उलट दिया,** जिसने उन सभी को कठोर दंड दिए जिन्होंने उसका विरोध करने की हिम्मत दिखाई। उसने **बलबन के शासन की क्रूर नीति को** पुन: प्रचलित करने का निर्णय लिया। उसने नए मुसलमानों और पुराने बलबनी व जलाली कुलीनों की निर्ममतापूर्वक हत्या कर दी। **उसने कुलीनों की शक्ति व उलेमाओं के राज्य के मामलों में हस्तक्षेप पर प्रतिबंध लगाने का निर्णय लिया।** *तारीख-ए-फिरोजशाही*, **के लेखक बरनी** के अनुसार, अलाउद्दीन को यह विश्वास था कि **कुलीनों की अपार संपन्नता, कुलीन परिवारों के बीच अंतर्जातीय विवाह, अक्षम गुप्तचर व्यवस्था और मदिरा पान करना, विद्रोह के मूल कारण हैं।** इसलिए उसने चार फरमान जारी किए।
  - ◆ उसने कुलीनों की संपत्ति को जब्त कर लिया।
  - ◆ गुप्तचर व्यवस्था को पुनर्गठित किया गया और कुलीनों की सभी गुप्त गतिविधियों की सूचना सुल्तान को तत्काल दी जाती थी।
  - ◆ मदिरा व मादक वस्तुओं के उपयोग पर प्रतिबंध लगा दिया गया।
  - ◆ **सुल्तान की आज्ञा के बिना** सामाजिक समारोह और उत्सव निषिद्ध थे। ऐसे कठोर उपायों से उसका शासन विद्रोहों से मुक्त हो गया।
- अलाउद्दीन ने अपने विजय अभियानों की महत्वाकांक्षा को पूरा करने व देश की मंगोल आक्रमण से रक्षा करने के उद्देश्य से एक विशाल **मजबूत स्थाई सेना** की स्थापना की। अलाउद्दीन खिलजी ने छह बार अपनी सेना को मंगोलों के विरुद्ध भेजा, जिनमें से पहली दो बार वे सफल रहे। लेकिन तीसरा मंगोल आक्रमणकारी ख्वाजा दिल्ली तक आ गया और अलाउद्दीन को 1303 ई. में जल्दबाजी में चित्तौड़ से लौटना पड़ा और **सिरी किले** में एक मजबूत संरक्षित

शिविर में शरण लेनी पड़ी, जो अभी भी निर्माणाधीन था। इस बीच, मंगोलों ने दिल्ली के आसपास के इलाकों को घेर लिया, लेकिन सिरी को तोड़ने में असमर्थ रहे, जिससे उन्हें पीछे हटने के लिए मजबूर होना पड़ा। अगले तीन मंगोल आक्रमणों से भी सख्ती से निपटा गया। हजारों मंगोल मारे गए। उत्तर-पश्चिमी सीमा को मजबूत किया गया और **गाजी मलिक ( ग्यासुद्दीन तुगलक )** की सीमा की सुरक्षा के लिए **सीमा संरक्षक** के रूप में नियुक्ति की गई।

- अलाउद्दीन खिलजी के विजय अभियानों में उसके गुजरात, राजपूताना और दक्कन के विरुद्ध किए गए अभियान शामिल हैं।
- **गुजरात की विजयः** अलाउद्दीन ने अपने क्षेत्रीय विजयों का आरंभ 1299 ई. में गुजरात के विरुद्ध अभियान से किया, जिस पर **बघेल राजा राय करण** का शासन था। सबसे पहले गुजरात की अकूत धन संपदा ने उसे ललचाया और इसके अतिरिक्त, यह एक रणनीति संबंधी निर्णय भी था क्योंकि गुजरात उसके आगामी अभियानों के लिए धन उपलब्ध करा सकता था, जबकि उसके बंदरगाह अलाउद्दीन की सेना के लिए अरबी घोड़ों की नियमित आपूर्ति को सुनिश्चित कर सकते थे। अलाउद्दीन के दो प्रसिद्ध सेनापतियों **उलुग खान और नुसरत खान** के नेतृत्व में सेना ने गुजरात के विरुद्ध कूच किया। गुजरात का शासक **राय करण भाग गया और सोमनाथ मंदिर पर कब्जा कर** उसे ध्वस्त कर दिया गया। भारी लूट का माल एकत्रित किया गया। धनी मुसलमान व्यापारियों को भी नहीं बख्शा गया। अलाउद्दीन ने राजा की पत्नी कमलाबाई से विवाह कर लिया और **मलिक काफूर ( एक हिजड़ा और महान सेनापति** जिसने बाद में दक्षिण भारत पर खिलजी वंश के आक्रमणों का नेतृत्व किया) को अर्जित किया।
- **राजपूताना की विजयः** गुजरात पर कब्जे के बाद, अलाउद्दीन ने अपना ध्यान राजपूताना की ओर मोड़ा।
  - **रणथंभौरः** इसकी प्रतिष्ठा **राजस्थान के सबसे शक्तिशाली किले** से थी और यह पहले जलालुद्दीन खिलजी को चुनौती दे चुका था। रणथंभौर पर कब्जा, राजपूतों की शक्ति व हौंसले को तोड़ने के लिए आवश्यक था। इसलिए वह अलाउद्दीन का **पहला लक्ष्य** था। आक्रमण का तत्कालिक कारण था कि **रणथंभौर के शासक हमीर देव ने दो विद्रोही मंगोल सैनिकों को शरण** दी थी और उसने उन्हें खिलजी शासक के हाथों में सौंपने से इनकार कर दिया था। इसलिए रणथंभौर के विरुद्ध चढ़ाई आरंभ की गई। आरंभ में, खिलजी सेना को नुकसान उठाना पड़ा। यहां तक कि नुसरत खान को अपनी जान गंवानी पड़ी। आखिरकार, अलाउद्दीन को स्वयं युद्ध के मैदान पर आना पड़ा। इस प्रकार, 1301 ई. में किला **अलाउद्दीन के हाथों में आ गया।** स्त्रियों ने स्वयं को जौहर **या आत्म-बलिदान** के हवाले कर दिया (अमीर खुसरो द्वारा वर्णित)।
  - **चित्तौड़ः** 1303 ई. में, अलाउद्दीन ने राजपूताना के एक अन्य शक्तिशाली राज्य, चित्तौड़ को घेर लिया। कुछ विद्वानों के अनुसार, **अलाउद्दीन का चित्तौड़ पर आक्रमण करने का कारण राजा रतन सिंह की खूबसूरत रानी पद्मिनी की अभिलाषा था।** रानी पद्मिनी सहित राजपूत स्त्रियों ने जौहर कर लिया। रानी पद्मिनी का यह प्रकरण **मलिक मुहम्मद जायसी** द्वारा लिखित पुस्तक, *पद्मावत* में चित्रात्मक रूप में उल्लिखित है। अमीर खुसरो के अनुसार, सुल्तान ने आम जनता के व्यापक कत्ल-ए आम का आदेश दिया। चित्तौड़ का नाम बदलकर खिज्र खान के नाम पर **खिज्राबाद** रख दिया गया। हालांकि, अलाउद्दीन को जल्दी ही दिल्ली लौटना पड़ा क्योंकि मंगोल सेना दिल्ली की ओर बढ़ रही थी।
  - **मालवा और अन्यः** 1305 ई. में, **आइन-उल-मुल्क** के अधीन खिलजी सेना ने **मालवा पर कब्जा कर लिया।** अन्य राज्यों, जैसे-**उज्जैन, मांडू, धार और चंदेरी** पर भी कब्जा कर लिया गया। मालवा पर विजय के बाद अलाउद्दीन ने मलिक काफूर को दक्षिण भेज दिया और उसने खुद सीवान पर आक्रमण कर दिया। सीवान के शासक, **राजा शीतल देव** ने वीरता से किले की रक्षा की, लेकिन अंततः वह पराजित हो गया। 1311 ई. में, अन्य राजपूत राज्य, **जालौर** पर भी कब्जा हो गया। इस प्रकार 1311 ई. तक, अलाउद्दीन ने राजपूताना के बड़े हिस्सों पर विजय हासिल कर ली और उत्तर भारत का स्वामी बन गया।

- **दक्कन और दक्षिण भारत की विजयः** इस क्षेत्र पर चार महत्वपूर्ण वंशों का शासन था–**देवगिरि के यादव, वारंगल के काकतीया, द्वारसमुद्र के होएसल और मदुरै के पाण्ड्या।** दक्षिण के अभियान मलिक काफूर के नेतृत्व में भेजे गए, जो कि अलाउद्दीन का भरोसेमंद सेनापति था और उसके पास नाइब का पद था।
  - ◆ उसका पहला लक्ष्य **रायकरण** (गुजरात का पूर्व शासक) था, जिसने अब बगलाना पर कब्जा कर लिया था, उसे पराजित कर दिया गया।
  - ◆ दूसरा अभियान 1306–1307 ई. में, **देवगिरि के शासक राय रामचंद्र** के विरुद्ध था, जिसने पहले सुल्तान को शुल्क देने का वायदा किया था लेकिन उसने ऐसा नहीं किया। रामचंद्र ने थोड़े ही विरोध के बाद मलिक काफूर के आगे समर्पण कर दिया। उसके साथ सम्मानपूर्वक व्यवहार किया गया। उसे अलाउद्दीन के दरबार में मेहमान के तौर पर रखा गया और उसे एक लाख टंका उपहारस्वरूप दिए गए, साथ ही उसे राय रायन की उपाधि प्रदान की गई। उसे गुजरात का एक जिला भी दिया गया और उसकी एक पुत्री का विवाह अलाउद्दीन के साथ हुआ था। अलाउद्दीन का रामचंद्र के प्रति उदारतापूर्ण व्यवहार का कारण यह था कि उसे अपने **दक्षिण के अभियानों के लिए रामचंद्र की मित्रता** की आवश्यकता थी।
  - ◆ 1309 ई. में, मलिक काफूर ने **तेलंगाना क्षेत्र में वारंगल** के विरुद्ध अभियान आरंभ किया। उसका शासक **प्रताप रुद्रदेव** पराजित हुआ और उससे भारी मात्रा में लूट का माल वसूल किया गया, जबकि वह सुल्तान को नियमित शुल्क देने के लिए तैयार हो गया।
  - ◆ 1310 ई. में मलिक काफूर का अगला लक्ष्य **होएसल शासक वीर बल्लाल तृतीय** था। वह पराजित हुआ और भारी मात्रा में लूट का माल जब्त कर दिल्ली भेजा गया।
- 1311 ई. में काफूर का अगला कूच पाण्ड्यों के विरुद्ध था। पाण्ड्यों के साथ, प्रत्यक्ष निर्णायात्मक युद्ध नहीं हुआ। **वीर पाण्ड्य राजधानी मदुरै को छोड़कर भाग गया** और काफूर जितनी हद तक लूट कर सकता था, उसने की, साथ ही उसने बहुत-से समृद्ध मंदिरों जैसे कि चिदंबरम् को भी लूटा। अमीर खुसरो के अनुसार, **मलिक काफूर रामेश्वरम् तक पहुंच गया था और उसने वहां एक मस्जिद का निर्माण करवाया** और 512 हाथी, 7000 घोड़ों, 500 मन कीमती पत्थरों के साथ दिल्ली लौटा। सुल्तान ने उसका सम्मान उसे साम्राज्य का **नाइब मलिक** नियुक्त करके किया। अलाउद्दीन की सेना ने मलिक काफूर के नेतृत्व में दक्कनी राज्यों पर नियंत्रण जारी रखा। अलाउद्दीन की मृत्यु 1316 ई. में हुई।
- हालांकि सुल्तान **अशिक्षित था, उसने अमीर खुसरो और मीर हसन देहलवी जैसे कवियों को संरक्षण दिया।** उसने प्रसिद्ध द्वार **अलाई दरवाजा, हौजखास, महल हजार सितून, जमैरतखाना मस्जिद, अलाई मीनार का निर्माण भी करवाया और सीरी में नई राजधानी** का निर्माण किया।
- अलाउद्दीन ने **सिकंदर-ए-आजम** की पदवी अपनाई और **अमीर खुसरो को तूती-ए-हिंद (भारत का तोता) की पद्वी प्रदान की।**
- उसने गैर-तुर्कों को अपने शासन में शामिल किया।
- प्रथम शासक, जिसने **भू-राजस्व को नकदी** में निश्चित किया।
- उसका समानता का **सिद्धांत धर्म निरपेक्ष था** और उसने घोषित किया–"**शासन समानता नहीं जानता**" और "मैं नहीं जानता कि यह न्यायपूर्ण है या गैर-न्यायपूर्ण, मैं वही करता हूं जिसे मैं राज्य के लिए अच्छा समझता हूं।"
- उसने **खलीफा के आधिपत्य को झूठा ठहराया** और राज्य से अलग किसी भी शक्ति को अपनी नीतियों का मार्गदर्शन करने की अनुमति नहीं दी।
- बरनी के अनुसार, अलाउद्दीन एक नए धर्म में शामिल होना चाहता था।

**कुतुबुद्दीन मुबारक शाह ( 1316-1320 ई. )**

- अलाउद्दीन की मृत्यु के बाद दिल्ली सल्तनत अव्यवस्था में डूब गई। मलिक काफूर कुछ दिनों के लिए गद्दी पर बैठा, लेकिन उसे कुतुबुद्दीन मुबारक शाह **( अलाउद्दीन के पुत्रों में से एक, जो मलिक काफूर की शिकारी आंखों से बच निकला था )** ने अपदस्थ कर दिया।
- स्वयं को खलीफा घोषित किया और **अल-वासिक बिल्लाह** की पद्वी धारण की।
- अपने पिता के सभी कठोर नियमों को रद्द कर दिया।
- हालांकि उसने अपने शासन के बहुत-से विद्रोहों को कुचल दिया, **वह प्रशासन को सुचारू रूप से चला पाने में सफल नहीं रहा**। उदाहरण के लिए, उसके शासन काल के दौरान, देवगिरि (दियोगीर) में विद्रोह उठ खड़ा हुआ, लेकिन उसे क्रूरता से दबा दिया गया।
- जल्दी ही कुतुबुद्दीन मुबारक शाह की हत्या कर दी गई और खुसरो गद्दी पर बैठा।

**नसीरुद्दीन खुसरो शाह ( 1320 ई. )**

- **मुबारक शाह की हत्या की,** हालांकि, ज्यादा समय तक गद्दी पर नहीं रह सका क्योंकि कुछ असंतुष्ट अधिकारियों ने दीपालपुर के गवर्नर, **गाजी मलिक** के नेतृत्व में **खुसरो शाह को मार दिया** और गाजी मलिक ने ग्यासुद्दीन तुगलक की पद्वी के साथ 1320 ई. में दिल्ली के सिंहासन को हासिल कर लिया।
- **एकमात्र हिंदू धर्म परिवर्तित शासक, जो दिल्ली के सिंहासन पर बैठा।**

इस प्रकार, अलाउद्दीन की मृत्यु के केवल चार वर्ष बाद, खिलजी वंश का अंत हो गया और सत्ता **तुगलकों** के हाथों में चली गई।

## अलाउद्दीन खिलजी का प्रशासन

(a) **सैन्य सुधार :** अलाउद्दीन **पहला सुल्तान था** जिसके पास एक विशाल **स्थाई पैदल सेना थी** और वह उनको **वेतन शाही खजाने से नकद** के रूप में देता था। वह घोड़ों का आयात करता था और इतिहासकार फरिशता के अनुसार, उसने 4,75,000 घुड़सवार सैनिकों को भर्ती किया था। उसके द्वारा **चेहरा और दाग की नई व्यवस्था** आरंभ की गई, जिसमें **चेहरा ( प्रत्येक सैनिक का विस्तृत विवरण ) और दाग ( घोड़ों को दागना )** को कायम रखा जाता था। अधिकतम कुशलता सुनिश्चित करने के लिए समय-समय पर सेना की कठोर जांच की जाती थी।

(b) **बाजार सुधार :** अलाउद्दीन के बाजारों को नियंत्रण करने के उपाय और मूल्य निर्धारण नियम उसके शासन की सबसे **महत्वपूर्ण नीतिगत पहल** थी और इसके लिए वह इतिहास में प्रसिद्ध है। अलाउद्दीन चूंकि एक विशाल सेना रखता था, इसलिए उसने रोजमर्रा के इस्तेमाल की वस्तुओं का मूल्य कम और निश्चित कर दिया। अलाउद्दीन खिलजी ने दिल्ली में चार पृथक् बाजारों की स्थापना की थी:

(i) **अनाज बाजार ( मंडी )** अनाज के लिए।

(ii) **कपड़ा और किराना बाजार ( सराय अद्ल )** कपड़ों, चीनी, मेवों, मक्खन और तेल का बाजार।

(iii) **घोड़ों, दासों, मवेशियों आदि का बाजार।**

(iv) **विविध वस्तुओं** का बाजार।

कार्यान्वयन को सुनिश्चित करने के लिए, प्रत्येक बाजार एक **अधीक्षक** के अधीन था, जिसे **शाहना-ए-मंडी** कहा जाता था, उनको एक खुफिया अधिकारी द्वारा सहायता प्रदान की जाती थी। शाहना-ए-मंडी के अतिरिक्त अलाउद्दीन दो अन्य स्वतंत्र स्रोतों, **बरीद (खुफिया अधिकारी) और मुनहीयान (गुप्तचर)** से भी रोज की खबरें प्राप्त करता था, साथ ही सुल्तान वस्तुओं के मूल्य जांचने के लिए दास लड़कों को विभिन्न वस्तुएं खरीदने भेजता था। सुल्तान के आदेशों का किसी भी प्रकार का उल्लंघन (जैसे कि कोई दुकानदार अधिक मूल्य वसूले या गलत नाप-तोल कर धोखा करे) करने पर **कठोर दंड** दिया जाता था, जिनमें राजधानी से निष्कासन, जुर्माना लगाना, कैद करना और अंगभंग शामिल थे। **जमाखोरी** की अनुमति नहीं थी और अकाल के दौरान भी वही मूल्य कायम रहते थे।

अनाज की आपूर्ति को सुनिश्चित करने के लिए **अनाज भंडार पर अधिकार कर सरकारी गोदामों** में रखा जाता था। सभी वस्तुओं के दाम स्थिर रखने के लिए नियम जारी किए गए थे। एक अधिकारी, जिसे **नाइब-ए-रियासत** कहा जाता था, के अधीन एक पृथक् विभाग का गठन किया गया जिसे दीवान-ए-रियासत कहा जाता था। प्रत्येक **व्यापारी का पंजीकरण** बाजार विभाग के अंतर्गत होता था। मदिरा और मादक द्रव्यों की बिक्री निषिद्ध थी और जुआ खेलने पर भी प्रतिबंध था।

(c) **भू-राजस्व प्रशासनः** अलाउद्दीन खिलजी दिल्ली का **पहला ऐसा सुल्तान** था जिसने **भूमि की माप** का आदेश दिया। यहां तक कि बड़े जमींदार भी भूमि कर देने से बच नहीं पाए। **भू-राजस्व नकद में एकत्रित किया जाता था** ताकि सुल्तान सैनिकों को नकद वेतन दे सके। राज्य के अधिकारी खेती की भूमि का माप कर उसके अनुसार **भू-राजस्व तय** करते थे। **बिस्वा** माप की मानक इकाई थी। राज्य **उत्पादन के पांचवें हिस्से** की मांग करता था और साथ ही गृह कर **(गृही/धरीकर)** और चारागाह कर **(चराई)** भी लगाए गए थे, लेकिन **किस्मत-ए-खुटी** (मुखिया का कर) समाप्त कर दिया गया। अलाउद्दीन खिलजी के भू-राजस्व सुधारों ने **शेरशाह और अकबर के भूमि सुधारों** का आधार प्रदान किया। उसने प्रशासन को केंद्रीकृत किया और धार्मिक निधि व मुक्त भूमि (ईनाम और वक्त) को भी जब्त कर लिया।

## तुगलक वंश (1320—1414 ई.)/कारौनाह तुर्क का वंश

तुगलकों को **कारौनाह तुर्क** का वंश भी कहा जाता था क्योंकि गाजी मलिक के पिता कारौनाह तुर्क मूल के थे।

**ग्यासुद्दीन तुगलक (1320-1325 ई.)**

- **तुगलक** वंश का संस्थापक और प्रथम सुल्तान जिसने **गाजी/काफिरों का हत्यारा** की पद्वी ग्रहण की थी।
- प्रथम सुल्तान जिसने **सिंचाई कार्य आरंभ करवाया।**
- दिल्ली के पास **तुगलकाबाद** नाम के मजबूत किले का निर्माण करवाया।
- वारंगल (काकतीया) और मदुरै (पाण्ड्य) में प्रभुत्व पुनर्स्थापित करने के लिए अपने पुत्र जौना खान / मोहम्मद-बिन-तुगलक को भेजा।
- **सूफी संत, शेख निजामुद्दीन औलिया** के साथ अच्छे संबंध नहीं थे।
- **लकड़ी के एक ढांचे के ढह जाने से मृत्यु हुई,** कुछ विद्वान जैसे इब्नबतूता का मानना है कि उसकी मृत्यु जौना खान द्वारा रचे षड्यंत्र का परिणाम थी।

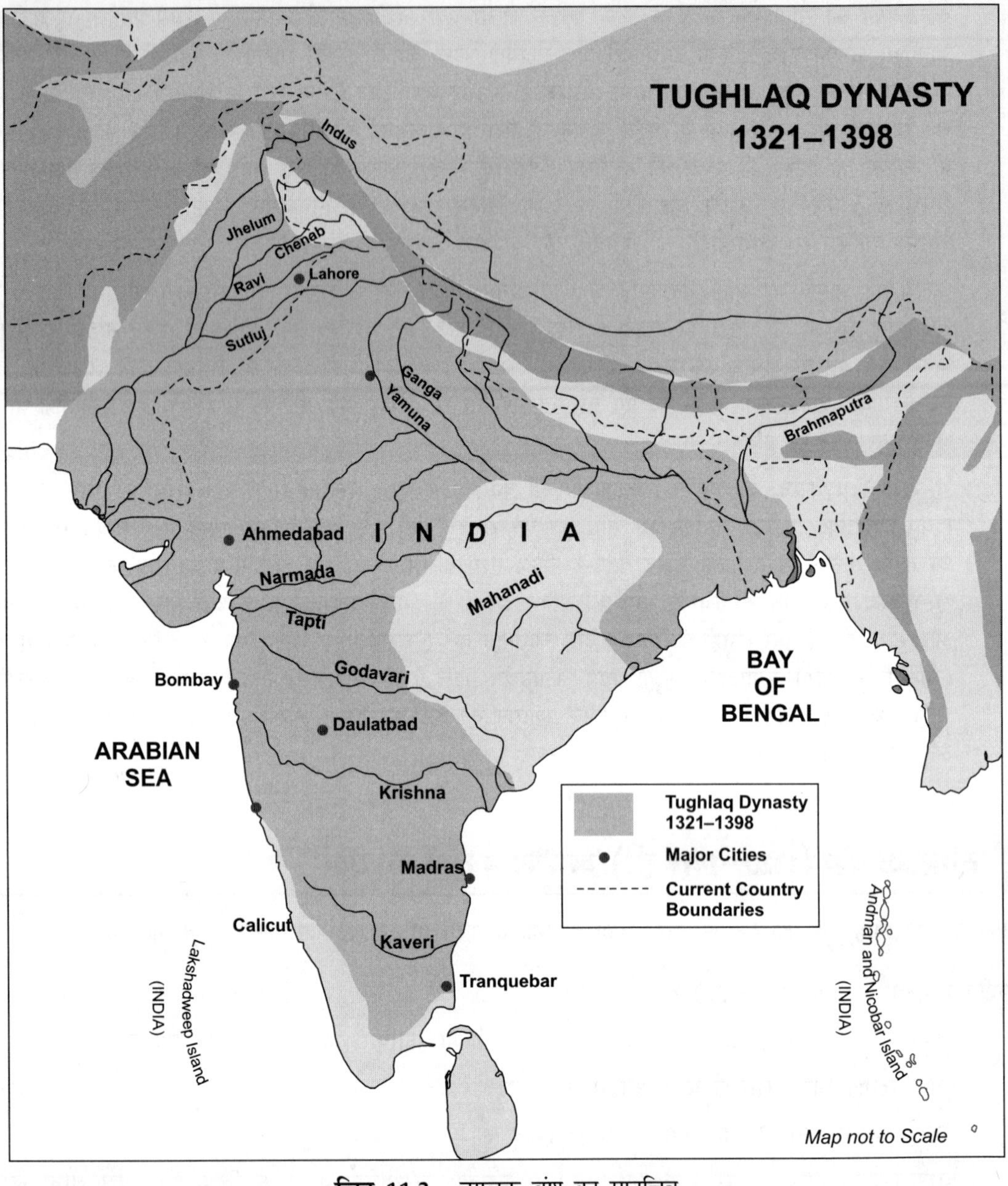


**चित्र 11.3** तुगलक वंश का मानचित्र

### मोहम्मद-बिन-तुगलक/जौना खान (1325-1351 ई.)

- उसे अपनी महात्वाकांक्षी योजनाओं और नए प्रयोगों के कारण **बदकिस्मत आदर्शवादी** माना जाता है क्योंकि उन योजनाओं व प्रयोगों का अंत दु:खद असफलताओं में हुआ, जिसका कारण उनका अपने समय से बहुत आगे का होना था।

- जियाउद्दीन बरनी ने उसके पांच प्रयोगों / अभियानों का उल्लेख किया है:
  (i) **अपनी राजधानी को दिल्ली से देवगिरि (दौलताबाद) स्थानांतरित करना,** जिससे बेहतर प्रशासन किया जा सके और जबरन संपूर्ण आबादी को नई राजधानी ले जाया गया। लेकिन दो वर्ष बाद दौलताबाद में जलापूर्ति की कमी के कारण राजधानी को वापस दिल्ली स्थानांतरित कर दिया। इन दोनों स्थानों के बीच की दूरी 1500 किलोमीटर से अधिक थी और बहुत-से लोग गर्मी में इतनी कठिन यात्रा के दौरान मर गए।

  (ii) मंगोलों के आक्रमण में उन्हें पराजित करने के बाद, उसने खुरासान और ईरान पर कब्जा करने की योजना बनाई। इसके लिए उसने एक **विशाल सेना का गठन किया**, लेकिन ईरान में परिस्थितियां सुधरने के कारण उसने इस योजना को छोड़ दिया और **सेना को भंग कर दिया** (अतिरिक्त सेना को पूरे एक वर्ष तक वेतन देता रहा)।

  (iii) वित्तीय कठिनाइयों पर काबू पाने के क्रम में, मोहम्मद-बिन-तुगलक ने दोआब (गंगा और यमुना नदियों के बीच की भूमि) के किसानों पर **भू-राजस्व बढ़ा दिया** (उत्पादन का आधा हिस्सा)। यह किसानों के ऊपर हद से ज्यादा व मनमाना कदम था। यह उपाय गलत समय पर लिया गया कदम साबित हुआ क्योंकि दोआब **उस समय अकाल के दौर से गुजर रहा था, जिसके बाद वहां प्लेग फैल गया था।**

  (iv) **सांकेतिक मुद्रा की योजना** (तांबे के सिक्कों का उपयोग करते हुए), जो चीनी उदाहरण (कुबलई खान ने चीन में कागज की मुद्रा जारी की थी) के आधार पर ढलवाए गए थे। इस प्रकार तुगलक ने चांदी के टंका सिक्कों के मूल्य के बराबर तांबे के सिक्के जारी किए। बहुत कम लोगों ने सोने / चांदी के बदले तांबे की अदला-बदली की और साथ ही, तांबे के जाली सिक्के बनाना आसान था, जिससे भारी नुकसान हुआ। बाद में उसने अपने निर्णय को निरस्त कर दिया, और सभी सिक्कों को चांदी / सोना देकर छुड़ाया गया जिससे शाही खजाना खाली हो गया।

  (v) उसके **कराचिल अभियान** (कुमाऊं पहाड़ियां) को बहुत असफलताओं का सामना करना पड़ा।

  (vi) वह दिल्ली का **एकमात्र ऐसा सुल्तान** था जिसे **विस्तृत साहित्यिक, धार्मिक और दार्शनिक शिक्षा प्राप्त हुई थी।** वह अरबी और फारसी भाषाओं का जानकार था, दर्शन, खगोलशास्त्र, तर्कशास्त्र व गणित में माहिर था और उसकी लिखावट भी बहुत सुंदर थी।

- वह धार्मिक मामलों में बहुत ही सहिष्णु था। उसने सुदूर देशों, जैसे–मिस्र, चीन और ईरान से राजनयिक संबंध बनाए। उसके शासन काल के दौरान 1333-34 ई. में प्रसिद्ध यात्री **इब्नबतूता (** *सफरनामा रेहला* का लेखक) भारत आया और **दिल्ली** में आठ वर्षों तक **काजी के रूप में कार्य किया।**
- **कृषि का नया विभाग, दीवान-ए-अमीर-कोही** स्थापित किया। उसने किसानों को बीज खरीदने और खेती का विस्तार करने के लिए **टक्कावी ऋण (खेती के लिए ऋण)** देने की योजना आरंभ की। राज्य के अधीन 64 वर्गमील के क्षेत्र में एक आदर्श खेत बनाया गया, जिस पर राज्य ने 70 लाख टंका खर्च किए। इस प्रयोग को बाद में **फिरोज तुगलक** द्वारा जारी रखा गया।
- **अदिलाबाद का किला और जहांपनाह नगर** का निर्माण करवाया।
- उसके अंतिम दिनों में, पूरा दक्षिण भारत स्वतंत्र हो गया था और तीन प्रमुख राज्य उभरे:
  - **विजयनगर राज्य–** हरीहर और बुक्का (1336 ई.)
  - **बहमनी राज्य** (दक्कन)– हसन गंगू (1347 ई.)
  - **मदुरै** की **सल्तनत–** हसन शाह के विद्रोह का परिणाम मदुरै सल्तनत की स्थापना के रूप में निकला।

- दक्षिणी राज्यों के साथ ही ऊढ़, मुल्तान और सिंध के गवर्नरों ने भी मोहम्मद-बिन-तुगलक के प्रभुत्व के विरुद्ध विद्रोह कर दिया। गुजरात में, तापी सुल्तान के विरुद्ध विरोध में उठ खड़ा हुआ जिसका पीछा करने में सुल्तान ने तीन वर्ष व्यतीय कर दिए।
- मोहम्मद-बिन-तुगलक की सेहत खराब हो गई थी और 1351 ई. में उसकी मृत्यु हो गई। **बदायूंनी** के अनुसार, ''सुल्तान अपनी प्रजा से मुक्त हो गया और प्रजा सुल्तान से।'' ए. एल. श्रीवास्तव के अनुसार, मोहम्मद-बिन-तुगलक विरोधाभासों का मिश्रण था। उसके शासन काल में ही उसके पतन की प्रक्रिया की शुरुआत हो गई थी।

**फिरोजशाह तुगलक (1351-1388 ई.)**

- उसकी अनोखी **विशिष्टता उसका कुलीनों द्वारा सुल्तान के रूप में चुना जाना** था। इसलिए उसकी नीतियों का लक्ष्य कुलीनों, सेना और धर्मशास्त्रियों को खुश रखना था।
- उसने **खान-ए-जहां मकबल** (एक धर्म परिवर्तित तेलुगू ब्राह्मण) को **वजीर** (प्रधानमंत्री) **के रूप में** नियुक्त किया। वजीर ने सुल्तान को प्रशासनिक कार्यों और इस दौरान सल्तनत की प्रतिष्ठा को बनाए रखने में मदद की।
- अपने पदारोहण के बाद, फिरोज को दिल्ली सल्तनत के विघटन को रोकने की समस्या का सामना करना पड़ा। दक्कन और दक्षिण भारत में अपना प्रभुत्व साबित करने की बजाय उसने उत्तर भारत पर अपने प्रभुत्व की रक्षा का प्रयास किया। उसने **बंगाल पर दो असफल अभियानों** का नेतृत्व किया, जिसके परिणामस्वरूप वह दिल्ली सल्तनत से स्वतंत्र हो गया।
- फिरोज ने **जाजनगर (आधुनिक उड़ीसा)** के विरुद्ध अभियान का नेतृत्व किया। वह पुरी जगन्नाथ जैसे मंदिरों से प्राप्त समृद्ध लूट के साथ वापस लौटा। उसने नगरकोट के विरुद्ध कूच किया और उसके शासक को शुल्क देने पर मजबूर किया। इस अभियान के दौरान उसने **ज्वालामुखी मंदिर** के पुस्तकालय से **1300 संस्कृत पांडुलिपियां** एकत्र कीं और उन्हें **अरिजुद्दीन खान 'दलायल-ए-फिरोज शाही'** द्वारा **फारसी में अनुवाद** करवाया। फिरोज का अगला अभियान सिंध क्षेत्र में थट्टा के विरुद्ध था, जहां उसने एक विद्रोह को कुचला।
- उसने **प्रशासन को चलाने में उलेमाओं की सलाह का कट्टरता से पालन किया।** उसने इस्लामी कानून के अनुसार कर लगाए। **गैर-मुसलमानों पर सख्ती से जजिया लगाया** गया। उसने हिंदुओं के साथ दोयम दर्जे के नागरिकों जैसा व्यवहार किया और उनके प्रति बहुत कठोर रवैया अपनाया (उदाहरण के लिए कुरान पर प्रश्न उठाने के जुर्म में एक ब्राह्मण को सरेआम जिंदा जलवा दिया)। इस संबंध में, वह सिकंदर लोदी और औरंगजेब का पूर्वगामी था। 28 वस्तुओं पर लगे विशेष कर उसके द्वारा समाप्त कर दिए गए क्योंकि वे इस्लामी कानून के विरुद्ध थे। उसने **मुसलमान स्त्रियों के संतों की कब्रों पर जाने पर भी प्रतिबंध लगा दिया** और साथ ही उसने बहुत-से विधर्मी मुसलमान संप्रदायों (शिया मुसलमान और सूफी) पर अत्याचार किए।
- वह **मिस्त्र के खलीफा का बहुत सम्मान** करता था और **स्वयं को उसके प्रतिनिधि की पद्वी दी** व दो बार उससे सम्मान का परिधान प्राप्त किया।
- उसने न केवल **इक्तादारी व्यवस्था को पुनर्स्थापित किया, बल्कि उसे वंशानुगत भी बना दिया।** सैनिकों को भूमि अभिहस्तांकन (जागीर व्यवस्था) किया जाता था और उनकी नियुक्ति को भी वंशानुगत बना दिया।
- वह **पहला सुल्तान** था जिसने **शर्ब (सिंचाई कर)** लगाया। लेकिन वहीं उसने, बहुत सारी नहरें बनवाई और साथ ही उसने लोक कल्याण कार्यों के लिए एक अलग विभाग भी बनवाया।
  - ◆ सिरसा से हांसी

- ◆ सतलज से हांसी: सबसे लंबी नहर (लगभग 200 किलोमीटर)
- ◆ यमुना से हिसार

- उसके शासन काल के दौरान दिल्ली और उसके आसपास 1200 फलों के बाग थे, जिनकी उपज से अच्छा राजस्व प्राप्त होता था:
  - ◆ **खराज**-उत्पाद का 10 प्रतिशत
  - ◆ **जकात**-मुसलमानों के लिए खैरात (दान)
  - ◆ **खम्स/खुम्स**-20 प्रतिशत युद्ध की लूट
- दो नए सिक्के: **अद्धा** (जीतल का 50 प्रतिशत) और **बिख** (जीतल का 23 प्रतिशत) आरंभ किए।
- उसने **शाही कारखाने** भी विकसित किए जिनमें हजारों गुलामों को काम पर लगाया गया, इनका संगठन **दीवान-ए-बंदागन (गुलामों का विभाग)** के अधीन होता था। **वकील-ए-दर** प्रभारी अधिकारी था। उसने पराजित सैनिकों और युवा लोगों को पकड़कर दासों की संख्या बढ़ाई।
- उसके शासन काल के दौरान 300 नए शहरों का निर्माण हुआ। इनमें से प्रसिद्ध थे–**दिल्ली में लाल किले के पास फिरोजाबाद, जिसे अब फिरोजशाह कोटला कहा जाता है, हिसार और जौनपुर** (पूर्व का शिराज माना जाता था)।
- पुराने स्मारकों, जैसे–जामा मस्जिद और कुतुब मीनार (जिस पर बिजली गिरने से, नुकसान पहुंचा था और बाद में चौथी मंजिल के स्थान पर दो छोटी मंजिलों का निर्माण किया गया था) की मरम्मत करवाई। **टोपरा और मेरठ से अशोक स्तंभ दिल्ली** लाए गए।
- अनाथों और विधवाओं की देखभाल करने के लिए एक नए विभाग **दीवान-ए-खैरात (दान-पुण्य का विभाग)** का गठन किया गया। गरीब मुसलमानों के लिए **मुफ्त अस्पताल, जैसे दार-उल-सफा** और विवाह केंद्र भी स्थापित किए गए।
- फिरोज ने बरनी (प्रसिद्ध इतिहासकार जिन्होंने *तारीख-ए-फिरोजशाही* **और** *फतवा-ए-जहांदारी* लिखी) और **ख्वाजा अब्दुल मलिक इस्लामी/इसामी** (जिन्होंने *फतह-उस-सुलातिन* लिखी) जैसे प्रसिद्ध इतिहासकारों को संरक्षण दिया। उसने स्वयं *फतुहत-ए-फिरोजशाही* लिखी।
- 1388 ई. में फिरोज शाह तुगलक की मृत्यु के बाद, सुल्तान और कुलीनों के बीच एक बार फिर से सत्ता के लिए संघर्ष शुरू हो गया। फिरोज के उत्तराधिकारियों को उसके द्वारा बनाए गए दासों के विद्रोह का सामना करना पड़ा।

↓

**मुहम्मद खान**

↓

**ग्यासुद्दीन तुगलक शाह द्वितीय**

↓

**अबु बक्र शाह**

↓

**नसीरुद्दीन मुहम्मद ( 1390-1398 ई. )**

- आने वाले वर्षों में, दिल्ली सल्तनत और विघटित हो गई। मालवा और गुजरात जैसे अनेक प्रांतों ने अपनी स्वतंत्रता की घोषणा कर दी।
- **तैमूर ( मध्य एशिया का मंगोल अगुआ, चगताई तुर्कों का प्रमुख,** जिसका विशाल साम्राज्य निचली वोल्गा से सिंधु नदी तक फैला था, जिसमें आधुनिक तुर्की, ईरान, ट्रांसोजियाना, अफगानिस्तान और पंजाब के भाग शामिल थे, और जो अब तक मेसोपोटामिया और अफगानिस्तान को जीत चुका था) ने **1398 ई. में भारत पर आक्रमण किया,** जिससे स्थिति और भी ज्यादा खराब हो गई।
- तैमूर जब दिल्ली में दाखिल हुआ तो उसे किसी विरोध का सामना नहीं करना पड़ा और **उसने तीन दिनों तक दिल्ली को लूटा व हजारों लोगों की हत्या करने के साथ प्रचुर मात्रा में धन लूटा।** वह 1398 ई. में दिल्ली से वापस लौटा और उसके आक्रमण ने तुगलक वंश को घातक चोट पहुंचाई।

**दौलत खान**

- खिज्र खान द्वारा पराजित जिसने सैय्यद वंश की स्थापना की।

## सैय्यद वंश[1] (1414-1451 ई.)

**खिज्र खान ( 1414-1421 ई. )**

- भारत से अपनी रवानगी से पहले, तैमूर ने खिज्र खान को मुल्तान के गवर्नर के रूप में नियुक्त किया। उसने दिल्ली पर कब्जा कर 1414 ई. में **सैय्यद वंश की स्थापना की।** हालांकि उसने सुल्तान की पद्वी ग्रहण नहीं की, बल्कि वह **रैयत-ए-आला** के रूप में ही खुश था। तैमूर के नाम के सिक्के गढ़वाए गए और खुतबा पढ़ा गया और उसकी मृत्यु के बाद उसके उत्तराधिकारी शाहरुख के नाम के सिक्के व खुतबा पढ़ा गया।
- खिज्र खान सबसे सक्षम सैय्यद शासक था। उसने दिल्ली सल्तनत को संगठित करने का प्रयास किया, लेकिन वह ज्यादा कुछ नहीं कर पाया और 1421 ई. में उसकी मृत्यु हो गई।

**मुबारक शाह ( 1421-1433 ई. )**

- खिज्र खान का उत्तराधिकारी उसका पुत्र मुबारक शाह बना जिसने अपने पिता की तैमूर के प्रति नाममात्र की निष्ठा को समाप्त कर दिया।
- कुछ इतिहासकारों के अनुसार, वह दिल्ली के दरबार में **हिंदू सरदारों को नियुक्त करने वाला पहला सुल्तान** था।

---

1 सैय्यदों ने अपना नाम अरबी शीर्षक "सैय्यद" से लिया, जिसका अर्थ है पैगंबर के वंशज और इस प्रकार उन्होंने पैगंबर मुहम्मद के वंश का दावा किया, जिसने उन्हें धार्मिक वैधता और प्रतिष्ठा प्रदान की। मुस्लिम समाज में उन्हें विशेष सम्मान मिला और यहां तक कि क्रूर हिंसा और वध के लिए जाने जाने वाले तैमूर ने भी अपने आक्रमण के दौरान सैय्यदों के जीवन की रक्षा की। सैय्यद नुकीली टोपी (कुलाह) पहनते थे और इसलिए उन्हें दिल्ली सल्तनत के दौरान '*कुलाह दारान*' के नाम से भी जाना जाता था।

**मुहम्मद शाह ( 1434–1443 ई. )**

- वह **हमेशा षड्यंत्रकारियों के विरुद्ध कार्यवाहियों में व्यस्त रहा और क्रमशः अपने अमीरों पर से नियंत्रण खो बैठा**[2]।
- 1445 में मुहम्मद शाह की मृत्यु हो गई और उसका बेटा आलम शाह उत्तराधिकारी बना। उन्हें कला और वास्तुकला के संरक्षण के लिए याद किया जाता है। उन्होंने कई मस्जिदों और कब्रों का निर्माण कराया, जिनमें लोदी गार्डन में उनका अपना मकबरा भी शामिल है।

**अलाउद्दीन आलम शाह ( 1443–1451 ई. )**

- वह एक **अक्षम** सुल्तान और सैय्यद शहजादों में से सबसे कमजोर साबित हुआ।
- आलम शाह के वजीर, हामिद खान, ने **बहलोल लोदी को** सेना का दायित्व संभालने के लिए **आमंत्रित किया** और यह स्पष्ट हो जाने के बाद कि सुल्तान के रूप में बने रहना संभव नहीं है, आलम शाह बदायूं चला गया।

## लोधी वंश (1451–1526 ई.)

लोधी **सल्तनत काल का अंतिम शासित वंश और अफगान प्रमुखों द्वारा शासित पहला वंश था।** जब सैय्यद भारत में शासन कर रहे थे, उस समय अफगान सरहिंद पर शासन कर रहे थे।

**बहलोल लोधी/लोदी ( 1451–1489 ई. )**

- कुछ अमीरों की सहायता से, बहलोल लोधी ने सेना की कमान संभाली और सुल्तान बन गया। इस प्रकार, उसने लोधी वंश की नींव रखी।
- सुल्तान बहलोल लोधी एक **काबिल जनरल** था और वह इस तथ्य से भली-भांति परिचित था कि सल्तनत पर अपना प्रभाव स्थापित करने के लिए, उसे **अफगान अमीरों की सहायता और समर्थन की आवश्यकता** पड़ेगी। अफगान अमीर चाहते थे कि सुल्तान उनके साथ पूर्ण सम्राट की तरह नहीं, बल्कि बराबरी के भागीदारों की तरह बर्ताव करें। उन्हें शांत करने के लिए, बहलोल ने सार्वजनिक रूप से यह घोषणा की, **कि वह अपने को सम्राट नहीं, अफगान साथियों में से एक मानता है।** वह सिंहासन पर नहीं बैठा, और न ही उसने अमीरों को दरबार में खड़े रहने पर जोर दिया। उसकी इस नीति ने उसके लंबे शासन काल के दौरान भली-भांति काम किया और उसे अपने शक्तिशाली अफगान अमीरों से किसी प्रकार की कठिनाई का सामना नहीं करना पड़ा।
- उसने मेवात और दोआब में विद्रोहों को सफलतापूर्वक दबा दिया। 1484 ई. में उसने जौनपुर के सुल्तान को पराजित कर उसे दिल्ली सल्तनत में मिला लिया। उसने काल्पी और धौलपुर के शासकों को भी दिल्ली के आधिपत्य के अधीन ले लिया। उसने **शरकुई वंश** पर कब्जा किया और **बहलोली तांबे के सिक्के** आरंभ किये। हालांकि, बंगाल, गुजरात और दक्कन पर फिर से कब्जा करने में असफल रहा।

---

2 वस्तुतः सैय्यद वंश के सभी शासकों ने कटेहार, बदायूं, इटावा, पटियाली, ग्वालियर, कम्पिल, नागौर तथा मेवात जैसे विद्रोही क्षेत्रों पर नियंत्रण करने का प्रयास किया, परन्तु सरदारों की साजिश के कारण वे असफल रहे।

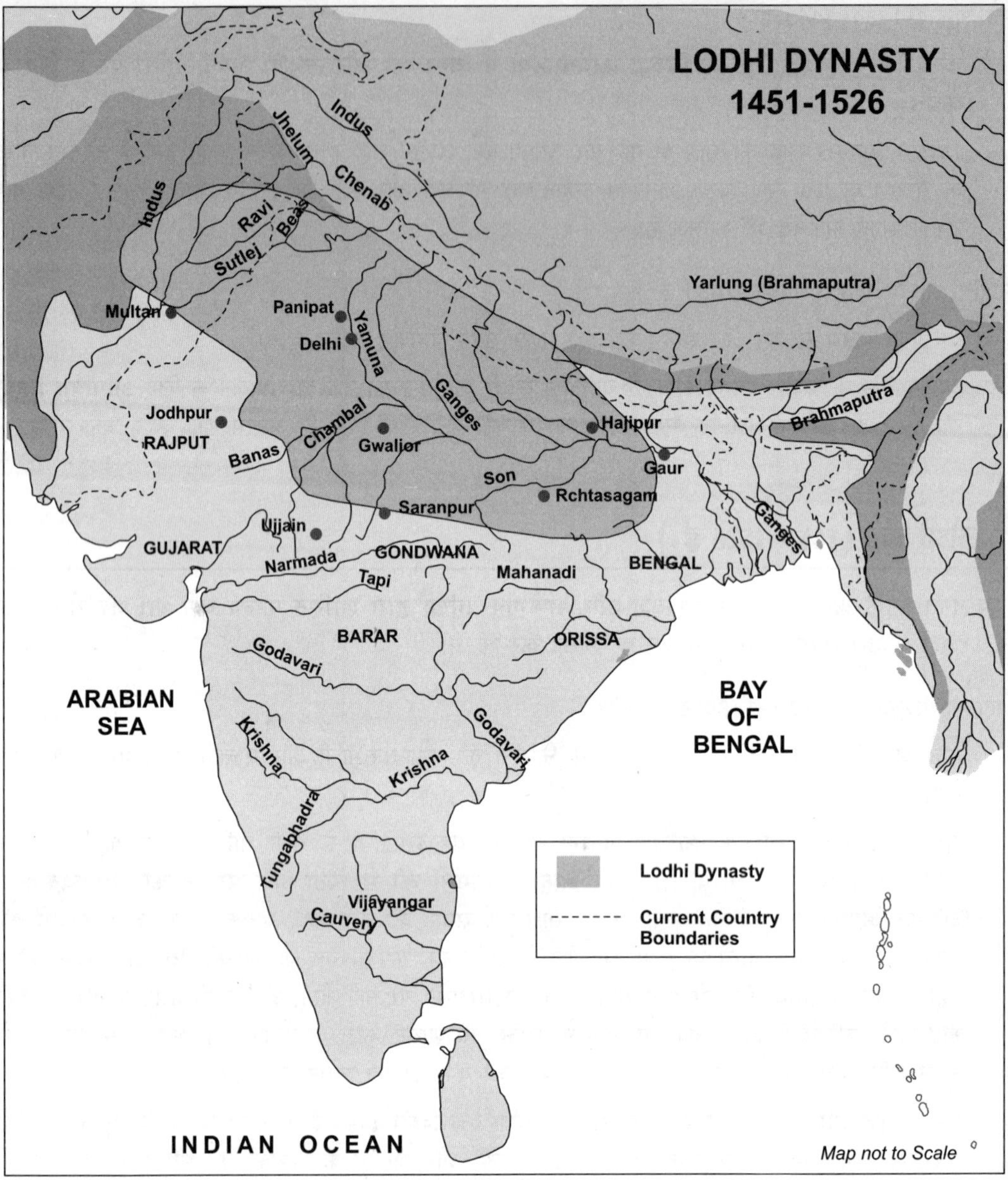


**चित्र 11.4** लोधी वंश का मानचित्र

## सिकंदर लोधी ( 1489–1517 ई. )

- वह तीनों लोधी शासकों में से **महानतम और सबसे उदार** शासक था।
- उसकी माता एक हिंदू थीं और उसका असली नाम निजाम खान था।

- उसने पूरे बिहार को अपने नियंत्रण में कर लिया और बहुत-से राजपूत शासकों को पराजित किया। उसने बंगाल पर आक्रमण किया और उसके शासक को अपने साथ संधि करने पर मजबूर किया तथा अपने साम्राज्य का विस्तार पंजाब से बिहार सहित धौलपुर, नारवार, ग्वालियर और नागौर राज्यों के कुछ हिस्सों तक किया।
- वह एक अच्छा प्रशासक था। उसने सड़कें बनवाईं और किसानों को बहुत सारी सिंचाई सुविधाएं प्रदान कीं। उसने न्याय पर बहुत जोर दिया। उसके शासन काल के दौरान वस्तुओं का मूल्य बहुत कम था।
- उसने नया पैमाइश मापदंड, **गज-ए-सिकंदरी और खातों की लेखा परीक्षा व्यवस्था** आरंभ की।
- कुछ प्रशंसनीय गुणों के बावजूद, वह एक कट्टर व्यक्ति था और **गैर-मुसलमानों के प्रति बहुत कम सहिष्णुता रखता था।** उसने बहुत-से मंदिरों को नष्ट कर दिया और हिंदुओं पर ढेर सारे प्रतिबंध लगा दिए। उसने गैर-मुसलमानों पर **फिर से जजिया लगा दिया।**
- वह अमीरों के सामने सुल्तान की स्थिति को श्रेष्ठ समझता था। उसने कुलीनों और अमीरों को दरबार और उसके बाहर सुल्तान के प्रति औपचारिक सम्मान दिखाने पर मजबूर किया और उनके साथ कठोर व्यवहार किया।
- 1504 ई. में **आगरा की स्थापना की और 'गुलरुखी' के नाम से फारसी में कविताएं लिखीं।**

**इब्राहिम लोधी (1517-1526 ई.)**

- सिकंदर लोधी का ज्येष्ठ पुत्र, जो न केवल **हठी था, बल्कि दमनकारी शासक** भी था। वह मेवाड़ के राणा सांगा से पराजित हुआ।
- वह दरबार में **खुले तौर पर अपने कुलीनों को अपमानित और तिरस्कृत करता था** और अपने विरुद्ध विद्रोह करने वाले कुलीनों को मौत के घाट उतार देता था। उसके शासन के दौरान सुल्तान और दरबारियों के बीच असंतोष बहुत सामान्य बात हो गई थी। उसके अपने चाचा, अलाउद्दीन ने विद्रोह कर दिया। **पंजाब के गवर्नर, दौलत खान लोधी ने**, इब्राहिम के तिरस्कार और अपमान से क्षुब्ध होकर, **बाबर को भारत पर आक्रमण के लिए आमंत्रित किया।**
- बाबर ने दिल्ली के विरुद्ध कूच किया और **पानीपत की पहली लड़ाई** (1526 ई.) में इब्राहिम लोधी को पराजित कर मार दिया। इस प्रकार भारत में अफगान साम्राज्य मात्र पचहत्तर वर्ष तक ही चला। उसके साथ ही सल्तनत काल समाप्त हो गया, और जैसा कि एक विद्वान ने उल्लेख किया, ''दिल्ली सल्तनत, जिसका जन्म 1192 ई. में तराइन के युद्ध में हुआ था, ने अपनी अंतिम सांस 1526 ई. में, वहां से कुछ मील दूर पानीपत की युद्धभूमि में ली।''

**मुगल**

## सल्तनत काल के अधीन शासन

दिल्ली सल्तनत की स्थापना और विस्तार से शक्तिशाली व कुशल प्रशासनिक व्यवस्था का विकास हुआ। अपने चरमोत्कर्ष के समय, दिल्ली सल्तनत ने लगभग पूरे देश को सुदूर दक्षिण में मदुरै तक नियंत्रण में कर लिया था। उसके विघटन के बाद भी, दिल्ली सल्तनत और उसकी प्रशासनिक व्यवस्था ने **भारतीय प्रांतीय** राज्यों व बाद में **मुगल प्रशासनिक व्यवस्था पर सशक्त प्रभाव डाला।**

## सुल्तान

**'सुल्तान' की पद्वी तुर्की शासकों** द्वारा आरंभ की गई थी और महमूद गजनी पहला शासक था जिसने सुल्तान की पद्वी धारण की। दिल्ली सल्तनत **इस्लामी राज्य था जिसका धर्म इस्लाम था।** सुल्तान अपने आप को **खलीफा के प्रतिनिधि** मानते थे। उन्होंने खलीफा के नाम को **खुतबा** या प्रार्थनाओं में शामिल किया और सिक्कों पर अंकित किया। इसका अमल बलबन ने भी जारी रखा, जिसने खुद को ईश्वर की छाया कहा। इल्तुतमिश, मुहम्मद-बिन-तुगलक और फिरोज तुगलक ने खलीफा से **मंसूर** (संस्कार पत्र) प्राप्त किया। सल्तनत में सुल्तान का पद सबसे महत्वपूर्ण था और उसका **सैन्य, न्याय व राजनीतिक मामलों में अंतिम अधिकार** था। **न्याय व्यवस्था** अन्य महत्वपूर्ण कार्य था जो सुल्तान द्वारा किया जाता था और वह अपील करने की अदालत के रूप में कार्य करता था। उदाहरण के लिए, बलबन अति निष्पक्षता के साथ न्याय करता था, और राज्य के उच्चाधिकारियों को भी नहीं बख्शता था। **मुहम्मद-बिन-तुगलक उलेमाओं को भी कठोर दंड** देता था, जिन्हें पहले छोड़ दिया जाता था।

इस काल के दौरान **उत्तराधिकार संबंधी कोई स्पष्ट कानून नहीं** था। **सभी पुत्रों का सिंहासन पर बराबर का दावा होता था।** यह दिलचस्प है कि, ज्येष्ठाधिकार की अवधारणा पूरी तरह से न तो मुसलमानों को स्वीकार्य थी और न ही हिंदुओं को। इल्तुतमिश ने तो अपने पुत्रों के स्थान पर अपनी बेटी को चयनित करने को तरजीह दी। लेकिन **ऐसे नामांकनों और उत्तराधिकारों को अमीरों की स्वीकृति मिलना ज्यादा आवश्यक था।** समय-समय पर अनुकूल जनमत प्राप्त करने में उलेमाओं की भी महत्वपूर्ण भूमिका रहती थी। हालांकि, उत्तराधिकार के मामलों में सैन्य श्रेष्ठता ही मुख्य कारक बनी रही।

## केंद्रीय प्रशासन

सुल्तान को **बहुत-से मंत्रियों से सहायता मिलती थी** जो विभिन्न विभागों के प्रमुख थे और प्रशासन में मदद करते थे। इन मंत्रियों का चयन सुल्तान द्वारा किया जाता था और वे उसकी मर्जी के अनुसार ही पद पर बने रह सकते थे। **नाइब** का पद सबसे शक्तिशाली था। **नाइब** (नायब-ए-ममलिकत, प्रथम बार यह पद एतीगीन को बहराम शाह के समय मिला) **वास्तव में, सुल्तान के समान सभी अधिकार रखता था** और उसका सभी विभागों पर व्यापक नियंत्रण होता था। उसके बाद **वजीर** का स्थान आता था, जो वित्त विभाग, जिसे **दीवान-ए-विजारत** कहा जाता था, का प्रमुख था। वजीर के अधीन अलग से व्यय की छानबीन करने के लिए अलग से महालेखा परीक्षक और आय का निरीक्षण करने के लिए महालेखापाल कार्य करते थे। फिरोज तुगलक के वजीर **खान-ए-जहां** के वजीरशाही काल को आमतौर पर वजीरों के प्रभाव को दर्शाने वाला अहम काल माना जाता है।

सैन्य विभाग को **दीवान-ए-अर्ज** कहा जाता था। इसका प्रमुख **आरिज-ए-मुमालिक** होता था, जिस पर सैनिकों की भर्ती और सैन्य विभाग के प्रशासन की जिम्मेदारी होती थी। यह ध्यान देने योग्य है कि, आरिज सेना का प्रधान सेनापति नहीं होता था, क्योंकि **सुल्तान स्वयं ही सशस्त्र सेना का प्रधान सेनापति होता था। सबसे पहले बलबन ने सैन्य विभाग का गठन** किया था और उसके बाद **अलाउद्दीन खिलजी ने उसमें सुधार किए,** जिसने सशस्त्र सेना के नियमित मुआयने पर जोर दिया। अलाउद्दीन ने **चेहरा और दाग व्यवस्था** आरंभ की, जिसमें प्रत्येक सैनिक की विवरणात्मक सूची के साथ घोड़ों को दागने की व्यवस्था भी होती थी जिससे केवल अच्छी गुणवत्ता के घोड़े ही मुआयने का हिस्सा बनते थे। साथ ही, वह ऐसा **पहला सुल्तान था जो अपने सैनिकों को नकद वेतन देता था।** उसके पास लगभग तीन लाख सैनिकों की विशाल व कुशल सेना भी थी, जो निश्चित तौर पर मंगोल आक्रमणों को रोकने और साथ ही उसके दक्कन अभियानों का मुख्य कारण थी। तुर्क युद्ध प्रयोजनों के लिए अच्छी तरह से प्रशिक्षित बड़ी संख्या में हाथियों को भी रखते थे। हालांकि **घुड़सवार सेना का महत्व अधिक था** जिसे ज्यादा प्रतिष्ठित समझा जाता था। गजनवियों के समय में, हिंदू पैदल व घुड़सवार दोनों सेनाओं में कार्यरत थे, लेकिन सल्तनत काल के दौरान उनकी नियुक्ति ज्यादातर पैदल सेना में की गई।

**दीवान-ए-रसालत धार्मिक मामलों का विभाग** था जो धार्मिक संगठनों को देखता था और योग्य छात्रों व धर्मनिष्ठ व्यक्तियों को छात्रवृत्ति देता था। इस विभाग द्वारा मस्जिदों, मकबरों और मदरसों के निर्माण व देख-रेख के लिए दान भी दिए जाते थे। इस विभाग का प्रमुख **सद्र** होता था, जो न्याय विभाग के **मुख्य काजी** के रूप में भी कार्य करता था। सल्तनत के विभिन्न भागों में अन्य न्यायाधीश या काजी नियुक्त किए जाते थे। दीवानी मामलों में **मुस्लिम व्यक्तिगत कानून शरियत** का पालन किया जाता था। **हिंदू अपने व्यक्तिगत कानून** द्वारा शासित होते थे और उनके मामलों को गांव पंचायतों द्वारा निपटाया जाता था। **आपराधिक कानून सुल्तान के बनाए नियमों व विनियमों** पर आधारित होते थे। पत्र व्यवहार का विभाग **दीवान-ए-इंशा** कहलाता था। शासक का अन्य राज्यों के सम्राटों और साथ ही उसके अधीनस्थ कर्मचारियों के बीच होने वाले सभी पत्र व्यवहार इसी विभाग द्वारा देखे जाते थे।

## प्रांतीय शासन

दिल्ली सल्तनत के अधीन प्रांतों को **इक्ता** कहा जाता था। आरंभ में ये अमीरों के नियंत्रण में थे। प्रांतों के गवर्नर **मुक्ति या वली** कहलाते थे। उन्हें कानून व व्यवस्था की देख-रेख तथा भू-राजस्व एकत्र करना होता था। प्रांत आगे **शिकों** में विभाजित होते थे, जो **शिकदार** के नियंत्रण में होते थे, अगला विभाजन **परगना** था, जिसमें कुछ गांव होते थे और इनका प्रमुख **आमिल** होता था। गांव 100 या 84 (परंपरागत रूप से **चौरासी** कहा जाता था) की इकाई में समूहबद्ध थे। **गांव** प्रशासन की मूल इकाई बने रहे। गांव का मुखिया **मुकद्दम या चौधरी** कहलाता था। **गांव का लेखापाल** (अकाउंटेंट) **पटवारी** कहलाता था।

इक्ता (प्रांत) ⟶ मुक्ती या वली (गवर्नर)
↓
शिक (जिला) ⟶ शिकदार
↓
परगना (उप-जिला) ⟶ आमिल
↓
गांव ⟶ मुकद्दम या चौधरी

## अर्थव्यवस्था

भारत में अपनी स्थिति सुदृढ़ करने के बाद, दिल्ली सल्तनत ने भूमि राजस्व प्रशासन में सुधार आरंभ किए। भूमि को तीन श्रेणियों में वर्गीकृत किया गया:

1. **इक्ता भूमिः** अधिकारियों को उनकी सेवाओं के बदले भुगतान की जगह **इक्ताओं के रूप में सौंपी गई भूमि।**
2. **खालिसा भूमिः सुल्तान के सीधे नियंत्रण** के अधीन भूमि और इससे एकत्रित राजस्व को शाही दरबार व शाही परिवार की देखरेख में व्यय किया जाता था।
3. **इनाम भूमिः** धार्मिक प्रमुखों या धार्मिक संस्थानों को सौंपी गई या दान में दी गई भूमि।

**खुट्ट (छोटे जमींदार) और हिंदू रईसों (स्वायत्त राजा)** का एक वर्ग उभरा, जो न केवल उच्च स्तर का जीवन व्यतीत करते थे, बल्कि कभी-कभी वे अपनी शक्तियों का दुरुपयोग और गरीब किसानों का शोषण भी करते थे। अलाउद्दीन खिलजी ने इनके खिलाफ कड़ी कार्रवाई की। हालांकि आम किसान **उत्पादन का एक-तिहाई भू-राजस्व के रूप में** देते थे,

और कभी-कभी **उत्पादन का आधा हिस्सा** भी भू-राजस्व के रूप में दिया जाता था। वे अन्य कर भी अदा करते थे और निर्वाह मात्र से ही जीवन यापन करते थे। लगातार अकालों से उनका जीवन और दयनीय हो गया था। मगर, सुल्तानों जैसे मुहम्मद-बिन-तुगलक और फिरोज तुगलक ने सिंचाई सुविधाएं और **तकावी** ऋण प्रदान कर कृषि उत्पादन को बढ़ाने के प्रयास किए। उन्होंने किसानों को जौ के स्थान पर बेहतर फसल गेहूं की खेती के लिए भी प्रोत्साहित किया। **फिरोज ने बागवानी के विकास को प्रोत्साहन दिया।** मुहम्मद-बिन-तुगलक ने एक पृथक कृषि विभाग, **दीवान-ए-कोही** का गठन किया। सुल्तान और उसके अमीरों ने **भारत में फलों, विशेष तौर पर खरबूज और अंगूरों की गुणवत्ता को बढ़ाने में** गहरी दिलचस्पी ली। इब्नबतूता ने अपनी पुस्तकों में अभिलिखित किया है कि मिट्टी इतनी उपजाऊ थी कि वहां प्रत्येक वर्ष दो फसलें उगाई जा सकती थीं, जबकि चावल एक वर्ष में तीन बार बोया जाता था।

सल्तनत काल के दौरान शहरीकरण की प्रक्रिया ने गति पकड़ ली थी। इस काल में बहुत-से शहर व नगर विकसित हुए। **लाहौर और मुल्तान (उत्तर-पश्चिम में), भरूच, कैम्बे व अनहिलवाड़ा (पश्चिम में), पूर्व में कड़ा व लखनौती, दौलताबाद, दिल्ली और जौनपुर इनमें से प्रमुख थे**। दिल्ली पूर्व में सबसे विशाल शहर बना रहा। समकालीन लेखकों ने व्यापार व वाणिज्य के विकास का वर्णन किया। भारत, फारस की खाड़ी व पश्चिमी एशिया और साथ ही दक्षिण-पूर्वी एशियाई देशों को बहुत-सी वस्तुओं का निर्यात करता था। बंगाल (विशेष तौर पर महीन सूती कपड़े मसलिन के लिए) और गुजरात के शहर अपने उत्कृष्ट कोटि के कपड़ों के लिए प्रसिद्ध थे। **गुजरात में कैम्बे, कपड़ों और सोने-चांदी के कामों के लिए** प्रसिद्ध था। भारत, पश्चिमी एशिया से उच्च श्रेणी के कपड़े (साटेन आदि), कांच का सामान और घोड़े आयात करता था। चीन से वह कच्चा रेशम और चीनी मिट्टी आयात करता था। विदेशी व्यापार का नियंत्रण **मुल्तानियों** (अधिकतर हिंदू) और **खुरासानियों** (अफगानी मुसलमान) के अधीन था। अंतर्देशीय व्यापार पर **गुजराती, मारवाड़ी और मुसलमान वोहरा व्यापारियों** का प्रभुत्व था। व्यापारी अत्यंत धनी थे और शान-शौकत का जीवन व्यतीत करते थे। अधिकतर गुजराती व मारवाड़ी व्यापारी जैन थे और वे मंदिरों के निर्माण में बड़ी राशि खर्च करते थे।

सड़कों के निर्माण और उनके रख-रखाव ने परिवहन व संपर्क को निर्विघ्न बनाने में मदद की। विशेष रूप से, **शाही सड़कों** का, उचित रखरखाव किया जाता था। पेशावर से सोनार गांव तक की शाही सड़क के अतिरिक्त, मुहम्मद-बिन-तुगलक ने दौलताबाद तक सड़क का निर्माण करवाया। यात्रियों की सुविधा के लिए राजमार्गों पर **सराय या विश्राम गृहों को** बनवाया गया। डाक को देश के एक हिस्से से दूसरे हिस्से तक तेजी से ले जाने की व्यवस्था घोड़ों और संदेशवाहकों की सहायता से की गई थी जिनको कुछ किलोमीटर की दूरी पर तैनात किया जाता था।

सूती वस्त्र और रेशम उद्योग इस काल में विकसित हुए। **रेशम के कीड़ों का पालन** बड़े पैमाने पर आरंभ हुआ, जिससे भारत की दूसरे देशों से कच्चे रेशम के आयात पर निर्भरता कम हुई। कागज उद्योग विकसित हुआ और 14वीं व 15वीं शताब्दियों में कागज का व्यापक प्रयोग हुआ। बढ़ती मांग के कारण अन्य शिल्प, जैसे–चमड़ा बनाना, धातु शिल्प और कालीन बुनाई विकसित हुए। **शाही कारखाने** सुल्तान और उसके परिवार की आवश्यकताओं के समान की आपूर्ति करते थे। वे सोने से बने कीमती सामान, चांदी और सोने के बर्तनों का निर्माण करते थे। कुलीन भी सुल्तान की जीवन शैली की नकल करते थे और शानदार जीवन व्यतीत करते थे। उनको अच्छी तरह से भुगतान किया जाता था और उन्होंने विशाल धन संपदा संचित कर ली थी।

दिल्ली सल्तनत के दौरान **सिक्का ढलाई व्यवस्था** भी विकसित हुई। इल्तुतमिश ने विभिन्न प्रकार के **चांदी के टंका** जारी किए। खिलजी शासन के दौरान एक चांदी का टंका 48 जीतल में और तुगलक शासन के दौरान 50 जीतल में बंटा हुआ था। **अलाउद्दीन खिलजी** के शासन के दौरान उसके दक्षिण भारत पर विजय के बाद स्वर्ण मुद्रा या दीनार लोकप्रिय हुए। चांदी के सिक्के संख्या में कम व दिनांक रहित थे। **मुहम्मद-बिन-तुगलक** ने सोने व चांदी का प्रयोग न केवल **सांकेतिक मुद्रा** में किया, बल्कि विभिन्न प्रकार के सोने व चांदी के सिक्के भी जारी किए। उनकी ढलाई आठ अलग-अलग स्थानों पर की जाती थी। उसके द्वारा कम-से-कम 25 प्रकार के सोने के सिक्के जारी किए गए।

तुर्कों ने बहुत-से शिल्प व तकनीकों को लोकप्रिय बनाया, जैसे कि:

(a) **लोहे के कुंडों** का उपयोग।

(b) घोड़ों व सवारों दोनों के लिए **कवच का उपयोग।**

(c) **रहट** में सुधार (**फारसी पहिया** जिसके द्वारा पानी को सिंचाई के लिए गहरे स्तर से उठाया जा सकता था)।

**चित्र 11.5** फारसी पहिया

(d) कागज बनाना, कांच बनाना, चरखा और **बुनाई के लिए बेहतर करघा** बनाना।

(e) **बेहतर गारे का उपयोग**, जिसने तुर्कों को मेहराबों और गुंबदों पर आधारित शानदार इमारतों का निर्माण करने में सक्षम बनाया।

## सामाजिक व्यवस्था

**हिंदू समाज के ढांचे में** इस दौरान **बहुत कम परिवर्तन** आया। परंपरागत वर्ण व्यवस्था जिसमें उच्च स्तर पर ब्राह्मण थे, प्रचलित रही। **स्त्रियों का निम्न स्तर** भी जारी रहा और **सती प्रथा व्यापक रूप से प्रचलित रही।** इब्नबतूता ने दहशत के साथ एक दृश्य का वर्णन किया है जिसमें तेजी से बजते ढोलों के बीच एक स्त्री खुद को अपने पति की चिता में जला रही थी। अरब और तुर्क भारत में अपने साथ **पर्दा प्रथा** और स्त्रियों की पृथकता लेकर आए तथा उत्तर भारत के उच्च हिंदू वर्ग में स्त्रियों के बीच बड़े पैमाने पर पर्दा करना आरंभ हो गया।

सल्तनत काल के दौरान, मुस्लिम समाज विभिन्न नस्लीय व जातिगत समूहों में बंटा रहा। **तुर्क, ईरानी, अफगानी और भारतीय मुसलमान विशिष्ट समूहों के रूप में विकसित हुए** और उनके बीच अंतर्जातीय विवाह नहीं होते थे। निचली जातियों से धर्म परिवर्तित करने वाले मुस्लिमों को भी समान सम्मान नहीं दिया जाता था। मुसलमान कुलीनों का उच्च पदों पर कब्जा था और **बहुत कम ही हिंदू कुलीनों को शासन में उच्च पद दिया जाता था। हिंदुओं को जिम्मी या संरक्षित लोग** माना जाता था, जिसके लिए उन्हें **जजिया** नामक कर देने के लिए मजबूर किया जाता था। आरंभ में जजिया को भूमि कर के हिस्से के रूप में वसूल किया जाता था। फिरोज तुगलक ने इसे भू-राजस्व से अलग कर दिया और जजिया एक पृथक कर के रूप में वसूला जाने लगा जिसे ब्राह्मणों पर भी लगा दिया गया।

**हालांकि** प्राचीन काल से ही भारत में **दास प्रथा** मौजूद थी, यह **सल्तनत काल के दौरान और विकसित हुई।** इस काल में स्त्रियों व पुरुषों के दास बाजार थे और दासों को घरेलू कामकाज से लेकर कुशल व्यवसायों जैसे विभिन्न कार्यों के लिए काम पर रखा जाता था। फिरोजशाह तुगलक के पास लगभग 1,80,000 दास थे।

## कला और स्थापत्य

दिल्ली सल्तनत काल की कला और स्थापत्य भारतीय शैली से अलग थी। तुर्कों ने **मेहराब, गुंबद, ऊंचे बुर्ज या मीनारें और अरबी लिपि को सजावट के रूप में प्रयोग** करने से परिचय करवाया। उन्होंने भारतीय संघ तराशों के कौशल का उपयोग किया। उन्होंने अपनी इमारतों में संगमरमर, लाल और पीले बलुआ पत्थरों का प्रयोग कर रंगों को भी शामिल किया।

आरंभ में, उन्होंने **बहुत-से हिंदू मंदिरों को मस्जिदों में परिवर्तित** किया। उदाहरण के लिए, दिल्ली में **कुतुब मीनार के पास स्थित कुव्वत-उल-इस्लाम मस्जिद** पहले एक विष्णु मंदिर था। लेकिन बाद में, उन्होंने नई इमारतों का निर्माण करना आरंभ कर दिया। उनकी मंदिरों और हिंदू पूजा स्थलों के प्रति नीति ने **नए पूजा स्थलों के निर्माण पर रोक लगाई,** लेकिन उन्होंने **पुराने मंदिरों की मरम्मत की अनुमति** दी। 13वीं शताब्दी की सबसे शानदार इमारत **कुतुब मीनार** थी, जिसका निर्माण कार्य ऐबक ने आरंभ कराया था और इसे इल्तुतमिश ने पूरा करवाया। यह 71 मीटर ऊंची मीनार सूफी संत, ख्वाजा कुतुबुद्दीन बख्तियार काकी को समर्पित है। इस मीनार के छज्जे मुख्य इमारत से ही आगे की ओर बढ़े हैं, जो इस काल के स्थापत्य कौशल का प्रमाण है। बाद में, अलाउद्दीन खलजी ने कुतुब मीनार का प्रवेश द्वार जोड़ा जिसे **अलाई दरवाजा** कहा जाता है। इस मेहराब का गुंबद वैज्ञानिक पद्धतियों पर बनाया गया था।

**चित्र 11.6** कुतुब मीनार

**चित्र 11.7** अलाई दरवाजा

**तुगलक** काल की इमारतों का निर्माण मेहराब और गुंबद के संयोजन से किया गया। साथ ही, उन्होंने **सस्ते और आसानी से उपलब्ध स्लेटी रंग के पत्थरों** का उपयोग किया। ग्यासुद्दीन तुगलक काल के दौरान सुंदर झील के साथ बने महलों के समूह को **तुगलकाबाद** के नाम से जाना जाता है। मुहम्मद-बिन-तुगलक ने ग्यासुद्दीन के मकबरे का निर्माण एक ऊंचे चबूतरे के ऊपर करवाया था। **दिल्ली का कोटला किला** फिरोज तुगलक की रचना थी। दिल्ली में स्थित **लोधी उद्यान** लोधियों के स्थापत्य का उदाहरण है।

## संगीत

**सारंगी और रबाब** जैसे संगीत के नए साजों से परिचय इसी काल के दौरान हुआ। **अमीर खुसरो** ने 'घोरा' और 'सनम' जैसे बहुत-से **नए रागों** की शुरुआत की। उन्होंने हिंदू और ईरानी शैलियों के सम्मिश्रण से सुगम संगीत की एक नई शैली **कव्वाली** विकसित की। **सितार के ईजाद** का श्रेय भी उन्हें ही जाता है। भारतीय शास्त्रीय रचना, *राग दर्पण* को, फिरोज तुगलक के शासन काल के दौरान फारसी में अनुवादित किया गया। सूफी संत पीर बोधन इस काल के **महान संगीतकार** थे। ग्वालियर के **राजा मानसिंह** संगीत के बड़े प्रेमी थे। उन्होंने महान संगीत रचना *मन कौतुहल* के संयोजन को प्रोत्साहन दिया।

## साहित्य

दिल्ली के सुल्तानों ने शिक्षा और साहित्य को संरक्षण दिया। उनमें से बहुतों को **अरबी और फारसी** साहित्य से गहरा लगाव था। फारस से विद्वान भारत आते थे और शासकों द्वारा फारसी भाषा को प्रोत्साहन दिया जाता था। धर्म शास्त्रों और काव्य के अतिरिक्त इतिहास लेखन को भी प्रोत्साहित किया जाता था। कुछ सुल्तानों के अपने दरबारी इतिहासकार थे। इस काल के सबसे प्रसिद्ध इतिहासकार **हसन निजामी, मिन्हाज-उस-सिराज, जियाउद्दीन बर्नी और शम्स सिराज अफीफ थे। बरनी के** *तारीख-ए-फिरोजशाही* में तुगलक वंश का इतिहास शामिल था। **मिन्हाज-उस-सिराज ने तबकात-ए-नासिरी** लिखी, जो 1260 ई. तक के मुसलमान वंशों का सामान्य इतिहास था।

**अमीर खुसरो** (1252–1325 ई.) इस काल के सबसे **प्रसिद्ध फारसी लेखक** थे। उन्होंने बहुत-सी कविताएं लिखीं। उन्होंने बहुत-से काव्य रूपों के साथ प्रयोग किए और **फारसी कविताओं की एक नई शैली** की रचना की, जिसे **सबक-ए-हिंद या भारतीय शैली** कहा गया। उन्होंने कुछ हिंदी कविताएं भी लिखीं। **अमीर खुसरो की** *खाजेन-उल-फतह* अलाउद्दीन की विजयों के बारे में बताती है। उनकी प्रसिद्ध रचना *तुगलकनामा*, **ग्यासुद्दीन तुगलक के विकास** से संबंधित है।

दिल्ली सल्तनत में संस्कृत और फारसी संपर्क भाषाओं के रूप में कार्य करती थीं। **जिया नक्शाबी** ऐसे पहले विद्वान थे जिन्होंने संस्कृत कहानियों का फारसी में अनुवाद किया। *तूतीनामा* यानि *तोते की किताब* बहुत लोकप्रिय हुई और इसे पहले तुर्की और बाद में बहुत-सी यूरोपीय भाषाओं में अनुवादित किया गया। **कल्हण** द्वारा लिखित प्रसिद्ध *राजतरंगिनी*, कश्मीर के शासक **जेन-उल-अबीदीन** के काल से संबंधित है। औषधि और संगीत पर संस्कृत में लिखी बहुत सी पुस्तकों का फारसी में अनुवाद किया गया। अरबी में लिखी सबसे प्रसिद्ध रचना, **अल-बरूनी की** *किताब-उल-हिंद* **है।** इस काल के दौरान क्षेत्रीय भाषाओं का भी विकास हुआ। **चंद बरदाई** इस काल के **प्रसिद्ध हिंदी कवि** थे। बंगाली साहित्य भी विकसित हुआ और **नुसरत शाह ने** *महाभारत* **के बंगाली में अनुवाद** में सहायता की।

| अवधारणा/पद | अर्थ/उद्देश्य |
|---|---|
| (a) मजलिस-ए-खलवत | मित्रों व विश्वासी अधिकारियों की समिति जो सुल्तान को सलाह देती थी, हालांकि उनकी सलाह को मानना बाध्यता नहीं थी। |
| (b) अमीर/चहलगानी | कुलीन/40 का समूह<br>इल्तुतमिश के शासन के दौरान बभावी थे, बलबन ने उनकी शक्ति को कुचल दिया। |
| (c) दीवान-ए-विजारत | वित्त विभाग जिसका प्रमुख वजीर था<br>तुगलक काल विजारत का आनंद का समय था |
| (d) मुस्तौफी-ए-मम्मालिक/मुमालिक | महालेखाकार, राज्य के व्यय का उत्तरदायी। खातों व रसीद का प्रभारी |
| (e) खाजिम/खाजिन | कोषाध्यक्ष |
| (f) बर्र-ए-खास | वह स्थान जहां सुल्तान अपने दरबारियों से मिलता था, जिनमें खान व मलिक शामिल थे |
| (g) बर-ए-आम | वह स्थान जहां सुल्तान मामलों की सुनवाई करता था और लोगों का पक्ष व शिकायतें सुनता था |
| (h) अमीर-ए-बहर | नौकाओं का नियंत्रक |
| (i) मुहतासिब | लोगों के आचरण पर कड़ी नजर रखने वाला अधिकारी |
| (j) दीवान-ए-इस्तीहल्क | खैरात और टकसाल विभाग |
| (k) अमीर-ए-हकीब/बारबेक | समारोहों का संचालक |
| (l) वकील-ए-दर | शाही परिवार का प्रबंधक |
| (m) जवाबित | राज्य कानून |
| (n) जहांदारी | सुल्तान के बनाए कानून |
| (o) खेत बटाई | किसी चीज को अलग किए बिना, खड़ी फसल पर आधारित भू-राजस्व |
| (p) लंक बटाई | अनाज को भूसे से अलग किए बिना |
| (q) रास बटाई | अनाज को भूसे से अलग करने के बाद |
| (r) मसाहत | भूमि के माप के आधार पर |
| (s) उमरा | अमीरों का बहुवचन, अमीर का अर्थ कुलीन या दिल्ली सल्तनत के शासन करने वाले समूहों से है |
| (t) उलेमा | धार्मिक विद्वता के जानकार मुसलमान |
| (u) जजिया | गैर-मुसलमानों पर लगाया गया व्यक्तिगत और वार्षिक कर |
| (v) मामलूक | दासों के अधिकारी |
| (w) मलिक | अधिकारियों की उच्चतम श्रेणी में से एक |
| (x) फवाजिल | इक्तादार द्वारा राजकोष को अतिरिक्त राशि का भुगतान |

# विगत वर्षों में पूछे गए प्रश्न (प्रारंभिक परीक्षा)

1. भारतीय इतिहास के सन्दर्भ में, निम्नलिखित कथनों पर विचार कीजिए: (2022)
   1. भारत पर पहला मंगोल आक्रमण जलालुद्दीन खिलजी के राज्यकाल में हुआ।
   2. अलाउद्दीन खिलजी के राज्य-काल में, एक मंगोल आक्रमण दिल्ली तक आ पहुंचा और उस शहर पर घेरा डाल दिया।
   3. मुहम्मद-बिन-तुगलक मंगोलों से अपने राज्य के कुछ उत्तरी-पश्चिमी भाग अस्थायी रूप से हार गया था।

   उपर्युक्त कथनों में कौन-सा/से सही है/हैं?

   (a) केवल 1, 2 (b) केवल 2

   (c) केवल 1 और 3 (d) केवल 3

2. भारतीय इतिहास के सन्दर्भ में, निम्नलिखित में से कौन "कुलाह-दारन" कहलाते थे? (2022)

   (a) अरब व्यापारी (b) कलंदर

   (c) फारसी खुशनवीस (d) सय्यद

3. निम्नलिखित कथनों पर विचार कीजिए: (2021)
   1. इल्तुतमिश के शासनकाल में, चंगेज़ खान भगोड़े ख्वारिज़्म युवराज की खोज में सिंधु नदी तक पहुंचा था।
   2. मुहम्मद बिन तुग़लक के शासनकाल में, तैमूर ने मुल्तान पर अधिकार किया था और सिंधु नदी पार की थी।
   3. विजयनगर साम्राज्य के देव राय द्वितीय के शासनकाल में, वास्को डी गामा केरल के तट पर पहुंचा था।

   उपर्युक्त कथनों में से कौन-सा/से सही है/हैं?

   (a) केवल 1 (b) 1 और 2

   (c) केवल 3 (d) 2 और 3

4. निम्नलिखित कथनों पर विचार कीजिए: (2019)
   1. दिल्ली सल्तनत के राजस्व प्रशासन में राजस्व वसूली के प्रभारी को 'आमिल' कहा जाता था।
   2. दिल्ली के सुल्तानों की इक्ता प्रणाली एक प्राचीन देशी संस्था थी।
   3. 'मीर बख्शी' का पद दिल्ली के खिलजी सुल्तानों के शासनकाल में अस्तित्व में आया।

   उपर्युक्त में से कौन-सा/से कथन सही है/हैं?

   (a) केवल 1 (b) केवल 1 और 2

   (c) केवल 3 (d) 1, 2, और 3

5. निम्नलिखित में से कौन-सा दिल्ली की गद्दी पर बैठने वाले अफगान शासकों का सही कालानुक्रमिक क्रम है? (2006)

   (a) सिकंदर शाह-इब्राहिम लोधी-बहलोल खान लोधी

   (b) सिकंदर शाह-बहलोल खान लोधी-इब्राहिम लोधी

   (c) बहलोल खान लोधी-सिकंदर शाह-इब्राहिम लोधी

   (d) बहलोल खान लोधी-इब्राहिम लोधी-सिकंदर शाह

6. ***अभिकथन (A):*** मुहम्मद-बिन-तुगलक ने नए सोने के सिक्के जारी किए जिन्हें इब्नबतूता ने दीनार कहा।

   ***कारण (R):*** मुहम्मद-बिन-तुगलक सांकेतिक मुद्रा को सोने के सिक्कों में जारी करना चाहता था, जिससे पश्चिमी एशिया और उत्तरी अफ्रीकी देशों के साथ व्यापार को बढ़ावा मिले। (2006)

   (a) A व R दोनों ही सही हैं और A की उचित व्याख्या R है।

   (b) A व R दोनों ही सही हैं, लेकिन A की उचित व्याख्या R नहीं है।

   (c) A सही, लेकिन R गलत है।

   (d) A गलत, लेकिन R सही है।

7. दिल्ली सल्तनत के तुगलक वंश का अंतिम शासक कौन था? (2004)

   (a) फिरोज शाह तुगलक (b) ग्यासुद्दीन तुगलक

   (c) नसीरूद्दीन महमूद (d) नसरत शाह

8. सुल्तान कुतुबुद्दीन ऐबक की मृत्यु कैसे हुई? (2003)

   (a) उसे एक महात्वाकांक्षी अमीर ने धोखे से छुरा घोंपकर मार डाला।

   (b) वह गजनी के शासक, ताजुद्दीन याल्दूज के साथ

हुए युद्ध में मारा गया, जो पंजाब पर कब्जे को लेकर संघर्ष कर रहा था।

(c) वह बुंदेलखंड में कालिंजर के किले पर कब्जे के दौरान घायल हुआ और बाद में उसके कारण उसकी मृत्यु हुई।

(d) उसकी मृत्यु चौगान खेलते समय घोड़े से गिरने के कारण हुई।

9. आलम खान उनमें से एक था जिसने बाबर को भारत पर आक्रमण करने के लिए आमंत्रित किया, वह: **( 2003 )**

(a) इब्राहिम लोधी का चाचा और दिल्ली के तख्त का एक दावेदार था।

(b) इब्राहिम लोधी का चचेरा भाई जिसके साथ बुरा व्यवहार किया गया और देश निकाला दे दिया गया था।

(c) दिलावर खान का पिता जिसके साथ इब्राहिम लोधी ने क्रूर व्यवहार किया था।

(d) पंजाब प्रांत का एक उच्च अधिकारी जो इब्राहिम लोधी के अपनी जाति के प्रति व्यवहार से बहुत असंतुष्ट था।

10. पहला लेखक जिसने काव्य अभिव्यक्ति के लिए उर्दू माध्यम का इस्तेमाल किया था: **( 1999 )**

(a) अमीर खुसरो (b) मिर्जा गालिब
(c) बहादुर शाह जफर (d) फैज

11. 'सुल्तान अपनी प्रजा से मुक्त हो गया और प्रजा सुल्तान से' यह टिप्पणी बदायूंनी ने किसकी मृत्यु पर की थी? **( 1999 )**

(a) बलबन
(b) अलाउद्दीन खिलजी
(c) मुहम्मद-बिन-तुगलक
(d) फिरोज शाह तुगलक

12. दिल्ली का सुल्तान जिसकी ख्याति भारत में सबसे बड़ी नहरों के जाल का निर्माण करवाने वाले की थी: **( 1998 )**

(a) इल्तुतमिश
(b) ग्यासुद्दीन तुगलक
(c) फिरोज शाह तुगलक
(d) सिकंदर लोधी

13. सल्तनत काल में फवाजिल का अर्थ था: **( 1998 )**

(a) कुलीनों को किया गया अतिरिक्त भुगतान
(b) वेतन के बदले दिया गया राजस्व
(c) इक्तेदारों द्वारा राजकोष को अतिरिक्त राशि का भुगतान
(d) किसानों से गैर-कानूनी तकाजे वसूलना

14. निम्नलिखित पर विचार करें: **( 1998 )**

1. तुगलकाबाद किला 2. लोधी उद्यान
3. कुतुब मीनार 4. फतेहपुर सीकरी

सही कालानुक्रमिक क्रम, जिसमें इनका निर्माण हुआ है:

(a) 3, 1, 4, 2 (b) 3, 1, 2, 4
(c) 1, 3, 2, 4 (d) 1, 3, 4, 2

15. ***अभिकथन (A):*** आरंभ में भारत में तुर्की प्रशासन वास्तव में सैन्य प्रशासन था।

***कारण (R):*** देश प्रमुख सैन्य सरदारों के बीच इक्ताओं के रूप में बंट गया था। **( 1998 )**

(a) A व R दोनों ही सही हैं और A की उचित व्याख्या R है।
(b) A व R दोनों ही सही हैं, लेकिन A की उचित व्याख्या R नहीं है।
(c) A सही है, लेकिन R गलत है।
(d) A गलत है, लेकिन R सही है।

16. अपनी शक्ति को सुदृढ़ करने के बाद बलबन ने विराट पद्‌वी ग्रहण की, जो थी: **( 1997 )**

(a) तूती-ए-हिंद (b) कैसर-ए-हिंद
(c) जिल-ए-इलाही (d) दीन-ए-इलाही

## उत्तरमाला

| | | | | | | | |
|---|---|---|---|---|---|---|---|
| 1. (b) | 2. (d) | 3. (a) | 4. (a) | 5. (c) | 6. (c) | 7. (c) | 8. (d) |
| 9. (a) | 10. (a) | 11. (c) | 12. (c) | 13. (c) | 14. (b) | 15. (a) | 16. (c) |

## विगत वर्षों में पूछे गए प्रश्न (मुख्य परीक्षा)

1. दिल्ली सल्तनत की भू-राजस्व व्यवस्था और न्यायिक प्रशासन की संक्षेप में चर्चा करें। **(2015–इतिहास ऐच्छिक)**

2. बर्नी द्वारा उल्लेखित उन नियमों का विश्लेषण करें जिन्हें अलाउद्दीन खिलजी द्वारा बाजार को नियंत्रित करने के लिए लागू किया गया था। **(2014–इतिहास ऐच्छिक)**

## अभ्यास प्रश्न (प्रारंभिक परीक्षा)

1. निम्नलिखित का मिलान करें:

| | | | |
|---|---|---|---|
| A. | मुहम्मद-बिन-तुगलक | (i) | बाजार सुधार |
| B. | फिरोज शाह तुगलक | (ii) | रक्त और लौह की नीति |
| C. | बलबन | (iii) | सार्वजनिक कार्यों का विभाग |
| D. | अलाउद्दीन खिलजी | (iv) | राजधानी दौलताबाद स्थानांतरित की |

*कूट:*

| | A | B | C | D |
|---|---|---|---|---|
| (a) | ii | i | iii | iv |
| (b) | i | ii | iii | iv |
| (c) | iv | iii | ii | i |
| (d) | iii | i | ii | iv |

2. निम्नलिखित कथनों पर विचार करें और सही विकल्प को चिन्हित करें:
   (i) इल्तुतमिश ने सजदा और पैबोस आरंभ किए।
   (ii) कुतुबुद्दीन ऐबक गुलाम वंश का संस्थापक था।
   (iii) ऐबक की मृत्यु चौगान खेलते समय हुई।
   (iv) इल्तुतमिश ने दिल्ली में कुव्वत-उल-इस्लाम मस्जिद का निर्माण करवाया।

   *कूट:*
   (a) (i) और (ii) (b) उपरोक्त सभी
   (c) (ii) और (iii) (d) उपरोक्त में से कोई नहीं

3. निम्नलिखित कथनों पर विचार करें और सही विकल्प को चिन्हित करें:
   (i) ऐबक लाखबख्श के नाम से भी जाना जाता था।
   (ii) इल्तुतमिश ने अपनी राजधानी लाहौर से दिल्ली स्थानांतरित की।
   (iii). इल्तुतमिश ने इक्तादारी व्यवस्था आरंभ की।
   उपरोक्त कथनों में से कौन-से/सा सही हैं ?
   (a) केवल (i) (b) केवल (i) और (iii)
   (c) केवल (ii) और (iii) (d) (i), (ii) और (iii)

4. निम्नलिखित में से कौन कथन सही नहीं है?
   (a) इल्तुतमिश दिल्ली सल्तनत को चंगेज खान के कोप से बचाया।
   (b) इल्तुतमिश ने ऐबक द्वारा आरंभ किए गए कुतुब मीनार के निर्माण कार्य पूरा कराया।
   (c) बलबन एक कमजोर शासक था, जो हर बात के लिए कुलीनों पर निर्भर था।
   (d) रजिया सुल्तान मध्यकालीन भारत की पहली और आखिरी मुसलमान शासक थी।

5. सूची-I का सूची-II के साथ मिलान करें और सूचियों के नीचे दिए गए कोड का इस्तेमाल करते हुए सही उत्तर का चयन करें:

**सूची-I (प्रसिद्ध पुस्तक)** **सूची-II (लेखक)**

A. *तारीख-ए-फिरोजशाही* (i) बर्नी
B. *खजेन-उल-फतह* (ii) मिन्हाज-उस-सिराज
C. *किताब-उल-हिंद* (iii) अल-बरूनी
D. *तबाकत-ए-नसारी* (ii) अमीर खुसरो

**कूट:**

| | A | B | C | D |
|---|---|---|---|---|
| (a) | ii | iv | iii | i |
| (b) | ii | iii | iv | i |
| (c) | i | iv | iii | ii |
| (d) | I | iii | iv | ii |

6. निम्नलिखित कथनों पर विचार करें और शासक को पहचानें:
   1. उसके द्वारा चेहरा और दाग व्यवस्था आरंभ की गई।
   2. उसने चहलगानी / चालीस का समूह की शक्ति को तोड़ा।
   3. उसने बाजार सुधार आरंभ किए।

**कूट:**
(a) बलबन (b) अलाउद्दीन खिलजी
(c) मुहम्मद-बिन-तुगलक (d) जलालुद्दीन खिलजी

7. निम्नलिखित कथनों पर विचार करें और शासक को पहचानें।
   (i) वह पहले पूर्व शासक के राज-प्रतिनिधि के रूप में कार्य करता था।
   (ii) उसने सैन्य विभाग दीवान-ए-अर्ज की स्थापना की।
   (iii) उसने नौरोज और सजदा व पैबोस उत्सव आरंभ किए।

**कूट:**
(a) बलबन
(b) अलाउद्दीन खिलजी
(c) मुहम्मद-बिन-तुगलक
(d) जलालुद्दीन खिलजी

8. निम्नलिखित राज्यों पर अलाउद्दीन खिलजी के कब्जे का कौन-सा कालानुक्रमिक क्रम सही है?
   (i) रणथंभौर (ii) गुजरात
   (iii) चित्तौड़ (iv) मालवा
   (v) दक्कन

**कूट:**
(a) (i), (ii), (iii), (iv), (v)
(b) (ii), (i), (iii), (v), (iv)
(c) (ii), (i), (iii), (iv), (v)
(d) (i), (ii), (iv), (iii), (v)

9. निम्नलिखित कथनों पर विचार करें और सही विकल्प को चिन्हित करें:
   (i) मलिक काफूर अलाउद्दीन खिलजी का विश्वासी सहयोगी था, जिसने उसके लिए दक्कन और दक्षिण भारत जीते।
   (ii) ग्यासुद्दीन तुगलक के संत निजामुद्दीन औलिया के साथ अच्छे संबंध नहीं थे।
   (iii) खान-ए-जहां मकबूल फिरोजशाह तुगलक का एक काबिल वजीर था।

उपरोक्त कथनों में से कौन-से/सा सही हैं?
(a) केवल (i)
(b) केवल (i) और (iii)
(c) केवल (ii) और (iii)
(d) (i), (ii) और (iii)

## उत्तरमाला

1 (c) 2. (c) 3. (d) 4. (c) 5. (c) 6. (b) 7. (a) 8. (c) 9. (d)

## अभ्यास प्रश्न (मुख्य परीक्षा)

1. अलाउद्दीन खिलजी और बलबन के काल के दौरान कुलीनों की स्थिति में गिरावट क्यों आई थी? उन्होंने चहलगानी की शक्ति में कटौती करने के लिए क्या कदम उठाए थे?
2. दिल्ली सल्तनत काल के दौरान प्रशासन के विभिन्न पहलुओं का वर्णन करें।
3. बलबन की टिप्पणी, ''बाजार में मूल्यों का स्थायित्व उस काल का एक आश्चर्य था'', वह किस शासक का उल्लेख कर रहा है? उस शासक द्वारा ऐसे बाजार सुधारों के लिए किए गए विभिन्न उपायों की व्याख्या करें।
4. ''राजा को अपनी प्रजा से मुक्ति मिल गई, और उन्हें अपने राजा से'', बदायूंनी ने मुहम्मद-बिन-तुगलक की मृत्यु पर कहा। उसने ऐसा क्यों कहा? उचित उदाहरण सहित वर्णन करें।

# अध्याय 12

# मध्यकालीन भारत के प्रांतीय राज्य

जैसा कि पिछले अध्यायों में हमने पढ़ा, **दिल्ली की सल्तनत** ने बंगाल, बिहार, गुजरात, राजपूताना क्षेत्रों (जैसे–रणथंभौर, जालोर, नागौर, अजमेर), वारंगल व तेलंगाना जैसे दक्कन राज्यों, देवगिरि के यादवों के क्षेत्रों, दक्षिणी राज्यों, जैसे–द्वारसमुद्र के होएसल और मदुरै के पाण्ड्य अदि के साम्राज्य को अपने अधीन करके राज्य का विस्तार किया। हालांकि **13वीं सदी के बाद** (फिरोजशाह तुगलक के शासन के समय) आंतरिक कमजोरियों के कारण अनेक क्षेत्रों में **दिल्ली सल्तनत के विघटन की प्रक्रिया आरंभ हो गई थी** और दिल्ली सल्तनत के अंतर्गत आने वाले अनेक प्रांतों ने स्वयं को स्वतंत्र राज्य घोषित कर दिया इस तरह, बड़ी संख्या में प्रांतीय राज्यों का उदय हुआ। बहुत-से **प्रांतों के शीर्ष पर बैठे ओहदेदारों ( उच्च पदों को धारण करने वाले ) ने धीरे-धीरे राज्य की सारी शक्ति अपने हाथ में ले ली**, जैसे–हरिहर और **बुक्का व अलाउद्दीन हसन बहमन शाह क्रमशः**, जिसके परिणामस्वरूप **विजयनगर** और **बहमनी** जैसे राज्यों की स्थापना

हुई। इसी तरह से **गुजरात, मालवा, बंगाल,** वाराणसी के पास स्थित **जौनपुर** की सल्तनतें, **शक्तिशाली प्रांतीय राज्यों** के रूप में उभरीं। तमाम प्रांतीय राज्यों के निरंतर उन्नति व विकास के पीछे कृषि और कृषि संबंधी गतिविधियां भी महत्वपूर्ण कारक थीं। जहां उपजाऊ कृषि थी वहां न केवल पोषण हो सकता था, बल्कि इसे बेचकर बड़ी मात्रा में धन-संपदा अर्जित की जा सकती थी। इसका परिणाम समाज में ऐसे प्रभावशाली वर्गों के रूप में हुआ जो कृषि के अतिरिक्त भाग पर नियंत्रण रखते थे। कृषि कार्यों पर नियंत्रण रखने वाले इस वर्ग के कुछ सदस्य कई बार शक्तिशाली होकर सत्ता अपने हाथ में ले लेते थे और खुद को राजा घोषित कर अपना साम्राज्य स्थापित कर लेते थे, कभी-कभी बाहरी क्षेत्रों से भी कुछ समूह आकर किसी क्षेत्र पर विजय प्राप्त कर लेते और प्रशासन अपने नियंत्रण में करके शक्तिशाली हो जाते थे।

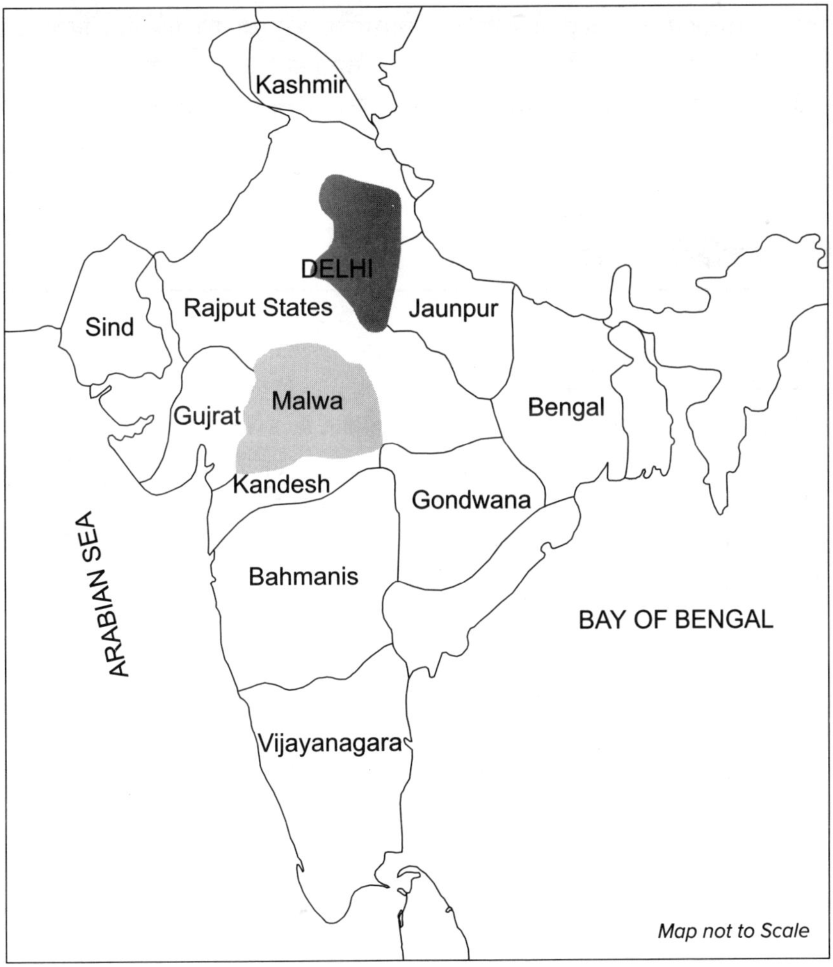


**चित्र 12.1** प्रांतीय राज्य

यहां ये भी महत्वपूर्ण बात है कि जो भी प्रांत दिल्ली **सल्तनत** से अलग होकर उभरे वो बिल्कुल नये प्रांत नहीं थे, बल्कि दिल्ली सल्तनत से **पहले भी उनका क्षेत्रीय इतिहास** था। जैसे कि आठवीं और नौवीं सदी में बंगाल एक महत्वपूर्ण साम्राज्य रह चुका था, जहां पाल राजाओं का शासन था। 12वीं सदी में सेन वंश ने इस पर शासन किया। इसी प्रकार, चार महत्वपूर्ण

साम्राज्य जो चोलों और चालुक्यों के पतन के बाद उभरे, वे दक्कन में यादवस (Yadavas) और काकितय (Kakatiya) तथा पांड्य और दक्कन की दूसरी तरफ के क्षेत्र में होयसल थे। इसी तरह विजयनगर पर भी अनेक राजवंशों का शासन रहा। प्रांतों का इतिहास देखने पर पता चलता है कि इनका साम्राज्य कभी खत्म नहीं हुआ, सिर्फ प्रांतीय शासक सत्ता में आते-जाते रहे। इन प्रांतों की भौगोलिक सीमाएं भी बदलती रहीं। यहां तक कि कई बार इन प्रांतों में संसाधनों के लिए आपस में लड़ाईयां हुईं और दूसरे से संसाधन छीनकर कई प्रांत खुद को **स्थायित्व प्रदान** करते थे। हर प्रांत की अपनी उन्नत संस्कृति, कला, वास्तु, शिल्प और साहित्य था। इन क्षेत्रों में भी प्रांत एक-दूसरे को प्रभावित करते थे। अनेक प्रांतों के एक-दूसरे से **निरंतर** सांस्कृतिक, धार्मिक और आर्थिक **संबंध** थे। विजयनगर प्रांत ने अपने आरंभिक काल में खुद को **हिंदू सुरत्न** घोषित किया। यहां हिंदू सुरत्न का अर्थ **हिंदू सल्तनत** से था, हालांकि सल्तनत शब्द दिल्ली सल्तनत से ही लिया गया था। इसी तरह दिल्ली सल्तनत की **इक्तादारी व्यवस्था** ने **विजयनगर और बहमनी** राज्यों की **प्रशासनिक व्यवस्था को प्रभावित** किया। इससे इन राज्यों के बीच आर्थिक और वाणिज्यिक तंत्र सुदृढ़ हुआ। तमाम प्रांतों के बीच **कलाकारों के आने-जाने** का भी प्रचलन स्थापित हुआ। गुजरात क्षेत्र से 15वीं सदी में **पट्टानुलकर** यानी **सिल्क के कपड़े** बनाने वालों का विजयनगर **स्थानांतरण** इस बात को स्पष्ट करता है।

# दक्कन और दक्षिण भारत

## देवगिरि के यादव (1187 – 1317 ई.)

देवगिरि के यादव[1], जिन्हें सेवुना/सेउना राजवंश के नाम से भी जाना जाता है, ने 12वीं से 14वीं शताब्दी तक दक्कन के पठार पर शासन किया, उनकी राजधानी देवगिरि (वर्तमान दौलताबाद) थी। वे राष्ट्रकूटों और पश्चिमी चालुक्यों के सामंत थे और उत्तरार्द्ध के पतन के बाद, वे 1317 ई. में खिलजी सल्तनत द्वारा अपने कब्जे तक वर्तमान महाराष्ट्र, उत्तरी कर्नाटक और मध्य प्रदेश के कुछ हिस्सों पर शासन करने वाले स्वतंत्र शासकों के रूप में उभरे। देवलाली शिलालेख में यादव राजा सेनचंद्र द्वितीय से संबंधी जानकारी का उल्लेख है।

### भिलमा ( 1173-1191 ई. )

- ये पहले चालुक्य शासक सोमेश्वर चतुर्थ के सामंत थे, लेकिन बाद में उन्होंने 1187 ई. में स्वतंत्र दर्जा हासिल कर लिया और यादव या सेउना राजवंश की स्थापना की।
- मुतुगी शिलालेख में इनका उल्लेख '***चक्रवर्ती यादव***' के रूप में किया गया है।
- उन्होंने चालुक्य राजधानी कल्याणी पर नियंत्रण के लिए होयसल राजा **बल्लाला द्वितीय** से युद्ध किया और **सोरातुर में** उसे हराया। 1190 ई. में उसने कल्याणी की चालुक्य राजधानी पर कब्जा कर लिया और **देवगिरि** (अब दौलताबाद) को यादव वंश की राजधानी के रूप में स्थापित किया।
- उन्होंने विद्वान **भास्कर** को संरक्षण दिया, जो नागार्जुन के शिक्षक थे।

---

[1] देवगिरि के यादवों ने दावा किया कि वे एक महाकाव्य के नायक भगवान कृष्ण के वंशज हैं जो सेवुना के नाम से भी जाने जाते थे क्योंकि उन्होंने नासिक से देवगिरि तक के क्षेत्र सेवुना पर शासन किया था। **देवलाली शिलालेख** में सेउनाचंद्र द्वितीय नामक राजा के बारे में कुछ विवरण हैं जो यादव वंश के थे।

**सिम्हाना II ( 1200-1246 ई. )**

- सबसे शक्तिशाली यादव राजा जिन्होंने अपने शासनकाल के दौरान यादव साम्राज्य को **शिखर** पर पहुंचाया। वह एक सक्षम सेनापति था और उसने होयसल, काकतीय, परमार और चालुक्यों के खिलाफ सफल सैन्य अभियानों का नेतृत्व किया था। उनके शासनकाल के दौरान, यादव सीमाओं का विस्तार पश्चिमी मध्य प्रदेश और बरार, दक्षिणी गुजरात, महाराष्ट्र के कुछ हिस्सों, कर्नाटक, हैदराबाद राज्य के पश्चिमी आधे हिस्से और मैसूर के उत्तरी जिलों तक था।
- उन्होंने **सारंगदेव** (***संगीत रत्नाकर*** के लेखक), **कंगदेव** (प्रसिद्ध **ज्योतिषी**) और **अनंतदेव** (एक अन्य प्रसिद्ध **ज्योतिषी** जिन्होंने ब्रह्मगुप्त के *ब्रह्मस्फुटसिद्धांत* और वराहमिहिर के *ब्रहज्जातक* पर टिप्पणियां लिखीं) को संरक्षण दिया।

**रामचन्द्र ( 1291-1309 ई. )**

- एक अन्य प्रमुख यादव शासक जिन्होंने वाघेला, होयसल, काकतीय और परमारों के खिलाफ लड़ाई लड़ी। हालांकि, वह 1308 ई. में अलाउद्दीन खिलजी के सेनापति **मलिक काफूर** से हार गया था और उसे दिल्ली में कैद कर लिया गया था।

इसके बाद, 1317 ई. में **खिलजी सल्तनत** द्वारा यादव साम्राज्य पर कब्जा कर लिया गया और कई वर्षों बाद, तुगलक वंश के मुहम्मद तुगलक ने शहर का नाम बदलकर दौलताबाद रख दिया।

## यादवों का योगदान

वे प्रसिद्ध गोंडेश्वर मंदिर के संरक्षक थे, जो महाराष्ट्र के नासिक जिले में स्थित 12वीं सदी का हिंदू मंदिर है, जिसमें **पंचायतन** योजना शामिल है, जिसमें मुख्य मंदिर शिव को समर्पित है। वे **मराठी** भाषा का उपयोग करने वाले **पहले प्रमुख राजवंश** भी थे क्योंकि उनसे पहले, शिलालेखों की प्राथमिक भाषाएं कन्नड़ और संस्कृत थीं।

| लेखक | साहित्यिक कार्य |
|---|---|
| मुकुंदराय | विवेकसिंधु (मराठी में) |
| **हेमाद्रि** (प्रख्यात संस्कृत लेखक जो रामचन्द्र के दरबार में रहते थे) | - **चतुरंग चिंतामणि** (विश्वकोश संस्कृत कृति)<br>- सीलोन से मराठी में लिखने के लिए **मोदी लिपि** की शुरुआत की गई और यादव वंश के कुछ मूल्यवान ऐतिहासिक रेखाचित्र छोड़े हैं। |
| महिमाभट्ट | लीलाचरित्र |
| ज्ञानेश्वर | **ज्ञानेश्वरी** (भगवद् गीता पर एक मराठी भाषा की टिप्पणी) |
| चौंदरसा | दशकुमार चरिते |
| अचन्ना | वर्धमानपुराण |
| भास्कराचार्य | कर्णकुतुहल एवं सिद्धांत शिरोमणि |
| सारंगदेव | **संगीत रत्नाकर** (संगीत पर **पहली पुस्तक** मानी जाती है) |
| कमलाभाव | शांतिश्वरपुराण |

## वारंगल के काकतीय (1163 – 1323 ई.)

काकतीय **कल्याणी के चालुक्यों के सामंत** थे और काकती **रुद्रदेव ( प्रतापरुद्र प्रथम )** को काकतीय राजवंश का **संस्थापक** राजा माना जाता है। उन्होंने हनुमाकोंडा और ओरुगल्लू (वारंगल) में अपनी राजधानी स्थापित की, जबकि उनका शासन वर्तमान तेलंगाना और आंध्र प्रदेश के कुछ हिस्सों और पूर्वी कर्नाटक और दक्षिणी ओडिशा के कुछ हिस्सों तक फैला हुआ था। प्रसिद्ध **कोहिनूर हीरा** कृष्णा नदी के तट पर कोल्लूर में पाया गया। उन्होंने कुछ प्रसिद्ध लेखकों को भी संरक्षण दिया – **जयापा सेनानी**, जिन्होंने गीता रत्नावली, नृत्य रत्नावली और वाद्य रत्नावली लिखी और **तिक्कना सोमयाजी**, जिन्होंने निर्वचनोत्तर रामायणमु, विजयसेनमु, कविवागबंदमु और कृष्णसताकामु लिखे।

**प्रतापरुद्र प्रथम** (1158-1195 ई.)

- लगभग 1162 ई. में, चालुक्य शासक तैलप तृतीय को हराया और काकतीय साम्राज्य की **नींव रखी** और हनुमाकोंडा को अपनी राजधानी के रूप में स्थापित किया।
- प्रसिद्ध पलानाडू युद्ध[2] उनके काल में हुआ था। बाद में, उन्होंने 1185 ई. के आसपास वेलनंती प्रमुखों से कुरनूल जिले पर भी सफलतापूर्वक कब्जा कर लिया।
- रुद्रदेव (प्रतापरुद्र प्रथम) के **अनुमाकोंडा शिलालेख** को सबसे पहला ज्ञात रिकॉर्ड माना जाता है, जो काकतीय को एक संप्रभु शक्ति के रूप में वर्णित करता है। इस विवरण के साथ-साथ, **मंगलु** और **बय्याराम शिलालेखों** में काकतीय को राष्ट्रकूट परिवार की एक शाखा के रूप में वर्णित किया गया है।
- उनके द्वारा भगवान **शिव**, विष्णु और सूर्य को समर्पित प्रसिद्ध **रुद्रेश्वर मंदिर** अनामकोंडा में बनाया गया था। उन्होंने प्रसिद्ध **संस्कृत** कृति '***नितिसार***' भी लिखी।

**गणपति देवा** (1198-1262 ई.)

- वह राजवंश का एक और महत्वपूर्ण शासक था, जिसने चोलों से कांची तक के क्षेत्रों पर कब्जा कर लिया और कलिंग और पश्चिमी आंध्र पर आक्रमण किया।
- उसने राजधानी को **हनुमाकोंडा** से **वारंगल** स्थानांतरित कर दिया।
- इसने '*रायगाजेकेसरी*' की उपाधि धारण की।
- उन्होंने वारंगल में मानव निर्मित **पाखल झील** का निर्माण किया और **मोटुपल्ली** बंदरगाह पर '***अभ्य सासनम***' जारी किया। उनके शासनकाल के दौरान, उनके एक सेनापति रेचेरला रुद्र ने भगवान शिव को समर्पित '**रामप्पा**' मंदिर का निर्माण करवाया, जिसे 2021 ई. में **यूनेस्को विरासत स्थल** घोषित किया गया है। यह मंदिर ग्रेनाइट और बेसाल्ट से बना है और इसकी नींव **सैंडबॉक्स**[3] **तकनीक** से बनाई गई है।
- उन्होंने मशहूर कवि **तिक्कना सोमयाजी** को भी अपने दरबार में सुशोभित किया।

**रुद्रमा देवी** (1262-1295 ई.)

- वह गणपति की बेटी और काकतीय राजवंश की **पहली महिला** शासक थीं।

---

[2] जिसमें आंध्र योद्धाओं की एक पूरी पीढ़ी नष्ट हो गई और वेलनंती प्रमुख कमजोर हो गए जिससे बाद में काकतीय को अपने क्षेत्र पर कब्जा करने में मदद मिली।

[3] यह एक ऐसी तकनीक है, जहां नींव के गड्ढे को रेत-चूने, गुड़ और काली हरड़ के मिश्रण से भर दिया जाता है, जो भूकंप के मामले में एक गद्दे के रूप में काम करता है।

- इटालियन यात्री **मार्को पोलो** ने उनके शासनकाल के दौरान दौरा किया और उत्कृष्ट प्रशासन और शासन के लिए उनकी प्रशंसा की है, उसने उन्हें '*विवेक की महिला, जो हमेशा न्याय और समानता हासिल करने के लिए प्रयासरत रही*' के रूप में वर्णित किया।

**प्रतापरुद्र द्वितीय** (1295-1323 ई.)

- उन्हें अपने शासनकाल के दौरान **अलाउद्दीन खिलजी** और **गयासुद्दीन तुगलक** के मुस्लिम आक्रमणों का सामना करना पड़ा, अंततः उनके बाद काकतीय वंश का पतन हुआ।

## होयसलास राजवंश (1050-1355 ई.)

होयसल मूल रूप से **पश्चिमी चालुक्यों** के सामंत थे, जिन्होंने बाद में **हलेबिदु** और **बेलूर** में राजधानी के साथ अपना स्वतंत्र राज्य स्थापित किया और 10वीं से 14वीं शताब्दी तक वर्तमान कर्नाटक के कुछ हिस्सों और अधिकांश तमिल क्षेत्र पर शासन किया। उनके शासन ने कर्नाटक के इतिहास में एक **स्वर्ण युग** को चिह्नित किया क्योंकि वे कला, वास्तुकला और साहित्य में अपने महत्वपूर्ण योगदान के लिए जाने जाते थे।

**विष्णुवर्धन** (1108-1152 ई.)

- वह इस राजवंश का पहला महत्वपूर्ण शासक था, हालांकि वह इसका संस्थापक नहीं था क्योंकि उसके शासनकाल के **बेलूर शिलालेख** में साला (Sala) को होयसला राजवंश के संस्थापक के रूप में वर्णित किया गया है।
- उन्होंने लगभग 1116 ई. में चोलों से गंगावाड़ी और नोलंबावाड़ी के कुछ हिस्सों पर कब्जा कर लिया।
- उन्हें '***बिट्टी देवा***' और '***तलाकाडुगोंड***' के नाम से भी जाना जाता है।
- शुरू में वह जैन थे, लेकिन बाद में **रामानुजाचार्य** के प्रभाव में हिंदू धर्म में परिवर्तित हो गए।
- उन्होंने प्रसिद्ध गणितज्ञ **राजादित्य** को **संरक्षण** दिया और 1117 ई. में तालाकाड में कीर्ति नारायण मंदिर, हलेबिदु में **होयसलेश्वर मंदिर** और बेलूर में प्रसिद्ध विजयनारायण या **चेन्नकेशव**[4] **मंदिर** का निर्माण करवाया।

**वीरा बल्लाला** II (1173-1220 ई.)

- एक अन्य प्रमुख शासक जिसने होयसलों की स्वतंत्रता बरकरार रखी और यादवों (बिलामा वी को हराया), कलचुरियों, मदुरै के पांड्यों और पश्चिमी चालुक्य साम्राज्य के साथ युद्ध लड़े।
- उन्होंने जैन कवियों **जन्ना** और **नेमिचंद्र** और ब्राह्मण कवि **रुद्रभट्ट** को सम्मानित किया।

**नरसिम्हन-द्वितीय** (1220-1235 ई.)

- उन्हें यादव और पाण्ड्य शासकों के आक्रामक मंसूबों से बचाव करना था। उसने कृष्णा और तुंगभद्रा के बीच का क्षेत्र यादव शासक सिंघाना के हाथों खो दिया। हालांकि, उन्होंने मारवर्मन सुंदर पांड्य को हराया और राजराजा-तृतीय को चोल सिंहासन पर बहाल किया।
- उन्होंने **रामेश्वरम** में **विजय स्तम्भ** खड़ा किया।

---

[4] जिसकी बाद में हरिहर द्वितीय के प्रायोजन के तहत विजयनगर साम्राज्य द्वारा मरम्मत की गई थी। मुख्य हॉल के अंदर 48 अद्वितीय स्तंभों के लिए प्रसिद्ध यह मंदिर कर्नाटक के हसन जिले में यागाची नदी के तट पर भगवान विष्णु को समर्पित एक हिंदू मंदिर है और इसमें शैव, शक्ति, जैन और बौद्ध धर्म के विषय शामिल हैं।

**नरसिम्हन**-III (1263-1291 ई.)

- 1268 ई. में, उन्होंने कर्नाटक में **कावेरी** नदी के तट पर सोमनाथपुरा में प्रसिद्ध हिंदू मंदिर **केशव मंदिर** का निर्माण करवाया। यह मंदिर सोपस्टोन से बनाया गया है और यह अपने खराद से बने खंभों, सममित वास्तुकला और जटिल मूर्तियों के लिए जाना जाता है। इसमें रामायण, पुराण और महाभारत की किंवदंतियों और आध्यात्मिक कहानियों को दर्शाया गया है।

**बल्लाला** III (1291-1342 ई.)

- वह होयसल वंश का अंतिम महान शासक था।
- हालांकि, 1310 ई. में, वह **मलिक काफूर** से हार गया था, जबकि 1342 ई. में, वह मदुरै के सुल्तानों का शिकार बन गया और 1343 ई. में मदुरै की लड़ाई में उसकी मृत्यु हो गई।

बाद में, उनके बेटे बल्लाला IV ने अपने आक्रामक पड़ोसियों के साथ संघर्ष जारी रखा, लेकिन वह इससे बहुत ज्यादा हासिल नहीं कर सका। और अंततः उनकी मृत्यु के साथ होयसल शासन का अंत हो गया।

## होयसलों का योगदान

होयसलों ने मैसूर के एक बड़े साम्राज्य के रूप में उदय का मार्ग प्रशस्त किया। होयसल कला, वास्तुकला और साहित्य के महान संरक्षक थे। उन्होंने वास्तुकला की एक विशिष्ट शैली विकसित की जिसे **होयसल स्कूल ऑफ आर्ट** के नाम से जाना जाता है।

| होयसल स्कूल ऑफ आर्ट की विशेषताएं | |
|---|---|
| (a) एकाधिक तीर्थस्थल | उन्होंने एक केंद्रीय स्तंभ वाले हॉल के चारों ओर कई मंदिर बनाए और मंदिर **तारकीय योजना** के अनुसार बनाए गए थे। |
| (b) सामग्री | **नरम साबुन का पत्थर (क्लोराइट शिस्ट)** मुख्य निर्माण सामग्री थी। |
| (c) सजावट | आंतरिक और बाहरी दोनों दीवारों पर **जटिल नक्काशी** की गई थी। मूर्तियां और आभूषण भी सजाए गए। |
| (d) परस्पर जुड़ाव | सभी कक्षों में शिखर थे, जो **क्षैतिज रेखाओं और सांचों की व्यवस्था** द्वारा आपस में जुड़े हुए थे। |
| (e) जगती | मंदिरों का निर्माण एक **ऊंचे चबूतरे** पर किया गया था, जिसे जगती के नाम से जाना जाता था, जो लगभग 1 मीटर ऊंचा था। |
| (f) जिगजैग पैटर्न | मंदिर की दीवारें और सीढ़ियां जिगजैग पैटर्न का अनुसरण करती हैं। |

होयसल काल में **कन्नड़** साहित्य का महान संवर्धन, **चंपू शैली** और **सप्तपदी छंद** का विकास भी देखा गया।

| लेखक | साहित्यिक कार्य |
|---|---|
| **जन्ना** | **यशोधराचरित्र** (यह एक राजा की कहानी है, जो एक स्थानीय देवता को दो युवा लड़कों की बलि देना चाहता था) |
| **रुद्रभट्ट** | **जगन्नाथ विजया** (इसमें राक्षस बाणासुर के साथ कृष्ण की लड़ाई का वर्णन है) |
| हरिहर | **गिरिजाकल्याण** (यह शिव और पार्वती के विवाह का प्रतिनिधित्व करता है) |
| माधवाचार्य | ऋग्भाष्य |
| विद्यातीर्थ | रुद्रप्रश्नभाष्य |

## बाद के पांड्य (1216–1345 ई.)

13वीं शताब्दी की पहली तिमाही के आसपास, चोलों के पतन से उत्पन्न शून्यता का लाभ उठाते हुए, पांड्य सरदारों ने अपने क्षेत्रों पर स्वतंत्र रूप से शासन करना शुरू कर दिया। यह ध्यान देने योग्य है कि पांड्यों के शासनकाल के दौरान, राज्य पर **कई राजघरानों का सह-शासन** था, उनमें से एक को बाकी पर प्रधानता प्राप्त थी।

**मारवर्मन सुंदर पांडियन** (1216–1238 ई.)

- **पहला** स्वतंत्र **महत्वपूर्ण पांड्य शासक**, जिसने पांड्य पुनरुद्धार की नींव रखी। उसने ***सोनादुगोंडान*** (चोल देश का विजेता) की उपाधि लेकर चोलों पर अपनी जीत का जश्न मनाया।
- वह **अकिलन** के तमिल ऐतिहासिक उपन्यास ***कयालविजी*** के **मुख्य नायक** हैं।

**सदायवर्मन सुंदर पांडियन** (1251–1268 ई.)

- दूसरे पांड्य साम्राज्य का एक और प्रसिद्ध शासक, जिसने न केवल पूरे तमिलनाडु को अपने शासन में लाया, बल्कि आंध्र प्रदेश में नेल्लोर तक अपने अधिकार का प्रयोग किया।

**मारवर्मन कुलशेखर पांडियन** (1268–1310 ई.)

- सुंदरपांड्य के बाद, उन्होंने 40 वर्षों की अवधि तक सफलतापूर्वक शासन किया, जिससे देश को शांति और समृद्धि मिली। उनके शासनकाल के दौरान उनके पिता द्वारा उन्हें **सह-रीजेंट**[5] नियुक्त किया गया था और उन्होंने राजनीति में अपने पिता का सक्रिय रूप से समर्थन किया था। उनके शिलालेखों के अनुसार, उन्होंने न केवल होयसल और चोलों को हराया, बल्कि श्रीलंकाई शासक भुवनैकबाहु को भी हराया और सिम्हाला पर विजय प्राप्त की।
- उन्होंने '*कोल्लमकोंडन*' की उपाधि ली, जिसका अर्थ कोल्लम का विजेता है और '*कोनेरिनमाइकोंडन*' का अर्थ बिना किसी बराबरी का राजा है।
- वेनिस के यात्री **मार्को पोलो** ने अपने शासनकाल के दौरान पांडियन क्षेत्र का दौरा किया और मारवर्मन को **असियार** या **अश्कर** के रूप में वर्णित किया और उनके प्रशासनिक कौशल और पांडियन साम्राज्य की संपत्ति की भी प्रशंसा की। मार्को पोलो के अनुसार, पांडियन साम्राज्य का कैल या कायल शहर बहुत समृद्ध था। फारसी इतिहासकार **अब्दुल्ला वासाफ** ने भी उनके राज्य का दौरा किया और तमिल देश को पृथ्वी पर रहने के लिए सबसे अनुकूल निवास स्थान के रूप में वर्णित किया।

**जटावर्मन वीरा पांडियन** (1309–1345 ई.)

- अंतिम प्रमुख पांड्य शासक, जो 16वीं शताब्दी में विजयनगर साम्राज्य से हार गया था, जिसके बाद मदुरै में पांड्य वंश का शासन प्रभावी रूप से समाप्त हो गया।
- उन्हें दिल्ली सल्तनत की सेनाओं, विशेषकर अलाउद्दीन खिलजी की सेनाओं के खिलाफ लड़ाई के लिए भी जाना जाता था।

## बाद के पांड्यों का योगदान

बाद के पांड्य तमिलनाडु में **गुफा मंदिरों** के क्षेत्र में अग्रणी थे, क्योंकि उन्होंने दक्षिणी क्षेत्र में अच्छी संख्या में गुफा मंदिरों की खुदाई की थी। **तिरुनेलवेली जिले के कलुगुमलाई** में उनका एकमात्र अखंड मंदिर दक्षिण भारतीय वास्तुकला मूर्तियों के

[5] साझा शासन की प्रथा पांड्यों के दौरान आम थी और मारवर्मन कुलशेखर पांड्यन ने अपना शासन जाटवर्मन वीरपांडियन, मारवर्मन विक्कीरमन तृतीय और जटावर्मन सुंदर पांडियन द्वितीय के साथ साझा किया था।

"रत्नों" में से एक माना जाता है और इसे **दक्षिण का एलोरा** माना जाता है, जो एलोरा के मामले में जीवित चट्टानों से बना हुआ है। दुर्भाग्य से, इसे अधूरा छोड़ दिया गया था और यदि पूरा हो जाता, तो यह दक्षिण की अखंड संरचनाओं में सबसे अच्छा होता। दोनों गुफा मंदिर और संरचनात्मक मंदिर सभी कठोर ग्रेनाइट पत्थरों से बने हैं।

## विजयनगर साम्राज्य (1336-1672 ई.)

विजयनगर साम्राज्य पर मुख्यत: चार राजवंशों का शासन रहा। ये चारों राजवंश **संगम** (1336-1485 ई.), **सालुव** (1485-1503 ई.), **तुलुव** (1503-1570 ई.) और **अराविडु** (17वीं सदी के अंत तक) थे। साहित्य, पुरातत्व और मुद्रा जैसे स्रोतों के अध्ययन से विजयनगर साम्राज्य के संबंध में जानकारी प्राप्त होती है। यहां के साहित्य में **कृष्णदेव राय** की ***आमुक्त मालयद*, गंगादेवी** की ***मदुरा विजय*, अलसानी पेडाना के *मनुचरितम*** प्रमुख नाम हैं। मोरक्को के इब्न-बतूता, वियतनाम के निकोद द काउंटी, **पर्शिया के अब्दुल रज्जाक** और **पुर्तगाल के दमिंगो पाइस** जैसे विदेशी यात्रियों के लेखों में तत्कालीन विजयनगर साम्राज्य की यात्रा कर वहां की सामाजिक और आर्थिक व्यवस्था का वर्णन किया गया है। विजयनगर साम्राज्य के उपलब्ध ताम्रपत्र अभिलेखों में विजयनगर के शासकों की वंशावली और उपलब्धियों का चित्रण है। उदाहरण के लिए **देवराय द्वितीय** के समय का उपलब्ध **श्रीरंगम ताम्रपत्र।** विजयनगर के शासकों ने सांस्कृतिक उत्थान में जो योगदान दिया, उसका पता **हम्पी** के अवशेषों और अन्य स्मारकों से चलता है। उनके चलाए गए सिक्कों में भी शासकों के चित्र, उपाधियां और उपलब्धियां अंकित हैं। गौरतलब है कि, विजयनगर साम्राज्य में विभिन्न संस्कृतियां, जैसे-तमिल, तेलुगू और कन्नड़ सम्मिलित थीं। इन सभी संस्कृतियों के लोगों का रहन-सहन और भाषा एक-दूसरे से काफी भिन्न थे।

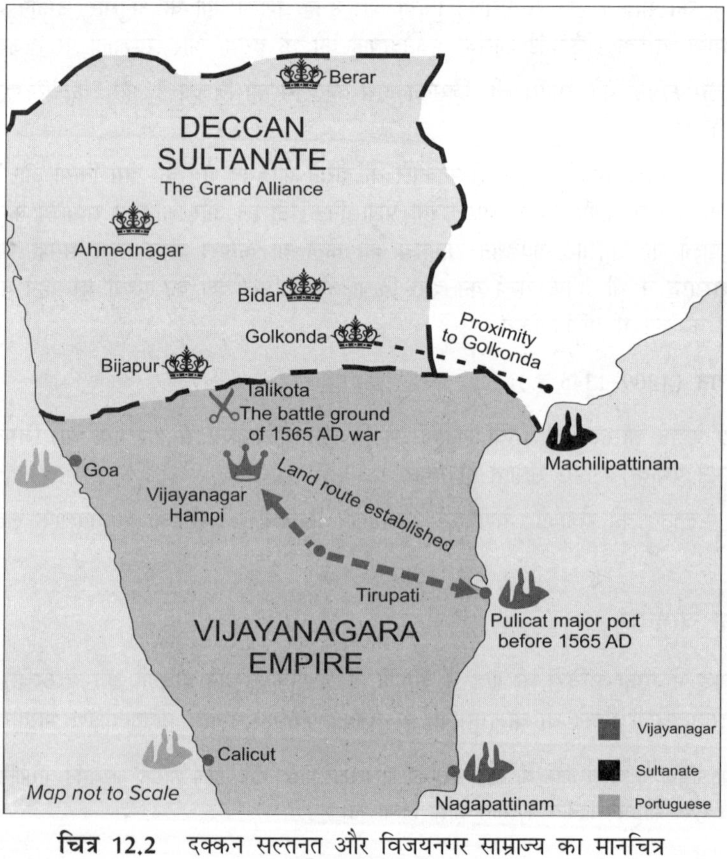


**चित्र 12.2** दक्कन सल्तनत और विजयनगर साम्राज्य का मानचित्र

**दक्षिण** में **मदुरै के सुल्तान** विजयनगर के **मुख्य शत्रु** थे। दोनों राज्यों के बीच करीब चार दशक तक संघर्ष चला। 1377 ई. तक मदुरै की सल्तनत **समाप्त हो गई** और **पूरे दक्षिण भारत में** विजयनगर साम्राज्य का विस्तार तमिल और चेर (केरल) सहित **रामेश्वरम्** तक हो गया। **उत्तर** भारत में **बहमनी सल्तनत के साथ** विजयनगर साम्राज्य की **शत्रुता** लंबे समय तक चली (इस संघर्ष की बाद में विस्तार से चर्चा की जाएगी)।

## संगम राजवंश

### हरिहर और बुक्का ( 1336-1377 ई. )

- हरिहर और बुक्का ने **विजयनगर में संगम राजवंश** की स्थापना की।
- किंवदंतियों के अनुसार वे पांच भाइयों के वंश से संबंधित थे जो **मूल रूप से वारंगल के काकतियों के सामंत** थे और उनके पतन के बाद **कांपिली राज्य** (आधुनिक कर्नाटक) में मंत्रियों के रूप में कार्य किया। इस राज्य में तुगलक के कुछ मुस्लिम विद्रोहियों को शरण दी गई, जिसके परिणामस्वरूप मोहम्मद-बिन-तुगलक ने यहां आक्रमण कर दिया। इसमें दोनों भाइयों (हरिहर और बुक्का) को बंदी बना लिया गया और धर्म परिवर्तन कराकर उन्हें इस्लाम धर्म अपनाने पर मजबूर किया गया। बाद में **हिंदू संत विद्यारण्य** के प्रभाव से उन्होंने **दोबारा हिंदू धर्म** अपनाया। उन्होंने अपनी स्वतंत्रता की घोषणा की और अपने गुरु की स्मृति का अभिनंदन करने के लिए, उन्होंने तुंगभद्रा नदी के दक्षिणी किनारे पर नए नगर **विद्यानगर या विजयनगर ( विजय का नगर )** की स्थापना की।
- होएसल साम्राज्य के पतन ने हरिहर और बुक्का को अपने नए राज्य का विस्तार करने में सहायता की। **1346 ई.** तक उन्होंने **पूरे होएसल साम्राज्य** पर अपना अधिकार जमा लिया। गौरतलब है कि, साम्राज्य विस्तार में हरिहर और बुक्का के भाइयों का भी पूरा सहयोग रहा। उनके भाइयों ने जीते हुए क्षेत्रों का प्रशासन संभाला साथ ही सहायता व साधन भी प्रदान किए। इस तरह विजयनगर **पहला सहयोगी गणतंत्र** बन गया।
- 1356 ई. में बुक्का ने अपने भाई से उत्तराधिकार संभाला और 1377 ई. तक शासन किया। बुक्का के शासन काल में ही **मदुरै सल्तनत** का **पतन** हुआ।

### हरिहर द्वितीय ( 1377-1406 ई. )

- हरिहर द्वितीय के शासन काल में विजयनगर साम्राज्य का **विस्तार पूर्वी समुद्र तट की ओर** हुआ। आंध्र के नल्लौर और कलिंग के बीच के क्षेत्र में अपने साम्राज्य के विस्तार को लेकर विजयनगर और **कोंडविडु के रेड्डी** शासकों के बीच कई बार संघर्ष हुए। हरिहर द्वितीय ने कोंडविडु के रेड्डी राजाओं से **अद्दांकी व श्रीसेलम** सहित कृष्णा नदी के दक्षिणी किनारे पर स्थित प्रायद्वीप के ज्यादातर भागों को जीतकर अपने अधीन कर लिया, जिसके कारण उसे राजकोंडा (तेलंगाना) के वेल्माओं से संघर्ष करना पड़ा।
- बहमनी और वारंगल साम्राज्यों की संधि के सामने भी हरिहर द्वितीय अपनी स्थिति को मजबूत बनाए रखने में सफल रहा। उसकी **सबसे महत्वपूर्ण विजय** बहमनी सुल्तानों से **बेलगांव** और **गोवा को** प्राप्त करना थी। किंवदंतियों के अनुसार, वारंगल के शासकों ने बहमनी सल्तनत के संस्थापक हसन गंगू की सहायता दिल्ली के विरुद्ध संघर्षों में की थी। बाद में उसके वंशजों ने वारंगल साम्राज्य पर ही आक्रमण किया और उनके कौलस व पहाड़ी किलों को अपने कब्जे में ले लिया। इस तरह, **वारंगल और बहमनी सल्तनत का गठबंधन 50 वर्ष तक चला**, जो कि **विजयनगर द्वारा तुंगभद्रा** का **दोआब क्षेत्र जीतने** का **प्रमुख कारण** बना।

## देव राय प्रथम ( 1406-1422 ई. )

- देवराय प्रथम की गिनती बहुत ही कुशल शासकों में की जाती है। इन्हें सैन्य पराक्रम और राज्य में सिंचाई व्यवस्था बेहतर बनाने के लिए याद किया जाता है। देवराय ने **तुंगभद्रा नदी पर बांध बनवाया,** जिससे खेतों की सिंचाई के लिए नहरें बन सकीं और राज्य में पानी की कमी दूर हुई। सिंचाई के लिए **हरिद्रा नदी पर भी बांध** बनवाया।
- अपने पूरे शासन काल में देवराय ने तेलंगाना के वेल्माओं, गुलबर्ग का बहमनी सुल्तान, कोंडविडु के रेड्डियों और विजयनगर के परंपरागत शत्रु कलिंग के गजपतियों से लगातार युद्ध किए।
- अपने शासन के आरंभ में देवराय, **बहमनी शासक ताजुद्दीन फिरोजशाह** से **पराजित** हुआ, जिसके फलस्वरूप न केवल उसे भारी क्षतिपूर्ति देनी पड़ी, बल्कि फिरोजशाह से अपनी बेटी का विवाह भी करना पड़ा। हालांकि इस संधि के बाद भी दक्षिण क्षेत्र में कुछ ही समय के लिए शांति रही। **वारंगल शासक** बाद में **देवराय के पक्ष में** आ गए, जिससे **शक्ति का संतुलन** दक्कन में देवराय प्रथम के पक्ष में हो गया। 1420 ई. में फिरोजशाह ने **पंगल** नामक क्षेत्र पर आक्रमण कर दिया, जो कि कभी विजयनगर ने उससे छीन लिया था, लेकिन इस बार देवराय ने **फिरोजशाह को करारी शिकस्त** दी। पंगल की दो साल की घेराबंदी फिरोजशाह की सेनाओं के लिए आपदा साबित हुई। सुल्तान को अपने राज्य के दक्षिणी और पूर्वी जिले देवराय प्रथम को देने पड़े। इस प्रकार, 1422 ई. तक देवराय प्रथम ने **पंगल** सहित **कृष्णा-तुंगभद्रा दोआब** तक के क्षेत्रों को अपने **अधीन** कर लिया।
- उसने **विजयनगर की सेना का आधुनिकीकरण** किया। तुर्की के तीरंदाजों को सेना में नौकरी दी, अरब और फारस से घोड़े मंगवाए और घुड़सवार सेना को बेहतर बनाने का प्रयास किया।
- उसने अपने शासन में **सांप्रदायिक सद्भाव** बनाने का भी प्रयास किया। विजयनगर का वह पहला शासक था, जिसने अपनी सेना में दस हजार मुसलमानों को जगह दी। साथ ही, अपनी सेना के मुसलमान सैनिकों की सुविधा के लिए मस्जिद और बूचड़खाने का भी निर्माण कराया।
- **इतावली यात्री निकोलो कोंटी** (1420 ई.) और **रूसी व्यापारी निकितिन ( *वॉयज टू इंडिया*** के लेखक) ने उसके समय में विजयनगर का दौरा किया। कोंटी ने विजयनगर और देवराय प्रथम के बारे में लिखा है कि, ''*इस नगर में 90,000 लोग शस्त्र उठाने के लिए सदा तैयार रहते थे... उनका सम्राट भारत के अन्य सभी राजाओं से अधिक शक्तिशाली था।*''
- देवराय प्रथम **कन्नड़ साहित्य** और वास्तुकला का **संरक्षक** था। इनके राजमहल के **मुक्ता सभागार** में प्रसिद्ध व्यक्तियों को सम्मानित किया जाता था। प्रतिष्ठित जैन कवि मधुर, उसके दरबार में थे (वे उसके पिता हरिहर द्वितीय के दरबार में भी शामिल थे)। मधुर ने 15वें **जैन तीर्थंकर** के जीवन पर आधारित **धर्मार्थ पुराण कन्नड़** में लिखा, साथ ही **श्रावणबेलागोला के गोमतेश्वर** का गुणगान भी अपनी काव्य रचना में किया है।
- देवराय प्रथम के समय ही प्रसिद्ध हजारे राम मंदिर का निर्माण हुआ, जो दक्कन वास्तुकला का उत्कृष्ट उदाहरण था। विजयनगर साम्राज्य की राजधानी को 15वीं सदी का सबसे बड़ा नगर बनाने का श्रेय देवराय प्रथम को जाता है।

## देवराय द्वितीय ( 1425-1446 ई. )

- देवराय द्वितीय को **संगम राजवंश के महान शासकों** में गिना जाता था जो एक कुशल प्रशासक, महात्वाकांक्षी योद्धा और विद्वान व्यक्ति था। बेहतरीन साहित्य रचना का भी श्रेय उसे प्राप्त है। उसने **कन्नड़ भाषा** में प्रसिद्ध रचनाएं कीं (***सोबागिना सोने*** और ***अमारुका***) और **संस्कृत** भाषा में (**महानाटक *सुधानिधि***) के अलावा ब्रह्मसूत्र पर भी भाष्य लिखा।

- मध्य काल के कुछ प्रसिद्ध कन्नड़ कवियों जैसे कि चामरास और कुमार व्यास को उसका संरक्षण प्राप्त था। साथ ही, उसके दरबार में **संस्कृत के कवि गुंदा डिमडिमा**, तेलुगू के प्रतिभाशाली कवि **कविसार्वभूम** (कवियों के बीच श्रेष्ठ) और ***हरविलासम*** के रचयिता कवि **श्रीनाथ** भी थे।
- दक्षिण भारत के प्रसिद्ध **गणितज्ञ परमेश्वर,** जिन्होंने केरल में खगोलशास्त्र और गणित का अध्ययन किया था, भी उसके राज्य में रहते थे, जिससे सिद्ध होता है कि साहित्य के मामले में उसका किसी एक पक्ष की ओर झुकाव नहीं था।
- देवराय द्वितीय को **गजबेटकर** की भी उपाधि मिली, जिसका अर्थ **'हाथियों का शिकारी' था,** जो कि एक सम्मानित पदवी थी, जो उसका हाथियों के शिकार के प्रति प्रेम की व्याख्या करती है या एक रूपक के रूप में उसके अपने शत्रुओं के विरुद्ध विजयों का उल्लेख करती है जो 'हाथियों के समान शक्तिशाली' थे। कुछ उलटफेरों के बावजूद देवराय द्वितीय ने **कृष्णा नदी तक का क्षेत्र** कब्जे में कर अपने **साम्राज्य का विस्तार** किया।
- **फारसी** इतिहासकार **अब्दुर रज्जाक**, जो विजयनगर में भ्रमण के लिए आया था, के अनुसार देवराय द्वितीय का राज्य सिलोन से गुलबर्ग और उड़ीसा (वर्तमान ओडिशा) से मालाबार तक फैला था, **निकोल कोंटी** के अनुसार, सम्राट ने सिलोन, क्यूलोन, पेगू, कुलीकाट पर कर लगाए।

अगले वंश **सालुव** की स्थापना **सालुवा नरसिंह ( पूर्ववर्ती राजा का मंत्री )** ने की। इसका शासन काल बहुत कम समय का रहा (1486 ई. से 1509 ई.)।

## तुलुवा राजवंश

### वीर नरसिंह राय ( 1505-1509 ई. )

- तुलुवा नरसा नायक[6] की मृत्यु के बाद, कृष्णदेव राय के छोटे भाई सिंहासन पर बैठे।

### कृष्णदेव राय ( 1509-1529 ई. )

- विजयनगर के **महानतम** शासकों में से एक कृष्णदेव राय को **'अभिनव भोज'**, **'आंध्र पितामह'** या **'आंध्र भोज'** के नाम से भी पहचान मिली (क्योंकि वह साहित्य और कला का महान संरक्षक था)। कृष्णदेव राय प्रभावशाली व्यक्तित्व के साथ ही अति बौद्धिक गुणशाली व्यक्ति था।
- कृष्णदेव राय कुशल प्रशासक और प्रभावशाली योद्धा था। उसने **स्वतंत्र राज्यों** (दक्कन की सल्तनतों) के साथ **अनेक युद्ध** लड़े। ये लड़ाईयां ही बहमनी साम्राज्य के पतन का बड़ा कारण सिद्ध हुईं।

  मुसलमान सेनाओं को **दीवानी के युद्ध** में निर्णायक पराजय मिली। इसके बाद उसने रायचूर दोआब क्षेत्र पर चढ़ाई की और **बीजापुर की आदिलशाही सेनाओं को बुरी तरह कुचल** दिया। पहले कृष्णदेव ने गुलबर्ग पर आक्रमण किया और 1520 ई. तक रायचूर को अपने कब्जे में ले लिया। वहां कैद तीन बहमनी राजकुमारों को भी मुक्त कराया। इसके बाद बहमनी सल्तनत पर मुहम्मद शाह को स्थापित किया और कृष्णदेव ने स्वयं **यवनराज स्थापनाचार्य** की उपाधि ग्रहण की। ओडिशा में भी कृष्णदेव राय का विजय अभियान सफल रहा। **गजपति शासक प्रतापरुद्र** को उसने **पराजित किया** और लगभग पूरे तेलंगाना क्षेत्र पर विजय प्राप्त की। उसने ओडिशा के शासकों को कृष्णा नदी

---

[6] तुलुवा नरसा नायक 1491-1503 ई. तक सलुवा नरसिम्हा देव राय के शासन के दौरान विजयनगर सेना के सेनानायक थे।

तक के सभी क्षेत्रों को विजयनगर को वापस करने के लिए मजबूर किया। अपने राज्य में न्याय व्यवस्था को भी बेहतर बनाया। दक्कन में पुर्तगालियों के प्रभाव से भी उसे निपटना पड़ा।

- पुर्तगालियों से कृष्णदेव ने मैत्रीपूर्ण संबंध बनाए। राजा **अल्बुकर्क** ने अपना दूत कृष्णदेव राय के दरबार में भेजा था। उसके शासनकाल में **पुर्तगाली** यात्री **डोमिंगो पेस** और **बारबोसा** भारत भ्रमण पर आए।
- हालांकि वह वैष्णव संप्रदाय से था, लेकिन सभी धर्मों का आदर करता था। उसके दरबार में तेलुगू के आठ प्रसिद्ध विद्वान थे, जिन्हें **अष्टदिग्गज** कहा जाता था। इनमें प्रमुख थे:
  - **अल्लासनी पेड्डान्ना**-(महानतम, जिन्हें **आंध्र कविता का पितामह** भी कहा जाता है), ***मनुचरितम* और *हरिकथा शरणम*** इनकी महत्वपूर्ण रचनाओं में शामिल है)
  - **तेनाली रामकृष्ण**-***पांडुरंगा महामात्यम*** के लेखक
  - **पिंगली सुरन्ना**-***गरुड़ पुराणम, प्रभावती प्रद्युम्नामु, राघव पंडावियम*** और ***कलापूर्णोदायमु*** के लेखक
- कृष्णदेव राय द्वारा लिखित:
  - ***आमुक्त मालयद*** (तेलुगू)
  - ***जंववती कल्याणम*** और **ऊषा परिणयम** (संस्कृत)
- कृष्णदेव ने विजयनगर में कुछ उत्कृष्ट पत्थरों के मंदिरों का निर्माण करवाया जैसे कि प्रसिद्ध **विट्ठलस्वामी और हजारा रामस्वामी** मंदिर। बहुत-से मंदिरों के जीर्णोद्धार के अलावा, उसने बहुत-से महत्वपूर्ण दक्षिण भारतीय मंदिरों में प्रभावशाली गोपुरमों या प्रवेश द्वार को भी जोड़ा। **तिरुपति का प्रसिद्ध मंदिर** उसके शासन काल के दौरान बहुत विकसित हुआ क्योंकि वहां के देवता **उसके प्रमुख देवता थे।**
- उसने विजयनगर के निकट **उपनगरीय बस्ती** की भी स्थापना की, जिसे उसकी माता के नाम पर **नागलापुरम्** कहा गया। विजयनगर के बारे में कुछ सबसे विस्तृत विवरण उसी के काल के हैं।

### अच्युत देव राय ( 1529-1542 ई. )

- वह **कृष्णदेव राय** का **छोटा भाई** था, जिसने उसे अपने उत्तराधिकारी के रूप में चुना।
- **पुर्तगाली यात्री फरनोआ नुनीज** उसी के शासन काल के दौरान भारत भ्रमण पर आया।
- उसने **कन्नड़** कवि **छतु विट्ठलनाथ**, गायक व संगीतकार **पुरंदरदास** (**कर्नाटक संगीत** के **पितामह**), संस्कृत विद्वान राजनाथ डिंडिगा द्वितीय को अपने दरबार में संरक्षण दिया।
- **तिरुवेंगलनाथ मंदिर,** जो कि उसी के नाम पर **अच्युत राय मंदिर** के नाम से प्रसिद्ध है, विजयनगर में उसी के शासन काल के दौरान बना था।
- उसकी मृत्यु के बाद उत्तराधिकार के लिए विवाद हुआ। उसके बेटे **वेंकट प्रथम** (वेंकट राय या वेंकटाद्री राय) ने सत्ता हासिल की, लेकिन वह एक कमजोर शासक था और छह महीने में ही उसकी हत्या हो गई। इसके बाद अंततः कृष्णदेव राय का बेटा **सदाशिव राय** राजा बना, हालांकि वह अभी बच्चा ही था। ऐसे में अराविडु ने उसके प्रतिनिधि के तौर पर राज-काज का संचालन किया। अराविडु **आलिया रामराय**, कृष्णदेव राय का **दामाद** था। कन्नड़ भाषा में **'आलिया'** का अर्थ **'दामाद'** भी है। अराविडु ने अपने भाई, जिसका नाम वेंकटाद्री था, के साथ कृष्णदेव राय के शासन में प्रभावशाली स्थान प्राप्त कर लिया था। **रामराय** एक सफल **सेनापति**, योग्य **प्रशासक** और कुशल **कूटनीतिज्ञ** था।

कृष्णदेव राय के समय में उसने कई सफल विजयी अभियान चलाए। बेहतरीन शासक व उसके ससुर कृष्णदेव राय की मृत्यु के बाद रामराय ने परिवार के सदस्य के तौर पर राज्य के कार्यों पर गहरा प्रभाव डालना आरंभ कर दिया।

**सदा शिव राय ( 1542-1570 ई. )**

- वह **तुलुव राजवंश** का **अंतिम शासक** था।
- वह अपने **मंत्री आलिया रामराय** के हाथों की **कठपुतली मात्र** था। उसका सिर्फ नाम था, आलिया रामराय ही वास्तविक शासक था। उसने पुराने कुलीनों को हटा दिया और उनके स्थान पर अपने वफादारों को रख लिया।
- रामराय ने अन्य शासकों को कूटनीति से आपस में भिड़ाकर **दक्कन में शक्ति संतुलन** का प्रयास किया। उदाहरण के तौर पर, अहमद नगर के निजाम और गोलकुंडा के कुतुबशाही ने जब बीजापुर के खिलाफ रामराय से मदद मांगी, रामराय ने रायचूर दोआब क्षेत्र को प्राप्त कर उन पर उपकार किया। इसके बाद 1549 ई. में जब बीजापुर के आदिलशाही और बिदार के बारिदशाही ने अहमदनगर के निजामशाही के खिलाफ युद्ध की घोषणा की तो रामराय ने अहमद नगर के शासक की ओर से युद्ध किया और कल्याण के किले को प्राप्त किया। 1557 ई. में जब बीजापुर के सुल्तान ने अहमद नगर पर आक्रमण किया तो रामराय ने बीजापुर के अली आदिलशाह और बिदार के बारिदशाही के साथ गठबंधन कर लिया।
- अपनी स्थिति बेहतर करने के लिए रामराय के लगातार एक पक्ष से दूसरे पक्ष में जाने से सभी सल्तनतें आखिरकार आपस में एक गठबंधन करने के लिए प्रेरित हुईं। **दक्कन के राज्यों ( बीजापुर, अहमद नगर, गोलकुंडा और बीदर**, बरार को छोड़कर) ने आपस में संधि कर ली और **1565 ई. में बन्नी हट्टी में ताली कोटा के युद्ध में विजयनगर को भारी नुकसान** पहुंचाया। इस युद्ध को **राक्षस तांगड़ी** भी कहा जाता है। इस युद्ध में रामराय को बंदी बना लिया गया और उसे मारकर विजयनगर को नष्ट कर दिया गया। **बन्नी हट्टी** के युद्ध को आमतौर पर **विजयनगर साम्राज्य के अंत** को चिन्हित करने वाला माना जाता है। गौरतलब है कि ताली कोटा के युद्ध के बाद विदेशी यात्री **सीजर फ्रेडरिक** ने विजयनगर का भ्रमण किया था।

हालांकि **अराविडु वंश** के अधीन विजयनगर साम्राज्य का अस्तित्व इसके बाद भी बना रहा, जिन्होंने **पेनुकोंडा** और बाद में **चंद्रगिरि** (तिरुपति के पास) से लगभग अगली शताब्दी तक शासन किया। **तिरुमल, श्रीरंग** और **वेंकट द्वितीय** इस राजवंश के महत्वपूर्ण शासक रहे। **श्रीरंग तृतीय** (1642-1646 ई.) विजयनगर साम्राज्य का अंतिम शासक था।

## विजयनगर साम्राज्य का प्रशासन

विजयनगर साम्राज्य में **सुव्यवस्थित प्रशासन** था। **राय** (शासक) के पास प्रबंधन, न्याय व विधान संबंधी सभी अधिकार थे। वहीं सुनवाई के लिए **सर्वोच्च न्यायालय** होता था। न्याय व्यवस्था में अंग भंग और हाथियों के सामने फेंक देना जैसे **कठोर दंड** दिए जाते थे। सिंहासन पर उत्तराधिकार ज्यादातर विरासत के सिद्धांत से मिलता था। हालांकि कई बार सिंहासन पर बलपूर्वक भी अधिकार किया गया, जैसे कि सालुव नरसिंह ने संगम राजवंश को समाप्त कर सत्ता हासिल की। प्रशासन व्यवस्था में दैनिक कार्यों में राजा की सहायता के लिए **मंत्री परिषद** होती थी। साम्राज्य विभिन्न प्रशासनिक इकाईयों में विभाजित था, जिन्हें **मंडलम, नाडू, स्थल** और अंत में **ग्राम** कहा जाता था। मंडलम का गवर्नर **मंडलेश्वर या नायक** कहलाता था। विजयनगर के शासकों ने स्थानीय अधिकारियों को प्रबंधन संबंधी सभी अधिकार सौंप रखे थे। गौरतलब है कि, गांवों में स्वशासन की चोल परंपरा विजयनगर शासकों के अधीन आने के बाद कमजोर हो गई थी। नायकों को वंशानुगत चुने जाने के चलन से गांवों की स्वतंत्रता और पहल सीमित हुई।

पहले शाही राजकुमार प्रांतों के गवर्नर होते थे। बाद में, शाही परिवारों व कुलीनों पर आश्रित लोग भी गवर्नर के रूप में नियुक्त होने लगे। **क्षेत्रों के गवर्नर** को बहुत सीमा तक **स्वायत्तता** प्राप्त थी क्योंकि वे **अपने दरबार लगाते** थे, अपने अधिकारियों की नियुक्ति करते थे और अपनी सेना रखते थे। एक समय तो इन्हें **अपने सिक्के** तक जारी करने का अधिकार था (हालांकि वे कम मूल्य के होते थे)। प्रांतीय गवर्नर की अवधि निश्चित नहीं थी और वह उसकी योग्यता व क्षमता पर निर्भर थी। प्रत्येक गवर्नर केंद्रीय शासन को निश्चित धन और सेवक प्रदान करता था। इस प्रकार यह मानना गलत नहीं होगा की **विजयनगर में केंद्रीयकृत से ज्यादा संयुक्त साम्राज्य था।**

सामंतों व जागीरदारों से भू-राजस्व, शुल्क और उपहारों के अतिरिक्त बंदरगाहों, विभिन्न व्यवसायों पर लगने वाले कर शासन की आय के अतिरिक्त स्रोत थे। भू-राजस्व आमतौर पर **उत्पादन** के **छठे भाग** के रूप में तय किया जाता था।

## सेना और सैन्य संगठन

विजयनगर साम्राज्य और बहमनी राज्य के बीच संघर्ष कई वर्षों तक चलता रहा। **रायचूर दोआब**, अर्थात् **कृष्णा** व **तुंगभद्रा नदियों** के **बीच के क्षेत्र** को लेकर विवाद और कृष्णा-गोदावरी नदी किनारे की उपजाऊ भूमि को लेकर भी इनके बीच लंबे समय तक संघर्ष चला। लगातार चले संघर्ष के क्रम में, दोनों राज्यों को विशाल सेना रखने की जरूरत थी। विजयनगर की **सेना** काफी **सुव्यवस्थित** और कुशल थी। यह घुड़सवार सेना, पैदल सेना, तोप और हाथी से मिलकर बनी थी। विदेशी व्यापारियों से अच्छी नस्ल के घोड़े खरीदे जाते थे। विजयनगर के शासकों ने अरब सागर के पार **अरब** व अन्य **खाड़ी देशों** से **उच्च गुणवत्ता वाले घोड़े** आयात किए। **मालाबार का तट** इन घोड़ों सहित अनेक बहुमूल्य सामग्रियों के व्यापार का केंद्र था। विजयनगर के शासकों ने हमेशा मालाबार को अपने नियंत्रण में रखने का प्रयास किया।

विजयनगर प्रशासन की प्रमुख विशेषताओं में से एक वहां की **अमरनायक** व्यवस्था थी। सेना में **उच्च स्तर** के **अधिकारियों** को **नायक** या **पलाइयागार** या **पोलीगर** कहा जाता था। रोचक तथ्य यह है कि, इन अधिकारियों को अपने **काम के बदले दान में जमीन** दे दी जाती थी (जिसे **अमरम्** कहा जाता था), जबकि सैनिकों को नकद के रूप में भुगतान किया जाता था। नायक अपने अमरम् (क्षेत्र) में कृषि गतिविधियों के विस्तार के लिए उत्तरदायी था। नायक अपने क्षेत्र से कर इकट्ठा करता था और अपनी आमदनी से वह अपनी सेना, घोड़े, हाथी, युद्ध के अस्त्र-शस्त्रों की देख-रेख करता था, जिन्हें उसे राय या विजयनगर के शासक को प्रदान करना पड़ता था। नायक **किलों** का सेनापति भी होता था। कर का कुछ भाग मंदिर निर्माण, सिंचाई व्यवस्था आदि में भी प्रयोग किया जाता था। अमरनायक राजा को सालाना शुल्क भेजते थे और शाही दरबार में उपहारों के साथ स्वयं उपस्थित होकर राजा के प्रति अपनी निष्ठा दिखाते थे। यह जानना आवश्यक है कि, **17वीं सदी** में इनमें से अनेक जैसे कि **तंजौर और मदुरै** के नायक स्वतंत्र हो गए और उन्होंने **अपने पृथक् राज्य स्थापित कर लिए** व एक शक्तिशाली वर्ग के रूप में उभरे, जिन्होंने विजयनगर के प्रभुत्व को चुनौती दी, उसकी आंतरिक संरचना को कमजोर किया और **ताली कोटा के युद्ध** में विजयनगर की पराजय का कारण बने।

विजयनगर राज्य आग्नेयास्त्रों के प्रयोग से भी परिचित था और **सैनिकों** के **प्रशिक्षण** के लिए **तुर्की और पुर्तगाल** के **विशेषज्ञों** को रखा गया था, जो युद्ध के आधुनिक हथियारों को चलाने का प्रशिक्षण देते थे। दुश्मनों के आग्नेयास्त्रों से सुरक्षा के लिए किले की दीवारें मोटी और मजबूत और किलेबंद दीवार के अग्रभाग सहित विशेष प्रकार के दरवाजे बनाए जाते थे। किले की दीवारों पर बंदूकों को रखने के लिए विशेष प्रकार के बड़े सुराख बनाए जाते थे। बड़ी तोपों को किले की दीवारों पर टिकाने के लिए विशेष प्रकार की मुंडेर बनाई जाती थी। उनके पास छोटे आग्नेयास्त्र जैसे कि **रायफल व पिस्तौलें** और कुछ भारी शस्त्र जैसे तोपें भी थीं, जिन्हें बैलगाड़ी और हाथियों द्वारा युद्ध के मैदान में ले जाया जाता था।

## सामाजिक जीवन

**अल्लासानी पेड्डाना** की पुस्तक ***मनुचरितम्*** से पता चलता है कि विजयनगर समाज **चार वर्गों** में विभाजित था-ब्राह्मण, क्षत्रिय, वैश्य और शूद्र। **विदेशी यात्रियों** ने अपने लेखों में विजयनगर के विशाल व भव्य भवनों और समृद्ध सामाजिक जीवन शैली का वर्णन किया है। **पेस** ने अमीरों के सुंदर घरों और उनके बड़ी संख्या में घरेलू सेवकों का उल्लेख किया है। **निकोलस कोंटी** ने यहां पर दास प्रथा का भी उल्लेख किया है। ज्यादातर लोग **रेशम** और **सूत के कपड़े** पहनते थे। **नृत्य, संगीत, कुश्ती, जुआ** और **मुर्गों की लड़ाई मनोरंजन** के प्रमुख साधन थे।

संगम शासक मुख्यत: **शैव** यानी शिव के उपासक थे और **विरुपाक्ष** इनके ईष्ट देव थे, जबकि अन्य राजवंश वैष्णव थे। **रामानुजन** का **श्रीवैष्णव** मत यहां प्रचलित था। यह ध्यान देने योग्य है कि **सभी शासक** अन्य धर्मों के प्रति **उदार** थे। **बारबोसा** ने बताया है कि हर किसी को यहां धार्मिक स्वतंत्रता प्राप्त थी। कृष्णदेव राय के सहिष्णु रवैये के बारे बारबोसा कहता है, ''राजा इतनी स्वतंत्रता प्रदान करता था कि कोई भी व्यक्ति राज्य में आ-जा सकता था और अपने संप्रदाय के अनुरूप बिना किसी मनमुटाव या नाराजगी के जीवन व्यतीत कर सकता था, और बिना किसी पूछताछ के कि वह ईसाई, यहूदी, मूर या हीथन है।'' प्रशासन में अनेक मुस्लिम भी थे, उन्हें मस्जिद बनाने और नमाज पढ़ने की पूरी स्वतंत्रता थी। जैसा की हम पहले पढ़ चुके हैं, **देवराय द्वितीय** ने कई **मुस्लिमों** को अपनी **सेना में नियुक्ति** किया था, उन्हें जागीरें प्रदान की थीं और नगर में उनके लिए एक मस्जिद भी बनवाई थी। इसी समय में अनेक मंदिरों का भी निर्माण हुआ। विजयनगर में लोग विभिन्न त्यौहार भी मनाते थे।

**महिलाओं की स्थिति** में बहुत **सुधार नहीं** आया था। हालांकि कुछ महिलाएं उच्च शिक्षा प्राप्त थीं, जैसे कि कुमारकंपन की पत्नी **गंगादेवी**, जिसने *मदुराविजयम* जैसी प्रसिद्ध रचना की। **हन्नमा** और **थिरुमल्लमा** दो अन्य प्रसिद्ध कवियित्रियां थीं। **पुर्तगाली यात्री नुनिज के अनुसार, "बड़ी संख्या में महिलाएं शाही महलों में नर्तकियों, घरेलू नौकरों और पालकी ढोने वालों के रूप में कार्यरत थीं। उनमें पहलवान, ज्योतिषी और भविष्यवक्ता भी थे। कुछ महिलाओं को अकाउंटेंट, न्यायाधीश, जमानतदार और चौकीदार के रूप में भी नियुक्त किया गया था।"** देवदासी **( मंदिर में नृत्य करने वाली लड़कियां )** प्रथा का प्रचलन था। यहां तक कि **पेस** ने भी इस काल में फलती-फूलती देवदासी प्रथा का उल्लेख किया है। शाही परिवारों के बीच बहुविवाह का प्रचलन था। यह दिलचस्प है कि, यहां के मंदिर भी बहुत संपन्न थे और नगर के आंतरिक व बाह्य व्यापार में भी भाग लेते थे।

## अर्थव्यवस्था

विदेशी यात्रियों के अनुसार, उस समय विजयनगर राज्य विश्व के सबसे संपन्न राज्यों में से एक था। **कृषि** लोगों का **प्रमुख व्यवसाय** बनी रही। विजयनगर के शासकों ने इसके और ज्यादा विकास के प्रोत्साहन के लिए बेहतर **सिंचाई व्यवस्थाएं** प्रदान कीं। तुंगभद्रा आदि नदियों के किनारे **नए तालाब** व **बांध का निर्माण** कराया गया। **नुनीज** ने नहरों की खुदाई का भी जिक्र किया है।

वहां अनेक उद्योग थे और वे श्रम निकायों में संगठित थे। धातुओं व अन्य वस्तुओं के कारीगर इस दौर में खूब फले-फूले। **कुर्नूल** और **अनंतपुर जिलों** में हीरों की खदानें थीं। विजयनगर भी व्यापार का एक प्रमुख केंद्र था। देव राय द्वितीय के शासनकाल के दौरान भारतीय उपमहाद्वीप का दौरा करने वाले ईरान के राजदूत अब्दुर रज्जाक के अनुसार, "*विजयनगर में, तीन प्रकार के सिक्के उपयोग में थे - वराह, दिनारा और फैनम। इनमें से फैनम*[7] *सबसे लोकप्रिय था।*" **वाराह** मुख्य **सोने का सिक्का** था, लेकिन अलग-अलग जगहों पर इसका वजन और माप अलग-अलग थे। अंतर्देशीय, तटीय और समुद्र पार से होने वाले व्यापार के कारण राज्य में संपन्नता बढ़ी। **मालाबार समुद्र तट** पर **कई बंदरगाह** थे, जिनमें **कैन्नानोर** सबसे प्रमुख था।

---

[7] 9वीं और 19वीं शताब्दी के बीच दक्षिण भारत में इस्तेमाल किया जाने वाला एक छोटा सिक्का जिसका वजन 0.3 ग्राम था और व्यास एक सेंटीमीटर से भी कम था।

पश्चिम में अरब, फारसी, दक्षिण अफ्रीका, पुर्तगाल और पूरब में बर्मा (वर्तमान म्यांमार), मलय (वर्तमान मलेशिया) और चीन से व्यापारिक संबंध प्रगाढ़ हुए। **सूत, रेशमी वस्त्र, मसाले, चावल, लोहा, शोरा** और **चीनी निर्यात** होने वाली प्रमुख वस्तुएं थीं। वहीं, **घोड़े, तांबा, मोती, चीनी, रेशम, पारा, मूंगा, मखमल के कपड़े आयात** होने वाली प्रमुख वस्तुएं थीं। जहाज निर्माण की कला विकसित हो चुकी थी।

## सांस्कृतिक योगदान

विजयनगर शासन के दौरान मंदिर निर्माण के काम ने और तेजी पकड़ी। मंदिर परिसर में **ऊंचे रायगोपुरम्** या **प्रवेश द्वार** और **नक्काशीदार स्तंभों** वाले **कल्याणमंडपम्** का निर्माण विजयनगर के वास्तुशिल्प की मुख्य विशेषताएं थीं। **स्तंभों** पर उकेरी गई प्रतिमाओं में विशिष्ट मुखाकृति बनी थी, इन **स्तंभों पर** पाया गया सबसे **ज्यादा रूपांकन घोड़ा** का था। विशाल मंडपम् में करीब सौ स्तंभ और कुछ बड़े मंदिरों में करीब एक हजार स्तंभ थे। इन मंडपमों का इस्तेमाल विशेष उत्सवों पर आराध्य या ईष्ट देव को विराजित किया जाता था। साथ ही, इस काल के दौरान पहले से मौजूद मंदिरों में बहुत-से अम्मन मंदिर भी जोड़े गए थे।

विजयनगर शैली के सबसे महत्वपूर्ण मंदिर हंपी के अवशेष विजयनगर के शहर में पाए गए थे। इस शैली के सबसे अच्छे उदाहरणों में **विट्ठल स्वामी** और **हजारा रामस्वामी मंदिर** थे। विजयनगर शैली के मंदिर वास्तुकला की भव्यता के उदाहरण के रूप में **कांचीपुरम** के **वर्धराज** और **एकंप्रनाथ मंदिर** खड़े हैं। **थिरुवन्नमलाई** और **चिदंबरम** में बने **रायगोपुरम** विजयनगर के महान युग के बारे में बताते हैं। बाद के नायक शासकों द्वारा भी इस प्रकार के निर्माण जारी रहे। **कृष्णदेव राय** और **उनकी रानी** की **तिरुपति** में **धातु से बनी मूर्तियां** उस समय की धातु प्रतिमाओं की ढलाई के उत्कृष्ट उदाहरण हैं। विजयनगर के शासकों ने संगीत और नृत्य को भी संरक्षण दिया।

इस क्षेत्र में विभिन्न भाषाओं, जैसे-**तेलुगु, संस्कृत, कन्नड़** और **तमिल** की भी काफी **उन्नति** हुई। संस्कृत और तेलुगू **साहित्य** का बहुत विकास हुआ। **कृष्णदेव राय** के शासन काल में **साहित्य की उपलब्धि अपने शिखर** पर **पहुंच गई** थी। कृष्ण देव राय **स्वयं** संस्कृत और तेलुगू के **विद्वान** थे। उसके प्रसिद्ध दरबारी कवि **अल्लासनी पेड्डान्ना** का तेलुगू साहित्य में विशिष्ट स्थान था। इस तरह से, विजयनगर के शासकों का सांस्कृतिक योगदान विविध और उल्लेखनीय था।

| प्रमुख शब्द/अवधारणा | अर्थ |
|---|---|
| (a) महाप्रधानी | प्रधानमंत्री |
| (b) रायसम् | सचिव |
| (c) कर्णिकम् | लेखापाल (एकांउटेंट) |
| (d) कड़मल, ईराई, वराई | विभिन्न प्रकार के कर |
| (e) अठावने | भूमि राजस्व विभाग |
| (f) महानायकाचार्य | राजा और गांव के बीच संपर्क बनाने वाला |
| (g) पाड़ीकवल | शासन व्यवस्था के अधिकार बेचना |
| (h) तलर | चौकीदार |

## बहमनी सल्तनत (1347-1527 ई.)

14वीं सदी में विजयनगर साम्राज्य के साथ दक्षिण भारत में **एक और शक्तिशाली साम्राज्य** का उदय हुआ, जिसका नाम था-बहमनी सल्तनत। जैसा कि हम जानते हैं दक्कन का क्षेत्र दिल्ली सल्तनत के प्रांतीय प्रशासन का हिस्सा था। **मुहम्मद-बिन-तुगलक** ने दक्कन में स्थिर प्रशासन स्थापित करने के क्रम में, **अमीरन-ए-सदा** को नियुक्त किया, जिसे **सदा**

**अमीर** (सौ गांवों का प्रशासनिक प्रमुख) भी कहा जाता था। 1337 ई. से **दक्कन** के **अधिकारियों** और **दिल्ली सल्तनत** के बीच **मतभेद बढ़** गए, जिसके परिणामस्वरूप अंततः 1347 ई. में दक्कन एक **स्वतंत्र राज्य** बन गया। आंध्र प्रदेश का गुलबर्ग शहर इसकी राजधानी बना। उसके संस्थापक **हसन गंगू** ने **अलाउद्दीन हसन बहमन शाह** का नाम धारण किया क्योंकि वह स्वयं को ईरान के मिथकीय नायक बहमन शाह के वंश का समझता था और उसके नाम पर राज्य को **बहमनी** सल्तनत का नाम दिया गया। चूंकि, मुहम्मद-बिन-तुगलक के बाद दिल्ली सल्तनत ने दक्कन क्षेत्र पर नियंत्रण का कोई प्रयास नहीं किया, इसलिए बहमनी सुल्तानों ने बिना रुकावट के उनके राज्य के कई अन्य हिस्सों पर भी कब्जा कर लिया। **पश्चिमी तट** के महत्वपूर्ण **बंदरगाह दाभोल** पर नियंत्रण बड़े अधिग्रहणों में से एक था।

**अलाउद्दीन हसन बहमन शाह ( 1347-1358 ई. )**

- बहमनी सल्तनत का **संस्थापक,** जो एक साहसी **अफगान** था और जिसने अपनी **आजीविका की शुरुआत मुहम्मद-बिन-तुगलक** के **अधीन जनरल के रूप में** की थी। दिल्ली सल्तनत के खिलाफ विद्रोह करने वाले नजीरुद्दीन इस्माइल शाह ने बहमन शाह के पक्ष में पद त्याग कर दिया। इतिहासकार **फरिश्ता** के अनुसार बहमन शाह का असली नाम **हसन गंगू** था, क्योंकि पहले वह गंगू नाम के एक ब्राह्मण के पास काम करता था। अपने ब्राह्मण संरक्षक को श्रद्धांजलि देने के लिए उसने 'बहमन शाह' शब्द को अपना लिया।
- उसका **विजयनगर साम्राज्य** और **वारंगल राज्य** से **निरंतर टकराव** चला। उसने 1350 ई. में वारंगलों के खिलाफ अपने पहले अभियान का नेतृत्व किया और उसके शासक काप्य नायक को कौलस का किला उसे सौंपने पर मजबूर कर दिया।
- बहमन शाह की मृत्यु के समय उसका राज्य उत्तर से दक्षिण में वेनगंगा नदी से कृष्णा तक और पूर्व से पश्चिम में भोनगिर से दौलताबाद तक फैल चुका था।

**मुहम्मद शाह ( 1358-1377 ई. )**

- वह अपने पिता बहमन शाह का उत्तराधिकारी बना।
- वह एक महान विजेता के साथ-साथ एक योग्य प्रशासक भी था। वस्तुतः उनके द्वारा स्थापित प्रशासनिक व्यवस्था न केवल बहमनी साम्राज्य के अधीन लम्बे समय तक चली बल्कि इसका प्रभाव पड़ोसी राज्यों की प्रशासनिक व्यवस्थाओं पर भी पड़ा।
- गुलबर्गा की भव्य मस्जिद के निर्माण के लिए काज्विन के रफी नामक एक फारसी वास्तुकार के साथ सहयोग किया गया।

**ताज-उद्दीन फिरोज शाह ( 1397-1422 ई. )**

- वह बहमनी सल्तनत का **सबसे उल्लेखनीय** और महानतम शासक माना जाता है।
- उसने खेरला के **गोंड** शासक **नरसिंह राय** को **हराकर बरार** की ओर बहमनी राज्य का विस्तार करना शुरू किया। राय को न केवल भारी मात्रा में धन, सोना, चांदी देना पड़ा, बल्कि अपनी बेटी का विवाह भी फिरोज शाह से करना पड़ा।
- इसके बाद उसने **विजयनगर** पर **आक्रमण** किया और **1398 ई.** व **1408 ई.** में **विजय हासिल करने** में सफलता प्राप्त की। लेकिन **1420 ई.** में **देवराय प्रथम** के हाथों **पराजय** झेलनी पड़ी।
- **धर्म विज्ञान** (कुरान, न्यायशास्त्र के भाष्य) और **प्राकृतिक विज्ञान** (जैसे- वनस्पति शास्त्र, रेखागणित, तर्कशास्त्र आदि) का वह बेहतरीन **ज्ञाता** था।

- **सुलेख** में वह पारंगत था और **कवि** भी था। अक्सर तत्काल काव्य रचना भी किया करता था। **फरिश्ता** के अनुसार वह न केवल तेलुगू, कन्नड़ और मराठी, बल्कि फारसी, अरबी और तुर्की का भी अच्छा ज्ञाता था।
- उसने खगोल विद्या के अध्ययन को प्रोत्साहन दिया और **दौलताबाद** के निकट एक **वेधशाला का निर्माण** करवाया।
- उसने अपने **प्रशासन** में बड़ी संख्या में **हिंदुओं** की **नियुक्ति** की। ऐसा कहा जाता है कि, उसके समय से ही दक्कन के ब्राह्मण प्रशासन में प्रभावशाली बन गए थे।

**अहमद शाह वली ( 1422-1435 ई. )**

- 1420 ई. में हार के बाद फिरोज शाह को अपने भाई अहमद शाह प्रथम को सत्ता सौंपनी पड़ी, जो कि प्रसिद्ध **सूफी संत गेसू दराज** के साथ अपने संबंधों के चलते संत **( वली )** कहलाया जाता था।
- दक्षिण-पूर्वी बंदरगाहों पर आधिपत्य के लिए उसने संघर्ष जारी रखा। पिछले युद्धों में विजयनगर का साथ देने के लिए वारंगल सम्राटों को दंड देने के उद्देश्य से उसने **वारंगल** पर **आक्रमण** (1424-25 ई.) किया। वारंगलों को हराकर उसके शासक को मार दिया और वारंगल राज्य के अधिकांश भाग पर आधिपत्य स्थापित कर लिया। इसके बाद अहमद शाह ने मालवा (1425-35 ई.), गोंडवाना और कोंकण की ओर ध्यान देना शुरू किया।
- अहमद शाह ने अपनी **राजधानी गुलबर्ग** से **बीदर स्थानांतरित** कर दी।

**हुमायूं शाह ( 1458-1461 ई. )**

- अपने सैन्य अधिकारी **महमूद गवां** (बाद में बहमनी साम्राज्य का सबसे महत्वपूर्ण व्यक्ति बनकर उभरा) की वीरता और योग्यता से प्रभावित होकर उसे **मंत्री** बना दिया। महमूद गवां ने राज्य में तमाम सुधार किए। हुमायूं की मौत के बाद उसके नाबालिग बेटे और उत्तराधिकारी **निजाम शाह** (1461-63 ई.) का **संरक्षक** बन गया और शासन का बागडोर अपने हाथों में ले ली। हालांकि युवा सुल्तान की 1463 ई. में मृत्यु हो गई और उसके महज नौ वर्ष के भाई **मुहम्मद शाह तृतीय** (1463-82 ई.) ने सत्ता संभाली और महमूद गवां ने उसके प्रधानमंत्री के रूप में कार्य किया। मुहम्मद शाह के अधीन बहमनी राज्य की शक्ति अपने शिखर पर पहुंची (यह सब महमूद **गवां की सलाह** और **कार्यों के कारण** संभव हुआ)। बहमनी राज्य उस समय अरब सागर से लेकर बंगाल की खाड़ी तक फैल गया। पश्चिम में उसका आधिपत्य गोवा से मुंबई तक हो गया। पूर्व में वह काकीनाड़ा से लेकर कृष्णा नदी के मुहाने तक पहुंच गया। इस काल के बाद बहमनी साम्राज्य का इतिहास वास्तव में महमूद गवां की उपलब्धियों का दस्तावेज है।

**महमूद गवां ( 1461-1481 ई. )**

- महमूद गवां के कुशल मार्गदर्शन में बहमनी साम्राज्य का विस्तार और शक्ति अपने शिखर पर पहुंची। वह **फारस का व्यापारी** था, जो 42 वर्ष की उम्र में भारत (दक्कन) आया और बहमनी साम्राज्य के शासक यहां नौकरी करने लगा। बहमनी शासक **हुमायूं शाह** ने उसे **मलिक-उल-तुज्जर** यानी **'व्यापारियों का मुखिया'** का खिताब दिया था। **हुमायूं** की अचानक मृत्यु से उसके नाबालिग बेटे निजाम शाह को गद्दी मिली और प्रशासन के लिए एक राजप्रतिनिधि मंडल का गठन किया गया, जिसका महमूद गवां एक महत्वपूर्ण सदस्य था। धीरे-धीरे अपनी योग्यता के कारण उसे **वजीर ( प्रधानमंत्री )** का पद दिया गया और **'ख्वाजू-ए-जहां'** की उपाधि भी मिली।
- गवां एक **शिक्षित व्यक्ति** था, जिसे गणित में विशेष विद्वता हासिल थी। उसने न केवल राज्य को **बेहतरीन तरीके** से नियंत्रित किया, बल्कि स्थायित्व भी प्रदान किया। गवां ने बहुत-से **आंतरिक प्रशासनिक सुधार** किए और राज्य के अभिजात्य वर्ग के बीच कटुता समाप्त करने का प्रयास किया, साथ ही कुलीनों और प्रांतों पर सुल्तान के नियंत्रण

को बढ़ाया। उसने राज्य को आठ तरफ या प्रांतों में बांटा, जिन्हें **तरफ** कहा जाता था। तरफ की देखभाल करने वाला **तरफदार** कहलाता था। तरफदारों की सैन्य शक्ति पर नियंत्रण रखने की लिए उसने नियम बनाया कि हर प्रांत के अधीन **सिर्फ एक किला** होगा। प्रांत के अन्य किले किलेदार या किले के मुखिया के अधीन रहेंगे (इन्हें केंद्र की ओर से नियुक्त किया जाएगा)। पदाधिकारियों के वेतन के भी इसने कम किया, जिससे उनकी जिम्मेदारी भी कम हुई।

- वह एक **शानदार सेनापति** था। इसने विजयनगर, ओडिशा और अरब के समुद्री लुटेरों के खिलाफ युद्ध में सफलता पाई और **विजयनगर** के **कांची** तक के क्षेत्र अपने **अधीन** कर लिए। पश्चिमी समुद्र तट पर उसने **गोवा** और **दाभोल** को **जीत** लिया। गोवा और दाभोल पर अधिकार करने के बाद बहमनी राज्य ने **इराक** और **ईरान** से अपने **व्यापारिक संबंध मजबूत** किए।
- युद्ध में **बारूद** का विस्तृत **प्रयोग** इसी ने **प्रारंभ** किया, जिसे सबसे पहले विजयनगर के खिलाफ बेलगांव के युद्ध में इस्तेमाल में लाया गया। इसे बनाने और चलाने के तरीका सैनिकों को सिखाने के लिए फारस के एक विशेषज्ञ को नियुक्त किया।

  **नोट:** सर्वप्रथम बारूद का प्रयोग मुहम्मदशाह प्रथम के समय हुआ।
- **उत्तरी सीमा** के शासकों को इसने **अपने पक्ष** में करने का प्रयास किया। गुजरात के शासक की मदद से **मालवा** के **मुहम्मद खिलजी** को **हराया**, जिससे बरार पर नियंत्रण कर सका। इससे पता चलता है कि उसने बहमनी साम्राज्य का विस्तार युद्ध जीतकर साथ ही कूटनीतिक तरीके से किया।
- यह **विभिन्न कलाओं** का भी **संरक्षक** था। **बीदर** में **महाविद्यालय की स्थापना** के लिए इसने दान भी दिया। इस महाविद्यालय का निर्माण फारसी वास्तुशिल्प पर आधारित था। ईरान और ईराक के उस समय के प्रसिद्ध विद्वान इस महाविद्यालय में आए थे।
- बहमनी राज्य की प्रमुख समस्या इसके **पदाधिकारियों में विवाद** था। पदाधिकारी दो भागों में बंटे थे **दक्कनीज (पुराने)** और **अफाकीज (नये)**। गवां स्वयं एक **अफाकीज** था, लेकिन यह दोनों के प्रति उदार था और इसने दोनों ही पक्षों के बीच सामंजस्य बनाने का प्रयास किया। हालांकि यह विवाद कभी खत्म नहीं हुआ। **दक्कनीज पदाधिकारियों** ने **साजिश** करके **सुल्तान** को इस बात के लिए मनाया कि मुहम्मद गवां को दंड दिया जाए और अंतत: **1482 ई.** में उसे **मृत्यु दंड** दे दिया गया। हालांकि बाद में सुल्तान ने अपने इस निर्णय पर दु:ख व्यक्त किया और पूरे सम्मान के साथ उसे दफनाया गया।
- मुहम्मद गवां की मृत्यु के बाद **बहमनी साम्राज्य बिखरने** लगा और कई प्रांतों ने स्वयं को स्वतंत्र घोषित कर दिया। विजयनगर के शासक कृष्णदेव राय से पराजय बहमनी साम्राज्य के लिए अंतिम प्रहार साबित हुई और इसके बाद बहमनी साम्राज्य पूरी तरह बिखर गया। **1518 ई.** के **बाद** बहमनी साम्राज्य **पांच भागों** में बंट गया। **अहमद नगर** में **निजाम शाही**, बीजापुर में **आदिल शाही**, **गोलकुण्डा** में **कुतुबशाही**, **बरार** में इमादशाही और **बीदर** में **बारिद शाही** का नियंत्रण हुआ, जिन्हें सामूहिक रूप से **दक्कन सल्तनत** कहा जाने लगा।

**बहमनी साम्राज्य का विभाजन**

↓

| ↓ | ↓ | ↓ | ↓ | ↓ |
|---|---|---|---|---|
| **1. अहमद नगर में निजामशाही** | **2. बीजापुर में आदिलशाही** | **3. गोलकुंडा में कुतुबशाही** | **4. बरार में इमादशाही** | **5. बीदर में बरीदशाही** |

**1. अहमद नगर की निजाम शाही**

- इसका संस्थापक **मलिक अहमद** था
- **शाहजहां** ने इस पर **आधिपत्य** कर लिया।

**2. बीजापुर में आदिलशाही**

- **यूसुफ अली शाह** इसका संस्थापक था।
- **मुहम्मद आदिल शाह** ने विश्व के **दूसरे सबसे बड़े गुंबद** (बीजापुर का **गोल गुम्बज**) का निर्माण कराया।

**चित्र 12.3** गोल गुम्बज, बीजापुर

- अन्य प्रभावशाली शासक **इब्राहिम आदिल शाह द्वितीय** (1580-1627 ई.) रहा। यह अपने राजवंश का पांचवां शासक था। इसे **धार्मिक सहिष्णुता** के लिए याद किया जाता है। सांप्रदायिक सौहार्द्र में विश्वास के कारण इसे **जगद् गुरु बुधशाह** की उपाधि भी दी गई थी। इसने राज्य में **शिया** व **सुन्नी** के बीच, हिंदू और मुसलमानों के बीच **सांस्कृतिक सद्भाव** बढ़ाने के प्रयास किए। इसके लिए संगीत का भी प्रयोग किया। यह संगीत का प्रेमी था। गायन, संगीत के वाद्य यंत्र बजाने और विभिन्न गीतों को लयबद्ध करने का इसे शौक था। यहां तक कि हिंदू देवी-देवताओं, जैसे–सरस्वती और गणेश जी, के भजनों के लिए भी इसने संगीत दिया। **दक्कनी भाषा** में इसने ***किताब-ए-नवरस*** नाम की पुस्तक लिखी। इसके दरबार में बड़ी संख्या मे संगीतज्ञ (करीब 4000) थे। संगीतज्ञों के समूह के **लश्कर-ए-नवरस** कहा जाता था। सभी संगीतज्ञों के लिए वेतन की व्यवस्था थी।
- **औरंगजेब** ने इस पर **अधिकार** कर लिया।

**3. बरार की इमादशाही**

- **फतुल्ला खां इमाद-उल-मुल्क** इसके संस्थापक थे।
- **अहमद नगर** की **निजाम शाही** ने इन्हें जीत लिया।

**4. गोलकुंडा की कुतुबशाही**

- **कुली कुतुबशाह** इसके संस्थापक थे। इन्होने **गोलकुंडा का प्रसिद्ध किला** बनवाया।
- **मुहम्मद कुली कुतुब शाह**
- इन्हें सभी **कुतुबशाही** में **सर्वश्रेष्ठ** माना जाता है। इन्होंने **हैदराबाद शहर** बसाया और **चार मीनार** का निर्माण कराया।
- **औरंगजेब** ने इस पर **अधिकार** कर लिया।

**5. बीदर की बारिदशाही**

- अली बारिद इसके संस्थापक थे।
- बीजापुर की आदिलशाही ने इसे अपने अधिकार में ले लिया।

इस तरह अहमद नगर, बीजापुर और गोलकुंडा ने दक्कन की राजनीति में महत्वपूर्ण भूमिका निभाई। 17वीं सदी में मुगल शासकों ने इन्हें अपने अधीन कर लिया।

## बहमनी और विजयनगर साम्राज्य में संघर्ष

विजयनगर और बहमनी सल्तनत में लगातार संघर्ष चलता रहा। मुख्यत: तीन अलग-अलग क्षेत्रों को लेकर इनके बीच संघर्ष हुआ

(a) **रायचूर दोआब पर नियंत्रण** (**कृष्णा** और **तुंगभद्रा** नदी **के बीच** के क्षेत्रों): यह बहुत ही **उपजाऊ** और खनिज पदार्थों से भरपूर क्षेत्र था। इसी के पूर्वी इलाके में **गोलकुंडा** की **हीरे की प्रसिद्ध खदान** थी। दोनों ही राज्यों की भौगोलिक स्थिति ऐसी थी कि राज्य का विस्तार दक्कन में तुंगभद्रा के पार ही संभव था। ऐसा दिखाई देता है कि दोनों राज्यों के बीच **युद्ध** बहुत **निर्णायक नहीं** रहे और ज्यादातर समय यथास्थिति बनी रही। कभी बहमनी राज्य फायदे में पहुंच जाता तो कभी विजयनगर। 1504 ई. में बहमनी राज्य इस क्षेत्र को दोबारा हासिल करने में सफल रहा। कृष्णदेव राय के शासन के आरंभ से ही बहमनी राज्य के हाथों से रायचूर, भटकल, नालगोंडा सहित अनेक क्षेत्र निकलने लगे। जैसा कि पहले हम देख चुके हैं कि, दोआब क्षेत्र पहले **पश्चिमी चालुक्य** और **चोल** शासकों और बाद में होयसल शासकों के बीच **संघर्ष का प्रमुख कारण** बना।

(b) **कृष्णा-गोदावरी नदी घाटी का क्षेत्र:** ऊपजाऊ होने के साथ ही इस क्षेत्र का यह भी लाभ था कि यहां से **विदेशी व्यापार** को नियंत्रित किया जा सकता था (इस क्षेत्र में बड़ी संख्या में थे, जो विदेशों से व्यापार के लिए मूलभूत जरूरत थी)।

(c) **मराठवाड़ा क्षेत्र:** मराठवाड़ा क्षेत्र में मुख्य संघर्ष **कोंकण** (पश्चिमी घाट और सागर के बीच छोटा-सा क्षेत्र) और इसे विस्तार देने वाले भाग पर नियंत्रण के लिए था। कोंकण का भू-भाग बहुत ही **उपजाऊ** था और **गोवा का बंदरगाह** भी इसी के अंतर्गत आता था। आयात-निर्यात के लिए यह बहुत ही महत्वपूर्ण था, खासतौर से इराकी और ईरानी घोड़ों के लिए।

अक्सर विजयनगर और बहमनी राज्यों के युद्ध को हिंदू-मुस्लिम युद्ध के तौर पर देखा जाता है। लेकिन पिछली चर्चा में हम देख चुके हैं कि राज्यों के बीच **संघर्ष का असल कारण धर्म नहीं** बल्कि **क्षेत्रों पर अधिकार** और **आर्थिक लाभ** था।

लगातार युद्धों के कारण संबंधित क्षेत्रों और पड़ोसी प्रांतों में भारी मात्रा में विध्वंस हुआ। बड़ी संख्या में जानें गईं और संपत्ति का भी भरपूर नुकसान हुआ। यही नहीं लड़ने वाले राज्यों के भी साधन काफी मात्रा में नष्ट हुए और दोनों ही पक्ष कमजोर होते गए। इन युद्धों में लड़ने वाले पक्ष कभी यह **अहसास नहीं** कर पाए की एक-दूसरे से लड़कर वे दक्षिण भारत के समुद्री तटों पर **पुर्तगालियों** की शक्ति बढ़ा रहे हैं।

गौरतलब है कि, दो साम्राज्यों के आपसी संघर्ष के बावजूद ऐसी स्थितियां भी आईं जब **साम्राज्यों ने एक-दूसरे की मदद** की। उदाहरण के लिए, कृष्णदेव राय ने सल्तनत के दावेदारों की सत्ता पाने में मदद की और उन्हें यवन साम्राज्य स्थापित करने वाले का खिताब मिला। इसी तरह कृष्णदेव राय की मृत्यु के बाद उत्तराधिकार को लेकर विवाद हुआ तो बीजपुर के सुल्तान ने हस्तक्षेप किया और विवाद खत्म करने में मदद की। इसी के साथ कला, साहित्य और वास्तुकला का भी आदान-प्रदान हुआ।

## बहमनी प्रशासन व्यवस्था

बहमनों का प्रशासन बहुत ही व्यवस्थित था। राज्य को प्रशासक के हिसाब से चार भागों या प्रांतों में बांटा गया था, जिन्हें कहा जाता था (यह व्यवस्था महमूद गवां से पहले की थी, उसने चार की बजाय आठ तरफ कर दिए थे)। ये चार प्रांत **दौलताबाद, बीदर, बरार** और **गोलकुंडा** थे। मुहम्मद प्रथम ने विजयनगर को हराया और गोलकुंडा पर अधिकार कर बहमनी साम्राज्य में मिला लिया। बहमनी साम्राज्य के सभी प्रांत **तरफदार** संभालते थे, जिन्हें **सूबेदार** भी कहा जाता था। सभी प्रांतों में तरफदार के अधीन क्षेत्र से अलग एक छोटा भू-भाग **(खालिसा)** होता था, जिससे शासक और शाही परिवार से संबंधित लोगों के खर्चे पूरे किए जाते थे। सभी पदाधिकारियों का वेतन और जिम्मेदारियां निश्चित थीं। 500 घोड़े रखने वाला तरफदार हर साल दस लाख हुन्स चुकाता था। तरफदार कितने सैनिक देगा यह भी निश्चित था, यदि इसमें कमी हो जाती तो तरफदार को राजसत्ता को हर्जाना भी चुकाना पड़ता। पदाधिकारियों को **वेतन धन** के रूप में मिलता, पर कभी-कभी उन्हें **जमीन** भी दे दी जाती, जिसे **जागीर** कहा जाता था। बहमन साम्राज्य में **सेना में बंदूक, तोप** आदि भी थे। सैनिकों को युद्ध में आधुनिक हथियारों का प्रयोग **सिखाने** के लिए **तुर्की** और **पुर्तगाल** के **विशेषज्ञों** को रखा गया था।

बहमनी शासक सैन्य सहायता के लिए आमीर पर निर्भर थे। आमीर दो गुटों में बंटे थे–एक **दक्कनीज** कहलाते थे, जो की वास्तव में **प्रवासी मुस्लिम** थे और बहुत लंबे समय से **दक्कन** में रह रहे थे। दूसरे थे जो अफाकीज या **परदेसी** कहलाते थे। **अफाकीज** मध्य एशिया, ईराक व इरान से आकर हाल ही में दक्कन में बसे थे। प्रशासन में एक-दूसरे गुट से बेहतर स्थान पाने के लिए दोनों में होड़ रहती थी। इनके आपस के विवाद से बहमन स्रामाज्य को स्थायित्व के आघात लगा। जैसा की हम पढ़ चुके हैं इसी कारण महमूद गवां को मृत्यु दंड भी मिला।

| नाम | अर्थ |
|---|---|
| (a) वजीर-ए-कुल | मुख्यमंत्री |
| (b) अमीर-ए-कुल | वित्तीय प्रमुख |
| (c) वजीर अशरफ | विदेशी मामले और राजकीय अदालत |
| (d) सदर-ए-जहन | दान एवं न्यायपालिका प्रमुख |
| (e) तरफदार | प्रांतों के प्रमुख |

# पश्चिमी भारत-गुजरात, मालवा और मेवाड़

## गुजरात

गुजरात दिल्ली सल्तनत के अधीन सबसे **संपन्न** प्रांत था। यह अपने **हस्तशिल्प** कारीगरी, **उपजाऊ भूमि** और **बंदरगाहों के विकास** के कारण संपन्न हुआ था। सर्वप्रथम (1297 ई.) अलाउद्दीन खिलजी ने इसे दिल्ली सल्तनत के अधीन किया। सुल्तान ने एक तुर्क को इसकी देखभाल के लिए नियुक्त किया। इतिहासकार **फरिश्ता** के अनुसार फिरोज तुगलक के रूप में गुजरात को एक शांत और सौहार्द वाला मुखिया मिला था। यह बहुत ही उदार था और हिंदू धर्म को भी इसने भरपूर प्रोत्साहन दिया। **जफर खान** ने इससे गुजरात अपने अधिकार में ले लिया। जफर खान के पिता सदारन एक राजपूत थे, जिन्होंने इस्लाम धर्म अपना लिया था और अपनी बहन की शादी फिरोज तुगलक से कर दी थी। 1398 ई. में जब तैमूर ने आक्रमण किया तो जफर खान, जो कि गुजरात का गवर्नर था, ने 1407 ई में खुद को गुजरात का शासक घोषित कर दिया। उसने **मुजफ्फर शाह** की उपाधि ले ली और **मुज्जफरिद** राजवंश की स्थापना की।

### मुजफ्फर शाह / जफर खान ( 1407-1411 ई. )

- मुजफ्फरिद वंश के संस्थापक ने दिल्ली पर तैमूर के आक्रमण के कारण उत्पन्न अराजकता की वजह से दिल्ली सल्तनत से स्वतंत्रता की घोषणा की।

### अहमद शाह ( 1411-1441 ई. )

- **मुजफ्फर शाह का पोता** अहमद शाह ही गुजरात साम्राज्य का **वास्तविक संस्थापक** था। उसने न केवल पदाधिकारियों पर नियंत्रण और प्रशासन की व्यवस्था को सुचारू किया बल्कि राज्य का विस्तार भी किया और उसे मजबूत किया।
- उसने **राजपूत प्रांतों**, जैसे-**सौराष्ट्र ( गिरनार )** और **गुजरात-राजस्थान** की सीमा पर लगे राजपूताना क्षेत्रों **झालावाड़, बूंदी, डूंगरपूर** पर **नियंत्रण** करने का प्रयास किया। उसने हिंदुओं के प्रसिद्ध तीर्थस्थान **सिद्धपुर** पर आक्रमण कर उसे नष्ट किया, बहुत-से भव्य मंदिरों को तोड़ा। हालांकि यह एक कट्टर मुस्लिम था और अनेक मंदिरों को नष्ट किया लेकिन अपने प्रशासन में इसने दो हिंदुओं माणिक चंद और मोतीचंद को मंत्री बनाया।
- अहमद शाह ने हिंदू और मुस्लिम दोनों ही शासकों से संघर्ष किया। इसकी **मुख्य शत्रुता मालवा** के मुस्लिम शासक से थी। गुजरात और मालवा के बीच शत्रुता इतनी ज्यादा थी कि आपस की लड़ाई के कारण उत्तरी भारत की राजनीति का दोनों कोई विशेष लाभ नहीं ले सके।
- इसने **अहमदनगर शहर** बसाया और 1413 ई. में इसे **राजधानी** बनाया। (इससे पहले पाटन राजधानी थी।)
- यह **गुजरात** के परंपरागत **जैन वास्तुशिल्प** से बहुत ही प्रभावित था (सुडौल बुर्ज, पत्थरों पर नक्काशी और दीवारों पर सजावट इसकी खासियतें थीं)। इसने बेहतरीन इमारतों जैसे- जामा मस्जिद (1423 ई.), **तीन दरवाजा** आदि का निर्माण कराया। बगीचे, महल और बाजारों के निर्माण से शहर के सौंदर्यीकरण के प्रयास किए।
- इसे निष्पक्ष न्याय के लिए भी जाना जाता था। एक निर्दोष की हत्या के जुर्म में इसने जनता के सामने अपने दामाद को मृत्यु दंड दे दिया था।
- 1441 ई. में अहमद शाह की मृत्यु के बाद इसके सबसे बड़े बेटे **मुहम्मद शाह** ने सिंहासन संभाला। इसे **जार बख्श** के नाम से भी जाना जाता था। 1451 ई. में साजिशकर्ताओं ने इसकी हत्या कर दी। इसके बाद शासन सभालने वाले क्रमश: दो उत्तराधिकारी बेहद कमजोर साबित हुए। आखिरकार पदाधिकारियों ने मिलकर अहमद शाह के पोते फतेह

खान के आगे बढ़ाया और सत्ता तक पहुंचाया। इसे महमूद बेगड़ा नाम से जाना गया। इस राजवंश के सबसे योग्य शासक इसी को माना जाता है।

**महमूद बेगड़ा ( 1459-1511 ई. )**

- यह **गुजरात** के **सबसे महत्वपूर्ण शासकों** में गिना जाता है। इसके समय में गुजरात राज्य अपने अधिकतम सीमा विस्तार तक पहुंचा और देश के सबसे सशक्त और बेहतरीन प्रशासनिक व्यवस्था वाले राज्य के रूप में उभरा।
- उसे **बेगड़ा की उपाधि** इसलिए मिली क्योंकि इसने **दो महत्वपूर्ण** और **मजबूत दुर्ग जीते**। एक था **सौराष्ट्र** का **गिरनार** (जूनागढ़) और दूसरा था दक्षिणी गुजरात में राजपूतों का चंपानेर। हालांकि कुछ स्थानों पर यह भी कहा जाता है कि उसकी बड़ी मूंछे थीं, जो गाय के सींग जैसी दिखाई देती थीं इसलिए इसे बेगड़ा कहा जाता है।
- गिरनार का किला अपनी भौगोलिक स्थिति के कारण सौराष्ट्र पर राज करने के लिहाज से सुविधाजनक तो था ही, साथ ही **सिंध** के खिलाफ युद्ध में भी मददगार सिद्ध होता था। मुहम्मद ने पहाड़ियों के नीचे **मुस्तफाबाद** नाम से नया शहर बसाया। यहां पर बहुत ही सुंदर स्मारक हैं, बाद में यह **गुजरात** की दूसरी **राजधानी** भी बना।
- इसी तरह इसने **चंपानेर** के किले पर भी अधिकार किया, जो कि **मालवा** और **खानदेश** को नियंत्रित करने के लिए निर्णायक था। चंपानेर के पास भी इसने एक शहर **मुहम्मदाबाद** बसाया, जिसमें खूबसूरत बगीचे भी बनवाए।
- मक्का जाने वाले यात्रियों को लूटने वाले **डकैतों की खोज** के चक्कर में इसने शुरू में **द्वारका** को भी काफी नुकसान पहुंचाया।
- 1507 ई. में इसने व्यापार में **पुर्तगालियों** का **एकाधिकार** खत्म करने के लिए (जो कि पश्चिमी समुद्र तट पर स्थित थे) उनके **खिलाफ आक्रमण** किया। इससे मुस्लिम व्यापारियों के जबरदस्त नुकसान झेलना पड़ा। इसके बाद उसने **मिस्त्र के शासक** से **मदद** लेने का प्रयास किया, लेकिन **असफल** रहा। आखिर में उसे **दीव** में जमीन का हिस्सा **पुर्तगालियों** को **फैक्ट्री** बनाने के लिए **देना पड़ा।**
- इसके शासन में व्यापार सुचारू रूप से चला। यात्रियों के लिए इसने कारवां-सराय और धर्मशालाओं का निर्माण कराया। साथ ही सड़क व्यवस्था को भी बेहतर किया।
- इसने औपचारिक तौर पर तो शिक्षा पाई थी, लेकिन फिर भी कला और साहित्य को प्रोत्साहित किया। इसने बहुत-सी किताबों को **अरबी से फारसी** में **अनुवाद** कराया। **संस्कृत** के **कवि उदयराज** भी इसके दरबार में थे, जिन्होंने इसके ऊपर आधारित पुस्तक ***राज-विनोद*** लिखी।
- इसका *चेहरा विचित्र तरीके का था। इसकी इतनी बड़ी दाढ़ी थी जो कि कमर तक आती थी। मूंछें भी इतनी लंबी थीं कि सिर तक जाती थीं।* बारबोसा ने लिखा है कि, *बचपन में किसी ने इसे विशेष प्रकार का जहर दे दिया था, जिसकी वजह से इसके हाथ पर यदि मक्खी बैठ जाती तो तुरंत मर जाती थी।* यह बहुत ही ज्यादा खाने के लिए भी प्रसिद्ध था।

**बहादुर शाह** (लगभग 1526-1535 ई. और 1536-1537 ई.)

- उनके शासनकाल के दौरान, गुजरात पर सम्राट **बाबर** (मृत्यु 1530 ई.) और **हुमायूँ** (1530-1540 ई.) और **पुर्तगालियों** के अधीन विस्तारित **मुगल साम्राज्य** का दबाव था, जो **गोवा** में अपने आधार से भारत में अपनी शक्ति का विस्तार करने के लिए गुजरात तट पर गढ़वाली (किलाबन्द) बस्तियां स्थापित कर रहे थे।

- उन्होंने **ओटोमन शासन** में एक **दूत** भेजा और पुर्तगालियों के खिलाफ उनका समर्थन मांगा। तुर्कों ने सकारात्मक प्रतिक्रिया व्यक्त की और 1529 ई. में सुलेमान रईस के नेतृत्व में एक मजबूत बेड़ा उनकी सहायता के लिए भेजा गया। दो तुर्की अधिकारियों को **भारतीय नाम**[8] दिए गए, और उन्हें क्रमशः **सूरत** और **दीव का राज्यपाल** नियुक्त किया गया।
- **1534 ई.** में, उन्होंने पुर्तगालियों के साथ **बेसिन की संधि** पर हस्ताक्षर किए, जिसके माध्यम से उन्होंने न केवल **दीव** को पुर्तगालियों को **सौंप दिया**, बल्कि अपने साम्राज्य के अन्य क्षेत्रों जैसे **वसई** और द्वीपों को भी छोड़ दिया, जो आज मुंबई का निर्माण करते हैं। पुर्तगालियों ने 1559 ई. में दमन को शाह से प्राप्त किया।
- उनके शासनकाल के दौरान एक और उल्लेखनीय घटना 1534 ई. में **चित्तौड़ पर कब्जा** करना था, जिसमें **रानी कर्णावती** ने हुमायूं को पवित्र धागा 'राखी' भेजा और मदद के लिए अनुरोध किया। लेकिन, हुमायूं समय पर मदद नहीं कर सका और कर्णावती ने जौहर कर लिया।
- हालांकि, 1536 ई. में पुर्तगालियों के साथ हुई एक झड़प के दौरान कुछ गलतफहमी के कारण वह डूब गया था।

**1573 ई.** में **अकबर** ने गुजरात पर अधिकार कर लिया।

## मालवा

मालवा दिल्ली सल्तनत का दक्षिण-पश्चिमी भाग था, जिसे 1310 ई. में **अलाउद्दीन खिलजी** ने जीता। **फिरोज तुगलक** की **मृत्यु** तक यह **दिल्ली सल्तनत** के **अधीन** रहा।

अपनी भौगोलिक स्थिति के कारण यह बहुत ही महत्वपूर्ण स्थान था। यह नर्मदा और ताप्ती नदियों के बीच के पठार पर स्थित नगर था। यहां से गुजरात से उत्तर भारत के लिए सीधा **रास्ता** जाता था। साथ ही यह उत्तर और दक्षिण भारत के बीच में स्थित था। यदि कोई भी शक्तिशाली राज्य इस क्षेत्र पर नियंत्रण कर लेता तो पूरे उत्तर भारत पर प्रभाव बना सकता था।

1401 ई. में **तैमूर** के **आक्रमण (1398)** के **बाद** दिलावर खान गौरी, जो फिरोज शाह तुगलक के दरबार के पदाधिकारी था, ने दिल्ली सल्तनत से अपने संबंध तोड़ लिए। हालांकि खुद सुल्तान की पदवी भी नहीं ली। इसने मालवा की **राजधानी धार** से **स्थानांतरित** करके **मांडू** कर दी और नाम भी बदलकर **शादियाबाद** रख दिया। इस शब्द का मतलब था–**खुशियों का शहर।** इस शहर की प्राकृतिक सुंदरता देखने लायक थी और इसकी रक्षा करना भी ज्यादा आसान था। दिलावर खान की 1405 ई. में मृत्यु हो गई और इसका बेटा **अल्प खान** राजा बना, जिसे बाद में **होशांग शाह** के **नाम** से जाना गया।

### होशांग शाह (1406-1435 ई.)

- यह मालवा का **पहला औपचारिक** तौर पर **नियुक्त मुस्लिम शासक** था। यह बहादुर और महत्वाकांक्षी था। इसके साहस का पता इस बात से चलता है कि 1421 ई. में जब ओडिशा के राजा ने इसे अपने बेहतरीन हाथी देने से मना किया तो इसने जबरदस्ती उन्हें अपने कब्जे में ले लिया। यह कुछ हजार सैनिकों के साथ ओडिशा पहुंचा और स्वयं को व्यापारी बताकर शहर में घुसा। वहां के शासक से कहा कि राजा के पसंदीदा घोड़े इसके पास बेचने के लिए हैं। जब ओडिशा का शासक इसके साथ घोड़े देखने आया तो उन्हें बंदी बना लिया और शर्त रखी की अपने 100 पसंदीदा हाथी सौंपे तभी राजा को मुक्त किया जाएगा। जब ओडिशा के राजा ने इसे हाथी सौंपे तो इसने उन्हें वापस भेज दिया।
- एक योद्धा होने के साथ ही यह एक सहृदय व्यक्ति माना जाता था। अपने अधीन रहने वालों का भी यह प्रिय था। **धार्मिक उदारता** को लेकर इसने **व्यापक नीति** भी बनाई, जिसका पता **ललितपुर मंदिर** के **अभिलेखों** से चलता

[8] इन दोनों में से एक रूमी खान थे, जिन्होंने बाद में मास्टर-गनर के रूप में बड़ा नाम कमाया। उन्होंने 1531 ई. में दीव पर पुर्तगाली हमले को भी विफल कर दिया।

है। यह मंदिर इसी के शासन काल का है। इसके समय में मंदिर निर्माण पर कोई प्रतिबंध नहीं था। इसने राजपूतों को अपने राज्य में बसने के लिए **प्रोत्साहित** किया। साथ ही जैनियों को भी ज्यादा-से-ज्यादा **संरक्षण** दिया। जैन समुदाय के लोग राज्य के सबसे प्रमुख व्यवसायी और साहूकार थे। गौरतलब है कि, मेवाड़ के राणा मोकुल के दो बड़े भाईयों को इसके राज्य में जागीर प्राप्त थी और नरदेव सोनी नाम का व्यवसाई इसका खजांची और सलाहकार था।

- वास्तुशिल्प के लिए भी इसे याद किया जाता है। मांडू का अभेद्य किला इसी की देन है। मध्य प्रदेश का होशंगाबाद शहर (जिसे पहले नर्मदापुर भी कहा जाता था), इसी ने बनाया था।

**महमूद खिलजी ( 1436-1469 ई. )**

- महमूद खिलजी ने होशांग शाह के बेटे मुहम्मद को मार दिया और खुद मालवा का सुल्तान बन गया। इसके शासन काल में **मालवा साम्राज्य ऊंचाईयों** तक पहुंचा।
- यह एक **महत्वाकांक्षी शासक** था, जिसने अपने लगभग सभी पड़ोसी राज्यों से युद्ध किया। गुजरात के शासकों, गोंडवाना के राजाओं और ओडिशा, बहमनी के अलावा इसने दिल्ली सल्तनत को भी जीतने का प्रयास किया हालांकि उसमें यह सफल नहीं हो सका। दक्षिणी राजपूताना राज्य खासतौर से मेवाड़ इसका प्रमुख निशाना था। इसने **मेवाड़** के **राणा कुंभ** से युद्ध किया, जिसमें **दोनों ही पक्ष** अपनी **जीत** के **दावे** करते रहे। राणा कुंभ ने अपनी जीत के प्रतीक के रूप में **चित्तौड़ की मीनार** बनवाई, वहीं सुल्तान ने अपनी जीत के प्रदर्शित करने के लिए **मांडू** में **सात पंक्ति की कहानी** लिखवाई।

**ग्यासुद्दीन ( 1469-1500 ई. )**

- महमूद के बाद उसके बेटे ग्यासुद्दीन ने सत्ता संभाली। यह **मनोरंजन** और **आमोद-प्रमोद** में डूबा रहने वाला व्यक्ति था। ज्यादातर समय यह महिलाओं और संगीत के बीच बिताता। इसने महिलाओं के रहने के लिए **जहाज महल** का **निर्माण** कराया, जिसकी गिनती उसके हजारों हरम में होती थी।
- ग्यासुद्दीन को **चित्तौड़** के **राजा रायमल** ने पराजित किया।

**चित्र 12.4** जहाज महल, मांडू

**महमूद शाह द्वितीय ( 1510-1531 ई. )**

- यह खिलजी वंश का मालवा में **अंतिम शासक** था। इसने 1531 ई. में गुजरात के **बहादुर शाह** से मांडू का किला हारने के बाद आत्म-समर्पण कर दिया।
- 1531-37 ई. में के बीच मालवा पर बहादुर शाह का कब्जा रहा, हालांकि बीच में 1535-36 ई. के छोटे से समय के लिए मुगल बादशाह **हुमायूं** ने इस पर अपना अधिकार कर लिया था। खिलजी साम्राज्य में अधिकारी रह चुके **कादिर शाह** ने 1537 ई. में राज्य के पहले भाग को अपने नियंत्रण में ले लिया। 1542 ई. में **शेरशाह सूरी** ने आक्रमण करके उसे हरा दिया और अपने प्रतिनिधि के तौर पर वहां **शुजात खान** को नियुक्त कर दिया। शुजात खान के बेटे **बाज बहादुर** ने 1555 ई. में खुद को स्वतंत्र शासक घोषित कर दिया।

**बाज बहादुर ( 1555-1561 ई. )**

- यह **मालवा** का ऐसा **अंतिम शासक** था, जो **संगीत** और **काव्य प्रेम** के लिए जाना जाता था। रानी **रूपमती** से इसके **संबंध** भी चर्चा का विषय रहे।
- 1561 ई. में **आदम खान** और पीर मुहम्मद खान के नेतृत्व मे अकबर की सेनाओं ने **सारंगपुर** के **युद्ध** में **बाज बहादुर** को **हराया**। आदम खान के आक्रमण की एक वजह उसका रानी रूपमती से प्रेम करना भी बताया जाता है। रानी रूपमती ने जब मांडू की हार की खबर सुनी तो जहर खा लिया और बाज बहादुर खानदेश भाग गया।
- अकबर ने आदम खान को वापस बुला लिया और सारा मालवा का नियंत्रण **पीर मुहम्मद** के हाथों में सौंप दिया। पीर मुहम्मंद ने खानदेश पर आक्रमण किया और बुरहानपुर तक को कब्जे में ले लिया। जल्द ही खानदेश के **मीरन मुबारक शाह द्वितीय,** बरार के **तुफल खान** और **बाज बहादुर** की **संयुक्त सेनाओं** ने पीर मुहम्मद को **हराकर,** उसे मार दिया। इन संयुक्त सेनाओं ने मुगल सेनाओं को मालवा से बाहर कर दिया और बाज बहादुर फिर से एक छोटे समय के लिए ही, मालवा का शासक बन गया।
- 1562 ई. में अकबर ने **अब्दुल्ला खान** के नेतृत्व में फिर से एक सेना भेजी जिसने **बाज बहादुर** को हराया और वह **चित्तौड़ भाग** गया। बाज बहादुर वहां से कई राजदरबारों में पलायन करता रहा और अंतत: 1570 ई. में उसने नागौर में अकबर के आगे आत्म-समर्पण कर दिया। इसके बाद **मालवा** दिल्ली सल्तनत का एक **सूबा** बन गया।

मांडू शहर में अनेक सुंदर और उत्तर वास्तुशिल्प वाली इमारतों का निर्माण किया गया था। इनमें **जामा मस्जिद** जिसे **होशांग शाह** ने बनवाना शुरू करवाया और **महमूद खिलजी** ने पूरा करवाया, **हिंडोला महल, जहाज महल, होशांग शाह का मकबरा, बाज बहादुर** और **रानी रूपमती** के **महल** विशेष दर्शनीय हैं। गौरतलब है कि मांडू का वास्तुशिल्प, गुजरात के काफी अलग था। इमारतों में ऊंचे स्तंभ का बहुतायत प्रयोग था। इनमें रंगों के भरपूर प्रयोग किया गया था, जिनमें चमकदार पत्थर लगे थे। यह महलों को विभिन्नता प्रदान करते थे।

## मेवाड़

**मेवाड़** या **उदयपुर** के साम्राज्य के मूल नाम **मेधपाट** था, जो कालांतर में मेवाड़ हो गया। मेवाड़ के शासक अपने नाम के आगे शासक के लिए प्रयोग होने वाला परंपरागत शब्द **महाराजा** लगाने के बजाय राणा लगाते थे, जिसका मतलब होता था **प्रधानमंत्री** या **संरक्षक**। यह मानते थे कि यह राजा न होकर **हिंदू सभ्यता** के **संरक्षक** हैं, जिसका प्रतीक या सार उनके ईष्ट **भगवान एकलिंगजी** (**भगवान शिव** का रूप) का मंदिर है। भगवान एकलिंग को **मेधपटेश्वर** (मेधपट का परमेश्वर) भी कहा जाता था।

15वीं सदी में मेवाड़ का उदय उत्तर भारत की राजनीति में महत्वपूर्ण कारक सिद्ध हुआ। राजपूताना में चौहानों की शक्ति रणथंभौर में अलाउद्दीन खिलजी से हारने के साथ ही समाप्त हो गई। **अलाउद्दीन खिलजी** की सेनाओं द्वारा कुचले जाने के बाद मेवाड़ पहले की तरह महत्वपूर्ण नहीं रह गया। 1335 ई. में **राणा हमीर** (1314-78 ई.) ने चित्तौड़ में दूसरे **गुहिल राजवंश** की स्थापना की। गुहिल वंश के ही एक भाग **सिसौदिया वंश** का यह जनक था। इसके बाद मेवाड़ के सभी राणा इसी वंश सें संबंधित रहे। यह **पहला शासक** था, जिसने **राणा उपाधि धारण** की थी। इसने **माता अन्नपूर्णा** के मंदिर का भी निर्माण कराया, जो कि राजस्थान के **चित्तौड़ के किले** में स्थित है। राणा हमीर के पोते महाराणा मोकल की हत्या के बाद उसके बेटे राणा कुंभा ने 1433 ई. में साम्राज्य संभाला।

## राणा कुंभा ( 1433-1468 ई. )

- राणा कुंभा को कुंभकर्ण के नाम से भी जाना जाता था। उन्होंने मेवाड़, जो राजनीति में गुमनाम-सा था, को शक्तिशाली राज्य के रूप में मान दिलाया। राणा कुंभा एक **योग्य सेनापति** और शासक थे। उन्होंने राजनीतिक और सांस्कृतिक दोनों ही क्षेत्रों में अपनी छाप छोड़ी।
- राणा कुंभा ने राजनीतिक कुशलता से और अपने आंतरिक विरोधियों को हराते हुए सावधानी से अपनी स्थिति को मजबूत किया। राणा कुंभा ने बूंदी, कोटा, छतसू, मालपुर, आमेर, डूंगरपुर जैसे प्रतिद्वंदियों को पराजित करके अपनी शक्ति बढ़ाई। इनमें से ज्यादातर राज्यों ने राणा कुंभा के आधिपत्य को स्वीकार कर लिया और राजनीतिक रूप से उसके अधीन आ गए। सांभर, डिडवाना, मंदौर, नागौर, रणथंभौर, सिरोही, गंगरण, अजमेर, मंडलगढ़, आबू, टोडा आदि को भी राणा कुंभा ने अपने साम्राज्य में मिला लिया।
- **राणा कुंभा** और **मालवा** के **सुल्तान महमूद खिलजी** के बीच **संघर्ष** का अपना **इतिहास** है। राणा कुंभा ने न केवल महमूद खिलजी के शत्रुओं को आश्रय दिया बल्कि उन्हें मालवा सिंहासन दिलाने का प्रयास किया। इसकी प्रतिक्रिया में खिलजी ने भी राणा कुंभा के कुछ शत्रुओं, जैसे-उसके भाई मोकल को अपने यहां स्थान और प्रोत्साहन दिया। जैसे की हम पढ़ चुके हैं राणा कुंभा और खिलजी के बीच युद्ध में **दोनों ही पक्ष** अपनी **जीत के दावे** करते हैं। राणा कुंभा ने अपनी विजय के चिह्न के रूप में चित्तौड़ मे **विजय स्तंभ** बनवाया। चित्तौड़ में किलेबंदी को भी मजबूत किया और ऐसी सड़क बनवाई जो इसके सातों दरवाजों से निकलती थी।
- राणा कुंभा की प्रशंसनीय बात रही कि उसे हर ओर से दबाने का प्रयास हुआ, इसके बावजूद यह अपनी स्थिति को संभालने में सफल रहा। गुजरात की सेनाओं ने दो बार कुंभलगढ़ की घेराबंदी की और महमूद खिलजी दूरस्थ क्षेत्रों, जैसे-अजमेर पर धावा बोलने में सक्षम हो गया। उसने यहां अपना एक प्रतिनिधि भी नियुक्त कर दिया। कुंभा ने इन **हमलों** का **सफलतापूर्वक प्रतिरोध** किया। कुछ एक अपवादों, जैसे-रणथंभौर के बाहरी क्षेत्रों को छोड़ दें तो वह अपने जीते हुए क्षेत्रों पर **अधिकार** बनाए रखने में सफल रहा।
- **राणा कुंभा** ने **कला** और **साहित्य** की **उन्नति** के लिए काम किया। राणा कुंभा **स्वयं** एक **कुशल संगीतज्ञ** था (**वीणा** बजाने में कुशल था)। उसे सम्मानस्वरूप **संगीत शिरोमणि** भी कहा जाता था। उसने भारतीय संगीत पर संगीत राज नाम से बेहतरीन पुस्तिका लिखी। इसके अलावा ***संगीत मीमांसा***, ***संगीत रत्नाकर*** और ***सूदप्रबंध*** आदि की भी रचना की। **महेश** और **अत्रि** जैसे **विद्वानों** को राणा कुंभा ने दरबार में संरक्षण दिया, जिन्हें विजय स्तंभ के शिलालेखों की रचना का श्रेय प्राप्त है।
- राणा कुंभा ने **बसंतपुर** नगर बसाया। साथ ही अनेक सराय, महल, तालाब, विद्यालय एवं मंदिरों का निर्माण कराया। अपने साम्राज्य की रक्षा के लिए **पांच किलों-कुंभलगढ़, अचलगढ़, मंडाना, कोलाना** और **विराट** का निर्माण कराया। इसने अनेक शिल्पकारों और मूर्तिकारों को भी संरक्षण दिया।

- राणा कुंभा के **बेटे उदय** ने सत्ता पाने के लिए कुंभा की **हत्या** कर दी। हालांकि राणा कुंभा के छोटे बेटे **महाराणा रायमल** ने उदय को सत्ता से बेदखल कर खुद सत्ता हथिया ली। इसके बाद भी सत्ता के लिए लंबे विवाद चले, जिसमें भाइयों की हत्या हुई। अंत में रायमल का बेटा राणा सांगा मेवाड़ का शासक बना।

**राणा सांगा ( 1508-1528 ई. )**

- राणा सांगा का वास्तविक नाम **संग्राम सिंह** था। यह **राणा कुंभा** का **पोता** था। यह बहुत उग्र और बहादुर शासक था, जिसने अनेक युद्ध किए। राणा सांगा एक **जीवट योद्धा** था। युद्ध मे अपना एक हाथ, एक आंख खोने और कई गंभीर घाव लगने के बावजूद इसने अपने पराक्रम से अन्य राजपूताना राज्यों पर अपना आधिपत्य स्थापित किया।
- एक योद्धा होने से भी कहीं ज्यादा यह एक दूरदर्शी था। राजस्थान में गुर्जर-प्रतिहार साम्राज्य के पतन के बाद उत्तर भारत के राजपूत छोटे-छोटे टुकड़ों में बंट गए और आपस में ही खींचतान करने लगे। राणा सांगा ने अपने शानदार नेतृत्व से **अनेक गुटों के बीच एकता** स्थापित की।
- राणा सांगा ने पहले चित्तौड़ में अपनी क्षमता और शक्ति बढ़ाई। इसके बाद पड़ोसी राज्य मालवा, जो कि अपने ही आंतरिक झगड़ों में उलझा था, की ओर **सेना** भेजी। (यह मालवा के विखंडन का दौर था)
- मालवा का शासक **महमूद द्वितीय,** अपने प्रतिद्वंदी राजपूत वजीर **मेदिनीराय** से सावधान था और अपनी सुरक्षा के लिए **दिल्ली** के **सुल्तान इब्राहिम लोधी** और **गुजरात** के **बहादुर शाह** से मदद मांगी। वहीं **मेदिनीराय** ने **राणा सांगा** से सहायता ली। सांगा की सेना ने मालवा के विद्रोही राजपूतों के साथ मिलकर **मालवा** और उसकी सहयोगी दिल्ली की सेना को **पराजित** किया। मालवा, राणा सांगा के अधीन आ गया। राणा सांगा ने **सुल्तान महमूद** के साथ **उदारता** दिखाई और उसे बंदी बनाने के बावजूद उसका **राज्य लौटा** दिया, जिससे राणा सांगा की सदाशयता का पता चलता है।
- राणा सांगा ने **1518 ई.** में **गहतोली/घटोली** (ग्वालियर-आगरा के पास) **इब्राहिम लोधी** को हराया। कहा जाता है कि, राजपूतों की वीरता से लोधी दंग रह गया। उसने 1519 ई. में फिर से राणा सांगा को हराने के लिए सेना भेजी लेकिन इस बार भी **धौलपुर** में उसे **पराजित** होना पड़ा। लगातार पराजय के कारण लोधी के राजपूताना में अपने ज्यादातर क्षेत्र गंवाने पड़े। राणा सांगा का सैन्य प्रभाव आगरा के नजदीक तक स्थापित हो गया।
- कुछ इतिहासकारों के अनुसार **1526 ई.** में **राणा सांगा** के ही **निमंत्रण** पर **बाबर** ने भारत पर **आक्रमण** किया, हालांकि इसके एक साल बाद ही 1527 ई. में फतेहपुर सीकरी के पास **खानवा** में बाबर और राणा सांगा के बीच प्रसिद्ध **खानवा का युद्ध** हुआ। राणा सांगा की सेनाओं, जिन्हें **हसन खान मेवाती, महमूद लोधी** और **अलवर के मेदिनीराय** की सैन्य सहायता प्राप्त थीं, का बाबर की सेना से युद्ध मात्र दस घंटे से अधिक नहीं चला। यह युद्ध अत्यधिक हिंसक और क्रूर तरीके से लड़ा गया युद्ध माना जाता है। युद्ध के निर्णायक क्षणों में **सिल्हाड़ी** और उसकी सैन्य टुकड़ी ने अपने ही पक्ष से **विद्रोह** कर दिया, जिससे राजपूत सेनाएं आपस में ही बंट गईं। राणा सांगा ने तुरंत अपने मोर्चे को दोबारा स्थापित करने की कोशिश की लेकिन घायल राणा अचेत होकर अपने घोड़े से गिर गया। राजपूत सेना में यह संदेश फैल गया कि राणा सांगा की मृत्यु हो गई, जिससे राजपूत सेना में अफरा-तफरी मच गई। इसके परिणामस्वरूप **मुगल सेना** ने युद्ध **जीत** लिया।
- राणा सांगा ने सुरक्षा के दृष्टिकोण से राठौर सैन्य दल के साथ मेवाड़ छोड़ दिया। राणा सांगा अपनी इस हार को स्वीकार नहीं कर सका और उसने बाबर से लड़ने के लिए दोबारा सैन्य गठन शुरू कर दिया। राणा सांगा ने प्रतिज्ञा की थी कि जब तक बाबर को युद्ध में पराजित नहीं करूंगा तब तक चित्तौड़ में पैर नहीं रखूंगा। **1528 ई.** में जब बाबर ने **मेदिनीराय** पर आक्रमण किया तो उसकी मदद के लिए राणा सांगा सेना लेकर आया और फिर से बाबर और राणा सांगा के बीच **चंदेरी**

**का युद्ध** हुआ। लेकिन काल्पी स्थित अपनी छावनी में राणा सांगा की बीमारी के कारण मृत्यु हो गई। कहा जाता है कि, उसके ही कुछ सैन्य अधिकारियों ने उसे जहर देकर मरवा दिया क्योंकि उनका मानना था कि बाबर से अब लड़ना आत्मघाती सिद्ध होगा।

गौरतलब है कि, **श्रीकृष्ण की अनन्य भक्त**, प्रसिद्ध संत और कवियित्री **मीराबाई राणा सांगा की बहू** थीं। इन्हीं के वंश में **महाराणा प्रताप** का भी जन्म हुआ।

## उत्तरी भारत-कश्मीर

***राजतरंगिणी*** में (कश्मीर पर आधारित पुस्तक, जिसे 12वीं सदी में **कल्हण** ने लिखा था) बताया गया है कि कश्मीर घाटी पहले एक झील थी। हिंदुओं की पौराणिक मान्यता के अनुसार मरीची (जो की ब्रह्मा के पुत्र थे) के पुत्र ऋषि कश्यप ने बारामूला (वराह-मूल) की पहाड़ियों के बीच का स्थान काटकर झील का पानी हटा दिया। इसके बाद ब्रह्मा जी से निवेदन किया कि वे इस स्थान पर बस जाएं। इस तरह हिंदुओं द्वारा सर्वप्रथम कश्मीर बसा। शुरुआत में **कश्मीर** के खूबसूरत राज्य के बारे में **बाहरी दुनिया परिचित नहीं** थी। प्रसिद्ध अरब यात्री अल-बरूनी ने अपनी पुस्तक ***अल-हिंद*** में लिखा है कि जिन बाहरी लोगों का कश्मीर के अधिकारियों से परिचय न हो, वे कश्मीर के अंदर प्रवेश नहीं कर सकते थे, चाहे वह हिंदू ही क्यों न हो।

11वीं सदी में यहां के शासक **शैव** (शिव के उपासक) थे। इसी संप्रदाय को मानने वाले लोग यहां बहुतायत में थे। यहां **लौहर राजवंश** (1003-1320 ई.) का शासन रहा, जो कि बहुत प्रसिद्ध नहीं था, के शासन काल में यहां बढ़ती कठोर कर व्यवस्था, भ्रष्टाचार, आपसी विवाद, डमरों (सामंतों) के उदय के कारण विदेशी आक्रमणकारियों का इधर रुख करना आसान हुआ। **सुहादेव** (1320 ई.) इस राजवंश का अंतिम शासक था। तुर्क-मंगोल सेनापति **झुलजू (डलूचा)** ने कश्मीर पर **बर्बर आक्रमण** किया तो सुहादेव ने कश्मीर छोड़ दिया। झुलजू ने जन-साधारण के बीच भारी मारकाट की और जबरदस्त नरसंहार किया। पूरे शहर को उसने ध्वस्त कर दिया। कश्मीर का **पूरा शासन** उसे रोकने का कोई **प्रयास नहीं** कर सका। इस कारण शासकों पर से जनता का विश्वास समाप्त हो गया। सन 1339 ई. में **शमसुद्दीन शाह** ने शैव शासकों को हटाकर स्वयं सत्ता पर अधिकार कर लिया। इसके बाद से कश्मीर में **इस्लामिक प्रभाव** बढ़ना शुरू हुआ। सूफी संतों के एक समूह ने नये धर्म का प्रचार शुरू किया जिसमें हिंदू और मुस्लिम दोनों ही धर्मों के रीति-रिवाज मिले हुए थे। इस समूह को ऋषि कहा जाता था। उदाहरण के लिए इस्लामिक उपदेशक **शेख नूरूउद्दीन नूरानी,** जिनका कश्मीर के हिंदू नंद ऋषि कहकर सम्मान करते थे, ने अपने संदेशों में कश्मीर के शैव के साथ सूफी विचारधारा को मिलाया। 14वीं सदी तक नूरानी सहित अनेक सूफी संतों के प्रभाव से इस्लाम धर्म कश्मीर का प्रमुख धर्म बन गया।

### शमसुद्दीन शेख मीर (1339-1342 ई.)

- शमसुद्दीन शेख मीर कश्मीर में **शाह मीरी राजवंश** का **संस्थापक** था। यह कश्मीर का पहला मुस्लिम शासक था।

### सिकंदर शाह (1389-1413 ई.)

- 1354 ई. से 1470 ई. के बीच के सभी सुल्तान अन्य धर्मों के प्रति उदार थे। लेकिन सिकंदर शाह इनके बीच एक अपवाद था। यह **मूर्ति विध्वंसक** ही नहीं बल्कि इससे कहीं ज्यादा कट्टर था। इसने **गैर-मुस्लिमों पर ज्यादा कर** थोपे, बलपूर्वक धर्म परिवर्तन कराया और मूर्तियों को तोड़ने के कारण इसे **बट-शिखां** नाम दे दिया गया।
- इस्लाम को बढ़ाने के लिए इसके कदम कश्मीर में बड़े परिवर्तन लेकर आए। सिकंदर शाह ने आदेश जारी किया कि राज्य में रहने वाले सभी **हिंदू** विशेषतः **ब्राह्मण** या तो **इस्लाम धर्म स्वीकार** कर लें या **राज्य छोड़कर** चले

जाएं। (ऐसा माना जाता है कि, इस आदेश के पीछे मंत्री सुहाभट्ट का हाथ था, जो कि धर्म परिवर्तन कर हिंदू से मुस्लिम बना था और अपने पिछले सहधर्मियों को नीचा दिखाना चाहता था।)

- सिकंदर शाह की मृत्यु के बाद उसके बेटे **अली शाह** (1413-1419 ई.) ने शासन संभाला लेकिन कुछ साल बाद उसका भाई **शाह खान** शासक बन गया और **जैनुअल अबिदीन** के नाम से जाना गया।

### जैनुअल अबिदीन ( 1420-1470 ई. )

- जैनुअल अबिदीन को **बुद शाह ( महान सुल्तान )** कहा जाता है। यह बहुत ही दयालु, उदार और प्रबुद्ध शासक था। इसे **कश्मीर का अकबर** कहा जाता है।
- इसने सिकंदर शाह द्वारा लागू सभी **नकारात्मक** और **कट्टर नीतियां बंद** कर दीं और जो गैर-मुस्लिम राज्य छोड़कर चले गए थे, उन्हें वापिस बुलाया। जिन हिंदुओं को बलपूर्वक धर्म परिवर्तन कराकर मुस्लिम बनाया गया था, उन्हें वापस अपने धर्म में आने की छूट प्रदान की गई। उसने लोगों को तमाम स्वतंत्रता फिर से प्रदान की, **जजिया कर** पर **रोक** लगाई और **बूचड़खाने** में **गायों के कत्ल** पर **प्रतिबंध** लगाया। करीब 100 वर्ष बाद अबुल फजल ने इस बात का जिक्र किया है कि कश्मीर में **150 से ज्यादा भव्य मंदिर** थे, जिनमें ज्यादातर का पुनरुत्थान जैनुअल आबिदीन के समय हुआ।
- इसके शासन में **हिंदुओं** को **उच्च पद** प्राप्त थे। उदाहरण के लिए श्रेय भट्ट न्याय मंत्री था। जैनुअल अबिदीन की पहली दो रानियां हिंदू थीं, जो कि जम्मू के शासक की बेटियां थीं।
- जैनुअल आबिदीन बहुत उल्लेखनीय सेनापति नहीं माना जाता लेकिन **लद्दाख** में **मंगोलों का आक्रमण** होने पर उसने युद्ध करके उन्हें पराजित किया। **बाल्टिस्तान** (जिसे **तिब्बत-ए-कुर्द** के नाम से जाना जाता था) पर विजय प्राप्त की। जम्मू और राजौरी पर नियंत्रण करके उसने कश्मीरी साम्राज्य में एकता स्थापित की।
- जैनुअल अबिदीन ने कश्मीर की आर्थिक उन्नति के लिए विशेष प्रयास किए। इसने कश्मीर के स्थानीय कलाकारों के प्रशिक्षण के लिए **मध्य एशिया** और **फारस** से **विशेष कलाकारों** और **शिल्पकारों** को आमंत्रित किया। कागज बनाने और किताबों पर जिल्द चढ़ाने की कला सीखने के लिए उसने दो लोगों को समरकंद भेजा। लकड़ी पर **नक्काशी, पत्थर काटने** व **चमकाने, बोतल बनाने, बंदूक निर्माण, पटाखों का निर्माण, गलीचे बुनने** जैसी कलाओं का इसने बहुत **विकास** कराया।
- **बांध और नहरों का निर्माण** कराकर **कश्मीर की कृषि व्यवस्था** को विकसित किया। यही नहीं कृषि कार्यों के आंकड़े एकत्रित करने का काम भी शुरू किया। इसके समय में अकाल, भुखमरी और तमाम प्राकृतिक आपदाओं के समय किसानों और जरूरतमंदों की मदद के लिए कर्ज देने, अनाज और पशुओं का चारा प्रदान करने की व्यवस्था बनाई गई। **मुद्रा और बाजार व्यवस्था** में भी तमाम **सुधार** किए। अनेक वस्तुओं के दाम निश्चित कर दिए। राज्य में जिस भी वस्तु की कमी होती, उसके आयात में छूट देकर समस्या को दूर करने का प्रयास किया जाता। उदाहरण के लिए जब राज्य में नमक की कमी हुई तो लद्दाख से नमक आयात किया और व्यापारियों की सहायता की गई।
- जैनुअल अबिदीन ने **वूलर झील** पर **जेन लंका** नाम से कृत्रिम द्वीप का निर्माण कराया। इस द्वीप पर महल और मस्जिद बनवाए। **जैनगिर, जैनेकत** और जैनपुर नाम से छोटे शहरों को बसाया। जैनुअल द्वारा कश्मीर में **बनवाई जामा मस्जिद** की खास बात है कि यह फारसी शैली में है लेकिन बिल्कुल बौद्ध पूजास्थल की तरह निर्मित है और इसके अंदर बुर्ज का भी निर्माण किया गया है।

**चित्र 12.5** जामा मस्जिद, श्रीनगर

- जैनुअल अबिदीन **फारसी, संस्कृत, तिब्बती** और **कश्मीरी** भाषा का **विशेष ज्ञाता** था और कुतुब नाम से कविताएं भी लिखता था। इसके **दरबार** में **संस्कृत** और **फारसी** भाषा के अनेक विद्वान थे। इसने ***महाभारत*** और कलहण का लिखी ***राजतरंगिणी*** का **फारसी भाषा** में **अनुवाद** कराया, इसी तरह फारसी और अरबी भाषा के साहित्य का हिंदी में अनुवाद कराया। भारत ही नहीं पूरे एशिया के कई प्रमुख शासकों से इसके संपर्क थे।

जैनुअल अबिदीन की मृत्यु के बाद सत्ता संभालने वाले शासक बेहद कमजोर थे और सत्ता पर अधिकार को लेकर अनिर्णय की स्थिति थी। इसका लाभ उठाकर **बाबर** के एक **संबंधी मिर्जा हैदर** ने कश्मीर पर अधिकार कर लिया। **1586 ई.** में **अकबर** ने **कश्मीर पर आक्रमण** कर इसे मुगल साम्राज्य में मिला लिया।

## पूर्वी भारत : जौनपुर, बंगाल, असम और ओडिशा

### जौनपुर

जौनपुर **दिल्ली सल्तनत** का संपन्न प्रांत था, जो कि सल्तनत के **पूर्वी भाग** में स्थित था (आधुनिक वाराणसी के पास गोमती नदी के किनारे का क्षेत्र)। जौनपुर में दिल्ली का प्रतिनिधि **मलिक सरवर**, फिरोज शाह तुगलक के समय में प्रमुख पदाधिकारियों में गिना जाता था। 1394 ई. में सुल्तान नसीरुद्दीन मुहम्मद शाह तुगलक ने मलिक सरवर को मंत्री बनाया और **सुल्तान शर्क** (पूर्वी क्षेत्र का अधिपति) की उपाधि दी। इसके बाद इसे मलिक सरवर सुल्तान शर्क के नाम से प्रसिद्धि मिली। **तैमूर** के **दिल्ली पर आक्रमण** के बाद दिल्ली सल्तनत कमजोर पड़ने लगी और मलिक सरवर ने इसका फायदा उठाते हुए स्वयं को **स्वतंत्र शासक घोषित** कर दिया। उसने अवध पर आधिपत्य जमा लिया और गंगा-यमुना दोआब के बड़े क्षेत्र, जैसे–कन्नौज, कड़ा, संडीला, डलमऊ, बहराइच, बिहार और तिरुत को भी अपने अधीन कर लिया। हालांकि मलिक सरवर ने कभी सुल्तान की उपाधि नहीं ली। उसने **शर्की राजवंश** की स्थापना की।

**चित्र 12.6** अटाला मस्जिद, जौनपुर

जौनपुर में बिल्कुल **अलग तरह** के **वास्तुशिल्प** का विकास हुआ, जिस **शर्की शैली** का **वास्तुशिल्प** कहा जाता है। जौनपुर को **भारत का शिराज** कहा जाता था। **अटाला मस्जिद, लाल दरवाजा मस्जिद** और **जामा मस्जिद** शर्की वास्तुशिल्प के महत्वपूर्ण उदाहरण हैं।

**मलिक सरवर ( 1394-1399 ई. )**

- मलिक सरवर ने **शर्की राजवंश** की **नींव** रखी।
- **जाज नगर के राय** और **लखनौती** के शासकों ने सर्वप्रथम मलिक सरवर को स्वतंत्र शासक के रूप में स्वीकार किया।
- मलिक सरवर की मृत्यु के बाद इसका गोद लिया बेटा मलिक कुरानफल शासक बना, जिसे मुबारक शाह नाम से जाना गया।

**मुबारक शाह ( 1399-1402 ई. )**

- मुबारक शाह **शर्की राजवंश का पहला शासक** माना जाता है। मुबारक शाह के शासन काल में मल्लू इकबाल (दिल्ली सल्तनत का सबसे शक्तिशाली मंत्री, यहां तक कि सुल्तान महमूद तुगलक भी इसके हाथ की कठपुतली बनकर रह गया था) ने जौनपुर को फिर से दिल्ली सल्तनत में मिलाने का प्रयास किया लेकिन असफल रहा।

**इब्राहिम शाह ( 1402-1440 ई. )**

- इब्राहिम शाह, मुबारक शाह का छोटा भाई था, जिसे शमसुद्दीन इब्राहिम शाह नाम से जाना गया और **शर्की राजवंश** का **सबसे महान शासक** सिद्ध हुआ। इब्राहिम के शासन काल में जौनपुर शिक्षा का महत्वपूर्ण केंद्र बन गया।
- पूर्व में इब्राहिम का साम्राज्य बिहार और पश्चिम में कन्नौज तक फैल गया। इसके शासन काल में **दिल्ली** और **जौनपुर** के संबंध अब तक के सबसे ज्यादा कटुतापूर्ण संबंध रहे। यहां तक कि इसने दिल्ली को भी जीतने का प्रयास किया लेकिन असफल रहा। इसने बंगाल सल्तनत को भी डराने का प्रयास किया, जो कि राजा गणेश के अधीन थी।

- इब्राहिम ने **इस्लामिक शिक्षा** की **उन्नति** के लिए प्रयास किए और उसके लिए **अनेक महाविद्यालय स्थापित** किए। इसके शासन में इस्लामिक धर्म विज्ञान और नियमों पर आधारित तमाम लेख लिखे गए। ***हाशिया-ए-हिंदी, बहार-उल-मव्वाज*** और ***फतवा-ए-इब्राहिम शाही*** उल्लेखनीय है।
- जौनपुर की सबसे प्रसिद्ध इमारत **अटाला मस्जिद** इब्राहिम के समय में निर्मित हुई थी। हालांकि इसका निर्माण 1376 ई. में फिरोजशाह तुगलक ने शुरू कराया था, लेकिन निर्माण कार्य 1408 ई. में इब्राहिम शाह के शासन काल में पूरा हुआ। 1430 ई. में **झंझीरी मस्जिद** का निर्माण भी इब्राहिम शाह ने कराया।

**महमूद शाह ( 1440-1457 ई. )**

- महमूद शाह, इब्राहिम का बड़ा बेटा था। इसने **चुनार के किले** को **जीता** लेकिन काल्पी का किला जीतने में सफल नहीं हो सका।
- 1452 ई. में महमूद शाह ने **दिल्ली** को **जीतने** का प्रयास किया लेकिन **बहलोल लोधी** से **पराजित** होना पड़ा। बाद में इसने फिर से दिल्ली को जीतने का प्रयास किया और इसकी सेना ने इटावा तक अपना अधिकार कर लिया। अंत में वह इस संधि पर सहमत हुआ कि शम्साबाद तक बहलोल लोधी का आधिपत्य रहेगा। लेकिन जब बहलोल लोधी ने शमसाबाद को अपने अधिकार में लेने का प्रयास किया तो जौनपुर की सेना ने उसका प्रतिरोध किया। लगभग इस समय में महमूद शाह की मृत्यु हो गई। महमूद शाह के बाद उसका बेटा बैखान शासक बना, जिसने मुहम्मद शाह नाम अपनाया।
- **लाल दरवाजा मस्जिद** (1450 ई.) महमूद शाह के शासन काल में बनी थी।

**मुहम्मद शाह ( 1457-1458 ई. )**

- 1457 ई. में मुहम्मद शाह को सत्ता प्राप्त हुई और इसने शम्साबाद पर **बहलोल लोधी** का आधिपत्य स्वीकार कर दोनों साम्राज्यों के बीच **शांति स्थापित** की।
- 1458 ई. में जब इसने अपने भाई हसन को मृत्यु दंड दिया तो दूसरे भाई हुसैन ने विद्रोह करके खुद को शासक घोषित कर दिया और मुहम्मद शाह को मरवा कर हुसैन शाह के नाम से शासन करने लगा।

**हुसैन शाह शर्की ( 1458-1505 ई. )**

- हुसैनशाह शर्की, **शर्की राजवंश** का **अंतिम शासक** था। हुसैन शाह ने **भारतीय शास्त्रीय संगीत** की एक धारा ***ख्याल*** का विकास करवाया। इसे ***गंधर्व*** की उपाधि मिली हुई थी। हुसैन शाह ने कई **नए रागों** (धुन) की रचना की। *मल्हार-श्यामा, गौर-श्यामा, भोपाल-श्यामा, हुसैनी* या *जौनपुरी असावरी* (इसे अब जौनपुरी नाम से जाना जाता है) और जौनपुरी-बसंत इसके द्वारा रचित उल्लेखनीय राग हैं।
- हुसैन शाह के शासन काल में **जामा मस्जिद** (1470 ई.) का निर्माण हुआ। **बहलोल लोधी** के साथ इसका **युद्ध** शुरू हुआ, जो **लंबे समय** तक चलता रहा।

अंत में बहलोल लोधी के उत्तराधिकारी **सिकंदर लोधी** ने **जौनपुर** पर **आधिपत्य** स्थापित कर लिया। हुसैन शाह की मृत्यु के साथ शर्की राजवंश समाप्त हो गया।

## बंगाल

बंगाल पर **8वीं सदी** में **पाल राजवंश** और **12वीं सदी** में **सेन शासकों** का आधिपत्य रहा। यह दिल्ली सल्तनत का सबसे पूर्वी भाग था। दिल्ली से इसकी **अत्यधिक दूरी, असुविधाजनक वातावरण, परिवहन** के **साधनों** का **अभाव** और सूचनाओं का आदान-प्रदान करने में **मुश्किलों** (इस क्षेत्र से संवाद के लिए जलमार्ग पर ही निर्भर रहना पड़ता था) के कारण **दिल्ली सल्तनत** के लिए इसे **नियंत्रित** करना बेहद **मुश्किल** कार्य था। दिल्ली सल्तनत ने बेशक इस पर आधिपत्य कर लिया लेकिन अनेक बार यह स्वतंत्र हुआ। इतिहास के पन्ने पलटें तो पता चलता है कि मुहम्मद गौरी के प्रतिनिधि के तौर पर सीमा विस्तार में जुटे **मुहम्मद बिन बख्तियार** ने 12वीं सदी के अंतिम दशक में बंगाल को अपने शासन में मिला लिया। हालांकि इसकी मृत्यु के बाद इसके उत्तराधिकारियों ने स्थानीय जनता के समर्थन से खुद को स्वतंत्र शासक घोषित कर दिया। बाद में **बलबन** ने दिल्ली सल्तनत के अंतर्गत इसका अधिग्रहण किया और अपने बेटे **बुगरा खान** को बतौर प्रतिनिधि यहां नियुक्त किया। बलबन की मृत्यु के बाद बुगरा खान ने खुद को यहां का स्वतंत्र शासक घोषित कर दिया। यहां आधिपत्य को लेकर विवाद समाप्त करने के लिए ग्यासुद्दीन तुगलक ने **बंगाल** का तीन भागों में विभाजन कर दिया-**लखनौती, सतगांव** और **सोनारगांव**। हालांकि फिर भी विवाद समाप्त नहीं हुए। मुहम्मद-बिन-तुगलक ने बंगाल पर नियंत्रण का प्रयास किया लेकिन 1338 ई. में जब वह अपनी सल्तनत के अन्य स्थानों पर हो रहे विद्रोहों को दबाने में व्यस्त हो गया, तब बंगाल से उसका संपर्क पूरी तरह कट गया। अंत में **14वीं सदी** में बंगाल पूरी तरह **स्वतंत्र राज्य** के रूप में उभरा।

**1342 ई.** में तुगलक के एक अधिकारी **हाजी इलियास खान** ने बंगाल को फिर से एकीकृत किया और वहां का शासक बनकर **इलियास शाह राजवंश** की नींव रखी। बंगाल सल्तनत (जिसका शासन करीब 125 वर्ष तक रहा, हालांकि यह चरणों में विभक्त रहा) जिसकी नींव इलियास शाह ने रखी, इस पूरे क्षेत्र में एक महत्वपूर्ण राजनीतिक, आर्थिक और सैन्य शक्ति के रूप में उभरा। इलियास शाह और उसके वंशजों ने भारती-आर्य संस्कृति को छोड़कर बंगाली संस्कृति और समाज को अपनाया। विभिन्न मुस्लिम स्थानों से आने वाले मुस्लिमों के लिए बंगाल **मिलन केंद्र** बना और बंगाली मुस्लिम समुदाय के विकास में महत्वपूर्ण भूमिका अदा की। बंगाल की **राजधानियां पांडुआ** और **गौड़** भव्य इमारतों से सुशोभित थीं। राजकाज के लिए फारसी भाषा का प्रयोग होता था, लेकिन स्थानीय भाषा के तौर पर बंगाली का विकास हुआ। ***श्रीकृष्ण विजय* पुस्तक** के रचयिता प्रसिद्ध कवि **मालाधर बसु** को राजदरबार में सम्मानित स्थान प्राप्त था। उन्हें **गुणराज खान** की उपाधि प्राप्त थी। इनके बेटे को भी **सत्यराज खान** की उपाधि से सम्मानित किया गया। बाद में **हुसैन शाही राजवंश** नामक महत्वपूर्ण राजवंश यहां स्थापित हुआ लेकिन 44 वर्ष के छोटे से शासन के बाद ही बंगाल पर **शेर शाह सूरी** का आधिपत्य हो गया। सूर शासकों में शेर शाह सूरी को सबसे योग्य माना जाता है। इसने दिल्ली से मुगल शासक हुमायूं के हटाकर सत्ता प्राप्त की थी।

### हाजी शमसुद्दीन इलियास खान (1342-1357 ई.)

- हाजी शमसुद्दीन इलियास खान, **इलियास शाह राजवंश** का **संस्थापक** था। इसका सबसे महत्वपूर्ण काम बंगाल का एकीकरण करना था। हाजी शमसुद्दीन ने पश्चिम में तिरुत से लेकर चंपारण और गोरखपुर तक अपने **राज्य** का **विस्तार** कर लिया और अंत में बनारस को भी अपने राज में मिला लिया। इस कारण हाजी शमसुद्दीन का **फिरोज शाह तुगलक** के साथ **संघर्ष** शुरू हो गया और उसने भी पलटवार करते हुए चंपारण और गोरखपुर अपने अधीन कर लिए। यही नहीं बंगाल की राजधानी पंडुआ पर भी आधिपत्य जमाते हुए हाजी इलियास को इकदला के मजबूत किले में शरण लेने के लिए मजबूर कर दिया। अंततः हाजी शमसुद्दीन ने मजबूरन फिरोज शाह तुगलक से संधि कर ली। **संधि** के अंतर्गत **कोसी नदी** को **दोनों साम्राज्यों की सीमा रेखा** मान लिया गया।
- दिल्ली से मित्रवत् संबंध होने के बाद हाजी शमसुद्दीन **कामरूप** (आधुनिक **असम**) को अपने **नियंत्रण** में लेने में सक्षम हो सका। उसने न केवल संपूर्ण बंगाल को अपने अधीन करने का प्रयास किया बल्कि ओडिशा और तिरहत पर आक्रमण कर उन्हें शुल्क अदा करने को मजबूर किया।

उसके आक्रमणों को मध्यकालीन बंगाल के संदर्भ में विश्व विजय की संज्ञा दी गई। हाजी शमसुद्दीन इलियास को **बंगाल के सिकंदर** या **बंगाल के नेपोलियन** की भी संज्ञा दी जाती है।

- शमसुद्दीन इलियास खान बंगाल में बेहद लोकप्रिय शासक था। उसने प्रशासनिक व्यवस्था को **छोटे-छोटे टुकड़ों** में बांटकर **संयुक्त शासन** की व्यवस्था बनाई थी। कहा जाता है कि, जब फिरोज शाह तुगलक पंडुआ में था तो उसने वहां के पदाधिकारियों, धर्मगुरुओं और अन्य महत्वपूर्ण लोगों को जमीन, सुविधाओं आदि का लोभ देकर अपने पक्ष में मिलाने का प्रयास किया लेकिन हाजी इलियास की अत्यधिक प्रसिद्धि के कारण सफल नहीं हो सका।
- हाजी इलियास का 1357 ई. में निधन हो गया और उसका बेटा **सिकंदर खान** शासक बना। इसके शासन काल में फिरोज शाह तुगलक ने एक बार फिर से बंगाल को जीतने का प्रयास किया लेकिन सिकंदर खान ने अपने पिता की रणनीति अपनाई और इकदला के किले में खुद को सुरक्षित कर लिया। तुगलक दोबारा असफल होकर लौटने को मजबूर हो गया। इसके बाद **200 वर्ष** तक **बंगाल पर कोई आक्रमण नहीं** हुआ, जब तक कि 1538 ई. में दिल्ली में मुगल शासन नहीं स्थापित हो गया।

## ग्यासुद्दीन आजम ( 1390-1411 ई. )

- ग्यासुद्दीन आजम इलियास शाह राजवंश का महत्वपूर्ण शासक था, जो कि **न्यायशीलता** के लिए **विख्यात** था। कहा जाता है कि एक बार गलती से इसने एक विधवा के बेटे को मार दिया तो विधवा ने काजी के पास शिकायत की। काजी द्वारा अदालत में बुलाने पर यह खुद मुजरिम की तरह पेश हुआ और लगाए गए जुर्माने को अदा किया। बाद में इसने काजी से कहा कि, ''यदि तुमने निष्पक्ष होकर न्याय नहीं किया होता तो मैं तुम्हारी गर्दन कटवा देता।''
- ग्यासुद्दीन आजम की गिनती विद्वान व्यक्तियों में होती थी और **शिराज** के **प्रसिद्ध फारसी कवि हाफिज** सहित अनेक तत्कालीन विद्वानों से इसके घनिष्ठ संबंध थे। ग्यासुद्दीन आजम ने चीन के साथ भी सौहार्दपूर्ण संबंध बनाए और इसके शासन काल में वहां से **व्यापारिक संबंध** भी **बेहतर** बने। **चटगांव का बंदरगाह** व्यापार का महत्वपूर्ण केंद्र था। चीन से राजदूतों का आवागमन भी शुरू हुआ। चीन के शासक की प्रार्थना पर ग्यासुद्धीन आजम ने **बौद्ध धर्मगुरुओं** को भी **चीन** भेजा।
- बंगाल पर **कुछ समय** के लिए **हिंदू शासक राजा गणेश** (1494-1435 ई.) का भी शासन रहा। हालांकि बाद में **नसीरुद्धीन महमूद शाह** और उसके उत्तराधिकारियों (1435-1487 ई.) ने फिर से **इलियास शाही राजवंश** का शासन बंगाल में स्थापित किया। इसके बार **हब्शीश** ने यहां अपना शासन स्थापित किया, जो महज सात वर्ष (1487-1494 ई.) तक चला। **अलाउद्दीन हुसैन शाह** ने उन्हें बंगाल से हटा दिया, जो कि बाद में बंगाल के सबसे महत्वपूर्ण शासकों में एक सिद्ध हुआ।

## अलाउद्दीन हुसैन शाह ( 1494-1519 ई. )

- अलाउद्दीन हुसैन शाह ने **हुसैन शाही राजवंश** (1494-1538 ई.) की नींव रखी। यह बंगाल का **सबसे महान** सुल्तान माना जाता है। इसने न केवल बंगाल की सीमा का विस्तार किया बल्कि **बंगाली संस्कृति** के **पुनरुत्थान** और बंगाली भाषा की समृद्धि के लिए भी काम किया।
- इसने **कंपूर, कामता, जाजनगर** और **ओडिशा** को **जीता** साथ ही चटगांव बंदरगाह के सहारे भी अपनी सल्तनत का प्रभाव बढ़ाया। इसी के समय में सर्वप्रथम पुर्तगाली व्यापारी भारत पहुंचे।
- अलाउद्दीन हुसैन शाह बहुत **उदार** और निपुण शासक माना जाता था। इसके शासन में **हिंदुओं** को भी बहुत **ऊंचे प्रशासनिक पद** प्राप्त थे। इसके समय में वजीर, मुख्य चिकित्साधिकारी, मुख्य अंगरक्षक, टकसाल का प्रधान ये

सभी प्रतिभाशाली हिंदू थे। **वैष्णव संत चैतन्य** को भी इसने **सम्मान** प्रदान किया। यहां तक कि अलाउद्दीन हुसैन का व्यक्तिगत सचिव सनातन अपने भाई रूप की तरह प्रसिद्ध वैष्णव भक्त था।

- अलाउद्दीन हुसैन का **सिकंदर लोधी** से **संघर्ष** हुआ और इसे शांति स्थापना के प्रयास करने पड़े। 1518 ई. अलाउद्दीन हुसैन की मृत्यु के बाद, इसका बेटा नसीब खान शासक बना और नसीरुद्दीन नुसरत शाह नाम धारण कर लिया।

## नसीरुद्दीन नुसरत शाह (1518-1533 ई.)

- नसीरुद्दीन नुसरत शाह ने **इब्राहिम लोधी की बेटी** से **शादी** की और **अफगान शासकों** को अपने यहां **शरण** दी। हालांकि बाबर के आक्रमण के समय यह निष्पक्ष बना रहा। बाद में इसने **बाबर से संधि** करके मुगल आक्रमण से बंगाल की रक्षा की।
- नसीरुद्दीन नुसरत शाह ने अपने पिता की **साम्राज्य विस्तार** की **नीति** को जारी रखा और अपने शासन काल के प्रारंभ में कई अन्य क्षेत्रों को अपने राज्य में मिला लिया लेकिन 1526 ई. में मुगल प्रभुत्व शुरू होने पर उनसे प्रतिद्वंदिता का सामना करना पड़ा, वहीं **अहोम साम्राज्य** के हाथों **पराजय** झेलनी पड़ी। नसीरुद्दीन नुसरत शाह के बाद इसके बेटे अलाउद्दीन फिरोज शाह ने कमान संभाली। उसके शासन में बंगाल की सेनाएं असम तक प्रवेश कर गईं और कालियाबोर तक पहुंच गईं। इसके चाचा ग्यासुद्दीन महमूद शाह ने इसकी हत्या करवा दी।

## ग्यासुद्दीन महमूद शाह (1533-1538 ई.)

- **ग्यासुद्दीन महमूद शाह हुसैन शाही राजवंश का अंतिम शासक था।** इसने सोनारगांव में रहकर शासन किया। यह एक **कमजोर, विनोद प्रिय आराम-तलब शासक** था। अनेक इतिहासकारों के अनुसार इसके पास न तो राजनीतिक दूरदर्शिता थी और न ही राजनीतिक समस्याएं सुलझाने को व्यवहारिक नीतियां ही थीं। इस कारण महमूद शाह के शासन में बंगाल एक बुरे दौर में पहुंच गया।
- ग्यासुद्दीन का शासन काल **विद्रोहों** के नाम रहा। इसके सेनाध्यक्ष और चटगांव क्षेत्र के प्रतिनिधि और हाजीपुर में प्रतिनिधि मखदूम आलम सहित कई विद्रोह हुए।
- **पुर्तगाली,** जो कि पहले चटगांव पहुंचे थे, को 1534 ई. में दुर्व्यवहार के आरोप में गिरफ्तार करके **गौर** में कैद कर लिया गया। हालांकि शक्तिशाली स्थिति में होने के बावजूद उसने पुर्तगालियों से दोबारा संबंध मधुर बनाए और उन्हें **चटगांव** और **हुगली** के पास **फैक्ट्री** बनाने की **अनुमति** प्रदान की।
- ग्यासुद्दीन और उसके पुर्तगाली सहयोगी, 1538 ई. में शेर शाह सूरी और अफगानों की संयुक्त सेना से पराजित हुए। उन्होंने मुगल शासक हुमायूं से मदद मांगी, जिसका उसने कोई जवाब नहीं दिया।

इसके बाद **सूर राजवंश** की स्थापना करने वाले शेर शाह सूरी ने बंगाल को अपने अधीन कर लिया। बाद में **1586 ई.** में **अकबर** ने **बंगाल पर आक्रमण** कर इसे मुगल साम्राज्य में मिला लिया और बंगाल को मुगल साम्राज्य का सूबा (प्रांत) घोषित कर दिया। जिस समय बंगाल में मुगलों को नियंत्रण स्थापित हो रहा था, उसी समय दक्षिण-पूर्वी बंगाल के वनाच्छादित और दलदलीय क्षेत्र में कृषि व्यवस्था का विकास हो रहा था। यहां चावल की खेती का तेजी से विस्तार होने लगा। इस कारण यहां मछुआरों, लोक संगीत से जुड़े समुदायों और खेती करने वाले स्थानीय लोगों की जनसंख्या से यह क्षेत्र भर गया। बंगाल के पूर्वी तट के मुहानों पर स्थित **ढाका** को मुगलों ने **बंगाल की राजधानी** बनाया और सरकारी कर्मचारियों और पदाधिकारियों को यहां जमीन और वित्तीय अनुदान देकर स्थापित किया।

## असम

असम का इतिहास **तिब्बत-बर्मन** (साइनो-तिब्बत), **इंडो-आर्यन** और **दक्षिण-एशियाई** संस्कृतियों के संगम के साथ ही पूर्व, पश्चिम और उत्तर के लोगों के मिलन का इतिहास भी है। उल्लेखनीय बात है कि, अनेक देशों के आक्रमण के बावजूद असम कभी किसी **देश के अधीन** या उसका भाग नहीं रहा हालांकि अंत में 1821 ई. में बर्मा (वर्तमान म्यांमार) और 1826 ई. में **यांडबू की संधि** के बाद इस पर ब्रिटेन का आधिपत्य हुआ।

**असम के इतिहास** की अलग-अलग स्रोतों से जानकारी मिलती है। आदि-कालीन इतिहास का पता *महाभारत* जैसे पौराणिक साहित्य और असम क्षेत्र की मध्यकालीन पुस्तकों ***कलिका पुराण*** और ***योगिनी तंत्र*** से चलता है। वहीं, प्राचीन असम के इतिहास की शुरुआत होती है– कामरूप राज्य में चौथी सदी में स्थापित पुष्यवर्मन के वर्मन राजवंश से। इसकी जानकारी कामरूप के शिलालेखों, ताम्र पत्र, उस समय मिट्टी से बने सामान और शाही सामानों से होती है। **समुद्रगुप्त** के समय **इलाहाबाद** में बने **स्तम्भ** पर भी कामरूप राज्य का वर्णन मिलता है। मध्य काल में ही अहोम राज्य में वहां के इतिहास का वर्णन अहोम राजाओं ने असमी भाषा में लिखवाया, जिसे बुरंजी नाम से जाना जाता है। इससे असम के मध्य काल के इतिहास के बारे में विस्तृत जानकारी मिलती है।

**मुहम्मद-बिन-बख्तियार खिलजी** (1207 ई. की **कनाई-बोरोक्सिबोआ** के **पत्थरों पर खुदे अभिलेखों** के अनुसार) बंगाल के मुस्लिम शासकों ने वर्तमान असम में स्थित ब्रह्मपुत्र घाटी पर नियंत्रण स्थापित करने के प्रयास किए। उसे हर बार भयंकर पराजय का सामना करना पड़ा। हालांकि इस युद्ध का इतिहास बहुत प्रसिद्ध नहीं है। इस क्षेत्र के उत्तर में दो राज्य **असम** और ***बंगाल*** थे जिनमें परस्पर विरोध था। **कामता** को पश्चिम में **कामरूप** और पूर्व में **अहोम राज्य** नाम से जाना जाता था। अहोम राज्य, **उत्तरी बर्मा** में शासन करने वाले मंगोलों का ही एक **प्रांत** था। उन्होंने 13वीं सदी में इस पर आधिपत्य स्थापित कर एक शक्तिशाली साम्राज्य की स्थापना की। धीरे-धीरे इनका झुकाव हिंदू धर्म की ओर हो गया। यहां तक कि **असम** नाम भी उन्हीं की देन है।

**इलियास शाह** ने **कामता** (कामरूप) पर **आक्रमण** किया और गुवाहाटी तक पहुंचने में सफल रहा लेकिन ज्यादा समय तक वह इस क्षेत्र को अपने अधीन नहीं रख सका। उसने **करातोया नदी** को बंगाल की **उत्तर-पूर्वी सीमा** के रूप में स्वीकार कर लिया। बाद में कामता के शासकों ने धीरे-धीरे करातोया तट के अनेक पूर्वी क्षेत्र पुन: प्राप्त कर लिए। उन्होंने अहोम के विरुद्ध भी युद्ध किए। इस तरह उन्होंने अपने दोनों पड़ोसी राज्यों को शत्रु बना लिया। यही कामता राज्य के पतन का कारण बना। अलाउद्दीन हुसैन शाह ने अहोम राज्य की मदद से कामता पर आक्रमण किया और कामतापुर (आधुनिक कूच बिहार) शहर को बुरी तरह नष्ट करके इसे बंगाल साम्राज्य में मिला लिया। उसने अपने एक बेटे को यहां का प्रतिनिधि नियुक्त कर दिया। हालांकि अलाउद्दीन के बेटे नुसरत शाह ने बाद में आक्रमण कर दिया, जिसमें पराजय के साथ ही उसे भारी हानि उठानी पड़ी।

इसी समय (1497-1539 ई.) पूर्वी ब्रह्मपुत्र घाटी पर **सुहंगमंग** का अधिकार था। यह **अहोम साम्राज्य** का **महान शासक** माना जाता है। यह **अहोम साम्राज्य का पहला शासक** था, जिसने **स्वर्ग नारायण** नाम से **हिंदू नाम** धारण किया, जो इस क्षेत्र में तेजी से बढ़ते हिंदू प्रभाव को बताता है। इसके बाद अहोम शासकों को **स्वर्ग देव** नाम मिल गया, हालांकि इन्हें **धिंगिया राजा** नाम से भी जाना जाता था। इसने डिंहिंग नदी के क्षेत्र बकता को अपनी राजधानी बनाया। इसने न केवल मुगल आक्रमणों को असफल किया बल्कि **सभी दिशाओं** में अपने **स्रामाज्य** का **विस्तार** किया। **वैष्णव** सुधारक **शंकरदेव** इसी समय में हुए और उन्होंने इस क्षेत्र में वैष्णव मत का विस्तार किया।

## ओडिशा/उड़ीसा

ओडिशा के गंग शासकों से **हिंदू गजपति शासकों** ने (1435-1541 ई.) में इस क्षेत्र पर अधिकार कर लिया। इन्होंने मध्य काल में कलिंग (वर्तमान ओडिशा), आंध्र प्रदेश का विशाल भाग, पश्चिम बंगाल और मध्य प्रदेश व झारखंड का पूर्वी व मध्य भाग तक अपने साम्राज्य का विस्तार कर लिया था। **गजपति** का अर्थ है– **हाथियों की सेना का अधिपति।** अंतिम गंग शासक भानुदेव चतुर्थ के पतन के बाद **कपिलेंद्र देव** ने **1435 ई.** में गजपति राजवंश की स्थापना की थी। इस राजवंश को **सूर्यवंशी** राजवंश भी कहा जाता है। **सूर्यवंशी गजपतियों** के समय ओडिशा में **संत चैतन्य** के प्रभाव से **भक्ति आंदोलन** अपने चरम पर था। चैतन्य, **राजा प्रतापरुद्र** के समय में इस राज्य में आए थे और करीब 18 वर्ष तक रहे। उन्होंने राज्य की लंबाई और चौड़ाई के अनुपात में **भगवान जगन्नाथ के मंदिरों** का **निर्माण** कराया। गजपति शासक अपना साम्राज्य विस्तार दक्षिण में कर्नाटक की ओर करने के लिए प्रयासरत रहे। इस कारण विजयनगर, रेड्डी शासकों और बहमनी के सुल्तान से उनका संघर्ष हुआ। 16वीं सदी के प्रारंभ में गजपति साम्राज्य के दक्षिणी क्षेत्र पर विजयनगर और गोलकुंडा के शासकों का आधिपत्य हो गया। यहां तक की गणपति राजवंश को हटाकर उनका स्थान **बहोई राजवंश** ने ले लिया।

### कल्पेंद्र देव (1435-1466 ई.)

- कल्पेंद्र देव गजपति राजवंश के पहले शासक थे। इनके शासन काल में गजपति साम्राज्य का विस्तार उत्तर में गंगा से लेकर दक्षिण में बिदार तक हुआ।
- 1450 ई. में कल्पेंद्र देव ने अपने बेटे हमवीर को राजमुंद्री और कोण्डविदु में अपना प्रतिनिधि नियुक्त किया। कल्पेंद्र देव ने हमवीर को विजयनगर और बहमनी राज्य जीतने के भी निर्देश दिए। हमवीर ने **विजयनगर की राजधानी हंपी** को अपने **अधीन** कर लिया और वहां के कमजोर शासक मल्लिकार्जुन राय को प्रतिवर्ष कर देने के लिए बाध्य कर दिया। 1460 ई. में हमवीर देव के सेनानायक तंवूपला ने उदयगिरि के दक्षिणी क्षेत्र (नेल्लोर) और चंद्रगिरि पर विजय प्राप्त कर ली। त्रिचरापल्ली के निकट श्रीरंगम् मंदिर में **पत्थरों** पर **खुदी राजाज्ञों** से **त्रिचनापल्ली, तंजौर** और **अरकोट** में **हमवीर देव** के अधिग्रहण होने का पता चलता है। 1464 ई. में **इस क्षेत्र को दक्षिण कपिलेश्वर नाम मिला।**
- कपिलेंद्र देव ने **वैष्णव मत** को संरक्षण दिया, पुरी के जगन्नाथ मंदिर का विस्तार कराया और भुवनेश्वर के कपिलेश्वर में शिव मंदिर का निर्माण कराया। वह वैदिक संस्कृति में विश्वास रखने वाला था और **संस्कृत भाषा** में ***परशुराम विजय*** नाटक की **रचना** की। कपिलेंद्र के शासन में प्रशासनिक कार्य उड़िया भाषा में होते थे। प्रसिद्ध **उड़िया कवि सरला दास** ने इसी समय **उड़िया भाषा** में ***महाभारत*** की रचना की।

### पुरुषोत्तम देव (1466-1497 ई.)

- कपिलेंद्र देव की मृत्यु के बाद उसके बेटों ने **सत्ता** के लिए **संघर्ष** शुरू कर दिया। अंततः 1484 ई. में हमवीर देव को पराजित कर पुरुषोत्तम देव ने शासन पर आधिपत्य जमा लिया। विजयनगर के शासक **सालुव नरसिंह** देव ने **दक्षिण के काफी क्षेत्र** पुरुषोत्तम देव से **जीत** लिए। हालांकि अंतिम समय में पुरुषोत्तम देव इसमें से कुछ क्षेत्र वापस पाने में सफल रहे।

### प्रतापरुद्र देव (1497-1540 ई.)

- पुरुषोत्तम देव के बाद उनके बेटे प्रतापरुद्र ने शासन संभाला। इसके शासन काल में **बंगाल के अलाउद्दीन हुसैन शाह** ने **दो बार आक्रमण** किया। बाद के आक्रमण (1508 ई.) में बंगाल की सेना पुरी तक पहुंच गई।

- **विजयनगर** के **कृष्णदेव राय** ने 1512 ई. में कलिंग पर आक्रमण कर गजपतियों को पराजित किया। 1522 ई. में **गोलकुंडा** के **कुली कुतुबशाह** ने ओडिशा की सेनाओं को कृष्णा-गोदावरी क्षेत्र से हटा दिया।
- प्रतापरुद्र **संत चैतन्य** के कार्यों बहुत प्रभावित थे। इस कारण प्रतापरुद्र ने सैन्य परंपरा का त्याग कर दिया और साम्राज्य के भविष्य को अनिश्चित छोड़कर संन्यासी की तरह जीवन बिताना शुरू कर दिया।
- 1541 ई. में प्रतापरुद्र के कमजोर शासन के विरुद्ध उसी के **मंत्री गोविंद विद्याधर** ने विद्रोह कर दिया। उसने प्रतापरुद्र के दो बेटों की हत्या करवाकर **बहोई राजवंश** की स्थापना की।

बहोई राजवंश का शासन काल बहुत लंबे समय तक नहीं चला। पड़ोसी राज्यों से संघर्ष और गृहयुद्ध में राज्य उलझ गया। इसके बाद फिर से **रक्तरंजित** इतिहास दोहराया गया और **बहोई राज्य** के **मंत्री मुकुंद देव** ने अंतिम दो बहोई शासकों की हत्या कर 1559 ई. में स्वयं को शासक घोषित कर दिया। मुकंद देव **ओडिशा** का **अंतिम स्वतंत्र शासक** था और इसके बाद ओडिशा साम्राज्य का पतन हो गया। 1568 ई. में ओडिशा पर **सुलेमान खान कर्रानी** का आधिपत्य हो गया। यह बंगाल का **कर्रानी राजवंश** का शासक था। 1568 ई. ओडिशा के लिए सबसे महत्वपूर्ण सिद्ध हुआ, इसके बाद **ओडिशा दोबारा** कभी **स्वतंत्र साम्राज्य** के रूप में उभर नहीं सका।

## विगत वर्षों में पूछे गए प्रश्न (प्रारंभिक परीक्षा)

1. विजयनगर साम्राज्य के इनमें से किस एक शासक ने तुंगभद्रा नदी पर एक विशाल बाँध निर्मित किया और नदी से राजधानी नगर तक कई किलोमीटर लंबी एक नहर और कुल्या का निर्माण किया? **(2023)**
(a) देवराय प्रथम (b) मल्लिकार्जुन
(c) वीर विजय (d) विरूपाक्ष

2. मध्यकालीन गुजरात के इनमें से किस एक शासक ने दियु को पुर्तगालियों के सुपुर्द कर दिया? **(2023)**
(a) अहमद शाह
(b) महमूद बेगढ़ा
(c) बहादुर शाह
(d) मुहम्मद शाह

3. निम्नलिखित साम्राज्यों पर विचार कीजिये: **(2023)**
1. होयसल
2. गहड़वाल
3. काकतीय
4. यादव

उपर्युक्त में से कितने साम्राज्यों ने अपने राज आद्य आठवीं शताब्दी ईस्वी में स्थापित किये?
(a) केवल एक (b) केवल दो
(c) केवल तीन (d) किसी ने नहीं

4. मध्यकालीन भारत में, शब्द ''फणम'' किसे निर्दिष्ट करता था? **(2022)**
(a) पहनावा (b) सिक्के
(c) आभूषण (d) हथियार

5. पुर्तगाली लेखक नुनिज के अनुसार, विजयनगर साम्राज्य में महिलाएँ निम्नलिखित में से किन क्षेत्रों में निपुण थीं? **(2021)**
1. कुश्ती
2. ज्योतिषशास्त्र
3. लेखाकरण
4. भविष्यवाणी

नीचे दिए गए कोड का उपयोग करके सही उत्तर चुनें:
(a) केवल 1, 2 और 3
(b) केवल 1, 3 और 4
(c) केवल 2 और 4
(d) 1, 2, 3 और 4

6. किसके राज्य में 'कल्याण मंडप' की रचना मंदिर-निर्माण का एक विशिष्ट अभिलक्षण था? (2019)
   (a) चालुक्य (b) चंदेल
   (c) राष्ट्रकूट (d) विजयनगर

7. कृष्णदेव राय की कर प्रणाली के संदर्भ में विजयनगर के शासक किस सिद्धांत का पालन करते थे? (2016)
   1. भूमि के उपजाऊ होने के स्तर के अनुसार कर का निर्धारण होगा
   2. व्यक्तिगत कारखानों के मालिकों को उद्योग कर देना पड़ेगा

   ***कूट:***
   (a) विकल्प 1
   (b) विकल्प 2
   (c) विकल्प 1 और 2
   (d) विकल्प 1 और 2 दोनों ही नहीं

8. निम्न में से किसको तत्कालीन समय में शास्त्रीय भाषा का दर्जा प्राप्त हुआ? (2015)
   (a) उड़िया (b) कोंकणी
   (c) भोजपुरी (d) असमी

9. निम्न में से किसने कृष्णा नदी की सहायक नदी के दक्षिणी तट पर नये नगर की स्थापना की और नए साम्राज्य का शासन उस देवता के प्रतिनिधि के रूप में संभाला, कृष्णा नदी के दक्षिण के सारा क्षेत्र जिससे संबंधित माना जाता है? (2015)
   (a) अमोघवर्ष प्रथम (b) बल्लाल द्वितीय
   (c) हरिहर प्रथम (d) प्रतापरुद्र द्वितीय

10. मध्यकालीन भारत में महात्रा और पट्टाकिला पदनाम निम्न के लिए प्रयोग किए जाते थे: (2012)
    (a) सैन्य अधिकारी
    (b) गांव के प्रधान व्यक्ति
    (c) वैदिक रीति-रिवाजों के विशेषज्ञ
    (d) शिल्प समूह का प्रमुख

11. मध्यकालीन भारत के धार्मिक इतिहास के संदर्भ में सूफी दर्शनशास्त्री निम्न अभ्यास के लिए जाने जाते थे। (2012)
    1. ध्यान और श्वास पर नियंत्रण
    2. निर्जन स्थान पर संयम की साधनाएं
    3. श्रोताओं के मन में आनंद भरने के लिए पवित्र भजनों का गायन

    ***कूट:***
    (a) 1 और 2 केवल (b) 1 और 3 केवल
    (c) केवल 1 (d) 1, 2 और 3

12. जब राजा वोडयार ने मैसूर साम्राज्य की स्थापना की, उस समय विजयनगर का शासक कौन था? (2006)
    (a) सदाशिव (b) तिरुमल
    (c) रंगा द्वितीय (d) वेंकट द्वितीय

13. निम्न वाक्यों पर ध्यान दें: (2004)
    1. नरसिंह सालुव ने संगम साम्राज्य का अंत कर दिया और साम्राज्य को अपने लिए सुरक्षित कर सुल्वा साम्राज्य की स्थापना की।
    2. वीर नरसिंह ने सुल्वा साम्राज्य के अंतिम शासक को हटा दिया और साम्राज्य को खुद के लिए सुरक्षित कर लिया।
    3. वीर नरसिंह के छोटे भाई कृष्णदेव राय ने उनके बाद साम्राज्य संभाला।
    4. कृष्णदेव राय के बाद उनका सौतेला भाई अच्युत शासक बना।

    उपरोक्त वाक्यों में से कौन-से कथन सही हैं?
    (a) 1, 2 और 3 केवल (b) 2, 3 और 4
    (c) 1 और 4 (d) 1, 2, 3 और 4

14. ***अभिकथन (A):*** सुल्वा नरसिंह ने पुराने राजवंश का अंत किया और शासकीय तमगा प्राप्त किया। (2004)

    ***तर्क (R):*** वह साम्राज्य को और अधिक पतन और विखंडन से सुरक्षित करना चाहता था।
    (a) कथन (A) और (R) दोनों ही सही हैं और (R), (A) की सही व्याख्या है।
    (b) कथन (A) और (R) दोनों ही सही हैं पर (R), (A) की सही व्याख्या नहीं है।
    (c) कथन (A) सही है किंतु (R) गलत है।
    (d) कथन (A) गलता है किंतु (R) सही है।

15. ***अभिकथन (A):*** खानवा का युद्ध इससे पहले हुए पानीपत के युद्ध से ज्यादा निर्णायक और महत्वपूर्ण था।

***तर्क (R):*** राजपूत नायक राणा सांगा, प्रतिरोधी इब्राहिम लोधी से निश्चित ही ज्यादा साहसी व दुर्जेय था। **( 2004 )**

(a) कथन (A) और (R) दोनों ही सही हैं और (R), (A) की सही व्याख्या है।
(b) कथन (A) और आर दोनों ही सही हैं पर (R), (A) की सही व्याख्या नहीं है।
(c) कथन (A) सही है किंतु (R) गलत है।
(d) कथन (A) गलत है किंतु (R) सही है।

16. निम्न में से कौन-से मुस्लिम शासक को मुस्लिम अधीनस्थ अपनी धार्मिक सहिष्णुता के कारण जगदगुरु बुलाते थे। **( 2004 )**

(a) हुसैन शाह
(b) जैनुअल अबिदीन
(c) इब्राहिम आदिल शाह
(d) मुहम्मद द्वितीय

17. निम्न का मिलान करो: **( 2000 )**

| | | | |
|---|---|---|---|
| A. | इक्ता | (i) | मराठा |
| B. | जागीर | (ii) | दिल्ली सल्तनत |
| C. | अमारम | (iii) | मुगल |
| D. | मोकासा | (iv) | विजयनगर |

***कूट:***

| | A | B | C | D |
|---|---|---|---|---|
| (a) | (iii) | (ii) | (i) | (iv) |
| (b) | (ii) | (iii) | (iv) | (i) |
| (c) | (ii) | (iii) | (i) | (iv) |
| (d) | (iii) | (ii) | (iv) | (i) |

18. निम्न वाक्यों पर ध्यान दें: **( 1999 )**

कश्मीर की जामा मस्जिद में अनोखे चिह्न थे, जिसे जैनुअल आबिदीन ने पूर्ण कराया था।

(i) बुर्जी
(ii) बौद्धों के मठ से समरूपता
(iii) फारसी शैली

19. दक्षिण भारत के इतिहास में यह लगातार यह विशेषता दिखाई देती है कि यहां बड़े साम्राज्यों के स्थान पर छोटे प्रांतीय शासन का उदय हुआ, क्योंकि: **( 1999 )**

(a) यहां लोहे आदि खनिज पदार्थों का अभाव था।
(b) सामाजिक संरचना में कई प्रकार के विभाजन थे।
(c) बहुत ही विस्तृत उपजाऊ जमीन का अभाव था।
(d) श्रमशक्ति का अभाव था।

20. निम्न में से किस स्मारक पर स्थित बुर्जी को विश्व की सबसे बड़ी बुर्जियों में गिना जाता था? **( 1995 )**

(a) शेरशाह का मकबरा, सासाराम
(b) जामा मस्जिद
(c) ग्यासुद्दीन तुगलक का मकबरा
(d) गोल गुंबद, बीजापुर

## उत्तरमाला

1. (a) 2. (c) 3. (d) 4. (b) 5. (d) 6. (d) 7. (c) 8. (a)
9. (c) 10. (b) 11. (d) 12. (c) 13. (d) 14. (c) 15. (a) 16. (c)
17. (b) 18. (b) 19. (c) 20. (d)

## विगत वर्षों में पूछे गए प्रश्न (मुख्य परीक्षा)

1. कृष्णदेव राय के शासन काल में विजयनगर साम्राज्य के राज व्यवस्था की प्रमुख विशेषताओं का वर्णन करें। **( 2015, इतिहास वैकल्पिक )**

2. समकालीन स्रोतों के आधार पर विजयनगर साम्राज्य की कृषि और सिंचाई व्यवस्था का मूल्यांकन करिए। **( 2013, इतिहास वैकल्पिक )**

## अभ्यास प्रश्न (प्रारंभिक परीक्षा)

1. मिलान करें:

| | | | |
|---|---|---|---|
| A. | हरिहर प्रथम और बुक्का | 1. | तुलुव राजवंश |
| B. | कृष्णदेव राय | 2. | विजयनगर साम्राज्य की स्थापना |
| C. | राणा कुंभा | 3. | संगीत शिरोमणि |
| D. | देवराय द्वितीय | 4. | प्रसिद्ध कवि श्रीनाथ |

**कूट:**

| | A | B | C | D |
|---|---|---|---|---|
| (a) | 2 | 1 | 3 | 4 |
| (b) | 1 | 2 | 3 | 4 |
| (c) | 4 | 3 | 2 | 1 |
| (d) | 3 | 1 | 2 | 4 |

2. निम्न वाक्यों के संदर्भ में सही विकल्पों को चिन्हित करें:
   1. अलाउद्दीन हसन ने बहमनी साम्राज्य की स्थापना की।
   2. कृष्ण देव राय का दरबार अष्टदिग्गजों से सुशोभित था।
   3. इम्मदी नरसिंह के शासनकाल में वास्को डि गामा भारत आया।

   (a) 1 और 2 (b) उपरोक्त सभी
   (c) 2 और 3 (d) उपरोक्त में कोई नहीं

3. निम्न वाक्यों के संदर्भ में सही विकल्प को चिन्हित करें।
   1. ओडिशा के हमवीर देव को दक्षिण कपिलेश्वर के नाम से भी जाना जाता था।
   2. गजपति राजवंश की स्थापना कपिलेंद्र देव ने की थी।
   3. सुहंगमंग अहोम साम्राज्य का महान शासक था।

   उपरोक्त में से कौन-से वक्तव्य सही हैं?
   (a) केवल 1 (b) 1 और 3
   (c) 1 और 2 (क) 1, 2 और 3

4. सूची-I और सूची-II का मिलान करें और निम्नलिखित कूट के आधार पर सही विकल्प का चयन करें:

| | सूची-I | | सूची-II |
|---|---|---|---|
| A. | निजामशाही | 1. | अहमद नगर |
| B. | आदिलशाही | 2. | गोलकुंडा |
| C. | इमादशाही | 3. | बरार |
| D. | कुतुबशाही | 4. | बीजापुर |

**कूट:**

| | A | B | C | D |
|---|---|---|---|---|
| (a) | 2 | 4 | 3 | 1 |
| (b) | 2 | 3 | 4 | 1 |
| (c) | 1 | 4 | 3 | 2 |
| (d) | 1 | 3 | 4 | 2 |

5. सूची-I और सूची-II का मिलान करें और निम्नलिखित कूट के आधार पर सही विकल्प का चयन करें:

| | सूची–I (प्रसिद्ध पुस्तकें) | | सूची–II (लेखक) |
|---|---|---|---|
| A. | धर्मनाथ पुराण | 1. | उदयराज |
| B. | श्रीकृष्ण विजय | 2. | मधुरा |
| C. | हरविलासन | 3. | श्रीनाथ |
| D. | राजा विनोद | 4. | मालाधर बसु |

**कूट:**

| | A | B | C | D |
|---|---|---|---|---|
| (a) | 2 | 4 | 3 | 1 |
| (b) | 2 | 3 | 4 | 1 |
| (c) | 1 | 4 | 3 | 2 |
| (d) | 1 | 3 | 4 | 2 |

6. निम्नलिखित वाक्यों के संदर्भ में शासकों की पहचान करें:
   1. बुद्ध शाह के नाम से प्रसिद्ध था।
   2. जजिया कर को समाप्त करके गाय काटने पर प्रतिबंध लगाया।
   3. वूलर झील में कृत्रिम द्वीप जैना लंका का निर्माण कराया।

   (a) महमूद गवां
   (b) अलाउद्दीन खिलजी
   (c) जैनुअल अबिदीन
   (d) ग्यासुद्दीन आजम

### उत्तरमाला

1. (a) 2. (b) 3. (d) 4. (c) 5. (a) 6. (c)

## अभ्यास प्रश्न (मुख्य परीक्षा)

1. उत्तर भारत में प्रभाव स्थापित करने के लिए मालवा पर नियंत्रण क्यों आवश्यक था? मालवा के महत्वपूर्ण शासकों एवं उनकी मुख्य उपलब्धियों पर विस्तार से वर्णन करें।
2. बहमनी और विजयनगर साम्राज्य के बीच संघर्ष के मुख्य कारण क्या थे? व्याख्या करें।
3. महमूद गवां बहमनी साम्राज्य का प्रमुख निर्माता था, क्या आप इस बात से सहमत हैं? उचित कारण बताएं।
4. विजयनगर साम्राज्य के प्रशासन और बहमनी सल्तनत के प्रशासन के बीच तुलना करें।

अध्याय

13

# मुगल (1526-1857 ई.)

मुगल साम्राज्य की स्थापना मध्य एशिया के शासक **बाबर** ने की थी, जो अपने को पिता के पक्ष से **तैमूर** (तैमूर वंश का संस्थापक) की **वंशावली** और माता के पक्ष से मंगोल शासक **चंगेज खान** के दूसरे पुत्र चुगताई की वंशावली से होने का दावा करता था। गौरलब है कि, **तैमूर वंशावली के कारण** मुगलों को **तैमूर** भी कहा गया है। 1494 ई. में अपने पिता की मृत्यु के बाद बाबर ने 12 साल की अल्प आयु में **फरगना** (ट्रांसओक्सियाना में एक छोटी-सी रियासत) की बागडोर संभाली। उस वक्त मध्य एशिया के हालात स्थिर नहीं थे और बाबर फरगना और समरकंद दोनों उज्बेकों से हार गया। मध्य एशिया में अपनी पैतृक जागीर से बेदखल किए जाने के बाद बाबर को भारत की तरफ जाने के लिए मजबूर किया गया। मध्य एशिया के पहले के कई आक्रमणकारियों की तरह बाबर भी भारत की शानदार धन संपदा के प्रति आकर्षित हुआ।

## बाबर ( 1526-1530 ई. )

- मुगल साम्राज्य का **संस्थापक** (मंगोलों का वंशज)
- **तैमूर** का योग्य वंशज। तुर्क पिता के पक्ष से और **चंगेज खान**, माता के पक्ष से।
- पिता सुल्तान उमर शेख मिर्जा की मौत के बाद 12 साल की अल्प आयु में ही **फरगना** (अफगानिस्तान) **का सुल्तान** बना। लेकिन शीघ्र ही उज्बेक प्रमुख शैबानी खान की मदद से दूर के रिश्तेदारों ने उसे राज्य से बेदखल कर दिया।
- उसने अपने आप को पहले **काबुल** में (1504 ई.) स्थापित किया फिर मजबूती के साथ दक्षिण की ओर बढ़ा और अफगानिस्तान के खैबर दर्रे के रास्ते से भारत में प्रवेश किया। उसने पंजाब में **भेरा** (1519-1520 ई.), **स्यालकोट** (1520 ई.) और **लाहौर** (1524 ई.) पर सफलतापूर्वक कब्जा किया। पंजाब परगना के प्रति बाबर के ललचाने की अन्य वजह काबुल की अल्प आय, जो साम्राज्य की देखरेख के लिए पर्याप्त नहीं थी और काबुल पर उज्बेकों के हमले की उसकी आशंका थी। इस प्रकार, उसने भारत को शरण लेने और उज्बेकों के खिलाफ अभियान चलाने के लिए उपयुक्त आधार विकसित करने का सबसे बेहतर स्थान माना। सिंकदर लोधी की मृत्यु के बाद भारत में अस्थिर राजनीतिक स्थिति ने उसे आगे प्रवेश करने में मदद की।
- ऐसा माना जाता है कि बाबर को इब्राहिम लोधी के खिलाफ लड़ने के लिए **दौलत खान लोधी** (पंजाब के गवर्नर), **आलम खान** (इब्राहिम लोधी के चाचा) और **मेवाड़ के राणा सांगा** ने बुलाया था।
- **पानीपत की पहली लड़ाई ( 1526 ई. ):** यह **इब्राहिम लोधी** और बाबर के बीच भारतीय इतिहास की एक निर्णायक लड़ाई थी। इब्राहिम लोधी पराजित हुआ और बाबर न केवल दिल्ली और आगरा पर कब्जा करने में सक्षम हुआ बल्कि लोधियों का समृद्ध खजाना भी उसे मिला।

  *इस लड़ाई के कुछ प्रमुख पहलू:*

  - बाबर के सैनिक संख्या में कम (लोधी सेना के एक लाख सैनिकों के की बजाए सिर्फ 12000 सैनिक) थे लेकिन उसका सैन्य संगठन कहीं ज्यादा बेहतर था।
  - **बाबर की सैन्य रणनीति की महान उपलब्धि:** उन्होंने **युद्ध के रूमी ( ओटोमन ) तरीके** को प्रभावी ढंग से लागू किया। इसे **युद्ध की तुलगुमा तरतीब** भी कहते हैं, जिससे उन्होंने इब्राहिम लोधी की सेना को दोनों तरफ से घेर लिया। मध्य से, उनके घुड़सवार सैनिकों ने **ओटोमन तोपची उस्ताद अली** और मुस्तफा की निगरानी में तीरों और तोप के गोलों से हमला किया, जबकि खाइयों और बाड़ियों ने दुश्मन को नजदीक आने के विरुद्ध पर्याप्त सुरक्षा प्रदान की।
  - बाबर ने दिल्ली पर कब्जा किया और अपने बेटे हुमायूं को आगरा पर कब्जा करने के लिए भेजा। बाबर ने अपने आपको 'हिंदुस्तान का बादशाह' घोषित किया।
- पानीपत की जीत ने बाबर के विजय अभियान को मजबूती प्रदान की लेकिन साथ ही साथ उसे **नई समस्याओं** का सामना भी करना पड़ा।
  - उसके अमीर और कमांडर मध्य एशिया लौटने को उतावले थे, क्योंकि उन्हें भारत की आबोहवा पसंद नहीं थी। वे अपने को सांस्कृतिक रूप से विमुख भी महसूस करते थे।
  - राजपूत मेवाड़ के राजा राणा सांगा के नेतृत्व पर विश्वास करते थे और मुगल सेना को खदेड़ना चाहते थे।
  - अफगान, हालांकि पानीपत में हार गए थे, अब भी उत्तर प्रदेश के पूर्वी हिस्सों, बिहार और बंगाल में एक अजेय ताकत थे। अपनी खोई शक्तियों को हासिल करने के लिए वे पुन: इकट्ठा हो रहे थे।

बाबर ने अपने साथियों और अमीरों को रुकने के लिए राजी किया और युद्ध में जीते हुए क्षेत्रों को मजबूती प्रदान की। जो अमीर रुकने को राजी नहीं थे, उन्हें वापस काबुल जाने की इजाजत थी। यहां तक कि जब वे इस मुश्किल काम में सफल हुए, तब वे खुद **राणा सांगा के शत्रु हो गए** थे। राणा को उम्मीद थी कि बाबर काबुल लौट जाएगा, लेकिन भारत में रहने का बाबर का फैसला राणा सांगा की क्षेत्रीय महत्वाकांक्षाओं को एक बड़ा झटका था। इस प्रकार दोनों के बीच लड़ाई अपरिहार्य हो गई।

- ***खानवा की लड़ाई ( 1527 ई. फतेहपुर सीकरी के निकट ):*** **बाबर** और **मेवाड़ के राणा सांगा** एवं उनके सहयोगियों के बीच युद्ध भारतीय इतिहास में जम कर लड़ी गई लड़ाइयों में से एक है। राणा सांगा हार गया और दिल्ली–आगरा क्षेत्र में बाबर की स्थिति सुरक्षित हो गई।

  *इस लड़ाई के कुछ खास पहलू थे:*

  ◆ राणा सांगा को बड़ी संख्या में राजपूत प्रमुखों का सहयोग मिला, जिनमें जालौर, सिरोही, डूंगरपुर और अम्बेर प्रमुख हैं। इनके साथ–साथ मालवा में चंदेरी के राजा मेदिनी राय, मेवात के हसन खान और सिकंदर लोधी का छोटा बेटा महमूद लोधी का भी साथ मिला।

  ◆ बाबर ने राणा सांगा के विरुद्ध युद्ध को **जिहाद** का नाम दिया और जीत के बाद **गाजी की उपाधि हासिल** की।

  बाबर ने हसन खान मेवाती से एक के बाद एक ग्वालियर किला, धौलपुर, पूर्वी आगरा और अलवर का बहुत–सा हिस्सा जीत कर आगे अपनी स्थिति को मजबूत कर लिया।

- ***चंदेरी की लड़ाई ( 1528 ई. ):*** यह लड़ाई **बाबर** और राजपूत राजा **मेदिनी राय** के बीच लड़ी गई। राजपूतों से महान वीरता के साथ लड़ने के बावजूद बाबर को मेदिनी राय पर काबू पाने में थोड़ी कठिनाई का सामना करना पड़ा। उनकी हार के साथ ही राजपूताना में विरोध पूरी तरह बिखर गया। हालांकि बाबर को पूर्वी उत्तर प्रदेश में अफगानों की अशांति के कारण अपने आगे बढ़ने के अभियान की योजना को कम करना पड़ा।

- ***घाघरा की लड़ाई ( 1529 ई.*** *बिहार के पास ):* यह लड़ाई बाबर और महमूद लोधी (इब्राहिम लोधी का भाई, अफगान प्रमुख, बंगाल के नुसरत शाह की मदद से) के बीच लड़ी गई। अफगानों ने दिल्ली में घुटने टेक दिए, लेकिन पूरब (बिहार और जौनपुर का कुछ हिस्सा) में वे अब भी शक्तिशाली थे। हालांकि बाबर ने बंगाल और अफगान सेनाओं को पीछे हटने के लिए मजबूर किया, लेकिन वह निर्णायक जीत हासिल नहीं कर पाया। उसके बाद जल्द ही काबुल जाने के अपने रास्ते पर आगरा में 1530 ई. में बाबर की मृत्यु हो गई। उसे आगरा के आरामबाग में दफनाया गया। बाद में उसके शव को काबुल ले जाया गया।

- भारत में **बाबर के आगमन का महत्व:**

  ◆ *उत्तर–पश्चिम सीमा के बाहरी आक्रमणों से सुरक्षा:* कुषाण साम्राज्य के पतन के बाद पहली बार काबुल और गांधार मुगल साम्राज्य के अभिन्न अंग बन गए। इससे न केवल एशिया के बाहर विदेशी व्यापार (क्योंकि ये दोनों शहर पूरब में चीन के लिए जाने वाले कारवां और पश्चिम में भूमध्य सागर के बंदरगाहों के लिए कूच स्थल थे) मजबूत हुआ बल्कि उत्तर–पश्चिम सरहद भी आक्रमणकारियों पर धावा बोलने का कूच स्थल बन गया।

  ◆ राजपूत संघ की शक्ति को तोड़ कर एक **अखिल भारतीय साम्राज्य** खड़ा किया।

  ◆ **युद्ध के नए तरीके** अपनाए गए और भारत में **गोला–बारूद**, घुड़सवार सेना और **तोपखाने की लोकप्रियता** बढ़ी। हालांकि भारत में पहले भी बाबर ने तोप गोलों का इस्तेमाल कर इसे लोकप्रिय बना दिया था।

  ◆ **दिल्ली में राजा की शक्ति** को **फिर से स्थापित** किया, जो फिरोजशाह तुगलक की मौत के बाद खत्म हो गई थी।

- उसने एक उदाहरण पेश किया और वह हमेशा अपने सिपाहियों की कठिनाइयों को साझा करने को तैयार रहता था।
- हालांकि रूढ़िवादी सुन्नी मुस्लिम होने के बावजूद वह न तो धर्मांध था और न ही धार्मिक पवित्रता से प्रभावित था। वह **नक्शबंदिया सूफी ख्वाजा उबैदुल्लाह अहरार का एक समर्पित अनुयायी** था।
- वह **फारसी** और **अरबी का गहरा जानकार** था और अपनी मातृभाषा तुर्की के दो प्रख्यात लेखकों में से एक माना जाता है। वास्तव में उसने अपना **संस्मरण** *तुजुक-ए-बाबरी/बाबरनामा* (अब्दुल रहीम खान-ए-खाना द्वारा फारसी में अनुवाद) तुर्की में **लिखा**। उसने *मसनवी* भी लिखा।
- वह **प्रकृति का एक गहरा प्रेमी** एवं **पर्यवेक्षक** था। उसने भारत की **वनस्पतियों** और जीवों के बारे में काफी विस्तार से **वर्णन** किया है।
- उसने सचल पानी और फव्वारों के साथ **चार-बाग** पद्धति व्यवस्थित उद्यान बनवाए।
- दो **मस्जिदें**, एक **पानीपत** में और एक अन्य रोहेलखंड के **संभल** में बनवाईं।

**हुमायूं ( 1530-1556 ई. )**

- हुमायुं जन्म माहिम बेगम और बाबर से हुआ था। वह बाबर का **बड़ा बेटा** था। 'हुमायूं' का मतलब 'भाग्य', लेकिन वह मुगल साम्राज्य का सबसे बदनसीब शासक रहा।
- बाबर के बाद 23 वर्ष की आयु में वह शासक बना और उसे बाबर द्वारा छोड़ी गई समस्याओं का सामना करना पड़ा। हुमायूं के सामने कई प्रमुख **समस्याएं** थीं।
  - नव-विजित क्षेत्रों और **प्रशासन को समेकित नहीं** किया गया था और **वित्तीय व्यवस्था अनियत** थी।
  - बाबर के विपरीत, हुमायूं को **मुगल अभिजात्य वर्ग का सम्मान नहीं मिला।** चमताई रईस उसके प्रति अनुकूल नहीं थे और भारतीय कुलीन वर्ग, जिन्होंने बाबर की सेवा की थी, हुमायूं के राज्यग्रहण पर मुगलों का साथ छोड़ दिया था।
  - उन्हें **अफगान** और **अन्य प्रमुख प्रांतीय शासकों की दुश्मनी का सामना** करना पड़ा क्योंकि वह पूरी तरह उनके अधीन नहीं थे। इनमें बिहार का शक्तिशाली अफगान शासक शेर खान और गुजरात का प्रांतीय शासक बहादुर शाह भी शामिल था।
  - तुर्क परंपरा के अनुसार हुमायूं को अपने भाइयों के साथ सत्ता को साझा करना पड़ा, जिन्होंने **सत्ता के कई केंद्र** बनाए।
    - **कामरान-काबुल, कंधार** और **पंजाब**
    - **हिंदाल-अलवर** और **मेवात**
    - **मिर्जा अकसरी-संभल**
- 1532 ई. में **दौराह** में, उन्होंने **अफगान सेना** को **हराया,** जिन्होंने बिहार और जौनपुर में फतह हासिल की थी। फिर, उसने **चुनार का मजबूत किला अफगान** सरदार **शेर खान** से अपने कब्जे में ले लिया, जो आगरा और पूर्व के बीच नदी और जमीन मार्ग पर नियंत्रण करता था। इसलिए इसे **पूर्वी भारत के गेटवे** के रूप में जाना जाता है। लेकिन श्रेष्ठता की स्थिति के बावजूद, उसने उदयमान अफगान नेता **शेर खान** के **साथ एक संधि** की। शेर खान की वफादारी को देखते हुए हुमायूं ने बनारस के पूर्वी क्षेत्रों का पूरा नियंत्रण और किले का अधिकार उसे दे दिया। इस गलती की कीमत उसे बाद में साम्राज्य खो कर देनी पड़ी। उसकी इस जल्दबाजी की एक संभावित वजह गुजरात के बहादुर शाह का मुगल सरहद की ओर बढ़ना था, खास कर मालवा और

राजपूताना की ओर। ऐसी स्थिति में हुमायूं को वापस आगरा (1532-1533 ई.) लौटने के लिए मजबूर होना पड़ा।

- मालवा की ओर बढ़ते हुए हुमायूं ने **मांडू पर कब्जा** किया और फिर चंपानेर और अहमदाबाद में धावा बोल दिया। उसने अपने छोटे भाई **असकरी** को **गुजरात का सूबेदार नियुक्त** किया और मांडू लौट गए हालांकि गुजरात और मालवा दोनों जितनी जल्दी जीते गए थे उतनी ही जल्दी हाथ से निकल गए। असकरी में अनुभव की कमी थी। जब बहादुर शाह अहमदाबाद की ओर बढ़ा, असकरी आगरा भाग गया। गुजरात अभियान का एकमात्र फायदा यह था कि बहादुर शाह द्वारा मुगलों पर जो खतरा मंडरा रहा था वह हमेशा के लिए खत्म हो गया और हुमायूं शेर खान और अफगानों के खिलाफ अपने सभी संसाधनों पर ध्यान केंद्रित कर सकता था।
- इस बीच, **शेर खान बिहार का निर्विवाद मालिक बन गया।** एक नई सेना तैयार करने के बाद हुमायूं ने शेर खान के खिलाफ धावा बोल दिया। शाही गोलंदाज **रूमी खान** के बेहतरीन प्रयासों के बावजूद हुमायूं को चुनार का किला घेरने में छह महीने लगे। शेर खान ने **विश्वासघात कर रोहतास के मजबूत दुर्ग** पर कब्जा कर लिया, जहां उसने अपने परिवार को सुरक्षित छोड़ दिया और बंगाल को जीत कर उसकी राजधानी गौर पर कब्जा कर लिया। फिर उसने हुमायूं को प्रस्ताव दिया कि **वह बंगाल को समर्पित कर देगा और 10 लाख दीनार सालाना अंशदान देगा यदि उसे बंगाल में बने रहने की अनुमति दे दी जाए।** लेकिन हुमायूं ने प्रस्ताव ठुकरा दिया, क्योंकि वह बंगाल को खोना नहीं चाहता था, जो न केवल संपन्न था बल्कि एक प्रमुख विदेशी व्यापार केंद्र भी था।
- ***चौसा की लड़ाई*** *(1539 ई., बक्सर के निकट):* हुमायूं हार गया और शेर खान ने शेर शाह की उपाधि ग्रहण की। हुमायूं युद्ध के मैदान से बड़ी मुश्किल से जान बचा कर भागा और एक जल वाहक की मदद से नदी तैर कर पार की।
- ***बिलग्राम/कन्नौज की लड़ाई*** *(1540 ई.):* चौसा में हार के बाद केवल तुर्क राजकुमारों और अभिजात्य वर्ग में पूरी एकता ही मुगलों को बचा सकती थी। हुमायूं अपने भाइयों से सलाह-मशविरा करने आगरा पहुंचा, लेकिन उन्होंने सहयोग नहीं किया। हुमायूं को कामरान का समर्थन नहीं मिल पाया। कामरान अपनी छोटी-सी सेना हुमायूं के साथ छोड़कर आगरा से लाहौर की ओर निकल गया। अत: वह शेर खान के खिलाफ ठीक से तैयारी नहीं कर सका। कन्नौज की लड़ाई बहुत बुरी तरह लड़ी गई। हुमायूं के दोनों छोटे भाई असकरी और हिंदाल बहुत बहादुरी से लड़े, लेकिन शेर **शाह द्वारा हुमायूं** बुरी तरह **हार गया।** इस लड़ाई ने शेर शाह और मुगलों के बीच के मुद्दों का फैसला किया। **हुमायूं अब बिना राज्य के राजकुमार** था और वह दिल्ली से चला गया। **हुमायूं अगले 15 वर्ष (1540-1555 ई.) निर्वासन में रहा।**
- उसने सिंध (1540 ई.) में और पड़ोसी इलाकों में अगले ढाई वर्ष तक भटकते हुए अपने राज्य को फिर से हासिल करने के लिए कई रणनीतियां बनाने की कोशिश की। हुमायूं ने सिंध जाते हुए रास्ते में **हमीदा बानो बेगम** (हिंदाल की शिक्षिका की बेटी) **से शादी** की। जब हुमायूं हिंदू राजा राणा प्रसाद के राज्य **अमरकोट** में रुके थे, **अकबर** का जन्म (1542 ई. में) वहीं हुआ था। अंतत: हुमायूं ने **ईरानी राजा के दरबार में आश्रय** मांगा, जिसने उसे शिया धार्मिक निष्ठा (अन्यथा मुगल सुन्नी थे) अपनाने के लिए मजबूर किया और उसकी मदद से हुमायूं ने 1545 ई. में गांधार और काबुल पर फिर से कब्जा कर लिया।
- **1555 ई.** में सूर साम्राज्य के टूटने के बाद, **हुमायूं ने अफगानों** को **हराया** और **मुगल सिंहासन** को **फिर हासिल** किया। लेकिन इससे पहले कि वह अपनी स्थिति मजबूत कर सकता, केवल छह महीने बाद, 1556 ई. में नई दिल्ली स्थित शेर मंडल में **अपने पुस्तकालय की सीढ़ी से गिर कर** उसकी मृत्यु हो गई। हुमायूं के लिए कहा गया है, 'उसकी पूरी जिंदगी उथल-पुथल भरी रही और मौत भी उसे सुकून न दे सकी।''

- **बैरम खान** उसके वफादार अफसरों में से एक था, जिसने उसे भारत वापस आने में मदद की।
- उसकी सौतेली बहन **गुलबदन बेगम** ने *हुमायूं-नामा* लिखा है।
- हुमायूं ने दिल्ली में नया शहर बसाया, जिसका नाम **दीनपनाह** रखा। उसने दिल्ली में **जमाली मस्जिद** और **ईसा खान की मस्जिद** बनवाई।
- **हुमायूं के मकबरे** को ताजमहल का प्रतिरूप कहा गया है। इसे उसकी विधवा **हाजी बेगम** ने बनवाया था।

**चित्र 13.1** हुमायूं का मकबरा, दिल्ली

- हुमायूं ने दो **फारसी चित्रकारों मीर सैय्यद अली** और **अब्दुल समद** को आमंत्रित किया और उनसे अपना दरबार चित्रकार बनाया।

## अफगान अंतराल/सूर अंतर्काल (1540–1555 ई.)

**शेरशाह सूरी ( 1486-1545 ई. )**

- **सूर राजवंश के संस्थापक** और **दूसरा अफगान सम्राट** भी (लोधियों के बाद), जिसका मूल नाम **फरीद** था। वह दक्षिण बिहार (जौनपुर) में सासाराम के एक जागीरदार **हसन खान का बेटा** था। बाद में फरीद ने **बिहार के अफगान शासक** बहार खान लोहानी के **अधीन काम** किया, जिसने **उसकी बहादुरी** (एक बाघ को मार डाला) से प्रभावित होकर उसे **शेर खान की उपाधि** दी।
- उसने अपने पिता की जागीर का बहुत प्रभावी ढंग से प्रबंध किया और महान सैन्य और प्रशासनिक कौशल भी हासिल किया। उसने धीरे धीरे अपने प्रभाव को बढ़ाया और बंगाल के सुलतान महमूद शाह को (सूरजगढ़ की लड़ाई) हराया और पूर्वी राज्यों में **सबसे शक्तिशाली अफगान** सैन्य कमांडर के रूप में उभरा।

- जैसा कि हमने पहले चर्चा की है, इसने मुगल सम्राट हुमायूं के साथ संघर्ष को बढ़ाया और **चौसा की लड़ाई** में **हुमायूं को पराजित करने के बाद शेरशाह की उपाधि हासिल** की। इस प्रकार अपने को एक स्वतंत्र राजा घोषित किया। उसने **हुमायूं को कन्नौज की लड़ाई में दोबारा हराया** और स्वयं को 54 वर्ष की आयु में **हिंदुस्तान का बादशाह घोषित** किया।
- शेरशाह ने उत्तर-पश्चिम में सिंध तक हुमायूं का पीछा किया। हुमायूं को बाहर करने के बाद उसने उत्तर और पूर्वी भारत में अपनी स्थिति को मजबूत करना शुरू कर दिया। उसने 1542 ई. में मालवा को हराया और जीता, जिसके बाद उसने चंदेरी को जीता। राजस्थान में उसने मारवाड़, रणथम्भौर, नागौर, अजमेर, जोधपुर और बीकानेर के खिलाफ अभियान चलाया। उसने 1544 ई. में अजमेर के निकट **सेमल की** प्रसिद्ध **लड़ाई** में मालदेव को हराया। उसने 1545 ई. तक बंगाल में विद्रोही अफगानों को हराया। उसने पश्चिम में सिंध और पंजाब से लेकर पूरे राजपूताना और पूरब में बंगाल तक खुद को सर्वोच्च शासक के रूप में स्थापित किया।
- 1545 ई. में उसका **अंतिम अभियान कलिंजर** (बुंदेलखंड) **के खिलाफ** था, जिसमें वह कामयाब हुआ था, लेकिन **तोप गोलों के अचानक हुए एक विस्फोट में मारा गया**
- शेरशाह भले ही एक धार्मिक मुसलमान था, लेकिन दूसरे धर्मों के प्रति **सहिष्णु रवैया अपनाता** था। उसने अपने महत्वपूर्ण कार्यालयों में **हिंदुओं को रोजगार** दिया।
- वह कला एवं वास्तुकला का संरक्षक था। दिल्ली के निकट यमुना नदी के तट पर नया शहर बसाया। उसने दिल्ली में **पुराना किला** (ओल्ड फोर्ट), **शेर मंडल** (पुराना किला परिसर में अष्टकोणीय इमारत) बनवाया, जो बाद में हुमायूं का पुस्तकालय बना और **सासाराम में उसका खुद का मकबरा, जो** भारतीय वास्तुकला की सर्वोत्कृष्ट रचना मानी जाती है, बनवाया। उसने **रोहतास किला** (अब पाकिस्तान में **यूनेस्को का विश्व धरोहर स्थल), बिहार में** रोहतासगढ़ किले में कई निर्माण कराए, और पटना में **शेरशाह सूरी मस्जिद** बनवाई। उन्होंने 1545 ई. में नया शहर बसाया (आधुनिक पाकिस्तान का **भेड़ा** शहर) और शहर के भीतर ऐतिहासिक भव्य शेरशाह सूरी मस्जिद बनवाई।
- शेरशाह ने विद्वान लोगों को भी संरक्षण दिया। **मलिक मोहम्मद जायसी** ने अपने *पद्मावत* को उसके शासन काल में ही पूरा किया। प्रसिद्ध इतिहासकार अब्बास खान सरवनी ने उसके शासनकाल में *तारीख-ए-शेरशाही* लिखी।

शेरशाह के बाद उसके बेटे **इस्लाम शाह** (जलाल खान) को अपने भाई आदिल खान और कई अफगान कुलीनों के साथ संघर्ष का सामना करना पड़ा। 1553 ई. में उसकी मृत्यु हो गई और अफगान साम्राज्य काफी कमजोर हो गया। **सूर शासन** (पंजाब, आगरा, दिल्ली, बिहार और पूर्वी क्षेत्र) **शेरशाह के रिश्तेदारों में बंट गया।** उदाहरण के लिए पंजाब को सिकंदर सूर ने ले लिया, जो बाद में हुमायूं द्वारा पराजित हुआ था। हुमायूं ने इस प्रकार धीरे-धीरे अपने खोये हुए राज्यों पर कब्जा किया।

## शेरशाह का प्रशासन (1540–1545 ई.)

हालांकि उसने सिर्फ पांच साल तक शासन किया, लेकिन एक शानदार **प्रशासनिक व्यवस्था** संयोजित की, जो न केवल मुगल प्रशासन के लिए बल्कि ब्रिटिशों के लिए भी **प्रेरणादायी** रही। साम्राज्य **47 सरकारों** में विभक्त था। प्रत्येक सरकार में **मुख्य शिकदर** (कानून एवं व्यवस्था) और **मुख्य मुंसिफ** (न्यायाधीश) प्रशासन के दो प्रभारी होते थे। प्रत्येक सरकार कई परगनाओं में बंटी थी। प्रत्येक **परगना** में **शिकदार (सैन्य अधिकारी), आमील (भू-राजस्व), फोतदार (कोषाध्यक्ष)** और कारकुन (लेखाधिकारी) प्रशासनिक प्रभारी होते थे। **मौजा** (गांव) प्रशासन का सबसे छोटा स्तर था।

**इक्ता** नामक कई प्रशासनिक इकाईयां भी थीं। सरकार बहुत केंद्रीकृत थी और उसमें बहुत-से विभाग थे। राजा को चार महत्वपूर्ण मंत्री मदद करते थे:

1. **दीवान-ए-विजारत या वजीरः** राजस्व और वित्तीय मामलों के प्रभारी
2. **दीवान-ए-अरिजः** सैन्य प्रभारी
3. **दीवान-ए-रसालतः** विदेश मंत्री
4. **दीवान-ए-इंशाः** संचार मंत्री

भू-राजस्व प्रशासन बहुत अच्छी तरह से काम करता था और राजस्व अधिकारी **आमिल** कहलाते थे, जबकि **कानूनगो** राजस्व रिकॉर्ड की देखभाल के प्रभारी होते थे। शेरशाह ने पहली बार **फसल दरों (रे)** की सूची जारी की। उसने **जब्ती-ए-हर-साल (हर वर्ष भू-आंकलन)** व्यवस्था अपना कर भू-राजस्व को बढ़ाया। और **खेती योग्य भूमि को तीन स्तर (अच्छा, औसत और खराब)** पर वर्गीकृत किया। आमील राज्य का अंश निर्धारण के लिए खेतिहर जमीन की माप पर नजर रखते थे। राज्य का हिस्सा **औसत उपज का एक-तिहाई** होता था और इसे नकद या फसल के रूप में भुगतान किया जाता था। जमीन को **सिकंदरी गज** (32 प्वाइंट्स) से नापा जाता था। शेरशाह ने दो दस्तावेजों की शुरुआत कीः

(a) **पट्टा (राशि प्रत्येक किसान को देनी होती थी)**

(b) **कबूलियात (समझौते का दस्तावेज)**

शेरशाह ने **दम** के नाम से **तांबे के नए सिक्के** चलवाए और यह दिलचस्प है कि वे 1835 ई. तक प्रचलन में थे। वह पहला शासक था, जिसने **चांदी का रूपिया** (1 रुपइया = 64 दम) और स्वर्ण मुद्रा (अशर्फी/मोहर) चलवाई। यह ध्यान देने योग्य है कि, किसी भी चांदी के सिक्के के लिए पहले भी रुपइया को आम शब्द के रूप में इस्तेमाल गया था। उसके शासन काल में 'रुपइया' शब्द का प्रयोग 178 ग्रेन वजन के चांदी के सिक्के के लिए किया जाने लगा, जो आधुनिक रुपये का प्रणेता था। इसी तरह एक स्वर्ण मुद्रा का वजन 169 ग्रेन था।

शेरशाह ने यातायात मार्ग में सुधार के लिए **सड़कें** भी बनवाईं, जिन्हें **साम्राज्य की धमनियां** कहा गया। उसने **चार प्रमुख राजमार्ग** बनवाए, वह थेः

1. **सोनारगांव से सिंधः** उसने **पुरानी शाही सड़क** (अशोक के ग्रैंड ट्रंक रोड) की मरम्मत करवाई और **उत्तरापथ**, जो ताम्रलिपि (बंगाल) से पुरुषपुर (पेशावर) से जुड़ा था, का भी नवीनीकरण किया।
2. **आगरा से बुरहानपुर**
3. **जोधपुर से चित्तौड़**
4. **लाहौर से मुल्तान**

उसने राजमार्ग पर प्रत्येक दो कोस (8 किलोमीटर) की दूरी पर यात्रियों की सुविधा के लिए **सराय** (आराम घर) बनवाईं। ये सराय **मजबूत आवास** की तरह होती थीं, जहां यात्री रात गुजार सकते थे और अपने सामानों को सुरक्षित रख सकते थे। प्रत्येक सराय में **शहना (अभिरक्षक)** के नियंत्रण में कई **पहरेदार** होते थे। शेरशाह का सबसे महत्वपूर्ण योगदान उसका पूरे साम्राज्य में **कानून एवं व्यवस्था को पुनः स्थापित** करना था। पुलिस को दक्षतापूर्वक पुनर्गठित किया गया था। उसके शासन काल में अपराध बहुत कम हो गए थे। वह लुटेरों और डकैतों के साथ-साथ उन जमींदारों, जिन्होंने भू-राजस्व देने से मना किया या सरकार के आदेशों का पालन नहीं किया, के साथ **कठोरता से पेश** आए। बहुत सी सराय **बाजार नगर (कस्बों)** में विकसित हुईं, जहां किसान अपनी उपज बेचते थे। ये सराय **समाचार सेवा** या **डाक चौकी** के पड़ाव के रूप में इस्तेमाल की जाती थीं।

शेरशाह ने व्यापार एवं वाणिज्य की उन्नति को प्रोत्साहित करने के लिए कई अन्य सुधारों की भी घोषणा की। उदाहरण के लिए, उनके पूरे राज्य में सामानों पर **सिर्फ दो जगहों पर सीमा शुल्क का भुगतान** किया जाता था–*एक* बंगाल और बिहार की सिकरीगली सीमा पर उन उत्पादों पर सीमा शुल्क लगता था, जो बंगाल में पैदा होते थे या बाहर से आयातित होते थे। *दूसरा,* जो सामान पश्चिम और मध्य एशिया से आते थे, उनपर सीमा शुल्क सिंधु तट पर लगता था। यहां उल्लेखनीय है कि, सड़कों, नौकाओं, कस्बों या किसी अन्य जगह पर शुल्क उगाही के लिए किसी को अनुमति नहीं थी। दूसरी बार शुल्क का भुगतान बिक्री के समय किया जाता था। उसने अपने अमीरों को निर्देश दे रखा था कि वे जनता पर दबाव डालें कि व्यापारियों और यात्रियों के साथ किसी भी रूप में अच्छा व्यवहार करें और उन्हें किसी भी सूरत में नुकसान न पहुंचाएं। अगर व्यापारी मर गया तो उसके माल पर किसी का हक नहीं होता था और कोई जब्त नहीं करता था। वास्तव में, उसने **स्थानीय गांव के मुखिया (मुकद्दम)** और जमींदार को मार्ग में व्यापारियों को होने वाले किसी भी नुकसान के लिए जिम्मेदार बनाया था।

सैन्य प्रशासन को भी कुशलतापूर्वक पुनर्गठित किया गया था और शेरशाह ने अलाउद्दीन की **चेहरा** और **दाग** प्रणाली को **हू-ब-हू** अपना लिया था। वह सैनिकों की स्वयं भर्ती करता था और उन्हें सीधे भुगतान करता था। उसने सेना को **सवारों** (पूरे संगठन की धुरी के रूप में सेवा), हाथियों और सहयोगियों में विभक्त कर रखा था। उसने **खासखेल** नाम से अपना **निजी शाही लश्कर** बना रखा था।

उसने **न्याय पर काफी जोर** दिया और न्याय को धार्मिक संस्कारों का सबसे उत्कृष्ट रूप माना। वह जालिमों को नहीं छोड़ता था चाहे वह ऊंचे ओहदेदार हो, अपनी जाति का हो या नजदीकी रिश्तेदार हो। न्याय के लिए विभिन्न स्थानों पर काजियों की नियुक्ति की गई थी। ग्राम पंचायत और जमींदार दीवानी और आपराधिक मामलों से स्थानीय स्तर पर निपटते थे। वास्तव में, उनके बेटे **इस्लाम शाह** ने **कानून को संहिताबद्ध** करके न्याय व्यवस्था की दिशा में एक बहुत बड़ा कदम उठाया।

### अकबर (1556-1605 ई.)

- मुगल साम्राज्य के **महानतम बादशाहों में से एक**, जो **हुमायूं** और **हमीदा बानू बेगम के बेटे** थे। इसका जन्म **अमरकोट** में 1542 ई. में हुआ था। जब हुमायूं ईरान भागा तो युवा अकबर को उनके चाचा कामरान ने अपने पास रख लिया था और उसकी अच्छी तरह देखभाल की। **कंधार** पर कब्जे के बाद अकबर **पुनः** अपने माता-पिता से **मिला।** जब हुमायूं की मौत हुई, तब अकबर पंजाब के **कलानौर** में था, वहां वह अफगान विद्रोहियों के खिलाफ अभियान का नियंत्रण कर रहा था। इस प्रकार, उसका राज्याभिषेक 13 साल की आयु में कलानौर (पंजाब) में 1556 ई. में बैरम खान द्वारा किया गया।
- **बैरम खान का राज-प्रतिनिधित्व काल (1556-60):** बैरम खान हुमायूं का चहेता और विश्वासपात्र अफसर था, जो **अकबर का शिक्षक** होने के साथ साथ **खान-ए-खाना** (मुगल साम्राज्य के शेष मामलों को देखने वाले) की उपाधि के साथ सल्तनत का **राज्य प्रतिनिधि** भी था।
    - बैरम खान ने **हेमू विक्रमादित्य (बंगाल के मोहम्मद शाह आदिल के वजीर)** के साथ **पानीपत की दूसरी लड़ाई** (1556 ई.) में **अकबर का प्रतिनिधित्व** किया था, जिसने अफगान सेना नेतृत्व किया, जो मुगल साम्राज्य के लिए गंभीर खतरा बन रहा था।
    - बैरम खान के मार्गदर्शन में मुगलों ने एक के बाद एक कई लड़ाइयां जीतीं और सिकंदर सूर जैसे अफगान दावेदारों को पीछे ढकेला। उसने इब्राहिम सूर को परास्त कर लाहौर, मुल्तान, अजमेर पर कब्जा किया और जौनपुर को साम्राज्य में मिलाया। इसके अलावा उसने अफगानों के नियंत्रण वाले ग्वालियर किले की सफलतापूर्वक घेराबंदी की।

- इस अवधि के दौरान, बैरम खान सबसे शक्तिशाली सिपहसलार बन कर उभरा और अहम ओहदों पर पुराने सिपहसलारों को हटाकर अपने समर्थकों को नियुक्त करना शुरू कर दिया। इससे अन्य सिपहसलारों में बैरम खान से नाराजगी बढ़ गई और अकबर को अपने प्रभाव में लेने में कामयाब रहे। बैरम खान का अभिमान बढ़ने के साथ ही समस्या और गंभीर होती गई। अब तक बैरम खान के संरक्षण से थक चुका अकबर स्वयं **पूरा नियंत्रण अपने हाथ में लेना चाहता** था। अत: उसने **बैरम खान को हटा दिया।** बैरम खान ने शुरू में विद्रोह का प्रयास किया लेकिन बाद में समर्पण कर दिया। अकबर ने उसे पूरा सम्मान दिया। अकबर ने उसके सामने विकल्प रखा कि वह राजदरबार में या बाहर कहीं रहकर काम कर सकता है अथवा सेवा समाप्त कर मक्का जा सकता है। बैरम खान ने **मक्का जाने का निर्णय** किया, लेकिन अहमदाबाद के निकट पाटन में एक अफगान, जो उससे पुरानी शत्रुता रखता था, ने उसकी हत्या कर दी। बैरम खान की पत्नी और बेटा आगरा आ गए। अकबर ने **उसकी विधवा पत्नी** से **शादी** करके उसके छोटे बेटे को सुरक्षा प्रदान की। यह बेटा आगे चलकर **अब्दुर्र रहीम खान-ए-खाना** नाम से प्रसिद्ध हिंदी कवि बना। यह अकबर के दरबार का एक प्रभावशाली नवरत्न था।

– **कुलीन वर्ग से विद्रोह:** बैरम खान के विद्रोह के दौरान कुछ पदाधिकारी और संगठन राजनीतिक रूप से सक्रिय हो चुके थे। उन्होंने अकबर की दाई मां **माहम अनंग** और उनके रिश्तेदारों, खासकर उनके पुत्र **अधम खां** को भी शामिल कर लिया था। 1561 ई. में आदम खां ने **बाज बहादुर** (जाना माना जादूगर और कवि) को हराकर **मालवा** जीता था। मालवा की रानी **रूपमति** ने मुगलों की कैद में जाने के बदले अपनी जान देना बेहतर समझा। अधम खां ने जीत के बाद मालवा में रक्षक सेना, महिलाओं और बच्चों का नृशंस तरीके से नरसंहार किया और अकबर के पास लूटा हुआ कुछ माल भेजा। सेना की कमान से हटाए जाने पर उसने वजीर पद के लिए दावा किया। मांग स्वीकार न होने पर उसने तत्कालीन **कार्यवाहक वजीर** की **हत्या कर** दी। उसके अनुचित कार्य से क्रोध में आकर अकबर ने उसे **आगरा के किले से बाहर निकाल दिया।**

  - इसी प्रकार, 1561 और 1567 ई. के बीच अकबर को उसके उज्बेक (मध्य एशिया) के सिपहसलारों से उलझना पड़ा, जिन्होंने कई बार विद्रोह किया था। **उज्बेक** के **प्रमुख,** जिसे बाबर ने समरकंद से बाहर निकाला था और हुमायूं के साथ भारत आया था, ने अपने वंश का पता लगाया। उज्बेकों ने हिंदुस्तान के सम्राट के प्रतिनिधि के तौर पर **मिर्जा हाकिम** (उसका सौतेला भाई) को **काबुल का राजप्रतिनिधि (गवर्नर)** घोषित कर दिया। **तुर्क कुलीनों** का एक समूह, जिन्हें **मिर्जा** कहा गया, भी सम्राट के खिलाफ हो गया। हेमू द्वारा दिल्ली पर कब्जा किए जाने के बाद से अब तक का संभवत: यह अकबर का सबसे मुश्किल दौर था। हालांकि अपने संपूर्ण धैर्य, संकल्प और कुछ हद तक भाग्य के साथ देने से इन खतरों से निबट सका। **मिर्जा हाकिम** को काबुल **छोड़ने के लिए मजबूर** होना पड़ा और अन्य मिर्जाओं को पूरी तरह दबा दिया गया, जबकि उज्बेक 1567 ई. में पूरी तरह पराजित कर दिए गए।

– **साम्राज्य का शीघ्र विस्तार (1560-1576 ई.):** अकबर ने पहले उत्तर भारत में आगरा से गुजरात तक विजय हासिल की फिर आगरा से बंगाल तक। उसने अपने उत्तरी-पश्चिमी मोर्चे को मजबूत किया। बाद में दक्कन का रुख किया।

– **ग्वालियर, मालवा और गोंडवाना पर विजय:** अकबर ने अपने विस्तार की नीति मध्य भारत से शुरू की। 1559-1560 ई. में मालवा की ओर बढ़ने से पहले उसने ग्वालियर पर कब्जा करने के लिए सेना भेजी। जैसा की हम पहले चर्चा कर चुके हैं कि 1561 ई. में **मालवा का शासक बाज बहादुर अधम खां से हारकर** बुरहानपुर भाग गया था। हालांकि आदम खां और उसके उत्तराधिकारियों की मूर्खतापूर्ण क्रूर कार्रवाई से मुगलों के विरुद्ध आक्रोश फैल गया, जिसकी वजह से बाज बहादुर दोबारा मालवा पर अधिकार जमाने में कामयाब हो सका। बैरम खां के

विद्रोह से निबटने के बाद अकबर ने मालवा में दोबारा सेना भेजी। बाज बहादुर के फिर से भागना पड़ा और उसने मेवाड़ के राणा के यहां शरण ली। बार-बार एक जगह से दूसरी जगह भागने के बाद अंतत: उसने अकबर के दरबार में आत्म-समर्पण कर दिया और मुगल मनसबदार बन गया। इस प्रकार मालवा मुगलों के अधीन आ गया।

- **गोंडवाना के साम्राज्य (गढ़-कटंगा)** में नर्मदा का तट और मध्य प्रदेश का उत्तरी भाग शामिल था। यहां गोंड और राजपूतों की प्रधानता था। यह मध्य भारत का स्वतंत्र राज्य था, जहां रानी दुर्गावती का शासन था। **रानी दुर्गावती महोबा के चंदेल राजकुमार** और **संग्राम शाह** के बेटे **दलपत शाह की** विधवा थी। 1564 ई. में **इलाहाबाद के मुगल प्रतिनिधि आसफ खान** ने रानी की सुंदरता और संपत्ति का बखान सुनकर गोंडवाना पर आक्रमण कर दिया। रानी ने **बहादुरी के साथ सामना** किया लेकिन **हार** गई। रानी ने **खुद को तलवार से काट कर आत्महत्या** कर ली और गोंडवाना मुगलों के अधीन आ गया। बाद में अकबर ने संग्राम शाह के छोटे बेटे **चंद्र शाह** को गोंडवाना लौटा दिया।

- **राजस्थान विजय:** ऐसा दिखाई पड़ता है कि, अकबर राजपूत सल्तनत के महत्व से पूरी तरह परिचित था और विशाल साम्राज्य स्थापित करने की अपने महत्वाकांक्षा में उसे अपना सहयोगी बनाना चाहता था। **जहां भी संभव** हुआ अकबर ने **राजपूत क्षेत्रों** को **जीतकर** उन्हें **मुगल राज्य की सेवा कार्यों में लगा** दिया। उसने **राजपूत शासकों के साथ विवाह संबंध** भी स्थापित किए। उदाहरण के लिए, आंबेर के राजा भारमल ने अपनी बड़ी बेटी जोधाबाई का विवाह अकबर से किया और राजा भारमल स्वयं, उनके बेटे भगवान दास और पोता मान सिंह मुगलों के महल में काम करने लगे। अकबर का सैन्य विजित क्षेत्र बहुत विशाल था।

- राजपूत क्षेत्र **मेड़ता** और **जोधपुर** बिना ज्यादा प्रतिरोध के अकबर के अधीन आ गए।
- **चित्तौड़ (मेवाड़) पर कब्जा:** राजपूत राज्यों पर विजय प्राप्त करने में सबसे बड़ा कदम चित्तौड़ को जीतना था। यह न केवल **मध्य राजस्थान तक पहुंचने का रास्ता** था बल्कि सभी से ऊपर **प्रतिरोध की राजपूत भावना का प्रतीक** था। 1568 ई. में छह महीने तक घिरे रहने के बाद सिपहसालारों की सलाह पर **राणा उदय सिंह** पहाड़ी इलाकों की ओर चले गए और किले का संरक्षण **प्रसिद्ध योद्धाओं जयमाल** और **फत्ता** को दे गए। युद्ध में बड़ी संख्या में राजपूत सैनिक मारे गए। मेवाड़ हालांकि पूरी तरह से मुगलों के नियंत्रण में नहीं रहा और लंबे समय तक यहां मुगलों का प्रतिरोध होता रहा। बाद में मेवाड़ के शासक **महाराणा प्रताप** ने मुगलों को सबसे बड़ी चुनौती दी और अकबर के सामने समर्पण नहीं किया। 1569 ई. में **हल्दी घाटी की** प्रसिद्ध **लड़ाई** में **राणा प्रताप** मुगल सेना से **हार गए। मुगल सेना** की **कमान मान सिंह के हाथ** में थी।
- मेवाड़ की हार के साथ ही अनेक राजपूत शासकों ने अकबर के आधिपत्य को स्वीकार कर लिया। चित्तौड़ के पतन के बाद **रणथंभौर** (1569 ई.) और **कालिंजर** पर आधिपत्य जमाया। 1570 ई. में **मारवाड़, बीकानेर** और **जैसलमेर** ने भी अकबर के आगे समर्पण कर दिया। इस प्रकार **1570 ई. तक अकबर** ने **पूरे राजस्थान** पर **कब्जा** जमा लिया।
- अकबर की **सबसे बड़ी सफलता** थी, पूरे राजस्थान के अधिग्रहण के बावजूद **राजपूतों और मुगलों के बीच कोई द्वेष नहीं** आना। अकबर ने अपनी **विशाल धार्मिक उदारता** की नीति को राजपूतों पर भी लागू किया। अकबर ने तीर्थयात्रियों (1563 ई.) पर से **कर समाप्त कर दिया** और बाद में **जजिया** कर **(1564 ई.)** भी **हटा दिया।** युद्धबंदियों के **जबरन धर्म परिवर्तन** पर भी उसने **प्रतिबंध लगा दिया।** यहां उल्लेखनीय है कि, अकबर की राजपूत नीति मुगलों और साथ ही साथ राजपूतों के लिए लाभदायक सिद्ध हुई। इस गठबंधन के कारण एक तरफ मुगल साम्राज्य को साहसी योद्धाओं का साथ प्राप्त हुआ, वहीं राजस्थान में भी शांति स्थापित हुई। बहुत-से राजपूत मनसबदारों को उनका अपना ही क्षेत्र **वतन जागीर** के रूप में प्राप्त हो गया, जो **वंशानुगत** और **गैर-हस्तांतरणीय** था। राजपूत मुगल दरबार में भी महत्वपूर्ण पदों पर पहुंचे।

- **गुजरात, बिहार और बंगाल विजय:** बहादुर शाह की मृत्यु के बाद से गुजरात में कोई खास गतिविधि नहीं थी। हालांकि दिल्ली के निकट असफल विद्रोह के बाद मिर्जाओं ने गुजरात में शरण ली थी। अकबर ऐसे संपन्न राज्य से शत्रुता के लिए तैयार नहीं था। 1572 ई. में अजमेर के रास्ते से अकबर अहमदाबाद पहुंचा और बिना किसी खास प्रतिरोध के उसने **गुजरात के शासक मुजफ्फर शाह को पराजित** कर दिया। **गुजरात विजय के उत्सव के तौर** पर **अकबर ने फतेहपुर सीकरी में बुलंद दरवाजा** बनवाया। सूरत में मजबूत किलों के सामने अकबर को कुछ विरोध सहना पड़ा लेकिन अंत में उसे भी जीतने में सफल रहा। कम समय में ही गुजरात की अधिकतर रियासतें अकबर के अधीन हो गईं। अकबर ने गुजरात को एक सूबे के रूप में व्यवस्थित किया और **मिर्जा अजीज कोका** को यहां की बागडोर सौंपकर राजधानी लौट गया। हालांकि इसके छह महीने के अंदर ही कई विद्रोही गुट इख्तियार-उल-मुल्क और **मुहम्मद हुसैन मिर्जा** के नेतृत्व में एक हो गए और मुगल साम्राज्य के विरुद्ध खड़े हो गए। मुगल प्रतिनिधि यहां पर राज्य के कई क्षेत्र विद्रोहियों से हार गया। यह खबर सुनते ही अकबर अपने कुछ ही सैनिकों को साथ लेकर आगरा से तेजी से कूच कर गया और मात्र 10 दिनों में अहमदाबाद पहुंच गया। उसने 1573 ई. में **विद्रोह को जल्दी से दबा दिया।** इसके बाद अकबर ने बंगाल की ओर अपना ध्यान केंद्रित किया।
    - **बिहार और बंगाल:** बिहार और बंगाल पर अफगानों ने प्रभुत्व जमा रखा था। उन्होंने ओडिशा तक अपना प्रभाव फैलाया और वहां के शासक को मार दिया। **अफगानों** के बीच आंतरिक कलह और नए शासक **दाऊद खान** द्वारा खुद को स्वतंत्र घोषित करने से अकबर को वह मौका मिल गया, जिसका उसे इंतजार था। 1574 ई. में अकबर ने **खान-ए-खाना मुनीम खां** के साथ बिहार का रुख किया और कुछ ही समय में हाजीपुर, पटना और गौड़ (बंगाल) को जीत लिया। दाऊद पर दबाव डाला गया कि वह शांति के लिए झुक जाए लेकिन उसने जल्द ही दोबारा विद्रोह कर दिया। 1576 ई. में वह पुन: हार गया और उसे मैदान-ए-जंग में ही मार दिया गया। इसी के साथ बंगाल का स्वतंत्र शासन समाप्त हो गया।
- **विद्रोही और मुगल शासन का आगे का विस्तार:** करीब 1580-1581 ई. में मुगल साम्राज्य के कुछ क्षेत्रों में संघर्ष शुरू हुए। खासतौर से बंगाल, बिहार, गुजरात और उत्तर-पश्चिम इलाकों में। **इस समस्या का मूल कारण अफगान** थे, जिन्हें जब तक पूरे मुगल साम्राज्य से बाहर नहीं कर दिया गया। इसके अलावा **जागीरों का सख्त प्रशासन**, दाग व्यवस्था या घोड़ों के चिन्हीकरण के नियम और सख्ती से आय का विवरण प्राप्त करना जैसी **अकबर की नीतियां** भी विद्रोह को कहीं-न-कहीं प्रेरित करती थीं। इसकी वजह से **असंतुष्टि फैली** और इस असंतुष्टि को आगे कई धार्मिक गुरुओं, जो अकबर की उदारता की नीति से खफा थे, ने हवा दी और उनके द्वारा प्राप्त की गई जमीन के बड़े राजस्व मुक्त अनुदान की नीति कभी-कभी अवैध होती थी।
    - स्थानीय पदाधिकारियों की खराब व्यवस्था के कारण बंगाल और बिहार का अधिकांश क्षेत्र विद्रोहियों के हाथों में चला गया। विद्रोह के अगवा मासूम खान काबुली, रोशन बेग, मिर्जा शफरुद्दीन और अरब बहादुर ने अकबर के काबुल में रह रहे भाई **मिर्जा हाकिम** को अपना राजा घोषित कर दिया। अकबर ने तत्काल **राजा टोडर मल** और **शेख फरीद बख्शी** के नेतृत्व में एक विशाल सेना भेजी। जल्द ही मुगल सेना ने बिहार, बंगाल और उसके निकटवर्ती क्षेत्रों के विद्रोह को सफलतापूर्वक कुचल दिया। लाहौर में मिर्जा हाकिम के आक्रमण से राजा **मान सिंह** और **भगवान दास** ने साहसिक बचाव किया। इसके बाद अकबर की सेना **1581 ई.** में **काबुल तक पहुंच** गई। अकबर इस शहर को जीतने वाला **भारत का पहला शासक** था। अकबर ने यहां का संरक्षण अपनी **बहन बख्तुनिसा बेगम को सौंपा।** बाद में **राजा मान सिंह को यहां प्रतिनिधि नियुक्त किया** और फिर **काबुल** उसे बतौर जागीर सौंप दी।
    - **पंजाब और उत्तर-पश्चिम क्षेत्र:** 1584 ई. में मुगलों के पैतृक शत्रु **अब्दुल्ला खां उज्बेक** ने बदख्शां को जीत लिया, जिस पर तैमूर राजकुमारों का शासन था और काबुल के लिए खतरा बन गया। अब मिर्जा हाकिम और तैमूर

राजकुमार जो बदख्शां पर अपना शासन खो चुके थे। उन्होंने अकबर से सहायता मांगी। अकबर ने तुरंत मान सिंह को सेना के साथ काबुल जाने का आदेश दिया और वह खुद सिंधु नदी के पास अत्तोक आ गया। उज्बेकों के सभी रास्ते बंद करने के लिए उसने एक **सैन्य दल कश्मीर** (1586 ई.) और **बलूचिस्तान भेजा।** इससे लद्दाख, बलूचिस्तान सहित पूरा कश्मीर (तिब्बत खुर्द और बुजर्ग इलाके भी) मुगल साम्राज्य के अधीन आ गया।

- खैबर दर्रे के रास्ते को खोलने के लिए भी सैन्य दल भेजा गया, जिसे रोशनाई के कबीलाई विद्रोहियों ने बंद कर दिया था। **रोशनाई** एक ऐसा समुदाय था, जिसके **अनुयायी काफी बड़ी संख्या** में थे। इसे समुदाय की स्थापना **पीर रोशनाई** नामक सैनिक ने की थी। उसका बेटा **जलाल** इस समुदाय का नेतृत्व कर रहा था। अकबर ने रोशनाइयों के विद्रोह को कुचलने की जिम्मेदारी **जेन खान** सहित **सैयद खान गाखर** और **राजा बीरबल** को सौंपी। इनमें से एक अभियान में अकबर के प्रिय **बीरबल की मृत्यु** हो गई। इसके बाद अकबर ने रोशनाइयों से निपटने की जिम्मेदारी **राजा टोडरमल** और **मान सिंह** को सौंपी। वे रोशनाइयों से समर्पण करवाने में सफल रहे।
- 1590 ई. में अकबर ने **खान-ए-खाना** को मुल्तान में अपना राज्य प्रतिनिधि नियुक्त किया। उसे **सिंध** के **आदिवासी बलूच समुदाय** को नियंत्रित करके पूरे क्षेत्र पर विजय प्राप्त करने की जिम्मेदारी सौंपी गई। अंततः 1595 ई. में पूरे उत्तर-पश्चिम क्षेत्र में मुगल साम्राज्य स्थापित हो गया। वास्तव में 1598 ई. तक अकबर लाहौर में रहा। जब अब्दुल्ला उज्बेक की मृत्यु हुई तो उज्बेकों का खतरा भी समाप्त हो गया। उत्तर-पश्चिम क्षेत्र को संगठित करना और साम्राज्य के सरहदों को तय करना अकबर के दो महत्वपूर्ण योगदान थे।
- **पूर्वी, पश्चिमी भारत और दक्कनः** उत्तर-पश्चिम में सभी मुद्दों को सुलझाने के बाद अकबर ने अपना ध्यान पूर्वी और पश्चिमी भारत के साथ ही दक्कन की ओर केंद्रित किया। 1592 ई. में मुगल मनसबदार **राजा मान सिंह** ने पूरे ओडिशा, कूच बिहार, ढाका सहित पूर्वी बंगाल का कुछ भाग मुगल साम्राज्य के अधीन कर दिया। अकबर के सौतेले भाई **मिर्जा अजीज कोका** ने पश्चिम में स्थित काठियावाड़ जिले को जीत लिया। 1591 ई. में अकबर ने दक्कन के लिए आक्रामक नीति अपनाई। उसने **राजकुमार मुराद** और **अब्दुल रहीम खान-खाना** के नेतृत्व में एक सैन्य दल अहमदनगर भेजा। 1595 ई. में मुगल सेनाओं ने अहमदनगर पर आक्रमण कर **चांद बीबी (मृतक सुल्तान की बहन)** को पराजित कर दिया। दोनों पक्षों के भारी नुकसान के बाद संधि हुई जिसके तहत चांद बीबी ने **बेरार मुगलों को सौंप** दिया। कुछ समय बाद चांद बीबी ने आदिल शाही और कुतुब शाही के साथ मिलकर बरार को वापस पाने के लिए आक्रमण किया। इससे मुगलों को काफी नुकसान हुआ लेकिन बरार अपना नियंत्रण में रखने में सफल रहे। इस बीच मुराद और अब्दुल रहीम खान खाना के बीच गंभीर मतभेद उभरे, जिससे मुगलों की स्थिति कमजोर हुई। अतः अकबर ने खान खाना को वापस बुला लिया और **अबुल फजल को दक्कन** में नियुक्त किया। 1598 ई. में राजकुमार मुराद की मृत्यु के बाद **राजकुमार दानियाल** और खान-ए-खाना को दक्कन में भेजा और अहमदनगर पर एक बार फिर से मुगलों का कब्जा हो गया। जल्द ही, मुगलों ने असीरगढ़ और उसके आसपास के क्षेत्रों को जीता, जिससे मुगलों और मराठों के बीच सीधे विवाद की स्थिति बनी।

- **1605 ई.** में अकबर की **पेचिश के कारण मृत्यु** हो गई और सिकंदरा में उसे दफन किया गया।
- **शेख अहमद सरहिंदी (सूफी संत)** अकबर को उसकी राजनीतिक नीतियों के कारण पसंद नहीं करता था।
- **कला और शिल्पः** अकबर के शासन काल में अनेक **देशज कलाओं** को **प्रोत्साहन** मिला। खासतौर पर महलों की आंतरिक बनावट में **बलुआ पत्थरों का प्रयोग, चाप का प्रयोग** (विशेषतः सज्जा के तौर पर) और **वृत्ताकार पद्धति** से बनाने का प्रचलन मुख्य रहा, जिसमें आंतरिक सजावटों में **चमकीले रंगों** का प्रयोग होता था। लाल रंग के पत्थरों से **आगरा किले** का निर्माण कराया। इसके अलावा लाहौर और इलाहाबाद के किले का भी निर्माण कराया।

- अकबर ने आगरा के पास **फतेहपुर सीकरी (विजय का शहर)** बसाया। यहां पर महल सह-किले का निर्माण कराया। इसके परिसर में **गुजराती** और **बंगाली पद्धति** के कई भवन बनवाए। इसमें सबसे भव्य भवन जामा मस्जिद और 176 फीट का **बुलंद दरवाजा (मुख्य मार्ग पर स्थित दरवाजा)** है। इसे **1572 ई. में अकबर की गुजरात में विजय की प्रतीक के तौर पर बनवाया** गया था। इसके अलावा फतेहपुर सीकरी में बना **जोधाबाई का महल** भी एक महत्वपूर्ण भवन है। पांच मंजिलों वाला पंच महल भी बनवाया, जिसे बौद्ध विहार बनाने की योजना थी। इसमें **दीवान-ए-खास, दीवान-ए-आम** और **शेख सलीम चिश्ती की दरगाह** स्थित है।

**चित्र 13.2** बुलंद दरवाजा, फतेहपुर सीकरी

**चित्र 13.3** पंचमहल, फतेहपुर सीकरी

- **सिकंदरा** (आगरा के निकट) में **अपना स्वयं का मकबरा** बनवाने की योजना बनाई, जिसे जहांगीर ने पूरा कराया।
- **वृंदावन** में **गोविंद देव का मंदिर** बनवाया।
- मन मंदिर के हिंदू बनावट के अनुरूप **आगरा किला** में **जहांगीरी महल** बनवाया।

**चित्र 13.4** आगरा किला

- अकबर ने **कई साहित्यिक** और **धार्मिक ग्रंथों** के चित्रण की अनुमति दी। *महाभारत* और *रामायण* के **फारसी संस्करणों** के **चित्र लघु रूप में तैयार** किए गए थे। युवराज जहांगीर के आदेश पर, निजामुद्दीन पानीपती ने 1597 में '*योग वशिष्ठ*[1]' का अनुवाद किया।
- अकबर ने कई कला शालाएं (आर्ट स्टूडियो) स्थापित किए, जिनमें कई अन्य भारतीय जातक कथाओं को लघुचित्रों के रूप में बनाया गया। **अकबर नामा** जैसे ऐतिहासिक काम मुगल चित्रकारी के मुख्य विषय थे। अकबर के काल का सबसे महत्वपूर्ण काम *हम्जनामा* है, जिसमें 1200 चित्र हैं।
- उसने **शाही कारखानों** में **चित्रकारी** करवाई और **चित्रकारी की यूरोपीय शैली शुरू की। मयूर नीला, भारतीय लाल** जैसे भारतीय रंगों का इस्तेमाल शुरू हुआ। वह अपने दरबार में देश के विभिन्न हिस्सों से बड़ी संख्या में चित्रकारों को बुलाता था। इस काम में हिंदू और मुस्लिम दोनों भाग लेते थे। मीर सईद अली, अब्दुल समद, फारूख बेग, भुसरऊ कुली, मिस्कीना, जमशेद **बसावन** और **दसवंत** (चित्रित **फारसी** *महाभारत* **रजीम नमाह**) जैसे प्रमुख चित्रकार थे।

[1] मूल रूप से वाल्मिकी द्वारा संस्कृत में लिखी गई *योग वशिष्ठ*, ऋषि वशिष्ठ द्वारा एक युवा राजकुमार राम को दिए गए प्रवचन का वर्णन करती है, जब राम उदास थे। मुगलों के दौरान, इस पुस्तक का अकबर, जहांगीर और दारा शिकोह के शासनकाल में कई बार फारसी में अनुवाद किया गया था। फारसी अनुवाद लोकप्रिय रूप से '*जुग वशिष्ठ*' के नाम से जाना जाता है।

- अकबर के समय में पूरे मुगल साम्राज्य में फारसी भाषा फैल चुकी थी। अबु फजल और उनके भाई अबुल फैजी के अलावा **अब्दुल कादिर बदायूंनी** (जिन्होंने *किताब-उल-तवारिख* लिखी), **ख्वाजा निजामुद्दीन अहमद** (जिन्होंने **तबकात-ए-अकबरी तारीख अल्फी** लिखी), मुनतखब उल-अकबरी, **उत्बी** और **नजीरी** (प्रख्यात फारसी कवि) अकबर के दरबार में रहते थे। अकबर के समय हिंदी कवि मुगल दरबार से संबद्ध थे। सबसे प्रभावशाली हिंदी कवि **तुलसीदास** थे, जिन्होंने *रामायण* के हिंदी संस्करण *रामचरितमानस* की रचना की।

| वर्ष | राज्य अनुलग्नित/महत्वपूर्ण घटनाएं |
|---|---|
| 1556 ई. | पानीपत की दूसरी लड़ाई |
| 1560 ई. | ग्वालियर के खिलाफ अभियान |
| 1561 ई. | मालवा के खिलाफ अभियान |
| 1563 ई. | तीर्थ यात्रा कर को समाप्त किया |
| 1564 ई. | जजिया कर को समाप्त किया। गोंडवाना के खिलाफ अभियान। |
| 1568 ई. | चित्तौड़ के खिलाफ अभियान |
| 1569 ई. | रणथम्भौर के खिलाफ अभियान |
| 1570 ई. | मारवाड़, बीकानेर और जैसलमेर के खिलाफ अभियान |
| 1571 ई. | आगरा से फतेहपुर सीकरी स्थान परिवर्तन |
| 1572 ई. | गुजरात के खिलाफ अभियान। गुजरात पर विजय स्वरूप में फतेहपुर सीकरी में बुलंद दरवाजा का निर्माण |
| 1574 ई. | बिहार और बंगाल के खिलाफ अभियान |
| 1576 ई. | हल्दी घाटी की लड़ाई |
| 1579 ई. | अचूकता का हुक्मनामा (अपने स्वयं के नाम पर फल्जी द्वारा लिखे खुत्बे को पढ़ना) |
| 1581 ई. | काबुल के खिलाफ अभियान |
| 1583 ई. | खास दिवसों पर जानवरों की हत्या पर रोक |
| 1585 ई. | अकबर के दरबार में पहला अंग्रेज राफेल फिच आया। अकबर ने राजधानी लाहौर स्थानांतरित की। |
| 1586 ई. | कश्मीर और बलूचिस्तान के खिलाफ अभियान |
| 1591 ई. | सिंध के खिलाफ अभियान |
| 1592 ई. | ओडिशा के खिलाफ अभियान |
| 1595 ई. | कंधार के खिलाफ अभियान |
| 1593-1601 ई. | दक्कन (अहमदनगर और खानदेश) के खिलाफ अभियान |
| 1601 ई. | असीरगढ़ के खिलाफ अकबर का अंतिम अभियान इलाहाबाद में सलीम का विद्रोह |
| 1605 ई. | अकबर का निधन |

दिलचस्प है कि अकबर (1556-1605 ई.) के कुछ समकालीन इंग्लैंड की एलिजाबेथ, शेक्सपीयर, फ्रांस के हैनरी चतुर्थ, बॉर बोन राजवंश का प्रथम शासक और सफाविद राजवंश का सबसे शक्तिशाली शासक ईरान के अब्बास महान थे।

# अकबर के अधीन प्रशासनिक व्यवस्था

## सरकार की व्यवस्था

मुगलों ने **सल्तनत** और **शेरशाह सूरी** की कई **प्रशासनिक व्यवस्थाएं बरकरार** रखीं। प्रशासन **अत्यधिक केंद्रीकृत** था और साम्राज्य के इलाके **जागीर, खालिसा (आय सीधे शाही खजाने में जाना)** और **ईनाम (शिक्षित और धार्मिक व्यक्तियों** को जमीन का हक)

## केंद्रीय प्रशासन

| केंद्रीय प्रशासन | |
|---|---|
| (i) **सम्राट** | सम्राट **प्रशासन का प्रधान** होता था और सेना एवं न्यायिक शक्तियों पर नियंत्रण रखता था। मुगल प्रशासन के सभी अधिकारी सम्राट के अधीन ही अपनी शक्ति और पद रखते थे। सम्राट के पास अधिकारियों की नियुक्ति, प्रोन्नति और बर्खास्तगी का अधिकार होता था। |
| (ii) **वजीर** | (a) **मुगलों के अधीन वजीर** की **स्थिति** को **पुनर्जीवित** किया गया था, जिसके तहत विभिन्न विभागों के प्रमुख काम करते थे। वजीर शासक और प्रशासन के बीच का **मुख्य सेतु** होता था।<br>(b) बाबर और हुमायूं के वजीर ने महान सत्ता का आनंद लिया। उस समय ने, जिस दौरान **बैरम खान** (1556-1560 ई.) अकबर का राज्य संरक्षक था, असीमित शक्तियों के साथ वकील-वजीर का उदय देखा।<br>(c) **अकबर** ने विभिन्न विभागों की शक्तियों के विभाजन, नियंत्रण और संतुलन के आधार पर प्रशासन के केंद्रीय तंत्र का **पुनर्गठन** किया। वजीरों की शक्तियों को खत्म करने के अपने दृढ़ संकल्प के तहत उन्होंने वजीरों से वित्तीय शक्ति ले ली, वजीर की शक्ति के लिए एक बड़ा झटका था, जबकि वकील के पद को समाप्त नहीं किया गया था। इसकी सभी शक्तियों को छीन लिया गया और यह बड़े पैमाने पर सजावटी पद बन गया। इस पद को समय-समय पर महत्वपूर्ण भद्र जनों को दिया गया, लेकिन प्रशासन में उन्होंने बहुत कम भूमिका निभाई। इस प्रकार, **राजस्व विभाग का प्रमुख वजीर** के रूप में काम करता रहा, लेकिन वह **लंबे समय तक शासक के प्रधान सलाहकार** नहीं थे लेकिन राजस्व मामलों के विशेषज्ञ होने के नाते उन्हें **दीवान** या **दीवान-ए-आला** की पद्वी दी गई थी।<br>(d) दीवान सभी विभागों में सभी लेन-देन और भुगतान का निरीक्षण एवं प्रांतीय दीवानों की निगरानी करते थे। |
| (iii) **मीर बख्शी** | (a) **सैन्य प्रशासन** का **प्रमुख** मीर बख्शी होते थे, जिन्हें **भद्र जनों** का **प्रमुख** माना जाता था।<br>(b) सम्राट मनसबदारों की नियुक्ति या पदोन्नति मीर बख्शी की सिफारिश के बाद ही करते थे। एक बार सम्राट ने सिफारिश स्वीकार कर ली तो इसे पुष्टि और नियुक्ति किए गए व्यक्ति को जागीर सौंपने के लिए दीवान के पास भेजा जाता था।<br>(c) मीर बख्शी राज्य के **खुफिया** और **सूचना एजेंसियों का प्रमुख** भी होता था। **बरीद (खुफिया अधिकारी)** और **वाक्या-नवीस (न्यूज रिपोर्टरों)** को राज्य के सभी भागों में तैनात किया गया था। उनकी रिपोर्ट मीर बख्शी के माध्यम से सम्राट के दरबार में पेश की जाती थी। वह स्वीकृत सशस्त्र दल और युद्ध के सामानों के उचित रखरखाव पर मनसबदारों के माध्यम से निगरानी रखते थे। |

| केंद्रीय प्रशासन | |
|---|---|
| (iv) **मीर समान** | (a) मीर समन **शाही परिवार** और **शाही कारखानों** के **प्रभारी अधिकारी** होते थे। वह सभी प्रकार की खरीदारी, उपयोग की विभिन्न वस्तुओं के निर्माण और शाही परिवार के लिए उनके भंडारण के जिम्मेदार होते थे। सिर्फ सिपहसलाहकार, जिन्होंने सम्राट का पूरा विश्वास हासिल किया होता है वही इन कार्यालयों में नियुक्त किए जाते थे।<br>(b) **अदालत में शिष्टाचार को बनाए रखना, शाही अंगरक्षकों पर नियंत्रण** आदि सभी इनकी देखरेख में होता था। |
| (v) **मुख्य काजी/ सद्र-उस सुदूर** | (a) **न्यायिक विभाग** का अध्यक्ष प्रमुख काजी होता था। इस पद को कभी-कभार **सद्र-उस सुदूर** (मुख्य सदर) के साथ संलग्न कर दिया जाता था। यह **ईसाई धर्म संबंधी विभाग का भी प्रमुख** होता था।<br>(b) इसका मुख्य कर्त्तव्य **शरीयत के कानूनों की रक्षा** करना होता था यह और **धर्मार्थ** और **धार्मिक बंदोबस्त का भी जिम्मेदार** होता था।<br>(c) दिलचस्प है, अकबर के शासनकाल में प्रमुख काजी अब्दुन नबी पर भ्रष्टाचार का आरोप लगा था। हालांकि 1580 ई. में **महजर** के प्रचार पर कड़ी बंदिश लगा दी गई थी, क्योंकि महजर के अनुसार **अकबर का विचार धार्मिक विद्वानों के बीच परस्पर विरोधी विचारों के मामले में प्रबल होना था।** बाद में, राजस्व मुक्त अनुदान के लिए भी सदर के अधिकार पर कई बंदिशें लगाई गई। **ईनाम अनुदान** की दो आश्चर्यजनक विशेषताएं थीं:<br>(i) **अकबर** ने **सभी लोगों** को उनके **धार्मिक विश्वास एवं मान्यताओं से इतर** ईनाम जमीन **दी**। दरअसल अकबर द्वारा बनाई गई हिंदू गणितों को अनुदान की सुरक्षा संरक्षित थी।<br>(ii) अकबर ने नियम बना रखा था **ईनाम जमीन का आधा हिस्सा खेती योग्य बंजर भूमि** होनी चाहिए। इसलिए ईनाम धारक खेती के प्रति प्रोत्साहित होते थे। |
| (vi) **मुहतासिब** | **सार्वजनिक नैतिकता के सेंसर** को **नैतिकता ने नियमों** के सामान्य पालन सुनिश्चित करने के लिए नियुक्त किया गया। वह **वजन और माप की जांच** कर **उचित मूल्य का निर्धारण** आदि करते थे। यहां यह जानना मुनासिब होगा कि राज दरबारी बनने के दरवाजे सभी के लिए खुले थे। |

चाहे वह तुर्क, अफगान, फारसी, हिंदुस्तानी या शेखजादा (भारतीय मुस्लिम) हों या हिंदू राजपूत। **मुगल रईसों के अत्यधिक उच्च वेतन** के कारण हिंदुस्तान में प्रतिभाओं का आगमन भी हुआ। विदेश के कई प्रतिभाशाली लोगों को हिंदुस्तान के मुगल दरबार ने आकर्षित किया।

## प्रांतीय शासन

मुगल साम्राज्य को अकबर ने 12 **सूबों** या **प्रांतों** में बांट रखा था। यह इलाहाबाद, आगरा, अवध, अजमेर, अहमदाबाद, बिहार, बंगाल, दिल्ली, काबुल, लाहौर, मालवा और मुल्तान थे। बाद में अहमदनगर, बेरार और खानदेश को इसमें सम्मिलित किया। मुगल साम्राज्य के विस्तार के साथ ही प्रांतों की संख्या बढ़ कर 20 हो गई। साम्राज्य का विभाजन इस प्रकार था:

- *सूबा* **( प्रांत )** → *सूबेदार* (गवर्नर)
- *सरकार* **( जिला )** → *फौजदार* **( कानून एवं व्यवस्था )** और *अमलगुजार* **( भू-राजस्व का आंकलन और संग्रह )**
- *परगना* **( उप-जिला )** → *शिकदर* **( अधिशासी अधिकारी )**
- **गांव** → *मुकद्दम* **( ग्राम प्रधान )**

| प्रांतीय प्रशासन | |
|---|---|
| 1. **सूबा** | (a) प्रत्येक सूबा एक **सूबेदार ( प्रांतीय प्रतिनिधि )** के अधीन होता था, जिसे सम्राट सीधे नियुक्त करता था।<br>(b) सूबेदार **प्रांत का मुखिया** होता था और सामान्यत: कानून और व्यवस्था की देखरेख की जिम्मेदारी उसके पास होती थी। उसे कृषि, व्यापार और वाणिज्य को बढ़ावा देना और राज्य के राजस्व को बढ़ाने के उपाय करने होते थे। वह विद्रोह को कुचलता था और अभियान के लिए सेना भी भेजता था।<br>(c) सूबे में राजस्व विभाग को प्रमुख **दीवान** होता था। वह सम्राट द्वारा नियुक्त किया जाता था और वह एक स्वतंत्र अधिकारी होता था। वह सूबे में राजस्व संग्रह की निगरानी और सभी व्यय के खातों को संभालता था। उससे खेती योग्य जमीन में विस्तार करने की उम्मीद होती थी। कई मामलों में, उसके कार्यालय के माध्यम से किसानों को तक्कावी (अग्रिम ऋण) दिया गया था।<br>(d) प्रांत में बक्शी वही काम करते थे, जो केंद्र में मीर बक्शी करते थे। उसकी नियुक्ति मीर बक्शी की सिफारिश पर शाही दरबार करता था। उसके पास घोड़ों और सैनिकों की जांच और निरीक्षण की जिम्मेदारी होती थी, जिसका अनुरक्षण सूबे का मनसबदार करता था। वह मनसबदार और सैनिकों दोनों के बिलों का भुगतान करता था। अक्सर, उसका कार्यालय **वाकिया-नवीस** के साथ जुड़ जाता था, जिसका काम प्रांत की घटनाओं के बारे में केंद्र को सूचित करना होता था।<br>(e) प्रांतीय स्तर पर केंद्रीय सदर का प्रतिनिधि **सदर** कहलाता था। वह उन लोगों के कल्याण के लिए जिम्मेदार होता था, जो धार्मिक गतिविधियों और शिक्षण कायरे में लगे होते थे। वह न्याय विभाग की देख-रेख और काजियों के कायरे के निरीक्षण का अधिकार रखता था।<br>(f) वहां कुछ अन्य अधिकारी भी होते थे, जिन्हें प्रांतीय स्तर पर नियुक्त किया जाता था। **दारोगा-ए-डाक** के पास **संचार तंत्र** को **बनाए रखने** की जिम्मेदारी होती थी। वह **मेरवारों ( संदेश वाहक )** के माध्यम से पत्रों को दरबार तक भेजता था। |
| 2. **सरकार** | (a) सरकार के स्तर पर, **फौजदार** और **अमलगुजार** दो अहम् पदाधिकारी होते थे।<br>(i) फौजदार का प्राथमिक कर्त्तव्य **कानून और व्यवस्था को बनाए रखना** और अपने अधिकार क्षेत्र के निवासियों के जीवन और संपत्ति को सुरक्षा प्रदान करना होता था। उन्हें जब कभी सेना को जरूरत हो, राजस्व का समय पर संग्रह करने में मदद करना होता था।<br>(ii) अमलगुजार या आमील **राजस्व समाहर्ता** होते थे। उनका काम राजस्व संग्रह का आंकलन और निगरानी करना था। उन्हें खेती योग्य भूमि बढ़ाने और किसानों को अपनी इच्छा से राजस्व देने के लिए प्रेरित करना होता था। वह सभी खातों को संभालता था और दैनिक खर्चे एवं पावती को प्रांतीय दीवान के पास भेजता था।<br>(b) यह ध्यान रखा जाना चाहिए कि **फौजदारी** एक **प्रशासनिक विभाग** होता था, जहां **सरकार के क्षेत्रीय और राजस्व विभाग** होते थे। |

| प्रांतीय प्रशासन | |
|---|---|
| 3. परगना | परगना स्तर पर, **शिकदर कार्यकारी अधिकारी** होता था। वह राजस्व संग्रह के काम में आमील की मदद करता था। **कानूनगो** परगना में **भूमि के** सभी **रिकॉर्ड** रखते थे। **कोतवाल** शाही सरकार द्वारा मुख्य रूप से शहरों में नियुक्त किए जाते थे और **कानून एवं व्यवस्था के प्रभारी** होते थे। |
| 4. गांव | **मुकद्दम** गांव का मुखिया होता था और **पटवारी** गांव के राजस्व दस्तावेज की देख-रेख करता था। जमींदारों की सेवाओं का उपयोग उनके क्षेत्र में कानून एवं व्यवस्था के अनुरक्षण और साथ ही साथ राजस्व संग्रह के लिए किया जाता था। |

किले की देख-रेख के लिए एक अधिकारी होता था, जिसे **किलादार** कहते थे। वह किले और जागीर के कुछ क्षेत्र, जो उसे सौंपे जाते थे, के सामान्य प्रशासन का प्रभारी होता था।

प्रांतीय प्राधिकरण में बंदरगाह प्रशासन स्वतंत्र होता था। **बंदरगाह** का **नियंत्रक मुसद्दी** कहलाता था, जिसे सम्राट सीधे नियुक्त करता था। मुसद्दी व्यापारिक माल पर कर लेता था और सीमा शुल्क गृह रखता था। वह बंदरगाह पर टकसाल गृह की निगरानी भी करता था।

## भू-राजस्व प्रशासन

अकबर द्वारा अपनाई गई भू-राजस्व व्यवस्था काफी हद तक शेरशाह की व्यवस्था पर आधारित थी, लेकिन आंशिक बदलाव के साथ, जिसे **जब्ती** या **बंदोबस्त प्रणाली** कहा गया। इससें बाद में **राजा टोडरमल** ने सुधार किया। इस प्रणाली के तहत टोडरमल ने **भूमि मापन की एकरूप पद्धति, जमीन का वर्गीकरण** और दरों का निर्धारण शुरू किया। **राजस्व औसत उत्पाद का एक-तिहाई** होता था और ज्यादातर नकद भुगतान लिया जाता था। 1580 ई. में अकबर ने **दहसाला व्यवस्था** शुरू की, जिसके तहत राजस्व का निर्धारण **पिछले दस वर्षों** (दह साल) में **जमीन की औसत उपज** के आधार पर तय किया गया। बाद में, एक और सुधार किया गया क्योंकि न केवल स्थानीय कीमतों को ध्यान में रखा गया था बल्कि परगनाओं की एक प्रकार की उत्पादकता को अलग-अलग निर्धारण समूह में बांटा गया था। अकबर के नेतृत्व में कई अन्य मूल्यांकन पद्धतियों का भी पालन किया गया। सबसे आम और शायद सबसे पुराना, जिसे **बताइस या गल्ला-बक्शी** कहा गया, था, जिसमें **किसानों** और **राज्य के बीच उत्पाद का निश्चित अनुपात में विभाजन** किया जाता था। एक अन्य व्यवस्था **नस्ल या कनकुत** थी, जिसके तहत फसल का निरीक्षण और **पूरे गांव** द्वारा किए गए **पिछले भुगतान के आधार** पर एक **मोटा मूल्यांकन** किया जाता था।

जमीन को चार श्रेणियों में बांटा गया था:

(a) *पोलज* **(हर साल खेती की जाती थी)**

(b) *परती* **(दो साल में एक बार):** परती भूमि का पूरे पोलज दर पर भुगतान किया जाता था, जब उस पर खेती की जाती थी।

(c) *चाचर* **(तीन या चार साल में एक बार)**

(d) *बंजर* **(पांच या अधिक वर्षों में एक बार)**

दोनों चाचर और बंजर का रियायती दरों पर मूल्यांकन किया जाता था। अधिकारी जिन्हें करोड़ी कहा जाता था, पूरे भारत में नियुक्त किए गए थे, जिन पर **एक कोटि दम** (रुपये 2,50,000) **के संग्रह की जिम्मेदारी** होती थी और **कानूनगो (भूमि अभिलेखों का रिकॉर्ड रखने वाले स्थानीय पैतृक अधिकारी)** द्वारा दिए गए तथ्यों और आंकड़ों की भी जांच करनी होती

थी। अकबर खेती के सुधार और विस्तार में गहरी रुचि रखते थे। उन्होंने आमील (राजस्व अधिकारी) से किसानों से एक पिता की तरह व्यवहार करने को कहा और जरूरत के समय किसानों को बीज, औजारों, मवेशियों आदि के लिए **अग्रिम ताकाबी ऋण** देने और आसान किश्तों में पुनर्प्राप्त करने को कहा।

17वीं शताब्दी के दौरान दो नई फसल तंबाकू और मक्का को जोड़ा गया। आलू और लाल मिर्च बाद में 18वीं शताब्दी में आया। लेकिन, इस अवधि में कोई नई कृषि तकनीक नहीं पेश की गई। **जिन किसानों ने जमीन जोतने के लिए ली** थी, उन्हें **खुदकाश्त** कहा जाता था। वह रिवाजी दरों पर भू-राजस्व का भुगतान करते थे।

## मनसबदारी व्यवस्था

अकबर ने अपने प्रशासन सें मनसबदारी व्यवस्था की शुरुआत की। इस व्यवस्था के तहत, प्रत्येक अधिकारी **(मनसबदार)** को एक ओहदा **(मनसब)** सौंपा गया। सबसे कम ओहदा 10 का था और सबसे ऊंचा ओहदा 5000 राजा के पदाधिकारियों के लिए था। शाही घराने के राजकुमार सबसे ऊंचा ओहदा लेते थे। उदाहरण के लिए, राजा मान सिंह और मिर्जा अजीज कोका को 7000 के ओहदे के साथ सम्मानित किया गया था। मनसब ओहदा आनुवंशिक नहीं था। सभी नियुक्ति और पदोन्नति के साथ-साथ बर्खास्तगी सीधे सम्राट के द्वारा होती थी।

ओहदों को आगे दो भागों में विभाजित किया गया-**जात** और **सवार। जात** का मतलब व्यक्तिगत। जात प्रशासन पदानुक्रम में किसी व्यक्ति की **व्यक्तिगत स्थिति** तय करने के अलावा उसके **वेतन का निर्धारण** भी स्वयं करता था। **सवार** के पास **घुड़सवार फौजियों** (सवार) को **आवश्यक संख्या** में बनाए रखने की जिम्मेदारी होती थी। प्रत्येक मनसब (ओहदा) में आगे तीन श्रेणियां थीं:

(a) **प्रथम श्रेणी:** एक व्यक्ति, जिसे **जात के रूप में अधिक-से-अधिक सवार** की जरूरत होती थी। उदाहरण के लिए, पहली श्रेणी में जात और सवार दोनों ओहदे समान (7000/7000) होते थे।

(b) **द्वितीय श्रेणी:** यदि व्यक्ति **अपने जात ओहदे में आधे या अधिक सवार बनाए रखता** है। उदाहरण के लिए, दूसरी श्रेणी में सवार ओहदा जात से नीचे था, लेकिन आधे या पचास प्रतिशत (7000/4000) पर ठहर गया।

(c) **तृतीय श्रेणी:** यदि व्यक्ति **अपने जात ओहदे में आधे से कम सवार** रखे। उदाहरण के लिए, तीसरी श्रेणी में सवार ओहदा जात ओहदे से पचास प्रतिशत कम (7000/3000) था।

इस प्रकार, **सवार ओहदा जात के बराबर या कम** था। यहां तक कि **सवार ओहदा बड़ा था। आधिकारिक पदानुक्रम में मनसबदार का कद प्रभावित नहीं होता था।** यह जात द्वारा तय किया जाता था। उदाहरण के लिए, 4000 जात और 2000 सवार के साथ एक मनसबदार का कद 3000 जात और 3000 सवार वाले मनसबदार ने ऊंचा होता था। इसके अलावा, अलग-अलग ओहदे वाले व्यक्तियों के लिए अलग-अलग शब्दावली का इस्तेमाल किया जाता था। उदाहरण के लिए, **500 जात रखने वाले** व्यक्ति को **मनसबदार** कहा जाता था और **500 से 2500** तक के मनसबदारों को **अमीर** कहा जाता था। **2500 और उससे ऊपर पद** रखने वालों को **अमीर-ए-उमरा** या **उम्दा-ए-आजम** कहा जाता था। दिलचस्प है कि एक अमीर या एक अमीर-ए-उमरा के पास एक और अमीर या मनसबदार हो सकता है, लेकिन ऐसा नहीं कि वह एक मनसबदार हो।

**चेहरा (प्रत्येक सैनिक की वर्णनात्मक नामावली)** और **दाग व्यवस्था (घोड़ों को दागना)** का पालन किया जाता था। हर सिपहसलार को अपने दस्ते को **सामयिक निरीक्षण** के लिए उस व्यक्ति के सामने लाना पड़ता था, जिसे इस काम के लिए सम्राट नियुक्त करता था। आम तौर पर **10-20 नियम** का पालन किया जाता था, जिसका मतलब था कि **हर 10 घुड़सवार फौजियों** के **मनसबदार को 20 घोड़ों की व्यवस्था रखनी होती थी।** दिलचस्प है कि, केवल एक घोड़े के साथ एक सवार को सिर्फ आधा सवार माना जाता था।

जनजातीयता और स्थानीयता की शक्तियों को कमजोर करने के लिए **सिपहसालारों के मिश्रित दस्ते** में मुगल, पठान, हिंदुस्तानी और राजपूत **सभी समूहों** को रखने पर पर्याप्त सावधानी बरती जाती थी। दस्ते में घुड़सवार फौजियों, धनुर्धारियों, सिपाही, रेजिमेंट इंजीनियर और खनिकों की भी भर्ती होती थी। किलों को तोड़ने के लिए बंदूकें और घेराबंदी तोपों की व्यवस्था रखी जाती थी। सैनिकों की वजह से वेतन मनसबदार के व्यक्तिगत वेतन में जोड़ दिया जाता था, जिसे उन्हें जागीर और कभी-कभी नकद देकर भुगतान किया जाता था। मनसबदारों को भारी भुगतान होता था। दरअसल, मुगल **मनसबदारों ने दुनिया में सबसे ऊंचे भुगतान वाली सेवा का गठन किया था।** अपने निजी खर्चे को पूरा करने के अतिरिक्त मनसबदार घोड़ों, हाथियों, ऊंटों, खच्चरों और घोड़ा गाड़ियों का निर्धारित कोटा रखते थे। हालांकि, बाद में यह केंद्र से निर्धारित होने लगा, लेकिन मनसबदारों को अपने वेतन से अलग इनका भुगतान करना पड़ता था। मुगलों में सिर्फ एक कमी कि उनके पास **मजबूत** और **प्रभावी नौसेना** का **अभाव** था।

## जागीरदारी व्यवस्था

सल्तनत काल का इक्ता मुगलों के अधीन संशोधित रूप में जागीर बन गया। जागीरदारी व्यवस्था मनसबदारी व्यवस्था का आतंरिक हिस्सा होता था, जिसमें **पदाधिकारियों को** राज्य में दी गई उनकी सेवा के लिए किसी **खास क्षेत्र का राजस्व सौंपा जाता था।** जागीर के कामकाज के जरिए भुगतान करने के मामले में केंद्रीय **दीवान** का कार्यालय उन **परगनाओं** की पहचान करता था, जिनका **जमा** मनसबदार के वेतन के बराबर होता था। यदि दर्ज जमा संपत्तिभागी के तय वेतन से ज्यादा होता तो उसे शेष राशि केंद्रीय राजकोष में जमा करनी होती थी। दूसरी ओर, यदि यह तय वेतन से कम होता था तो बाकी राशि का भुगतान खजाने से किया जाता था। कई प्रकार की जागीर हुआ करती थी:

| जागीरों के विभिन्न प्रकार | |
|---|---|
| (a) *तनखा जागीर* | जो **वेतन के एवज में दी** जाती थी और वह हर तीन से चार साल में **हस्तांतरणीय** होती थी। |
| (b) *मशरत जागीर* | जो **कुछ शर्तों पर** दी जाती थी। |
| (c) *वतन जागीर* | जिन्हें **जमींदार** या **राजा को उनके स्थानीय प्रभुत्व पर दी जाती थीं**। वतन जागीर वंशानुगत और गैर-हस्तांतरणीय होती थीं। जब एक जमींदार को एक मनसबदार बना दिया जाता था तो उसे वतन जागीर के अलावा दूसरी जगह पर तनखा जागीर दी जाती थी, यदि उसके ओहदे का वेतन उसकी वतन जागीर से होने वाली आय से अधिक है तो। |
| (d) *अलतमगा जागीर* | जो **पदाधिकारियों को उनके गृह शहर** या **जन्म स्थल** पर दी जाती थी। |

जागीरदारों के साथ, **जमींदार** होते थे, वे जिनके पास **खेत की उपज पर वंशानुगत अधिकार** होता था और वे किसानों से उपज पर अपने हिस्से का सीधा दावा करते थे। यह दावा देश के मुख्तलिफ हिस्सों में 10 से 25 प्रतिशत तक होता था। जमींदार **राज्य** और **जागीरदार** को **भू-राजस्व एकत्र** करने में मदद भी करते थे। उनके **पास उनके अपने सशस्त्र बल** होते थे और आमतौर पर वे किला या गृह में रहते थे, जो शरणस्थली और प्रतिष्ठा के प्रतीक दोनों होते थे। यह ध्यान देने योग्य है कि जमींदार अपनी जमींदारी से जुड़ी सभी जमीनों का मालिक नहीं होता था। वास्तव में, किसान को उसकी जोती हुई जमीन से जब तक वह भू-राजस्व दे रहा है, वंचित नहीं किया जा सकता था। इस प्रकार जमींदारों और किसानों का अपनी जमीन पर वंशानुगत अधिकार था। यह जानना भी आवश्यक है कि कर एकत्रित करने के कार्य के अलावा जमींदारों को सैन्य सेवाएं भी देनी पड़ती थी और खिदमत के तौर पर आवश्यकता पड़ने पर शाही सेना में सैनिकों की भर्ती करनी पड़ती थी और शाही दरबार में उपहार भी देने पड़ते थे।

## धार्मिक नीति

अकबर अपनी धार्मिक नीति के कारण इतिहास के पन्नों में ख्याति प्राप्त कर चुका था। उसके धार्मिक विचारों के लिए **कई कारक** जिम्मेदार थे। उनमें से सबसे महत्वपूर्ण बचपन में **सूफी संतों** के साथ उसका संपर्क, **उसके शिक्षक अब्दुल लतीफ की शिक्षा, राजपूत कन्या से** उसका विवाह, शेख मुबारक और उसके **दो प्रसिद्ध पुत्रों-अबुल फैजी** और **अबुल फजल** जैसे **बौद्धिक दिग्गज का साथ** और उसका हिंदुस्तान में साम्राज्य स्थापित करने की अभिलाषा थी।

अपने जीवन की शुरुआत में अकबर एक धर्मपरायण मुसलमान था। वह **अजमेर** के **शेख मोइनुद्दीन चिश्ती की दरगाह** में नियमित रूप से जाता था। बाद में वह संशयी मुस्लिम हो गया। आमेर की राजकुमारी जोधाबाई से शादी करने के तुरंत बाद उसने **तीर्थयात्री कर खत्म कर दिया** और **1562 ई.** में उसने **जजिया हटा दिया।** उसने अपनी हिंदू पत्नियों को अपने देवी-देवताओं की पूजा करने की इजाजत दी। 1575 ई. में उसने अपनी नई राजधानी **फतेहपुर सीकरी** में **इबाबत खाना (प्रार्थना सभागार)** बनवाया, जहां अकबर हिंदू, जैन, ईसाई और पारसी **धर्म के प्रख्यात विद्वानों** को बुलाता था और उनसे **धार्मिक चर्चाएं** करता था। कुछ विद्वान थे:

- **पुरुषोत्तम दास-हिंदू**
- **दस्तूर मेहर जी राणा-पारसी** (नवसारी के)
- **हरिविजय सूरी**-काठियावाड़ के **जैन** संत
- **एकाबीवा** और **मोंसेरात-ईसाई** (अकबर के आग्रह पर पुर्तगालियों द्वारा भेजे गए)

वह राजनीतिक मामलों में मुस्लिम उलेमाओं के दखल को नापसंद करता था। 1579 ई. में उसने **'अमोघता हुक्मनामा'** जारी किया, जिसके द्वारा उसने अपनी धार्मिक शक्तियों पर जोर दिया।

1582 ई. में उसने *दीन-ए-इलाही/तौहिन्द-ए-इलाही* **(दिव्य अद्वैतवाद)** नाम से एक नए धर्म की घोषणा की, जो एक ईर और *सुलह-ए-कुल*/**सभी के लिए शांति** में विश्वास करता है। इसमें **सभी धर्मों की अच्छी बातें** थीं और मूल बातें तर्कसंगत थीं। हालांकि, उसका नया धर्म विफल साबित हुआ और उसकी मौत के बाद यह फुस्स हो गया। यहां तक कि उसके अपने जीवन काल में इसके केवल **बीरबल, अबुल फजल** और **अबुल फैजी** जैसे कुछ ही **अनुयायी** हुए थे।

## अकबर के नवरत्न

अकबर **अशिक्षित होने** के बावजूद, कलाकारों एवं बुद्धिजीवियों के एक महान प्रेमी था। ज्ञान के प्रति उसका जुनून और विद्वानों से सीखने की रुचि ने प्रतिभाशाली लोगों को उसके दरबार में आकर्षित किया। इन दरबारियों में नौ लोग अकबर के नवरत्न (या नौ गहने) के रूप में जाने जाते थे:

| अकबर के नवरत्न | |
|---|---|
| 1. **अबुल फजल** | • *आइन-ए-अकबरी* और *अकबरनामा* लिखा।<br>• दक्कन की लड़ाई में मुगल शाही सेना का नेतृत्व किया।<br>• राजकुमार सलीम के आदेश पर **बीर सिंह बुंदेला** द्वारा **मारे गए।** |
| 2. **फैजी** | • इतिहासकार अबुल फजल के भाई और **फारसी कवि।**<br>• *लीलावती* (गणित पर एक काम) **का फारसी में अनुवाद** और उनकी देखरेख में *महाभारत* **का फारसी** भाषा **में अनुवाद** किया गया। |

| अकबर के नवरत्न | |
|---|---|
| 3. **फकीर अजियाओ दीन** | • वह एक **सूफी रहस्यवादी** थे और अकबर के **प्रमुख सलाहकारों** में से एक। |
| 4. **तानसेन** | • ग्वालियर के **महान** हिंदू **संगीतज्ञ**, राजा रामचंद्र के दरबारी संगीतज्ञ के रूप में काम करते थे।<br>• ग्वालियर के सूफी रहस्यवादी पीर मुहम्मद गौस से इस्लाम स्वीकार किया।<br>• माना जाता है कि **वे राग मेघ मल्हार और राग दीपक को गा कर** क्रमशः **बारिश और आग उत्पन्न कर सकते थे।**<br>• उन्होंने कई रागों की खोज के साथ-साथ हिंदू देवी-देवताओं पर *ध्रुपद* की रचना की।<br>• उन्होंने अपने संरक्षकों पर भी गीतों की रचना की।<br>• अकबर ने उन्हें *मियां* की उपाधि से सम्मानित किया। |
| 5. **राजा बीरबल**/महेश दास | • **दरबारी**, जिसे अकबर ने राजा और बीरबल दोनों उपाधियां दी थीं।<br>• **उत्तर-पश्चिम सीमा** पर **यूसुफ शाही से लड़ाई के दौरान शहीद हुए।** |
| 6. **राजा टोडर मल** | • वित्त मंत्री, पूरी **राजस्व व्यवस्था देखते** थे।<br>• मानक माप एवं तोल, राजस्व जिलों एवं अधिकारियों की व्यवस्था शुरू की।<br>• पहले **शेरशाह सूरी के अधीन** काम कर चुके थे।<br>• 1582 ई. में अकबर ने उन्हें दीवान-ए-अशरफ की उपाधि से सम्मानित किया। |
| 7. **राजा मान सिंह** | • एक मनसबदार, अकबर के ससुर के पौत्र और **विश्वास गवर्नर** थे। |
| 8. **अब्दुर्र रहीम खान-ए-खानां** | • महान **कवि**<br>• बैरम खां का पुत्र<br>• जन्म से मुस्लिम लेकिन **भगवान कृष्ण के अनन्य भक्त**<br>• *बाबरनामा* का **तुर्की में** अनुवाद किया। |
| 9. **मिर्जा अजीज कोका** | • वे **खान-ए-आजम** या कोकलताश के रूप में भी जाना जाता था और प्रमुख प्रतिष्ठित लोगों में से एक था। **अकबर का सौतेला भाई** था। उसने गुजरात के सूबेदार के रूप में भी सेवा दी। |

## अकबर के बाद मुगल साम्राज्य

### जहांगीर/सलीम (1605-1627 ई.)

- जोधाबाई और अकबर का बड़ा पुत्र। शेख **सलीम चिश्ती के आशीर्वाद** के बाद **सलीम** नाम रखा गया था।
- 1599 ई. में **अकबर के खिलाफ बगावत** की। अकबर की मृत्यु के बाद 1605 ई. में इसकी आगरा में ताजपोशी हुई और **नूर-उद्-दीन मुहम्मद जहांगीर** (विश्व विजेता) का खिताब ग्रहण किया।
- 1611 ई. में इसने **मेहरून्निसा** (शेर अफगान की विधवा) से निकाह किया और उसने उन्हें नूर-ए-जहां **(दुनिया की रोशनी)** और उनके पिता ग्यास बेग को एतमाउद्दौला की उपाधि दी।

- नूरजहां का **जहांगीर के जीवन पर बहुत प्रभाव** पड़ा। शाही परिवार पर उसका प्रभुत्व था। उसने फारसी परंपराओं पर नया फैशन स्थापित किया था। उसने दरबार में फारसी कला और संस्कृति को बढ़ावा दिया। उसे **पादशाह बेगम** का दर्जा मिला था और वह मुगल दरबार में अकेली महिला थी। **उसके नाम पर सिक्के चलाए गए** और शाही दस्तावेज में भी उसका नाम था। वह जहांगीर की अभिन्न सहयोगी थी। यहां तक कि शिकार पर भी उनके साथ जाती थीं।
- इस संबंध से नूरजहां के परिवार के बहुत-से सदस्यों लाभ उठाया। उन्होंने अपने **पिता (मुख्य दीवान)** और भाई **आसफ खान (खान-ए-सामा)** के लिए ऊंचा ओहदा हासिल किया। 1612 ई. में आसफ खान की पुत्री **आर्जुमंद बानू बेगम** (बाद में **मुमताज** के रूप में जानी गई) का विवाह जहांगीर के तीसरे बेटे राजकुमार **खुर्रम** (बाद में **शाहजहां**) के साथ हुआ।
- **विद्रोही:** जहांगीर के शासन ने बहुत-से विद्रोह देखे। उसके बड़े पुत्र **खुसरो** (जहांगीर और भगवान दास की पुत्री मन बाई का बेटा) ने विद्रोह किया लेकिन पराजित हुआ और बंदी बना लिया गया। विद्रोही राजकुमार खुसरो का समर्थन करने पर पांचवें **सिख गुरु अर्जुन देव** का **सिर कलम** कर दिया गया था।
    - ◆ खुर्रम की मुमताज महल से शादी के बाद पहले 10 वर्षों के लिए व्यावहारिक रूप से नूरजहां, उनके पिता, उनके भाई आसफ खान और खुर्रम ने मिलकर शासन किया। लेकिन समस्या तब खड़ी हुई जब नूरजहां ने अपनी बेटी **लाडली बेगम** (शेर अफगान द्वारा) की शादी जहांगीर के सबसे छोटे बेटे **शहरयार** से कर दी और अब वह उसका उत्तराधिकारी के रूप में समर्थन करने लगी। अत: इसने 1622 ई. में खुर्रम (शाहजहां) को अपने पिता के विरुद्ध विद्रोह के लिए मजबूर किया क्योंकि उसने महसूस किया कि जहांगीर पूरी तरह से नूरजहां के प्रभाव में था। हालांकि कुछ इतिहासकारों का मानना है कि शाहजहां ने अपने पिता के खिलाफ विद्रोह अपनी व्यक्तिगत महत्वाकांक्षाओं के कारण किया। जहांगीर ने **शाहजहां को कंधार जाने** का आदेश दिया, जहां फारसियों ने घेरा डाल रखा था। लेकिन शाहजहां को भय था कि यह अभियान लंबा और मुश्किल हो सकता है और यहां उसकी गैर-मौजूदगी में राज-दरबार द्वारा उसके खिलाफ साजिश रची जा सकती है। इसलिए, उसने सेना पर पूरा नियंत्रण, जिसमें दक्कन के दिग्गज थे, पंजाब में पूरा आधिपत्य और कई अन्य किलों पर कब्जे आदि जैसी बहुत-सी व्यावहारिक मांगें रख दी। वह **महाबत खान** की सेना से हार गया। हालांकि, इस विद्रोह के कारण सम्राट चार साल (1626 ई. तक) विचलित रहा और परिणामस्वरूप **कंधार खो दिया** और **दक्कनों** को मुगलों के आत्मसमर्पण करने **वाले सभी प्रदेशों को पुनः प्राप्त** करने का प्रोत्साहन मिला।
- **जहांगीर के नेतृत्व में मुगल विस्तार:** 1615 ई. में **मेवाड़ के अमर सिंह** (महाराणा प्रताप के पुत्र) उनके सामने पेश हुए। राणा के बेटे करण सिंह को मुगल दरबार में मनसबदार बनाया गया।
    - ◆ 1616 ई. में मराठा सरदारों की मदद से **अहमदनगर, बीजापुर** और **गोलकुंडा की संयुक्त सेना** को **खान-ए-खाना** ने बुरी तरह **कुचल** दिया।
    - ◆ 1620 ई. में जहांगीर ने **कांगड़ा को मिलाया।** वह **पहला मुस्लिम शासक था, जिसने यह किया।**
    - ◆ 1622 ई. में **फारस के शाह आलम ने कंधार पर कब्जा** किया।
    - ◆ **दक्कन पर विजय:** जहांगीर ने दक्कन पर अकबर की विस्तारवादी नीति का अनुसरण करने का फैसला किया। लेकिन जहांगीर को कुछ कतिपय कारणों से **थोड़ी ही सफलता मिल सकी।**
    - ◆ वह खुर्रम के विद्रोह के कारण महत्वपूर्ण चरण पर ज्यादा ध्यान नहीं दे सका।
    - ◆ दक्कन में संघर्ष और साजिशों में मुगल सिपहसालार भी शामिल थे।

- **दक्कन में मलिक अम्बर का उभरनाः मलिक अम्बर** ने मराठों और बीजापुर के शासक इब्राहिम आदिल शाह की मदद से बरार, अहमदनगर और बालाघाट में मुगलों को अपनी स्थिति मजबूत करने में मुश्किल कर दी।

- जहांगीर की मौत के बाद 1627 ई. में शाहजहां आगरा पहुंचा और सिपहसालारों, मुख्य दीवान आसफ खान और सेना की मदद से सिंहासन पर चढ़ा। नूरजहां को पेंशन मिलती थी और वह निर्वासित जिंदगी जी रही थी। वह जहांगीर की मौत के बाद 18 वर्ष तक जिंदा रही।
- **जहांगीर के शासन काल** के दौरान **ब्रिटिश मछलीपट्टनम आए थे। कैप्टन हॉकिंस** (1608-1611 ई.) और **थॉमस रो** (1615-1619 ई.) जहांगीर के दरबार में आए थे। थॉमस रो ने **सूरत** में एक **इंग्लिश फैक्ट्री** लगाने का **फरमान हासिल कर लिया** था।
- जहांगीर ने अपने महल के बाहर **न्याय की एक जंजीर** लटका रखी थी।
- जहांगीर अधिकतर लाहौर में रहता था और भोजन के लिए मंगलवार और शुक्रवार को जानवरों को मारना निषिद्ध कर रखा था।
- उसने फारसी में *तुजुक-ए-जहांगीरी* **(आत्मकथा)** लिखी, जिसमें उसने पीने की आदत का बखान किया है। उसने कीमती शब्दकोश *फरंग-ए-जहांगीरी* को भी संरक्षण दिया। उनके शासन के दौरान, **अब्दुल हमीद लाहौरी** ने *पादशाह नामा* और **खाफी खान** ने *मुंतखाब-ए-लुबाब* लिखा। उसने ग्यास बेग, नकीब खान और नियामतुल्लाह जैसे विद्वानों को भी संरक्षण दिया।
- **जहांगीर के शासन के दौरान कला और वास्तुकलाः संगमरमर में इमारतों** को ढालना और **दीवारों को अर्द्ध कीमती पत्थरों (पित्रा दूरा के नाम से** जाना जाता है) **पर बनी फूलों की डिजाइन** से **सजाना** शुरू हुआ।

**चित्र 13.5** पित्रा दूरा

- नूरजहां ने **आगरा** में अपने पिता **एत्माउद्दौला** का मकबरा बनवाया।
- जहांगीर ने **लाहौर** में **मोती मस्जिद** और अपना स्वयं का मकबरा बनवाया। उसने कश्मीर में **शालीमार** और **निशात बाग** जैसे कई **उद्यान** लगवाए।
- जहांगीर की देखरेख में **मुगल चित्रकला चरम पर पहुंची**। उसने अबुल हसन, **बिशन दास (चित्रकारी का मास्टर)**, मधु, अनंत, मनोहर, गोवर्धन और **उस्ताद मंसूर (जानवरों की पेंटिंग के विशेषज्ञ)** जैसे कई रंगसाजों को नौकरी

दे रखी थी। **राजा के सिर के पीछे 'हालो' या 'दिव्य रोशनी'** का चित्रण उनके अधीन ही शुरू हुआ। शिकार, युद्ध और शाही दरबारों के चित्रण के अलावा व्यक्ति चित्रण और पशु चित्रण को बढ़ावा दिया। उसके शासनकाल के दौरान सचित्र पांडुलिपियों की जगह अलबमों (चित्रावली) और व्यक्तिगत चित्रों पर जोर दिया जाने लगा।

**चित्र 13.6** एत्माउद्दौला का मकबरा, आगरा

## शाहजहां (1628-1658 ई.)

- **खुर्रम** के रूप में भी जाना जाता है, जिसकी माता हिंदू जगत गोसाईं थीं और विवाह **आर्जुमंद बानू बेगम** (मुमताज महल) से हुआ।
- उसे 1628 ई. में आगरा में ताज पहनाया गया। उसे **तत्क्षण** दक्कन के राज प्रतिनिधि **जूझार** सिंह और खान जहां लोधी के नेतृत्व में **बुंदेलों के विद्रोह** का सामना करना पड़ा। **खान जहां लोधी** ने बालाघाट को समय पर मदद मिलने की उम्मीद से निजाम शाह को दे दिया, जिसका शाहजहां ने विरोध किया और खान जहां लोधी को उसे पुन: हासिल करने का आदेश दिया। बाद में असफल रहने पर शाहजहां ने उसे दरबार में बुलाया। खान जहां, हालांकि शत्रुता रखने लगा और निजाम शाह की शरण में चला गया। इससे शाहजहां क्रुद्ध हो गया और दक्कन के खो चुके क्षेत्रों को पुन: प्राप्त करने के लिए **आक्रामक नीति अपनाने** का फैसला किया।
- शाहजहां की **दक्कन नीति काफी सफल** रही। यह पता चलने पर कि जब तक अहमदनगर स्वतंत्र राज्य है, दक्कन में मुगलों के लिए शांति नहीं हो सकती, उसने **बीजापुर** और **मराठों पर विजय हासिल** कर **अहमदनगर को सफलतापूर्वक अलग-थलग** कर दिया। मलिक अम्बर के बेटे फथ खान ने भी मुगलों को साथ शांति बनाए रखी और महाबत खान को दक्कन का राज्य प्रतिनिधि बना दिया। लेकिन दक्कन राज्यों के साथ टकराव जारी रहा। अंतत: **1636 ई.** में **बीजापुर** और **गोलकुंडा** के साथ **अहदनामा (सुलहनामा)** पर **दस्तखत** हुआ। बीजापुर के साथ समझौते की मुख्य बातें थीं:

1. **आदिल शाह ने मुगल आधिपत्य स्वीकार किया।**
2. हानि से सुरक्षा के लिए उसने 20 लाख रुपये दिए।
3. वह गोलकुंडा के मामलों में दखल नहीं देगा।
4. भविष्य में यदि बीजापुर और गोलकुंडा के बीच कोई विवाद होता है तो उसे मुगल **शासक निपटाएगा।**
5. **शाहजी भोंसले** (शिवाजी के पिता) के खिलाफ संघर्ष में आदिल शाह मुगलों की मदद करेगा।

इसके बदले में, अहमदनगर के 20 लाख हुन वार्षिक कीमत वाले क्षेत्र को बीजापुर को सौंप दिया गया। इस प्रकार शाहजहां ने **गोलकुंडा के साथ संधि** करके दक्कन के मामलों को निपटाया। इस संधि के अनुसार:

1. **गोलकुंडा ने मुगल सम्राट के प्रति वफादारी की शपथ ली।** वह खुतबे में मुगल सम्राट का नाम शामिल करने और ईरान के शाह का बाहर करने के लिए राजी हो गया।
2. गोलकुंडा हर साल दो लाख हुण मुगलों को देने के लिए राजी हो गया।

इन **संधियों ने दक्कन में टकराव खत्म कर दिया।** मुगल दक्षिणी भारत के बहुत-से हिस्सों पर अपना वर्चस्व कायम कर सकते थे। मुगलों के साथ शांति ने दक्कनी राज्यों को दक्षिण की ओर अपने राज्यों का विस्तार करने के लिए सक्षम बना दिया। हालांकि, तेजी से विस्तार ने दक्कनी राज्यों के आंतरिक सामंजस्य को कमजोर किया और **बीजापुर** में **शाह जी** और उनके पुत्र **शिवाजी, गोलकुंडा** में **मीर जुमला** जैसे महत्वाकांक्षी सिपहसलारों ने **अपने प्रभाव क्षेत्र को अपने लिए तैयार करना शुरू कर दिया।** इससे दक्कन में फिर टकराव का माहौल बन गया। 1656 ई. में मोहम्मद आदिल शाह की मौत के बाद, मुगल नीति में एक स्पष्ट बदलाव आया और संधियों की अनदेखी की जाने लगी। मुगलों द्वारा औचित्य बताया गया कि इन दोनों राज्यों ने कर्नाटक में व्यापक विजय अभियान चलाया और इसकी नुकसान भरपाई जमीन पर मुगलों के होने की वजह से बनती है। क्योंकि ये दोनों राज्य मुगल जागीर थे। और उनका विजय अभियान मुगलों की तरफ से उदार तटस्थता की वजह से संभव हो सका। अब, शाहजहां ने अपने बेटे औरंगजेब से विजय अभियान चलाने और दक्कन राज्यों के इलाकों को अपने साम्राज्य में मिलाने के लिए कहा। हालांकि, यह परिवर्तन मुगल साम्राज्य के लिए कई मायनों में फायदेमंद नहीं रहा। वास्तव में इससे आगे बहुत समस्याएं हुईं।

- 1632 ई. में **शाहजहां ने हुगली** ने निकट **पुर्तगालियों** को उनके द्वारा व्यापार विशेषाधिकार के नियमित दुरुपयोग के कारण **पराजित किया।**
- 1639 ई. में शाहजहां ने कंधार को सुरक्षित कर तत्काल उसकी किलाबंदी की, लेकिन फारस ने कंधार को मुगलों से छीन लिया। 1649 ई. में शाहजहां ने **कंधार** और अन्य पैतृक जमीनें हासिल करने के लिए **उत्तर-पश्चिम सरहद** पर **लंबा अभियान चलाया**, लेकिन सभी **अभियान विफल** रहे। धीरे-धीरे शाहजहां को अपनी महत्वाकांक्षा की निर्थकता का अहसास हुआ और लड़ाई बंद कर दी। इस प्रकार **कंधार हमेशा के लिए निकल गया।**
- शाहजहां का काल **मुगल साम्राज्य** का **'स्वर्ण युग'** माना गया है। उसके द्वारा बनवाए गए महत्वपूर्ण स्मारक हैं:
  - **ताज महल:** इसकी दुनिया के सात आश्चर्यों में गिनती की जाती है। इसे निर्माण कला का रत्न माना गया है। इसके निर्माण की शुरुआत 1631 ई. में हुई थी और **22 वर्ष में बन कर तैयार हुआ था।** इसकी वास्तुकला डिजाइन **उस्ताद ईसा** और **ईसा मुहम्मद ईफ्फंदी** ने तैयार की थी, जबकि मुख्य गुम्बद **ईस्माइल खान** द्वारा डिजाइन किया गया था।
  - शाहजहां के काल में **मस्जिद निर्माण अपने शिखर पर** था। उसने **आगरा** में **मोती मस्जिद** (पूरे सफेद संगमरमर से), **शीश महल** और **मुस्समन बुर्ज** (जहां उसने अपने अंतिम साल कैद में बिताए) बनवाया, जबकि **दिल्ली** में **जामा मस्जिद** लाल पत्थर से बनवाई।

**चित्र 13.7** ताजमहल, आगरा

- शाहजहां काल में **किला-निर्माण उत्कर्ष** में पहुंच गया था। **दिल्ली** का अपने रंग महल, दीवान-ए-आम और दीवान-ए-खास के साथ प्रसिद्ध **लाल किला** शाहजहां की रचना है। उसने दिल्ली में जामा मस्जिद, **लाहौर** में **शालीमार बाग** और **शाहजहांनाबाद शहर** बनाया। उसके **बेबादल खान** से **मयूर सिंहासन** बनवाया, जिसमें उसने अमीर खुसरो का दोहा अंकित करवाया:

**''यदि धरती पर कहीं स्वर्ग है तो वह यहीं है, यहीं है, यहीं है।''**

**चित्र 13.8** लाल किला

- ◆ शाहजहां ने **ईनायत खान**, जिन्होंने **शाहजहां नामा** लिखा, जैसे कई लेखकों और इतिहासकारों को संरक्षण भी दिया। उनके बेटे **दारा शिकोह** ने *भगवत गीता* और *उपनिषदो* का **फारसी** में अनुवाद किया।
- उसके शासन काल का वर्णन किया है:
  - ◆ फ्रांसिसी यात्री-बर्नियर और ट्रेवर्नियर
  - ◆ इटली के यात्री दू-मनूची
  - ◆ **पीटर मुंडी** ने शाहजहां के समय पड़े अकाल का वर्णन किया है।
- 1657 ई. में शाहजहां के अचानक बीमार पड़ने से **साम्राज्य** और उनके चार बेटे **गृह युद्ध में पड़ गए,** जो निम्नलिखित स्थानों पर थे:
  - ◆ **दारा शिकोह** (सबसे बड़ा और युवराज), दिल्ली में थे, शाहजहां की बेटी जहांआरा द्वारा समर्थित।
  - ◆ **शुजा,** बंगाल का राज्य प्रतिनिधि (गवर्नर)।
  - ◆ **औरंगजेब,** दक्कन का राज्य प्रतिनिधि, रोशनआरा द्वारा समर्थित।
  - ◆ **मुराद बक्श,** मालवा और गुजरात का राज्य प्रतिनिधि।
- सबसे पहले शुजा ने अपने आप को सम्राट घोषित किया, लेकिन वह मिर्जा राजा जय सिंह की मदद से दारा शिकोह के बेटे **सुलेमान शेख** से पराजित हो गया। **औरंगजेब** और **मुराद साम्राज्य के विभाजन को राजी हो गए** और दोनों ने 1658 ई. में **धरमत की लड़ाई** में कासिम खान और राजा जसवंत सिंह (जोधपुर के शासक) को हरा दिया।
- बाद में, ठीक एक महीने बाद **औरंगजेब** और **दारा** के बीच **सामूगढ़ की लड़ाई** (1658 ई.) हुई, जिसमें औरंगजेब को कम आंकने और बंटी हुए सलाहों के कारण दारा शिकोह हार गया। इसने व्यावहारिक रूप से **उत्तराधिकारी के मसले का फैसला** कर दिया। औरंगजेब ने मुराद को भी विश्वासघात से कैद कर उसे ग्वालियर जेल भेज दिया, जहां दो साल बाद उसे मार दिया गया। औरंगजेब ने जल्द ही अपने आप को **'आलमगीर' (विश्व विजेता)** की उपाधि के साथ शहंशाह घोषित कर दिया लेकिन गृहयुद्ध दो साल के अधिक समय तक चलता रहा।
- 1658 ई. में **खंजवा** (इलाहाबाद के निकट) में **औरंगजेब** और **शुजा** के बीच **लड़ाई** हुई, जिसमें औरंगजेब फिर विजयी हुआ।
- **देवराई की लड़ाई** (1659 ई.) अंतिम बड़ी लड़ाई थी, जो **दारा ने औरंगजेब के खिलाफ लड़ी** थी, जिसमें वह फिर हार गया और अफगानिस्तान भाग गया। रास्ते में बोलन दर्रे के पास उसके विश्वासघाती सरदार ने उसे धोखे से कैद कर औरंगजेब को सौंप दिया। औरंगजेब से उसे फांसी दे दी और बाद में उसके बेटे सुलेमान शेख को भी। दिलचस्प है कि, **देवराई** की लड़ाई के बाद औरंगजेब का **दूसरा राज्याभिषेक** हुआ था।
- औरंगजेब ने **शाहजहां को आगरा के किले में कैद कर दिया,** जहां उसकी बेटी जहांआरा ने उसकी मौत (1666 ई.) तक उसकी देखभाल की।
- इस संघर्ष में **औरंगजेब विजेता बन कर उभरा।** दारा को हराने के बाद वह आगरा के किले में गया और शाहजहां को समर्पण करने के लिए बाध्य किया। शाहजहां को **आगरा के किले के अंदर ही सीमित कर** उन पर निगरानी बैठा दी। लेकिन उनके साथ दुर्व्यवहार नहीं किया। शाहजहां इसके बाद आठ साल और जिंदा रहा। उसकी बेटी जहांआरा ने बहुत प्यार से उसकी देखभाल की। 1666 ई. में उसकी मौत हो गई और **ताज महल** में उनकी **बीवी की कब्र की बगल में** उसे भी दफनाया गया।
- पिता और पुत्र के बीच वित्तीय झड़प औरंगजेब के पत्राचार का बड़ा हिस्सा है, जिसे *अदब-ए-आलमगीरी* कहा गया है।

**औरंगजेब ( 1658-1707 ई. )**

- मुगल शासकों में सबसे योग्य शासक था, जिसके अधीन **मुगल साम्राज्य** अपने **सबसे बड़ी क्षेत्रीय सीमा** तक पहुंचा और इतिहास की शुरुआत से ब्रिटिश शासन के उदय तक भारत में एकमात्र सबसे बड़े राज्य के रूप में उभरा।
- **राज्य कालः**
    - **उत्तर भारत में पहले 25 साल,** जब **शिवाजी के नेतृत्व में मराठा शक्ति उभरी।**
    - **अंतिम 25 साल दक्कन में**
- **उत्तरी विजय अभियानः** औरंगजेब उत्तर-पूर्वी क्षेत्र में **असम तक मुगल शक्ति बढ़ा** सकता था। 1662 ई. में औरंगजेब का सबसे योग्य सिपहसलार और बंगाल का राज्य प्रतिनिधि **मीर जुमला** ने **अहोम के खिलाफ** अभियान का नेतृत्व किया। एक अनुकूल संधि होने के बावजूद मुगलों ने भारी नुकसान सहा और ढाका लौटते वक्त 1663 ई. में जुमला की मौत हो गई। उत्तर-पूर्व में एक अन्य उल्लेखनीय उपलब्धि बंगाल के नए राज्य प्रतिनिधि शाइस्ता खान के नेतृत्व में **सोनद्वीप और चिटगांव पर कब्जा** करना था। शाइस्ता खान ने अराकान के समुद्री डाकुओं को भी दंडित किया था। हालांकि अहोम हुकूमत पर लंबे समय तक नियंत्रण नहीं रखा जा सका और मुगल फौजदारों ने लगातार झड़प और विरोध झेला। इस प्रकार, 1680 ई. तक अहोम कामरूप पर कब्जा करने में कामयाब हो गए और मुगल अंत सीमा तक नियंतणकर सके।
- **दक्कन की लड़ाईः** प्रोफेसर सतीश चंद्र ने दक्कन राज्यों के प्रति औरंगजेब की नीति को **चार चरणों** में बांटा है:

**चरण 1 ( 1658-1668 ई. )**

- **अहमदनगर राज्य के क्षेत्र** को **बीजापुर से वापस** लेने का मुख्य प्रयास, जिसने 1636 ई. की संधि द्वारा **आत्म समर्पण** कर दिया था।
- दक्कन के राज्य प्रतिनिधि **जय सिंह** द्वारा नेतृत्व करना। उद्देश्य बीजापुर से कल्याणी, बीदर और परेंदा क्षेत्र को लेकर उस पर कब्जा करना था।
- 1665 ई. में मुगल बीजापुर पर कब्जा करने में विफल रहे और 1667 ई. में जय सिंह की मौत हो गई।
- हालांकि 1668 ई. में रिश्वत देकर शोलापुर को बचा लिया गया।

**चरण 2 ( 1668-1684 ई. )**

- मराठों को दक्कन में सबसे बड़ा खतरा माना जाता था और बीजापुर और गोलकुंडा पर शिवाजी के खिलाफ और उनके बाद उनके बेटे संभाजी के खिलाफ मुगलों से हाथ मिलाने का दबाव डालने की कोशिश की गई। इसलिए, इस चरण के दौरान **मराठों के खिलाफ दक्कन के राज्यों की मदद सुनिश्चित की गई** थी।
- मुगल नीति में यह बदलाव बीजापुर के आदिल शाह की मौत, शिवाजी की बढ़ती शक्ति, और गोलकुंडा प्रशासन में **अखन्ना** और **मदन्ना** भाइयों के बढ़ते प्रभाव के कारण आया। लेकिन **गोलकुंडा, शिवाजी** और **बीजापुर** के बीच **त्रिपक्षीय गठजोड़** के कारण मराठों को रोकने की औरंगजेब की कोशिश कामयाब नहीं हुई। **बीजापुर ने औरंगजेब को उसका रास्ता नहीं दिया।**
- 1679-1680 ई. में मुगल सूबेदार **दिलेर खान** की बीजापुर कर कब्जा करने की दु:साहसिक कोशिश त्रिपक्षीय गठजोड़ के कारण विफल हो गई।

**चरण 3 ( 1686-1687 ई. )**

- औरंगजेब ने **दक्कन के राज्यों पर पूर्ण रूप** से कब्जा करने की नीति का पालन किया। उसने कर्नाटक के सीमाक्षेत्रों के साथ साथ **बीजापुर** (1686 ई.) और **गोलकुंडा** (1687 ई.) की **घेराबंदी की** व्यक्तिगत रूप से निगरानी की। औरंगजेब ने मुगल दक्कन की राजधानी खिड़की बनवाई, जिसकी आधारशिला मलिक अम्बर ने रखी थी और इसका नाम औरंगाबाद रखा।

**चरण 4 ( 1687-1707 ई. )**

- औरंगजेब ने अधिकतर समय दक्कन में बिताया और मराठों से संघर्ष के बावजूद वह क्षेत्र को मुगल नियंत्रण में बनाए रखने में कामयाब रहा। यह वही समय था जब **संगमेश्वर** में **शंभाजी ( शिवाजी के बेटे )** को **पकड़ा** गया और **मृत्यु दंड** दिया गया। लेकिन 1707 ई. (दक्कन में औरंगाबाद में) उसकी मौत के बाद, मराठों ने अपनी स्वतंत्रता की तसदीक की और थोड़े से समय के अंदर ही कामयाब हो गए।
- वास्तव में **दक्कन** की हुकूमत को **नुकसान पहुंचाना औरंगजेब की एक बड़ी राजनीतिक भूल** थी क्योंकि दक्कन सल्तनत के पतन के साथ ही मुगल और मराठों के बीच अवरोध दूर हो गया था और वहां उनके बीच सीधे टकराव शुरू हो गया। दक्कन अभियान ने मुगल राजकोष को भी काफी नुकसान पहुंचाया। जे.एन. सरकार के अनुसार, **दक्कन अल्सर ने औरंगजेब को बर्बाद कर दिया।**

- **धार्मिक नीति और विद्रोह:** औरंगजेब की कड़ी धार्मिक नीति के कारण उसके शासन काल के दौरान कई विद्रोह हुए। इसमें मथुरा के **जाट** किसानों का विद्रोह (1669 ई. में **गोकुला** के नेतृत्व में, 1685 ई. में **राजाराम** के नेतृत्व में और 1691 ई. में **चूड़ामन** के नेतृत्व में), पंजाब में **सतनामी** किसानों और 1672 ई. में बुंदेलखंड (राजा छत्रसाल के नेतृत्व में) के बुंदेलों का विद्रोह शामिल है।
  - औरंगजेब अपनी निजी जिंदगी में कट्टरपंथी और रूढ़िवादी मुस्लिम था और उसका ध्येय हिंदुस्तान को इस्लामिक राज्य में बदलना था। शुरू में, औरंगजेब ने **नए मंदिरों के निर्माण** और **पुराने मंदिरों की मरम्मत पर रोक लगा दी** थी, लेकिन **बाद में** उसने धीरे-धीरे **हिंदू मंदिरों को ध्वस्त** करना शुरू कर दिया। मथुरा में प्रसिद्ध केशव राय मंदिर (जहांगीर काल में बीर सिंह देव बुंदेला द्वारा निर्मित) और बनारस के विश्वनाथ मंदिर को खंडहर में बदल दिया गया था और वहां मस्जिद खड़ी कर दी गई थी। 1679 ई. में उसने **जजिया** और **तीर्थयात्रा कर पुनः लगा दिया।**
  - वह अन्य **मुस्लिम संप्रदायों के प्रति भी सहिष्णु नहीं** थे। मुहर्रम के उत्सव पर रोक लगा दी गई थी। वास्तव में, दक्कन सल्तनत के खिलाफ आक्रमणों में शिया मत के प्रति उसकी घृणा का भी कुछ कारण था। 1675 ई. में उसने **9वें सिख गुरु तेग बहादुर को मौत** दे दी, जिसके कारण सिख समुदाय ने उसके खिलाफ विद्रोह किया था।
  - उसने **मुहतसिब** कार्यालय को काफी अधिकार दे रखे थे। मुहत्सिब पर नैतिक संहिता और **शरा लागू करने की जिम्मेदारी** होती थी। उसके पूरे राज काल में शराब और खेती प्रतिबंधित थी और भांग एवं अन्य नशा निषिद्ध था। उसने मुगल दरबार में **संगीत को निषिद्ध** कर दिया था और झरोखा दर्शन (वह इसे वहमी अभ्यास और इस्लाम के विरुद्ध मानता था) की आदत को बंद कर दिया था। सम्राट को स्वर्ण में तौलने की प्रथा, दर्शन उत्सव, ज्योतिषों को अल्मानक्स बनाना, सिक्कों पर कलमा लिखवाना, नौरोज (ईरान के शासक सफाविद के जरथ्रुस्ट अभ्यास) और सती प्रथा पर रोक लगा दी थी।

- ◆ हालांकि, यह भी माना जाता है कि उसने **धर्मनिरपेक्ष फरमान** जिसे **जवाबित** कहा गया, जारी किया था, जो कभी-कभी शारा के पूरक के साथ होता था। हिंदुस्तान के हालात को देखते हुए बहुधा इसमें सुधार किया जाता था। अन्य दिलचस्प और उल्लेखनीय तथ्य यह है कि भारतीय शास्त्रीय संगीत में फारसी कामों का अधिकतर लिखित वर्णन औरंगजेब के समय हुआ और **औरंगजेब** स्वयं **वीणा बजाने** में **पारंगत** था।
- ◆ औरंगजेब की राजपूत नीति ने भी उसे **राजपूतों से अलग कर दिया** और उन्होंने धीरे-धीरे प्रशासन में अपनी हैसियत खत्म कर ली। **मारवाड़** और **मेवाड़** के प्रति औरंगजेब की नीति बेढंगी रही और इससे मुगलों को कोई लाभ नहीं हुआ। वह मारवाड़ राज्य को दो दावेदारों में विभाजित करना चाहता था। इस प्रक्रिया में उसने **दोनों को अलग-थलग** कर दिया। **मेवाड़ के शासक,** जो ऐसे मामलों में मुगल दखल चाहते थे, खतरनाक मिसाल बन गए। मेवाड़ के साथ धोखा और लंबे समय तक युद्ध ने मुगल राज्य के नैतिक मूल्यों को नुकसान पहुंचाया।
- ◆ मारवार के राजा जसवंत सिंह की 1678 ई. में मौत के बाद औरंगजेब ने उसके बेटे अजीत सिंह की जगह जोधपुर का टीका उसके भतीजे इंदर सिंह को दिया। विवाद तब खड़ा हुआ जब अजीत सिंह के छोटे भाई की मौत हो गई। औरंगजेब ने शाहजहांनाबाद के राठौड़ महल से दो रानियों और अजीत को बंदी बनाने के लिए अपने सैनिक भेजे, लेकिन उनकी कोशिश को पूर्व शासक के वरिष्ठ अधिकारी **दुर्गादास राठौड़** ने नाकाम कर दिया। दुर्गादास ने शुरू में बचाव में तोप गोले चलाए और अजीत सिंह और दोनों रानियां पुरुष वेश में शहर से जोधपुर भाग गए। अजीत सिंह की वफादार दाई ने अपने पुत्र को महल में अजित सिंह के रूप में छोड़ दिया।

- **मेवाड़ राणा राज सिंह** ने रानी हादी और युवा राजकुमार अजीत सिंह का पक्ष लिया। 1679 ई. में औरंगजेब ने मेवाड़ पर हमला किया और राजपूतों को पहाड़ पर छोड़ दिया, जहां वे छिटपुट गुरिल्ला लड़ाइयां लड़ते रहे। अंततः 1698 ई. में अजीत सिंह को मारवाड़ के शासक के रूप में मान्यता मिल गई।
- **औरंगजेब का व्यक्तित्व और चरित्र:** अपने निजी जीवन में औरंगजेब मेहनती, अनुशासित, आहार और वस्त्र परिधान में बहुत **सामान्य** था और वह शराब नहीं पीता था।
  - ◆ वह **विद्वान** था और **अरबी** और **फारसी भाषा** में प्रवीण था और किताबों को बहुत शौकीन था। उसने भारत में मुस्लिम कानून की सबसे बड़ी सार पुस्तिका *'फतवा-ए-आलमगीर'* को संरक्षण दिया।
  - ◆ वह अपने **धर्म के प्रति पूर्ण समर्पित** था और दिन में पांच बार नमाज अता करता था। रमजान के रोजे का कड़ाई से पालन करता था। वास्तव में, वह अपने **निजी खर्चे से पैसे बचा कर कुरान की प्रतियां तैयार** करवाता था और उन्हें बेचता था। इन सभी खासियतों की वजह से उसे **दरवेश/जिंदा पीर (एक जीवित संत)** कहा गया है।

## उसके राज काल में कला और वास्तुकला

- **दिल्ली** में **मोती मस्जिद** और **लाहौर** में **बादशाही मस्जिद** का निर्माण करवाया।
- औरंगजेब ने बंगाल में एक प्रभावी राजस्व व्यवस्था अपनाई और **मुर्शीद कुली खान** को बंगाल का दीवान नियुक्त किया।
- **दारा**
  - ◆ एक **महान विद्वान** था, *मज्म-उल-बहरीन* लिखी।
  - ◆ *उपनिषद* और *भगवत गीता* का अनुवाद किया।

- ◆ *सफीनत-उल-औलिया, सकीनत-उल-औलिया, हसनत-उल-अरीफिन* भी लिखीं।
- **मिर्जा मोहम्मद कासिमः** आलमगीरनामा लिखी।
- **ईश्वर दास नागरः** फतुहत-ए-आलमगीर लिखी।
- **नीमत खान अलीः** *वकाई-ए-हैदराबाद*, औरंगजेब द्वारा *गोलकुंडा विजय* लिखी।

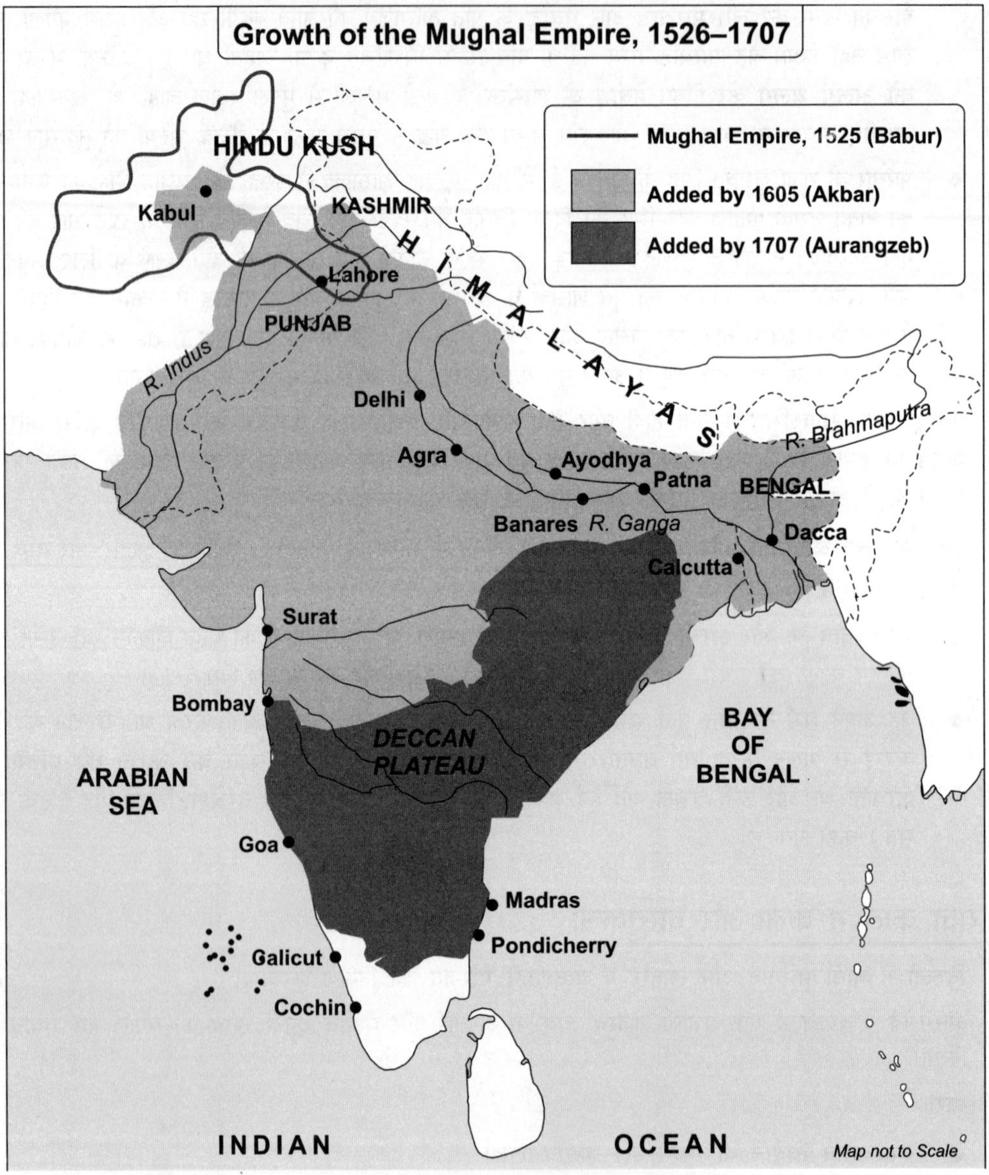


चित्र 13.9 मुगल साम्राज्य का विस्तार

# मुगलों के अधीन वित्तीय एवं सामाजिक जीवन

मुगल काल में महत्वपूर्ण सामाजिक और आर्थिक विकास देखा गया। इस समयावधि के दौरान, कई यूरोपीय यात्री और व्यापारी भारत आए। उस वक्त के वर्णनों में भारत में सामाजिक-आर्थिक स्थितियों के बारे में बहुत सारी जानकारी मौजूद थी। सामान्यतः उन्होंने भारत की संपत्ति, समृद्धि और **कुलीन वर्ग के शानदार जीवन** का वर्णन किया है। दूसरी तरफ, उन्होंने किसान और कारीगर जैसे- **सामान्य लोगों की गरीबी** और दु:खों का भी उल्लेख किया। **निकितिन** ने देखा कि दक्कन के लोग नंगे पैर थे और यह चमड़े की उच्च लागत के कारण हो सकता था।

## व्यापार में वृद्धि

भारतीय व्यापारिक वर्ग बड़ी संख्या में पूरे देश में बढ़ रहा था और वे अच्छी तरह संगठित और अत्यधिक पेशेवर थे। **सेठ, बोहरा** व्यापारी **लंबी दूरी के व्यापार के विशेषज्ञ** थे, जबकि **स्थानीय व्यापारियों** को **बनिक** कहा जाता था। व्यापारियों का एक और वर्ग था–**बंजारा**, जो थोक में सामानों को ले जाने के अभ्यस्त थे और वे बैलों की पीठों पर अपने माल को दूर तक ले जाते थे। दिलचस्प यह है कि, **व्यापारी समुदाय का एक जाति या धर्म से ताल्लुक नहीं था।** उदाहरण के लिए गुजराती व्यापारियों में हिंदू, जैन और मुस्लिम शामिल थे। राजस्थान में ओसवाल, महेश्वरी और अग्रवाल को मारवाड़ी कहा गया। दक्षिण भारत में कोरोमंडल तट पर चेत्ती और मालाबार के मुस्लिम व्यापारियों ने महत्वपूर्ण व्यापारिक समुदाय बनाया।

समुदायों की तरह विभिन्न क्षेत्र प्रमुख व्यापारिक स्टेशनों के रूप में उभरे। उदाहरण के लिए:

- **बंगाल** ने **चीनी, चावल,** साथ ही **नाजुक मलमल** और **रेशम** का निर्यात किया।
- **कोरोमंडल तट कपड़ा उत्पादन का केंद्र** बन गया।
- **गुजरात** विदेशी मालों को प्रवेश द्वार था। वहां से, **अच्छे कपड़े** और **रेशम** उत्तर भारत ले जाए गए। उत्तर भारत से **नील** और **अनाज** का निर्यात गुजरात के जरिए होता था। यह **कश्मीर** के शॉल और कालीन जैसे **विलासी उत्पादों** का वितरण केंद्र भी था।

भारत ने मुगल काल के दौरान यूरोपीय व्यापार कंपनियों के आगमन और **यूरोपीय एशियाई** और **अंतर-एशियाई व्यापार** में उनकी **प्रत्यक्ष भागीदारी** के कारण **विदेशी व्यापार** को **पूरी गहनता** से देखा। भारत के मध्य एशिया, फारस और यूरोप के साथ व्यापार संबंध थे। **कपड़े, नमकीन, चीनी, अफीम** और **मसाले** उसके प्रमुख निर्यातकों में शामिल थे। निर्यात के मुकाबले उसके आयात में **युद्ध के घोड़े, हाथी दांत, इत्र, कांच, घड़ियां, चांदी के बर्तन, टिन और तांबा** आदि जैसे विलासी उत्पाद सीमित थे। मालों की आवाजाही एक जटिल तंत्र के माध्यम से होती थी, जो व्यापारियों को एजेंटों **( गुमास्ता )** और **कमीशन एजेंटों ( दलालों )** के माध्यम से थोक व्यापारियों के साथ-साथ क्षेत्रीय और स्थानीय स्तर पर नीचे तक जोड़ता था। वित्तीय प्रणाली के विकास की वजह से माल की आवाजाही सुगम थी, जिससे देश के एक हिस्से से दूसरे हिस्से में पैसे का संचरण आसान था। यह **हुंडी** की मदद से किया जाता था। यह एक **कागजी दस्तावेज** होता था, **जो निश्चित अवधि के बाद निश्चित स्थान पर छूट के साथ भुगतान का वादा** करता था। हुंडियों में अक्सर बीमा शामिल होते थे जो माल, गंतव्य, परिवहन (भूमि, नदी या समुद्र) आदि के साधन के आधार पर विभिन्न दरों पर शुल्क लिया जाता था।

**सर्राफ (श्रॉफ),** जो **पैसों को बदलने** में माहिर थे, वे **हुंडियों से भी निपटने** में विशेषज्ञ थे। इस प्रक्रिया में वह **निजी बैंकों** के रूप में काम करते थे। वे प्रतिष्ठित लोगों को पैसा उधार देते थे और उनके पैसों को रखते भी थे। हुंडियों के माध्यम से वे जमा खाता खोलते थे, जो पैसे के परिसंचरण में पूरक का काम करता था।

भारत में व्यापारी समुदाय, खासकर तटीय कस्बों, जिनमें कुछ **अमीर व्यापारियों** की तुलना विरजी वोहरा, अब्दुल गफूर बोहरा, कोरोमण्डल तट के मलय चेत्ती, काशी वीरन्ना और सुनका राम चेत्ती के यूरोप के व्यापारी राजकुमार से की जाती थी। व्यापारियों के प्रत्येक समुदाय अपने प्रमुख होते थे, जिन्हें **नगर सेठ** कहते थे, जो स्थानीय अफसरों ने अपने स्तर पर मध्यस्थता कर सकते थे। वास्तव में, अपने विचारों को बल देने के लिए अहमदाबाद में **व्यापारियों की हड़ताल की कुछ घटनाएं** सामने आई थीं।

## प्रशासन का विकास : मनसबदारी व्यवस्था और मुगल सेना

मुगलों के अधीन मनसब और जागीर व्यवस्था समय के साथ विकसित हुई। जैसा कि हमने पहले चर्चा की है, अकबर द्वारा विकसित की गई मनसबदारी व्यवस्था मुगलों के नागरिक और सैन्य प्रशासन का आधार था। जहांगीर ने सवार ओहदे में एक **नया प्रावधान** जोड़ दिया। इसके अनुसार, चयनित मनसबदारों के मामले में सवार ओहदे का एक हिस्सा **दू-अस्पा सिंह-अस्पा** कहलाता था। उसने संभवत: इस प्रावधान को अपने विश्वस्त सिपाहसालारों को आगे बढ़ाने और अपनी सेना को मजबूत करने के लिए जोड़ा। इस प्रावधान से वह जात ओहदे और उसके हिस्से में कोई बदलाव किए बिना अपने सिपहसालारों की सैन्य शक्ति को बढ़ा सकता था। उसने इसी दर पर 8000 दाम प्रति सवार मंजूर किया था। इसलिए, यदि सवार का ओहदा 4000 होता था, जिसमें 1000 दू-अस्पा सिंह-अस्पा होता था तो इस सवार के वेतन का आंकलन $3000 \times 8000 + (1000 \times 8000 \times 2) = 40{,}000{,}000$ दम होता था। बिना दू-अस्पा सिंह-अस्पा के 4000 ओहदे वाले सवार का वेतन $(4000 \times 8000) = 32{,}000{,}000$ दम बनता था। इसलिए, **मनसबदार दू-अस्पा सिंह-अस्पा श्रेणी के लिए सवारों की संख्या दोगुनी रखते थे** और इसके लिए भुगतान किया जाता था।

**जमा (अनुमानित आय)** और **हासिल (वास्तविक प्राप्ति)** के बीच के अंतर को भरने के लिए **शाहजहां** ने मनसबदारी व्यवस्था में **मासिक पैमाना** रख दिया। जैसा कि हम जानते हैं, मनसबदारों को आमतौर पर राजस्व प्राप्ति के माध्यम से भुगतान किया जाता था–यानी–जागीर। सबसे बड़ी समस्या एक साल के दौरान जागीर से होने वाली **अनुमानित आय** (जमा) के आधार पर गणना किया जाना था। यह देखा गया कि वास्तविक राजस्व संग्रह (हासिल) हमेशा अनुमानित आय से कम होता था। ऐसी स्थिति में, मनसबदार का वेतन मासिक पैमाने पर तय किया गया। इस प्रकार, यदि जागीर ने **जमा की आधी पैदावार** की तो उसे **षष्ठ माह (छमाही)** और वह **एक-चौथाई पैदावार** करता है तो उसे **ति:माह (तिमाही)** कहा गया। मासिक पैमाने को नकद वेतन पर भी लागू किया गया था। स्वीकृत वेतन से कटौती भी होती थी। शाहजहां के शासन काल में मनसबदारों को अनुमति थी कि सवार ओहदे के लिए अनुरक्षण राशि पर उनके दावे में बिना कोई कटौती किए वह सवारों की स्वीकृत संख्या में से 1/5 से 1/3 तक बनाए रख सकता था।

बाद में, **औरंगजेब** ने इन सभी बदलावों को **जारी रखा** और एक **अतिरिक्त ओहदा** बना दिया, जिसे **मशरत** (सशर्त) कहा गया। यह अस्थाई रूप से मनसबदार के सवार ओहदे को बढ़ाने का प्रयास था। औरंगजेब ने शाही अस्तबलों में **पशुओं के भोजन** की लागत को पूरा करने के लिए **एक और कटौती जोड़** दी, जिसे **खुराक-ए-दव्वाब** कहा गया।

| मुगल शासन के दौरान यूरोपीय कारखाने | |
|---|---|
| पुर्तगाली | (a) गोवा (1510 ई. में अलबकर्क द्वारा बीजापुर के शासक से कब्जे में लिया गया और पूर्व में पुर्तगाली साम्राज्य की राजधानी बन गया)।<br>(b) तत्पश्चात पश्चिमी तट पर दमन, सालसेट्ट व बंबई और पूर्वी तट पर मद्रास के निकट सैंथोम और बंगाल में हुगली पुर्तगाली उपनिवेश बन गए। |

| मुगल शासन के दौरान यूरोपीय कारखाने | |
|---|---|
| डच | (a) मसुलीपटनम (1605)<br>(b) पुलीकट (1610)<br>(c) सूरत (1616)<br>(d) बिमिलीपटम (1641)<br>(e) कराईकल (1645)<br>(f) चिनसुरा (1653)<br>(g) कासिमबजार, बारनगोर, पटना, बालासोर, नागापट्टिनम (सभी 1658 में)<br>(h) कोचीन (1663) |
| डेनमार्क | (a) तमिलनाडु में ट्रंकोबार (1620)<br>(b) बंगाल में सेरमपुर (डेनमार्क का मुख्यालय) |
| फ्रांसिसी | (a) सूरत (1668)<br>(b) मसुलीपटनम (1669)<br>(c) पांडिचेरी, उस समय एक छोटा गांव (1673)<br>(d) बंगाल में चंद्रनगर (1690)<br>(e) मालाबार में माहे, कोरोमंडल में यमन (दोनों 1725 में)<br>(f) कराईकल (1739) |
| अंग्रेजी | (a) सूरत (1612)<br>(b) मद्रास (1639) फोर्ट सेंट जॉर्ज के नाम से भी जाना जाता था।<br>(c) बंबई (1668)<br>(d) कलकत्ता (1690) बंगाल में फोर्ट विलियम के नाम से भी जाना जाता था। |

## प्रमुख यूरोपीय यात्री

| यूरोपीय यात्री | समय सीमा | (राजवंश/शासक) के शासनकाल के दौरान दौरा किया गया | साहित्य/टिप्पणियां |
|---|---|---|---|
| निकोलो डी कोंटी (Nicolo De Conti) (विनीशियन) | 1420–1421 | विजयनगर (देवराय प्रथम) | '*डी वेरियेटेट फॉर्च्यून*' ('भाग्य के उलटफेर पर') |
| अथानासियस निकितिन (Athanasius Nikitin) (रूसी) | 1470–1474 | बहमनी (मुहम्मद तृतीय) | '*द जर्नी बियॉन्ड थ्रीसीज*' |
| डोमिंगो पेस (Domingo Paes) (पुर्तगाली) | 1520–1522 | विजयनगर (कृष्णदेव राय) | 'क्रोनिका डॉस रीस डे बिसनागा' ('क्रॉनिकल ऑफ द विजयनगर के राजा') |
| डुआर्टे बारबोसा (Duarte Barbosa) (पुर्तगाली) | 1500–1516 | विजयनगर (कृष्णदेव राय) | 'हिंद महासागर की सीमा से लगे देशों और उनके निवासियों का लेखा-जोखा' |

| यूरोपीय यात्री | समय सीमा | (राजवंश/शासक) के शासनकाल के दौरान दौरा किया गया | साहित्य/टिप्पणियां |
|---|---|---|---|
| फर्नाओ नुनिज (Fernao Nuniz) (पुर्तगाली) | 1535-1537 | तुलुव राजवंश (अच्युतदेव राय) | साम्राज्य के सांस्कृतिक पहलुओं का उल्लेख करता है और महिलाओं द्वारा पहने जाने वाले गहनों की प्रशंसा करता है और साथ ही महिलाओं को राजा की सेवा में कैसे नियुक्त किया जाता था, इसकी भी प्रशंसा करता है। |
| विलियम हॉकिन्स (William Hawkins) (ब्रिटिश) | 1608-1611 | मुगल सम्राट (जहाँगीर) | सूरत में एक अंग्रेजी कारखाने की स्थापना के लिए औपचारिक मंजूरी प्राप्त की गई। |
| सर थॉमस रो (Sir Thomas Roe) (ब्रिटिश) | 1615-1619 | सम्राट (जहाँगीर) | '*जर्नल ऑफ द मिशन टू द मुगल एम्पायर*' |
| पीटर मुंडी (Peter Mundy) (इतालवी) | 1630-1634 | मुगल सम्राट (शाहजहां) | 'द *लेवलिंग सी*' (पीटर मुंडी की संक्षिप्त जीवनी)। |
| जीन बैपटिस्ट टैवर्नियर (Jean Baptiste Tavernier) (फ्रेंच) | 1638-1643 | मुगल सम्राट (शाहजहां) | '*ट्रैवल्स इन इंडिया*' (भारत के हीरों और हीरे की खदानों के बारे में विस्तार से चर्चा की गई)। |
| निकोलो मनुची (Nicolao Manucci) (इतालवी) | 1653-1708 | मुगल सम्राट (औरंगजेब) | '*भारत में मुगल वंश का इतिहास, 1399-1657*' |
| फ्रेंकोइस बर्नियर (Francois Bernier) (फ्रेंच) | 1656-1717 | मुगल सम्राट (औरंगजेब) | • '*मुगल साम्राज्य में यात्राएं, 1656-1668 ई.*'<br>• '*महान मुगल साम्राज्य की अंतिम क्रांति का इतिहास*' |

## विगत वर्षों में पूछे गए प्रश्न (प्रारंभिक परीक्षा)

1. किसके राज्यकाल में ''योगवाशिष्ठ'' का निजामुद्दीन पानीपति द्वारा फारसी में अनुवाद किया गया? **(2022)**
   (a) अकबर (b) हुमायुँ
   (c) शाहजहाँ (d) औरंगजेब

2. मध्यकालीन भारत के संदर्भ में, निम्नलिखित में से कौन-सा आकार की दृष्टि से आरोही क्रम में सही अनुक्रम है? **(2021)**
   (a) परगना-सरकार-सूबा
   (b) सरकार-परगना-सूबा
   (c) सूबा-सरकार-परगना
   (d) परगना-सूबा-सरकार

3. मुगल भारत के संदर्भ में, जागीरदार और जमींदार के बीच क्या अंतर है/हैं? **(2019)**
   1. जागीरदारों के पास न्यायिक और पुलिस दायित्वों के एवज में भूमि आबंटनों का अधिकार होता था, जबकि जमींदारों के पास राजस्व अधिकार होते थे तथा उन पर राजस्व उगाही को छोड़कर अन्य कोई दायित्व पूरा करने की बाध्यता नहीं होती थी।

2. जागीरदारों को किए गए भूमि आबंटन वंशानुगत होते थे और जमींदारों के राजस्व अधिकार वंशानुगत नहीं होते थे।

नीचे दिए गए कूट का प्रयोग कर सही उत्तर चुनिए।

(a) केवल 1 (b) केवल 2
(c) 1 और 2 दोनों (d) न तो 1, न ही 2

4. मियां तानसेन के संदर्भ में, निम्नलिखित में से कौन-सा कथन सही नहीं है? (2019)
(a) सम्राट अकबर द्वारा इन्हें दी गई उपाधि तानसेन थी।
(b) तानसेन से हिंदू देवी-देवताओं से संबंधित ध्रुपदों की रचना की।
(c) तानसेन ने अपने संरक्षकों से संबंधित गानों की रचना की।
(d) तानसेन ने अनेक रागों की मौलिक रचना की।

5. इनमें से किस मुगल सम्राट ने सचित्र पांडुलिपियों से ध्यान हटाकर चित्राधार (एलबम) और वैयक्तिक रूपचित्रों पर अधिक जोर दिया? (2019)
(a) हुमायूं (b) अकबर
(c) जहांगीर (d) शाहजहां

6. भारत के सांस्कृतिक इतिहास के सन्दर्भ में, निम्नलिखित कथनों पर विचार कीजिए: (2018)
1. फतेहपुर सीकरी स्थित बुंलद दरवाजा तथा खानकाह के निर्माण में सफेद संगमरमर का प्रयोग हुआ था।
2. लखनऊ स्थिर बड़ा इमामबाड़ा और रूमी दरवाजा के निर्माण में लाल-बलुआ पत्थर और संगमरमर का प्रयोग हुआ था

उपर्युक्त कथनों में से कौन-सा/से सही है/हैं?

(a) केवल 1 (b) केवल 2
(c) 1 और 2 दोनों (d) न तो 1 और न ही 2

7. निम्नलिखित में से किस विदेशी यात्री ने भारत के हीरों और हीरे की खदानों की विस्तृत चर्चा की? (2018)
(a) फ्रेंकोइस बर्नियर
(b) जीन-बैप्टिस्ट टैवर्नियर
(c) जीन डे थेवेनोट
(d) अब्बे बार्थेलेमी कैरे

8. भारतीय इतिहास के मध्ययुगीन काल में बंजारा आमतौर पर थे: (2016)
(a) कृषक (b) योद्धा
(c) बुनकर (d) व्यापारी

9. निम्नलिखित पर विचार कीजिए: (2015)
भारत में बाबर के आने से
1. उप-महाद्वीप में बारूद का परिचय
2. क्षेत्र के वास्तुकला में महराब और गुम्बद वास्तुकला का परिचय
3. क्षेत्र में तैमूर राजवंश की स्थापना

नीचे लिखे कूट का इस्तेमाल कर सही उत्तर चुने:

(a) सिर्फ 1 और 2 (b) सिर्फ 3
(c) 1 और 3 (d) 1, 2, और 3

10. फतेहपुर सीकरी का इबादत खाना था: (2014)
(a) शाही परिवार के इस्तेमाल के लिए मस्जिद
(b) अकबर का निजी प्रार्थना कक्ष
(c) सभाकक्ष, जिसमें अकबर विभिन्न धर्मों के विद्वानों के साथ चर्चा करता था।
(d) कक्ष, जिसमें विभिन्न धर्मों के कुलीन लोग धार्मिक मामलों पर चर्चा करने के लिए इकट्ठा होते थे।

11. निम्नलिखित पर विचार कीजिए: (2012)
1. मिट्टी की प्रकृति एवं फसल की गुणवत्ता के आधार पर भू-राजस्व का मूल्यांकन
2. युद्ध में सचल तोपों का उपयोग
3. तंबाकू और लाल मिर्ची की खेती

उपरोक्त में से अंग्रेजों द्वारा भारत में क्या शुरू किया गया था?

(a) सिर्फ 1 (b) 1 और 2
(c) 2 और 3 (d) कोई नहीं

12. किस मुगल बादशाह के समय में इंग्लैंड की ईस्ट इंडिया कंपनी ने भारत में अपना पहला कारखाना लगाया? (2008)
(a) अकबर
(b) हुमायूं
(c) जहांगीर
(d) औरंगजेब

13. निम्नलिखित में से कौन-सा ब्रिटिश द्वारा भारत में बनाया गया पहला किला था? (2007)
    (a) फोर्ट विलियम
    (b) फोर्ट सेंट जॉर्ज
    (c) फोर्ट सेंट डेविड
    (d) फोर्ट सेंट एंजेलो

14. भारतीय इतिहास में अब्दुल हामिद लाहौरी कौन था? (2006)
    (a) अकबर के शासन काल में एक महत्वपूर्ण सैन्य कमांडर
    (b) शाहजहां के शासन काल में एक आधिकारिक इतिहासकार
    (c) औरंगजेब का विश्वासपात्र और एक महत्वपूर्ण सिपहसलार
    (d) मुहम्मद शाह के शासन के दौरान इतिहास लेखक एवं कवि

15. भक्त तुकाराम किस मुगल बादशाह के समकालीन थे? (2006)
    (a) बाबर (b) अकबर
    (c) जहांगीर (d) औरंगजेब

16. अहमदनगर के निजाम शाही के साम्राज्य का किस प्रकार अंत हुआ? (2004)
    (a) अहमदनगर मुगल साम्राज्य में मिल गया और हुसैन शाह को आजीवन काराबास भेज दिया गया।
    (b) मुगल सेना ने दौलताबाद किले को ध्वस्त कर दिया और अहमदनगर के निजाम-उल-मुल्क को मार दिया गया।
    (c) फतेह खान ने निजाम-उल-मुल्क से राजगद्दी छीन ली।
    (d) 1631 ई. में एक लड़ाई में मलिक अम्बर मुगलों से हार गया और पूरा शाही परिवार मुगल सैनिकों द्वारा मार दिया गया।

17. ***अभिकथन (A):*** सम्राट अकबर 1581 ई. में विशाल सेना के साथ अफगानिस्तान की ओर बढ़ा।

    ***कारण (R):*** वह मध्य एशिया में अपने पैतृक देश फरगना को पुन: हासिल करने के लिए रास्ते पर था। (2003)
    (a) A और R दोनों सही हैं और R सही व्याख्या है A की
    (b) A और R दोनों सही हैं लेकिन R सही व्याख्या नहीं है A की
    (c) A सही है, लेकिन R गलत है।
    (d) A गलत है, लेकिन R सही है।

18. शाहजहां के बल्ख अभियान के पीछे उद्देश्य था: (2002)
    (a) काबुल की सीमा से सटे बल्ख और बादकशन में एक मित्रवत् शासक सुनिश्चित करना
    (b) मुगल मातृभूमि समरकंद और फरगना को जीतना
    (c) अमू दारिया के वैज्ञानिक सोच के साथ मुगल फ्रंटियर बनाना
    (d) उप-महाद्वीप से बाहर मुगल साम्राज्य का विस्तार करना

19. ***अभिकथन (A):*** पानीपत की पहली लड़ाई के बनिस्पत खानवा की लड़ाई निश्चित रूप से ज्यादा निर्णायक और महत्वपूर्ण थी।

    ***कारण (R):*** इब्राहिम लोधी के बनिस्पत राजपूत नायक राणा सांगा निश्चित रूप से ज्यादा दुर्जेय प्रतिद्वंदी था। (2001)
    (a) A और R दोनों सही हैं और R सही व्याख्या है A की
    (b) A और R दोनों सही हैं लेकिन R सही व्याख्या नहीं है A की
    (c) A सही है, लेकिन R गलत है
    (d) A गलत है, लेकिन R सही है

20. ***अभिकथन (A):*** अकबर के समय, प्रत्येक 10 घुड़सवारों के लिए मनसबदारों को 20 घोड़ों की व्यवस्था रखनी होती थी।

    ***कारण ( R ):*** युद्ध के समय मार्च और प्रतिस्थापन के दौरान घोड़ों को आराम को देना जरूरी होता था। (1999)
    (a) A और R दोनों सही हैं, और R सही व्याख्या है A की

(b) A और R दोनों सही हैं, लेकिन R सही व्याख्या नहीं है A की
(c) A सही है, लेकिन R गलत है।
(d) A गलत है, लेकिन R सही है।

21. निम्नलिखित में कौन-सा युग्म ठीक से मेल नहीं खाता है? **(1999)**
(a) जहांगीर: विलियम हॉकिन्स
(b) अकबर: सर थॉमस रो
(c) शाह जहां: टवेर्नियर
(d) औरंगजेब: मनूची

22. निम्नलिखित वक्तव्यों पर विचार कीजिए: **(1998)**
अहादी वह तमाम सैनिक थे जो,
1. अपनी सेवा अकेले देने की पेशकश की
2. अपने आप को किसी प्रमुख से नहीं जोड़ा
3. सम्राट ही उनका तत्काल कर्नल था
4. मिर्जाओं के साथ खुद को संलग्न किया
इनमें से सही कथन हैं:
(a) 1, 3, और 4 सही है
(b) 1,2 और 3 सही है
(c) 2 और 3 सही है
(d) 1 और 3 सही है

23. कंधार की हानि मुगल साम्राज्य के लिए एक दृष्टिकोण से एक बड़ा झटका था: **(1998)**
(a) प्राकृतिक संसाधन (b) बफर क्षेत्र
(c) संचार (d) रणनीतिक गढ़

24. अकबर के शासनकाल के दौरान प्रशासन के मान्यता प्राप्त केंद्रीय तंत्र का मुखिया होता था: **(1997)**
(a) दीवान (b) मीर बक्शी
(c) मीर समन (d) बक्शी

25. मध्ययुगीन भारत में मनसबदारी व्यवस्था को मुख्य रूप से शुरू किया गया था: **(1996)**
(a) सेना के लिए भर्ती करना
(b) राजस्व संग्रह को सुविधाजनक बनाना
(c) धार्मिक सद्भाव सुनिश्चित करना
(d) स्वच्छ प्रशासन लागू करना

26. नस्तालिक था: **(1996)**
(a) मध्ययुगीन भारत में इस्तेमाल होने वाली फारसी लिपि
(b) तानसेन द्वारा रचित राग
(c) मुगल शासकों द्वारा लगाए गए उपकर
(d) उलेमाओं के लिए आचार संहिता की नियमावली

## उत्तरमाला

| | | | | | | | |
|---|---|---|---|---|---|---|---|
| 1. (a) | 2. (a) | 3. (c) | 4. (d) | 5. (b) | 6. (d) | 7. (b) | 8. (d) |
| 9. (a) | 10. (c) | 11. (d) | 12. (c) | 13. (b) | 14. (b) | 15. (c) | 16. (a) |
| 17. (c) | 18. (a) | 19. (a) | 20. (d) | 21. (b) | 22. (b) | 23. (d) | 24. (b) |
| 25. (d) | 26. (a) | | | | | | |

# विगत वर्षों में पूछे गए प्रश्न (मुख्य परीक्षा)

1. मध्यकालीन भारत के फारसी साहित्यिक स्रोत उस काल के युगबोध का प्रतिबिंब है। टिप्पणी कीजिए। **(2022 सा.अ. प्रश्नपत्र 1)**

2. 16वीं शताब्दी को भारतीय पुनर्जागरण की अवधि क्यों मानी जानी चाहिए? **(2015, वैकल्पिक इतिहास)**

3. मुगलों की जागीर व्यवस्था से सुलतानों की इक्ता प्रणाली किस प्रकार अलग थी? **(2014, वैकल्पिक इतिहास)**

## अभ्यास प्रश्न (प्रारंभिक परीक्षा)

1. सूची-1 से सूची-2 का मिलान कीजिए और नीचे दिए कूट की मदद से सही उत्तर चयन कीजिए:

| *सूची-1* | *सूची-2* |
|---|---|
| (A) अकबर | 1. आगरा में मोती मस्जिद |
| (B) हुमायूं | 2. बुलंद दरवाजा |
| (C) जहांगीर | 3. जमाली मस्जिद |
| (D) शाहजहां | 4. पेंटिंग का चरमोत्कर्ष |

*कूट:*

| | A | B | C | D |
|---|---|---|---|---|
| (a) | 2 | 4 | 3 | 1 |
| (b) | 2 | 3 | 4 | 1 |
| (c) | 1 | 4 | 3 | 2 |
| (d) | 1 | 3 | 4 | 2 |

2. सूची-1 से सूची-2 का मिलान कीजिए और नीचे दिए कूट की मदद से सही उत्तर चयन कीजिए।

| *सूची-1* | *सूची-2* |
|---|---|
| (A) *शाहजहां नामा* | 1. इनायत खान |
| (B) *आइन-ए-अकबरी* | 2. जहांगीर |
| (C) *हुमायूं नामा* | 3. गुलबदन बेगम |
| (D) *तुजुक-ए-जहांगीरी* | 4. अबुल फजल |

*कूट:*

| | A | B | C | D |
|---|---|---|---|---|
| (a) | 2 | 4 | 3 | 1 |
| (b) | 2 | 3 | 4 | 1 |
| (c) | 1 | 4 | 3 | 2 |
| (d) | 1 | 3 | 4 | 2 |

### उत्तरमाला

1. (b) 2. (c)

## अभ्यास प्रश्न (मुरव्य परीक्षा)

1. मनसबदारी व्यवस्था को ध्यान में रखते हुए सैन्य संगठन के मामले में मुगलों के अभिनव प्रयोगों का समझाइए।
2. कला और वास्तुकला के क्षेत्र में मुगलों का मुख्य योगदान क्या था? विस्तार से बताइए।
3. हुमायूं के बारे में कहा जाता है कि, ''उसका पूरा जीवन अस्त-व्यस्त रहा और अंत में वह अपने जीवन से हार गया।'' क्या आप सहमत हैं? उचित कारण बताएं।
4. शेरशाह सूरी का शासन प्रबंध मुगल और ब्रिटिश प्रशासन दोनों के लिए नींव था। स्पष्ट करें।

अध्याय

# 14

# उत्तर मुगल, मराठा और अन्य प्रांतीय राज्य

जैसा कि हम पहले चर्चा कर चुके हैं, बादशाह औरंगजेब के लंबे और मजबूत शासन काल के दौरान ही मुगल साम्राज्य की एकता और स्थिरता हिल गई थी। हालांकि इन बाधाओं के बावजूद मुगल सेना और प्रशासन 1707 ई. में औरंगजेब की मृत्यु तक काफी सशक्त थे। आमतौर पर इस वर्ष का उल्लेख **महान मुगलों के काल से कमतर मुगलों**, जिन्हें **उत्तर मुगल** के रूप में भी जाना जाता है, को अलग करने के लिए **पृथक् वर्ष** के रूप में किया किया जाता है। औरंगजेब की मृत्यु के बाद मुगल साम्राज्य का तेजी से पतन हुआ और वह इस स्थिति में नहीं था कि साम्राज्य के अन्य भागों में नियम लागू करवाने के लिए सेना को बाध्य कर सके। परिणामस्वरूप, बहुत-से प्रांतीय शासकों ने अपने अधिकारों का दावा करना आरंभ कर दिया। बहुत सारे राज्यों, जो पहले मुगलों के अधीन थे, ने भी अपनी स्वतंत्रता की घोषणा करनी आरंभ कर दी। समय के साथ-साथ उन्होंने स्वतंत्र राज्य का दर्जा हासिल कर लिया। 1707-1761 **ई. के बीच** का काल (औरंगजेब

की मृत्यु के समय से पानीपत की तीसरी लड़ाई के बीच का समय, जिसमें अहमद शाह अब्दाली ने मराठा शासकों को पराजित किया था), **क्षेत्रीय पहचानों के पुनरुत्थान** का गवाह बना और कभी महान रहे मुगलों के प्रशासन की दयनीय स्थिति को उजागर किया। मुगल दरबार कुलीन तंत्र के बीच गुटबाजी का स्थल बन गया।

**1707 ई. में औरंगजेब की मृत्यु** के पश्चात् उसके तीन जीवित बचे पुत्रों **मुअज्जम** (काबुल का गवर्नर), **मुहम्मद काम बख्श** (दक्कन का गवर्नर) और **मुहम्मद आजम शाह** (गुजरात का गवर्नर) के बीच **उत्तराधिकार का युद्ध** छिड़ गया। अंततः मुअज्जम **जाजौ की लड़ाई** में मुहम्मद आजम शाह को पराजित कर विजेता के रूप में उभरा और वह बहादुर शाह प्रथम की उपाधि के साथ सिंहासन पर बैठा।

## उत्तर मुगल

**बहादुर शाह प्रथम/मुअज्जम/शाह आलम प्रथम ( 1702-1712 ई. )**

- 63 वर्ष की आयु में **'बहादुर शाह'** की पद्वी के साथ सिंहासन पर बैठा।
- उसने अमीरों के साथ **समझौते की नीति** का पालन किया, उन्हें उपयुक्त क्षेत्र व पद दिए, अपने विरोधियों का साथ देने वाले अमीरों को भी माफ कर दिया। मगर उसके अंधाधुंध जागीरों के दान व पदोन्नतियों के कारण राज्य की अर्थव्यवस्था खराब हो गई। इतिहासकार अक्सर यह मानते हैं कि **वास्तविक सत्ता उसके वजीर, जुल्फिकार खान के हाथों में थी।**
- उसने हिंदुओं के प्रति **और अधिक सहनशील रुख** अपनाया। उसने कभी जजिया को समाप्त नहीं किया, लेकिन कर एकत्र करने के प्रयास उतने दृढ़ नहीं थे।
- उसने **मेवाड़ और मारवाड़ की स्वतंत्रता को मान्यता दी।** मगर, यह समझौता उनको मुगलों के प्रति पूर्ण समर्पित योद्धा के रूप में बहाल नहीं कर पाया।
- बादशाह की मराठों के प्रति नीति भी वही **अधूरे मन से किए गए समझौते** की तरह थी। उसने शाहू को रिहा तो कर दिया लेकिन उसे न्यायपूर्ण मराठा शासक के रूप में मान्यता नहीं दी। इसी तरह, उसने मराठों को दक्कन की सरदेशमुखी तो दी, लेकिन चौथ नहीं दे पाया और इसलिए उन्हें पूरी तरह से संतुष्ट नहीं कर पाया और मराठों ने आपस में और साथ ही दक्कन में मुगलों के विरुद्ध लड़ाई जारी रखी।
- हालांकि, वह जाट शासक चूड़ामन और बुंदेला शासक छत्रसाल के साथ **समझौते करने में सफल रहा,** जिन्होंने सिखों के विरुद्ध अभियानों में भी उसका साथ दिया था। उसने गुरु गोविंद सिंह को ऊंचा मनसब प्रदान किया, लेकिन बंदा बहादुर ने विद्रोह कर दिया। बंदा बहादुर के विरुद्ध अभियान के दौरान 1712 ई. में उसकी मृत्यु हो गई।
- मुगल इतिहासकारों, जैसे-खफी खान, ने उसे **'शाह-ए-बेखबर'** की पद्वी दी।

**जहांदार शाह ( 1712-1713 ई. )**

- बहादुरशाह की मृत्यु के साथ ही, मुगल राजनीति में एक नए तत्व का प्रवेश हुआ। अब, **अमीर सिंहासन के सीधे आकांक्षी बन गए** और उन्होंने सत्तावादी पदों पर कब्जा जमाने के लिए शहजादों का मोहरों की तरह इस्तेमाल किया।
- जहांदार शाह मुगल भारत का पहला **कठपुतली शासक** था। वह सबसे शक्तिशाली ईरानी अमीर और अपने वजीर, **जुल्फिकार खान** की सहायता से गद्दी पर बैठा। लेकिन सत्ता की लगाम जुल्फिकार खान के हाथों में थी।

- जुल्फिकार खान ने औरंगजेब की बहुत-सी नीतियों को उलट दिया और राजपूतों, मराठों और विभिन्न हिंदू शासकों के साथ मैत्रीपूर्ण संबंध स्थापित करने का प्रयास भी किया। उसने **जजिया समाप्त कर दिया** और **आमेर के जयसिंह को मिर्जा राज सवाई तथा अजीत सिंह को महाराजा** की पद्वी प्रदान की। साथ ही उसने शाहू को दक्कन की चौथ और सरदेशमुखी भी दी और चूड़ामन जाट व छत्रसाल बुंदेला से समझौते भी किए। **केवल बंदा बहादुर** और सिखों के **विरुद्ध** उसने **दमन की पुरानी नीति** जारी रखी।
- जुल्फिकार खान ने जागीरों और पदों के अंधाधुंध दान को रोककर राज्य की वित्तीय स्थिति को सुधारने का प्रयास किया। उसने मनसबदारों पर सेना के आधिकारिक कोटे की देखरेख का दबाव डालने का प्रयास किया। लेकिन वह इतिहास में **इजाराह (खेती का राजस्व) की कुप्रथा को आरंभ करने के लिए** बदनाम है।
- जहांदार शाह की पसंदीदा महिला, लाल कंवर (एक नाचने वाली) दरबार पर शासन करती थी।

**फार्रुखसियार (1713-1719 ई.)**

- **जहांदार शाह का भाई,** जिसने 1713 ई. में आगरा में जहांदार शाह को पराजित किया था।
- उसने **सैय्यद बंधुओं (शासक निर्माता)** की सहायता से सिंहासन हासिल किया, जिसने जुल्फिकार खान द्वारा पहले लागू की गई नीतियों को बढ़ावा दिया, लेकिन सैय्यद बंधुओं द्वारा उसे मरवा दिया गया और उन्होंने खुद को मुख्य पदों पर नियुक्त कर लिया:
  - **सैय्यद अब्दुल्ला खान** – वजीर
  - **हुसैन अली खान** – मीर बख्शी
- सैय्यद बंधुओं ने राजपूत, मराठों और जाटों के साथ समझौतों के प्रयास किए और वे सिख विद्रोह को दबाने में भी सफल रहे। फार्रुखसियार के शासन काल के दौरान ही **सिख अगुआ, बंदा बहादुर को मरवा दिया गया।**
- **1717 ई.** में, बादशाह ने **लापरवाहीपूर्वक ईस्ट इंडिया कंपनी को बहुत-से व्यापारिक विशेषाधिकार प्रदान किए,** जिनमें बंगाल के रास्ते व्यापार पर सीमा-शुल्क में छूट भी शामिल थी।
- सैय्यद बंधुओं ने जजिया को पूरी तरह से समाप्त कर दिया और साथ ही बहुत-से स्थानों से तीर्थ यात्रा कर भी समाप्त कर दिया।
- हालांकि, सैय्यद बंधुओं की प्रबल शक्ति के कारण, फार्रुखसियार और सैय्यद बंधुओं के बीच दरार पैदा हो गई। बादशाह ने सैय्यद बंधुओं के विरुद्ध तीन बार षड्यंत्र रचे, लेकिन उन्हें पराजित करने में असफल रहा।
- अंततः, 1719 ई में, **सैय्यद बंधुओं ने बालाजी विश्वनाथ के साथ एक समझौता किया,** जिसके अनुसार दिल्ली में चल रहे प्रभुत्व के संघर्ष में मराठों द्वारा सक्रिय सशस्त्र सहायता देने के बदले में उन्हें बहुत सारी छूट प्रदान की गई। मराठा सेना की मदद से **सैय्यद बंधुओं ने फार्रुखसियार को मार दिया।**
- फार्रुखसियार की हत्या से कुलीन गुटों के बीच सैय्यदों के विरुद्ध विरोध की लहर उठ खड़ी हुई, ये कुलीन गुट सैय्यदों की बढ़ती शक्ति से ईर्ष्या भी करते थे।

**रफी-उस-दराजत (1719 ई.)**

- **सैय्यद बंधुओं द्वारा** फार्रुखसियार के स्थान पर गद्दी पर बिठाया गया। वास्तव में, सैय्यद बंधुओं ने 1719 ई. में आठ महीनों के छोटे अंतराल में तीन युवा शहजादों को त्वरित उत्तराधिकार से सिंहासन तक पहुंचाया।
- चार महीने के अंदर ही **क्षय रोग** (तपेदिक) **से उसकी मृत्यु हो गई।**

- उसके शासन के दौरान, **निकुसियार** (औरंगजेब का पौत्र) ने **विद्रोह** किया और मित्रसेन (नगर ब्राह्मण) की मदद से खुद को **आगरा के बादशाह के रूप में स्थापित कर लिया।**

**रफी-उस-दौला ( 1719 ई. )**

- हुस्सैन अली खान ने आगरा पर चढ़ाई की और निकुसियार को बंदी बना लिया।
- **शाहजहां द्वितीय** की पद्वी दी गई।
- **सबसे अल्पकालीन** शासन, जल्द ही मृत्यु हो गई क्योंकि वह भी क्षय रोग (तपेदिक) से पीड़ित था।

**मोहम्मद शाह रंगीला/रोशन अख्तर ( 1719–1748 ई. )**

- जहांशाह (जहांदार शाह का भाई) का पुत्र, जो नृत्य से प्रेम करता था और स्वयं भी एक **कुशल कत्थक नृतक** था।
- 1720 ई. में निजाम-उल-मुलक, चिन कुलिच खान और अपने पिता के चचेरे भाई मोहम्मद अमीन खान के नेतृत्व में **सैय्यद बंधुओं को हटाने में सफल हुआ।** हुसैन अली की हत्या कर दी गई और अब्दुल्ला खान को बंदी बना लिया गया। उसने मोहम्मद अमीन (जिसने हुसैन खान को मारा था) को एत्मादुद्दौला की पद्वी के तहत वजीर के रूप में नियुक्त किया।
- हालांकि, उसके शासन में स्वायत्त राज्य उभरे:
- **निजाम-उल-मुल्क-दक्कन**
- **सआदत खान-अवध**
- **मुर्शीद कुली खान – बंगाल, बिहार और ओडिशा**
- साम्राज्य की कमजोरी उस समय उजागर हुई, जब 1739 ई. में **नादिरशाह ने न केवल भारत पर आक्रमण किया,** बल्कि मुगल बादशाह को भी बंदी बना लिया और दिल्ली को लूटा।
  - **नादिर शाह का आक्रमण ( 1739 ई. ):** नादिर शाह ईरान का सम्राट था, जो अफगानों को ईरान से बाहर कर गरीब चरवाहे के पुत्र से राष्ट्रीय नायक के रूप में उभरा था।
- आक्रमण के कारण:
  - 1736 ई. में नादिर शाह के सत्ता में आने के बाद मोहम्मद शाह रंगीला ने ईरानी दरबार से **अचानक अपने राजदूत को वापस बुला लिया** और ईरान से सभी कूटनीतिक संबंध समाप्त कर दिए। नादिर शाह ने तीन दूत मुगल दरबार में भेजे और उसके तीसरे दूत को रंगीला द्वारा बंदी बना लिया गया, इन सब कारणों ने संभवत: नादिर शाह को क्रुद्ध कर दिया था।
  - साथ ही, **रंगीला ने** कुछ अफगान अमीरों को **शरण दी,** जो नादिर शाह के अफगानिस्तान पर आक्रमण के समय उससे बचकर भाग निकले थे।
  - निजाम-उल-मुल्क और सआदत खान ने भारत पर आक्रमण के लिए नादिर शाह को विशेष संदेश भेजकर **आमंत्रित** किया था।
- नादिर शाह के आक्रमण के क्रम
  - उसने जलालाबाद, पेशावर पर कब्जा कर लिया और लाहौर की ओर बढ़ा।
  - लाहौर के गवर्नर, जकारिया खान ने ज्यादा विरोध किए बिना समर्पण कर दिया।
  - नादिर शाह ने सोने के सिक्के गढ़वाए और अपने नाम का खुतबा पढ़ा।

- ◆ 1739 ई. में नादिर शाह और मोहम्मद शाह का **करनाल** में आमना-सामना हुआ, लेकिन मोहम्मद शाह पराजित हुआ और 25 करोड़ रुपए हर्जाने के तौर पर देने के लिए तैयार हो गया, और सिंधु पार के प्रांत जिनमें सिंध, पश्चिमी पंजाब और काबुल शामिल थे, नादिर शाह को सौंप दिए। नादिर शाह की सेना धन का भुगतान होने तक राजधानी में ही रुक गई और दिल्ली में आम जनता, जिनमें स्त्रियां व बच्चे भी शामिल थे, के **भीषण कत्ल-ए-आम** में लिप्त हो गई।
- ◆ वह प्रसिद्ध **कोहिनूर हीरा भी अपने साथ ले गया।**
- ◆ वह एक काबिल सेनापति और प्रशासक था, लेकिन युद्ध के समय निर्दयी हत्यारा था
- मोहम्मद शाह रंगीला के शासन काल के दौरान ही **पहली बार अहमद शाह अब्दाली ने** साम्राज्य पर **आक्रमण किया।**

**अहमद शाह ( 1748-1757 ई. )**

- मोहम्मद शाह रंगीला का एकमात्र पुत्र, जो कि एक नाचने वाली कुदसिया बेगम से पैदा हुआ था।
- **अहमद शाह अब्दाली ने दिल्ली पर** कई बार **आक्रमण** किए और पंजाब के साथ मुल्तान उसे सौंप दिए गए।
- **मराठों ने मालवा** और बुंदेलखंड छीन लिए।
- ऐसा माना जाता है कि उसके वजीर, इमाद-उल-मुल्क ने उसे अंधा करवाकर सलीमगढ़ में बंदी बना लिया था।

**आलमगीर द्वितीय ( 1754-1759 ई. )**

- जहांदार शाह का पुत्र
- अहमद शाह अब्दाली के **लगातार आक्रमण**
- **प्लासी की प्रसिद्ध लड़ाई** (1757 ई.) उसके कार्यकाल के दौरान लड़ी गई।
- उसकी हत्या भी उसके वजीर इमाद-उल-मुल्क द्वारा कर दी गई।

**चित्र 14.1** प्लासी का युद्ध भारत के बिष्णुपुर में मल्ल राजवंश के मंदिर की आधार पंक्ति पर अंकित है

### अलीगौहर/शाह आलम द्वितीय ( 1759-1806 ई. )

- उसके शासन काल के दौरान उसकी **सत्ता इतनी क्षीण** हो चुकी थी कि उसने पारसी में एक कहावत को जन्म दिया 'सल्तनत-ए-शाह आलम, अज दिल्ली ता पालम', जिसका अर्थ है ''शाह आलम का शासन दिल्ली से पालम तक है'', पालम दिल्ली की एक उपबस्ती थी।
- अपने वजीर के भय के कारण, वह 1761-1764 ई. तक **अवध के शुजा-उद-दौला के साथ शरणार्थी** के रूप में रहा। वह दिल्ली तब तक नहीं लौटा, जब तक मराठों ने 1771 ई. में अपने कब्जे को पुनर्स्थापित कर उसे राजधानी आमंत्रित नहीं किया।
- **पानीपत की तीसरी लड़ाई ( 1761 ई. )** उसके शासन काल के दौरान लड़ी गई थी (मराठों और अहमद शाह अब्दाली के बीच)।
- उसने **बक्सर की लड़ाई ( 1764 ई. )** में भी बंगाल के नवाब, मीर कासिम और अवध के नवाब, शुजा-उद-दौला की संयुक्त सेना के साथ अंग्रेजों की ईस्ट इंडिया कंपनी के विरुद्ध भाग लिया। लेकिन वह पराजित हुआ और उसे जबरन **इलाहाबाद की संधि** (1765 ई.) करनी पड़ी, जिसके तहत बंगाल (जिसमें बिहार और ओडिशा सम्मिलित थे) की *दीवानी*[1] अंग्रेजी ईस्ट इंडिया कंपनी को दे दी गई।

### अकबर द्वितीय ( 1806–1837 ई. )

- केवल **अंग्रेजों के संरक्षण** में रहा क्योंकि 1803 ई. में अंग्रेजों ने दिल्ली पर कब्जा कर लिया।
- उसने **राम मोहन राय को 'राजा' की उपाधि प्रदान की।**
- वह एक **महान कवि** था और उसे हिंदू-मुसलमान एकता उत्सव, फूल वालों की सैर **आरंभ करवाने** का श्रेय जाता है।

### बहादुर शाह द्वितीय/जफर ( 1837–1857 ई. )

- अंतिम मुगल बादशाह, जो **नाममात्र के शासक** से ज्यादा कुछ नहीं था, क्योंकि मुगल साम्राज्य का सिर्फ नाम ही रह गया था और उसका अधिकार सिमटकर सिर्फ दिल्ली शहर (शाहजहांनाबाद) तक ही रह गया था।

**चित्र 14.2** बहादुर शाह जफर

[1] राजस्व संग्रहण अधिकार

- वह एक **पारंगत उर्दू शायर था,** जो **जफर** (विजय) के उपनाम से लिखता था, उसने बहुत-सी उर्दू गजलें लिखीं।
- **1857 ई. के विद्रोह में भाग लिया,** विद्रोह के बाद उसे रंगून निर्वासित कर दिया गया, जहां 1862 ई. में उसकी मृत्यु हो गई।

## मुगलों का पतन

विभिन्न **राजनीतिक, सामाजिक और आर्थिक** कारक मुगल साम्राज्य के पतन और अपकर्ष के कारण थे।

| मुगलों के पतन के उत्तरदायी कारक | |
|---|---|
| (a) **कमजोर उत्तराधिकारी** | • औरंगजेब का कोई भी उत्तराधिकारी साम्राज्य को स्थायित्व नहीं दे पाया।<br>• वे पूर्ण रूप से **अक्षम** थे और उनमें से ज्यादातर उन शक्तिशाली अमीरों के हाथों की **कठपुतली** थे, जो उनकी ओर से शासन चलाते थे।<br>• किसी में भी केंद्र से दूर की ताकतों को काबू में करके साम्राज्य को एकजुट करने की योग्यता नहीं थी।<br>• उत्तराधिकार के लिए हुए युद्धों, जिनसे दिल्ली 1707–1719 ई. तक त्रस्त रही, ने भी साम्राज्य को कमजोर किया। |
| (b) **कुलीनों की भूमिका** | • मुगल साम्राज्य के विघटन का एक प्रमुख कारण **कुलीनों के बीच की अंदरूनी कलह** थी। उन्होंने बहुत शक्ति हासिल कर ली थी और राजनीति व राज्य की गतिविधियों की कार्यप्रणाली उनके व्यक्तिगत स्वार्थ द्वारा संचालित होती थी।<br>• मुगल दरबार में कुलीनों के चार समूह शामिल थे–<br>◆ *तुर्रानी,*<br>◆ *ईरानी,*<br>◆ *अफगानी* और<br>◆ *भारत में जन्मे मुसलमान।*<br>केंद्र पर कमजोर शासकों के पदग्रहण करने से वे सत्ता के लिए मजबूत प्रत्याशी बन गए थे। वे अधिक जागीरों और ऊंचे पदों के लिए आपस में लड़ते थे, ये जागीरें व पद संख्या में सीमित थे। इस प्रकार उन्होंने जागीरों से अपने लिए आय एकत्रित कर सेना को कमजोर कर दिया और सैनिकों की संख्या कम कर दी। |
| (c) **अप्रभावी मुगल सेना, नौसेना की उपेक्षा और विदेशी आक्रमण** | • मुगल सेना बहुत-सी महत्वपूर्ण लड़ाइयां हारने के बाद धीरे-धीरे अकुशल और निराश हो गई थी।<br>• मुगलों द्वारा **नौसेना की उपेक्षा** भी उन्हें बहुत महंगी पड़ी।<br>• **नादिर शाह और अहमद शाह अब्दाली के बाहरी आक्रमणों** से न केवल शाही खजाने को भारी क्षति पहुंची, बल्कि सेना और राजनीतिक प्रशासन की अकुशलता भी खुलकर सामने आ गई। |

| | |
|---|---|
| (d) **मजबूत राजकीय आय की कमी** | बहुत-से स्वायत्त राज्यों के उभरने के कारण राजस्व स्रोत समाप्त हो गए, और लगातार होने वाले युद्धों के कारण खजाना और भी खाली हो गया। |
| (e) **औरंगजेब का रुढ़िवादी शासन** | कुछ हद तक, **औरंगजेब की धार्मिक और दक्कन नीतियों** ने साम्राज्य के पतन में योगदान दिया। वह महत्वाकांक्षी था और अपने साम्राज्य की भौगोलिक सीमाओं को व्यवहारिकता को ध्यान रखे बिना बढ़ाना चाहता था। उसके **मराठा, राजपूत और जाटों के प्रति कट्टर रुख** ने उन वफादार योद्धाओं को उससे दूर कर दिया, और वह बिना किसी मजबूत गठबंधन के **और अधिक शत्रु** बनाता चला गया। उसकी धार्मिक नीति ने भी हिंदुओं को अलग-थलग कर दिया था, जिसका साम्राज्य के स्थायित्व पर निश्चित रूप से विपरीत प्रभाव पड़ा। |

## मुगल शासन

| मुख्य शब्द / अवधारणा | अर्थ |
|---|---|
| (a) मीर बक्शी | सेना, वेतन और खातों के कार्यालयों का प्रमुख |
| (b) खान-ए-सामा | शाही परिवार का प्रमुख |
| (c) मुख्य काजी | न्याय विभाग का प्रमुख |
| (d) मीर माल | शासक की गुप्त मुहर |
| (e) मुस्तौफी | महालेखा परीक्षक |
| (f) मुशरिफ | राजस्व सचिव |
| (g) वका-ए-नवीस | समाचार संवाददाता |
| (h) मीर अर्ज | याचिकाओं का प्रभार |
| (i) मीर तोजक | समारोह के विशेषज्ञ |
| (j) अमल गुजार | परगनाओं में राजस्व प्रशासन के प्रमुख |
| (k) वितिवची | लेखक/अभिलेखपाल |
| (l) शिकदर | न्याय और व्यवस्था का प्रमुख |
| (m) नस्क/कानकुट | जिसमें शासकीय अधिकारियों द्वारा उत्पादन का आंकलन किया जाता था |
| (n) मुकतई | स्थिर राजस्व की मांग, जिसे नकद में पट्टे पर दिया जाता था |
| (o) दहसला/जब्ती व्यवस्था | प्रत्येक श्रेणी की जमीन के प्रति बीघा औसत उत्पादन का पिछले दस वर्षों के उत्पादन के आधार पर आंकलन किया जाता था।<br>● विभिन्न श्रेणियों की जमीन में विभिन्न फसलों के संबंध में प्रति बीघा जमीन के औसत उत्पादन का एक-तिहाई भाग, राज्य की मांग के अनुसार निश्चित किया जाता था।<br>● ईस्ट इंडिया कंपनी द्वारा रैयतवाड़ी व्यवस्था में अपनाया गया |

## क्षेत्रीय राजनीति और राज्यों का उदय

केंद्रीय मुगल सत्ता के उत्तरोत्तर कमजोर पड़ने का परिणाम **विभिन्न प्रांतीय राज्यों के निर्माण** के रूप में सामने आया। मुगल दरबार ने भी इन राज्यों के गठन का विरोध नहीं किया क्योंकि उस समय उनकी प्रमुख चिंता प्रांतों से आने वाले आवश्यक राजस्व के प्रवाह को सुनिश्चित रखना और कम-से-कम दिखावे के लिए ही मुगल एकता को बनाए रखना थी।

मुगल पतन काल और उसके बाद की शताब्दियों (1700-1850 ई. के बीच) के दौरान भारत में जिन राज्यों का उदय हुआ वे अपने मूलभूत स्वरूप, राज्य संसाधनों और अपनी अवधि के संदर्भ में बहुत भिन्नता रखते थे। उदाहरण के लिए, हैदराबाद जैसा राज्य एक ऐसे क्षेत्र में था, जहां मुगल काल से पूर्व प्रांतीय राज्यों की पुरानी क्षेत्रीय परंपरा रही थी, जबकि बहुत से अन्य उत्तर मुगलकालीन राज्य सजातीय या सांप्रदायिक समूहों, जैसे–मराठा, जाट और सिख पर आधारित थे। इन क्षेत्रों के प्रत्येक दावेदार, अपनी ताकत के अनुरूप, अवसरों की तलाश में रहते थे और उन्हें जब्त कर आसपास के अन्य क्षेत्रों पर अपना प्रभुत्व स्थापित करना चाहते थे। इस प्रकार इस काल के **क्षेत्रीय राज्यों को तीन श्रेणियों में बांटा जा सकता है:**

| क्षेत्रीय राज्यों की श्रेणियां | |
|---|---|
| (a) **पूर्व मुगल कुलीनों द्वारा राज्यों का गठन** | • कुछ राज्य ऐसे थे, जिनके संस्थापक महत्वपूर्ण उच्च मनसब के मुगल कुलीन थे, जिन्होंने **अपनी बढ़ती ताकत और प्रशासनिक योग्यता के आधार पर,** कुछ दुर्जेय प्रांतीय राज्यों की स्थापना की।<br>• हालांकि, उन्होंने मुगल शासन से स्वतंत्रता की घोषणा कर दी थी, फिर भी वो कभी मुगल राज्य से औपचारिक संबंध नहीं तोड़ पाए।<br>• इस श्रेणी के प्रमुख राज्य **अवध, बंगाल और हैदराबाद** थे। **अवध** राज्य का संस्थापक **सआदत खान** था, जबकि **बंगाल** का संस्थापक **मुर्शीद कुली खान था** और **हैदराबाद** का संस्थापक **निजाम-उल-मुल्क आसफ जाह** था। ये तीनों इन प्रांतों के पूर्व गवर्नर और मुगल कुलीनतंत्र के शक्तिशाली सदस्य थे।<br>• इन राज्यों के प्रशासन से संबंधित एक दिलचस्प पहलू यह था कि इन राज्यों में **राजस्व मूल्यांकन** और **जमींदारी** व्यवस्था के क्षेत्र में बहुत सारे **सुधार** आरंभ हुए। इन राज्यों में सभी जमींदारों से, सख्ती के साथ नकद में राजस्व एकत्रित किया जाता था, जिसके परिणामस्वरूप बहुत-से जमींदारों को पैसे उधार लेने पड़ते थे और इसलिए वहां **रुपयों का लेन-देन करने वालों** और साहूकारों या **महाजनों** का उदय हुआ। राज्य और जमींदार वर्ग दोनों ही उधार के लिए इन पर आश्रित थे। धीरे-धीरे इन साहूकारों की स्थिति में विकास हुआ, जो न केवल शक्तिशाली हुए, बल्कि उनकी पहुंच प्रशासन तक भी हो गई। इसका परिणाम भी एक नई व्यवस्था के विकास के रूप में आया, जिसे **इजारादारी** व्यवस्था के नाम से जाना जाता था, जिसके तहत राज्य अपने कर एकत्रित करने के अधिकार की नीलामी कर उसे ऊंची बोली लगाने वाले को दे देता था जिसे इजारेदार कहा जाता था, जो ज्यादातर **रुपयों का लेने-देन करने वाले और महाजन** होते थे। इसके बदले में, राज्य को एक निश्चित आय मिलनी तय थी।<br>• इस व्यवस्था को मुगल शासन के दौरान बढ़ावा नहीं दिया गया क्योंकि ऐसी संभावना थी कि कर एकत्रित करने वाले लोग किसानों का शोषण कर उनसे निश्चित भुगतान राशि से बहुत ज्यादा वसूलेंगे, जबकि राज्य को कम देंगे, जिससे राजस्व को नुकसान पहुंचता। |

| क्षेत्रीय राज्यों की श्रेणियां | |
|---|---|
| (b) **वतन जागीरें** | दूसरी श्रेणी के 18वीं शताब्दी के प्रांतीय राज्य वे थे, जो **मुगल काल** के दौरान वतन जागीरों के रूप में **पहले ही से काफी स्वतंत्रता का लाभ उठा रहे थे,** जैसे कि **राजपूत राज्य।** |
| (c) **विद्रोही राज्य** | प्रांतीय राज्यों की तीसरी श्रेणी उन राज्यों की थी, जो मुगल प्रभुत्व के विरुद्ध **विद्रोह** करने के बाद उभरे थे। **सिख, मराठा और जाट** इसी समूह से संबंधित थे और इनसे अलग, समय के साथ मराठा एक दुर्जेय शक्ति के रूप में उभरे। |

# मराठा

मुगल वंश की धूमिल होती छाया में जो एकमात्र सबसे शक्तिशाली सत्ता उभरी, वह मराठों की थी। 16वीं और 17वीं शताब्दी में विभिन्न कारकों ने मराठों के उत्थान में योगदान दिया। मराठा इलाके का भौगोलिक वातावरण, जैसे कि **पहाड़ी क्षेत्र और घने जंगलों** आदि ने, संभवत: मराठों में कुछ विशिष्ट गुणों को आकार देने में मदद की। उदाहरण के लिए, इस कठिन इलाके ने मराठा सैनिकों को **गुरिल्ला युद्ध नीति में माहिर** बना दिया था। दक्कन की बीजापुर और अहमदनगर सल्तनतों में मराठा महत्वपूर्ण प्रशासनिक और सैन्य पदों पर थे, जिसने उन्हें **प्रशासन का प्रत्यक्ष अनुभव** दिया, जो आगे मराठा राज्य के उदय और गठन को आसान कर देने में सहायक साबित हुए। साथ ही, महाराष्ट्र में आध्यात्मिक गुरुओं, जैसे–तुकाराम, रामदास, वामन पंडित और एकनाथ; के प्रभाव में **भक्ति आंदोलन** का विस्तार हुआ जिसने उनके बीच **सामाजिक एकता** को बढ़ावा दिया और अति आवश्यक **राजनीतिक एकता शाहजी भोंसले** और उनके पुत्र **शिवाजी** ने प्रदान की। मुगल साम्राज्य के विघटन के मौके का फायदा उठाते हुए मराठों ने उत्तर की ओर अपना विस्तार आरंभ किया और मालवा, गुजरात व बुंदेलखंड का अतिक्रमण करते हुए कुछ ही समय में मुगल प्रभुत्व के सामने कड़ी चुनौती खड़ी कर दी।

## शिवाजी और मराठों का उदय

### शिवाजी राजे भोंसले (1674-1680 ई.)

- 19 फरवरी, 1630 ई. को पुणे (तत्कालीन पूना) में शिवनेर के पहाड़ी किले में जन्म हुआ।
- मराठों के **भोंसले वंश** से संबंधित थे।
- ***पिता***- शाहजी भोंसले (**अहमदनगर के निजाम शाही शासक के अधीन सेनाध्यक्ष थे,** लेकिन अहमदनगर के पतन के बाद उन्होंने अपनी सेवाएं **बीजापुर** स्थानांतरित कर दी थीं)।
- ***माता*** – जीजाबाई
- स्थानीय देवी 'शिवाय' के नाम पर 'शिवा' रखा गया।
- शिवाजी अपनी माता **जीजाबाई, दादाजी कोंडदेव** (उनके शिक्षक), सूफी संत **पीर संत याकूब, गुरु रामदास, तुकाराम** (भक्ति संत), **रत्नागिरि के हजरत बाबा,** रामायण और महाभारत से बहुत प्रभावित थे। इन सबने उनके व्यक्तित्व के विकास में मदद की।

**चित्र 14.3** शिवाजी भोंसले की मूर्ति, जिन्हें छत्रपति शिवाजी महाराज के नाम से भी जाना जाता है

- उन्होंने अपनी जीवन यात्रा का आरंभ 1637 ई. में अपने पिता से पूना की जागीर उत्तराधिकार में प्राप्त करने के बाद, एक स्वतंत्र युवा राजकुमार के रूप में पूना से किया। 1647 ई. में उनके संरक्षक, दादाजी कोंडदेव की मृत्यु के बाद शिवाजी ने अपनी जागीर का पूर्ण प्रभार ग्रहण किया।
- 1646 ई. में उन्होंने **बीजापुर के शासक से तोरण** को छीनकर उस पर **कब्जा** कर लिया और लूट के माल से राजगढ़ के किले का निर्माण करवाया। उन्होंने मराठा **प्रमुख चंदाराव मोरे से जावली पर भी कब्जा कर लिया।** इसने उन्हें मावला क्षेत्र का स्वामी बना दिया।
- 1654 ई. तक, शिवाजी ने पश्चिमी घाटों के किलों और कोंकण तट पर कब्जा कर लिया था। शिवाजी और उनके बड़े भाई ने आदिल शाह की हमलावर सेनाओं को पराजित कर दिया और अपने पिता की रिहाई को सुनिश्चित कर लिया।
- उन्होंने **दमन में पुर्तगाली बस्तियों पर भी हमले किए** और उनसे शुल्क प्राप्त किया।
- **प्रतापगढ़ की लड़ाई ( 1659 ई. ): अफजल खान** (बीजापुर के आदिल शाह का प्रतिनिधित्व किया) और शिवाजी के बीच लड़ी गई, जिसमें शिवाजी ने अपने शेर के पंजे से धोखे से अफजल खान को मार डाला और स्थानीय नायक बन गए। शिवाजी के सैन्य विजय अभियानों ने उन्हें मराठा क्षेत्र में एक प्रसिद्ध हस्ती बना दिया और बहुत-से स्थानीय लोग आगे जाकर उनकी सेना में शामिल हो गए।
- **कोल्हापुर की लड़ाई: जनरल रुस्तम जमान** (बीजापुर के आदिल शाह का प्रतिनिधित्व किया) और **शिवाजी** के बीच लड़ी गई। शिवाजी की जीत ने औरंगजेब को चिंतित कर दिया, लेकिन फिर भी उसने शिवाजी को एक पहाड़ी चूहे से ज्यादा कुछ नहीं समझा।
- **पवनखिंड की लड़ाई ( 1660 ई. ): सिद्दी जौहर** (बीजापुर के आदिल शाह का प्रतिनिधित्व किया) और शिवाजी के बीच लड़ी गई। शाहजी के द्वारा शिवाजी और आदिल शाह के बीच एक युद्ध विराम संधि की गई, इस प्रकार **शिवाजी के राज्य की स्वतंत्रता को स्वीकृति व औपचारिक रूप से मान्यता मिली।**

- 1660 ई. में **औरंगजेब** ने दक्कन के मुगल गवर्नर **शाइस्ता खान** को शिवाजी के विरुद्ध युद्ध के लिए भेजा। शिवाजी को मुगल सेना के हाथों पराजय का सामना करना पड़ा और उन्होंने पूना को खो दिया, लेकिन 1663 ई. तक युद्ध जारी रहा। 1663 ई. में, शिवाजी ने **शाइस्ता खान के शिविर पर रात्रि में साहसिक हमला किया,** जिसमें उन्होंने शाइस्ता खान को घायल कर उसके पुत्र को मार दिया। इस साहसिक हमले ने खान की प्रतिष्ठा को प्रभावित किया और औरंगजेब ने उसे वापस बुला लिया व सजा के तौर पर बंगाल भेज दिया।
- 1664 ई. में शिवाजी ने **सूरत** के समृद्ध बंदरगाह को लूट लिया। सूरत की इस लूट से, जो कि एक महत्वपूर्ण मुगल व्यापारिक नगर था, औरंगजेब गुस्से में आ गया और उसने **अंबर के राजा जयसिंह और दिलेर खान** को मराठा शक्ति को ध्वस्त करने के लिए भेजा। उन्होंने विस्तृत तैयारियां कीं और **पुरंदर के किले**[2] की घेराबंदी करने में सफल हुए। शिवाजी ने जयसिंह के साथ समझौता वार्ता आरंभ की और **1665 ई. में पुरंदर की संधि** पर हस्ताक्षर हुए। इस संधि के अनुसार, शिवाजी को उनके द्वारा कब्जाए 35 किलों में से 23 किलों को मुगलों को समर्पण करना पड़ा, और बाकी बचे 12 किलों को शिवाजी के पास मुगल साम्राज्य के प्रति निष्ठा व सेवा की शर्त पर छोड़ा गया। दूसरी ओर, **मुगलों ने शिवाजी को बीजापुर राज्य के कुछ हिस्सों को रखने के अधिकार को मान्यता दी।** चूंकि शिवाजी ने मुगलों की निजी सेवा से इनकार कर दिया, उनके नाबालिग पुत्र **सांभाजी को 5000** का मनसब दिया गया।
- कुछ किंवदंतियों के अनुसार 1665 ई. में, शिवाजी अपने पुत्र के साथ **आगरा** गए लेकिन उन्हें औरंगजेब द्वारा अपमानित कर **नजरबंद** करवा दिया गया। ऐसा माना जाता है कि वह उनको कंधार भेजना चाहता था, लेकिन **शिवाजी अपने पुत्र के साथ पालकी उठाने वालों के भेष में बचकर निकल गए।**
- औरंगजेब हताश हो गया और उसने शिवाजी को **राजा** की उपाधि और **बरार की जागीर** दी।
- 1667-1669 ई. के बीच शिवाजी ने सुर्खियों में न रहते हुए अपनी सेना का गठन किया। 1670 में उन्होंने अपने हारे हुए लगभग सभी किलों को वापिस पा लिया और दूसरी बार सूरत को लूटा।
- उन्होंने **सालेहर की लड़ाई** (1672 ई.) में मुगलों को पराजित किया और **रायगढ़** में सत्तासीन हुए व **महाराजा छत्रपति** की उपाधि ग्रहण की।
- 1676 ई. के अंत तक शिवाजी ने दक्षिण भारत के कर्नाटक क्षेत्र में विजय अभियानों की झड़ी लगा दी और **वेल्लौर और जिंजी** के किलों पर कब्जा कर लिया, जो नौ वर्ष तक मराठों की राजधानी रहे।
- 1680 ई. में केवल छह वर्ष के शासन के बाद 53 वर्ष की आयु में बुखार के कारण शिवाजी की मृत्यु हुई। इस छोटे समय में उन्होंने मराठा राज्य की स्थापना की, जिसने पश्चिमी भारत पर डेढ़ शताब्दी तक शासन किया।
- शिवाजी ने **संस्कृत को बढ़ावा** दिया, लेकिन **सभी धर्मों का सम्मान किया** और जबरन धर्म परिवर्तन का विरोध किया।

### सांभाजी (1681-1689 ई.)

- बहुत-से मराठा प्रमुखों ने **शंभाजी को समर्थन नहीं दिया** और उसके स्थान पर **शिवाजी के अन्य पुत्र राजाराम** का समर्थन किया। इस अंदरूनी झगड़े ने मराठा शक्ति को कमजोर कर दिया।
- उसे 'कलुषा' उपनाम दिया गया, जिसका अर्थ है–झगड़ा करने वाला।
- औरंगजेब के विद्रोही पुत्र, **शहजादा अकबर द्वितीय** ने, सांभाजी के पास **शरण ली।** 1689 ई. में **सांभाजी संगमेश्वर में लड़ाई** करते हुए मुगल सेनापति मुकर्रब खान से पराजित हुआ और अपने निजी सलाहकार, कवि कलश के साथ मारा गया।

---

[2] जहां शिवाजी ने अपने परिवार व खजाने को सुरक्षित रखा हुआ था।

- सांभाजी की विधवा **येसुबाई**, राजगढ़ के किले की सुरक्षा न कर पाई और उसे उसके पुत्र **शाहू** के साथ बंदी बना लिया गया।

**राजाराम ( 1689-1707 ई. )**

- सांभाजी का छोटा भाई, जो **कभी सिंहासन पर नहीं बैठा** क्योंकि उसने दावा किया कि वह शाहू की ओर से शासन कर रहा था।
- अपना मुख्यालय **जिंजी स्थानांतरित** कर दिया था।
- मुगलों द्वारा जिंजी पर विजय प्राप्त करने के बाद, वह **पेशवा रामचंद्र पंत** को हुकूमत पनहा (राजा का दर्जा) देकर **पहले विशालगढ़ और उसके बाद सतारा भाग गया।**
- उसके शासन के दौरान, निष्ठावान मराठा सरदारों, जैसे–रामचंद्र पंत, प्रह्लाद निराजी और धनाजी जाधव ने मुगलों के बीच तबाही मचा दी।
- 1700 ई. में मृत्यु, उसकी विधवा **ताराबाई** ने अपने नवजात पुत्र **शिवाजी द्वितीय** के नाम पर शासन की बागडोर संभाली।
- इसी समय के आसपास, **जुल्फिकार खान ने मराठों के बीच गृहयुद्ध कराने** की आस से **शाहू को छोड़ दिया।** जैसा अपेक्षित था, मुगल मराठों को दो प्रतिद्वंदी खेमों में बांटने में सफल हो गए – एक ताराबाई के नेतृत्व में और दूसरा सांभाजी के पुत्र, शाहू के नेतृत्व में। ताराबाई ने धनजी जाधव को शाहू को महाराष्ट्र से बाहर कर देने लिए भेजा, लेकिन धनजी को शाहू ने हरा दिया। 1707 ई. में शाहू ने चितपावन ब्राह्मण **बालाजी विश्वनाथ** की सहायता से, **खेड़ा की लड़ाई** में ताराबाई को पराजित कर दिया और वह कोल्हापुर चली गईं, जहां उसने **कोल्हापुर का शाही घराना** स्थापित किया।

**शाहू ( 1707-1749 ई. )**

- उसके शासन काल के दौरान सतारा और कोल्हापुर के राज्य अस्तित्व में आए। 1710 ई. तक दो अलग रियासतें स्थापित वास्तविकता बन गईं, अंत में 1731 ई. में **वारना की संधि** से इसकी पुष्टि हो गई।
- यह काल **चितपावन ब्राह्मण मंत्रियों की वंशावली के प्रभुत्व के लिए भी चिंहित किया जाता है,** जो पेशवा (मुख्यमंत्री) की पदवी रखते थे और वास्तव में मराठा राज्य की केंद्रीय सत्ता को नियंत्रित करने लगे थे, उन्होंने भोंसलें को नाममात्र के शासक के रूप में सीमित कर दिया था। वास्तव में, इस वंश के प्रथम प्रमुख व्यक्ति **बालाजी विश्वनाथ** थे, जिन्होंने शाहू को सत्ता तक पहुंचाने में मदद की थी।
- 1719 ई. में, शाहू ने पेशवा बालाजी विश्वनाथ की सलाह पर **फार्रुखसियार को मरवाने में सैय्यद बंधुओं की मदद** की और अपनी माता को छुड़वाया। इसके तुरंत बाद, उसने **स्वराज** / मराठा भूमि की स्वतंत्रता की **घोषणा कर दी।**

**राजाराम द्वितीय/रामराजा ( 1749-1777 ई. )**

- **शाहू का दत्तक पुत्र,** जिसे ताराबाई ने शाहू की मृत्यु के बाद, राजाराम व खुद के पौत्र के रूप में सत्ता पर अधिकार जमाने के लिए पेश किया। लेकिन जब ताराबाई को दरकिनार कर दिया गया, तो उसने राजाराम द्वितीय को केवल एक बहरूपिया बताया। मगर, पेशवा बाजीराव ने राजाराम द्वितीय को नाम के लिए छत्रपति बनाए रखा।

पेशवा की शक्ति लगभग **पूरी तरह से छत्रपति की शक्ति पर भारी पड़ गई।**

## कोल्हापुर का शाही घराना

**शिवाजी द्वितीय ( 1710-1714 ई. )**

- **रानी ताराबाई और राजाराम** का पुत्र, राज प्रतिनिधि के रूप में आसीन रानी ताराबाई के अधीन था।

**सांभाजी द्वितीय ( 1714-1760 ई. )**

- राजाराम की दूसरी पत्नी राजाबाई का पुत्र, जिसने शिवाजी द्वितीय और ताराबाई को अपदस्थ कर दिया।
- उसने **भोंसले परिवार की दो पृथक् गद्दियों को कानूनी रूप देने के लिए** अपने चचेरे भाई शाहू के साथ **1731 ई. में वारना की संधि** पर हस्ताक्षर किए।

अंग्रेजों ने 1765 ई. और 1792 ई. में कोल्हापुर के विरुद्ध अभियान दल भेजे और 1812 ई. में मराठा संघ के पतन के बाद राज्य ने अंग्रेजों के साथ समझौता कर लिया।

## पेशवा का पद (1640–1818 ई.)

**'पेशवा'** शब्द की उत्पत्ति संभवत: फारसी से हुई थी, जिसका अर्थ **'सबसे महत्वपूर्ण'** है। और इसकी शुरुआत दक्कन में मुसलमान शासकों ने की थी। पेशवा के कार्य **प्रधानमंत्री** के समान थे।

**सोनोपंत दाबिर ( 1640-1652 ई. )**

- प्रथम अनौपचारिक पेशवा।

**श्यामपंत कुलकर्णी रांजेकर ( 1652-1657 ई. )**

- **शाहजी भोंसले** के अधीन **पेशवा** थे।

**मोरोपंत त्रिंबक पिंगले ( 1657-1683 ई. )**

- **छत्रपति शिवाजी द्वारा पेशवा** नियुक्त किए गए थे।

**मोरेश्वर पिंगले ( 1683-1689 ई. )**

- सांभाजी के अधीन पेशवा थे।

**रामचंद्र पंत अमात्य ( 1689-1708 ई. )**

- **राजाराम** के अधीन पेशवा और जब 1689 ई. में, राजाराम को जिंजी पलायन करना पड़ा, उसने जाने से पहले पंत को हुकूमत पनहा (राजा का दर्जा) की उपाधि दे दी थी।
- एक **काबिल प्रशासक** था क्योंकि उसने राज्य को बहुत-सी चुनौतियों के बीच कामयाबी से व्यवस्थित रखा। जैसे कि, मुगलों का अनवरत तांता, वंटादरों (मराठों के अधीन स्थानीय क्षत्रप) का विश्वासघात और सामाजिक-आर्थिक चुनौतियां, जैसे-खाद्यान आदि; की कमी।
- **'प्रतिछाया / प्रतिनिधि राजा'** के रूप में कार्य किया और महान मराठा योद्धाओं संताजी घोरपड़े और धनाजी जाधव से सैन्य सहायता हासिल की।

- 1698 ई. में, **राजाराम ने अपनी पत्नी ताराबाई को पेशवा के पद की पेशकश की और उसने खुशी से अपना पद छोड़ दिया।** ताराबाई ने उसे मराठा राज्य के उच्च प्रशासनिक कार्यों में एक महत्वपूर्ण पद दिया।
- **अदन्यापत्र** का लेखन किया, जिसमें उसने विभिन्न युद्ध तकनीकों, किलों के रखरखाव और प्रशासन की व्याख्या की।
- चूंकि वह शाहूजी के विरुद्ध ताराबाई के प्रति निष्ठा रखता था, इसलिए 1707 ई. में **शाहूजी के आने के बाद** उसे **दरकिनार कर दिया गया।**

**बालाजी विश्वनाथ भट्ट (1713-1719 ई.)**

- वे कोंकण क्षेत्र में **श्रीवर्धन के भट्ट वंश** से संबंधित थे। उनको इतिहास में **पेशवा के पद को वंशानुगत** और मराठा प्रशासन में सबसे महत्वपूर्ण व शक्तिशाली पदों में से एक बनाने के लिए जाना जाता है।
- उन्होंने गृह युद्ध में सभी मराठा सरदारों से **शाहू** के लिए समर्थन हासिल कर उसे **मराठा शासक बनने में सहायता** कर एक महत्वपूर्ण भूमिका अदा की।
- 1719 ई. में बालाजी विश्वनाथ ने **तत्कालीन मुगल बादशाह, फारुंखसियार से कुछ अधिकार प्राप्त किए,** जैसे कि **शाहू को मराठा राजा के रूप में मान्यता दिलाना** और दक्कन के छह मुगल प्रांतों के साथ ही कर्नाटक और मैसूर से चौथ और सरदेशमुखी **एकत्रित करने की आज्ञा।**
- **चापेकर बंधु और नाना साहिब** इसी वंश से संबंधित थे।
- **कान्होजी आंगरे** (नौसेना अध्यक्ष व ताराबाई का सहयोगी) **से बातचीत** के जरिये धीरे-धीरे कान्होजी के स्थान पर शाहू की नौसेना का अध्यक्ष (सारखेल) बनने में सफलता पाई।
- **फारुंखसियार को** दिल्ली की **गद्दी से हटाने में सैय्यद बंधुओं की सहायता की।**

**बाजीराव प्रथम (1720-1740 ई.)**

- बालाजी विश्वनाथ का सबसे बड़ा पुत्र, जिसने 20 वर्ष की छोटी आयु में उनके बाद पेशवा का पद प्राप्त किया। वह अन्य **नौ पेशवाओं में सबसे प्रसिद्ध** था और 'थोराले' अर्थात् 'ज्येष्ठ' बाजीराव के नाम से भी जाना जाता था। वह शिवाजी के बाद **गुरिल्ला रणनीति का महान प्रतिपादक** था।

**चित्र 14.4** महाराष्ट्र के पुणे में शनिवार वाड़ा किले के बाहर पेशवा बाजीराव प्रथम की घुड़सवारी वाली मूर्ति

- वह अपने जीवन काल में **एक भी युद्ध नहीं हारा** और उसके अधीन मराठा शक्ति अपने चरम पर पहुंच गई थी। उसने उत्तर की ओर विस्तार की नीति तैयार की जिससे मराठा परचम कृष्णा से अटक तक फहराया जा सके।
- समान शत्रु मुगलों के विरुद्ध हिंदू शासकों का समर्थन प्राप्त करने के लिए उसने **हिंदू-पद-पदशाही** (हिंदू साम्राज्य) का विचार प्रचारित व **लोकप्रिय** किया।
- दक्कन में उसका **कट्टर प्रतिद्वंदी निजाम-उल-मुल्क** था, जो कोल्हापुर के राजा के साथ मिलकर लगातार बाजीराव व शाहू के विरुद्ध साजिशें रचता रहता था। मगर, बाजीराव ने **निजाम** को **पालखेड़ा और भोपाल** दोनों ही जगह युद्ध में **पराजित किया** और उसे दक्कन के छह प्रांतों की चौथ और सरदेशमुखी देने के लिए मजबूर कर दिया।
- 1722 ई. में उसने **पुर्तगाली से सालसेट और बसीन कब्जा लिए।**
- 1728 ई. में उसने **प्रशासनिक राजधानी को सतारा से पूना स्थानांतरित कर दिया।**
- उससे संबंधित दो प्रसिद्ध पंक्तियां हैं:
  - शाहू (बाजीराव को): "*तुम योग्य पिता के योग्य पुत्र हो*"।
  - बाजीराव (शाहू को): "*हम जड़ पर हमला करेंगे और शाखाएं खुद-ब-खुद अलग हो जाएंगी ।*"
- उसने **मराठा प्रमुखों के बीच संघ की व्यवस्था आरंभ की**, जिसके तहत प्रत्येक मराठा प्रमुख को एक क्षेत्र सौंपा गया, जिसे स्वायत्त रूप से प्रशासित किया जा सकता था। इसके परिणामस्वरूप बहुत-से मराठा वंश प्रसिद्ध हुए। उन्होंने भारत के विभिन्न भागों में अपना प्रभुत्व स्थापित किया। वे थे – **बड़ौदा में गायकवाड़, नागपुर में भोंसले, इंदौर में होलकर, ग्वालियर में सिंधिया और पूना में पेशवा।**

**बालाजी बाजीराव प्रथम/नाना साहिब प्रथम (1740-1761 ई.)**

- बालाजी बाजीराव ने 19 वर्ष की छोटी आयु में अपने पिता के बाद पेशवा पद प्राप्त किया और **शाहूजी के द्वारा पेशवा नियुक्त किया गया।**
- उसके शासन काल के दौरान **1749 ई. में मराठा राजा शाहू की** बिना किसी संतान के **मृत्यु** हो गई। उसके द्वारा चयनित उत्तराधिकारी रामराजा को पेशवा बालाजी बाजीराव ने सतारा में बंदी बना लिया और मराठा संघ की सर्वोच्च सत्ता पेशवा के हाथों में चली गई (1750 ई. के **संगोला समझौते** के द्वारा)।
- उसने **बंगाल के नवाब अलीवर्दी खान** को पराजित किया और भारतीय उप-महाद्वीप का एक तिहाई भाग मराठों के अधीन आ गया।
- 1752 ई. में पेशवा ने **मुगल सम्राट के साथ एक समझौता** किया। इस समझौते के अनुसार, पेशवा ने मुगल सम्राट को यह भरोसा दिया कि वह अंदरूनी और बाहरी शत्रुओं से मुगल साम्राज्य को सुरक्षा प्रदान करेगा, जिसके लिए उत्तर-पश्चिमी प्रांत की चौथ और आगरा व अजमेर प्रांतों का कुल राजस्व मराठाओं द्वारा एकत्रित किया जाएगा।
- इस समझौते का सम्मान करते हुए मराठों ने, **अहमद शाह अब्दाली के भारत पर आक्रमण करने पर, पानीपत की तीसरी लड़ाई** (1761 ई.) लड़ी, जिसमें मराठा पराजित हुए। बहुत-से मराठा सरदार और हजारों सैनिक इस लड़ाई में मारे गए। इस लड़ाई का दु:खद अंत सुनकर बालाजी बाजीराव की भी मृत्यु हो गई।
- **पानीपत की हार ने मराठों** के विस्तार को **रोक दिया** और साम्राज्य को खंडित कर दिया। लड़ाई के बाद, मराठा कभी एक इकाई के रूप में नहीं लड़े। साथ ही भोंसले वंश की कुछ शाखाएं कोल्हापुर और नागपुर स्थानांतरित हो गईं, जबकि मुख्य वंश दक्कन के केंद्र, सतारा में ही बना रहा।

**माधवराव प्रथम ( 1761–1772 ई. )**

- **असाधारण पेशवा** जिसने 11 वर्ष की अल्प अवधि में **मराठा** साम्राज्य का **खोया भाग वापस** हासिल कर लिया।
- उसने निजाम को पराजित किया, **मैसूर के हैदर अली को शुल्क देने पर विवश किया,** रोहिल्लाओं को पराजित कर उत्तरी भारत पर अपना नियंत्रण साबित किया और राजपूत राज्यों व जाट शासकों को अपने अधीन कर लिया।
- 1772 ई. में, वह **सम्राट शाह आलम को वापिस दिल्ली लाया।**
- मराठा साम्राज्य को अर्द्ध स्वतंत्र राज्यों में बंटते देखा, इनमें से सबसे महत्वपूर्ण गायकवाड़ (गाइकवार), होलकर और सिंधिया थे।

**रघुनाथ राव ( 1772–1773 ई. )**

- माधवराव की मृत्यु (1772 ई.) के बाद, नाना साहिब के छोटे भाई रघुनाथ राव और माधवराव के छोटे भाई नारायण राव के बीच सत्ता के लिए संघर्ष हुआ।

**नारायण राव ( 1772–1773 ई. )**

- उसे रघुनाथ राव के आदेश पर 1773 ई. में मरवा दिया गया।

**रघुनाथ राव ( 1773–1774 ई. )**

- गद्दी पर कब्जा किया, लेकिन सम्राट द्वारा **मान्यता न मिलने पर** उसे हटा दिया गया।

**सवाई माधव राव ( 1774–1795 ई. )**

- नारायण राव का पुत्र, जो महज 40 दिन का था जब उसका पेशवा के रूप में अभिषेक किया गया। साम्राज्य का प्रबंधन **नाना फड़नवीस**, जो कि एक काबिल प्रशासक और श्रेष्ठ योद्धा थे, के द्वारा 12 सदस्यों के राजप्रतिनिधि मंडल, जिसे बारभाई समिति कहा जाता था, के सहयोग से किया गया।
- हताशा में, रघुनाथ राव अंग्रेजों के पास मदद के लिए गया, जिसका नतीजा **प्रथम एंग्लो-मराठा युद्ध** (1775-1782 ई.) के रूप में निकला। प्रसिद्ध **तालेगांव की लड़ाई** (1776 ई.) में, नाना फड़नवीस ने अंग्रेजों को पराजित कर दिया और प्रसिद्ध **पुरंदर की संधि** (1776 ई.) व **सालबाई की संधि** (1782 ई.) पर हस्ताक्षर हुए। इस संधि ने वास्तव में यथास्थिति बहाल रखी सिवाय इस तथ्य के कि सालसेट अंग्रेजों के पास बना रहा और उन्होंने रघुनाथ राव के मामले से हाथ खींच लिए।
- नाना फड़नवीस की 1800 ई. में मृत्यु के बाद मराठा अंग्रेजों के विरुद्ध टिक नहीं पाए और वे कभी अपने अतीत के गौरव को हासिल नहीं कर पाए।

**बाजी राव द्वितीय ( 1796–1818 ई. )**

- रघुनाथ राव का पुत्र और अंतिम पेशवा।
- **सबसे कमजोर और अक्षम पेशवा** जिसने अंग्रेजों के साथ अपमानजनक **बसीन की संधि** (1802 ई.) की, जिसने अंग्रेजों को न केवल मराठा क्षेत्र पर, बल्कि दक्कन और पश्चिमी भारत पर भी प्रभावी नियंत्रण प्रदान कर दिया।

- वह 1818 ई. में ईस्ट इंडिया कंपनी के साथ हुए **तीसरे एंग्लो-मराठा युद्ध** में पराजित हुआ जिसके बाद केंद्रीय महाराष्ट्र में पेशवा का राज्य अंग्रेजी ईस्ट इंडिया कंपनी के बंबई सूबे के कब्जे में आ गया और पेशवा को पेंशनयफ्ता बना दिया गया।
- **नाना साहिब (उर्फ धोंघो पंत)** बाजीराव द्वितीय का दत्तक पुत्र था और उसने **1857 ई. के प्रसिद्ध विद्रोह** में भाग लिया था।

मराठा भी अंग्रेजी सत्ता को भारत में स्थापित होने से रोक न सके। इसके पीछे एक महत्वपूर्ण कारण यह था कि **मराठा शासकों,** जैसे–होलकर, सिंधिया और भोंसले के बीच **एकता का अभाव** था। साथ ही, अंग्रेजों की तुलना में **उनकी सेना के पास साधनों की कमी थी** और वे तब तक **पुरानी युद्ध तकनीकों पर ही निर्भर थे।**

## मराठा संघ

| मराठा संघ | |
|---|---|
| (a) **पूना के पेशवा** | इनके बारे में पहले ही ऊपर चर्चा की जा चुकी है। |
| (b) **बड़ौदा के गायकवाड़** | • गायकवाड़, जिन्होंने 1720 ई. में प्रसिद्धि हासिल की, प्रारंभ में न केवल **भोंसले** बल्कि शक्तिशाली **दभाडे वंश के भी अधीनस्थ** थे। मगर, शाहू की मृत्यु के बाद, जब पेशवा की शक्ति और बढ़ी, गायकवाड़ों की स्थिति में भी सुधार आया। 1750 ई. के प्रारंभिक वर्षों तक, **गुजरात के** बड़े हिस्से के **राजस्व** पर उनके **अधिकार** को पेशवा द्वारा मान्यता मिल गई।<br>• इस प्रकार गायकवाड़ों ने अपनी **राजधानी बड़ौदा में** स्थापित की। 1752 ई. में उन्होंने गुजरात प्रांत के मुगल गवर्नर को राजधानी अहमदाबाद से निष्कासित कर दिया, जिसके कारण इस क्षेत्र के व्यापार और खपत को फिर से संगठित करना पड़ा।<br>• **दामाजी** (1768 ई.) सबसे प्रसिद्ध शासकों में से एक थे, जिनके बाद **फतह सिंह** (1771-89 ई.) ने गद्दी संभाली। फतह सिंह 1770 ई. के उत्तरार्द्ध और 1780 ई. के पूर्वार्द्ध में **पेशवा** के अधिकार क्षेत्र से **बाहर हो गया था** और उसने **अंग्रेजी ईस्ट इंडिया कंपनी से बातचीत के जरिये एक समझौता किया,** जिसने अंत में, उसके मामलों में अंग्रेजों के हस्तक्षेप को बढा दिया। इस तरह, 1800 ई. तक, पेशवा के स्थान पर अंग्रेज, गायकवाड़ों के बीच उत्तराधिकार को निर्धारित करने वाले अंतिम निर्णायक बन गए। 19वीं शताब्दी में गायकवाड़ अंग्रेजों के अधीनस्थ शासक बन गए थे।<br>• इस वंश से संबंधित **सायाजी राव ने, डॉ. अंबेडकर को छात्रवृत्ति दी थी।** |
| (c) **इंदौर के होलकर** | • होलकरों की प्रतिष्ठा और दौलत में उल्लेखनीय व शीघ्र उन्नति हुई। हालांकि, आरंभ में उनके पास बहुत कम राजनीतिक शक्ति थी, 1730 ई. तक उनके प्रमुख शासक, **मल्हार राव होलकर** ने, अपनी स्थिति को संगठित किया और वह मालवा, पूर्वी गुजरात और खानदेश की चौथ के बड़े हिस्से को एकत्रित करने का अधिकार हासिल करने में सफल रहा। |

| मराठा संघ | |
|---|---|
| | • बहुत कम समय में, मलहार राव ने इंदौर की अपनी रियासत को संगठित कर लिया, और बाद में उसके उत्तराधिकारियों ने महत्वपूर्ण व्यापार मार्गों के साथ ही बुरहानपुर के महत्वपूर्ण व्यापारिक केंद्र को नियंत्रित कर लिया। उसके बाद, इस वंशवादी जायदाद का नियंत्रण काफी हद तक उसके पुत्र की विधवा **अहिल्याबाई** के हाथों में आ गया, जिसने 1767–1795 ई. तक शासन किया और होलकरों को बहुत यश दिलवाया। |
| (d) **नागपुर के भोंसले** | नागपुर के भोंसले स्पष्टतः सतारा शासकों के अधीनस्थ थे। इस वंश का एक महत्वपूर्ण शासक **रघुजी भोंसले** (1727–1755 ई.) था, जो 1740 ई. और 1750 ई. के दशक के आरंभ में बंगाल और बिहार पर मराठा चढ़ाई के लिए उत्तरदायी था। उसने नवाब अलीवर्दी खान से ओडिशा को हथिया लिया था। |
| (e) **ग्वालियर के सिंधिया** | • पानीपत की तीसरी लड़ाई (1761 ई.) के बाद आने वाले दशकों में सिंधियाओं ने उत्तर भारत में अपना एक महत्वपूर्ण स्थान बना लिया था। होलकरों की तरह, अधिकतर सिंधिया मध्य भारत में बसे हुए थे पहले उज्जैन में, और बाद में (18वीं शताब्दी के अंतिम चतुर्थांश से) वे ग्वालियर में बस गए।<br>• **महादाजी सिंधिया** (1761–1794 ई.), जो कि एक प्रभावशाली और परिवर्तनात्मक सेनाध्यक्ष थे, के लंबे शासन काल के दौरान, परिवार का सितारा और बुलंद हुआ। महादजी ने एक शक्तिशाली **यूरोपीय शैली की सेना** का गठन किया जिसमें समान हिंदू व मुसलमान सैनिकों के साथ बड़ी संख्या में यूरोपीय अफसर, सैनिक और बंदूकधारी शामिल थे। उन्होंने आगरा के निकट अपने आयुद्ध कारखाने भी स्थापित किए।<br>• मुगल शासक **शाह आलम द्वितीय** ने उन्हें 1780 ई. के दशक के मध्य में अपने कार्यों का नायब-ए-मुनैब बना दिया, जिसका अर्थ था, **उप-राजप्रतिनिधि** और उनका प्रभाव न केवल दिल्ली और आगरा के प्रांतों भर में, बल्कि राजस्थान और गुजरात में भी देखा गया, जिसने उन्हें उस युग का सबसे दुर्जेय मराठा सेनापति बना दिया। ईस्ट इंडिया कंपनी के अफसर भी उनसे लेन-देन में सतर्क रहते थे। लेकिन कार्यकारी पेशवा, पुणे के नाना फड़नवीस और इंदौर के होलकर के साथ उनके संबंध तनावपूर्ण थे।<br>• लेकिन अंत में, महादजी द्वारा उत्पन्न की गई लय को उनके उत्तराधिकारी **दौलत राव सिंधिया** (1794–1827 ई.) कायम न रख पाए, जो अंग्रेजों से पराजित हुए और अपने उत्तर व पश्चिम के क्षेत्र अंग्रेजों को समर्पण करने पर मजबूर हो गए। |

यहां ध्यान देने योग्य एक दिलचस्प बिंदु यह है कि मुगलों के पतन काल में भी **मुगल प्रतीक चिन्ह एक विशेष महत्व रखते थे।** मुगलों की सम्मान व खिताब देने की व्यवस्था, साथ ही मुगलों द्वारा आरंभ की गई प्रशासनिक शब्दावली और वित्तीय प्रथाएं, शाही सत्ता के पतन के बावजूद जारी रहीं। उदाहरण के लिए, अंग्रेजों से ग्वालियर को पुनः हासिल करने के बाद, महादजी सिंधिया ने मुगल सम्राट द्वारा दिए गए नगर पर अपना नियंत्रण करने का ध्यान रखा। इसी तरह, उन्होंने शाह आलम द्वारा उन्हें दिए गए **विशेषाधिकारों और खिताबों** को उत्साहपूर्वक संरक्षित किया, जैसे कि अमीर-अल-उमरा (**अमीरों का प्रमुख**) और नायब वकी-ए-मुत्लख (**उप-राजप्रतिनिधि**)। इस मामले में वे अकेले नहीं थे, क्योंकि 18वीं शताब्दी में ऐसे बहुत ही कम राज्यों के उदाहरण मिलते हैं, जिन्होंने मुगलों के प्रति निष्ठा के दिखावों को पूरी तरह उखाड़कर फेंक दिया हो।

# शिवाजी का शासन प्रबंध

## प्रशासन

शिवाजी एक महान प्रशासक थे, जिन्होंने एक मजबूत प्रशासनिक व्यवस्था की नींव रखी। मराठों की प्रशासनिक व्यवस्था **मुगलों और दक्कनी** राज्यों (अहमदनगर के मलिक अंबर व बहमनी राज्य के महमूद गबांन द्वारा अपनाई गई) की प्रशासनिक व्यवस्था से बहुत अधिक **प्रभावित** थी। मराठा राज्य को स्वराज्य या मुल्क-ए-कदीम के नाम से जाना जाता था।

### (i) केंद्रीय प्रशासन

राजा प्रशासन का केंद्र बिंदु था, जिसे **मंत्रियों की एक सभा, जिसे अष्टप्रधान** कहा जाता था, द्वारा सहायता दी जाती थी। उनमें से हरेक प्रत्यक्ष रूप से शिवाजी के प्रति उत्तरदायी था और एक विभाग का प्रमुख था। शिवाजी के अधीन, ये पद न तो अनुवांशिक थे और न ही स्थाई और साथ ही अक्सर इनका तबादला किया जाता था।

| अष्टप्रधान | |
|---|---|
| (a) *पेशवा* | • पंत प्रधान, जो **वित्त और सामान्य प्रशासन** देखता था।<br>• बाद में, पेशवा का पद अधिक शक्तिशाली हो गया और ज्यादातर **प्रधानमंत्री** के रूप में कार्य करने लगा।<br>• खुफिया जानकारी पर बहुत ध्यान दिया जाता था और एक केंद्रीय खुफिया विभाग की स्थापना की गई थी। |
| (b) *सर-ए-नौबत या सेनापति* | **सेनाध्यक्ष,** एक माननीय पद। |
| (c) *अमात्य/मजूमदार* | **महालेखाकार।** |
| (d) *वाकियानवीस* | **खुफिया जानकारी और पुलिस** पदों, ऐतिहासिक अभिलेखागार और घरेलू मामले। |
| (e) *सुरनवीस या चिटनिस या सचिव* | महासचिव, जो **आधिकारिक पत्र व्यवहार** की भी **चौकसी** करता था। |
| (f) *सुमंत/दाबिर* | **समारोहों** और विदेशी मामलों **का प्रमुख।** |
| (g) *न्यायाधीश* | **न्याय।** |
| (h) *पंडित राव* | **दान व धर्म संबंधी मामले।** |

अफसरों का ऊपर से नीचे की ओर क्रम इस प्रकार था:

पेशवा → मजूमदार → सचिव → मंत्री

यह बात ध्यान देने योग्य है कि, पंडित राव और न्यायाधीश को छोड़कर **बाकी सभी मंत्री युद्ध में भाग लेते थे।** अष्टप्रधान शिवाजी की रचना नहीं था और इनमें से बहुत-से अधिकारी, जैसे कि पेशवा, मजूमदार, वाकियानवीस, दाबिर और सुरनवीस पहले दक्कनी शासकों के अधीन भी अस्तित्व में थे। प्रत्येक अष्ट प्रधान को **आठ सहायकों** द्वारा सहायता प्रदान की जाती थी जिनके नाम थे – **दीवान, मजूमदार, फड़नीस** (किलों के **सेनापतियों के पत्रों के उत्तर देता था**), **सबनिस, कारखानिस, चिटनिस ( कूटनीतिक पत्र व्यवहार को निपटाना** और सभी शाही पत्रों को लिखते थे), **जमादार और पोटनिस** (शाही खजाने की आय और व्यय की देखभाल)।

### (ii) प्रांतीय और स्थानीय प्रशासन

प्रांतीय प्रशासन भी अधिकतर **दक्कनी और मुगल व्यवस्था की ही नकल** था। शिवाजी ने कुछ राज्यों को पुनर्गठित किया और उनके नाम परिवर्तित किए। प्रदेशों को **प्रांत** कहा जाता था, जो **सूबेदार** के प्रभार के अधीन थे। **सर सूबेदार, सूबेदार** पर नियंत्रण और उसके कार्यों की निगरानी करता था। प्रांतों के बाद **तरफ** आते थे, जिसका प्रमुख **हवलदार** था। **मौजा** या गांव प्रशासन की सबसे निचली इकाई थी। ग्रामीण क्षेत्रों में पुलिस अफसर फौजदार कहलाता था और शहरों में उसे **कोतवाल** कहा जाता था। मराठों के अधीन कार्य करने वाले कुलीन ब्राह्मण **कामविशदर** कहलाते थे, जो केंद्रीय नौकरशाही और स्थानीय प्रशासन चलाते थे और उन्हें कर मूल्यांकन व संग्रह के व्यापक अधिकार प्राप्त थे। वे रिकॉर्ड रखते थे, मामलों पर निर्णय लेते थे व स्थानीय स्थिति की जानकारी उच्चाधिकारियों को प्रदान करते थे। यह दिलचस्प है कि, अंग्रेजी जिला कलेक्टर का पद कामविशदर के पद की ही नकल था।

**प्रांत (प्रदेश)** → सूबेदार **(गवर्नर)** सर सूबेदार द्वारा देख-रेख

↓

**तरफ (जिला)** → हवलदार **(न्याय और व्यवस्था)**

↓

**परगना (उप-जिला)** → देशपांडे **(खाता व अभिलेखपाल)** और देशमुख **(न्याय और व्यवस्था)**

↓

**मौजा (गांव)** → कुलकर्णी **(खाता व अभिलेखपाल)** और पाटिल **(न्याय और व्यवस्था)**

## सेना

शिवाजी सैन्य प्रतिभा के धनी थे और उनकी सेना भली-भांति संगठित थी। मराठा **कमांडो कार्रवाई के अग्रणी** थे। नियमित स्थाई सेना, जिसे पागा कहा जाता था, में लगभग 30,000 से 40,000 घुड़सवार सेना शामिल थी, जिनकी देख-रेख का जिम्मा **हवलदार** का था, जिन्हें नियमित वेतन दिया जाता था। घुड़सवार सेना का निम्नतम पद **नायक** का होता था। वास्तव में युद्ध के सभी घोड़े राज्य की संपत्ति थे। **मराठा घुड़सवार सेना के दो भाग थे:**

1. **बग्गीर: राज्य द्वारा** सज्जित व **भुगतान**
2. **सिलाहादार: कुलीन वर्ग द्वारा रखरखाव**

मराठा, **गुरिल्ला युद्ध** के साथ एक नए हथियार **बाघ नख अर्थात् शेर के पंजे** के लिए प्रसिद्ध थे। पैदल सेना अत्यधिक गतिशील व हल्की थी, और **मावली पैदल सैनिकों** की पैदल सेना में महत्वपूर्ण भूमिका थी। यह दिलचस्प था कि संकट काल में **किसान भी अंशकालिक सैनिकों के रूप में काम करते थे,** वे आठ महीने खेतों में काम करते थे और चार महीनों में युद्ध का कर्त्तव्य निभाते थे। शिवाजी ने **शक्तिशाली नौसेना**[3] का भी गठन किया। उनके शासन के अंत तक शिवाजी के पास लगभग 240 किले थे और ये किले मराठा सैन्य अभियानों में महत्वपूर्ण भूमिका निभाते थे। प्रत्येक किले का प्रभार तीन समान श्रेणी के अधिकारियों (सबनिस, कारदादर, सर-ए-नौबत) को पारस्परिक जांच व विश्वासघात के खिलाफ सावधानी बरतने के लिए दिया गया था।

---

[3] बाद में बालाजी विश्वनाथ ने कोंकण, खांडेरी और विजयदुर्ग में नौसेना के अड्डे बनाए।

## राजस्व

शिवाजी की राजस्व व्यवस्था भी काफी हद तक मुगलों और दक्कनी राज्यों, जैसे–अहमदनगर के मलिक अंबर की राजस्व व्यवस्था, पर आधारित थी। भूमि का नाप मापने के लिए **मापन छड़ी,** जिसे लाठी कहा जाता था, का इस्तेमाल किया जाता था और भूमि का वर्गीकरण तीन श्रेणियों में किया गया था – धान के खेत, उद्यान भूमि और पहाड़ी इलाके। शिवाजी ने **मौजूदा देशमुखो** और कुलकर्णियों **की शक्ति को काफी कम कर दिया** और अपने राजस्व अधिकारी, जिन्हें कारकुन कहा जाता था, नियुक्त किए। शिवाजी ने दृढ़ता से **राजस्व कृषि को हतोत्साहित किया।** मराठाओं ने राजस्व के दस्तावेजों और प्रशासनिक अभिलेखों में एक नई लिपि जिसे **'मोढ़/मोढ़ी लिपि'** कहा जाता था, का प्रयोग किया।

**चौथ और सरदेशमुखी** राजस्व के दो प्रमुख स्रोत थे और यह रोचक है कि, ये कर केवल मराठा राज्य में ही एकत्रित नहीं किए जाते थे, बल्कि आसपास के मुगल साम्राज्य या दक्कन सल्तनत के क्षेत्रों में भी एकत्र किए जाते थे।

1. **चौथः एक-चौथाई ( भू-राजस्व का 1/4 )** मराठों को उनके आक्रमणों से बचने के लिए दिया जाता था।
2. **सरदेशमुखी** दस प्रतिशत का **अतिरिक्त कर** था, यह उस भूमि के **मानक भू-राजस्व का 1/10 भाग** था, जिस पर मराठा अपने वंशानुगत अधिकार का दावा करते थे।

## बंगाल

1705 ई. में, औरंगजेब ने **मुर्शिद कुली खान** को **बंगाल का गवर्नर** नियुक्त किया और बाद में **ओडिशा** को भी अपने अधीन कर लिया। **मुर्शिद कुली खान** ने **राजधानी** को **ढाका** से **मुर्शिदाबाद** स्थानांतरित कर दिया और, औरंगजेब की मृत्यु के बाद, एक स्वतंत्र राज्य की स्थापना की और स्वयं को स्वतंत्र घोषित कर दिया। लेकिन मुगल सम्राट को कर भेजना जारी रखा। 1727 ई. में उनकी मृत्यु के बाद, उनके दामाद **शुजा-उद-दीन** ने बंगाल पर शासन करना शुरू कर दिया। हालांकि, 1739 ई. में, **अली वर्दी खान** ने शुजा-उद-दीन के परिवार को पदच्युत कर दिया और खुद नवाब बन गए।

इन नवाबों ने बंगाल में **स्थिरता** और **शांति** की स्थापना की और साथ ही, **कृषि**, **व्यापार** और **उद्योग** को **बढ़ावा दिया।** उनके शासनकाल के दौरान, प्रशासन में हिंदुओं और मुसलमानों दोनों को समान अवसर दिए गए थे। **लेकिन**, नवाब यूरोपीय व्यापारिक कंपनियों की उपस्थिति के दीर्घकालिक प्रभावों का **अनुमान नहीं लगा सके। समसामयिक विश्व मामलों** के बारे में उनकी **अज्ञानता** की उन्हें बहुत कीमत चुकानी पड़ी क्योंकि वे अफ्रीका और लैटिन अमेरिका में पश्चिमी व्यापारिक कंपनियों द्वारा की गई तबाही के बारे में पूरी तरह से अनभिज्ञ थे। इसके अलावा, उन्होंने एक **मजबूत सेना** बनाने की **उपेक्षा** की और अपने अधिकारियों के बीच बढ़ते **भ्रष्टाचार** को रोकने में भी विफल रहे। विदेशी व्यापारिक कंपनियां, विशेष रूप से अंग्रेजी ईस्ट इंडिया कंपनी ने उनकी कमजोरी का पूरा फायदा उठाया और इस तरह उनके मामलों में हस्तक्षेप करना शुरू कर दिया।

अली वर्दी खान के उत्तराधिकारी, **सिराज-उद-दौला** को **व्यापारिक अधिकारों** के लिए अंग्रेजी ईस्ट इंडिया कंपनी से लड़ना पड़ा और **1757 ई.** में **प्लासी की लड़ाई** में उनकी हार ने बंगाल के साथ-साथ भारत की अधीनता का मार्ग प्रशस्त किया, जिसके विवरण पर बाद में अंतिम अध्याय में चर्चा की जाएगी।

## अवध

मुगलों के कमजोर नियंत्रण के परिणामस्वरूप अवध के प्रांतीय साम्राज्य (**1722 ई.**) के अधीन गवर्नर **सआदत खान** का उदय हुआ, जो **बुरहान-उल-मुल्क** के नाम से लोकप्रिय थे, जो एक ऊर्जावान, साहसी और बुद्धिमान शासक थे। उन्होंने केवल

विद्रोही जमींदारों को ही अनुशासित नहीं किया बल्कि न्यायसंगत भूमि राजस्व लगाकर किसानों की स्थिति में भी सुधार किया। उनका प्रशासन कुशल था और सैनिकों को अच्छा वेतन, अच्छी तरह से सशस्त्र और अच्छी तरह से प्रशिक्षित किया गया था। 1739 ई. में अपनी मृत्यु से पहले, सआदत खान ने अपना पद वंशानुगत बना लिया। उनके उत्तराधिकारियों **सफदर जंग** और **आसफ उद दौला** ने न केवल उत्तरी भारत की राजनीति में बहुत निर्णायक भूमिका निभाई, बल्कि अवध प्रांत को दीर्घकालिक **प्रशासनिक स्थिरता** भी दी। नवाबों के अधीन, पहले **फैजाबाद** और फिर **लखनऊ** कला, साहित्य और शिल्प के क्षेत्र में दिल्ली की तुलना में **सांस्कृतिक उत्कृष्टता** के केंद्र के रूप में उभरे। क्षेत्रीय वास्तुकला ने खुद को *इमामबाड़े* और कुछ अन्य इमारतों के रूप में भी प्रतिबिंबित किया। वास्तव में, नृत्य शैली **कथक** का विकास इसी सांस्कृतिक संश्लेषण का परिणाम था।

## पंजाब

भले ही मुगल सेनाओं ने **बंदा बहादुर** के नेतृत्व में सिखों का दमन किया और बाद में उन्हें मार डाला, उसके बावजूद, मुगल सत्ता के खिलाफ सिख प्रतिरोध जारी रहा। नादिरशाह और अहमद शाह अब्दाली के आक्रमणों के बाद, सिखों ने एक बार फिर अपने अधिकार का दावा किया और खुद को **12 मिस्लों** या संघों में संगठित किया, जिन पर **सरदारों** का शासन था, जो राज्य के विभिन्न हिस्सों पर नियंत्रण रखते थे। **सुकरचकिया** मिसल के **रणजीत सिंह** ऐसे ही एक प्रमुख थे, जिन्होंने अंततः इन रियासतों को एक बड़ी इकाई में बदल दिया, हालांकि यह स्थिति थोड़े समय के लिए ही टिकी रही। उन्होंने 1799 ई. में **लाहौर** और 1802 ई. में **अमृतसर** पर कब्जा कर लिया। बाद में, उन्होंने **कश्मीर**, **पेशावर** और **मुल्तान** पर कब्जा कर लिया। सत्ता में उनका उदय बेहतर सैन्य बल, आंशिक रूप से यूरोपीय भाड़े के सैनिकों द्वारा सेवा, शासन कला के सिद्धांतों के बुद्धिमान अनुप्रयोग और उनके क्षेत्रों के रणनीतिक स्थान पर आधारित था। ऐसा कहा जाता है कि उसके पास अंग्रेजी ईस्ट इंडिया कंपनी की सेना के बाद एशिया की दूसरी सबसे अच्छी सेना थी। 1809 ई. तक वह पंजाब के अधिकांश भाग का **निर्विवाद स्वामी** था। उसका प्रभावी शासन **1799 ई.** से **1839 ई.** तक चार दशकों तक चला। हालांकि, उनकी मृत्यु के 10 वर्षों के भीतर, अंग्रेजों ने पंजाब पर कब्जा कर लिया, जिसके विवरण के साथ-साथ सिंध पर कब्जा करने के बारे में अंतिम अध्याय में आगे चर्चा की गई है।

## राजपूत

राजपूत मुगलों के लिए, विशेष रूप से परिधीय क्षेत्रों के नियंत्रण में, एक महान सहायक साबित हुए थे। हालांकि, औरंगजेब के शासनकाल के दौरान, राजपूतों के साथ मुगल संबंधों में गिरावट आई, खासकर मारवाड़ के उत्तराधिकार विवाद में **औरंगजेब** के हस्तक्षेप के मुद्दे पर। प्रतिद्वंद्वी उम्मीदवार को उनके समर्थन ने राजपूतों को नाराज कर दिया और जोधपुर पर उनके कब्जे ने मुगल-राजपूत संबंधों को और खराब कर दिया, जिससे राजपूत मुगल शासन से पूरी तरह से अलग हो गए। हालांकि, अन्य क्षेत्रीय राज्यों की तरह, अधिकांश बड़े राजपूत राज्य लगातार छोटे-मोटे झगड़ों और गृहयुद्धों में शामिल थे। दरअसल, मारवाड़ के अजीत सिंह की हत्या उनके ही बेटे ने कर दी थी।

18वीं सदी की शुरुआत में प्रमुखता में आने वाली रियासतों में से एक पूर्वी राजस्थान में स्थित **जयपुर** (पहले अंबर) थी। इसके उल्लेखनीय शासक **सवाई जय सिंह** (**1699-1743 ई.**, जिनके नाम पर जयपुर का नाम पड़ा) एक प्रतिष्ठित राजनेता और सुधारक थे। उन्होंने राजपूतों द्वारा अपनी बेटी की शादी पर होने वाले भारी खर्च को कम करने के लिए एक कानून लागू करने की कोशिश की, जिसके परिणामस्वरूप अक्सर अप्रत्यक्ष रूप से कन्या भ्रूण हत्या होने लगी थीं। दिलचस्प बात यह है कि वह उस समय के महान **खगोलशास्त्री** और विज्ञान के जानकार थे, जब भारतीय वैज्ञानिक प्रगति से अनभिज्ञ थे। उन्होंने

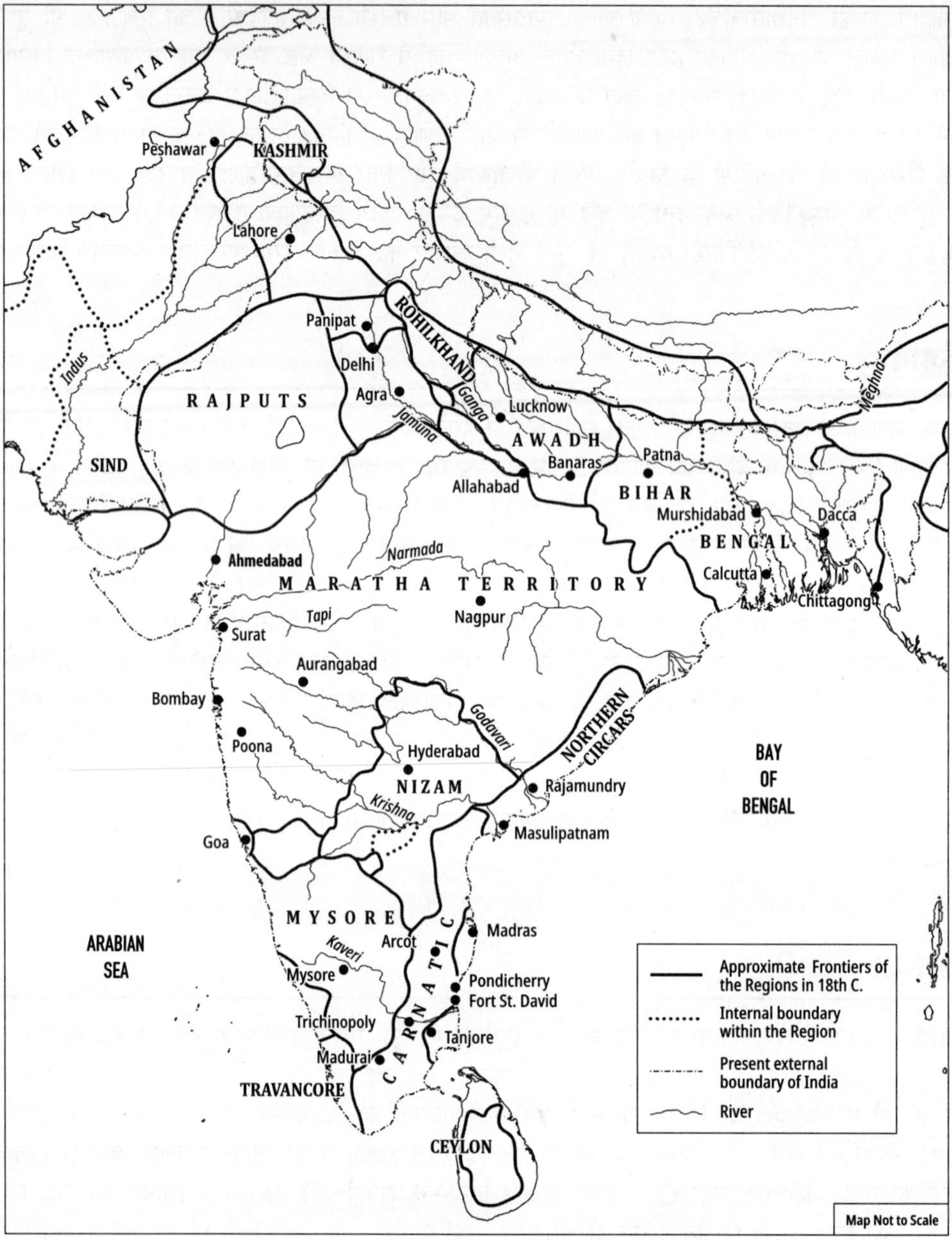


**चित्र 14.5** 18वीं शताब्दी की क्षेत्रीय शक्तियां

सटीक और उन्नत उपकरणों के साथ **वेधशालाएं** स्थापित कीं, जिनमें से कुछ उनके स्वयं के आविष्कार **जयपुर**, **दिल्ली**, **मथुरा**, **उज्जैन** और **वाराणसी** में हैं। उन्होंने ***ज़िज मुहम्मदशाही*** नाम से **तालिकाओं का एक सेट** तैयार किया, ताकि लोग खगोलीय अवलोकन कर सकें और तथ्य की बात करें। उनके स्वयं के खगोलीय अवलोकन उल्लेखनीय रूप से सटीक थे। उन्होंने लघुगणक के निर्माण और उपयोग पर नेपियर के काम और त्रिकोणमिति पर अन्य विभिन्न कार्यों के साथ-साथ **यूक्लिड**

**के 'ज्यामिति के तत्व'** का **संस्कृत** में अनुवाद किया। लेकिन उनकी मृत्यु के बाद, 1750 और 60 के दशक में फसल विफलताओं की एक श्रृंखला के कारण 18वीं शताब्दी के उत्तरार्ध में आर्थिक मंदी देखी गई, जिसके कारण जयपुर की राजनीतिक शक्ति में गिरावट आई और यह मराठों और विशेष रूप से **महादाजी सिंधिया** की महत्वाकांक्षाओं के लिए एक कमजोर लक्ष्य बन गया।

## जाट

जाट एक कृषक और देहाती जाति थी, जो दिल्ली, आगरा और मथुरा के आसपास के क्षेत्र में निवास करती थी। अपने जमींदारों के साथ जातिगत संबंध के कारण समुदाय में एकजुटता आई और उन्होंने **जहांगीर** के समय से ही मुगल राज्य के खिलाफ विद्रोह करना शुरू कर दिया। वास्तव में, जाट किसानों का पहला विद्रोह 1669 ई. में हुआ था जिसको दबाने के लिए सम्राट को स्वयं आगे बढ़ना पड़ता था। बाद में, मुगल राज्य के खिलाफ अपने किसानों के असंतोष का फायदा उठाते हुए, स्थानीय जमींदार, पहले **गोकाला** और फिर **राजाराम** और **चूड़ामन जाट** ने **भरतपुर** में जाट साम्राज्य की **स्थापना** की। हालांकि, राजा **सूरजमल ( 1756-63 ई. )** के तहत जाट शक्ति अपने उच्चतम गौरव पर पहुंच गई, जिन्होंने अपने शासनकाल के दौरान जाट शक्ति को मजबूत किया और मुगल अधिकारियों को उन्हें पहचानने के लिए मजबूर किया। वह न केवल एक बेहद सक्षम प्रशासक, बुद्धिमान राजनेता बल्कि एक महान योद्धा भी थे। उन्होंने अहमद शाह **अब्दाली की सेना** की **घेराबंदी** का सफलतापूर्वक सामना किया और **पानीपत की तीसरी लड़ाई में मराठों का समर्थन** किया। उन्होंने विदेशियों के साथ एक सेना खड़ी करके और राजस्व संग्रह की मुगल प्रणाली शुरू करने के साथ ही अपने शक्तिशाली रिश्तेदारों पर राज्य की निर्भरता को कम किया और अपनी शक्तियों को केंद्रीकृत करने और प्रशासन में महत्वपूर्ण सुधार लाने की कोशिश की। परन्तु उनकी असामयिक मृत्यु से जाट राज्य का अंततः पतन हो गया।

## रोहिलखंड और फर्रुखाबाद

मुगल साम्राज्य के कमजोर होने के बाद उत्तर भारत में कुछ छोटे **अफगान राज्य** भी स्थापित हुए। अफगान घूमने वाले सरदारों के समूह थे, जिन्होंने शुरुआत में 15वीं शताब्दी से भारत में प्रवास करना शुरू कर दिया था। 18वीं शताब्दी में, अफगानिस्तान में राजनीतिक अस्थिरता और आर्थिक अव्यवस्थाओं के कारण, अफगानियों का भारत में प्रवास बढ़ गया।

इसके अलावा, नादिर शाह के आक्रमण के बाद उत्तर भारत में सत्ता के पतन ने एक और अफगान नेता, **अली मुहम्मद खान** को दक्षिण में गंगा और उत्तर में कुमाऊं पहाड़ियों के बीच हिमालय की तलहटी में **रोहिलखंड** का एक छोटा-सा राज्य स्थापित करने का अवसर दिया, जिसकी राजधानी पहले बरेली में औलान और बाद में रामपुर में थी। लेकिन, नए साम्राज्य पर शायद ही कोई प्रभाव पड़ा, क्योंकि उसे अवध, जाटों और बाद में अंग्रेजों जैसी मजबूत पड़ोसी शक्तियों के हाथों भारी नुकसान उठाना पड़ा।

दिल्ली के पूर्व में **फर्रुखाबाद** (अलीगढ़ और कानपुर के बीच) के आसपास के क्षेत्र में एक और स्वतंत्र अफगान साम्राज्य की स्थापना फर्रुखसियर और मुहम्मद शाह के शासनकाल के दौरान **अहमद खान बंगश** द्वारा की गई थी। रोहिल्ला और बंगश दोनों ने पानीपत की तीसरी लड़ाई के दौरान अहमद शाह अब्दाली की मदद की, लेकिन उनकी शक्ति में तेजी से गिरावट आई क्योंकि अब्दाली भारतीय मंच से सेवानिवृत्त हो गए और नजीब-उद-दौला को दिल्ली के मामलों का प्रभारी बना दिया।

# दक्षिण भारत

दक्षिण में, कई राज्यों ने इस अवधि के दौरान समुद्र और बंदरगाहों तक पहुंच के माध्यम से अपनी शक्ति को मजबूत करने के लिए दृढ़ प्रयास किए। इनमें **मार्तण्ड वर्मा** और **राम वर्मा** के अधीन **केरल में त्रावणकोर, हैदर अली** और **टीपू सुल्तान** के अधीन **मैसूर** थे। हालांकि, ये राज्य 18वीं शताब्दी के उत्तरार्ध में या कम-से-कम 1740 ई. के बाद ही प्रमुखता से उभरे। उनसे पहले दक्षिण में तीन दुर्जेय शक्तियां[4] थीं:

(a) मराठा जो तंजावुर और अन्य जगहों पर मौजूद थे,

(b) **अर्कोट** (या **कर्नाटक**) के **सादुल्ला खान** जिन्होंने 1700 ई. के दशक के आसपास अर्कोट रियासत पर शासन किया था, और

(c) **हैदराबाद के निजाम-उल-मुल्क,** जिन्होंने 1740 ई. के दशक तक हैदराबाद में अपनी स्थिति मजबूत कर ली थी।

हालांकि, 18वीं शताब्दी के उत्तरार्ध में, इन तीनों की शक्ति में गिरावट आई। 1740 ई. के दशक और 1750 ई. के दशक की शुरुआत में अर्कोट में उत्तराधिकार संघर्ष ने राज्य के खजाने को खाली कर दिया और इसके शासकों ने निजी ब्रिटिश व्यापारियों द्वारा वित्तीय हेरफेर के आगे घुटने टेक दिए, जिनके युद्ध खर्चों के लिए वे कर्ज में डूबे हुए थे। इसी तरह, 1750 ई. के दशक में इसके संस्थापक, निजाम-उल-मुल्क की मृत्यु के बाद, हैदराबाद की शक्ति में भी गिरावट आई। मराठों के भाग्य के संबंध में हम पहले ही चर्चा कर चुके हैं।

## हैदराबाद

हैदराबाद राज्य की स्थापना स्वयं *वज़ीर* **चिन किलीच खान** ने की थी, जो औरंगजेब के बाद के युग के प्रमुख अमीरों में से एक थे और उन्होंने पहले सैय्यद भाइयों को उखाड़ फेंकने में महत्वपूर्ण भूमिका निभाई थी। हालांकि, सम्राट **मुहम्मद शाह** के अधीन प्रशासन में सुधार करने में उनकी विफलता से निराश होकर, उन्होंने *वज़ीरियत* का अपना पद त्याग दिया और, **1724 ई.** में, दक्षिण की ओर मार्च किया। दक्कन में हैदराबाद राज्य की स्थापना की और **निज़ाम-उल-मुल्क आसफ़ जाह** की उपाधि धारण की। बंगाल के मुर्शिद कुली खान की तर्ज पर, उन्होंने कभी भी खुले तौर पर मुगलों से अपनी स्वतंत्रता की घोषणा नहीं की, बल्कि एक संप्रभु शासक की तरह काम किया, जिसने युद्ध छेड़े, शांति स्थापित की, उपाधियां प्रदान कीं और दिल्ली का संदर्भ दिए बिना *जागीरें* और कार्यालय दिए। उन्होंने दक्कन में एक व्यवस्थित प्रशासन स्थापित किया और न केवल सफलतापूर्वक दोषी जमींदारों को लाइन में रखा, बल्कि शक्तिशाली मराठों को भी अपने प्रभुत्व से बाहर कर दिया। हालांकि, **1748 ई.** में उनकी मृत्यु के बाद, हैदराबाद की शक्ति में भी गिरावट आई और राज्य अपने मामलों को स्वतंत्र रूप से बनाए रखने में सक्षम नहीं रहा। उन्होंने तटीय जिलों का नियंत्रण जल्द ही खो दिया, जिससे राज्य को आर्थिक नुकसान हुआ।

## मैसूर

मूल रूप से, 16वीं शताब्दी में **विजयनगर** साम्राज्य के अधीन एक उप-राजघराने के रूप में मैसूर का उदय हुआ। **वोडेयार राजवंश** के शासकों जैसे **कंथिरावा नरसरजा** और **चिक्का देवराज** के अधीन एक महत्वपूर्ण राज्य था। हालांकि, यह अपने वास्तविक गौरव के दौर में प्रवासी मूल के घुड़सवार सेनापति हैदर अली के अधीन पहुंच गया, जिसने 1761 ई. में राज्य में

[4] यह ध्यान देने योग्य है कि, इनमें से किसी भी शासक ने वंशवादी उत्तराधिकार स्थापित करते हुए, पूर्ण आधिपत्य का दावा नहीं किया और स्वयं को मुगल सत्ता के प्रतिनिधियों के रूप में प्रस्तुत करना जारी रखा।

प्रभावी सत्ता संभाली जब उसने भ्रष्ट दलवई को हटाकर मैसूर में राजनीतिक सत्ता पर कब्जा कर लिया, यानी प्रधान मंत्री नंजराज (जिन्होंने इस बीच, वोडेयार को महज प्रमुखों तक सीमित करके राज्य में वास्तविक सत्ता हथिया ली थी)।

हैदर अली ने **फ्रांसीसी** विशेषज्ञों के साथ अपनी सेना का आधुनिकीकरण किया और उसमें **यूरोपीय अनुशासन** शामिल किया। मैसूर सेना को यूरोपीय मॉडल पर **रिसालों** की प्रणाली के माध्यम से संगठित किया गया था, जिसमें शीर्ष कमांडर, यानी स्वयं सुल्तान तक जाने वाली कमान की एक स्पष्ट शृंखला थी। उन्होंने और बाद में उनके बेटे **टीपू सुल्तान** (लगभग **1782 ई.**) ने मैसूर को मजबूत करने और इसे प्रायद्वीपीय भारत के एक नहीं बल्कि दोनों तटों तक पहुंच वाला एक राज्य बनाने का प्रयास किया। वास्तव में, वे कोडवाओं (कोडगु के ऊंचे राज्य के निवासी, यानी कूर्ग), तटीय कर्नाटक और उत्तरी केरल के खिलाफ अपेक्षाकृत सफल रहे, जिससे टीपू को मध्य पूर्व के साथ अपने दम पर राजनयिक और वाणिज्यिक संबंध खोलने में मदद मिली। हालांकि, हैदर और टीपू दोनों का हमेशा **पोलिगर्स**, **स्थानीय प्रमुखों**, मराठों द्वारा विरोध किया गया था और इसके अलावा, उन्हें अंग्रेजी ईस्ट इंडिया कंपनी के रूप में दुर्जेय सैन्य प्रतिद्वंद्वी का भी सामना करना पड़ा था। **एंग्लो-मैसूर युद्धों** में परिणित होने वाली उनकी विस्तृत प्रतिद्वंद्विता पर बाद के अध्याय में चर्चा की जाएगी।

## त्रावणकोर

**मार्तंड वर्मा**, जिन्होंने 1729 ई. से 1758 ई. तक त्रावणकोर (वेनाड के दक्षिणी केरल राज्य) पर शासन किया, ने अपने अधिकार को मजबूत करने के लिए कई उपाय शुरू किए ताकि एक पर्याप्त स्थायी सेना का निर्माण किया जा सके, नायर अभिजात वर्ग की शक्ति को कम किया जा सके, जिस पर पहले क्षेत्र के शासक सैन्य रूप से निर्भर थे, और तथाकथित "**त्रावणकोर लाइन**" के अपने साम्राज्य की उत्तरी सीमाओं को मजबूत किया। व्यापार में यूरोपीय भागीदारी को सीमित करने के लिए, उन्होंने अपने डोमेन के भीतर एक बड़े व्यापारिक समुदाय, सीरियाई ईसाइयों को संरक्षण दिया और यूरोपीय अधिकारियों की मदद से पश्चिमी मॉडल पर एक मजबूत सेना का भी आयोजन किया। उन्होंने डचों को हराया और केरल में उनकी राजनीतिक शक्ति समाप्त कर दी। व्यापार को अपनी निगरानी में रखने के लिए, उन्होंने कई वस्तुओं को शाही एकाधिकार वाली वस्तुओं के रूप में घोषित किया, जिनके व्यापार के लिए लाइसेंस की आवश्यकता थी, जैसे कि काली मिर्च। उन्होंने सड़कें, नहरें भी बनवाईं और कई सिंचाई कार्य भी किये। इन नीतियों को मार्तण्ड के उत्तराधिकारी **राम वर्मा** (1758-98 ई.) ने भी जारी रखा, जो स्वयं एक कवि, विद्वान और महान ज्ञानी व्यक्ति थे। वह धाराप्रवाह अंग्रेजी में बातचीत करते थे, यूरोपीय मामलों में गहरी रुचि लेते थे और लंदन में प्रकाशित समाचार पत्र और पत्रिकाएं नियमित रूप से पढ़ते थे। 18वीं शताब्दी में मलयालम साहित्य में उल्लेखनीय पुनरुत्थान हुआ और त्रावणकोर की राजधानी त्रिवेन्द्रम, संस्कृत छात्रवृत्ति का एक प्रसिद्ध केंद्र बन गया। हालांकि, 1766 ई. के आसपास, त्रावणकोर साम्राज्य को मैसूर से आक्रमण का सामना करना पड़ा, जिससे राज्य प्रभावित हुआ क्योंकि हैदर अली उत्तरी केरल से कोचीन तक अपने कब्जे में लेने में सक्षम था।

## विगत वर्षों में पूछे गए प्रश्न (प्रारंभिक परीक्षा)

1. भारतीय इतिहास के संदर्भ में, निम्नलिखित कथनों में से कौन-सा/कौन-से सही है/हैं? **(2021)**

   1. हैदराबाद राज्य से अर्कोट की निजामत का उदय हुआ।
   2. विजयनगर साम्राज्य से मैसूर राज्य का उदय हुआ।
   3. रूहेलखंड राज्य का गठन, अहमद शाह दुर्रानी द्वारा अधिकृत राज्यक्षेत्र में से हुआ।

   नीचे दिए गए कूट का प्रयोग कर सही उत्तर चुनिए।

   (a) 1 और 2 (b) केवल 2
   (c) 2 और 3 (d) केवल 3

2. अहमदशाह अब्दाली का भारत पर आक्रमण और पानीपत के तीसरे युद्ध में लड़ने का तात्कालिक कारण क्या था? (2010)
   (a) वह अपने वायसरॉय (राजप्रतिनिधि) तैमूर शाह को मराठों द्वारा लाहौर से निष्कासित किए जाने का बदला लेना चाहता था।
   (b) जालंधर के हताश गवर्नर, अदीना बेग खान ने, उसे पंजाब पर आक्रमण करने के लिए आमंत्रित किया था।
   (c) वह मुगल प्रशासन द्वारा चाहर महल (गुजरात, औरंगाबाद, सियालकोट और पशरूर) के राजस्व का भुगतान न करने के कारण उन्हें दंड देना चाहता था।
   (d) वह दिल्ली की सीमा से अपने साम्राज्य तक के पंजाब के सभी उपजाऊ मैदानों पर कब्जा करना चाहता था।

3. श्रीशक्ति पुरस्कार के संदर्भ में, निम्नलिखित में से किसको 'देवी अहिल्या बाई होलकर पुरस्कार' दिया जाता है? (2009)
   (a) प्रशासनिक कौशल
   (b) वैज्ञानिक अनुसंधान में उपलब्धियां
   (c) खेलकूद में उपलब्धियां
   (d) साहस और वीरता

4. धर्मत की लड़ाई इनके बीच लड़ी गई: (2003)
   (a) मोहम्मद गौरी और जयचंद
   (b) बाबर और अफगान
   (c) औरंगजेब और दारा शिकोह
   (d) अहमद शाह दुर्रानी और मराठा

5. मुगल सम्राट जहांदार शाह के शासन का जल्द अंत कैसे हो गया? (2003)
   (a) वह अपने वजीर द्वारा अपदस्थ किया गया।
   (b) उसकी मृत्यु सीढ़ियां उतरते समय फिसल जाने के कारण हुई।
   (c) वह युद्ध में अपने भतीजे से पराजित हुआ।
   (d) उसकी मृत्यु अत्यधिक मदिरा सेवन से हुई बीमारी के कारण हुई।

6. ***अभिकथन (A):*** शाह आलम द्वितीय ने सम्राट के रूप में अपने आरंभिक वर्ष अपनी राजधानी से दूर व्यतीत किए।

   ***कारण (R):*** उत्तर-पश्चिमी सीमा से विदेशी आक्रमण का ज्वलंत खतरा हमेशा बना रहता था। (2003)
   (a) A व R दोनों ही सही हैं और A की उचित व्याख्या R है।
   (b) A व R दोनों ही सही हैं, लेकिन A की उचित व्याख्या R नहीं है।
   (c) A सही, लेकिन R गलत है।
   (d) A गलत, लेकिन R सही है।

7. ***अभिकथन (A):*** मुगल साम्राज्य के पतन के बाद मराठा भारत की सबसे मजबूत स्थानीय शक्ति बनकर उभरे।

   ***कारण (R):*** मराठा पहले ऐसे शासक थे, जिनकी एक एकीकृत भारतीय राष्ट्र की स्पष्ट अवधारणा थी। (2003)
   (a) A व R दोनों ही सही हैं और A की उचित व्याख्या R है।
   (b) A व R दोनों ही सही हैं, लेकिन A की उचित व्याख्या R नहीं है।
   (c) A सही, लेकिन R गलत है।
   (d) A गलत, लेकिन R सही।

8. निम्नलिखित में से किसने सांभाजी के बाद मराठा प्रशासन को सुगठित किया? (2000)
   (a) राजाराम (b) बालाजी विश्वनाथ
   (c) गंगाबाई (d) नानाजी देशमुख

9. शिवाजी के अष्टप्रधान का सदस्य, जो विदेशी मामलों को देखता था: (1998)
   (a) पेशवा (b) सचिव
   (c) पंडित राव (d) सुमंत

10. सूची-I का सूची-II के साथ मिलान करें और सूची के नीचे दिए गए कूट का इस्तेमाल करते हुए सही उत्तर का चयन करें: (1998)

| | सूची-I | | सूची-II |
|---|---|---|---|
| (A) | 1556 | 1. | हल्दी घाटी का युद्ध |
| (B) | 1600 | 2. | नादिर शाह का दिल्ली पर कब्जा |

(C) 1686 — 3 शिवाजी की मृत्यु

(D) 1739 — 4. ईस्ट इंडिया कंपनी के घोषणा-पत्र को स्वीकृति

5. अकबर का पदारोहण

**कूट:**

| | A | B | C | D |
|---|---|---|---|---|
| (a) | 3 | 4 | 2 | 1 |
| (b) | 5 | 4 | 3 | 2 |
| (c) | 5 | 2 | 1 | 4 |
| (d) | 1 | 5 | 3 | 2 |

11. मोदी लिपि' का प्रयोग इनके दस्तावेजों में किया गया था: **(1995)**
    (a) वूदियार (b) जमोरिन
    (c) होएसल (d) मराठा

12. अष्टप्रधान मंत्रियों की समिति थी: **(1995)**
    (a) गुप्त प्रशासन में
    (b) चोल प्रसासन में
    (c) विजयनगर प्रशासन में
    (d) मराठा प्रशासन में

## उत्तरमाला

1. (b) 2. (d) 3. (d) 4. (c) 5. (c) 6. (c) 7. (c) 8. (b) 9. (d) 10. (b) 11. (d) 12. (d)

## विगत वर्षों में पूछे गए प्रश्न (मुख्य परीक्षा)

1. सुस्पष्ट कीजिए कि मध्य-अठारहवीं शताब्दी का भारत विखंडित राज्यतंत्र की छाया से किस प्रकार ग्रसित था?
   **(2017 सा.अ. प्रश्नपत्र 1)**

2. विजयनगर नरेश कृष्णदेव राय न केवल स्वयं एक कुशल विद्वान थे अपितु विद्या एवं साहित्य के महान संरक्षक भी थे। विवेचना कीजिए।
   **(2016 सा.अ. प्रश्नपत्र 1)**

3. पेशवाओं के अधिकारी वर्ग के प्रबंधन की तुलना शाही मुगल प्रशासन के साथ करें।
   **(2015-इतिहास ऐच्छिक)**

4. सत्रहवीं शताब्दी के दौरान मराठा आंदोलन के उदय की सामाजिक पृष्ठभूमि बताएं।
   **(2012-इतिहास ऐच्छिक)**

## अभ्यास प्रश्न (प्रारंभिक परीक्षा)

1. सूची-I का सूची-II के साथ मिलान करें और सूची के नीचे दिए गए कूट का इस्तेमाल करते हुए सही उत्तर का चयन करें:

| सूची-I | सूची-II |
|---|---|
| A. पेशवा | 1. प्रधान मंत्री |
| B. न्यायाधीश | 2. वित्त मंत्री |
| C. पंडित राव | 3. धर्म मंत्री |
| D. सचिव | 4. मुख्य न्यायाधीश |

**कूट:**

| | A | B | C | D |
|---|---|---|---|---|
| (a) | 2 | 4 | 3 | 1 |
| (b) | 2 | 3 | 4 | 1 |
| (c) | 1 | 4 | 3 | 2 |
| (d) | 1 | 3 | 4 | 2 |

2. सूची-I का सूची-II के साथ मिलान करें और सूची के नीचे दिए गए कूट का इस्तेमाल करते हुए सही उत्तर का चयन करें:

| सूची-I | सूची-II |
|---|---|
| A. शाह-ए-बेखबर | 1. सैय्यद बंधु |
| B. कलुषा | 2. बहादुर शाह |
| C. थोराले | 3. सांभाजी |
| D. किंग मेकर | 4. बाजीराव प्रथम |

**कूट:**

| | A | B | C | D |
|---|---|---|---|---|
| (a) | 2 | 4 | 3 | 1 |
| (b) | 2 | 3 | 4 | 1 |
| (c) | 1 | 4 | 3 | 2 |
| (d) | 1 | 3 | 4 | 2 |

3. निम्नलिखित पर विचार करें:
   1. 1761 ई. में पानीपत की तीसरी लड़ाई मराठा और अहमद शाह अब्दाली के बीच लड़ी गई थी।
   2. शाह आलम ने 1764 ई. में बक्सर की लड़ाई में भाग लिया था।
   3. जहांदार शाह ने 1757 ई. में प्लासी की लड़ाई में भाग लिया था।

   निम्नलिखित कूटों के आधार पर गलत उत्तर का चयन करें:

   (a) केवल 1 और 2 (b) केवल 3
   (c) केवल 1 और 3 (d) 1, 2 और 3

4. निम्नलिखित पर विचार करें:
   (i) जहांदार शाह ने इजाराह अर्थात् राजस्व कृषि की कुप्रथा आरंभ की।
   (ii) फारुखसियार जुल्फिकार खान की मदद से गद्दी पर बैठा।

   निम्नलिखित कूटों के आधार पर सही उत्तर का चयन करें:

   (a) केवल (i) और (ii) (b) केवल (i)
   (c) केवल (ii) (d) इनमें से कोई नहीं

5. सूची-I का सूची-II के साथ मिलान करें और सूची के नीचे दिए गए कूट का इस्तेमाल करते हुए सही उत्तर का चयन करें:

| सूची-I | सूची-II |
|---|---|
| A. मीर बक्शी | 1. सैन्य प्रमुख |
| B. मुशरिफ | 2. समारोहों का संचालक |
| C. शिकदर | 3. कानून और व्यवस्था प्रभारी |
| D. मीर तोजक | 4. राजस्व सचिव |

**कूट:**

| | A | B | C | D |
|---|---|---|---|---|
| (a) | 2 | 4 | 3 | 1 |
| (b) | 2 | 3 | 4 | 1 |
| (c) | 1 | 4 | 3 | 2 |
| (d) | 1 | 3 | 4 | 2 |

6. सूची-I का सूची-II के साथ मिलान करें और सूची के नीचे दिए गए कूट का इस्तेमाल करते हुए सही उत्तर का चयन करें:

| सूची-I | सूची-II |
|---|---|
| A. बड़ौदा के गायकवाड़ | 1. महादजी |
| B. इंदौर के होलकर | 2. दामाजी |
| C. नागपुर के भोंसले | 3. रघुजी |
| D. ग्वालियर के सिंधिया | 4. मल्हार राव |

**कूट:**

| | A | B | C | D |
|---|---|---|---|---|
| (a) | 2 | 4 | 3 | 1 |
| (b) | 2 | 3 | 4 | 1 |
| (c) | 1 | 4 | 3 | 2 |
| (d) | 1 | 3 | 4 | 2 |

7. निम्नलिखित पर विचार करें:
   (i) प्रतापगढ़ की लड़ाई अफजल खान और शिवाजी के बीच लड़ी गई थी।
   (ii) प्लासी की लड़ाई आलमगीर द्वितीय के शासन काल के दौरान लड़ी गई थी।
   (iii) नाना फड़नवीस ने अंग्रेजों को हराकर 1776 ई. में पुरंदर की संधि पर हस्ताक्षर किए।

   निम्नलिखित कूटों के आधार पर सही उत्तर का चयन करें:

   (a) केवल (i) और (ii) (b) केवल (iii)
   (c) केवल (i) और (iii) (d) (i), (ii) और (iii)

8. निम्नलिखित पर विचार करें:
   (i) मुर्शीद कुली खान अवध का शासक था।
   (ii) सफदरजंग बंगाल का शासक था।

निम्नलिखित कूटों के आधार पर सही उत्तर का चयन करें:

(a) केवल (i) और (ii) (b) केवल (i)
(c) केवल (ii) (d) इनमें से कोई नहीं

9. सूची-I का सूची-II के साथ मिलान करें और सूची के नीचे दिए गए कूट का इस्तेमाल करते हुए सही उत्तर का चयन करें:

| **सूची-I** | **सूची-II** |
|---|---|
| A. हिंदू बादशाही | 1. बाजीराव प्रथम |
| B. पेशवा का वंशवाद | 2. रामचंद्र पंत |
| C. तृतीय एंग्लो-मराठा युद्ध | 3. बाजीराव द्वितीय |
| D. अदन्य पत्र लिखा | 4. बालाजी विश्वनाथ |

**कूट:**

| | A | B | C | D |
|---|---|---|---|---|
| (a) | 2 | 4 | 3 | 1 |
| (b) | 2 | 3 | 4 | 1 |
| (c) | 1 | 4 | 3 | 2 |
| (d) | 1 | 3 | 4 | 2 |

## उत्तरमाला

1. (c) 2. (b) 3. (b) 4. (b) 5. (d) 6. (a) 7. (d) 8. (d)
9. (c)

# अभ्यास प्रश्न (मुख्य परीक्षा)

1. मुगलों के पतन के कारणों की व्याख्या करें।
2. मराठों की प्रशासनिक व्यवस्था बहुत प्रभावशाली थी। मराठों की प्रशासनिक व्यवस्था के मुख्य सिद्धांतों की व्याख्या करें।
3. बाद के समय में पेशवा का पद छत्रपति के पद पर हावी हो गया। क्या आप सहमत हैं? अपने उत्तर के कारण बताएं।

अध्याय

# 15

# भक्ति और अन्य महत्वपूर्ण धार्मिक आंदोलन

मध्यकालीन भारत के सांस्कृतिक इतिहास का एक महत्वपूर्ण पड़ाव समाज में हो रही मूक क्रांति थी, जिसे भक्ति आंदोलन के रूप में जाना जाता है। **'भक्ति'** शब्द **'उपासना'** या **ईश्वर के प्रति सच्चे 'प्रेम'** का प्रतीक है। हालांकि, इसका अर्थ और स्वयं भक्ति की संकल्पना समय के साथ विकसित होती गई। इंडो-आर्येंस और पवित्र ग्रंथों अर्थात् वेदों के समय से ही भक्ति का परंपरागत अर्थ भिन्न-भिन्न रहा। वैदिक कालीन ध्यान केंद्रित ऋषि या सिद्ध पुरुष की छवि (एक काल्पनिक आकृति, जो कर्मकांडों की जटिल प्रणाली द्वारा वैदिक देवालयों के विभिन्न देवताओं को जानने और उनसे संवाद करने में सक्षम थी, मोक्ष की प्राप्ति इन कर्मकांडों के विधिपूर्वक निष्पादन से की जा सकती थी) में भक्ति आंदोलन के अंकुर शामिल तो अवश्य थे, लेकिन स्पष्टत: यह उसका सच्चा चित्रण नहीं था। 'व्यक्तिगत ईश्वर की आराधना' की प्रक्रिया **छठी शताब्दी ई.पू.** के दौरान, **बौद्ध धर्म व जैन धर्म जैसे नास्तिकतावादी आंदोलनों**

**के उद्भव** के साथ आरंभ हो गई थी। उदाहरण के लिए, महायान बौद्ध धर्म के अंतर्गत, **बुद्ध की पूजा** उनके अवलोकिता (विनीत) रूप में होनी आरंभ हो गई थी। **विष्णु की पूजा** भी लगभग इसी समय में आरंभ हुई थी, जिसे एक हद तक **लोकप्रिय** करने का श्रेय **गुप्त वंश के राजाओं** को जाता है, जिन्होंने ईश्वर के देवालयों को (विष्णु, ब्रह्मांडीय देवता, शिव, महान योगी और तपस्वीय व उनका स्त्री प्रतिरूप, शक्ति या दिव्य ऊर्जा), दिव्य प्रतिमाओं की आराधना (पूजा) और पुराणों (देवताओं के बारे में पौराणिक रचनाएं) के द्वारा मंडित किया। गुप्त राजाओं ने इन देवताओं को समर्पित मंदिरों का निर्माण भी करवाया और विभिन्न धार्मिक समूहों को संरक्षण दिया।

## दक्षिण भारत में भक्ति आंदोलन

हालांकि, आज जिसे भक्ति आंदोलन के रूप में जाना जाता है, उसकी **उत्पत्ति 7वीं से 12वीं ई. मे दक्षिण भारत में हुई थी।** वह दक्षिण भारत था जहां भक्ति धार्मिक परंपरा से लोकप्रिय आंदोलन के रूप में विकसित हुई। यह **धार्मिक समानता और व्यापक सामाजिक भागीदारी** की धारणा पर आधारित था। इसकी विशेषता इस काल के संत-कवियों, **शैव नयनार**[1] **और वैष्णव अलवारों**[2] का लेखन था, जिन्होंने पल्लवों, पाण्ड्यों और चोलों के समय में भक्ति पंथ का प्रचार किया। उन्होंने जैनों और बौद्धों द्वारा प्रचारित आत्मसंयम के उपदेश की अवहेलना[3] की और इस बात का उपदेश दिया कि ईश्वर के प्रति व्यक्तिगत आराधना ही मोक्ष पाने का एकमात्र माध्यम है। उन्होंने **ईश्वर के प्रति अटूट भक्ति प्रेम** का गुणगान किया और इस तथ्य पर जोर दिया कि मोक्ष (पुनर्जन्म के चक्र से मुक्ति) की प्राप्ति सिद्धांतों, नियमों और सामाजिक व्यवस्था का पालन करने से नहीं होती, बल्कि **ईश्वर के प्रति सरल भक्ति** से होती है। यह ध्यान रखना उचित है कि अलवर और नयन्नार की रचनाओं को कभी-कभी वेदों के समान महत्व दिया गया था। उदाहरण के लिए, अलवर की रचनाओं के प्रमुख संकलनों में से एक, '*नालायिरा दिव्यप्रबंधम*' को अक्सर तमिल वेद के रूप में वर्णित किया गया था। आमतौर पर भक्ति संत **निचली जातियों** से आए थे, उन्होंने एक ऐसे धर्म का प्रचार किया, जो **कर्मकांड-हीन** था और जाति या धर्म का भेद न करते हुए **सभी के लिए खुला** था, उन्होंने **स्त्रियों को** सभाओं में सम्मिलित होने के लिए **प्रोत्साहित किया**, और **स्थानीय मातृभाषा** में शिक्षा दी। उदाहरण के लिए, अलवर की एक महिला अंडाल की रचनाएं काफी लोकप्रिय थीं, जबकि दूसरी महिला कराईकल अम्मैय्यर एक समर्पित नयन्नर थीं, जिन्होंने अत्यधिक तपस्या का मार्ग अपनाया था। भक्ति के इन विचारों को संतों और विद्वानों द्वारा उत्तर तक ले जाया गया।

---

[1] जो लोग शिव की भक्ति में डूबे हुए हैं। 63 नयन्नार थे, जो ब्राह्मण, कुम्हार, शिकारी, किसान, सैनिक, अछूत श्रमिक जैसी विभिन्न जातियों की पृष्ठभूमि से थे। इनमें से सबसे प्रसिद्ध अप्पार, संभंदर, सुंदरर और मालविक्कसागर थे । उनके गीतों के संकलन के दो सेट हैं- तेनवरम और तिरुवाक्कम।

[2] विष्णु के प्रबल भक्त। 12 अलवर थे, जो अलग-अलग पृष्ठभूमि से आए थे, जिनमें सबसे प्रसिद्ध पेरियालवार, उनकी बेटी अंडाल, टोंडाराडिप्पोडी अलवर और नम्मालवार थे। 10वीं शताब्दी तक, 12 अलवरों की रचनाएं 'नालयिरा दिव्य प्रदंडम', 'चार हजार पवित्र रचनाएं' नामक एक संकलन में संकलित की गई।

[3] बौद्ध और जैन परंपराओं के खिलाफ शत्रुता मुख्य रूप से शाही संरक्षण के लिए विभिन्न धार्मिक परंपराओं के सदस्यों के बीच प्रतिस्पर्धा के कारण थी।

**भक्त और भगवान**

यह मणिक्कवसागर की एक रचना है:

*मेरे घृणित मांस के शरीर में*
*तुम ऐसे आये, जैसे वह सोने का मंदिर हो,*
*और मुझे पूरी तरह शांत किया और मुझे बचाया,*
*हे अनुग्रह के स्वामी, हे परम पवित्र रत्न,*
*दुःख और जन्म और मृत्यु और भ्रम तू ने मुझ से ले लिया, और मुझे स्वतंत्र कर दिया।*

हालांकि, दक्षिण भारत के भक्ति आंदोलन की अपनी **सीमाएं** थीं क्योंकि इसने सामाजिक स्तर पर कभी भी **सचेत रूप से ब्राह्मणवाद** या **वर्ण** और **जाति व्यवस्था** का **विरोध नहीं किया** था। इसने केवल इस विचार पर जोर दिया कि भक्ति एक पूजा पद्धति के रूप में सभी के लिए सुलभ होनी चाहिए या इसने शूद्रों को पूजा का वैकल्पिक मार्ग प्रदान किया, जबकि यह जाति व्यवस्था की **सामाजिक संरचना** के भीतर **काम** करता रहा और निचली जातियां विभिन्न सामाजिक विकलांगताओं से पीड़ित रहीं। भक्ति पर जोर देने और पूजा की श्रेष्ठ पद्धति के बावजूद, मूर्ति पूजा, वैदिक मंत्रों का पाठ और पवित्र स्थानों की तीर्थयात्रा जैसे **ब्राह्मणवादी अनुष्ठानों** का उन्मूलन नहीं हो पाया। वास्तव में, उनके मुख्य लक्ष्य थे, बौद्ध और जैन न कि ब्राह्मण और शायद यही कारण था कि ब्राह्मण-प्रभुत्व वाले मंदिरों ने दक्षिण भारतीय भक्ति आंदोलन के विकास में महत्वपूर्ण भूमिका निभाई।

## उत्तर भारत में भक्ति आंदोलन

यह दिलचस्प है कि, मध्यकालीन भारत में **भक्ति आंदोलन का उद्भव,** जिसने **12वीं से 17वीं शताब्दी** में देश के **उत्तरी भागों** में गति प्राप्त की थी, **दक्षिणी भक्ति आंदोलन से अलग** था। उत्तर के भक्ति आंदोलन में उन सामाजिक-धार्मिक आंदोलनों को शामिल किया गया था जिनका संबंध दक्षिण के आचार्यों में से एक से था, और इसे कभी-कभी उस आंदोलन का विस्तार माना जाता है जिसकी उत्पत्ति दक्षिण में हुई थी। उदाहरण के लिए, दक्षिण भारतीय भक्ति आंदोलन की तरह, उत्तर भारत के वैष्णव भक्ति आंदोलन, हालांकि धार्मिक क्षेत्र में समतावादी थे, उन्होंने कभी भी जाति व्यवस्था, ब्राह्मणवादी धर्मग्रंथों के अधिकार और ब्राह्मणवादी विशेषाधिकारों की निंदा नहीं की। हालांकि दोनों क्षेत्रों की परंपराओं में समानताएं थीं, लेकिन प्रत्येक संत की शिक्षाओं में भक्ति की धारणा में भिन्नता थी। उत्तरी मध्यकालीन भक्ति आंदोलन पर **इस्लाम के फैलाव का प्रभाव** पड़ा। इस्लाम की खास विशेषताओं जैसे **एकेश्वरवाद या एक ईश्वर में विश्वास, समानता, इंसान का आपसी भाईचारा और कर्मकांडों व वर्ग-भेद को अस्वीकृति** ने निश्चित रूप से इस काल के भक्ति आंदोलन को प्रभावित किया। इसके अतिरिक्त सूफी गुरुओं के उपदेशों ने भक्ति सुधारकों, जैसे–रामानंद, कबीर और नानक के विचारों को आकार दिया, क्योंकि भक्ति आंदोलन ने समाज में कुछ सुधारों की शुरुआत भी की थी।

भक्ति आंदोलन की उत्पत्ति के पीछे **क्या-क्या कारण थे**, इस बात पर भी **विचारकों में मतभेद** हैं। कुछ विद्वान भक्ति आंदोलन के उदय का कारण **सामंती उत्पीड़न और दृढ़ राजपूत-ब्राह्मण प्रभुत्व के विरुद्ध प्रतिक्रिया** मानते हैं। **भक्ति संतों,** जैसे–कबीर, नानक, चैतन्य और तुलसीदास की **कविताओं का सुर सामंत विरोधी** है, इसे इस तथ्य के प्रमाण के रूप में

देखा जा सकता है। हालांकि कुछ विद्वान ऐसा सोचते हैं कि आरंभिक मध्य काल के **सामाजिक-आर्थिक परिवर्तनों** ने इस आंदोलन के उदय के लिए आवश्यक कारणों की पृष्ठभूमि तैयार की। उनके अनुसार, 13वीं और 14वीं शताब्दियों में निर्मित वस्तुओं, विलासिता की वस्तुओं और अन्य हस्तनिर्मित सामानों की मांग बढ़ गई थी, जिसने शहरों में कारीगरों के आंदोलन को आरंभ किया। इस आंदोलन ने समाज के इन वर्गों से समर्थन प्राप्त किया क्योंकि ये समूह ब्राह्मणवादी व्यवस्था द्वारा उनको प्रदान किए गए निम्न स्तर से असंतुष्ट थे, इसलिए वे भक्ति की ओर मुड़ गए क्योंकि वह समानता पर केंद्रित था। हालांकि भक्ति आंदोलन की उत्पत्ति के बारे में कोई एक मत नहीं है, लेकिन इस तथ्य पर सर्वसम्मति है कि भक्ति आंदोलन **समानता** और व्यक्तिगत तौर पर सर्वशक्तिमान ईश्वर की कल्पना के प्रति **धार्मिक समर्पण** के संदेश पर आधारित था।

भक्ति आंदोलन दो भिन्न विचारधाराओं में भी बंटा था– **'सगुण'** और **'निर्गुण'**

उन्होंने **ब्राह्मणों के** प्रभुत्व को अस्वीकार कर दिया और जाति व्यवस्था व मूर्ति पूजा की प्रथाओं पर प्रहार किया। वे सभी भक्ति की वैष्णव धारणा, नाथपंथी आंदोलन और सूफीवादी से प्रभावित थे और उनके विचार इन तीनों परंपराओं के संकलन प्रतीत होते हैं।

| सगुण | निर्गुण |
|---|---|
| वे संत कवि जिन्होंने अपने काव्य की रचना **ईश्वर के रूप और गुण की प्रशंसा** करते हुए की। | जिन्होंने ईश्वर की प्रशंसा सभी गुणों और रूपों से परे जाकर की। |
| प्रमुख प्रस्तावक: तुलसीदास, सूरदास, चैतन्य और मीरा | प्रमुख प्रस्तावक: कबीर और नानक |
| • जाति व्यवस्था और ब्राह्मणों की सर्वोच्चता को सही ठहराया और मूर्ति पूजा के प्रति दृढ़ प्रतिबद्धता रखते हुए,<br>• व्यक्तिगत ईश्वर के प्रति समर्पण और सरल विश्वास का उपदेश दिया। | • वर्णाश्रम और जाति-भेद पर आधारित सभी प्रथाओं को अस्वीकृत किया। इन संतों ने नए मूल्यों, नए समूहों के उद्‌भव में सहायता और नए अपरंपरागत या विरोध करने वाले पंथों का समर्थन किया।<br>• **एकेश्वरवादी भक्ति संतों** के रूप में भी जाने जाते हैं, जिन्होंने भक्ति संतों के ईश्वर के साथ **व्यक्तिगत अनुभवों** को ज्यादा महत्व दिया।<br>• **भक्ति की अवधारणा वैष्णववाद से अपनाई थी, उन्होंने इसे निर्गुण दिशा दे दी।** उन्होंने अपने ईश्वर को विभिन्न नामों व पद्‌वियों से संबोधित किया, लेकिन उनका ईश्वर गैर-अवतारी, निराकार, शाश्वत और अवर्णनीय था। |

एकेश्वरवादी संत कवि एक-दूसरे की शिक्षाओं व प्रभावों से भी अवगत थे और अपनी रचनाओं में वे अक्सर एक-दूसरे का और अपने पूर्वजों का उल्लेख इस ढंग से करते थे जो कि उनके बीच विचारधाराओं में समानता की ओर संकेत करता है।

यह जानना दिलचस्प है कि सगुण और निर्गुण दोनों ही कवि संतों के बीच वैचारिक समानता थी क्योंकि उनके छंदों में बार-बार एक-दूसरे की शिक्षाओं और प्रभावों का उल्लेख मिलता है। साथ ही, इन दोनों शाखाओं के बीच मतभेद वास्तव में महत्वपूर्ण हैं, उनकी व्यापक **समानताओं** को कम नहीं आंका जा सकता:

(a) दोनों **ईश्वर के प्रति विलक्षण भक्ति भाव व रहस्यमयी प्रेम** पर केंद्रित थीं और उनका एक विशेष केंद्र बिंदु ईश्वर के साथ व्यक्तिगत संबंधों पर था।

(b) दोनों **कर्मकांडों के पालन के प्रति अत्यधिक आलोचनात्मक रुख** रखते थे जिन्हें ब्राह्मण पुरोहितों ने बनाए रखा था और बढ़ावा दिया था। वास्तव में, बहुत-से संत कवि विशेषकर उत्तरी भागों में, स्वयं निचली जातियों से थे।

(c) लोगों की **मातृभाषा या स्थानीय भाषा का प्रयोग** उन दोनों के बीच एक अन्य समानता थी, जो कि कुलीन पुजारियों की पवित्र भाषा संस्कृत से उलट था। उन्होंने अपने काव्यों की रचना उत्तर भारत के सभी स्थानों पर बोली जाने वाली लोकप्रिय भाषाओं और बोलियों में की थी। इसने उन्हें अपने विचारों को लोगों के और साथ ही विभिन्न निचले वर्गों के बीच पहुंचाने मे सक्षम बनाया।

**भक्ति आंदोलन की मुख्य विशेषताएं**

(a) भक्ति सुधारकों ने अद्वैतवाद (एकेश्वर) के सिद्धांतों की शिक्षा दी और मूर्ति पूजा की निंदा की।

(b) वे जीवन और मृत्यु के चक्र से मुक्ति में विश्वास रखते थे और वे मानते थे कि मोक्ष की प्राप्ति केवल ईश्वर के प्रति गहन आस्था और विश्वास से ही हो सकती है।

(c) वे ईश्वर की कृपा और आनंद की प्राप्ति के लिए आत्मसमर्पण पर बल देते थे, जबकि वे मार्गदर्शकों व शिक्षकों की भूमिका निभाने वाले 'गुरुओं' के महत्व में भी विश्वास रखते थे।

(d) वे विश्व बंधुत्व के सिद्धांत का समर्थन करते थे।

(e) वे कर्मकांडों, तीर्थ यात्राओं और उपवासों की निंदा करते थे, उनका मानना था कि सभी जीवित प्राणी जिनमें मनुष्य शामिल हैं, ईश्वर की संतानें हैं, साथ ही वे जातिप्रथा की भी कड़ी निंदा करते थे जो लोगों को उनके जन्म के आधार पर विभाजित करती है।

(f) उन्होंने गहरी निष्ठा के साथ भजन गायन पर बल दिया और उन्होंने किसी एक भाषा को पवित्र न मानते हुए, आमलोगों की भाषा में कविताओं की रचना की।

## भक्ति आंदोलन के प्रमुख अगुआ

**चित्र 15.1** शंकराचार्य

## 1. शंकराचार्य ( 788-820 ई. )

- **नवीं शताब्दी** के महान विचारक, प्रसिद्ध दार्शनिक और हिंदू पुनरुत्थानवादी आंदोलन के अग्रणी, जिन्होंने हिंदू धर्म को एक नया दिशा-निर्देश प्रदान किया।
- उनका जन्म कलाडी (केरल) में हुआ था और उन्होंने **अद्वैत ( वेदांत ) दर्शन** व निर्गुण ब्रह्म **( बिना किसी गुण के** देवता) को स्थापित किया।
- अद्वैत में **संसार की वास्तविकता से इनकार** किया जाता है और **ब्रह्म को ही एकमात्र वास्तविकता माना जाता है।** उसके आधार में वह केवल ब्रह्म ही है जो उसे उसकी वास्तविकता प्रदान करता है।

*अद्वैत के लिए जो उपमा दी जाती है वह प्रसिद्ध सांप और रस्सी की उपमा है। अंधेरे में, हम रस्सी को सांप समझने की भूल कर सकते हैं और कुछ समय के लिए इसे असली सांप मान सकते हैं। पर जल्दी ही हमें यह अहसास हो जाता है कि वास्तव में यह सिर्फ एक रस्सी ही है। एक बार जब हम जान जाते हैं कि यह एक रस्सी है, तब हमें सांप नहीं दिखता। इसी प्रकार, यदि ब्रह्म का ज्ञान प्राप्त हो जाए, तो शरीर और विश्व का भ्रम समाप्त हो जाएगा।*

- उनका प्रसिद्ध उद्धरण है–*''ब्रह्म सत्यम् जगत मिथ्या जीवो ब्रह्मात्र नापरहा''* अर्थात् *''ब्रह्म ही सत्य है, संसार की दिखावट माया है''* और *'एकामेव अद्वितीयम ब्रह्म' अर्थात् "ब्रह्म केवल एक है, दो नहीं[4]"*
- उनके अनुसार, एकमात्र ज्ञान ही मोक्ष तक ले जा सकता है।
- *भगवत गीता, ब्रह्मसूत्र* और *उपनिषदों की* समीक्षाएं कीं और पुस्तकें लिखीं, जैसे कि
  (a) *उपदेश शास्त्री*
  (b) विवेक चूड़ामणि
  (c) *भज गोविंदम स्त्रोत*
- **श्रृंगेरी, द्वारका, पुरी और बद्रीनाथ में मठ स्थापित किए।**

## 2. रामानुजाचार्य ( 1017-1137 ई. )

- **12वीं सदी** के भक्ति धारा के संत कवि, जिनका जन्म आधुनिक चेन्नई के पास श्रीपेरंबदूर में हुआ था। वह अलवर से प्रभावित थे और उन्होंने भक्ति की नई धारा को प्रेरित किया जो बाद में उत्तर भारत में विकसित हुई।
- उन्होंने शंकर के **मायावाद** का विरोध किया व **विशिष्ट अद्वैतवाद** के दर्शन का समर्थन किया और **श्रीवैष्णव पंथ** की स्थापना की। उनके अनुसार, ईश्वर **सगुण ब्रह्म** है। रचनात्मक प्रक्रिया और सृष्टि की सभी वस्तुएं वास्तविक हैं, लेकिन भ्रामक नहीं हैं जैसा कि शंकराचार्य मानते थे। इसलिए ईश्वर, आत्मा, पदार्थ वास्तविक हैं। लेकिन ईश्वर अंदरूनी तत्व हैं और बाकी उनके गुण हैं। विशिष्ट अद्वैतवाद में द्वैतवाद की भांति **संसार और ब्रह्म को दो समान रूप से**

---

[4] उन्होंने आगे एक उदाहरण सहित समझाया कि, 'जैसे गन्ना में अनेक डंठल हो सकते हैं लेकिन उन सभी से निकलने वाले रस की मिठास एक जैसी ही रहती है, उसी प्रकार प्राणी अनेक हैं लेकिन उनकी श्वास एक सी ही है, राष्ट्र अनेक हैं, लेकिन पृथ्वी एक ही है।' इस प्रकार से, शंकर ने विश्व को बताया कि एकता ही है जो प्रत्यक्ष विविधता को रेखांकित करती है।

**वास्तविक अस्तित्व** भी माना जाता है, लेकिन यहां संसार ब्रह्म से अलग नहीं है, बल्कि उसकी रचना ब्रह्म से ही हुई है।

**चित्र 15.2** रामानुजाचार्य

- विशिष्ट अद्वैतवाद में, ब्रह्म **निजी ईश्वर है जिनमें सर्वज्ञ गुण** हैं। उन्होंने संसार की रचना की है, लेकिन उन्होंने संसार की रचना स्वयं में से की है। इस तरह संसार का जन्म ब्रह्म से हुआ, जिसका संबंध संपूर्ण के एक अंश से है या प्रभावी बिंदु का संबंध संचालन केंद्र से है (इस तरह, विशिष्ट अद्वैतवाद)।

*इसके लिए दी गई प्रसिद्ध उपमा समुद्र और लहर की है–ब्रह्म समुद्र है और संसार की सभी वस्तुएं, निर्जीव व सजीव प्राणी दोनों इस समुद्र पर लहरों की तरह हैं। सभी लहरें अंत में समुद्र ही हैं, लेकिन जब तक हम लहर को देखते हैं, हम उसे समुद्र से अलग मानते हैं। लहर सिर्फ नाम और रूप है। इसके लिए दी गई अन्य उपमाएं हैं– सोना और सोने के आभूषण, मिट्टी और मिट्टी के बर्तन, मकड़ी और उसका जाल आदि।*

- ब्रह्म, जैसा कि रामानुज ने परिभाषित किया, पूरी तरह से निजी ईश्वर है। रामानुज ब्रह्म को **विष्णु** या उनके अवतारों में से एक को मानते हैं। विष्णु में निजी ईश्वर होने के सभी गुण हैं, जैसे कि सर्वज्ञता, सर्वशक्तिमान आदि। विष्णु ने मनुष्यों के प्रति अपने प्रेम के कारण संसार की रचना की, और प्रत्येक कदम पर संसार का नियंत्रण किया। मनुष्यों का दायित्व है कि वे भगवान विष्णु को प्रेम व उनकी पूजा करें, जिससे जब हमारी पूजा पूर्ण हो जाए तब वे हमें मोक्ष प्रदान करें।
- विशिष्ट अद्वैत में धर्म की साधना द्वैतवाद के समान थी और एकमात्र असमानता यह थी कि **मनुष्य को विशुद्ध द्वैतवादी उपासना से ज्यादा ऊंचा स्थान प्राप्त था** और वह ईश्वर के ज्यादा करीब था। इस प्रकार से विशिष्ट अद्वैत में, हालांकि संसार और ब्रह्म दोनों ही को समान रूप से वास्तविक माना जाता था, उनको द्वैतवाद की तरह दो अलग अस्तित्व नहीं माना जाता था।
- उन्होंने **प्रवृत्ति मार्ग** या **ईश्वर के प्रति आत्मसमर्पण के मार्ग** का भी समर्थन किया। उन्होंने दलितों को वैष्णववाद में आमंत्रित किया और भक्ति द्वारा मोक्ष का समर्थन किया। हालांकि, यहां यह ध्यान रखना उचित है कि यद्यपि उन्होंने शूद्रों और यहां तक कि बहिष्कृत लोगों सहित सभी के लिए सुलभ पूजा पद्धति के रूप में भक्ति की वकालत

की, और उन्होंने स्वयं जाति भेद का पालन नहीं किया और अस्पृश्यता को खत्म करने की कोशिश की, फिर भी उन्होंने निचली जातियों के वेदों तक पहुंच के विचार का समर्थन नहीं किया।

- उन्होंने निम्नलिखित की रचना की:
  (a) *श्रीभाष्य*
  (b) *वेदांत दीप*
  (c) *गीता भाष्य*
  (d) *वेदांतसार*

### 3. माधवाचार्य ( 1238-1317 ई. )

- **13वीं शताब्दी** में, कन्नड़ क्षेत्र के माधव ने **जीवात्मा और परमात्मा** के **द्वैत या द्वैतवाद का** प्रचार किया, उनकी दार्शनिक प्रणाली भागवत पुराण पर आधारित थी। इस दर्शन के अनुसार, संसार भ्रम नहीं है बल्कि वास्तविकता है, जिसमें कई वास्तविक भेद हैं।

**चित्र 15.3** माधवाचार्य

*माधव के अनुसार, ब्रह्म और संसार को दो समान वास्तविक अस्तित्व माना जाता है और इनका आपस में कोई संबंध नहीं है। द्वैतवाद के देवता हिंदू देवता विष्णु हैं। विष्णु ने संसार की रचना की और संसार ईश्वर से अलग स्थान रखता है व ईश्वर से निचले स्थान पर है, जिनका आपस में कोई संबंध नहीं है। विष्णु संसार और उसमें घटने वाली घटनाओं का नियंत्रण करते हैं और सभी व्यक्तियों का दायित्व है कि वे ईश्वर की पूजा व प्रार्थना करें।*

- ईश्वर, आत्मा और पदार्थ सभी प्रकृति में अद्वितीय हैं और इसलिए उन्हें एक-दूसरे से कम नहीं माना जा सकता।
- उन्होंने **ब्रह्म संप्रदाय** की स्थापना भी की।
- रामानुज की तरह, उन्होंने भी इस विश्वास का समर्थन किया कि भक्ति शूद्रों को पूजा का वैकल्पिक मार्ग प्रदान करती है, लेकिन उन्होंने भी शूद्रों द्वारा वैदिक अध्ययन पर रूढ़िवादी ब्राह्मणवादी प्रतिबंध का खंडन नहीं किया।

**4. निम्बार्क**

- **रामानुजम** के **युवा समकालीन** जिन्होंने **द्वैत-अद्वैत दर्शन और भेद-अभेद** दर्शन को स्थापित किया। उनके अनुसार, ब्रह्म या सर्वोच्च आत्मा खुद को संसार की आत्माओं के रूप में परिवर्तित कर लेती है, जो कि इसलिए ब्रह्म से अलग, विशिष्ट और वास्तविक है। विशिष्ट अद्वैत की भांति, भेद-अभेद संप्रदाय भी इसमें यकीन करता है कि संसार और ब्रह्म दोनों ही समान यथार्थ हैं और यह कि संसार ब्रह्म का हिस्सा है। असमानता केवल जोर देने पर है। यहां भी वही समुद्र और लहर, मिट्टी और मिट्टी के बर्तन की उपमा प्रयोग में लाई जाती है।

*भेद-अभेद की एक विशिष्ट उपमा सूर्य और सूर्य की किरणें हैं। सूर्य की किरणों को सूर्य से अलग नहीं कहा जा सकता, ये सूर्य से निकलती हैं और उससे जुड़ी हैं। फिर भी ये सूर्य नहीं है, ये सूर्य का केवल एक हिस्सा हैं, सूर्य का प्रतिबिंब और ये सूर्य के केवल एक अंग का अवलोकन कराती हैं। इसलिए संसार भी ब्रह्म की एक अभिव्यक्ति ही है, लेकिन यह एक बहुत छोटी अभिव्यक्ति है और ब्रह्म से असमानता बहुत बड़ी है।*

- **तेलंगाना** क्षेत्र में वैष्णव भक्ति के **उपदेशक**।
- **कृष्ण और राधा** के आराधक और बृज (मथुरा) में अपना आश्रम स्थापित किया।
- उन्होंने **सनक संप्रदाय** की स्थापना भी की थी।

**5. वल्लभाचार्य ( 1479-1531 ई. )**

- इनका जन्म बनारस में एक तेलगु ब्राह्मण परिवार में 15वीं शताब्दी में हुआ था जिन्होंने अपनी भक्ति के सिद्धांत का प्रचार भगवान कृष्ण के माध्यम से किया जिन्हें वे प्यार से श्रीनाथ जी बुलाते थे। वे कृष्णदेव राय के दरबार में रहते थे और चौतन्य महाप्रभु उन्हीं के जैसे गुणवान समकालीनों में से एक थे।
- उन्होंने पुष्टि मार्ग (ईश्वर की दया) की स्थापना की, यह मार्ग भक्तों को शिक्षा देता है कि प्रेम के अलावा बिना किसी अपेक्षा के किस प्रकार श्रीनाथ जी को स्वार्थहीन प्रेम और भक्ति समर्पित की जाए।
- उन्होंने **शुद्ध अद्वैत** को स्थापित किया। जैसा कि विशिष्ट अद्वैत में है, शुद्ध अद्वैत में भी ऐसा माना जाता है कि संसार का और **ब्रह्म का भी वास्तविक अस्तित्व है।** लेकिन ऐसा कहा जाता है कि संसार में ब्रह्म का कोई परिवर्तन नहीं है, संसार का अस्तित्व बिना किसी परिवर्तन के दौर से गुजरे ब्रह्म के स्वरूप में है। हम इसे **सिक्के के दो पहलू** मान सकते हैं, जिसमें ब्रह्म एक ओर है और दूसरी ओर संसार है। इसमें कोई परिवर्तन नहीं है–संसार ब्रह्म रूपी सिक्के का एक भाग है इसलिए इसे 'शुद्ध अद्वैत' कहा जाता है, क्योंकि ऐसा कहा जाता है कि वहां सिर्फ एक है और उसमें कोई परिवर्तन नहीं है।

**चित्र 15.4** वल्लभाचार्य

- हालांकि, हम देखते हैं यद्यपि शुद्ध अद्वैत अपने-आप को **अद्वैतवादी** कहता है, वह संसार और ब्रह्म दोनों की मौजूदगी को समान वास्तविक रूप में मान्यता देता है। इस प्रकार वहां **दो वास्तविकताएं** हैं। अत: चाहे हम यह कहते हैं कि यह ब्रह्म का हिस्सा है, **संसार का अस्तित्व ब्रह्म से अलग** वास्तविकता के रूप में है, जैसा कि वह सिक्के के दूसरे पहलू के रूप में था। इसलिए असल में यह विशिष्ट अद्वैत की एक शाखा है, जिसमें यह संसार और ब्रह्म दोनों को दो समान वास्तविक अस्तित्व के रूप में मान्यता देता है। हालांकि **यह गैर-भेद** पर यह कहकर **ज्यादा जोर** देते हैं कि संसार ब्रह्म का एक अविभाज्य, अपरिवर्तित पहलू है। इस प्रकार यह रामानुज के विशिष्ट अद्वैत की जगह शुद्ध अद्वैत की ओर अधिक झुका हुआ है।
- इनका दर्शन **पुष्टिमार्ग** है।
- उन्होंने **रुद्र संप्रदाय** की स्थापना की।
- उनके अनुसार, ईश्वर सर्वशक्तिमान और सर्वव्यापी है व ब्रह्मांड में मौजूद हर चीज के होने का कारण है। **सूरदास** जो कि **दृष्टिहीन** थे, **वल्लभाचार्य के शिष्य** थे। वे उत्तर भारत में **कृष्णपंथ को लोकप्रिय बनाने में काफी हद तक सहायक** सिद्ध हुए।
- उन्होंने अपने शिष्य सूरदास[5] के साथ उत्तर भारत में कृष्ण पंथ को लोकप्रिय बनाने में काफी महत्वपूर्ण भूमिका निभाई थी।

### 6. बसवना ( 1106 - 1167/1168 ई. )

- **12वीं सदी** के एक संत-कवि, **समाज सुधारक** और **दार्शनिक** जिन्होंने कर्नाटक में **वीरशव परंपरा** की नींव रखी। उनके अनुयायी **वीरशैव** (शिव के नायक) या **लिंगायत**[6] (लिंग धारण करने वाले) के रूप में जाने जाते थे।

---

[5] सूरदास (1483-1563) कृष्ण पंथ के भक्ति संत थे, जिन्होंने अंधे होते हुए भी कृष्ण पंथ को लोकप्रिय बनाया।

[6] लिंगायत कर्नाटक में एक महत्वपूर्ण समुदाय बने हुए हैं और वे कठोर एकेश्वरवादी हैं क्योंकि वे लिंग के रूप में शिव की पूजा करते हैं और आमतौर पर बाएं कंधे पर एक चांदी के केस में एक छोटा सा लिंग पहनते हैं। उनका मानना है कि मृत्यु के बाद भक्त शिव के साथ एकजुट हो जाएंगे और इस दुनिया में वापस नहीं लौटेंगे। इसलिए, वे धर्मशास्त्रों में बताए गए दाह संस्कार जैसे अंतिम संस्कार का अभ्यास नहीं करते हैं, इसके बजाय वे अपने मृतकों को औपचारिक रूप से दफनाते हैं।

- ये जन्म से एक ब्राह्मण एवं कलचुरि शासक राजा बिज्जला (1157-1167 ई.) के दरबार में एक मंत्री थे, जिन्होंने **सामाजिक चेतना बढ़ाने** के लिए सरल कन्नड़ भाषा में रचित एक अभिनव साहित्यिक रूप, वचन के रूप में जाना जाने वाले काव्य का प्रयोग किया। वास्तव में, उन्होंने सभी प्रकार के **सामाजिक लैंगिक भेदभाव**, **अंधविश्वासों** और **रीति-रिवाजों** को **खारिज** कर दिया और बाद में उनके अनुयायियों, लिंगायतों ने जाति के विचार, पुनर्जन्म के सिद्धांत और कुछ समूहों के लिए प्रदूषण के सिद्धांत को चुनौती दी। वे युवावस्था के बाद विवाह और विधवाओं के पुनर्विवाह के भी प्रबल समर्थक थे।
- उन्हें कई प्रमुख लिंगायत कार्यों जैसे शत-स्थल-वचन, काल-ज्ञान-वचन, मंत्र-गोप्य, घटना चक्र-वचन और राज-योग-वचन का श्रेय दिया जाता है।
- उनका आध्यात्मिक अनुशासन **अरिवु** (सच्चा ज्ञान), **आचार** (सही आचरण), और **अनुभव** (दिव्य अनुभव) के सिद्धांतों पर आधारित था।
- उन्होंने व्यक्तिगत समस्याओं के साथ-साथ धार्मिक और आध्यात्मिक सिद्धांतों सहित **सामाजिक, आर्थिक और राजनीतिक स्तर** की मौजूदा समस्याओं पर चर्चा करने के लिए सभी के लिए एक साझा मंच **अनुभव मंतपा** की स्थापना की। इस प्रकार, यह **भारत की पहली** और सबसे महत्वपूर्ण **संसद** थी, जहां **शरण** (कल्याणकारी समाज के नागरिक) ने एक साथ बैठकर लोकतांत्रिक समाज के समाजवादी सिद्धांतों 'कल्याण राज्य' पर चर्चा की। वास्तव में, शरणों की सभी चर्चाएं **वचनों** के रूप में लिखी गईं।

### अनुष्ठान और वास्तविक दुनिया

यहां बासवन्ना द्वारा रचित एक वचन है:

जब वे पत्थर पर बने सांप को देखते हैं, तो उस पर दूध डालते हैं।
अगर असली सांप आता है, तो वे कहते हैं: "मार डालो। मार डालो।"
भगवान के सेवक से, जो परोसे जाने पर खा सकता था, वे कहते हैं: "दूर जाओ! दूर जाओ!"
लेकिन उस भगवान की छवि के लिए जो भोजन के व्यंजन पेश कर सकता है।

## 7. विद्यापति ( 1352-1448 ई. )

- विद्यापति **14वीं शताब्दी के मैथिली कवि** थे जिन्हें उनकी शिव को समर्पित कविताओं के लिए जाना जाता है, जिन्हें उन्होंने उग्न नाम से संबोधित किया था।

## 8. शंकरदेव ( 1449-1568 ई. )

- **ब्रह्मपुत्र घाटी** के साथ-साथ **कूच-बिहार** दोनों में भक्ति का परिचय दिया। **विष्णु** और उनके अवतार कृष्ण के **प्रति पूर्ण भक्ति** का उपदेश दिया। उन्होंने असमिया में कविताओं और नाटकों की रचना की और '**सत्र**[7]' या '**नामघर**'

---

7 सत्र, जिसका शाब्दिक अर्थ है 'पवित्र क्षेत्र', विकेन्द्रीकृत मठों का एक नेटवर्क है, जिनमें से प्रत्येक का नेतृत्व एक गुरु (शिक्षक) करता है, जिसे सत्राधिकार कहा जाता है। नामघर सत्र संस्था की एक 'विस्तारित शाखा' या 'लघु प्रतिकृति' हैं।

नाम की संस्था की स्थापना की, जो पाठ और प्रार्थना के घर थे, जहां सभी वर्गों के लोग धार्मिक और सामाजिक उद्देश्यों के लिए इकट्ठा होते थे। बाद में सत्र पूर्ण मठों में विकसित हो गए। उनके द्वारा गठित संप्रदाय को बाद में महापुरषीय धर्म के रूप में जाना गया।

## महाराष्ट्र में भक्ति आंदोलन

महाराष्ट्र में भक्ति आंदोलन **विठोबा या विट्ठल** की समाधि के आसपास केंद्रित था। वे पंढरपुर में वास करने वाले देवता थे, जिन्हें कृष्ण का स्वरूप माना जाता था। इसलिए यह **पंढरपुर आंदोलन** के रूप में भी जाना जाता है, जिसके चलते महाराष्ट्र में बहुत सांस्कृतिक और सामाजिक विकास हुआ, जैसे कि मराठी साहित्य का विकास, स्त्रियों की स्थिति में सुधार, जाति के अवरोधों का टूटना, आदि। महाराष्ट्र में, भक्ति आंदोलन ने ***भागवत पुराण*** और **शिव** नाथपंथियों से प्रेरणा ली। भक्ति आंदोलन को मोटे तौर पर दो पंथों में बांट सकते हैं:

(a) **वरकरीः** पंढरपुर के **भगवान विट्ठल के सौम्य भक्त**, जो अपने दृष्टिकोण में अधिक **भावुक**, **सैद्धांतिक** और **अमूर्त** हैं और जिन्होंने पंढरपुर की वार्षिक तीर्थयात्रा पर जोर दिया।

(b) **धरकरीः** रामदास के पंथ के वीर अनुयायी, **भगवान राम के भक्त जिनके विचार ज्यादा तर्कसंगत, व्यावहारिक और ठोस** थे।

हालांकि दोनों संप्रदायों के बीच का अंतर स्पष्ट है, लेकिन मानव जीवन का परम अंत ईश्वर की प्राप्ति है–ये दोनों ही संप्रदायों का समान लक्ष्य था। विठोवा पंथ से संबंधित तीन महान संत थे–**ज्ञानेश्वर या ज्ञानदेव, नामदेव और तुकाराम।**

### 9. ज्ञानेश्वर या ज्ञानदेव

- महाराष्ट्र के **13वीं शताब्दी** के अग्रणी भक्ति संत, जिन्होंने ***भगवत गीता*** पर ***ज्ञानेश्वरी*** नामक **समीक्षा** लिखी, जिसने महाराष्ट्र की भक्ति विचारधारा की नींव का काम किया।
- **जातिभेद के विरुद्ध** तर्क दिए, वे इस बात में विश्वास रखते थे कि ईश्वर को पाने का एकमात्र मार्ग भक्ति के द्वारा ही संभव है।

### 10. नामदेव जी ( 1270–1350 ई. )

- वे **14वीं शताब्दी** के महाराष्ट्र से संबंधित **वरकारी पंथ** के संत कवि थे। उन्होंने समुदायों द्वारा संचालित भजन गायकी सत्रों के दौरान विभिन्न वर्गों व जातियों के व्यक्तियों को आकर्षित किया। यह जानना **दिलचस्प** है कि जहां उत्तर भारत अद्वैतवाद संबंधी परंपरा में उन्हें एक निर्गुण संत के रूप में याद किया जाता है, महाराष्ट्र में उनको वरकारी परंपरा (वैष्णव भक्ति परंपरा) का हिस्सा माना जाता है।
- हिंदू धर्म के अंतर्गत **दादू पंथ परंपरा** में उन्हें **पांच सम्मानीय गुरुओं में से एक** माना जाता है, अन्य चार हैं–**दादू, कबीर, रविदास और हरदास।**
- परंपरा के अनुसार, नामदेव एक दर्जी थे, जो एक संत बनने से पहले डकैत के रूप में जाने जाते थे। उनका मराठी काव्य ईश्वर के प्रति गहन प्रेम व समर्पण की भावना को अभिव्यक्त करता है।
- आराधना सत्रों के दौरान उनके सहयोगियों में–

  (i) **कन्होपात्रा** (एक नृतक लड़की),

**चित्र 15.5** भगत नामदेव, जिन्हें संत नामदेव के नाम से भी जाना जाता है, का चित्रण करने वाला भारत का स्मारक डाक टिकट

(ii) **सेना** (नाई),

(iii) **सावथ** (माली),

(iv) **चोखमेला** (अछूत),

(v) **जनाबाई** (नौकरानी),

(vi) **गोरा** (कुम्हार),

(vii) **नरहरि** (सुनार) और

(viii) **ज्ञानेश्वर** (ज्ञानदेव के नाम से भी जाना जाता है, एक ब्राह्मण) शामिल थे।

- ऐसा माना जाता है कि उनके अभंगों (दोहों) को ***गुरु ग्रंथ साहिब* में शामिल** किया गया है।
- उनके मराठी काव्य और सामुदायिक भजन सत्रों ने विभिन्न जाति व वर्गों के लोगों को आकर्षित किया और उनका काव्य ईश्वर के प्रति गहन प्रेम व समर्पण की भावना को अभिव्यक्त करता है।

**11. संत एकनाथ ( 1533–1599 ई. )**

- वे **16वीं शताब्दी** से संबंधित, वरकारी संप्रदाय के प्रसिद्ध मराठी संत, विद्वान और धार्मिक कवि थे।
- मराठी साहित्य के विकास में, एकनाथ को **उनके पूर्ववर्ती** ज्ञानेश्वर व नामदेव और उनके बाद के तुकाराम व रामदास के **बीच के सेतु** के रूप में देखा जाता है।
- उन्होंने **मराठी धार्मिक गीतों के एक नए रूप भरूद** से परिचय कराया। एकनाथ की मराठी शिक्षाओं में मराठी साहित्य को आध्यात्मिकता से कथात्मक रचनाओं में परिवर्तित करने का प्रयास था।

**चित्र 15.6** संत एकनाथ

- उन्हें एक **पारिवारिक व्यक्ति** माना जाता था और उन्होंने इस तथ्य पर जोर दिया कि धार्मिक जीवन जीने के लिए मठों में रहना या संसार त्याग देना आवश्यक नहीं है।
- उन्होंने आम लोगों सहित जाति निर्वासित और महिलाओं के बीच भक्ति को पहुंचाने और समझाने के लिए अथक परिश्रम किया। वह किसी भी तरह के भेदभाव के सख्त खिलाफ थे और अपने जीवन व लेखन के द्वारा ऐसे भेदभावों का बहिष्कार किया और यह संदेश फैलाया कि ईश्वर की नजर में ब्राह्मण और जाति निर्वासित लोगों या हिन्दू व मुसलमानों के बीच कोई भेदभाव नहीं है।

## 12. तुकाराम ( 1608-1650 ई. )

- तुकाराम 17वीं शताब्दी में महाराष्ट्र के भक्ति आंदोलन के संत कवि थे जो माना जाता है कि मराठा शिवाजी और एकनाथ तथा रामदास जैसे संतों के समकालीन थे। उनकी कविताएं हिन्दू देवता विष्णु के एक अवतार, विट्ठल या विठोबा को समर्पित थीं। परंपरा के अनुसार, वे एक निचली जाति कुनबी से संबंधित थे और समतावादी वरकरी भक्तिवादी परंपरा का हिस्सा थे।
- उन्हें मराठी में लिखे अपने अभंगों (दोहों) के लिए जाना जाता है जो गाथा भक्ति काव्य की समृद्ध विरासत है और वे मराठा राष्ट्रवाद 'परमार्थ' की पृष्ठभूमि तैयार करने के लिए भी जाने जाते थे।
- उन्होंने भक्ति गीतों जिन्हें कीर्तिन कहा जाता है, द्वारा समुदाय उन्मुख उपासना पर जोर दिया। उन्होंने धर्मनिष्ठा क्षमा व मानसिक शांति जैसे गुणों का उपदेश दिया।

**चित्र 15.7** तुकाराम

**सामाजिक व्यवस्था पर सवाल उठा रहे हैं**

यह संत तुकाराम का एक अभंग (मराठी भक्ति भजन) है:

वह जो पस्त और पिटे हुए की पहचान करता है
उसे संत समझो
क्योंकि परमेश्वर उसके साथ है

उसके पास है
हर त्यागा हुआ आदमी
उसके दिल के करीब
वह एक दास को
अपने पुत्र के समान मानता है

तुका कहते हैं
मैं यह दोहराते
नहीं थकूंगा
कि ऐसा व्यक्ति
साक्षात ईश्वर है।

यहाँ चोखामेला के पुत्र द्वारा रचित एक अभंग है:

आपने हमें नीची जाति का बना दिया,
आप उस सच्चाई का सामना क्यों नहीं करते, महान प्रभु?
हमारा पूरा जीवन - खाने के लिए बचा हुआ खाना।
आपको इस पर शर्म आनी चाहिए।

आपने हमारे घर में खाना खाया है,
आप इससे कैसे इन्कार कर सकते हैं?
चोखा का (बेटा) कर्ममेला पूछता है कि तुमने मुझे जीवन क्यों दिया?

**13. रामदास ( 1608-1681 ई. )**

- रामदास का जन्म 1608 ई. में हुआ था और वे **शिवाजी के आध्यात्मिक मार्गदर्शक** थे।
- उन्होंने ***दासबोध*** लिखी, जिसमें उन्होंने विभिन्न विज्ञानों और कलाओं के अपने विस्तृत ज्ञान का संयोजन आध्यात्मिक जीवन के सिद्धांतों के साथ किया। सत्य और मिथ्या ज्ञान, गुरु की आवश्यकता, गुरु की विशेषताएं, सच्चे शिष्य की योग्यता, माया, आध्यात्मिक अनुशासन की आवश्यकता, भक्ति और मुक्ति। उनकी अन्य महत्वपूर्ण रचनाएं करुष्टकन, मनचे श्लोक और जनस्वभाव गोसानवी हैं।
- वे जाति और पंथ पर आधारित सभी भेदभावों के विरुद्ध थे और उन्होंने धार्मिक कार्यों में महिलाओं की हिस्सेदारी को बहुत प्रोत्साहित किया।

## गैर-साम्प्रदायिक भक्ति आंदोलन

14वीं और 15वीं शताब्दियों में, रामानंद, कबीर और नानक भक्ति पंथ के महान प्रेरकों के रूप में उभरे। हालांकि उन्होंने पूर्व गुरुओं से प्रेरणा ली मगर उन्होंने एक नया मार्ग दिखाया। पूर्व सुधारकों से भिन्न, वे **किसी विशेष धार्मिक सम्प्रदाय से जुड़े हुए नहीं थे** और **कर्मकांडों व अनुष्ठानों में विश्वास नहीं करते थे।** उन्होंने **बहुदेववाद का खंडन** किया और वे **एक ईश्वर** में विश्वास करते थे। उन्होंने मूर्ति पूजा के हर रूप की निंदा की। उन्होंने आम आदमी के युगों पुराने अंधविश्वासों को दूर करने और भक्ति व पूर्ण समर्पण द्वारा मोक्ष प्राप्त करने का मार्ग दिखाने में सहायता की। उन्होंने सभी **धर्मों की मौलिक एकता** पर बहुत महत्व दिया। वे सभी **एकेश्वरवादी** भी थे क्योंकि वे एक ईश्वर में अटूट विश्वास करते थे, जिसका गुरु नानक ने ठीक ही वर्णन किया था कि वह **अवतरित** और **निराकार** (निरंकार), **शाश्वत** (अकाल) और **अवर्णनीय** (अलख) था। दिलचस्प बात यह है कि कबीर अक्सर भगवान को राम कहते थे, लेकिन उन्होंने खुद ही यह स्पष्ट कर दिया था कि जिस राम के प्रति वह समर्पित थे, वह राजा दशरथ के पुत्र नहीं थे, बल्कि निराकार **गैर-अवतार** वाले भगवान थे। ईश्वर और निर्गुण भक्ति की एकता के अलावा, एकेश्वरवादियों ने ईश्वरीय नाम, आध्यात्मिक गुरु, भक्ति गीतों के सामुदायिक गायन (कीर्तन) और संतों की संगति (सत्संग) की पुनरावृत्ति के महत्व पर भी जोर दिया। उन्होंने विभिन्न क्षेत्रों में जनता के बीच अपने गैर-अनुरूपतावादी विचारों के प्रचार के लिए बोली जाने वाली विभिन्न बोलियों के मिश्रण और लोकप्रिय भाषाओं में अपनी शिक्षाओं की रचना की। इसके अलावा इनमें से अधिकांश संत नहीं थे बल्कि संन्यासी और सांसारिक जीवन जीते थे और विवाहित थे। गैर-सांप्रदायिक

आंदोलन जनता के बीच बहुत लोकप्रिय था और इसने क्षेत्रीय बाधाओं को तोड़ दिया। उदाहरण के लिए 17वीं शताब्दी के मध्य में महाराष्ट्रीयन संत तुकाराम कबीर के लगभग दो सौ साल बाद भी खुद को कबीर के प्रशंसक और अनुयायी के रूप में देखते थे। यह दिलचस्प भी है और एक विडम्बना भी है कि बाद में कबीर, रैदास और नानक जैसे एकेश्वरवादी आंदोलन के प्रत्येक प्रमुख व्यक्ति के अनुयायी धीरे-धीरे संगठित हो गए। उन्होंने स्वयं को कबीर पंथ, रैदासी पंथ, नानक पंथ जैसे विशिष्ट संप्रदायों में विभाजित कर लिया।

### 14. रामानंद ( 1400-1476 ई. )

- दक्षिण भारत और उत्तर भारत के बीच भक्ति आंदोलन की कड़ी के रूप में जाना जाने वाले रामानंद **15वीं शताब्दी** के संत कवि थे जिनका जन्म इलाहाबाद में हुआ, और बाद में उन्होंने अपने पंथ की स्थापना की और **बनारस** व **आगरा** में हिंदी में अपने सिद्धांतों के उपदेश दिए। उनके अनुयायी ***रामानंदी*** कहलाए। उन्हें दक्षिण भारतीय भक्ति परंपरा और उत्तर भारतीय वैष्णव भक्ति के बीच की कड़ी माना जाता है। उनके अनुयायियों को ***रामानंदी*** कहा जाता है। उनसे संबंधित एक भजन आदिग्रंथ में शामिल किया गया था।
- वे मूल रूप से रामानुज के अनुयायी थे सिवाय इसके कि उन्होंने अंतर्जातीय खान-पान पर लगी पाबंदी का विरोध किया और धार्मिक ग्रंथों की शिक्षा देने में संस्कृत भाषा के एकाधिकार को अस्वीकृत किया। इस तरह, उन्होंने अन्य अद्वैतवादी संतों की तरह जाति अनुक्रम को अस्वीकृत किया और अपनी शिक्षाओं को लोकप्रिय बनाने के प्रयास में स्थानीय भाषाओं में उपदेश दिए।
- उन्होंने रुढ़िवादी पंथ के औपचारिकतावाद के विरुद्ध आवाज उठायी और प्रेम व समर्पण के सिद्धांत पर आधारित वैष्णववाद के नए संप्रदाय का गठन किया। उनका सबसे उत्कृष्ट योगदान अपने अनुयायियों के बीच जाति भेद का उन्मूलन करना था।
- उन्होंने ज्ञान मार्ग और कर्म मार्ग को नकारते हुए भक्ति पर जोर दिया। वे उत्तर भारत में रामपंथ के संस्थापक के रूप में पहचाने गए। उनकी भक्ति का लक्ष्य राम थे क्योंकि उन्होंने राम और सीता की आराधना की।

> *'किसी व्यक्ति से उसकी जाति या वह किसके साथ खाता है न पूछो।*
> *अगर कोई व्यक्ति हरि के प्रति समर्पित है, तो वह हरि का अपना बन जाता है।'*
>
> **रामानंद**

- विचारधारा के दो संप्रदायों को ऊंचाई प्रदान की:
  (a) **रुढ़िवादी संप्रदाय- नभदास, तुलसीदास** ने प्रतिनिधित्व किया।
  (b) **उदार संप्रदाय- कबीर, नानक** और अन्य ने प्रतिनिधित्व किया।
- अन्य अनुयायी:
  (a) **रैदास ( रविदास )-एक मोची,** जिनके गीतों को *गुरु ग्रंथ साहिब* में शामिल किया गया था।
  (b) **कबीर-एक जुलाहा, जिन्होंने उपदेश दिया कि** राम, रहीम और अल्लाह सभी एक समान हैं।
  (c) **सेना-नाई**

(d) **सघणा–कसाई**

(e) **धन्ना–राजस्थान का 15वीं सदी का जाट किसान**

(f) **नरहरि–सुनार**

(g) **पीपा–राजपूत राजकुमार**

## 15. कबीर

- रामानंद के शिष्यों में से सबसे प्रसिद्ध कबीर थे। वे **15वीं शताब्दी** के भक्ति कवि व संत थे, जिनके **छंद सिख धर्म ग्रंथ, *आदिग्रंथ* में संकलित किए गए** हैं।
- उनका जन्म **बनारस** के निकट एक ब्राह्मण विधवा के यहां हुआ था, लेकिन उनका पालन–पोषण एक मुसलमान दंपत्ति[8] द्वारा किया गया जो कि जुलाहे थे। वे जिज्ञासु मन के स्वामी थे और बनारस में रहते हुए ही उन्होंने हिंदू धर्म के विषय के बहुत कुछ जान लिया था और इस्लाम की शिक्षाओं से भी परिचित हो गए थे।
- उन्होंने **मूर्ति पूजा और कर्मकांडों की** निंदा की और ईश्वर के समक्ष सभी मनुष्य समान हैं, को महत्व दिया। उन्होंने ईश्वर के प्रति भक्ति भाव को मोक्ष प्राप्ति का प्रभावशाली साधन बताया और आग्रह किया कि इसे प्राप्त करने के लिए व्यक्ति के पास एक साफ हृदय होना चाहिए और **उसे क्रूरता, बेईमानी, पाखंड और निष्ठाहीनता से मुक्त होना चाहिए।**

**चित्र 15.8** कबीर

---

8 जुलाहा - मूल निवासियों का इस्लाम में धर्मान्तरण

- हालांकि वे यौगिक साधना से परिचित थे, लेकिन उन्होंने माना कि सच्चा ज्ञान प्राप्त करने के लिए न तो संन्यास लेना आवश्यक है और न ही किताबी ज्ञान। उन्होंने जाति व्यवस्था, विशेषकर छुआ-छूत प्रथा की कड़ी निंदा की। उन्होंने रूढ़िवादी ब्राह्मणवाद की निंदा करने के लिए उपहास का एक शक्तिशाली विधि के रूप में उपयोग किया।
- कबीर का लक्ष्य **हिंदुओं और मुसलमानों का मेल-मिलाप** कराना और दोनों संप्रदायों के बीच **एकता स्थापित करना** था। उन्होंने सभी धर्मों के लिए आवश्यक एकता पर बल दिया। कबीर ने हिंदुओं और मुसलमानों को 'एक ही मिट्टी के बने बर्तन' बताया। उनके लिए 'राम और अल्लाह, मंदिर और मस्जिद' एक थे।
- उन्हें महानतम रहस्यवादी संत माना जाता है और उनके अनुयायी **कबीरपंथी** कहलाते हैं। उनसे प्रभावित लोगों में थे, बनारस के **जाति से चमार रैदास**[9], **गुरु नानक**, जो कि पंजाब के खत्री **व्यापारी** थे, और **धन्ना**, जो कि राजस्थान के जाट **किसान** थे।
- **कबीर की रचनाओं** का श्रेष्ठ **संकलन *बीजक*** माना जाता है। उन्होंने एक विशिष्ट शैली का भी उपयोग किया, जिसे '***उलटबांसी***' (विरोधाभास और पहेली युक्त उलटी बातें) के नाम से जाना जाता है, जो एक रूप में लिखी जाती हैं जिसमें हर दिन के अर्थ उलटे होते हैं।

## 16. गुरु नानक (1469-1539 ई.)

- **प्रथम सिख गुरु और सिख धर्म के संस्थापक,** जो कि **निर्गुण भक्ति संत** और समाज सुधारक भी थे। उनके अनुसार, निरपेक्ष या '**रब**' का **कोई लिंग** या **रूप** नहीं था। उन्होंने ईश्वरीय नाम को याद करके और दोहराकर, '*शबद*[10]' नामक भजनों के माध्यम से विचार व्यक्त करके ईश्वर से जुड़ने का एक सरल तरीका प्रस्तावित किया।

**चित्र 15.9** गुरु नानक देव

---

[9] कुछ परंपराओं के अनुसार, वह मीराबाई के गुरु थे।

[10] गुरु नानक इन रचनाओं को विभिन्न रागों में गाते थे, जबकि उनके सेवक मर्दाना रबाब बजाते थे।

- उनका जन्म एक खत्री परिवार में 1469 ई. में रावी नदी के किनारे तलवंडी गांव (अब ननकाना साहिब कहा जाता है) में हुआ था। उनके पिता एक मुनीम थे और नानक को अपने पिता के पदचिन्हों पर चलने के लिए फारसी में प्रशिक्षित किया गया था, लेकिन उनका झुकाव रहस्यवाद की ओर था।
- वे **सभी प्रकार के जाति-भेदों** के साथ धार्मिक प्रतिद्वंदिता व अनुष्ठानों के **विरुद्ध** थे और ईश्वर की एकता पर उपदेश देते थे। उन्होंने इस्लाम और हिंदू धर्म दोनों के औपचारिकतावाद व रूढ़िवाद की निंदा की। गुरु नानक द्वारा निर्मित पवित्र स्थान को धर्मशाला के नाम से जाना जाता था, जिसे अब **गुरुद्वारा** के नाम से जाना जाता है।
- उन्होंने ईश्वर के करीब जाने के लिए **चरित्र व आचरण की पवित्रता** और मार्गदर्शन के लिए गुरु की आवश्यकता पर **बहुत जोर दिया।** कबीर की तरह, वे भी मध्य मार्ग के समर्थक थे जिसमें आध्यात्मिक जीवन के साथ पारिवारिक कर्तव्यों को भी मिश्रित किया जा सकता है। उन्होंने '*नाम, दान* और *इंसान*' शब्दों का इस्तेमाल किया, जिसका अर्थ है, सही पूजा, दूसरों का कल्याण और आचरण की पवित्रता। उनकी शिक्षाओं को अब '*नाम-जपना, किरत-करना* और *वंड-छकना*' के रूप में याद किया जाता है, जो सही विश्वास और पूजा, ईमानदार जीवन और दूसरों की मदद के महत्व को दर्शाता है।

**17. दादू दयाल ( 1544-1603 ई. )**

- दादू दयाल उत्तर भारत में **निर्गुण संत** परंपरा के प्रमुख प्रतिनिधियों में से एक थे। वे **गुजरात** के संत थे, जिन्होंने अपने आध्यात्मिक जीवन का सबसे अच्छा समय राजस्थान में व्यतीत किया था। **'दादू'** का अर्थ 'भाई' है और **'दयाल'** का अर्थ 'दयालु व्यक्ति' है। बाद में, उनके अनुयायी **दादूपंथी** कहलाए, जिन्होंने उस क्षेत्र के आसपास आश्रमों की स्थापना की, जिन्हें **थम्बस** कहा जाता है।
- परंपरा के अनुसार, वे एक धनी व्यापारी के पालक पुत्र थे, जिन्हें वे साबरमती नदी में बहते हुए मिले थे। ऐसा माना जाता है कि बादशाह **अकबर** उनके अनुयायियों में से एक थे।
- दादू विश्वास करते थे कि ईश्वर की भक्ति धार्मिक या सांप्रदायिक संबंधों से श्रेष्ठ है और भक्तों को गैर-सांप्रदायिक या निपख बन जाना चाहिए।

## वैष्णव आंदोलन

गैर-सांप्रदायिक आंदोलन से अलग, उत्तर भारत में भक्ति आंदोलन राम और कृष्ण की उपासना के आसपास विकसित हो रहा था, जो कि भगवान विष्णु के दो अवतार थे। **राम** पंथ के प्रमुख थे-संत कवि **तुलसीदास।** वे महान विद्वान थे और उन्होंने भारतीय दर्शन और साहित्य का गहन अध्ययन किया था। उनका महाकाव्य ***रामचरितमानस,*** जिसे लोकप्रियता से **तुलसी-कृत रामायण** कहा जाता है, हिंदू भक्तों में आज तक सर्वप्रिय है, जिसमें उन्होंने श्रीराम की छवि का चित्रण पूर्ण नेक व पूर्ण शक्तिशाली, संसार के देवता और सर्वोच्च यथार्थ *(परमब्रह्म)* के रूप में किया है।

वहीं दूसरी ओर, कृष्णपंथ के अनुयायियों ने 1585 ई. में **हरि वम्सा** की देखरेख में **राधा वल्लभ पंथ** की स्थापना की। 16वीं शताब्दी के आरंभ में, लोकप्रिय संत-कवि, वल्लभाचार्य ने **कृष्ण भक्ति पंथ** को लोकप्रिय बनाया। उनका अनुसरण **सूरदास**[11] (1483-1563 ई.) और **मीराबाई** (1503-1573 ई.) ने किया। सूरदास ने बृज भाषा में ***सूर सागर*** की रचना की, जो कि भगवान कृष्ण के आकर्षण और उनकी प्रिय राधा से संबंधित छंदों से परिपूर्ण था। **राणा सांगा की पुत्रवधू, मीराबाई,**

[11] कबीर और गुरु नानक के विपरीत, जिन्होंने सभी रूढ़िवादी धर्मों को खारिज कर दिया, सूरदास और तुलसीदास दोनों ने मान्यताओं और प्रथाओं को स्वीकार किया, लेकिन वह इनको सभी के लिए सुलभ बनाना चाहते थे। तुलसीदास ने अवधी में लिखी रामचरितमानस के रूप में भगवान की कल्पना की, जो उनकी भक्ति की एक उत्कृष्ट अभिव्यक्ति है।

**कृष्ण** की अटूट भक्त थीं और वे अपने भजनों द्वारा राजस्थान में लोकप्रिय हुईं। बाद में वैष्णवों के बीच के रामपंथ और कृष्णपंथ के प्रतिनिधि विभिन्न संप्रदायों और पंथों में बंट गए।

यह दिलचस्प है कि, बंगाल का वैष्णव भक्ति आंदोलन अपने उत्तर व दक्षिण भारतीय समकक्षों से बहुत अलग था। वह ***भगवत पुराण*** की वैष्णव भक्ति परंपरा, और **सहज्य बौद्ध धर्म व नाथपंथी परंपराओं** से प्रभावित था। ये परंपराएं भक्ति के गूढ़ और भावनात्मक पहलू पर केंद्रित थीं। 12वीं शताब्दी में, **जयदेव** इस परंपरा के महत्वपूर्ण भक्ति संत थे। उन्होंने कृष्ण व राधा के संदर्भ में प्रेम के रहस्यमयी आयाम पर प्रकाश डाला। **चैतन्य,** इस क्षेत्र के अन्य लोकप्रिय भक्ति संत थे, जिन्हें कृष्ण के एक अवतार के रूप में भी देखा गया।

### 18. चैतन्य महाप्रभु ( 1486-1533 ई. )

- प्रसिद्ध संत, तपस्वी हिंदू संन्यासी और **बंगाल के समाज सुधारक, जिन्होंने 16वीं शताब्दी में कृष्णपंथ** को लोकप्रिय बनाया। उनके साथ, बंगाल में भक्ति आंदोलन, सुधार आंदोलन के रूप में विकसित होना शुरू हुआ क्योंकि उन्होंने जाति के आधार पर सामाजिक भेद पर प्रश्न उठाए।
- उन्होंने **संकीर्तन/कीर्तन प्रणाली** (उन्मादपूर्ण नृत्य के साथ सामूहिक भक्ति गीत) को **लोकप्रिय** बनाया। ऐसा माना जाता है कि वह **माधव** के दार्शनिक मत से बहुत प्रभावित थे।
- उन्होंने **सार्वभौमिक भाईचारे** की घोषणा की और भक्ति गायन के क्षेत्र में धर्म और जाति के आधार पर सभी प्रकार के भेदभावों की निंदा करते हुए प्रेम और शांति पर जोर दिया, जिससे सभी वर्गों और जातियों के शिष्यों को स्वीकार किया गया। दरअसल, उनके पसंदीदा शिष्यों में से एक हरिदास थे, जो मुस्लिम थे। वह अन्य लोगों, विशेषकर गरीबों और कमजोरों की पीड़ा के प्रति भी अत्यधिक सहानुभूति रखते थे।
- हालांकि, उन्होंने पारंपरिक ब्राह्मणवादी मूल्यों को पूरी तरह से नहीं छोड़ा क्योंकि उन्होंने निचली जाति के शिष्यों के खिलाफ अपने ब्राह्मण शिष्यों के जातीय पूर्वाग्रहों को बरकरार रखा। उन्होंने अपने छह संस्कृत जानने वाले ब्राह्मण **गोस्वामी** शिष्यों को वृन्दावन भेजा, जिन्होंने बाद में एक धार्मिक व्यवस्था की स्थापना की, जिसने अपनी भक्ति प्रथाओं और अनुष्ठानों में जाति प्रतिबंधों को मान्यता दी।
- कृष्णदास कविराज ने चैतन्य की जीवनी लिखी।

**चित्र 15.10** पुरी, ओडिशा में गुप्त वृन्दावन में श्री चैतन्य की मूर्ति

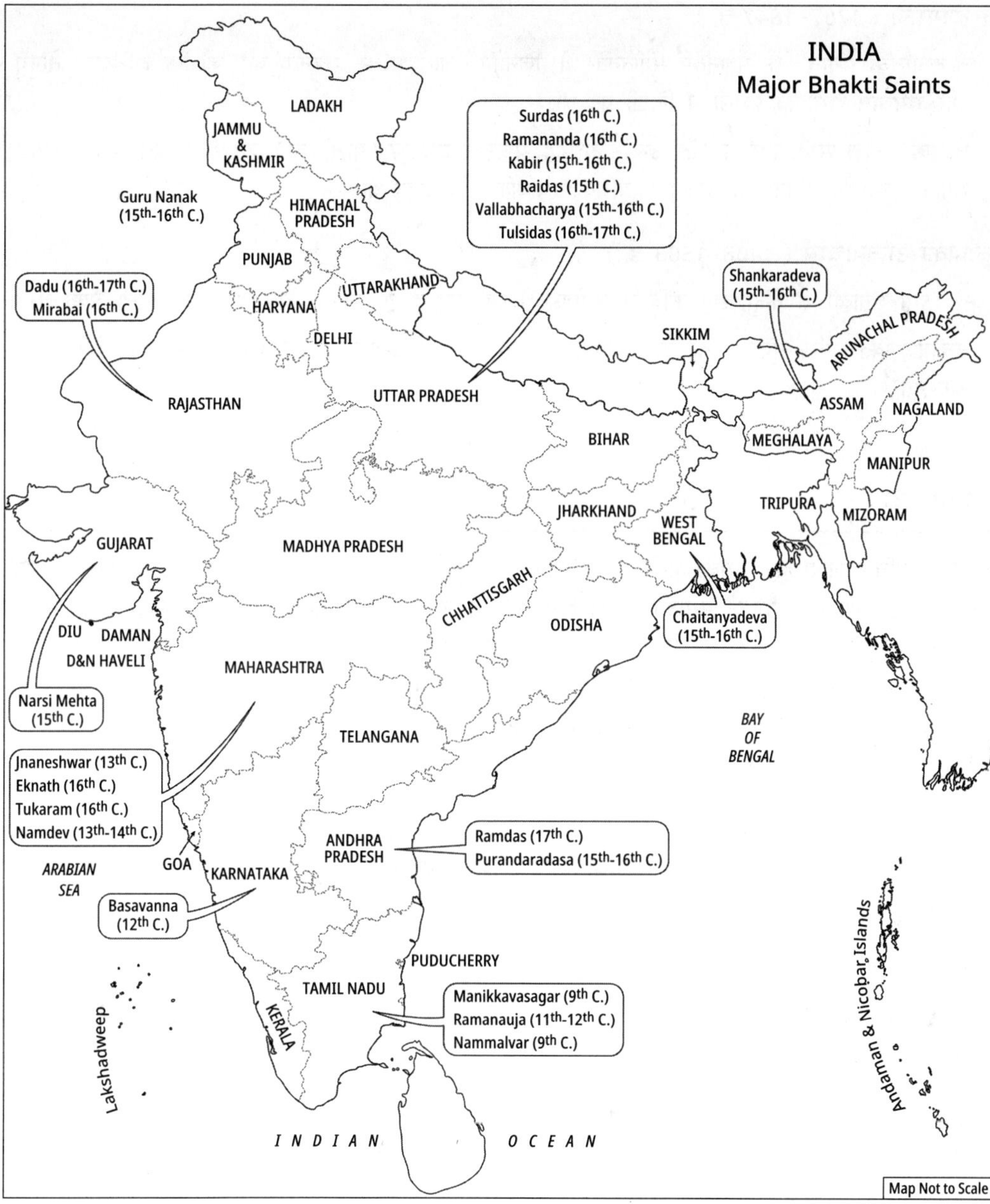


## 19. नरसिंह मेहता ( 1414-1481 ई. )

- **गुजरात** के संत जिन्होंने गुजराती में **राधा-कृष्ण** के प्रेम को दर्शाते गीतों की रचना की।
- **महात्मा गांधी** के पसंदीदा भजन- *'वैष्णव जन को'* के लेखक और कहा कि *'वे वैष्णव हैं जो दूसरों के दर्द को समझते हैं'*।

**20. संत त्यागराज ( 1767-1847 ई. )**

- वे **कर्नाटक संगीत**[12] के महानतम संगीतकार थे, जिन्होंने हजारों **भक्ति रचनाएं** कीं, जो कि अधिकतर **तेलुगु** में थीं और **भगवान राम** की प्रशंसा में लिखी गई थीं।
- वे एक सफल संगीतकार थे और उन्होंने प्रसिद्ध ***पंचरत्न कृतिस*** (पांच **रत्न**) की रचना की थी। शास्त्रीय भक्ति संगीत परंपरा के विकास में उनका अत्यधिक प्रभावशाली योगदान था।

**21. तल्लापका अन्नमाचार्य ( 1408-1503 ई. )**

- वे 15वीं शताब्दी के तेलुगु संत कवि व संगीतज्ञ थे जो हिन्दू देवता भगवान वेंकटेश्वर के अनन्य भक्त थे।
- उन्होंने भक्ति संगीत संकीर्तन का आरंभ किया और वे छुआछूत प्रथा जैसी सामाजिक बुराईयों का विरोध करने वाले अग्र-दूत थे।

## सूफीवाद

**सूफी** शब्द की उत्पत्ति सफा से हुई, जिसका अर्थ अरबी में पवित्रता अर्थात् जो लोग आध्यात्मिक रूप से और आचार-विचार से पवित्र थे सूफी कहलाए हैं। आरंभिक दौर के मुसलमान संतों द्वारा सफा से बने सादे लिबासों के पहनने के कारण उन्हें सूफी कहकर उल्लिखित किया जाता था। इसका अर्थ **पवित्रता** भी है। अतः इसे इस प्रकार समझा जा सकता है- वह व्यक्ति, जो पवित्रता के ऊपर ऊन पहनता है। सूफी वे लोग माने जाते थे जो अपने हृदय को पवित्र रखते थे और आत्म-संयम की साधना द्वारा ईश्वर से संवाद की प्रार्थना करते थे। **सूफी, वली, दरवेश और फकीर** शब्दों का प्रयोग अदल-बदलकर उन मुसलमान संतों के लिए किया जाता था जो संयम के अभ्यास, चिंतन, त्याग और आत्म-बलिदान द्वारा सहज ज्ञानयुक्त आंतरिक शक्ति के विकास को प्राप्त करने का प्रयास करते थे।

### सूफीवाद की मुख्य विशेषताएं

(a) ईश्वर, मनुष्य और **ईश्वर व मनुष्य के बीच का प्रेम संबंध** सूफीवाद का आधार है। उन्होंने एक प्रेमी-प्रेमिका के रूप में भगवान के साथ मिलन की मांग की।

(b) **रुह (आत्मा), कुरबत (दिव्य सामिप्य), हुलुल (दिव्य आत्मा की प्रेरणा), इश्क (दिव्य प्रेम) और फना (आत्म-विनाश)** सूफीवाद के सिद्धांत की केंद्रीय अवधारणा है।

(c) इस प्रकार सूफीवाद इस्लाम के आंतरिक या गूढ़, रहस्यमयी पक्ष का प्रतिनिधित्व करता है। सूफी संतों ने, सभी धार्मिक और सांप्रदायिक भेदभावों से ऊंचा उठकर, **मानवता के हितों** को अत्यधिक बढ़ावा दिया।

(d) सूफी ईश्वर को सर्वोच्च सौंदर्य मानते थे और विश्वास करते थे कि सभी को उनकी सराहना करनी चाहिए, उनके खयालों से आनंद प्राप्त करना चाहिए, और अपना ध्यान सिर्फ उन्हीं पर केन्द्रित रखना चाहिए। वो ऐसा मानते थे कि ईश्वर **माशूक** और सूफी **आशिक** हैं।

---

12 त्यागराज, मुथुस्वामी, दीक्षितर और श्यामा शास्त्री कर्नाटक त्रिमूर्ति के बहुमूल्य रत्न हैं।

(e) सूफीवाद ने आत्म अनुशासन पर भी बल डाला और ईश्वर का ज्ञान प्राप्त करने के लिए अनुभूति की भावना को आवश्यक शर्त माना।

(f) सूफीवाद द्वारा जिन अन्य विचारों को महत्व दिया गया, वे हैं- **ध्यान, अच्छे कार्य, पापों का पश्चाताप, प्रार्थनाओं और तीर्थ यात्राओं का निष्पादन, उपवास, दान-पुण्य और संयम साधना द्वारा लालसाओं का दमन।**

(g) सूफीवाद में, **आत्म-अनुशासन** को, अनुभूति की भावना द्वारा ईश्वर के ज्ञान का लाभ उठाने के लिए आवश्यक शर्त माना जाता था, जबकि रूढ़िवादी **मुसलमान** बाहरी आचरण पर जोर देते थे, **सूफियों** ने **आंतरिक पवित्रता** को महत्व दिया। इस प्रकार, उन्होंने इस्लाम के आंतरिक या अंतर्भूत व रहस्यवादी पक्ष को प्रस्तुत किया।

## पृष्ठभूमि का इतिहास

सूफीवाद या रहस्यवाद की उत्पत्ति **आठवीं शताब्दी** में हुई थी, और सबसे पहले ज्ञात सूफी थे-राबिया अल-अदाविया, अल-जुनैद और बयाजिद बसतामी। हालांकि **11वीं शताब्दी** के अंत तक यह एक पूर्ण विकसित आंदोलन के रूप में फैल गया था। उपमहाद्वीप के सबसे पुराने सूफियों में से एक कश्फ-उल महजूब[13] के लेखक अल-हुजविरी थे, जिन्होंने स्वयं को उत्तर भारत में स्थापित किया था और उन्हें लाहौर में दफनाया गया था। 12वीं शताब्दी तक, सूफियों को सिलसिले[14] में संगठित किया गया था [वह व्यवस्था जो मूलतः पीर (शिक्षक) और मुरीद (शिष्य) के बीच की अटूट कड़ी का प्रतिनिधित्व करती है], जो परमात्मा के साथ साम्य का अनुभव करने की इस प्रक्रिया में मकामत (विभिन्न चरणों) से गुजरते थे। विभिन्न सूफी संप्रदायों की गतिविधियां खानकाह[15] (धर्मशाला) के आसपास केंद्रित थीं, जिसका नेतृत्व शेख, पीर या मुर्शिद (शिक्षक) करते थे, जो अपने मुरीदों (शिष्यों) के साथ रहते थे और कैदियों के साथ-साथ सामान्य व्यक्तियों और शिक्षक के बीच आध्यात्मिक आचरण और बातचीत के लिए नियम निर्धारित करते थे। समय के साथ यह खनकाह शिक्षा व उपदेशों के महत्वपूर्ण केंद्रों के रूप में उभरी। जब पीर की मृत्यु होती थी, उनकी **दरगाह** अर्थात् मकबरा या कब्र, उनके शिष्यों और अनुयायियों का केंद्र बन जाती थी। ईश्वर के साथ संवाद को अनुभव करने की प्रक्रिया में **मुरीद (शिष्य)** मकामत (विभिन्न **चरण**) से गुजरता था। बहुत-से सूफी अपनी खानकाहों में **समां या संगीतमय मंडली** का आनंद उठाते थे। वास्तव में, **कव्वाली** इसी काल के दौरान विकसित हुई। **जियारत** या **सूफी संतों के मकबरों** की तीर्थ यात्राएं जल्दी ही धार्मिक तीर्थ यात्राओं के महत्वपूर्ण रूप में उभरीं। ज्यादातर सूफी चमत्कारों के प्रदर्शन में विश्वास करते थे। लगभग सभी पीरों को उनके द्वारा प्रदर्शित चमत्कारों के साथ जोड़ा जाता है।

---

13 सूफीवाद पर एक प्रसिद्ध फारसी ग्रंथ।

14 सिलसिला शब्द का शाब्दिक अर्थ एक श्रृंखला है, जो गुरु और अनुशासन के बीच एक सतत संबंध को दर्शाता है, जो पैगंबर मोहम्मद के लिए एक अखंड आध्यात्मिक वंशावली के रूप में फैला हुआ है। यह इस चैनल के माध्यम से था कि आध्यात्मिक शक्ति और आशीर्वाद भक्तों को प्रेषित किया गया था। प्रत्येक सिलसिले ने निर्देश और अनुष्ठान अभ्यास की एक अलग विधि (तरीका) निर्धारित की थी।

15 सूफी संप्रदाय की गतिविधियों का केंद्र, एक ऐसा स्थान जहां पीर अपने शिष्यों को आध्यात्मिक प्रशिक्षण देते थे और उनकी सभाएं आयोजित करते थे। कभी-कभी ये स्थान यात्रियों के लिए विश्राम गृह के रूप में भी काम करते थे।

<table>
<tr><th colspan="2">चार सबसे लोकप्रिय सिलसिला</th></tr>
<tr><td>चिश्ती सिलसिला</td><td>
• भारत में चिश्ती सिलसिले की स्थापना ख्वाजा मुइनुद्दीन चिश्ती द्वारा की गई थी, जो ख्वाजा गरीब नवाज के नाम से जाने जाते हैं। जो कि संभवत: मुहम्मद गौरी के आक्रमण के बाद भारत आकर 1206 ई. के आसपास अजमेर में बस गए थे। चूंकि उनका गैर-मुसलमानों के प्रति सहिष्णु रवैया था और वे धर्म परिवर्तन में सक्रिय रूप में शामिल नहीं थे, इसलिए उन्हें मुसलमानों व गैर मुसलमानों दोनों ही से आदर प्राप्त हुआ।<br><br>
• 1235 ई. में उनकी मृत्यु के पश्चात उनकी प्रसिद्धि और बढ़ गई, जब उनकी कब्र पर तत्कालीन सुल्तान मुहम्मद तुगलक पहुंचा। इसके बाद 15वीं शताब्दी में मालवा के महमूह खिलजी ने मस्जिद और गुंबद का निर्माण करवाया। मुगल बादशाह अकबर के समर्थन के बाद दरगाह को मिलने वाली सहायता अभूतपूर्व ऊंचाइयों तक पहुंच गईं। सल्तनत शासक इल्तुतमिश के संरक्षण में दिल्ली में चिश्ती सिलसिले की स्थापना कुतुबुद्दीन बख्तियार काकी ने की।<br><br>
• चिश्ती निम्नलिखित में विश्वास करते थे:<br>
(a) जीवन की सादगी, विनम्रता और ईश्वर की नि:स्वार्थ भक्ति। उनका मानना था कि आध्यात्मिक जीवन को बनाए रखने के लिए इंद्रियों पर नियंत्रण आवश्यक है, जिसके लिए सांसारिक संपत्ति का त्याग महत्वपूर्ण है।<br>
(b) प्रेम के रूप में आत्मा और भगवान के बीच संबंध और सभी के प्रति उदारता का रवैया अपनाना।<br>
(c) विभिन्न धर्मों के लोगों के बीच सहिष्णुता और लोगों को उनकी धार्मिक धारणाओं के बावजूद अपने शिष्यों के रूप में स्वीकार करना।<br>
(d) सरल भाषा का उपयोग और सुल्तानों से अपने रख-रखाव के लिए किसी भी प्रकार के दान को स्वीकार न करना।<br>
(e) ईश्वर के प्रति भक्ति का उच्चतम रूप संकट में पड़े लोगों के कष्टों का निवारण और असहायों की जरूरतों को पूरा करना और भूखों को खाना खिलाना है।<br><br>
• मुइनुद्दीन चिश्ती के अतिरिक्त अन्य महत्वपूर्ण चिश्ती थे:<br>
(a) खलीफा ख्वाजा फरीदुद्दीन मसूद (1175-1265 ई.): गंज-ए-शकर के रूप में भी जाने जाते थे और बाबा फरीद के रूप में ज्यादा लोकप्रिय थे। वे अमीरों और शासक वर्ग के साथ संबंध रखने के कट्टर विरोधी थे और उनके छंदों को बाद में गुरु ग्रंथ साहिब में शामिल किया गया।<br>
(b) निजामुद्दीन औलिया (1238-1325 ई.): उन्होंने सूफीवाद में मानवतावाद को अग्रिम स्थान दिलाया और ईश्वर के साधक के लिए छह सिद्धांत निर्धारित किए:<br>
(i) एकांत जीवन
</td></tr>
</table>

<table>
<tr><th colspan="2">चार सबसे लोकप्रिय सिलसिला</th></tr>
<tr><td></td><td>(ii) शारीरिक पवित्रता और सफाई<br>(iii) उपवास<br>(iv) किसी अन्य के ऊपर परमप्रिय को प्राथमिकता<br>(v) 'शेख' या आध्यात्मिक गुरु का अनुसरण<br>(vi) ईश्वर को दो दुनियाओं से ऊपर स्थान देना<br>दिलचस्प है कि हालांकि उन्हें आम लोगों से काफी सम्मान हासिल था, फिर भी मुबारक खिलजी और ग्यासुद्दीन तुगलक जैसे विभिन्न सुल्तानों के साथ उनके परस्पर विरोधी संबंध रहे। प्रमुख कवि अमीर खुसरो, अमीर हसन सिज्जी और दरबारी इतिहासकार जियाउद्दीन बरनी सभी निजामुद्दीन औलिया के शिष्य थे। अमीर खुसरो ने कव्वाली के उद्घाटन या समापन पर गाए जाने वाले भजन 'क्वाल' की शुरुआत करके चिश्ती 'समा' को एक अनूठा रूप दिया।<br>(c) नसीरुद्दीन चिराग-ए-देहलवी (निजामुद्दीन औलिया का शिष्य)<br>(d) शेख बुरहानुद्दीन गरीब : उन्होंने 13वीं शताब्दी में दक्कन में चिश्ती सिलसिला की स्थापना की।<br>(e) मोहम्मद बंदा नवाज : बीजापुर क्षेत्र में दक्कन शहर के प्रसिद्ध पीरों में से एक।</td></tr>
<tr><td>सुहरावर्दी सिलसिला</td><td>• जो आदेश अपने आध्यात्मिक अनुशासन की गंभीरता के लिए जाना जाता है, उसकी स्थापना बगदाद में शिहाबुद्दीन सुहरावर्दी द्वारा की गई थी और भारत में बहाउद्दीन ज़कारिया (1182-1262 ई.) द्वारा स्थापित की गई थी। उन्होंने खुले तौर पर तत्कालीन सुल्तान इल्लुतमिश का समर्थन किया, जिन्होंने बदले में शेख-उल इस्लाम की उपाधि प्रदान की।<br>• चिश्तियों के विपरीत, सुहरावर्दियों ने अपने रख-रखाव के लिए सुल्तानों से दान स्वीकार किए। जहां चिश्ती दिल्ली, राजस्थान, गंगा के पश्चिमी मैदानों के कुछ हिस्सों और बाद के वर्षों में गंगा के मैदानों के पूर्वी क्षेत्रों (बिहार और बंगाल) और दक्कन में सक्रिय थे, वहीं सुहरावर्दी पंजाब और सिंध में सक्रिय थे।<br>• वे निम्नलिखित में विश्वास रखते थे:<br>(a) सूफी को तीन गुण अपने अधिकार में रखने चाहिए– संपत्ति, ज्ञान और हल (रहस्यमयी आलोक), क्योंकि वे महसूस करते थे कि ये तीनों गरीबों की सेवा भली प्रकार से सुनिश्चित करने के लिए आवश्यक हैं। इसलिए वे अत्यधिक साधना व आत्मसंयम में विश्वास नहीं रखते थे और मुसलमान कुलीनतंत्र के साथ मिल-जुलकर रहते थे व राजनीति में सक्रिय भूमिका निभाते थे।<br>(b) वे धार्मिक क्रियाओं या धार्मिक विश्वासों के बाहरी स्वरूपों पर जोर देते थे और इल्म (विद्वता) के रहस्यवाद के साथ संयोजन के समर्थक थे।</td></tr>
</table>

| चार सबसे लोकप्रिय सिलसिला | |
|---|---|
| **नक्शबंदी सिलसिला** | • भारत में इस सिलसिले की स्थापना **ख्वाजा बहाउद्दीन नक्शबंदी** ने की थी और इसके पश्चात् उनके उत्तराधिकारियों **शेख बाकी बिल्लाह और शेख अहमद सरहिंदी (1563-1624)** द्वारा इसे प्रचारित किया गया।<br>• इस सिलसिले के रहस्यवादियों ने निम्नलिखित पर जोर दिया:<br>(a) **शरीयत का पालन** और सभी नई पद्धतियों या बिद्दत की निंदा। उन्होंने इस्लाम को सभी उदार या उनके अनुसार गैर-इस्लामी प्रथाओं से मुक्त कराने का प्रयास किया।<br>(b) उन्होंने **समां (धार्मिक संगीत) को सुनने व संतों के मकबरों की तीर्थ यात्राओं की प्रथा** का **विरोध** किया, उन्होंने दृढ़ता से **हिंदुओं और शियाओं के साथ परस्पर बातचीत का विरोध किया।** वास्तव में, प्रसिद्ध सूफी संत, **बाबा फरीद** ही थे जिन्होंने इस बात को कायम रखा कि भक्ति संगीत ईश्वर के नजदीक पहुंचने का एक मार्ग है।<br>(c) उन्होंने **अकबर की उदार नीतियों की निंदा की** जैसे कि बहुत-से गैर-मुसलमानों को अकबर द्वारा ऊंचे पद दिए जाना, जजिया पर रोक और गौ-हत्या पर प्रतिबंध।<br>(d) चिश्तियों के विपरीत उन्होंने **माना कि ईश्वर और मनुष्यों के बीच का संबंध दास और मालिक का** है, आशिक और माशूक का नहीं।<br>• हालांकि सरहिंदी के निधन के बाद, सिलसिला का प्रतिनिधित्व विभिन्न दृष्टिकोणों वाले दो महत्वपूर्ण रहस्यवादियों द्वारा किया गया :<br>(a) शज वलीउल्लाह के नेतृत्व के अधीन रूढ़िवादी दृष्टिकोण।<br>(b) मिर्जा मजहर जान-ए-जहां के नेतृत्व के अधीन उदार दृष्टिकोण। |
| कादरी सिलसिला | • कदारिया सिलसिले की शुरुआत **पंजाब** में, मुगल शासन के दौरान **शेख अब्दुल कादिर** और उनके पुत्रों, **शेख नियामतुल्लाह, मुखदम मुहम्मद जिलानी और मियां मीर** की शिक्षाओं के तहत हुई, जिन्होंने मुगल शहजादी **जहांआरा** और उसके भाई **दारा शिकोह** को अपने शिष्यों के रूप में भर्ती किया। अन्य प्रमुख पीर थे- **शाह बदखशानी।**<br>• इस सिलसिले के पीरों ने निम्नलिखित का समर्थन किया:<br>(a) वहादत-अल-वजूद की अवधारणा, जिसका अर्थ है-**'अस्तित्व की एकता'** अर्थात्, ईश्वर और उसकी रचना एक और **समरूप** हैं।<br>(b) उन्होंने **रूढ़िवादी तत्वों को खारिज** किया, उनका मानना था कि, वह नास्तिक जिसने वास्तविकता को महसूस किया और उसे पहचान लिया है आस्तिक है और वह आस्तिक जिसने वास्तविकता को नहीं पहचाना नास्तिक है। |

यह ध्यान देने योग्य है कि मध्य काल में, जबकि इस्लाम की उदार और रूढ़िवादी विचारधाराओं में लगातार तनाव बना हुआ था, **सूफियों को दोनों पक्षों में विशेष स्थान प्राप्त** था। उदाहरण के लिए, वहां **चिश्ती** थे जो **उदार विचार** रखते थे और स्थानीय परंपराओं के मेल के पक्ष में तर्क देते थे, जबकि वहीं **नक्शबंदी सिलसिले** के समर्थक थे जो **शरीयत के रूढ़िवादी विचार** रखते थे और तर्क देते थे कि, अन्य सिलसिलों से इस्लाम की पवित्रता कम हो जाएगी। लेकिन ज्यादातर सूफियों को अपने उदार विचारों के लिए विरोध का सामना करना पड़ा, जो कि इस्लामिक कानूनों की उलेमाओं द्वारा दी गई संकीर्ण परिभाषा के खिलाफ थे। कट्टरपंथी सूफियों के **एक अन्य समूह के बारे में उल्लेख करना भी महत्वपूर्ण है, जिन्हें अक्सर कलंदर, मदारी, मलंग, हैदरी के नाम से जाना जाता है, ये रहस्यवादी थे, जिन्होंने सूफी आदर्शों की कट्टरपंथी व्याख्या के आधार पर आंदोलनों**

**की शुरुआत की और तपस्या के चरम रूपों को देखा।** चूंकि उन्होंने जानबूझकर शरिया का उल्लंघन किया था, इसलिए उन्हें अक्सर इसका अनुपालन करने वाले **बा-शरिया** सूफियों के विपरीत बे-शरिया कहा जाता था।

## सूफीवाद का प्रभाव

(a) सूफीवाद की इन उदार और गैर-परंपरागत विशेषताओं का **मध्यकालीन भक्ति संतों पर गहरा प्रभाव** पड़ा। बाद के समय में, मुगल बादशाह, अकबर ने सूफी सिद्धांतों की सराहना की जिन्होंने अकबर के धार्मिक दृष्टिकोण और धार्मिक नीतियों को आकार दिया। सूफी आंदोलन के साथ ही, हिंदुओं के बीच भक्ति पंथ भी मजबूती प्राप्त कर रहा था। प्रेम और निःस्वार्थ भक्ति पर आधारित इन दोनों **समानांतर आंदोलनों ने हिंदू और मुसलमान समुदायों को करीब लाने में योगदान** दिया।

(b) सूफीवाद ने ग्रामीण व शहरी दोनों ही क्षेत्रों में अपनी जड़ें जमाईं और जन-साधारण पर **गहरा सामाजिक, राजनीतिक और सांस्कृतिक प्रभाव** डाला। सूफीवाद ने धार्मिक औपचारिकता, रूढ़िवादिता, झूठ व पाखंड के खिलाफ विद्रोह किया और एक नई विश्व व्यवस्था को बनाने का प्रयास किया, जिसमें आध्यात्मिक आनंद एकमात्र और अंतिम लक्ष्य था। उस समय जबकि राजनीतिक सत्ता के लिए संघर्ष प्रचलित पागलपन था, सूफी संतों ने मनुष्यों को उनके **नैतिक दायित्वों** का स्मरण करवाया। उस समय झगड़ों और संघर्ष में बंटी हुई थी, उन्होंने **शांति** लाने और **सामंजस्य** बनाने का प्रयास किया।

(c) रहस्यवाद की सबसे महत्वपूर्ण देन यह है कि उसने हिंदू मुसलमानों के पूर्वाग्रहों की धार को, इन दोनों धार्मिक समुदायों के बीच **एकता** व **भाईचारे** की **भावना** बनाकर, एकजुट करने में मदद की। ये सूफी संत आज भी न केवल मुसलमानों, बल्कि बड़ी संख्या में हिंदुओं के लिए भी श्रद्धेय हैं और उनके मकबरे दोनों समुदायों के लोकप्रिय तीर्थस्थान बन गए हैं।

| मुख्य शब्द/अवधारणा | अर्थ |
|---|---|
| (a) खानकाह | पीर या गुरु, जो आश्रमों में रहते थे और सूफीवाद की विशिष्ट प्रथाओं का पालन करते थे। |
| (b) समां | धार्मिक संगीत, जो परमानंद की ओर ले जाता है। |
| (c) तौबा | बुरे कर्मों का पश्चाताप |
| (d) वारा | जो खुशी से न दिया जाए उसे अस्वीकार करना |
| (e) जुलाद | दयालुता |
| (f) फक्र | गरीबी |
| (g) सुहर | सहिष्णुता का पालन करना |
| (h) सुकर | आभार स्वीकार करना |
| (i) खौफ | डर का प्रतीक |
| (j) तवाक्खुल | संतोष का पालन करना |
| (k) रिजा | मोक्ष प्राप्ति के लिए समर्पण |
| (l) जियारत | मकबरों की यात्रा की प्रथा |
| (m) बा-शारा | जो इस्लामी कानून का पालन करता है |
| (n) बेशरा अर्थ | जो शरीयत कानून से बंधे नहीं हैं |

# सिख आंदोलन

सिख आंदोलन की उत्पत्ति मध्य काल में हुई जब संत उपदेशक **गुरु नानक** ने सिख धर्म की स्थापना की, जो कि एक छोटे धर्म से आरंभ हुआ और सदियों में एक प्रमुख धर्म के रूप में विकसित हो गया। नानक के क्रम में **दस** जीवित गुरु मान्य थे:

### 1. गुरु नानक ( 1469-1539 ई. )

- **सिख धर्म के संस्थापक**, जिनका जन्म लाहौर के निकट तलवंडी में मुनीमों के प्रतिष्ठित खत्री परिवार में हुआ था।
- **वेदों के प्रभुत्व को नकारा** और ईश्वर के बारे में नए विचार का उपदेश दिया। उन्होंने कहा ईश्वर सर्वोच्च, विश्वव्यापी, सर्वशक्तिमान, सच्चा, निराकार, निड़र, घृणारहित, आत्मविद्यमान, सभी वस्तुओं का चिरस्थाई निर्माता, अनंत और परम सत्य है।
- उन्होंने **जाति भेदों** और **अनुष्ठानों**, जैसे–**पवित्र नदियों में स्नान की निंदा की** और स्त्रियों सहित सभी मनुष्यों की समानता को बढ़ावा दिया। उन्होंने तर्क दिया कि जाति और प्रतिष्ठा का निर्णय व्यक्ति के कार्यों और कर्मों के आधार पर होना चाहिए। उन्होंने न्याय, धर्म और स्वतंत्रता की धारणा पर जोर दिया।
- उनकी धर्म की अवधारणा बहुत व्यावहारिक और **कठोर नैतिक** थी। उन्होंने लोगों से आह्वान किया कि वे स्वार्थ, झूठ और पाखंड का त्याग कर सच्चाई, ईमानदारी और दयालुता से जीवन जिएं। उन्होंने लोगों को आचरण व आराधना के सिद्धांतों का पालन करने की सलाह दी–**सच** (सत्य), **हलाल** (वैध कमाई), **खैर** (दूसरों का भला चाहना), **नीयत** (सही इरादा) और **ईश्वर की सेवा**। उनकी प्रसिद्ध उक्ति थी–''***संसार की अशुद्धियों के बीच शुद्ध रहो।***''
- उनके दर्शन में तीन मूल तत्व शामिल थे– एक प्रमुख **करिश्माई व्यक्तित्व** (गुरु), **विचारधारा** (शबद) और **संगठन** (संगत)। उन्होंने मूर्ति पूजा का खंडन किया और वे **तीर्थ यात्राओं के पक्ष में नहीं** थे, न ही वे अवतार के सिद्धांत को स्वीकारते थे। उन्होंने औपचारिकतावाद और कर्मकांडवाद की निंदा की।
- उन्होंने **लंगर** (सामुदायिक रसोई) की धारणा से परिचय करवाया।
- उनकी मुख्य शिक्षाओं को संक्षेप में इस प्रकार बताया जा सकता है:
  - एक सच्चे प्रभु में विश्वास
  - नाम की पूजा
  - नाम की पूजा में गुरु की अनिवार्यता
  - ईश्वर की अवधारणा **निर्गुण** (गुण रहित) व **निराकार** (आकार रहित) रूप में

### 2. गुरु अंगद ( 1539-1552 ई. )

- उनका असली नाम **भाई लहना** था। उन्होंने पंजाबी भाषा की **गुरुमुखी लिपि** को मानकीकृत और लोकप्रिय बनाया।
- उन्होंने सिख धर्म के आधार को सुदृढ़ करने के लिए नए धार्मिक संस्थानों की स्थापना की और बहुत-से नए विद्यालय खोले।
- उन्होंने गुरु का लंगर रिवाज को विस्तृत और लोकप्रिय बनाया।
- उन्होंने **शारीरिक साथ ही आध्यात्मिक विकास** के लिए **मल्ल अखाड़े** की परंपरा आरंभ की।

### 3. गुरु अमरदास ( 1552-1574 ई. )

- उन्होंने लंगर में सुधार किए व उसे और अधिक महत्व दिया।
- उन्होंने अपने आध्यात्मिक साम्राज्य को 22 भागों में बांटा, जिन्हें **मनजिस** कहा जाता था, प्रत्येक मनजिस एक सिख व साथ ही **पीरी** व्यवस्था के अधीन थी।
- लंगर सामुदायिक रसोई व्यवस्था को मजबूत बनाया।
- **हिंदू समाज की सती प्रथा** (पत्नी को अपने मृत पति की चिता पर जिंदा जला देने का नियम) **के विरुद्ध उपदेश** दिए, **विधवा विवाह** का समर्थन किया और **स्त्रियों से पर्दा** (स्त्रियों द्वारा पहना जाने वाला आवरण) त्यागने की प्रार्थना की।
- अकबर से गैर-मुसलमानों से गंगा व यमुना नदियों को पार करते समय लिए जाने वाले पथ कर (तीर्थ यात्रा कर) को हटाने की मांग की।

### 4. गुरु रामदास ( 1574-1581 ई. )

- आनंद कारज के **चार लवाणों** (श्लोकों) की रचना की। **आनंद कारज** सिखों के लिए **एक विशिष्ट विवाह संहिता** है, जो कि हिंदू वैदिक रूढ़िवादी व परंपरागत व्यवस्था से अलग है।
- **अकबर के साथ मैत्रीपूर्ण संबंध** थे, अकबर ने उन्हें **जमीन** का **एक टुकड़ा दान** में दिया जहां बाद में **हरमंदर साहिब का निर्माण** हुआ। यह दिलचस्प है कि, हरमिंदर साहिब की पहली ईंट एक मुसलमान हाजी मियां मीर द्वारा रखी गई थी। गुरु रामदास ने भी चक रामदास या रामदासपुर, जिसे अब **अमृतसर** कहा जाता है, की नींव का पहला पत्थर रखा था।
- अंधविश्वासों, जाति व्यवस्था और तीर्थ यात्राओं की कड़ी निंदा की।

### 5. गुरु अर्जुन देव ( 1581-1606 ई. )

- ***आदि ग्रंथ*** अर्थात् ***गुरु ग्रंथ साहिब*** को संकलित किया और श्री हरमिंदर साहिब में उसकी स्थापना की।
- **अमृतसर**, **तारण** और **करतारपुर** का निर्माण कार्य पूर्ण करवाया।
- **जहांगीर** ने अपने विद्रोही पुत्र खुसरो की सहायता करने के लिए **गुरु अर्जुन देव को मार डाला**। इसलिए उन्हें **सिख धर्म का पहला शहीद** और **शहीदां-दे-सरताज** (शहीदों के ताज) के नाम से पुकारा जाता है।

### 6. गुरु हर गोबिंद ( 1606-1644 ई. )

- गुरु के रूप में सबसे लंबा कार्यकाल। उन्होंने **सिखों को एक सैन्य समुदाय** में बदल दिया, **अकाल तख्त** की स्थापना की और **अमृतसर की किलेबंदी** करवायी।
- **जहांगीर** और **शाहजहां** जैसे शासकों के **विरुद्ध युद्ध** छेड़े और संग्राम में मुगल सेना को पराजित किया।
- **'सच्चा बादशाह'** की उपाधि ग्रहण की।
- अपना मुख्यालय करतारपुर स्थानांतरित कर दिया।
- **मीरी और पीरी** (दो चाकू रखना) की धारणा के जनक।

### 7. गुरु हर राय ( 1644-1661 ई. )

- **दारा शिकोह** (औरंगजेब का भाई और सिंहासन के लिए उसका प्रतिद्वंद्वी) **को शरण** दी, इसलिए **औरंगजेब ने उन पर अत्याचार किये**, उसने गुरु और *गुरु ग्रंथ साहिब* के विरुद्ध इस्लाम विरोधी निंदा के आरोप लगाए।

### 8. गुरु हरकिशन ( 1661-1664 ई. )

- उनको **झूठे आरोपों** के तहत औरंगजेब के साम्राज्य की राजधानी **दिल्ली में जबरन बुलाया** गया था।
- परंपरा के अनुसार, उनकी **मृत्यु 8 वर्ष की अल्पायु में चेचक के कारण** हुई, जिसकी चपेट में वे महामारी के दौरान बीमार लोगों का इलाज करते हुए आ गए थे।

### 9. गुरु तेगबहादुर ( 1665-1675 ई. )

- उन्होंने औरंगजेब के विरुद्ध विद्रोह किया, लेकिन उसके द्वारा उन्हें **प्राण दंड** दिया गया और 1675 ई. में दिल्ली के चांदनी चौक में **जनता के सामने उनका सिर धड़ से अलग** कर दिया गया। उनके शहादत स्थल पर आज **शीशगंज साहिब गुरुद्वारा** है।
- उन्होंने बंदा बहादुर की नियुक्ति सिखों के सैन्य प्रमुख के रूप में की थी।
- उनको सिख धर्म को बिहार और असम तक फैलाने का श्रेय जाता है।

### 10. गुरु गोबिंद सिंह ( 1675-1708 ई. )

- **मानव रूपों में सिखों के आखिरी गुरु,** जिन्होंने सिखों के गुरु की पद्वी *गुरु ग्रंथ साहिब* को सौंप दी। उनकी **मृत्यु** एक **अफगान द्वारा घोंपे गए खंजर** से हुए घावों की जटिल स्थिति के कारण हुई। ऐसा माना जाता है कि उस अफगान को मुगल गवर्नर, वजीर खान ने भेजा था।
- उनका **जन्म पटना** में हुआ था। उन्होंने **सिखों को योद्धाओं के समुदाय के रूप में संगठित** किया और **1699** ई. में उन्हें **खालसा** का नाम दिया।
- सिखों के बीच **एकता की भावना** पैदा करने के लिए गुरु ने **कुछ प्रथाओं को आरंभ किया** जिनका पालन सिखों को करना होता है। वे **प्रथाएं** थीं—**नामकरण द्वारा दीक्षा संस्कार, जिसे दोधारी तलवार के साथ किया जाता था, बिना कटे बाल रखना, हथियार रखना** और **नाम के हिस्से के रूप में सिंह की उपाधि** को अपनाना।
- उन्होंने पांच लोगों का चयन किया, जिन्हें **पंज प्यारे** (पांच प्यारे) कहा जाता है और उनसे आग्रह किया कि वे उन्हें **पहुल** (अमृत चक्खा) वितरित करें।
- पूरक ग्रंथ *देसवां पडशान* **का ग्रंथ** को संकलित किया।

## भक्ति आंदोलन का महत्व

| भक्ति आंदोलन का प्रभाव | |
|---|---|
| (a) | भक्ति आंदोलन से समाज के निचले वर्ग के सदस्यों और महिलाओं की स्थिति में सुधार हुआ। इसने उन्हें आध्यात्मिक मोक्ष की प्राप्ति का संयुक्त मार्ग भी प्रदान किया, जो अन्यथा केवल सामाजिक अनुक्रम के प्रथम तीन वर्गों तक ही निहित था। |
| (b) | **भक्ति आंदोलन ने क्षेत्रीय भाषाओं** जैसे कि हिंदी, मराठी, बंगाली, कन्नड़ आदि के **विकास को प्रोत्साहन** दिया, विभिन्न उपदेशक क्षेत्रीय भाषाओं में ही बोलते और लिखते थे, जिसके परिणामस्वरूप इन भाषाओं का विकास हुआ। चूंकि जाति व्यवस्था और स्त्रियों की निम्न स्थिति की भक्ति संतों द्वारा निंदा की गई थी, **निम्न वर्ग** और **स्त्रियों की स्थिति में महत्वपूर्ण सुधार** आया। |
| (c) | इसके अतिरिक्त, भक्ति आंदोलन ने लोगों को एक जटिल अनुष्ठान रहित सरल धर्म दिया। **परोपकारी जीवन** व **साथी इंसानों की सेवा की नई अवधारणा** विकसित हुई। |
| (d) | सूफीवाद और भक्ति परंपरा के मेल से **हिंदू** व **मुसलमान दोनों संप्रदायों के बीच एकता को प्रोत्साहन** मिला। सूफीवाद और भक्ति परंपरा एक-दूसरे पर पड़े परस्पर प्रभाव से, लोगों को भी एक-दूसरे की धार्मिक परंपराओं और प्रथाओं को समझने का मौका मिला, जिसके परिणामस्वरूप उन्होंने न केवल एक-दूसरे की परंपराओं की प्रशंसा की, बल्कि साथ ही उनके बीच एक-दूसरे के प्रति आपसी सम्मान भी विकसित हुआ। वास्तव में, नई भाषा के रूप में उर्दू का उद्भव इस पारस्परिक प्रभाव व मेल का सबसे अच्छा उदाहरण है। |

## भक्ति आंदोलन में महिलाएं

भक्ति आंदोलन में महिला संत-कवियों ने भी एक महत्वपूर्ण भूमिका निभाई थी। फिर भी, इनमें से बहुत-सी महिलाओं को काफी हद तक पुरुष-प्रधान आंदोलन के बीच अपनी **स्वीकृति के लिए संघर्ष** करना पड़ा। केवल ईश्वर के प्रति अपनी अटूट भक्ति के प्रदर्शन, अपने उत्कृष्ट काव्य व अपने समकालीनों के साथ अपनी आध्यात्मिक समानता के हठी आग्रह द्वारा ही वे स्वीकृति हासिल कर पाईं और ईश्वर तक और ज्यादा समानाधिकारवादी पहुंच सकीं।

ज्यादातर भक्ति काव्य का आधार क्योंकि आम लोगों की रोजमर्रा की परिचित भाषा थी, इसलिए इसमें कोई आश्चर्य नहीं कि महिला भक्तों ने उन्हीं मुद्दों के आसपास ही लेखन किया जैसे कि घरों में उनके द्वारा रुकावटों का सामना करना, पारिवारिक तनाव, पति की अनुपस्थिति, निरर्थक घरेलू काम और वैवाहिक जीवन के बंधन, साथ ही वैवाहिक महिला के रूप में उनकी स्थिति। **बहुत-से मामलों** में, महिला संतों ने पतियों व घरों को पूर्ण रूप से त्याग कर **महिलाओं की परंपरागत भूमिका** व **सामाजिक मानदंडों** को **अस्वीकार** कर दिया और घुमंतू भक्त बनना स्वीकार किया, जबकि कुछ **अन्य उदाहरणों** में, उन्होंने **घरेलू भूमिका को त्यागे बिना खुद को भक्ति से जोड़ने का प्रयास** किया। यह दिलचस्प है कि पितृसत्तात्मक विचारधारा के अनुसार पवित्र व कर्त्तव्य-परायण पत्नी को आदर्श माना जाता था, लेकिन इन **महिलाओं** ने **'प्रेमिका'** या **'पत्नी'** के रूप में अपनी **भक्ति या दायित्वों** का लक्ष्य अपने **ईश्वरीय प्रेम** या **पति** में बदल दिया था। वास्तव में, बड़ी संख्या में महिलाओं ने भक्ति आंदोलन के आरंभिक विकास काल 6ठी से 13वीं शताब्दियों में भाग लिया था, जबकि बाद की शताब्दियों के दौरान, पुरुष भक्तों और संतों का भक्ति दृश्य पर प्रभुत्व हो गया था। कुछ प्रसिद्ध महिला भक्त थीं:

(a) **अक्का महादेवी:** 12वीं शताब्दी के दौरान, कर्नाटक के दक्षिणी क्षेत्र से संबंधित, अक्का महादेवी ने, जिन्हें **अक्का** या **महादेवी** के नाम से जाना जाता है, **खुद को शिव के अटूट भक्त** के रूप में स्थापित कर लिया था, जिन्हें उन्होंने चेन्नमल्लिकार्जुन कह कर संबोधित किया।

(b) **जना बाई: 13वीं शताब्दी** के लगभग महाराष्ट्र में एक **नीची जाति के शूद्र परिवार में उनका जन्म** हुआ था। वे सबसे सम्मानित भक्ति कवियों में से एक, **संत नामदेव** के घर में काम करती थीं। घरेलू कामकाज और निम्न जाति की महिला होने के कारण उन्हें जिन प्रतिबंधों का सामना करना पड़ा, उन विषयों पर केंद्रित 300 से ज्यादा कविताओं की रचना की।

(c) **मीराबाई या मीरा:** वे उच्च वर्गीय शासक राजपूत परिवार से संबंधित थीं। मीराबाई का काव्य, उनके द्वारा बचपन में की गई **भगवान कृष्ण** की कल्पना की ओर इंगित करता है। उस समय के बाद से ही मीरा ने कसम खाई थी कि वे हमेशा श्रीकृष्ण की वधू रहेंगी। मीरा उच्चवर्गीय राजपूत शासक परिवार की थीं और उनका विवाह बहुत कम आयु में मेवाड़ के राणा सांगा के पुत्र से कर दिया गया था। लेकिन गृहस्थ जीवन में उनकी रुचि नहीं थी और अंततः, उन्होंने अपने पति और परिवार को त्याग कर अपने दिव्य पति कृष्ण से संबंधित विभिन्न स्थानों की तीर्थ यात्रा पर निकल गईं। हालांकि स्त्री होने के कारण शुरुआत में उन्हें नकार दिया गया, लेकिन उनकी भक्ति, धर्मनिष्ठा और बौद्धिक कुशाग्रत की ख्याति ने अंततः उन्हें वृंदावन के संत समुदाय के बीच सम्मिलित करवा दिया।

**चित्र 15.11** मीराबाई

(d) **बहीना बाई या बहीना:** वे महाराष्ट्र की **17वीं शताब्दी** की संत कवि थीं। उन्होंने **अभंग** (दोहे) व महिलाओं के **लोक गीत** लिखे, जिनमें उन्होंने **महिलाओं के कामकाजी जीवन**, विशेष तौर पर खेतों में काम करने वाली महिलाओं का चित्रण किया।

## विगत वर्षों में पूछे गए प्रश्न (प्रारंभिक परीक्षा)

1. हाल ही में हैदराबाद में भारत के प्रधान मंत्री द्वारा रामानुज की आसन मुद्रा में विश्व की दूसरी सबसे ऊँची मूर्ति का उद्घाटन किया गया था। निम्नलिखित कथनों में कौन-सा एक, रामानुज की शिक्षाओं को सही निरूपित करता है? (2022)
   (a) मोक्ष प्राप्ति का सर्वोत्तम साधन भक्ति था।
   (b) वेद शाश्वत, आत्म-प्रतिष्ठित तथा पूर्णतया प्रामाणिक हैं।
   (c) तर्कसंगत युक्तियां सर्वोच्च आनंद के मौलिक माध्यम थे।
   (d) ध्यान के माध्यम से मोक्ष पाया जा सकता था।

2. निम्नलिखित कथनों पर विचार कीजिए: (2019)
   1. संत निम्बार्क, अकबर के समकालीन थे।
   2. संत कबीर, शेख अजहमद सरहिंदी से अत्यधिक प्रभावित थे।

   उपरोक्त में से कौन-सा/से कथन सही है/हैं?
   (a) केवल 1 (b) केवल 2
   (c) 1 और 2 दोनों (d) न तो 1 और न ही 2

3. भारत के सांस्कृतिक इतिहास के संदर्भ में, निम्नलिखित कथनों पर विचार कीजिए: (2018)
   1. त्यागराज की अधिकांश कृतियां भगवान कृष्ण की स्तुति के भक्ति गीत हैं।
   2. त्यागराज ने अनेक नए रागों का सृजन किया।
   3. अन्नामाचार्य और त्यागराज समकालीन हैं।
   4. अन्नामाचार्य कीर्तन भगवान वेंकटेशर की स्तुति के भक्ति गीत हैं।

   उपरोक्त कथनों में से कौन-से सही हैं?
   (a) केवल 1 और 3 (b) केवल 2 और 4
   (c) 1, 2 और 3 (d) 2, 3 और 4

4. निम्नलिखित कथनों पर विचार करें: (2014)
   I. बीजक संत दादू दयाल की शिक्षाओं का एक संकलन है।
   II. पुष्टि मार्ग का दर्शन माधवाचार्य द्वारा स्थापित किया गया था।

   उपरोक्त कथनों में से कौन-सा/से सही है/हैं?
   (a) केवल I (b) केवल II
   (c) I और II (d) न I और न II

5. निम्नलिखित भक्ति संतों पर विचार करें: (2013)
   I. दादू दयाल
   II. गुरु नानक
   III. त्यागराज

   जब लोदी राजवंश का पतन हुआ और बाबर ने उनकी जगह ली तो उपरोक्त में से कौन उपदेश दे रहा था/थे?
   (a) I और III (b) केवल II
   (c) II और III (d) I और II

6. निम्नलिखित में से कौन भक्ति पंथ के समर्थक नहीं थे ? (2010)
   (a) नागार्जुन (b) तुकाराम
   (c) त्यागराज (d) वल्लभाचार्य

7. अनेक्तावाद निम्नलिखित में से किसका मुख्य सिद्धांत और दर्शन है? (2009)
   (a) बौद्ध धर्म (b) जैन धर्म
   (c) सिख धर्म (d) वैष्णववाद

8. भक्त तुकाराम किस मुगल शासक के समकालीन थे? (2006)
   (a) बाबर (b) अकबर
   (c) जहांगीर (d) औरंगजेब

9. निम्नलिखित अनुक्रमों में कौन-सा सही कालानुक्रमिक क्रम इंगित करता है? (2004)
   (a) शंकराचार्य–रामानुज - चैतन्य
   (b) रामानुज - शंकराचार्य–चैतन्य
   (c) रामानुज–चैतन्य - शंकराचार्य
   (d) शंकराचार्य–चैतन्य–रामानुज

10. इन सिख गुरुओं के बारे में निम्नलिखित बयानों पर विचार करें: (2004)
    I. गुरु तेग बहादुर ने बंदा बहादुर को सिखों का सैन्य प्रमुख नियुक्त किया था।

II. गुरु रामदास के बाद गुरु अर्जुन देव सिखों के गुरु बने।

III. गुरु अर्जुन देव ने सिखों को उनकी अपनी लिपि गुरुमुखी प्रदान की।

उपरोक्त कथनों में से कौन-सा/से सही है/हैं?

(a) केवल I (b) II और III

(c) I और III (d) I और II

11. निम्नलिखित में से कौन प्रथम भक्ति संत थे, जिन्होंने अपने उपदेश का प्रचार करने के लिए हिंदी का इस्तेमाल किया? (2002)

(a) दादू (b) कबीर

(c) रामदास (d) तुलसीदास

12. भारतीय इतिहास में सूफीवाद के संदर्भ में निम्नलिखित बयानों पर विचार करे: (2002)

I. शेख अहमद सरहिंदी इब्राहिम लोदी के समकालीन थे।

II. शेख नसरुद्दीन चिराग-ए-दहलवी शेख निजामुद्दी औलिया के शिष्य थे।

III. औरंगजेब शेख सलीम चिश्ती के समकालीन थे।

IV. सूफियों का कादरी सिलसिला भारत में सबसे पहले शेख नियामतुल्लाह और मखदुम मुहम्मद जिलानी ने आरंभ किया।

उपरोक्त कथनों में से कौन-सा/से सही है/हैं?

(a) I और II

(b) I और III

(c) II और III

(d) II और IV

13. सूची-I का सूची-II के साथ मिलान करें और सूची के नीचे दिए गए कूट का उपयोग कर सही उत्तर बताए: (2001)

| सूची-I (भक्ति संत) | सूची-II (पेशा) |
|---|---|
| A. नामदेव | I. नाई |
| B. कबीर | II. जुलाहा |
| C. रविदास | III. दर्जी |
| D. सेना | IV. मोची |

***कूट:***

| | A | B | C | D |
|---|---|---|---|---|
| (a) | II | III | I | IV |
| (b) | III | II | IV | I |
| (c) | III | II | I | IV |
| (d) | II | III | IV | I |

14. ***कथन (A):*** भारत में चिश्ती सिलसिले के सबसे महत्वपूर्ण व्यक्ति और उसके उत्तरदायी ख्वाजा मोइनुद्दीन चिश्ती थे।

***कारण (R):*** चिश्ती सिलसिले ने अपना नाम अजमेर के एक गांव चिश्ती से लिया। (1997)

(a) A व R दोनों सही हैं और A की सही व्याख्या R करता है।

(b) A व R दोनों सही हैं, लेकिन R, A की सही व्याख्या नहीं करता है।

(c) A सही है लेकिन R गलत है।

(d) A गलत है लेकिन R सही है।

15. कृष्ण के जीवन पर कविताएं, प्रेम वाटिका के रचयिता थे: (1996)

(a) बिहारी (b) सूरदास

(c) रसखान (d) कबीर

16. वह कौन सूफी संत थे, जो मानते थे कि धार्मिक संगीत ही ईश्वर के पास जाने का एक तरीका है: (1996)

(a) मुइन-उद-दीन चिश्ती

(b) बाबा फरीद

(c) सैय्यद मुहम्मद गेसुदराज

(d) शाह आलम बुखारी

## उत्तरमाला

| | | | | | | | |
|---|---|---|---|---|---|---|---|
| 1. (a) | 2. (d) | 3. (b) | 4. (d) | 5. (b) | 6. (a) | 7. (b) | 8. (c) |
| 9. (a) | 10. (d) | 11. (c) | 12. (d) | 13. (b) | 14. (c) | 15. (c) | 16. (b) |

## विगत वर्षों में पूछे गए प्रश्न (मुख्य परीक्षा)

1. भक्ति साहित्य की प्रकृति का मूल्यांकन करते हुए भारतीय संस्कृति में इसके योगदान का निर्धारण कीजिए।

   **( 2021 सा.अ. प्रश्नपत्र 1 )**

2. श्री चैतन्य महाप्रभु के आगमन से भक्ति आंदोलन को एक असाधारण नई दिशा मिली थी। चर्चा करें।

   **( 2018 सा.अ. प्रश्नपत्र 1 )**

3. सूफी और मध्यकालीन रहस्यवादी सिद्ध पुरुष (संत) हिन्दू/मुसलमान समाजों में धार्मिक विचारों और रीतियों को या उनकी बाह्य संरचना को पर्याप्त सीमा तक रूपांतरित करने में विफल रहे। टिप्पणी कीजिए।

   **( 2014 सा.अ. प्रश्नपत्र 1 )**

4. मध्यकालीन भक्ति साहित्य के विकास के लिए वैष्णव संतों के योगदान का मूल्यांकन करें।

   **( 2014, इतिहास वैकल्पिक )**

5. भक्ति के इतिहास लेखन के विभिन्न प्रवृत्तियों पर चर्चा करें और उनका समीक्षात्मक मूल्यांकन करें।

   **( 2013, इतिहास वैकल्पिक )**

## अभ्यास प्रश्न (प्रारंभिक परीक्षा)

1. सूची-I का सूची-II के साथ मिलान करें और सूची के नीचे दिए गए कूट का उपयोग कर सही उत्तर बताए:

| | सूची-I | | सूची-II |
|---|---|---|---|
| A. | बंगाल | I. | चैतन्य |
| B. | श्रीपेरुम्बुदुर | II. | रामानंद |
| C. | अमृतसर | III. | रामानुज |
| D. | बनारस | IV. | रामदास |

**कूट:**

| | A | B | C | D |
|---|---|---|---|---|
| (a) | II | IV | III | I |
| (b) | II | III | IV | I |
| (c) | I | IV | III | II |
| (d) | I | III | IV | II |

2. निम्नलिखित में से कौन उत्तरी भारत में भक्ति आंदोलन के प्रतिपादक नहीं थे?

   (a) नानक (b) शंकराचार्य
   (c) रामानंद (d) कबीर

3. निम्नलिखित पर विचार करें:

   I. मध्यकालीन भारत में निर्गुण भक्ति के प्रचार के अग्रणी रामानंद थे।

   II. सूरदास नेत्रहीन कवि थे जो कृष्ण को पूजते थे।

   III. शंकराचार्य ने भारत के चारों दिशाओं में चार मठों को स्थापित किया।

   नीचे दिए गए कोड का उपयोग करते हुए सही उत्तर बताएं-

   (a) केवल I और II (b) केवल III
   (c) केवल I और III (d) I, II और III

4. सूची-I का सूची-II के साथ मिलान करें और सूची के नीचे दिए गए कूट का उपयोग कर सही उत्तर बताए:

| | सूची-I | | सूची-II |
|---|---|---|---|
| A. | तवख्खुल | I. | शिक्षक |
| B. | बेशरा | II. | संतोष का पालन करना |
| C. | बशरा | III. | शरीयत कानून से बंधा |
| D. | वाली | IV. | शरीयत कानून से बंधा न होना |

**कूट:**

| | A | B | C | D |
|---|---|---|---|---|
| (a) | II | IV | III | I |
| (b) | II | III | IV | I |
| (c) | I | IV | III | II |
| (d) | I | III | IV | II |

5. सूची-I का सूची-II के साथ मिलान करें और सूची के नीचे दिए गए कूट का उपयोग कर सही उत्तर बताए:

| | सूची-I | | सूची-II |
|---|---|---|---|
| A. | गुरु नानक | I. | लंगर की अवधारणा आरंभ की |
| B. | गुरु अर्जुन देव | II. | खालसा |
| C. | गुरु राम दास | III. | आनंद कारज |
| D. | गुरु गोविंद सिंह | IV. | गुरु ग्रंथ साहिब को संकलित किया |

**कूट:**

| | A | B | C | D |
|---|---|---|---|---|
| (a) | II | IV | III | I |
| (b) | II | III | IV | I |
| (c) | I | IV | III | II |
| (d) | I | III | IV | II |

6. निम्नलिखित पर विचार करें:

I. औरंगजेब ने गुरु अंगद को मरवाया।

II. जहांगीर ने गुरु अर्जुन देव को मरवाया।

निम्नलिखित कूट का उपयोग करते हुए, जो उत्तर सही न हो, उन्हें बताएं:

(a) केवल I और II

(b) केवल I

(c) केवल II

(d) इनमें से कोई नहीं

### उत्तरमाला

1. (d) 2. (b) 3. (d) 4. (a) 5. (c) 6. (b)

## अभ्यास प्रश्न (मुख्य परीक्षा)

1. सिख धर्म के विकास में सिख गुरुओं की भूमिका का वर्णन करें।
2. भक्ति आंदोलन और सूफीवाद दोनों ही हिंदू-मुस्लिम एकता को बढ़ावा देने स्पष्ट थे। क्या आप सहमत हैं? अपना उत्तर उदाहरण सहित दें।
3. महाराष्ट्र में भक्ति संतों की एक समृद्ध परंपरा है और मराठा शासकों ने भी भक्ति पंथों को बढ़ावा दिया है। उदाहरण सहित विस्तार से समझाएं।

अध्याय

16

# यूरोपीय लोगों का आगमन

**1498 ई.** में **वास्को डी गामा**[1] द्वारा केप ऑफ गुड होप के माध्यम से नए समुद्री मार्ग की खोज के साथ, कई व्यापारिक कंपनियां भारत आईं और अपने व्यापारिक केंद्र स्थापित किए। शुरुआत में, उन्होंने व्यापारियों के रूप में भारत में प्रवेश किया लेकिन समय बीतने के साथ अपने व्यावसायिक हितों की रक्षा के लिए उन्होंने भारत की राजनीति पर हावी होने की कोशिश की। इस प्रकार, यूरोपीय शक्तियों के बीच **व्यावसायिक प्रतिद्वंद्विता** ने **राजनीतिक प्रतिद्वंद्विता** को जन्म दिया और इससे न केवल उनका आपस में बल्कि भारतीय शासकों के साथ भी उनका संघर्ष आरंभ हो गया।

---

[1] वास्को डी गामा 1498 ई. में तुलुवा नरसा नायक, जो तुलुवा राजवंश के संस्थापक वीर नरसिम्हा के पिता थे, के शासनकाल के दौरान कालीकट पहुंचे।

# पुर्तगाली

पुर्तगालियों को भारत पहुंचने वाले **पहले** यूरोपीय होने का गौरव प्राप्त है और विडंबना यह है कि वे 1961 ई. में जाने वाले **आखिरी** यूरोपीय भी थे, जब भारत सरकार ने उनसे गोवा, दीव और दमन का शासन अपने हाथ में ले लिया। पुर्तगाल के **राजकुमार हेनरी** ने भारत के लिए समुद्री मार्ग की खोज के लिए यात्राओं को प्रोत्साहित किया। **1487 ई.** में केप ऑफ गुड होप तक पहुंचने में सफल होने वाले पहले पुर्तगाली **बार्थोलोम्यू डियाज** थे। बाद में, उनके नक्शेकदम पर चलते हुए, **वास्को डी गामा 21 मई, 1498 ई.** को **कालीकट** के बंदरगाह पर पहुंचे, जिससे यह भारत के समुद्री व्यापार के इतिहास में एक ऐतिहासिक दिन बन गया। **कालीकट** के **हिंदू शासक जमोरिन** ने उसका गर्मजोशी से स्वागत किया और वह भारी मुनाफा कमाकर अगले वर्ष पुर्तगाल लौट गया। पुर्तगालियों ने पूर्वी व्यापार पर एकाधिकार स्थापित करने और अपने प्रतिस्पर्धियों, विशेषकर अरबों को बाहर करने के सपने के साथ **कालीकट**, **कैनानोर** और **कोचीन** (पहला पुर्तगाली किला) में व्यापारिक स्टेशन स्थापित किए।

भारत में पुर्तगालियों के **पहले गवर्नर फ्रांसिस्को डी अल्मेडा** थे, जिन्होंने प्रसिद्ध **'ब्लू वॉटर पॉलिसी'** अपनाई थी, जिसके माध्यम से 'भारतीय भूमि पर किले बनाने के बजाय समुद्र में शक्तिशाली बनकर पुर्तगालियों को हिंद महासागर का स्वामी बनाने' की वकालत की गई थी। बाद में 1510 ई. में, पुर्तगाली सत्ता के **वास्तविक संस्थापक**, दूसरे गवर्नर **अल्फांसो डी अल्बुकर्क** ने **बीजापुर** के शासक (**सिकंदर लोधी** के शासनकाल के दौरान) से **गोवा** पर कब्जा कर लिया और उसके बाद, गोवा भारत में पुर्तगाली बस्तियों की **राजधानी** बन गया और दिलचस्प बात यह है कि अलेक्जेंडर के समय से यूरोपीय लोगों के अधीन होने वाला पहला क्षेत्र भी बन गया। अल्बुकर्क ने न केवल **मलक्का** और **सीलोन** पर कब्जा कर लिया, बल्कि **मालाबार**, **ओरमुज**, **पूर्वी अफ्रीका** और **लाल सागर** जैसे समुद्रों के सभी प्रवेश द्वारों पर पुर्तगाली अड्डे स्थापित करके हिंद महासागर पर रणनीतिक नियंत्रण भी हासिल कर लिया। उन्होंने अपने देश को संभवत: भारत में स्थायी पुर्तगाली आबादी को सुरक्षित करने के लिए भारतीय महिलाओं से विवाह करने के लिए प्रोत्साहित किया। 1515 ई. में अपनी मृत्यु तक उसने पुर्तगालियों को भारत की **सबसे मजबूत नौसैनिक शक्ति** बना दिया था।

**1530 ई.** में, **नीनो दा कुन्हा** ने **गुजरात** के **बहादुर शाह** से **दीव** और **बेसिन** का अधिग्रहण किया। बाद में, पुर्तगाली बस्तियां पश्चिमी तट पर **दमन**, **साल्सेट** और **बॉम्बे** में और पूर्वी तट पर **चेन्नई** और बंगाल के **हुगली** के पास **सैन थोम** में भी स्थापित की गईं। हालांकि, 16वीं शताब्दी के अंत तक भारत में पुर्तगाली शक्ति में गिरावट आई और उन्होंने गोवा, दीव और दमन को **छोड़कर** भारत में अपनी सारी संपत्ति खो दी। पुर्तगालियों के समुद्री डकैती के कृत्यों और मुसलमानों पर मुकदमा चलाने के कारण उनका मुगलों के साथ संघर्ष हुआ। **1631 ई.** में, **शाहजहां** के शासनकाल के दौरान पुर्तगालियों ने **हुगली** को खो दिया। 1661 ई. में, पुर्तगाली सम्राट ने **इंग्लैंड** के **चार्ल्स द्वितीय** को उसकी बहन से विवाह करने के लिए **बंबई** को **उपहारस्वरूप** दे दिया। 1663 ई. में, डचों ने पुर्तगालियों को मालाबार तट से खदेड़ दिया। मराठों ने 1739 ई. में **साल्साटे** और **बेसिन** पर कब्जा कर लिया जिसके कारण पुर्तगाली शक्ति में काफी गिरावट आई और जो फिर कभी अपने गौरवशाली दिनों में वापस नहीं लौटीं।

## पुर्तगालियों के पतन के कारण

- **अंग्रेज़ और डच जैसे अधिक शक्तिशाली व्यापारिक प्रतिस्पर्धियों का उदय:** धीरे-धीरे, **डच** और **अंग्रेज़** जैसे अन्य यूरोपीय व्यापारी परिदृश्य में उभरे और उनके बीच व्यापार पर नियंत्रण के लिए भयंकर संघर्ष हुआ, कम साधन संपन्न और तुलनात्मक रूप से कमजोर पुर्तगालियों को अपने विरोधियों के सामने हार माननी पड़ी। इसके अलावा,

फारस, मिस्र जैसे हिंद महासागर को घेरने वाले शक्तिशाली राजवंशों के उद्भव ने भारत-यूरोपीय व्यापार पर पुर्तगालियों के एकाधिकार को झटका दिया। मराठों जैसी मजबूत स्थानीय शक्तियों के साथ संघर्षों के बढ़ने से उनकी स्थिति और खतरे में पड़ गई।

- **धार्मिक असहिष्णुता:** पुर्तगालियों की धार्मिक नीतियों ने भारतीय उपमहाद्वीप में उनकी स्थिति को और कमजोर कर दिया, क्योंकि उनकी धर्मांतरण गतिविधियों और मुसलमानों के प्रति विरोधी रवैये के कारण उन्होंने हिंदू और मुस्लिम दोनों को समान रूप से अलग कर दिया। जेसुइट्स की गतिविधियों ने राजनीतिक भय को जन्म दिया और ईसाई धर्म में जबरन धर्म परिवर्तन के कुछ उदाहरणों ने आग में घी डाल दिया।
- **व्यापार में गैर-कानूनी तरीकों को अपनाना और समुद्री डकैती:** उनकी बेईमान व्यापार प्रथाओं और समुद्री डकैती के कारण, पुर्तगालियों से शक्तिशाली मुगलों से लेकर छोटे राज्यों के शासकों के साथ-साथ अन्य यूरोपीय प्रतिस्पर्धी तक, सभी नाराज थे। पुर्तगालियों द्वारा नियमित नौसैनिक हमलों के कारण इन सभी शक्तियों के साथ उनका संघर्ष हुआ और इस प्रकार पुर्तगाली क्षेत्रीय कब्जे को इन संघर्षों ने और कमजोर कर दिया।
- **ब्राजील की खोज:** इस सब ने पुर्तगाल का ध्यान पश्चिम की ओर मोड़ दिया, क्योंकि उनके लिए किसी भी अन्य परेशान करने वाली प्रतिस्पर्धा के बिना ब्राजील पर उपनिवेश स्थापित करना आसान था। ब्राजील जल्द ही पुर्तगाल के विदेशी साम्राज्य के आर्थिक केंद्र के रूप में उभरा और धीरे-धीरे गोवा को पीछे छोड़ दिया।

**भारत को पुर्तगाली उपहार**

- तम्बाकू और आलू की खेती
- भारत में प्रथम प्रिंटिंग प्रेस (1556 ई.)
- भारतीय औषधीय पौधों पर पहला वैज्ञानिक कार्य
- बॉडी आर्मर, मैचलॉक मैन, इन्फैंट्री के ड्रिलिंगग्रुप जैसी विभिन्न सैन्य नवाचार तकनीकों की शुरुआत की

## डच

ईस्ट इंडीज तक पहुंचने वाले प्रथम डच अभियान का नेतृत्व 1596 ई. में **कॉर्नेलिस डी हाउटमैन** ने किया था। मार्च 1602 ई. में कई अन्य व्यापारिक कंपनियों को मिलाकर डच ईस्ट इंडिया कंपनी का गठन किया गया। दिलचस्प बात यह है कि इसे अक्सर न केवल दुनिया का पहला बहुराष्ट्रीय निगम माना जाता है, बल्कि यह स्टॉक जारी करने वाली पहली कंपनी भी थी। 1605 ई. में, डचों ने **मसूलीपट्टनम** (आंध्र प्रदेश) में अपना पहला कारखाना स्थापित किया। अन्य डच कारखाने **पुलिकट**, चिनसुरा, कासिमबाजार, पटना, बालासोर, सूरत, कराईकल, नागापट्टिनम और कोचीन में थे। वास्तव में, पुलिकट भारत में डच ऑपरेशन के मुख्यालय के रूप में उभरा और 1617 ई. से, पुलिकट के प्रमुख ने भी डच गवर्नर के रूप में भारत में कार्य किया और पुलिकट फैक्ट्री को **फोर्ट गेल्ड्रिया** के नाम से जाना जाने लगा था। हालांकि, बाद में पुलिकट की जगह **नागापट्टिनम** ने ले ली, जिसे उन्होंने पुर्तगालियों से हासिल किया था।

भारत के समुद्री व्यापार से पुर्तगालियों को बेदखल करने और भारतीय वस्त्रों को भारत के प्रमुख निर्यात के रूप में स्थापित करने का श्रेय डचों को जाता है। 1619 ई. में, डच कंपनी ने जावा पर कब्जा कर लिया और 1623 ई. तक मलाया द्वीपसमूह में **अंग्रेज़ी** प्रतिस्पर्धा को प्रभावी ढंग से नियंत्रित कर लिया (हालांकि यह अंबोयना में अंग्रेज़ों के कुख्यात नरसंहार से प्रेरित था। जल्द ही, डचों ने काली मिर्च और मसालों के व्यापार पर एकाधिकार कर लिया, हालांकि वे कपास, नील, चावल, रेशम और अफीम का भी व्यापार करते थे। एंग्लो-डच प्रतिद्वंद्विता लगभग सात दशकों तक चली, इस अवधि के दौरान **डचों** ने एक

के बाद एक **अंग्रेज़ों** के हाथों अपने उपनिवेश खो दिए और डचों का अंतिम पतन 1759 ई. में **बिडेरां के युद्ध** में अंग्रेज़ों के हाथों उनकी हार के साथ हुआ।

## अंग्रेज़

**ब्रिटिश ईस्ट इंडिया कंपनी** की स्थापना 31 दिसंबर, 1600 ई. को **महारानी एलिजाबेथ** द्वारा जारी एक शाही चार्टर द्वारा 'द कंपनी ऑफ मर्चेंट्स ऑफ लंदन ट्रेडिंग इनटू द ईस्ट इंडीज' के रूप में की गई थी। प्रारंभ में, कंपनी को पंद्रह वर्षों तक विशेष व्यापार का अधिकार प्राप्त था, लेकिन 1609 ई. में नए चार्टर के माध्यम से कंपनी का एकाधिकार अनिश्चित काल के लिए बढ़ा दिया गया। 1609 ई. में ही, कैप्टन **विलियम हॉकिन्स** सूरत में फैक्ट्री (माल का भंडार घर) स्थापित करने की अनुमति लेने के लिए मुगल सम्राट **जहांगीर** के दरबार में पहुंचे। लेकिन, **पुर्तगाली** विरोध के कारण मुगल सम्राट ने इसे अस्वीकार कर दिया। इस प्रकार, अंग्रेज़ों ने 1611 ई. में मसूलीपट्टनम (दक्षिण-पूर्वी तट पर स्थित) में व्यापार शुरू किया, जिसे 1616 ई. में एक कारखाने में विकसित किया गया था। हालांकि, 1612 ई. में इससे प्रभावित होकर सूरत के पास समुद्र में कैप्टन **थॉमस बेस्ट** के हाथों पुर्तगालियों की हार के बाद जहांगीर ने अंग्रेज़ों को एक *फरमान* (अनुमति पत्र) जारी किया और उन्होंने 1613 ई. में सूरत में एक व्यापारिक कारखाना स्थापित किया। बाद में 1615 ई. में, सर **थॉमस रो** इंग्लैंड के राजा जेम्स प्रथम के राजदूत के रूप में मुगल दरबार में आए और उन्होंने आगरा, अहमदाबाद और ब्रोच में अंग्रेज़ी व्यापारिक कारखाने स्थापित करने के लिए जहांगीर से अनुमति प्राप्त की।

- 1632 ई. में कंपनी की स्थिति में और सुधार हुआ, जब उन्होंने गोलकुंडा के सुल्तान द्वारा जारी किए गए ***'स्वर्णिम फरमान'*** के माध्यम से गोलकुंडा के बंदरगाहों में स्वतंत्र रूप से व्यापार करने का विशेषाधिकार प्राप्त कर लिया। कंपनी ने पूर्वी भारत में अपना पहला कारखाना **1633 ई.** में **बालासोर** (उड़ीसा) में स्थापित किया।
- 1639 ई. में, **फ्रांसिस डे** ने चंद्रगिरि[2] के राजा से मद्रास की साइट प्राप्त की (जिसे बाद में **फोर्ट सेंट जॉर्ज** नाम दिया गया)। मद्रास ने जल्द ही कोरोमंडल तट पर अंग्रेजों के मुख्यालय के रूप में मसुलीपट्टनम की जगह ले ली।
- ब्रिटिश ईस्ट इंडिया कंपनी ने 1668 ई. में इंग्लैंड के तत्कालीन राजा चार्ल्स द्वितीय से £10 के वार्षिक पट्टे पर बंबई का अधिग्रहण किया और बंबई पश्चिमी तट पर कंपनी का मुख्यालय बन गया।
- 1690 ई. में, ईस्ट इंडिया कंपनी के एक एजेंट, **जॉब चार्नॉक** ने सुतानुति, गोविंदपुर और कालिकाता नाम के तीन गांव खरीदे, जो समय के साथ कलकत्ता (**फोर्ट विलियम**, जिसका नाम अंग्रेज़ी राजा विलियम III के नाम पर रखा गया) में बदल गया और बाद में ब्रिटिश भारत की राजधानी बन गई।
- अंग्रेज़ों ने भारत के समुद्री तट पर जो कारखाने और व्यापारिक केंद्र स्थापित किए, उन्हें इस प्रकार तीन प्रेसीडेंसियों अर्थात् बॉम्बे, मद्रास (**फोर्ट सेंट जॉर्ज**) और कलकत्ता (**फोर्ट विलियम**) के अंतर्गत समूहीकृत किया गया।
- 1701 ई. में, सम्राट **औरंगजेब** ने मुगल जहाजों और क्षेत्र पर उनकी आक्रामकता के कारण भारत में सभी यूरोपीय लोगों की सामान्य गिरफ्तारी का आदेश दिया, लेकिन अंग्रेज़ों को केवल कुछ समय के लिए ही नियंत्रित किया जा सका। 1715 ई. में, एक अंग्रेज सर्जन **विलियम हैमिल्टन** ने मुगल सम्राट **फर्रुखसियर** को एक बीमारी से ठीक किया और इसके परिणामस्वरूप 1717 ई. में कलकत्ता के गवर्नर **जॉन सुरमन** के नेतृत्व में अंग्रेज़ी मिशन ने तीन मूल्यवान फरमान हासिल किये, जिन्हें कंपनी का **मैग्ना कार्टा** भी माना जाता था (क्योंकि उन्होंने बंगाल, गुजरात और हैदराबाद को बड़ी संख्या में व्यापार रियायतें प्रदान की थीं)।

---

[2] विजयनगर साम्राज्य के प्रतिनिधि से पट्टे पर लिया गया एक भूखंड।

**कंपनी के 1717 ई. के मैग्ना कार्टा के महत्वपूर्ण तथ्य**

- कंपनी के आयात और निर्यात को पहले से निर्धारित 3,000 रुपये के वार्षिक भुगतान को छोड़कर अतिरिक्त सीमा शुल्क से छूट दी गई थी।
- कंपनी को अपने माल की आवाजाही के लिए दस्तक (पास) जारी करने की अनुमति दे दी गई थी।
- कंपनी को कलकत्ता के आसपास और अधिक भूमि किराए पर लेने की अनुमति दी गई।
- कंपनी को अपने सिक्के ढालने की अनुमति दी गई और यह आदेश दिया गया कि कंपनी द्वारा बंबई में चलाए गए सिक्के पूरे मुगल साम्राज्य में वैध मुद्रा थे।
- हैदराबाद में, कंपनी ने बिना किसी शुल्क के अपने मौजूदा विशेषाधिकार को बरकरार रखा और उसे केवल मद्रास के लिए प्रचलित किराए का भुगतान करना पड़ा।
- सूरत में, 10,000 रुपये के वार्षिक भुगतान पर कंपनी सभी शुल्कों से छूट प्राप्त कर सकती थी।

## डेन (डेनमार्क से)

डेन ने 1616 ई. में एक ईस्ट इंडिया कंपनी बनाई। उन्होंने 1620 ई. में ट्रेंक्यूबार (तमिलनाडु) और 1676 ई. में सेरामपुर (बंगाल) में बस्तियां स्थापित कीं। सेरामपुर भारत में उनका मुख्यालय था। हालांकि, वे भारत में खुद को मजबूत करने में विफल रहे और 1845 ई. में उन्हें भारत में अपनी सभी बस्तियां अंग्रेज़ों को बेचने के लिए मजबूर होना पड़ा। वे वाणिज्य की तुलना में अपनी **मिशनरी गतिविधियों** के लिए अधिक जाने जाते हैं।

## फ्रांसीसी

फ्रांसीसी भारत-यूरोपीय व्यापार का लाभ साझा करने के लिए भारत आने वाले **अंतिम** यूरोपीय थे। फ्रांसीसी ईस्ट इंडिया कंपनी 'ला कॉम्पैनी डेस इंडे ओरिएंटेल्स' का गठन 1664 ई. में लुई XIV के मंत्री **कोलबर्ट** द्वारा किया गया था। 1667 ई. में, **फ्रांसिस कैरन** ने सूरत में भारत में पहली फ्रांसीसी फैक्ट्री की स्थापना की और फिर, 1669 ई. में, कैरन के साथ आए **मार्कारा** ने मसूलीपट्टनम में एक और फैक्ट्री स्थापित करने में सफलता हासिल की। बाद में, 1673 ई. में **फ्रेंकोइस मार्टिन** ने भारत में फ्रांसीसी संपत्ति के मुख्यालय **पांडिचेरी** (फोर्टलुई) की स्थापना की और इसके पहले गवर्नर भी बने। उन्होंने धीरे-धीरे पांडिचेरी को एक छोटे से मछली पकड़ने वाले गांव से एक समृद्ध और महत्वपूर्ण बंदरगाह शहर में बदल दिया। 1690 ई. में, चंद्रनगर (बंगाल में) को मुगल गवर्नर शाइस्ता खान से अधिग्रहित किया गया था। भारत में अन्य फ्रांसीसी कारखाने माहे, बालासोर, कासिम बाजार और कराईकल थे। फ्रांसीसियों को डच और अंग्रेज़ों दोनों से निरंतर संघर्ष का सामना करना पड़ा। 1742 ई. में भारत में फ्रांसीसी गवर्नर के रूप में **डुप्लेक्स** के आगमन से **आंग्ल-फ्रांसीसी** संघर्ष की शुरुआत हुई, जिसके परिणामस्वरूप प्रसिद्ध ***कर्नाटक युद्ध*** हुए।

# आंग्ल-फ्रांसीसी प्रतिद्वंद्विता

18वीं शताब्दी की शुरुआत में अंग्रेज़ और फ्रांसीसी भारत में अपना वर्चस्व स्थापित करने के लिए एक-दूसरे से प्रतिस्पर्धा कर रहे थे। एंग्लो-फ्रांसीसी प्रतिद्वंद्विता, जिसने तीन ***कर्नाटक युद्धों*** का रूप ले लिया, दक्षिण भारत की ब्रिटिश विजय के संदर्भ में

निर्णायक थी। 'कर्नाटक' यूरोपीय लोगों द्वारा कोरोमंडल तट और इसके निकटवर्ती भीतरी इलाकों को दिया गया नाम था। कर्नाटक युद्ध की घटनाओं का एक परिणाम यह हुआ कि विशेष रूप से भारतीय क्षेत्रीय शक्तियों की कमजोरियां नौसैनिक हस्तक्षेप करने में उनकी असमर्थता और छोटी यूरोपीय सेनाओं के खिलाफ उनकी बड़ी असंगठित, अनुशासनहीन सेनाओं की अप्रभाविता स्पष्ट हो गई और इसका 18वीं शताब्दी के बाकी हिस्सों के राजनीतिक इतिहास पर गंभीर प्रभाव पड़ा।

**प्रथम कर्नाटक युद्ध** (1746–1748 ई.)

**कमोडोर बार्नेट** के नेतृत्व में अंग्रेज़ों ने फ्रांसीसी जहाजों पर कब्जा कर लिया

**डुप्लेक्स** (पांडिचेरी के फ्रांसीसी गवर्नर)

(a) मॉरीशस के फ्रांसीसी गवर्नर ला बोरडोनाइस से मदद की अपील की गई।

(b) मद्रास पर फ्रांसीसियों ने कब्जा कर लिया।

## प्रथम कर्नाटक युद्ध का कारण

प्रथम कर्नाटक युद्ध **ऑस्ट्रियाई उत्तराधिकार** के युद्ध का भारतीय रंगमंच था। 1742 ई. में, ऑस्ट्रिया के उत्तराधिकार को लेकर यूरोप में **फ्रांस** और **ब्रिटेन** के बीच युद्ध छिड़ गया और 1746 ई. में **कमोडोर बार्नेट** के नेतृत्व में अंग्रेज़ी नौसेना ने कुछ फ्रांसीसी जहाजों को जब्त करके भारत में युद्ध शुरू कर दिया। फ्रांस ने फ्रांसीसी गवर्नर एडमिरल ला बॉर्बोनिस के अधीन मॉरीशस के बेड़े की मदद से **मद्रास** (सेंट जॉर्ज) पर कब्जा करके वापसी की, जबकि अंग्रेज़ों ने कर्नाटक के नवाब **अनवर-उद-दीन** से मदद मांगी।

कमोडोर बार्नेट के नेतृत्व में अंग्रेजों ने फ्रांसीसी जहाजों पर कब्जा कर लिया।

## प्रथम कर्नाटक युद्ध से संबंधित महत्वपूर्ण युद्ध एवं संधियां

1.a **अडयार की लड़ाई** (1746 ई., जिसे सेंट थोम की लड़ाई के रूप में भी जाना जाता है, जिसने भारतीय सेना की अनुशासनहीनता को उजागर किया): यह मद्रास पर कब्जा करने/पुनर्स्थापित करने के लिए **फ्रांसीसी** और **महफुज खान** (नवाब **अनवर-उद-दीन** के प्रतिनिधि) के बीच लड़ा गया था, जिसमें छोटे अनुशासित फ्रांसीसी सेना ने बहुत बड़ी संगठित भारतीय सेना को हराया था।

बाद में, 1748 ई. में यूरोप में ऑस्ट्रियाई उत्तराधिकार का युद्ध समाप्त हो गया, इसलिए भारत में भी लड़ाई रुक गई, जिसके परिणामस्वरूप 'ऐक्स-ला-चैपल' की संधि हुई।

1.b **ऐक्स-ला-चैपल की संधि** (1748 ई.)
- मद्रास को अंग्रेज़ों के अधीन कर दिया गया।
- उत्तरी अमेरिका में लुई-बर्ग फ्रांस को दे दिया गया।

**द्वितीय कर्नाटक युद्ध** (1749-1754 ई.)

| अंग्रेज़ों ने हैदराबाद के लिए नासिर जंग और कर्नाटक के लिए नवाब अनवर-उद-दीन का समर्थन किया। | डुप्लेक्स ने हैदराबाद के लिए मुजफ्फर जंग और कर्नाटक के लिए चंदा साहब का समर्थन किया। |
|---|---|

## द्वितीय कर्नाटक युद्ध का कारण

फ्रांसीसी और अंग्रेज़ दोनों दक्षिणी भारत में अपना राजनीतिक प्रभाव बढ़ाना चाहते थे इसलिए वे अक्सर स्थानीय राजवंशीय विवादों में हस्तक्षेप करते थे। जब 1748 ई. में हैदराबाद के निज़ाम की मृत्यु हो गई, तो इसके परिणामस्वरूप सिंहासन के विभिन्न दावेदारों के बीच उत्तराधिकार का युद्ध शुरू हो गया, इसी तरह कर्नाटक में, नवाब के रूप में अनवर-उद-दीन की नियुक्ति का चंदा साहब ने विरोध किया। इसकी परिणति द्वितीय कर्नाटक युद्ध में हुई, क्योंकि अंग्रेज़ और फ्रांसीसी दोनों ने विपरीत खेमों का समर्थन किया।

## द्वितीय कर्नाटक युद्ध से संबंधित महत्वपूर्ण युद्ध एवं संधियां

### *2.a अम्बूर की लड़ाई ( 1749 ई. )*

**फ्रांसीसी** पक्ष ने अंबूर में नवाब अनवर-उद-दीन को हरा दिया और उसका बेटा मोहम्मद अली सुरक्षित रूप से तिरुचिरापल्ली भाग गया और अंग्रेज़ों के सामने आत्मसमर्पण कर दिया। इस बीच, कर्नाटक के नवाब चंदा साहब ने पांडिचेरी के पास वालुदनूर, विल्लियानूर और बाहुर को देकर डुप्लेक्स को पुरस्कृत किया और मुहम्मद अली को पकड़ने के लिए तिरुचिरापल्ली की ओर मार्च किया। चूंकि नासिर जंग (ब्रिटिश सहयोगी) ने 1750 ई. में एक मुठभेड़ में अपनी जान गंवा दी, इसलिए मुजफ्फर जंग निज़ाम बन गया और उसे भारी पुरस्कार मिला।

### *2.b आर्कोट की लड़ाई ( 1751 ई. )*

**रॉबर्ट क्लाइव** (एक अंग्रेज़ अधिकारी) ने **आर्कोट** (कर्नाटक की राजधानी) पर हमला करने की योजना का सुझाव दिया, जिसे गवर्नर सॉन्डर्स ने मंजूरी दे दी और उन्होंने रॉबर्ट क्लाइव और मेजर लॉरेंस के साथ एक छोटी सेना भेजी। क्लाइव ने अर्कोट पर कब्जा कर लिया और अर्कोट के हीरो का खिताब अर्जित किया। इस बीच, फ्रांसीसी सेना और चंदा साहिब अरनिया और कावेरीपक्कम में हार गए और 1752 ई. में चंदा साहिब की हत्या कर दी गई। चूंकि, डुप्लेक्स तिरुचिरापल्ली पर कब्जा करने में विफल रहा, और भारी वित्तीय नुकसान के कारण, उसे 1754 ई. में फ्रांस वापस बुला लिया गया। गोडे ने डुप्लेक्स को फ्रांसीसी गवर्नर के रूप में सफल बनाया और अंग्रेज़ों के साथ बातचीत की नीति अपनाई।

### *2.c पांडिचेरी की संधि*

- अंग्रेज़ और फ्रांसीसी देशी राज्यों के झगड़ों में हस्तक्षेप न करने पर सहमत हुए।
- कर्नाटक में अंग्रेज़ वास्तविक विजेता के रूप में उभरे लेकिन फिर भी फ्रांसीसी संपत्ति फ्रांस को वापस दे दी गई और प्रत्येक पक्ष को संधि के समय वास्तव में उनके कब्जे वाले क्षेत्रों के कब्जे में छोड़ दिया गया।

द्वितीय कर्नाटक युद्ध के दौरान भारतीय सत्ता में एक महत्वपूर्ण परिवर्तन यह हुआ कि, यह यूरोपीय समर्थन पर निर्भर हो गया और मुहम्मद अली (कर्नाटक) और सलाबत जंग (हैदराबाद) जैसे क्षेत्रीय शासकों ने इन यूरोपीय शक्तियों के संरक्षक के बजाय ग्राहकों के रूप में अधिक कार्य किया।

**तृतीय कर्नाटक युद्ध** (1756-1763 ई.)

| फ्रांसीसी **काउंट डी लैली** ने ब्रिटिश किले सेंट डेविड पर कब्जा कर लिया और मद्रास में उसकी सहायता के लिए बुस्सी (हैदराबाद में फ्रांसीसी जनरल) को वापस बुला लिया। इस गलती के कारण, फ्रांसीसियों ने हैदराबाद में राजनीतिक प्रभाव खो दिया। बाद में, लैली ने मद्रास भी खो दिया। | बुसी के चले जाने पर अंग्रेज़ों ने उत्तरी सरकार पर हमला कर दिया और **सलाबत जंग** (हैदराबाद के निज़ाम) को अपना पक्ष बदलने के लिए मजबूर कर दिया। |
|---|---|

तीसरे कर्नाटक युद्ध ने निर्णायक रूप से भारत में फ्रांसीसी महत्वाकांक्षाओं को समाप्त कर दिया और युद्ध के बाद इसका राजनीतिक प्रभाव पूरी तरह से गायब हो गया। इसके बाद, पुर्तगाली, डच और डेन की तरह फ्रांसीसी भी केवल व्यावसायिक उद्देश्यों तक ही सीमित थे और वह भी एक छोटी परिधि में। इसके बाद, **अंग्रेज़** पूरे भारतीय उपमहाद्वीप में सर्वोच्च शक्ति के रूप में उभरे। यह ध्यान देने योग्य है कि, पहले के दो कर्नाटक युद्धों के विपरीत, जो केवल दक्कन तक सीमित थे, तीसरा कर्नाटक युद्ध बंगाल में भी फैल गया।

## तृतीय कर्नाटक युद्ध का कारण

- यूरोप में सात साल के युद्ध (1756-1763 ई.) के परिणामस्वरूप, भारत में फ्रांसीसी और ब्रिटिश बस्तियां भी खुली शत्रुता में शामिल हो गईं।

## तृतीय कर्नाटक युद्ध से संबंधित महत्वपूर्ण युद्ध एवं संधियां

3.a. **वांडीवाश की लड़ाई** (1760 ई.): काउंट डी लैली के तहत फ्रांसीसियों को वांडीवाश (तमिलनाडु में) में सर आयर कूटे ने हराया था और इस लड़ाई ने ब्रिटिश व्यापारिक कंपनी को अन्य यूरोपीय लोगों की तुलना में भारत में बेहतर स्थान दिया। बाद में, 1761 ई. में, अंततः फ्रांसीसियों को पांडिचेरी को भी आत्मसमर्पण करना (छोड़ना) पड़ा। वांडीवाश की लड़ाई को ब्रिटिशों द्वारा भारत पर विजय प्राप्त करने के संदर्भ में प्लासी की लड़ाई (1757 ई.) के समान ही निर्णायक लड़ाई माना जाता है, क्योंकि वांडीवाश में उनकी जीत के बाद, अंग्रेज़ अपने अंतिम, सबसे महत्वपूर्ण और मजबूत यूरोपीय प्रतिद्वंद्वी यानी फ्रांसीसियों को भारतीय उपमहाद्वीप से खत्म कर सकते थे (क्योंकि वे पहले ही 1759 ई. में बिडेरा की लड़ाई में डचों को हरा चुके थे)। इस जीत से, वे स्पष्ट रूप से भारतीय उपमहाद्वीप में सर्वोच्च यूरोपीय शक्ति के रूप में उभरे।

3.b. **पेरिस की संधि**

- पांडिचेरी, कराईकल और अन्य फ्रांसीसी संपत्तियां फ्रांसीसियों को इस शर्त पर लौटा दी गईं कि वे उनकी किलेबंदी नहीं करेंगे।

**आंग्ल–फ्रांसीसी प्रतिद्वंद्विता में अंग्रेज़ी सफलता और फ्रांसीसी विफलता के कारण**

- अंग्रेज़ों की वाणिज्यिक और नौसैनिक श्रेष्ठता, रॉबर्ट क्लाइव, सर आयर कूट, मेजर लॉरेंस जैसे सक्षम कमांडरों के अच्छे नेतृत्व कौशल के साथ मिलकर, फ्रांसीसी पक्ष में डुप्लेक्स जैसे कुछ ही की तुलना में थी। कई बार फ्रांसीसी जनरलों के बीच मतभेद के कारण उनकी सैन्य रणनीति में भी बाधा उत्पन्न हुई।
- सरकारी नियंत्रण के बिना अंग्रेज़ी कंपनी की निजी प्रकृति फ्रांसीसी कंपनी के विपरीत त्वरित निर्णय लेने में सहायता करती थी, जो कि राज्य की चिंता थी, उसे अधिक नियंत्रण और नियमों का सामना करना पड़ता था, जिसके परिणामस्वरूप कभी-कभी निर्णय लेने में देरी होती थी। इसके अलावा, कुछ अवसरों पर फ्रांसीसी सरकार से उचित समय पर पर्याप्त सहायता नहीं मिलना भी एक कारण था।
- फ्रांसीसियों को केवल दक्कन में समर्थन प्राप्त था, लेकिन अंग्रेज़ों के पास बंगाल में मजबूत आधार और बड़े संसाधन थे।
- अंग्रेज़ों के पास तीन महत्वपूर्ण बंदरगाह थे - कलकत्ता, बंबई और मद्रास जबकि फ्रांसीसियों के पास केवल पांडिचेरी बंदरगाह ही था।
- यूरोपीय युद्धों में अंग्रेज़ों की जीत ने भारत में फ्रांस के भाग्य का निर्णय कर दिया।

## बंगाल की विजय

दक्षिण भारत में वर्चस्व के लिए **फ्रांसीसियों के साथ संघर्ष** ने भारत की ब्रिटिश विजय के पहले चरण को चिह्नित किया और घटनाओं के अनुक्रम में आगे बढ़ते हुए, **बंगाल की विजय** दूसरा और सबसे निर्णायक कदम साबित हुई। बंगाल सबसे उपजाऊ और सबसे अमीर राज्यों में से एक था। भारत के प्रांतों और ब्रिटिश ईस्ट इंडिया कंपनी के प्रांत में अत्यधिक लाभदायक व्यापारिक हित थे, क्योंकि एशिया से ब्रिटिश आयात का लगभग 60% हिस्सा बंगाल के सामान का था। हम जैसे पहले चर्चा कर चुके हैं कि **1717 ई.** के शाही *फरमान* के माध्यम से, कंपनी ने मूल्यवान व्यापारिक विशेषाधिकार प्राप्त किए, हालांकि, यह फरमान कंपनी और बंगाल के नवाबों के बीच **संघर्ष का एक स्थायी कारण** बन गया।

*फरमान* ने कंपनी को करों का भुगतान किए बिना बंगाल में अपने माल को निर्यात और आयात करने की स्वतंत्रता दी और ऐसे सामानों की आवाजाही के लिए पास या *दस्तक* जारी करने का अधिकार भी दिया। यह ध्यान देने योग्य है कि, हालांकि कंपनी के कर्मचारियों को भी व्यापार करने की अनुमति थी, लेकिन वे इस *फरमान* के अंतर्गत नहीं आते थे और उन्हें भारतीय व्यापारियों के रूप में करों का भुगतान करना पड़ता था। चूंकि, नवाब ने कई मौकों पर कंपनी के अधिकारियों के निजी व्यापार के लिए शुल्क मुक्त प्रावधान का विस्तार करने से इनकार कर दिया था, इसलिए बाद में उन्होंने बड़े पैमाने पर दस्तक का दुरुपयोग किया, जिससे एक-दूसरे के प्रति शत्रुता का विकास हुआ। मामला **1756 ई.** में तूल पकड़ गया, जब युवा **सिराज-उद-दौला** अपने दादा, **अलीवर्दी खान** के उत्तराधिकारी बने और उन्होंने दस्तक के सभी दुरुपयोग को रोककर आकर्षक ब्रिटिश निजी व्यापार को खतरे में डाल दिया। निर्णायक बिंदु कृष्ण बल्लभ को शरण देने के साथ आया, जिन पर नवाब द्वारा धोखाधड़ी का आरोप लगाया गया था और कंपनी द्वारा नवाब की अनुमति के बिना कलकत्ता में नए किलेबंदी की गई थी।

# प्लासी के युद्ध (1757 ई.) की पृष्ठभूमि

भारत में ब्रिटिश शासन की नींव का मार्ग प्रशस्त किया।

बंगाल में, जैसा कि हम पहले ही चर्चा कर चुके हैं:

**मुर्शिद कुली खान**

↓

**शुजा-उद-दीन खान** (मुर्शीद कुली खान के दामाद)

↓

**सरफराज खान** (पुत्र)

↓

**अलीवर्दी खान**

↓

**अलीवर्दी खान की मृत्यु**

↓

**सिराज-उद-दौला** (अलीवर्दी का पोता)

- अलीवर्दी खान की तुलना में, सिराज-उद-दौला एक युवा, अनुभवहीन और गुस्सैल शासक था, जिसे **घसीटी बेगम** (अलीवर्दी खान की विधवा), **शौकत जंग** (उनके प्रतिद्वंद्वी चचेरे भाई, जो पूर्णिया के नवाब भी थे) और **मीर जाफर** (सेना का विद्रोही कमांडर, जिसे सिराजुद्दौला ने बर्खास्त कर दिया और जिसकी जगह मीर मदन ने ले ली) से लगातार विरोध का सामना करना पड़ा।
- **दस्तक** (अर्थात् व्यापार की मुहरें) के दुरुपयोग के विरुद्ध अंग्रेज़ों के साथ संघर्ष में आये।
- अंग्रेज़ों को **फोर्ट विलियम** (कलकत्ता) की किलेबंदी करने से रोका।
- 20 जून, 1756 ई. को ब्रिटिशों द्वारा किलेबंदी करने से इनकार करने पर कासिम बाजार में अंग्रेज़ी कारखाने पर हमला किया गया और फोर्टविलियम पर कब्जा कर लिया गया। ब्लैक होल त्रासदी के कुछ संदर्भ (जिसमें बहुत सारे अंग्रेज़ कैदी एक कमरे में छिपे हुए थे और उसके परिणामस्वरूप, घुटन से उनकी मौत हो गई थी)।
- इसके बाद वह अपनी आसान जीत का जश्न मनाने के लिए कलकत्ता से सेवानिवृत्त हो गए और अंग्रेज़ों को अपने जहाजों के साथ अपनी नौसैनिक श्रेष्ठता से सुरक्षित समुद्र के पास फुल्टा की ओर भागने दिया, एक गलती जिसके लिए उन्हें बाद में भारी कीमत चुकानी पड़ी।

इससे एक संकट पैदा हो गया और इस बीच, अंग्रेज़ों ने नवाब के दरबार के प्रमुख लोगों जैसे **मीर जाफर** (सिराज के कमांडर-इन-चीफ), **खादिम खान** (नवाब के सैनिकों की बड़ी संख्या का कमांडर), **माणिक चंद** (कलकत्ता का प्रभारी

अधिकारी), **अमीचंद** (अमीर व्यापारी), **जगत सेठ** (बंगाल का सबसे बड़ा बैंकर) के साथ साजिश और विश्वासघात का जाल बिछाया और **रॉबर्ट क्लाइव एडमिरल वॉटसन** के साथ मद्रास से एक मजबूत सेना के साथ पहुंचे। क्लाइव ने 1757 ई. की शुरुआत में कलकत्ता पर विजय प्राप्त की और अब्दाली के तहत अफगान हमले से आशंकित होकर, सिराज ने अब बातचीत के समझौते को प्राथमिकता दी, लेकिन आत्मविश्वास से भरे क्लाइव ने तख्तापलट का फैसला किया और सिराज के स्थान पर मीर जाफर को नियुक्त करने की साजिश रची, जिसके परिणामस्वरूप **प्लासी की घातक लड़ाई** हुई, जिसने कंपनी के राजनीतिक शासन की शुरुआत को चिह्नित किया और भारत में ब्रिटिश साम्राज्य की नींव रखी।

**प्लासी का युद्ध** (23 जून, 1757 ई.)

| **सिराजुद्दौला** (मीर जाफर के बेटे मिरान को पकड़ लिया और उसे मौत की सजा दे दी गई) | **रॉबर्ट क्लाइव** और **मीर जाफर** (सिराज के प्रमुख कमांडर)। |
|---|---|

- यह केवल नाम की लड़ाई थी क्योंकि लड़ाई में अंग्रेज़ों की जीत पहले ही तय हो चुकी थी, पहली गोली चलने से काफी पहले ही क्योंकि नवाब की सेना का बड़ा हिस्सा निष्क्रिय था और उसने लड़ाई में कोई हिस्सा नहीं लिया था। यह कोई महान लड़ाई नहीं थी बल्कि एक बड़ा विश्वासघात था।
- मीर मदन और मोहन लाल के नेतृत्व में नवाब सैनिकों का केवल एक छोटा-सा समूह बहादुरी से लड़ा, लेकिन लड़ाई के नतीजे यानी अंग्रेज़ों और मीरजाफर की जीत में शायद ही कोई अंतर ला सका।
- नवाब को भागने के लिए मजबूर होना पड़ा और मीर जाफर के बेटे मिरान को पकड़ लिया और उसे मौत के घाट उतार दिया गया।

## प्लासी के युद्ध का परिणाम

- अंग्रेज़ों ने **मीर जाफर** को बंगाल का नवाब घोषित किया और बंगाल के संसाधनों की लूट में लिप्त हो गए, जिसे अक्सर **"प्लासी लूट"** कहा जाता है।
- कंपनी को **बंगाल**, **बिहार** और **उड़ीसा** में मुक्त व्यापार के अधिकार पर निर्विवाद आभासी एकाधिकार प्रदान किया गया था। इसे कलकत्ता के पास 24 *परगना* की *जमीनदारी* और कलकत्ता पर हमले के लिए मुआवजे के रूप में 17,700,000 रुपये की भारी राशि भी प्राप्त हुई थी।
- इसके अलावा, मीर जाफर ने कंपनी के उच्च अधिकारियों को 'उपहार' के रूप में बड़ी रकम की रिश्वत भी दी। क्लाइव को स्वयं व्यक्तिगत जागीर और दो मिलियन रुपये से अधिक मिले।
- इसके अलावा, इससे यह मौन समझ पैदा हुई कि ब्रिटिश अधिकारियों और व्यापारियों से अब उनके निजी व्यापार पर कोई कर नहीं मांगा जाएगा।
- रॉबर्ट क्लाइव को बंगाल का गवर्नर नियुक्त किया गया (1758-1760 ई.) और उन्होंने बंगाल और दक्कन दोनों में ब्रिटिश शक्ति को मजबूत किया।

## प्लासी के युद्ध का महत्व

- इसका अत्यधिक **ऐतिहासिक महत्व** है क्योंकि इसने बंगाल और अंततः पूरे भारत पर ब्रिटिश प्रभुत्व का मार्ग प्रशस्त किया। ब्रिटिश प्रतिष्ठा को बढ़ावा दिया और एक ही झटके में उन्हें भारतीय साम्राज्य के प्रमुख दावेदार की स्थिति तक पहुंचा दिया।
- प्लासी की लड़ाई का **आर्थिक महत्व** तात्कालिक राजनीतिक महत्व से कहीं अधिक था। बंगाल के समृद्ध राजस्व ने उन्हें एक मजबूत सेना संगठित करने में सक्षम बनाया और इस प्रकार, एंग्लो-फ्रांसीसी संघर्ष में निर्णायक भूमिका भी निभाई।
- 1757 ई. से पहले, अंग्रेज़ों ने ब्रिटिश व्यापार की प्रकृति और संरचना में बड़ा बदलाव लाया बंगाल में व्यापार को बड़े पैमाने पर इंग्लैंड से सर्राफा के आयात के माध्यम से वित्त पोषित किया गया था; लेकिन 1757 ई. के बाद, दिलचस्प बात यह है कि न केवल सर्राफा आयात बंद हो गया, बल्कि इसके विपरीत बंगाल से चीन और भारत के अन्य हिस्सों में सर्राफा निर्यात किया गया, जिससे अंग्रेज़ी कंपनी को अपने यूरोपीय प्रतिद्वंद्वियों पर प्रतिस्पर्धात्मक लाभ मिला।

*"भारत के लिए शाश्वत निराशा की रात"*

**कवि नबीन चंद्र सेन**

*"बंगाल को विशेष रूप से तब तक शांति नहीं मिलेगी, जब तक कि उसे खून से लथपथ न कर दिया जाए"*

**ब्रिटिश इतिहासकार एडवर्ड थॉम्पसन और जी टी गैरेट**

*"कंपनी के अधिकारियों का एकमात्र उद्देश्य वह सब कुछ हासिल करना था, जो वे कर सकते थे; मीर जाफर को एक सोने की बोरी के रूप में उपयोग करना, जिसमें वे मजे से अपने हाथ डुबो सकें"*

**कर्नल मैलेसन**

### मीर जाफर

- मीर जाफर को जल्द ही पता चला कि उनका खजाना न केवल कंपनी के अधिकारियों को अनावश्यक नियमित उपहारों और रिश्वतों से खाली हो रहा था, बल्कि कंपनी के अधिकारियों की अनुचित मांगों के कारण भी खाली हो रहा था, क्योंकि वे चाहते थे कि बंगाल, बॉम्बे और मद्रास प्रेसीडेंसी के खर्चों का भुगतान भी करे और बंगाल के राजस्व से भारत से कंपनी के सभी निर्यातों को खरीदे, जिन्हें पूरा करना उसके लिए लगभग असंभव था।
- कंपनी के अधिकारियों ने भी उनकी अपेक्षाओं को पूरा करने में असमर्थता के लिए नवाब की आलोचना करना शुरू कर दिया और इस प्रकार, 1760 ई. में, उन्हें अपने दामाद मीर कासिम के पक्ष में इस्तीफा देने के लिए मजबूर होना पड़ा।

### मीर कासिम

- गद्दी हासिल करने पर मीर कासिम ने कंपनी को बर्दवान, मिदनापुर और चटगांव जिलों की **जमींदारी** देकर पुरस्कृत किया और उच्च अधिकारियों को लगभग 29 लाख रुपये के सुंदर उपहार भी दिए। लेकिन, वह उतना विनम्र नहीं था, जितना ब्रिटिश उम्मीद करते थे।
- वह एक सक्षम, कुशल और मजबूत शासक था, जो जल्द ही बंगाल में अंग्रेज़ों की स्थिति के लिए खतरा बनकर उभरा। उसने सार्वजनिक व्यवस्था बनाए रखने की कोशिश की, प्रशासन से भ्रष्टाचार को हटाकर राजस्व बढ़ाया, यूरोपीय तर्ज पर एक आधुनिक और अनुशासित सेना खड़ी की और खुद को अंग्रेज़ी नियंत्रण से मुक्त करने का भी प्रयास किया।
- कंपनी के प्रभाव को दूर करने के लिए, उन्होंने अपनी राजधानी मुर्शिदाबाद से मुंगेर स्थानांतरित कर दी और मुंगेर में एक बंदूक फैक्ट्री भी स्थापित की।
- उन्होंने कंपनी के अधिकारियों द्वारा 1717 ई. के फरमान के दुरुपयोग को रोकने की कोशिश की, जिसके माध्यम से वे न केवल सीमा शुल्क की चोरी करते थे, बल्कि भारतीय कारीगरों, किसानों और व्यापारियों को अपना माल सस्ते में बेचने के लिए मजबूर करते थे, लेकिन उन्हें उनसे महंगा सामान खरीदने के लिए मजबूर करते थे। भारतीय व्यापारियों को चोट पहुंचाने के लिए उन्हें कर चुकाना पड़ता था, जिससे विदेशियों को पूरी छूट मिलती थी। इस प्रकार, कंपनी के अधिकारियों द्वारा दस्तक के दुरुपयोग की मौजूदा समस्या का समाधान करने के लिए, जबकि उन्होंने अपनी प्रजा को रियायत दी थी, जिसे अंग्रेज़ों ने बलपूर्वक जब्त कर लिया था, उसने आंतरिक व्यापार पर **सभी कर्तव्यों को समाप्त करने का कठोर कदम उठाया**, इस प्रकार भारतीय व्यापारियों को भी समान अवसर प्रदान किया। हालांकि, अंग्रेज़ों को उसका स्वतंत्रता का यह प्रदर्शन पसंद नहीं आया और प्रतिशोध के रूप में, उन्होंने फिर से उनकी जगह मीर जाफर को नियुक्त कर दिया।

### मीर जाफर

- 1763 ई. में, मीर जाफर को फिर से सिंहासन पर बिठाया गया और कंपनी के अधिकारियों द्वारा फिर से उससे भारी रकम वसूली गई।
- मीर जाफर की मृत्यु के बाद, अंग्रेज़ों ने उनके दूसरे बेटे **निज़ाम-उद-दौला** को गद्दी पर बिठाया।

**निज़ाम-उद-दौला**

- उसे अंग्रेज़ों के साथ एक नई संधि पर हस्ताक्षर करने के लिए मजबूर किया गया था, जिसके माध्यम से, नवाब की अधिकांश सेना को भंग कर दिया गया था और उन्हें एक डिप्टी सूबेदार (कंपनी द्वारा नामित और जिसे इसकी मंज़ूरी के बिना बर्खास्त नहीं किया जा सकता था) के माध्यम से बंगाल का प्रशासन करना आवश्यक था। इस प्रकार, कंपनी ने *निज़ामती*, यानी बंगाल के प्रशासन, विशेष रूप से कानून और व्यवस्था और आपराधिक न्याय पर सर्वोच्च नियंत्रण प्राप्त कर लिया।
- दिसंबर 1763 ई. में, **मीर कासिम** बंगाल से भाग गया और उसने अंग्रेज़ों के खिलाफ भगोड़े मुगल सम्राट **शाह आलम द्वितीय** और अवध के नवाब **शुजा-उद-दौला** के साथ एक महागठबंधन बनाने की कोशिश की। तीनों सहयोगी, कंपनी की सेना के साथ बक्सर की लड़ाई में भिड़ गए लेकिन बुरी तरह हार गए।

**बक्सर की लड़ाई ( 1764 ई. ):** अंग्रेज़ों को वस्तुत: बंगाल, बिहार और उड़ीसा का स्वामी बना दिया।

**बक्सर का युद्ध** (22 अक्टूबर, 1764 ई.)

- **मीर कासिम**, मुगल सम्राट **शाह आलम द्वितीय** और **शुजाउद्दौला** (अवध के नवाब)
- अंग्रेज़ों का नेतृत्व मेजर **हेक्टर मुनरो** ने किया

## बक्सर की लड़ाई के परिणाम और महत्व

- यह भारतीय इतिहास की सबसे **निर्णायक लड़ाइयों** में से एक है, क्योंकि इसने दो प्रमुख भारतीय शक्तियों की संयुक्त सेना पर अंग्रेज़ी हथियारों की श्रेष्ठता का प्रदर्शन किया और अंग्रेज़ों को बंगाल, बिहार और उड़ीसा के स्वामी के रूप में मजबूती से स्थापित किया और अवध को उनकी दया पर रखा।
- बक्सर की लड़ाई में अंग्रेज़ों की जीत ने न केवल प्लासी के फैसले की **पुष्टि की**, यानी अंग्रेज़ों को भारत में एक प्रमुख राजनीतिक शक्ति के रूप में स्थापित किया, बल्कि अन्य भारतीय दावेदारों पर कंपनी की श्रेष्ठता प्रदर्शित करके भारत के भाग्य पर भी मुहर लगा दी।
- **इलाहाबाद की संधि** (1765 ई.): अंग्रेज़ों की जीत ने इसे बंगाल में वास्तविक शक्ति बना दिया, हालांकि इलाहाबाद की संधि ने कंपनी को न्यायिक शक्ति में बदल दिया, क्योंकि इस संधि के माध्यम से मुगल सम्राट शाह आलम द्वितीय ने बंगाल पर कंपनी के नियंत्रण को वैध बना दिया।
  - शाह आलम द्वितीय को **बंगाल**, **बिहार** और **उड़ीसा** के **दीवानी अधिकार** (अर्थात राजस्व संग्रहण अधिकार) अंग्रेज़ों को देने के लिए मजबूर किया गया। कारा और इलाहाबाद के जिले शाह आलम द्वितीय को दे दिए गए और अंग्रेज़ों ने उन्हें प्रति वर्ष 26 लाख रुपये की पेंशन दी।
  - अवध प्रांत नवाब शुजा-उद-दौला को वापस कर दिया गया, लेकिन उन्हें अंग्रेज़ों को 50 लाख रुपये युद्ध हर्जाना देना पड़ा। एक ब्रिटिश रेजिडेंट को उसके दरबार में तैनात किया गया था और उसे अपने राज्य की रक्षा के लिए अंग्रेज़ी सैनिकों को बनाए रखने के लिए मजबूर किया गया था। कंपनी ने अवध में मुक्त व्यापार

अधिकार हासिल कर लिया (एक ऐसा खंड जिसने बाद के वर्षों में तनाव पैदा किया और अवध के कब्जे के लिए जमीन तैयार की)।

- मुर्शिदाबाद के दरबार में तैनात **ब्रिटिश रेजिडेंट**, इसके बाद प्रांत में वास्तविक प्रशासनिक शक्ति का केंद्र बन गया और इस प्रकार बंगाल से, अप्रत्यक्ष शासन या **दोहरी सरकार** की प्रणाली शुरू हुई।

**दोहरी सरकार (1765–1772 ई.)**

- रॉबर्ट क्लाइव ने बंगाल में **दोहरी सरकार** या दो का शासन नामक एक नई प्रशासनिक प्रणाली शुरू की जिसमें:
  - नाममात्र का मुखिया - **बंगाल का नवाब**
  - वास्तविक **शक्ति** - **अंग्रेज़**

इस दोहरी सरकार को बाद में 1772 ई. में **वारेन हेस्टिंग्स** ने समाप्त कर दिया।

- दोहरी सरकार को प्रशासन की दोहरी प्रणाली के रूप में भी समझा जा सकता है, जहां पूर्वी भारत में कंपनी बंगाल में सभी राजनीतिक-सैन्य-आर्थिक अधिकारों का आनंद ले रही थी, जबकि बंगाल का नवाब केवल नाममात्र का प्रमुख था।
- ईस्ट इंडिया कंपनी कम-से-कम 1765 ई. से बंगाल की वास्तविक स्वामी बन गई, क्योंकि उन्होंने प्रांत के वित्त और सेना को प्रत्यक्ष रूप से और उसके प्रशासन को अप्रत्यक्ष रूप से नियंत्रित किया। नवाब और उनके अधिकारियों के पास प्रशासन की जिम्मेदारी थी, लेकिन उन्हें निभाने की शक्ति नहीं थी। दूसरी ओर, अंग्रेज़ों के पास बिना किसी जिम्मेदारी के सारी शक्तियां थीं।
- इस प्रकार की व्यवस्था[3] में:
  - ब्रिटिश सेना बंगाल की रक्षा पर एकमात्र नियंत्रण में थी।
  - सर्वोच्च राजनीतिक शक्ति ब्रिटिश हाथों में थी।
  - दीवान के रूप में, कंपनी सीधे राजस्व एकत्र करती थी।
  - उप-सूबेदार को मनोनीत करने के अधिकार के माध्यम से, इसने निजामत यानी न्यायिक और पुलिस कार्यों को नियंत्रित किया।

## दोहरी सरकार का प्रभाव

- इसके परिणामस्वरूप बंगाल के लोगों का भारी शोषण हुआ, क्योंकि न तो कंपनी और न ही नवाब ने उनके कल्याण की परवाह की। कंपनी के अधिकारियों ने किसानों, शिल्पकारों और व्यापारियों का शोषण करने के लिए अपने राजनीतिक-सैन्य-आर्थिक अधिकार का इस्तेमाल किया, जिसके परिणामस्वरूप भारतीय कृषि और हस्तशिल्प उद्योग बर्बाद हो गए।
- कंपनी ने बंगाल की संपत्ति को खत्म करना शुरू कर दिया, क्योंकि कंपनी के अधिकारियों ने बंगाल की संपत्ति का इस्तेमाल न केवल भारतीय व्यापार को वित्तपोषित करने के लिए किया, बल्कि भारतीय धरती पर लड़े गए युद्धों के लिए भी किया। उन्होंने भारतीय सामान खरीदने के लिए इंग्लैंड से पैसा भेजना बंद कर दिया, बल्कि उन्होंने बंगाल के राजस्व से भारतीय सामान खरीदना शुरू कर दिया और उन्हें विदेशों में बेचना शुरू कर दिया। केवल 1766 ई. से 1768 ई. के तीन वर्षों में, बंगाल से लगभग 5.7 मिलियन पाउंड की निकासी हुई।
- दोहरी सरकार के दुरुपयोग और धन की निकासी के कारण बंगाल की जनता दरिद्र हो गई और जब 1770 ई. में बंगाल अकाल से पीड़ित हुआ, तो पहले से ही समाप्त हो चुकी आबादी पर इसका प्रभाव बहुत भयानक था और

यह भारतीय इतिहास में ज्ञात सबसे भयानक अकालों में से एक साबित हुआ, जिसके परिणामस्वरूप बंगाल की लगभग एक तिहाई आबादी का विनाश हुआ।

## मैसूर की विजय

16वीं शताब्दी में, **तालिकोटा के प्रसिद्ध युद्ध** (1565 ई.) के बाद, **विजयनगर** का महान साम्राज्य विघटित हो गया और इसके अवशेषों से कई छोटे-छोटे साम्राज्य उभरे। मैसूर एक ऐसा स्वतंत्र राज्य था, जिस पर हिंदू वोडेयार राजवंश का शासन था। हम पहले ही चर्चा कर चुके हैं कि कैसे 18वीं सदी के उत्तरार्ध में, **हैदर अली** और बाद में उसके बेटे **टीपू सुल्तान** के कुशल नेतृत्व में, मैसूर दक्षिण भारत में एक दुर्जेय शक्ति के रूप में उभरा, जिससे अंग्रेज़ बहुत नाराज हुए, जिन्होंने इसे अपनी विस्तार योजनाओं के लिए एक बड़ा खतरा माना। हैदर अली एक **सक्षम सेनापति** थे, जिन्होंने फ्रांसीसी सैनिकों को शामिल करके अपनी सेना को मजबूत किया था। और **डिंडीगल** में एक हथियार कारखाना भी स्थापित किया। उन्होंने मालाबार तट के समृद्ध व्यापार पर भी कड़ा नियंत्रण बनाए रखा, जो ब्रिटिशों के लिए चिंता का एक और कारण था।

### प्रथम आंग्ल–मैसूर युद्ध (1767–1769 ई.)

बंगाल की विजय के बाद, अंग्रेज़ अपनी विजय को आगे बढ़ाने और अपने प्रभाव का विस्तार करने के तरीकों की तलाश कर रहे थे। क्षेत्रीय हितों के टकराव के कारण हैदर अली का पहले से ही अपने पड़ोसी राज्यों जैसे हैदराबाद के निज़ाम, आर्कोट के नवाब और मराठों के साथ विवाद चल रहा था। अपनी शत्रुता का लाभ उठाते हुए, अंग्रेज़ 1766 ई. में उत्तरी सरकार के क्षेत्र के कब्जे के बदले में हैदर अली पर हमला करने में मदद करने के लिए **हैदराबाद के निज़ाम** के साथ एक संधि की। निज़ाम, अंग्रेज़ और मराठों ने हैदर अली के खिलाफ एक साथ गठबंधन किया जिसके परिणामस्वरूप प्रथम आंग्ल–मैसूर युद्ध हुआ।

**प्रथम आंग्ल-मैसूर युद्ध** (1767-1769 ई.)

| हैदर अली के तेजी से उदय ने स्वाभाविक रूप से **मराठों**, **हैदराबाद के निज़ाम** और **अंग्रेज़ों** की ईर्ष्या को उत्तेजित कर दिया। उन्होंने एक साथ मिलकर ट्रिपल गठबंधन बनाया और हैदर अली के खिलाफ युद्ध की घोषणा की। | **हैदर अली** |
|---|---|

हालांकि, काफी चतुराई और कूटनीति से, हैदर अली ने मराठों और निज़ाम पर जीत हासिल की और प्रथम मैसूर युद्ध **अंग्रेज़ों की हार** के साथ समाप्त हुआ और उन्हें मद्रास की संधि पर हस्ताक्षर करने के लिए मजबूर होना पड़ा।

*1.a मद्रास की संधि*

दोनों पक्षों ने एक-दूसरे की जीत बहाल की और तीसरे पक्ष द्वारा हमले की स्थिति में आपसी मदद[3] का वादा किया।

## द्वितीय आंग्ल-मैसूर युद्ध (1780-1784 ई.): लॉर्ड वॉरेन हेस्टिंग्स के समय

1771 ई. में मराठों द्वारा **मैसूर** पर हमला किया गया और मद्रास, अंग्रेज़ों की संधि की शर्तों के अनुसार वे हैदर अली की मदद करने वाले थे। हालांकि, वेरेलस्ट के अधीन ब्रिटिश उनकी मदद के लिए नहीं आए। तो, इससे दोनों के बीच पहले से बनी दरार और बढ़ गई। इस प्रकार, हैदर अली अंग्रेज़ों पर हमला करने का अवसर चाहता था। अमेरिकी स्वतंत्रता संग्राम के दौरान, भारत में भी अंग्रेज़ों और फ्रांसीसियों (जो हैदर के सहयोगी थे) के बीच शत्रुता फैल गई थी।

## द्वितीय आंग्ल-मैसूर युद्ध का तात्कालिक कारण

जब हैदर अली के प्रभुत्व में फ्रांसीसी कब्जे वाले **माहे** पर **अंग्रेज़ों** ने हमला किया, तो हैदर अली ने इसे अपने अधिकार के लिए सीधी चुनौती माना। उन्होंने 1779 ई. में अंग्रेज़ों के खिलाफ **हैदराबाद के निज़ाम** और **मराठों** के साथ एक गठबंधन बनाया और 1780 ई. में अंग्रेज़ों के खिलाफ युद्ध की घोषणा की, जब हैदर की अनुमति के बिना, अंग्रेज़ों ने गुंटूर के उत्तरी सर्कार पर कब्जा करने के लिए उसके क्षेत्र से होकर अपनी सेना का नेतृत्व किया। हैदर अली ने कर्नल बैली के नेतृत्व में कर्नाटक में अंग्रेज़ी सेना को हराया और 1780 ई. में **अर्कोट** पर कब्जा कर लिया। हालांकि, 1781 ई. में कूटनीति के एक चतुर प्रयास से, **वॉरेन हेस्टिंग्स** ने संघ को विभाजित कर दिया, परिणामस्वरूप हैदर को बिना किसी गठबंधन के अलग-थलग कर दिया। इस प्रकार वह 1781 ई. में **पोर्टो नोवो** में सर आयर कूटे से हार गये।

**द्वितीय आंग्ल-मैसूर युद्ध** (1767-1769 ई.)

**अंग्रेज़**

**सर आयर कूट** के नेतृत्व में अंग्रेज़ों ने 1781 ई. में पोर्टो नोवो में हैदर अली को हराया।

**हैदर अली**

हैदर अली ने कर्नाटक में अंग्रेज़ी सेना को हराया और उन्हें आत्मसमर्पण करने के लिए मजबूर किया लेकिन पोर्टो नोवो में हार गया। इसी बीच, 1782 ई. में हैदर अली की कैंसर से मृत्यु हो गई। उनके बेटे, **टीपू सुल्तान** ने 2 साल से अधिक समय तक अंग्रेज़ों के साथ युद्ध जारी रखा।

*2.a मैंगलोर की संधि ( 1784 ई. )*

अनिर्णायक युद्ध से तंग आकर, दोनों पक्षों ने मैंगलोर की संधि के तहत शांति का विकल्प चुना, जिसमें दोनों पक्ष कब्जे वाले क्षेत्रों और युद्धबंदियों के आदान-प्रदान पर सहमत हुए।

---

3 हालांकि, केवल ग्यारह वर्षों के बाद, द्वितीय आंग्ल-मैसूर युद्ध छिड़ गया।

## तृतीय आंग्ल-मैसूर युद्ध (1790-1792 ई.): लॉर्ड कार्नवालिस के समय

1784 ई. की शांति टीपू सुल्तान और ईस्ट इंडिया कंपनी के बीच पारंपरिक शत्रुता को स्थायी रूप से समाप्त करने में सक्षम नहीं थी। द्वितीय आंग्ल-मैसूर युद्ध के बाद, टीपू सुल्तान ने मैसूर राज्य को मजबूत करने के लिए कई आंतरिक सुधार किए। उन्होंने **तुर्की** (1784-85 ई.) और **फ्रांस** (1787 ई.) में दूत भेजकर अंग्रेज़ों के खिलाफ बाहरी सहायता लेने का भी प्रयास किया। इन सभी कृत्यों से अंग्रेज़ चिंतित हो गए, विशेष रूप से उनके गवर्नर जनरल कॉर्नवालिस चिंतित हो गए, जो अमेरिकी स्वतंत्रता संग्राम में अपनी पराजय के बाद भारत में कोई जोखिम नहीं लेना चाहते थे। इस प्रकार कॉर्नवॉलिस टीपू की चुनौती को हमेशा के लिए खत्म करने के अवसर की प्रतीक्षा कर रहा था। 1789 ई. में, अंग्रेज़ों ने हैदराबाद के निज़ाम और मराठों का आवश्यक समर्थन[4] भी हासिल कर लिया, क्योंकि वे भी मैसूर के उत्थान के बारे में चिंतित थे।

## तृतीय आंग्ल-मैसूर युद्ध का तात्कालिक कारण

अप्रैल 1790 ई. में टीपू ने अपने पड़ोसी राज्य **त्रावणकोर**, जो अंग्रेज़ों का सहयोगी था, पर आक्रमण कर दिया। मई, 1790 ई. में अंग्रेज़ों ने मैसूर पर युद्ध की घोषणा करने के बहाने के रूप में इस अधिनियम का उपयोग किया। तीसरा एंग्लो-मैसूर युद्ध तीन चरणों में लड़ा गया:

- **पहला चरण** तब शुरू हुआ जब मद्रास के गवर्नर **मेडोज** ने शुरू में मैसूर पर आक्रमण करने के अभियान का निर्देश दिया, लेकिन टीपू के तेज आंदोलनों ने अंग्रेज़ी सैनिकों की प्रगति को रोक दिया और उन्हें भारी नुकसान पहुंचाया।
- युद्ध का **दूसरा चरण** तब शुरू हुआ जब दिसंबर, 1790 ई. में **कॉर्नवालिस** ने स्वयं कमान संभाली और वेल्लोर से मार्च करते हुए मार्च, 1791 ई. में उन्होंने बैंगलोर पर कब्जा कर लिया, लेकिन टीपू की शानदार रणनीतियों ने युद्ध को लम्बा खींच दिया और प्रावधानों की कमी के कारण कॉर्नवालिस को मैंगलोर में पीछे हटने के लिए मजबूर होना पड़ा।
- युद्ध का **तीसरा चरण** तब शुरू हुआ जब भरपूर प्रावधानों के साथ **मराठों** से समय पर सहायता ने कॉर्नवालिस को अपना अभियान फिर से शुरू करने में मदद की और उसने श्रीरंगपट्टनम के खिलाफ फिर से मार्च किया। दुर्भाग्य से, अब टीपू घाटे में था और अंग्रेज़ी सेना ने श्रीरंगपट्टनम के पास पहाड़ी किलों पर तुरंत कब्जा कर लिया और फरवरी, 1792 ई. में इसे जब्त कर लिया।

**तृतीय आंग्ल-मैसूर युद्ध** (1790-1792 ई.)

↓

| **अंग्रेज़ हैदराबाद के निज़ाम और मराठों** के साथ कॉर्नवालिस के नेतृत्व में अंग्रेज़ों ने टीपू सुल्तान को हराया और बैंगलोर पर कब्जा कर लिया। | **टीपू सुल्तान** |
|---|---|

[4] हालांकि, दिलचस्प बात यह है कि अंग्रेज़ों ने हैदराबाद के निज़ाम को कृष्णा नदी के तट पर केवल एक छोटा-सा क्षेत्र दिया और इसी तरह तुंगभद्रा के तट पर मराठों को जमीन का एक नगण्य क्षेत्र देने की पेशकश की, जिसे मराठों ने स्वीकार करने से इनकार कर दिया। यही कारण है कि कॉर्नवालिस ने भी तृतीय एंग्लो-मैसूर युद्ध पर टिप्पणी की थी कि *"हमने अपने मित्रों को अत्यधिक दुर्जेय बनाए बिना ही अपने शत्रु को प्रभावी ढंग से अपंग बना दिया है।"*

*3.a श्रीरंगपट्टनम की संधि ( 1792 ई. )*

- टीपू ने अपने क्षेत्र का लगभग आधा हिस्सा खो दिया, यानी मालाबार, कूर्ग, डिंडुगल, बारामहल (अब सलेम और इरोड)।
- टीपू को 3 करोड़ रुपये की भारी युद्ध क्षतिपूर्ति का भुगतान करने के लिए मजबूर किया गया था और क्षतिपूर्ति का भुगतान करने तक उसे अपने दो बेटों को बंधक के रूप में अंग्रेज़ों को सौंपना पड़ा था।
- दोनों पक्ष युद्धबंदियों को रिहा करने पर सहमत हुए।

## चतुर्थ आंग्ल-मैसूर युद्ध (1799 ई.): लॉर्ड वेलेजली के समय में

तीसरे आंग्ल-मैसूर युद्ध ने दक्षिण में मैसूर की प्रमुख स्थिति को गंभीर झटका दिया था और टीपू भी अपने क्षेत्र के आधे हिस्से के नुकसान से कभी उबर नहीं पाया। इसलिए उसने मैसूर को एक मजबूत राज्य बनाने के लिए लगातार काम किया। वह अपनी अपमानजनक हार और अंग्रेज़ों द्वारा लगाए गए कठोर शर्तों का बदला भी लेना चाहता था। इस प्रकार, उन्होंने न केवल क्रांतिकारी **फ्रांस** (1798 ई.) के साथ गठबंधन के लिए बातचीत की, बल्कि ब्रिटिश विरोधी गठबंधन बनाने के लिए **अफगानिस्तान, अरब** और **तुर्की** में मिशन भी भेजे। वास्तव में, उन्होंने श्रीरंगपट्टनम में एक **जैकोबियन क्लब** शुरू किया, जहां फ्रांसीसी गणराज्य का झंडा फहराया गया और स्वतंत्रता का पेड़ लगाया गया। बाद में, टीपू को **नेपोलियन** (जो उस समय मिस्र में था) से एक दोस्ताना पत्र भी मिला। इससे लॉर्ड **वेलेजली** का संदेह बढ़ गया, जो फ्रांसीसियों के भारत में दोबारा प्रवेश की किसी भी संभावना को रोकना चाहता था और अब वह टीपू सुल्तान को पूरी तरह से नष्ट करने के लिए कृतसंकल्प था।

## चतुर्थ आंग्ल-मैसूर युद्ध का तात्कालिक कारण

टीपू ने लॉर्ड वेलेजली के सहायक गठबंधन को स्वीकार करने से इनकार कर दिया। अपनी रणनीति के एक हिस्से के रूप में, वेलेजली ने मराठों के साथ 1790 ई. के **ट्रिपल गठबंधन** को पुनर्जीवित करने का प्रयास किया। हालांकि उनके प्रस्ताव को **मराठों** ने स्वीकार नहीं किया, फिर भी उन्होंने तटस्थ रहने का वादा किया। इस बीच, ब्रिटिश द्वारा **हैदराबाद के निज़ाम** के साथ एक सहायक गठबंधन संपन्न हुआ और परिणामस्वरूप हैदराबाद में फ्रांसीसी सेना भंग हो गई। यह अच्छी तरह से जानते हुए कि घमंडी टीपू कभी भी सहायक गठबंधन के लिए सहमत नहीं होगा, वेलेस्ले ने टीपू को सहायक गठबंधन की शर्तों को स्वीकार करने के लिए कहा, यानी फ्रांसीसी को बर्खास्त करने, एक अंग्रेज़ी दूत प्राप्त करने और कंपनी और उसके सहयोगियों के साथ शर्तें बनाने के लिए कहा। जैसी कि आशा थी, टीपू ने अपमानजनक शर्तों को स्वीकार करने से इनकार कर दिया और गर्व से घोषणा की कि "*अपने पेंशनभोगी राजाओं और नवाबों की सूची में काफिरों पर निर्भर होकर जीने की तुलना में एक सैनिक की तरह मरना बेहतर है और इस तरह चौथा एंग्लो-मैसूर युद्ध शुरू हुआ।*" युद्ध संक्षिप्त लेकिन भयंकर और निर्णायक था। योजना के अनुसार, **जनरल स्टुअर्ट** के नेतृत्व में बॉम्बे सेना ने पश्चिम से मैसूर पर आक्रमण किया, जबकि मद्रास सेना, जिसका नेतृत्व गवर्नर-जनरल के भाई, **आर्थर वेलेस्ले** ने किया, ने टीपू को अपनी राजधानी श्रीरंगपट्टनम में पीछे हटने के लिए मजबूर किया। समय पर फ्रांसीसी सहायता प्राप्त करने में असमर्थ, 4 मई 1799 ई. को, टीपू अपनी राजधानी की रक्षा करते हुए नायक की तरह वीरगति को प्राप्त हुआ।

**चतुर्थ आंग्ल-मैसूर युद्ध** (1799)

**अंग्रेज़**

वेलेस्ले, जनरल स्टुअर्ट और जनरल हैरिस के नेतृत्व में अंग्रेज़ों ने टीपू सुल्तान को हराया और श्रीरंगपट्टनम को घेर लिया।

**टीपू सुल्तान**

## युद्ध के परिणाम[5]

- **टीपू सुल्तान** बहादुरी से लड़ा लेकिन युद्ध में मारा गया और अंग्रेज़ों ने **मैसूर** के बड़े हिस्से पर कब्जा कर लिया। केंद्रीय मैसूर का एक हिस्सा **वोडेयार राजवंश के कृष्ण राजा** को दे दिया गया, जो पांच साल का लड़का था, जो अपदस्थ हिंदू राजा और पूर्णैया का वंशज था, पिछले मंत्री को *दीवान* बनाया गया था। टीपू परिवार को श्रीरंगपट्टनम से हटा दिया गया और वेल्लोर जेल भेज दिया गया।
- राज्य के शेष हिस्से, टीपू के प्रभुत्व का लगभग आधा हिस्सा ब्रिटिश और उनके सहयोगी, निज़ाम के बीच विभाजित किया गया था। संपूर्ण केनरा, वायनाड, कोयंबटूर, धर्मपुरी और श्रीरंगपट्टनम को ब्रिटिशों ने अपने पास रखा जबकि निज़ाम को गूट्यन के आसपास के क्षेत्र और चित्तूर और चीतलदुर्ग जिलों का एक हिस्सा दिया गया।
- मैसूर में एक **ब्रिटिश रेजिडेंट** को तैनात किया गया था और नए राजा पर **सहायक गठबंधन** की एक विशेष संधि लागू की गई थी। इस प्रणाली के तहत, मैसूर किसी भी अन्य यूरोपीय शक्तियों के साथ किसी भी संबंध में प्रवेश नहीं करेगा, कंपनी सेना की एक टुकड़ी मैसूर में तैनात की जाएगी और इसके रखरखाव का प्रावधान इसके खजाने से आएगा। इसके अलावा, गवर्नर जनरल को आवश्यकता के मामले में राज्य के प्रशासन को संभालने के लिए अधिकृत किया गया था, जिसका उपयोग करके **विलियम बेंटिन** ने 1831 ई. में कुशासन के आधार पर मैसूर पर नियंत्रण कर लिया। बाद में, हालांकि, 1881 ई. में, लॉर्ड **रिपन** ने राज्य को उसके शासक को बहाल कर दिया।

# मराठों के साथ अंग्रेज़ों का संघर्ष

बंगाल और मैसूर की विजय के बाद, **मराठा** ब्रिटिश नियंत्रण के क्षेत्र से बाहर एकमात्र प्रमुख भारतीय शक्ति थे। इस बीच, बॉम्बे के माध्यम से चीन के साथ कंपनी के कपास व्यापार की वृद्धि के साथ, डेक्कन का नियंत्रण (जो मराठों के नियंत्रण में था) कंपनी के लिए एक महत्वपूर्ण आवश्यकता थी। मराठों के बीच उत्तराधिकार विवाद ने ब्रिटिशों को हस्तक्षेप का पहला अवसर प्रदान किया जिसके परिणामस्वरूप प्रथम आंग्ल-मराठा युद्ध हुआ, 1775-1782 ई. के बीच युद्धों की एक शृंखला जिसमें अंततः ब्रिटिश हार गए।

5 चतुर्थ आंग्ल-मैसूर युद्ध का एक महत्वपूर्ण परिणाम भारत में ब्रिटिश वर्चस्व के लिए **फ्रांसीसी खतरे** का पूर्ण उन्मूलन था।

# प्रथम आंग्ल-मराठा युद्ध (1775-1782 ई.): वॉरेन हेस्टिंग्स के शासनकाल के दौरान

1772 ई. में, **माधव राव** (मराठा पेशवा) की मृत्यु हो गई, जिनके पास कोई उत्तराधिकारी नहीं था। माधव राव के छोटे भाई **नारायण राव** सिंहासन पर बैठे, लेकिन उनके चाचा रघुनाथ राव उर्फ राघोबा ने उनकी हत्या कर दी और खुद को अगला पेशवा घोषित कर दिया, लेकिन मराठा नेताओं ने राघोबा के अधिकार की अवहेलना की और **नाना फड़नवीस** के सक्षम नेतृत्व में नारायण राव के नवजात पुत्र **माधव राव नारायण** को नियुक्त किया।

- इस कठोर व्यवहार से क्रोधित होकर राघोबा पेशवाशिप प्राप्त करने के लिए अंग्रेज़ों की मदद लेने उनके पास गए। अपने समझौते को फलीभूत करने के लिए, वॉरेन हेस्टिंग्स की जानकारी के बिना, राघोबा और बॉम्बे गवर्नर के बीच **सूरत की संधि** (1775 ई.) पर हस्ताक्षर किए गए, जिसके तहत राघोबा ने सूरत और भरूच के जिलों के राजस्व के कुछ हिस्सों के साथ-साथ साल्सेट और बेसिन के द्वीपों को अंग्रेज़ों को सौंपने पर सहमति व्यक्त की। बदले में, अंग्रेज़ों ने उन्हें 2500 ई. सैनिकों का समर्थन देने का वादा किया।
- जब इस संधि की खबर कलकत्ता पहुंची, तो गवर्नर जनरल वॉरेन हेस्टिंग्स ने मराठों के खिलाफ लड़ाई में शामिल होने के बॉम्बे गवर्नर के फैसले की कड़ी निंदा की (1773 ई. के विनियमन अधिनियम के अनुसार, बॉम्बे और मद्रास काउंसिल के लिए अपने कार्यों को कलकत्ता काउंसिल द्वारा अनुमोदित करना अनिवार्य था, जिसकी अध्यक्षता गवर्नर जनरल वॉरेन हेस्टिंग्स ने की थी)। चूंकि, हेस्टिंग्स पहले बंगाल के नव अधिग्रहीत प्रांत पर नियंत्रण मजबूत करना चाहते थे, उन्होंने 1776 ई. में इस मुद्दे को सुलझाने के लिए अपने प्रतिनिधि कर्नल अप्टन को भेजा। **कर्नल अप्टन** ने सूरत की संधि को रद्द कर दिया और **नाना फड़नवीस** के साथ **पुरंधर की संधि** (1776 ई.) को संपन्न किया, जो मराठों के लिए बहुत फायदेमंद था और अंततः मराठों के बीच नाना फड़नवीस का स्थान ऊंचा हुआ। इस संधि के अनुसार:
    - माधव राव नारायण को नए पेशवा के रूप में स्वीकार किया गया और अंग्रेज़ों ने रघुनाथ राव से अपना समर्थन वापस ले लिया।
    - हालांकि, अंग्रेज़ों ने ब्रोच के साथ-साथ साल्सेट को भी बरकरार रखा।
- हालांकि, **बॉम्बे काउंसिल** के अधिकारियों ने **पुरंधर की संधि** को अस्वीकार कर दिया और रघुनाथराव को शरण देते रहे। उन्होंने पुरंधर की संधि के खिलाफ लंदन में निदेशक मंडल में अपील भी की। इस प्रकार निदेशक मंडल ने पुरंधर की संधि को मान्यता नहीं दी और इसे रद्द कर दिया। इसके बाद वारेन हेस्टिंग्स ने भी इस संधि को खारिज कर दिया पुरंदर को 'कागज के टुकड़े' के रूप में नियुक्त किया गया और मराठों के खिलाफ अभियानों को मंजूरी दे दी गई।
- इस बीच, बॉम्बे सरकार द्वारा भेजी गई ब्रिटिश सेना को **तालेगांव की लड़ाई** (1776 ई.) में महादजी सिंधिया के कुशल नेतृत्व में मराठों ने हरा दिया। महादजी सिंधिया ने ब्रिटिश सेना को तालेगांव के पास घाटों (घाटियों) में लुभाया और उन्हें हर तरफ से फंसाने के बाद, उनके बेस कैंप पर हमला किया। उन्होंने झुलसी हुई पृथ्वी नीति तकनीक का भी इस्तेमाल किया, जिसमें सभी खेत जला दिए गए और कुओं में जहर डाल दिया गया, जिससे उनके आवश्यक भोजन और पानी की आपूर्ति में कटौती हुई।
- इसके बाद, जनवरी 1779 ई. तक, अंग्रेज़ **पीछे हट गए** और वाडगांव के गांव के पास आत्मसमर्पण कर दिया और कंपनी को अपमानजनक **वाडगांव की संधि** (1779 ई.) पर हस्ताक्षर करना पड़ा, जिसने बॉम्बे सरकार को 1775 ई. से ईस्ट इंडिया कंपनी द्वारा अधिग्रहित सभी क्षेत्रों को छोड़ने के लिए मजबूर किया।

**प्रथम आंग्ल-मराठा युद्ध** (1775-1782 ई.)

| **वॉरेन हेस्टिंग्स** के अधीन **अंग्रेज़** | **महादजी सिंधिया, नाना फड़नवीस** के साथ **तुकोजीराव होलकर** |
|---|---|

- हालांकि, वॉरेन हेस्टिंग्स ने फिर से यह दलील देकर वाडगांव की संधि को स्वीकार करने से इनकार कर दिया कि बॉम्बे काउंसिल के पास ऐसी संधि पर हस्ताक्षर करने की कोई कानूनी शक्ति नहीं थी और फरवरी, 1779 ई. में तेजी से कार्रवाई करते हुए, उन्होंने **कर्नल गोडार्ड** की कमान के तहत ब्रिटिश सैनिकों को भेजा, जिन्होंने 1780 ई. में अहमदाबाद और बेसिन पर कब्जा कर लिया और **कैप्टन पोपम** ने कई छोटी-छोटी लड़ाइयों में मराठा सरदार महादजी सिंधिया को हराया और 1781 ई. में ग्वालियर पर कब्जा कर लिया। लेकिन, अंग्रेज़ अंतिम जीत हासिल नहीं कर सके और दोनों तरफ से अलग-अलग उतार-चढ़ाव के साथ युद्ध 1782 ई. तक जारी रहा।
- इस समय तक, कलकत्ता काउंसिल में वॉरेन हेस्टिंग्स के खिलाफ शत्रुतापूर्ण शिविर सक्रिय हो गया और उनके खिलाफ निदेशकों के न्यायालय में शिकायत दर्ज की गई। अंग्रेज़ी कंपनी भी उसी समय हैदर अली (1780-1784 ई.) के खिलाफ **द्वितीय आंग्ल-मैसूर युद्ध** में शामिल थी और इस प्रकार एहसास हुआ कि दो दुर्जेय दुश्मनों के खिलाफ दो अलग-अलग मोर्चों पर युद्ध जारी रखना लगभग असंभव था। स्थिति की जटिलताओं को समझते हुए, अंग्रेज़ों ने महादजी के साथ शांति का प्रस्ताव रखा, सिंधिया ने प्रस्ताव स्वीकार कर लिया और इस प्रकार मई, 1782 ई. में **वारेन हेस्टिंग्स** और महादजी सिंधिया के बीच **सालबाई की संधि** पर हस्ताक्षर किए गए। इस संधि के प्रावधानों के अनुसार:
    - ◆ अंग्रेज़ों ने साल्सेट को छोड़कर सभी मराठा क्षेत्र वापस कर दिए।
    - ◆ रघुनाथ राव को पेंशन दे दी गई और माधव राव नारायण को पेशवा के रूप में स्वीकार कर लिया गया।

**सालबाई की संधि की आलोचनात्मक विवेचन (1782 ई.)**

तात्कालिक रूप से, ऐसा प्रतीत हो सकता है कि **सालबाई की संधि** (1782 ई.) ईस्ट इंडिया कंपनी के लिए फायदेमंद नहीं थी, क्योंकि इसके प्रावधान **पुरंदर की संधि** (1776 ई.) के समान थे, जिसे कंपनी ने छह साल पहले खारिज कर दिया था। प्रथम दृष्टया ऐसा प्रतीत हो सकता है कि समान स्वीकार किया जा रहा है, भारी वित्तीय और सैन्य हानि झेलने के बाद संधि करना अंग्रेज़ों के लिए किसी भी तरह से अच्छा सौदा नहीं था, लेकिन लंबे समय में, सालबाई की संधि मराठों की तुलना में अंग्रेज़ों के लिए कहीं अधिक फायदेमंद साबित हुई, क्योंकि इसने अंग्रेज़ों को मराठों के साथ **20 साल की शांति** प्रदान की, जिससे उन्हें अपनी सारी ऊर्जा मैसूर के खिलाफ केंद्रित करने में भी मदद मिली। सालबाई की संधि ने कंपनी को मराठों के महत्वपूर्ण समर्थन की गारंटी दी, जिसके बिना **तीसरे और चौथे आंग्ल-मैसूर युद्ध** में टीपू सुल्तान को हराना अंग्रेज़ों के लिए असंभव था। इस प्रकार, अंग्रेज़ न केवल खुद को भारतीय शक्तियों के संयुक्त विरोध से बचाने में सक्षम हुए, बल्कि भारतीय शक्तियों को विभाजित करने में भी सफल रहे, जिसके कारण अंततः भारत में ब्रिटिश साम्राज्य का एकीकरण और स्थापना हुई।

## द्वितीय आंग्ल-मराठा युद्ध (1803 -1805 ई.): लॉर्ड वेलेजली के शासनकाल के दौरान

पानीपत की तीसरी लड़ाई (1761 ई.) के बाद से मराठा काफी हद तक एकजुट रहे। महान मराठा राजनेता **नाना फड़नवीस** ने मराठों के आंतरिक मतभेदों को नियंत्रण में रखा, लेकिन 1800 ई. में उनकी मृत्यु के साथ ऐसा प्रतीत होता है कि मराठा भूमि से ज्ञान और संयम भी चला गया। अप्रैल, 1801 ई. में, **पेशवा बाजीराव द्वितीय**, जिनके पास राजनीतिक ज्ञान की कमी

थी, ने **जसवंत राव होल्कर** के भाई **विठोजी** की हत्या करवा दी। इससे होल्कर और पेशवा के बीच युद्ध शुरू हो गया, जिसे दौलत राव सिंधिया का भी समर्थन प्राप्त था। **होल्कर** ने सिंधिया और पेशवा की संयुक्त सेना को हराया और पूना शहर पर कब्जा कर लिया। भरपूर लूट के साथ, होल्कर अपनी राजधानी लौट आया लेकिन डरा हुआ और कमजोर शासक **पेशवा बाजी राव द्वितीय** बेसिन भाग गया और सुरक्षा के लिए अंग्रेज़ों से संपर्क किया, जहां उन्होंने उनके साथ **बेसिन की संधि** (1802 ई.) पर हस्ताक्षर किए, जो एक **सहायक गठबंधन** संधि थी, जिसके अनुसार:

- पेशवा अपनी राजधानी पूना में एक स्थायी सहायक सेना रखने पर सहमत हुए और इस सेना के रखरखाव के लिए सूरत शहर और पड़ोसी क्षेत्र को 26 लाख रुपये का राजस्व देने के लिए ईस्ट इंडिया कंपनी को आत्मसमर्पण करने पर सहमति व्यक्त की।
- एक अंग्रेज़ रेजिडेंट पूना में तैनात किया गया।
- पेशवा ने अपनी विदेश नीति को ब्रिटिश नियंत्रण में सौंप दिया और कंपनी की अनुमति के बिना किसी भी आक्रामक या रक्षात्मक गठबंधन में प्रवेश नहीं करने पर सहमति व्यक्त की।
- वह किसी अन्य यूरोपीय को रोजगार में न रखने पर भी सहमत हुआ।

बेसिन की संधि की तत्काल प्रतिक्रिया के रूप में, ब्रिटिश सैनिकों ने इसके तहत मार्च किया, **आर्थर वेलेजली** की कमान पूना की ओर चली गई और **पेशवा** को उसकी स्थिति बहाल कर दी गई।

लेकिन, स्वाभिमानी मराठा सरदार **दौलत राव सिंधिया** और **राघोजी भोंसले** ने बेसिन की संधि को मराठों के राष्ट्रीय सम्मान का अपमान माना। जल्द ही दोनों सरदारों की सेनाएं एकजुट हो गईं और उन्होंने नर्मदा नदी पार कर ली। लॉर्ड **वेलेजली** ने इस अवसर का लाभ उठाया और अगस्त, 1803 ई. में युद्ध की घोषणा की और इस तरह द्वितीय आंग्ल-मराठा युद्ध शुरू हुआ।

**द्वितीय आंग्ल-मराठा युद्ध** (1803-1805 ई.)

| | |
|---|---|
| **वेलेजली** के नेतृत्व में **अंग्रेज़ों** ने मराठों को हराया | **दौलत राव सिंधिया**, **राघोजी भोंसले** और बाद में **यशवंत राव होलकर** |

- **आर्थर वेलेजली** ने अगस्त, 1803 ई. में अहमदनगर पर कब्जा कर लिया और औरंगाबाद के पास असाये में **सिंधिया** और **भोंसले** की संयुक्त सेना को हरा दिया। इसके बाद, आर्थर वेलेजली ने युद्ध को भोंसले के क्षेत्र में पहुंचाया और अरगांव के मैदानों पर मराठा सेना को पूरी तरह से हरा दिया। परिणामस्वरूप, भोंसले और वेलेजली के बीच **देवगांव की संधि** पर हस्ताक्षर किये गये जिसके अनुसार भोंसले ने सहायक संधि पर हस्ताक्षर किए जिसके कारण उन्हें उड़ीसा में कटक प्रांत छोड़ना पड़ा।
- उत्तर में, **लॉर्ड लेक** ने नवंबर, 1803 ई. में लासवारी में **सिंधिया** की सेना को हरा दिया और अलीगढ़, दिल्ली और आगरा पर कब्जा कर लिया। उन्होंने मुगल सम्राट **शाह आलम द्वितीय** को ब्रिटिश संरक्षण में ले लिया। **सिंधिया** को भी अंग्रेज़ों के साथ एक प्रकार की सहायक संधि पर हस्ताक्षर करना पड़ा, जिसे **सुरजी-अर्जुनगांव की संधि** के रूप में जाना जाता है।
- वेलेजली ने अब अपना ध्यान **यशवंत राव होल्कर** की ओर लगाया, लेकिन होल्कर अंग्रेज़ों के मुकाबले कहीं अधिक योग्य साबित हुए। गुरिल्ला युद्ध और **जाटों** के साथ गठबंधन की पारंपरिक मराठा रणनीति का उपयोग करते हुए,

वे यहां शांत रहे। उनके सहयोगी, **भरतपुर के राजा** ने लेक को भारी नुकसान पहुंचाया, जिन्होंने उनके किले पर हमला करने का असफल प्रयास किया। इस प्रकार **अंग्रेज़ होल्कर** को व्यापक रूप से हराने में **विफल रहे** और चूंकि इन सभी युद्धों का मतलब भारी खर्च था कंपनी और निदेशक मंडल भी लॉर्ड वेलेजली की आगे की नीति से असंतुष्ट थे, उन्हें भारत से वापस बुला लिया गया था। कंपनी ने तब **राजपुरघाट की संधि** (1806 ई.) के द्वारा होल्कर के साथ शांति स्थापित की और उन्हें अधिकांश ऐतिहासिक क्षेत्र वापस दे दिए।

**अंग्रेज़ों के लिए बेसिन की संधि का महत्व (1802 ई.)**

हालांकि, संधि पर एक ऐसे पेशवा द्वारा हस्ताक्षर किए गए थे जिनके पास राजनीतिक अधिकार का अभाव था, लेकिन बेसिन की संधि के प्रत्यक्ष और अप्रत्यक्ष प्रभाव **ईस्ट इंडिया कंपनी** के लिए बहुत लाभकारी थे। पूना में ब्रिटिश सैनिकों को स्थायी रूप से रखने का प्रावधान एक महान रणनीतिक लाभ का निर्णय साबित हुआ। चूंकि अब कंपनी की सेनाएं पूरे दक्कन में समान रूप से फैली हुई थीं और किसी भी स्थान पर जरूरत के समय अंग्रेज़ी सैनिकों की तीव्र आवाजाही के इस नए अतिरिक्त लाभ के साथ, कंपनी पड़ोसी क्षेत्रों में अपने प्रभाव क्षेत्र का विस्तार करने के लिए बेहतर स्थिति में थी। इसके अलावा, बेसिन की संधि के प्रावधानों ने पूरे **मराठा** साम्राज्य को अपने अधीन कर लिया, भले ही नाममात्र का हो लेकिन फिर भी सैद्धांतिक रूप से पेशवा पूरे मराठा साम्राज्य का प्रमुख था। इसलिए, बेसिन की संधि ने ईस्ट इंडिया कंपनी को न केवल पश्चिमी भारत में बल्कि सबसे मजबूत राजनीतिक शक्ति बनाने का मार्ग प्रशस्त किया। संपूर्ण भारत में चूंकि मराठा ही एकमात्र प्रमुख भारतीय शक्ति थे, जो ब्रिटिश नियंत्रण के क्षेत्र से बाहर बचे थे और अब उनकी अधीनता में हैं। इसके अलावा, भारत में शायद ही कोई अन्य देशी शक्ति बची थी, जो अंग्रेज़ों के खिलाफ खड़ी हो सके।

## तृतीय आंग्ल-मराठा युद्ध (1817-1818 ई.): लॉर्ड हेस्टिंग्स के शासनकाल के दौरान

द्वितीय आंग्ल-मराठा युद्ध ने भले ही मराठा सरदारों की शक्ति को चकनाचूर कर दिया था, लेकिन किसी तरह उनके भीतर लड़ने की भावना अभी भी जीवित थी। **मराठा सरदार** बिना किसी संघर्ष के स्वतंत्रता की अपनी महान परंपरा को छोड़ना नहीं चाहते थे और इसलिए उन्होंने अपनी स्वतंत्रता को पुन: प्राप्त करने के लिए अंतिम प्रयास किया और 1817 ई. में अपनी प्रतिष्ठा खो दी। लेकिन उससे पहले, **तीसरे आंग्ल-मराठा युद्ध** में एक महत्वपूर्ण घटना की प्रमुख भूमिका थी और वह **पिंडारी युद्ध** (1816-1818 ई.) था।

### पिंडारी युद्ध ( 1816-1818 ई. )

मराठा सेना के दो घटक हुआ करते थे, नियमित सेना और अनियमित सेना। नियमित सेनाओं का रख-रखाव राज्य द्वारा किया जाता था, उन्हें हथियार, घोड़े और वेतन दिए जाते थे, जबकि **पिंडारी** अनियमित सेनाओं का हिस्सा थे, जो अपने घोड़े और हथियार लाते थे, उन्हें राज्य से कोई वेतन नहीं मिलता था, लेकिन इसके बदले में उन्हें युद्ध के बाद विजित क्षेत्र को लूटने का अवसर मिलता था। द्वितीय आंग्ल-मराठा युद्ध के बाद, जब मराठों ने सहायक गठबंधन प्रणाली को स्वीकार कर लिया, तो उन्हें इन अनियमित ताकतों को **खत्म करना पड़ा**। अपने पारंपरिक पेशे को खोने के बाद, पिंडारी ने **राजमार्ग डकैतियों** की ओर रुख किया। वे अधिकतर राजपूताना और मध्यप्रान्तों के क्षेत्रों में सक्रिय थे और लूट-पाट पर अपना गुजारा करते थे। गौरतलब है कि भाड़े के सैनिक होते हुए भी, पिंडारियों ने कभी भी अंग्रेज़ों की मदद नहीं की और यह तथ्य भी उल्लेखनीय है कि वे किसी विशेष जाति या पंथ के नहीं थे और उनके नेता हिंदू और मुस्लिम दोनों समुदायों के थे, जिनके हजारों अनुयायी थे। पिंडारियों में मुख्य नेता **वसील मुहम्मद**, **चिटू** और **करीम खान** थे। 1812 ई. में, पिंडारियों ने मिर्जापुर और शाहाबाद जिलों को लूटा और 1815 ई. में उन्होंने निज़ाम के प्रभुत्व पर छापा मारा। 1816 ई. में, उन्होंने उत्तरी सरकार को लूट लिया।

प्रतीत होता है कि अराजक पिंडारियों की इन सभी लूटपाट गतिविधियों ने गवर्नर जनरल लॉर्ड हेस्टिंग्स का ध्यान आकर्षित किया, जिन्होंने पिंडारियों की इन गतिविधियों को ब्रिटिश सर्वोपरिता के लिए सीधी चुनौती के रूप में देखा। इस प्रकार, 1816 ई. में, उन्होंने पिंडारियों को दबाने का निश्चय किया और उनके प्रमुखों को घेरने और नष्ट करने के लिए एक बड़ी सेना इकट्ठी की।

**पिंडारी युद्ध** (1816-1818 ई.)

↓

लॉर्ड **हेस्टिंग्स** के नेतृत्व में **अंग्रेज़ों** ने पिंडारियों को हराया

**पिंडारी**

प्रमुख नेता **करीम खान** थे (उन्होंने समर्पण कर दिया लेकिन उन्हें संपत्ति की पेशकश की गई)।

**वसील मुहम्मद** (हथियार डालने के लिए मजबूर किया गया और कैद में ही मर गया)

**चिटू** (पराजित लेकिन संभवत: जंगल में एक बाघ द्वारा मारा गया)

- 1818 ई. तक **पिंडारियों** का अधिकतर दमन कर दिया गया और उनके सभी गुट बिखर गये। **करीम खान** को संयुक्त प्रांत के गोरखपुर जिले में एक छोटी-सी संपत्ति दी गई थी। **वसील मुहम्मद** ने सिंधिया के शिविर में शरण ली, लेकिन बाद में उन्हें अंग्रेज़ों को सौंप दिया गया और वसील ने कैद में आत्महत्या कर ली, जबकि **चिटू** जंगल में भाग गया, जहां शायद एक बाघ ने उसे मार डाला।
- यद्यपि पिंडारी युद्ध अंग्रेज़ों ने जीत लिया, फिर भी इसने कंपनी और मराठों के बीच दरार पैदा कर दी। जब पिंडारियों के खिलाफ सैन्य अभियान आयोजित किया गया था, तो कंपनी को इसके लिए पूर्ण मराठा समर्थन की उम्मीद थी, लेकिन चूंकि पिंडारी पूर्व मराठा सैनिक थे, इसलिए मराठा कमांडर कहीं-न-कहीं भावनात्मक रूप से उनसे जुड़े हुए थे।
- इसके बाद, लॉर्ड हेस्टिंग्स ने मराठों पर पिंडारी विरोधी अभियान का पूरे दिल से समर्थन नहीं करने का आरोप लगाया। इस प्रकार, उन्होंने उन्हें अधिक नियंत्रण प्रदान करने वाली नई संधि पर हस्ताक्षर करने के लिए कहा। जब मराठा सरदार हिचकिचाए, तो यह हेस्टिंग्स के लिए उनके खिलाफ युद्ध की घोषणा करने का एक कारण बन गया। इस प्रकार, पिंडारी विरोधी युद्ध तीसरे आंग्ल-मराठा युद्ध में परिवर्तित हो गया।

## तृतीय आंग्ल-मराठा युद्ध का तात्कालिक कारण (1817-1818 ई.)

पेशवा **बाजीराव द्वितीय** ने, ब्रिटिश रेजिडेंट के कठोर नियंत्रण से तंग आकर, अपनी स्वतंत्रता हासिल करने का आखिरी प्रयास किया और अंग्रेज़ों के खिलाफ मराठा प्रमुखों के संयुक्त मोर्चे को संगठित करने का नेतृत्व किया, जिसके परिणामस्वरूप तीसरा एंग्लो-मराठा युद्ध हुआ।

**तृतीय आंग्ल-मराठा युद्ध** (1817-1818 ई.)

| **हेस्टिंग्स** के नेतृत्व में **अंग्रेज़ों** ने मराठों को हराया | **बाजीराव द्वितीय, अप्पा साहब, मल्हार राव होल्कर** और **दौलत राव सिंधिया** |
|---|---|

- इस प्रकार, **पेशवा** ने नवंबर, 1817 ई. में पूना में **ब्रिटिश रेजीडेंसी** पर हमला किया, लेकिन किर्की नामक स्थान पर हार गए। उनके क्षेत्रों पर कब्जा कर लिया गया और बाद में बॉम्बे के प्रेसीडेंसी का विस्तार किया गया।
- इसी तरह, नागपुर के भोंसले प्रमुख **अप्पा साहब** ने अंग्रेज़ों के साथ हस्ताक्षरित **नागपुर की संधि** (1816 ई.) का पालन करने से इनकार कर दिया और इसके बाद, नागपुर में **रेजीडेंसी** पर हमला कर दिया। **सीताबल्डी की लड़ाई** नवंबर, 1817 ई. में उनके और अंग्रेज़ों के बीच लड़ी गई थी, लेकिन वह भी हार गया था।
- **मल्हार राव होल्कर** भी 21 दिसंबर, 1817 ई. को बड़ौदा में अंग्रेज़ों से हार गए थे।
- **लॉर्ड हेस्टिंग्स** ने भी **सिंधिया** को ब्रिटिश आधिपत्य स्वीकार करने के लिए मजबूर किया और उन्होंने अजमेर को अंग्रेज़ों को सौंप दिया, जिन्होंने इसे भोपाल के नवाब को दे दिया, जिन्होंने ब्रिटिश आधिपत्य भी स्वीकार कर लिया था।
- **बड़ौदा** के **गायकवाड़** ने भी सहायक संधि को स्वीकार कर लिया और अहमदाबाद के कुछ क्षेत्रों को अंग्रेज़ों को सौंप दिया।

इसलिए, दिसंबर, 1817 ई. तक, एक शक्तिशाली मराठा संघ का सपना आखिरकार टूट गया और ब्रिटिश भारत में सर्वोपरि शक्ति[6] के रूप में उभरे।

## युद्ध के परिणाम

- मराठा गौरव को संतुष्ट करने के लिए, शिवाजी के वंशज प्रताप सिंह के अधीन सतारा का एक छोटा राज्य बनाया गया था, लेकिन उन्होंने इस पर अंग्रेज़ों के पूर्ण आश्रित के रूप में शासन किया।
- पेशवा को गद्दी से उतार दिया गया और कानपुर के निकट बिठूर में पेंशन दे दी गई। पेशवाशिप को ही खत्म कर दिया गया।
- युद्ध का एक अप्रत्यक्ष परिणाम यह हुआ कि मराठों के पतन के साथ, राजपूताना राज्यों, जिन पर कई दशकों तक सिंधिया और होल्कर का वर्चस्व था, ने भी आसानी से ब्रिटिश सर्वोच्चता स्वीकार कर ली।

### मराठों की पराजय के कारण

- **सक्षम नेतृत्व का अभावः** 18वीं शताब्दी के अंत में, दुर्भाग्य से मराठों ने **पेशवा माधव राव द्वितीय, नाना फड़नवीस, महादजी सिंधिया, तुकोजी होल्कर** और **अहिल्याबाई होल्कर** जैसे अपने लगभग सभी बुद्धिमान और अनुभवी नेताओं को खो दिया। इन नेताओं ने पहले मराठा संघ को एकजुट रखा था और कुशल नेतृत्व प्रदान किया था। लेकिन, उनके निधन के साथ, बाद में मराठा नेता अपने योग्य स्थान को भरने में सक्षम नहीं थे और इस प्रकार यह मराठा राज्य के लिए एक बड़ी लागत साबित हुई।

---

6 इस प्रकार वर्ष **1818 ई.** भारत और ब्रिटिश दोनों के लिए एक महत्वपूर्ण वर्ष साबित हुआ क्योंकि पंजाब और सिंध को छोड़कर पूरे भारतीय उपमहाद्वीप को ब्रिटिश नियंत्रण में लाया गया था, जिससे वे भारत में **सर्वोपरि शक्ति** बन गए।

- **मराठा सरदारों के बीच एकता और समन्वय का अभावः** मराठा संघ में पाँच प्रमख सरदार शामिल थे, पूना में पेशवा, बड़ौदा में गायकवाड़, ग्वालियर में सिंधिया, इंदौर में होल्कर और नागपुर में भोंसले, पेशवा संघ का नाममात्र प्रमुख था। लेकिन, अधिक बार सरदार कड़वे भाईचारे के संघर्ष में लगे हुए थे, तेजी से आगे बढ़ रहे ब्रिटिशों से होने वाले वास्तविक खतरे को पूरी तरह से नजरअंदाज कर रहे थे। उदाहरण के लिए, जब सिंधिया और भोंसले ने अंग्रेज़ों से लड़ाई की, तो होल्कर किनारे खड़े हो गए जबकि गायकवाड़ ने अंग्रेज़ों की मदद की। फलस्वरूप, जब होल्कर ने अंग्रेज़ों के खिलाफ लड़ाई लड़ी, भोंसले और सिंधिया ने होल्कर की मदद करने से इनकार कर दिया। यदि वे शुरुआती दौर में अपने एकमात्र दुश्मन अंग्रेज़ों के खिलाफ एकजुट होकर लड़ते, तो युद्धों के परिणाम निश्चित रूप से भिन्न होते।
- **मराठों की सैन्य कमजोरीः** यद्यपि मराठा व्यक्तिगत कौशल और वीरता से भरपूर महान योद्धा थे, फिर भी वे तोपखाने, सेना के संगठन और अनुशासित कार्रवाई के मामले में अंग्रेज़ों से कमतर थे। मराठों द्वारा पुरानी युद्ध तकनीकों का उपयोग ब्रिटिश परिष्कृत आधुनिक युद्ध पद्धति का कोई मुकाबला नहीं था। इसके साथ ही, अच्छी तरह से बुनी हुई जासूसी प्रणाली और बेहतर कूटनीतिक सहयोगियों पर विजय प्राप्त करने की अंग्रेज़ों की कुशलता ने उन्हें अपने प्रतिद्वंद्वी को अलग-थलग करने में मदद की।
- **अंग्रेज़ों की राजनीतिक और कूटनीतिक रणनीति का सही अनुमान लगाने में विफलताः** मराठा सरदार किसी तरह इस गलत धारणा में जी रहे थे कि कंपनी मुख्य रूप से एक व्यापारिक संस्था, एक क्षणभंगुर शक्ति थी, जबकि मैसूर, हैदराबाद के निजाम और अन्य देशी शक्तियां उनकी वास्तविक दुश्मन थीं। यह मराठों और बाकी शासकों दोनों के लिए एक महंगी गलती साबित हुई।

## सिंध का विश्लेषण

18वीं शताब्दी से, सिंध पर कुछ बलूची प्रमुखों का शासन था, जिन्हें सामूहिक रूप से **'सिंध के अमीर'** के रूप में जाना जाता था। ईस्ट इंडिया कंपनी ने 1758 ई. की शुरुआत में सिंध में सिंधु डेल्टा में स्थित टाटा के रणनीतिक बंदरगाह पर एक कारखाना खोलने की कोशिश की थी। इस प्रकार स्थापित व्यापार संबंध 1775 ई. तक जारी रहे, जब, नए शासक **सरफराज खान** के हतोत्साहित करने वाले रवैये के कारण, फैक्ट्री को बंद कर दिया गया था। हालांकि, सिंध में राजनीतिक उथल-पुथल के कारण, सिंध के साथ ब्रिटिश के सभी संबंध समाप्त हो गए और यूरोपीय राजनीतिक विकास के कारण दो दशकों के बाद ही पुनर्जीवित हुए।

- जून, 1807 ई. में, **नेपोलियन** ने रूस के **अलेक्जेंडर प्रथम** के साथ टिलसिट का गठबंधन किया, जिसका एक विवरण भूमि मार्ग से भारत पर संयुक्त आक्रमण था। इस नए खतरे से बचने के लिए, ब्रिटिश भारत और रूस के बीच एक अवरोध बनाना आवश्यक समझा गया। तदनुसार, **लॉर्ड मिंटो प्रथम** ने मेटकाफेट को लाहौर, एलफिंस्टन को काबुल और मैल्कम को तेहरान और मिस्टर हैंकी स्मिथ को सिंध भेजा। परिणामस्वरूप, 1809 ई. में सिंध के अमीरों के साथ **'शाश्वत मित्रता की संधि'** संपन्न हुई। इस संधि के द्वारा, दोनों पक्ष एक-दूसरे की क्षेत्रीय अखंडता और एकता बनाए रखने और सिंध से **फ्रांसीसियों** को बाहर करने पर सहमत हुए।
- इस संधि को 1820 ई. में कुछ नए अनुच्छेदों के साथ नवीनीकृत किया गया था, जिसमें **अमेरिकियों** को भी शामिल नहीं किया गया था और कच्छ की ओर से कुछ सीमा विवादों को हल करने का इरादा था।
- फारस के माध्यम से रूस के प्रभाव का प्रतिकार करने और उसे रोकने के लिए, अंग्रेज़ों ने भविष्य के सैन्य आंदोलनों की संभावनाओं के लिए क्षेत्र की राजनीतिक और भौगोलिक जानकारी एकत्र करने का निर्णय लिया। इस प्रकार, 1831 ई. में, अंग्रेज़ों ने उत्तरी भारत और ब्रिटेन के बीच वाणिज्यिक संपर्क के प्रयोजनों के लिए सिंधु नदी के नेविगेशन की संभावनाओं का पता लगाने के लिए लेफ्टिनेंट **अलेक्जेंडर बर्न्स** को भारत भेजा।

- इसके अलावा 1832 ई. में, लॉर्ड **विलियम बेंटिक** ने हेनरी पोटिंगर को सिंध भेजा, जिन्होंने **अमीरों के साथ एक संधि** की, जिसके माध्यम से कंपनी को कई वाणिज्यिक विशेषाधिकार प्राप्त हुए, जैसे सिंधु के निचले हिस्से और पूरे सतलज को अंग्रेज़ी व्यापार के लिए खोल दिया गया।
- सिंध में अपनी स्थिति को और मजबूत करने के लिए, अंग्रेज़ एक अवसर की तलाश में थे, जो उन्हें तब मिला, जब पंजाब के महाराजा रणजीत सिंह ने सिंध के एक सीमांत शहर पर कब्जा कर लिया। लॉर्ड **ऑकलैंड** ने अमीरों को सुरक्षा की पेशकश की, लेकिन उन्हें 1838 ई. में एक नई संधि पर हस्ताक्षर करने के लिए मजबूर किया, जिसके तहत कंपनी के सैनिकों को अमीर के खर्च पर सिंध में रखा गया। संधि ने अंग्रेज़ों को एक ब्रिटिश निवासी की नियुक्ति के साथ-साथ अमीरों और सिखों के बीच विवादों में हस्तक्षेप करने की अनुमति दी। इस प्रकार, बहुत चतुराई से सिंध को ब्रिटिश संरक्षित राज्य में बदल दिया गया।
- धीरे-धीरे 1839 ई. में सिंध को सहायक गठबंधन स्वीकार करने के लिए मजबूर किया गया और बाद में अंग्रेज़ों ने काफी सस्ता व्यवहार करते हुए अमीरों को अपने अफगान साहसिक कार्य के लिए भुगतान करने से भी मजबूर कर दिया।
- हालांकि, **प्रथम आंग्ल-अफगान युद्ध** (1839-1842 ई.) में अपनी हार को संतुलित करने के लिए, और अफगान पराजय के कारण पहले से ही अनिश्चित स्थिति को ऊपर उठाने के लिए **लॉर्ड एलेनबोरो** ने सिंध को आसान लक्ष्य दिया क्योंकि यह एक अमीर की मृत्यु के बाद कुछ उत्तराधिकार विवाद के कारण आंतरिक उथल-पुथल और अराजकता के दौर से गुजर रहा था। एलेनबरो ने सिंध पर पूरी तरह से अपमानजनक संधि लागू की और अमीरों को अधिक प्रांत सौंपने के लिए मजबूर किया।
- 1842 ई. में, सर **चार्ल्स नेपियर** को मेजर जेम्स आउट्रम के स्थान पर ब्रिटिश रेजिडेंट के रूप में नियुक्त किया गया था। इसके बाद नेपियर ने अमीरों को अनावश्यक रूप से उकसाया और 1843 ई. में उनके प्रसिद्ध रेगिस्तानी किले इमामगढ़ को नष्ट कर दिया। इसके प्रतिशोध में, **बलूचियों** ने ब्रिटिश रेजिडेंट पर हमला किया और अंग्रेज़ों के खिलाफ युद्ध की घोषणा की। **मिआनी की लड़ाई** शुरू हुई जिसमें बलूची सेना नेपियर द्वारा पराजित किया गया तथा कुछ अमीरों को आत्मसमर्पण करना पड़ा। बाद में **डाबो का युद्ध** हुआ जिसके परिणामस्वरूप नेपियर ने मीरपुर के अमीर शेर मुहम्मद को हराया, जिसके परिणामस्वरूप **सिंध का औपचारिक विलय** (1843 ई.) हुआ।
- नेपियर को सिंध के प्रथम गवर्नर के रूप में नियुक्त किया गया था और दिलचस्प बात यह है कि उन्होंने ब्रिटिश मुख्यालय को 'मैंने पाप किया है' कहते हुए एक टेलीग्राम भेजा था। इस प्रकार, पिछले आश्वासनों के बावजूद कि क्षेत्रीय अखंडता का हमेशा सम्मान किया जाएगा, सिंध पर कब्जा कर लिया गया था। नेपियर ने खुद अपनी डायरी में लिखा था कि "*हमें सिंध को जब्त करने का कोई अधिकार नहीं है, फिर भी हम ऐसा करेंगे, और यह धूर्तता का एक बहुत ही लाभप्रद, उपयोगी मानवीय नमूना होगा*"।

## सिंध के विलय का आलोचनात्मक विश्लेषण (1843 ई.)

अधिकांश इतिहासकारों का मानना है कि सिंध के विलय के बहाने और कारण जानबूझकर अंग्रेज़ों द्वारा गढ़े गए थे। इस प्रकार, वे सिंध के विलय की एक स्वर से निंदा करते हैं और इसे एंग्लो-अफगानिस्तान के लिए राजनीतिक अनुक्रमिक मानते हैं, जिसका यदि हम बारीकी से विश्लेषण करें, तो यह काफी उचित सिद्धांत प्रतीत होता है। 1838 ई. में, रूसी प्रभाव का मुकाबला करने के लिए, शाह शुजा को अफगान सिंहासन पर बिठाया गया था, लेकिन चूंकि वह ईस्ट इंडिया कंपनी की कठपुतली मात्र थे, इसलिए उनके खिलाफ एक लोकप्रिय विद्रोह छिड़ गया और प्रथम आंग्ल-अफगान युद्ध (1839-1842 ई.) शुरू हुआ

जिसमें कंपनी बुरी तरह पराजित हुई। उल्लेखनीय रूप से अंग्रेज़ी अजेयता के मिथक को तोड़ा और भारत में मद्रास सेना और सिंधिया के क्षेत्र में हुए कई विद्रोहों को भी बढ़ावा दिया। अंग्रेज़ों ने सोचा कि ये मतभेदों का मुकाबला केवल अंग्रेज़ी अजेयता के मिथक को बहाल करके किया जा सकता था। इस प्रकार, उन्हें सिंध के आसान लक्ष्य का मौका मिला। यहां तक कि ब्रिटिश अधिकारी एलफिंस्टन का कथन "*अफगानिस्तान से आते हुए, जब एक बदमाश को सड़क पर पीटा गया, तो वह बदला लेने के लिए अपनी पत्नी को पीटने के लिए घर चला गया*" इस अनुमान की पुष्टि करता है।

| सिंध पर कब्जे के कारण (1843 ई.) |
|---|
| • सिंधु नदी की व्यावसायिक संभावनाएं। |
| • ब्रिटिशों को रूसी साम्राज्य के पूर्व की ओर विस्तार का डर था। |
| • सिंध पर नियंत्रण के माध्यम से ब्रिटिश फारस और अफगानिस्तान में प्रभाव बढ़ाना चाहते थे। |

# पंजाब की विजय

18वीं शताब्दी के अंत में, महाराजा **रणजीत सिंह** के अधीन सिख शक्ति का एकीकरण हुआ था, जो एक सक्षम शासक और प्रशासक थे। उनके जीवनकाल के दौरान, पंजाब और ब्रिटिश के बीच कोई बड़ा तनाव नहीं था। वास्तव में, रूसी खतरे का मुकाबला करने और सिख राज्य को एक तरफ कंपनी के उत्तर भारतीय कब्जे और दूसरी तरफ फारस और अफगानिस्तान में मुस्लिम शक्तियों के बीच एक बफर बनाए रखने के लिए, **लॉर्ड विलियम बेंटिक** ने मैत्रीपूर्ण संबंधों पर बातचीत की। रणजीत सिंह और सिंध के अमीरों दोनों के साथ और प्रारंभिक उपाय के रूप में, उपहारों का आदान-प्रदान पंजाब की राजधानी लाहौर और गवर्नर-जनरल की सीट कलकत्ता के बीच हुए। इसके बाद **बेंटिक** और **रणजीत सिंह** की मुलाकात (1831 ई.) रोपड़ में सतलज नदी के तट पर भव्य प्रदर्शन और भव्यता के बीच हुई। दोनों पक्षों ने पारस्परिक रूप से एक-दूसरे की क्षेत्रीय अखंडता और एकता के लिए सतत मित्रता और सम्मान का वादा किया। उन्होंने एक वाणिज्यिक संधि भी संपन्न की जिसे **सिंधु नेविगेशन संधि** के रूप में जाना जाता है जिसके माध्यम से सतलज नदी को भी नेविगेशन के लिए खोला गया था। हम ऊपर पहले ही चर्चा कर चुके हैं कि इसी प्रकार की संधि सिंध के अमीरों के साथ भी की गई थी। 1838 ई. में, ईस्ट इंडिया कंपनी, रणजीत सिंह और अफगानिस्तान के शाह शुजा द्वारा एक **त्रिपक्षीय संधि** पर हस्ताक्षर किए गए और सभी दलों ने मित्रता का वादा किया और एक-दूसरे की क्षेत्रीय अखंडता और एकता का सम्मान करने पर सहमति व्यक्त की।

## आंग्ल सिख युद्धों की पृष्ठभूमि

लेकिन, 1839 ई. में हालात अचानक बदल गए जब **रणजीत सिंह** की मृत्यु हो गई। उनकी मृत्यु के बाद **राजनीतिक अस्थिरता** पैदा हो गई। त्वरित उत्तराधिकार में कई लोग सिंहासन पर चढ़ गए और पूरा क्षेत्र लंबे समय तक खूनी उत्तराधिकार की लड़ाई में डूब गया, जिसके परिणामस्वरूप शक्ति का नाजुक संतुलन टूट गया, जिसे रणजीत सिंह ने वंशानुगत सिख सरदारों और पंजाबी और डोगरा सरदारों के गुट के बीच सावधानीपूर्वक बनाए रखा था। रणजीत सिंह की मृत्यु के बाद, अगले तीन शासकों खड़क सिंह, नव निहाल सिंह और शेर सिंह की अगले 6 वर्षों (1839-1845 ई.) के भीतर **हत्या कर दी गई**।

- ऐसे अस्थिर माहौल में, सेना पर अधिक प्रभावी नियंत्रण के बिना, रणजीत सिंह के 5 वर्षीय पुत्र **दलीप सिंह**, वजीर **हीरा सिंह डोगरा** की **रानी जिंदान** संरक्षकता के अधीन, 1843 ई. में सिंहासन पर बैठे। लेकिन, अब तक खालसा सेना एक शक्ति बन गई थी हीरा सिंह जल्द ही इस सत्ता संघर्ष का शिकार हो गए और 1844 ई. में उनकी हत्या

कर दी गई। उनके उत्तराधिकारी नए वजीर **जवाहर सिंह** थे, जो **रानी जिंदान** के भाई थे, लेकिन सभी व्यावहारिक उद्देश्यों के लिए वह सेना के हाथों की कठपुतली बनकर रह गए।

- अंग्रेज़ अब पंजाब में निरंतर राजनीतिक अस्थिरता और खालसा सेना के बढ़ते राजनीतिक प्रभाव के इन नए घटनाक्रमों से चिंतित थे, क्योंकि ये सभी मुद्दे एक मजबूत बफर राज्य की उनकी योजना को खतरे में डाल रहे थे। इस बीच, पंजाब का ब्रिटिश घेरा 1833 ई. से शुरू हो गया था, जब उन्होंने लुधियाना और सिंध में ब्रिटिश रेजिडेंट्स नियुक्त किए थे।
- इसके बाद जब पंजाब में स्थिति स्थिर नहीं हुई और यहां तक कि **जवाहर सिंह** भी स्थिर नहीं हुए, 1845 ई. में सेना द्वारा मार डाला गया, अंग्रेज़ों ने युद्ध की तैयारी शुरू कर दी। आगे के क्षेत्र में अतिरिक्त सैनिकों के लिए बैरकें बनाई गई और पंजाब सीमा पर अतिरिक्त रेजिमेंट भेजी जाने लगीं। पंजाब की सेना को अब यकीन हो गया था कि अंग्रेज़ पंजाब पर कब्जा करने के लिए प्रतिबद्ध हैं, उन्होंने जवाबी कार्रवाई की और जब उन्हें पता चला कि ब्रिटिश कमांडर इन चीफ, लॉर्ड **ह्यू गॉफ** और गवर्नर जनरल लॉर्ड **हार्डिंग** फिरोजपुर की ओर मार्च कर रहे थे, तो उन्होंने हमला करने का निर्णय लिया और इस प्रकार 13 दिसंबर, 1845 को दोनों के बीच युद्ध की घोषणा कर दी गई।

**प्रथम आंग्ल-सिख युद्ध** (1845–1846 ई.)

↓

| | |
|---|---|
| **हार्डिंग** के नेतृत्व में **अंग्रेज़ों** ने सिखों को हराया | सिख सरदारों ने **दलीप सिंह** और **रानी जिंदान** के नाम से लड़ाई लड़ी। |

ब्रिटिश और सिखों के बीच हुई लड़ाइयों की एक श्रृंखला **प्रथम आंग्ल-सिख युद्ध** (1845–1846 ई.) का हिस्सा है:

- **मुदुक्स की लड़ाई** (1845 ई.): यह **लाल सिंह** (सिखों के प्रधान मंत्री) और लॉर्ड **ह्यू गफ** के बीच लड़ी गई थी जिसमें सिख सेना हार गई थी।
- **फिरोजपुर की लड़ाई** (1845 ई.): यह **तेज सिंह** के नेतृत्व में सिख सेना (पराजित) और **ब्रिटिश** के बीच लड़ी गई थी
- **बुड्ढेवाल की लड़ाई** (1846 ई.): यह **रणजीत सिंह मैथीथिया** (पराजित) और **हैरी स्मिथ** के बीच लड़ी गई थी।
- **बंदूकों की लड़ाई/सबराओन की लड़ाई** (1846 ई.): ब्रिटिश (हैरीस्मिथ) और सिखों के बीच लड़ी गई निर्णायक लड़ाई में से एक। अंग्रेज विजयी हुए और उन्होंने न केवल सतलज को पार किया बल्कि लाहौर पर भी कब्जा कर लिया।

इसके परिणामस्वरूप **लाहौर की संधि** (1846 ई.) पर हस्ताक्षर हुए जिसके अनुसार:

- **जालंधर का दाओब** क्षेत्र अंग्रेज़ों को 1.5 करोड़ रुपये के भुगतान की मांग के साथ दिया गया था। सिखों ने इस राशि का केवल आधा भुगतान किया और बाकी को निपटाने के लिए उन्होंने **कश्मीर** को **अंग्रेज़ों** को बेच दिया, जिन्होंने इसे 5 मिलियन रुपये के नकद भुगतान के लिए जम्मू के राजा गुलाब सिंह डोगरा को बेच दिया।
- लाहौर में ब्रिटिश रेजिडेंट (**सर हेनरी लॉरेंस**) की नियुक्ति, जहां एक मजबूत ब्रिटिश सेना तैनात थी।
- पंजाब की सेना घटकर 20,000 पैदल सेना और 12,000 घुड़सवार रह गई।

- दलीप सिंह को अपना सिंहासन बरकरार रखने की अनुमति दी गई, लेकिन उन्हें एक अंग्रेज़ी रेजिडेंट द्वारा सलाह और मार्गदर्शन दिया जाना था।

रानी जिंदान, जो अपने बेटे दलीप सिंह की संरक्षिका के रूप में कार्य कर रही थीं, का मानना था कि, लाहौर की संधि के अनुसार, ब्रिटिश सेना अंततः लाहौर छोड़ देगी। लेकिन अंग्रेज़ों ने छोड़ने के बजाय, लाहौर प्रशासन पर अपना अधिकार मजबूत करना शुरू कर दिया। इसके परिणामस्वरूप **भैरोवाल की संधि** (लगभग 1846 ई.) पर हस्ताक्षर किए गए, जिसे लाहौर की दूसरी संधि के रूप में भी जाना जाता है, जिसके माध्यम से **रानी जिंदान** को हटा दिया गया और पंजाब के लिए एक रीजेंसी काउंसिल की स्थापना की गई। (8 सिख सरदारों से मिलकर और सर हेनरी लॉरेंस की अध्यक्षता में) और इसके अलावा, अंग्रेज़ों को राज्य के किसी भी हिस्से में अपने सैनिकों को तैनात करने की अनुमति दी गई थी और सिख अधिकारियों को उनके रख-रखाव के लिए भुगतान भी करना पड़ता था। इस प्रकार, भैरोवाल की संधि ने सिख साम्राज्य को एक आभासी ब्रिटिश संरक्षक में बदल दिया और इसलिए एक और टकराव का आधार तैयार किया गया।

## द्वितीय आंग्ल-सिख युद्ध (1848-1849 ई.)

प्रथम युद्ध के अपमान और रानी जिंदान के साथ हुए बुरे व्यवहार का बदला लेने के लिए, पंजाबियों ने कई स्थानीय विद्रोह किए। दो प्रमुख विद्रोहों का नेतृत्व मुल्तान के सिख गवर्नर **मूल राज** और लाहौर के पास हरिपुर के **छत्तर सिंह** अटारीवाला ने किया था। लॉर्ड **डलहौजी** ने पंजाब पर कब्जा करने के लिए इस अवसर का लाभ उठाया और इस प्रकार, **द्वितीय आंग्ल-सिख युद्ध** प्रारम्भ हो गया।

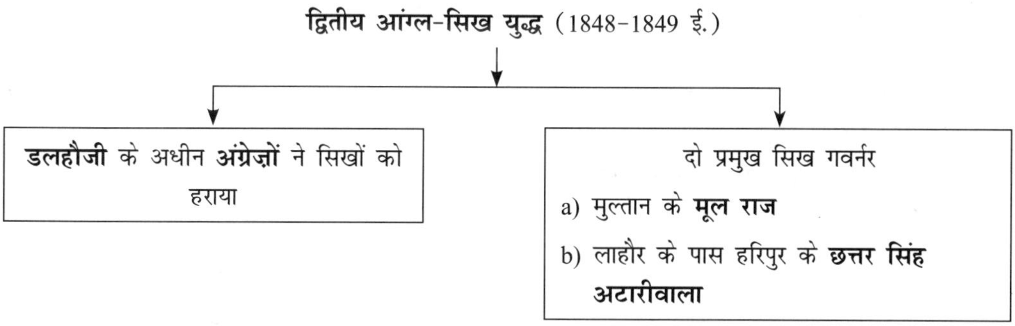


नवंबर, 1848 ई. में रामनगर में और जनवरी में चिलियानवाला में लड़ाई के पहले दो दौर में 1849 ई. में, अंग्रेज़ों को भारी नुकसान उठाना पड़ा, लेकिन जल्द ही फरवरी-मार्च में स्थिति उलट गई, जब विद्रोही सरदारों को एक-दूसरे के सामने आत्मसमर्पण करना पड़ा।

इस प्रकार द्वितीय आंग्ल-पंजाब युद्ध के परिणामस्वरूप 1849 ई. में लॉर्ड डलहौजी ने **पंजाब पर कब्जा** कर लिया और दलीप सिंह और रानी जिंदान को इंग्लैंड ले जाया गया। **3 कमिश्नरों** का एक बोर्ड स्थापित किया गया था जिसमें शामिल थे

- हेनरी लॉरेंस
- जॉन लॉरेंस
- चार्ल्स जी. मैन्सेल

1853 ई. में, इस बोर्ड को समाप्त कर दिया गया और सर **जॉन लॉरेंस** को मुख्य आयुक्त के रूप में नियुक्त किया गया जिन्हें बाद में 1859 ई. में पंजाब का लेफ्टिनेंट गवर्नर बनाया गया।

पंजाब की विजय के बाद लॉर्ड **डलहौजी** की **कुख्यात हड़प नीति (Doctrine of Lapse)** के आधार पर सतारा (1848 ई.), जैतपुर, संभलपुर (उड़ीसा), झाँसी, नागपुर (1854 ई.) और अवध (1856 ई.) जैसी कई अन्य रियासतों पर कब्जा कर लिया गया। इस प्रकार 1857 ई. तक, अंग्रेज़ों ने भारतीय उपमहाद्वीप के 63% क्षेत्रों पर कब्जा कर लिया था और 78% आबादी को अपने अधीन कर लिया था, जबकि वे भारतीय राजाओं के अधीन रहे जो केवल नाम के लिए स्वायत्त थे।

## विस्तार की विचारधाराः राजनयिक गठबंधनों और प्रशासनिक नीतियों के माध्यम से विलय

अंग्रेज़ों द्वारा भारत की विजय दो तरफा दृष्टिकोण का उपयोग करके की गई थी। पहला दृष्टिकोण विभिन्न **युद्धों और लड़ाइयों** में भारतीय राज्यों को पराजित करके उनका विलय किया जाना। भारतीय उपमहाद्वीप में सर्वोपरि शक्ति, जबकि दूसरा दृष्टिकोण साम्राज्य विस्तार और ब्रिटिश सर्वोपरिता के सुदृढ़ीकरण के अपने सपने को पूरा करने के लिए **राजनयिक गठबंधन और प्रशासनिक नीतियों** का प्रभावी उपयोग करने पर केंद्रित था। अंग्रेज़ों द्वारा उपयोग की जाने वाली कुछ प्रभावी कूटनीतिक और प्रशासनिक नीतियां थीं:

- **रिंग फेंस की नीतिः** यह नीति **लॉर्ड वारेन हेस्टिंग्स** (1773-1785 ई.) द्वारा शुरू की गई थी और इसका उद्देश्य कंपनी की सीमाओं की रक्षा के लिए बफर जोन बनाना था। मिलनसार जातक अमित्र राज्यों को दूर रखने के लिए राज्यों को बफर के रूप में इस्तेमाल किया गया। इसे अपने क्षेत्रों की सुरक्षा के लिए ब्रिटिश की पड़ोसी सीमाओं की रक्षा की नीति के रूप में भी समझा जा सकता है। यह नीति वॉरेन हेस्टिंग्स की अवध को एक बफर राज्य के रूप में बनाने और मराठों और मैसूर के प्रभाव को दूर करने के लिए अवध की सीमाओं को सुरक्षित करने की कार्रवाई में स्पष्ट रूप से स्पष्ट है। दिलचस्प बात यह है कि, हालांकि बफर राज्यों को बाहरी आक्रमण के खिलाफ सैन्य सहायता का वादा किया गया था, फिर भी उनकी आवश्यकता थी बचाव करने वाली सेना के रखरखाव और खर्च का भुगतान करना।
- **सहायक गठबंधनः** सहायक गठबंधन प्रणाली **लॉर्ड वेलेजली** (1798-1805 ई.) द्वारा शुरू की गई थी। और यह वास्तव में रिंग फेंस की नीति का विस्तार था। यह ध्यान रखना दिलचस्प है कि सहायक गठबंधन के मूल सिद्धांतों को पहली बार दक्षिणी भारत में फ्रांसीसी गवर्नर **डुप्लेक्स** द्वारा तैयार किया गया था जब उन्होंने निश्चित राशि के बदले में अपने मूल सहयोगियों को यूरोपीय सैनिकों को उधार देने की प्रथा शुरू की थी। इसके बाद **अंग्रेज़ों** ने इस प्रणाली को अपनाया और इसका विस्तार किया। यह प्रणाली शुरू में एक मित्रवत देशी शासक को उसके युद्धों में समर्थन देने के विचार पर आधारित थी। समय के साथ लड़ाइयां धीरे-धीरे सहायक राज्यों को कंपनी के समर्थन पर निर्भरता की स्थिति में बदल गईं। इस प्रणाली के तहत, ब्रिटिश और स्थानीय भारतीय शासकों के बीच **सहायक समझौते** (*सनद*) दर्ज किए गए, जिसके अनुसार ब्रिटिश भारतीय शासकों को **बाहरी खतरों** और **आंतरिक विकारों** से बचाने के लिए सहमत हुए। लेकिन, बदले में:
    - जिन भारतीय शासकों ने सहायक गठबंधन प्रणाली को स्वीकार कर लिया था, उन्हें स्टेशनिंग के लिए सहमत होना पड़ा उनकी राजधानी में **स्थायी सहायक ब्रिटिश सेना** के रख-रखाव के लिए वे ब्रिटिशों को सब्सिडी भुगतान करेंगे। भारतीय राज्य को 'संरक्षित राज्य' कहा जाता था और इसके बाद ब्रिटिशों को 'सर्वोपरि शक्ति' कहा जाता था।

- संरक्षित राज्य को धन देना चाहिए या ब्रिटिशों को सहायक सेना बनाए रखने की लागत के बराबर राजस्व देने के लिए एक हिस्सा सौंपने के लिए कहा गया था।
- गठबंधन प्रणाली के तहत शासक को **अपने विदेशी संबंधों** को पूरी तरह से ईस्ट इंडिया कंपनी को **सौंपना पड़ता था**। वह न तो किसी अन्य के साथ आक्रामक या रक्षात्मक गठबंधन में प्रवेश कर सकता था। ब्रिटिश कंपनी की **पूर्व अनुमति** के बिना सत्ता न तो युद्ध लड़ सकती है और न ही शांति पर हस्ताक्षर कर सकती है।
- भारतीय शासक अंग्रेज़ों की पूर्वानुमति के बिना किसी भी यूरोपीय को अपनी सेवा में **नियुक्त नहीं** कर सकता था।
- इन सहायक राज्यों में एक **ब्रिटिश रेजिडेंट** को तैनात किया गया था। जबकि अंग्रेज़ों ने संरक्षित राज्य के आंतरिक मामलों में हस्तक्षेप न करने की नीति अपनाने का वादा किया था (लेकिन वास्तव में वे शायद ही कभी इसका पालन किया हो)।

**हैदराबाद के निज़ाम** (1798 ई.) अंग्रेज़ों (1798 ई.) के साथ सहायक गठबंधन करने वाले पहले व्यक्ति थे, उसके बाद तंजौर (1799 ई.), अवध (1801 ई.), सिंधिया (1804 ई.), जोधपुर, जयपुर, बूंदी के राजपूत राज्य, भरतपुर के शासक (1818 ई.) और होलकर (1818 ई.)। जोड़ना उल्लेखनीय है। **टीपू सुल्तान** ने इसे सरसरी तौर पर खारिज कर दिया लेकिन अंततः चतुर्थ एंग्लो मैसूर में उसकी हार हुई युद्ध के दौरान, मैसूर को सहायक गठबंधन प्रणाली (1799 ई.) के तहत लाया गया, जबकि **बाजीराव द्वितीय**, मराठा नेता ने अपने युद्धरत प्रमुखों पर नियंत्रण पाने के असफल प्रयास में इसमें (बेसीन की संधि, 1802 ई.) प्रवेश किया।

वेलेजली की सहायक प्रणाली को ब्रिटिश साम्राज्यवाद के मास्टर स्ट्रोक में से एक माना जाता है। यह यह प्रणाली ब्रिटिशों के लाभ के लिए सबसे उपयुक्त थी क्योंकि:

- इसने धीरे-धीरे और विवेकपूर्वक देशी राज्यों को निहत्था कर दिया, जिसके परिणामस्वरूप उनकी स्वायत्तता की अकल्पनीय क्षति हुई, जिसने ब्रिटिश सर्वोपरिता के प्रभुत्व को बढ़ाने में सहायता की।
- इसने संरक्षित राज्यों की कीमत पर भारत में कंपनी की सैन्य ताकत में वृद्धि की। इस प्रणाली ने कंपनी को बिना किसी अतिरिक्त लागत के बड़ी सेना बनाए रखने में सक्षम बनाया। इसके अलावा, इस बल का इस्तेमाल भारतीय और गैर-भारतीय दुश्मनों के खिलाफ कम-से-कम संभव सूचना पर किया जा सकता था।
- इस प्रणाली ने कंपनी को भारतीय अदालतों से विदेशी प्रभाव को खत्म करने में सक्षम बनाया।

इस प्रकार, इसने बिना कोई लड़ाई लड़े या कोई पैसा खर्च किए बिना नए क्षेत्रों को अपने प्रभाव में लाकर भारत में ब्रिटिश साम्राज्य के विस्तार में मदद की, जिससे ब्रिटिश भारत में सर्वोपरि शक्ति बन गए।

- **व्यपगत का सिद्धांत:** यह लॉर्ड **डलहौजी** (1848 1856 ई.) द्वारा तैयार की गई एक विलय नीति थी। भारतीय शासकों के बीच प्राकृतिक उत्तराधिकारी यानी बेटे की अनुपस्थिति में उत्तराधिकारी को सुरक्षित करने के लिए गोद लेने की एक व्यापक प्रथा थी। हालांकि, व्यपगत के सिद्धांत के अपने सिद्धांत के साथ, डलहौजी ने गोद लिए गए उत्तराधिकारी के उत्तराधिकार के अधिकार को मान्यता देने से इनकार कर दिया। उन्होंने चालाकी से कहा कि निजी संपत्ति के उत्तराधिकार के अधिकार और शासन करने के अधिकार के बीच सैद्धांतिक रूप से अंतर है। डॉक्ट्रिन ऑफ लैप्स की उनकी नीति के अनुसार:
    - ब्रिटिश ईस्ट इंडिया कंपनी के प्रत्यक्ष प्रभाव के तहत, या ब्रिटिश सहायक प्रणाली के तहत एक जागीरदार राज्य के रूप में, कोई भी भारतीय राज्य स्वचालित रूप से कब्जा कर लिया जाएगा यदि शासक की मृत्यु प्राकृतिक पुरुष उत्तराधिकारी के बिना हुई या वह अयोग्य था और उसके पास सिंहासन का प्राकृतिक उत्तराधिकारी नहीं था।

- दूसरे शब्दों में, शासक परिवार के प्राकृतिक उत्तराधिकारी के अभाव में किसी मूल राज्य की संप्रभुता सर्वोपरि शक्ति में समाप्त हो गई।
- इस प्रकार, व्यपगत के सिद्धांत द्वारा न केवल भारतीय संप्रभुओं का लंबे समय से स्थापित अधिकार समाप्त हो गया बिना उत्तराधिकारी के उत्तराधिकारी चुनने की व्यवस्था कर दी गई, लेकिन अंग्रेज़ों ने भारतीय शासकों की क्षमता का निर्णय करने का अधिकार भी अपने हाथ में ले लिया।

डॉक्ट्रिन ऑफ लैप्स की नीति की मदद से कंपनी ने सतारा (1848 ई.), जैतपुर, संभलपुर (उड़ीसा), झाँसी, नागपुर (1854 ई.) और अवध (1856 ई.) राज्यों पर कब्जा कर लिया।

## अंग्रेज़ों की सफलता के कारण

एक सदी से भी कम समय में, अंग्रेज़ों ने न केवल भारत पर अपनी शक्ति स्थापित की बल्कि उसे मजबूत भी किया। इसके लिए, उन्होंने राजनयिक गठबंधन से लेकर सैन्य शक्ति के प्रयोग और प्रशासनिक नीतियों के उपयोग तक अपने पास उपलब्ध हर संभव रणनीति का उपयोग किया। कई बार, अनुचित कारणों का उपयोग करके अंततः भारत के सर्वोच्च शासकों के रूप में उभरे। हालांकि, वहाँ भारत की विजय में अंग्रेज़ों की सफलता के लिए कुछ कारक जिम्मेदार थे:

- **भारतीय राज्यों के बीच राजनीतिक एकता और राज्य कौशल का अभाव:** राजनीतिक शक्ति शून्यता के बाद मुगलों के पतन के कारण कोई भी क्षेत्रीय भारतीय राज्य इस अवसर पर आगे नहीं बढ़ सका। मैसूर, मराठा और पंजाब जैसे कुछ क्षेत्रीय भारतीय राज्यों में ब्रिटिश प्रभाव का मुकाबला करने की क्षमता थी, लेकिन वे एक-दूसरे के साथ लड़ने में इतने व्यस्त थे कि वे ब्रिटिशों के बढ़ते राजनीतिक दबदबे से उत्पन्न होने वाले खतरों का अनुमान लगाने में विफल रहे। महत्वपूर्ण समय में, वे आम विदेशी दुश्मन के खिलाफ एकजुट नहीं हो सके और इस प्रकार अंततः उन्हें एक के बाद एक अंग्रेज़ों के सामने आत्मसमर्पण करना पड़ा। इसके अलावा, 18वीं शताब्दी में, उनके पास एक राष्ट्र की दृष्टि और चेतना रखने की राजनेता कौशल की कमी थी, जिसने अंततः उन्हें बहुत नुकसान पहुंचाया।
- **उत्कृष्ट युद्ध तकनीकों, आधुनिक हथियारों और गोला-बारूद के साथ-साथ शानदार नेतृत्व का उपयोग:** 16वीं शताब्दी में औद्योगिक क्रांति देखने के बाद, अंग्रेज़ों के पास नवीनतम और सबसे परिष्कृत हथियारों का लाभ था। वास्तव में, उनके आग्नेयास्त्र भारतीय आग्नेयास्त्रों की तुलना में फायरिंग और रेंज के मामले में बहुत बेहतर थे। अंग्रेज़ों को राजनीतिक और सैन्य दोनों क्षेत्रों में प्रतिभाशाली नेताओं का लाभ भी था। रॉबर्ट क्लाइव, वॉरेन हेस्टिंग्स, कॉर्नवालिस, डलहौजी, वेलेजली, सर आयर कूट, लॉर्ड लेक सभी के पास आगे से नेतृत्व करने की दूरदर्शिता और दिमाग की तीव्रता थी। हालांकि भारतीय पक्ष के पास भी हैदर अली, टीपू सुल्तान, नाना फड़नवीस, महादजी सिंधिया, जसवन्त राव होल्कर जैसे कुछ रत्न थे, लेकिन उन्हें अक्सर प्रतिभाशाली दूसरी पंक्ति के कमांडरों की कमी का सामना करना पड़ता था। कंपनी की सैन्य शक्ति ही इसके राजनीतिक प्रभुत्व की कुंजी थी न केवल बेहतर युद्ध कौशल पर बल्कि प्रभावी भर्ती रणनीतियों पर भी आधारित था। इसके अलावा, उनके नागरिक प्रशासन को सैन्य प्रशासन के साथ एकीकृत किया गया था और इससे महत्वपूर्ण वित्तीय और तार्किक लाभ उत्पन्न हुए थे।
- **बेहतर सैन्य अनुशासन, प्रशिक्षण और सैनिकों को नियमित वेतन:** यह जानना वास्तव में दिलचस्प है कि ब्रिटिश सैनिकों में केवल भारतीय मूल निवासी ही शामिल थे। ब्रिटिश अधिकारियों द्वारा प्रदान किए गए उच्च गुणवत्ता वाले सैन्य प्रशिक्षण ने इन मूल निवासियों को अच्छी तरह से अनुशासित सैनिकों में बदल दिया, जिन्होंने ब्रिटिशों के लिए कई युद्ध और लड़ाइयां जीतीं। वेतन भुगतान की नियमित प्रणाली ने अंग्रेज़ों के प्रति उनकी वफादारी सुनिश्चित की। दूसरी ओर, भारतीय सेनाएं अपर्याप्त रूप से प्रशिक्षित थीं और उन्हें कम वेतन मिलता था, जो अक्सर अनुशासित और अच्छी तरह से प्रशिक्षित ब्रिटिश सैनिकों के मुकाबले में नहीं थे।

- **सहायक गठबंधन और चूक के सिद्धांत जैसी राजनयिक नीतियों का प्रभावी उपयोग:** ये नीतियां ब्रिटिशों के औपनिवेशिक पदचिह्न का विस्तार करने के लिए खूनी लड़ाई और युद्ध की तुलना में अधिक प्रभावी उपकरण साबित हुईं। इन राजनयिक संधियों ने न केवल ब्रिटिशों को अपने प्रभाव क्षेत्र स्थापित करने की इजाजत दी बल्कि साथ ही उन्हें अपने सैनिकों को बनाए रखने के लिए आवश्यक लाखों लोगों को बचाया। बाद में, अंग्रेज़ों ने उस राज्य को पूरी तरह से अधीन करने के लिए किसी-न-किसी बहाने का इस्तेमाल किया। हैदराबाद, अवध और मैसूर राज्यों की अधीनता इस तथ्य का स्पष्ट प्रमाण है।
- **ब्रिटेन की वैश्विक प्रोफाइल से लाभ:** ब्रिटिश ईस्ट इंडिया कंपनी हमेशा बड़े पैमाने पर भरोसा कर सकती थी वे संपत्तियाँ जो ब्रिटेन के पास थीं और यदि अवसर आया तो उनका उपयोग कंपनी को बचाने के लिए किया जा सकता था।

## प्रमुख घटनाओं का कालानुक्रमिक क्रम

**प्रथम कर्नाटक युद्ध ( 1746-1748 ई. )**

- **डुप्ले और बर्नेट**
- **अड्डयार** की लड़ाई
- **आइक्स-ला-चैपल** की संधि (1748 ई.)

**द्वितीय कर्नाटक युद्ध ( 1748-1754 ई. )**

- **डुप्ले + चंदा साहिब + मुजफ्फर जंग बनाम अंग्रेज + नासिर जंग + नवाब अनवर-उद-दीन**
- **अंबूर** की लड़ाई (1749 ई.)
- **अर्काट** की लड़ाई (1751 ई.)
- **पांडिचेरी** की संधि

**तृतीय कर्नाटक युद्ध ( 1756-1763 ई. )**

- **काउंट डि लैली** (फ्रेंच) बनाम **जनरल आयर कूट** (अंग्रेज)
- **वांडिवाश** की लड़ाई (1760 ई.)
- **पेरिस** की संधि

**प्लासी का युद्ध ( 1757 ई. )**

- **सिराज-उद-दौला** बनाम **रॉबर्ट क्लाइव + मीर जाफर**

**बक्सर का युद्ध ( 1764 ई. )**

- **मीर कासिम + सिराज-उद-दौला + शाह आलम बनाम अंग्रेज + मीर जाफर**
- **इलाहाबाद** की संधि (1765 ई.)

**प्रथम मैसूर युद्ध ( 1767-1769 ई. )**

- **हैदर अली** बनामा **अंग्रेज**
- **मद्रास की संधि** (1769 ई.)

**प्रथम मराठा युद्ध ( 1775-1782 ई. )**

- मराठा **नाना फड़नवीस** बनाम **अंग्रेज** + **राघोबा** (**वॉरेन हेस्टिंग्स** के नेतृत्व में)
- **सूरत** की संधि (1775 ई.)
- **तालेगांव** की लड़ाई (1776 ई.)
- **पुरंदर** की संधि (1776 ई.)
- **सालबाई** की संधि (1782 ई.)

**द्वितीय मैसूर युद्ध ( 1780-1784 ई. )**

- **हैदर अली** बनाम **अंग्रेज**
- मंगलौर की संधि (1784 ई.)

**तृतीय मैसूर युद्ध ( 1790-1792 ई. )**

- **टीपू सुल्तान** बनाम **अंग्रेज** + **निजाम** + **मराठा** ( **कॉर्नवालिस** के नेतृत्व में)
- **श्रीरंगपट्टनम्** की संधि (1792 ई.)

**चतुर्थ मैसूर युद्ध ( 1799 ई. )**

- **टीपू सुल्तान**, **फ्रेंच** बनाम **अंग्रेज** (**लॉर्ड वेलेजली** के नेतृत्व में)

**द्वितीय मराठा युद्ध ( 1803-1805 ई. )**

- **बालाजी राव** + **अंग्रेज** बनाम **होल्कर** + **सिंधिया** (**लॉर्ड वेल्सले** के नेतृत्व में)
- **बेसीन** की संधि (1802 ई.)
- **राजपुरघाट** की संधि (1806 ई.)

**पिंडारी युद्ध ( 1817-1818 ई. )**

- **अंग्रेज** बनाम **पिंडारी**

**तृतीय मराठा युद्ध ( 1817-1818 ई. )**

- **बालाजी राव** + **दौलत राव** + **अप्पा साहिब** + **मल्हार राव** बनाम **अंग्रेज** (**लॉर्ड हेस्टिंग्स** के नेतृत्व में)

**सिंध पर कब्जा ( 1843 ई. )**

**प्रथम एंग्लो-सिख युद्ध ( 1845-1846 ई. )**

↓

**द्वितीय एंग्लो-सिख युद्ध ( 1848-1849 ई. )**

## विगत वर्षों में पूछे गए प्रश्न (प्रारंभिक परीक्षा)

1. भारतीय इतिहास के सन्दर्भ में, निम्नलिखित कथनों पर विचार कीजिए: **( 2022 )**
   1. डच लोगों ने पूर्वी तटीय क्षेत्रों में गजपति शासकों द्वारा प्रदान की गई जमीनों पर अपनी फैक्टरियां/गोदाम स्थापित किए।
   2. अल्फों सोदे अलबुकर्क ने बीजापुर सल्तनत से गोआ को छीन लिया था।
   3. अंग्रेज़ी ईस्ट इंडिया कंपनी ने मद्रास में विजयनगर साम्राज्य के एक प्रतिनिधि से पट्टे पर ली गई जमीन के एक प्लॉट पर फैक्टरी स्थापित की थी।

   उपर्युक्त कथनों में कौन-सा/से सही है/हैं?

   (a) केवल 1 और 2 (b) केवल 2 और 3
   (c) केवल 1 और 3 (d) 1, 2 और 3

2. सत्रहवीं शताब्दी के पहले चतुर्थांश में, निम्नलिखित में से कहां इंग्लिश ईस्ट इंडिया कंपनी का कारखाना/के कारखाने स्थित था/थे? **( 2021 )**
   1. भरूच
   2. चिकाकोल
   3. त्रिचिनोपोली

   नीचे दिए गए कूट का प्रयोग कर सही उत्तर चुनिए।

   (a) केवल 1 (b) 1 और 2
   (c) केवल 3 (d) 2 और 3

3. निम्नलिखित कथनों पर विचार कीजिए: **( 2021 )**
   1. इल्तुतमिश के शासनकाल में, चंगेज खान भगोड़े ख्वारिज्म युवराज की खोज में सिंधु नदी तक पहुंचा था।
   2. मुहम्मद बिन तुगलक के शासनकाल में, तैमूर ने मुल्तान पर अधिकार किया था और सिंधु नदी पार की थी।
   3. विजयनगर साम्राज्य के देव राय द्वितीय के शासनकाल में, वास्को द गामा केरल के तट पर पहुंचा था।

   उपर्युक्त कथनों में से कौन-सा/कौन-से सही है/हैं?

   (a) केवल 1 (b) 1 और 2
   (c) केवल 3 (d) 2 और 3

4. 18वीं शताब्दी के मध्य इंग्लिश ईस्ट इंडिया कम्पनी के द्वारा बंगाल से निर्यातित प्रमुख पण्यपदार्थ (स्टेपल कमोडिटीज) क्या थे? **( 2018 )**

   (a) अपरिष्कृत कपास, तिलहन और अफीम
   (b) चीनी, नमक, जस्ता और सीसा
   (c) ताँबा, चाँदी, सोना, मसाले और चाय
   (d) कपास, रेशम, शोरा और अफीम

5. पांडिचेरी (अब पुडुचेरी) के संदर्भ में, निम्नलिखित कथनों पर विचार करें: **( 2010 )**
   1. प्रथम यूरोपीय सत्ता जिसने पांडिचेरी पर कब्जा किया, वे पुर्तगाली थे।
   2. द्वितीय यूरोपीय सत्ता जिसने पांडिचेरी पर कब्जा किया, फ्रांसीसी थे।
   3. अंग्रेजों ने कभी पांडिचेरी पर कब्जा नहीं किया।

   उपरोक्त में से कौन-से/सा कथन सही है/हैं?

   (a) केवल 1
   (b) 2 और 3
   (c) केवल 3
   (d) 1, 2 और 3

6. निम्नलिखित में से कौन-से किस राज्यों के शासक को अंग्रेजों द्वारा कुशासन के बहाने सत्ता से हटाया गया थे? ( 2008 )

(a) अवध (b) झांसी
(c) फ्रेंच (d) सतारा

7. निम्नलिखित में से कौन-से यूरोपीय अंतिम बार स्वतंत्रता पूर्व भारत में व्यापारियों के रूप में आए थे? ( 2008 )

(a) डच (b) अंग्रेज
(c) फ्रेंच (d) पुर्तगाली

8. निम्नलिखित कथनों पर विचार करे: ( 2008 )

1. रॉबर्ट क्लाइव बंगाल का प्रथम गवर्नर जनरल था।
2. विलियम बैंटिक भारत का प्रथम गवर्नर जनरल था।

उपरोक्त कथनों में से कौन-सा/से कथन सही है/हैं?

(a) केवल 1 (b) केवल 2
(c) 1 और 2 दोनों (d) ना तो 1 ना 2

9. निम्नलिखित में से कौन-सा अंग्रेजों द्वारा भारत में बनवाया गया पहला किला था? ( 2008 )

(a) फोर्ट विलियम (b) फोर्ट सेंट जॉर्ज
(c) फोर्ट सेंट डेविड (d) फोर्ट सेंट एंजिलो

10. निम्नलिखित कथनों पर विचार करे: ( 2004 )

1. पानीपत की तीसरी लड़ाई में, अहमद शाह अब्दाली ने इब्राहिम लोदी को पराजित किया
2. टीपू सुल्तान तृतीय एंग्लो-मैसूर युद्ध में मारा गया
3. प्लासी की लड़ाई में नवाज सिराज-उद्-दौला की पराजय के लिए मीर जाफर अंग्रेजों के साथ षड्यंत्र में शामिल हुआ।

उपरोक्त में से कौन-सा/से कथन सही है/हैं?

(a) 1, 2 और 3 (b) केवल 3
(c) 2 और 3 (d) इनमें से कोई नहीं

11. निम्नलिखित में से कौन से जोड़े सही मेल खाते है? ( 2004 )

| | सूची-1 | सूची-2 |
|---|---|---|
| 1. | 1767-1769 ई. | प्रथम एंग्लो-मराठा युद्ध |
| 2. | 1790-1792 ई. | तृतीय मैसूर युद्ध |
| 3. | 1824-1826 ई. | प्रथम एंग्लो-बर्मा युद्ध |
| 4. | 1845-1846 ई. | द्वितीय सिख युद्ध |

निम्नलिखित कूट को इस्तेमाल करते हुए सही उत्तर चुनें:

(a) 2 और 4 (b) 3 और 4
(c) 1 और 2 (d) 2 और 3

12. यूरोपीय शक्तियों के भारत में आगमन के संदर्भ में निम्नलिखित में से कौन-सा सही नहीं है? ( 2003 )

(a) पुर्तगालियों ने 1499 ई. में गोवा पर कब्जा किया
(b) अंग्रेजों ने दक्षिण भारत में अपना पहला कारखाना मसूलीपट्टनम् में खोला
(c) अंग्रेज कंपनी ने पूर्वी भारत में 1633 ई. में अपना पहला कारखाना उड़ीसा में खोला
(d) डुप्ले के नेतृत्व में, फ्रांसीसियों ने 1746 ई. मद्रास पर कब्जा किया

13. भारत में, निम्नलिखित में से कौन-से स्थानों पर, डचों ने अपने प्रारंभिक कारखानों की स्थापना की? ( 2004 )

(a) सूरत (b) पुलीकट
(c) कोचीन (d) कासिम बाजार

## उत्तरमाला

1. (b) 2. (a) 3. (a) 4. (d) 5. (a) 6. (a) 7. (c) 8. (b)
9. (b) 10. (b) 11. (d) 12. (a) 13. (b)

## विगत वर्षों में पूछे गए प्रश्न (मुख्य परीक्षा)

1. निम्नलिखित कथन की समीक्षा लगभग 150 शब्दों में करें:
   (a) "पंजाब पर कब्जा उत्तर पश्चिमी सीमांत नीति का बड़ा हिस्सा था, जिसका निष्पादन महाराजा रणजीत सिंह के जाने के बाद हुआ।" **(2015 इतिहास वैकल्पिक)**

2. निम्नलिखित कथन की समीक्षा लगभग 150 शब्दों में करें:
   (a) "प्लासी ने अंग्रेजों के भारत विजय अभियान को पूरा नहीं होने दिया। अगर भारत के बाद के युद्धों में अंग्रेजों को करारी हार झेलनी पड़ती, तो प्लासी (युद्ध) भारत के इतिहास की एक छोटी घटना के रूप में याद किया जाता।" **(2014 इतिहास वैकल्पिक)**

## अभ्यास प्रश्न (प्रारंभिक परीक्षा)

1. सूची-I को सूची-II से मिलाएं और सूचियों के नीचे दिए गए कोड का उपयोग करके सही उत्तर चुनें:

| **सूची-I** | **सूची-II** |
|---|---|
| A. प्रथम मैसूर युद्ध | 1. सालबाई की संधि |
| B. द्वितीय मैसूर युद्ध | 2. मद्रास की संधि |
| C. तृतीय मैसूर युद्ध | 3. मंगलौर की संधि |
| D. प्रथम मराठा युद्ध | 4. श्रीरंगपट्टनम की संधि |

***कूट:***

| | A | B | C | D |
|---|---|---|---|---|
| (a) | 2 | 4 | 3 | 1 |
| (b) | 2 | 3 | 4 | 1 |
| (c) | 1 | 4 | 3 | 2 |
| (d) | 1 | 3 | 4 | 2 |

2. निम्नलिखित में से किसे 1853 ई. में पंजाब में बोर्ड के मुख्य आयुक्त के रूप में नियुक्त किया गया था?
   (a) जॉन लॉरेंस (b) हेनरी लॉरेंस
   (c) चार्ल्स जी मैन्सेल (d) चार्ल्स नेपियर

3. निम्नलिखित पर विचार करें:
   1. प्रथम कर्नाटक युद्ध के बाद ऐक्स ला चैपल की संधि पर हस्ताक्षर किए गए थे।
   2. द्वितीय कर्नाटक युद्ध के बाद पांडिचेरी की संधि पर हस्ताक्षर किए गए।
   3. तृतीय कर्नाटक युद्ध के बाद पेरिस की संधि पर हस्ताक्षर किये गये।

   नीचे दिए गए कोड का उपयोग करके सही उत्तर चुनें:
   (a) केवल 1 और 2 (b) केवल 3
   (c) केवल 1 और 3 (d) 1, 2 और 3

4. सूची-I को सूची-II से मिलाएं और सूचियों के नीचे दिए गए कोड का उपयोग करके सही उत्तर चुनें:

| **सूची-I** | **सूची-II** |
|---|---|
| A. प्लासी का युद्ध | 1. रणजीत सिंह मैथिया बनाम हैरी स्मिथ। |
| B. बक्सर की लड़ाई | 2. सिराज उद-दौला बनाम रॉबर्ट क्लाइव + मीर जाफर |
| C. तालेगांव की लड़ाई | 3. शुजा-उद-दौला + शाह-आलम द्वितीय बनाम अंग्रेज़ + मीर जाफर |
| D. बुड्ढेवाल का युद्ध | 4. मराठा बनाम अंग्रेज़ |

***कूट:***

| | A | B | C | D |
|---|---|---|---|---|
| (a) | 2 | 4 | 3 | 1 |
| (b) | 2 | 3 | 4 | 1 |
| (c) | 1 | 4 | 3 | 2 |
| (d) | 1 | 3 | 4 | 2 |

5. सूची-I को सूची-II से मिलाएं और सूचियों के नीचे दिए गए कोड का उपयोग करके सही उत्तर चुनें:

| | सूची-I | | सूची-II |
|---|---|---|---|
| A. | दोहरी सरकार | 1. | रॉबर्ट क्लाइव |
| B. | प्रथम मराठा युद्ध | 2. | लॉर्ड हेस्टिंग्स |
| C. | द्वितीय मराठा युद्ध | 3. | लॉर्ड वेलेजली |
| D. | तृतीय मराठा युद्ध | 4. | लॉर्ड वारेन हेस्टिंग्स |

कूटः

| | A | B | C | D |
|---|---|---|---|---|
| (a) | 2 | 4 | 3 | 1 |
| (b) | 2 | 3 | 4 | 1 |
| (c) | 1 | 4 | 3 | 2 |
| (d) | 1 | 3 | 4 | 2 |

6. निम्नलिखित को कालानुक्रमिक रूप से व्यवस्थित करें:
   a. प्लासी का युद्ध
   b. कर्नाटक युद्ध
   c. प्रथम मैसूर युद्ध
   d. प्रथम मराठा युद्ध

   (a) a, b, c, d (b) b, a, c, d
   (c) a, b, d, c (d) b, a, d, c

## उत्तरमाला

1. (b) 2. (a) 3. (d) 4. (a) 5. (c) 6. (b)

## अभ्यास प्रश्न (मुख्य परीक्षा)

1. हैदर अली और नाना फड़नवीस दोनों ही अंग्रेज़ों पर अपनी शुरुआती जीत से ज्यादा लाभ नहीं उठा सके। क्या आप सहमत हैं? अपना उत्तर प्रमाणित करें?
2. महत्वपूर्ण युद्धों और संधियों का हवाला देते हुए अंग्रेज़ों द्वारा भारत की विजय की व्याख्या करें।